中国口岸年鉴

（2022年版）

国家口岸管理办公室指导
中国口岸协会主编

中国海关出版社有限公司
中国·北京

图书在版编目（CIP）数据

中国口岸年鉴：2022 年版 / 中国口岸协会主编. —北京：中国海关出版社有限公司，2023.4
ISBN 978-7-5175-0652-2

Ⅰ.①中… Ⅱ.①中… Ⅲ.①通商口岸—中国—2022—年鉴 Ⅳ.①F752.5-54

中国国家版本馆 CIP 数据核字（2023）第 039620 号

中国口岸年鉴（2022 年版）

ZHONGGUO KOU'AN NIANJIAN（2022 **NIAN BAN**）

作　　者：中国口岸协会
责任编辑：熊　芬
出版发行：中国海关出版社有限公司
社　　址：北京市朝阳区东四环南路甲 1 号　　邮政编码：100023
网　　址：www.hgcbs.com.cn
编 辑 部：01065194242-7528（电话）
发 行 部：01065194238/4246/5616（电话）
社办书店：01065195616（电话）
https：//weidian.com/?userid=319526934（网址）
印　　刷：北京新华印刷有限公司　　经销：新华书店
开　　本：889mm×1194mm　1/16
印　　张：48.5　　字数：1434 千字
版　　次：2023 年 4 月第 1 版
印　　次：2023 年 4 月第 1 次印刷
书　　号：ISBN 978-7-5175-0652-2
地图审图号：GS 京（2022）1413 号　　地图编制：中国地图出版社有限公司
定　　价：300.00 元

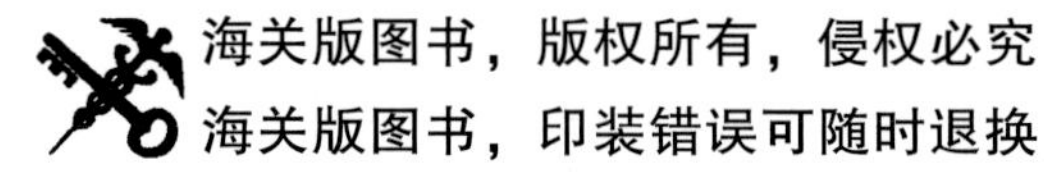

《中国口岸年鉴》（2022年版）编辑委员会

编 辑 说 明

一、《中国口岸年鉴》（2022 年版）是由国家口岸管理办公室指导，中国口岸协会主编的一部融政策性、指导性、实用性和史料性于一体的大型资料工具书，本版年鉴是自 2002 年首刊以来的第 21 版。

二、本版年鉴收录内容时限为 2021 年 1 月 1 日至 12 月 31 日。本版年鉴收录了 2021 年度国家口岸管理工作概要、查验管理工作概要、全国口岸运行情况和重要贸易统计数据；全国 30 个省级行政区（除青海省、港澳台地区）对外开放口岸建设发展情况和主要数据；同时，还收录了国家“十四五”口岸发展规划、全国省级行政区口岸（除青海省、港澳台地区）分布示意图（不含港区信息）等内容。

三、本版年鉴按类目、分目、条目 3 个层级进行阶梯设置，有口岸综合、口岸查验监管、全国口岸运行情况、各地口岸运行管理、口岸相关法规、全国口岸运行主要数据及附录 7 个类目，内容以条目为基本记述单元。

四、本版年鉴资料内容主要由各有关部门及各省、自治区、直辖市、计划单列市口岸办公室提供。

五、本版年鉴在编辑过程中，力求精选材料，宏观与微观相结合，做到用事实和数据说话，对各部门、各单位提供的稿件只做技术上修改，不做史实上修改。由于各部门、单位统计口径、范围、方法不同和数据四舍五入原因，所以本书中有些同类数据不尽一致，敬请谅解。

《中国口岸年鉴》（2022 年版）编辑委员会

2022 年 9 月

序

口岸是国家的门户。党中央、国务院历来十分重视口岸工作。改革开放以来，为满足日益增长的对外经贸、人员往来的需要，国家投入了大量人力物力进行口岸建设，已经形成沿海沿江水运、航空和内陆边境立体化的开放口岸体系。口岸开放与全方位、宽领域、多层次的对外开放格局基本相适应，为促进对外经济贸易和国际交往的发展起到了重要的保障作用。

当前，进一步提高口岸工作效率的要求更为紧迫。经济全球化对口岸工作必然会提出更多更高的新要求，为适应参与国际竞争的需要，我国口岸工作要全面贯彻“三个代表”重要思想，落实十六大提出的“发展要有新思路，改革要有新突破，开放要有新局面，各项工作要有新举措”的要求，结合我国口岸工作的实际，紧紧围绕提高口岸工作效率，加快通关速度，处理好把关与服务的关系，为促进对外经济贸易和国际交往发展做出新贡献。为提高口岸工作效率，国务院曾在深圳进行口岸管理体制改革试点。1998年政府机构改革，对口岸管理体制作了重大调整。2001年，国务院办公厅为推广口岸电子执法系统和提高口岸工作效率相继发出了两个文件。2002年5月，国务院批准海关总署等八部门在上海召开了提高口岸工作效率现场会。我国口岸要通过建立“大通关”机制，提高工作效率，改变传统管理模式，整顿和规范进出口秩序，促进口岸管理各部门转变职能、改进服务、提高管理水平，形成适应我国社会主义市场经济发展需要的新的口岸管理和运行机制，提供与发达国家相类似的口岸通关服务。

中国口岸协会从新世纪开始组织编撰《中国口岸年鉴》，是一件很有意义的工作。它不仅直接记录口岸管理运行的资料和数据，而且是在我国加入“WTO”以后，书写中国口岸深化体制改革、努力提高工作效率、为“大通关”服务的历史。

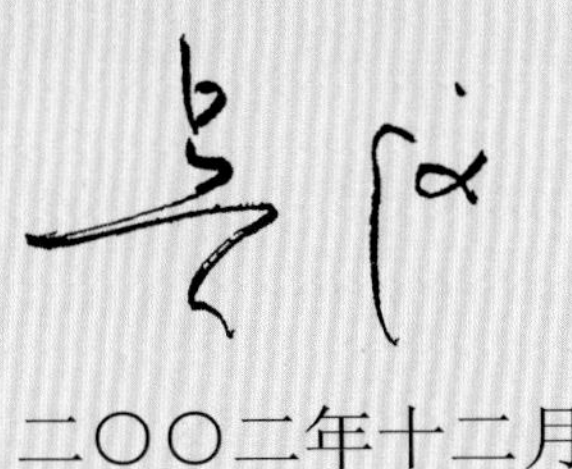

二〇〇二年十二月

产业链经营　效益专精　数字驱动

产业链经营、效益专精、数字驱动

全力构建“航运+港口+物流”立体供应链体系

为客户提供一站式端到端数字化全程物流供应链解决方案

经营船队综合运力超1.1亿载重吨/1 413艘，全球排名第一

集装箱船队

规模302万标箱/501艘，跻身世界第一梯队。中远海运和东方海外双品牌运行成效显著。

干散货船队

运力4 540万载重吨/446艘，排名世界第一。

油轮船队

运力2 913万载重吨/226艘，排名世界第一。

杂货特种船队

运力566万载重吨/168艘，排名世界第一。

客运

开展中国沿海各港口及中日、中韩等近洋客运业务。

邮轮

投资运营中国首艘豪华邮轮“鼓浪屿”号。

集装箱码头吞吐量居世界第一

集装箱制造、集装箱租赁居世界第二

船员管理数量居世界第一

提供全程物流供应链解决方案

海洋工程装备制造和传播代理业务位居世界前列

船舶燃料销量位居世界第一

数智化赋能创新变革

打造航运数字化生态系统

航运业首个区块链联盟 GSBN

引领智能船舶建造和运用

推出应用区块链技术的电子提单解决方案

中国首个5G全场景应用智慧港口厦门远海码头

- **打造航运数字化生态系统**

  构建覆盖全球的“集装箱航运、物流、港口”三位一体的全球数字化供应链服务生态，为客户提供全流程可视的一站式供应链物流解决方案。

- 牵头组建全球航运商业网络（GSBN）
- 推出应用区块链技术的电子提单解决方案
- 应用 AI 识别技术“远海通全球智能关务系统”
- 应用云技术叠加 AI 技术的航运产业链数字化平台“万舸云”
- 建成全国首个5G全场景智慧港口厦门远海码头
- 引领智能船舶建造和运用

践行绿色发展，实现低碳目标

中远海运集团坚持环境友好、践行节能降碳，着力推进绿色船队、绿色港口、绿色制造，探索产业链供应链绿色发展道路，努力实现企业发展与生态环境和谐并进。

- 推进甲醇集装箱船使用，订造12艘2.4万标箱甲醇双燃料集装箱船
- 推进电池动力船使用，建造700标箱级内河全电池动力零碳排放集装箱船
- 推进氨动力拖船使用，开展氨燃料全产业链专项研究
  取得CCS和ABS双船级社设计AIP认可
- 推进清洁燃料船队建设，促进运输方式绿色转型

元初数智科技发展集团有限公司
Origin Digital Intelligence Development Group Ltd

关于我们

元初数智科技集团（简称“元初数智科技”）总部落座在上海，分公司遍布全国十大主要口岸，为诸多优秀企业提供进出口一体化智能运营服务。经过十余年的沉淀，元初数智科技为客户带来了更多快捷、简便、优质的服务体验。

元初数智科技一直秉承“心力量　善科技”的理念，打造全球领先的跨境贸易生态科技平台，积极践行“链接海内外、服务产业链、通达消费者”的企业使命。

元初数智科技愿与社会各界一起，共同推进贸易数字化，开创数字化发展的宏图，继续为行业赋能，推动构建新发展格局，共创共享共赢！

About Us

Headquartered in Shanghai, Origin Digital Intelligence Development Group Ltd. has branches at 10 major ports in China, providing customers with integrated intelligent operation service for import and export. With over decade of experience, Origin endeavor to deliver the fastest, best, and simplest service to customers.

With the mission of ‘Connecting global markets. Serving the industrial chain. Reaching out to customers’, Origin is always driven by the concept of ‘Heart Power delivered through cutting-edge technology’ to build the world’s leading ecological technology platform for cross-border trade.

We are pleasure to work with all sectors of the society to jointly promote the digitalization of trade, create a grand vision of digital development, continue to empower the industry, and construct a new setup of development. It will also give us opportunities to creating and sharing the success together!

中国石油工程建设有限公司

CHINA PETROLEUM ENGINEERING & CONSTRUCTION CORP

中国石油工程建设有限公司(CPECC)是以原工程建设公司（CPECC）和工程设计有限责任公司（CPE）为基础，重组整合的油气田地面工程专业化公司。公司大力实施专业化、市场化、国际化、一体化、高端化、精细化、创新化发展战略，在国际、国内石油工程建设市场业绩突出，声誉卓著。

公司的业务定位以油气田地面工程、天然气液化工程和海上石油平台工程（海上油气田工程）为主，以油气储运工程和炼油化工施工、检维修工程为辅，拥有全业务链、全生命周期服务能力，积极发展非常规油气工程技术，适度开发非油气及非能源领域的工程能力。

自1994年以来，公司连续23年被美国《工程新闻记录》（ENR）评选为全球较大的250家国际工程承包商之一，成为连续入围次数较多的中国承包商。公司总部设有15个职能部门、10个直属机构，下属设计单位8家、施工制造单位3家、海外分（子）公司24家，另外设有海外区域公司2家、海外支持中心2家、海外合资公司3家。公司建造了功能完善的石油工程建设业务链，建立了遍布全球的服务网络，企业核心竞争力持续获得提高。

公司业务辐射24个国家和地区，逐步形成海外五大区域性规模市场和国内以八大炼化基地、主要油气田为主的市场格局。2016年，海外执行项目290项，国内执行项目3461项。

公司拥有专利312项、技术秘密101项、工法72项，形成10大优势设计技术、8项集团公司技术利器、5大系列62种科技产业化产品，目前企业核心技术已经达到国内同行业较高水平，部分达到国际先进水平。

公司获省部级以上奖励592项，其中国家科技进步奖 6项、省部级科技进步奖55项。其中，典型代表作有加氢反应器制造等；中国建设工程鲁班奖6项代表作有苏丹喀土穆炼厂改扩建工程等。国家“百项工程暨精品工程”3项、优质工程奖119项，其中代表作有独山子石化公司千万吨炼油、百万吨乙烯工程。勘察设计奖379项。国内EPC代表作有宁夏石化500万吨年炼油开扩建工程等，国际EPC代表作有哈萨克斯坦扎纳若尔油气田处理厂等。

在国际市场经过数年不懈努力，公司成功进入埃克森·美孚、道达尔等世界石油公司市场，成为中国头家进入埃克森·美孚市场的工程承包商，开辟了阿联酋、伊拉克等外部市场，与Petrofac、Worleyparsons等国际一流工程公司形成了稳定的合资、合作关系，共同开发市场。

威视® RF9010

铁路货物/车辆检查系统

技术特点

- 安全的直接通过式铁路快速查验系统，满足最高60公里/小时的运行时速要求
- 图像清晰并带有自动区分功能，能够识别和储存每节货运车辆图像并与货单信息绑定
- 在极寒、酷暑、暴雨或暴雪等极端恶劣条件下运转良好
- 先进的FS和SSA技术，实现高性能的物质识别交先进的FS和SSA技术，实现高性能的物质识别交替双能成像技术
- 具有卓越的新技术和产品研发能力，并拥有全部核心技术知识产权

产品简介

威视RF9010铁路货物/车辆检查系统为铁路和边境的快速查验提供了完整的解决方案。RF9010产品的设计理念源于全球客户的定制需要，是基于企业和市场积极作用产生的优秀产品。

威视RF9010采用了9/6MeV交替双能电子直线加速器作为辐射源，用于对铁路整编列车及货运集装箱等的在线检查。采用独特的高速采样技术(FS,FastSampling)和速度自适应技术(SSA, Speed SelfAdaption)，RF系列可快速检查、处理和储存整列火车货物的图像信息，并可满足高达60公里/小时的运行时速要求。整个系统能够稳定可靠地运行在低温、高温、大风、雨、雪等苛刻的环境条件下。

中国信保

中国出口信用保险公司
CHINA EXPORT & CREDIT INSURANCE CORPORATION

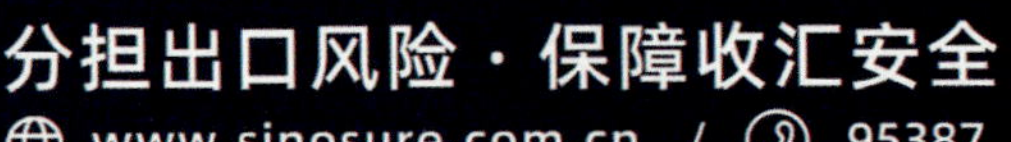
分担出口风险 · 保障收汇安全
www.sinosure.com.cn / 95387

中国免税品(集团)有限责任公司
CHINA DUTY FREE GROUP

中国免税品（集团）有限责任公司（简称“中免集团”）成立于1984年，是获得授权在全国范围内开展免税业务的国有专营公司。经过近40年的快速发展，中免集团先后与全球逾1 200个世界知名品牌建立了长期稳定的合作关系，在全国以及柬埔寨等地设立了涵盖机场、机上、边境、客运站、火车站、外轮供应、外交人员、邮轮和市内（离岛、离境）等类型的200余家零售门店。中免集团的主要销售渠道覆盖北京、上海、广州、成都、杭州等地的大型枢纽机场，香港、澳门等地的亚太国际机场，国内主要边境口岸以及海南地区三亚国际免税城、海口国际免税城等，中免集团每年为近2亿人次的国内外游客提供免税商品服务，已发展成为世界上免税店类型全、单一国家零售网点多的旅游零售商。中免集团将不断加强商业规划设计能力、品牌招商能力、物流配送能力、运营管理能力、市场营销能力、数字化能力六大核心竞争力的建设，依托母公司中国旅游集团强大的旅游产业链资源，持续拓展业务渠道网络，稳步推进国际化发展战略，积极履行企业社会责任，同时为消费者提供更全面便捷的服务，将自身建设成为更具全球竞争力的世界一流旅游零售商。

中国建设银行股份有限公司简介

中国建设银行股份有限公司（简称“建设银行”）是一家大型商业银行，总部设在北京，其前身中国建设银行成立于1954年10月。建设银行于2005年10月在香港联合交易所挂牌上市（股票代码939），2007年9月在上海证券交易所挂牌上市（股票代码601939）。建设银行2021年年末市值约1 753.02亿美元，居全球上市银行第六位。按一级资本排序，建设银行在全球银行中位列第二。建设银行为客户提供个人银行业务、公司银行业务、投资理财等全面的金融服务，截至2021年年末，设有14 510个分支机构，拥有351 252位员工，服务亿万个人和公司客户。建设银行在基金、租赁、信托、保险、期货、养老金、投期货、养老金、投行等多个行业拥有子公司，境外机构覆盖31个国家和地区，拥有各级境外机构近200家。

建设银行积极践行“新金融”，全力推动实施住房租赁、普惠金融、金融科技“三大战略”，按照“建生态、搭场景、扩用户”的数字化经营策略，强化C端（消费者）突围，根植普罗大众，做百姓身边有温度的银行；着力B端（企业）赋能，营造共生共荣生态，做企业全生命周期伙伴；推进G端（政府）连接，助力社会治理，成为国家信赖的金融重器。

建设银行秉承“以市场为导向、以客户为中心”的经营理念，致力于成为具有价值创造力的国际一流银行集团，实现短期效益与长期效益的统一、经营目标与社会责任目标的统一，最终实现客户、股东、员工和社会等利益相关方的价值最大化。

国际业务概况

建设银行坚持创新引领，助力外贸稳增长。2022年，建设银行以国家“十四五”发展规划为纲领，以增强参与国际竞争能力为总体目标，深入践行新金融理念，扎实推进国际业务产品创新与数字化建设，风险防控与合规管理能力不断增强，外汇网点服务效能持续提升。

一、促进“稳外贸”并形成“双循环新发展格局”

一是外贸信贷投放总量增速创近年新高。有效统筹境内境外两个市场两种资源优势，持续加大外贸信贷投放力度，保障外贸企业资金需求。截至2022年7月末，建设银行外贸信贷投放超1万亿元，相比2021年同期增长近30%，远超我国同期外贸增长速度。

二是外贸普惠金融服务质量明显提升。发挥“跨境快贷”线上外贸贷款产品优势，利用大数据对中小外贸企业进行精准画像，解决小微外贸企业融资难、融资贵问题。截至2021年年底，已累计发生近10万笔业务，投放200余亿元，市场反响良好。

三是加快推进保单融资提质增效。与中国信保围绕“五联合”合作机制，充分发挥保单融资跨周期调节作用，多措并举扩大短期险保单融资规模，2021年短期险保单融资发生额同比增长近30%，融资增信保额（中国信保统计口径）保持同业第一。加快推广专精特新企业保单融资差别化政策试点，短期险保单融资白名单政策效益凸显，截至2021年年底，累计支持7批近500家重点外贸企业。

四是为专精特新企业提供外贸金融综合服务。出台支持“专精特新”企业发展推动外贸保稳提质专项通知，从国际结算、贸易融资、跨境撮合、外汇服务等6个方面制定支持政策。

二、提升贸易金融服务便利性，增强对外贸企业的专业支持能力

一是加强与“中国国际贸易单一窗口”的创新合作。独家合作“关银一KEY通”项目，将海关电子口岸卡与建设银行网银盾合二为一，将海关服务触角延伸至建行网点，

进一步便利外贸企业。

二是金融科技的创新运用。首创区块链贸易金融平台，截至2021年年底，累计交易额突破1万亿元，建设银行凭借该平台创新实践连续三年入选“福布斯全球区块链50强”榜单，被中国工程院“中国区块链发展战略研究”项目认定为“区块链贸易融资生态”典型应用案例。

三是研发企业手机银行外贸专版。在集成移动端跨境金融功能的基础上，优化用户旅程、产品排序和功能引导，增设外贸课堂、船讯查询、汇率分析等非金融功能，有效提升手机银行对进出口企业的专业支持能力。

三、降低外贸金融服务成本，保障外贸企业持续经营能力

实施贷款延期纾困政策，缓解了外贸企业因成本上涨、物流拥堵、账期延长等“急难愁盼”问题带来的经营压力，帮助企业渡过难关；进一步贯彻落实减费让利政策，将“跨境快贷”人民币贷款利率下调至3.95%，“信保贷”下调至3.90%，持续加大“跨境快贷”投放力度，降低小微企业融资成本；落实小微企业贷款延期还本付息政策，保持对小微企业的金融支持力度不减，截至2021年年底，已累计为300余户小微外贸企业办理延期业务，其中多数企业维持正常经营。

2022年，建设银行积极支持贸易新业态发展，持续探索新业态适配产品，通过金融产品数字化创新，实现产品创新与业态发展深度融合，支持跨境电商、外贸综合服务、市场采购贸易等新业态高质量发展。

四、“建行全球撮合家”平台助力信息互联互通及全球供应链稳定

搭建“建行全球撮合家”跨境智能撮合平台，为境内外企业跨境贸易与投资提供商机发布、智能精准匹配以及综合金融服务解决方案，持续提升服务质效，赋能全球产业链供应链畅通。平台功能持续丰富，创新数字会展服务场景，聚焦国家战略重点举办活动。截至2022年6月底，平台累计注册用户逾20万户，在平台累计发布商机超14万条。围绕绿色发展、跨境电商、区域合作等主题，境内外机构累计为34个国家和地区举办160余场数字会展和线上撮合活动，助力提升跨境贸易投资合作水平。

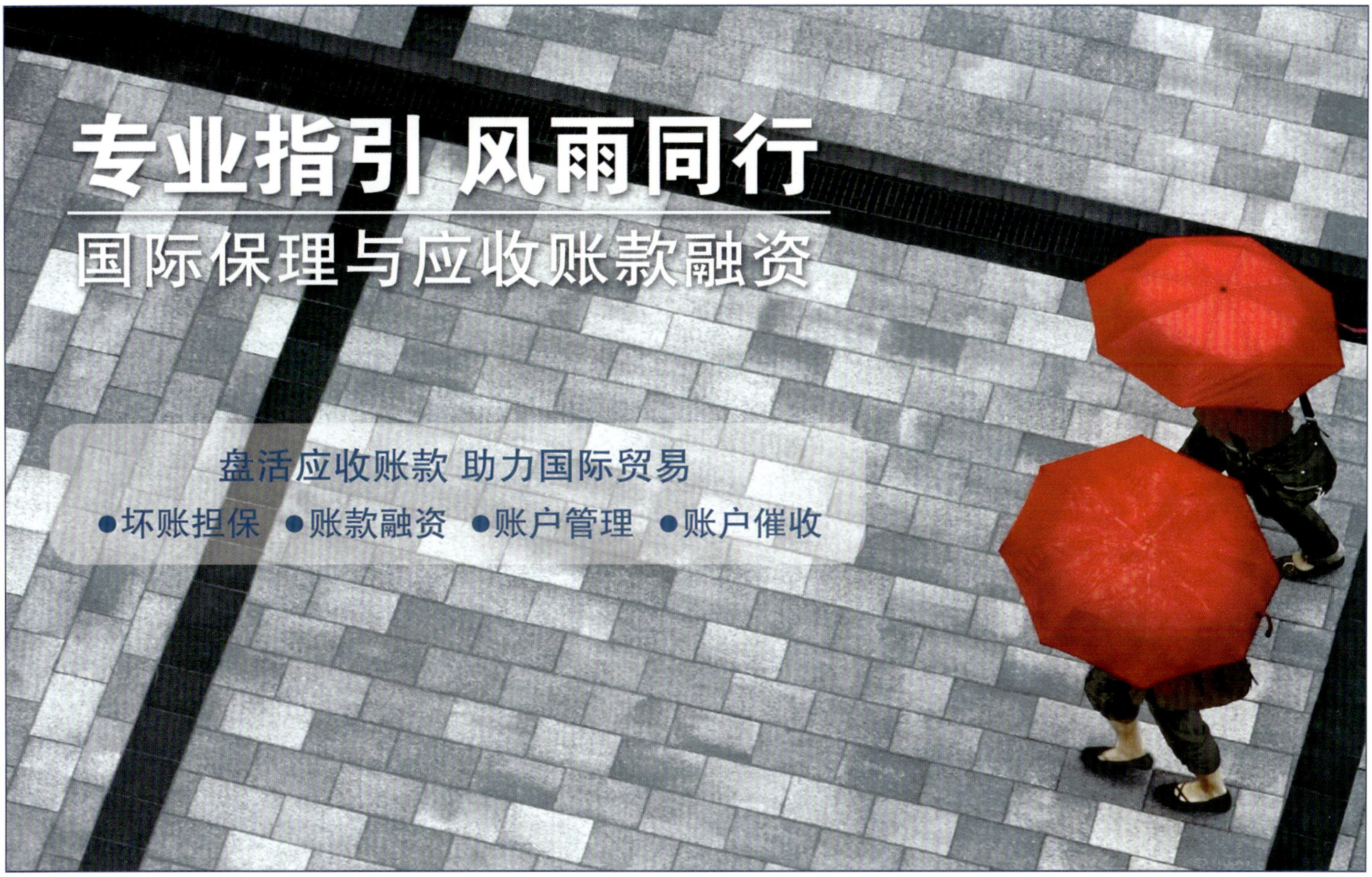

专业指引 风雨同行

国际保理与应收账款融资

盘活应收账款 助力国际贸易

●坏账担保 ●账款融资 ●账户管理 ●账户催收

五、强化境外金融机构客户服务能力

打造“建行全球同业e家”平台，以信息查询、产品推介、业务撮合、资讯共享等功能赋能全球同业客户互惠往来。多元挖潜境外金融机构客户营销，推进私募基金认缴款融资等产品创新，组织开展境外机构投资者线上营销活动。加强客户合规精细化管理，开展境外代理行反洗钱合规重检，优化境外非银行机构反洗钱尽职调查文件及客户洗钱风险评估模型。

展望未来

未来，建设银行将深入贯彻服务实体经济和“稳外资稳外贸”决策部署，以新金融理念加速数字化转型，继续推进与“中国国际贸易单一窗口”的密切合作，推动贸易投融资便利化和人民币国际化，扎实提升建设银行参与国际竞争和服务实体经济的能力。

公司概况 INTRODUCTION

北京中海通科技有限公司（简称“中海通”）成立于1998年，是一家从事通关、跨境贸易服务等信息化建设，服务国际贸易参与方及监管者的高新技术企业。

作为信息化建设实践专家和跨境贸易信息化服务领域引领者，中海通参与了“金关工程”“金宏工程”等工程，承建了海南自贸港、RCEP、关检融合等信息化项目，是中国海关核心业务系统和大数据平台以及应用项目的重要承建方，在特殊区域及物流、数字指挥、信息交换共享平台、数字化转型等领域有深厚的技术积淀，形成了涵盖物流、贸易、制造等多行业的信息化应用解决方案。

未来，中海通将继续响应国家发展政策，激活国际贸易数据价值，构建全球贸易大数据生态，持续探索“互联网+”、物联网、人工智能等技术的应用，打造具有国际竞争力的跨境贸易服务解决方案和产品，为客户提供智能、高效的信息化建设服务。

公司资质 QUALIFICATION

- ★ 高新技术企业认证
- ★ CS3级信息系统建设和服务能力评估体系等级证书
- ★ CMMI（软件能力成熟度模型）三级认证
- ★ ISO 9001:2015质量管理体系认证
- ★ ISO 27001:2013信息安全管理体系认证
- ★ 软件企业评估
- ★ 软件产品评估
- ★ 软件著作权
- ★ 软件产品
- ★ 注册商标
- ★ ITSS全权成员单位
- ★ ITSS研制和应用单位

产品体系 PRODUCTS

通关数字化

智慧海关

通关作业	电商快件
保税监管	物流监管
商品检验	食品安全
动植检疫	卫生检疫
企业管理	智慧税管

跨境贸易数字化

智慧口岸	智慧园区
关港联动	园区企业服务
智能旅检	园区运营管理
智能理货	海关监管辅助
物流协同	园区信息化基础设施
智能卡口管理	……

政务数字化

智能决策	智慧党建
智慧统计	党建与协同工作
智慧风控	智慧后勤
监控指挥	智慧宣传
……	……

中海通跨境贸易服务平台

产业金融及贸易融资　产融平台　跨境贸易金融

跨境贸易服务　贸易合规　贸易智库　通关知识库　关务服务

中海通支撑平台

KEY ROUTE系列　“汇视”业务全景融合展示平台　“慧析”监测预警分析处置平台　“捷途”个案管理平台　“速捷”建站管理平台

CUS系列　通关产品　应用系统账号授权管理系统　测试管理平台　开发框架　应用云平台　数据交换平台　大数据平台

公司资质 Company Qualification

东方口岸科技有限公司成立于2002年3月，是由中国电子口岸数据中心、中国电信集团和阿里健康（香港)科技有限公司共同出资成立的高新科技企业。依托中国电子口岸事业发展公司积累了大量人才和资源，为政府、金融机构、物流行业信息安全行业及全国进出口企业用户提供数字化服务和解决方案（产品）。致力于提升进出口企业跨境贸易实力，提高企业国际竞争力，为推进全球贸易便利化提供技术支持。

东方口岸科技有限公司
East Port Technology Co., Ltd

产品架构 Products Architecture

产品与解决方案 Products and Solutions

（一）企业服务解决方案

通过智能申报辅助、数据交换协同等信息化技术手段，将通关产业链报关、货代、船代、船务、运输、码头、跨境电商、金融、上下游供应商等功能聚合成综合服务系统，与企业实现智能数据对接，满足企业关务业务流程的管理和风险管控。通过产业链系统信息化、可视化、智能化，实现全流程的智能协同，提高企业工作效率，降低错误率，降低企业成本，使得企业进出口贸易更加便利化、合规化。

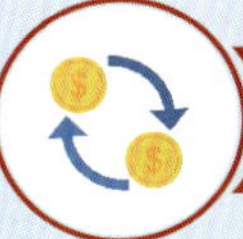

（二）金融协同服务解决方案

为企业用户和金融机构用户提供国际结算、融资贷款保险、税汇、保理、咨询、电子发票、海运费支付、风险预警等金融信保服务。

（三）数据交换服务解决方案

安智通：实现企业业务系统间以及与外部系统间各类数据报文的上传、回执获取和数据落地等功能的数据交换传输协同产品。产品功能齐备，集成了传输签、数据签等数字签名和验证方式，支持key、加密机等各种介质;支持W3C等各种报文格式，支持各类单一窗口、海关业务接口。产品在深圳、南京、郑州、武汉等地经受了海量跨境数据传输的验证，拥有国内领先的性能表现。

数据通：为企业或地方单一窗口解决进出口贸易中个性化增值需求，包括数据录入落地、导入落地、不同业务单据间互相关联、业务数据统计分析、金融等特色应用。

（四）地方单一窗口解决方案

根据地方特色量身定制地方版单一窗口，支持本地数据落地，实现海关总署、直属海关和业务现场数据统一对接，可进行物流全程跟踪和通关时效分析，对金融、边民互市等各类特色业务进行定制与对接。

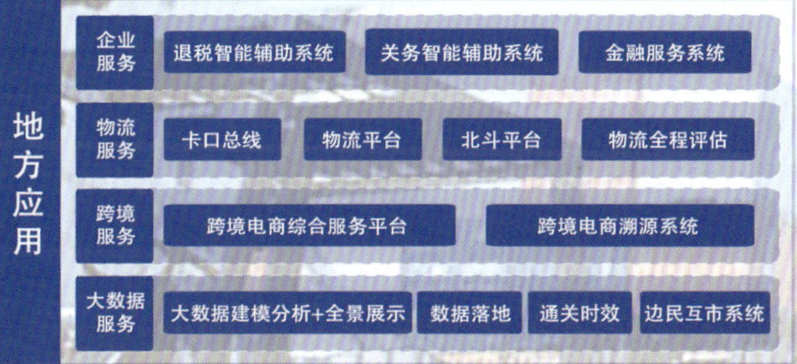

（五）智慧口岸/综保区解决方案

构建一体化、一站式的综合信息服务和监管平台，满足区内保税加工、保税物流、保税服务、跨境电商等业务的需要，并可通过大数据计算，全面衡量口岸/综保区自身建设、运转成效、服务水平等，服务口岸/综保区高质量发展。

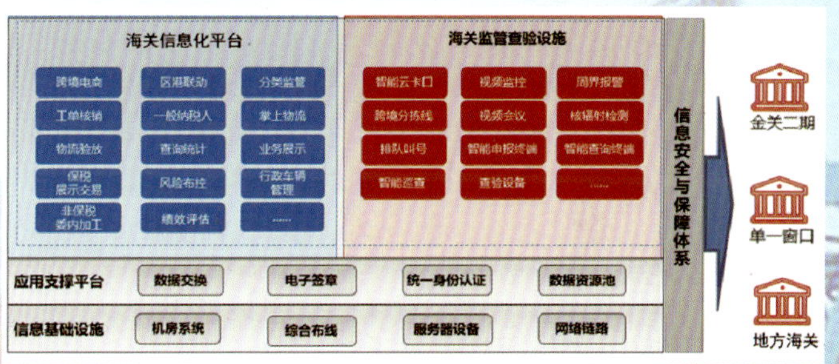

（六）智慧物流解决方案

依托北斗物流专利技术，采集安全智能锁及安全智能锁阅读器数据，实现通关物流状态全程可视化跟踪。通过建设通关物流信息服务平台解决运输公司、场站、货代、进出口企业等业务主体之间数据标准不统一、缺乏互联互通、单证信息重复录入等问题，实现业务数据一次录入，一单多报，预约查验、提送货等，使各主体间信息共享，推进贸易便利化，优化营商环境。

（七）安全加密系列产品

电子签章系统：使用电子签名技术在电子文档上实现可视化签章，具备纸质印章同等法律效力，并提供印章管理服务。

手机盾签名认证系统：保障移动互联网交易安全，提供身份认证、数据签名等功能接口，无须额外购买硬件介质。

安全介质产品：拥有关锁芯片、北斗安全模块，手机端和PC端多种安全产品实现定位服务、身份认证、数字签名、加解密等功能。

兴业银行是国内较早开展国际业务的股份制商业银行之一。经过多年持续发展，兴业银行国际业务在市场上形成了较强的竞争优势，市场份额及交易规模始终在同类型股份制银行中名列前茅。兴业银行与世界上89个国家和地区的1 169家银行协同建立了全球银行跨境服务网络，形成了覆盖全球主要经济区域的服务网络体系。兴业银行在跨境企业金融方面，以“兴业单证通”为主体，围绕“跨境贸易金融”“跨境资本业务”“全球资金管理”“跨境创新服务”四大门类业务，构建全球视角下的一体多元跨境企业金融产品体系。为企业客户提供“线上+线下”“本币+外币”“商行+投行”“境内+境外”“区内+区外”的一站式跨境金融综合服务。

在线银行服务
ON-LINE BANKING SERVICE

在线国际业务服务

兴业单证通（EasyTrade）是兴业银行秉承“E化管理、功能全面、安全可靠、真诚服务”的EASY服务理念，为企业及同业客户精心打造的跨境业务在线一体化综合服务平台，使客户可以随时随地享受安全、方便、快捷、全方位的跨境结算、贸易融资、外币存款、资金交易、全球资金管理及各项增值服务。

跨境贸易及供应链金融服务
GLOBAL TRADE AND SUPPLY CHAIN FINANCING SERVICE

贸易金融服务

兴业银行拥有完善的跨境贸易金融产品体系，在专业能力、资金价格、在线服务等方面具有竞争优势，致力于为进出口企业提供快捷、高效的全流程跨境贸易金融服务，在提高业务办理效率的同时降低企业交易成本。近年来，兴业银行国际业务稳步发展，支持、服务了一批进出口企业，涉及能源、通信、粮油、装备制造、高新科技等行业。

贸易融资服务 TRADE FINANCING SERVICE

国际贸易融资
INTERNATIONAL TRADE FINANCE

国内供应链融资
DOMESTIC SUPPLY CHAIN FINANCE

兴业银行依托强大的产品创新能力、丰富的贸易融资经验，为企业全球化经营及成本控制提供专业解决方案。

OWING TO ITS ADVANCED CAPABILITIES IN INNOVATION AND RICH EXPERIENCES IN TRADE FINANCING, CIB IS CAPABLE OF PROVIDING MULTINATIONALS WITH PROFESSIONAL SOLUTIONS IN GLOBAL OPERATION AND COST CONTROL.

基础结算服务 BASIC SETTLEMENT SERVICE

国际结算
INTERNATIONAL SETTLEMENT

国内结算
DOMESTIC SETTLEMENT

票据业务
BILL BUSINESS

兴业银行依托交易银行高度融合的流程再造、一体化的全流程服务理念，为企业提供境内外、本外币基础结算综合服务。

USING HIGHLY INTEGRATED PROCESSING PROCEDURES AND TRANSACTION BANKING SERVICES, CIB IS COMMITTED TO PROVIDING ENTERPRISES WITH COMPREHENSIVE SERVICES COVERING CROSS-BORDER AND DOMESTIC SETTLEMENTS.

跨境电商金融服务
FINANCIAL SERVICES OF CROSS BORDER E-COMMERCE

兴业银行为出口跨境电商经营者提供在线境外收款、清算、结汇、数据申报等一系列更安全、更便利、更优惠的一站式服务。

CIB OFFERS A SAFE, CONVENIENT, AND PREFERENTIAL ONE-STOP SERVICES FOR EXPORT CROSS-BORDER E-COMMERCE OPERATORS, INCLUDING OVERSEAS COLLECTION, CAPITAL CLEARING, DOMESTIC SETTLEMENT OF FOREIGN EXCHANGE, BALANCE OF PAYMENTS DECLARATION, ETC.

跨境融资服务

近年来，随着全口径跨境融资宏观审慎管理体系的逐步完善，境内企业跨境融资需求快速增长。为支持境内“走出去”企业到海外发展，并为境内企业跨境获取低成本资金，兴业银行充分发挥海外分行、自由贸易试验区分行、境内外代理行等方面的平台优势，以内保外贷、内保F贷、内保直贷、国际银团等各类产品支持企业跨境融资，同时，为企业提供包括在线融资、账户管理、避险增值等在内的融资配套服务。

跨境融资服务 CROSS-BORDER FINANCING SERVICE

走出去
OUTFLOW

内保外贷
FINANCING FROM OVERSEAS PLATFORMS BASED ON LETTER OF GUARANTEE

内存区贷
FINANCING FROM FREE TRADE ZONE BASED ON DEPOSIT

引进来
INFLOW

外保内贷
FINANCING FROM DOMESTIC BRANCHES BASED ON LETTER OF GUARANTEE

内保直贷
FINANCING FROM OVERSEAS PLATFORMS BASED ON LETTER OF GUARANTEE

小微企业跨境融资

兴业银行基于大数据理念开发的“小微企业跨境融资”产品，通过数据模型，以“跨境金融服务平台”和“国际贸易单一窗口”为场景切入点，通过打通政、银、企之间的信息壁垒，建立多方的数据互联和业务对接，利用区块链技术保障信息的真实可靠性，通过系统自动审批向小微企业提供融资和汇率避险线上化服务。“小微企业跨境融资”全流程线上办理，无须企业提供抵质押资产，融资利率低。通过该产品可以实现贷款快速审批和发放，解决企业资金短缺和汇率风险问题，助力企业开拓海外市场。

全球资金管理服务
GLOBAL TREASURY MANAGEMENT SERVICE

兴业银行共享直连全球资金管理服务

兴业银行共享直连全球资金管理服务平台，支持跨国企业集团一点接入兴业银行，联通全球账户银行，为企业提供包括全球账户可视、本外币支付结算、财务视图分析、全球资金归集等功能在内的全球资金一体化服务。该平台支持多币种、多语言、跨时区业务处理，助力跨国企业集团实现全球资金可视、可控、可用管理，以及共享财务中心和海外财资中心低成本、数字化建设运营。

兴业银行银企直通全球资金管理服务

兴业银行银企直通全球资金管理服务平台，支持境外跨国企业集团中国境内分（子）公司在兴业银行开户后，兴业银行可定期定时为境外跨国企业集团总部提供境内分（子）公司的账户对账单，告知账户交易明细、账户余额等信息，可接收并执行跨国企业集团总部的支付指令并反馈支付信息等，助力跨国企业集团总部对中国境内分（子）公司账户资金的全球一体化管理。

对客资金业务
AGENCY FICC SERVICE

对客资金业务

兴业银行充分发挥银行间外汇市场做市商优势，并通过香港分行、自由贸易试验区分行连接境外汇率、利率市场，提供境外汇率、利率产品，利用境内外差异化的汇率、利率环境，将对客资金业务由境内外单边业务向境内外综合化、跨境联动化发展，为跨国企业集团提供涵盖境内、境外的综合对客资金业务服务，包括但不限于汇率远期、掉期、期权及利率掉期、利率期权、货币掉期等对客资金业务。近几年来，兴业银行在该领域多次荣获“银行间外汇市场优秀做市商”等荣誉称号。

货币兑换服务
FOREIGN EXCHANGE TRADING SERVICE

兴业银行为客户提供高效的兑换体验，满足客户多币种经营的需求。

CIB PROVIDES EFFICIENT FOREIGN EXCHANGE SERVICE IN ORDER TO SATISFY DEMANDS OF MULTI-CURRENCY OPERATIONS.

汇率避险服务
CURRENCY RISK HEDGING SERVICE

作为外汇市场的主要做市商，兴业银行全面参与全球主要交易市场，为企业定制个性化的汇率避险方案，帮助企业树立“汇率风险中性”理念以管理其汇率风险。

AS A MAIN MARKET-MAKERS OF FOREIGN EXCHANGE MARKET, CIB IS CAPABLE OF PARTICIPATING IN THE TRADING OF MAJOR GLOBAL FINANCIAL MARKETS, WITH CUSTOMIZED FOREIGN EXCHANGE DERIVATIVES BUSINESS TO SUPPORT ENTERPRISES IN MANAGING THEIR EXCHANGE RATE RISKS AND STAY FX RISK NEUTRALITY.

远期结售汇/外汇买卖
FORWARD

外汇掉期
FX SWAP

外汇期权
FX OPTION

货币掉期
CURRENCY SWAP

利率避险服务
INTEREST RATE HEDGING SERVICE

作为利率市场的主要参与者，为客户定制本外币利率避险方案。
AS A MAIN PARTICIPANT OF INTEREST RATE MARKET, CIB OFFERS DIFFERENTIATED FINANCIAL SOLUTIONS FOR ENTERPRISES TO MANAGE INTEREST RATE RISK.

利率远期
INTEREST RATE FORWARD

利率互换
INTEREST RATE SWAP

利率期权
INTEREST RATE OPTION

利率互换期权
INTEREST RATE SWAPTION

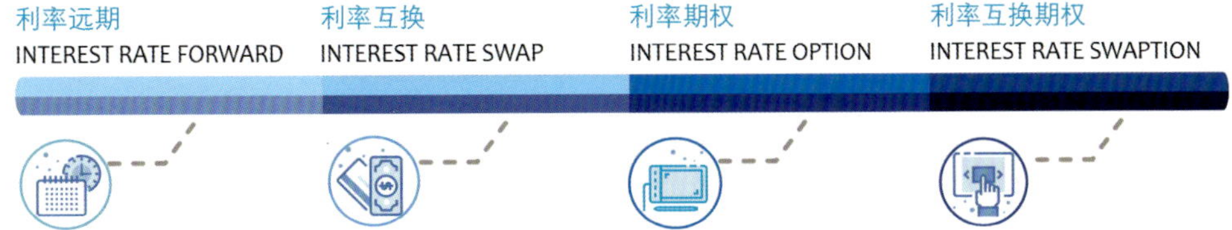

支持“一带一路”建设
SUPPORT “THE BELT AND ROAD INITIATIVES”

支持“一带一路”建设

自2013年“一带一路”倡议被提出以来，兴业银行紧紧把握总部所在地福建省“海上丝绸之路”核心区域优势，结合自身集团化经营优势、业务特色及创新服务模式，以差异化金融服务，促进“一带一路”建设资金融通。兴业银行积极参与“一带一路”沿线项目建设，延伸在绿色金融、投资银行等业务领域的服务触角，为沿线项目建设提供综合化融资方案，为“一带一路”建设提供长效资金支持。

兴业银行具备完善的国际业务服务体系，拥有丰富的跨境金融服务经验，未来在中国对外开放及国际经贸合作中，将一如既往地为企业提供优质、便捷的金融服务。

HTTP://WWW.CIB.COM.CN

开云·中国

开云集团成立于1963年，总部位于法国巴黎。作为全球高端精品集团，开云汇聚了一系列知名的时装、皮具、珠宝品牌。旗下品牌包括：古驰（Gucci）、葆蝶家（Bottega Veneta）、圣罗兰（Saint Laurent）、巴黎世家（Balenciaga）、亚历山大·麦昆（Alexander McQueen）、布里奥尼（Brioni）、宝诗龙（Boucheron）、宝曼兰朵（Pomellato）、都都（Dodo）、麒麟（Qeelin）、开云眼镜（Kering Eyewear）。

古驰（Gucci），1921年成立于意大利的佛罗兰萨，近年在创作总监亚力山卓·米开理全新视角的引领下，不断追求革新与卓越，以独有的现代视野重新演绎与影响时尚演进，重新阐述21世纪精品，巩固其全球精品品牌的地位。古驰创作同时代表了意大利手工艺对细节、品质的重视，呈现浪漫，当代与令人激动的美学理念。

圣罗兰（Saint Laurent，简称YSL），是法国著名奢侈品牌，由1936年8月1日出生于法属北非阿尔及利亚的伊夫圣罗兰先生创立，主要产品有时装、箱包、眼镜、配饰等。

巴黎世家（Balenciaga），是时尚界较具影响力的品牌之一，于1919年由克里斯托巴尔·巴伦西亚加（Cristóbal Balenciaga）成立，1936年落户巴黎，引领了1930年至1968年间的很多重要时尚运动。巴黎世家有代表性的成衣系列体现了品牌的身份，皮具、鞋和饰品也取得了瞩目的成绩。

葆蝶家 （Bottega Veneta），是意大利奢侈品牌，其产品均采用传统意大利皮革工艺制造。目前，其经营范围由最初的皮包扩展至服装、高级珠宝、眼镜、香水、家具及家居用品等不同领域。

亚历山大·麦昆（Alexander McQueen），成立于1992年，其创始人Alexander McQueen于1969年出生于英国伦敦，被誉为英国时尚教父；其英式定制剪裁、精湛时装工艺与完美的意大利手工制作卓然一体。

宝诗龙（Boucheron），是法国传统高级珠宝品牌，由设计师Boucheron于1858年在巴黎创立。它是早先进驻芳登广场的现代珠宝商，以大胆前瞻精神著称，将高瞻远瞩的创作理念注入每款作品之中，致力于保护行业知识、手工艺和技术，并不断与时俱进。

布里奥尼（Brioni），是1945年创建于意大利罗马的著名男装品牌，品牌结合了Savile Row 式的裁剪、缝纫技术，以及灵感丰富的地中海风情，恪守意大利剪裁艺术。

主要品牌备案商标

古驰主要注册商标

https://www.kering.com

主要品牌备案商标

圣罗兰主要注册商标

YVESSAINTLAURENT

SAINT LAURENT

SAINT LAURENT
PARIS

巴黎世家主要注册商标

BALENCIAGA

FLORABOTANICA
BALENCIAGA

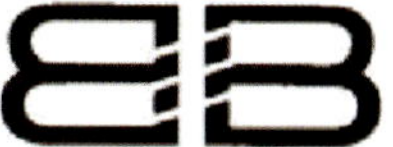

ROSABOTANICA

葆蝶家主要注册商标

BOTTEGA VENETA

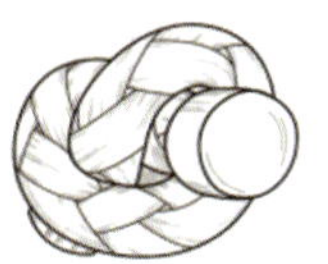

亚历山大·麦昆主要注册商标

ALEXANDER MCQUEEN

宝诗龙主要注册商标

B
BOUCHERON

BOCHERON

布里奥尼主要注册商标

Brioni

柯尼卡美能达办公系统（中国）有限公司

柯尼卡美能达 全球领先的数字化整合增值服务商

柯尼卡美能达办公系统（中国）有限公司（以下简称“柯尼卡美能达”）成立于2005年，是日本柯尼卡美能达株式会社在中国的全资子公司，总部设在上海，目前在北京、广州、深圳、成都、无锡等地共设有10家直属分支机构，渠道服务网络覆盖全国。

秉持“一切以客户为中心”的企业理念，柯尼卡美能达积极践行“创意改变世界”的企业口号，坚持以创新驱动革新，凭借独具匠心的创新产品、个性化的数字化解决方案以及优质的售后服务为各行业用户带来了全新的价值体验，成就了数字化办公时代的商务新典范。凭借领先的创新理念与强大的解决方案实力，柯尼卡美能达现已为制造、医疗、金融保险、物流、教育等多个行业用户提供专业、高效的数字化整合增值服务。2021年，柯尼卡美能达实现了积极的成长态势，连续16年领跑A3幅面彩色数码复合机市场，彩色生产型数字印刷设备稳居中国市场占有率前列。

在产品品质、服务质量、管理体系以及环保等诸方面，柯尼卡美能达均达到了国际标准，通过了ISO 9001质量管理体系认证、ISO 14001环境管理体系认证以及ISO 27001信息安全管理体系认证等多项国际权威认证。此外，凭借完善的售后服务体系、高效优质的售后服务支持，自2009年起，柯尼卡美能达连续六届荣膺“全国售后服务行业十佳单位”和“全国售后服务特殊贡献单位”的称号。同时，柯尼卡美能达始终将企业社会责任视作经营本身，积极履行“企业公民”的义务与职责，在教育和环保等诸多社会公益领域做出了积极的表率，源源不断地向社会传递正能量，为创建可持续发展的社会做出了卓越的贡献。

作为全球领先的数字化整合增值服务商，柯尼卡美能达将顺应当下物联网、大数据、云计算等新兴技术给互联网时代带来的新一轮裂变式变革，以“客户的数字工作流”为中心，通过融合产品、技术与服务，集结集团资源，全面将企业打造成解决客户所有需求的“整体价值运营商”，倾力为用户、合作伙伴及社会创造更多新价值！

Giving Shape to Ideas

创意改变世界

尼康

Z 7

Z 5

Z 6

Z 50

Z 6II

Z fc

Z 9

Z 7II

NIKKOR Z

尼克尔 Z 镜头

Nikon 尼康

尼康简介

株式会社尼康自1917年创建以来，以光学和精密技术为基础，通过FPD曝光装置、半导体曝光装置、显微镜、测距仪等产品，为社会及科技的发展做出了应有的贡献。此外，通过影响产业，记录人们的情感，为人类的发展贡献自己的力量。尼康创造了“Nikon”这个国际品牌。“信赖与创造”这一企业理念，实现起来并非容易。尼康将这一理念作为持之以恒主题永远传承下去。

现在，尼康已把中国作为全球最重要的市场之一。在不断发展的中国市场上，完善从市场运作到销售、服务的整套经营体制。在“信赖和创造”的企业理念下，尼康还将通过自身的先进技术，积极推动中国的影像事业，为中国市场带来更多魅力产品和优质服务。

事业内容、产品介绍

尼康以光利用技术和精密技术为基础，致力于发展应用广泛的先进技术、产品和服务。通过这样的方式，尼康在全球范围内为社会提供支持，推动孕育未来的前沿事业发展，实现各地人们的梦想。

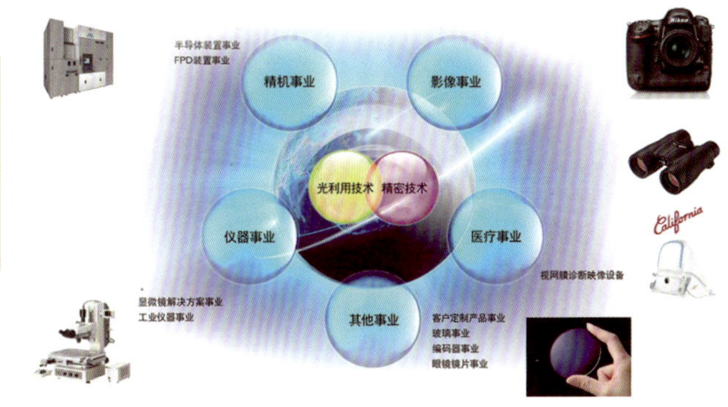

备案商标（商标权利人：尼康株式会社）

尼康		
第09类 T2016-44972 第21类 T2011-21668	第09类 T2015-38964 第21类 T2015-38965	第09类 T2014-35132 第21类 T2014-35133

重点监控的侵权产品类别

从危险性的角度看，假冒品对消费者的危害大

人体接触类产品，有危害健康的可能性

HDMI®（High-Definition Multimedia Interface）是指高清多媒体接口，是当下电子业界先进的高清（HD）设备连接技术及标准，各种消费类电子产品如高清电视、个人电脑、相机、摄像机、平板电脑、蓝光播放器、游戏机、智能手机等，都能够发送或接收高清信号。

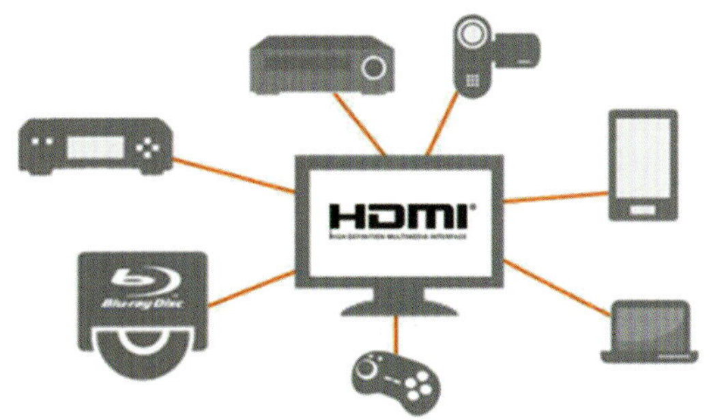

HDMI®技术继续作为领先的数字化视频、音频和数据接口技术，将超高清显示器与广泛的消费电子、个人、移动、汽车和商业音视频设备连接起来。自2002年推出该规格以来，HDMI®设备的出货量已超过100亿个，近几年来，每年的出货量超过10亿个。

HDMI®的注册商标

商标注册号：10251088 / 海关备案号：T2014-34955

HDMI®

商标注册号：10251085 / 海关备案号：T2014-34954

采用HDMI®界面的产品

- 平板电视
- DVD和蓝光播放器
- 机顶盒
- 媒体棒
- 家庭影院/商务投影仪
- 音视频接收器
- 音箱
- 电缆
- 视频游戏机
- 数码相机
- 数字摄录机
- VR头盔
- 无人机

- 分离式适配器解决方案
- 台式电脑
- 移动电脑
- 平板电脑
- 液晶电脑显示器
- 移动PC对接站
- 媒体平板电脑
- 汽车
- 医疗
- 数字标牌
- 航空航天
- 工业自动化

确定未授权HDMI®产品的步骤

第一步：中国海关备案系统；

第二步：HDMI®网上授权名单（http://www.hdmi.org/learningcenter/adopters_founders.aspx）；

第三步：提供查扣货品资料给REACT CHINA及HDMI®协会（customs@HDMI.org）以进行确认。

公司简介 COMPANY PROFILE

东方物通科技(北京)有限公司成立于2011年，是中国电子口岸数据中心全资子公司。经过10余年不断积累，公司发展成为一家具有丰富的外贸、口岸信息化系统建设经验和行业技术优势的高新技术企业，拥有跨境电商综试区平台、跨境电商道关辅助管理平台、数据交换产品、航空物流公共信息平台、企业关务服务等自主研发产品，具有40余项独立软件著作权。参与了数十个跨境类信息化系统建设或运维服务项目。未来，公司将持续进行业务创新，积极拓展与“一带一路”沿线国家和地区联网、智慧口岸建设、企业关务服务等业务领域的系统研发。

跨境电商综试区平台

提供电子化、自动化通关服务，助力跨境电商申报“秒通关”，实现跨境贸易“买全球、卖全球”。

数据交换信息平台

采用业界先进技术架构，适用于各类业务场景，实现高效稳定的数据交换与信息共享。

智慧口岸联网平台

促进“智慧海关、智能边境、智享联通”建设，打造企业融合服务平台、口岸智能监管平台、口岸政务管理平台。

快跨通关辅助平台

创新快跨业务海关监管模式，强化海关物流监控与风险防控，实现单证流、信息流、实物流“三流合一”。

企业关务产品

打造“关企政直通车”，为企业提供系统对接、信息共享智能申报、通关订阅及个性化定制等服务，降低技术门槛提高通关效能。

航空物流公共平台

推动航空口岸“通关+”物流全链条信息互联共享，为货站、货代、货主、报关行等主体提供查验预约、全景展示等“一站式”服务。

经典案例 CLASSIC CASE

中国—上海合作组织地方经贸合作综合服务平台

中国—上海合作组织地方经贸合作综合服务平台（简称“上合经贸综服平台”）依托中国国际贸易单一窗口体系建设，以区域性国际贸易单一窗口建设及功能拓展为核心，建设中国与上合组织国家间综合信息展示平台、中国—上合组织地方经贸领域一站式公共服务平台及综合数据合作发布平台，打造国内企业走进上合组织国家的母港、上合组织国家企业进入中国的平台，融合线上和线下，覆盖贸易、通关、金融、物流全链路环节。

河南电子口岸跨境电商公共服务平台

公司根据跨境电子商务特点，利用系统联网、数据共享等信息化手段，协助河南电子口岸搭建了省内电子商务企业、报关企业、物流企业和相关管理部门之间的数据交换通道，建立了包括快速通关、物流信息查询追踪、资信认证等综合服务功能的跨境电子商务服务平台，累计传输跨境电子商务申报清单数亿票，助力跨境申报“秒通关”。

中国银联跨境电商海关业务服务平台

2021年公司与中国银联公司达成项目合作意向，研发中国银联跨境电商海关业务服务平台，可汇总全国范围内跨境电商业务的银联卡支付信息，生产符合要求的支付单证，直连或通过地方公服平台进行数据定向申报，方便中国银联公司高效快速地申报数据。

创世界一流轮胎品牌 做世界一流轮胎企业

森麒麟简介

青岛森麒麟轮胎股份有限公司（简称“森麒麟”），2007年12月在山东省青岛市即墨区注册成立，2020年9月在深圳证券交易所主板上市（股票代码：002984.SZ）。公司是全球轮胎行业智能制造的标杆企业，德国大众集团正式供应商，中国轮胎行业在中国A股市场的头部企业之一，最近三年企业盈利能力位居全球同行榜首。公司专注于绿色、安全、高品质、高性能子午线轮胎及航空轮胎的研发、生产与销售，旗下拥有森麒麟（SENTURY）、路航（LANDSAIL）、德林特（DELINTE）三大核心品牌。目前已在中国青岛和泰国两地建成三大国际领先的轮胎智能制造生产基地，具备年产3 100万条高性能轿车轻卡轮胎、200万条卡客车轮胎和8万条民用航空轮胎的产能，同时正在筹建西班牙1 200万条高性能轿车轻卡轮胎智能制造基地项目。

轮胎智能制造的开拓者

森麒麟是轮胎行业智能制造典范，智能制造实践成果连续三年（2016年至2018年）入选智能制造示范项目，2019年获工业和信息化部绿色工厂及绿色产品示范项目。森麒麟在泰国的智能制造基地获得包括全球知名设备供应商在内的轮胎业内人士的一致认可，被公认为当今世界上智能化程度高的轮胎制造工厂，是目前世界上先进的轮胎智慧工厂。

森麒麟坚持“自主研发、持续创新、技术领先、着眼未来”的研发理念；从欧洲、日本等全球汽车和轮胎前沿高地引进一批高水准的汽车和轮胎领域的技术专家，拥有行业领先的研发设备和实验室。森麒麟为中国国家高新技术企业，拥有中国国家认可实验室、山东省企业技术中心、山东省航空轮胎技术创新中心、山东省航空轮胎工程研究中心、山东省工业设计中心，目前正在申报中国国家航空轮胎技术创新中心、中国国家工业设计中心。

助力中国航空工业的先行者

在民用航空轮胎领域，森麒麟历经十余年持续研发投入，成为国际少数航空轮胎制造企业之一，具备产品设计、研发、制造及销售能力；森麒麟可生产适配波音、空客等各类大飞机、支线客机机型的多规格航空轮胎产品。森麒麟已与相关飞机制造企业签署合作研发协议，开展航空轮胎合作，并已进入供应商名录。同时，公司正在稳步推进航空轮胎应用领域的客户开发。

中国轮胎世界品牌的塑造者

森麒麟坚持“创世界一流轮胎品牌，做世界一流轮胎企业”的企业愿景，“顾客至上、创新引领、匠心智造、追求卓越”的质量方针，“用真诚合作铸造紧密、长久的共赢关系，成为彼此最值得信赖的合作伙伴”的合作理念，积极开拓国内外市场，客户网络遍布美洲、欧洲、亚太及非洲等区域，产品远销150多个国家和地区。公司结合全球轮胎行业发展趋势及公司发展实际制定了适应未来发展路径的“833Plus”战略，即：在未来10年左右时间内最终形成8座数字化轮胎智能制造基地（中国3座，泰国2座，欧洲、非洲、北美各1座）、3座全球化研发中心（中国、欧洲、北美各1座）、3座全球用户体验中心的格局，“Plus”即择机并购一家全球知名轮胎制造商。森麒麟将继续坚持“聚焦、精益、高效、稳健、创新、责任”的经营理念，着力打造高科技、高效能、高品质、高定位的轮胎产业高端智能制造引领者，做专、做精、做强主业，希望通过10年左右的努力奋斗，成为一家全球领先的科技型、数字化型的轮胎智能制造商和轮胎工业工程技术标准供应商，将森麒麟打造成全球轮胎工业的新高地——技术研发高地、数字智造高地、卓越产品 高地、绿色零碳高地。

“我们的所有努力都是为了提供一种更绿色、更安全、更舒适的生活体验，持续将最优质产品呈现给每一个人。”这是森麒麟始终坚持的企业使命，也是森麒麟始终如一的郑重承诺。

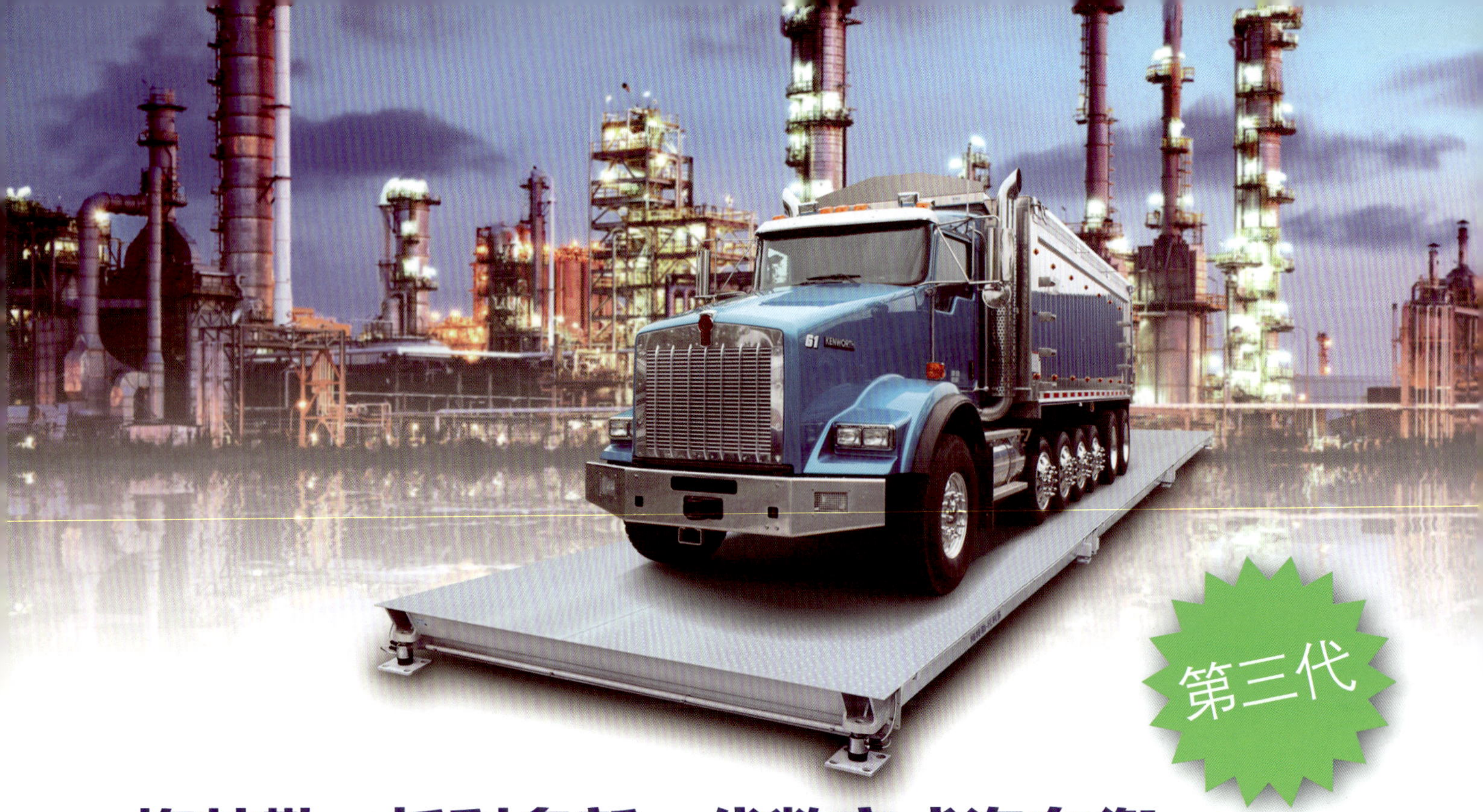

梅特勒－托利多新一代数字式汽车衡

高准确度、高可靠性为物流提供可靠的称重解决方案

VTS/VTC系列电子汽车衡是梅特勒－托利多在多年生产正交各向异性闭口肋U型钢汽车衡的基础上，全新开发的第三代多个系列产品，可以广泛应用于港口、物流等各类称重场合。

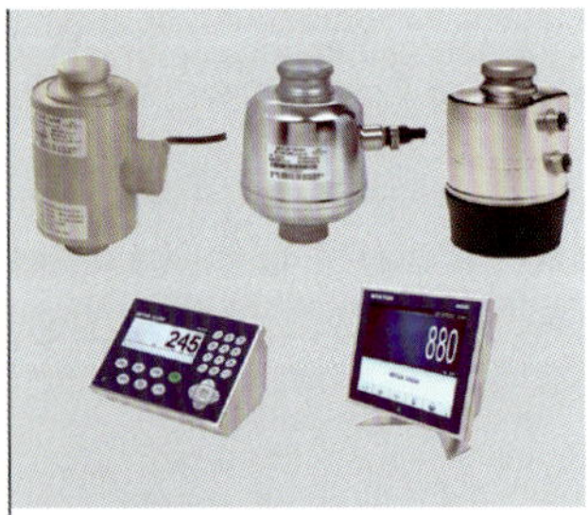

灵活的产品组合，选型丰富

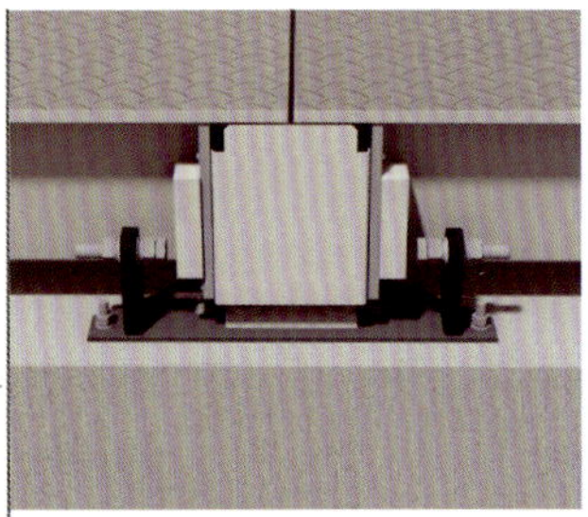

创新的限位方式，维护方便

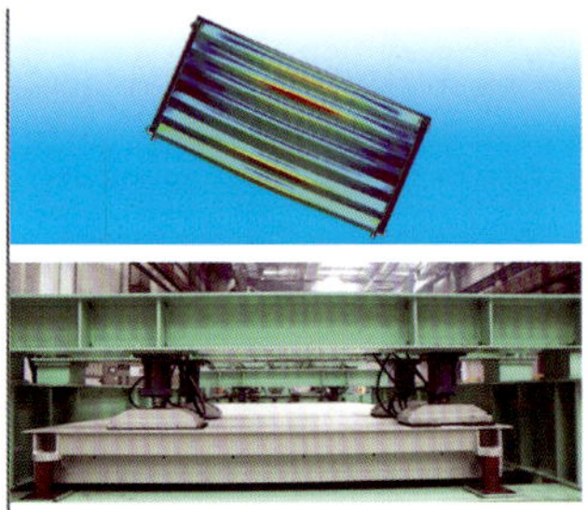

优化的秤台设计，坚固耐用

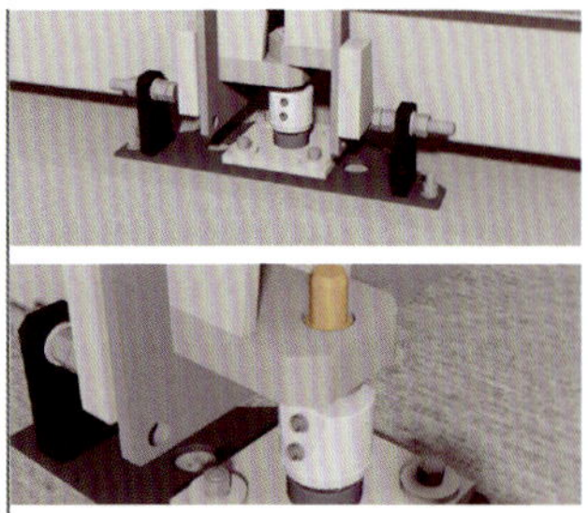

可靠的连接结构，安装快速

扫描二维码
免费设备体验

车辆衡业主需要较大限度地缩短停机时间，以确保业务正常运营。这就是梅特勒－托利多为所有结构和型号的车辆衡提供新的健康检查服务的初衷。

简单填写杂志广告问卷调查，前100名反馈者即有机会获得精美礼品一份！

扫码赢大礼

访问网站或拨打服务热线，了解更多信息。

www.mt.com/cn-Magazine

4008-878-788

MT-IND

METTLER TOLEDO

杭州综合保税区

HANGZHOU COMPREHENSIVE BONDED ZONE

2021年，杭州综合保税区实现规模以上工业总产值106.94亿元，同比增长10.6%；规模以上工业企业累计实现利润总额3.56亿元，同比增长22.1%；实现税收总额20.50亿元，货物进出口总值269.97亿元，全年跨境零售进口额76.95亿元。在2022年发布的综合保税区发展绩效评估结果中，杭州综合保税区在全国127个海关特殊监管区中获得全国第十二和浙江省第二的成绩。

杭州综合保税区在园区内推广一般纳税人资格试点政策，累计叠加试点政策企业已达11家，通过打通国内增值税“免抵退”链条，降低企业税负成本、提升企业经营效益。2021年，全年累计试点企业内销金额达2亿元，合计降低经营总成本约700万元。

在杭州综合保税区内创新完成适合“9610”（B2C小包出口）出口模式业务开展的软硬件设施建设，在园区中心监管仓设有5 000平方米的仓库平台，日监管跨境电商货物可达10万件。2021年3月3日，杭州综合保税区首批“9610”出口11 189个包裹顺利通关，3月22日，成功退运全国首批“9610”出口包裹。2021年，杭州综合保税区跨境“9610”包裹出口达到1.15亿美元。

2021年7月15日，全国首个淘宝直播保税仓基地授牌仪式在杭州综合保税区举行，区内企业杭州海库供应链管理有限公司成为淘宝直播基地官方授权的合作伙伴，这标志着杭州综合保税区跨境电商产业与直播元素深度融合。

2021年9月27日，杭州综合保税区天猫国际新世界工厂（日化洗护工厂）举行启动仪式。该工厂由新西兰企业新毛利 Te Atua 集团投资建设，主要为入驻天猫国际的个人护理、家居清洁等日化类海外品牌提供分装加工、中小样灵活生产、新品定制等服务。

目　　录

内蒙古自治区

辽宁省

吉林省

黑龙江省

上海市

江苏省

河南省

湖北省

湖南省

广东省

广西壮族自治区

第五篇　口岸相关法规

第六篇　全国口岸运行主要数据

第七篇　附　录

各地区开放口岸索引

北京市开放口岸

天津市开放口岸

河北省开放口岸

山西省开放口岸

内蒙古自治区开放口岸

辽宁省开放口岸

吉林省开放口岸

黑龙江省开放口岸

上海市开放口岸

江苏省开放口岸

浙江省开放口岸

安徽省开放口岸

福建省开放口岸

江西省开放口岸

山东省开放口岸

河南省开放口岸

湖北省开放口岸

湖南省开放口岸

广东省开放口岸

广西壮族自治区开放口岸

海南省开放口岸

重庆市开放口岸

四川省开放口岸

贵州省开放口岸

云南省开放口岸

西藏自治区开放口岸

陕西省开放口岸

甘肃省开放口岸

宁夏回族自治区开放口岸

新疆维吾尔自治区开放口岸

第一篇

口岸综合

第一篇

2021 年国家口岸管理工作概要

国家口岸管理办公室

2021 年，国家口岸管理办公室在统筹口岸疫情防控、强化口岸开放管理、持续优化口岸营商环境、推动国际贸易“单一窗口”建设、巩固口岸国际合作等方面取得积极成效。

严格落实边境口岸“客停货通”政策，在确保口岸疫情防控安全前提下，推动解决口岸货物积压问题，有效缓解口岸拥堵。截至 2021 年年底，报请国务院批准对外开放口岸 2 个、扩大开放口岸 7 个，完成验收口岸 8 个，关闭口岸 2 个。持续优化口岸营商环境，顺利完成国务院确定的到 2021 年年底整体通关时间比 2017 年压缩一半的目标任务；组织开展 2021 年度跨境贸易便利化专项行动，海关总署会同国家发展改革委、财政部、交通运输部、商务部、国家市场监督管理总局等部门围绕优流程、压时间、提效率、降成本等方面联合推出 18 项改革举措；聚焦市场主体关切，对标国际先进水平，牵头拟定《关于进一步深化跨境贸易便利化改革优化口岸营商环境的通知》，提出 5 个方面 27 项措施。持续深化国际贸易“单一窗口”建设。除特殊情况外，38 种监管证件全部通过“单一窗口”一口受理，“单一窗口”实现与国家电子政务平台“总对总”对接，完成出口退税功能开发并在全国推广，累计服务企业 1 万余家，退税额 439 亿元。持续深化口岸国际合作，组织召开中俄、中蒙口岸合作机制会议，协调口岸疫情防控和提升过货能力等；签署《中华人民共和国海关总署和新加坡共和国关税局关于“单一窗口”互联互通联盟链的合作备忘录》。

一、口岸开放与发展

（一）国务院口岸工作部际联席会议第六次全体会议

2021 年 2 月 5 日，国务院口岸工作部际联席会议第六次全体会议在北京召开。联席会议由海关总署、外交部、国家发展改革委、科技部、工业和信息化部、公安部、司法部、财政部、生态环境部、交通运输部、农业农村部、商务部、国家卫健委、中国人民银行、国家税务总局、国家市场监督管理总局、国务院港澳事务办公室、国家移民管理局、国家林业和草原局、国家铁路局、中国民用航空局、国家中医药管理局、国家外汇管理局等 25 个部门和单位组成。会议聚焦党的十九届五中全会和中央经济工作会议精神，对新形势下口岸疫情防控、保障国际物流畅通、促进外贸稳定增长等重点工作做出部署。同时，会议研究审议通过《国家“十四五”口岸发展规划（报审稿）》，明确未来 5 年全国口岸建设发展目标及统筹协调做好口岸安全联合防控等相关工作。

（二）《国家“十四五”口岸发展规划》发布

2021 年 8 月 31 日，国务院批准《国家“十四五”口岸发展规划》。9 月 16 日，海关总署印发实施《国家“十四五”口岸发展规划》（以下简称《规划》）。《规划》全面总结了“十三五”时期口岸发展主要成绩，分析了“十四五”口岸发展面临的形势，确定了“十四五”时期口岸发展的指导思想、基本原则、发展目标，部署了 11 项主要任务、4 项重点工程和 5 项重大举措，同时对《规划》组织实施提出明确要求。其中，在主要任务方面，《规划》提出围绕枢纽口岸优化口岸布局。一是巩固沿海地区口岸在构建新发展格局中的主力军地位。二是全面加快边境地区口岸发展。三是支持内陆地区口岸创新发展。四是统筹推进航空口岸高质量发展。《规划》同时提出探索实施口岸分级分类动态管理。坚持全国“一盘棋”，根据口岸所处区域、类型、功能定位等方面的差异性探索实施分级分类管理：将战略地位重要、口岸经济社会效益强和辐射带动作用大的口岸作为国际枢纽口岸，战略地位比较重要、口岸经济社会效益较强和辐射带动作用较大的口岸作为国家重要口岸，其他口岸作为地区普通口岸。针对不同等级不同类型口岸，在口岸准入、退出、建设、运行等方面制定不同的条件和标准，给予差别化政策。落实《口岸准入退出管理办法（暂行）》，稳妥有序推进口岸退出实施。加快清理整顿原二类口岸，“十四五”时期完成清理整顿工作。在口岸开放准入标准方面，《规划》提出水运口岸将加快推进向以地级市为单元“一城一口岸”方向整合。在重点工程建设方面，《规划》明确了 4 类重点枢纽口岸示范工程：水运口岸项目、航空口岸项目、公路口岸项目、铁路口岸项目。《规划》提出，全面落实新时代口岸高质量发展要求，以口岸综合绩效评估为抓手，统筹推进平安、效能、智慧、法治、绿色“五型”口岸建设。到 2025 年，基本建成口岸布局合理、设施设备先进、建设集约高效、运行安全便利、服务完备优质、管理规范协调、危机应对快速有效、口岸经济协调发展的中国特色国际一流现代化口岸。到 2035 年，建成与基本实现社会主义现代化相适应的现代化口岸，高质量完成平安、效能、智慧、法治、绿色“五型”口岸建设。

（三）口岸新冠肺炎常态化疫情防控

2021 年，贯彻落实国务院应对新冠肺炎疫情联防联控机制要求，扎实推进依法依规科学精准防控。国家口岸管理办公室坚持边境口岸运行动态监测，对全国在运行的 75 个边境口岸进行日常监测，坚持日报口岸运行数据、周报口岸运行动态，重点关注中俄、中蒙、中缅、中哈、中吉、中老等重点口岸数据动态，密切监测周边国家新冠肺炎疫情防控和口岸运行状态，成为制定“外防输入”有关政策措施的重要依据，2021 年全年共报送日报 365 期。坚持“客停货通”原则，严格按程序办理口岸临时关闭或恢复货运功能，要求地方政府在完善口岸闭环管理、疫情防控方案及应急处置预案前提下，按程序先后恢复中哈吉木乃公路口岸、中巴红其拉甫公路口岸、中越平孟公路口岸、中朝丹东铁路口岸，以及中俄黑河（散装码头）、同江（西港）、抚远、萝北、嘉荫、逊克、饶河 7 个水运口岸明水期货运功能，批准中尼陈塘、日屋、普兰口岸，中越那西通道，中巴红其拉甫口岸，江西上饶三清山机场、山东临沂机场，以及中老磨憨铁路口岸 8 个口岸（通道）临时开放。及时协调地方政府与对应国家动态管理，保障对外援助重大工程物资、能源产品通关。会同中央编办、国家发展改革委、外交部等部委赴新疆、内蒙古等边境口岸一线开展实地调研，推动地方在做好疫情防控前提下进一步提升口岸过货量。

（四）服务国家重大发展战略

2021 年，主动服务国家重大发展战略，支持各地根据当地开放型经济发展特点及经济发展需要进一步加快口岸开放、建设和制度创新，持续提升口岸安全便利化水平和口岸综合治理能力。支持海南自由贸易港建设，指导海南省编制《海南自由贸易港口岸布局方案》，10 月 7 日获国务院批准。配合国家发展改革委做好中老磨憨铁路口岸开放、验收相关工作，确保口岸与铁路同步开通，同时配合外交部做好磨憨铁路口岸“一地两检”设置相关工作，12 月 3 日磨憨铁路口岸顺利开通。配合国家发展改革委做好黑瞎子岛联合保护开发口岸设置工作，指导黑龙江省口岸办根据黑瞎子岛联合保护开发规划研究制订相应口岸设置方案。5月13日在武汉召开中部内陆地区口岸发展专题座谈会，推动内陆地区口岸高质量发展，听取内陆地区口岸管理部门对口岸综合绩效评估管理办法的意见建议。

（五）口岸开放审理和验收

2021年，研究制订年度口岸开放审理计划，按程序报国务院备案后有序组织实施，年内先后报请国务院批准云南磨憨铁路口岸、内蒙古二连浩特航空口岸对外开放，以及四川成都、江苏连云港航空口岸，广东湛江港、江苏南通港、海南三亚港、福建宁德港水运口岸，广西龙邦公路口岸计7个口岸扩大开放；组织完成广东揭阳港和汕尾港、福建宁德港水运口岸，云南勐康、广东青茂、黑龙江黑河公路口岸，云南磨憨铁路口岸以及重庆港水运口岸8个口岸验收；报请国务院批准关闭广东佛山、肇庆2个铁路口岸；积极会商和协调外交部、国家移民管理局和广西、西藏、云南、吉林有关部门以及海关总署相关司局，推动研究制定边民通道分类处置清单。截至2021年年底，全国共有经国务院批准开放口岸313个，其中水运口岸129个、航空口岸81个、铁路口岸21个、公路口岸82个。

（六）完善口岸管理制度

为进一步规范口岸管理，2017年以来，先后组织编制《口岸准入退出管理办法（暂行）》《口岸验收管理办法（暂行）》《非口岸区域和限制性口岸临时开放管理办法（暂行）》，经国务院批准后以海关总署、公安部、交通运输部、原国家质检总局四部委联合发文形式印发实施。2017年，牵头组织编制《国家口岸查验基础设施建设标准》；当年9月29日，由住房和城乡建设部、国家发展改革委联合批准发布。2021年，加快组织修订和完善《口岸准入退出管理办法（暂行）》《口岸验收管理办法（暂行）》《非口岸区域和限制性口岸临时开放管理办法（暂行）》，进一步规范口岸管理，推动修订《国家口岸查验基础设施建设标准》，完成项目立项。

（七）建立口岸综合绩效评估制度

2021年，为推进“五型”口岸建设目标，促进口岸高质量发展和治理体系、治理能力现代化，组织中国口岸协会牵头研究制定口岸综合绩效评估管理办法，明确开展综合绩效评估的对象、指标体系、实施主体、评估程序、结果发布及应用，组织开发配套“口岸综合绩效评估系统”，对涵盖水陆空铁等不同类型、内陆沿海沿边等不同区域的94个典型口岸进行模拟测评，验证评估指标体系的可行性、可操作性。口岸综合绩效评估指标体系设立涵盖硬件设施、通行能力、投入产出、运行安全、口岸通关便利化、智慧智能、管理服务、带动能力、绿色环保和社会效益10个一级指标，各一级指标名下设若干二级指标，通过采集权威数据、口岸上报材料、口岸检查单、调查问卷4类基础数据，按照科学的指标算法和合理的指标权重设置，计算获得全国各个口岸的指标得分及综合得分。

二、优化口岸营商环境

（一）促进跨境贸易便利化专项行动

2021年1月，海关总署召开2021年促进跨境贸易便利化专项行动部署会，总结分析2020年优化口岸营商环境、促进跨境贸易便利化工作情况，部署在北京、天津、上海、重庆、广州、深圳、杭州、宁波8个城市集中开展为期4个月的促进跨境贸易便利化专项行动，相关地方负责同志和国务院办公厅政府职能转变办公室、财政部、交通运输部、商务部、国家市场监督管理总局有关负责同志参会。海关总署会同相关部门紧紧围绕优流程、降成本、压时间、提效率等方面，联合推出18项改革创新措施，主要包括：推进集装箱设备单证电子化；推动进出口环节涉及的监管证件通过国际贸易“单一窗口”一口受理、自主打印；电子版“入境货物检验检疫证明”跨部门合作和电子证明信息共享；优化海关查验作业模式，提高非侵入式检查比例，扩大“智能审图”等覆盖范围；深化“提前申报”“两步申报”“两段准入”改革；落实口岸单位公布作业时限制度；提升口岸通关信息化智能化水平，加快“智慧港口”建设；引导国际集装箱班轮公司增加船舶运力投放，缓解出口集装箱船舶运力紧张状况，降低企业跨境运输成本；引导船公司（班轮公司）规范调整收费结构，取消不合理附加费，严格执行运价备案制度；完善港口收费政策，落实口岸收费目录清单制度，并强化动态调整更新等内容。专项行动期间，各地高度重视，推动落实国家层面部署的“规定动作”，并结合实际研究出台“自选动作”，各项措施落实到位，达到了预期目标。同年 5 月，专项行动结束后海关总署及时总结工作情况，将专项行动 18 项改革措施向全国口岸复制推广。

（二）优化口岸营商环境政策措施

2021 年，海关总署着眼于进一步促进外贸高质量发展，聚焦市场主体关切，对标国际先进水平，会同相关部门研究起草《关于进一步深化跨境贸易便利化改革优化口岸营商环境的通知》，提出进一步优化通关全链条全流程、降低进出口环节费用、提升口岸综合服务能力、改善跨境贸易整体服务环境、加强跨境通关合作 5 个方面 27 项具体举措，主要包括：推进海关全业务领域一体化、优化进出口货物通关模式、推进“主动披露”制度和容错机制实施、深化税收征管改革、提升出口退税便利度、合理调整和精简进出口环节监管证件、推进检验检疫监管模式改革、进一步规范口岸收费、优化收费公示制度和收费服务模式、加大进出口环节收费监督检查力度、深化国际贸易“单一窗口”功能等举措。经国务院常务会议审议并报国务院批准，8 月 20 日，海关总署会同国家发展改革委、财政部等 9 个部门向各省（自治区、直辖市）人民政府联合印发该通知。

（三）巩固压缩进出口货物整体通关时间成效

2021 年，积极支持在具备条件的港口推进进口货物“船边直提”和出口货物“抵港直装”试点。推动重点港口公布作业时限，进一步细化靠泊、装卸、场内转运、吊箱移位、掏箱、提箱等作业时限。在全国推进货物“两步申报”和“两轮驱动”风险防控方式、“两段准入”监管作业方式相衔接，缩减申报准备、转关办理和海关通关时间。大力推广机检集中审像作业模式，扩大智能审图作业范围。对免予办理强制性产品认证（CCC 认证）证明进口的汽车零部件，在申报时实行“先声明、后验证”。据统计，2021 年 12 月，全国进口、出口整体通关时间分别为 32.97 小时和 1.23 小时，较 2017 年分别压缩 66.14%和 89.98%，圆满完成国务院确定的“到 2021 年底整体通关时间比 2017 年压缩一半”的目标任务。

（四）降低进出口环节费用

2021 年，海关总署会同相关部委聚焦进出口环节重点领域，研究提出针对性解决措施。持续推进落实《清理规范海运口岸收费行动方案》涉及海关的任务事项。加大对地方口岸工作指导协调力度，督促各地落实口岸收费目录清单公示制度并动态更新，增强口岸收费透明度。支持具备条件的港口探索施行口岸收费“一站式阳光价格”。配合国家主管部门对市场主体反映的国际海运集装箱收费等问题进行调研，协同做好清理规范进出口环节收费等工作。进一步优化财关库银横向联网功能，扩大联网银行范围，推动行邮税征收电子支付功能上线，持续优化企业纳税服务。

（五）贸易便利化国际合作交流

2021 年，立足海关职能定位，维护国家利益，服务外交外贸大局，对世界贸易组织（WTO）《贸易便利化协定》（TFA）涉及海关领域业务实施情况进行全面梳理，目前中国海关已 100%实施 TFA 条款规定。加强海关、口岸等领域对外合作交流，推进中国海关与共建“一带一路”沿线国家和地区、《区域全面经济伙伴关系协定》（RCEP）成员方、中东欧国家和重要贸易伙伴间“经认证的经营者”（AEO）互认合作。截至 2021 年年底，已与 21 个经济体 47 个国家（地区）签署 AEO 互认安排协议，互认国家（地区）数量居世界首位。支持中国企业参与国际经贸治理，助推中资企业成功入选世界海关组织（WCO）新成立的亚太地区企业咨询组首届成员。建设中国—中东欧国家海关信息中心，不断提升服务功效，及时发布法律法规、清关指南、监测预警、技术性贸易资讯等信息，受理互动交流咨询，助力中国企业“走出去”。举办第六次中欧陆海快线通关便利化工作组会议，建立“中欧陆海快线沿线国家通关协调咨询点”，推动中欧陆海快线通关便利化合作持续发展。推动落实世界海关组织（WCO）《全球贸易安全与便利标准框架》“安智贸”国际合作项目，通过实现数据互换，构建高效、安全的贸易航线。同时，问需于企、助企纾困，持续做好贸易政策合规工作，组织对出口企业境外通关情况问卷调研，及时了解并解决中国企业在境外通关过程中遇到的困难问题，护航守法贸易，促进跨境通关便利。

三、国际贸易“单一窗口”建设

（一）进出口环节监管证件一口受理

2021年前，中宣部（国家新闻出版署）、工业和信息化部、自然资源部、生态环境部、农业农村部、商务部、中国人民银行、国家广播电视总局、国家林业和草原局（国家濒管办）、国家药监局、国家电影局等部门签发的音像制品（成品）进口批准单、民用爆炸物品进口审批单、民用爆炸物品出口审批单、古生物化石出境批件、有毒化学品进出口环境管理放行通知单、农药进出口放行通知单、合法捕捞产品通关证明、中华人民共和国出口许可证、中华人民共和国自动进口许可证、援外项目任务通知单、银行调运人民币现钞进出境证明、黄金及黄金制品进出口准许证、进口广播电影电视节目带（片）提取单、中华人民共和国野生动植物允许进出口证明书、非《进出口野生动植物种商品目录》物种证明、《濒危野生动植物种国际贸易公约》允许进出口证明书、药品进口准许证、药品出口准许证、进口药品通关单19种进出口环节监管证件通过“单一窗口”一口受理。2021年，海关总署会同科技部、商务部、中宣部（国家新闻出版署）、农业农村部、国家市场监督管理总局、国家林业和草原局等部门，实现人类遗传资源材料出口/出境证明、进口许可证、麻醉药品和精神药物进出口准许证、进口医疗器械备案/注册证、进口普通化妆品备案凭证、进口特殊化妆品注册证书、两用物项和技术进口许可证、两用物项和技术出口许可证、技术出口许可证、技术出口合同登记证、赴境外加工光盘进口备案证明、国（境）外引进农业种苗检疫审批单/引进林木种子苗木检疫审批单、农业转基因生物安全证书（进口）、强制性产品认证证书或证明文件、进口兽药通关单、特种设备制造许可证及型式试验证书、婴幼儿配方乳粉产品配方注册证书、保健食品注册证书或保健食品备案凭证、特殊医学用途配方食品注册证书19种进出口环节监管证件通过“单一窗口”一口受理。至此，进出口环节应纳入“单一窗口”受理的38种监管证件全部通过“单一窗口”受理，相关市场主体可以通过“单一窗口”一个平台，向各监管部门网上申领所需的各类进出口环节监管证件，进一步提升贸易便利化水平，社会反响良好。

（二）“单一窗口”功能建设

2021年，“单一窗口”基本功能由18大类729项扩大到19大类781项，累计注册用户由396万家增加到502万家，日申报业务量由1 200万票增加到1 400余万票，服务覆盖全国所有口岸和特殊监管区域、自由贸易试验区、跨境电商综试区等各类区域，基本满足企业“一站式”业务办理需求，核心系统可用性达99.9%。实现中国国际贸易单一窗口平台与国家政务服务平台用户身份认证体系对接互认，在国家平台门户开通“单一窗口”专区，完成与国家平台电子证照系统对接准备，配合国务院电子政务办、国家林业和草原局完成非《进出口野生动植物种商品目录》物种证明申请核发跨省通办功能开发和上线推广。6月30日，危险货物申报功能在山东青岛海运口岸开展试点，试点企业通过“单一窗口”顺利完成船舶载运包装货物、固体散装、液体散装进出港口申报及安全适运报告等功能，通过边试点边优化，持续提升系统使用便利性。完成原产地证电子管理系统、进口食品化妆品进出口商备案系统、出口食品生产企业备案管理系统、进境动植物检疫审批管理系统、进口机动车VIN管理系统、出口退货信息管理系统、进口肉类卫生证书电子核查系统、进口食品境外生产企业注册管理系统、进境粮食检验检疫管理系统、进境种苗检疫管理系统10个系统的改造工作，实现统一服务入口、统一身份认证、统一部署、统一运维管理。

（三）口岸跨部门信息共享和业务协同

2021年，“单一窗口”平台累计交换共享信息3.4亿条，口岸各部门在进出口环节38种监管证件全部实现联网核查、无纸通关，会同国家税务总局完成“单一窗口”出口退税（金三版）功能开发并在全国推广应用，提高了企业通过“单一窗口”申报出口退税的便利性。天津、上海、浙江、山东、广东、海南、重庆、福建、安徽、江苏、广西11个地区已实现海关查验信息推送功能，累计向地方推送海关查验信息601万条，接收港口、码头调箱信息131万条。

（四）“单一窗口”功能向跨境贸易全链条延伸覆盖

2021年，开展与银行、保险机构合作对接，稳步推进金融保险服务扩大试点。完成与招商银行、中信银行、华夏银行、浦发银行、北京银行、南京银行、宁波银行、广发银行第三批共8家金融保险机构的合作协议签署并实施系统对接，对接试点金融机构增至20家，上线信用证国际结算、进出口信用证押汇、出口商业发票融资、“跨境贷”优化、出口信用保险（二期）功能、出口信保快捷贷等一批创新服务功能，惠及外贸企业23万余家。推动完成航空物流公共信息平台验证工作目标，实现验证主体、系统标准和业务流程三个“全覆盖”。在福建（厦门）、广东（广州、深圳）、海南、陕西等地区组织开展首批试点建设工作，取得积极成效。据厦门市口岸办测算，进口方面，物流作业时间最快可压缩90%；出口方面，作业效率提升70%。开发上线企业跨境贸易档案系统（一期），以企业为单元汇聚本企业跨境贸易数据，为企业提供查询、分析和展示服务，辅助企业经营分析和品牌推广。上线“掌上单一窗口”移动应用，首批功能包括货物通关状态、出口退税联网核查、监管证件联网状态、个人物品通关状态、跨境电商额度、进出口商品税率等查询及订阅推送等，最大限度满足企业“一站式”查询服务需求。创新推出大企业直连服务，满足全国多地从事进出口业务、设有多个独立法人单位的大型企业集团的个性化系统对接直连需求，降低企业的业务管理和系统运维成本。在全国海运口岸推广应用“单一窗口”口岸收费及服务信息发布系统，促进口岸收费更加公开透明，进一步优化口岸营商环境。

（五）地方及区域性“单一窗口”建设

2021年，积极支持地方及区域性“单一窗口”建设，促进贸易便利、行业融合和业态创新，服务国家区域发展战略和地方经济贸易发展，总体上呈现多点齐发、竞相创新的特点。对海南“单一窗口”建设提出指导意见，加快推动海南自由贸易港公共信息服务平台整合，上线海南“零关税”设备、交通工具及游艇管理系统申报功能，提升海南岛内企业设备转移、转让、抵押贷款等业务办理效率。支持指导重庆地方推进合作机制、平台建设、统一认证、应用开发、“智能制单”项目推广等相关工作，加强区域内信息共享与业务协同，促进区域跨境贸易、跨境物流和相关产业深度融合。研究区域性平台建设发展规划，支持西部陆海新通道、长三角、粤港澳大湾区等国家区域发展战略，促进地方经济发展。指导广东上线粤港澳大湾区跨界车辆信息管理综合服务平台，试运行粤澳货物“一单两报”功能，建设“澳车北上”系统。

（六）“单一窗口”对外交流与合作

2021年，在持续深化并巩固与新加坡“单一窗口”合作的基础上，积极开展对“一带一路”沿线国家和地区的“单一窗口”交流与合作，同时利用各种国际平台宣传推介中国“单一窗口”实施成效，提出有关合作倡议。6月18日，会同新加坡成功举行中新（加坡）海关“单一窗口”联合工作组第五次会议，推动货物申报数据交换和海运集装箱通关物流信息交换合作项目扩大试点，并于中新双边合作联委会第十七次会议上与新方签署《中华人民共和国海关总署和新加坡共和国关税局关于“单一窗口”互联互通联盟链的合作备忘录》。参加世界海关组织（WCO）、世界贸易组织（WTO）、亚洲开发银行（ADB）等有关国际组织活动，推动中国“单一窗口”提案纳入世界海关组织（WCO）《经修订的京都公约》及其指南。开展与马来西亚等东盟成员、澜湄国家、中亚国家、以色列等“一带一路”有关国家和地区的“单一窗口”合作磋商与交流。

（七）“单一窗口”客户服务质量

2021 年，持续加强国际贸易“单一窗口”运行安全管理，强化运维服务保障，通过组织绩效考核、问卷调查、情况通报和操作培训等，多手段、全方位提升客户服务质量。依托全国一体化运维服务管理平台，组织开展每月客服绩效考核和服务月报发布，指导加强对地方 95198 热线抽查。制定对直属海关“单一窗口”绩效考核指标，综合运用项目推广、数据安全、系统运行和客户服务等指标，多手段促客服质量提升。常态化开展企业问卷调查，了解企业痛点，切实为企业解难题。年内定期开展运行周报、服务月报、季度通报发布工作，通过微信公众号、新浪微博等发布 196 篇“单一窗口”宣传文章；举办 17 场系统功能操作线上培训。全年用户满意度在 96.9%以上，“单一窗口”核心系统可用性达 99.9%以上。

四、口岸国际合作和港澳台地区合作

（一）加强口岸国际合作和港澳台地区合作机制

2021 年，海关总署充分利用中俄、中蒙、中越等常态化口岸国际合作机制，加强日常信函往来和工作交流沟通，多次就口岸疫情防控、提升口岸过货能力等方面进行互动。组织召开中俄总理定期会晤委员会运输合作分委会口岸工作组第二十四次会议、中蒙边境口岸管理合作委员会第四次会议，就口岸疫情防控、提升口岸过货能力、保障口岸通畅及加强双边合作方面进行了沟通和磋商。推动建立内地与澳门特别行政区口岸合作机制，制订实施内地与澳门口岸合作计划。

（二）中俄总理定期会晤委员会运输合作分委会口岸工作组第二十四次会议

2021 年 8 月 26 日，中俄总理定期会晤委员会运输合作分委会口岸工作组第二十四次会议通过视频方式举行。会议重点围绕修订《中俄边境口岸协定》、加强口岸疫情防控措施、提升口岸通行效率、创新口岸运输模式、推动口岸建设发展、调整口岸功能分类、优化口岸工作时间以及国际贸易“单一窗口”建设交流等议题进行深入交流，会议相关成果被写入委员会第二十五次会议纪要。委员会积极评价两国口岸管理相关部门和口岸所在地方政府在防范新冠肺炎疫情传播和促进提高口岸运输工具通关效率方面所开展的工作。

（三）中蒙边境口岸管理合作委员会第四次会议

2021 年 11 月 4 日，中蒙边境口岸管理合作委员会第四次会议以视频会议形式召开。双方围绕共同加强中蒙边境口岸疫情防控措施、推进中蒙边境口岸建设和发展、边境口岸检疫合作、进一步完善委员会合作机制、拓展中蒙口岸合作新领域等议题交换意见，达成广泛共识，并共同签署《中蒙边境口岸管理合作委员会第四次会议纪要》。

2021 年国家口岸工作大事记

国家口岸管理办公室

1 月 15 日

广东揭阳港口岸扩大开放顺利通过海关总署（国家口岸管理办公室）会同交通运输部、国家移民管理局等部门组成的验收组验收。

2 月 5 日

国务院口岸工作部际联席会议第六次全体会议在京召开。中共中央政治局委员、国务院副总理、国务院口岸工作部际联席会议召集人胡春华主持会议并讲话。

海关总署署长倪岳峰代表各成员单位汇报口岸一年来主要工作和下一步工作打算，并对提请会议审议的两个文件进行说明，各成员单位分别发表意见。国务院副秘书长高雨、国务院口岸工作部际联席会议 25 个成员单位负责同志出席会议。海关总署党委委员、办公厅（国家口岸管理办公室）主任黄冠胜出席会议。

2 月 23 日

国家口岸管理办公室以视频形式召开 2021 年全国口岸办主任会议，海关总署党委委员、国家口岸管理办公室主任黄冠胜出席会议并讲话。会议总结 2020 年度全国口岸工作情况，传达国务院口岸工作部际联席会议第六次全体会议精神，对 2021 年全国口岸重点工作做出部署。

3 月 21 日

四川成都天府国际机场作为成都空运口岸组成部分对外开放获国务院批准。

3 月 23 日

云南勐康公路口岸扩大开放顺利通过海关总署（国家口岸管理办公室）会同外交部、国家移民管理局等部门组成的验收组验收。

3 月 31 日

海关总署党委委员、办公厅（国家口岸管理办公室）主任黄冠胜会见国办电子政务办主任卢向东，介绍国际贸易“单一窗口”建设历程和有益经验，就国家电子政务平台与“单一窗口”合作进行了交流。

4 月 14 日

广东湛江港口岸扩大开放徐闻港区和大唐雷州电厂码头获国务院批准。

4 月 25 日

江苏连云港空运口岸扩大对外国籍飞机开放获国务院批准。

同日

云南磨憨铁路口岸对外开放获国务院批准。

4 月 29 日

海关总署党委委员、办公厅（国家口岸管理办公室）主任黄冠胜主持召开跨境贸易便利化专题视频会议，回顾总结 2021 年促进跨境贸易便利化专项行动情况，部署落实国务院办公厅营商环境督查调研有关问题整改，协调指导做好世界银行营商环境迎评等工作。

5 月 3 日

广西龙邦公路口岸扩大开放获国务院批准。

5 月 21 日

江苏南通港口岸扩大开放通州湾港区获国务院批准。

6 月 18 日

中国海关与新加坡海关共同召开两国海关“单一窗口”联合工作组第五次会议。海关总署国家口岸管理办公室、国际司、数据中心负责同志，中新双方工作组成员，以及试点地区天津市商务局代表参加会议。

6 月 27 日

海南三亚港口岸扩大开放南山港区、清水湾

港区和莺歌海港区获国务院批准。

6 月 28 日

海关总署党委委员、办公厅（国家口岸管理办公室）主任黄冠胜在京参加国务院推进职能转变和“放管服”改革协调小组专题会议，会议研究审议海关总署牵头制定的《关于进一步深化跨境贸易便利化改革优化口岸营商环境的通知》。

7 月 21 日

海关总署署长倪岳峰在京参加国务院常务会议，会议审议海关总署牵头起草的《关于进一步深化跨境贸易便利化改革优化口岸营商环境的通知》。

7 月 26 日

印发《海关总署、发展改革委、财政部、交通运输部、商务部、卫生健康委、税务总局、市场监管总局、铁路局、民航局关于进一步深化跨境贸易便利化改革优化口岸营商环境的通知》。

7 月 28 日

国际贸易“单一窗口”与国家政务服务平台实现合作对接，在该平台成功开通服务专区。用户可选择进入“国家政务服务平台”门户首页，在“热门服务”或“专题服务”找到“国际贸易‘单一窗口’专区”，点击即可一键直达，办理企业资质、货物申报、许可证件、出口退税、物品通关、跨境电商等 18 大类数百项业务。

7 月 29 日

海关总署党委委员、国家口岸管理办公室主任黄冠胜，海关总署国家口岸管理办公室副主任党英杰、王可出席国务院政策例行吹风会，介绍进一步深化跨境贸易便利化改革优化口岸营商环境有关情况，并答记者问。

8 月 3 日

印发《海关总署、外交部、发展改革委、公安部、财政部、交通运输部、卫生健康委、港澳办、移民局关于建立健全口岸安全联合防控工作制度的指导意见》。

广东汕尾港口岸扩大开放海丰港区和陆丰港区顺利通过海关总署（国家口岸管理办公室）会同交通运输部、国家移民管理局等部门组成的验收组验收。

8 月 20 日

印发《海关总署、发展改革委、财政部、交通运输部、商务部、卫生健康委、税务总局、市场监管总局、铁路局、民航局关于进一步深化跨境贸易便利化改革优化口岸营商环境的通知》。

8 月 24 日

福建宁德港口岸扩大开放获国务院批准。

8 月 25 日

广东青茂口岸对外开放顺利通过海关总署（国家口岸管理办公室）会同国家移民管理局、港澳办等部门组成的验收组验收。

8 月 31 日

国务院批准《国家“十四五”口岸发展规划》。

9 月 2 日

黑龙江黑河公路口岸对外开放顺利通过海关总署（国家口岸管理办公室）会同外交部、国家移民管理局等部门组成的验收组验收。

9 月 17 日

印发《海关总署关于印发〈国家“十四五”口岸发展规划〉的通知》。

9 月 22 日

内蒙古二连浩特空运口岸对外开放获国务院批准。

10 月 11 日

国际贸易“单一窗口”新增 1 种监管证件“一口受理”，上线“农业转基因生物安全证书（进口）”申领服务。

10 月 20 日

印发《海关总署关于印发〈海南自由贸易港口岸布局方案〉的通知》。

11 月 4 日

海关总署党委委员、办公厅（国家口岸管理办公室）主任黄冠胜与蒙古国口岸特别全权办公室主任拉青扎布以视频方式共同主持召开中蒙边境口岸管理合作委员会第四次会议。

11 月 18 日

云南磨憨铁路口岸对外开放通过海关总署

（国家口岸管理办公室）会同外交部、国家移民管理局、铁路局等部门组成的验收组验收。

12 月 9 日

即日起，除特殊情况外，进出口环节涉及的 38 种监管证件可全部通过国际贸易“单一窗口”实现“一口受理”。

12 月 15 日

国务院批准关闭广东佛山、肇庆铁路口岸。

12 月 23 日

福建宁德港口岸扩大开放顺利通过海关总署（国家口岸管理办公室）会同交通运输部、国家移民管理局等部门组成的验收组验收。

12 月 29 日

重庆港口岸扩大开放果园港区顺利通过海关总署（国家口岸管理办公室）会同交通运输部、国家移民管理局等部门组成的验收组验收。

国家“十四五”口岸发展规划

口岸是国家对外开放的门户，是对外交往和经贸合作的桥梁，也是国家安全的重要屏障。根据《中华人民共和国国民经济和社会发展第十四个五年规划和2035年远景目标纲要》，结合口岸改革发展实际，编制本规划。

一、“十三五”口岸发展成就

“十三五”时期是全面建成小康社会的决胜阶段。面对错综复杂的国际形势、艰巨繁重的国内改革发展稳定任务，特别是新冠肺炎疫情的严重冲击，口岸有关部门和地方人民政府不忘初心、牢记使命，认真贯彻落实党中央、国务院的决策部署，坚持服务国家重大战略和对外开放总体布局开展口岸工作。在国家经济由高速增长转向高质量发展阶段，口岸工作发挥了重要作用，口岸进出口货运量221.9亿吨，进出口货值146.37万亿元人民币，出入境人员26.27亿人次，出入境交通运输工具1.47亿辆（架、列、艘）次。

口岸布局进一步优化。沿海地区基本形成环渤海、长三角、东南沿海、珠三角以及西南沿海规模化、专业化、现代化口岸聚集区。沿边地区基本形成面向东北亚、中亚和东南亚开放的口岸聚集带。内陆地区口岸枢纽作用日趋明显，成为连接内陆与沿海、沿边国际贸易通道的重要节点。“十三五”期间全国新增开放口岸28个，扩大开放口岸38个。截至2020年年底，全国经国务院批准的对外开放口岸共313个。

口岸管理体制实现重构性改革。出入境检验检疫管理职责和队伍划入海关总署，实现原海关职责和原出入境检验检疫职责的有机融合。公安边防部队不再列武警部队序列，退出现役。整合公安部出入境管理、边防检查职责组建国家移民管理局。相关改革为进一步提升人员出入境和贸易便利化水平，推动实现更高水平开放奠定了体制基础。

口岸基础设施进一步完善。出台实施《国家口岸查验基础设施建设标准》和《国家一类口岸查验设施建设专项管理暂行办法》。推进口岸查验设施设备统筹共建和共享共用。改扩建和新建多个口岸铁路物流基地专用线。加快推进中欧班列主要枢纽节点铁路场站建设。开展13个智慧港口示范工程项目建设，试点建设无人码头，初步实现港口智能化、无人化作业。口岸查验、检验检疫、自助通关等领域智能装备设备应用更加广泛。口岸建设发展资金投入稳步增长，“十三五”时期，国家发展改革委安排中央预算内投资9.5亿元支持55个国家正式开放口岸查验基础设施建设，2020年紧急下达中央预算内投资5亿元，专项支持49个口岸进行新冠肺炎疫情防控。

口岸数字化信息化水平进一步提升。国际贸易“单一窗口”全面启动实施并取得阶段性成果，与25个部委单位实现“总对总”系统对接和信息共享，对外提供16大类、700余项服务，基本实现口岸执法服务功能全覆盖。完成海关“金关二期”、新一代海关通关管理系统（H2018）工程建设，推进人工智能（AI）应用，开发智能审图等新技术，扩大单兵作业装备、执法记录仪、非侵入式检查设备、无人机等新装备应用范围。建成并启用国际航班载运人员预报预检系统（iAPI）、港口边检综合管理信息系统，人员上下外轮、船舶搭靠外轮等边检行政许可实现网上申请、审批、签发。中国铁路95306数字口岸系统全面上线运行。道路、水路运输系统以及中航信、中外运等系统接入国家交通运输物流公共信息平台，航空电子货运标准体系加快完善，航空物流公共信息平台建设稳步推进，物流信息共享共用进一步加强。

口岸安全防控水平进一步提升。各地结合实际制定和完善口岸安全防控制度规范，组织开展口岸安全防控专项培训和突发事件应急处置实战演练。围绕“洋垃圾”、濒危动植物及其制品、毒品等重点敏感商品开展跨部门风险联合研判，实现重大系统性风险联合甄别处置。275 个开放口岸达到《国际卫生条例（2005）》口岸公共卫生核心能力建设标准。新冠肺炎疫情期间，国家卫生健康委、公安部、工业和信息化部、海关总署、国家移民管理局、中国民用航空总局等部门深度合作，直属查验机构联合地方政府部门建立省级层面口岸安全风险联合防控工作机制，口岸安全协同治理局面初步形成。

口岸营商环境进一步优化。国务院优化口岸营商环境促进跨境贸易便利化工作方案全面落实，减单证、优流程、提时效、降成本等改革措施落地见效。截至 2020 年年底，进出口环节监管证件从 86 种精简至 41 种，进出口货物整体通关时间较 2017 年压缩一半以上。推行出口退税无纸化申报等便利化措施，全国正常出口退税平均办理时间压缩至 8 个工作日以内。建立全国统一的跨境电商监管信息化平台，开展跨境电商企业对企业出口监管试点。印发《清理规范海运口岸收费行动方案》，修订《港口收费计费办法》，落实口岸收费清单公示制度，清理和规范口岸收费成效明显。世界银行发布的《营商环境报告》显示，我国跨境贸易指标排名从 2017 年的全球第 97 位大幅提升至 2019 年的第 56 位。

出入境人员通关体验持续改善。实施中国公民出入境通关候检不超过 30 分钟举措，同时提高外国人出入境通关效率。实施共建“一带一路”国家（地区）人员出入境便利安排，在北京等 18 个口岸设置 89 条“一带一路”通道，在 120 余个口岸累计建设边检自助通道 2 500 余条。优化过境免签政策，在 18 个省（区、市）23 个城市 31 个口岸对 53 个国家人员实施 144 小时或 72 小时过境免办签证政策。北京、上海、广州等枢纽航空口岸推行直接过境旅客及当日直接往返机组免办边防检查手续等便利措施。

口岸治理能力进一步提升。充分发挥国务院口岸工作部际联席会议制度作用，口岸工作统筹协调机制进一步完善。印发实施《口岸准入退出管理办法（暂行）》《口岸验收管理办法（暂行）》《非口岸区域和限制性口岸临时开放管理办法（暂行）》，稳步推动长期运量不达标口岸有序退出，“十三五”期间关闭口岸 7 个，优化整合口岸 4 个，首次实现口岸有进有退的动态管理。积极推进口岸查验机制创新，广深港高铁西九龙站“一地两检”、港珠澳大桥珠海口岸“合作查验、一次放行”及客货车“一站式”通关、北京大兴国际机场海关与机场安检部门安全检查合作等通关模式相继实施。交通运输、进出口企业失信联合惩戒和守信联合激励措施稳步实施，口岸通关诚信体系初步建立。

口岸国际合作取得新进展。建立并巩固与俄罗斯、哈萨克斯坦、蒙古国、越南等国家口岸管理部门之间的口岸合作长效机制，推进修订中俄、中哈、中蒙等两国政府间边境口岸管理协定。发起设立“一带一路”海关信息交换和共享平台，与智利、巴基斯坦等国家共建原产地证书电子联网。与俄罗斯、德国等 6 国铁路部门共同签署《中欧班列运输联合工作组议事规则》。中欧安全智能贸易航线试点计划航线达到 176 条。在确有需要且具备条件的边境口岸积极增设农副产品快速通关“绿色通道”。与俄罗斯、哈萨克斯坦、蒙古国铁路公司建立铁路国际联运数据交换平台，开展进出境货物及运输工具信息预报。

二、“十四五”口岸发展面临的形势

“十四五”时期是我国全面建成小康社会、实现第一个百年奋斗目标之后，乘势而上开启全面建设社会主义现代化国家新征程、向第二个百年奋斗目标进军的第一个五年。

我国发展仍然处于重要战略机遇期，但机遇和挑战都有新的发展变化。当今世界正经历百年未有之大变局，新一轮科技革命和产业变革深入发展，国际力量对比深刻调整。国际环境日趋复杂，不稳定性不确定性明显增加，新冠肺炎疫情影响广泛深远，经济全球化遭遇逆流，世界进入动荡变革期，单边主义、保护主义、霸权主义对世界和平与发展构成威胁。我国已转向高质量发展阶段，制度优势显著，治理效能提升，但发展不平衡不充分问题仍然突出，重点领域关键环节改革任务仍然艰巨，创新能力不适应高质量发展要求，城乡区域发展差距较大，生态环保任重道远。

进入新阶段，口岸发展面临新的机遇和挑战。一方面，建设更高水平开放型经济新体制，实施更大范围、更宽领域、更深层次的对外开放，构建以国内大循环为主体、国内国际双循环相互促进的新发展格局，推动共建“一带一路”高质量发展，实施自由贸易区提升战略，构建面向全球的高标准自由贸易区网，积极参与全球经济治理体系改革，为口岸发挥更大作用提供了广阔空间。另一方面，面对日趋复杂的国际环境，维护口岸安全责任更加突出。深入实施创新驱动发展战略，全面深化改革，激发市场主体活力，全面塑造发展新优势，对口岸更好地服务创新发展提出了新的更高要求。

进入新阶段，口岸工作存在以下短板与不足：口岸安全风险防控和应急处置能力亟须加强；口岸通行便利化水平仍有提升空间；口岸建设和运行效能有待进一步提升；口岸管理有进有退的动态机制需加快推进；口岸经济辐射带动作用需进一步培育。

进入新阶段，口岸工作必须增强机遇意识和风险意识，以新发展理念构建新发展格局，立足社会主义初级阶段基本国情，认识和把握口岸工作发展规律，树立底线思维，更好地发挥市场在资源配置中的决定性作用，在构建以国内大循环为主体、国内国际双循环相互促进的新发展格局，统筹发展和安全、有效防范化解各类风险挑战，实行高水平对外开放、参与全球治理体系改革中做出贡献。

三、总体思路

（一）指导思想

坚持以马克思列宁主义、毛泽东思想、邓小平理论、“三个代表”重要思想、科学发展观、习近平新时代中国特色社会主义思想为指导，深入贯彻党的十九大和十九届二中、三中、四中、五中全会精神，统筹推进“五位一体”总体布局，协调推进“四个全面”战略布局，坚定不移贯彻创新、协调、绿色、开放、共享的新发展理念，以推动高质量发展为主题，以深化供给侧结构性改革为主线，以改革创新为根本动力，以满足人民日益增长的美好生活需要为根本目的，找准口岸是国内国际双循环交汇点的定位，充分发挥口岸在推动新发展格局中的作用，主动担当口岸新职责新使命，服务高质量发展，推动高水平开放，保障高标准安全，加快推进口岸全面深化改革，建设符合中国国情的现代化口岸，推动口岸治理体系和治理能力现代化。

（二）基本原则

坚持人民至上，服务大局。贯彻落实国家发展战略要求，推进构建开放型经济新体制，服务更高水平对外开放。有效履行国门卫士职责，坚决维护国家主权、安全和发展利益，在防范和阻断安全风险、守边固边、促进产业升级中发挥口岸作用。

坚持统筹推进，效益优先。强化国家对口岸资源的整体规划和统一管理。注重发挥市场在资源配置中的决定性作用，更好发挥政府作用，统筹推进实施口岸分类分级管理，实现口岸优势互补、错位发展，提高口岸开放整体效益。

坚持改革创新，协同发展。贯彻创新驱动发展战略，主动对标国际、赶超先进，创新口岸管理理念、通关制度和管理手段，探索培育新模式、新业态和新动能。注重改革系统性、整体性、协调性，加强政策协同，强化口岸设施设备和数据共享共用，推动口岸工作从“重开放”向“重管理”转变，促进口岸经济由“通道经济”向“产业经济”转型。

坚持法治先行，规范管理。明确口岸管理相关部门责任边界，强化责任落实。坚持立改废释并举，加快建立和完善口岸一线亟须的规章制度，构建符合中国国情的口岸法治体系，增强口岸法律法规的系统性、针对性、有效性，提高口岸执法制度化、规范化、程序化水平，营造规范有序高效的口岸环境。

（三）发展目标

全面落实新时代口岸高质量发展要求，以口岸综合绩效评估为抓手，统筹推进平安、效能、智慧、法治、绿色“五型”口岸建设。到 2025 年，基本建成口岸布局合理、设施设备先进、建设集约高效、运行安全便利、服务完备优质、管理规范协调、危机应对快速有效、口岸经济协调发展的中国特色国际一流现代化口岸。到 2035 年，建成与基本实现社会主义现代化相适应的现代化口岸，高质量完成“五型”口岸建设。

——**平安口岸**。全面落实总体国家安全观，统筹发展和安全，着力提高风险预警能力、防控能力和应急处置能力，有效防范化解重大风险，切实保障进出境人员安全、运输工具安全和货物安全，确保军事设施安全保密，坚决维护国家主权、安全和发展利益。

——**效能口岸**。深入推进口岸“放管服”改革，优化通关流程、提高效率、降低合规成本、改善通关服务，提高通关便利化整体水平，实现口岸“人流、物流、资金流、信息流+通关+服务”一体化联动。

——**智慧口岸**。发挥科技先导和创新驱动作用，推进全国口岸综合管理信息化建设，构建全流程、智慧化的口岸运行体系，促进口岸数字化转型。深化国际贸易“单一窗口”服务功能，构建覆盖跨境贸易全链条的“一站式”贸易服务平台，支持新兴业态发展，推进国际互联互通。

——**法治口岸**。加快构建新时代口岸法治体系，优化完善依法行政制度体系，不断提高运用法治思维和法治方式推动口岸工作的能力，营造公开、透明、廉洁、高效的口岸执法环境，提高口岸行政决策科学化、法治化、规范化水平。

——**绿色口岸**。牢固树立绿色发展理念，践行习近平生态文明思想，将高效利用、低碳环保理念贯穿口岸开放、建设和运行管理全过程，实现口岸资源集约利用、投入产出最优、设施共享共用，推动口岸高效可持续运行。

四、主要任务

（一）全面开展口岸综合绩效评估。

以推进平安、效能、智慧、法治、绿色口岸建设为目标，以促进口岸高质量发展和治理能力现代化为导向，从口岸硬件设施、通行能力、投入产出、运行安全、口岸通关便利化、智慧智能、管理服务、带动能力、绿色环保和社会效益等方面科学设立全面衡量口岸自身建设、运转成效、服务水平的发展指标，按年度开展评估工作。评估结果适时向口岸相关部门、有关地方人民政府通报。推动将评估结果作为口岸准入退出、示范口岸建设等相关政策措施的重要依据，引导口岸高质量发展。

专栏 1　口岸综合绩效评估指标体系
1. **硬件设施指标**。反映口岸的硬件基础设施情况，考虑口岸基础设施、场所场地及相关设备的数量、面积及可用性以及通道布局等要素。
2. **通行能力指标**。反映口岸的通关能力，考虑口岸人员、货物和运输工具通关量、吞吐量、价值的绝对值及相对值等要素。
3. **投入产出指标**。反映口岸实际产出与投入之间的关系，考虑口岸基本运营数据与投入的人、财、基础设施之间的比值关系等要素。

续表1

专栏1　口岸综合绩效评估指标体系
4. **运行安全指标**。反映口岸安全状况及安全防控情况，考虑相关制度机制建设情况、具体措施落实情况，以及是否出现安全事件和风险隐患，是否存在重大疫情跨境传播漏洞等要素。
5. **口岸通关便利化指标**。反映口岸营商环境和跨境贸易便利化水平，考虑口岸整体通关时间、进出口环节合规成本、通关便利度等要素。
6. **智慧智能指标**。反映口岸新技术应用水平及对提升服务效率的影响，考虑口岸查验设施设备共享程度，新技术的运用及带来的效率提高、服务质量提升等要素。
7. **管理服务指标**。反映口岸管理和提供服务的水平及效率，考虑口岸的制度完善程度，制度制定情况，依法依规履职情况，社会满意度等要素。
8. **带动能力指标**。反映口岸对毗邻经济区和辐射经济带发展、区域协调发展和守边固边等方面的带动能力，考虑口岸主要功能及相应的带动要素。
9. **绿色环保指标**。反映口岸在节能减排方面的成效，考虑口岸单位人员、货物和运输工具通关能耗、水耗、污染物排放量、废物再生利用等要素。
10. **社会效益指标**。反映口岸带来的社会效益，考虑口岸对社会安全和稳定的促进、口岸带来的就业机会、与当地民生的互适性、合理利用资源、对生态环境的影响等要素。

（二）围绕枢纽口岸优化口岸布局。

统筹考虑国家综合交通运输网络发展布局，国家区域发展总体战略，国家口岸查验机构编制配置以及地方开放型经济发展的实际需要，着眼全面提升枢纽口岸功能，坚定不移推进口岸布局优化。

巩固沿海地区口岸在构建新发展格局中的主力军地位。落实国家重大区域发展战略，进一步优化整合口岸资源，深入推进环渤海、长三角、东南沿海、粤港澳大湾区、西南沿海五大口岸集群一体化融合发展，加快大通关一体化建设，进一步提升我国重点枢纽海运口岸参与国际竞争和服务腹地经济社会发展能力。在具备条件的地区，积极支持邮轮游艇码头以适当方式有序对外开放。

专栏2　海运口岸布局

区域	定位	主要口岸	区域性口岸
环渤海	主要服务于我国北方沿海和内陆地区经济社会发展。	大连、天津、秦皇岛、青岛	营口、唐山、烟台、日照
长三角	主要服务于长三角以及长江沿线地区经济社会发展。	上海、宁波、舟山、连云港	温州、南京、镇江、南通、苏州（张家港、常熟、太仓）
东南沿海	主要服务于福建和江西等内陆省份部分地区的经济社会发展及对台人员和经贸往来需要。	福州、厦门	泉州、莆田、漳州
粤港澳大湾区	主要服务于华南、西南部分地区，加强广东省和内陆地区与港澳地区交流。	广州、深圳、珠海、汕头	汕尾、惠州、虎门、茂名
西南沿海	主要服务于西部地区开发，为海南扩大与岛外人员和经贸往来提供保障。	湛江、钦州、防城港、海口、洋浦	北海、八所、三亚

全面加快边境地区口岸发展。对接我边境省区既有重要公路、铁路、水运和民航运输枢纽，推动形成集重点枢纽口岸、物流节点口岸、便捷运输通道为一体的边境口岸开放体系。加快推动解决长期制约我重要边境口岸发展的瓶颈和短板问题。积极推动毗邻国家加强对应口岸建设和发展。

专栏 3　边境口岸布局	
区域	主要口岸
东北	中俄：满洲里、绥芬河、珲春、同江铁路口岸，满洲里、绥芬河、东宁、珲春、黑河、黑瞎子岛公路口岸。 中朝：丹东、图们、集安、（南坪）铁路口岸；丹东、南坪、圈河、长白、图们、临江、集安公路口岸。
北部	中蒙：二连浩特、（策克）、（甘其毛都）、（珠恩嘎达布其）铁路口岸，二连浩特、策克、甘其毛都、珠恩嘎达布其、阿尔山、满都拉、塔克什肯公路口岸。
西北	中哈：霍尔果斯、阿拉山口铁路口岸，霍尔果斯、阿拉山口、巴克图、吉木乃、都拉塔公路口岸。 中吉：伊尔克什坦、吐尔尕特公路口岸，（中吉乌铁路口岸）。 中巴：红其拉甫公路口岸。 中塔：卡拉苏公路口岸。
西南	中越：凭祥、河口铁路口岸，河口、友谊关、东兴、水口、龙邦、天保公路口岸。 中缅：（瑞丽铁路口岸），瑞丽、畹町、腾冲猴桥、孟定清水河、打洛公路口岸。 中老：磨憨铁路口岸，磨憨、勐康公路口岸。 中尼：吉隆、樟木、普兰、里孜公路口岸。
备注	括号内为国家规划要建设但目前尚未启动建设的项目。

支持内陆地区口岸创新发展。支持具备条件的内陆地区既有口岸增开国际客货运航线航班班列，根据需要增设汽车整车、药品等进口口岸和海关指定监管场地，进一步提升口岸运行效益。支持沿海沿边地区口岸与内陆地区口岸加强通关制度衔接，推动沿海沿边地区口岸给予内陆地区货物通关同等待遇。

统筹推进航空口岸高质量发展。打造与全国民用机场布局规划相匹配的布局合理、功能互补、协调高效的航空口岸体系，构建更加符合新发展格局、“一带一路”建设需要的国际航线网络布局。支持国际枢纽口岸和区域枢纽口岸做大做强，推动关闭客运量长期不达标航空口岸，鼓励非枢纽口岸优化整合航线。严格控制非枢纽机场和军民合用机场开放，鼓励和推动其他城市向枢纽口岸集聚实现进出境功能，根据实际需要在具备条件的航空口岸实施 7×24 小时通关，提高国际航空枢纽航空口岸的国际通程航班业务普及率。

专栏 4　航空口岸布局	
类　型	名称
国际枢纽（10 个）	北京、上海、广州、昆明、重庆、成都、深圳、乌鲁木齐、西安、哈尔滨。
区域枢纽（29 个）	天津、石家庄、太原、呼和浩特、大连、沈阳、长春、杭州、厦门、南京、青岛、福州、济南、南昌、温州、宁波、合肥、南宁、桂林、海口、三亚、郑州、武汉、长沙、贵阳、拉萨、兰州、西宁、银川。

（三）探索实施口岸分级分类动态管理。

坚持全国“一盘棋”，根据口岸所处区域、类型、功能定位等方面的差异性探索实施分级分类管理。将战略地位重要、口岸经济社会效益强和辐射带动作用大的口岸作为国际枢纽口岸，战略地位比较重要、口岸经济社会效益较强和辐射带动作用较大的口岸作为国家重要口岸，其他口岸作为地区普通口岸。针对不同等级不同类型口岸，在口岸准入、退出、建设、运行等方面制定不同的条件和标准，给予差别化政策。落实《口岸准入退出管理办法（暂行）》，稳妥有序推进口岸退出实施。加快清理整顿原二类口岸，“十四五”时期完成清理整顿工作。

专栏 5　口岸开放准入标准

原则上省级行政区域内有已列入《国家口岸发展“十三五”规划》项目，但“十三五”时期省级人民政府没有根据国家口岸管理有关规定按程序向国务院提出申请（因毗邻国家或国家口岸定义修改原因除外）且不能说明合理理由的，“十四五”时期从严控制口岸开放。

航空口岸：对于省级行政区域内有根据国家口岸管理有关规定应予退出的，或者有国务院批准开放已满 3 年仍未通过验收的，或者有 1 个以上航空口岸未达到客货运量考核标准的，原则上“十四五”时期从严控制机场开放。从严控制军民合用机场开放。机场距已开放航空口岸 200 公里或 2 小时车程以上且内陆和沿边地区机场固定直达航线（不包括中转经停航线，下同）达 10 条以上、年度旅客吞吐量峰值达 150 万人次以上，沿海地区机场国内固定直达航线 20 条以上、年度旅客吞吐量峰值达 300 万人次以上。支持货运枢纽型机场有序开放。对于个别确有需要开放的非枢纽机场，在遵循市场规律前提下经充分论证后予以必要支持。对于已经列入《国家“十四五”口岸发展规划》的机场开放项目，结合新冠肺炎疫情防控要求和既有航空口岸运行情况进行系统评估后再启动审理。

边境口岸：原则上应已纳入两国边境口岸协定且两国已通过外交渠道就具体口岸项目开放、同步履行国内相关手续和开展基础设施建设形成共识。对开放后能够显著促进当地经济社会发展，在稳边固边、兴边富民等方面可以发挥重要作用，属于共建“一带一路”或国家区域发展战略明确提出建设的重大项目、重大工程，直接服务沿边重点开发开放试验区、边境经济合作区、跨境经济合作区发展的项目予以优先安排。对尚无边境口岸的边境地、市、县申请项目予以积极推动。

水运口岸：加快推进向以地级市为单元“一城一口岸”方向整合。

专栏 6　口岸年客货运量指标

	单位	海运	内河	界河	铁路	公路	沿海航空	其他航空
货物	万吨	1 000	20	5	10	5	3	3
人员	万人次	1	1	1	10	5	10	5
备注	口岸通过验收之日满 3 年后执行（边境口岸除外）。							

（四）整体推进重点突破加强口岸基础设施建设。

原则上新开口岸与口岸主体工程统一规划、统一设计、统一投资、统一建设。严格按照《国家口岸查验基础设施建设标准》开展查验基础设施建设。口岸公共卫生核心能力建设、动植物检疫能力建设中基础设施建设要求与《国家口岸查验基础设施建设标准》接轨，实现同标统建。

口岸场地布局根据口岸通关流程统筹规范设置，优先保障查验现场检查检验执法需要。推进以口岸为单元统一配备共用的监管查验设备。在满足海关监管要求前提下，探索研究电子化监管，取消内外贸物理隔离设施，促进内外贸码头、堆场等口岸资源共享。鼓励具备条件的区域探索建立智慧监管平台，提升堆场、仓库等口岸资源利用率。

根据口岸实际和查验监管需要，加快改造和完善已开放口岸查验基础设施，优先补齐出入境卫生检疫、动植物检疫和安全防控领域短板。根据封闭管理、卫生检疫、货车甩挂、货物倒装、分段运输等新冠肺炎疫情常态化防疫要求，进一步完善边境口岸货场、道路等基础设施。加快推动解决影响重点枢纽边境口岸效能的瓶颈问题，完善影响边境陆路口岸效能的场站及后方通道等相关基础设施建设。推动毗邻国家加强对应口岸基础设施和配套设施建设。

（五）深入推进口岸智慧化建设。

加强口岸信息化顶层设计。树立“智慧口岸、智能边境、智享联通”理念，按照集约、高效、安全原则，以电子口岸公共平台及国际贸易“单一窗口”应用建设为抓手，推进口岸信息化服务整合，推动各部门、各地方信息互联互通。加快国际贸易“单一窗口”与国家有关政务平台对接。规范口岸信息化建设管理，强化安全运行和服务保障，在确保数据安全的前提下加快推进口岸数据资源的综合利用，提升安全运行和服务保障能力。进一步理顺政府与市场、政务与商务的关系，构建中央和地方合理分工，各相关方优势互补、合作共赢、良性共生的生态体系，最大限度统筹社会资源，共同提升口岸智慧化水平。加强与“智慧边海防”建设对接，为合力强边固防提供技术支撑。

推进部门信息化升级和口岸数字化转型。充分利用云计算、大数据、人工智能、区块链、物联网、北斗、智能审图、第五代移动通信（5G）及超痕量检测等先进技术进一步优化口岸服务、提升口岸效能。全面推进口岸相关部门单位信息化、无纸化、智能化建设。支持长三角、粤港澳大湾区、西部陆海新通道等区域跨境贸易和口岸信息化平台建设，推进区域一体化通关管理。支持海南自由贸易港建设“海南智慧监管平台”。依托电子口岸建设全国口岸综合管理系统，数字化采集、展示全国口岸运行状况，发布全国口岸运行绩效评估结果。进一步完善中央、地方口岸主管部门协同办公系统。推进各口岸间、口岸与场所间信息共享，促进多式联运、口岸联动和各种区域协作。探索实施跨境全程物流可视化，促进实体口岸与数字口岸有机融合。

深化国际贸易“单一窗口”建设。推动口岸和国际贸易领域相关业务统一通过“单一窗口”办理，除保密等特殊情况外，进出口环节监管证件及检验检疫证书等原则上通过“单一窗口”一口受理、一窗通办，推动实现企业在线缴费、自主打印证件。对接银行、保险、征信、支付等机构，推行“外贸+金融”服务模式，提供更加便利的融资担保、保险理赔、支付结算等服务。鼓励多元参与，依托国际贸易“单一窗口”打通航空、铁路、港航、公路、邮政等各类口岸通关物流节点，实现多种交通工具相互衔接、转运，多个口岸业务联动，各相关主体之间信息互通和协同作业，为企业提供全程“一站式”通关物流信息服务。发挥“单一窗口”数据汇聚优势，构建基于大数据的开放式创新服务平台，提供跨境贸易大数据服务，支持国际贸易全链条相关产业发展。加强标准化建设，主动对接国际标准，开展与境外“单一窗口”互联互通，实现报关单等通关数据、进出境检疫证书等监管证件跨境联网核查和进出境相关商业票据数据交换。

（六）构建市场化法治化国际化的口岸营商环境。

进一步优化口岸通关流程。推动口岸查验单位深化改革，优化通关作业流程，探索建立不同类型口岸通关规范指引。加快推广“经认证经营者”国际互认合作。加强与境外口岸查验管理部门合作，推动联合实施对等通关便利化措施，进一步提升边境口岸通关效率。探索实施枢纽集装箱港国际集装箱中转和集拼试点，扩大海运外贸集装箱沿海捎带政策的成效。研究优化自贸区、自贸港人员、货物和交通运输工具监管措施。实施铁路进出境快速通关模式，提高境内段铁路进出口货物转关运输通行效率和便利化水平。研究完善“船边直提”和“抵港直装”模式，在具备条件的口岸逐步扩大试点。研究探索在具备条件的口岸实施危险化学品海关产地检验和出口直装。试点推进口岸作业时间精细化分段管理，研究制定通关流程作业时间规范。利用信息化手段加强口岸整体作业时间监测，及时分析处置异动情况。

进一步提升进出口环节监管证件和通关物流类单据单证电子化无纸化水平。在确保进出口环节监管到位前提下，坚持依法合规进一步推动优化进出口环节监管证件和需要企业提交的通关物流类单据，着力协调推动进出口环节监管证件和单据单证的无纸化、电子化，提升电子化流转水平。

进一步降低进出口环节合规成本。按照国务院关于减税降费的决策部署，严格落实《清理规范海运口岸收费行动方案》。巩固完善口岸收费目录清单公示制度，实行动态管理，推广“一站式”阳光收费。支持引入市场化竞争机制，推动口岸经营服务性收费更趋合理。加强口岸收费督查。

提升口岸服务跨境贸易发展能力。提高中国籍船舶内外贸经营转换办理效率。推进内外贸集装箱同船运输便利化。加快口岸外贸综合服务体系建设。创新金融服务方式，研究深化跨境贸易链金融合作，提供跨境贸易全方位融资和国际结算服务。鼓励在口岸作业环节引入第三方服务平台，依法合规拓展口岸通关、物流、金融等领域的个性化服务。探索研究口岸支持服务贸易和数字贸易发展的措施和办法。

推进国家重大区域战略通关制度协同。在京津冀协同发展、长三角一体化发展、粤港澳大湾区建设、长江经济带、黄河流域生态保护和高质量发展等国家重大区域战略和成渝地区双城经济圈、西部陆海新通道等重点区域内，加快建立口岸通关合作机制，推动实现通关物流和监管等信息互联互通与数据共享，创新通关模式。深入推进往来港澳人员边防检查查验模式创新。

（七）积极推动口岸经济发展。

推进口岸经济发展平台建设。推动优化口岸与综合保税区、边境经济合作区、跨境经济合作区、跨境旅游合作区等各类开发开放平台布局，促进协同发展，支持列入《国家物流枢纽布局和建设规划》且有条件的口岸建设国家物流枢纽，探索开展口岸经济高质量发展示范区建设试点。鼓励口岸与物流、生产等对接，形成安全、顺畅、便利的贸易、运输、生产链条，服务当地经济发展。支持边境贸易企业参与大宗资源能源产品经营，规范边民互市贸易发展，探索开展边民互市贸易进口商品落地加工试点，全面开展试点评估、验收、总结，推动边境贸易与产业相互促进共同发展。鼓励内陆与沿海沿边口岸深化物流合作和产业协同发展。

推动口岸特色优势产业发展。支持产业基础好、市场需求明显的口岸按程序申请建设指定监管场地，加快建设一批进口食用水生动物、冰鲜水产品、水果、植物种苗等集散分拨中心。鼓励汽车整车进口口岸做大做强，充分发挥药品进口口岸功能作用，优化口岸免税店空间布局。支持发展保税航油业务。鼓励在重点国别、重点市场建设出口产品公共海外仓和海外运营中心。

（八）深入推进口岸法治化建设。

高起点培塑法治理念。将全面依法治国理念融入口岸工作全领域全过程，坚持学法常态化、系统化、制度化。正确处理法治与改革的关系，妥善协调法治稳定性、普遍性与改革渐进性、局部探索性之间的矛盾，坚持运用法治思维和法治方式解决改革局部环节或部分措施存在与法律规定不一致的问题。

加强口岸法治体系建设。系统梳理口岸查验主管部门法律规范和执法依据，根据形势发展要求和执法实践需要，适时开展立改废释，推动构建系统完备、科学规范、运行有效的口岸法律制度体系。加快口岸管理有关法律法规立法进程，修订《口岸验收管理办法（暂行）》《非口岸区域和限制性口岸临时开放管理办法（暂行）》《口岸准入退出管理办法（暂行）》《国家口岸查验基础设施建设标准》等口岸管理规范性文件。

深入推进口岸规范执法。推动完善口岸查验部门联合执法机制，规范行政执法程序，细化执法裁量标准，加强行政执法监督和行政规范性文件备案审查制度建设。积极构建公众参与、专家论证、风险评估、合法性审查的口岸管理决策机制。支持引入外部监督机制，完善社会监督员制度，强化口岸执法监督。推动将口岸通关违法违规记录纳入国家整体信用评估体系，根据守信激励、失信惩戒原则实行差别化通关管理，引导企业、个人遵规守法。

（九）加强港澳和国际口岸交流与合作。

深化与港澳地区口岸交流与合作。落实《粤港澳大湾区发展规划纲要》，统筹谋划粤港澳大湾区口岸布局、功能定位。支持深港科技创新合作区、横琴粤澳深度合作区建设，积极开展深港科技创新合作区跨境专用口岸和新横琴口岸建设和通关制度创新。加强内地与港澳口岸部门协作，进一步完善和扩展口岸功能，探索开展直升机跨境运输和多式联运保障措施，推进粤港澳口岸监管部门间“信息互换、监管互认、执法互助”，推动在粤港粤澳口岸实施更加便利的通关模式。推动研究制定港澳与内地车辆通行政策和配套交通管理措施，完善粤港、粤澳两地牌机动车管理政策措施，研究允许两地牌机动车通过多个口岸出入境。

全面推进口岸国际合作。巩固和发展现有双边口岸合作机制，积极推动与老挝、尼泊尔、巴基斯坦、塔吉克斯坦等毗邻国家建立口岸合作机制。规范和完善常态化口岸合作机制，务实推进口岸对等设立、基础设施同步建设、通关制度创新、工作制度协同、应急处置协调等领域合作。积极研究推进与邻国开展“一地两检”等通关模式创新，围绕重点口岸务实推进示范口岸建设。积极参与多边口岸国际合作事务，积极推动实施大湄公河次区域（GMS）便利运输协定，深度参与上海合作组织、澜湄合作、大图们倡议（GTI）等多边、区域口岸合作。

探索实施“智慧口岸、智能边境、智享联通”。积极参与口岸相关领域国际标准制定。探索与共建“一带一路”沿线国家口岸物流信息化系统同步规划建设，研究建立信息共享机制。推动“一带一路”口岸信息通道建设，加强对高危安全准入领域的信息交换和风险联合布控。深化“安智贸”、检验检疫证书国际互换等合作，推进“关铁通”合作，推动多式联运便利化合作。

积极开展口岸领域对外援助。配合“一带一路”沿线重大港口、公路、铁路等交通基础设施建设，积极推进对我具有重要战略意义的毗邻国家一侧口岸基础设施和信息化建设。支持东道国政府在我国境外经济贸易合作区开展口岸基础设施建设。面向共建“一带一路”沿线国家积极开展口岸管理、技术、标准等领域的人力资源培训。

（十）推进绿色口岸建设。

严厉打击“洋垃圾”和濒危物种及其制品走私。将禁止“洋垃圾”入境作为生态文明建设的标志性举措，严厉打击“洋垃圾”走私。海关、公安、市场监管、生态环境等部门加强合作，深入清查整治非法进口和利用处置“洋垃圾”行为，地方政府切实承担综合治理主体责任。主动做好濒危野生动植物及其制品进出口监管工作，维护生物物种多样性。

加强口岸资源节约循环利用和生态保护。口岸开放所涉用海用地必须符合国家环境保护政策和要求。严格落实围填海管控政策，严格管控、合理利用深水岸线，提倡建设公用码头，鼓励现有货主自用码头提供公共服务。新建口岸同步推进环保设施的规划建设和综合利用。

构建清洁低碳的口岸用能体系。积极推广应用节能及低碳技术设备，鼓励新增和更换口岸作业机械等优先使用新能源和清洁能源，有效促进口岸节能减排。落实口岸环保标准要求，强化散货作业防尘抑尘措施。扎实推进钢铁煤炭煤电去产能口岸相关工作。

五、重点工程

（一）重点枢纽口岸示范工程。

1. **水运口岸项目。**重点打造上海、天津、深圳、广州水运口岸，支持津冀、长三角、粤港澳大湾区世界级港口群建设。推进大连、青岛、厦门、钦州、北海等水运口岸建设，支持辽宁沿海、山东沿海、东南沿海和西南沿海港口群建设。推进舟山、宁波水运口岸建设，构建舟山江海联运中心、宁波舟山沿海转运中心。建设以武汉、重庆为核心的长江流域航运中心。支持海南自由贸易港建设。

2. **航空口岸项目。**大幅提升北京、上海、广州航空口岸国际枢纽竞争力，推动与周边航空口岸优势互补、协同发展。有序提升成都、昆明、深圳、重庆、西安、乌鲁木齐、哈尔滨等航空口岸国际枢纽功能。建设与京津冀、长三角、珠三角、成渝城市群相适应的航空口岸群。推进河南郑州综合性货运枢纽、湖北鄂州专业性货运枢纽等航空口岸建设。

3. **公路口岸项目**。扎实推进与有关毗邻国家各建设1~2个示范口岸工程，完善集疏运体系，推进跨境电商、进出口加工等产业集聚发展，建设一批集产品加工、包装、集散、仓储、运输、报关、报检、代理等功能于一体的国际道路运输枢纽和物流园区，更好地发挥示范口岸的集聚效应和带动作用，促进沿边地区开发开放。

4. **铁路口岸项目**。根据口岸能力利用情况，加强对重点边境铁路口岸进行扩能改造和配套设施设备建设，强化安全管理，提高集装箱列车的接发、换装能力，结合实际需要优化和完善汽车等指定口岸功能。实施通关便利化措施，创新货物查验、换装等作业模式，打造丝路数字班列，提升口岸通行效率。推进中欧班列边境口岸及后方通道扩能改造工程，提升霍尔果斯、阿拉山口、满洲里、二连浩特铁路口岸列车接发、换装能力。

专栏7　重点枢纽口岸示范工程
水运口岸项目：上海、广州、深圳、天津、厦门、钦州、北海、宁波、舟山、青岛、连云港。
航空口岸项目：北京、上海、广州、深圳、成都、重庆、昆明、西安、乌鲁木齐、哈尔滨；郑州、鄂州（货运）。
公路口岸项目：绥芬河、满洲里、珲春，丹东、圈河，二连浩特、塔克什肯，霍尔果斯、阿拉山口，伊尔克什坦、吐尔尕特，卡拉苏，红其拉甫，吉隆、樟木口岸，友谊关、河口，磨憨，瑞丽。粤港深港科技创新合作区跨境专用口岸，粤澳新横琴口岸。
铁路口岸项目：霍尔果斯、阿拉山口，绥芬河、满洲里、珲春，二连浩特，凭祥、河口，磨憨。广深港高铁西九龙站。

（二）以补短板为主的口岸设施升级改造工程。

口岸疫情防控能力提升工程。总结新冠肺炎疫情防控经验，结合口岸公共卫生核心能力建设等要求，全面排查口岸现场疫情防控弱项和短板，制定整改措施并稳步推进实施。

口岸安全能力提升工程。围绕维护国门安全和保障出入境人员、货物、物品、运输工具安全顺畅通行，全面防控口岸区域发生突发公共安全事件，确保口岸场所场地及保障设施安全。进一步加强口岸安全设施设备投入，明确任务分工，完善工作机制，强化协作配合，注重平战结合。

重要边境口岸"卡脖子"事项解决工程。结合国家外交大局和周边互联互通战略需要，优先推动解决长期影响我重要边境口岸效能发挥的"卡脖子"事项。

长距离孔道边境口岸"关口前移"工程。原则上边境口岸应抵边建设。对于因特殊原因而后置的长距离孔道边境口岸，根据边境口岸实际积极稳妥有序推进"关口前移"，确保边境地区经济社会安全。

专栏8　口岸补短板工程
口岸疫情防控能力提升工程：全面排查所有对外开放口岸。
口岸安全能力提升工程：全面排查所有对外开放口岸。
重要边境口岸"卡脖子"事项解决工程：（公路口岸）友谊关、河口、磨憨、瑞丽、吉隆、樟木、霍尔果斯、满洲里、绥芬河、红其拉甫、卡拉苏、伊尔克什坦、吐尔尕特等口岸集疏运能力补短板项目；（铁路口岸）霍尔果斯、阿拉山口、满洲里、绥芬河、二连浩特口岸站及后方通道扩能改造。
长距离孔道边境口岸"关口前移"工程：伊尔克什坦口岸、吐尔尕特口岸、红其拉甫口岸、卡拉苏口岸、老爷庙口岸。

（三）口岸智慧创新工程。

口岸设施设备升级工程。应用大数据、物联网、人工智能、卫星导航等新技术提升口岸设施设备信息化、智能化水平和集成化、移动化、国产化程度。加大智能化审图技术和设备应用。改造和升级检验检疫设备、快筛实验室、排查室、隔离留验室和样本库。加大实验室环境设施建设和仪器设备、国家标准样品配置力度，加强国门生物安全实验室与国门安全实物资源库建设。优先支持枢纽口岸海关监管、边防检查、海事监管等查验设施以及配套交通基础设施升级改造。推进重点口岸和场站设施、装卸设备、物流仓储等设备的自动化、智能化升级改造。支持在重点口岸建立高分卫星、无人机、近中远程高清摄像头相结合的全天候口岸监测体系。

口岸监管信息系统升级工程。积极推进海关、边检、海事等口岸查验部门，以及与进出境监管密切相关的税务、外汇等部门业务管理系统优化升级。推动“智慧海关、智能边境、智享联通”倡议落地。推进口岸查验监管信息系统与国际道路运输管理与服务信息系统等业务管理系统数据交换。

口岸综合管理能力建设工程。对进出境人员、运输工具、货物等信息数据进行实时监测分析和全景展示，对口岸综合绩效评估指标进行数据采集和处理、模型分析与结果展示。加强中央、省级口岸主管部门之间日常通报交流与业务协同协作。

国际贸易“单一窗口”深化建设工程。完善“单一窗口”政务服务功能，推进进出口环节监管证件及检验检疫证书等一口受理。对接银行、保险、征信、支付等行业机构，全面推行“外贸+金融”服务模式，提供“一站式”贸易金融服务。有序推进“单一窗口”与民航、铁路、港口、公路、邮政等行业机构合作，依托“单一窗口”建设综合物流协同平台、航空物流公共信息平台，为企业提供全程“一站式”通关物流信息服务。对接国家政务服务平台，加快建设跨境贸易大数据平台，开展跨境贸易数据跟踪分析，推进跨境物流的全程可视化建设，实现进出口商品全程可追溯。拓展移动服务功能，建设智能客服系统。支持区域“单一窗口”建设。推进国际“单一窗口”信息互联互通。

专栏9　口岸智慧创新工程
口岸基础设施设备升级：在具备条件的口岸推广应用5G通信、物联网、智能审图、智能感知、远程高清监控、无人机、遥感、通信、导航等新技术，根据需要装备应用智能化的查验、监控、检验检疫等设备。
口岸安全防控体系建设：推进应急管理信息互通和应急处置先进技术设备应用。推动实现危化品、特殊物品等实时监测、快速检测、风险预警，以及各作业环节全程自动化操作，完善口岸安全防控信息化支撑体系，提升口岸突发公共安全事件应急处置能力。
口岸查验监管系统升级：推进口岸查验监管信息系统整合优化，建设“智慧海关”“智慧边检”。推广基于区块链的电子提单和集装箱电子放货，加快进口电商货港航区块链全程畅行电子化。
口岸综合管理能力提升：开展全国口岸基础信息、运行数据、卫星地理信息和实时影像分析，实现与各监管部门、各地口岸安全联合防控平台的系统对接和信息共享，辅助口岸管理决策。
国际贸易“单一窗口”深化建设：推动进出口环节监管证件及检验检疫证书等通过“单一窗口”一窗通办。持续创新“外贸+金融”“通关+物流”服务。在“单一窗口”提供跨境综合物流协同和航空物流公共信息服务。推动实现区块链物流跟踪与进出口商品追溯。推动实现与境外“单一窗口”互联互通。

（四）口岸国际合作工程。

统筹使用优惠性融资、投资基金、援外资金。加快推进国际运输大通道涉及的毗邻国家口岸查验设施、口岸基础设施以及配套交通设施建设。积极发挥丝路基金投融资作用，推动亚洲基础设施投资银行为口岸以及跨境基础设施互联互通提供支持。鼓励国内物流企业、生产企业参与边境口岸境外段基础设施改扩建。

跨境基础设施互联互通工程。积极推动涉及我重要邻国、重要贸易伙伴且双方已经或正在商签有关协议的跨境基础设施建设，同步建设配套口岸基础设施。

毗邻国家边境口岸补短板工程。全面了解我重要边境口岸毗邻国家一侧口岸及其集疏运体系建设情况，推动解决毗邻国家一侧口岸及其集疏运体系与我严重不匹配、经常造成我口岸拥堵的事项。积极发挥对外援助作用，支持共建“一带一路”支点国家相关口岸境外段建设。

口岸信息化交流合作工程。探索推进“单一窗口”标准和技术走出去，推动与境外“单一窗口”互联互通合作。提升中欧班列信息化水平，为保障运输安全提供数字化解决方案。重点围绕国际贸易“单一窗口”、跨境贸易、国际航空、海运服务等领域积极参与相关国际组织标准制定。

专栏10　口岸国际合作工程
跨境基础设施互联互通工程：中俄同江铁路大桥、黑河公路大桥、黑河索道，中缅铁路，中老铁路，中尼普兰斜尔瓦桥，中越水口二桥、天保跨界公路桥建设，同步建设配套口岸基础设施。
毗邻国家口岸补短板工程：中尼吉隆、樟木口岸，中缅瑞丽、畹町口岸，中老磨憨口岸，中越友谊关、河口口岸，中巴红其拉甫口岸，中塔卡拉苏口岸，中哈霍尔果斯、阿拉山口口岸，中吉伊尔克什坦、吐尔尕特口岸，中蒙红山嘴、二连浩特、甘其毛都口岸，中俄满洲里、绥芬河、珲春、虎林、密山口岸毗邻国家对应口岸查验基础设施、配套设施以及通往口岸道路建设。绥芬河、二连浩特、阿拉山口等边境铁路口岸毗邻国家对应口岸配套设施适应性改造。援尼泊尔（吉隆）梯姆雷边检站、沙拉公路，（普兰）斜尔瓦界河公路桥（境外段工程），（樟木）阿尼哥公路三期；援蒙古国（二连浩特）扎门乌德、（甘其毛都）嘎舒苏海图口岸基础设施；援缅甸滚弄大桥项目；援哈萨克斯坦海关技术装备现代化项目。
口岸信息化交流合作工程：加强与共建“一带一路”国家海关合作，提升国际海关监管单据传输信息化水平。推动实现与新加坡、俄罗斯、格鲁吉亚、哈萨克斯坦等国家“单一窗口”互联互通，试点推进国际贸易“单一窗口”对外建设。提升中欧班列信息化水平，推动中欧班列信息平台建设，为保障中欧班列安全稳定高质量运行提供数字化解决方案，加快实施“关铁通”项目，进一步优化海关通关手续，提高中欧班列通关运行效率。促进中外铁路信息互联互通和跨境电子签名互认，推进铁路国际联运无纸化，争取与俄罗斯之间实现中欧班列全程无纸化。重点围绕国际贸易“单一窗口”、跨境贸易、国际航空、海运服务等领域，积极参与世界贸易组织（WTO）、世界海关组织（WCO）、国际航空运输协会（IATA）、国际海事组织（IMO）、铁路合作组织（OSJD）等相关国际组织标准制定。

六、重大举措

（一）建立口岸综合绩效评估管理制度

以定量评估为主，定量与定性相结合，研究确定口岸综合绩效评估各类指标涵盖的具体要素，制定口岸综合绩效评估管理办法以及相关配套制度，明确开展综合绩效评估的对象、指标体系、实施主体、评估程序、结果发布及应用等。国家口岸管理部门联合相关部门、口岸所在地方政府共同开展，统筹推进评估工作。

（二）开展口岸标准化体系建设

加快制订口岸基础设施、口岸现场标识标牌、口岸查验设备配备以及口岸通关环节和流程、口岸通关时间等建设指引。制定口岸公共卫生核心能力建设国家标准，巩固和提升口岸公共卫生核心能力建设水平。以推动实现国际贸易供应链全流程无纸化为目标，积极探索研究统一不同口岸查验部门、运输部门等针对口岸的不同代码，推动建立、应用和维护统一的口岸标准代码。推广应用统一的集装箱电子数据交换标准，研究制定基于区块链的运输和贸易数据标准。加快推进口岸物流相关单证标准统一和全程无纸化作业，制定和应用统一的数据交换标准。

（三）建立持续优化口岸营商环境的长效机制

借鉴世界银行营商环境跨境贸易指标评估等

国际经验，对标国际先进水平，探索优化符合中国国情的口岸营商环境评估工作。坚持以评促改，聚焦解决市场主体关切的“堵点”“痛点”“难点”问题，建立快速反应、协同处置、高效应对的跨部门多层级优化口岸营商环境推进机制，增强改革措施的针对性、有效性。

（四）进一步完善口岸数据安全与共享机制

全面落实网络安全等级保护、关键信息基础设施安全保护、数据安全保护等要求，保障口岸业务运行安全。进一步完善口岸数据安全管理机制及相关管理办法，明确数据安全责任，强化数据安全防护，加强数据操作审计，实现数据流向可追溯、可审查。加强信息资源、应用系统、基础设施以及网络通信等领域的安全防护措施，建立数据安全评估体系，做好平台安全评测、监控预警和风险评估，提高大数据环境下防攻击、防泄漏、防窃取等安全防控与处置能力。

（五）进一步完善适应口岸发展的投入保障制度

“十四五”时期构建多渠道投融资的口岸发展保障模式。各地各部门要按政策规定积极推进《国家“十四五”口岸发展规划》主要任务和重点工程。按照《国家口岸查验基础设施建设标准》（建标 185-2017）建设国家对外开放口岸查验设施。根据国家有关规定和建设标准，积极支持直接服务于“一带一路”建设，沿边开放以及“京津冀协同发展”“长三角一体化发展”“推动长江经济带高质量发展”等战略重要节点项目建设。边境省（区）要加强边境口岸查验基础设施建设经费保障。推进建立查验设备多元投入机制，对于多部门共享共用的查验设备，相关费用原则上由口岸建设主体或地方政府承担。口岸管理相关部门、各级地方人民政府要积极支持口岸特别是重点枢纽口岸和存在明显短板口岸建设。鼓励社会资本在政策允许范围内以适当方式参与口岸建设。

七、实施保障

坚持中央统筹、省（区、市）强化主体责任、市县抓落实的工作机制。

国务院口岸工作部际联席会议统筹研究推进规划实施工作，充分发挥联席会议办公室作用，进一步增强服务意识，提升综合管理水平；国务院有关部门按照职责分工，在政策制定实施、重点项目安排和改革创新试点等方面给予指导和支持。

各省、自治区、直辖市人民政府要履行主体责任，建立健全地方层级口岸工作联席会议制度，完善口岸工作协调推进机制，加强组织动员和推进实施。要根据规划要求，结合当地实际，将规划确定的主要目标、重点任务与国家有关专项规划以及本地区经济社会发展“十四五”规划衔接好，制定本省级行政区内落实国家口岸发展规划的配套措施。口岸所在县级以上地方人民政府要强化工作落实，细化工作方案，逐项抓好落实。要充分发挥行业协会在制定标准、规范行业秩序、开拓国际市场等方面的积极作用。

国家口岸管理部门负责本规划解释说明，加强对规划实施的督促落实，协调推动解决有关地方和部门在推进规划实施中的重大问题，重大情况及时向国务院报告，确保规划确定的目标任务落到实处。

第二篇

口岸查验监管

第二章

2021年海关工作概要

中华人民共和国海关总署办公厅

2021年，全国海关以习近平新时代中国特色社会主义思想为指导，增强“四个意识”、坚定“四个自信”、做到“两个维护”，深入贯彻党的十九大和十九届历次全会精神，认真落实党中央、国务院决策部署，全面深化政治建关、改革强关、依法把关、科技兴关、从严治关，强化监管优化服务，统筹推进口岸疫情防控和促进外贸稳增长，较好完成了全年各项工作任务。

一、毫不松懈抓好口岸疫情防控

认真落实“外防输入、内防反弹”总策略，总署党委加强指挥调度，召开39次指挥部会议，分析研判疫情形势，研究强化防控措施，加强监督检查和专项考核，组织全国海关科学精准、严格规范实施口岸卫生检疫。织密织牢“水陆空”立体防控网，严格做好所有入境客运航空器终末消毒和“四类人员”行李消毒的监督工作，进一步强化水运和陆路口岸入境运输工具卫生检疫，加强边境口岸运行监测，落实“客停货通”政策。坚持“多病共防”，严防疫情叠加。积极参与口岸联防联控，健全疫情防控保障机制，率先实施一线卫生检疫人员“14+7+7”封闭管理措施并被国务院联防联控机制推广。强化进口冷链食品和农产品源头管控，加强进口冷链食品及高风险非冷链集装箱货物口岸环节风险监测和核酸检测，对检出阳性的境外生产经营单位采取紧急预防性措施。监督预防性消毒各类货物115万吨、内外包装7 185万件。严防外来物种入侵，完善全球动植物疫情监测预警体系，建立境外预检新模式，持续加强口岸检疫监管，截获检疫性有害生物6.51万种次，有效防止重大动植物疫情疫病传入。

二、牢牢守住监管底线

推进风险全领域、全渠道、全链条一体化防控，提升风险防控智能化水平，强化口岸安全风险联合防控。加强口岸监管业务运行监督，严格监管作业场所运行管理，落实贸易管控措施，持续做好口岸环节违禁品查缉、反恐和“扫黄打非”等工作，跨境电商、市场采购、边民互市贸易和旅客行李物品监管更加规范。深入开展安全生产专项整治三年行动。圆满完成中国国际进口博览会（以下简称“进博会”）等监管通关保障，积极支持冬奥会筹备工作。做好新冠病毒疫苗出境监管和通关保障。知识产权海关保护工作成效明显，查扣侵权嫌疑货物批次和件数同比分别增长27.9%、27.8%。动态调整法检目录，细化完善商品检验要求，加强进口危险化学品、大宗矿产品等重点敏感商品和出口“两高”产品、防疫物资检验监管，检出不合格进出口商品3.56万批。稳步推进进口食品“国门守护”行动，严格处置问题产品和企业，退运销毁不合格食品化妆品3 037批。以查发问题为导向改革稽查工作机制，属地查检业务管理制度初步建立，企业集团加工贸易监管全面推广，高端制造业全产业链保税模式试点稳步推进，完成海关企业信用管理制度改革。坚持依法科学征管，深化综合治税，全年税收入库20 126亿元，同比增长17.7%，首次突破两万亿元大关，超额完成税收预算目标。组织开展“国门利剑2021”联合专项行动，保持打击“洋垃圾”、濒危物种及其制品、农产品、冻品、成品油、武器弹药、毒品等走私高压态势，立案侦办走私犯罪案件 4 259 起，同比增长 5.1%；立案调查走私行为案件 23 294 起，同比增长 25.6%；立案调查违规及其他违法案件 52 542 起，同比增长 0.2%；严厉打击珠澳口岸“水客”走私、海南离岛免税“套代购”走私、粤港澳海上跨境走私。反走私综合治理进一步深化。

三、大力支持外贸创新发展

牵头出台进一步深化跨境贸易便利化改革的 27 项措施，开展新一轮专项行动。2021 年，进口、出口货物整体通关时间分别压缩至 32.97 小时、1.23 小时，比 2017 年分别压缩 66.14%、89.98%，圆满完成国务院确定的目标任务。督促各地落实口岸收费目录清单公示制度并动态更新，协同推动解决国际海运集装箱进出口环节收费等问题。深化国际贸易“单一窗口”建设，除保密等特殊情况外，进出口环节 38 种监管证件全部实现一口受理、网上申领。落实“六稳”“六保”部署，出台推进贸易高质量发展 20 项具体措施。组织开展重点商品调研，向中央提出解决“卡脖子”问题的工作建议。积极支持保供稳价，扩大关键零部件、能源、矿产等重要生产原材料进口，准许 30 种农食产品输入。加强技术性贸易措施交涉应对，评议国外 TBT/SPS 通报 786 份。推广跨境电商零售进口退货中心仓模式，出台支持企业设立海外仓措施，全年跨境电商进出口 1.98 万亿元，同比增长 15%。认真执行减税、税收优惠政策和自贸协定关税减让等措施。强化重要商品进出口异动情况监测预警，按时发布、权威解读进出口数据，加强外贸进出口形势分析研究，58 份报告获得中央领导同志批示。2021 年，我国进出口总值 39.1 万亿元，同比增长 21.4%，一举跨过 5 万亿、6 万亿美元两个台阶。按世界贸易组织（WTO）最新数据，2021 年前 9 个月我国进出口国际市场份额达 13.5%，较 2020 年同期提升 0.6 个百分点，稳居全球货物贸易第一大国地位。落实“智慧海关、智能边境、智享联通”（简称“三智”）合作理念，培育试点项目 78 个，推动“三智”建设与世界海关组织（WCO）战略实现对接。围绕共建“一带一路”扩大海关国际合作，对外签署合作文件 50 份，中哈“关铁通”协议项目成功落地，支持中欧班列开行 1.5 万列，同比增长 22%。签署 5 份 AEO 互认协议，累计互认国家（地区）数量达 47 个，继续保持世界第一。完成海关牵头的 174 项 RCEP 实施准备任务，有力保障了按时实施。编制实施《国家“十四五”口岸发展规划》，加强口岸开放审理和运行评估，新开和扩大开放 10 个、退出 2 个。出台支持京津冀协同发展、长三角一体化发展、黄河流域生态保护和高质量发展、粤港澳大湾区建设等系列措施。

四、持续深化改革创新

落实“放管服”要求，取消 2 项审批事项，下放检疫审批权限，“双随机、一公开”监管不断深化。编制形成“十四五”海关发展规划体系。全业务领域一体化扎实推进，风险防控等一体化改革在长三角等区域先行先试，全业务领域实现信息化和系统互联互通，关检深度融合。制订海南自由贸易港海关监管框架方案、口岸布局方案、海关智慧监管平台可研报告，优化海关机构编制设置，“一线放开、二线管住”政策扩大到海南 3 个海关特殊监管区域，“零关税”“加工增值”政策落地实施。积极支持自由贸易试验区差异化发展，备案创新举措 25 项。出台综合保税区管理办法，加强设立审核、绩效考核，新设 8 个、推动整改 6 个。深入推进信息化建设和系统整合优化，加大重点项目攻关力度，获国家科研项目立项 6 个，智能审图效能稳步提升。加强实验室动态管理，建成海关系统首个公共卫生安全署级中心实验室。法治建设稳步推进，《中华人民共和国海关法》修订正式启动并纳入国务院 2022 年度立法计划，参与《中华人民共和国海南自由贸易港法》等的制修订并取得积极进展，编制印发总署权责清单，法治宣传教育有效推进。

五、纵深推进全面从严治党

深入学习贯彻习近平新时代中国特色社会主义思想，持续在学懂弄通做实上下功夫。各级党委召开党委会、党委理论学习中心组学习会、读书班进行专题学习，通过书记领读、自学精读、专家导读、集中研读，不断深化理解领悟、实践运用。全国海关各级党组织通过“三会一课”、专题培训、全员培训等方式全面深化学习，组织开展256期集中轮训，培训处级以上干部1.2万人，推动广大党员干部在学深悟透、融会贯通、真信笃行上有了新的提高。党建工作质量持续提升，组织庆祝中国共产党成立100周年系列活动，扎实开展党史学习教育，大力推动“我为群众办实事”实践活动，巩固深化“强基提质工程”，持续推进“四强”党支部建设，加强精神文明创建，53个单位获评第20届全国青年文明号。干部队伍建设全面加强，制定实施领导班子建设、人才发展、教育培训规划，加大干部选拔任用力度，深化专业技术类公务员分类管理改革，规范事业单位评聘管理。各级党委充分履行主体责任，纪检机构认真履行监督责任，定期会商、同向发力推进全面从严治党。着力纠治“四风”，开展形式主义突出问题专项整治，查处一批违反中央八项规定及其实施细则精神案件。深入开展“现场监管与外勤执法权力寻租”专项整治，深化打私反腐“一案双查”。巩固中央巡视整改成果，协同推进各项监督，对22个海关单位开展巡视和“回头看”，常态化抓好警示教育，清廉海关建设深入推进。

2021年出入境边防检查工作概要

国家移民管理局边防检查管理司

2021年，面对复杂严峻的国际国内形势和新冠肺炎疫情的持续冲击影响，在以习近平同志为核心的党中央坚强领导下，在公安部党委正确指挥下，国家移民管理局坚决贯彻党中央决策部署，紧紧围绕中国共产党成立100周年安保维稳主线，服务疫情防控和经济社会发展工作大局，严密口岸边境管控，创新管理服务政策举措，坚决捍卫国家政治安全和国门安全稳定，全力服务促进高水平开放高质量发展。2021年，全国边检机关检查出入境人员1.28亿人次，检查出入境交通运输工具1 409.4万辆（架、列、艘）。

一、持续深化移民管理服务改革，全力服务促进高水平开放高质量发展

紧紧围绕服务构建新发展格局，聚焦国家重大发展战略和人民群众新期待，持续深化移民管理政策制度创新，提升通关服务管理水平，全力服务国家经济社会发展。

一是精准服务国家重大发展战略。参与编制《国家“十四五”口岸发展规划》，科学规划口岸设立、调整、退出等工作。深入研究粤港澳大湾区等区域发展战略规划，支持青茂口岸通关运行，协调推动福田保税区“一号通道”作为深港科创合作区专用口岸对外开放。优化增加“一带一路”便利通关安排适用政策，陆路口岸设置专用通道240余条。

二是大力优化改善营商环境。推出促进服务航运企业发展16项新举措，全面实施边检行政许可网上办理、“一地办理、省域通用”，实现边检手续“可办、能办”向“易办、好办”转变。批准北京大兴国际机场口岸实施直接往返机组人员优化边检手续政策，进一步提高交通运输工具通关效率。

三是全力服务企业复工复产。积极回应有关地方政府、航运企业关切诉求，妥善解决因疫情滞留港口的4 280名外籍船员登陆换班问题。为运输防疫物资、进出口商品、鲜活农产品交通工具提供“零等待”边检服务，建立跨境执行重大任务和需紧急救助人员快捷通道。

二、全力构筑外防输入坚实防线，切实保障人民群众生命安全

坚持“外防输入、内防反弹”总策略和“动态清零”总方针，充分发挥疫情防控重要方面军的作用，全方位筑牢外防输入防线，打赢口岸边境疫情防控阻击战、遭遇战。

一是实行从严从紧的出入境政策。密切关注全球疫情形势，会同外交部门动态调整外国人来华政策，暂停免签入境、过境免签政策，坚持内地居民非必要非紧急不出境，禁止第三国（地区）人员经边境口岸通行。严格执行陆地口岸“客停货通”、港口口岸非必要不登轮不登陆不搭靠、空港口岸“四分流”“五个一”政策措施，坚持“人、物、环境同防”，最大限度降低境外疫情经口岸输入风险。

二是执行从严从紧的出入境查验措施。严格入境人员提前预警、风险评估、询问检查，实行分区查验、专区验放、非接触检查。推广应用“中国边检登轮码”“港口通”微信小程序，全面采集入境人员相关信息，为精准防控提供支持。坚持“三提前、三共享”，及时向属地和有关部门推送涉疫高风险人员信息，配合实现对入

境人员“从国门到家门”的闭环管理。

三是落实从严从紧的内部防疫管理。组织指挥执勤民警牢牢守住国门边境外防输入重要阵地的同时，坚持抓好内部防疫管理，制定内部防疫指南，分级强化防疫培训。实行独立作战单元执勤模式，严格落实上岗“四个到位”、消杀“四个一”等防疫要求，符合条件民警100%接种疫苗，最大限度保障执勤安全。

三、全面筑牢口岸边境安全屏障，坚决捍卫国家政治安全

始终胸怀“两个大局”、心系“国之大者”，坚决贯彻落实总体国家安全观，坚持以中国共产党成立100周年安保维稳工作为牵引，以最大决心、最强力度、最严措施，全面筑牢口岸边境安全屏障。

一是系列重大安保任务圆满完成。坚持把中国共产党成立100周年庆祝活动安保维稳作为重大政治任务和压倒一切的头等大事，统筹北京冬奥会、上海进博会、昆明生物多样性大会、西藏和平解放70周年庆祝大会等系列重大安保活动，从严从实从细抓好安保措施落实，严密防范打击敌对势力渗透破坏，有效防范化解重大风险，坚决打赢系列安保维稳硬仗。

二是专项斗争取得重大胜利。在公安部统一组织指挥下，充分发挥国家移民管理局牵头作用，统筹全国公安机关和移民管理机构力量、协调整合多部门资源，按照“打团伙、断通道、斩蛇头、摧网络”的工作思路，深入开展集中打击妨害国（边）境管理犯罪专项斗争，强化部署指挥、专案打击、合成作战、追逃缉捕、综合整治，严打严防各类非法出入境活动，全年共侦破妨害国（边）境管理犯罪刑事案件1.96万起，抓获涉案人员9.85万人，专项斗争取得丰硕成果。

三是防范打击跨境赌诈违法犯罪成效显著。坚决贯彻落实中央和公安部部署，充分履行移民管理打击职能，组织开展打击跨境赌博和电信诈骗违法犯罪专项工作，严格出入境证件审批管理，加大口岸依法拦阻力度，强化边境封堵拦截，发现并拦阻一大批涉赌诈人员，依法对一大批涉赌诈人员采取出入境限制措施，坚决将不法分子查在口岸、堵在边境，有效遏制了跨境违法犯罪势头。

四、扎实推进“四化”队伍建设，切实为履行新时代职责使命提供坚强保证

深入贯彻新时代党的建警治警方针，坚持实战化标准，大力加强履职能力建设，持续推进边检治理体系和治理能力现代化。

一是系统强化顶层制度设计。立足新时代新形势，对接国家“十四五”规划部署，制定《“十四五”出入境边防检查工作发展规划》，明确重点任务，规划实施路径，推动促进边检工作高质量发展。编制出境入境人员边防检查手册，将实战经验固化为长效机制。全面启动检查员等级评定工作，圆满完成首次等级评定考试，培养1.7万名检查员取得初、中级等级资格，进一步提高边检队伍专业素质。

二是扎实规范执法执勤工作。持续推动边检业务制度“立、改、废”工作。规范边检执法办案场所设置，建立典型案例汇编制度，强化执法记录仪配备使用管理，执法执勤规范化建设取得新进步。健全完善现场执勤警力动态调度、重大安保和重要敏感节点等级勤务等相关制度，确保边检各项工作任务高质量完成。

三是全面夯实边检基础工作。汇总形成全国边检机关基础资料汇编，做到底数清、情况明。印发港澳流动渔船渔民出入境边防检查相关管理办法，进一步规范港澳流动渔船渔民出入境边防检查管理工作。大力推进“智慧边境、数字边境”建设，在陆地口岸边境一线安装智能感应设备、建设自动监控系统、配备智能查验装备，构建立体化、智能化管控体系。

2021 年海事工作概要

中华人民共和国交通运输部海事局

2021 年，全国海事系统在交通运输部党组的全面正确领导下，全力做好常态化疫情防控，物流循环更加畅通；实现新《中华人民共和国海上交通安全法》颁布实施，履职根基更加夯实；出台“十四五”发展等系列规划，顶层设计更加完备；制定队伍“四化”建设意见，目标路径更加清晰；加快数字化转型步伐，创新动力更加充沛。

全年，安全保障国内航行船舶进出港 2 548 万艘次、国际航行船舶进出口岸 37.43 万艘次、水上货物运输 206.97 亿吨、水上客运 4.26 亿人次。组织协调水上搜救行动 1 881 次，搜救遇险船舶 1 337 艘、遇险人员 14 473 人，水上交通安全形势总体稳定。

一、坚持政治引领，党的建设更加坚强有力

一是政治建设持续强化。出台贯彻落实习近平总书记重要指示批示精神和党中央重大决策部署的意见，巩固拓展模范机关创建成果，持续推进各级机关党的建设高质量发展。压实意识形态工作责任制，守住管好各类意识形态阵地。

二是党史学习教育走深走实。深入学习习近平总书记“七一”重要讲话精神，扎实推进党史学习教育，开展“我为群众办实事”实践活动，民生实事落实落地，运行海事政务自助服务站。开展“传承红船精神 打造海事铁军”等庆祝中国共产党成立 100 周年主题文化宣传活动。举办“青春心向党 奋进新征程”党史知识挑战赛。

三是为民形象持续提升。做好春运保障、疫情防控、保通保畅、队伍“四化”建设等重点宣传；汇聚中国海事微信、抖音、B 站等新媒体宣传合力，形成广泛覆盖、协同联动群发互转的新媒体传播格局，用心讲好海事故事。

二、坚持高点站位，顶层设计更加科学优化

一是海事发展蓝图更加清晰。以“交通强国海事一流”为总目标，制定实施海事“十四五”发展规划、建设规划。粤港澳大湾区海事协同发展机制建设、绿色航运海事治理等任务纳入交通强国建设海事试点。

二是发展战略研究全面加强。制定实施加强海事战略研究工作意见。开展海事新型智库建设研究，编印海事战略研究专报，“提升中国作为航运大国的影响”纳入国家高端智库重点课题。

三是安全保障体系建设稳步推进。编制“陆海空天”一体化水上交通运输安全保障体系工作方案。制订实施全要素水上“大交管”建设工作方案，优化水上交通管控机制，开展区域交通一体化组织，船舶通航效能、港口生产效率、水上安全水平不断提升。

三、坚持底线思维，水上交通安全保障有力

一是综合治理格局逐步完善。推动国务院安委会印发加强水上运输和渔业船舶安全风险防控工作的意见，推动省级人民政府建立水上交通安全工作协调机制。开展重大风险排查、辨识和防控，建立健全重大风险“五个清单”。

二是源头治理管控更加扎实。强化事故规律

研究，压实地方船舶检验主管部门管理责任，加快理顺船舶检验体制机制。组织开展小型船舶检验及其监督管理优化试点。发布航区划分规则(2021)，完善国内水域航区划分等级依据。发布浙江沿海航路调整公告，优化长江江苏段、琼州海峡、厦门水域、渤海西部水域船舶定线制。

三是安全保障和应急处置有力。圆满完成春运、北戴河暑期、第二届联合国全球可持续交通大会、进博会等水上交通安全保障任务。有效应对台风“烟花”“圆规”等极端灾害性天气。妥善做好水上交通事故、事件应急处理和调查工作。

四是航海保障支撑作用凸显。管理维护航标1.91万座；完成港口航道图扫测面积2.3万换算平方公里，发行纸质海图30余万张、电子海图376万幅次；播发安全信息73万余次，接收数字选择性呼叫（DSC）信息78万余次；提供“海事一张图”和AIS数据服务。

四、坚持依法行政，法治海事建设换挡提速

一是法治体系建设更加完善。全面修订《中华人民共和国海上交通安全法》并推动颁布实施，开展法律释义编制工作，发布海上海事行政处罚规定等配套规章。出台船舶技术法规制定程序和编制指南，发布地效翼船技术与检验暂行规则等船舶技术法规。实施国家和行业标准。

二是依法行政水平持续提升。修订出台海事执法督察规定、常见海事违法行为处罚裁量基准，开展执法领域突出问题专项整治，完善执法制度，组织执法督察、全员轮训。

三是地方监管履职不断不乱。省级交通运输综合行政执法改革基本到位，水上安全行业管理责任和执法主体上移至省级交通运输主管部门，综合水陆交通运输执法资源，水上安全监管执法力量总体增强。始终坚持“全国海事一家人、水上监管一盘棋、行政执法一面旗”的理念，加强基础设施和信息化建设，定期开展教育培训，全力履行地方水上交通安全监督管理职责。

五、坚持立足大局，服务经济发展积极有为

一是服务国家重大战略主动作为。深化京津冀、长三角、粤港澳海事协同合作，推进深港引航员资质互认，实现港澳居民快捷申办内地海员适任证书，在长三角推行海事证明事项告知承诺制，海船登记与检验“不停航办证”取得突破。印发建设海南自由贸易港海事特区的意见，调整下放船舶登记、检验监督、船员管理等事权。

二是保护水域生态环境举措有力。参与制订交通运输部推进碳达峰工作方案，研究相应落实举措。深入推进船舶大气污染防治监管，持续巩固长江经济带船舶和港口污染突出问题整治成果，长江干线江苏段及岳阳以上水域基本实现船舶水污染物“零排放”。修订发布水上液化天然气加注作业安全监督管理办法。积极配合推进长江十年禁渔执法工作。

三是国际影响力进一步增强。首次同非洲国家建立海事合作机制，与利比里亚海事局签署的海事合作谅解备忘录被纳入第二届联合国全球可持续交通大会成果，与俄罗斯、新加坡海事合作取得新突破，海事“国际朋友圈”不断扩大。出席IMO（国际海事组织）、IHO（国际海道测量组织）、IALA（国际航标协会）等国际会议。开展国际和港澳台交流合作活动。成功主办2021北外滩国际航运论坛“安全与合作”专题论坛。召开国际海事研究委员会首届大会。举办海事履约技能竞赛。

六、坚持聚焦民生，助力航运发展成效凸显

一是营商环境持续优化。全面落实国务院关于取消港口建设费部署要求，切实减轻企业负担。参与国际贸易“单一窗口”建设，推动口岸查验数据共享共用，持续深化“联合查验”通关

模式。优化船舶审核发证工作机制，实现船舶安全管理体系审核全国通办。

二是海上供应保通保畅。落实“五优先”机制，积极参与国际物流保障协调工作机制，有效保障国际海运运力、集装箱供给以及粮食、能源、矿石接卸疏运，有序应对船舶滞港，全力恢复和保障全球产业链供应链畅通。扎实做好保暖保供工作。

三是常态化疫情防控抓好抓实。推动国务院联防联控机制综合组印发进一步做好国际航行船舶船员疫情防控工作的通知。有序推动中国籍船员国内港口换班“应换尽换”和国际航行船舶船员换班。系统上下有效应对多地零星散发和局部聚集性疫情。

四是船员队伍建设不断加强。联合人社部等六部委印发加强高素质船员队伍建设的指导意见，举办首届“中国船员高质量发展”高端论坛。继续推行船员证书办理便捷化，签发海员防疫证明。

七、坚持苦练内功，事业发展根基日益牢固

一是内部管理效能更加优化。优化目标考评机制，开展重点工作任务综合督查。试运行直属海事系统综合办公平台。建成交通运输系统全国示范数字档案室。严格落实长期“过紧日子”要求，建立预算绩效评价机制。健全国有资产规范管理制度体系。加强督察、审计机构及队伍建设，建立完善督察及内审监督体系。

二是装备设施建设持续加强。万吨级“海巡09”轮顺利交船列编，台湾海峡巡航救助船“海巡 06”、首艘破冰型航标船“海巡 156”即将列编。开展船舶管用养修专项整治和国家溢油应急设备库巡检工作，装备设施管用养修规范化、标准化工作取得实效。

三是科技信息化水平稳步提升。高精度时空海事服务等系统被纳入首批国家“十四五”重点研发计划。推动实施 VTS（船舶交通管理系统）、VDES（甚高频数据交换系统）关键核心技术攻坚工程，稳步推进安可替代工程，完成重点活动期间网络安全保障。

第三篇

全国口岸运行情况[①]

① 各统计表中：

进出口货运量指经该口岸直接出入国（关、边）境并引起国内实际物质存量变化且凭进出口货物报关单办结海关手续的货物运输总量。

出入境人员指经该口岸直接出入国（关、边）境人员总量。

运输工具指经该口岸直接出入国（关、边）境的运输工具总量。

申报货运量指在该口岸申报的货物运输总量。

2021 年全国空运口岸运行情况统计表

序号	省级行政区	区域	口岸名称	进出口货运量（吨）	排名	出入境人员（人次）	排名	出入境交通运输工具（架次）	排名	申报货运量（吨）	备注
1	上海	沿海	上海空运口岸	3 827 060	1	2 060 382	1	92 627	1	2 773 155	
2	广东	沿海	广州空运口岸	1 308 690	2	839 588	2	38 871	2	1 340 194	
3	北京	沿海	北京空运口岸	895 744	3	530 531	3	33 122	3	62 290 874	
4	河南	内陆	郑州空运口岸	435 911	4	95 393	13	10 700	5	249 272	
5	广东	沿海	深圳空运口岸	401 542	5	186 861	7	18 093	4	457 150	
6	福建	沿海	厦门空运口岸	191 808	6	384 948	4	8 361	7	225 978	
7	重庆	内陆	重庆空运口岸	181 489	7	64 110	18	4 755	12	65 342	
8	四川	内陆	成都空运口岸	172 520	8	290 938	6	7 941	8	114 097	
9	湖北	内陆	武汉空运口岸	169 934	9	90 761	14	4 774	11	117 772	
10	浙江	沿海	杭州空运口岸	155 371	10	313 410	5	9 233	6	116 021	
11	天津	沿海	天津空运口岸	107 064	11	137 185	8	3 216	15	143 484	
12	山东	沿海	青岛空运口岸	103 355	12	126 468	10	5 246	10	179 295	
13	江苏	沿海	南京空运口岸	96 152	13	130 488	9	2 538	17	105 732	
14	江西	内陆	南昌空运口岸	84 178	14	7 502	35	1 348	24	32 243	
15	湖南	内陆	长沙空运口岸	76 329	15	23 398	25	2 088	21	65 844	
16	陕西	内陆	西安空运口岸	74 156	16	115 398	11	3 718	14	43 874	
17	云南	沿边	昆明空运口岸	67 455	17	102 027	12	5 887	9	57 713	
18	山东	沿海	济南空运口岸	51 575	18	21 910	26	1 469	23	25 455	
19	福建	沿海	福州空运口岸	50 015	19	83 227	15	3 205	16	16 703	
20	辽宁	沿海	大连空运口岸	43 129	20	69 934	17	2 125	20	59 264	
21	山东	沿海	烟台空运口岸	27 322	21	39 997	21	4 340	13	19 844	
22	浙江	沿海	宁波空运口岸	24 160	22	55 435	19	2 128	19	19 362	
23	新疆	沿边	乌鲁木齐空运口岸	16 050	23	10 409	33	1 057	25	14 252	
24	安徽	内陆	合肥空运口岸	15 270	24	2 678	40	451	30	15 301	
25	广西	沿边	南宁空运口岸	13 981	25	24 174	24	2 384	18	7 762	
26	江苏	沿海	无锡空运口岸	13 253	26	16 458	28	406	33	1 748	
27	辽宁	沿海	沈阳空运口岸	11 166	27	76 937	16	1 017	26	22 002	
28	海南	沿海	海口空运口岸	10 412	28	5 479	38	588	29	6 913	
29	山东	沿海	威海空运口岸	8 821	29	20 759	27	1 823	22	2 902	
30	黑龙江	沿边	哈尔滨空运口岸	6 523	30	50 937	20	770	28	1 618	

续表1

序号	省级行政区	区域	口岸名称	进出口货运量（吨）	排名	出入境人员（人次）	排名	出入境交通运输工具（架次）	排名	申报货运量（吨）	备注
31	江苏	沿海	南通空运口岸	5 234	31	6 749	37	396	34	10 968	
32	西藏	沿边	拉萨空运口岸	3 577	32					3 283	
33	江苏	沿海	盐城空运口岸	3 435	33	1 376	43	422	31		
34	山西	内陆	太原空运口岸	1 319	34	15 983	29	242	36	626	
35	河北	沿海	石家庄空运口岸	1 168	35	1 023	45	28	49	15	
36	湖南	内陆	张家界空运口岸	1 032	36	873	46	231	37	987	
37	吉林	沿边	长春空运口岸	925	37	38 614	22	148	39	1 384	
38	甘肃	沿边	兰州空运口岸	857	38	2 392	41	73	42	696	
39	贵州	内陆	贵阳空运口岸	793	39	591	48	38	47	382	
40	山东	沿海	临沂空运口岸	550	40	418	49	138	40	17 255 855	
41	江苏	沿海	常州空运口岸	352	41	31 633	23	421	32	11 867	
42	内蒙古	沿边	呼和浩特空运口岸	244	42	6 796	36	57	43	290	
43	浙江	沿海	温州空运口岸	218	43	13143	32	208	38	255	
44	海南	沿海	三亚空运口岸	168	44	649	47	47	45	5 357	
45	江苏	沿海	淮安空运口岸	90	45	76	53	22	50	622 899	
46	江苏	沿海	徐州空运口岸	90	46	28	57	8	51	516 939	
47	内蒙古	沿边	海拉尔空运口岸	46	47	377	50	40	46		
48	内蒙古	沿边	满洲里空运口岸	22	48	49	56	6	52	3 710	
49	吉林	沿边	延吉空运口岸	5	49	15 324	30	128	41		
50	云南	沿边	芒市空运口岸							175 733	
51	浙江	沿海	义乌空运口岸			8 729	34	817	27		
52	福建	沿海	泉州空运口岸			14 629	31	319	35	814	
53	新疆	沿边	喀什空运口岸			3 955	39	56	44	112 238	
54	广东	沿海	揭阳空运口岸			1 451	42	34	48	19 975	
55	江苏	沿海	扬泰空运口岸			311	51	3	53	1 907	
56	宁夏	内陆	银川空运口岸			1 242	44	2	54	348	
57	广西	沿边	桂林空运口岸			107	52	2	55	6 109	
58	云南	沿边	丽江空运口岸			56	54	2	56	127	
59	广东	沿海	湛江空运口岸			55	55	1	57	36	
60	甘肃	沿边	敦煌空运口岸			6	58	1	58	1	
61	湖北	内陆	宜昌空运口岸							2 061 374	
62	广东	沿海	梅州空运口岸							1 538 007	

续表2

序号	省级行政区	区域	口岸名称	进出口货运量（吨）	排名	出入境人员（人次）	排名	出入境交通运输工具（架次）	排名	申报货运量（吨）	备注
63	福建	沿海	武夷山空运口岸							544 668	
64	河南	内陆	洛阳空运口岸							479 158	
65	山西	内陆	运城空运口岸							130 893	
66	安徽	内陆	黄山空运口岸							46 121	
67	黑龙江	沿边	牡丹江空运口岸							18 758	
68	内蒙古	沿边	鄂尔多斯空运口岸							16 418	
69	贵州	内陆	遵义空运口岸							12 447	
70	山西	内陆	大同空运口岸							7 711	
71	浙江	沿海	舟山空运口岸							1 827	
72	黑龙江	沿边	齐齐哈尔空运口岸							1 307	
73	江苏	沿海	连云港空运口岸							679	
74	广西	沿边	北海空运口岸							480	
75	青海	内陆	西宁空运口岸							11	
76	黑龙江	沿边	佳木斯空运口岸								
77	海南	沿海	博鳌空运口岸								
78	云南	沿边	西双版纳空运口岸								
79	新疆	沿边	伊宁空运口岸								
80	内蒙古	沿边	包头空运口岸								
81	内蒙古	沿边	二连浩特空运口岸								

2021 年全国海运口岸运行情况统计表

序号	省级行政区	区域	口岸名称	进出口货运量（吨）	排名	出入境人员（人次）	排名	出入境交通运输工具（艘次）	排名	申报货运量（吨）	备注
1	山东	沿海	青岛海运口岸	315 786 787	1	215 824	6	10 441	6	249 938 866	
2	山东	沿海	日照海运口岸	292 002 205	2	122 159	11	5 778	12	224 407 534	
3	天津	沿海	天津海运口岸	265 536 136	3	182 262	8	9 179	8	243 153 755	
4	河北	沿海	唐山海运口岸	250 572 081	4	81 735	14	3 951	17	217 283 852	
5	上海	沿海	上海海运口岸	244 686 637	5	435 116	3	21 564	4	99 164 103	
6	浙江	沿海	宁波海运口岸	227 093 939	6	220 648	5	10 781	5	54 812 288	
7	浙江	沿海	舟山海运口岸	186 620 740	7	189 112	7	8 832	9	181 949 262	
8	江苏	沿海	连云港海运口岸	121 432 976	8	115 288	12	5 785	11	92 076 598	
9	广东	沿海	广州海运口岸	112 954 087	9	287 121	4	26 157	3	94 800 000	
10	广东	沿海	湛江海运口岸	107 269 985	10	50 561	20	2 708	23	95 692 654	
11	辽宁	沿海	大连海运口岸	103 428 891	11	101 752	13	5 372	13	97 149 000	
12	山东	沿海	烟台海运口岸	99 688 764	12	77 601	15	3 694	19	60 822 305	
13	广西	沿边	防城港海运口岸	96 095 366	13	47 224	23	2 357	26	84 269 711	
14	辽宁	沿海	营口海运口岸	84 101 759	14	45 666	24	2 463	25	85 596 277	
15	福建	沿海	厦门海运口岸	65 435 559	15	151 206	9	7 873	10	58 624 215	
16	广东	沿海	蛇口海运口岸	64 378 082	16	774 222	1	28 239	2	60 790 953	
17	山东	沿海	董家口海运口岸	63 753 729	17	42 206	25	2 054	29	21 680 306	
18	河北	沿海	黄骅海运口岸	62 901 317	18	19 890	35	932	43	39 383 102	
19	广东	沿海	盐田海运口岸	49 803 694	19	150 840	10	9 837	7	39 461 721	
20	广西	沿边	钦州海运口岸	48 625 486	20	64 473	17	3 513	21	44 377 657	
21	福建	沿海	福州海运口岸	48 372 253	21	75 949	16	3 969	16	45 257 299	
22	福建	沿海	泉州海运口岸	44 846 852	22	38 428	26	2 497	24	46 867 464	
23	广东	沿海	惠州海运口岸	42 541 078	23	49 272	21	3 561	20	42 441 268	
24	山东	沿海	龙口海运口岸	37 552 553	24	26 223	30	1 394	31	23 997 324	
25	福建	沿海	莆田海运口岸	32 719 003	25	20 470	33	991	38	45 919 514	
26	广东	沿海	珠海海运口岸	29 877 013	26	53 945	19	3 503	22	26 301 339	
27	辽宁	沿海	长兴岛海运口岸	25 971 485	27	17 568	40	898	45	25 277 124	
28	海南	沿海	洋浦海运口岸	24 351 941	28	59 873	18	4 048	15	24 185 693	
29	辽宁	沿海	锦州海运口岸	20 225 723	29	13 550	47	686	51	16 370 541	
30	辽宁	沿海	丹东海运口岸	18 509 674	30	18 848	38	943	42	15 941 141	

续表1

序号	省级行政区	区域	口岸名称	进出口货运量（吨）	排名	出入境人员（人次）	排名	出入境交通运输工具（艘次）	排名	申报货运量（吨）	备注
31	广西	沿边	北海海运口岸	15 324 321	31	17 572	39	931	44	14 848 908	
32	广东	沿海	湾仔海运口岸	14 682 703	32	657 648	2	29 054	1	110 419 834	
33	福建	沿海	宁德海运口岸	14 655 191	33	16 982	42	990	39	14 965 383	
34	广东	沿海	茂名海运口岸	13 548 696	34	11 956	51	701	50	13 563 167	
35	福建	沿海	漳州海运口岸	13 353 212	35	14 590	45	1 088	35	13 439 584	
36	辽宁	沿海	盘锦海运口岸	12 563 853	36	9 289	53	466	59	12 779 695	
37	山东	沿海	莱州海运口岸	12 557 278	37	9 058	55	504	57	9 624 449	
38	广东	沿海	阳江海运口岸	11 089 531	38	10 133	52	565	55	11 989 134	
39	广东	沿海	南沙海运口岸	10 417 170	39	20 244	34	1 484	30	10 677 753	
40	广东	沿海	潮阳海运口岸	9 775 546	40	4 860	64	1 060	37	9 371 542	
41	江苏	沿海	大丰海运口岸	9 692 209	41	13 303	49	476	58	11 307 981	
42	浙江	沿海	台州海运口岸	9 636 400	42	12 876	50	595	53	10 208 083	
43	浙江	沿海	嘉兴海运口岸	9 218 920	43	25 771	31	1 382	32	12 954 195	
44	广东	沿海	潮州海运口岸	8 969 461	44	8 779	56	530	56	7 041 863	
45	广东	沿海	汕尾海运口岸	8 102 067	45	6 048	59	576	54	7 645 610	
46	江苏	沿海	如东海运口岸	7 406 911	46	5 777	61	215	66	7 732 257	
47	山东	沿海	潍坊海运口岸	6 965 810	47	19 253	36	1 177	34	17 034 034	
48	广东	沿海	揭阳海运口岸	6 656 148	48	4 598	65	180	68	6 745 928	
49	江苏	沿海	启东海运口岸	6 116 138	49	5 678	62	240	64	5 939 992	
50	海南	沿海	八所海运口岸	5 689 314	50	5 007	63	247	63	5 731 748	
51	山东	沿海	东营海运口岸	5 219 001	51	14 801	43	841	47	27 045 115	
52	河北	沿海	秦皇岛海运口岸	4 976 640	52	17 242	41	780	48	5 894 634	
53	山东	沿海	蓬莱海运口岸	3 884 969	53	9 215	54	459	60	3 994 400	
54	山东	沿海	威海海运口岸	3 730 394	54	32 351	27	1 349	33	4 921 656	
55	海南	沿海	海口海运口岸	3 638 614	55	7 711	58	412	61	3 978 480	
56	江苏	沿海	盐城海运口岸	3 618 554	56	4 007	66	189	67	2 508 775	
57	广东	沿海	汕头海运口岸	3 513 064	57	22 560	32	710	49	5 509 713	
58	山东	沿海	石岛海运口岸	1 856 259	58	49 040	22	2 149	28	2 596 958	
59	广东	沿海	广海海运口岸	1 641 689	59	8 431	57	984	40	1 908 202	
60	广东	沿海	深圳大铲海运口岸	1 421 819	60	14 728	44	1062	36	806 074	
61	辽宁	沿海	葫芦岛海运口岸	1 214 990	61	1 079	69	54	69	2 591 957	
62	海南	沿海	三亚海运口岸	1 122 617	62	3 759	67	216	65	1 013 473	

续表2

序号	省级行政区	区域	口岸名称	进出口货运量（吨）	排名	出入境人员（人次）	排名	出入境交通运输工具（艘次）	排名	申报货运量（吨）	备注
63	辽宁	沿海	旅顺新港海运口岸	1 077 394	63	3476	68	604	52	1 077 727	
64	山东	沿海	龙眼海运口岸	799 532	64	13 609	46	975	41	384	
65	浙江	沿海	温州海运口岸	753 522	65	5 957	60	297	62	3 276 631	
66	天津	沿海	渤中海运口岸	553 500	66			10	72		出入境人员数据计入天津海运口岸
67	福建	沿海	平潭海运口岸	260 862	67	13 441	48	891	46	619 546	
68	海南	沿海	清澜海运口岸	255 383	68	204	71	31	70	289 081	
69	广东	沿海	万山海运口岸	178 732	69	18 971	37	3 801	18	178 732	
70	山东	沿海	滨州海运口岸	171 963	70	337	70	15	71	57 993 081	
71	广东	沿海	大亚湾海运口岸	62	71			1	74	62	出入境人员数据计入盐田海运口岸
72	广东	沿海	莲花山海运口岸			26 428	29	4 390	14	305	
73	广东	沿海	九洲海运口岸			27 457	28	2 290	27		
74	辽宁	沿海	庄河海运口岸			12	72	2	73	1 561	
75	广东	沿海	赤湾海运口岸								数据计入蛇口海运口岸
76	广东	沿海	妈湾海运口岸								数据计入蛇口海运口岸

2021 年全国河运口岸运行情况统计表

序号	省级行政区	区域	口岸名称	进出口货运量（吨）	排名	出入境人员（人次）	排名	出入境交通运输工具（艘次）	排名	申报货运量（吨）	备注
1	江苏	沿海	江阴水运口岸	64 253 882	1	51 506	4	2 408	8	56 039 172	
2	江苏	沿海	张家港水运口岸	60 130 007	2	66 150	3	3 523	6	64 293 859	
3	江苏	沿海	太仓水运口岸	58 268 375	3	76 960	1	4 029	5	44 412 062	
4	江苏	沿海	镇江水运口岸	48 105 164	4	38 788	6	2 066	9	34 265 233	
5	江苏	沿海	南通水运口岸	27 734 983	5	36 518	7	1 964	11	33 233 882	
6	江苏	沿海	南京水运口岸	21 820 433	6	27 842	10	1 447	13	31 302 834	
7	广东	沿海	虎门水运口岸	17 503 948	7	75 536	2	6 108	2	16 822 817	
8	江苏	沿海	泰州水运口岸	14 542 401	8	23 536	11	1 288	15	14 530 131	
9	江苏	沿海	扬州水运口岸	12 708 949	9	13 511	14	706	20	12 992 049	
10	江苏	沿海	靖江水运口岸	11 458 654	10	12 439	16	642	21	11 338 464	
11	江苏	沿海	常熟水运口岸	11 237 049	11	22 540	12	1 298	14	11 271 249	
12	江苏	沿海	常州水运口岸	10 620 214	12	8 397	19	440	25	12 957 229	
13	江苏	沿海	如皋水运口岸	10 170 062	13	11 122	17	579	23	7 824 930	
14	广东	沿海	南海水运口岸	4 121 241	14	29 798	9	4 540	4	5 603 521	
15	广东	沿海	中山水运口岸	2 410 725	15	44 242	5	6 882	1	4 264 567	
16	广东	沿海	肇庆水运口岸	2 400 318	16	20 636	13	2 777	7	3 160 112	
17	广东	沿海	新会水运口岸	1 493 754	17	8 215	20	1 081	17	1 940 667	
18	广西	沿边	梧州水运口岸	554 752	18	3 945	23	609	22	611 478	
19	黑龙江	沿边	黑河水运口岸	418 855	19	3 161	25	757	19	423 962	
20	广东	沿海	鹤山水运口岸	349 771	20	6 770	21	1 090	16	389 283	
21	广东	沿海	斗门水运口岸	270 474	21	4 448	22	757	18	378 340	
22	黑龙江	沿边	同江水运口岸	243 639	22	952	28	125	27	266 300	
23	广西	沿边	贵港水运口岸	213 535	23	1 400	26	249	26	1 941 619	
24	黑龙江	沿边	抚远水运口岸	132 497	24	598	30	83	30	139 649	
25	安徽	内陆	芜湖水运口岸	93 074	25	480	32	27	33	2 570 826	
26	广东	沿海	高明水运口岸	89 543	26	10 493	18	1 596	12	89 488	
27	湖北	内陆	武汉水运口岸	58 172	27	1 093	27	61	31	6 279 449	
28	黑龙江	沿边	逊克水运口岸	28 565	28	591	31	96	28	28 565	
29	广东	沿海	新塘水运口岸	23 444	29	625	29	91	29	556 331	
30	安徽	内陆	铜陵水运口岸	5 007	30	14	36	1	36	3 965 408	

续表

序号	省级行政区	区域	口岸名称	进出口货运量（吨）	排名	出入境人员（人次）	排名	出入境交通运输工具（艘次）	排名	申报货运量（吨）	备注
31	广西	沿边	柳州水运口岸	3 664	31	257	33	58	32	3 129 361	
32	湖南	内陆	城陵矶水运口岸	910	32	54	35	5	35	1 383 280	
33	黑龙江	沿边	嘉荫水运口岸	600	33					600	
34	重庆	内陆	重庆水运口岸	1	34					4 655 535	
35	广东	沿海	容奇水运口岸			35 763	8	5 287	3	94	
36	广东	沿海	江门水运口岸			13 377	15	2 027	10		
37	广东	沿海	三埠水运口岸			3 358	24	530	24		
38	江西	内陆	九江水运口岸			107	34	8	34	2 196 610	
39	黑龙江	沿边	萝北水运口岸			4	37	1	36	235 724	
40	黑龙江	沿边	饶河水运口岸								
41	云南	沿边	景洪港水运口岸								
42	云南	沿边	关累水运口岸								
43	黑龙江	沿边	漠河水运口岸							5	
44	黑龙江	沿边	哈尔滨水运口岸							8 149	
45	安徽	内陆	安庆水运口岸							412 588	
46	安徽	内陆	池州水运口岸							892 663	
47	湖北	内陆	黄石水运口岸							2 285 222	
48	安徽	内陆	马鞍山水运口岸							12 467 665	
49	黑龙江	沿边	佳木斯水运口岸							4 987	
50	黑龙江	沿边	富锦水运口岸								
51	云南	沿边	思茅港水运口岸								
52	黑龙江	沿边	呼玛水运口岸								
53	黑龙江	沿边	孙吴水运口岸								

2021 年全国公路口岸运行情况统计表

序号	省级行政区	区域	口岸名称	进出口货运量（吨）	排名	出入境人员（人次）	排名	出入境交通运输工具（辆次）	排名	申报货运量（吨）	备注
1	内蒙古	沿边	甘其毛都公路口岸	8 061 707	1	159 658	16	158 751	14	8 061 593	
2	广东	沿海	皇岗公路口岸	7 764 317	2	1 882 459	6	1 855 058	2	3 886 083	
3	广东	沿海	深圳湾公路口岸	5 410 121	3	3 065 841	4	2 234 095	1	3 143 772	
4	内蒙古	沿边	策克公路口岸	4 224 299	4	76 346	20	75 659	16	4 224 242	
5	广西	沿边	友谊关公路口岸	4 018 328	5	831 365	8	424 822	8	3 707 041	
6	云南	沿边	磨憨公路口岸	3 603 780	6	302 171	15	200 267	13	3 522 349	
7	广东	沿海	文锦渡公路口岸	3 557 428	7	803 257	9	803 260	6	3 233 322	
8	云南	沿边	河口公路口岸	3 178 289	8	332 797	14	320 439	10	3 140 117	
9	广东	沿海	港珠澳大桥公路口岸	1 770 186	9	3 063 098	5	1 692 143	3	1 537 203	
10	云南	沿边	猴桥公路口岸	1 709 868	10	35 401	27	29 505	29	1 709 607	
11	内蒙古	沿边	满都拉公路口岸	1 602 126	11	38 074	26	37 045	26	1 601 829	
12	广东	沿海	莲塘公路口岸	1 281 135	12	513 807	10	503 239	7	516 303	
13	内蒙古	沿边	二连浩特公路口岸	1 187 862	13	74 064	21	62 155	20	1 150 180	
14	新疆	沿边	塔克什肯公路口岸	1 097 505	14	28 164	30	31 082	28		
15	广西	沿边	东兴公路口岸	1 042 766	15	367 307	13	243 667	12	972 859	
16	内蒙古	沿边	珠恩嘎达布其公路口岸	558 150	16	17802	38	17587	35	557 587	
17	云南	沿边	孟定清水河公路口岸	500 030	17	130 374	17	70 719	18	489 454	
18	新疆	沿边	霍尔果斯公路口岸	498 791	18	20 914	34	44 188	24	478 819	
19	广东	沿海	沙头角公路口岸	495 077	19	492 941	11	252 382	11	253 292	
20	云南	沿边	打洛公路口岸	480 109	20	128 258	18	74 530	17	472 178	
21	内蒙古	沿边	额布都格公路口岸	479 905	21	22 411	33	22 412	31	479 905	
22	广西	沿边	峒中公路口岸	462 268	22	405 772	12	405 618	9	461 984	
23	云南	沿边	瑞丽公路口岸	431 381	23	66 390	22	47 783	23	692 033	
24	云南	沿边	畹町公路口岸	419 078	24	91 174	19	76 121	15	416 209	
25	内蒙古	沿边	满洲里公路口岸	401 038	25	53 850	23	48 875	22	352 203	
26	黑龙江	沿边	绥芬河公路口岸	337 518	26	32 226	29	32 229	27	342 827	
27	云南	沿边	天保公路口岸	274 188	27	48 754	25	37 588	25	274 120	
28	广西	沿边	水口公路口岸	244 385	28	32 740	28	19 418	33	233 159	
29	广西	沿边	爱店公路口岸	232 734	29	51 864	24	51 741	21	219 365	

续表1

序号	省级行政区	区域	口岸名称	进出口货运量（吨）	排名	出入境人员（人次）	排名	出入境交通运输工具（辆次）	排名	申报货运量（吨）	备注
30	新疆	沿边	巴克图公路口岸	213 191	30	20 552	35	21 558	32	202 296	
31	广东	沿海	拱北公路口岸	195 473	31	88 381 115	1	1 371 416	4	196 306	
32	黑龙江	沿边	东宁公路口岸	194 975	32	25 184	31	24 833	30	224 217	
33	新疆	沿边	伊尔克什坦公路口岸	176 270	33	242	50	16 380	36	49 148	
34	新疆	沿边	卡拉苏公路口岸	159 257	34			12 669	39	40 782	
35	吉林	沿边	珲春公路口岸	146 684	35	22 629	32	18 671	34	6	
36	新疆	沿边	吐尔尕特公路口岸	135 562	36	2	53	12 630	40	18 082	
37	新疆	沿边	吉木乃公路口岸	113 487	37					113 487	
38	广东	沿海	横琴公路口岸	98 082	38	8 076 748	2	1 068 598	5	102 049	
39	新疆	沿边	阿拉山口公路口岸	89 568	39	10 834	41	11 428	41	82 902	
40	黑龙江	沿边	密山公路口岸	52 988	40	4 392	44	4 392	44	52 723	
41	西藏	沿边	樟木公路口岸	50 745	41	760	47	664	45	50 749	
42	广东	沿海	珠澳跨境工业区专用口岸	48 789	42	1 489 661	7	67 139	19	55 931	
43	西藏	沿边	吉隆公路口岸	44 913	43	1 633	45			44 754	
44	广西	沿边	龙邦公路口岸	40 753	44	18 297	37	15 838	37	40 676	
45	云南	沿边	勐康公路口岸	20 639	45	20 152	36	13 609	38	19 462	
46	新疆	沿边	红其拉甫公路口岸	6 017	46	408	48	400	46	64	
47	云南	沿边	金水河公路口岸	3 473	47	12 156	40	9 155	42	3 473	
48	西藏	沿边	普兰公路口岸	145	48					207	
49	内蒙古	沿边	乌力吉公路口岸	144	49					144	
50	吉林	沿边	圈河公路口岸	100	50						
51	黑龙江	沿边	虎林公路口岸	85	51					85	
52	辽宁	沿海	丹东公路口岸	84	52	313	49	92	47	23 674	
53	广西	沿边	平孟公路口岸			5 437	43	5 306	43		
54	新疆	沿边	乌拉斯台公路口岸			1 146	46	48	48		
55	广东	沿海	青茂公路口岸			3 246 430	3				
56	广东	沿海	福田公路口岸			14 037	39				
57	广东	沿海	罗湖公路口岸			10 238	42				
58	吉林	沿边	沙坨子公路口岸			99	51				
59	云南	沿边	都龙公路口岸			14	52				
60	吉林	沿边	双目峰公路口岸								

续表2

序号	省级行政区	区域	口岸名称	进出口货运量（吨）	排名	出入境人员（人次）	排名	出入境交通运输工具（辆次）	排名	申报货运量（吨）	备注
61	黑龙江	沿边	黑河（索道）								
62	西藏	沿边	里孜公路口岸								
63	甘肃	沿边	马鬃山公路口岸								
64	新疆	沿边	木扎尔特公路口岸								
65	新疆	沿边	阿黑土别克公路口岸								
66	黑龙江	沿边	黑河公路口岸								
67	吉林	沿边	临江公路口岸							939 031	
68	广西	沿边	硕龙公路口岸							256 552	
69	内蒙古	沿边	阿日哈沙特公路口岸							112	
70	内蒙古	沿边	黑山头公路口岸								
71	内蒙古	沿边	室韦公路口岸								
72	内蒙古	沿边	阿尔山公路口岸								
73	吉林	沿边	长白公路口岸								
74	吉林	沿边	三合公路口岸								
75	吉林	沿边	南坪公路口岸								
76	吉林	沿边	开山屯公路口岸								
77	吉林	沿边	古城里公路口岸								
78	吉林	沿边	集安公路口岸								
79	黑龙江	沿边	黑瞎子岛公路口岸								
80	云南	沿边	田蓬公路口岸								
81	新疆	沿边	老爷庙公路口岸								
82	新疆	沿边	红山嘴公路口岸								
83	新疆	沿边	都拉塔公路口岸								

2021 年全国铁路口岸运行情况统计表

序号	省级行政区	区域	口岸名称	进出口货运量（吨）	排名	出入境人员（人次）	排名	出入境交通运输工具（列次）	排名	申报货运量（吨）	备注
1	内蒙古	沿边	满洲里铁路口岸	16 421 737	1	26 151	5	12 980	4	12 739 823	
2	内蒙古	沿边	二连浩特铁路口岸	14 906 565	2	30 237	3	14 878	2	12 825 584	
3	新疆	沿边	阿拉山口铁路口岸	9 530 229	3	31 034	2	15 390	1	4 430 057	
4	黑龙江	沿边	绥芬河铁路口岸	8 169 149	4	16 457	6	7 868	5	7 817 739	
5	新疆	沿边	霍尔果斯铁路口岸	7 381 439	5	29 407	4	14 626	3	3 040 264	
6	吉林	沿边	珲春铁路口岸	2 662 459	6	4 874	9	1 962	6		
7	云南	沿边	河口铁路口岸	591 083	7	6 558	8	1 741	8	582 158	
8	广西	沿边	凭祥铁路口岸	486 238	8	14 026	7	1 947	7	365 404	
9	广东	沿海	广深港高铁西九龙站口岸			63 631	1	744	9		
10	北京	沿海	北京西站铁路口岸								
11	辽宁	沿海	丹东铁路口岸								
12	吉林	沿边	图们铁路口岸								
13	吉林	沿边	集安铁路口岸								
14	黑龙江	沿边	同江铁路口岸							2 414	
15	上海	沿海	上海铁路口岸							8 224	
16	广东	沿海	广州铁路口岸							64 793	
17	广东	沿海	东莞铁路口岸							907 628	
18	黑龙江	沿边	哈尔滨铁路口岸							127 573	
19	河南	内陆	郑州铁路口岸							1 016 990	
20	云南	沿边	磨憨铁路口岸								
21	广东	沿海	深圳铁路口岸							811 985 724	

第四篇

各地口岸运行管理

北 京 市

北京市口岸分布示意图

序号	类型	口岸名称	批准开放时间	开放状态
1	空运口岸	北京空运口岸 （北京首都国际机场） （北京大兴国际机场）	 1958.3 2019.1	国际常年
2	铁路口岸	北京铁路口岸	2009.11	国际常年

口岸数量及分布

截至2021年年底，北京市有经国务院批准的对外开放口岸2个，分别为北京空运口岸（两场：北京首都国际机场、北京大兴国际机场）和北京陆路（铁路）口岸（北京西站铁路口岸）。

口岸运行数据

2021年，北京口岸边检统计出入境人员53.05万人次，同比下降82.4%。其中，入境人员17.09万人次，同比下降88.3%；出境人员35.96万人次，同比下降76.8%。空港口岸出入境人数53.05万人次，同比减少82.4%，占北京口岸出入境人员总数的100.0%，出入境飞机总数33 122架次，同比减少20.6%；其他类口岸出入境人员总数0人次。

2021年，北京口岸海关监管进出口货物6 316.4万吨，同比下降43.6%，进出口贸易总额1 134.49亿美元，同比增长37.5%。其中，进口货物6 232.2万吨，同比下降43.1%，进口贸易总值731.68亿美元，同比增长22.8%；出口货物84.2万吨，同比下降63.2%，出口贸易总值402.81亿美元，同比增长75.7%。海关实征税款641.28亿元人民币，同比增长7.5%。其中，关税入库99.72亿元人民币，同比增长6.6%；进口环节税入库541.56亿元人民币，同比增长7.7%。

根据北京市商务局（口岸办）提供的数据，首都国际机场出入境人员数53.06万人次，同比下降81.87%，完成海关监管货物6 228.66万吨，同比下降43.87%，出入境航班33 960架次，同比下降20.44%；大兴国际机场出入境人员数0.067万人次，同比下降99.20%，完成海关监管货物0.43万吨，同比下降56.19%，出入境航班90架次，同比下降86.40%；北京朝阳口岸完成海关监管货物65.81万吨，同比减少9.40%；北京平谷国际陆港完成海关监管货物4.32万吨，同比减少16.89%；北京丰台铁路货运口岸完成海关监管货物1.64万吨，同比增长63.59%；北京西站铁路口岸出入境人员0人次，出入境火车0辆。全年共申请办理离境退税单300张，同比下降64.66%；办理离境退税额769.03万元，同比下降0.18%，涉及的商品销售额8 510万元，同比减少2.39%。全年无144小时过境免签旅客。

口岸综合管理

【开展联合调研，为口岸运营企业解决实际困难】 2021年3月份以来，丰台铁路货运口岸海关监管进出口货物箱量环比大幅增长，口岸运营企业面临车皮紧张、运力不足等实际困难。得知这一情况，6月2日上午，北京市商务局积极协调中铁集装箱运输有限公司、北京铁路局相关单位到丰台铁路货运口岸现场调研，为企业排忧解难。丰台铁路货运口岸运营主体北京外运陆运有限公司汇报了企业发展、口岸和铁路专用线运行情况、面临的主要困难和相关诉求。铁路部门介绍了北京地区铁路列车管辖数量、运行特点、保障重点等情况，对北京外运陆运公司提出的困难表示理解，明确表示在保证现有运输列车数量的前提下继续给予该公司大力支持，同时要求北京外运陆运公司要在稳定货源、发展固定客户等方面继续做好基础工作。陆港口岸管理处将继续加强与铁路部门沟通，持续为丰台铁路货运口岸运营企业提供支持和服务。

【北京空港口岸跨境贸易营商环境“百日攻坚”行动效果良好】 为落实北京市领导提升空港口岸跨境贸易便利化水平指示精神，2021年8月至11月，北京市商务局、北京海关会同天竺综合保税区管委会、首都机场集团等单位开展了“百日攻坚”行动。副市长杨晋柏4次召开专题调度会，并于11月10日赴首都国际机场口岸现场调研指导信息化建设工作。北京市商务局、北京海关建立双牵头机制，会同相关部门和口岸运营主体成立专项行动工作组，采取线上线下相结合方式，坚持每周调度督促，取得良好成效。一是空港口岸底数进一步明晰。基本理清了首都国际机场空港进出口所涉及的环节、流程及其耗时、费用。二是空港口岸信息化实现重大突破。双枢纽空港电子货运平台 11 月 15 日起正式开展实单实货试运行。“单一窗口”串联海关、综合保税区、口岸运营主体等 9 类主体单位 65 项关键业务数据，实现空港通关物流全流程全链条的数据共享；实现“两场”空港口岸通关物流全程无纸化、业务电子化，口岸物流业务由“线下办”转向“线上办”和“掌上办”；实现数据可查询可分析，口岸营商环境时效分析初步具备数字化支撑。三是口岸服务进一步规范统一。首都机场集团针对进港、出港、中转等场景，制定 8 个类别 60 余项货运服务质量标准。天竺综合保税区管委会委托中国标准化研究院开展跨境贸易便利化标准化研究工作，形成框架性方案。四是企业获得感进一步提升。企业实现“两场”物流主体业务一站式线上办理和物流流程、货物状态线上查询跟踪；二级库等仓储企业实现线上业务协同。五是货代服务收费行为进一步规范。2021 年，北京“单一窗口”公示收费目录、收费清单的企业数量由 2020 年的 27 家增至 49 家，增幅为 81%。

【开展三季度清理口岸收费联合检查】 根据进一步做好清理口岸收费工作的相关方案要求，2021 年 9 月 27 日至 28 日，北京市商务局联合北京市市场监管局、市财政局、北京海关对北京口岸收费情况进行了专项检查。检查主要围绕清理口岸收费项目、规范收费行为、严禁违规收费、收费清单网上公示等内容展开。重点检查了首都国际机场口岸、平谷国际陆港、朝阳口岸和丰台铁路货运口岸的经营服务企业收费公示情况，现场检查了 8 家企业，分别对公示清单与收费票据不一致、未按规范格式公示收费清单的 2 家企业提出限期整改要求，并督促部分企业抓紧完成收费清单上线“单一窗口”的工作。

【制定首都国际机场、大兴国际机场货运区服务标准】 机场货办通过调研、写实和论证，参考上海、香港等枢纽机场的服务标准，制定了出港、进港、中转、卡车航班、查验调拨、分单操作、不正常及安检 8 个类别 19 个要素 60 余个标准项的两场服务质量标准，并征集了联检单位、首都国际机场、大兴国际机场和运营单位的意见。2021 年 12 月，两场服务质量标准正式下发。

【国家口岸管理办公室到京开展口岸综合绩效评估调研工作】 为进一步优化完善口岸综合绩效评估指标体系，增强指标系统的科学性、合理性和可操作性，2021 年 9 月 26 日，国家口岸管理办公室副主任林海波带队，来京开展相关调研工作。北京市商务局组织召开专题调研座谈会，邀请北京海关、北京边检总站、首都机场集团和中铁北京局集团参加。会上调研组专家介绍了口岸综合绩效评估指标体系的具体内容及要求，参会各单位围绕自身工作职责，汇报了口岸方面工作情况，对指标体系的设立及内容提出了具体意见建议。座谈会后，调研组专家前往大兴国际机场航空口岸，现场调研查验设施、口岸安全管理软硬件设施并观看“单一窗口”演示。调研组专家表示，将认真听取意见建议，进一步完善口岸综合绩效评估指标体系，为正式实施做好充分准备。北京市商务局二级巡视员王介甫主持座谈会，口岸综合业务处、航空港处、陆港口岸管理处、电子口岸处和商务环境协调推进处派人参加调研。

【开行国际货运班列相关工作】 2021 年以

来，丰台铁路货运口岸承接受疫情影响的空运、海运转移货源，海关监管货物量成倍增长，出口货物出现积压，为保障口岸业务正常运营，北京外运函请北京市商务局协助开行国际货运班列。为进一步做好重点企业“服务包”工作，在前期到丰台铁路货运口岸实地调研的基础上，2021 年 11 月 3 日，北京市商务局副局长赵卫东带领北京外运、北京市商务局陆港口岸管理处到中国铁路北京局集团就支持北京外运开行国际货运班列相关事宜进行对接座谈。座谈会上，北京外运介绍了企业发展、生产经营情况，重点就班列货源组织、口岸基础设施和相关诉求进行了汇报；铁路部门介绍了全国以及北京局开行中欧（亚）班列情况，重点就开行中欧（亚）班列条件进行了说明；北京市商务局介绍了全市外贸发展和口岸建设情况；各方就下一步工作推进方向和实现路径进行了深入交流。赵卫东同志对铁路部门在北京市外贸发展和口岸建设方面给予的支持表示感谢，并指出：在北京开行中欧（亚）班列要立足城市总体规划，重点服务北京进出口企业，促进全市外贸发展；北京外运要按照会议要求，继续完善市场定位、货源组织、运行模式等工作方案；铁路、商务、企业要加强沟通，建立合作机制，合力推动班列开行。

【首都国际机场货运信息管理系统初步建成】 2021 年 11 月，首都国际机场货运信息系统完成初步建设。该系统由首都国际机场货运信息服务平台（以下简称“信息平台”）和“货运通”系统构成。“信息平台”是首都国际机场货运数据交换的枢纽、业务电子化处理的中心、一站式服务的门户和货况跟踪的窗口，实现了首都国际机场货运区内外部主要信息系统的互联互通，与“单一窗口”实现对接；货运代理人可以一站式、在线远程办理各项业务；进出港货运业务主要单证实现无纸化；货运各参与方可以比较全面、及时地掌握货物处理状态。“货运通”是“信息平台”配套的移动端程序，覆盖“信息平台”主要功能，为业务“掌上办”提供支撑。

【北京“单一窗口”多渠道服务企业】 为了更好地为外贸企业提供高效优质的服务，北京“单一窗口”为企业提供了更加专业、快捷的服务通道。一是在 95198 统一热线服务基础上，专门开通北京“单一窗口”专家热线作为有效补充，为本地企业提供更加专业、更加快捷的问题解决通道；二是在在线服务方面，向企业提供 7×24 小时在线服务；三是在远程服务方面，提供即时远程技术支持服务，通过 VPN 远程、Windows 远程、QQ 远程等方式，高效解决企业各类疑难问题；四是在上门服务方面，组织专业技术骨干，根据企业需求，免费为企业提供上门服务，面对面、手把手、“一对一”教企业使用，及时排除企业碰到的各类问题与困难。2021 年，北京“单一窗口”全年累计接打北京专家热线 18 759 通，通过在线客服受理问题 7 566 个，“一对一”远程或上门服务 118 次，排除企业碰到的各类问题与困难。

【联合开展“单一窗口”推广培训工作】 北京市商务局、北京海关、北京税务等相关单位联合开展北京“单一窗口”高质量推广培训工作。2021 年，共计举办各类线下培训 14 场，涉及培训企业 892 家；同时，培训还增加直播的形式，邀请全市进出口企业观看直播培训，惠及企业近万家。

【北京“单一窗口”创新推出“数据资产保管箱”应用】 2021 年 3 月，北京“单一窗口”在现有空海国际物流区块链应用基础上，进一步升级拓展上链数据的范围和内容，并结合外贸企业外贸单证类型多、管理难、要求高等痛点，推出基于区块链的外贸数据智能化管理系统——“数据资产保管箱”，帮助企业智能归集和高效管理报关单、发票、箱单、提运单、合同、出口退税申报单、税费支付清单、跨境清单等外贸各环节业务单证。此项创新被商务部评选为国家服务业扩大开放综合示范区十大最佳实践案例，并于 9 月发文在全国复制推广。截至 2021 年年底，新推出的区块链“数据资产保管箱”已有近百家企业踊跃使用，共计存证管理 10 大类近 20 万条业务单据信息。

【北京“单一窗口”上线冬奥会智慧通关系统，服务北京展会经济】 2021 年 9 月，北京“单一窗口”联合冬奥组委、北京海关开发上线了冬奥无纸化通关管理系统。该系统基于区块链技术，实现企业、冬奥组委、海关之间的数据共享，进一步提高了北京冬奥会暂时进境物资通关效率。同时以冬奥会为契机，通过建设冬奥无纸化通关系统，打造北京国际会展智慧通关服务平台，实现了北京市国际会展和大型活动相关通关政务服务一网通办、一网通查，促进北京会展经济发展，提升北京跨境服务便利化水平。

【建立北京“单一窗口”中介服务评价体系】 为推进中介机构服务信息公开，规范和提高中介服务商业务水平，北京“单一窗口”于 2021 年 7 月启动中介机构服务评价系统建设及评价体系搭建工作。该系统定位于跨境贸易中介服务领域，通过建立对中介服务企业多维度的评价体系，展示中介服务企业的运营情况及服务质量，为广大货主企业和中介服务企业，搭建一个更全面、客观、便捷的中介机构评价平台。该系统建成后，一是可以提高跨境贸易行业信息透明度，弱化货主企业与跨境贸易中介服务企业之间的信息不对称，降低货主企业选择中介服务商的时间成本，从而降低经营风险，提高经营效率；二是助力跨境贸易服务机构改善服务质量，提高业务服务水平，促进跨境贸易中介服务行业健康发展；三是帮助政府相关管理部门精准扶持优质企业，通过培育一批行业龙头企业，提升北京跨境贸易中介服务行业的吸引力，从而进一步激发跨境贸易企业的潜力和活力，促进北京地区跨境贸易行业更加健康、稳定、有序发展。

【大兴国际机场区港一体化融合发展】 大兴国际机场协调大兴区、廊坊市临空经济区管委会积极推进大兴国际机场与临空经济区轨道交通、快速道路等交通系统的统筹研究与规划建设。以临空经济综合保税区为例，其位于大兴国际机场北货运区北侧，是大兴国际机场临空经济区航空物流片区的核心部分。2021 年 12 月 20 日，全国首个、唯一一个跨省级行政区划的综合保税区——北京大兴国际机场综合保税区（一期）正式通过验收。未来，大兴国际机场货运区与综合保税区将修建联络通道，货物可在保税前提下，灵活存储在机场口岸功能区及综合保税区内，极大优化业务流程和货运流线的同时，真正做到区港一体化深度融合发展。

【大兴国际机场提升防疫自动化水平】 大兴国际机场全面打造“全、准、快、优”测温通道，保证旅客无感通行。在人工查验通道布置具备自动校准功能的非接触式多目标人体体温筛查仪；提出“移动测温”概念，对现有测温设备配件进行整合，搭建集测温、移动、储存及显示多功能为一体的“移动测温工作台”。面对疫情防控常态化趋势，为切实解决楼前防爆测温保障压力，大兴国际机场在航站楼入口处通过安装自助闸机查验健康码替代人工核验，有效解决无法精准定位风险人员、检查效率低、员工劳动强度大等问题。截至 2021 年年底，自助闸机设备累计过检 260 万余人次。

【首都国际机场公安局抓紧疫情防控工作】 2021 年，首都国际机场公安局全面做好国际客运航班入境保障、外航机组全流程监管、其他口岸入境不满 21 天进京人员查控、疫苗运输保障等重点工作，出动警力 7 598 人次，未发生漏管失控情况。启动应急机制有效应对“7·20”南京禄口机场疫情传播和“10·18”疫情传播。动态完善疫情防控警务工作指导，严密督导问责机制，坚决守住了客货防控零失误、内部防护零疏漏、紧急运输零差错“三个零”的底线目标。

【首都国际机场坚守疫情防控“第一国门”】 2021 年，首都国际机场积极对接落实北京市、中国民用航空局等上级单位的工作要求，强化与北京市联防联控前方指挥部等单位的沟通联动，确保各项防疫要求落实到位。动态调整澳门进京客运航班入境通道，增设出境机组联检专用通道；严格落实旅客测温和健康码查验，制订黄、红码人员处置方案；建立首都国际机场一线工作人员“两集中”管理联合工作机制；加强进口货物风险提示，制订重点管控生活垃圾管理方案，切实抓牢“外防输入、内防反弹、人物同防”。2021 年，首都国际机场共完成旅客测温 3 408.2 万人次；转运医院排查人员 591 人次；T3-D 处置专区保障进港客运航班 902 架次、进港旅客 5.16 万人次；保障指定第一入境点航班 559 架次；运送防疫物资航班 1 220 架次，物资 1.31 万吨；合规处置重点管控垃圾约 710.5 吨；保障海外援助物资包机 300 余架次，以最严措施、最高标准、最大力度坚守疫情防控“第一国门”。

【首都国际机场为枢纽发展积蓄力量】 2021 年，首都国际机场在持续夯实安全根基，严守安全底线的前提下，着力降低新冠肺炎疫情带来的不利影响，稳步提升运行效率和服务品质，积蓄发展力量。在提升运行效率方面，联合大兴、天津、石家庄机场，建立区域运管委协同会商机制，有效应对特殊情况航班降效。落实中国民用航空局决策部署，推动成立首都国际机场航班时刻委员会，促进京津冀民航协同发展。推动航空公司通过时刻转换等方式，新增 8 个国内航点，加频上海、成都等多条国内核心干线。完成云平台、大数据、物联网建设，为建设数字孪生机场奠定基础。科学调整国航部分航班及四川航空转至首都国际机场 2 号航站楼运行，有效提高运行资源利用效率。在提升服务品质方面，开展线上线下一体化服务产品研究，打造关怀版小程序等 17 项线上功能。聚焦旅客出行体验，试点首都国际机场 3 号航站楼出港流程“一脸通关”，建成智能客服语音交互系统，实现 3 号航站楼国内行李系统 RFID 全覆盖。创新推出“经首都 连联飞”航空产品，实现一次支付、一次值机、一次安检、行李直挂、无忧中转。

【首都国际机场稳步推进 2022 年北京冬（残）奥会保障工作】 2021 年，首都国际机场积极开展北京冬奥会、冬残奥会及测试赛等筹备工作，成立领导小组，编制首都国际机场冬奥运行保障手册。反复论证、不断优化，确定 T3-D 进港、T3-C/T3-E 封闭出港保障流程。开展近 90 次专项演练，不断增强冬奥会风险管控和应急保障能力。持续优化保障流程，完成 14 万平方米冬奥会专区清场工作，组织实施 2 次零差错转场。聚焦涉奥人员“好来快走”目标，科学测算机场抵离保障承载能力，修建冬奥会车辆抵离专用通道，增设 T3-D 核酸采样点位，不断提升通关效率。共计完成 27 项冬奥会无障碍服务设施升级改造，完成 3 个冬奥村共计 18 套离港终端及网络专线布设，实现值机柜台前移。积极对接北京冬奥组委机场运行团队，历时 7 天完成冬奥会行李应急保障专区建设。打造 26 处冬奥会景观，积极营造国门冬奥氛围。按照“最高标准、最强配置”，选派业务骨干 15 人加入冬奥会工作团队。圆满完成国际奥委会官员来访考察、北京冬奥会火种航空运输、“相约北京”测试赛等重要保障任务。2021 年，累计保障涉奥航班 145 架次、4 844 人次，行李 9 697 件。

【完善航空货运口岸功能】 加快大兴国际机场申报建设进口肉类、食用水生动物、冰鲜水产品、水果、植物种苗 5 类指定监管场地资质。2021 年 11 月海关总署批复食用水生动物和植物种苗 2 类监管场地的立项，目前上述 2 类指定监管场地已经完成直属海关的预验收。

口岸监管与服务

【北京海关严格做好疫情防控，筑牢口岸检疫防线】 北京海关坚持机场就是战场，口岸就是前线，严格落实“三查三排一转运”，确保做到精准预测、精准布控、精准检疫、精准检测。坚持“人、物、环境同防”，规范做好货物采样检测及预防性消毒监督。坚持做好疫苗研发及出境保障，对符合条件的新冠病毒疫苗出境申请实行 7×24 小时即到即办。

【北京海关全力做好北京冬奥会口岸卫生检疫和通关保障】 北京海关以实际需求为导向，实施一系列北京冬奥会通关便利化措施，“一机一策”全力做好冬奥会测试赛航班进出境人员抵离保障。为全年各场冬奥会测试赛和国际训练周提供了高质量通关服务保障，监管严密、通关高效，得到了北京冬奥组委的充分肯定。

【北京海关全方位筑牢国门安全防线】 北京海关严格履行政治把关职能，严密查缉各类危害国家政治安全和社会稳定的违禁宣传品，严厉打击“核生化爆”、武器弹药等危险品走私活动，为中国共产党成立100周年之际的“平安北京”建设做出积极贡献。进一步加强动植物检疫，检出全国首例新种病毒“红辣椒轻斑驳病毒”；在全国非贸渠道首次截获外来物种迅捷箭蚁；持续压紧压实商品检验监管责任；深入开展打击走私“国门利剑2021”、打击跨境电商进口走私“断链刨根”等一系列专项行动，有力维护了地区良好的进出口秩序。

【北京海关持续优化口岸营商环境】 扎实推进跨境贸易便利化专项行动，积极发挥商务部海关双牵头作用，加强京津协同，推出25项改革政策措施，持续巩固压缩整体通关时间取得实效；圆满完成世界银行磋商，充分展示“两步申报”等海关改革成效，得到市领导充分肯定。全面梳理佐证材料，全力以赴做好2021年国评准备工作；压茬推进北京市优化营商环境4.0版、5.0版以及创新试点城市各项改革任务；会同市商务局开展优化北京空港口岸跨境贸易环境“百日攻坚”专项行动，助力首都空港跨境贸易便利化水平持续提升。

【北京海关“两区”建设取得显著成效】 在“两区”建设“9大领域+17个区域+4大要素”架构中，海关通关为4大要素之一，北京海关制定了25项支持措施，参与了生物医药、人才、综合保税区高质量发展、跨境贸易便利化等专班工作，圆满完成了12项牵头任务。“两区”启动以来，北京海关主导和参与形成了“航材保税物流供应链新模式”“免税、保税、跨境电商政策相衔接”“跨境电商销售医药产品试点”等一批首创性成果。

【北京海关积极推进京津冀协同发展】 北京海关与天津、石家庄海关共同制订了推动京津冀协同发展工作实施方案，制定了4方面24项具体措施。全力服务城市副中心高质量发展，积极支持申报城市副中心综合保税区。京津两地创新开展进口“提前申报+船边直提”、出口“提前申报+抵港直装”模式，北京企业在天津港进出口货物可以不再经历二次集港落箱操作，企业可按自己的意愿决定货物抵港或提货时间，加快了口岸物流运作效率，降低了企业通关时间和运营成本。

【北京出入境边检总站聚焦主业 全力维护国家政治安全和口岸稳定】 北京出入境边检总站坚持主场主责意识，严格落实最高勤务等级机制要求，圆满完成中国共产党成立100周年庆祝活动、党的十九届六中全会等17项重大安保任务，高标准保障133批4 318人次冬奥会测试赛人员入出境，全年启动高等级勤务响应225天，确保了口岸管控万无一失，全力维护了国家政治安全和首都口岸安全稳定。聚焦政治安全、反恐防恐，加强数据排查、询问盘查、证件查验、形态识别、反宣物品和暴恐音视频查缉，实现口岸暴恐事件“零发生”、涉恐人员“零潜入”。深入推进打击妨害国（边）境管理犯罪专项斗争、打击跨境赌博电诈、“三非”外国人治理等专项任务，依法拦查劝阻涉赌诈人员800余人次，上报情报信息90余篇，通报重要情报线索40余条；地方公安机关根据北京出入境边检总站通报线索刑事立案10余起、查处涉案组织团伙10余个、查处各类违法犯罪人员50余人，为上级决策和地方公安机关侦破有关案件提供有力支撑。

【北京出入境边检总站直面挑战 筑牢疫情防控国门防线】 北京出入境边检总站认真贯彻落实首都联防联控和国家移民管理局防控部署要求，全面强化数据服务、严格管制政策、精细口岸查验、落实闭环管理，从严从紧、科学精准落实防控措施，坚决守住口岸“外防输入”防线。建立涉疫模型24小时上线机制，新建涉疫预警模型29个，做好涉疫重点国家（地区）来华人员排查预警、分析研判，累计向首都联防联控机制等部门推送涉疫人员信息10万余条，上报口岸疫情态势分析报告25期，有力服务各级防疫决策。对涉疫高风险岗位人员实行“7+7+7”独立作战单元“双集中”管理勤务模式，细化5类18项措施，最大限度减少交叉感染风险。2021年，累计配合有关部门稳妥处置入境染疫旅客241人次、阳性货机机组42人次，为打赢疫情防控整体战、阻击战贡献了北京边检力量。

【北京出入境边检总站践行宗旨 助推经济社会高质量发展】 北京出入境边检总站充分发挥平安北京、北京“两区”建设成员单位作用，持续深化“放管服”改革，有力策应首都“四个中心”和京津冀协同发展战略。结合党史学习教育和全国政法队伍教育整顿，推出2批43项“我为群众办实事”“我为基层解难题”举措，群众的满意度和民警职工的获得感得到新提升。发挥信息科技领域先发优势，全力打造“智慧边检”“数据警务”，推动建设出入境监测预警平台、出入境证件鉴别一体化平台、无线4G接入平台、勤务智能指挥平台，升级空港旅客预报预检系统、执法办案信息系统、智能验证台，改造自助通道，大幅提升了执勤执法设施的智能化、便捷度和安全性。推出出入境记录查询即来即办，推行直接往返货机线上申报，顺利运行12367服务平台，累计提供移民出入境咨询服务1.4万次，有效提高了边检机关社会影响力。

开放口岸

【北京空运口岸（北京首都国际机场、北京大兴国际机场）】 北京首都国际机场作为“中国第一国门”，地处东经116°35′04″、北纬40°04′48″，位于北京市区东北方向顺义区境内，距离天安门广场25.35千米，距离北京大兴国际机场67千米，是中国首都北京的空中门户和对外交往的窗口，也是中国民航重要的航空枢纽之一。

北京首都国际机场于1958年3月1日投入使用，是中华人民共和国成立后我国自行设计、自行施工的第一座大型民用运输机场，现共有3座航站楼：1号航站楼于1980年1月1日启用，经扩容改造于2004年9月20日恢复使用，建筑面积7.8万平方米，年设计旅客吞吐量为900万人次；2号航站楼于1999年11月1日投入使用，2015年完成升级改造，改造后总面积达到35.9万平方米，年设计旅客吞吐量3 624万人次；3号航站楼于2008年2月29日投入使用，建筑面积100.1万平方米，年设计旅客吞吐量4 700万人次。北京首都国际机场是中国第一个拥有3座航站楼、双塔台、3条跑道同时运行的机场，拥有远近机位380个（2021年数据），1条4E级跑道和2条4F级跑道。此外，还有位于3号航站楼西侧的北京首都国际机场专机候机楼以及位于专机候机楼东南侧的北京首都国际机场公务机候机楼。

2021年，北京首都国际机场客货运航点覆盖全球54个国家和地区的202个城市，通航点总数达到208个，其中国内航点133个（含地区）、国际航点75个。全年共85家航空公司在北京首都国际机场运行，其中国内（含港澳台地区）航空公司26家、国外航空公司59家。

2021年，北京首都国际机场民航服务在线评价成绩同量级机场排名第一；国际机场协会（ACI）旅客总体满意度达到5.0，荣获ACI“最佳机场奖（亚太地区4 000万级及以上吞吐量）”①及“最佳卫生防疫奖（亚太地区）”，

① 根据国际机场协会（ACI）奖项评选规则，2021年度机场吞吐量量级划分参照2019年进行。2019年，首都国际机场年旅客吞吐量为1亿人次。因此，2021年首都国际机场继续按照旅客吞吐量“4 000万级以上”量级参与评选。

并获得 ACI“客户之声”认证，这是在全球新冠肺炎疫情严峻形势下，ACI 对北京首都国际机场以旅客为中心，积极应对国内外疫情挑战，努力营造安全卫生机场环境的认可和表彰。

据北京首都国际机场股份有限公司提供的数据，2021 年，北京首都国际机场国际国内旅客吞吐总量达 3 263. 9 万人次，同比下降 5. 4%；保障飞机起降 29. 8 万架次，同比增长 2. 3%。根据首都机场集团有限公司货运办公室提供的数据，2021 年，首都国际机场实现货邮吞吐量 140. 13 万吨，其中国际货邮 67. 45 万吨，占比 48. 13%。首都国际机场国际货物流向分布中，主要有欧洲、亚洲、非洲和大洋洲、美洲。

北京大兴国际机场地处京冀两地交界处，是京津冀协同发展“交通先行、民航率先突破”的重点工程，是以组织机制为保障，集中力量办大事的体现。北京大兴国际机场定位为大型国际航空枢纽、国家发展一个新的动力源，将世界一流的先进建设技术与传统的工匠精神相结合，代表了国际领先水平，打造了多个世界一流的全新建设标杆，再次向世界展示了“中国制造”的精湛。

从位置上看，北京大兴国际机场地处京津冀三地的核心地带，距离北京城市副中心 54 千米、距离雄安新区 55 千米、距离北京首都国际机场 67 千米、距离天津机场 85 千米，这对于促进京津冀的临空产业发展具有得天独厚的优势。随着北京大兴国际机场的快速发展，将逐渐促进和深化京津冀城市群的联动合作和外向发展，在京津冀综合交通网络和产业升级转移两个率先发展的重点领域发挥作用。

环绕北京大兴国际机场打造的“五纵两横”骨干交通网络进一步完善了京津冀都市圈交通系统，使北京大兴国际机场与北京城市副中心便捷连通，高效服务于雄安新区的建设发展，加速推动了京津冀协同发展和非首都功能疏解，进一步延伸了京津冀城市群的可通达性，极大提升了城市群的综合竞争力。

依托北京大兴国际机场航空枢纽的建设，国家规划了约 150 平方千米的临空经济区，以机场发展带动和引领京津冀协同发展，以民航助推城市群发展，全面提升综合国际竞争力，实现民航强国战略。北京大兴国际机场的建成和投运，为北京南部地区、京津冀乃至环渤海经济圈的产业升级及产业融合发展提供了难得的历史机遇。

大兴国际机场于 2012 年 12 月 22 日正式立项，2014 年 12 月 26 日开工建设，2018 年 9 月 14 日定名“北京大兴国际机场”，2019 年 9 月 25 日正式通航，为 4F 级大型国际枢纽机场。大兴国际机场远期规划年旅客吞吐量 1 亿人次以上、年货邮吞吐量 400 万吨、飞机起降量 88 万架次；本期按照 2025 年旅客吞吐量 7 200 万人次、货邮吞吐量 200 万吨、飞机起降量 62 万架次的目标设计，主要建设了“三纵一横”4 条跑道、70 万平方米航站楼。

大兴国际机场主动服务和融入新发展格局，持续优化航线网络结构，拓展航空市场，努力发挥枢纽功能作用。截至 2021 年年底，大兴国际机场累计开通航线 256 条，其中国内航线 240

条、地区航线 2 条、国际航线 14 条；累计通达航点 178 个，其中国内航点 163 个、地区航点 2 个、国际航点 13 个，紧密连接欧美、东北亚、东南亚，远景规划国际航点达到 150 个，努力打造通达全球的“天上一张网”。此外，南航、东航、首都航、河北航、国航等共计 39 家国内外及地区航空公司已入驻大兴国际机场运行。

截至 2021 年年底，大兴国际机场 ACI 旅客满意度连续 24 个月保持满分；民航旅客在线满意度得分 4.7，在千万级以上机场排名第一；2021 年获得 ACI 全球最佳机场及全球最佳卫生措施奖、《中国民航》首届年度创新机场。

据首都机场集团有限公司北京大兴国际机场提供的数据，2021 年大兴国际机场年国际国内旅客吞吐量 2 505 万人次，同比增长 55.6%；航班起降 21.12 万架次，同比增长 58.8%；货邮吞吐量 18.6 万吨，同比增长 141.56%。单日最高航班量达 907 架次，单日最高旅客量超过 14 万人次。截至 2021 年年底，大兴国际机场累计开通航线 256 条，其中国际航线 14 条、国际航点 13 个。大兴国际机场国际货物流向分布中，亚洲占比最高，其次是北美洲、欧洲和亚洲。

【北京陆路（铁路）口岸】 北京西站铁路口岸位于北京市丰台区，是北京唯一的铁路客运口岸。2003 年 10 月 1 日，为落实《内地与香港关于建立更紧密经贸关系的安排》（CEPA），经国务院批准，北京西站临时开放铁路口岸。2009 年 11 月 24 日，国务院批复北京西站铁路口岸正式对外开放。北京西站铁路口岸运行北京西往返九龙的 T97/98 次京港直通车次，隔日到发各一对，全程运行近 24 小时。乘 T97/98 次列车旅客出入境手续，均在北京西站出入境联检大厅办理，中途无须换车或下车接受口岸检查。2014 年，北京西站铁路口岸通过原国家质检总局口岸核心能力建设验收，可以满足口岸卫生应急准备和应急处置能力的要求。目前，北京西站铁路口岸出入境联检大厅 2 600 平方米，其中公共区域 1 160 平方米。设置海关出境测温通道 1 条，入境测温通道 4 条，进出境安检通道 2 条；边检进出境人工通道 10 条，自助通道 8 条（出境 3 条，入境 5 条）。口岸驻有北京车站海关和北京铁路西客站出入境边检站。

2021 年，北京西站铁路口岸按疫情防控要求，处于临时关闭状态。

原二类口岸

【北京朝阳口岸】 北京朝阳口岸位于北京市朝阳区东南四环，与北京亦庄经济技术开发区相邻，是 1994 年由北京市政府批准建立的具有办理海运进出口货物监管、查验、通关等口岸功能的海关后续监管场所。朝阳口岸占地 78.2 万平方米，进出口监管仓库 1.7 万平方米，冷藏库 960 平方米，监管装卸平台 3 600 平方米，集装箱堆场 3.2 万平方米，设有海关 H986 集装箱检测系统、检验检疫隔离区及熏蒸处理系统、海关电子闸口等设施。多年来，朝阳口岸与天津港密切合作，在快速转关运输模式上不断探索创新，进出口集装箱量高峰时曾经突破 12 万箱，成为北京重要的“出海通道”。口岸驻有朝阳海关。

2021 年，北京朝阳口岸完成海关监管进出口货物 65.80 万吨。

【北京丰台货运口岸】 北京丰台货运口岸位于北京市丰台区，是 1994 年由北京市政府批准开放的铁路货运口岸，东距广安门 9 千米、西离卢沟桥 2 千米、南依京广铁路线、北临京港澳高速公路，是北京铁路运输进出口货物的重要集散地。丰台货运口岸总占地面积 0.366 平方千米，建有 4.5 千米铁路专用线，铁路站台 2 座、站台货位 60 个，接驳北京石景山南站联入全国铁路网。丰台货运口岸查验基础设施完备，建有 2 700 平方米海关监管库、1 万平方米海关监管集装箱堆场、19 台集装箱操作等大型设备。口岸驻有北京车站海关部分人员。

2021 年，北京丰台货运口岸完成海关监管货物 1.64 万吨。

【北京平谷国际陆港】 北京平谷国际陆港位于北京平谷马坊物流基地内，地处京津冀交界处，距天津港 135 千米、距北京首都国际机场 35 千米，于 2010 年 3 月 12 日正式启动运行，以陆海联运方式与天津港联通，畅通了海运货物入京通道。2014 年 11 月 17 日，国家口岸管理办公室正式批复北京平谷国际陆港为临时对外开放口岸，2014 年 11 月获批国家进口肉类指定口岸，2015 年 4 月获批国家进口冷冻水产品指定口岸。近年来，平谷国际陆港不断加强查验基础设施建设，建有近 2 万平方米的联检业务楼、2 000 平方米现场查验楼、1.8 万平方米监管仓库和查验平台、5.1 万平方米监管堆场和 1.8 万吨全自动冷库，建有检疫无害化处理中心与X光大型集装箱检测系统等现代化查验设施。口岸驻有平谷海关。

2021 年，平谷国际陆港完成海关监管货物 4.32 万吨。

2021 年北京市口岸大事记

1 月 2 日

国务院联防联控机制第一督导组到首都国际机场实地督导检查北京市口岸出入境人员、货物新冠肺炎疫情防控工作，并在首都联防联控机制机场前方指挥部举行座谈会，对北京出入境边检总站防控工作予以肯定。

1 月 27 日

按照北京市关于入境进京人员“14+7+7”健康管理措施相关要求，首都国际机场配合属地政府部门在 3 号航站楼、2 号航站楼设置国内其他口岸入境不满 28 天人员进京接驳点。

2 月 12 日

中国民用航空局党组书记、局长冯正霖来到北京大兴国际机场，慰问一线民航员工送上节日的祝福。

2 月

北京出入境边检总站证件研究室正式获得国家认证认可监督管理委员会颁发的“检验检测机构资质认定证书”，成为全国移民管理机构第一家取得完全司法鉴定资质的部门。

3 月 23 日

中央电视台新闻联播报道“‘两区’建设双轮驱动，北京打造高水平开放平台”，北京“单一窗口”展示京津冀跨境贸易便利化以及营商环境优化新成果。

3 月 26 日

北京大兴国际机场圆满完成南航 CZ8083（大兴机场—柬埔寨金边）首班国际疫苗运输保障任务。该航班为 2020 年 3 月 13 日大兴国际机场暂停国际航班运行以来首个国际货运出港航班。

3 月 28 日

东方航空在京航班（不包含京沪快线）、上海航空在京航班全部从首都国际机场转场至大兴国际机场运行。至此，从首都国际机场到大兴国际机场的航班基本全部完成转场工作。

3 月 29 日

北京“单一窗口”上线外贸单证智能管理区块链应用场景，实现数据智能归档管理，区块链存证、确权与链上共享。

4 月 15 日

2022 年北京冬（残）奥会首都国际机场运行保障领导小组正式成立。

4 月 23 日

北京“单一窗口”召开北京跨境电商综合试验区政策与跨境 B2B 实务研讨会，60 多家出口企业、3 家银行机构及 1 家跨境产业园区共 80 多人参加会议。

4 月 27 日

大兴国际机场联合主基地航空公司南方航空共同推出首个“兴快线”产品。

5 月 11 日

中国民用航空局公布 2020 年度民航产业技术创新战略联盟试点名单，由北京首都国际机场牵头组织的“民航机场群综合交通产业技术创新战略联盟”名列其中。

6 月 11 日

来自近 150 个国家的大使、公使等驻华使节到大兴国际机场调研参观。

6 月 19 日

大兴国际机场被中央宣传部命名为全国爱国主义教育示范基地。

7 月 4 日—8 日

首都国际机场完成首批涉奥境外来华人员来京考察及相关测试活动保障任务。

7 月 13 日

北京市副市长杨晋柏赴市商务局专题调研北京“单一窗口”跨境贸易区块链建设及营商环境工作。

7 月 15 日

北京“单一窗口”组织召开一般贸易及跨境电商出口退税实务专题培训会，来自北京地区近 60 家外贸企业参加会议。

7 月 25 日

首都航空转场至北京大兴国际机场运行，退场后原有航班将交由国航执飞。

8 月 3 日

北京市副市长杨晋柏莅临大兴国际机场空港口岸调研北京“单一窗口”空港智慧口岸运行情况。北京市政府副秘书长李志杰，北京市商务局党组成员、北京市“两区”办专职副主任刘梅英和北京市财政局、北京海关、首都机场集团、首旅集团相关负责人一同陪同调研。

同日

首都国际机场启动国际进港航班一线保障人员“两集中”（相关工作区域集中、相关作业人员居住集中）闭环管理工作，确保不与其他保障人员和旅客交叉。

8月5日

国务院联防联控机制综合组到首都国际机场指导北京市口岸出入境人员、货物疫情防控工作，北京出入境边检总站做汇报发言。

8月26日

中央政治局委员、北京市委书记蔡奇，海关总署党委书记、署长倪岳峰，北京市委副书记、市长陈吉宁赴首都国际机场调研口岸疫情防控工作。

9月3日

北京“单一窗口”区块链数据资产保管箱应用入选国家服务业扩大开放综合示范区首批十大最佳实践案例。

9月8日

首都国际机场航班时刻委员会正式成立。委员会成员包括民航华北空管局，国航、海航、东航、川航、深航、山航、顺丰航，首都机场航空公司运营委员会，首都机场股份公司10家单位。

9月24日

大兴国际机场举办首届“925大兴机场节”，发布升级版9项服务承诺。

9月25日

南航大兴—温哥华普客改货航班顺利首航，标志着南航大兴货站成为目前大兴国际机场口岸唯一一家开通国际客改货普货运输的货站。

9月27日

首都国际机场3号航站楼出港流程“一脸通关”项目上线试运行。

9月29日

北京首都国际机场以佳木斯⇌北京首都⇌成都航线为试点，推出“经首都 连联飞”国内跨航司通程航班服务，实现一次支付、一次值机、一次安检、行李直挂、无忧中转。

10月17日

零时起，北京首都国际机场正式启用T3-C、T3-E国际出港冬奥会保障专区。

11月4日

首都国际机场落实国际民航组织和中国民用航空局相关要求，正式启用全球报告格式（GRF）报告跑道表面状况。

11月5日

首批通过北京“单一窗口”冬奥无纸化通关系统申报的冬奥会物资在北京海关所属首都机场海关顺利通关。

11月10日

北京市副市长杨晋柏一行前往首都国际机场调研北京“单一窗口”双枢纽空港电子货运平台建设情况。

11月26日

首都国际机场物联网平台建设项目正式建成启用，实现对首都国际机场人、车、物、环境的信息化管理，促进设备和数据的共享与协同。

11月30日

海关总署副署长、党委委员孙玉宁到北京海关调研北京冬奥会疫情防控和通关服务保障工作。

12月8日

北京市副市长、市公安局党委书记、局长亓延军在《北京出入境边防检查总站关于2021年工作情况的报告》上作出批示：“2021年北京边检总站战疫情、保安全、护稳定，为维护首都安全稳定和经济社会发展做出突出贡献。”

12月9日—10日

驻海关总署纪检监察组组长、总署党委委员

王林赴北京海关调研疫情防控和北京冬奥会通关服务保障工作。

12 月 15 日

首都国际机场行李全流程跟踪服务实现 3 号航站楼国内航线业务全覆盖。

12 月 20 日

北京大兴国际机场综合保税区（一期）通过由海关总署、自然资源部、商务部等八部委组成的联合验收组正式验收，标志着大兴国际机场综合保税区进入封关运营的新阶段。海关总署自贸司副司长方祥、北京海关副关长孙铭辉、石家庄海关副关长王蔚冰、河北省商务厅一级巡视员裴世馨、北京市大兴区副区长蔡小军、河北省廊坊市副市长丁凌等参加了颁证仪式。北京市商务局党组成员、副局长赵卫东出席验收颁证仪式，代表北京方面签署验收纪要并致辞。

12 月 22 日

海关总署党委书记、署长倪岳峰在中关村海关调研，并通过视频连线方式听取首都机场海关口岸疫情防控、冬奥会通关服务保障及一线人员封闭管理工作情况汇报，连线慰问首都机场海关封闭管理集中隔离人员。

12 月 24 日

海关总署署长倪岳峰赴北京首钢园和大兴国际机场综合保税区调研。

12 月 26 日

首都国际机场入选中国民用机场协会发布的全国“首批红色航空旅游示范机场”。

12 月 28 日

中国民用航空局局长冯正霖带队赴首都国际机场督导检查冬奥会和冬残奥会赛前航空运输保障工作。

12 月 29 日

海关总署副署长、党委委员王令浚赴北京冬奥会主物流中心和首都机场海关了解冬奥会物资通关保障、防疫物资储备和冬奥会通关设备等情况。

12 月 30 日

大兴国际机场涿州城市航站楼启用，助力京津冀协同发展。

（撰稿人：文涛、何剑、董琦、陈其中、赵晗、郭鹏飞、方蕾、管彤、全品旭、王娉珊、张莉、胡静涛、侯薇、陈茜、高建强、左冬冬、王梓懿）

2021 年北京市口岸流量统计表

口岸类型		口岸名称	货运量（万吨）				集装箱量（万标箱）				人员（万人次）				交通工具（辆、艘、架、列次）			
			出口	进口	合计	同比（%）	出口	进口	合计	同比（%）	出境	入境	合计	同比（%）	出境	入境	合计	同比（%）
空运口岸		首都机场	73.65	6 155.00	6 228.66	-43.87					35.96	17.09	53.06	-81.87	16 976	16 984	33 960	-20.44
空运口岸		大兴机场	0.17	0.26	0.43	-56.19					0.07	0.00	0.07	-99.20	89	1	90	-86.40
空运口岸		分计	73.82	6 155.26	6 229.09	-43.91					36.03	17.09	53.12	-82.35	17 065	16 985	34 050	-21.45
陆路口岸	公路口岸	朝阳口岸	7.29	58.52	65.81	-9.40												
陆路口岸	公路口岸	平谷国际陆港	0.11	4.21	4.32	-16.89												
陆路口岸	公路口岸	分计	7.39	62.73	70.12	-9.90												
陆路口岸	铁路口岸	丰台货运口岸	0.04	1.60	1.64	63.59												
陆路口岸	铁路口岸	北京西站铁路口岸								0	0	0	0.00	0	0	0	0.00	
陆路口岸	铁路口岸	分计	0.04	1.60	1.64	63.59					0	0	0	0.00	0	0	0	0.00
合计			81.26	6 219.59	6 300.85	-43.63					36.03	17.09	53.12	-82.35	17 065	16 985	34 050	-21.45
同比（%）			-64.24	-43.20							-76.74	-88.31			-19.79	-20.66		

（北京市商务局提供）

2021年北京海关主要数据统计表

项目		2021年	2020年	同比（%）
进出口货运量（万吨）	合计	6 316.4	11 190.2	-43.6
	进口	6 232.2	10 961.2	-43.1
	出口	84.2	228.9	-63.2
进出口贸易总值（万美元）	合计	11 344 872.8	8 250 117.1	37.5
	进口	7 316 802.3	5 956 872.1	22.8
	其中：江、海运输	—	—	—
	铁路运输	—	—	—
	汽车运输	—	—	—
	航空运输	—	—	—
	邮件运输	—	—	—
	其他运输	—	—	—
	出口	4 028 070.5	2 293 245.0	75.7
	其中：江、海运输	—	—	—
	铁路运输	—	—	—
	汽车运输	—	—	—
	航空运输	—	—	—
	邮件运输	—	—	—
	其他运输	—	—	—
税收（万元）	两税合计	6 412 836	5 964 241	7.5
	关税入库	997 193	935 539	6.6
	进口环节税入库	5 415 643	5 028 702	7.7

（北京海关提供）

2021 年北京市口岸出入境主要数据表

项　目			2021 年	2020 年	同比（%）
出入境人员（人次）	出入境人员总数		530 531	3 011 343	-82.38
	入境人员		170 916	1 462 261	-88.31
	出境人员		359 615	1 549 082	-76.79
	出入境旅客		397 948	2 743 211	-85.49
	出入境员工		132 583	268 132	-50.55
	中国公民	小计	485 280	2 442 158	-80.13
		内地居民（因公）	136 986	254 844	-46.25
		内地居民（因私）	322 595	2 078 964	-84.48
		港澳居民	18 204	62 424	-70.84
		台湾同胞	7 495	45 926	-83.68
	外籍人员		45 251	569 185	-92.05
	从海港出入境人数		0	0	
	从陆港出入境人数		0	2 082	-100.00
	从空港出入境人数		530 531	3 009 261	-82.37
交通运输工具（辆、艘、架、列次）	总计		33 122	41 722	-20.61
	船舶		0	0	
	飞机		33 122	41 693	-20.56
	火车		0	29	-100.00
	机动车辆		0	0	

（北京出入境边检总站提供）

天　津　市

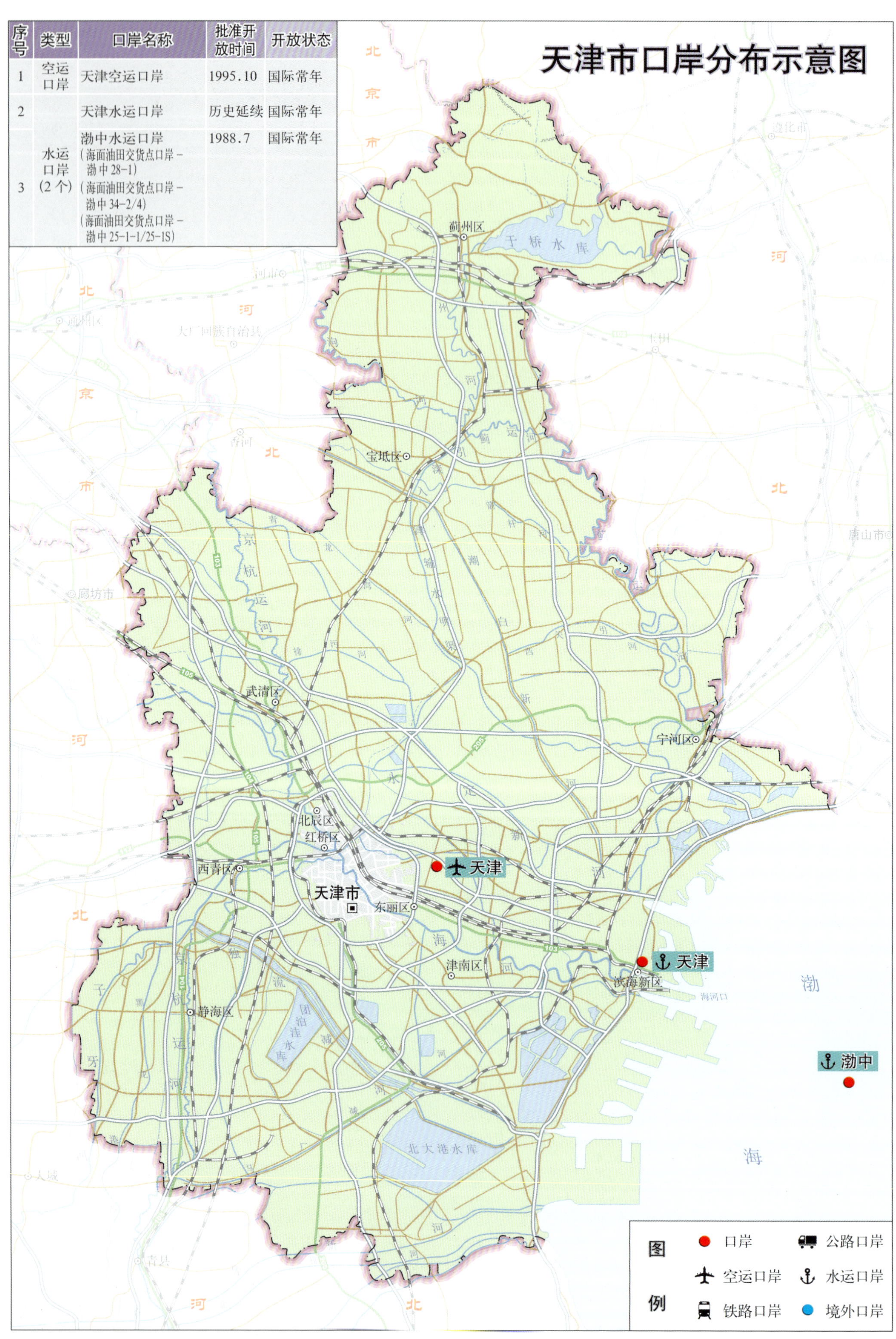

序号	类型	口岸名称	批准开放时间	开放状态
1	空运口岸	天津空运口岸	1995.10	国际常年
2	水运口岸（2个）	天津水运口岸	历史延续	国际常年
3		渤中水运口岸 （海面油田交货点口岸－渤中28-1） （海面油田交货点口岸－渤中34-2/4） （海面油田交货点口岸－渤中25-1-1/25-1S）	1988.7	国际常年

口岸数量及分布

截至2021年年底，天津市有经国务院批准的对外开放口岸3个。其中，空运口岸1个，即天津空运口岸（天津滨海国际机场）；水运（海港）口岸2个，分别为天津水运（海港）口岸、渤中水运（海面油田交货点）口岸。

口岸运行数据

2021年，天津口岸共完成进出口贸易值16 655.70亿元，同比增长25.6%。其中，进口8 333.20亿元，同比增长16.4%；出口8 322.50亿元，同比增长36.3%。

天津港货物吞吐量完成5.30亿吨，同比增长5.3%；集装箱吞吐量完成2 026.94万标箱，同比增长10.4%。天津港口岸外贸货物吞吐量完成2.94亿吨，同比增长3.4%。其中，外贸进口2.01亿吨，同比减少2.9%；外贸出口0.93亿吨，同比增长20.0%。天津港口岸外贸集装箱完成887.00万标箱，同比增长5.1%。

天津滨海国际机场货邮吞吐量完成19.49万吨，同比增长5.4%。进出境货邮吞吐量完成8.77万吨，同比增长12.7%。其中，进境3.68万吨，同比增长16.4%；出境5.09万吨，同比增长10.2%。

天津口岸出入境人员共31.80万人次，同比减少50.2%。其中，出境12.79万人次，同比减少54.0%；入境19.01万人次，同比减少47.3%。出入境旅客方面，空港口岸出入境旅客11.28万人次，同比减少70.1%；海港口岸出入境旅客0人次，同比减少100.0%。

空港口岸出入境飞机共2 855架次，同比减少35.9%。海港口岸进出境船舶共15 200艘次，同比增长0.2%。天津国际邮轮母港累计接待国际邮轮0艘次，同比减少6艘次。

口岸综合管理

【口岸承载能力和服务功能不断增强】 推进口岸扩大对外开放。天津港口岸北疆港区天津港第二集装箱码头有限公司集装箱码头N10、N11、N12泊位，大沽口港区临港造修船基地2号修船码头1~3号泊位，大沽口港区天津博迈科海洋工程有限公司临港博迈科2号码头，大港港区天津渤化南港码头仓储有限公司渤化1~3号液体化工泊位，大港港区中石化天津液化天然气有限责任公司液化天然气（LNG）码头2号泊位共5个码头11个泊位实现口岸正式对外开放。

推动进境指定监管场地建设。华锐全日物流股份有限公司、天津港国际物流有限公司冷链基地进境肉类指定监管场地，以及天津空运口岸大通关基地进境水果、进境冰鲜水产品、进境食用水生动物指定监管场地获海关总署批复。天津空运口岸大通关基地进境肉类指定监管场地通过海关总署验收，进境植物种苗指定监管场地通过天津海关预验收。

【口岸服务辐射作用进一步发挥】 做好雄安新区通关服务保障。在津雄两地组织召开联席会议，宣传推广天津口岸政策措施，推动雄安新区与天津口岸开展业务对接合作。进一步完善天津港雄安新区服务中心及保定、胜芳、白沟无水港“一中心三节点”功能，深化与堆场企业合作，将拼箱、公路运输、海铁联运等物流服务产品向雄安新区及周边区域客户投放，在胜芳、保定无水港设立集装箱落箱堆场，提升海运物流通道服务能力与效率。2021年，天津港服务雄安新区绿色通道运输业务完成1.10万标箱，同比增长40%以上。

推进无水港口岸功能建设。引入出口信用保险等服务项目，不断丰富天津港内陆无水港及营销网点服务功能。在2021年中国国际服务贸易交易会期间成功举办“天津海港口岸交流对接宣介会”，向腹地企业和政府部门宣介天津口岸功能优势和通关政策措施。

【跨境贸易便利化水平持续提升】 落实海关总署促进跨境贸易便利化专项行动工作任务，开展天津市促进跨境贸易便利化专项行动，落实《天津口岸 2021 年促进跨境贸易便利化专项行动实施方案》18 项重点任务，形成持续提升跨境贸易便利化水平、优化口岸营商环境合力。持续开展京津跨境贸易便利化专项行动，京津商务（口岸）、海关等 10 部门联合公布实施第 8 批 25 项创新措施，配合北京市政府完成世界银行评估跨境贸易指标磋商等工作，为推进京津两地协同营商环境改善和政务服务改革工作发挥积极作用。推动落实 2021 年优化港口营商环境专项行动相关实施方案，进一步提高口岸通关效率。

2021 年，天津口岸出口整体通关时间 0. 74 小时，优于全国水平 57. 47 个百分点，进口整体通关时间 34. 93 小时，优于全国水平 4. 67 个百分点；国家发展改革委开展全国 80 个城市和 18 个国家级新区营商环境评价，天津市跨境贸易指标排名位居全国第 5 位，被评为标杆指标。2021 年，中国关务发展大会公布“2021 年全国十大海运集装箱口岸营商环境测评”结果，天津口岸荣获最高星级。

【口岸服务模式创新不断深化】 推广进口“船边直提”和出口“抵港直装”。组建京津冀三地政府主管领导牵头的“京津冀协同推广‘船边直提’‘抵港直装’”领导小组，研究制定并推动实施天津市、北京市、河北省关于联合推广进口“船边直提”和出口“抵港直装”的相关实施方案。建设运行“关港集疏港智慧平台”，截至 2021 年年底，平台共注册企业 1 985 家，认证车辆 1. 60 万辆、司机 1. 70 万人，累计撮合 81 万余箱，辐射 29 个省（自治区、直辖市）。20. 6%的进口集装箱货物通过“船边直提”快速提箱，14. 7%的出口集装箱货物通过“抵港直装”在船舶离境前 24 小时内快速装船出运；“监管产装、抵港直装”举措应用到京冀地区；进、出口“提前申报”比率分别达到 62% 和 92. 2%，分别位列全国十大海运口岸第二位和第一位。天津市“直提直装”等便利化改革做法得到国务院以及海关总署充分肯定，获得世界银行关注和认可。包括“船边直提”在内的深化通关便利化改革工作，被国务院办公厅列为向全国推广的经验做法。

全面推广进口提货单电子化，推动天津水运口岸集装箱进口提货单电子化操作业务。拓展免除查验费试点，在原有免除查验没有问题外贸企业吊装移位仓储费用试点基础上，将以集装箱整箱货物直接运抵码头实施查验的拼箱货物纳入天津市免除查验费用试点范围，预计每年为拼箱货物进出口企业节省费用约 200 万元。

【口岸信息化服务不断完善】 深化国际贸易“单一窗口”功能建设及应用。圆满完成国家“单一窗口”标准版中新（加坡）合作项目试点任务，率先实现中新（加坡）企业货物申报相关数据交换验证。“单一窗口”全国口岸收费及服务信息发布系统上线推广，为营造优良口岸营商环境提供有力信息化支撑。推动进出口环节监管证件在线申领工作，30 余种监管证件通过“单一窗口”实现网上申报、网上办理。做好跨境电商综合服务平台运行维护，保障“6 · 18”“双 11”等跨境电商大促销期间大单量运行。

进一步增强天津市港口统一收费管理服务平台易用性、平稳性、安全性。推进货代、船代、堆场、运输、报关、检疫、码头、理货等港口业务功能覆盖。截至 2021 年 12 月 31 日，平台累计注册企业 3 000 家，完成收缴费业务 42. 69 万单。

【持续开展进口冷链货物消杀工作】 认真落实国务院联防联控机制各项要求，秉持“重点是口岸、关键是闭环”的原则，坚持从严从紧，坚持人物环境同防。不断完善《天津口岸环节进口冷链食品预防性全面消毒和从业人员健康管理工作指引》（第三版），注重盯紧人，确保全时闭环管控；注重防住物，确保全程闭环流动；注重净环境，确保全面消杀检测；注重勤检查，确保全域不留死角。坚决筑牢“外防输入”防线。截至 2021 年 12 月 31 日，一级冷库累计进场冷柜数量 127 001 个，累计消毒冷柜数量 113 789 个

（其余为不宜消毒只进行核酸检测货物）。

口岸监管与服务

【天津海关不断完善疫情防控机制，切实加强口岸疫情防控工作】 天津海关严格落实海关总署和天津市疫情防控指挥部有关部署要求，结合疫情形势变化，因时因势调整关区防疫策略，全面推进“规范化、标准化、信息化”管理，明确“静、快、严、细、实、足”的工作思路，不断完善疫情防控机制，共检疫出入境人员31.90万人次、交通工具1.20万架（艘）次。引进移动P2+实验室，升级“旅客健康申明卡辅助应用”系统，科技支撑能力有效提升。

【天津海关不断强化海关监管，全力守住国门安全防线】 2021年，共监管进出口货运量2.53亿吨，同比增长11.9%，创历史新高。查办知识产权侵权案件101起，同比增长80%，首次在空运渠道查获侵权商品。机检审像流程改革成效显著，平均用时压缩三分之一；加强进出口食品安全监管，检出不合格进口食品342批次、5 794多吨。严厉打击出口短装行为，共查获严重短装情事50起、案值4 192万元。邮递渠道首次查发刑事案件，并入选全国“扫黄打非”重大案件。严厉打击“洋垃圾”走私，共立案90起，查扣涉案固体废物3 859吨，退运36万余吨；研制矿产品现场固体废物排查仪，填补了该专业领域国内外空白。严打象牙等濒危物种及其制品走私，共立案30起，查获象牙制品492克、石珊瑚2 392件、黄檀木16.3吨。打击走私成效显著，扎实开展“国门利剑2021”“使命”系列行动，共刑事立案151起、行政立案3 078起，其中案值千万元以上案件19起。

【天津海关积极服务发展大局，跨境贸易便利化水平持续提升】 推动京津冀区域全业务领域一体化。高质量完成RCEP关税实施准备任务。2021年，累计监管中欧班列497列、5.31万标箱，同比分别增长25.5%和24.4%。加强信用管理，高级认证企业数量达270家，同比增长68.8%，再创历史新高。举办“海关—企业家沙龙”活动3期，助力亲清政商关系更加紧密。在全国率先打造跨境电商B2B出口服务平台。仓储货物按状态分类监管备案企业增至24家。天津海关特殊监管区域一线进出口总值2 538.70亿元，同比增长27.2%，对外开放平台和龙头带动作用发挥明显。

【天津海关改革创新持续深化，外贸新业态新模式不断发展】 推动“关港集疏港智慧平台”升级版在京津冀地区推广应用。自由贸易试验区政策创新海关总署备案1项；“保税租赁海关监管新模式”作为天津市唯一入选项目，纳入国务院第四批“最佳实践案例”；“AOG航材应急维修新模式”等8项经验向京津冀地区复制推广。推进外贸新业态新模式发展，完善了保税展示交易监管流程，开展保税展示交易业务96票、货值2.08亿元；实施航空产业全链条集群监管，创新飞机“维修改装+租赁”模式，完成国内首单“客改货”保税租赁业务。2021年保税维修、融资租赁业务货值分别达159亿元和648亿元，同比分别增长73.8%和80.6%。创新“单一品名、单一税号”模式，服务全国首架空客A350重点项目顺利交付；建设“邮递物品物流信息化平台”，首次实现货物全流程闭环监管。

【天津出入境边检总站坚决构筑口岸疫情“外防输入”坚固防线】 坚持“外防输入、内防反弹”总体策略，严格执行从严从紧出入境管控政策，在全力筑牢天津口岸疫情防控屏障中发挥重要方面军作用。国务院联防联控机制社会稳定组编发专题简报介绍天津边检疫情防控工作经验，港口疫情防控工作经验被国家移民管理局以典型案例形式向全国推介。完成北京第一入境点口岸查验任务，累计检查首都国际机场分流航班366架次、人员约9.80万人次，航班验放量居全国16个第一入境点前列。助力天津市打造船员扶助“绿色通道”，确保船员换班救助渠道畅通，累计配合属地对约8 500名离船入境船员、238名紧急登陆救治船员实施闭环管控。强化入境人员涉疫风险预警研判，向海关、天津市联防联控机制及其他省市联防联控机制推送信息，有效降低疫情通过出入境渠道输入风险。

【天津出入境边检总站持续优化口岸通关环境】 一是持续抓好船舶到港“零等待”作业、离港“零延时”放行、在港“零等待”查验、边检手续“一网通办”、行政许可“掌上申办”、国际航行船舶无纸化申报等便利措施落地见效，坚决贯彻落实国家移民管理局促进服务航运企业发展 16 项新举措，实施港口边检行政许可“一地办证、区域通用”等便利举措，服务口岸高质量发展，积极助力天津港世界一流口岸、北方国际航运枢纽建设。二是推出港口边检业务“速审直推”工作机制。对国际航行船舶出入境申报、边检行政许可等边检业务申请，第一时间将审批结果通过手机短信、微信小程序消息等方式直接推送至港航企业和申请人，助力提升口岸通关效率、优化口岸营商环境。国家移民管理局编发题为《天津边检总站以“速审直推”打通为群众办实事解难题“最后一公里”》的工作简报，予以全国推广。三是借助边检“网窗”系统，全面实现港口边检行政许可网上申办、无纸化签发。2021 年，通过线上无接触式签发边检行政许可约 2. 30 万张，占比超 90%。

【天津出入境边检总站创新海港口岸人员管理模式】 天津边检试点研发梯口管控系统，加强登轮人员精细化、智能化管理，对上下船人员实行“零接触”“无感化”查验。根据国家移民管理局相关部署要求，在天津全港区启用中国边检登轮码系统，对上下外轮人员实行电子登记、动态监管、涉疫核验、疫情溯源、信用管理等措施，实现“登离轮情况实时知”“涉疫人员变码知”“关联密接扩散知”的目标，全力做好疫情“外防输入、内防反弹”工作，极大提升了港口疫情防控水平和上下外轮人员管理水平。

【天津出入境边检总站全面优化边检政务服务】 天津边检通过多种途径对外公开服务热线和服务承诺，服务对象可以 24 小时咨询各类通关问题、投诉反馈意见建议。2021 年，共接听 12367 服务平台咨询电话 3 730 通，累计为人民群众解答口岸通关类问题 571 次，出入境政策类问题 733 次，为人民群众提供疫情期间出入境建议 885 次，提供非边检业务类有效咨询途径 1 541 次，成功帮助咨询人解决急难问题 61 次，咨询事项办结率 100%，有效接听满意率 100%，15 秒接听率 99. 89%，多次受到咨询人来电好评和国家移民管理局通报表扬。通过政府网站《在线互动》咨询栏目，2021 年共解答业务类留言咨询 671 条，回复率和满意率均为 100%，未出现“单项否决”指标中的任意一种情形，得到国家移民管理局通报表扬。

【天津出入境边检总站积极服务主场外交活动】 全力服从中央外交工作大局及对外交往需求，积极做好高级别外事团组入境保障，助力天津成为“国际会客厅”。坚持“一机一方案、一机一部署”，根据不同出入境情形研定工作预案，建立专人对接机制，提前掌握代表团抵离信息、航班计划及保障需求，完善出入境保障流程，全程跟踪落实出入境证件、签证等办理情况。严格按照文件规定和对等原则给予通关礼遇，严格依法依规查验。

【天津出入境边检总站深入推进更高水平平安口岸建设】 融入“平安天津”建设，着力构筑严密安全的边检口岸立体打防管控体系。天津边检口岸维稳处突工作被纳入“平安天津”建设整体布局，海港口岸防控工作被纳入天津市委市政府、天津警备区强海固防整体规划。制订实施平安口岸建设相关工作方案，在全国边检机关中率先实施“筑墙”“反制”“深耕”“暖心”4 项工程，整合海港口岸力量资源，推动建立港口边检“三巡合一”工作机制，进一步优化整合口岸综合治理力量，探索推进海港口岸辖区网格化管理模式，不断推动口岸治理体系和治理能力现代化。

【天津海事局持续做好疫情防控工作】 认真落实交通运输部、天津市关于疫情防控工作的各项部署，督促航运企业和船舶认真落实疫情防控责任，做好船舶船员疫情防控工作。落实天津市口岸单位联防联控工作机制，配合做好水运口岸疫情外防输入工作。全面落实个人防护要求，根据疫情防控形势变化保持更新船舶现场监管和安全防护相关工作方案和疫情期间执法人员登临入境国际航行船舶防护工作相关预案，明确疫情期间入境船舶风险等级确定、登轮工作程序、相关防护措施、后勤保障等要求。创新“非接触式检查”安全监管模式，制定疫情防控期间远程船舶现场监督相关工作指南，保障疫情防控形势下的水上安全形势稳定。

【天津海事局强化机制建设，加强天津港籍船舶安全监管】 天津海事局出台船籍港船舶安全诚信相关管理办法，开发了“天津海事局船籍港船舶安全诚信管理系统”，建立船舶安全诚信管理基础数据库，实现船舶信息、船公司信息、船舶违法处罚记录、船舶交通事故记录、船舶安全检查记录的数据关联，实现针对登记船舶信息的综合管理。深入开展船籍港船舶评估，每月定期发布天津港籍高低质量船舶清单，每年定期发布天津港籍船舶安全诚信年度评估报告，并探索将诚信结果应用于船舶监管、政务办理等领域，激励航运公司和船舶加强自主管理。通过船舶协查、公司约谈、远程检查等手段，不断丰富船籍港船舶监管举措，督促企业和船舶落实安全主体责任，提升天津港籍船舶的安全管理水平。

【天津海事局创新服务举措，助力优化口岸营商环境】 天津海事局推出“天津港内作业船舶航次日报服务举措”，在天津辖区水域内从事港内作业备案合格的拖轮、加油船、加水船、油污水接收船、垃圾接收船等船舶，其进出港报告由每航次报告更改为每日报告管理，大幅减少船舶报告频次，最大限度降低船舶报告违法行为出现，提升船舶作业自由度，促进提升船舶作业效率。该服务举措被中国（天津）自由贸易试验区管理委员会办公室以专题专刊形式进行报道，是天津海事局落实党中央国务院降费提效、助力口岸营商环境提升工作要求的直接成果转化。

开放口岸

【天津空运口岸（天津滨海国际机场）】 天津滨海国际机场口岸位于天津市东丽区，是国内干线机场、国际定期航班机场、国家对外开放口岸、中国主要的航空货运中心之一。在京津冀民航协同发展的国家战略背景支持下，天津滨海国际机场积极落实打造“一中心两枢纽”（中国国际航空物流中心、区域航空枢纽和国家综合交通枢纽）的定位目标。2021 年，天津滨海国际机场持续推进国际及地区开辟与加密工作，新开通意大利勒奥斯航空“米兰—天津”客运定期航班，加密华沙、马尼拉、澳门航线。天津滨海国际机场出口货物种类以电子产品及配件、机械设备、医疗器械、航材、国际邮件等为主，进口货物种类以电子产品及配件、医药产品、汽车及汽车配件、冰鲜产品、植物种苗、活体动物、水果、服装、跨境货物等为主。

【天津水运（海港）口岸】 天津海港口岸地处渤海湾西端，坐落于天津市滨海新区，背靠国家新设立的雄安新区，辐射东北、华北、西北等内陆腹地，连接东北亚与中西亚，是京津冀协同发展的海上门户枢纽和重要支撑，是服务“一带一路”建设的重要支点、陆海深度融合的重要平台、现代化的国际航运枢纽。天津港是中国重要的现代化综合性港口，是世界人工深水大港，主要由北疆、东疆、南疆、大沽口、高沙岭、大港、北塘和海河港区 8 个区域组成，航道、码头等级达 30 万吨级，拥有集装箱、矿石、煤炭、焦炭、原油及制品、钢材、大型设备、滚装汽车、液化天然气、散粮、国际邮轮等各类泊位 192 个，万吨级以上泊位 128 个。天津港同世界上 200 多个国家和地区的 800 多个港口有贸易往来，每月航班约 550 班，集装箱班轮航线达到 133 条，联通世界各主要港口。

【渤中水运（海面油田交货点）口岸】 渤中水运口岸是中国海洋石油集团有限公司渤海海上油田的出口终端，下辖 6 个海面油田交货点，包括渤中 28-1 油田、渤中 34-2/4 油田、秦皇岛 32-6 油田、PL19-3 油田、渤中 25-1/25-1S、曹妃甸 11-1/11-2 油田。其货物种类为海上油田所产原油。

2021 年天津市口岸大事记

1 月 5 日起

天津水运口岸全面推广集装箱进口提货单电子化操作业务，将纸质提货单变为各方认可的电子数据进行业务办理和物权交接（有特殊监管要求除外），相关业务办理在集装箱进口提货单电子平台上均可实现，极大优化了水运口岸通关流程，为推动智慧港口建设奠定坚实基础。

1 月 17 日

全球首创传统集装箱码头全流程自动化升级改造项目全面运营启动仪式在天津港举行，天津市副市长孙文魁出席活动。

2 月 4 日

京津商务（口岸）、海关等 10 部门联合印发《关于进一步深化京津口岸营商环境改革促进跨境贸易便利化若干措施的公告》（京津联合公告第 8 号），公布实施 25 项创新措施，为推进京津两地协同营商环境改善和政务服务改革工作发挥积极作用。

2 月 9 日

天津市副市长康义主持召开天津市促进跨境贸易便利化专项行动部署会，启动实施 2021 年促进跨境贸易便利化专项行动，形成了持续提升跨境贸易便利化水平、优化口岸营商环境的合力。

2 月 10 日

天津市政府批复同意天津港口岸大沽口港区临港造修船基地 2 号修船码头 1~3 号泊位正式对外开放。

2 月

天津市在已连续 3 年开展港口降费提效治乱出清优化环境专项行动并取得积极成效的基础上，启动实施 2021 年优化港口营商环境专项行动，为进一步降低口岸合规成本、缩短口岸合规耗时提供有力保障。

3 月 8 日

天津市委常委、滨海新区区委书记连茂君对天津海事局主动融入自由贸易试验区建设大局、推出“东疆事东疆办”服务举措给予批示肯定。

3 月 26 日

天津市委副书记、市长廖国勋赴天津滨海国际机场调研座谈，副市长孙文魁和市政府秘书长孟庆松参加。

3 月 30 日

天津市商务局组织市发展改革委、市交通运输委、天津海关、天津港集团、天津外轮代理有限公司、中远海运天津集装箱公司召开口岸服务雄安新区出海口建设工作机制联席会及无水港口岸功能建设推动会。

3 月

天津海关高质量完成 RCEP 关税实施准备全国宣传培训阶段性任务，得到天津市委副书记、市长廖国勋批示。

4 月 7 日

天津市委副书记、市长廖国勋赴天津港调研座谈，副市长孙文魁和市政府秘书长孟庆松参加。

4 月 9 日

全球最大集装箱海运联盟——海洋联盟在天津港开通欧洲新航线，是天津港 2021 年新开通的第一条外贸远洋干线。

4 月 26 日

天津港集团与天津市港口统一收费管理服务平台实现系统对接试运行。

4 月 28 日

天津市副市长王旭与北京市副市长王红会面商谈进一步优化京津营商环境事宜，双方围绕推动迎接世界银行评价促进跨境贸易便利化和政务服务改革等内容进行充分交流，就应用推广“船边直提”“抵港直装”改革举措和联合开展政策宣讲等工作达成了广泛共识，为推进京津两地协同营商环境改善和政务服务改革工作发挥了积极作用。

4 月

华锐全日物流股份有限公司、天津港国际物流有限公司冷链基地进境肉类指定监管场地通过海关总署验收，获准正式运营。

同月

天津机场出入境边检站执勤二队获评 2021 年“全国工人先锋号”荣誉集体。

5 月

天津海关高水平完成矿产品现场固体废物排查仪研制任务，填补了该专业领域国内外空白。

同月

天津海关主持完成的“新型轻纺阻燃材料的开发及其标准化评价技术的构建”获得了 2020 年度天津市科学技术进步二等奖。

同月

公安部印发奖励命令，天津机场出入境边检站盛文莹获评“全国公安系统优秀青年民警”。

6 月 15 日

天津市召开扫黑除恶专项斗争总结表彰大会，天津机场出入境边检站、总站边防检查处刘明分别被授予天津市扫黑除恶专项斗争先进集体和先进个人。

6 月 18 日

天津市配合北京市完成 2020 年度世界银行营商环境评估跨境贸易指标磋商工作，得到北京市领导和国家相关部门的充分肯定。

6 月 22 日

天津市商务局会同天津海关、天津港集团、天津外轮代理有限公司、天津中远海运集装箱有限公司赴雄安新区调研服务，进一步加强天津口岸与雄安新区的工作对接，深化雄安新区通关服务，更好发挥天津口岸服务作用。

6 月 30 日

国务委员、公安部部长赵克志签署命令，表彰一批先进集体和个人，东港出入境边检站执勤三队副队长蔡春智获评“全国公安系统二级英雄模范”。

6 月

组建京津冀三地政府主管领导牵头的“京津冀协同推广‘船边直提’‘抵港直装’”领导小组，三地商务部门、海关等有关单位部门主要负责同志任成员，有力推动天津口岸进口“船边直提”出口“抵港直装”改革模式宣传推广工作。

同月

天津海关与新加坡关税局完成首次信息交换，共享涉及跨境电商、食品安全、动植物检疫等领域的相关政策信息。

7 月

公安部印发奖励命令，天津机场出入境边检站边防检查处副处长邢艄杰获评“全国公安机关庆祝中国共产党成立 100 周年安保维稳工作成绩突出个人”。

8 月 4 日

天津市发布关于进一步做好免除海关查验没有问题外贸企业吊装移位仓储费用全面试点工作的相关补充通知，将以集装箱整箱货物直接运抵码头实施查验的拼箱货物纳入免除查验费用试点范围，进一步扩大免除查验费用政策范围。

8 月 9 日

天津市委书记李鸿忠赴天津空运口岸大通关基地调研检查项目建设运营和疫情防控工作，天津市委常委、滨海新区区委书记连茂君和天津市副市长王旭参加。

8 月 16 日

天津市政府批复同意天津海港口岸大港港区天津渤化南港码头仓储有限公司 1~3 号液体化工泊位正式对外开放。

9 月 1 日

天津海事局推出“天津港内作业船舶航次日报服务举措”，进一步推动港内作业船舶更好地服务天津港高质量发展。

9 月 4 日

2021 年中国国际服务贸易交易会期间，成功召开天津海港口岸交流对接宣介会，来自北京、河北、山西等省市口岸主管部门负责同志及北京、天津等企业代表参加会议，宣传推广天津口岸服务举措，促进口岸部门单位交流合作，更好地服务区域经济高质量发展。

9 月 26 日

天津市政府批复同意天津港口岸大沽口港区天津博迈科海洋工程有限公司临港博迈科 2 号码

头正式对外开放。

9 月 27 日

天津市副市长王旭与北京市副市长杨晋柏会面对接沟通跨境贸易工作，双方就进一步深化拓展京津口岸促进跨境贸易便利化工作达成共识，为深入推进京津两地协同发展提供了有力保障。

10 月 13 日

天津市印发《保障进境高风险动植物及其产品检疫风险联防联控工作流程（试行）》，为保障进境高风险动植物及其产品检疫风险联防联控工作提供基本遵循。

10 月 17 日

全球首个“智慧零碳”码头——天津港北疆港区 C 段智能化集装箱码头在天津港投入运营。

11 月 18 日

天津空运口岸水果、冰鲜水产品及食用水生生物指定监管场地获海关总署批复。

12 月 4 日

天津市政府批复同意天津港口岸北疆港区天津港第二集装箱码头有限公司 N10、N11、N12 泊位正式对外开放。

12 月 14 日

天津市商务局组织天津海关、天津港集团、天津外代公司、中远海运集装箱公司召开服务雄安新区出海口建设联席会，进一步加强天津口岸对雄安新区通关服务保障。

12 月 19 日

天津市政府批复同意天津港口岸大港港区中石化天津液化天然气有限责任公司液化天然气（LNG）码头 2 号液化天然气（LNG）泊位正式对外开放。

（撰稿人：王洋）

2021 年天津市口岸流量统计表

口岸类型		口岸名称	货运量（万吨）				集装箱量（万标箱）				人员（万人次）				交通工具（辆、艘、架、列次）			
			出口	进口	合计	同比（%）	出口	进口	合计	同比（%）	出境	入境	合计	同比（%）	出境	入境	合计	同比（%）
空运口岸		天津	5.09	3.68	8.76	12.70					4.49	9.11	13.60	-67.20	1 544.00	1 311.00	2 855.00	-35.90
		分计	5.09	3.68	8.76	12.70					4.49	9.11	13.60	-67.20	1 544.00	1 311.00	2 855.00	-35.90
水运口岸	海港口岸	天津港	9 314.35	20 107.92	29 422.27	3.40	455.49	431.51	887.00	5.10	8.30	9.90	18.20	-18.80	7 586.00	7 614.00	15 200.00	0.20
		分计	9 314.35	20 107.92	29 422.27	3.40	455.49	431.51	887.00	5.10	8.30	9.90	18.20	-18.80	7 586.00	7 614.00	15 200.00	0.20
合计			9 319.44	20 111.60	29 431.03	3.36	455.49	431.51	887.00	5.10	12.79	19.01	31.80	-50.20	9 130.00	8 925.00	18 055.00	-8.00
同比（%）																		

（天津市人民政府口岸服务办公室提供）

2021 年天津海关主要数据统计表

项　目		2021 年	2020 年	同比（%）
进出口货运量（万吨）	合计	25 264. 1	22 584. 5	11. 86
	进口	17 962. 7	16 730. 9	7. 36
	出口	7 301. 4	5 853. 7	24. 73
进出口贸易总值（万美元）	合计	25 766 486. 4	19 165 051. 5	34. 45
	进口	12 887 401. 2	10 345 211. 6	24. 57
	其中：江、海运输	10 874 104. 9	8 778 507. 6	23. 87
	铁路运输	18 115. 8	7 828. 1	131. 42
	汽车运输	124 227. 3	99 945. 9	24. 29
	航空运输	1 710 507. 5	1 386 891. 7	23. 33
	邮件运输	3 074. 3	2 955. 6	4. 02
	其他运输	157 371. 4	69 082. 8	127. 80
	出口	12 879 085. 2	8 819 839. 9	46. 02
	其中：江、海运输	11 882 223. 9	8 058 902. 2	47. 44
	铁路运输	26 821. 4	13 445. 6	99. 48
	汽车运输	38 798. 8	18 417. 7	110. 66
	航空运输	662 094. 6	601 134. 7	10. 14
	邮件运输	1 675. 2	1 767. 4	-5. 22
	其他运输	267 471. 4	126 172. 3	111. 99
税收（万元）	两税合计	—	—	—
	关税入库	—	—	—
	进口环节税入库	—	—	—

（天津海关提供）

2021 年天津市口岸出入境主要数据表

项　目			2021 年	2020 年	同比（%）
出入境人员（人次）	出入境人员总数		319 451	636 872	-49.84
	入境人员		190 264	358 596	-46.94
	出境人员		129 187	278 276	-53.58
	出入境旅客		113 000	411 440	-72.54
	出入境员工		206 451	225 432	-8.42
	中国公民	小计	173 685	439 100	-60.45
		内地居民（因公）	73 364	67 409	8.83
		内地居民（因私）	96 524	361 803	-73.32
		港澳居民	1 652	3 570	-53.73
		台湾同胞	2 145	6 318	-66.05
	外籍人员		145 766	197 772	-26.30
	从海港出入境人数		182 262	224 735	-18.90
	从陆港出入境人数				
	从空港出入境人数		137 189	412 137	-66.71
交通运输工具（辆、艘、架、列次）	总计		12 395	13 292	-6.75
	船舶		9 179	8 826	4.00
	飞机		3 216	4 466	-27.99
	火车				
	机动车辆				

（天津出入境边检总站提供）

2021 年天津海事局进出港船舶统计汇总表

船舶类别	进港船舶							出港船舶						
	艘数（艘）	总吨（吨位）	总载重量（吨）	载客量（客位）	船员人数（人次）	货物到达量（吨）	旅客到达量（人）	艘数（艘）	总吨（吨位）	总载重量（吨）	载客量（客位）	船员人数（人次）	货物发送量（吨）	旅客发送量（人）
总　计	135 872	497 525 990	688 576 637	92 072	1 915 517	285 899 961. 3	78 096	136 043	497 280 207	689 221 252	92 953	1 919 410	250 425 351	79 555
中国籍船舶	128 574	190 734 341	249 757 949	92 022	1 768 679	62 646 457. 86	78 096	128 746	189 986 987	249 745 039	92 438	1 772 595	149 734 872. 4	79 555
其中外贸船	206	5 092 825	7 367 386	0	4 035	3 465 817. 81	0	150	3 847 957	6 393 423	0	3 046	2 471 691. 13	0

（天津海事局提供）

河 北 省

河北省口岸分布示意图

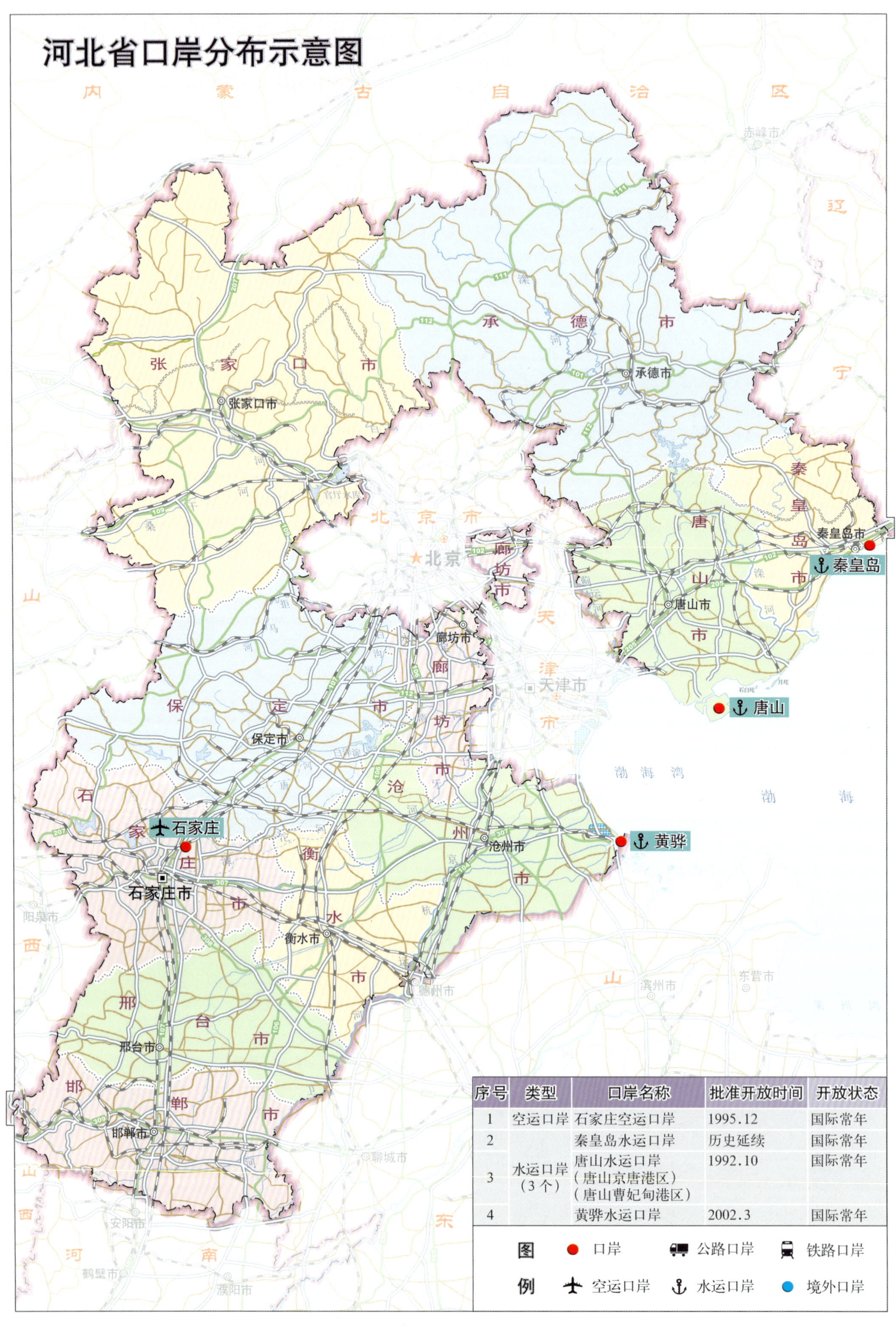

序号	类型	口岸名称	批准开放时间	开放状态
1	空运口岸	石家庄空运口岸	1995.12	国际常年
2	水运口岸（3个）	秦皇岛水运口岸	历史延续	国际常年
3		唐山水运口岸 （唐山京唐港区） （唐山曹妃甸港区）	1992.10	国际常年
4		黄骅水运口岸	2002.3	国际常年

口岸数量及分布

截至2021年年底，河北省共有经国务院批准的对外开放口岸4个。其中，空运口岸1个，即石家庄空运口岸（石家庄正定国际机场）；水运（海港）口岸3个，分别是秦皇岛水运（海港）口岸、唐山水运（海港）口岸（包括京唐港区、曹妃甸港区）和黄骅水运（海港）口岸。

口岸运行数据

2021年，河北省水运口岸货物吞吐量完成123 427.0万吨，同比增长2.5%（秦皇岛港完成20 052.7万吨，与2020年持平；唐山港完成72 240.1万吨，同比增长2.8%；黄骅港完成31 134.2万吨，同比增长3.4%），其中外贸吞吐量完成32 404.3万吨，同比下降12.1%（秦皇岛港完成524.9万吨，同比下降5.8%；唐山港完成25 562.9万吨，同比下降13.6%；黄骅港完成6 316.5万吨，同比下降5.8%）。

2021年，河北省水运口岸集装箱吞吐量完成480.5万标箱，同比增长7.6%（秦皇岛港64.1万标箱，同比增长3.1%；唐山港329.3万标箱，同比增长5.7%；黄骅港87.1万标箱，同比增长19.2%）。其中，外贸集装箱完成19.5万标箱，同比增长25.4%（秦皇岛港6.1万标箱，同比下降6.4%；唐山港13.4万标箱，同比增长48.3%；黄骅港无外贸箱）。

2021年，受疫情影响，石家庄空运口岸国际（地区）客运航班全年停飞；运营国际（地区）货运航线4条，执行11班，完成货邮吞吐量325.8吨，自1月7日起至12月31日，国际（地区）货运航班停飞。

口岸综合管理

【口岸效能建设成效显著】 一是码头泊位对外开放启用顺利推进。秦皇岛山海关船舶重工有限责任公司0#等13个修船泊位和修造船坞顺利通过省级验收，经省政府批准正式对外开放，秦皇岛港的综合服务能力得到较大提升。二是口岸经济发展平台稳步建设。拓展指定监管场地、进口口岸等功能，促进口岸与物流、生产对接，河北省在辛集建设的首家内陆肉类指定监管场地、在石家庄综合保税区建设的首家药品进口口岸均正式通过国家验收，为地方外向型经济发展创造了有利条件。三是口岸能力提升项目扎实谋划。发挥省现代服务业专项资金的引领带动作用，牵头谋划的唐山港口岸智能化应用、山船重工口岸查验设施提升等3个项目列入2021年省级专项，将有助于提升河北省口岸的服务保障能力；组织开展了口岸建设项目谋划培训会，提前做好新项目的谋划储备工作。四是国际集装箱班轮航线不断开辟。河北省在优化集装箱航线布局、促进集装箱国际运输、加快港口转型中取得新进展，唐山港—平泽港（韩国）国际集装箱班轮航线正式开通，全省国际集装箱航线增至9条。

【口岸通关效率持续提升】 为推动河北省跨境贸易便利化水平持续提升，会同查验部门推出优化口岸营商环境16项改革举措，涉及通关业务改革、作业流程优化、“单一窗口”业务拓展等方面内容，并及时利用口岸信息月报专刊交流经验。一是优流程：口岸相关部门深化通关查验模式改革，扩大改革适用范围，“提前申报”“两步申报”“先验放后检测”等多项惠企改革举措落地见效。二是简单证：继续落实各项精减单证政策，进出口环节监管证件由86种减至41种。三是降费用：发布关于做好2021年口岸经营服务性收费清理规范工作的相关通知，巩固降费工作成果。在“单一窗口”对口岸收费目录清单进行动态公示，确保收费清单信息及时准确、公开透明。严格落实国家惠企收费政策，自2021年1月1日起停止征收港口建设费，疫情期间货物港务费和港口设施保安费按政府定价降低20%征收。四是提效率：通过持续推进各项改革服务举措落实落地，通关效率得到进一步提升。12月份，河北省进口、出口整体通关时间较2017年分别压缩 83. 53%和 93. 89%，优于全国平均水平。

【“单一窗口”功能日趋完善】 一是拓展口岸物流服务功能。通过“单一窗口”，基本实现了海关查验信息与进出口企业、港口、口岸场站作业信息的双向推送，通关物流各环节快速衔接，口岸物流效率进一步提高。二是推动单证集约办理。按照“应上尽上”原则，在应纳入“单一窗口”受理的 38 种监管证件中，已全部实现通过国际贸易“单一窗口”一口受理。三是加强跨境平台建设。指导省电子口岸公司对“省跨境电商综合服务平台”进行升级改造，全力服务京东在河北省开展跨境电商业务。京东“6・18”活动期间，通关单总计 13. 6 万单，贸易值 1 347 万元，日均单量 6 700 单，峰值达 28 315 单，创造了河北省跨境电商业务日单量峰值纪录。四是组织开展应用项目培训。就关税保证保险系统操作、海关 AEO 认证等相关业务开展培训解读，提高“单一窗口”功能的实际应用效果，得到了企业好评。五是强化安全服务保障。推动建立“单一窗口”安全稳定运行防控机制，组织省电子口岸公司开展安全检查，加强对系统软硬件的安全整改，确保系统“零风险”、数据“零泄漏”。六是运行数据表现良好。截至 2021 年年底，河北“单一窗口”累计注册用户 3. 3 万家，比 2020 年增加 2 700 家。2021 年，货物申报 17. 60 万票，舱单申报 18. 51 万票，运输工具申报 9. 11 万票，原产地证申领 10. 79 万票，许可证件申领 4 524 票，企业资质办理 2. 61 万票，税费支付 3. 58 万票。中国（河北）跨境电子商务公共服务平台累计入驻企业 215 家，跨境通关 72. 17 万单，贸易值达 6 975. 36 万元。

【口岸业务协同稳步推进】 加强口岸查验部门、相关部门及口岸经营单位的协同合作，引导推动港口、船公司及其代理业务、场站等口岸经营单位建立健全口岸服务公开承诺制度，在河北省口岸现场已公布靠泊、装卸、场内转运、吊箱移位、掏箱提箱等受理流程和作业时限标准，公开了服务项目的“5+2”“7×24 小时”“预约制”等方面的服务承诺，对通关流程和作业时限等服务承诺实行动态管理，便于相关企业合理安排进出口通关计划。

【口岸疫情防控精准有效】 按照“外防输入、内防反弹”的防控要求，强化口岸安全准入监管，健全口岸安全风险联合防控机制，落实口岸现场常态化疫情防控举措。坚持口岸疫情数据统计报送制度，对全省口岸相关数据进行日统日报、实时监测，对各相关口岸疫情防控情况进行每周调度、分类指导，切实筑牢口岸防控体系。特别是在国内疫情多地散发和河北省确诊病例增多的情况下，协调各查验部门优化防控技术和处置流程，健全完善应急预案；督导相关市口岸管理部门切实压紧压实属地责任和部门责任，严格落实各项防控举措，提升口岸动态防控水平。

口岸监管与服务

【石家庄海关严防口岸疫情输入，提升口岸核心能力建设】 持续加强口岸疫情防控，紧盯境外疫情发展变化，结合口岸客、货运航线变化情况，加强风险监测分析，严格落实“三查三排一转运”等措施，做好入境人员、交通工具检疫查验。抓住进口冷链食品和高风险非冷链集装箱货物重点，落实各项制度规范、操作指南和总署具体布控指令，对接地方联防联控机制，支持做好河北冷链物品追溯系统相关工作。优化特殊物品监管机制，做好新冠病毒疫苗出口监管等工作。扎实推进河北口岸核心能力动态管理，完善提升口岸公共卫生核心能力。加强联防联控，提升口岸突发公共卫生事件应对和处置能力。

【石家庄海关加强口岸实际监管，不断提升监管效能】 谋划做好冬奥会期间监管通关保障工作，强化海关口岸监管环节反恐怖、“扫黄打非”能力。严格落实非洲猪瘟、高致病性禽流感和口蹄疫等重大动物传染病疫情防控工作，密切关注国外重大动物疫情动态，落实全链条管控，严格进境动物及动物产品检疫审批以及口岸查验和疫情处置。强化进出口危险化学品安全检验监管。组织开展安全生产集中整治和监管领域安全风险隐患排查整改，推动河北省口岸安全风险联合防控工作进入科学化、规范化运行阶段。

【石家庄海关支持设立指定监管场地，促进口岸多元化发展】 持续强化正面监管和责任担当，继续全面清理核查和整改关区指定监管场地。指导运营企业做好进境粮食、肉类指定监管场地等项目的可行性评估和申建。积极推进辛集进境肉类指定监管场地的建设和验收工作，确保满足海关监管要求，争取早日通过海关总署验收。

【石家庄海关优化口岸营商环境，提升跨境贸易便利化水平】 严格落实海关总署跨境贸易便利化专项行动安排，深化“单一窗口”建设，精简进出口环节监管证件和随附单证，落实减税降费政策，拓展“多证合一”改革、“双随机、一公开”监管，巩固压缩整体通关时间成效，推动降低进出口环节合规成本，2021 年 12 月进口、出口整体通关时间分别为 26.36 小时、0.99 小时，较 2017 年同期分别压缩 83.53%、93.89%，圆满完成工作目标。推进“双随机、一公开”监管，全面实施关区出口商品生产企业核查领域部门间联合抽查工作。继续统筹推进先放后检、汇总征税等改革措施，积极推广“关银一 KEY 通”等项目，应用关区政务服务“好差评”系统，总体好评率 100%。结合 4 个自贸片区功能定位和发展目标，按部署做好自由贸易区改革创新经验复制推广工作。

【石家庄海关服务构建新发展格局，大力支持综合保税区发展】 支持全国首个跨省级行政区划的综合保税区——大兴国际机场综合保税区（一期）正式通过开放验收。推动省内综合保税区整改提升，区内注册企业进出口值 631.9 亿元人民币，同比增长 98.3%。支持中欧班列发展，全年运行 228 列；货运量 17.73 万吨，同比增长 127%；货值 6.57 亿美元，同比增长 161%。持续加强进境种牛检疫全链条监管，隔离检疫进境种牛 82 095 头，占全国 27.79%。推动 H2018 减免税管理系统上线，扎实做好 RCEP 落地准备。充分发挥统计分析研究和监测预警作用。2021 年，河北省实现进出口总值 5 415.6 亿元人民币，同比增长 21.5%，增速高于全国 0.1 个百分点。

【河北出入境边检总站做好疫情防控工作，全力构筑外防输入口岸防线】 根据疫情形势及时细化完善勤务方案，严格落实规范防护、高风险岗位闭环管理、独立作战单元勤务组织、核酸检测等要求，圆满完成 344 名维和官兵的出入境边防检查任务。严格执行非必要不登轮、不登陆、不搭靠等要求，从严签发边检行政许可，协调海关、海警等部门建立海港口岸联防联控联查协作机制，减少疫情输入风险，坚决切断疫情海上输入通道。与省卫健委、外事办等部门层级建立 24 小时沟通机制，推送信息约 1.5 万条，协调做好点对点闭环转运等工作，完成 13 名意大利籍船员入境换班勤务，相关工作得到河北原省委副书记、省长许勤同志批示肯定，疫情防控工作得到国务院督导组充分肯定。

【河北出入境边检总站织密口岸管控网络，全力筑牢“护城河”国门防线】 突出情报引领精准打击，围绕 3 类 15 项情报搜集重点，开展 4 期数据研判攻坚，建立 2 个大数据研判模型，分析数据约 5 700 条，核查可疑人员 728 名，协助大连海警破获中华人民共和国成立以来当场查获案值最大的“5·01”特大走私香烟案（案值 1.3 亿元），“中国境内外籍新娘核查”数据研判模型被国家移民管理局推报参评“智慧公安我先行”全国公安基层技术革新专项活动。作为北京冬奥会安保成员单位，选派业务骨干入驻张家口赛区指挥中心，认真履行外事管控和情报组职责，配合做好北京冬奥会张家口赛区外事管理工作。部署开展“净海 2021”专项行动，查处非法搭靠等案件 27 起，始终保持对违法犯罪活动高压打击态势，为中国共产党成立 100 周年创造了安全稳定的口岸环境，连续 28 年圆满完成“护城河之盾”安保任务。

【河北出入境边检总站跟进保障口岸开放，全力助推经济社会发展】 紧盯京津冀协同发展等重大战略，紧扣河北经济社会发展需要，持续简化口岸开放流程，规范总站、站两级审批程序，建立口岸开放跟进保障机制，助推口岸开放。认真贯彻落实国家移民管理局促进服务航运企业发展 16 项新举措，充分发挥国际贸易“单一窗口”“网窗系统”等平台效能，为出入境船舶提供 24 小时“全时制、全天候、零等待”服务，相关做法被省政府《专题信息》刊载。建设开通 12367 出入境管理服务平台，接听群众咨询电话，进一步畅通了群众咨询沟通渠道，满意率达 100%。加强与属地联防联控机制沟通协作，开通绿色通道保障船员换班、紧急救助、必需品供应等约 30 次，赢得了航运企业及服务对象的高度赞誉。

【河北出入境边检总站提升边检执法管理服务效能，助力京津冀协同发展】 启动法制业务素质提升计划，制定法制工作规范实施细则，出台执法办案场所建设和使用规范，定期组织执法规范化建设督导检查、执法质量考评、案件评查，不断提升执法规范化建设水平。持续推进港口边检管理改革，以秦皇岛出入境边检站为试点开展勤务正规化建设，健全风险评估管理制度，做实多方共管机制，推行出入境船舶分级分类管理，最大限度整合资源、精准管理。持续深化京津冀三地边检机关合作，参加 2021 年京津冀边检业务合作论坛视频会议，在特殊勤务处置、情报搜集、资源共享等方面互通有无，联合助力京津冀协同发展和北京冬奥会安保，在跨区域重大任务合成作战方面迈出坚实一步。

【河北海事局助力港航经济发展】 积极落实中央以及交通运输部相关政策，与辖区引航站、港口调度室建立了“3+X”共建机制，协调解决了海洋石油管线横跨京唐港区航道、制约 25 万吨级航道建设矛盾，保障了京唐港区 25 万吨级航道顺利建设并交工验收，极大提升了港区船舶通航能力和通航安全水平。

【河北海事局优化海事服务 提升监管效能】 一是研发报告比对系统。报告比对系统通过 AIS 数据自动计算在港船舶信息，与已报告的船舶进行匹配，防止到港但未报告的情况发生。使用系统核查船舶，能够及时快速地发现船舶在动态报告时存在的问题，目前利用系统，累计核查进出港报告船舶 9 000 多艘次，进一步落实国家“放管服”要求，提高了船舶进出港口效率。二是深化源头管理。推进“安全风险管控工程”，加强执法联动机制建设，与海警局签订了工作协作配合办法，与无线电管理局签订了河北沿海首个维护水上无线电通信秩序合作机制，与秦皇岛市农业农村局签订了渔商矛盾协同合作机制，联席会议和联合执法形成新常态，有效提升了监管效力。三是进一步优化船员换班“一站式风险评估”模式。简化材料流程，积极协助当地政府做好船员换班业务咨询、材料收集、风险评估、信息反馈等工作，保障了船员换班工作的有序开展。四是实施远程监督检查，减少船舶在港作业影响。主动开拓创新，运用 5G 执法装备和执法人员自主集成的云直播 App 开展“5G+远程港口国监督检查”，建立了新冠肺炎疫情期间港口国监督检查工作指南和远程港口国监督检查工作程序，实现了推动疫情常态化防控期间港口国监督检查工作提质增效的突破，切实履行了港口国监督义务，保障了到港国际航行船舶安全。充分利用内部协同管理平台，提前确定目标检查船舶，提前对船舶证书信息进行检查，尽早对来港国际航行船舶开展检查，确保发现缺陷时，船舶能尽快在不影响正常离港的情况下及早纠正，避免船舶因纠正缺陷耽误时间，延误出港，影响港口船舶进出港效率。

【河北海事局持续做好疫情防控工作】 发布了关于做好 2021 年新冠肺炎疫情口岸防控工作的相关通知。提升航运服务水平，完善服务设施，研发疫情防控软件“在港船舶疫情上报系统”。该软件实现了辖区船舶、船员防疫信息远程收集，及时掌握船员的疫情防控动态，为口岸疫情防控做出积极贡献。

开放口岸

【石家庄空运口岸（石家庄正定国际机场）】 1995 年 12 月，石家庄正定国际机场经批准开放，成为国家对外开放口岸，航站楼总面积21万平方米，客运保障能力满足2 000万人次；货运区总面积22万平方米，共有7个货机专用停机位，年货邮吞吐量保障能力达25万吨。

受疫情影响，石家庄机场国际（地区）客运航班全年停飞；2021年1月1日至6日，石家庄机场运营国际（地区）货运航线4条，执行11班，完成货邮吞吐量325.8吨。航线主要包括列日（比利时）、俄斯特拉发（捷克）、基希纳乌（摩尔多瓦）、叶卡捷琳堡（俄罗斯）。自1月7日起，全部停飞，全年未恢复。

【秦皇岛水运（海港）口岸】 秦皇岛海港口岸占用自然岸线长15.9千米，码头岸线15.6千米，水域面积222平方千米，陆域面积13.7平方千米，经过多年的发展和调整完善，划分为西港区（含新开河港）、东港区（含秦山化工港）、山海关港区（含山海关修造船厂）和秦西大蒲河港点。其中，西港区以集装箱、杂货运输为主，东港区以煤炭、油品运输为主，山海关港区主要满足LNG运输和服务临港产业发展，秦西大蒲河港点主要服务旅游客运。秦皇岛口岸现有生产泊位83个，其中开放泊位72个。

秦皇岛港现有库场面积130多万平方米，拥有专业化的港口设施、高效的装卸机械、先进的生产工艺，可承运各类件散杂货。集装箱码头拥有5万吨级专用泊位3个，可接卸第六代集装箱船，码头堆场宽敞，年设计通过能力达65万标箱。2条总长2 000米的铁路装卸线，可直达码头和场站，货运成本低廉，具备危险品货物作业资质。国际海上直达航线2条，分别为日本关东集装箱航线、韩国仁川客货混装班轮航线；国内海上航线6条，有外贸公共内支线中转到达世界主要港口，内贸航线覆盖全国主要沿海港口。口岸集疏港条件优越，各港区均可与京沈高速路、102国道、205国道及秦承公路相接。秦山、京山、京秦、京沈、大秦铁路集疏港货物可直达港内堆场、仓库、码头泊位船前，最大限度地减少物流环节，降低物流成本。经济腹地包括东北、华北和西北各地。秦皇岛港拥有全国第一家煤炭现货交易市场，形成集煤炭现货交易服务、信息服务、物流服务及金融服务于一体的市场体系，交易市场发布的环渤海动力煤价格指数已成为全国唯一的、涵盖国内外的煤炭价格指数，煤炭枢纽港的地位得到了巩固。

2021年，秦皇岛口岸货物吞吐量完成20 052.7万吨，与2020年持平。其中，煤炭完成16 681.4万吨，同比下降2.4%；原油完成195.1万吨，同比下降2.2%；杂货完成3 176.2万吨，同比增长18.5%。外贸吞吐量完成524.9万吨，同比下降5.8%。集装箱完成64.1万标箱，同比增长3.1%，其中，外贸集装箱完成6.1万标箱，同比下降6.4%。出入境人员1.72万人次，同比下降13.1%；出入境交通工具781艘次，同比下降11.5%。秦仁航线集装箱完成3.5万标箱，同比增长17.9%，客运因新冠肺炎疫情停航。

【唐山水运（海港）口岸】 唐山港是我国沿海地区性重要港口，是我国能源、原材料等大宗物资专业化运输体系的重要组成部分，是华北及京津冀地区重要综合运输枢纽，下辖京唐港区、曹妃甸港区。唐山港作为对外开放口岸，京唐港区、曹妃甸港区分别于1992年和2009年获得批准对外开放。目前，唐山港已建成矿石、煤炭、杂货、LNG、原油等各类生产性泊位143个，其中对外开放泊位73个。目前，唐山市有唐山海关、京唐港海关、曹妃甸海关、唐山出入境边检站、曹妃甸出入境边检站、唐山海事局、曹妃甸海事局7家驻唐口岸查验单位，共同担负唐山口岸的监管监护任务。

2021年，唐山港新开通唐山港—韩国平泽集装箱航线、唐山港—印度尼西亚巴哈多比航线，开通曹妃甸港区至广西钦州港集装箱航线，“唐山港至东盟”物流运输通道建设取得重要突破。现有内外贸集装箱班轮航线46条，实现日韩10个基本港和日本26个偏港的全覆盖。与天津港、上海港、广州港资源共享合作，实现唐山港通达世界各港口。内陆港开发建设方面：年内在北京、山西、内蒙古等地新建6个内陆港，总数达到45个，口岸辐射范围进一步扩大。

2021 年，唐山港统筹疫情防控与运营生产，积极开辟新客户、新货源、新市场。全年完成货物吞吐量 72 240.1 万吨，同比增长 2.8%，稳居世界沿海港口第二位。集装箱吞吐量 329.3 万标箱，同比增长 5.7%，居全省首位。全年水路运输货运周转量 423.9 亿吨公里，同比增长 10.3%。全年进口粮食 79.9 万吨、木材 113.5 万立方米、进口活牛 21 298 头，进口汽车、摩托车共 560 辆。

【黄骅水运（海港）口岸】 黄骅海港口岸位于沧州市以东约 90 千米处，东经 117°48′、北纬 38°17′，是河北省沿海地区性重要港口，是我国北方主要的煤炭装船港、“三西”煤炭外运第二通道的重要出海口、津冀沿海港口群的重要组成部分和能源枢纽港。2018 年《河北雄安新区规划纲要》正式将黄骅港列为雄安新区重要出海口。《沧州黄骅港总体规划（2016—2035）》明确将黄骅港建设为现代化综合服务港、国际贸易港和“一带一路”重要枢纽。

黄骅港已建成万吨级以上生产性泊位 35 个，最大靠泊能力 20 万吨。截至 2021 年，黄骅海港口岸共实现开放泊位 16 个。其中，煤炭港区 3 个，为专业化煤炭泊位；综合港区 13 个，为多用途、散杂货及矿石泊位。黄骅海港口岸全年无休，主要进出口货物为矿石、煤炭、化肥、大豆等。黄骅海港口岸为进境粮食指定口岸，并拥有进境屠宰牛资质。

黄骅海港口岸开通了至东南亚及南亚直航国际和地区航线，并与德国杜伊斯堡、荷兰鹿特丹建立战略合作关系，将港口业务逐步向“一带一路”沿线国家和地区延伸拓展。集装箱航线方面：现有航线 4 条，均为内贸航线（黄骅—天津“天天班”，黄骅—京唐，黄骅—华东地区上海宁波等地，黄骅—华南广州等地）。散杂货航线方面：内贸 3 条，为黄骅港至上海港、宁波舟山港、广州港，主要货种为煤炭；外贸航线 14 条，可以通达全球各大港口，进口主要货类为进口铁矿石、铝矾土、大豆等，出口主要货类为化肥、钢材等。

2021 年，黄骅海港口岸完成外贸货物吞吐量 6 316.5 万吨，同比下降 5.8%。其中，进境货物 6 262.6 万吨，出境货物 53.9 万吨。货类分别为煤炭 150.2 万吨，矿石 5 794.4 万吨；其他货类（粮食、钢材、矿建材料等）371.9 万吨。

2021 年河北省口岸大事记

1 月 1 日

河北海事局港口建设费停征，自 2011 年至 2020 年，河北海事局累计征收港口建设费 367.81 亿元，征收额连续 10 年保持直属海事系统首位。

同日

河北省首个地方船舶污染物管理规定《沧州市船舶污染物监督管理规定》正式施行。

1 月 6 日

海关总署批复秦皇岛综合保税区验收通过。

1 月 10 日

河北省政府同意山海关船舶重工有限责任公司 13 个修船泊位和修造船坞对外开放。

1 月 11 日

河北省委常委、唐山市委书记张古江到京唐港集装箱监管作业场所调研，听取京唐港海关“外防输入”相关工作情况介绍。

1 月 20 日

秦皇岛海事局联合中国船级社秦皇岛分社对中韩客货班轮“新郁金香”轮开展港口国非接触式监督检查，开启中韩客货班轮季度协同检查新机制。

1 月 26 日

秦皇岛海事局被交通运输部海事局授予“全国水上无线电秩序管理专项整治工作先进集体”称号。

2 月 18 日

沧州海事局牵头完成疫情常态化防控形势下“兰博”“安妮”轮 13 名意大利籍船员换班工作。外交部对此项工作予以肯定，意大利外长迪马约就此事向中国外交部王毅部长表示感谢。

2月28日

河北省委副书记、省长许勤在外交部致河北省政府的《关于圆满完成意大利滞留货船船员轮换事》一文上批示："延军同志及省外办、石家庄海关、河北出入境边检总站和沧州市政府，大局观强、协调有力、处置圆满，值得肯定。请不断总结、积累经验，增强处置和治理能力。"

3月3日

京东集团通过河北"单一窗口"地方特色应用中国（河北）跨境电子商务公共服务平台顺利通关出区，为京东集团跨境业务落地河北形成良好开端。

3月11日

河北省口岸工作领导小组会议在石家庄召开，省政府副省长、省口岸工作领导小组组长夏延军出席会议并讲话。会议传达了国务院口岸工作部际联席会议第六次全体会议精神和2021年全国口岸办主任电视电话会议精神，听取了领导小组办公室关于河北省贯彻落实意见的汇报。会议对强化口岸疫情防控、提升口岸服务水平、确保目标任务完成等进行了安排部署。

3月29日

河北省口岸办参加国家口岸管理办公室举办的"全国口岸人传承红色基因联学联建活动"，并作为全国5个发言单位之一，将"西柏坡精神"和全省口岸工作相结合进行了充分展示。

同日

2021年河北省海上搜救中心暨河北省海上船舶污染事故应急指挥部工作会议在石家庄召开。

4月25日

秦皇岛海事局、唐山海事局同天津北疆海事局签订《津冀集装箱船舶一体化协同联动执法合作框架协议书》。

5月24日

河北出入境边检总站在秦皇岛举办"渤海铸盾2021"全省边检机关应急处突演练。

5月25日

曹妃甸港集装箱码头完成装载福田牌皮卡车的集装箱拆箱作业，车辆顺利通过收货人验收，曹妃甸港首单内贸整车全程物流业务取得圆满成功。

5月26日

河北海事局京唐港区船舶交通管理系统扩建工程主体设备现场验收通过专家审核，标志着全国沿海首个国产VTS系统通过验收，开始上线试运行。

5月28日

河北海事局印发2021年入秦船舶防污染"百日会战"相关实施方案，全面组织开展防污染专项检查活动。

6月3日

河北省口岸办在唐山市组织召开了全省口岸开放与口岸建设项目谋划培训会，石家庄、唐山、秦皇岛、沧州、廊坊、邯郸等市口岸管理部门以及相关企业项目管理人员共60余人参加。培训会助力各单位提高项目谋划水平、组织能力、申报的精准性和使用效果，充分发挥口岸综合能力提升专项资金的示范带动作用，不断提升全省口岸整体发展水平。

同日

河北省"陆海空天"一体化船舶溢油应急演习在秦皇岛举办。同日，《"2+2"海上溢油应急协作机制》签订仪式在秦皇岛举行，政企合作海上溢油应急协作机制正式建立。

6月11日

唐山市二手车出口首单启动仪式在曹妃甸港区综保港务有限公司举行，唐山市二手车出口业务正式启动。

6月18日

在电商"6·18"大促期间，河北"单一窗口"地方特色应用中国（河北）跨境电子商务公共服务平台业务申报量突破16万单，货值约1 500万元，同比大幅增长，各项指标均创历史新高。

7月20日

河北省口岸办印发关于进一步优化营商环境促进跨境贸易便利化工作的相关通知，提出适用河北省的16项改革举措。

7 月 23 日

交通运输部副部长赵冲久、河北省副省长刘凯到秦皇岛就交通运输保障和海上防污染工作进行督导检查。

7 月 29 日

河北海事局与北京市地方海事局签订大运河水上交通安全共管协议书。

9 月 13 日

中国首次海上搜救无脚本实战演练在曹妃甸海域举行。

9 月 16 日

河北海事局、天津海事局、山东海事局联合举办以“共享共治共赢”为主题的渤西海事协同共治示范区建设正式启动，共同签署了“渤西海事协同共治示范区”建设相关工作方案，三地第一次联合巡航行动正式启动。

9 月 18 日

首个由保定京雄保国际智慧港发出的海铁联运集装箱列车驶入秦皇岛港新港湾集装箱码头，抵港的保定周边地区装箱货物通过秦仁航线运往韩国仁川。秦皇岛港绿色高效的跨境海铁多式联运迈上新台阶，为省内陆企业开辟了“保定—秦皇岛港—仁川”海陆新通道。

10 月 30 日

在曹妃甸自贸片区落户的国际航行船舶增至 5 条，曹妃甸自贸片区登记船舶运力突破 50 万吨。

11 月 1 日

国际航行船舶落户曹妃甸“双跨”（跨层级联动、跨部门协作）协作机制出台。

11 月 24 日

河北省委副书记、省长王正谱到河北港口集团西海港航海中心、秦港股份六分公司翻车机作业车间、九分公司码头、调度指挥中心等处，实地检查港口运营、产业转型、电煤保供等工作。

12 月 2 日

“河北海事推进实施现代化船舶污染防治工程新闻发布会”在河北省政府新闻办公室举行。河北省海事局发布第一个海事监管特色品牌——“碧海长城”船舶污染防治特色品牌。

12 月 28 日

秦皇岛海关助力辖区锂离子电池芯首次出口德国。

（撰稿人：李培、段龙飞、冯志博、陈鹤、邢志刚、张培）

2021 年河北省口岸流量统计表

口岸类型		口岸名称	货运量（万吨）				集装箱量（万标箱）				人员（万人次）				交通工具（辆、艘、架、列次）			
			出口	进口	合计	同比（%）	出口	进口	合计	同比（%）	出境	入境	合计	同比（%）	出境	入境	合计	同比（%）
空运口岸		石家庄			0.03												11	-98.54
空运口岸		分计			0.03												11	-98.54
水运口岸	海港口岸	秦皇岛港	142.59	388.37	530.96	-5.40	2.96	3.10	6.06	-6.40	0.94	0.78	1.72	-13.10	420	361	781	-11.50
水运口岸	海港口岸	唐山港	840.00	24 722.00	25 562.00	-13.61	6.50	6.86	13.36	48.30	3.66	4.52	8.17	-13.70	1 754	2 197	3 951	-28.95
水运口岸	海港口岸	黄骅港	53.96	6 262.56	6 316.52	-5.80	0.00	0.00	0.00	0.00	0.91	1.07	1.99	-20.30	608	610	1 218	-15.70
水运口岸		分计	1 036.55	31 372.93	32 409.48	-12.10	9.46	9.95	19.41	25.40	5.51	6.37	11.88	-12.78	2 782	3 168	5 950	-12.00
合计			1 036.55	31 372.93	32 409.51	10.06	9.46	9.95	19.41	29.30	5.51	6.37	11.88	-38.61	2 782	3 168	5 961	-31.86
同比（%）																		

（河北省口岸办提供）

2021年石家庄海关主要数据统计表

项　目		2021年	2020年	同比（%）
进出口货运量（万吨）	合计	31 233.17	35 305.00	-11.53
	进口	30 083.47	34 546.34	-12.92
	出口	1 149.70	758.66	51.54
进出口贸易总值（万美元）	合计	7 130 036.14	4 970 666.57	43.44
	进口	5 909 989.52	4 207 065.29	40.48
	其中：江、海运输	5 860 191.71	4 139 067.41	41.58
	铁路运输	5 535.43	2 988.71	85.21
	汽车运输	8 316.49	21 029.45	-60.45
	航空运输	35 945.89	43 900.66	-18.12
	邮件运输	0	0.42	-100.00
	其他运输	0	78.64	-100.00
	出口	1 220 046.62	763 601.28	59.78
	其中：江、海运输	1 122 330.65	664 317.43	68.94
	铁路运输	53 235.97	22 069.70	141.22
	汽车运输	2 716.65	11 054.82	-75.43
	航空运输	20 904.60	44 639.23	-53.17
	邮件运输	0	0.00	0.00
	其他运输	20 858.75	21 520.10	-3.07
税收（亿元）	两税合计	492.99	361.24	36.47
	关税入库	18.94	12.64	49.84
	进口环节税入库	474.05	348.60	35.99

（石家庄海关提供）

2021年河北省口岸出入境主要数据表

项　目			2021年	2020年	同比（%）
出入境人员（人次）	出入境人员总数		119 890	195 301	-38.61
	入境人员		64 255	112 262	-42.76
	出境人员		55 635	83 039	-33.00
	出入境旅客		682	39 235	-98.26
	出入境员工		119 208	156 066	-23.62
	中国公民	小计	51 453	93 609	-45.03
		内地居民（因公）	51 080	55 450	-7.88
		内地居民（因私）	18	37 533	-99.95
		港澳居民	23	61	-62.30
		台湾同胞	332	565	-41.24
	外籍人员		68 437	101 692	-32.70
	从海港出入境人数		118 867	136 277	-12.78
	从陆港出入境人数				
	从空港出入境人数		1 023	59 024	-98.27
交通运输工具（辆、艘、架、列次）	总计		5 691	8 352	-31.86
	船舶		5 663	6 435	-12.00
	飞机		28	1 917	-98.54
	火车				
	机动车辆				

（河北出入境边检总站提供）

2021 年河北海事局进出港船舶统计汇总表

船舶类别	进港船舶							出港船舶						
	艘数（艘）	总吨（吨位）	总载重量（吨）	载客量（客位）	船员人数（人次）	货物到达量（吨）	旅客到达量（人）	艘数（艘）	总吨（吨位）	总载重量（吨）	载客量（客位）	船员人数（人次）	货物发送量（吨）	旅客发送量（人）
总　计	140 712	900 635 341	1 453 792 258	845 107	2 540 208	391 795 012	374 701	140 710	906 845 782	1 465 328 374	844 034	2 545 689	923 114 890	370 942
中国籍船舶	136 892	672 467 473	1 039 636 770	807 964	2 460 909	81 117 062	374 701	136 880	678 667 849	1 051 950 638	806 891	2 466 064	903 210 867	370 942
其中外贸船	123	4 489 809	8 055 562	0	2 559	5 411 093	0	75	2 635 954	4 744 682	0	1 542	391 719	0

（河北海事局提供）

山 西 省

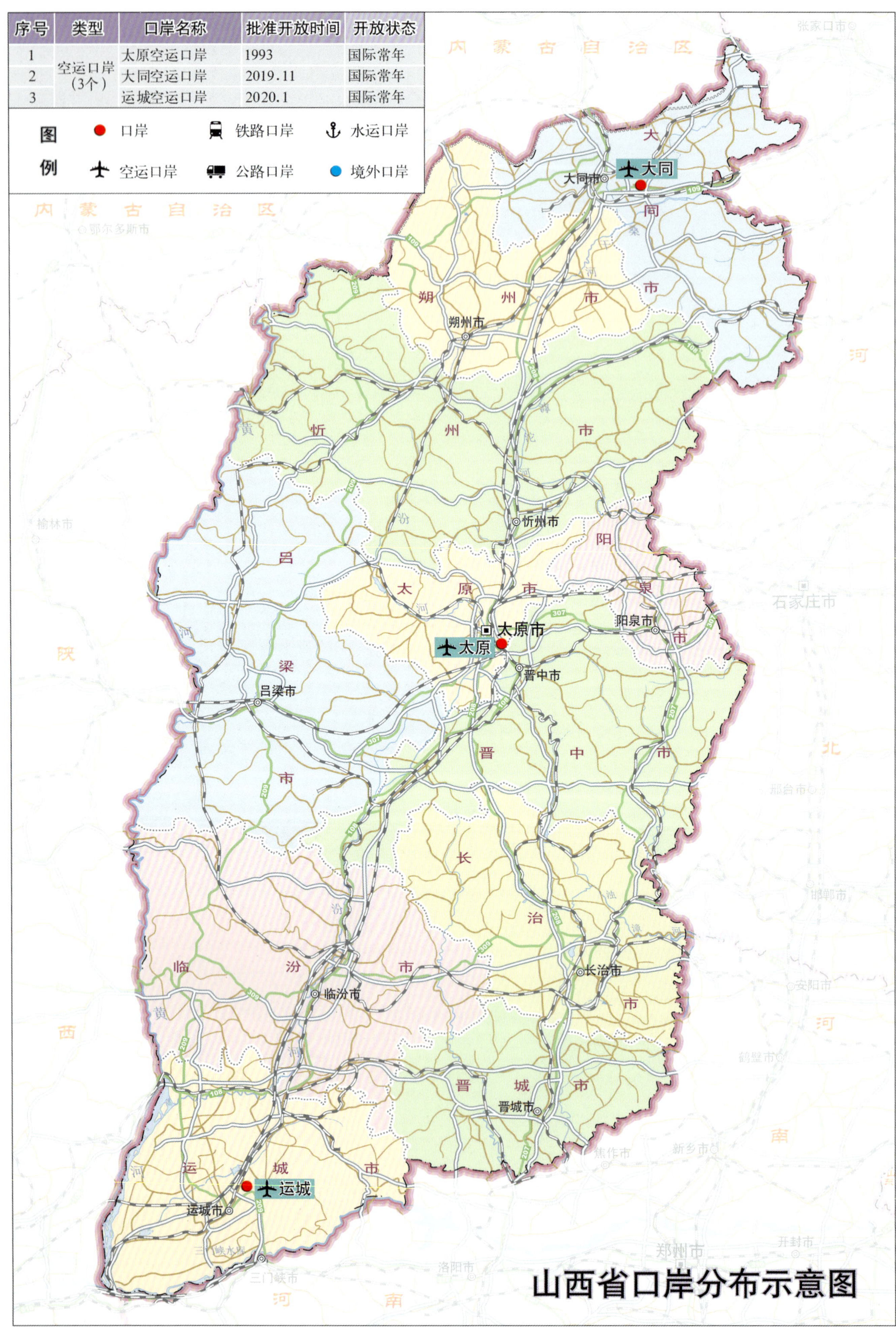

序号	类型	口岸名称	批准开放时间	开放状态
1	空运口岸（3个）	太原空运口岸	1993	国际常年
2		大同空运口岸	2019.11	国际常年
3		运城空运口岸	2020.1	国际常年

山西省口岸分布示意图

口岸数量及分布

截至2021年年底，山西省共有经国务院批准的对外开放口岸3个，分别为太原空运口岸（太原武宿国际机场）、大同空运口岸（大同云冈机场）和运城空运口岸（运城张孝机场）。

口岸运行数据

2021年，山西省空运口岸出入境人员15 983人次，出入境飞机242架次。受新冠肺炎疫情影响，大同、运城、忻州（临时开放）空运口岸2021年无出入境旅客和航班。

口岸综合管理

【太原空运口岸开通国际货运（客改货）航线】 2021年6月26日，太原空运口岸开通首条太原—美国旧金山国际货运航线，开启了山西打造国际现代物流枢纽建设的新篇章。在此基础上，又先后开通直飞比利时布鲁塞尔、英国伦敦和西班牙马德里3条货运航线。货运航线的开通将提升山西省货物进出口运输效率，促进外贸增量提质，进一步拓宽了航空口岸平台功能。

【召开全省口岸工作领导组会议】 2021年8月13日，山西省口岸工作领导组会议在太原召开，副省长卢东亮出席会议并讲话。卢东亮指出，口岸是对外开放的窗口、桥梁和载体，口岸发展水平是衡量一个地区开放程度以及开放发展水平的重要标准。加强口岸建设，对于山西省全面打造内陆地区对外开放新高地、持续提升制度性开放水平具有重要意义。他强调，要坚持目标导向、问题导向，统筹推进全省口岸开放管理、提效降费、国际贸易“单一窗口”建设、安全联防联控等工作，持续优化口岸营商环境，不断提升跨境贸易便利化水平。要充分发挥口岸领导工作组职能作用，高起点谋划、高标准推进。要毫不松懈做好口岸常态化疫情防控工作，继续织牢抗疫防护“安全网”，全力保障国门安全。

【加快推进大同、运城空运口岸正式开放验收工作】 山西省口岸办出台大同、运城航空口岸正式开放验收工作相关推进方案，并组织口岸联检单位多次赴大同、运城机场指导工作；协调大同、运城市主要领导现场解决口岸基础设施建设问题，加快推动验收准备工作取得积极成效。截至2021年年底，大同完成省级预验收工作，运城完成市级验收工作。

【加强联防联控，严防疫情在口岸传播】 根据国务院疫情防控领导组通知精神，山西省口岸办发布关于加强口岸城市新冠肺炎疫情防控工作的相关通知，明确了口岸疫情防控工作具体任务要求，防范疫情在口岸城市传播。新冠肺炎疫情发生以来，果断暂停大同、运城、忻州空运口岸运行，在太原空运口岸采取开辟防疫物资绿色通道等一系列措施，防止疫情在进出境通道蔓延，有效防控境外疫情输入，取得显著成效，保障国门安全。

【推动中欧班列稳定开行】 2021年，山西省稳定开行中欧（亚）班列190列，货值25.48亿元，货重20.66万吨。自2017年开行以来数量不断刷新，运营线路持续增加，形成经满洲里、二连浩特、阿拉山口、霍尔果斯4个口岸的东、中、西3条中欧班列通道，常态化开行9条国际物流线路，通达12个国家和地区的27个城市。近年为助力中欧班列运量持续增长，山西省口岸办会同华远国际陆港集团等相关企业加大本地货源组织力度，不断完善服务能力，主动走访对接边境口岸，促进交流合作，进一步提升通关便利化，不断提升中欧班列运营质量。

【扎实推进口岸提效降费】 为确保国务院减税降费举措落到实处，山西省口岸办会同省发展改革委、省财政厅、省市场监管局、太原海关等单位对太原空运口岸进出口收费工作进行了排查，加大口岸收费清单执行情况的监督检查力度，将太原空运口岸进出口收费目录清单在中国（山西）国际贸易单一窗口平台上公示，巩固了进出口环节提效降费成果，确保阳光收费，努力营造稳定、公平、透明的营商环境。

【大幅压缩货物整体通关时间】 山西省口岸创新工作机制、持续压缩货物整体通关时间成效，优化工作流程，进出口货物整体通关时间大幅压缩。2021年，山西省进口、出口货物整体通关时间分别为25.80、0.97小时，较2017年分别压缩82.79%、98.04%，总体优于全国平均水平。

【加大“单一窗口”标准版推广应用】 中国（山西）国际贸易单一窗口金融保险、出口退税等业务运行情况良好。通过“单一窗口”申报各类单证累计约60万票，主要业务覆盖率（货物申报、空运舱单、运输工具）持续保持100%，其他业务应用率持续提升。2021年，山西省通过“单一窗口”的业务申报量迅速增长，突破30万票。

【积极拓展建设“单一窗口”地方特色功能应用】 随着山西省外向型经济水平持续提升和“海关通关一体化”改革深入，现在使用的国家标准版已不能适应外贸业务发展需要。经对中国出口信用保险公司、中鼎物流以及多家金融机构和进出口企业调研，各单位对拓展山西省“单一窗口”特色功能均有较大需求，希望能够通过拓展功能应用并增加个性化定制服务，提高报关效率，优化通关流程，进一步提升贸易便利化水平。目前，该项目的可研报告和立项申请，已报送至山西省行政审批局。

口岸监管与服务

【太原海关维护国门安全，强化监管职责】 一是持续做好口岸疫情防控。巩固卫生检疫“三道防线”，加强口岸卫生核心能力建设。坚持“人、物、环境同防”“多病共防”，加强入境航班检疫监管，严格落实“三查三排一转运”检疫措施，加强埃博拉等疫情防控，严防疫情叠加。受疫情影响，2021年共监管进出境飞机241架次，同比下降55.4%；检测入境人员核酸样本10 790个。持续加强进口冷链食品的风险监测和检疫工作，规范做好进口高风险非冷链集装箱货物口岸环节新冠病毒检测和预防性消毒工作。二是风险防控有效加强。落实口岸安全风险联合防控机制，加强与有关部门的配合协作，组织开展联合研判。持续织牢织密非贸风险防控网，加大重点敏感领域精准布控力度。三是监管作用不断强化。持续推动海关监管作业场所（场地）规范化建设。提升知识产权海关保护能力，查扣侵权商品4 662批、5 974件，同比分别增长13.3倍和15.2倍。健全完善进出口商品安全风险预警和快速反应监管体系，严格危险化学品等重点敏感商品监管。开展技术性贸易措施应对工作，推进山西法兰锻造技术性贸易措施研究评议基地建设。四是口岸检疫防线进一步筑牢。构建进出口食品安全体系，推进进口食品“国门守护”行动。保障国门生物安全，有序开展疫病监测、安全风险监控和国门有害生物安全监测，严防外来物种入侵和动植物疫情疫病传入，2021年截获进境有害生物55种。五是深化综合治税。坚持依法科学征管，完成全年税收预测数。落实税收征管方式改革任务，推进属地纳税人管理，建立关区纳税遵从度评估指标体系。2021年，太原海关征税入库237 857.95万元，其中关税17 789.80万元、进口环节税220 068.15万元。六是保持打击走私高压态势。深入开展打击走私“国门利剑2021”“蓝天2021”“护卫2021”专项行动，深化海关全员打私和反走私综合治理，持续推进缉私专业能力建设和执法规范化建设，全面构建“打、防、管、控”一体化防线。七是做好北京2022年冬奥会和冬残奥会航班备降保障工作。制订工作方案、应急预案，切实做好人员疫情防控、物资通关、外交礼遇、反恐安保等涉及海关工作事项。通过12360海关服务热线等政务新媒体开展关于北京2022年冬奥会和冬残奥会政策解读及措施宣传；配合海关总署做好全球传染病疫情监测研判工作，赛前1个月每周开展境外疫情输入风险评估，全力以赴做好北京2022年冬奥会和冬残奥会备降保障工作。

【太原海关坚持创新驱动，深入推进海关改革】 一是保质保量完成海关业务改革。大力推行“提前申报”，优化进口“两步申报”通关模式，2021 年“两步申报”应用率和提前申报报关单比例较 2020 年大幅提升。完善“两段准入”，信息化监管模式覆盖至省内各海关现场。推动业务改革“问题清零”，实现了反映基层诉求、推动业务改革的目标；进一步加大“证照分离”改革力度，持续落实精简监管证件、简化随附单据、入境货物检验检疫证明电子化等通关便利化措施，降低企业通关成本。二是深化“放管服”改革。制订太原海关贯彻落实“十四五”海关发展规划和专项规划实施方案。落实“多证合一”“注销便利化”改革。支持新增区外保税维修业务落地。制定服务 RCEP 促进山西开放型经济发展 10 项措施，RCEP 生效当日即顺利签发首单原产地证书。巩固压缩货物整体通关时间成效，2021 年进口、出口货物整体通关时间分别为 25.8 小时、0.97 小时，较 2020 年同期分别减少 11.66、1.32 小时。优化行政审批服务，网上办理率达 99.72%。企业享受进口原产地税率优惠 4 742 万元，同比增长 5.66 倍。促进跨境电商新业态发展，在政关企合作方面，与商务厅、综改区、省跨商协会、重点跨商企业共同建立跨境电商联席会议机制。

【太原海关提升服务水平，助力山西蹚出高质量发展新路】 一是服务山西对外开放水平不断提升。坚决贯彻落实习近平总书记重要讲话和重要指示批示精神，充分发挥海关职能作用，制订服务山西打造内陆开放新高地促进外贸稳增长 3 年行动方案，与省商务厅等多个部门签署合作备忘录，进一步凝聚发展合力。2021 年，山西省进出口总值 2 230.3 亿元，创历史新高。新增进出口备案企业 937 家，同比增长 11.5%，新增高级认证企业 2 家。二是促进对外开放平台扩能提质。太原武宿综合保税区完成二期整改并验收运行，积极推进飞机保税维修业务成功开展，进境水果、冰鲜水产品指定监管场地通过验收，2021 年区内进出口总值在全国 145 个综合保税区中排名第 32 位。支持申建太原阳曲综合保税区。大同国际陆港保税物流中心（B 型）通过验收并封关运作。服务侯马方略保税物流中心（B 型）拓展业务。山西兰花保税物流中心（B 型）变更面积项目通过海关总署验收。成功保障太原至旧金山、布鲁塞尔、马德里国际货运航班的开通运行。大同航空口岸对外开放通过省级预验收。支持国际邮件互换局（交换站）扩容升级。保障中欧（亚）班列常态化运行。服务“南果中粮北肉东药材西干果”5 大平台建设，新增注册果园 48 家、约 31.9 平方千米，冬枣、羊毛脂、发酵饼干等多种特色产品实现出口“零”的突破，供港活猪 3 640 头、同比增长 20 倍。

【山西出入境边检总站打赢中国共产党成立 100 周年安保攻坚战】 深入贯彻全国移民管理工作会议精神，多次对安保维稳工作进行研究部署，制订中国共产党成立 100 周年庆祝活动安保维稳工作方案，统筹安排全年各项安保维稳工作；与公安反恐、国家安全等部门进行工作对接，先后走访太原机场、安检、护卫、海关、机场公安局等协作单位，进一步完善应急协作机制和方式方法，确保各项口岸应急协作机制在安保维稳工作中切实发挥作用，有效形成管控合力；第一时间启动最高等级勤务响应，实行领导干部双带班制度，暂停民警请休假，调配执勤警力充实一线执勤岗位，紧盯口岸形势，每周梳理研判，每日专项督导，清零风险隐患，细化勤务事件处置流程，加强远机位监管，落实入境航班 100%清舱检查要求，圆满完成以中国共产党成立 100 周年庆祝活动为中心的各项安保维稳工作，有效维护了国家政治安全和口岸安全稳定。

【山西出入境边检总站守紧外防疫情输入关口】 扛牢外防输入和“首都护城河”边检政治责任，始终紧盯国内外疫情防控变化形势，健全完善指挥体系，圆满完成 120 余架次、1 万余人次入境航班验放任务，确保了国门安全、首都安全、山西安全。定期分析研判疫情防控整体态势，向海关、卫健、机场等部门提出优化涉疫人员监管移交、应急处置和转运流程的意见建议，研究制订新冠肺炎疫情应急处置预案，确保疫情防控决策部署落实落地；严格落实独立作战单元勤务模式，结合航次变化动态调整勤务模式，先后实行“8+7+7”“7+7+7”轮勤模式，不断调整优化勤务办理流程，最大限度提升用警效率；持续严格执勤防护要求和现场设施消杀，坚决落实“五个一”“四个到位”“三区两通道”等要求，确保执勤闭环管理安全。分批次组织民警接种新冠病毒疫苗，有效形成免疫屏障；发挥边检大数据预警优势，主动加强信息共享，数据研判专班实行 7×24 小时工作模式，动态掌握旅客登机前、航班起飞后、落地入境前载运人员数据变化，从人员归属地、联系方式、前往地等维度优化分析模型，从姓名、出生日期、疑似关联人等方面发现研判涉疫信息，第一时间向省市联防联控机制推送涉疫数据专报 34 期 2.8 万余条，为省域防控贡献了边检力量。

【山西出入境边检总站营造良好移民管理环境】 立足内陆边检实际，强化数据研判、人员布控、口岸查缉，延伸空港管控触角，梳理排查涉嫌变换身份、逾期居留、非法务工等多个类型的违法犯罪线索数百余条，落地查破一批案件，其中 1 起被列为公安部督办案件，实现建站以来“零突破”，集中打击妨害国（边）境专项斗争、“三非”治理工作先后 9 次得到国家移民管理局表扬；自觉融入山西省委省政府战略部署，与太原海关、山西航产集团等组成省级预验收工作组对大同、运城 2 个机场空运口岸进行了对外开放省级预验收；主动参与太原机场 T3 国际区域边检执勤现场及联检业务用房设计规划，推动完成大同机场口岸执勤现场查验通道更换智能验证台和运城机场口岸执勤现场改造；上线运行总站 12367 平台，锚定“口岸管控与优质服务相辅相成”工作基调，梳理形成 63 条近 1 万字的本地知识库内容，24 小时在线服务，确保群众和办事企业享受最优质的口岸通行咨询服务。截至 2021 年 12 月 31 日，共接听来电 1 400 通，处理工单 1 109 个。

开放口岸

【太原空运口岸（太原武宿国际机场）】 太原武宿国际机场位于太原市真方位 156 度，距市区 13.2 千米。太原空运口岸于 2004 年经国务院批复同意扩大对外国籍飞机开放，并于 2005 年 1 月通过国家正式验收。2007 年 11 月太原武宿机场更名为太原武宿国际机场，为国内省会级干线机场，是北京首都国际机场的备降机场。太原武宿国际机场场区占地面积为 588.7 万平方米，飞行区等级指标为 4E 级，跑道长 3 600 米、宽 75 米，站坪 34 万平方米，机位 43 个，可起降 B747 机型，同时满足 F 类 A380 备降需要。T2 航站楼于 2008 年 7 月投入使用，面积为 5.5 万平方米，其中国际厅面积 1.8 万平方米。设计国际旅客吞吐量为 30 万人次，高峰小时客流量 115 人。现国际出港厅有值机柜台 14 个，检验检疫通道 4 条，海关通道 4 条，边检通道 8 条，安检通道 4 条，出境免税店 1 个；国际进港厅有检验检疫通道 4 条，边检通道 8 条，海关通道 4 条，行李提取转盘 1 个，国际近机位 2 个。国际货运仓库为临时监管仓库（面积约 500 平方米）。

【大同空运口岸（大同云冈机场）】 大同云冈机场位于山西省大同市云州区倍加造镇，2006 年 1 月通航，2013 年 1 月完成二期改扩建工程，2013 年 9 月实现临时开放。机场飞行区等级为民用 4C，跑道长 3 000 米、宽 60 米，可起降空客 A321（含）、波音 737-800（含）以下机型，仪表着陆系统为 I 类精密进近，并建有单向盲降系统。现有 T1 国际（6 328.2 平方米）和 T2 国内（10 854 平方米）两座航站楼，总面积 17 182.2 平方米；停机坪面积 40 550 平方米，可同时停放 7 架（6C、1B）飞机；停车场面积为 10 400 平方米；可满足年旅客吞吐量 90 万人次、高峰小时 518 人次、货邮吞吐量 4 700 吨的航空需求。

作为大同市的空中门户，大同机场不断完善航线网络结构，国内航线基本覆盖了东北、华北、华东、中南、西南、西北等国内大区主要枢纽城市，实现了直飞国内主要枢纽城市，并通过枢纽城市中转国内外的航线网络布局。此外，机场每年还根据市场需求不定期开通多条国际航线，通达性和辐射效应持续提升。合作航空公司达13家，通航城市30多个，已成为大同市乃至周边地区经济社会发展及对外开放的重要平台。

2019年11月8日，大同云冈机场空运口岸获国务院批复正式开放，2021年11月通过省级预验收，目前正在积极整改迎接国家级正式验收。

【运城空运口岸（运城张孝机场）】 运城张孝机场位于山西省运城经济技术开发区舜帝街1号，距运城市中心城区11.5千米，为4D级国内支线机场，2005年2月建成通航。现有跑道长3 000米、宽60米，可起降B767-300以下系列机型，机坪面积6万多平方米，可同时停放10架飞机。

2018年，为满足空运口岸正式开放的需要和迅猛增长的吞吐量发展需求，运城市围绕打造“区域性中心国际机场”战略目标，开始实施机场改扩建工程，工程总投资32.84亿元。其中，航站区扩建工程投资6.94亿元，2020年年底竣工；飞行区扩建投资25.90亿元，新建一条长3 200米、宽60米的跑道，现有跑道改为平滑，目前已开工建设，2022年年底建设完成。扩建完成后，航站楼面积达到5.5万平方米（国际部分1.5万平方米），可满足年旅客吞吐量450万人次需求；飞行区等级将由4D升级为4E级，登机廊桥13个，机坪9万多平方米，可同时停放30架飞机。机场运营以来，始终秉持“安全第一、优质服务”的企业宗旨，大力引进国航、东航、南航、深航、厦航等8家航空公司，开通航线30条，通往北京、上海、广州、成都、银川等35个国内城市。

2017年4月12日，运城张孝机场临时开放，相继开通了至香港、曼谷、芭提雅、芽庄等国际地区航班。2020年1月14日，国务院批准运城张孝机场对外开放，同时增设运城出入境边防检查站，为运城乃至晋陕豫“黄河金三角”地区1 700余万人口走出国门打开了空中通道。2021年，共完成旅客吞吐量191万人次，在全国248个民用运输机场中排名第62位，已发展成为山西省第二大航空港。

【忻州空运口岸（忻州五台山机场）】 忻州五台山机场为临时开放口岸机场，位于山西省忻州市定襄县宏道镇无畏庄村，距五台山核心景区71千米，距忻州市区38千米，为4C级军民合用支线机场。五台山机场于2016年列入《国家口岸发展“十三五”规划》，2019年7月2日实现国际航线首飞，开通五台山—曼谷国际航线，并连续3次获批临时对外开放；至2020年1月28日，完成起降国际航班122架次，出入境人员17 733人次，取得了较好的经济和社会效益。受新冠肺炎疫情影响，五台山机场于2020年1月29日取消国际航线，目前尚未恢复国际航线。

2021山西省口岸大事记

2月23日

山西省商务厅副厅长邢利民、太原海关副关长丁传民、口岸办主任李庆元等相关人员参加海关总署党委委员、国家口岸管理办公室主任黄冠胜主持召开的全国口岸办主任电视电话会议，传达学习贯彻国务院口岸工作部际联席会议第六次全体会议精神，全面总结2020年度全国口岸工作情况，部署2021年口岸重点工作。

3月17日

山西省商务厅（省口岸办）和忻州市人民政府一行赴国家口岸管理办公室拜访，并与海关总署党委委员、办公厅主任、国家口岸管理办公室主任黄冠胜等有关领导进行工作会谈，双方就“十四五”期间推进五台山空运口岸对外开放工作进行了深入对接交流，会谈取得积极进展。

4月6日

山西省政府召开太原国际邮件互换局（交换站）扩容升级协调推进会，会议议定要加快建设进度，倒排工期、明确职责，做好前期筹备工作，尽早开工。

4月7日

山西省口岸办向国家口岸管理办公室报送《构建山西口岸开放新体系 打造对外开放新高地》情况报告。

4月26日

山西省商务厅（省口岸办）牵头，组织相关单位赴长沙、南昌互换局（交换局）进行了调研学习。

5月26日

山西省口岸办牵头，协同太原海关、中国邮政集团山西分公司、山西航产集团等相关单位，共同形成了《太原国际邮件互换局（交换站）扩容升级工作方案》（征求意见稿）。

6月8日

根据山西省领导批示精神，山西省口岸办会同省发展改革委、省财政厅、省市场监管局、太原海关等单位开展太原空运口岸进出口收费排查工作。

6月15日

山西省商务厅（口岸办）向省政府报送《太原国际邮件互换局（交换站）扩容升级工作方案》（报审稿）。

6月26日

在山西省口岸领导组成员单位共同努力下，山西省首条国际货运航线太原—美国旧金山首航仪式在太原武宿机场举行，副省长韦韬出席并宣布首航启动。山西省商务厅厅长王宏晋参加首航仪式并致辞。太原至旧金山国际货运航线正式通航，将结束山西省国际货运航线空白的历史，为山西省增加了一条国际运输新通道。

7月17日

山西省口岸办向国家口岸管理办公室报送了《口岸准入退出管理办法（修订稿）》等3个办法修订意见的报告。

8月9日

山西省口岸办发布进一步做好航空口岸疫情防控工作相关通知，进一步做好口岸疫情防控工作。

8月13日

山西省副省长卢东亮在省政府召开全省口岸工作会议暨省口岸领导组会议。省商务厅汇报了一年多来全省口岸工作开展情况及下一步工作计划。卢省长强调各相关单位要进一步提高政治站位，认真谋划、通力合作，紧紧抓住难得的发展良机，坚持目标导向，聚焦工作重点，全力推进各项工作取得扎实成效。

9月3日

山西省商务厅（口岸办）向省政府报送《太原国际邮件互换局（交换站）扩容升级工作方案》补充材料的请示，积极促进太原国际邮件互换局扩容升级。

11月17日

山西省口岸办组织太原海关、山西出入境边检总站、山西航产集团等单位赴大同召开了大同机场空运口岸对外开放省级预验收工作会议。省口岸办、口岸联检单位、民航等单位一致表示，同意大同机场对外开放工作通过省级预验收，并签署预验收纪要。

12月9日

在山西省口岸办的努力下和联检单位及疫情防控部门的大力支持下，先后开通直飞比利时布鲁塞尔、英国伦敦和西班牙马德里3条货运航线。货运航线的开通将提升山西省货物进出口运输效率，促进外贸增量提质，进一步拓宽了航空口岸平台功能。

（撰稿人：席亮亮、姚宇楠、宋晓徽）

2021 年山西省口岸流量统计表

口岸类型	口岸名称	货运量（万吨）				集装箱量（万标箱）				人员（万人次）				交通工具（辆、艘、架、列次）			
		出口	进口	合计	同比（%）	出口	进口	合计	同比（%）	出境	入境	合计	同比（%）	出境	入境	合计	同比（%）
空运口岸	太原	24.41	519.74	544.15	-44.77					0.52	1.08	1.6	-63.07			242	-39.65
	分计																
合计																	
同比（%）																	

（山西省口岸办提供）

2021 年太原海关主要数据统计表

项　目		2021 年	2020 年	同比（%）
进出口货运量（万吨）	合计	544.15	985.23	-44.77
	进口	519.74	962.57	-46.01
	出口	24.41	22.66	7.72
进出口贸易总值（万美元）	合计	3 451 880.90	2 184 201.46	58.04
	进口	1 338 087.60	915 908.90	46.09
	其中：江、海运输	543 336.40	378 614.32	43.51
	铁路运输	10 873.20	24 763.45	-56.09
	汽车运输	531 758.00	271 922.48	95.55
	航空运输	251 587.70	236 369.78	6.44
	邮件运输	374.50	405.32	-7.60
	其他运输	157.80	3 833.56	-95.88
	出口	2 113 793.30	1 268 292.55	66.66
	其中：江、海运输	573 542.10	407 723.21	40.67
	铁路运输	7 628.90	9 319.25	-18.14
	汽车运输	185 176.40	58 958.80	214.08
	航空运输	1 339 442.20	791 517.55	69.22
	邮件运输	1 648.90	758.23	117.47
	其他运输	6 354.80	15.50	40 888.93
税收（万元）	两税合计	237 857.95	273 495.16	-13.03
	关税入库	17 789.80	15 909.03	11.82
	进口环节税入库	220 068.15	257 586.13	-14.57

（太原海关提供）

2021年山西省口岸出入境主要数据表

项　目			2021年	2020年	同比（%）
出入境人员（人次）	出入境人员总数		15 983	43 280	-63.07
	入境人员		10 789	26 496	-59.28
	出境人员		5 194	16 784	-69.05
	出入境旅客		13 390	39 577	-66.17
	出入境员工		2 593	3 703	-29.98
	中国公民	小计	15 255	38 996	-60.88
		内地居民（因公）	1 765	274	544.16
		内地居民（因私）	12 038	36 316	-66.85
		港澳居民	1 303	487	167.56
		台湾同胞	149	1 919	-92.24
	外籍人员		728	581	25.30
	从海港出入境人数				
	从陆港出入境人数				
	从空港出入境人数		15 983	43 280	-63.07
交通运输工具（辆、艘、架、列次）	总计		242	401	-39.65
	船舶				
	飞机		242	401	-39.65
	火车				
	机动车辆				

（山西出入境边检总站提供）

内蒙古自治区

内蒙古自治区口岸分布示意图

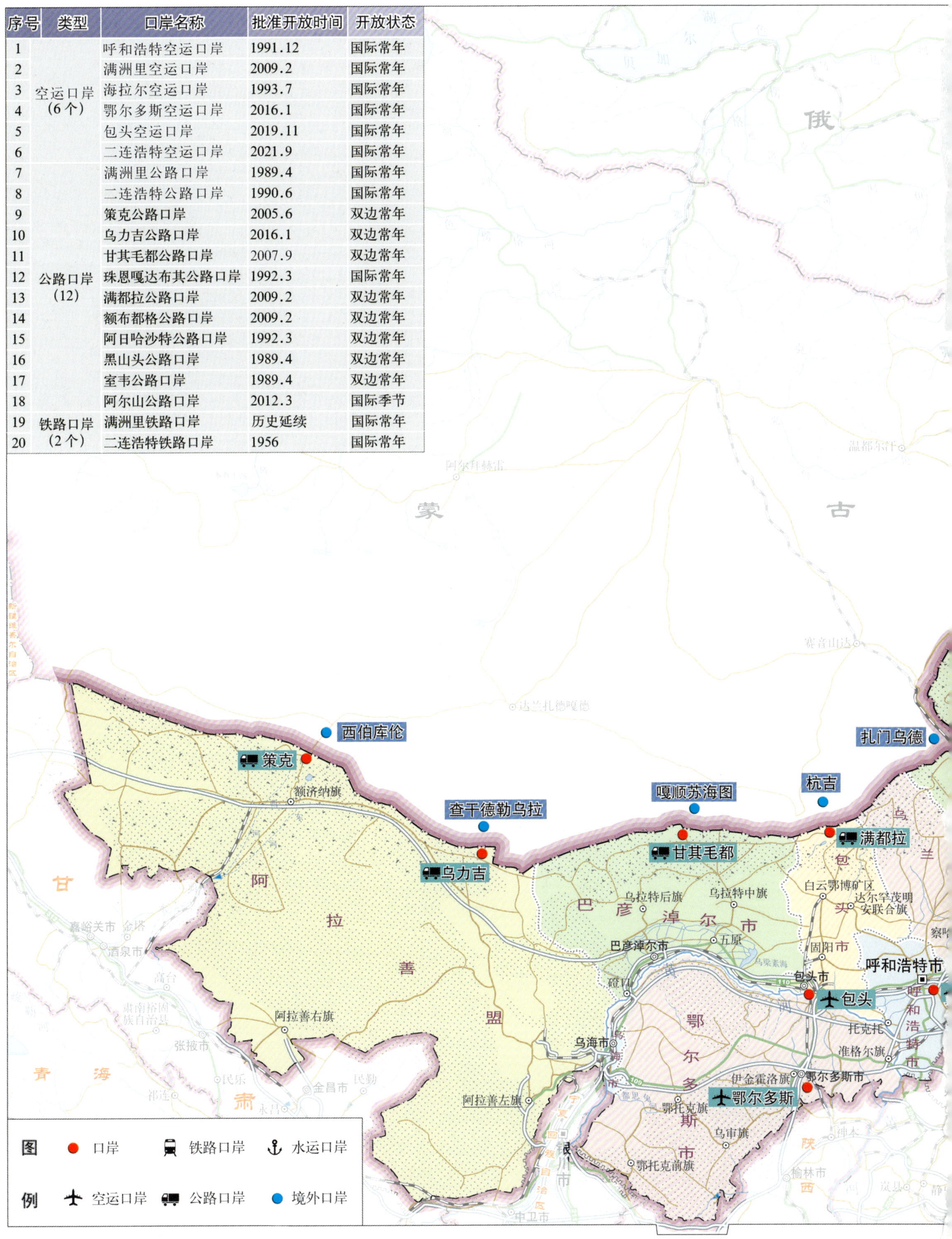

序号	类型	口岸名称	批准开放时间	开放状态
1	空运口岸（6个）	呼和浩特空运口岸	1991.12	国际常年
2		满洲里空运口岸	2009.2	国际常年
3		海拉尔空运口岸	1993.7	国际常年
4		鄂尔多斯空运口岸	2016.1	国际常年
5		包头空运口岸	2019.11	国际常年
6		二连浩特空运口岸	2021.9	国际常年
7	公路口岸（12）	满洲里公路口岸	1989.4	国际常年
8		二连浩特公路口岸	1990.6	国际常年
9		策克公路口岸	2005.6	双边常年
10		乌力吉公路口岸	2016.1	双边常年
11		甘其毛都公路口岸	2007.9	双边常年
12		珠恩嘎达布其公路口岸	1992.3	国际常年
13		满都拉公路口岸	2009.2	双边常年
14		额布都格公路口岸	2009.2	双边常年
15		阿日哈沙特公路口岸	1992.3	双边常年
16		黑山头公路口岸	1989.4	双边常年
17		室韦公路口岸	1989.4	双边常年
18		阿尔山公路口岸	2012.3	国际季节
19	铁路口岸（2个）	满洲里铁路口岸	历史延续	国际常年
20		二连浩特铁路口岸	1956	国际常年

口岸数量及分布

截至2021年年底，内蒙古自治区共有经国务院批准的对外开放口岸20个。其中，空运口岸6个，分别是呼和浩特、海拉尔、满洲里、鄂尔多斯、包头、二连浩特空运口岸；陆路（铁路）口岸2个，分别是二连浩特、满洲里铁路口岸；陆路（公路）口岸12个，分别是满洲里、二连浩特、策克、甘其毛都、珠恩嘎达布其、满都拉、额布都格、阿日哈沙特、黑山头、室韦、阿尔山、乌力吉公路口岸。其中，边境陆路口岸中对俄罗斯口岸有4个、对蒙古国口岸有10个。

口岸运行数据

2021年，内蒙古自治区口岸进出境货运量5 093.8万吨，同比下降23.2%。其中，进境货运量4 280.4万吨，同比下降26.6%；出境货运量813.4万吨、同比增长1.6%。全区口岸进出境客运量55.9万人次，同比下降50.8%。其中，进境客运量27.9万人次，同比下降52.1%；出境客运量28.0万人次，同比下降49.3%。全区口岸进出境交通工具47.9万架辆列次，同比下降41.1%。其中，进境交通工具23.0万架（辆、列）次，同比下降40.1%；出境交通工具24.9万架（辆、列）次，同比下降41.9%。

口岸综合管理

【全力筑牢口岸疫情防控防线，保障口岸运行稳定】 牵头成立口岸工作专班和进口高风险非冷链疫集装箱物品工作专班，认真研究国家和自治区关于口岸疫情防控的各项要求，制订了工作方案、疫情防控和应急处置的指导意见等政策文件，指导各口岸按照“一口岸一方案”要求制订各自口岸的实施方案、配套措施和应急处置预案。开展全区口岸疫情防控专项整治行动，各口岸边自查边整改，集中整改了物理隔离、人员闭环、视频监控、分区设置等环节的疫情防控漏洞，完善了相应的制度措施。额济纳、满洲里疫情发生后，赴现场参加处置和指导属地完善口岸防控措施。在做好疫情防控的前提下，统筹做好提升口岸运量和保障口岸运行稳定工作，优先保障中欧班列通行，保障煤炭、铁矿石、铜精粉等重点能源资源的进口通关，促进下游企业供应链的安全稳定。

【编制口岸发展规划，支持重点项目建设】 编制完成《内蒙古自治区“十四五”口岸发展规划》，明确了“十四五”口岸发展的总体思路、重点任务和保障措施，按照综合枢纽口岸、重点专业口岸、普通口岸分类，提出了8项工作任务。2021年，投入专项补助资金6 776万元，重点支持综合枢纽口岸、重点专业口岸，共支持17个项目，带动总投资2.1亿元。二连浩特机场获国务院批复，成为自治区第20个对外开放口岸。争取国家口岸管理办公室支持，保障部分公路口岸继续延长开放时间。乌力吉口岸临时开放获批复，为援建蒙方人员建材设备提供通关便利。满洲里市、乌兰察布市、呼和浩特白塔机场等申建海关监管场地工作有序推进。推动解决制约呼和浩特、满洲里和鄂尔多斯综合保税区发展的瓶颈问题。以国家绩效评估为抓手，加强综合保税区工作调度。经过积极整改，满洲里、呼和浩特、鄂尔多斯综合保税区进出口值同比大幅提升。

【持续优化口岸营商环境，减轻企业通关环节负担】 完善制度保障，研究制定《复制推广借鉴优化口岸营商环境 促进跨境贸易便利化改革举措》《关于推进跨境贸易便利化改革 优化口岸营商环境的实施意见》，参与制定《商务厅关于优化商务领域营商环境的若干举措》。配合各部门做好压缩口岸通关时间工作，全区进口整体通关时间、出口整体通关压缩达到国家要求。理顺工作机制，加强口岸收费目录清单动态管理。按照国办督查室通报和自治区领导批示意见，多次组织并会同市场监管等部门调研督查提效降费工作，持续推进口岸收费规范和治理。2021年，两次调整收费目录清单，全区口岸收费项目精简为

46 项。会同发改等部门指导各口岸初步建立起政府、防疫企业、货运主体多方共担的疫情防控成本分担机制。

【推动向北开放重要桥头堡建设】 参与《自治区建设国家向北开放重要桥头堡行动方案》的起草工作，就推动口岸高质量发展、加强口岸与腹地联动发展等工作提出了具体的举措。牵头推进自治区政府与中国远洋海运集团的合作，2021 年 4 月 19 日自治区政府与其签署了战略合作协议，共同打造“综合物流供应链服务生态”体系和开拓陆海联运新通道。推进口岸与腹地协同发展重点项目建设，支持乌兰察布、二连浩特两地一体化发展，协调国铁集团、中铁呼和浩特局集团实施集二线扩能改造工程、二连浩特站扩能提效及中欧班列能力提升改造项目。推进北方国际集团与满都拉口岸合作，建设中蒙经济走廊矿山一体化服务项目。与蒙古国口岸相关部门和中国驻蒙大使馆密切沟通，推进口岸无接触式通关模式，甘其毛都口岸 AGV 无人驾驶通关和满都拉口岸智能空轨集疏运系统项目建设取得积极进展。

【做好疫情形势下口岸通关应急协调工作，保障重点项目通关】 就中核工业集团提出协调解决中俄核能合作重大项目俄供设备通关受阻问题，协调满洲里市在疫情期间确保防疫安全的前提下予以解决，快速进口转运。解决宁夏企业防疫物资出口塞尔维亚通关受阻问题。为帮助俄罗斯解决医用液氧短缺、蒙古国燃油短缺问题，紧密对接口岸地方政府和相关部门，配合制订通关方案，保障医用液氧和燃油紧急出口。落实中蒙两国总理视频会议精神，指导甘其毛都口岸提高过货量，推进查干哈达库存煤炭清库专项工作，维护中蒙外交大局。二连浩特市、满洲里市出现疫情后，口岸货物积压，俄蒙相关部门提出“提升口岸过货量、推动贸易发展”的诉求，对此各方积极协调，尽力帮助进出口企业减少损失。参与并配合国家、自治区层面举办中俄总理定期会晤口岸工作组视频会议、中俄口岸工作组第二十四次会议、中蒙边境口岸管理合作委员会第四次会议等近 10 个双边合作机制会议。与蒙古国边境特权委员会、驻呼总领馆等先后举行视频会议、会谈会晤 5 次，就疫情防控、积压货物出境、降低境外运输费用等事项举行商讨。

口岸监管与服务

【呼和浩特海关全力以赴攻坚克难，严密筑牢口岸检疫防线】 一是高效落实自治区疫情防控领导小组和指挥部工作部署，与各联防联控成员单位建立“信息共享、联合指挥、协同研判”的现场指挥机制。压紧压实防控责任，建立党委委员每日带班视频督导、疫情防控督导组常态督查、“挑毛病”专家组随机专业督导的三级联动疫情防控常态化督导督查机制，全面督查落实各项防控要求。二是严格进出境人员、交通工具及货物检疫。严格分流航班进境人员和二连浩特公路口岸“绿色通道”进出境人员检疫，严格落实海关总署“7 个 100%”和“三查三排一转运”的检疫要求，对“四类人员”做好移交转运和信息通报。2021 年，检疫入境航班 32 架次，入境人员 6 330 人次。严格进出境货运司机检疫，无缝对接地方联防联控机制，严密实施“手递手”交接等闭环管理措施。严格交通工具检疫，所有分流航班均采取指定机位登临检疫，针对二连浩特铁路口岸国际货运列车驾驶员不下车的情况，通过远程方式开展检疫；针对中蒙公路口岸“客停货通”的情况，严格按照风险布控指令要求作业，进行现场查验。根据系统布控指令对命中的货车实施登临检疫。严格按照海关总署风险布控指令，对进口冷链食品和高风险非冷链集装箱货物开展采样检测和预防性消毒监督工作，切实做到应检必检、应消尽消。三是抓紧抓实抓细内部安全防护。口岸一线检疫人员严格实施“两点一线”“一天一检”“定期轮班”的封闭管理。组建生物安全实验室巡查员队伍，每日巡查实验室落实生物安全管理工作，加强环境及医疗废弃物消毒等关键环节监督管理。加强协管员、地方支援医护人员和服务人员等各类人员管理，实行

"同区域、同政策、同管理"。四是严密防范疫情叠加风险。持续开展中蒙病媒生物联合监测，高效应对2021年以来辖区边境旗县突发6起鼠间鼠疫疫情，有效防范鼠疫跨境传播。扎实推进"国门绿盾2021"和"清邮"行动，截获外来物种79批次。加强国门生物安全监测和安全风险监控，检出进境动物二类病16例，密切跟踪蒙古国首次发生牛结节性皮肤病疫情动态。

【呼和浩特海关全力化解疫情影响，助力畅通中蒙俄经济走廊】 一是全力保障公路口岸物流通道高效畅通。在确保口岸疫情可防可控基础上，持续优化大宗矿能产品验放流程，采取"一口岸一方案"措施，保障陆路口岸"客停货通"模式下货物运输顺畅。全力保障煤炭保供专项工作，支持地方探索推动煤炭运输"散改集"和吊装模式运输。积极引导企业通过TIR（《国际道路运输公约》）方式开展国际道路运输，办理TIR运输业务8 115.7吨、货值1.27亿元，总业务量位居全国海关首位。二是支持中欧班列"中通道"持续保持高速增长。努力发挥二连浩特中欧班列口岸节点优势，协调推动解决集装箱查验准备时间长、电子化数据对接等问题，支持中欧班列扩线增量。2021年，经二连浩特铁路口岸进出境中欧班列2 666列，搭载标箱27.67万个，货物总重234.21万吨，货值374.97亿元，同比分别增长11.83%、14.67%、4.37%、39.36%，运行线路新增11条达到54条。积极探索在乌兰察布地区开展出口TIR运输与中欧班列联运试点，有效化解班列拥堵问题。三是全力支持特色优势产业快速发展。落实"三优两约"服务举措，畅通生鲜农产品"绿色通道"，畅通生鲜农食产品对蒙"绿色通道"，创新推出农产品"公铁联运"模式，保障7.98万吨生鲜果蔬高效通关。指导出口食品企业完善质量安全管理体系，精准推送境外技术性贸易措施，及时发布风险警示信息，2021年推动关区特色农畜产品螺旋藻、籽仁类、脱水蔬菜、乳制品等远销90多个国家和地区，着力打造"蒙"字食品品牌，其中蒙牛公司乳饮料首次出口美国。

【呼和浩特海关主动担当善谋善为，积极助力提升开放水平】 一是助推开放平台提质升级。全面复制推广自由贸易试验区改革试点经验，关区两个综合保税区均已开展一般纳税人资格试点、AEO企业差别化管理、"四自一简"监管创新等工作，助推综合保税区步入快速发展轨道。2021年，呼和浩特综合保税区、鄂尔多斯综合保税区进出口值分别是2020年的2.8倍、5.1倍。助力跨境电商业务健康发展，试点中欧班列开展跨境电商出口运输业务。二是助力提升口岸开放层次。二连浩特赛乌素航空口岸获批常年开放，阿拉善海关正式开办业务，乌力吉口岸获准临时开放。支持呼和浩特航空口岸、鄂尔多斯航空口岸申报水果、冰鲜水产品等进口指定监管场地。积极开展二连浩特—扎门乌德经济合作区海关政策研究。三是以更宽视野更新视角谋划助推向北开放重要桥头堡建设。迅速出台《支持内蒙古自治区建设国家向北开放重要桥头堡分工落实方案》，定期评估落实情况。持续推进向北开放重要桥头堡系列课题研究，《新时期深化内蒙古向北开放重要桥头堡建设研究》的蒙古国、俄罗斯、白俄罗斯、德国4篇研究报告为自治区党委决策提供依据、参考。

【呼和浩特海关不断深化业务改革，全面优化口岸营商环境】 一是大力压缩通关时间。持续协调推动"两步申报""两轮驱动""两段准入"业务改革，大力推进关区基层创新落实，持续巩固压缩整体通关时间成效。关区2021年12月进口整体通关时间16.61小时，同比压缩88.82%，压缩比排全国第8位；出口整体通关时间0.11小时，同比压缩95.17%，压缩比排全国第17位。二是深入推进便利化改革。制定推动促进跨境贸易便利化39条措施、助推航空口岸通关便利化合作协调机制13条举措落地。采取提前申报、远程审核等措施，全程对接企业物流信息"顺势监管"，进口铁矿石口岸整体通关时长同比缩短60%以上；推动石油原油采用"提前申报+两步申报"模式，压缩通道整体验放时间30分钟。三是全力落实减税降费惠企政策。全面落实各项税收优惠政策，减免税款 3 724.95 万元。签发各类原产地证书 12 313 份、签证金额 15.59 亿美元，为企业减免进口方关税 4 091 万美元。积极保障关区进口蒙古国商品享受《亚太贸易协定》关税减让。

【满洲里海关科学精准实施口岸疫情防控，坚决筑牢口岸检疫防线】 一是加强组织领导，坚持每周一党委集体研究疫情防控工作制度，研判关区疫情防控形势，压紧压实工作责任，深化落实关区“四个防控”“五个到位”工作策略。严格落实“一口岸一方案”要求，更新完善工作方案和应急预案，狠抓工作措施落实，织密织牢口岸疫情防控网。满洲里市发生本土疫情后，关党委高度重视、迅速行动，启动应急指挥体系，认真落实署长倪岳峰批示要求，把疫情防控作为重大政治任务，突出安全防护和人员管控，带领干部职工积极应对、有效处置，努力将感染风险降到最低。二是加强口岸疫情防控，加强周边国家疫情监测，编发《国内外疫情快报》364 期。坚决落实“货开客关”政策，推动地方实施“甩挂”等非接触式货物交接模式。严格实施“三查三排一转运”等措施，安全高效地完成特殊人员入境通关保障任务。坚持“人、物、环境同防”，严格做好口岸环节被布控的进口冷链食品和高风险非冷链集装箱货物新冠病毒监测检测和预防性消毒监督工作，全年抽样检测 192 批次，检测结果均为阴性，监督预防性消毒 82 批次。三是加强联防联控，主动发挥联防联控成员单位作用，严格落实疫情防控属地化管理原则，加强信息共享、情况通报，针对管理措施等方面存在的薄弱环节，及时提出工作建议。认真落实疫情多点触发监测预警工作机制，科学开展国际货运司机、火车司机等重点人群疫情防控工作，完善工作链条，与地方联防联控机制无缝衔接，落实落细闭环管理要求。四是加强人员安全防护，不断细化落实安全防护措施，健全安全防护制度体系，严格落实安全防护自查督查、一线疫情防控人员封闭管理、定期核酸检测等工作要求，严防职业暴露感染风险。五是加强关心关爱，建立健全关心爱护疫情防控一线人员长效机制，科学调配人力，合理安排倒班班次，全面落实表彰奖励、调休补休、带薪休假等关心关爱措施，3 人获评自治区抗击新冠肺炎疫情先进个人，1 人获评自治区抗击新冠肺炎疫情优秀共产党员。注重心理疏导和人文关怀，确保一线人员始终保持强大的战斗力。

【满洲里海关深入践行总体国家安全观，切实维护国门安全】 一是实际监管不断加强，深入推进精准防控，布控指令监控质量有效提升，非贸领域风险防控不断强化。强化业务运行监控指挥中心功能，2021 年开展专项监控检查 2 150 次。持续规范口岸事中人工查验、关区运输工具和舱单管理。不断加大寄递、跨境电商渠道违禁品查缉力度，开展打击治理“水客”专项行动、打击跨境电商进口走私“断链刨根”专项整治行动。扎实推进安全生产专项整治三年行动，建立风险隐患排查整治长效机制，常态化开展海关监管作业场所滞留危险品货物排查和清理。强化后续监管，稽查有效率达到 55.56%；办结主动披露作业 51 起，同比增长 200%。扎实开展“龙腾行动 2021”，查发知识产权违法案件 14 起。二是检验检疫防线持续加固，持续推进口岸卫生检疫设施改造和设备购置，提升口岸突发公共卫生事件应对能力；认真组织开展病媒生物监测；深化与军科院、沈阳农大科研合作，探索构建关区病媒生物监测预警体系。持续加强对鼠疫、埃博拉病毒病等重大传染病防控，坚决防止疫情叠加。扎实推进国门生物安全监测，进一步强化外来入侵物种口岸防控，建立外来入侵物种联防联控机制，开展“国门绿盾 2021”行动，严防外来物种入侵。持续提升进出口食品安全治理能力水平，“国门守护”行动成效显著，检出进口预包装食品标签不合格 10 批，完成进口食品监督抽检 79 批、694 项次。持续完善进口商品风险预警监测体系，强化进口煤炭、进口危险化学品等重点商品检验监管，检出不合格进口煤炭 32 批 1.96 万吨。三是综合治税不断深化，健全完善分层次多角度税收风险协同防控体系，报送税收风险防控建议。加强涉税要素监控和税收形势分析。加强前瞻性税政研究，被海关总署税收征管局（上海）采纳税政建议6项。制定《满洲里海关属地纳税人管理实施细则（试行）》等5项制度，关区税收征管制度体系不断完善。四是打击走私力度不减。全力推进“国门利剑2021”等专项行动，严厉打击“洋垃圾”、象牙等濒危物种及其制品、涉枪涉毒、冻品、车体夹藏夹带等走私违法行为。深入推进反走私综合治理，全链条打击冻品走私。完善涉案物品归口处置机制，首次向自治区林业和草原局移交涉案象牙、熊掌等野生动物制品660件。深化与蒙古国、俄罗斯国际执法合作，情报互换、线索互查等工作有序推进。五是口岸基础设施不断完善。规范口岸疫情防控场地建设，为关区10个口岸配备卫生检疫专业用房，增配调整重点监控区域摄像头117路。推进铁路作业场地升级整改，9个货运监管场地全部配齐卡口设施，均已符合设置标准。规范指定监管场地管理，全面开展清理核查，清退1个、暂停业务1个、责令限期整改4个。积极建议地方政府、运营主体加快改造和完善口岸基础设施，提出整改建议15条，得到自治区政府领导高度认可并批示推动落实。

【满洲里海关服务开放型经济发展更加积极主动，全力以赴支持外贸促稳提质】 一是服务共建“一带一路”高质量发展，全力促进中欧班列提质增效，成功举行2021年度中俄海关、铁路区域性双边“四方会谈”，助力首单“铁路进出境快速通关业务模式”测试成功，稳步提升跨境通关便利化水平；通过协调开通班列优先查验通道、利用舱单归并功能对班列货物整合通关等方式，确保班列随到、随审、随放。2021年，监管进出境中欧班列3 502列，同比增长13.7%。深化落实“三智”合作理念，牵头完成中俄海关“绿色通道”、监管结果互认调研工作，组织编写中俄海关信息交换项目任务书。深入推进中蒙联合监管项目，全年累计交换载货清单电子数据3 502条。大力开展RCEP关税让减政策宣介，惠及企业160家。加大AEO认证企业培育力度，开展“量体式”信用培育，目前关区重点培育认证企业达39家。二是促进辖区特色产业发展，不断提升“统计+研究”水平，参与署级课题7个，编发领导参阅20期，持续为地方党委政府决策提供强有力的服务参考。复制推广自由贸易试验区进境粮食检疫全流程监管经验，促进粮食快速通关，满洲里口岸进口粮食13.4万吨，货值2.7亿元。优化供港澳活牛服务，推行远程监装、动态监控等工作模式，检疫供港澳活牛2 560头、货值5 810万元。发挥税政调研等政策优势，助力打造玉米深加工产业链，辖区含氧基氨基化合物出口值54.8亿元，同比增长28.4%。深入推进关区“出口食用农产品促进行动”，辖区内混合荞麦粉、野生牛肝菌实现首次出口。积极打造对俄出口果菜“绿色通道”，优化出口申报前监管，出口果菜11.4万吨，货值6.8亿元。大力扶持呼伦贝尔乳业牧业基地建设，支持优良品种引进，审批减免税种牛、种羊共1.4万头。三是支持对外开放平台建设，鼓励和引导企业依托满洲里综合保税区扩大进口、发展落地加工，进出口贸易值11.7亿元，同比增长11.2%。积极推动赤峰综合保税区申建。助力进境粮食、肉类等指定监管场地建设，进一步完善口岸功能，丰富进口商品品类。助力赤峰、满洲里跨境电商综试区建设发展，关区首单“9710”业务申报成功，完成首家电商企业海关仓业务模式备案。推动自治区首个市场采购贸易正式启动，支持拓展商品种类，出口贸易值1.8亿元。

【满洲里海关深化改革创新更加务实高效，不断提升制度创新和治理能力建设水平】 一是业务改革落地见效。关区公路口岸“两步申报”申报率达97.04%，牵头编写“两段准入”任务书。“两轮驱动”持续深化，科学随机布控和人工分析布控实现无缝衔接，人工分析布控查获率稳中有升。税收征管方式改革深入推进，属地纳税人管理改革有效实施。关税保证保险改革红利持续释放，惠及企业32家。稽查改革、核查分类改革、企业信用管理改革有序推进。邮递物品监管改革取得实效，加强与8个直属海关协调配合，出境邮件转关线路拓展到 5 条。进口矿产品“先放后检”、依企业申请实施品质检测等改革措施及进口危险化学品口岸“批批验核+抽批检测”检验监管新模式有效落实，关区进口矿产品通关效率显著提升。二是口岸营商环境持续优化。持续推动促外贸稳增长“59+41”项措施有效落实，开展阶段性评估，切实保障政策执行效果。深化“放管服”改革，扎实推进“减证便民”、“证照分离”、企业注销便利化等改革措施在关区落地落实，严格行政执法检查事项“双随机、一公开”监管，推进关区行政审批工作规范化、便利化。巩固压缩整体通关时间成效，着力解决制约货物快速通关堵点难点问题。2021 年 12 月，关区进口、出口整体通关时间分别为 36.37 小时、0.37 小时，较 2017 年同期分别压缩 53.12%、83.1%。全面落实减税降费要求，全年通过落实减免税政策、签发原产地证书等措施帮助辖区企业降低成本 1.65 亿元。三是科技创新应用水平稳步提升。加快通关信息化建设，木材材积系统研究取得新进展，板材、原木材积检测准确率达到 97%以上；HF2020 系统等 20 个署级项目上线推广。强化数据和网络安全保障，数据安全技术管控措施严格落实，网络攻防演习顺利完成，全年网络安全实现“零事故”。加强实验室建设，扩充检测能力 168 项，进口原油、液化石油气实现属地自检；配备移动 P2+实验室，严格规范实验室检测和生物安全防护，全面提升实验室技术支撑能力。持续提高科技攻关和科研能力，被列为海关总署科研立项项目 2 个，关区首个国家标准样品项目“欧洲樱桃绕实蝇定性国家标准样品”获批立项。

【内蒙古出入境边检总站不断严密口岸疫情防控措施】 边检总站领导 20 余次带领专项工作组赴全区口岸边境检查督导，开展全区疫情防控专题授课，解读最新政策、讲授实践操作、总结经验做法，全力推动各项疫情防控措施落实落地。13 份疫情防控专题报告成为自治区疫情防控重要决策依据，创新勤务模式、加强限定区域管控、严密闭环管理等 10 多项做法得到自治区常务副主席黄志强肯定并得到推行。密切关注毗邻国家地区疫情发展态势，紧紧扭住个人防护、勤务组织、内部管理等关键环节，召开疫情防控专题部署会、风险研判会和视频调度会 23 次，出台各类指引 10 余份，保证了口岸外防输入措施和防控战法紧跟疫情形势变化。9 个陆地口岸全面推行“五个全闭环”管理措施，按照“五固定”标准实行核心任务区“独立作战单元”勤务组织模式，甘其毛都边检站“独立作战单元”勤务模式在全国作经验交流。常态化开展“滚动排查、动态清零”，建立风险清查“回头看”工作机制。

【内蒙古出入境边检总站全力确保队伍防护安全】 严格做到本土疫情发生期间勤务人员岗位不动、驻地民警居家不动、营区人员封闭不动“三个不动”，严格执行疫苗接种、防疫培训、装具穿戴、下勤洗消“四到位”，严格落实证件、设施、场所等消杀“五个一”，对执勤隔离期间所有物资接收、使用、分配等环节全流程管理，绝不允许擅自接触外界的人和物，结束勤务后实行 14 天集中隔离。严格落实核酸检测常态化机制和加强针疫苗接种跟踪机制，口岸高风险岗位执勤人员全部登记造册、闭环管理，非高风险岗位人员及 85%的执勤民警家属纳入属地应检尽检、按期施检、免费检测范围。持续强化执法执勤过程中的疫情防控，通过视频监督等方式，随时发现问题、解决问题，不断降低执勤人员染疫风险，实现了执勤隔离人员“零感染”。

【内蒙古出入境边检总站倾力打造口岸通关新模式】 结合陆路口岸不同特点，积极推动属地联防联控机制创新查验模式、再造查验流程，在公路口岸推行“甩挂”“吊装”“换乘”、铁路口岸采取“互不登临、封条互认”等查验模式，先后 8 次调整优化查验流程，7 个陆地口岸实现“非接触查验”勤务模式。积极研究论证 AGV 跨境运输项目试点，探索新型口岸通关模式。实操推演陆地口岸疫情暴发情形下全区紧急警力支援和接管口岸勤务方案，确保口岸极端情况岗位不失守、工作不断档。在满洲里、二连浩特等 7 个陆地口岸开设大宗商品、鲜活产品、抗疫物资、民生物资出入境边检“快捷通道”，积极支持呼和浩特机场增加客货运航线，全区对外开放水平持续提升。满洲里出入境边检站“创新查验模式助力口岸顺畅通关”被评为国家局“我为群众办实事”优秀案例，设计研发的《边境口岸城市非法就业外国人排查模型》获“全国警务数据分析建模”创意大赛三等奖。

【内蒙古出入境边检总站着力提升口岸顺畅通行能力】 高标准保障首都机场分流航班勤务，加强风险监测，提前锁定高风险旅客。按照“一航线一方案一对策”，精准组织勤务，实现最小化用警，高效完成57架次航班、6 796名旅客安全分流查验任务。落实中蒙总理、外长关于提升煤炭进口会晤共识，优化甘其毛都、策克等重点能源口岸勤务流程，推行警力动态调配，通关饱和验放、延时验放，加强与口岸办、海关等部门协作配合，全力保障“煤炭去库存百日攻坚”等任务如期完成，2021年累计延长能源车辆通关时间4 000余小时，验放货运员工46.1万人次。紧盯满洲里、二连浩特铁路口岸货运通关需求大幅上升实际，积极协调俄蒙边检机关“双向提速”，全面推行风险评估、网上预报，保证一线执勤人员24小时值守待命，确保边检环节“随到随检”，全年累计查验“中欧班列”5 783列次，同比逆势增长15.96%。本土疫情发生后，二连浩特出入境边检站17名民警连续39天在铁路货运一线24小时执勤，全力确保了口岸不间断顺畅通关。严格执行中蒙“绿色通道”旅客通关政策，与相关部门保持紧密联系，提前开展背景审查、轨迹核查和风险评估，共为77批次1 911名复工复产员工、外事人员、遣返出境人员、滞留中方蒙古国籍旅客提供通关便利。紧盯专项勤务特点需求，严格落实“一勤务一方案”工作制度，满洲里、二连浩特、海拉尔出入境边检站高质高效完成跨境援助物资、“和平使命—2021”军列、“国际军事比赛”部队、中俄装备技术专家和保障人员、特种和民用装备出入境边防检查勤务100余次。

开放口岸

【呼和浩特空运口岸（呼和浩特白塔国际机场）】 呼和浩特白塔国际机场位于内蒙古自治区首府呼和浩特，距市中心14千米。1958年10月1日建成通航。1991年12月，国务院批准对外开放。1992年3月，开通至蒙古国首都乌兰巴托的航线，成为中国起降国际定期航班的机场之一。2004年，呼和浩特白塔国际机场进行扩建，新建机场建筑面积37.4万平方米，可供35架飞机同时停放；航站区新建航站楼5.45万平方米，设计年吞吐量为300万人次，新站坪机位达32个，机场飞行区等级为4E级。2020年，呼和浩特空运口岸新建一座国际航站楼，面积约8 500平方米，缓解了白塔机场日常客流量带来的保障压力，满足了国际分流航班所需的独立场地要求。2021年，根据疫情防控总体安排和部署，呼和浩特空运口岸暂停正常通关，保障首都机场分流国际航班114架次。

【满洲里空运口岸（满洲里西郊国际机场）】 满洲里西郊国际机场距满洲里市区9千米，与中俄国界线最近距离约7千米。2004年11月28日启用。2005年2月正式通航，8月29日实现临时开放，开通了满洲里至俄罗斯伊尔库茨克、赤塔的临时包机业务。机场候机楼面积2万平方米，跑道2 800米，机场飞行区等级为4D级，3条廊桥，可满足国内国际进出港旅客200万人次、高峰小时1 400人次的需求。2009年2月4日，国务院批复同意满洲里西郊机场对外开放，2月24日通过自治区验收组预验收，5月22日通过国家验收组正式验收对外开放。2010年9月被中俄双方正式纳入了国际航线直飞点。2020年，完成了俄罗斯伊尔航空公司临时增加的满洲里—伊尔库茨克包机，从满洲里接载出境旅客返回伊尔库茨克。2021年，受新冠肺炎疫情影响，满洲里空运口岸暂停通关。

【海拉尔空运口岸（海拉尔东山国际机场）】 海拉尔东山国际机场距市区5千米。1953年3月，中苏间正式开通并成立中苏航空股份公司海拉尔航空站，航线为苏联赤塔—海拉尔—朝鲜平壤。1955 年苏方将股份移交中方，由中方单独经营。1959 年该航线取消，口岸随之关闭。1988 年，呼伦贝尔盟开展经济体制改革试验区建设，恢复海拉尔空运口岸。1992 年和 1993 年，内蒙古自治区政府两次向国务院申请重新开放该口岸。1993 年 7 月 6 日，国务院批复同意海拉尔航空口岸对外开放。1995 年 9 月 15 日，国家口岸管理办公室同意海拉尔航空口岸正式对外开放。1996 年 5 月 3 日，正式开通海拉尔至俄罗斯赤塔国际航线。经过多年的建设，机场口岸基础设施已日趋完善。海拉尔机场已经成为内蒙古自治区东部地区规模最大、功能最完善、业务最繁忙的机场，飞行区达到 4D 级标准，跑道达 2 800 延长米，可起降波音 767-300 以下机型的飞机。2021 年，受新冠肺炎疫情影响，海拉尔空运口岸暂停通关。

【鄂尔多斯空运口岸（鄂尔多斯伊金霍洛国际机场）】 伊金霍洛国际机场坐落于鄂尔多斯市康巴什新区东南方 16 千米处，机场占地面积约 353.33 万平方米，飞行区等级为 4E 级，跑道长度 3 200 米、宽 60 米，可满足波音 747 等大型客货机的起降。2005 年 3 月 25 日，国务院通过批准内蒙古自治区人民政府筹建鄂尔多斯民用机场的申请，2007 年 7 月 26 日正式通航。鄂尔多斯机场是内蒙古自治区唯一由地方全资建设、自主管理的机场。新航站楼工程于 2013 年 1 月 30 日投入使用，航站楼建筑面积 10.03 万平方米，可满足年 1 200 万人次旅客吞吐量需求。2008 年开始，伊金霍洛机场申请设立空运口岸。2012 年，国务院同意将鄂尔多斯伊金霍洛机场补列入国家“十二五”口岸发展规划。2013 年 4 月，获批临时开放；7 月 19 日，开通直飞香港的航班。2016 年 1 月 18 日，国务院批复同意鄂尔多斯伊金霍洛机场作为航空口岸对外开放；11 月 8 日，通过国家验收组对外开放验收。2021 年，受新冠肺炎疫情影响，鄂尔多斯空运口岸暂停通关。

鄂尔多斯综合保税区于 2017 年 2 月 14 日经国务院批复同意设立，2018 年 12 月 28 日通过国家验收，2019 年 3 月 28 日正式封关运营。综合保税区位于鄂尔多斯空港物流园区内，规划面积 1.21 平方千米，其中一期规划建设 0.79 平方千米、二期建设 0.42 平方千米。2019 年 11 月 20 日，海关总署批复设立进境水果、食用水生动物和进口冰鲜水产品指定监管场地。2021 年，实现进出口值 12.07 亿元。

【包头空运口岸（包头东河国际机场）】 包头东河机场位于包头市东河区，距包头主城区 23 千米，距包头东站 8 千米，为 4D 级国际支线机场。机场始建于 1934 年，由当时国民政府交通部与德国汉莎航空公司合作成立的欧亚航空邮运股份有限公司筹建。1956 年正式建立中国民用航空包头站。2006 年飞行区由 4C 升为 4D 级，跑道长 2 800 米，可满足 B737（200 座）以下机型起降及 B767（260 座）以下机型备降要求。2014 年 12 月，包头机场新航站楼启用，其中 T1 航站楼（国际）面积 1.1 万平方米、T2 航站楼（国内）3 万平方米，设计年旅客吞吐量 300 万人次。2016 年 6 月，国家口岸管理办公室批复同意中外籍临时客运包机从包头二里半机场出入境，时间为 2016 年 7 月 1 日至 2016 年 12 月 31 日。同年 8 月 3 日，包头二里半机场开通首条国际航线，由蒙古国匈奴航空使用福克 50 型飞机执飞乌兰巴托航线。2018 年 3 月，包头二里半机场更名事宜正式获得中国民用航空局批复，更名为“包头东河机场”。2019 年 11 月，国务院批复同意包头机场对外开放。2021 年，受新冠肺炎疫情影响，包头空运口岸暂停通关。

【二连浩特空运口岸（二连浩特赛乌素国际机场）】 二连浩特赛乌素国际机场位于二连浩特市中心东南约 27 千米处赛乌素镇，距中蒙边境约 36 千米。2008 年 6 月机场开始动工建设，2010 年 4 月机场正式启用，飞行区等级为 4C，跑道长度为 2 400 米，可满足波音 737-800 和空中客车 320、A310 等客机起降。2011 年 8 月 26 日，国家口岸管理办公室正式下文批复了二连浩特机场临时对外开放的申请。2021 年 9 月 22 日，国务院批复同意内蒙古二连浩特赛乌素机场对外开放，但受新冠肺炎疫情影响口岸暂停通关。

【满洲里陆路（铁路）口岸】 满洲里铁路口岸位于中俄 38-41 号界标处，与俄罗斯后贝加尔边疆区后贝加尔斯克铁路口岸相对应，是中国规模最大的铁路口岸，换装能力 8 000 万吨，是中俄贸易最大的通商口岸，承担了中俄贸易 60% 的货运量。满洲里铁路口岸于 1901 年开通，距今已有百年的历史。2002 年，被国务院确定为重点建设和优先发展的两个铁路口岸之一。满洲里铁路口岸联检大楼集中了铁路交接所、海关、代理公司等国际联运部门，现有宽准轨到发编组线 74 条，口岸站换装线、专用线等线路 100 余条，宽轨列车会让站 1 个，换装场地 20 余个。满洲里铁路口岸查验手段先进，通关作业信息化程度高，配有钴 60 火车自动检查系统，列车电子监控系统，放射性检测仪等现代化设备设施；建立了覆盖各监管场区的网络系统，实现了进出口货物远程监控和查验信息的同步传输。各货代报关企业与海关、铁路车站实现了微机联网。海关与铁路车站实现了舱单的网络传输。满洲里铁路车站与俄后贝加尔车站间实现了电子数据交换，配备了多种性能先进的现代化换装设备，能够满足各种进出口货物的换装仓储需求。

满洲里铁路口岸进口货物主要有木材、原油、化工、纸类、化肥、铁矿砂、合成橡胶等。货物流向全国 29 个省（自治区、直辖市）。出口货物以轻工产品、机电产品、矿产品、石油焦、食品、建材等为主。利用口岸优势，满洲里口岸扩大口岸跨区域合作，形成了以“苏满欧”为代表的 57 条中欧班列线路，年接发中欧班列能力 2 500 列。

2021 年，经满洲里铁路口岸入境中欧班列 2 235 列，同比增加 456 列，增幅为 25.6%；出境中欧班列 2 000 列，同比增加 194 列，增幅为 10.7%。入境班列数量首次超过出境班列。满洲里铁路口岸进出口货运量 1 831.2 万吨，同比下降 5.3%；进出境客运量 2.62 万人次，同比下降 2.5%；进出境列车达 1.30 万列次，同比增长 2.4%。

【二连浩特陆路（铁路）口岸】 二连浩特铁路口岸位于内蒙古自治区正北部集二线终端，中蒙 815 号界标附近，与蒙古国扎门乌德市相距 9 千米，是中国与蒙古国接壤的唯一铁路口岸，对应蒙古国东戈壁省扎门乌德铁路口岸，自古就是中国内陆通往北亚、东欧最近最便捷的通道。1956 年，随着中、蒙、苏（北京—乌兰巴托—莫斯科）三国国际联运通车，口岸正式对外开放。通过京包线与天津港相连，是日本、东南亚及其他邻国开展对蒙古国、俄罗斯及东欧各国转口贸易的理想通道，是目前蒙古国走向出海口的最便捷通道，也是中国向北开放的前沿阵地和重要的进出口商品集散地。该口岸主要进出口货物有铁矿石、木材、铜矿粉、原油、水泥等，蒙古国70%的果蔬和日用品经由该口岸运入。

二连浩特铁路口岸功能齐全，查验设备先进，现有宽准轨线路169条，建有世界上最大的散堆装货场、列车换轮库，拥有世界一流的H986货运列车检验系统。2006年起口岸实行24小时通关，年吞吐能力1 200万吨。建有4条旅客自助通道、2套自助通道信息采集点，方便旅客通关。经二连浩特口岸运行中欧班列线路43条。2021年，进出境中欧班列2 739列，同比增长15.1%；进出境货运量1 605.28万吨，同比下降0.6%；进出境客运量3.01万人次，同比下降11.8%；进出境列车1.48万列次，同比增长5.5%。

【满洲里陆路（公路）口岸】 满洲里公路口岸位于中俄42号界标附近，与俄罗斯后贝加尔边疆区后贝加尔斯克公路口岸相邻，是中国唯一实行24小时通关的国际公路口岸。满洲里公路口岸原为中苏两国铁路员工通勤通道，于1989年经原国务院口岸领导小组批准开通，1990年改建为有1条客货混用通道的口岸。1992年中俄两国政府换文确认其国际口岸地位。1993年开始移址新建，1998年6月30日投入使用。口岸分为旅检区和货检区。旅检通关大楼共分为三层，一层为出入境人员的候检大厅、二层为出境大厅、三层为入境大厅，楼内共开设十进十出人员通道；货检通道北卡口规划6进6出12条通道，南卡口规划3进3出6条通道。2017年，公路口岸新货检通道正式启用，口岸年通关能力达到人员1 000万人次、车辆100万辆次、货物1 000万吨。货检区出口主要是以蔬菜水果为主，占出口总量的85%，进口主要是以废钢和木材为主，占进口总量的90%，目前国内29个省（自治区、直辖市）的蔬菜水果经由这里出口到俄罗斯。公路口岸主体建筑有货检大楼、旅检大楼、部队兵营、会晤站、国际邮件互换局兼交换站，以及相配套的公路口岸交易市场、海关监管场所等。口岸封闭区集通关、查验、仓储运输、生活服务于一体，可一次性完成报检报关、税费征缴业务。

2021年，满洲里口岸办认真落实公路口岸疫情防控工作，对公路口岸场区实施闭环管理，全年出境货运量40.0万吨，同比下降2.1%；进出境客运量8.54万人次，同比下降35.7%；进出境车辆7.90万辆次，同比增长117.7%。

满洲里综合保税区于2016年9月13日通过国家十部委联合验收，2016年12月20日正式封关运作，是内蒙古自治区首家综合保税区，规划面积1.44平方千米。2021年，实现进出口值12.07亿元，同比增长4.6%。

【二连浩特陆路（公路）口岸】 二连浩特公路口岸位于中蒙边界815号界标处，与蒙古国东戈壁省扎门乌德隔界相望。口岸旧通道于1992年开通试运营，是在中蒙两国铁路员工通勤通道的基础上改建的，只有1条客货混用通道，基础设施、查验条件非常简陋。2000年6月，为改变口岸的落后面貌，二连浩特扩建公路口岸。2010年至2012年再次对公路口岸进行了改扩建，实现了客货分流、通关与查验分开，设计过客能力500万人、过货能力1 000万吨。公路口岸货运通道建成智能卡口系统，车辆经智能卡口通关平均用时40秒。

2021年，二连浩特公路口岸进出境货物199.42万吨，同比下降29.1%；进出境人员7.22万人次，同比下降72.5%；进出境车辆

6.22 万辆次，同比下降 50.2%。

【甘其毛都陆路（公路）口岸】 甘其毛都公路口岸位于中蒙第 703 号界标处，距乌拉特旗政府海流图镇 133 千米，与蒙古国南戈壁省汉博格德县嘎顺苏海图口岸相对。“甘其毛都”蒙语里意为“一棵树”。1989 年 12 月 20 日，自治区人民政府批准为中蒙边境贸易的临时过货点，1990 年 2 月 23 日实现了首次过货。1992 年 3 月，国务院批准为双边季节性一类口岸，并于同年 7 月正式进行首次季节性开关。2007 年 9 月，国务院批复同意其由甘其毛道口岸更名为甘其毛都口岸，并扩大为中国和蒙古国双边常年开放的边境公路口岸。2009 年 6 月通过了国家常年开放验收。2016 年 12 月，被自治区政府批准为自治区级重点开发开放试验区。2018 年 5 月 21 日设立了巴彦淖尔市甘其毛都口岸管理委员会，甘其毛都口岸上划巴彦淖尔市直管。甘（甘其毛都）泉（万水泉）铁路与包神铁路、神朔铁路、朔黄铁路、黄骅港、天津港形成路港联网联运的矿产资源运输大通道，是蒙古国 TT 煤田、OT 铜金矿最便捷的出海通道。口岸对应蒙古国南戈壁省总面积 60%以上的地下都有煤矿资源，已探明煤储量 530 亿吨，铜矿储量位居世界前列。其中，塔本陶勒盖煤田探明储量 64 亿吨，奥云陶勒盖铜矿初步探明为亚洲最大的铜矿，名列世界第 4 位，该铜矿平均品位 0.63%，最高品位 4%。

2021 年，甘其毛都口岸进出口货运量 751.28 万吨，同比下降 51.99%；出入境人员 18.72 万人次，同比下降 44.56%；出入境车辆 15.77 万辆次，同比下降 55.96%。

【策克陆路（公路）口岸】 策克公路口岸位于内蒙古自治区阿拉善盟额济纳旗中蒙 572 号界标处，距额济纳旗府所在地达来呼布镇 60 千米，与蒙古国南戈壁省西伯库伦口岸相对。“策克”蒙语里意为“河湾”。1992 年 3 月经自治区人民政府批准为季节性对外开放原二类口岸，2005 年 6 月，国务院批准为中蒙双边性常年开放口岸。2016 年 12 月，被自治区政府批准为自治区级重点开发开放试验区。嘉（嘉峪关）策（策克）铁路和临（河）策（克）铁路在口岸交汇，与京包、包兰、兰新等铁路共同形成贯通的能源运输通道。策克口岸是中蒙两国最为重要的贸易通道之一，对外辐射蒙古国南戈壁、巴音洪格尔、戈壁阿尔泰、前杭盖、后杭盖 5 个畜产品、矿产资源较为富集的省区，这些地区蕴藏着金、铜、铝、铅等多种丰富的贵金属矿藏资源，距蒙古国那林苏海特煤田仅 46 千米。

2021 年，策克公路口岸受额济纳旗本土疫情影响，自 10 月 18 日开始暂停通关。全年口岸进出口货物 411.19 万吨，同比下降 61.51%；进出境人员 7.63 万人次，同比下降 65.31%；进出境车辆 7.56 万辆次，同比下降 64.53%。

【黑山头陆路（公路）口岸】 黑山头公路口岸位于呼伦贝尔市和俄罗斯后贝加尔边疆区交界的额尔古纳河东岸，中俄边界 91 号界标处，与俄罗斯后贝加尔边疆区旧粗鲁海图口岸相望，向南连接满洲里口岸，向北与室韦口岸相连，向东距额尔古纳市区 62 千米，距黑山头镇 12 千米，距口岸 22 千米的俄罗斯普里阿尔贡斯克区有公路、铁路通往俄罗斯腹地，口岸临界的俄罗斯后贝加尔边疆区拥有极其丰富的森林、石油、天然气、铅锌矿石、煤炭、木材等矿产资源。1989 年 4 月，国务院批准为双边性常年开放一类口岸。1990 年，国家口岸管理办公室批准口岸正式对外开放，1991 年，正式实现双边性常年开放。根据当时贸易的需要，采取边开通边建设的办法，口岸过货经历了冰上—木桥—永久性水泥桥过货的发展过程。经过二十多年的发展，逐步形成了以进出口贸易为主，以旅游、服务业为辅的口岸经济发展模式。2009 年，黑山头口岸新建口岸联检楼、货检楼，口岸年过货能力达 100 万吨、过人 100 万人次。2021 年，根据新冠肺炎疫情防控需要，口岸暂停通关。

【室韦陆路（公路）口岸】 室韦公路口岸位于中俄界河额尔古纳河中游东岸第 111 号界标处，南距额尔古纳市区 168 千米，北距莫尔道嘎镇 90 千米，西隔额尔古纳河与俄罗斯奥洛契口岸相对，两口岸相距 1 千米，两口岸码头相距仅 200 米。1989 年 4 月，国务院批准为双边性常年开放口岸。1991 年 2 月 1 日，正式对外开放。2001 年 10 月，建成室韦—奥洛契口岸界河大桥，实现了常年通关过货。口岸年过货能力 50 万吨。室韦口岸相对应俄罗斯赤塔州东北部 9 个市区，矿产资源十分丰富，以黄金开采最为发达，铅、锌、铁、铜等矿产资源也有相当储量，森林资源更为丰富，木材储积量达 4. 5 亿立方米，该地区公路发达，离西伯利亚大铁路相距 200 多千米，内陆交通也十分便利。2021 年，根据新冠肺炎疫情防控需要，口岸暂停通关。

【阿日哈沙特陆路（公路）口岸】 阿日哈沙特公路口岸位于呼伦贝尔市新巴尔虎右旗阿日哈沙特镇境内，中蒙边界 1495 号界标处，与蒙古国东方省克尔伦县哈比日嘎口岸相对应。“阿日哈沙特”蒙语里意为“后院”。1989 年 9 月，自治区人民政府批准开辟阿日哈沙特为对蒙边境临时过货点。1990 年 9 月，实现了首次过货。1992 年 3 月 11 日，国务院批准为双边季节性开放口岸。2015 年，由原来的集中延长开关调整为临时常年开放。2017 年 7 月，国务院批复为双边性常年开放公路客货运输口岸。2019 年 4 月，经国家口岸管理办公室授权，通过了内蒙古自治区口岸办等部门联合的验收。口岸年通过能力为货运 150 万吨，客运 50 万人次。阿日哈沙特公路口岸进口货物主要是铅锌粉、铁矿石和民族工艺品服饰，出口货物主要是农蔬、建材、家电、摩托车、机械设备和日常生活用品。2021 年，根据新冠肺炎疫情防控需要，口岸暂停通关。

【额布都格陆路（公路）口岸】 额布都格公路口岸地处内蒙古自治区呼伦贝尔新巴尔虎左旗阿木古郎镇西南 18 千米，中蒙边界 1423 界标处，与蒙古国东方省巴彦呼舒口岸隔河相望。“额布都格”蒙语里意为“膝盖”。1991 年 5 月，经自治区批准为边境贸易原二类口岸。1995 年，升格为季节性对外开放口岸。2006 年 2 月，海关总署正式批准额布都格口岸自当年起实行全年临时集中开放。2009 年 2 月，国务院批准为双边季节性公路客货运输口岸；9 月，通过国家验收。2017 年 7 月，国务院批复为双边性常年开放公路客货运输口岸。2019 年 4 月，经国家口岸管理办公室授权，通过了内蒙古自治区口岸办等部门联合的验收。口岸年通过能力为货运 50 万吨，客运 30 万人次。额布都格口岸对应的蒙古国东方省石油、盐、畜产品和水产品等资源极为丰富。口岸进口货物以饲草、水产品、煤炭、废旧金属、大庆塔木察格油田设施设备为主，出口货物以副食品、电器、建材、农机产品为主。2021 年，根据新冠肺炎疫情防控需要，口岸暂停通关。

【阿尔山陆路（公路）口岸】 阿尔山公路口岸位于兴安盟阿尔山市天池镇，距离阿尔山市 45 千米，在中蒙边境 1382-1383 号界碑之间，与蒙古国东方省松贝尔口岸相对应。“阿尔山”全称哈伦·阿尔山，蒙语意为“热的圣水”。1992 年，内蒙古自治区人民政府批准开放为原二类季节性口岸。1993 年 1 月 17 日，实现开关过货。2012 年 3 月，国务院批准阿尔山口岸为国际性季节对外开放口岸；2012 年 12 月，通过国家级验收。2013 年 7 月 15 日至 10 月 1 日，阿尔山口岸实现首次临时集中开放。2016 年，阿尔山口岸实现延长开放，每年 4 月 1 日至 11 月 30 日开放。口岸定位为“生态、文化、旅游”口岸。规划建设的阿尔山—乔巴山铁路是第 4 条连接欧亚大陆的铁路大通道，也是连接东北亚地区的重要枢纽，可以形成东起图们，西连蒙古国、俄罗斯，贯通整个东北亚新的欧亚大陆桥。2021 年，根据新冠肺炎疫情防控需要，口岸暂停通关。

【珠恩嘎达布其陆路（公路）口岸】 珠恩

嘎达布其公路口岸位于内蒙古自治区锡林郭勒盟东乌珠穆沁旗嘎达布其镇境内，中蒙边境1046号界标处，与蒙古国苏赫巴托省毕其格图口岸相对应。“珠恩”意为“东”，“嘎达布其”意为“门槛”，历史上称为“蒙马处”。1992年3月11日，国务院批准为双边季节性对外开放口岸。2004年9月，《中蒙边境口岸及其管理制度协定》确认为国际性常年开放口岸。2006年8月，国务院批复同意扩大为国际性常年开放的边境陆路口岸。2008年1月，正式实现国际性常年开放，成为内蒙古自治区继二连浩特、满洲里之后第3个实现常年开放的国际性口岸。2014年7月，锡林郭勒盟珠恩嘎达布其—霍林郭勒市珠斯花铁路线通车，年运输能力1 200万吨，从珠恩嘎达布其可直达辽宁锦州港。2016年，被列为自治区重点开发开放试验区。珠恩嘎达布其口岸对内辐射东北、华北，具有连接东西，纵贯南北的地缘区位优势。对外辐射矿产和动植物资源极为丰富的蒙古国苏赫巴托省、东方省、肯特省，是蒙古国等内陆国家便捷的出海口之一，也是京、津、唐地区通往俄罗斯、蒙古国最便捷的通道。口岸进口货物主要是原油，煤炭，出口货物主要是机械设备，建筑材料。

2021年，珠恩嘎达布其公路口岸进出境货运量50.44万吨，同比增长75.5%；出入境人员1.69万人次，同比下降12.12%；出入境车辆1.69万辆次，同比增长9.24%。

【满都拉陆路（公路）口岸】 满都拉公路口岸位于内蒙古自治区包头市达尔罕茂明安联合旗满都拉镇，中蒙边境757界标处，对应蒙古国东戈壁省杭吉口岸。“满都拉”蒙语意为“兴盛、兴旺”。1992年，满都拉口岸被自治区人民政府批准为季节性开放原二类口岸。2002年12月23日，实现首次开放。2009年2月，满都拉口岸被国务院批准为双边性季节性开放公路客货运输口岸。2012年12月，满都拉口岸正式通过国家验收。2015年4月，国务院批复同意扩大为双边性常年开放公路客货运输口岸；12月1日，正式开放。口岸年过货能力达到1 500万吨。满都拉公路口岸处于呼（和浩特）包（头）鄂（尔多斯）经济辐射圈内，是距首府呼和浩特市最近的陆路口岸，区位优势十分明显。口岸对应的蒙古国杭吉口岸位于蒙古国东戈壁省，矿产资源非常丰富，有额勒苏泰铁矿、阿嘎如特铁矿、杭格呼德尔铁矿、艾勒巴音焦煤矿。口岸进出口商品主要有电煤、焦煤、原材料、铁矿石、无烟煤等，出口货物主要有机械设备、建材等。

2021年，满都拉公路口岸累计进出口货物163.14万吨，同比增长124.7%；出入境人员4.26万人次，同比增长119.7%；出入境车辆3.72万辆次，同比增长122.7%。

【乌力吉陆路（公路）口岸】 2004年，阿拉善左旗开始申报开放乌力吉口岸。2006年7月，乌力吉口岸被列入《国家“十一五”口岸发展规划》。2014年年初，蒙古国政府同意中蒙乌力吉—查干德勒乌拉口岸开放，并照会我国。2014年8月21日，国家主席习近平与蒙古国总统额勒贝格道尔吉在乌兰巴托签署《中华人民共和国和蒙古国关于建立和发展全面战略伙伴关系的联合宣言》，明确提出加快推进乌力吉—查干德勒乌拉口岸开放。2015年4月召开的《中蒙边境口岸及其管理制度协定》执行情况第五轮司局级会晤上，中蒙双方同意增设乌力吉—查干德勒乌拉口岸。2015年12月9日，中蒙两国外交部门负责人在乌力吉口岸634界标处对口岸开放位置进行实地踏勘，并磋商和一致确认根据水源勘探情况确定口岸坐标。2016年1月31日，国务院批复同意乌力吉公路口岸对外开放，口岸性质为双边性常年开放公路客货运输口岸。2016年5月27日，阿拉善左旗人民政府批准成立乌力吉口岸建设指挥部，目前口岸正在建设中。2020年12月22日，国家口岸管理办公室批准同意口岸临时开放。

2021年内蒙古自治区口岸大事记

1月4日

内蒙古自治区党委书记、人民代表大会常委

会主任石泰峰调研满洲里公路口岸、铁路口岸，深入了解口岸流行病学调查、入境人员和货物排查等情况。

2 月 5 日

全国首票《亚太贸易协定》项下蒙古国进口货物在额济纳海关通关享惠。

2 月 24 日—25 日

内蒙古自治区副主席黄志强在二连浩特口岸调研。

3 月 5 日

以呼和浩特海关为主起草的内蒙古地方标准《口岸反恐怖防范要求》（DT15/T 2069—2021）在国家市场监督管理总局完成备案登记，正式发布实施。

3 月 21 日

满洲里海关助力内蒙古自治区首票市场采购贸易方式试点货物出口业务测试圆满成功。货物为单鞋、运动鞋等鞋类商品，共计 1.22 万双，价值 63.18 万元，重量 7.58 吨。

3 月 28 日—30 日

经外交部授权，内蒙古自治区党委外事办牵头组织自治区口岸办、内蒙古出入境边检总站、呼和浩特海关、呼和浩特铁路局、巴彦淖尔市政府等单位代表组成中方工作组，蒙古国外交部牵头组织蒙古国交通发展部、驻华大使馆、驻呼和浩特总领事馆、边防局等代表组成蒙方工作组，联合到甘其毛都口岸开展中蒙甘其毛都—嘎舒苏海图铁路口岸确定过境点工作。

4 月 27 日—28 日

内蒙古自治区党委书记、人民代表大会常委会主任石泰峰调研二连浩特口岸。

5 月 30 日

内蒙古自治区政府副主席黄志强到满洲里公路口岸、满洲里铁路口岸、国际物流产业园区等地调研。

6 月 19 日

内蒙古自治区政府副主席黄志强调研策克口岸。

6 月 28 日

根据《中共中央关于表彰全国优秀共产党员、全国优秀党务工作者和全国先进基层党组织的决定》，额济纳海关党总支荣获“全国先进基层党组织”称号。

7 月 7 日

海关总署副署长王令浚一行到阿尔山口岸调研，满洲里海关关长、党委书记齐亚洲陪同。

7 月 16 日

满洲里海关技术中心申请的“欧洲樱桃绕实蝇（Rhagoletis cerasi L.）定性国家标准样品”获批立项，系满洲里海关首个国家标准样品立项项目。

8 月 13 日

内蒙古出入境边检总站赠予蒙古国边防总局司令部防疫物资交接仪式通过视频连线形式举行。

9 月 22 日

二连浩特航空口岸正式对外开放获国务院批准。

10 月 30 日

国家卫健委党组书记、主任马晓伟在策克口岸调研疫情防控工作。

10 月 31 日

内蒙古自治区党委副书记、政府主席王莉霞在策克口岸调研，督导检查疫情防控工作。

12 月 4 日

呼和浩特海关“百人联千企，力行促外贸”优化营商环境专项行动入选 2021 年度内蒙古自治区十大法治事件。

12 月 6 日

内蒙古自治区政府副主席黄志强到满洲里铁路口岸集装箱货场调研，实地了解进口高风险非冷链集装箱货物消毒场地相关情况。

12 月 8 日

内蒙古自治区党委副书记、政府主席王莉霞到满洲里车站铁路联检大楼、满洲里站集装箱场调研疫情防控情况。

12 月 9 日

内蒙古自治区党委副书记、政府主席王莉霞在满洲里主持召开口岸疫情防控专题会议。

12月13日

国务院关税税则委员会采纳呼和浩特海关增设“沙棘汁”海关税则号列和统计商品编码建议，增设“沙棘汁”税则号“2009.8916”。

12月22日

呼和浩特海关“公路口岸监管作业模式改革”项目入选全国海关首批“三智”落地示范展示项目，关区39条货运通道实现无人值守自动验放，公路口岸货运通道验放时间由1小时缩短至10分钟，5个公路口岸客运通道智能卡口全部建成，4个公路口岸货运通道卡口与海关监管作业场所卡口全部实现智能联动。

（撰稿人：崔振杰、王宇峰、李姬莹、南东海）

2021 年内蒙古自治区口岸流量统计表

口岸类型		口岸名称	货运量（万吨）				集装箱量（万标箱）				人员（万人次）				交通工具（万辆、艘、架、列次）			
			出口	进口	合计	同比（%）	出口	进口	合计	同比（%）	出境	入境	合计	同比（%）	出境	入境	合计	同比（%）
空运口岸																		
		分计																
陆运口岸	公路口岸	满洲里	40.00	0.00	40.00	-2.10					4.27	4.27	8.54	-37.5	4.30	3.60	7.90	117.7
		二连浩特	152.56	46.86	199.42	-29.10					3.61	3.61	7.22	-72.5	3.58	2.64	6.22	-50.2
		甘其毛都	14.00	737.28	751.28	-51.99					9.44	9.28	18.72	-44.6	7.93	7.84	15.77	-56.0
		策克	0.64	410.55	411.19	-61.51					3.81	3.81	7.62	-65.3	3.81	3.74	7.55	-64.5
		珠恩嘎达布其	0.003	50.44	50.443	75.50					0.85	0.85	1.69	-12.1	0.85	0.85	1.69	9.24
		黑山头																
		室韦																
		满都拉	4.76	158.38	163.14	124.70					2.13	2.13	4.26	199.7	1.90	1.82	3.72	122.7
		额布都格	0.72	41.11	41.83	31.80					1.11	1.11	2.22	19.0	1.11	1.11	2.22	29.0
		阿日哈沙特																
		阿尔山																
		分计	212.68	1 444.62	1 657.30	-46.27					25.22	25.06	50.27	-50.54	23.48	21.60	45.07	-42.57

续表

口岸类型		口岸名称	货运量（万吨）				集装箱量（万标箱）				人员（万人次）				交通工具（万辆、艘、架、列次）			
			出口	进口	合计	同比（%）	出口	进口	合计	同比（%）	出境	入境	合计	同比（%）	出境	入境	合计	同比（%）
陆运口岸	铁路口岸	满洲里	373.60	1 457.60	1 831.20	-5.3					1.31	1.31	2.62	-2.50	0.65	0.65	1.30	2.4
		二连浩特	227.10	1 378.18	1 605.28	-0.6					1.51	1.50	3.01	-11.8	0.74	0.74	1.48	5.5
		分计	600.70	2 835.78	3 436.48	-3.16					2.82	2.81	5.63	-7.40	1.39	1.39	2.78	4.50
合计			813.38	4 280.40	5 093.78						28.04	27.87	55.90		24.87	22.99	47.85	
同比（%）			1.6	-26.6	-23.2						-49.3	-52.1	-50.8		-41.9	-40.1	-41.1	

（内蒙古自治区口岸办提供）

2021 年呼和浩特海关主要数据统计表

项　目		2021 年	2020 年	同比（%）
进出口货运量（万吨）	合计	3 857.5	5 271.3	-26.88
	进口	3 567.8	4 994.7	-28.57
	出口	289.7	276.6	4.75
进出口贸易总值（万美元）	合计	1 197 617.6	889 495.8	34.64
	进口	867 218.0	674 938.6	28.49
	其中：江、海运输	149 917.8	114 673.2	30.73
	铁路运输	300 391.0	218 540.0	37.45
	汽车运输	406 345.0	327 455.5	24.09
	航空运输	10 240.6	13 885.2	-26.25
	邮件运输	267.9	327.3	-18.14
	其他运输	55.8	57.4	-2.86
	出口	330 399.6	214 557.1	53.99
	其中：江、海运输	94 920.8	38 982.4	143.50
	铁路运输	69 354.8	36 230.3	91.43
	汽车运输	137 127.0	118 092.5	16.12
	航空运输	14 842.9	7 924.0	87.32
	邮件运输	1 410.1	835.2	68.82
	其他运输	12 743.9	12 492.6	2.01
税收（万元）	两税合计	719 916.0	626 747.7	14.87
	关税入库	63 848.9	72 646.4	-12.11
	进口环节税入库	656 067.1	554 101.3	18.40

（呼和浩特海关提供）

2021 年满洲里海关主要数据统计表

项　目		2021 年	2020 年	同比（%）
进出口货运量（万吨）	合计	1 391. 2	1 508. 4	-7. 8
	进口	1 281. 0	1 397. 9	-8. 4
	出口	110. 3	110. 5	-0. 2
进出口贸易总值（万元）	合计	4 236 113. 5	3 566 569. 6	18. 8
	进口	2 443 876. 2	2 304 180. 7	6. 1
	其中：江、海运输	—	—	—
	铁路运输	—	—	—
	汽车运输	—	—	—
	航空运输	—	—	—
	邮件运输	—	—	—
	其他运输	—	—	—
	出口	1 792 237. 3	1 262 388. 9	42. 0
	其中：江、海运输	—	—	—
	铁路运输	—	—	—
	汽车运输	—	—	—
	航空运输	—	—	—
	邮件运输	—	—	—
	其他运输	—	—	—
税收（万元）	两税合计	317 405. 0	275 038. 0	15. 4
	关税入库	30 853. 6	22 534. 9	36. 9
	进口环节税入库	286 551. 4	252 503. 0	13. 5

（满洲里海关提供）

2021年内蒙古自治区口岸出入境主要数据表

项目			2021年	2020年	同比（%）
出入境人员（人次）	出入境人员总数		505 816	1 144 668	-55.81
	入境人员		255 607	575 970	-55.62
	出境人员		250 209	568 698	-56.00
	出入境旅客		25 708	331 357	-92.24
	出入境员工		480 108	813 311	-40.97
	中国公民	小计	25 736	78 185	-67.08
		内地居民（因公）	25 729	76 148	-66.21
		内地居民（因私）			
		港澳居民	7	43	-83.72
		台湾同胞	0	1 994	-100.00
	外籍人员		480 080	1 066 483	-54.98
	从海港出入境人数				
	从陆港出入境人数		498 594	1 106 322	-54.93
	从空港出入境人数		7 222	38 346	-81.17
交通运输工具（辆、艘、架、列次）	总计		450 445	805 524	-44.08
	船舶				
	飞机		103	359	-71.31
	火车		27 858	26 913	3.51
	机动车辆		422 484	778 252	-45.71

（内蒙古出入境边检总站提供）

辽 宁 省

序号	类型	口岸名称	批准开放时间	开放状态
1	空运口岸（2个）	沈阳空运口岸	1989.4	国际常年
2		大连空运口岸	1985	国际常年
3	水运口岸（9个）	大连水运口岸	1960.6	国际常年
4		旅顺新港水运口岸	2006.8	国际常年
5		庄河水运口岸	2007.9	国际常年
6		长兴岛水运口岸	2011.7	国际常年
7		丹东水运口岸	1985.4	国际常年
8		锦州水运口岸	1989.3	国际常年
9		营口水运口岸	1984	国际常年
10		葫芦岛水运口岸	1999.1	国际常年
11		盘锦水运口岸	2015.6	国际常年
12	公路口岸	丹东公路口岸	1955	国际常年
13	铁路口岸	丹东铁路口岸	1954	双边常年

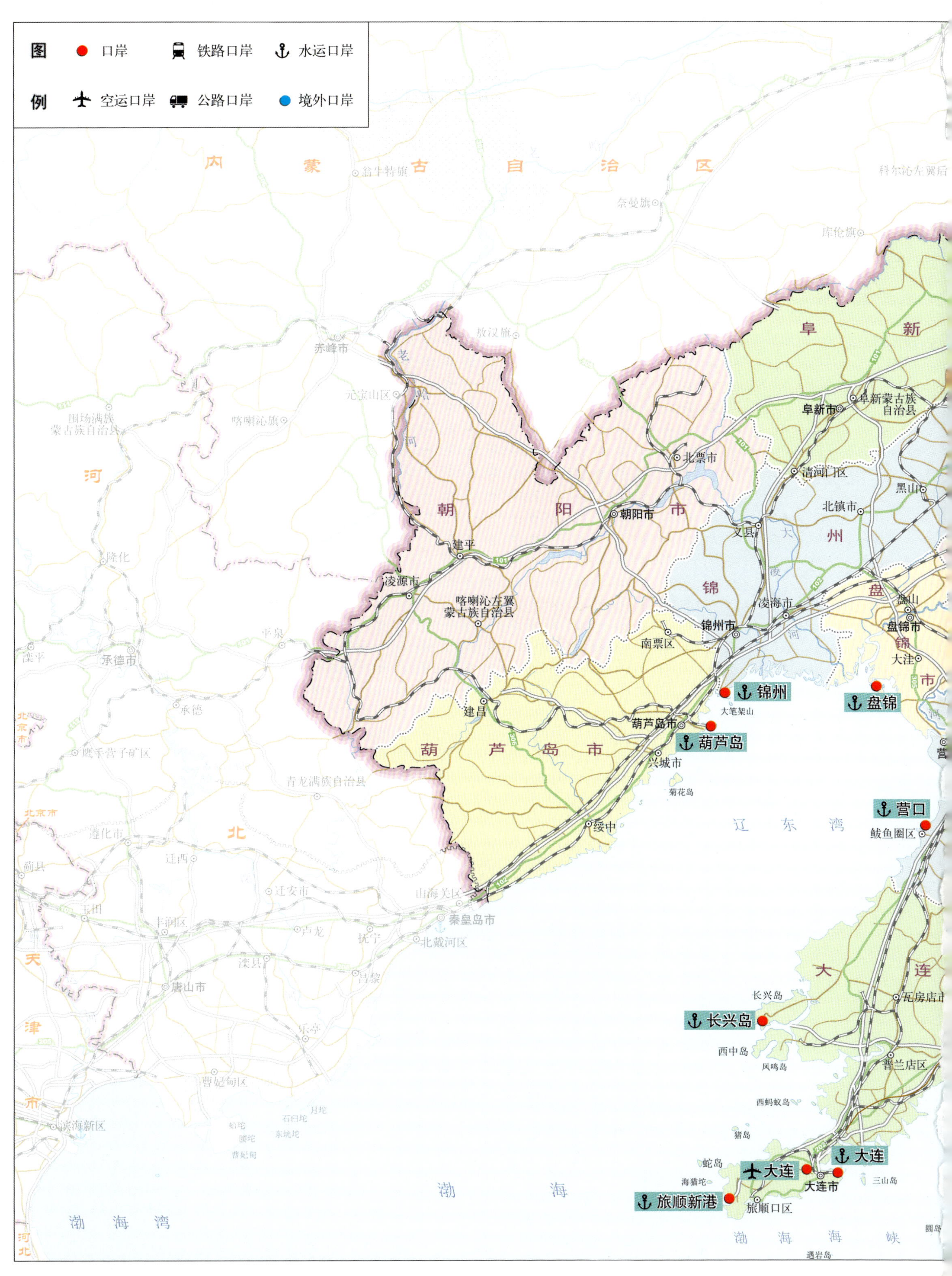

图例
口岸
铁路口岸
水运口岸
空运口岸
公路口岸
境外口岸
内蒙古自治区
翁牛特旗
奈曼旗
库伦旗
科尔沁左翼后
敖汉旗
赤峰市
元宝山区
喀喇沁旗
围场满族蒙古族自治县
河北
隆化
承德市
承德
滦平
平泉
鹰手营子矿区
青龙满族自治县
遵化市
迁西
蓟县
迁安市
玉田
丰润区
卢龙
抚宁
山海关区
秦皇岛市
北戴河区
滦县
昌黎
唐山市
乐亭
曹妃甸区
滨海新区
天津市
北京市
朝阳市
北票市
建平
凌源市
喀喇沁左翼蒙古族自治县
南票区
建昌
葫芦岛市
兴城市
菊花岛
绥中
阜新市
阜新蒙古族自治县
清河门区
黑山
北镇市
锦州市
义县
凌海市
大笔架山
盘锦市
盘山
大洼
锦州
盘锦
葫芦岛
营口
鲅鱼圈区
辽东湾
大连
长兴岛
瓦房店市
西中岛
凤鸣岛
普兰店区
西蚂蚁岛
猪岛
蛇岛
海猫坨
大连市
三山岛
旅顺新港
旅顺口区
渤海
渤海湾
渤海海峡
遇岩岛
圆岛
月坨
石臼坨
蛤坨
腰坨
东坑坨
曹妃甸

口岸数量及分布

截至 2021 年年底，辽宁省有经国务院批准的对外开放口岸 13 个。其中，空运口岸 2 个，分别是沈阳空运口岸（沈阳桃仙国际机场）、大连空运口岸（大连周水子国际机场）；水运（海港）口岸 9 个，分别是大连、营口、丹东、锦州、盘锦、葫芦岛、旅顺新港、庄河、长兴岛海港口岸；陆路（铁路）口岸 1 个，为丹东陆路（铁路）口岸；陆路（公路）口岸 1 个，为丹东陆路（公路）口岸。

口岸运行数据

2021 年，辽宁省口岸货物吞吐量 77 884. 9 万吨，同比减少 4. 1%。外贸进出口货运量完成 27 259 万吨，同比减少 11. 7%。其中，外贸进口 21 627. 5 万吨，同比减少 12. 6%；出口 5 631. 5 万吨，同比减少 8. 1%。集装箱运输完成 1 133. 9 万标箱，同比减少 13. 5%。其中外贸 300 万标箱，同比减少 25. 8%。

口岸综合管理

【持续优化口岸总体布局】 辽宁省“渤海翼”“黄海翼”水运口岸协同发展，沿海 6 市“一城一口岸”布局基本完成；沈阳、大连 2 个国际空运口岸南北布局、功能互补，构建起全省对外开放空中通道；陆路（公路、铁路）口岸有力促进毗邻国家和边境地区经济社会发展。启用已开放范围内的大连 LNG 码头、庄河港口岸涉外泊位，推动葫芦岛港口岸扩大开放获得国务院批复，推进丹东铁路口岸货运功能恢复开通。

【有序推进跨境贸易便利化工作】 会同海关、边检、海事、发改、财政、税务等部门出台辽宁省优化口岸营商环境深化跨境贸易便利化改革若干措施，有力地推动了辽宁省口岸营商环境建设和跨境贸易便利化工作健康发展。各口岸查验单位创新监管方式，不断提升监管效能。大连海关全面推进“提前申报”“两步申报”“两段准入”，实施“提速保畅助产”压缩通关时间专项行动，全力推动口岸提速增效；沈阳海关对进口原油、铁矿等大宗商品实施“先放后检”，出台 2021 年巩固压缩货物整体通关时间专项工作方案，通关效率进一步提升；辽宁出入境边检总站创新边检服务举措，制定出台优化营商环境建设 12 项工作措施；辽宁海事局创新“云登轮”船舶监管新模式，实现无接触查验，大幅提升了疫情期间国际船舶监管效率。这些工作举措，有力地推动了全省跨境贸易便利化工作顺利开展。

【进一步降低外贸企业进出口合规成本】 2021 年以来，辽宁省全面停征港建费，交通、市场、港口、机场部门持续降低口岸收费。认真落实口岸收费目录清单制度，组织开展了国际贸易“单一窗口”口岸收费及服务信息发布系统推广应用培训，在相关市的大力支持下，沈阳、大连、丹东、锦州、营口、盘锦、葫芦岛 7 个口岸地区的 230 人参加了专项培训。截至 2021 年年底，辽宁省国际贸易“单一窗口”累计录入 5 867 条收费信息，口岸营商环境更加公平透明。持续做好免除海关查验没有问题外贸企业吊装移位仓储费用试点工作。

【全面推进国际贸易“单一窗口”建设】 “单一窗口”两步申报、船舶转港复用、进出口许可证、外贸经营者备案、出口退税（金三版）、金融服务等新功能陆续在辽宁省落地，其中大连作为“单一窗口”出口退税（金三版）首批试点，率先完成首单退税。面向全省举办“单一窗口”出口退税、进出口许可证、监管证件申领等功能线上培训活动，各市口岸部门和相关企业 200 余人参加培训。丰富国际贸易“单一窗口”平台“信保普惠政策申领”功能。全省小微外贸企业通过国际贸易“单一窗口”领取保单共计 2 816 张，增强了企业抗御风险能力。

【高标准推动海关特殊监管区建设】 辽宁省研究制定 2021 年全省推动综合保税区建设大力发展转口贸易强力推进外贸稳增长专项行动方

案，为综合保税区建设提供有效遵循。协调大连海关等 8 家单位组成联合验收组，圆满完成大连湾里综合保税区和大连大窑湾综合保税区的验收工作。会同大连海关、沈阳海关组织开展加工贸易企业进沈阳、营口综合保税区系列活动，全面宣传解读综合保税区的政策优势，充分释放综合保税区政策红利。全省 129 家加工贸易企业代表实地考察综合保税区并参加项目对接活动，为加工贸易企业高质量发展提供平台支撑。

口岸监管与服务

【沈阳海关多措并举扎实推动提升贸易便利化水平】 一是持续优化口岸营商环境。深化“放管服”改革，落实精简行政许可事项和进出口环节监管证件措施，推进“双随机、一公开”监管。持续巩固压缩关区整体通关时间成效，2021 年进口、出口整体通关时间比 2017 年分别压缩 86%和 95%。综合运用“船边直提”“先放后检”作业模式助力进口矿产品快速通关，对进口大豆实施“两段准入”监管加快疏港，精准监管验放进口煤炭，有效保障大宗商品供应安全稳定。二是积极支持国际物流大通道畅通运行。支持中欧班列（沈阳）“三通道五口岸”全覆盖，助力开行“锦州—俄罗斯东方港”外贸直航航线，服务中蒙俄经济走廊等陆海新通道建设。三是精准有效激发市场主体活力。实施“千百十”计划，推进 AEO 高级信用企业培育，优化认证企业管理措施目录，激励守信提升认证企业获得感。积极开展 RCEP 政策宣传和实施工作，指导企业抢抓国际合作新机遇。支持中俄能源合作项目徐大堡核电站建设，运用“船船直取”解决进口成套设备运输、商品检验等问题，全链条保障成套设备顺利卸载、通关、安装调试。

【大连海关精准有效服务外贸发展】 大连海关执行自贸协定关税减让 20 亿元，执行进口税收优惠等政策减免税款 2.2 亿元。运用集团财务公司担保模式为本钢集团减少资金占用 11.8 亿元。推动进口矿产品先放后检 1 405 批次，平均通关时长缩短至 3 天。实行进出口活鱼“海上过鲜”快速查验模式，有效保障产品新鲜度。推行出口杂粮“整批检测、过程监管、分批出证”监管模式，大幅节省企业成本。落实二手车出口申报无纸化，促进二手车出口业务实现零突破。助力关区大樱桃、草莓、蕨菜干、精炼稻米油等 20 余种食品农产品首次出口新加坡、卡塔尔等国家或地区。支持东北亚国际航运中心建设，深化与辽港集团合作，滚动推进关港合作 29 个重点项目，着力提升口岸竞争力。高质量完成海关系统首例世界银行技术援助项目“推进自由贸易港建设的海关检验检疫政策和监管模式研究”。支持中欧班列和陆海新通道建设，助推大连港试点中欧班列出口定制化业务，累计监管 88 列。支持地方高水平开放，庄河港新建泊位完成开放验收。全面推广跨境电商企业对企业出口监管试点和跨境电子商务零售进口退货中心仓模式。在大窑湾综合保税区推出“保税+生鲜”模式，首次以跨境电商保税备货模式进口美洲螯龙虾。在大连湾里综合保税区推出“前店后仓”模式，京东（大连）外贸综合体暨区域跨境电商总部项目正在建设。积极支持辽宁西柳服装城市场采购贸易试点，出口货值超过 14.3 亿元。

【辽宁出入境边检总站忠诚履职全力确保国门口岸安全稳定】 辽宁出入境边检总站各级边检机关坚决贯彻落实上级决策部署，以庆祝中国共产党成立 100 周年活动安保维稳任务为主线，统筹开展口岸管控、外防输入、服务发展，有力维护了国家政治安全和国门口岸稳定，辽宁省委书记张国清、原省长刘宁先后对总站疫情防控和服务地方经济社会发展工作给予批示肯定。一是防输入、筑屏障，全力支持策应全省疫情防控大局。所属边检站全面融入属地政府疫情防控体系，积极发挥边检机关职能作用。特别是在营口鲅鱼圈、大连地区出现疫情期间，积极配合属地防指开展流调溯源等工作，顺畅运行数据实时共享、警种联合作战等机制，实现了边检机关外防输入效能最大化。二是防风险、守底线，全力构建筑牢口岸辖区安全稳定屏障。稳步推进中国共产党成立 100 周年系列安保任务，统筹做好冬奥会安保筹备工作，深耕细作口岸数据分析预警，深入开展口岸安全隐患排查整改，牵头海警、海事、海关等职能部门联合开展“净海 2021”专项行动，相关工作得到公安部、国家移民管理局领导批示肯定。三是抓创新、树品牌，全力服务保障辽宁经济振兴发展。研提“十四五”口岸发展规划，为全省口岸进一步开放发展注入边检智慧。全力保障庄河港新建泊位顺利通过验收，出台助力营商环境建设 12 项工作措施，全天候、规范化运行总站“12367”平台，两次面向各地口岸主管部门及大型口岸企业开展满意度测评，得到相关部门和口岸企业的一致好评。

【辽宁海事局多举措持续助力口岸发展】 一是创新监管模式，优化口岸通关流程。在全国率先开辟“海洋污染物运输绿色通道”，帮助相关企业以非限制性货物方式进出口海洋污染物，有效提升了企业在国际市场的竞争力。深入推进“国际航行船舶进口岸审批告知承诺制”，2021 年全年累计实施 3 428 艘次。创新国际航行船舶“云监管”安全检查新模式，实现 2021 年全年无接触查验 202 艘次。二是深化信息化建设，推进口岸政务办理电子化。对口岸危险货物实行四步稽查模式，2021 年全年累计查处危险货物谎报瞒报案件 43 起。积极参与“单一窗口”功能建设，探索拓展“单一窗口”特色服务功能。依托海事“一网通办”平台实现政务“不见面”“无纸化”办理。三是做好疫情防控，保障船员换班工作顺畅。出台关于强化辖区国际航行船舶中国籍船员境内换班管理工作的相关通知，规范辖区港口船员上下船操作流程，维护船员换班权益。2021 年全年累计完成国际航行船舶中国籍船员换班 8 463 人次。四是全面推进口岸开放，助力口岸经济发展。配合完成大连港 LNG 接收站码头、庄河港新建 3 个泊位正式对外开放。完成大连长海船厂有限公司码头和大连四八二一船务有限公司码头临时开放工作。

开放口岸

【沈阳空运口岸（沈阳桃仙国际机场）】 沈阳桃仙国际机场位于辽宁省沈阳市东陵区桃仙镇，距沈阳市中心 22 千米，为国家民用一级机场。机场于 1985 年开始筹建，1989 年 4 月 16 日正式启用。机场跑道长 3 200 米、宽 45 米，飞行区等级为 4E，现有停机位 79 个，其中登机桥位 30 个、远机位 47 个、公务机位 2 个。机场净空条件良好、功能齐全、设备先进，可保障国内外大型客、货机使用。机场现有 3 座航站楼（T1、T2 航站楼停用）。T1 航站楼设计年旅客吞吐量 90 万人次。1995 年开始二期工程扩建，2001 年 12 月 T2 航站楼投入使用，T2 航站楼设计年旅客吞吐量 606 万人次。2011 年开始 T3 航站楼施工建设，2013 年 8 月 T3 航站楼投入使用，T3 航站楼设计年旅客吞吐量 1 750 万人次。

2021 年，沈阳桃仙国际机场通航城市达 111 个，其中国内城市 98 个、国际城市 13 个。航线 237 条，其中国内航线 224 条、国际航线 13 条。2021 年，机场旅客吞吐量累计 1 392.4 万人次，同比增长 5.6%；货邮吞吐量 17.3 万吨，同比增长 1.2%，其中，国际货邮量 1.3 万吨，同比增长 160%。

【大连空运口岸（大连周水子国际机场）】 大连周水子国际机场位于大连市西北部，始建于

1972 年 10 月，从军民合用机场发展建设成为民用机场，1973 年 4 月开航，1985 年经国务院批准对外开放。该机场距大连市中心 10 千米，距沈大高速公路 5 千米，交通运输网络十分便利，机场占地面积 345 万平方米，飞行跑道长 3 300 米，候机楼面积 13.6 万平方米，停机坪面积 66 万平方米，符合 4E 级 Ⅰ 类国际机场标准，可供除 A380 外各种大型飞机安全起降。2021 年，大连周水子国际机场围绕贯彻落实民航强国和大连市建设东北亚航运中心的总体要求和战略部署，着力构建航线网络、大力开发客货市场，以“创建一流机场”为总体目标，全力推进东北亚门户枢纽机场建设。截至 2021 年 12 月，48 家航空公司开通了 275 条国内外航线，与 8 个国家 3 个地区的 121 座城市通航，国内通航城市 102 个，国际通航城市 16 个，地区通航城市 3 个，形成了覆盖全国，辐射日韩俄，连接东南亚的航线网络。

2021 年，大连机场旅客吞吐量 1 036.6 万人次，同比增长 20.7%；货邮吞吐量 13.7 万吨，同比增长 12.3%；航班起降 9.20 万架次，同比增长 11.10%。

【大连水运（海港）口岸】 大连港始建于 1899 年，距今已有百余年的历史，于 1960 年 6 月经国务院批准正式对外开放。大连港地处辽东半岛最南端，背负东三省，辐射东北亚，位于环渤海经济圈和东北亚经济区的中心地带，是东北三省及内蒙古东部地区进入太平洋，面向世界的重要海上门户，也是转运远东、南亚、北美、欧洲货物最便捷的港口。大连港港阔水深，不淤不冻，自然条件非常优越，港区规划陆域面积约 35.4 平方千米，拥有生产性泊位 82 个，泊位岸线总长 20.6 千米，最大航道水深 25 米。目前大连港口岸共实现开放泊位 61 个，其中万吨级及以上 52 个，开放泊位年设计通过能力总计包括散杂货物 1.47 亿吨、集装箱 410 万标箱、旅客 160 万人、滚装车 50 万辆。大连港与世界上 160 多个国家和地区、300 多个港口建立了海上经贸航运往来关系，开通集装箱航线 98 条，其中外贸航线 86 条、内贸航线 12 条，航班密度 400 班/月，基本覆盖全球主要航区，外贸航线中远洋干线 5 条、近洋航线 81 条。商品汽车主营大连至上海、广州、宁波、烟台 4 条班轮航线，每月 50 班以上；日本进口班轮航线 1 条，每月 6~7 班；欧洲出口班轮航线 1 条，每月 2 班；外贸不定期航线 3 条。运营 1 条大连至韩国仁川的国际客货班轮航线，每周 3 班。东北地区 98.5%以上的外贸集装箱经大连港转运。大连港与美国奥克兰港、休斯顿港，加拿大的温哥华港，日本的北九州港、横滨港、伏木富山港等港口结为友好港。大连口岸以冷链物流为重点的海铁联运，辐射东北、覆盖全国的冷链物流网络逐步形成。大连港是全国业务最全的综合性港口，可为客户提供油品液体化工品、集装箱、杂货、汽车、矿石、散粮、客运滚装等港口物流服务，以及港口增值与支持业务。

大连港按区域划分为 8 个生产作业区。一是大港区，位于大连市中山区，靠近繁华的人民路地段，是大连港的发源地，现拥有客滚船及邮轮泊位 6 个，其中包括 1 座 15 万吨国际邮轮泊位，主要从事国内、国际旅客运输，年设计通过能力 558 万人次。二是大连湾港区，拥有杂货泊位 15 个，主要从事煤炭、钢材、设备、粮食、特资等散杂货物装卸，年设计通过能力 2 170 万吨；拥有客运滚装泊位 4 个，主要从事旅客和滚装货运输，年设计通过能力包括旅客 133 万人次、滚装车 40 万辆。三是大窑湾港区，我国规划建设的四大国际深水中转港之一，是大连港运输国际集装箱的专业化港区；拥有14个集装箱泊位，码头年设计通过能力410万标箱；拥有4个汽车滚装泊位，年设计通过能力107万辆；拥有4个散货泊位，主要从事粮食及其他散货装卸，年设计通过能力525万吨。四是鲇鱼湾港区，拥有原油泊位4个，其中包括2座30万吨级及以上原油码头，可靠泊全球最大45万吨级油轮，年设计通过能力6 000万吨；拥有成品油及液体化工品泊位15个，年设计通过能力1 746万吨。五是大孤山南港区，拥有散货泊位2个，其中包括1个国内第一批经交通部核准且是东北唯一可满载停靠40万吨散货船舶的专业化泊位，主要从事金属矿石、煤炭等货物的装卸，年设计通过能力2 800万吨。六是大孤山西港区，大连港石化码头公司码头有4个油化品泊位，年通过能力661万吨。七是长兴岛港区，拥有原油泊位2个，其中1个为30万吨级，年设计通过能力358万吨；拥有散货泊位3个，主要从事矿建产品、木材、粮食等货物装卸运输，年设计通过能力358万吨。八是旅顺港区，拥有客滚及件杂泊位5个，主要从事旅客、滚装货及件杂货运输，年设计通过能力旅客60万人次、滚装车25万辆、杂货167万吨。

2021年，大连港货物吞吐量完成31 552.7万吨，同比减少5.5%，其中，外贸进出口货运量13 860.8万吨，同比减少15.2%；集装箱吞吐量367.24万标箱，同比减少28.1%，其中，外贸集装箱290.3万标箱，同比减少25.4%。

【营口水运（海港）口岸】 营口港位于渤海湾东北岸、辽河的入海口。口岸包括沿辽河的营口老港区、鲅鱼圈港区和仙人岛港区3个港区。营口老港区于1861年对外开埠，至2021年已有160年的历史。鲅鱼圈港区是营口港的核心港区，以矿石、煤炭、集装箱、钢材、油品、粮食等运输为主，1984年经国务院批准建设，1988年对外开放。仙人岛港区于2008年经国务院批准建设，2018年10月9日通过国家正式验收，主要以油品、化工品等液体散货和通用散、杂货运输为主。2019年1月4日，经过近两年的重组整合，辽宁港口集团正式挂牌成立。营口港集约化、规模化程度较高，现有集装箱、煤炭、粮食、矿石、钢材、大件设备、成品油及液体化工品和原油等货种专用码头，其中矿石码头、原油码头均为30万吨级，集装箱码头可以靠泊第5代集装箱船，总通过能力为1.6亿吨。口岸泊位的装卸能力和效率均已经达到国际先进水平。

营口港现有泊位77个，其中营口港区14个、鲅鱼圈港区56个、仙人岛港区7个；万吨级以上泊位57个。鲅鱼圈港区现有深水航道，宽度270米、底标高-22米、长度32千米，可满足25万吨级散杂货船舶及营口港拟靠泊矿石船舶单向乘潮航行、30万吨级矿石船舶可乘潮通航、7万吨级以下的船舶可双向通航。仙人岛港区现有30万吨级航道，宽度350米、底标高-22.5米、长度约28.75千米。

营口港已经同50多个国家和地区140多个港口建立了通航业务关系，内贸集装箱航线网络不断优化，现有12家船公司经营38条内贸航线和4条外贸直航航线（营口至韩国仁川、营口至日本关东、营口至韩国釜山、营口至东南亚）和3条外贸内支线，月平均班次300以上，全面覆盖我国华东、华南、西南、环渤海等主要沿海、沿江港口。其中，上海班期可达到每天两班以上，宁波、太仓、南沙每天1.5班以上。

营口港交通便捷，沈大高速、哈大公路沿港区而行，长大铁路直通码头前沿，依托铁路便利条件持续发展海铁联运，在全国海铁联运中的地位突出。目前，在营口港和东北内陆之间运营班列线路135条，广泛连接东北三省及内蒙古东部共计27个地级市。其中，以淀粉、粮食、化工、钢材等为主的全年常态化整列往返循环运输的班列线路和成组运输线路，合计超过 20 条。同时，营口港紧密依托营口港密集的集装箱班轮航线和班列密度优势，实现班列对班轮的无缝衔接，全面辐射华东、华南主要港口并向内陆腹地延伸，成功构建了以营口港为核心枢纽的贯通南北、连接铁海的大型多式联运物流服务网络体系。2021 年，营口港以集装箱海铁联运方式累计完成 84.01 万标箱，实现了淀粉、粮食、钢材、化工等货源在营口枢纽聚集转运，有效促进了服务业和制造业的“两业融合”，实现了现代物流业与第一、二产业的有机结合，释放了通道物流体量和贸易总额，促进了枢纽经济和通道经济发展。

2021 年，营口港完成货物吞吐量 2.29 亿吨，同比减少 3.5%，其中，外贸进出口货物吞吐量 8 040.5 万吨，同比减少 11.2%；集装箱吞吐量 520.7 万标箱，同比减少 7.8%，其中，外贸 5.7 万标箱，同比增长 83.9%。

【丹东水运（海港）口岸】 丹东港是中国海岸线最北端的国际贸易商港，是天然不冻良港，辖大东港（海港）和浪头港（河港）两个港区，现有生产性泊位 31 个，拥有粮食、矿石、煤炭、油品、集装箱、客滚、散杂、通用等专业泊位和配套的专业化、自动化装卸系统及货物存放库场，港口年综合吞吐能力达亿吨，已与日本、韩国、俄罗斯、美国、巴西、印度等 70 多个国家和地区的 90 多个港口开通了散杂货、集装箱、客运航线。2014 年丹东港步入全国大型港口行列。

2021 年，丹东港货物吞吐量 4 161.3 万吨，同比减少 5.8%，其中，外贸进出口货运量 1 924.1 万吨，同比减少 6.7%；集装箱吞吐量 19.3 万标箱，同比减少 8.1%，其中，外贸集装箱 3.7 万标箱，同比增长 12.1%。

【锦州水运（海港）口岸】 锦州港位于渤海西北部的锦州湾北岸，是中国纬度最高的国际商港，冬季冻而不封，是距辽宁西部，吉林、黑龙江两省中西部，内蒙古东部，华北北部乃至蒙古国、俄罗斯西伯利亚地区最便捷的进出海口，是辽宁沿海经济带建设战略中的重要节点。锦州港于 1985 年 12 月经国务院批准建设，1986 年 10 月开工建设，1990 年 10 月正式通航，同年 12 月被国家批准为开放口岸。2017 年 9 月 21 日，国务院同意锦州海港口岸扩大开放。

锦州港现有泊位 27 个，其中包括 1 个 30 万吨级油品泊位、5 个 10 万吨级散杂货泊位、4 个 10 万吨级集装箱泊位、1 个粮食专用泊位，8 个油品化工品码头、4 个散杂货泊位、3 个煤炭专业化泊位、1 个工作船泊位，年通过能力超亿吨，集装箱通过能力 360 万标箱。口岸主要货物进出口种类为石油、天然气及制品、金属矿石、非金属矿石、钢铁、粮食、集装箱等。锦州港现已与亚洲、欧洲、大洋洲、美洲、非洲的 100 多个国家和地区建立通航关系。国内散货班轮开通至漳州、蛇口、赤湾、防城、茂名以及长江流域靖江、扬州等航线，集装箱班轮国内已构成贯通南北沿海主要港口，全面辐射珠江和长江水系；外贸内支线可通过大连、天津中转至世界各地。

2021 年，锦州港货物吞吐量 10 383.5 万吨，

同比下降2.4%，其中，外贸进出口货运量2 067.9万吨，同比增长3.2%；集装箱吞吐量183.2万标箱，同比增长11.5%，其中，外贸集装箱0.3万标箱，同比减少96.6%。

【盘锦水运（海港）口岸】 盘锦港位于辽东湾湾底，是辽宁沿海地区性重要港口和东北及内蒙古东部地区最近的出海口之一。港口规划利用11.7千米自然岸线，形成陆域面积44.7平方千米、岸线35.6千米，规划布置泊位90个，通过能力达2.56亿吨。港口的防波堤、围堰和后方陆域已基本形成。港区已建成28个5万吨级泊位（已投入运行18个，其中开放泊位12个）和60万立方米油品储存罐区，另有9个5万~30万吨级泊位正在建设。同拓宽型深水航道工程正在加紧建设，主体工程已基本完成。港口现有2万平方米查验仓库，6万平方米保税仓库、出口监管仓及50万平方米保税物流中心，保税物流中心于2016年10月通过验收，2017年9月正式开展业务。

盘锦港拥有便利的公路、铁路网络，火车可直接入港，重点发展油品、液体散货、粮食、集装箱等货物运输，逐步发展成为多功能、现代化的综合性港口。港口主要作业货种有粮食、化工原料及制品、化肥及农药、建材、钢铁等。依托港口优势，盘锦港发展多元产业，构建集物流、经贸、燃供、保税、仓单质押、大宗商品电子交易等业务为一体的港口综合服务功能。其中，大宗商品电子交易平台可为客户提供全国沿海各港口的煤炭、玉米、钢材、矿石、化工品、油品等大宗商品市场行情及交易信息，可进行交易、仓储、结算业务，享受税收减免等优惠政策。

为满足外贸货物进出及港口发展的需求，从2011年开始，盘锦海港口岸共完成6次临时对外开放。2015年6月7日，国务院批复同意盘锦海港口岸对外开放。2015年，盘锦港纳入了《辽宁省参与建设丝绸之路经济带和21世纪海上丝绸之路实施方案》中的“辽满欧”“辽蒙欧”“辽海欧”三大国际通道。2015年6月16日，盘锦市政府与满洲里市政府签订了口岸合作协议。2015年10月18日，“盘满欧”集装箱国际班列正式开通，发出首列“盘锦港—满洲里—莫斯科”班列。2015年12月3日，盘锦海港口岸对外开放通过省级预备验收。2015年12月21日，盘锦市政府与二连浩特市政府签订了口岸合作协议。2016年9月6日，盘锦海港口岸通过国家级验收。2017年5月10日，盘锦港开通东北首班“辽蒙欧”中欧班列。2019年，盘锦港新增至温州集装箱航线，航线总数达到16条，已建成通辽、法库、辽中、齐齐哈尔、佳木斯等7个陆港。2019年3月14日，盘锦港进境粮食指定监管场地顺利通过海关总署现场考核验收；同年5月8日，海关总署正式对外发布新增盘锦港为进境粮食指定监管场地。

2021年，盘锦港货物吞吐量5 592万吨，同比减少2.7%，其中，外贸进出口货运量1 264.4万吨，同比增长6.5%；集装箱吞吐量43.2万标箱，同比增长9.1%。

【葫芦岛水运（海港）口岸】 葫芦岛港位于辽东湾北岸的辽西走廊，三面环山，素有北方不冻良港之称，背靠102国道、京沈高速公路、京哈铁路和秦沈客运专线，东距营口港60海里，西距秦皇岛港90海里，处环渤海经济圈、东北和华北经济连接点。葫芦岛港历史悠久，1908年开始筹划建设，于1937年开始通航。1984年8月经国务院等批准，葫芦岛港开始军民合用，开展内贸运输。1995年葫芦岛市进行港口扩建工程，开始建设1万吨级泊位1个，1999年竣工进行试营运，同年国务院批准葫芦岛港对外开放

（国轮外运）。2000 年，万吨级码头通过营运验收和口岸开放验收。2002 年，葫芦岛港一期工程移址柳条沟港区建设。2007 年，国务院批准葫芦岛港对外国籍船舶开放；2010 年 11 月，葫芦岛港通过国家口岸扩大开放验收。2014 年，葫芦岛港升级为地方重要港口。

2021 年，葫芦岛港货物吞吐量为 3 167.2 万吨，同比增长 0.6%，其中，外贸进出口货运量 95.7 万吨，同比减少 53.5 %；集装箱吞吐量 0.3 万标箱，同比减少 97%。货种主要有原油、矿建材料、金属矿石、钢材和粮食。

葫芦岛港规划一港四区，即柳条沟港区、绥中港区、北港港区和兴城港区，具体情况如下。

葫芦岛港柳条沟港区：葫芦岛港集团有限公司现拥有码头泊位 7 个，港区年综合设计通过能力 725 万吨。2021 年，完成货物吞吐量 1 944.8 万吨，同比下降 14.32%，其中外贸 95.7 万吨，同比减少 53.50%；完成集装箱 0.3 万标箱，同比下降 97.0%。主要货种为钢材、矿建材料、金属矿石和粮食。

葫芦岛港绥中港区：拥有 3 个港口企业，分别是绥中港集团有限公司、绥中 36-1 原油终端处理厂和绥中电厂。拥有货主专用码头 6 个和公共码头 5 个，港区年综合通过能力 2 759 万吨。其中，绥中港集团有限公司已建成 5 个 5 000 吨级通用泊位（水工结构 3 个 5 万吨级）。绥中电厂有 3 000 吨级、1 万吨级、5 万吨级煤炭专用泊位各 1 个，主要货种为煤炭，设计通过能力为 750 万吨。绥中 36-1 原油终端处理厂 5 000 吨级、3 万吨级、5 万吨级原油专用泊位各 1 个，主要货种为原油，设计通过能力 1 570 万吨。2021 年，绥中港集团完成吞吐量 627.8 万吨，同比增长 24.0%；完成集装箱 0.1 万标箱，同比下降 90.9%；主要货种为煤炭、粮食、矿建材料。2021 年，绥中发电有限责任公司完成吞吐量 323.8 万吨，同比增长 38.6%；单一货种煤炭。2021 年，绥中 36-1 原油终端处理厂完成吞吐量 913.7 万吨，同比增长 10.7%；单一货种原油，主要输出到天津港、南京港等十多个港口。

葫芦岛港北港港区：是北港工业园区的配套港区，目前主要有东宝集团船舶制造有限公司、葫芦岛北龙物流集团和渤海船舶重工有限责任公司。东宝集团船舶制造有限公司有 5 个舾装码头。葫芦岛北龙物流集团有 3 个舾装码头，分别为 2 个 5 万吨级散杂货船舾装泊位和 1 个 7 000 吨级舾装泊位。2021 年，葫芦岛北龙物流集团完成吞吐量 270.7 万吨，同比增长 94.6%；主要货种为钢材、水泥和矿建材料。

葫芦岛港兴城港区：是葫芦岛港的预留发展港区，目前主要以客运为主。兴城港区现有码头主要是觉华岛陆岛交通码头，在兴城海滨建有 7 个 500 吨级陆岛交通码头，年综合通过能力 50 万人次。2021 年，客运量 5.77 万人次，同比下降 61.98 %；客运周转量 75.04 万人公里，同比下降 61.98 %。

【旅顺新港水运（海港）口岸】 旅顺新港海港口岸位于辽东半岛最南端，与山东半岛隔海相望，是天然不冻港，海岸线长度 169 千米，是沟通辽东半岛和山东半岛的“黄金水道”。口岸于 2006 年 8 月 16 日获得国务院批准对外开放，2009 年 11 月 20 日通过国家验收，2010 年 1 月 6 日正式对外开放。截至 2021 年 12 月，旅顺新港口岸拥有 2 个开放杂货泊位，辖区内中远川崎船舶工程有限公司、大连今冈船舶工程有限公司、大连滨海船舶修造有限公司码头实现口岸临时开放。旅顺新港口岸已开通旅顺至烟台、旅顺至蓬莱、旅顺至龙口、旅顺至东营、旅顺至潍坊、旅顺至天津 6 条国内省际客货滚装航线；主要进口货物为钢材、机械零部件、水产品等原材料，主要出口货物为成品货船、船舶分段、大型机械设备等各种加工贸易成品。

2021 年，旅顺新港累计完成旅客吞吐量 87.72 万人次，同比增长 32.87%，累计完成货物吞吐量 2 241.91 万吨，同比减少 3.7%。

【庄河水运（海港）口岸】 庄河海港口岸位于辽东半岛东侧南部，是黄海、渤海距日、韩最近的港口，滨海公路横贯东西，于 2007 年 9 月 12 日获国务院批准对外开放，2009 年 11 月 18 日通过国家验收，2010 年 1 月 20 日正式对外开放。庄河港区共有泊位 27 个，其中已建成投入使用泊位 14 个、在建泊位 13 个，按区域分：将军石作业区已建成泊位 6 个，在建泊位 10 个；黑岛作业区已建成泊位 1 个；石城港已建成泊位 4 个；王家港已建成泊位 2 个，在建泊位 3 个；寿龙岛港已建成泊位 1 个。截至 2021 年年底，庄河港区已开放泊位 6 个。

2021 年，庄河港区完成货物吞吐量 330.13 万吨，同比增长 16.23 %。

【长兴岛水运（海港）口岸】 长兴岛港区主要包括长兴岛、西中岛、凤鸣岛 3 个自然岛屿，与大陆以海沟、浅滩相隔，长兴、西中、凤鸣三岛间形成了葫芦山湾和董家口湾两个海湾。长兴岛地区深水岸线资源丰富，港口建设条件优良。港址南距旅顺新港约 59 海里，北距营口港约 101 海里。2011 年 7 月 30 日国务院同意长兴岛港口岸对外开放。2019 年 10 月 9 日，长兴岛海港口岸通过国家验收，正式对外开放。

长兴岛港区分为长兴岛北岸作业区、长兴岛南岸作业区和西中岛作业区。长兴岛北岸作业区：恒力石化项目 1 个 2 万吨级散货泊位（已升级为限制船长的 5 万吨级泊位）、3 个 5 万吨级散货泊位、2 个 10 万吨级液体散货泊位及 1 个 5 000 吨级液体散货泊位；防波堤外侧大连港长兴岛 30 万吨级原油码头、内侧 10 万吨级原油码头及后方原油库区一期工程已建成。南岸作业区：公共港区西侧 0#~3#通用泊位（5 万~7 万吨级）。西中岛作业区：南防波堤工程基本完工。

口岸货物以原油、液体化学品、散货为主。近几年长兴岛港区吞吐量呈快速增长趋势。

2021 年，长兴岛港货物吞吐量 8 042.14 万吨，同比增长 3.10%，其中，外贸货物吞吐量 2 644.23 万吨，同比下降 2.65 %。

【丹东陆路（铁路）口岸】 丹东铁路口岸通过中朝友谊大桥与朝鲜新义州口岸相对应。口岸地点设在铁路丹东站，分为客运和货运两部分。1954 年，中朝两国签订了铁路联运协定，开通北京至平壤、平壤至莫斯科往返直通国际联运旅客列车，经停丹东站，每周二、四、五、日出境，周一、三、四、六入境。经中朝协商，每天都有丹东铁路口岸至朝鲜新义州口岸旅客列车。国际联运货物列车每天往返 4 对。2001 年 11 月 24 日，中朝两国签订了《中朝边境口岸及其管理制度的协定》，明确规定：铁路口岸允许持有效护照及签证或边境通行证的双方公民、货物和运输工具通过；允许持有效护照及签证的第三国公民、货物和运输工具通过；铁路口岸每日的开放时间按中朝双方间有关协议中的铁路运行时刻表执行，不受双方规定的节假日和边境口岸每天开放时间的限制。2006 年 8 月，铁路丹东站改造建设；2008 年年底，铁路丹东站新站舍竣工并投入使用。2021 年，受新冠肺炎疫情影响，丹东铁路口岸暂停客货通关。

【丹东陆路（公路）口岸】 丹东公路口岸通过中朝友谊大桥与朝鲜新义州口岸相连。口岸地点设在中朝友谊桥旁。丹东公路口岸是于 1955 年经中朝双方商定批准的对外开放口岸，也是我国与朝鲜半岛接壤的口岸中可通行第三国人员的口岸。丹东公路口岸分为客运和货运两部分。1966 年口岸关闭，1981 年恢复通关。2004 年 6 月，公路口岸扩建改造；2005 年 6 月 20 日，改造后的公路口岸正式投入使用。丹东公路口岸公路客运班车由中朝双方共同营运，主要接送两国边民。2021 年，受新冠肺炎疫情影响，丹东公路口岸暂停客货通关。

大连市

【辽宁省、大连市与招商局集团共同签署了《开发建设太平湾合作协议》】 2021 年 9 月 22 日，大连太平湾合作创新区签约开工仪式暨大连市第三季度重大项目签约和集中开工活动在大连市太平湾港口举行。辽宁省委书记、省人大常委会主任张国清，省委副书记、省长刘宁，国务院国资委副主任袁野，招商局集团董事长缪建民、总经理胡建华出席签约仪式。辽宁省委常委、大连市委书记胡玉亭主持。会上，辽宁省、大连市与招商局集团共同签署了《开发建设太平湾合作协议》，这成为太平湾开发建设的一个新里程碑。太平湾合作创新区将积极构建“前海—太平湾创新合作平台”“国资央企合作经济飞地”“东北亚合作经济飞地”，倾力打造集“港、产、城、融、创”于一体的东北新特区、绿色低碳高质量发展先行区、东北亚对外开放新前沿；是辽宁省、大连市与招商局集团合作共建的重大战略性产业新城，是深化央地合作、优化结构调整、助力东北振兴的新项目、新平台、新模式。截至 2021 年 12 月，与太平湾开发建设签约项目共 34 个，开工项目共 12 个，项目涉及造船基地、粮油加工、新能源、智慧城市、金融合作、基础设施建设等多个领域，太平湾开始在多个核心产业布局“落子”。其中，大连太平湾与中国船舶大船集团开展深度合作，建设从研发、设计到制造的全球海洋高端制造样板；与嘉吉公司共同打造综合性的粮油食品产业园；与三峡集团、金风科技、国华能源、安泰环境、东北电力等新能源龙头企业和北京国氢中联氢能科技研究院、中国科学院大连化学物理研究所等科研机构联合发展氢能、核能等新能源产业等。

【加快推进区域枢纽机场建设】 大连空运口岸出台了《加快推进大连空港高质量发展实施方案》和《大连市航空运输业发展专项补贴资金管理暂行办法》，进一步提升大连航空市场竞争力；积极支持航空公司复航和开通国际货运航线，2021 年全年开通了大阪、首尔、海参崴等 4 条跨境电商和生鲜货运专线，周货运航线由 14 班增至 20 班以上；推进旅客中转业务，开通了大连北站城市候机楼，不断拓展航空延伸服务。

【优化通关服务，着力提升贸易便利化水平】 大连口岸试点启动了大宗货物提货单无纸化，推进通关效率“质”的提升；试点开展了“船边直提”“抵港直装”等便利举措，全面提升进口冷链食品、危险品业务通关便利化水平；推广“两段准入”等监管改革，减少货物在港区堆存的时间和成本，满足企业快速通关需求；推广“互联网+港航服务”智慧模式，推出港口物流业务电子支付功能，实现码头部分费用网上结算，率先实现全国港口首单数字人民币结算业务；完成了国际贸易“单一窗口”通关时效评估系统、监管查验公示系统、拖轮服务公共信息系统等 5 项地方特色功能的开发建设。

2021 年辽宁省口岸大事记

2 月 4 日

东北陆海新通道建设协作联盟会议以视频会议方式在锦州成功召开。

4 月 20 日

锦州港（通辽）内陆港揭牌仪式及推介会在通辽市隆重举行。锦州港（通辽）内陆港的成立，使锦州港（通辽）内陆港成为通辽经济建设的“黄金海岸”。

5月28日

"中国・锦州—莫斯科"集装箱货运班列线路正式首发。这是锦州市积极融入"一带一路"建设、着力谋划高质量发展的重要举措。

8月9日

"锦州港—俄罗斯东方港"外贸直航航线首航成功，密切了锦州港与俄罗斯乃至世界的联系，具有开创性和里程碑式的意义。

8月28日

辽宁省政府、大连市政府、招商局集团在深圳招商局广场签署落实《辽宁沿海经济带高质量发展规划》，推动辽港、太平湾高质量发展合作。省长刘宁出席签约仪式。

9月22日

辽宁省、大连市与招商局集团共同签署了《开发建设太平湾合作协议》。辽宁省委书记、省人大常委会主任张国清，省委副书记、省长刘宁，国务院国资委副主任袁野，招商局集团董事长缪建民、总经理胡建华出席签约仪式。

10月9日

中国兵器工业集团有限公司总经理刘大山一行，来锦州港调研中国北方能源基地项目。

10月24日

辽宁省委副书记、代省长李乐成调研中国（辽宁）自收贸易试验区大连片区。

12月30日

交通运输部安全总监李国平带队到盘锦海事局开展工作督查。

（撰稿人：刘小苹、武兴鹏、王男、汪晓驰、王钧书、辛玲、王玲玲、李洪岩、张学忠、秦玮、李国纲、尹君）

2021 年辽宁省口岸流量统计表

口岸类型		口岸名称	货运量（万吨）				集装箱量（万标箱）				人员（万人次）				交通工具（辆、艘、架、列次）			
			出口	进口	合计	同比（%）	出口	进口	合计	同比（%）	出境	入境	合计	同比（%）	出境	入境	合计	同比（%）
空运口岸		沈阳	1.1	0.2	1.3	160.0												
		大连	2.7	1.6	4.3	59.3												
		分计	3.8	1.8	5.6	75.0					17.4	18.3	35.7	-33.0			3 000	-44.7
陆路口岸	公路口岸	丹东																
		分计																
	铁路口岸	丹东																
		分计																
水运口岸	海港口岸	大连	3 896.6	9 964.2	13 860.8	-15.2			290.3	-25.4								
		营口	1 240.8	6 799.7	8 040.5	-11.2			5.7	83.9								
		丹东	142.9	1 781.2	1 924.1	-6.7			3.7	12.1								
		锦州	280.8	1 787.1	2 067.9	3.2			0.3	-96.6								
		葫芦岛		95.7	95.7	-53.5												
		盘锦	66.6	1 197.8	1 264.4	6.5												
		分计	5 627.7	21 625.7	27 253.4	-11.7			300.0	-25.8							11 000	-17.1
合计			5 631.5	21 627.5	27 259.0	-11.7			300.0	-25.8							14 000	-25.1

（辽宁省口岸办提供）

2021 年沈阳海关主要数据统计表

项　目		2021 年	2020 年	同比（%）
进出口货运量（万吨）	合计	2 057. 8	2 217. 7	-7. 21
	进口	1 706. 5	1 775. 6	-3. 89
	出口	351. 3	442. 1	-20. 52
进出口贸易总值（万美元）	合计	2 193 935. 0	1 618 589. 0	35. 55
	进口	1 801 807	1 321 777	36. 32
	其中：江、海运输	1 629 559	1 192 344	36. 67
	铁路运输	116 998	77 052	51. 84
	汽车运输	473	714	-33. 75
	航空运输	53 391	50 343	6. 05
	邮件运输	1 356	1 281	5. 85
	其他运输	30	43	-30. 23
	出口	392 128	296 812	32. 11
	其中：江、海运输	172 483	182 438	-5. 46
	铁路运输	76 054	76 334	-0. 37
	汽车运输	92	146	-36. 99
	航空运输	75 027	25 019	199. 88
	邮件运输	2 630	2 536	3. 71
	其他运输	65 842	10 339	536. 83
税收（万元）	两税合计	2 016 202. 1	1 617 033. 3	24. 69
	关税入库	419 798. 7	371 617. 3	12. 97
	进口环节税入库	1 596 403. 4	1 245 416. 1	28. 18

（沈阳海关提供）

2021 年大连海关主要数据统计表

项　目		2021 年	2020 年	同比（%）
进出口货运量（万吨）	合计	23 939. 25	25 158. 53	-4. 85
	进口	18 830. 87	20 501. 86	-8. 15
	出口	5 108. 38	4 656. 67	9. 70
进出口贸易总值（万美元）	合计	13 889 956. 74	11 099 868. 14	25. 14
	进口	8 094 603. 71	6 528 465. 10	23. 99
	其中：江、海运输	7 625 564. 78	6 110 163. 73	24. 80
	铁路运输	2 255. 52	1 713. 04	31. 67
	汽车运输	1 723. 48	1 524. 35	13. 06
	航空运输	456 418. 11	410 218. 03	11. 26
	邮件运输	3 237. 11	3 237. 72	-0. 02
	其他运输	5 404. 72	1 608. 22	236. 07
	出口	5 795 353. 03	4 571 403. 04	26. 77
	其中：江、海运输	5 036 832. 61	3 997 365. 39	26. 00
	铁路运输	29 356. 26	7 012. 81	318. 61
	汽车运输	1 500. 95	14 564. 23	-89. 69
	航空运输	611 540. 85	482 877. 67	26. 65
	邮件运输	23 833. 14	20 692. 17	15. 18
	其他运输	92 289. 23	48 890. 77	88. 77
税收（万元）	两税合计	6 540 675. 84	5 844 956. 08	11. 90
	关税入库	795 112. 63	783 305. 80	1. 51
	进口环节税入库	5 745 563. 21	5 061 650. 28	13. 51

（大连海关提供）

2021 年辽宁海事局进出港船舶统计汇总表

船舶类别	进港船舶							出港船舶						
	艘数（艘）	总吨（吨位）	总载重量（吨）	载客量（客位）	船员人数（人次）	货物到达量（吨）	旅客到达量（人）	艘数（艘）	总吨（吨位）	总载重量（吨）	载客量（客位）	船员人数（人次）	货物发送量（吨）	旅客发送量（人）
总　计	140 629	861 721 834	1 082 160 372	7 381 340	2 100 486	359 467 656	3 066 944	139 860	863 116 420	1 085 054 859	7 386 731	2 089 149	429 511 610	3 137 471
中国籍船舶	132 580	602 353 012	612 993 653	7 207 567	1 947 807	152 708 927	3 066 944	131 686	599 882 268	609 257 395	7 212 477	1 935 043	368 584 320	3 137 471
其中外贸船	430	7 958 134	14 516 115	0	8 296	8 074 722	0	468	7 650 924	13 743 153	0	8 936	3 185 071	0

（辽宁海事局提供）

吉 林 省

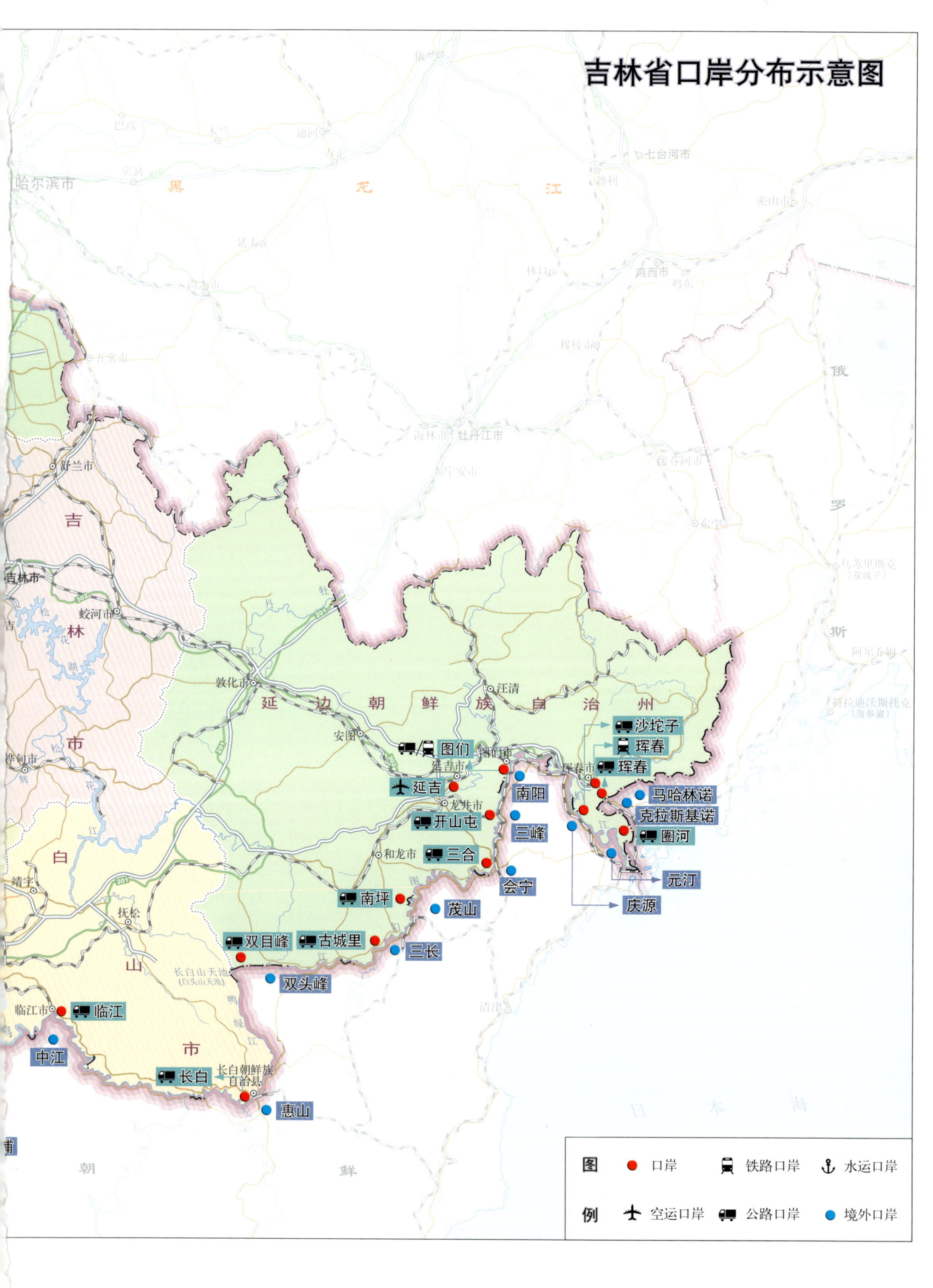

吉林省口岸分布示意图
黑
龙
江
俄
罗
斯
吉
林
市
白
山
市
延
边
朝
鲜
族
自
治
州
朝
鲜
日
本
海
哈尔滨市
七台河市
鸡西市
牡丹江市
绥芬河市
吉林市
蛟河市
舒兰市
敦化市
汪清
安图
延吉市
图们市
珲春市
龙井市
和龙市
抚松
靖宇
临江市
长白山天池
(白头山天池)
长白朝鲜族
自治县
图们
沙坨子
珲春
珲春
延吉
南阳
马哈林诺
克拉斯基诺
开山屯
三峰
圈河
三合
元汀
会宁
南坪
庆源
茂山
双目峰
古城里
三长
双头峰
临江
中江
长白
惠山
图
例
口岸
铁路口岸
水运口岸
空运口岸
公路口岸
境外口岸

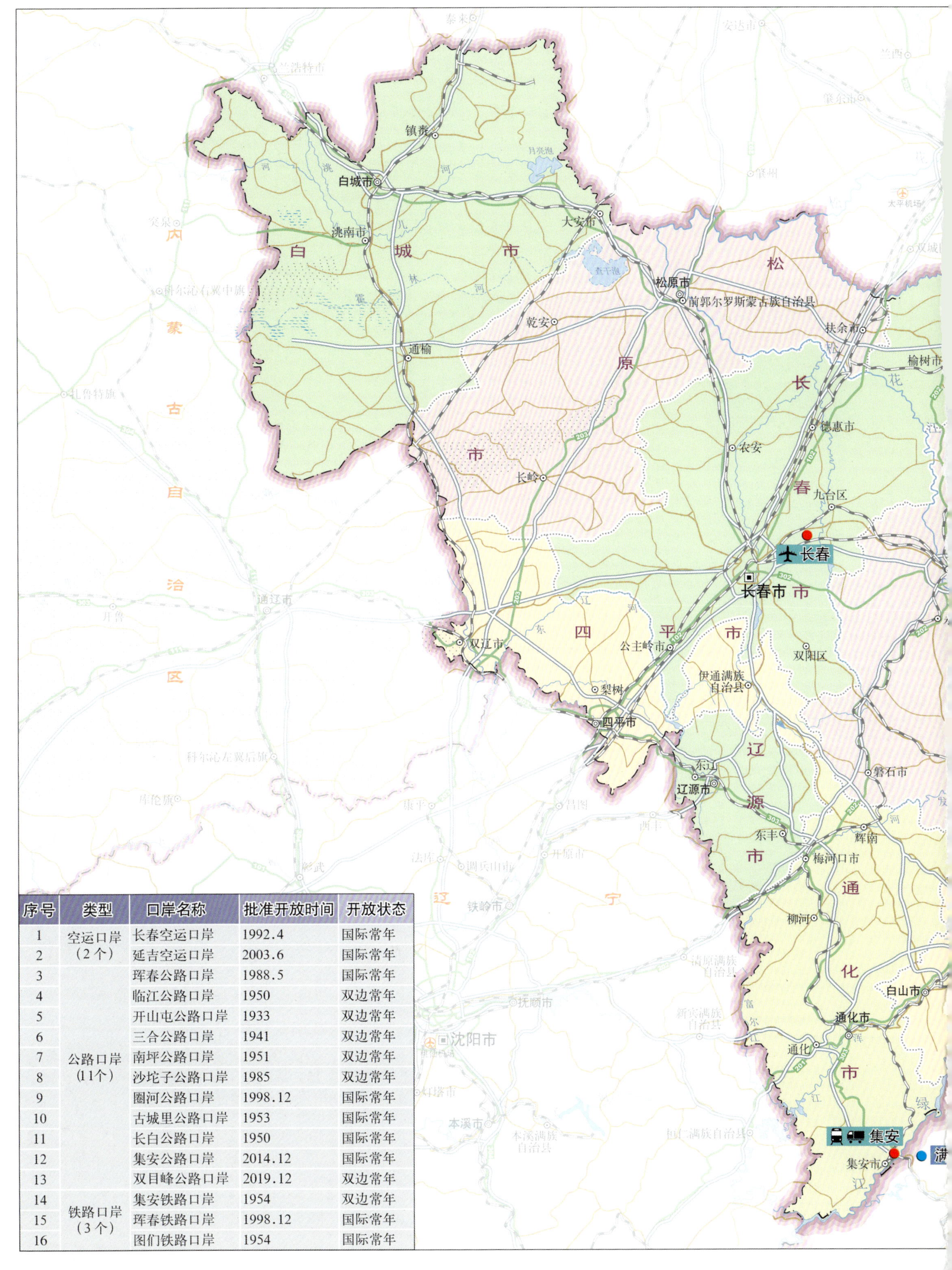

序号	类型	口岸名称	批准开放时间	开放状态
1	空运口岸（2个）	长春空运口岸	1992.4	国际常年
2		延吉空运口岸	2003.6	国际常年
3	公路口岸（11个）	珲春公路口岸	1988.5	国际常年
4		临江公路口岸	1950	双边常年
5		开山屯公路口岸	1933	双边常年
6		三合公路口岸	1941	双边常年
7		南坪公路口岸	1951	双边常年
8		沙坨子公路口岸	1985	双边常年
9		圈河公路口岸	1998.12	国际常年
10		古城里公路口岸	1953	国际常年
11		长白公路口岸	1950	国际常年
12		集安公路口岸	2014.12	国际常年
13		双目峰公路口岸	2019.12	双边常年
14	铁路口岸（3个）	集安铁路口岸	1954	双边常年
15		珲春铁路口岸	1998.12	国际常年
16		图们铁路口岸	1954	国际常年

口岸数量及分布

截至2021年年底，吉林省共有经国务院批准的对外开放口岸16个。其中，空运口岸2个，分别是长春、延吉空运口岸；陆路（铁路）口岸3个，分别是集安、图们、珲春铁路口岸；陆路（公路）口岸11个，分别是南坪、珲春、圈河、长白、临江、三合、开山屯、古城里、沙坨子、集安、双目峰公路口岸。中朝边境口岸12个，中俄边境口岸2个。

口岸运行数据

2021年，吉林省口岸进出境货运量311万吨，同比增长10.4%；进出境人员7.9万人次，同比下降75.3%；进出境交通工具20 844辆（列、节、架）次，同比下降6.1%。

口岸综合管理

【口岸疫情防控能力全面提升】 一是指导各地口岸部门建立制订应急预案、应急保障体系、口岸现场应急保障物资专用窗口和绿色通道，实现应急保障物资7×24小时预约通关。二是在国家口岸管理办公室的指导下，建立口岸信息报送机制。各边境口岸指派专人负责口岸运行每日监测工作，签署边境口岸运行监测数据安全责任书，对全省口岸的运行情况实行日调度，将相关信息汇总，于每日20：00时前上报国家口岸管理办公室。三是成立口岸疫情防控工作组，牵头负责全省口岸疫情防控工作。建立口岸疫情防控工作组工作制度，明确了各成员单位任务分工，较好地完成了吉林省疫情防控领导小组交办的各项工作任务。四是按照国务院联防联控机制进一步加强疫情防控工作要求，协调各口岸所在地政府成立外防输入工作专班，在机场、边境口岸驻点办公，加强境外疫情输入防控，开展防控风险排查，做好常态化疫情防控工作，坚决守住守好口岸城市防线。五是按照国务院联防联控机制加强口岸城市疫情防控工作通知要求，会同长春海关、吉林省交通运输厅、吉林省市场监管厅、吉林省卫健委赴珲春市督导检查冷链企业风险排查工作，撰写督察报告报吉林省疫情防控领导小组。六是贯彻落实海关总署等九部委发布的关于建立健全口岸安全联合防控工作制度的指导意见和海关总署办公厅发布的关于建立健全口岸安全联合防控工作制度的指导意见任务分工的相关通知，制订了吉林省建立健全口岸安全联防联控相关实施方案，完成了相关部门征求意见。

【口岸对外开放取得新成绩】 一是指导长春市口岸办、延边州口岸办、珲春市口岸办做好长春空运口岸、延吉空运口岸、珲春对俄口岸完善防疫设施建设，为疫情期间口岸对外开放奠定了坚实的基础。二是药品进口口岸获得国务院批准设立，2021年6月7日经国务院批复同意，国家药品监督管理局和海关总署发布公告，增设长春空运口岸为药品进口口岸，结束了吉林省“有进口药品、无药品进口”的历史。三是为促进边境地区贸易发展，巩固边境地区繁荣稳定，2021年6月7日，向国家口岸管理办公室上报了《关于申请广坪通道临时对外开放的请示》。四是吉林省口岸发展“十四五”规划已印发，对吉林省“十四五”时期口岸高质量发展做出系统谋划和总体安排。五是提请吉林省政府常务会议专题研究综合保税区发展情况，陪同省领导赴综合保税区调研，组织综合保税区管理机构赴重庆、宁波学习建设经验，提请吉林省政府同意设立推进综合保税区高质量发展领导小组并召开第一次全体会议，提请吉林省政府发布推进综合保税区高水平开放高质量发展相关实施方案，全力推进吉林省综合保区高质量发展。

【口岸通道建设稳步推进】 一是推动“长满欧”“长春—汉堡”持续运行。2021年，由于沈阳铁路局班列车次安排不稳定，给吉林省班列货运组织带来了极大的困难。经与国家铁路局、沈阳铁路局积极协调，努力提高班列计划性和稳定性，确保吉林省每月开行计划数量。经多方努力，2021 年 1 月~12 月，吉林省中欧班列共承运货物 13 772 标箱，同比下降 4.4%；承运货物 11.83 万吨，同比下降 22.8%；货值约 39.59 亿元，同比下降 0.1%。二是支持开通“长珲欧”班列线路，“长珲欧”作为吉林省中欧班列互补通道，有效缓解了中欧班列出境计划不足的现状。在中俄双方口岸、海关部门大力支持下，目前“长珲欧”已有 13 列出境测试班列从珲春铁路口岸出境，经俄罗斯，最终抵达波兰、德国等欧洲腹地。三是会同长春海关、吉林省发展改革委、吉林省外事办、珲春市政府、东北亚铁路集团召开专题会，全面分析珲春铁路口岸存在的问题，研究推进珲春铁路口岸通关能力提升措施。

【口岸基础设施建设进一步提升】 一是加强边境口岸联检设施建设，推进圈河公路口岸联检楼主体部分施工完成，改造三合、开山屯公路口岸联检楼通道及功能用房，完成图们铁路口岸业务用房项目。二是推进口岸指定监管场所建设，三合公路口岸食用水生动物和冰鲜海产品监管场所建设基本完工，珲春各口岸指定监管场所建设稳步推进。三是推进一批老旧口岸基础设施维修改造项目。图们公路口岸信息化网络、视频化升级改造项目，图们口岸医学用房改造项目，三合口岸前置拦截区改扩建项目，临江口岸旅检通道设备升级改造项目，临江口岸限定区域基础设施改造项目，长白口岸部分基础设施改造项目，古城里口岸区域内基础设施改造项目，古城里口岸联建楼、监管楼、仓库外观改造项目，老虎哨智能查验系统采购项目均已竣工。

【口岸交流合作进一步深化】 一是为落实国家提出的疫情期间对俄口岸平稳运行有关要求，针对俄克拉斯基诺口岸货运车辆滞留的情况，在吉林省内口岸查验部门的支持下，经与俄远东边界局协商，报国家口岸管理办公室同意后，将珲春公路口岸工作时间调整为 7 天 8 小时，特殊情况下协调相关部门将工作时间延长至 7 天 10 小时，保障货物及时通关。二是积极推动国家口岸管理办公室协调俄方国家口岸管理部门提高通关效率，积极协调珲春市口岸办在严格遵守疫情防控要求的前提下，提升珲春对俄口岸换装效率，提升口岸货物通行能力。三是将吉林省对俄口岸关注的问题列入中俄口岸工作组第二十四次会议议题，推动俄方进一步提升口岸疫情防控能力，加强口岸疫情防控合作，加快克拉斯基诺公路口岸和马哈林诺铁路口岸基础设施和查验设施建设进程，提升口岸通关效率。

【口岸营商环境不断优化】 进一步落实国家口岸管理办公室关于做好“单一窗口”全国口岸收费及服务信息发布系统上线推广工作的相关通知中的各项要求，指导各地口岸部门进一步规范口岸收费工作，对涉及口岸收费业务的企业全部在“单一窗口”中公示，做到公示之外无收费。会同长春海关和吉林省市场监管厅发布 2021 年吉林省促进跨境贸易便利化相关工作方案，指导地区商务部门做好相关落实工作及营商环境评估考核工作。按照国务院第八次大督查深化“放管服”改革优化营商环境督查组的要求，调研口岸营商环境落实情况，形成工作报告。按照吉林省政府批示精神，组织吉林市场监管厅、延边州政府赴珲春口岸，对群众举报口岸收费问题，进行调查核实，并将相关情况向吉林省政府反馈。

【国际贸易“单一窗口”平台进一步完善】 一是积极推进铁路口岸预约通关模块建设，进一步提高通关效率。2021 年，已经完成长春兴隆铁路集装箱场站的系统开放和运行，已完成吉林保税 B 区系统的测试。二是与联检部门沟通协调，优化应用便捷度，向物流节点推送查验指令。三是与技术运营团队一起，通过微信群、公众号、QQ 群等方式，在线解答企业在使用“单一窗口”中遇到的问题，宣传国家政策、推介“单一窗口”的使用。四是积极开展各种培训活动。4 月 28 日为 40 余家企业进行“单一窗口”全国口岸收费及服务信息发布系统应用培训，12 月 14 日，联合吉林省药监局、长春海关、省商务厅外贸发展处和长春兴隆综合保税区，为省内 20 余家从事药品进口业务的生产企业和贸易企业进行“单一窗口”药品药材进口业务操作培训。

【长春市兴隆综合保税区建设成绩显著】 一是园区业务实现较大增长。2021 年，园区业务额完成 60 亿元，其中一线进出口额 17.5 亿元（不含中欧班列国际转运货）。二是对外通道建设稳步推进。“长满欧”班列实现常态化运行，承运货值 31.42 亿元，同比增长 1.6%，本省货占比 42%；“长珲欧”班列完成出境测试，进出口货物 1 624 标箱，货值 3.73 亿元，包括一汽红旗 200 辆电动车通过“长珲欧”出口至挪威；海铁联运稳定运行，发运 50 231 标箱，在大连封港期间，运送一汽进口汽车零部件 900 余箱，保障了疫情期间企业正常生产；中德跨境货运包机航线顺利开通，累计飞行 18 班，出口货值 1.04 亿元；卡车航班业务稳定开展，累计报关 572 票，承运货重 722 吨，货值 5.39 亿元。三是平台带动作用日益增强。跨境电商综合试验区建设稳步推进，完成了吉林省首单“9710” B2B 出口业务测试，探索利用“9810”监管方式实现整车出口；药品进口口岸顺利获批，进出口展示交易中心人气大幅提升，新开业商户 10 家，全年销售额 3 182 万元，年货节 7 天时间销售额 245 万元，总到访人数 1.5 万人次。四是招商引资取得较好成效。新签约加工贸易项目 7 个、国际贸易项目 56 个，落位项目总计 56 个，保税物流项目有较大突破，其中宝通物流代理的进口高端发动机保税仓储项目顺利落位，长客以色列城铁出口项目首次通过综合保税区开展进出口业务。五是二期工程通过吉林省级验收。12 月 9 日顺利通过了由吉林省商务厅牵头的吉林省级验收，实现了当年建设、当年验收的目标。

【珲春综合保税区实现快速发展】 一是园区业务实现较大增长。2021 年，实现一线进出口贸易额 39 亿元，同比增长 62.5%；跨境电商进出口贸易额 21.5 亿元，同比增长 118%。二是多措并举促进跨境电商业务迅速增长。申报菜鸟国际认证对俄干线物流节点城市获批，珲春综合保税区保税仓成为全国第 5 家菜鸟国际认证仓、东北唯一一家经菜鸟认证的对俄干线物流节点城市。开通了东北首条跨境电商包裹国际公路运输（TIR）业务，实现珲春—莫斯科—英国货物直通车。与京东全球售达成合作协议，开展跨境电商备货出口、全国一体化通关等俄向保税边境仓备货商业快递出口业务，成为全国第 2 个京东全球售协同备货仓。出台支持海外仓发展政策措施，指导企业加强海外仓建设，珲春跨境电商企业已在俄罗斯乌苏里斯克和莫斯科建设海外仓 2 个，面积达 1.1 万平方米，主要用于跨境电商货物仓储、分拨，极大地提升了物流配送效率和企业竞争力。三是获批新的关区代码。珲春综合保税区管理局在认真研究海关总署相关政策基础上，致函珲春海关申请增设新的关区代码并最终获批关区代码“1567”。进一步促进综合保税区跨境电商贸易便利化，跨境电商贸易额将纳入珲春综合保税区贸易额。2021 年 12 月 29 日，珲春综合保税区使用珲综口岸新的代码“1567”通过“9810”监管方式进行实单测试，成功将 10.5 吨跨境电商商品出口备货到俄罗斯海外仓。这是吉林省首票通过跨境电商“9810”（跨境电商出口海外仓）方式申报通关，实现了多方式、多途径、多渠道进出口贸易模式。

【延吉国际空港经济开发区保税物流中心（B 型）（以下简称“延吉保 B”）平稳运行】 一是监管政策落到实处，延吉保 B 运营常态化。延吉保 B 运营工作开展顺畅，实现“境外货物入区保税”“境内区外货物入区退税”等业态的驻区展业工作，已顺利开展加工贸易出口、进口保税仓储、一般贸易属地申报等业务，进入封关运营常态化阶段。2021 年，延吉保 B 共完成贸易额 9 012 万元（调整后），出口报关单量 330 单，占延吉海关出口报关单总量的 80%；其在全国保税物流中心进出口统计中贸易额排名第 63 位，贸易增长量排名第 43 位；贸易总量及增量在吉林省保税物流中心中均排第 1 位。二是区港联动成效明显，大幅降低驻区企业集港成本。在做好延吉保 B 外向型企业驻区管理工作的同时，深入研究本地外向型企业进出口货物在国际物流及集港运输方面存在的问题及难点，并积极协调沟通丹东港及班轮航线，使部分口岸功能向内陆转移，将货运代理及舱位代理由丹东港内移至延吉保B。为本地国际贸易货物的进出口打开新的线路，确保进出口企业能抵消疫情影响，及时获得舱位授权，大幅降低集港成本，每标箱平均降费幅度约为 20%。

【吉林市保税物流中心稳定运营】 一是一般贸易持续开展。2021 年，累计填写报关单 102 单，累计监管货值 1 363 万美元、监管货重 5 005 吨；主营业务收入为 142. 53 万元；营业外收入 402. 78 万元。二是完成跨境电商体验店项目建设。2021 年 3 月，商务部批复吉林市成为跨境电商零售进口试点城市，保税中心向海关正式申请并开通“保税跨境贸易电子商务（1210）”业务。同时，按照市商务局统一部署，以保税公司为主体争取到外经贸扶持资金 449. 7 万元，用于建设跨境电商 O2O 体验店及进口商品展示交易中心、跨境电商孵化基地和网红直播基地。整合跨境电商进出口产品进行集中展示交易，将中心打造成吉林地区集人才培养、会展服务、技能培训于一体的跨境电商孵化基地。项目已经全部完成建设。三是全面开展招商工作。2021 年，保税物流中心积极配合相关部门招商工作。持续为企业提供最新政策信息，实时跟进企业业务开展情况。全年接待企业 50 余家，对企业业务开展前期进行全面服务：操作流程咨询答疑服务、代办注册手续及相关资质。提升办理实效，提高办事效率。四是配合非保税货物监管。配合海关部门，在业务规范及安全管理上遵守海关法律法规，对货物进入保税中心内的运输、装卸、存储、出入库等环节严格把控。有效改善了仓储利用率不高等问题。

口岸监管与服务

【长春海关推进依法把关】 2021 年，长春海关深入推进全面依法治关，始终将政治建设放在首位。一是深入学习宣传贯彻落实习近平法治思想。坚持党委理论学习中心组（扩大）学习会议带头学，邀请政法领域专家专题辅导“习近平法治思想”学习，结合学习情况编发习近平法治思想学习专刊 26 期。组织开展关区全体关警员参加并完成“海关系统学习宣传贯彻习近平法治思想网上专题班”。二是加强关区制度体系和治理能力建设。持续推进规范性文件及内部管理制度电子查询平台建设，制定管理办法，长春海关管用适用的制度体系逐步形成。积极参与立法活动，累计提出 51 条立改废建议。对滞纳金征收的认定标准、邮局办理的走私违规案件等提出相关法律建议，规范执法行为。持续推动“三项制度”落实。开展行政处罚、行政强制、行政许可、行政检查“四张流程图”编制工作，共编制流程图 68 张在门户网站公示。三是启动实施第八个五年时期法治宣传教育工作。制订第八个五年（2021—2025 年）时期海关法治宣传教育工作相关实施方案。开展“4・15”“4・26”“8・8”“12・4”，以及“美好生活・民法典相伴”、生物安全法等系列主题宣传活动。开展《中华人民共和国宪法》《中华人民共和国民法典》《中华人民共和国行政处罚法》内外部法治讲座 9 期。向吉林省司法厅提供包容审慎优秀执法案例案卷材料。2021 年，长春海关 1 名同志获得 2016 年～2020 年全国普法工作先进个人称号。四是稳步推进知识产权海关保护工作。开展“龙腾行动 2021”“蓝网行动 2021”知识产权保护专项执法行动，以考核为抓手推动关区知识产权保护工作全面铺开。2021 年，关区查获侵权物品数量较 2020 年同期增长 49%。

【长春海关强化实际监管】 2021 年，长春海关全面加强口岸监管。一是加强货物及运输工具监管。长春海关支持“长满欧”班列稳定运行，推广“顺势监管”方式，发挥联网集中审像中心作用，提升通关效率。2021 年 4 月 30 日首列“长珲欧”顺利办理出境手续，积极宣讲海关支持政策，指导现场为货物运抵及俄方板车入境做好对接工作。二是加强快件邮件监管。长春海关从强化监督制约和日常管理机制、改革优化监管模式、聚焦治理关键风险点、切实提高风险防控力度和提升监管链条严密性 5 个方面加强管理，2个典型案例被总署采用并向全国通报。积极开展打击跨境电商进口走私“断链刨根”专项整治行动。严厉打击濒危动植物、野生动物及其制品走私。查获疑似象牙制品、红珊瑚和疑似愈疮木。强化芬太尼类等国家管制精神类药品口岸管控。查获氟硝西泮（蓝精灵）、阿普唑仑等精神类药品。三是加强行李物品监管。加强旅检口岸打击“水客”工作，遏制“水客”走私漂移。初步构建关区旅客通关诚信评估体系，引导旅客主动申报纳税，建立特殊旅客黑名单制度。四是加强跨境电商监管。通过召开专题新闻发布会，通报和解读进出口监管试点政策；指导隶属海关开展跨境电子商务出口海外仓、B2B直接出口业务，制订跨境电子商务监管方案。五是加强智能审图。结合关区陆路口岸进出口货物特点，长春海关探索建立关区标准图像库，推进智能审图信息化平台推广应用。关区有关设备接入联网集中审像中心。2021年，各现场通过智能审图系统审核图像较2020年提升2倍。六是加强场所场地监管。在关区范围内开展场所（场地）滞留危险货物排查和清理工作。规范货运渠道监管作业场所、监管作业现场防护服脱卸区设置。对关区监管作业场所（场地）、指定监管场地规范建设情况进行督导检查。七是加强海关口岸监管环节反恐。落实部署关区反恐怖2021年工作，全面梳理关区生化有害因子监测、核辐射监测设备校验工作和超期危险货物滞留情况。举办2021年出口危险化学品检验监管实操、涉恐突发事件应急处置演练活动，邀请地方反恐、应急管理等联防联控部门共同参演，提升口岸突发事件应急处置监管合力。八是强化监管设备工作。强化关区智能化监管设备应用和保障力度，充分发挥监管设备效能，提高设备应用绩效，提升关区智慧监管能力和水平。

【长春海关优化营商环境】 一是优化业务改革。认真贯彻落实两级海关工作会议部署要求，有效推动重点改革任务落实，持续深化全国通关一体化改革，2021年长春海关“两步申报”应用率达到16%，同比增长94%；“提前申报”应用率达到35%，同比增长17%。关区进口、出口货物整体通关时间较2017年分别压缩61.36%和87.59%，圆满完成国务院提出的“到2021年底整体通关时间比2017年压缩一半”的工作目标。深化业务改革创新，不断完善改革问题收集、解决渠道。积极推进“我为群众办实事”实践活动，“眼睛向下”服务企业和基层，围绕支持吉林重点产业发展、畅通“丝路吉林”大通道、支持构建开放平台高地等方面建立改革问题直报点5个，解决改革问题16项，积极释放改革红利，增强企业获得感。二是促进跨境贸易便利化发展。深入开展“以评促改”“以评促优”工作，查摆分析弱项短板6项，研究制定提升跨境贸易便利化重点工作安排。成立长春海关口岸营商环境考核评价专项工作领导小组，对关区16个隶属海关开展口岸营商环境考核评价工作，总结工作亮点，查找存在问题，对标考核评价指标，抓紧采取措施修复、弥补、提升。推动各项改革创新举措向口岸延伸，进一步简化通关手续、优化通关流程，全面推广应用两步申报、提前报关、预约通关、担保放行、先放后检等便利化通关模式，加大国际贸易“单一窗口”推广力度，实现主要业务应用全覆盖，无纸化申报率达到100%，服务覆盖所有口岸和特殊区域，基本满足企业“一站式”业务办理需求。三是集中开展跨境贸易指标培训工作，与吉林省各地级市现场填报部门召开工作交流会，传达国务院最新工作部署要求、解读指标体系构成要素、分析查摆自身不足、明确职责分工、研究梳理亮点示范案例等，为下一步各单位参评做好准备工作。聚焦解决“政策落地最后一公里”问题，充分利用《国门时报》、吉林电视台、《吉林日报》等各类媒体，聚焦社会对海关政策法规需求开展宣传，指导企业用足用好政策红利。

【长春海关强化疫情防控，保障安全发展】 2021年，长春海关毫不动摇坚持“外防输入、内防反弹”总策略，持续强化口岸疫情防控措施。一是严格落实国务院联防联控机制有关疫情防控部署要求，将口岸疫情防控工作有机融入地方联防联控机制整体链条中。持续完善口岸疫情防控工作方案和应急处置预案，做到与地方疫情防控政策和应急机制的充分对接。落实落细入境人员防控措施，严格执行海关总署“三查三排一转运”的口岸检疫防控措施，规范做好登临检疫、体温监测、健康申明卡核验、医学巡查、流行病学调查和采样检测，全面排查入境旅客涉疫风险。持续优化口岸检疫流程，推进实现远程流调，最大限度减少现场工作人员与入境人员接触。结合陆路口岸通关和作业模式等实际情况，按照“一口岸一方案”原则，细化明确各口岸疫情防控工作方案。严格执行“客停货通”“人货分离”等措施，推动地方推广“甩挂”“接驳”“吊装”等非接触式货物交接模式，最大限度防范疫情外溢风险。健全完善口岸检疫闭环，在入境人员移交、信息通报等方面做到无缝对接、闭环管理。深化与地方联防联控机制协作配合，实现由地方政府支援海关口岸采样工作，极大缓解海关入境检疫工作人员不足问题。推动解决各隶属关办理“可感染人类的高致病性病原微生物菌（毒）种或样本准运证书”，解决口岸样本运输合理合法问题。压实航空公司、口岸运营者、医疗废弃物集中处置单位等有关方面主体责任，做好入境客运航空器终末消毒和固液体废弃物处理监督工作。二是结合重点检验检疫任务，全面提升口岸安全水平。坚持做好食品检验检疫、商品检验、动植物检疫工作。针对冷链食品输入风险，在强化口岸风险监测、实施预防性消毒、对输华产品检出新冠核酸阳性境外企业采取紧急预防性措施等方面上下贯通。严格做好进口冷链食品和进口高风险非冷链集装箱货物抽样检测和预防性消毒监督工作，不断完善进口冷链食品疫情防控机制。严格执行总署对相关境外食品生产企业采取的紧急预防性处置措施，推动形成源头管控共识。制定进口冷链食品新冠肺炎疫情防控监控值班表，依托长春海关二级监控指挥中心，对口岸业务现场采样作业、安全防护、消毒监督和作业区域消毒处理等工作进行实时监督指导。强化危险品及其包装检验，落实通关便利化措施，对进口汽车零部件实施采信 CCC 认证证书、“先声明后验证”等措施，对进口铁矿实施“先放后检”措施，对进口大宗商品重量鉴定依企业申请实施，加快通关速度。强化重点敏感商品检验监管，严防“洋垃圾”入境。

【吉林出入境边检总站服务口岸通关】 吉林出入境边检总站在深化促进“放管服”改革、助力口岸经济建设发展方面始终发挥着不可替代的作用。特别是自境外疫情持续发生以来，面对中俄边境鲜活产品货车滞留积压形势，边检机关积极推动珲春口岸实行 7 天 10 小时工作制和 24 小时预约通关模式，先后保障 1.8 万余辆次外贸货车、1 900 余列次货运班列快速通关，日均验放量同比增长 32%，确保了近 300 万吨货物“零延迟”验放，口岸运力提升 1 倍以上，挽回经济损失 2 000 余万元，助力中俄外贸持续保持增长势头。各空港口岸强力推动“放管服”各项措施落实落地，积极优化警力调配，“一手抓好疫情防控，一手抓好提质增效”，全面提升国际货运航班查验效率，确保各项工作服务精准到位，全力维护安全、快捷、高效的出入境通关环境，圆满完成了法兰克福首航等重大专勤保障任务。

【吉林出入境边检总站支持地方外经贸发展】 吉林出入境边检总站聚焦国家口岸“十四五”发展规划，积极参与国家北部“一带一路”、长吉图开发开放、珲春海洋经济发展战略规划实施。研究制定了支持长吉图开发开放先导区建设 12 项服务措施和支持吉林冰雪产业发展服务措施，其中 5 项措施被国家移民管理局采纳并在全国陆地口岸推广。同时，积极建立警民警企协作机制，组织召开珲春警企座谈交流会，主动回应企业代表和群众呼声，征求答复意见 6 类 80 余条。开通 12367 移民管理服务热线，全天候受理出入境人员通关政策咨询，及时解答提醒群众有关出入境诈骗咨询问题，解决群众关注问题 932 个，热线接听率、满意度稳居全国前十名。

【吉林出入境边检总站推动口岸通关改革】 面对境外疫情持续震荡反弹的复杂形势，吉林出入境边检总站聚焦省委省政府“平安吉林”创建目标，扎实推进口岸安全联合防控、警地反恐维稳和应急管理体系建设。以中国共产党成立100周年安保维稳工作为主线，统筹开展“平安国门-2021”“打击涉赌电诈跨境违法犯罪”“打击政治性非法出版物”等系列专项行动，牵头建立“边检大协作”、口岸两级风险评估、要情速递机制，超前预警重大风险和突出隐患。同时，加快推动“智慧口岸”二期试点工程建设，利用“物信联网”系统搭建勤务指挥平台、勤务数据分析、突发事件预警等9大平台模块，有效提升试点口岸重大风险预警感知和科技管控能力。

【吉林出入境边检总站提高口岸规范化管理】 吉林出入境边检总站秉持“公正、专业、友好、文明”的职业理念，努力向中外出入境旅客提供高效、便捷、安全、顺畅的出入境通关环境。科学应对境外疫情震荡反弹态势，制定疫情防控边防检查勤务相关指引，健全独立作战单元勤务制度，科学划分查验候检专区，实行“分组值守巡防、警力梯次补充、风险岗位分级管理”勤务模式，同步在珲春口岸推出“隔窗拍照、远程录入”零接触查验方法。推动延吉口岸建设防控隔离板房，争取属地医疗部门专业力量支持，指导各级规范进行环境消杀、隔离治疗等工作，常态化开展穿脱装备演练和防核、防生化、防疫知识培训，队伍实现“零感染、零输入、零传播”的目标。

【吉林出入境边检总站创新通关监管模式】 面对“德尔塔”“奥密克戎”变异毒株肆虐全球的严峻态势，吉林出入境边检总站坚决贯彻“外防输入、内防反弹”和“人、物、环境同防”策略，落实中俄口岸边境防疫措施，筑牢疫情防控安全屏障。创新建立“一口岸一节点一航班一事件”预警机制，吉林出入境边检总站全面融入口岸安全联合防控体系，运用出入境人员信息数据支撑，保障从口岸检疫、分类转运到信息共享、落地管控的疫情防控闭环管理，全力支持境外人员入境的全流程闭环管理，全量推送省市两级联防联控机制部门涉疫出入境数据4.7万余条，追溯涉疫重点国家停留信息3 000余条，协助转运移交2.3万人，有力确保了属地精准闭环管控，全力筑牢外防输入的国门防线。

开放口岸

【长春空运口岸（长春龙嘉国际机场）】 长春空运口岸位于吉林省长春市、吉林市之间，地处长春市九台东湖镇与龙嘉镇交汇处，分别距长春市和吉林市区32千米和76千米，南侧紧邻珲乌高速公路，西侧距龙双公路1.5千米，北侧距101省道和龙家堡火车站9千米，东北距饮马河约2千米，东南距石头门水库约6.5千米。

长春龙嘉国际机场为国内干线机场，占地约306.67万平方米，飞行等级为4E，跑道长3 200米、宽45米，可起降大中型客机，共有停机位63个，其中T1近机位9个、T2近机位23个、维修机位2个、除冰机位3个。机场航站楼现有1号（T1）航站楼和2号（T2）航站楼。其中，T1航站楼属于国际厅，位于飞行区南侧、跑道中段，平行于跑道，航站楼面积6.23万平方米，满足年旅客吞吐量500万人次。空运口岸（T1航站楼）登机桥3个、出境通道10个、入境通道8个，设有海关报关大厅、监管仓库。设计年旅客吞吐量为650万人次。设计高峰小时旅客吞吐旅客2 520人次，典型高峰小时飞机起降24架次。航站楼共4层，地上3层、地下1层。一层为到达层，主要用作行李提取，迎接国际到达航班旅客；夹层为旅客到港通道；二层为出发层，主要功能是国际的值机办票、边检海关出境查验、安检候机；地下一层为地下换乘通道，通往龙嘉高铁站和地下停车楼。2004年10月，国务院正式批准长春空运口岸开展落地签证业务。

机场现有地面停车场和地下停车楼，停车位共计2 980个，残疾人专用车位29个。其中，地面停车场车位2 217个；地下停车楼车位763个，主要用于停放过夜车辆。地下停车楼共设有2个出入口，可直接步行通往T1航站楼和T2航站楼。

机场现有 9 家国内外航空公司共有 12 条航线与 8 个国家（地区）通航。9 家航空公司分别为南方、东方、青岛、春秋、华信、韩亚、香港、乌拉尔和越捷航空公司。12 条航线分别为长春—仁川—长春、长春—济洲—长春、长春—东京—长春、长春—名古屋—长春、长春—台北—长春、长春—香港—长春、符拉迪沃斯托克（海参崴）—长春—曼谷—长春—符拉迪沃斯托克（海参崴）、长春—扬州—曼谷—扬州—长春、新加坡—上海—长春—上海—新加坡、符拉迪沃斯托克（海参崴）—长春—伊尔库茨克—长春—符拉迪沃斯托克（海参崴）、长春—芽庄—长春、长春—茨城—长春。8 个国家（地区）分别为韩国、日本、俄罗斯、泰国、越南、新加坡、中国台湾、中国香港。（注：航线分布不含包机航线）

2021 年，长春空运口岸出入境旅客 3.61 万人次，同比下降 62.13%；进出口货运量为 1 105.77 吨，同比增长 35.8%；进出境航班 127 架次，同比下降 83.33%。

【延吉空运口岸（延吉朝阳川国际机场）】 延吉空运口岸位于延吉市西南郊区，距市区 5 千米，机场占地面积 3.7 万平方米。

机场跑道长 2 600 米，道面厚 34 厘米，现已达到国际 4C 级机场标准，可供空客 321、波音 737-900 同类及以下机型起降。通信、导航系统均采用国外较先进设备，性能优良。延吉航空国际口岸面积 5 901.84 平方米，功能齐全，查验通道设有出入境各 6 条，能够满足目前每年 70 余万人次的旅客出入境需求。

目前，延吉空运口岸已开通延吉至韩国仁川、青州、釜山、大邱、务安，俄罗斯符拉迪沃斯托克，日本大阪定期航班。开通延吉至仁川国际货运航线。

2021 年，延吉空运口岸出入境旅客 1.53 万人次，同比下降 87.3%；起降航班 128 架次，同比下降 86.7%。全年运行货运包机 12 个班次。

【集安陆路（铁路）口岸】 集安铁路口岸位于吉林省集安经济开发区，对面是朝鲜满浦铁路口岸，有铁路大桥相连，铁路桥全长 589.23 米（中方 324 米）。过货品种有木材、水泥、金矿粉、钢坯、钢锭、杂货等。

集安市位于鸭绿江中朝经济合作带的中心位置，东与白山市接壤，东南隔江与朝鲜“一市三郡”（满浦市、慈城郡、渭源郡、楚山郡）相望，西南与辽宁省宽甸县、桓仁县毗邻，西北与通化市、通化县以浑江为界。集安陆路（铁路）口岸

与朝鲜满浦市隔江相望，距朝鲜平壤市400千米，是中国对朝三大铁路口岸之一，年设计过货能力30万吨，过客能力10万人次。

受疫情影响，2021年口岸处于停运状态。

【珲春陆路（铁路）口岸】 珲春铁路口岸位于珲春边境经济合作区南侧，距市区7千米，对面是俄罗斯马哈林诺口岸。过货品种主要有出口机械过滤器、鱼类、农副产品等，进口煤炭、铁精粉、板材、木制品、纺织品、面粉、厨房用品等。

珲春铁路口岸是吉林省唯一对俄铁路口岸，距俄罗斯卡梅绍娃亚铁路口岸23.7千米（境内8千米，境外15.7千米），距马哈林诺口岸约20千米，是继满洲里、绥芬河之后的对俄第三条大通道。

2021年7月1日前实行每周7天每天12小时工作制（北京时间7：00—19：00）；7月1日起实行7×24小时预约通关制。

2021年，珲春铁路口岸进出口货物305.02万吨，同比下降11.1%；出入境人员4 860人次，同比下降9.4%；出入境车辆1 912列，同比增长4.7%。

【图们陆路（铁路、公路）口岸】 图们（铁路、公路）口岸位于图们市市区内，长白山东麓，图们江下游，城市因口岸而生，临江而建，因图们江而得名，素有“图们江畔第一城”之美誉，对面是朝鲜南阳（铁路、公路）口岸。铁路口岸主要出口煤炭、粮食、机械设备、水泥等，进口钢锭、生铁、硅铁等；公路口岸主要出口炼焦煤、建材、生活用品、食品、药、辣椒干、日杂、化肥等，进口钢锭、生铁、硅铁等。

图们（铁路、公路）口岸与朝鲜咸镜北道稳城郡隔江相望，距朝鲜罗津港158.8千米，距朝鲜清津港171.1千米，距中俄边境100千米，距日本海130千米，是吉林省发展对朝、对俄贸易和借港出海的主要通道。

受疫情影响，2021年图们（铁路、公路）口岸处于停运状态。

【南坪陆路（公路）口岸】 南坪公路口岸位于和龙市东南部，距市区50千米的南坪镇，对面是朝鲜茂山口岸。过货品种主要有进口铁矿粉、淀粉等，出口矿山设备、日杂、建材、车辆。

南坪公路口岸距离茂山郡 12 千米，距离朝鲜北部最大港口城市清津市 84 千米。

受疫情影响，2021 年口岸处于停运状态。

【珲春陆路（公路）口岸】 珲春公路口岸位于珲春市区东南部，距市区 14 千米，对面是俄罗斯克拉斯基诺口岸。2015 年 3 月 25 日，珲春—扎鲁比诺—釜山铁海联运航线正式开通。过货品种主要有进口海产品、板材、日用品、辅料、机械设备等，出口服装、轻工产品、调料及食品、粮食、水果、蔬菜、日用品、机械、建材等。

珲春公路口岸是吉林省唯一对俄国际公路口岸，距波谢特港 43 千米，距扎鲁比诺港 71 千米，距斯拉夫扬卡港 105 千米，距符拉迪沃斯托克（海参崴）直线距离 170 千米（公路里程 285 千米），距纳霍德卡港 340 千米，距东方港 350 千米。

2021 年 6 月 27 日前实行每周 6 天每天 8 小时通关制度（北京时间 8：00—16：00），6 月 27 日后实行 7×10 小时通关制（北京时间 7：00—17：00）。

2021 年，珲春公路口岸进出口货物 15 万吨，同比增长 40.4%；出入境人员 2.25 万人次，同比下降 30.3%；出入境车辆 1.87 万辆，同比下降 56.8%。

【圈河陆路（公路）口岸】 圈河公路口岸位于珲春市区东南部，距市区 43 千米，对面是朝鲜元汀口岸。过货品种主要有进口海产品、轻工产品、山菜、手工艺品、木材、电子产品等，出口服装、工业品、生活用品、办公用品、粮食产品、建材、装饰材料、食品、电器、小型轿车、中型轿车等。

圈河公路口岸是中国直接进、出朝鲜罗先特别市的唯一陆路通道，距图们江入海口 36 千米，距先锋港 36 千米，距罗津港 51 千米，距清津港 127 千米。

受疫情影响，2021 年口岸处于停运状态。

【长白陆路（公路）口岸】 长白公路口岸位于长白朝鲜族自治县长白镇，对面是朝鲜惠山口岸。过货品种主要有进口铜、铅、锌、钼等各种矿产品，板方材等木制品，松籽、蓝莓等野山果、海产品；出口大米、白面等粮食，电力，机器设备，机电产品、纺织服装、钢铁制品、建材、装饰材料、各种日用品等。

长白公路口岸总占地面积66 600平方米，建筑面积14 750平方米，口岸作业现场主要由进出境联检楼、国门、检疫处理区、口岸监管货场构成。口岸设立于1952年，原为地方二类口岸，2007年8月10日经国务院批复升格为国家一类对外开放口岸，2018年10月18日顺利通过国家验收组验收。

长白县城与两江道首府惠山市通过长惠国际公路大桥零公里连接，惠山市有铁路直通平壤、开城、清津和朝鲜最大的工业城市咸兴；有国家级公路直通罗津港、清津港，长白至罗津港口直线距离为196千米，距清津港口140千米，距金策港116千米，距新浦港145千米，距咸兴港口175千米，通过长白口岸与朝鲜腹地相连接，为吉林省借港出海的新通道。

受疫情影响，2021年口岸处于停运状态。

【临江陆路（公路）口岸】 临江公路口岸位于临江市西南部，对面是朝鲜中江郡口岸。过货品种主要有进口木制雪条棒、硫酸、其他矿产品、石英表机芯等，出口日用百货、水泥、小麦细粉、精米、建筑材料、石英表机芯配件等。

临江市地处鸭绿江中上游的祖国边陲，是吉林省对外开放的前沿，也是东北亚经济圈的优势据点，发展边境贸易的区位优势十分明显。

受疫情影响，2021年口岸处于停运状态。

【三合陆路（公路）口岸】 三合公路口岸位于龙井市东南部，距市区48千米的三合镇，与朝鲜咸镜北道会宁市隔江相望，距朝鲜清津港86.8千米，对面是朝鲜会宁口岸。过货品种主要有进口铁矿石，铁粉，干鱿鱼，出口食品、药品、瓷制品、纺织品、塑料制品、自行车、汽车及配件等。

三合公路口岸是从中国进入朝鲜东海、进出日本海和太平洋的理想通道，也是延边州与朝鲜咸镜北道进行人员交往和开展边境贸易的良好通道。

受疫情影响，2021年口岸处于停运状态。

【开山屯陆路（公路）口岸】 开山屯公路口岸位于龙井市东部，距市区37千米的开山屯镇，与朝鲜咸镜北道稳城郡三峰里隔江相望，对面是朝鲜三峰口岸。过货品种主要有进口干鱿鱼、松茸等，出口食品、药品、瓷制品、纺织品、塑料制品等。

开山屯公路口岸距离罗津港96千米，距离朝鲜北部最大港口城市清津市120千米，是朝鲜华侨进出咸镜北道的首选通道，被誉为“华侨口岸”。

口岸工作时间除边境口岸公休日外，每年4月至9月，北京时间8：00—11：30及14：00—

18：00；每年 10 月至翌年 3 月，北京时间 8：00—11：30 及 13：30—17：30。

【古城里陆路（公路）口岸】 古城里公路口岸位于和龙市崇善镇，距和龙市区 80 千米，对面是朝鲜三长口岸。过货品种主要有进口木材、淀粉、蓝莓、蓝靛果、松子仁、芸豆、红小豆等，出口日杂、建材等。

古城里公路口岸距朝鲜大红丹郡 24 千米，距朝鲜惠山市 175 千米，是延边州通往朝鲜两江道的唯一陆路口岸。

受疫情影响，2021 年口岸处于停运状态。

【沙坨子陆路（公路）口岸】 沙坨子公路口岸位于珲春市区西部，距珲春市区 11 千米，对面是朝鲜庆源口岸。过货品种主要有进口海产品、酒、服装、纸、药品、白垩等，出口办公用品、日用品、服装原料、食品、杂货、建材等。

沙坨子公路口岸是传统的民间贸易口岸，对面为朝鲜柳多岛，是一座天然封闭的图们江江心岛，岛屿地形为平原。此处交通便利，地势平坦，适宜修建市场，便于开展互市贸易及各项工作，现已开通柳多岛旅游线路。

受疫情影响，2021 年口岸处于停运状态。

【集安陆路（公路）口岸】 集安公路口岸位于吉林省集安市太王镇下解放村，距离市区 7 千米，对面是朝鲜满浦公路口岸。

集安公路口岸于 2014 年 12 月 4 日经国务院正式批准对外开放。口岸总占地面积 10.28 万平方米，具体分为 4 个区域，客检场地占地面积 2 万平方米、货检场地占地面积 6.8 万平方米、营房区占地面积约 1.33 万平方米、边境国门区占地面积约 1 466.67 平方米。总建筑面积 12 138.84 平方米，其中，边境国门 1 623.3 平方米、客检大楼 4 001.54 平方米、货检大楼 1 583.53 平方米、边检营房 3 536.38 平方米，以及次卡口、查验库房、检查用房、熏蒸房等其他部分 1 394.09 平方米。建设标准为年进出口货物 50 万吨、出入境人员 20 万人次。总投资 1.85 亿元，2014 年 12 月 4 日经国务院批复正式对外开放。2015 年 9 月 7 日，国门项目开工建设。2016 年 8 月 10 日，客检、货检、边检营房等其他单体建筑同时开工。2019 年 4 月 8 日完成验收工作，正式开通。

集安市位于鸭绿江中朝经济合作带的中心位置，作为吉林省通化地区唯一的边境口岸城市，集安公路口岸的建成，将使集安市成为全国县级城市中拥有口岸数量、类别最多的城市。

受疫情影响，2021 年口岸处于停运状态。

【双目峰陆路（公路）口岸】 双目峰公路

口岸位于吉林省延边朝鲜族自治州安图县境内，对面是朝鲜双头峰边境工作站。口岸位于中朝边境双目峰西侧 55 号界桩 150 米处，距长白山天池 20 千米，距安图县二道白河镇 65 千米，距朝鲜三池渊郡 35 千米，是中朝两国边界线上唯一的陆路通道，是《中华人民共和国政府和朝鲜民主主义人民共和国政府关于边境口岸及其管理制度的协定》中所列的 15 个边境口岸之一。

1985 年被国家批准为双边公务通道，只允许中朝双方公务人员和文化体育交流人员通行。2009 年 9 月，双目峰公务通道被国家口岸管理办公室批准为临时开放口岸，通行范围扩大到允许中朝双方因私旅游人员过境，季节性开放。2019 年 12 月 26 日，双目峰公务通道被国务院批准为双边常年开放公路客货运输口岸。

原二类口岸

【老虎哨水运（河港）口岸】 口岸位于吉林省集安市榆林镇地沟村，老虎哨电站（渭源电站）大坝下游，距集安市市区 68 千米，对面是朝鲜渭源口岸。过货品种主要有钢坯、钢锭、机电设备、钢铁制品、硅石、杂货等。

老虎哨位于集安市西南 60 千米处榆林镇境内，这里一面傍山，三面环水，鸭绿江绕老虎哨东、南、西面流过行程纺锤形山脉，九曲回旋鸭绿江在这里形成独特的自然景观，2002 年被水利部列为鸭绿江国境旅游区，与辽宁省宽甸县、桓仁县毗邻，隔江是朝鲜渭源郡。中朝合资的老虎哨水电站位于老虎哨口岸上游 800 米处，也因此得名，电站归朝鲜运行管理，可向中朝两国供电。

受疫情影响，2021 年口岸处于停运状态。

2021 年吉林省口岸大事记

3 月 1 日

珲春铁路口岸首次从俄罗斯进口石油焦。

4 月 30 日

长春海关监管首列出境“长珲欧”班列。

5 月 24 日

国家疾病预防控制局副局长周宇辉一行赴珲春公路口岸调研。

同日

全国政协民族和宗教委员会分党组副书记、驻会副主任杨小波一行 8 人，赴南坪边检站调研。

5 月 26 日

国家发展改革委副主任连维良一行赴圈河公路口岸调研。

6 月 1 日

外交部政策规划司参赞赵秀珍到南坪公路口岸调研。

6 月 5 日

国务院国资委党委书记、主任郝鹏一行赴圈河公路口岸调研。

6 月 7 日

长春药品进口口岸正式获批。

6 月 29 日

吉林省委副书记、省长韩俊到长春兴隆综合保税区调研。

7 月 9 日

国家发展改革委地区司司长肖渭明一行赴珲春铁路口岸、圈河公路口岸调研。

7 月 19 日

珲春海关完成长春关区首笔监管作业场所无

纸化审批。

7 月 22 日

外交部领事司司长崔爱民一行到圈河公路口岸、珲春公路口岸调研。

8 月 18 日

吉林省省长韩俊一行赴圈河公路口岸调研。

同日

吉林省委副书记、省长韩俊赴圈河边检站调研。

8 月 25 日

长春海关与俄罗斯远东海关局召开 2021 年统计工作组远程视频会晤。

9 月 1 日

集安公路口岸出境免税店项目竣工。

9 月 8 日

长春空运口岸开通长春—莫斯科—法兰克福（杜塞尔多夫）货运包机航班。

9 月 14 日

吉林省政府秘书长苏衡一行赴圈河公路口岸、珲春铁路口岸开展疫情防控督导。

9 月 19 日

“欧洲班列”第一次（苏州货物）顺利出境，承载 66 个标箱，货值 4 155 万元人民币，最终目的地为波兰。

9 月 28 日

龙嘉机场海关旅检一科被评为第 20 届全国青年文明号。

12 月 9 日

长春兴隆综合保税区二期项目通过验收评审。

12 月 27 日

国务院疫情防控督察组对长春空运口岸疫情防控工作进行督导检查。

12 月 30 日

珲春海关监管关区首笔跨境电商 B2B 出口货物，该票货物采用“跨境电商出口海外仓（9810）”模式。

（撰稿人：马静、陈枫、戴文汐）

2021 年吉林省口岸流量统计表

口岸类型		口岸名称	货运量（万吨）				集装箱量（万标箱）				人员（万人次）				交通工具（辆、艘、架、列次）			
			出口	进口	合计	同比（%）	出口	进口	合计	同比（%）	出境	入境	合计	同比（%）	出境	入境	合计	同比（%）
空运口岸		长春	0.089 3	0.021 0	0.110 3	35.8					1.67	1.94	3.61	-62.1	71	56	127	-83.3
空运口岸		延吉									0.97	0.56	1.53	-87.3	64	64	128	-86.7
陆路口岸	公路口岸	珲春	7.14	7.87	15.01	40.4					1.13	1.13	2.25	-30.3	9 347	9 330	18 677	-56.8
陆路口岸	公路口岸	分计																
陆路口岸	铁路口岸	珲春	3.92	301.09	305.02	-11.1					0.24	0.24	0.49	-9.4	956	956	1912	4.7
陆路口岸	铁路口岸	分计																
合计			11.15	308.98	320.14						4.01	3.87	7.88		10 438	10 406	20 844	
同比（%）																		

（吉林省口岸办提供）

2021 年长春海关主要数据统计表

项　目		2021 年	2020 年	同比（%）
进出口货运量（万吨）	合计	779. 6	1 077. 5	-27. 65
	进口	726. 3	1 025. 5	-29. 18
	出口	53. 3	52. 0	2. 50
进出口贸易总值（万美元）	合计	2 325 366. 3	1 852 632. 5	25. 52
	进口	1 778 101. 7	1 431 985. 0	24. 17
	其中：江、海运输	1 313 495. 9	1 183 778. 4	10. 96
	铁路运输	77 336. 6	52 071. 2	48. 52
	汽车运输	62 084. 2	26 557. 2	133. 78
	航空运输	319 000. 0	156 513. 9	103. 82
	邮件运输	5 238. 6	6 170. 2	-15. 10
	其他运输	946. 4	6 894. 1	-86. 30
	出口	547 264. 6	420 647. 5	30. 10
	其中：江、海运输	415 862. 7	338 433. 9	22. 88
	铁路运输	23 012. 6	13 187. 8	74. 50
	汽车运输	21 495. 8	25 074. 8	-14. 27
	航空运输	64 531. 2	41 920. 1	53. 94
	邮件运输	1 583. 7	1 898. 5	-16. 58
	其他运输	20 778. 6	50. 7	40 883. 43
税收（万元）	两税合计	913 362. 8	1 059 378. 2	-13. 78
	关税入库	278 002. 5	323 320. 6	-14. 02
	进口环节税入库	635 360. 3	736 057. 6	-13. 68

（长春海关提供）

2021 年吉林省口岸出入境主要数据表

项目			2021 年	2020 年	同比（%）
出入境人员（人次）	出入境人员总数		81 429	336 411	-75.79
	入境人员		39 964	171 396	-76.68
	出境人员		41 465	165 015	-74.87
	出入境旅客		54 287	298 987	-81.84
	出入境员工		27 142	37 424	-27.47
	中国公民	内地居民	50 041	210 416	-76.22
		港澳居民	0	93	-100.00
		台湾同胞	2	2 443	-99.92
	外籍人员		31 386	123 459	-74.58
交通运输工具（辆、艘、架、列次）	总计		20 909	22 281	-6.16
	船舶		0	0	
	飞机		276	1 659	-83.36
	火车		1 962	1 844	6.40
	机动车辆		18 671	18 778	-0.57

（吉林出入境边检总站提供）

黑 龙 江 省

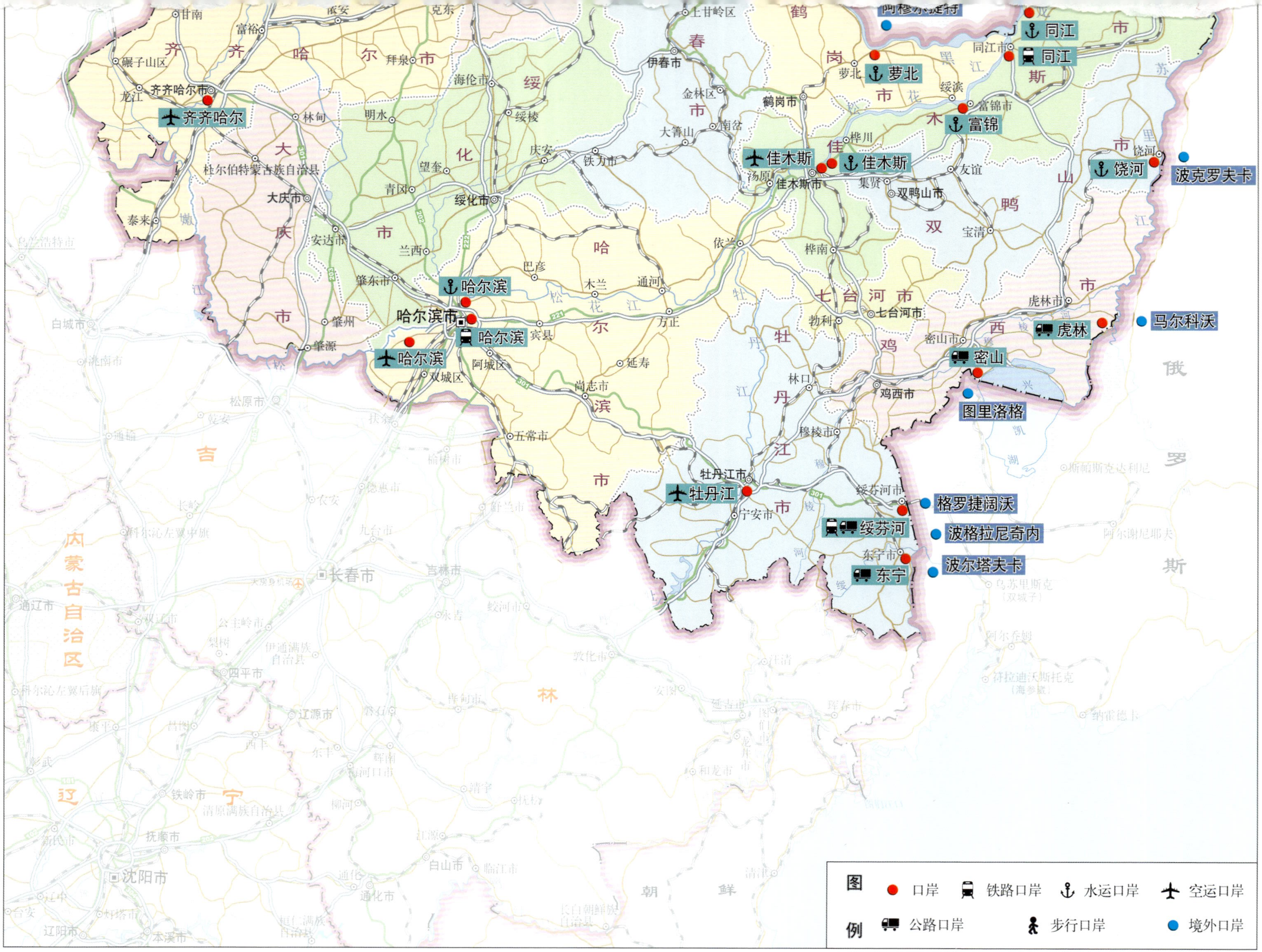

齐齐哈尔
哈尔滨
哈尔滨
哈尔滨
佳木斯
佳木斯
牡丹江
同江
同江
萝北
富锦
饶河
虎林
密山
绥芬河
东宁
波克罗夫卡
马尔科沃
图里洛格
格罗捷阔沃
波格拉尼奇内
波尔塔夫卡
齐齐哈尔市
哈尔滨市
佳木斯市
牡丹江市
大庆市
绥化市
伊春市
鹤岗市
双鸭山市
七台河市
鸡西市
长春市
沈阳市
俄
罗
斯
吉
林
辽
宁
内蒙古自治区
朝
鲜
图例
口岸
铁路口岸
水运口岸
空运口岸
公路口岸
步行口岸
境外口岸
注：大兴安岭地区行政公署驻内蒙古自治区境内的加格达奇。

黑龙江省口岸分布示意图

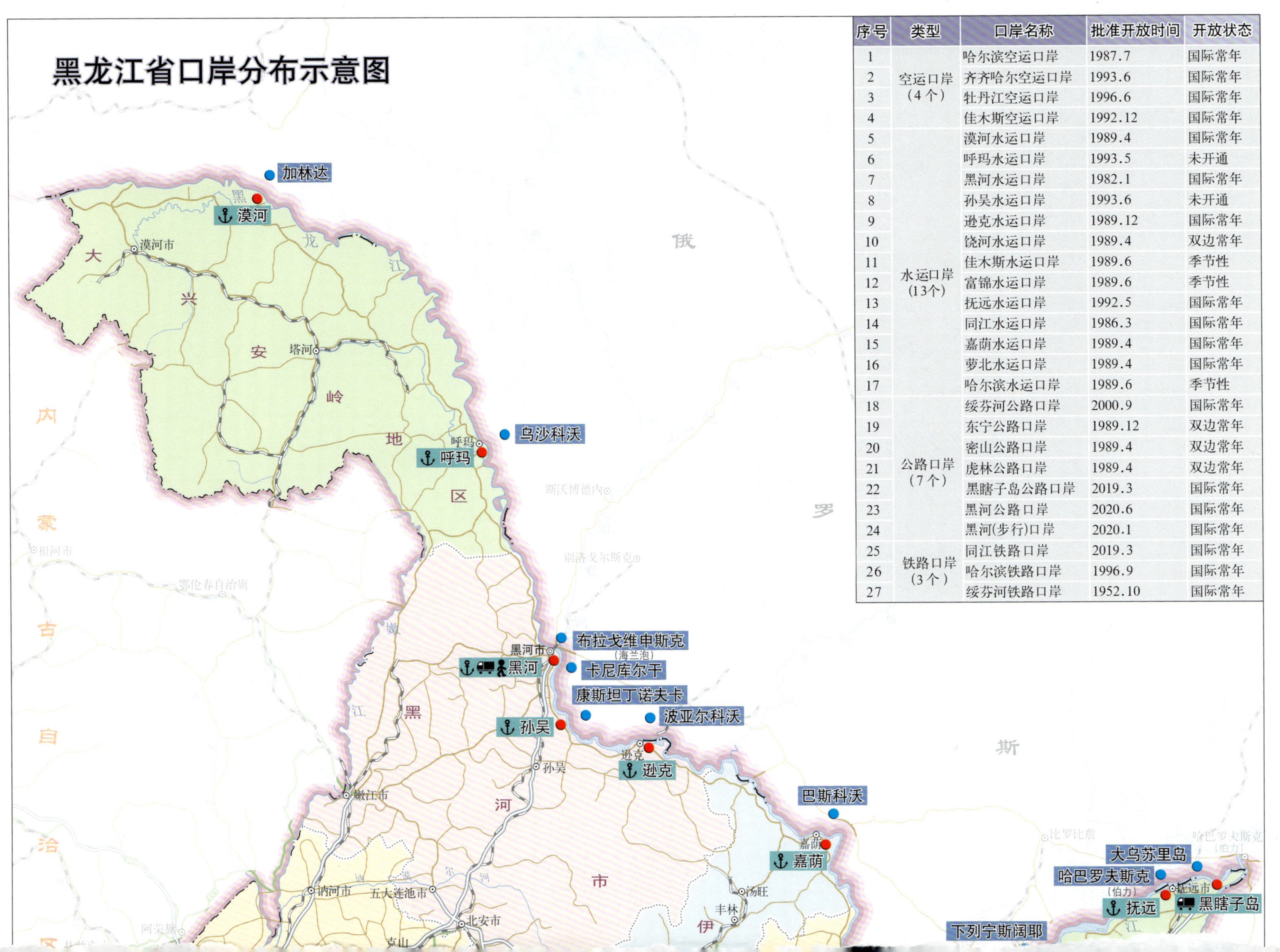

序号	类型	口岸名称	批准开放时间	开放状态
1	空运口岸（4个）	哈尔滨空运口岸	1987.7	国际常年
2		齐齐哈尔空运口岸	1993.6	国际常年
3		牡丹江空运口岸	1996.6	国际常年
4		佳木斯空运口岸	1992.12	国际常年
5	水运口岸（13个）	漠河水运口岸	1989.4	国际常年
6		呼玛水运口岸	1993.5	未开通
7		黑河水运口岸	1982.1	国际常年
8		孙吴水运口岸	1993.6	未开通
9		逊克水运口岸	1989.12	国际常年
10		饶河水运口岸	1989.4	双边常年
11		佳木斯水运口岸	1989.6	季节性
12		富锦水运口岸	1989.6	季节性
13		抚远水运口岸	1992.5	国际常年
14		同江水运口岸	1986.3	国际常年
15		嘉荫水运口岸	1989.4	国际常年
16		萝北水运口岸	1989.4	国际常年
17		哈尔滨水运口岸	1989.6	季节性
18	公路口岸（7个）	绥芬河公路口岸	2000.9	国际常年
19		东宁公路口岸	1989.12	双边常年
20		密山公路口岸	1989.4	双边常年
21		虎林公路口岸	1989.4	双边常年
22		黑瞎子岛公路口岸	2019.3	国际常年
23		黑河公路口岸	2020.6	国际常年
24		黑河(步行)口岸	2020.1	国际常年
25	铁路口岸（3个）	同江铁路口岸	2019.3	国际常年
26		哈尔滨铁路口岸	1996.9	国际常年
27		绥芬河铁路口岸	1952.10	国际常年

口岸数量及分布

截至2021年年底，黑龙江省共有经国务院批准的对外开放口岸27个。其中，空运口岸4个，分别为哈尔滨空运口岸（哈尔滨太平国际机场）、齐齐哈尔空运口岸（齐齐哈尔三家子机场）、牡丹江空运口岸（牡丹江海浪国际机场）、佳木斯空运口岸（佳木斯东郊国际机场）；陆路（铁路）口岸3个，分别为哈尔滨、绥芬河、同江铁路口岸；水运（河港）口岸13个，分别为哈尔滨、饶河、佳木斯、富锦、同江、抚远、萝北、嘉荫、黑河、逊克、孙吴、呼玛、漠河河港口岸；陆路（公路）口岸6个，分别为绥芬河、东宁、密山、虎林、黑瞎子岛（客运）、黑河公路口岸；步行口岸1个，即黑河客运步行口岸。其中，有19个为中俄两国政府确认的边境口岸。

口岸运行数据

2021年，黑龙江省口岸进出口货物（按进出口岸分）4 724.22万吨，同比增长7.0%。其中进口货物4 652.41万吨，同比增长7.0%；出口货物71.81万吨，同比增长10.0%。

口岸综合管理

【口岸开放工作】 口岸对外开放进程加快，黑河公路口岸通过国家验收随时具备通关条件，黑瞎子岛公路口岸设置方案呈报国家口岸管理办公室，同江铁路口岸Ⅰ类变更方案获国铁集团批复并进入施工阶段，黑河步行口岸中方联检大楼主体进入封顶阶段。完成黑龙江省国际贸易“单一窗口”实体平台建设并投入使用。国际贸易“单一窗口”标准版主要业务应用率保持100%，口岸进口、出口整体通关时间全国排名分别为第6位和第5位，东北四省区排名均列首位。

【筑牢口岸“外防输入”防线】 统筹好疫情防控和口岸货运通道畅通，全年共完成牵头组织7次、参与38次各项督导检查任务，口岸限定区域内未发生一起一线作业人员及其家人相关联的疫情案例。通过每日向国家口岸管理办公室和省防疫指挥部外事外经口岸组报送全省口岸当日出入境货物、交通工具、旅客和司乘人员数据和口岸运行状态，实时监控各口岸运行情况并为国家和省防疫指挥部研判口岸疫情防控形势提供数据支撑。2021年，在做好疫情防控基础上共有13个口岸（1个空运口岸、2个铁路口岸、3个公路口岸、7个水运口岸）开通运行。

【边境口岸“外防输入”基础设施和查验设施保障】 为防控境外疫情输入，黑龙江省11个口岸投入近5 000万元完善了入境人员主动申报、开展流调、采样检测、预防性消毒、隔离转运等口岸卫生防疫设施设备；争取外贸发展金，累计投入1 100万元用于口岸通道及海关智能卡口建设，为在防范疫情输入风险下开通货检功能提供了有力保障。

【指定监管场地（口岸）功能不断丰富】 黑龙江省经国家查验部门批准建设的口岸监管场地有30个，其中进境粮食指定监管场地10个、进境原木指定监管场地5个、进境中药材指定口岸2个、进境冰鲜水产品指定监管场地4个、进境食用水生动物监管场地3个、进境植物种苗监管场地1个、进境肉类指定监管场地1个、海关监管作业场所1个、海关监管仓库1个、汽车整车进口指定口岸1个、金伯利进程国际证书制度指定口岸1个。打造边境特色口岸。海关总署批复哈尔滨综合保税区、绥芬河市建设和设立进境肉类指定监管场地，黑龙江省边境口岸首次获得进境肉类许可。黑河和东宁口岸进境中药材品种由原来的5种（人参、甘草、银杏叶、胡椒、山药）增加到15种（新增的10种为槲寄生、防风、白鲜皮、黄芪、桔梗、五味子、仓术、紫草、红景天、赤芍）。启动了同江、绥芬河中药材进境指定口岸和同江铁路口岸争取进境肉类海关指定监管场地预建申请工作。

【抓好口岸顶层设计】 按照黑龙江省委确定的“打造一个窗口，建设4个区”的对外开放新定位和有关要求，从优化口岸发展布局、提升口岸服务能级、培育口岸产业体系、推进“岸产城”融合发展等 9 个方面编制了黑龙江口岸中长期发展规划。省政府于 2021 年 1 月以 1 号文件印发各相关单位，填补了黑龙江省该领域的规划空白。

【推动俄方相关部门共同做好边境口岸开关和防疫工作】 年内先后向俄罗斯联邦国家政府机构项目建设和使用管理局哈巴罗夫斯克和滨海分局及俄方相关州区政府致函 80 余件，协调关闭口岸旅检功能、增加公路口岸货车通关数量、推动俄方货车司乘人员实施核酸检测等方面的工作富有成效。

【切实加强对俄口岸务实合作】 黑龙江省口岸办已经与俄罗斯联邦国家政府机构项目建设和使用管理局哈巴罗夫斯克分局、符拉迪沃斯托克分局建立口岸合作工作机制，双方每年都签订工作合作计划。每年至少进行一次工作会晤并签署会谈纪要。在实际工作中，及时通报边境口岸工作时间改变等情况，解决口岸通关中存在的问题。良好的合作工作机制，推动俄方加快口岸设施建设，一定程度上提高了俄方工作效率，确保中俄边境口岸高效有序安全运营，保障货物和人员进出境通道顺畅。如黑河口岸与俄口岸部门建立了黑河—布市口岸中俄客货运输协调小组会晤机制，已实行 20 余年，每年会晤 3～4 次，取得了良好成效。在粮食回运、流冰期等客货运输特殊时期，随时保持对俄信息畅通，及时处理问题和矛盾，延长口岸工作时间，为进出口企业和旅客提供优质服务，确保双方口岸运输的高效与畅通。同江口岸常年保持与俄方口岸沟通联络和会晤，及时预判和通报双方因展会、货物集中通关等口岸通关高峰期，适时延长通关时间和增加船舶等交通工作运输班次，避免客货滞港压港情况，保障口岸运行畅通。

口岸监管与服务

【哈尔滨海关强化口岸防控，严防新冠肺炎疫情输入】 坚持“外防输入、内防反弹”总策略，2021 年组织召开疫情防控指挥部会议 11 次，分析研判形势，调整工作安排，实施“一口岸一方案”，严防境外疫情从口岸输入。一是严格入境人员疫情防控。在空运口岸，对所有入境人员实行 7 个 100%的全链条“闭环管控”措施，共检疫监管进出境旅客 4.69 万人次；在边境陆路口岸，对进境俄籍货车司机、列车司乘人员实行“人不见面”查验模式，最大限度降低接触感染风险；在边境水运口岸，加强入境船舶消毒指导。二是严格入境货物物品防控。切实执行进口冷链食品、高风险非冷链集装箱货物防控规定，认真做好采样检测和预防性消毒监督。对作业过程 100%视频监控，确保操作规范。全年口岸环节布控高风险非冷链集装箱货物 819 票，采样消毒 309 票。三是严格抓好内部安全防护。安全防护保障监督专班、各派驻纪检组、“挑毛病”专家组、物防专家组合力加强对现场一线的督查指导。组建 461 人三级防疫人员梯队，加强人力资源调配和保障。激励关爱疫情防控一线干部，表彰奖励 5 个集体和 17 名个人。从严内部管理，经受住年内黑龙江省 4 轮本土疫情考验，海关干部职工及家属无一人感染。

【哈尔滨海关发挥职能作用，切实守护国门安全】 一是强化全链条监管。人工分析布控查获率达 15.58%，布控精准度有效性稳步提升。开展跨境电商进口走私“断链刨根”专项整治行动，跨境电商业态持续规范。2021 年，查获违禁宣传品 2 395 件，1 个单位获评全国“扫黄打非”先进集体。完善关区安全生产工作机制，2021 年，组织开展安全生产全面自查 2 次、专项督导检查 4 次、安全演练 68 次、安全生产培训和讲座 176 次，全年安全生产无事故。落实“以查发为导向”稽查改革目标，属地查检有序推进。加强知识产权海关保护，2021 年查扣侵权商品 110 批次、1.8 万件。二是严守国门检疫防线。严密防控非洲猪瘟等重大动植物疫情，2021 年，截获动物产品 146 批次、428.08 千克，截获有害生物 68 种 1 898 种次；严防外来物种入侵，2021 年截获外来物种和非法入境种子苗木 59 批；支持优质种源引进，2021 年监管进口植物种苗 26 批次、种禽 17.5 万只。参与海关总署“一带一路”沿线重点口岸病媒生物专项监测，健全口岸病媒生物监控机制。落实关于食品安全的“四个最严”要求，强化进出口食品安全监管，2021 年，抽检样品 1 839 个，检测 19 971 项次。三是严打走私违法犯罪。坚决落实习近平总书记的重要指示批示精神，推进“国门利剑 2021”行动，2021 年，共立案刑事、行政案件 252 起，案值 4.22 亿元。深入开展全员打私，海关查发线索移交缉私部门立案超过 50%。开展打击边境绕关走私专项行动，办理 2 起绕关走私刑事案件，防止疫情通过绕关走私方式传入。四是巩固综合治税成效。2021 年，税收入库 139.99 亿元，同比增长 23.86%；上报税政意见 20 条、税则调整建议 16 条。落实减免税政策，为企业、科研机构减免税款 7 904.45 万元。抢抓 RCEP 生效新机遇，积极向政府、企业开展政策宣讲和享惠摸底。属地纳税人管理等税收征管改革见效，2021 年，签发各类原产地证书 3.3 万份，金额 82.4 亿元，助力企业在商品出口国家（地区）享受关税优惠 4.1 亿元。五是发挥统计分析作用。撰写监测预警分析 115 篇，其中被国家相关部门采用 4 篇，被海关相关载体采用 9 篇。参与 6 项署级课题研究，开展关级和自选课题研究 58 项。加强外贸形势分析，为地方党委政府提供决策参考；认真落实“十四五”海关发展规划，编制关区实施方案。

【哈尔滨海关深化改革创新，促进外贸稳定增长】 一是落实重点改革任务。推进重点业务改革，“两步申报”应用比率 19.95%，“提前申报”应用比率 21.85%；“两段准入”信息化监管在水运、空运口岸全面推广。探索中俄“三智”建设，推动管输能源智慧监管、中俄海关运输工具协同监管、跨境运输高风险司乘人员精准检疫防控等项目合作。优化实验室布局，加强实验室建设，2021 年检测超过 42 万项次。加大信息化建设投入，完善业务监控指挥中心功能，发挥科技支撑作用。二是推进自贸制度创新。“边民互市贸易进口商品落地加工多部门全链条监管”等 6 项监管创新措施在自由贸易试验区落地实施。2021 年，省内自由贸易试验区实现进出口值 269.3 亿元，同比增长 48.7%。在海关总署指导下牵头推进沿边自由贸易试验区监管制度协同创新，联合南宁、昆明海关向总署申请备案“出境低风险竹木草制品检疫监管新模式”创新举措。三是保障能源资源进口。优化查验流程，加强进出口商品质量安全风险监测，采用智能化监管方式，强化对进口俄油、俄气、俄电、煤炭以及铁矿、木材、农产品等初级产品监管和通关保障。2021 年，共监管进口原油 3 009.2 万吨、天然气 104 亿立方米、煤炭 169.6 万吨。四是优化口岸营商环境。落实海关总署优化口岸营商环境工作要求，持续打造“办理海关事项不求人”服务品牌，12360 海关服务热线接通率 99.06%，办理企业行政审批事项参评率、好评率为 100%。持续压缩通关时间，2021 年全年进口、出口整体通关时间较 2017 年同期压缩 66%、86.71%。在总署的支持下，黑河公路大桥口岸顺利通过国家验收，同江铁路大桥口岸正加快配套、完善功能。2021 年，省内综合保税区进出口总值 55.82 亿元，同比增长 1.36 倍；保税物流中心（B 型）进出口总值 6.4 亿，同比增长 73 倍。在确保疫情防控的基础上，挖掘对俄边境口岸过货能力，中欧班列、内贸货物跨境运输畅通运行，2021 年共监管中欧班列 787 列、59 134 标箱，同比分别增长 91.48%和 116.13%。

【黑龙江出入境边检总站严密做好边境治安管控】 部署开展“辖区滚动排查”和“边境清查打击”专项行动。2021 年，常态化运行抵边警务室 85 个，延伸延展巡逻点 297 个，查缉车辆 23.4 万辆、人员 74.9 万人，破获刑事案件 30 起，查结治安案件 1 679 起，化解矛盾纠纷 3 334 起；查处违边行政案件 178 起 290 人，同比上升 28%；查获偷渡等妨害国（边）境管理犯罪 4 起 7 人，同比提升 33%；涉外事件同比下降 28.6%，有效稳控在个位数。率先完成移动警务平台改造，并实现与省厅级联合部署，开发完成全国移民管理机构警犬管理信息系统，启动建设省级军警民联防平台系统，自主研发搭建派出所综合平台 B 版系统，组建无人机“空侦分队”，边境管控效能大幅提升。

【黑龙江出入境边检总站筑牢口岸管控安全防线】 推出“信息预警、关口前置、兼顾两翼、闭环处置”4 项机制，严守“三条底线”，建立总站主管领导、边检处长、分管副处长“三级边控资料审核批办制度”，健全完善“日、周、月”全量复核机制，布控资料同比上升 7.8%、准确率保持 100%；运行总站、边检站、执勤队“三级”勤务督导复查机制，常态落实勤务质量汇总分析、情况通报、监督整改等措施，录入质量创历史新高，长期保持零差错。

【黑龙江出入境边检总站积极服务经济发展大局】 跟进“一带一路”建设，融入龙江全面振兴发展，主动擦亮国门口岸、边境派出所“两个窗口”，大力推动“我为群众办实事”实践活动，全力推进“枫桥式派出所”创建，靠前服务“一窗四区”建设，出台服务支持黑龙江省开发开放 15 项新举措，全面优化边检查验手续、开设绿色服务通道、提供 7×24 小时服务、全力保障服务民生，积极为出入境人员、交通工具提供便捷通关服务，口岸通关效能和服务经济发展能力进一步彰显，得到地方党委政府和出入境旅客一致赞誉。

【黑龙江出入境边检总站全力构筑疫情防控防线】 启动战时防疫机制，成立疫情防控领导小组，派员入驻省疫情防控指挥部，建立新闻发布和举报奖励制度，出台加强边境口岸防控、联防联控、内部防护和秋冬季防控等硬性措施 50 余项，推行“最小单元、最短流程、最快通关”勤务模式，运用两卡式、口袋式、蛛网式、围阙式、检迹式、落锁式 6 种战法，采用空侦、监控、雷达、犬防 4 类手段，研发“数据筛查助手”，2021 年向防疫各有关 11 家单位推送全量数据 1.05 亿条、筛查黑龙江数据 8.07 万条、密接人员数据 3.4 万条，牢牢把握疫情防控主动权。

【黑龙江出入境边检总站打造总站教育文化特色】 凝练新时代总站“龙虎精神”，固化“扎根边疆、热爱边疆、建功边疆”教育成效，开展“最美移民管理警察”评选，召开先进事迹报告会。2021 年，1 个集体、2 名民警荣立一等功，3 个集体、6 名民警获省部级以上表彰，5 名转改民警获评“百名岗位建功新警标兵”，2 篇思想政治工作案例、3 名思想政治工作骨干事迹被国家局重点宣传推树，多名民警登上《中国诗词大会》等主流节目，优秀护边员崔广平事迹刊发《人民日报》内参，公安部、省委省政府主要领导给予批示肯定。

【黑龙江出入境边检总站全面强化队伍能力素质】 举办边检业务、政治练兵比武竞赛，成功承办国家移民管理机构首届警犬实战大比武，包揽全部4个项目冠军；部署驻勤、驻教、驻训活动，组建增援备勤分队21个、应急快反分队101个、小单元警组331个，2021年全年常态开展拉动演练；构建总站、站级单位、基层所队“三级联动”施教体系，民警基本级执法资格考试通过率达99.5%，52名民警通过法律职业资格考试。

【黑龙江海事局全力以赴、慎终如始，履行海事职责，确保中俄水路口岸疫情“零输入零感染”】 自黑龙江省中俄边境水路口岸陆续恢复通关以来，黑龙江海事局全力以赴、慎终如始，全员参战、严防死守，坚决阻断疫情通过运输船舶从界河输入。一是成立了中俄界河疫情防控“外防输入”工作专班，创立并实施了“七种管控模式”，即多部门协调联动、功能区分级管理、坚持人物同防管理、入境船舶闭环管理、中国籍船舶点对点管理、严格船员换班、远程监管查验。对界河运输船舶实施“全链条”式闭环管理，通过船舶申报、视频监控、现场监管、联防联控等综合手段，对界江运输船舶，无论是否运营，全部纳入清单监管。二是建立边境界河活动船舶日报制度，确保第一时间掌握船舶和船员动态，持续督促船舶及时更新和执行交通运输部《船舶船员新冠肺炎疫情防控操作指南V7.0》等有关要求，监督指导口岸运行船舶的航运公司及时制订新冠肺炎疫情防控期间船员换班上船计划。2021年度国际航行船舶船员换班共计166人次，全年未发生外国籍船员入境换班情形，未发生船员换班疫情境外输入事件。三是与省边防委开展“防冲关、防偷渡、防越界”专项行动，与各市县边防委开展界江“三无”船舶排查清理和综合整治，严防利用船舶偷越国界等违法涉外事件发生，坚决守好界河入境防线，拒疫情于国门之外。

2021年，中俄船舶进出境2 102航次、进出境货物80万吨、进出境船员4 994人次，保持全年“零输入零感染”，有力保障了常态化疫情防控状态下中俄水路运输通道的安全畅通和物流供应链稳定。

开放口岸

【哈尔滨空运口岸（哈尔滨太平国际机场）】 哈尔滨空运口岸是1987年7月1日经国务院批准的对外开放口岸，1989年9月22日正式对外开放使用。2019年哈尔滨太平机场海关自旧国际航站楼升级改造工程后，新增查验设备均来源于政府采购且为海关独立使用。一是成立跨境电商科，助推空港跨境电商物流园业务发展。哈尔滨空运口岸现有国际及地区航线23条，已经初步形成以哈尔滨为中心，连接俄罗斯、日本、韩国、新加坡、泰国、马来西亚、印度尼西亚等国家及地区的空中交通网络。自2019年1月初，物流园首批跨境电商进口商品顺利通关放行以来，哈尔滨空运口岸高度重视跨境电商业务，积极为物流园招商助力宣传，积极提供政策解读服务，优化口岸营商环境。二是助力保税航油业务落地空港。太平机场海关相关责任人就保税航油业务多地考察访问，就免税航油业务实施过程中存在的问题进行沟通和协商，力争尽早实现免税航油业务在机场全面落地的工作目标。

2021年，哈尔滨空运口岸累计出入境旅客5.1万人次，同比下降59.45%。

【齐齐哈尔空运口岸（齐齐哈尔三家子机场）】 齐齐哈尔空运口岸于1993年6月4日经国务院批准为对外开放口岸。该机场为军民合用机场，2010年1月通过国家验收。

2012年至2016年，连续5年对韩国的首尔、釜山、清州飞行了107个国际临时客运航班，累计运送出入境旅客3.37万人次。2017年，齐齐哈尔空运口岸暂停了对韩国飞行临时国际航班。2018年6月4日，正式签约开通齐齐哈尔至俄罗斯符拉迪沃斯托克临时国际航线，这是齐齐哈尔空运口岸首次开通俄罗斯国际航线。

【牡丹江空运口岸（牡丹江海浪国际机场）】 牡丹江空运口岸于1996年6月经国务院批准为对外开放口岸，1998年12月正式对外开通使用。该机场为军民合用机场，位于黑龙江省牡丹江市区西南，距市中心约9千米。

1998年8月成功试航牡丹江至俄罗斯符拉迪沃斯托克航线，2000年6月正式开通牡丹江至符拉迪沃斯托克包机航线，2002年1月转为定期国际航班，每周飞行2班，机型为图154。2003年11月开通了牡丹江至俄雅库茨克国际航线，每月飞行2班，机型为图154；同时还开通了牡丹江至俄哈巴罗夫斯克的定期国际航班，每周2班，机型为图154。2005年9月开通了牡丹江至韩国首尔的国际航班，目前每周4班，机型为波音737。

牡丹江海浪国际机场目前开通了2条国际航线，分别是至首尔和海参崴。首尔航线每周由南方航空和大韩航空分别执飞5班，夏季淡季分别执飞3班。海参崴航线每周由奥罗拉航空执飞2班。牡丹江空运口岸于2018年7月15日正式恢复牡丹江至符拉迪沃斯托克航班，助力牡丹江社会经济发展形势和对外开放步伐。目前牡丹江至符拉迪沃斯托克航班整体上座率较高，运营态势良好，牡丹江对俄航班的恢复通航对中俄贸易发展、国际旅客互通友谊及文化交流起到了推动促进作用。2018年12月20日，牡丹江国际机场货运部分通过省口岸办组织的验收，这标志着牡丹江海浪国际机场成为继延吉朝阳川国际机场之后东北第二家国际客运、货运功能齐全的支线机场，在民航发展史上具有里程碑意义。

为进一步扩大边境贸易规模，在具备实施境外旅客购物离境退税政策的基本条件下，在已开通绥芬河公路、绥芬河铁路离境退税口岸的基础上，增加牡丹江航空港和东宁2个开放口岸作为境外旅客购物离境退税口岸。牡丹江境外旅客购物离境退税商店在市区增设6个，东宁市增设4个。目前牡丹江市离境退税已开通离境退税业务。

【佳木斯空运口岸（佳木斯东郊国际机场）】 佳木斯空运口岸于1992年12月经国务院批准为对外开放口岸。该机场位于黑龙江省东北部的佳木斯市东郊9千米处，2009年年末通过国家正式验收。

2010年开通佳木斯至韩国首尔临时包机；2012年恢复佳木斯至哈巴罗夫斯克航线；在2014年中韩两国民航部门会谈中，佳木斯至韩国首尔临时包机航班被批准为正式航班。这2条国际航线每周各2班。2018年佳木斯空运口岸有2条国际航线，每周4班，分别是韩国首尔2班、俄罗斯哈巴2班。2018年8月末韩国首尔航线增加了1班，国际航线每周达到5班。

【哈尔滨水运（河港）口岸】 哈尔滨水运口岸于1987年7月经国务院批准为对外开放口岸，并经中国与苏联两国政府确认开通使用，1992年10月又经国家批准开通了国际客运业务。口岸地处松花江中游南岸、黑龙江省省会哈尔滨市区东北部，是我国东北内河最大的水陆换装枢纽港，年营运期约210天，冰封期约150天，是一个典型的季节性生产港口，由哈尔滨港经松花江、黑龙江水道与俄罗斯的哈巴罗夫斯克、共青城、尼古拉耶夫斯克和布拉戈维申斯克等7个大中城市港口相通。根据中俄两国协议，中方国际船舶可经俄罗斯阿穆尔河段由尼古拉耶夫斯克港出海，再经鞑靼海峡进入日本海，开展国际江海联运业务。哈尔滨水运口岸于1989年7月1日经国务院批准恢复对外开放，1999年至2005年连续7年进出口货运量为零，2006年出口货运量为400吨，从2007年至今没有过货。

【饶河水运（河港）口岸】 饶河水运口岸于1989年4月经国务院批准为对外开放口岸，

1993年9月正式开通使用，1994年1月经中俄两国政府确认为双边客货运输口岸。该口岸港口位于黑龙江省东北部边陲饶河县饶河镇南7.5千米，地处乌苏里江中段西岸，为目前中俄乌苏里江流域唯一水运口岸。与俄罗斯哈巴罗夫斯克边疆区比金区市波克罗夫卡口岸隔江对应，直线距离只有760米。俄方对应口岸波克罗夫卡地处哈巴罗夫斯克边疆区和滨海边疆区结合部，距两个边区首府哈巴罗夫斯克市和符拉迪沃斯托克市分别为263千米和520千米，距比金市也只有35千米，是目前俄远东地区建设规模较大、基础设施较完备的口岸之一。明水期开展水上船舶运输，目前以汽车轮渡运输为主；冰封期开展冰上汽车运输。

该口岸建有可停靠2艘千吨级货轮的码头和适应明水期轮渡运输、冰封期汽车运输的两用码头，还备有2艘大马力轮渡船，年吞吐能力在60万吨以上；同时，建有口岸联检厅4 000平方米、海关监管库6 000平方米，查验配套设施完备。该口岸距离两个最近火车站东方红、换新天分别约137千米和150千米。口岸集疏运主要通过公路运输，经依饶公路和饶建公路可分别抵达双鸭山和佳木斯等中心城市。该口岸开通建设虽晚于周边其他口岸，但客货运输生产发展势头较好。

【佳木斯水运（河港）口岸】 佳木斯水运口岸于1989年7月经国务院批准为对外开放口岸，并经中国与苏联两国政府确认开通使用，1991年10月开通了国际客运航线。该口岸位于黑龙江省东北部的佳木斯市市区，地处松花江中下游南岸，是该地区较大的水陆换装枢纽港，年航行期约210天，为季节性生产港口。港区现有陆域面积10万平方米，立式码头岸线总长510多延长米，拥有千吨级泊位5个，铁路专用线2条，全长740米，装卸设备43台（组）年吞吐能力为100万吨。口岸建有办公业务用房5 000平方米、生活用房587平方米，现场办公用房及附属设施2 050平方米。

该口岸的国际航行船舶，沿松花江上行可达哈尔滨港，下行可达富锦、同江港，进入黑龙江后可直达俄罗斯的下列宁斯阔耶、哈巴罗夫斯克、共青城等开放港口。根据中俄两国协议，中国国际航行船舶可经俄罗斯的尼古拉耶夫斯克港出海，再通过鞑靼海峡进入日本海，开展国际江海联运业务。交通部已确定佳木斯港为江海联运港口，并于1992年7月12日进行了首航。

近年来，因松花江枯水及边贸政策调整影响，该口岸客货运量较少。随着上游大顶子山等航电枢纽工程建设的陆续到位，松花江通航条件将不断改善，该口岸将会得到充分利用。

【富锦水运（河港）口岸】 富锦水运口岸于1989年7月经国务院批准为对外开放口岸，并经中国与苏联两国政府确认开通使用，1993年10月又经国家批准开通了国际客运业务。该口岸位于松花江下游南岸、黑龙江省富锦市城区北部，为松花江干流中型港口，由此沿松花江上行可达佳木斯、哈尔滨等松花江沿岸各港口，下行距中俄界河黑龙江78千米，从三江口入黑龙江（阿穆尔河）可直航俄罗斯的下列宁斯阔耶、哈巴罗夫斯克、共青城等口岸，继续下行可通过尼古拉耶夫斯克入海，进入鞑靼海峡及日本海，江海联运的货物可直达日本、韩国等太平洋沿岸国家和地区。交通十分便利，铁路、公路、水路畅通，福前铁路、哈同公路贯穿富锦市。

该口岸基础及配套设施建设日趋完善，现有码头岸线长1 000余米，设有简易趸台3处，可同时停靠千吨级驳船5艘装卸作业。港区面积近5万平方米，拥有各类装卸设备近30台套，日装卸能力3 000吨以上，年货物吞吐量30万吨。港区建有铁路专用线7.62千米，已经形成水铁联运一条龙。该口岸建有查验单位办公、业务、生活及查验设施1万多平方米。

【同江水运（河港）口岸】 同江水运口岸于1986年经国务院批准恢复为对外开放口岸，包括东部作业区和西部作业区，简称东、西两港。两港拥有各类泊位12个，港口年吞吐能力达460万吨。同江西港以货物运输为主，年货物吞吐能力达到400万吨，由企业投资建设了港口基础设施，包括10个千吨级以上泊位，铁路专用线4.8千米（可通达国内各铁路站场），配备装卸设备50余台（套）。政府和港口企业共同出资建设了西港货检综合楼，实现了报关、代理、查验一站式服务。同江东港（已获批开放，正推进开放验收工作）有客货运输，年货物吞吐能力达60万吨，客运通过能力达50万人次。由企业投资建设了客运泊位1个、滚装泊位1个，以及浮箱固冰通道和气垫船基地。由政府投资建设了旅检楼、边检站用房、联检查验业务用房、货检通道等查验设施。

同江口岸东部作业区于1988年经国务院口岸领导小组批准开通运营，历经30年。2018年12月27日经国务院批复，同意同江港口岸扩大开放东部作业区。至2021年，为尽早通过国家验收成为正式作业区，按照有关规定，完善口岸软硬件设施设备。

2021年，同江水运口岸进出口货运量完成26.87万吨，同比增长4.8%；出入境人员实现952人次，同比下降79.33%。

【抚远水运（河港）口岸】 抚远水运口岸于1992年5月8日，经国务院批准为国际客货运输开放口岸，1993年8月8日正式开关。抚远地处黑龙江、乌苏里江的三角地带，全市总面积6 262.48平方千米，距俄罗斯远东政治、经济、交通、文化中心哈巴罗夫斯克市航道距离仅65千米，拥有268千米中俄界江黄金水道，是黑龙江省唯一的天然深水良港。由抚远港出境，经俄罗斯一直驶向鞑靼海峡，有“东方水上丝绸之路”之称，丰水期能直接停靠5 000吨级以上船舶。

抚远水运口岸，在对俄经贸合作和促进区域外向型经济发展中发挥着越来越重要的作用，已成为黑龙江省对俄贸易的重要窗口和对外开放的最前沿阵地。该口岸由于距俄远东第一大城市哈巴罗夫斯克很近，对外旅游事业开展得十分活跃。

2021年，抚远水运口岸进出口货运量完成13.96万吨，同比增长67.8%；客运量实现598人次，同比下降70.69%。

【萝北水运（河港）口岸】 萝北水运口岸位于黑龙江省萝北县名山镇，东经131°05′，北纬47°41′，于1989年4月8日经国务院批准为国际客货水运口岸，1993年5月正式开通，明水期进行船舶运输，冰封期进行汽车运输。萝北口岸地理位置优越，与俄罗斯犹太自治州阿穆尔捷特口岸相距1.5千米（冬季浮桥运输距离仅1千米），明水期船舶航行10分钟、冰封期汽车行驶5分钟即可到达彼岸。萝北口岸运输条件良好，哈萝公路（哈尔滨—萝北）全长500千米，全程高等级路面，是省内距哈尔滨最近的边境口岸，进出口货物集、疏运快捷便利，现已开通鹤岗至俄罗斯比罗比詹直达客货运输双向延伸。

萝北水运口岸地处黑龙江中下游黄金水道的有利位置，水深流稳，江面开阔，丰水期可航行5 000吨级船舶，上行可至黑河、漠河、布拉戈维申斯克、加林达等口岸，下行可达同江、抚远、下列宁斯科耶、哈巴罗夫斯克、共青城等港口，经江海联运沿黑龙江（阿穆尔河）出海，开展对第三国的外贸运输。口岸基础及配套设施建设齐全，拥有现代化煤炭专用码头、木材专用码头和滚装式轮渡码头各1座，3 000吨级船舶可全航期作业，年吞吐能力达50万吨。其中，煤炭专用码头每小时可装运原煤400吨，是黑龙江沿岸最大的煤炭输出港。口岸查验设施健全，建有口岸办公大楼3 975平方米、联检大楼2 396平方米。旅检大厅设8条旅检通道，为出入境旅客提供快捷服务；货场辟有1万平方米作业区，可同时进行2艘千吨级轮装卸作业。大中型气垫船在此投放运营，为春秋两季黑龙江流冰期人员往来提供便利。

2021年，萝北水运口岸进出口货运量完成23.57万吨，同比增长84.4%。

【嘉荫水运（河港）口岸】 嘉荫水运口岸于1989年4月8日经国务院批准为对外开放口岸，1993年5月1日通过国家验收并正式对外开放，1994年俄巴斯科沃口岸正式开关。2012年6月1日至今，俄巴斯科沃口岸因俄联邦政府令维修暂时闭关。嘉荫水运口岸开通以来，累计投入

3.2 亿元用于口岸基础设施建设。目前，嘉荫口岸整体规划面积为 50 万平方米，口岸现场占地面积 18 万平方米，封闭硬化面积 8 万平方米；拥有办公场所 5 栋，分别是旅检大楼 3 511 平方米、货检厅 643 平方米、综合服务楼 533 平方米、海关免税商店 182 平方米、监管仓库 1 000 平方米。修建口岸公路 21.8 千米，拥有港口 1 个、客运码头 1 个、立壁码头 3 个和 1 个滚装码头，配有 10 吨门吊 1 台、25 吨汽车吊 1 台、装载机 3 台、叉车 1 台、平板车 2 台、百吨电子秤 2 台，旅检通道 5 条、货检通道 1 条。嘉荫口岸货物年吞吐量达到 100 万吨，旅客年运输能力达到 20 万人次。该口岸自 2012 年 6 月，俄方以加强口岸基础设施建设为由单方宣布闭关，至今仍未开通。

【黑河水运（河港）口岸】 黑河水运口岸于 1982 年 1 月经国务院批准恢复对外开放，1983 年 3 月经中国与苏联两国政府换文确认为边境地方贸易口岸，1986 年 9 月经中国与苏联两国政府补充换文确认为国家贸易口岸，当月正式对外恢复开通使用，1990 年 3 月经中国与苏联两国政府换文确认为国际客货运输口岸，1994 年 1 月经中俄两国政府再次确认为国际客货运输口岸，2004 年 4 月经国务院批准开展口岸签证工作。该口岸位于黑龙江省北部边陲，中俄界河黑龙江上游末端南岸黑河市内，隔江与俄罗斯阿穆尔州首府布拉戈维申斯克口岸相对；双方货运码头相距 3 500 米，客运码头相距 750 米，是中俄边境水运口岸中运输距离最近、城市规格最高、通过能力最强的对应口岸。由该口岸经布拉戈维申斯克可与俄罗斯西伯利亚大铁路和贝阿铁路连接，经其空中航线可与俄罗斯国内各大城市相通；由该口岸沿黑龙江水道下行，还可抵达俄罗斯远东各港口直至日本海沿岸各港口。

黑河水运口岸历史悠久，早在 1858 年即成为中国对俄贸易口岸，开展民间和官方贸易。中华人民共和国成立后，黑河水运口岸于 1957 年恢复通商，开展边境小额贸易，现已成为国家贸易、地方贸易、边境小额贸易、边民互市贸易及为对外旅游、国际旅客服务的多功能口岸。口岸运输方式随着季节变换，明水期开展水上船舶运输和轮渡运输，冰封期开展冰上汽车运输，流冰期开展气垫船运输和航空运输，可谓运输方式多元，确保四季运行。近些年，该口岸对基础及配套设施进行了不断改造和建设。现有货运码头、客运码头及明水期汽车轮渡与冰封期汽车运输兼用码头各 1 处，共有千吨级泊位 12 个。货运码头岸线长 612 延长米，场地面积 8 万平方米，仓库面积 1 万平方米，装卸机械 18 台（套），运输船舶 26 艘，年货物吞吐能力 120 万吨。客运码头岸线长 98 延长米，场地面积 8 000 平方米，旅检大厅 3 600 平方米，候船大厅 2 400 平方米，旅检通道 14 条，年过客能力 100 万人次。

2021 年，黑河水运口岸进出口货物共计 353.57 万吨，同比增长 98.2%；进出境人员 3 161 人次，同比下降 95.25%。

【逊克水运（河港）口岸】 逊克水运口岸是集国贸、地贸、民贸多功能于一体的对外开放口岸，1989 年 12 月 17 日经国务院批准对外开放；1992 年经国务院批准开通边境旅游，交通部批准为江海联运国际航运口岸；2013 年，开通了边境旅游异地办证业务，出入境非常便捷；2015 年获批为进境粮食指定监管场地。通关以来，逊克水运口岸累计出入境旅客 41 万人次，进出口货物 60 万吨，进出口贸易额 5 亿美元。目前，该口岸有陆域面积 1.7 万平方米，联合报关大厅 200 平方米，旅检大厅 1 400 平方米；内设进出境通道 7 条，用于货物运输的千吨级泊位 2 个，客运码头 1 处，滚装码头 1 个，码头岸线 300 延长米；旅客年通关能力 10 万人次，货物年吞吐能力 100 万吨。出口货物主要有服装、鞋帽、纺织、家电、建材、农用机械、工程机械、各型车辆等产品，进口货物以木材、煤炭、大豆为主。

2021 年，逊克水运口岸进出口货运量完成 2.86 万吨，同比下降 40.4%。

【孙吴水运（河港）口岸】 孙吴水运口岸于 1993 年 6 月经国务院批准对外开放，1994 年 1 月经中俄两国政府确认为国际客货运输口岸。该口岸位于黑龙江省北部边陲孙吴县，坐落在黑龙江中游南岸的四季镇，距孙吴县城 54 千米，距俄方阿穆尔州对应口岸康斯坦丁诺夫卡 27 千米，上行可达黑河及俄方布拉戈维申斯克港，下行可抵逊克及俄方波亚尔科沃港。

该港口江面水丰宽阔，为天然深水港，枯水期也可停靠千吨驳船；建有综合性客货栈桥式码头及粮食、石油、煤炭、木材专用码头，可同时停靠 5 个千吨级驳船作业，装卸及相关设备齐全，年吞吐量 30 万吨。该口岸除明水期开展水上船舶运输外，冰封期可开展冰上汽车运输，流冰期还可开展气垫船运输。口岸集疏运条件较为方便，至县城的黑嘉公路已建成水泥路面，黑大公路和北黑铁路通过县城。该口岸目前尚未正式开通使用。

【呼玛水运（河港）口岸】 呼玛港位于呼玛镇内，是黑河口岸以北黑龙江段的最大县级港口，有较为完善的基础设施，港区全长 4 060 米，可同时停泊千吨货轮 10 余艘。口岸开通后，年吞吐能力可达 50 万吨，客运量可达 10 万人次。呼玛口岸实行明水期江上运输可直航哈尔滨，转运全国各地。通过黑龙江可进入鞑靼海峡，实现江海联运，通往世界各地。呼玛县呼玛镇距韩家园火车站 100 千米，货运便利，中俄双方都有极其便利的运输条件和得天独厚的地缘优势，资源丰富，互补性强。

呼玛水运口岸于 1993 年 5 月 15 日经国务院批准为对外开放口岸，开展对外客、货运输业务，明水期利用船舶运输，封冻期利用汽车运输；同时获批设置了有关查验机构。呼玛县委、县政府成立了呼玛县口岸服务中心，积极开展各项工作。2004 年 11 月，呼玛县人民政府与俄罗斯施玛诺夫斯克市达成了在明水期开通呼玛与乌沙科沃口岸协议。2005 年 1 月，大兴安岭地区行政公署代表团与阿穆尔州行政机关代表团在俄布拉戈维申斯克达成正式开通呼玛至乌沙科沃口岸共识，并在中俄总理定期会晤委员会交通分委会北京会议上通过。但由于俄方政策发生变化，口岸未能按时开通。

【漠河水运（河港）口岸】 漠河水运口岸是经国务院批准设立的对外开放口岸。1993 年 9 月 1 日，口岸正式开通过货。1994 年 2 月 16 日，外交部确认漠河—加林达口岸为国际客货运输口岸，并具体规定该口岸明水期进行船舶运输、封冻期进行汽车运输。1997 年，国务院批复同意漠河水运口岸对俄罗斯开展国际旅客运输业务，并允许第三国人员通行。漠河水运口岸完全具备了既可开展国际客货运输，又可开展边境旅游的全部功能。1994 年至 2019 年 6 月末，该口岸累计进出口货物 15 910.2 万吨（含进口原油），出入境旅客 8.4 万人/次，出入境运输工具 6.4 万辆（艘）/次。因俄方原因，目前该口岸仅限中俄原油管线人员和设备通关。

【哈尔滨陆路（铁路）口岸】 哈尔滨铁路货运口岸即哈尔滨内陆港，是国务院 1996 年 9 月批准的全国第一个作为内陆铁路货运口岸的试点对外开放，办理国际集装箱运输业务，1997 年 8 月正式对外开通使用。该口岸位于哈尔滨市道外区先锋路 148 号，场地宽阔，环境优美。2016 年，哈尔滨市政府研究决定：哈尔滨铁路货运口岸迁入哈尔滨国际集装箱中心站，并于 8 月 15 日开工建设，占地面积 4.4 万平方米。2018 年 1 月，黑龙江省政府同意哈尔滨铁路货运口岸迁址至哈尔滨国际集装箱中心站（哈尔滨市香坊区香明街 1 号）。哈尔滨国际集装箱中心站新增口岸功能工程项目总投资约 1.04 亿元，其中中央预算补助资金为 1 306 万元，其余为地方预算资金。

2021 年，哈尔滨铁路货运口岸累计进出口货物 15.37 万吨，同比增长 39.2%。其中，进口货物 2.15 万吨，出口货物 13.22 万吨。

【绥芬河陆路（铁路）口岸】 绥芬河铁路口岸建成于 1899 年 6 月，1900 年绥芬河至俄乌苏里斯克区间开始通车，1903 年 7 月绥芬河至满洲里全线通车，距今已有百年多历史，1994 年 1 月经中俄两国政府确认为国际铁路客货运输口岸，2003 年 5 月经国务院批准开展口岸签证工作。该口岸在黑龙江省东南边陲重镇绥芬河市，位于滨绥铁路与俄罗斯远东铁路的接轨处，是黑龙江省唯一的对俄边境铁路口岸。绥芬河站距俄滨海边疆区对应的波格拉尼奇内铁路口岸国境站格罗捷阔沃 26 千米，距俄方铁路枢纽站乌苏里斯克 123 千米，距俄方西伯利亚铁路终点、滨海边疆区首府符拉迪沃斯托克 230 千米，距俄方远东最大的海运港口东方港 369 千米；距黑龙江省东部中心城市牡丹江 193 千米，距省会哈尔滨 540 千米。该铁路口岸地处要道，陆海联运可到达日本的新潟、横滨，韩国的釜山，美国的西雅图等地区，处于东北亚经济区中心位置，被黑龙江省政府确定为对外经贸的主通道，地缘优势十分突出。

该口岸现在是一等铁路车站，主要办理国际联运货物运输和国际、国内旅客运输，以及自站货物的到发、装卸等业务；设有南、北两个站场，管辖绥阳（二等站）、宽沟两个中间站，年设计综合运输能力为 1 000 万吨。南站场占地 10 万多平方米，建有线路 40 条，其中宽轨 27 条、准轨 13 条；建有国内、国际旅客候车室各 1 座，国内候车室为 1899 年兴建，是原中东铁路较有代表性历史建筑；国际客运联检大楼为 2 800 平方米，设有出入境通道 16 条（出入各 8 条）；建有国内、国际旅客站台各 1 个，总面积为 4 451 平方米；还建有集查验、运输、货代于一体的 6 800 平方米联合报关报验大楼及铁路口岸电子监控系统，为加快通关速度，提高通过能力，打下坚实基础。北站场距南站场 2.4 千米，占地 17 万多平方米，建有线路 44 条，其中宽轨 14 条，准轨 30 条；设有 1 组原油换装线、4 组机械换装线、17 台龙门吊、70 余台汽车吊；建有人力站台 2 个，货物站台 1 170 平方米，货物仓库 697 平方米。

2021 年，绥芬河铁路口岸进出口货物 781.77 万吨，同比下降 17%；进出境人员 3.05 万人次，同比下降 80.25%。

【同江陆路（铁路）口岸】 同江铁路口岸于 2019 年 3 月 13 日经国务院批复同意对外开放，对照规定的口岸验收应具备的条件，目前除口岸查验设施尚未全部建设完成外，其余包括铁路口岸开放获得国务院批准、口岸各查验机构人员编制核定、口岸区域划定清晰等事项均已完成。同江铁路口岸查验设施，由与大桥同步开工建设的查验设施和新增查验设施（1 类变更）两部分组成。与大桥同步开工建设的查验设施基本完工。按规划和统一部署，同江铁路口岸现场查验设施与大桥建设项目同步规划、设计和建设，同步开通使用。截至 2021 年年底，已基本完成与大桥同步开工建设的口岸查验设施，完成投资 1.07 亿元，建有各查验技术业务用房总建筑面积 1.36 万平方米。新增查验设施推进情况，按照住建部和国家发展改革委 2017 年联合发布的相关文件精神，结合同江铁路口岸建设已经完成的查验设施情况，经哈尔滨海关、黑龙江出入境边检站多次核对后，下一步将投资约 1.1 亿元，建设换装站口岸查验设施、放射性物质处理场地等新增查验设施，建设方案已形成并上报铁路总公司。

【绥芬河陆路（公路）口岸】 绥芬河公路口岸于 1988 年 12 月经国家主管部门批准进行汽车临时过货运输；1990 年 3 月经中国与苏联两国政府换文确认为汽车运输口岸；1993 年 1 月经中俄两国政府再次换文确认为汽车过往口岸；1994 年 1 月经中俄两国政府确认为国际公路客货运输口岸；2000 年 9 月经国务院批准对外开放，开展国际客货运输；2003 年 5 月经国务院批准开展口岸签证工作。该口岸位于黑龙江省东南边陲重镇绥芬河市东部，是 301 国道（绥满公路）的起点，距黑龙江省东部中心城市牡丹江 153 千米，距省会城市哈尔滨 460 千米；与俄罗斯滨海边疆区波格拉尼奇内公路口岸相对应，距该口岸所在的波格拉尼奇内区 16 千米，距陆路交通枢纽乌苏里斯克 120 千米，距滨海边疆区首府符拉迪沃斯托克 210 千米，距东方港 270 千米。

2021 年，绥芬河公路口岸进出口货运量完成 34.28 万吨，同比下降 5%；出入境人员实现 9.77 万人次，同比下降 67.03%。

【东宁陆路（公路）口岸】 东宁公路口岸于 1989 年 12 月经国务院批准为对外开放口岸；1990 年 3 月经中国与苏联两国政府换文确认为双

边公路汽车运输口岸，同年5月正式开通使用；1992年11月经中俄两国政府换文确认开展旅客运输，陆续开通了至俄邻近城市的旅游业务；1994年1月经中俄两国政府再次确认为双边客货公路运输口岸。该口岸位于黑龙江省东南边陲东宁市三岔口朝鲜族镇，与对应的俄罗斯滨海边疆区波尔塔夫卡公路口岸隔瑚布图界河相望。瑚布图河架有永久性桥梁，连接双方口岸过境公路。这里距俄方十月区政府所在地波克罗夫卡34千米，距俄滨海边疆区首府、远东最大的海港城市符拉迪沃斯托克154千米，距我国滨绥铁路绥阳站75千米，距绥芬河站45千米。

该口岸封闭监管区占地6.2万平方米，建有旅检综合办公楼4 210平方米，内设出境旅检通道6条、入境旅检通道3条、车检通道2条。货检区设出入境检查通道各2条，同时配有查验部门现场办公用房及附属设施。口岸年货运通过能力达120万吨，客运通过能力达60万人次。随着口岸客货运量的增长，该口岸客货通道已经实行6天12小时无午休工作制，正在准备在客运通道实行7天12小时无午休工作制。

2021年，东宁公路口岸进出口货运量完成22.42万吨，同比下降26.7%；出入境人员实现3.9万人次，同比下降35.86%。

【密山陆路（公路）口岸】 密山公路口岸于1989年4月经国务院批准为对外开放口岸；1992年10月经中俄两国政府换文确认为双边公路客货运输口岸，1993年5月正式开通使用；1994年1月经中俄两国政府再次确认为双边客货运输口岸。该口岸位于黑龙江省东南边陲密山市档壁镇，中俄界湖兴凯湖的西北岸1.5千米处，距密山市38千米，距内陆中心城市鸡西市约100千米，与俄罗斯滨海边疆区对应口岸图里洛格隔白棱河相望，相距仅有1千米，距俄最近城市卡缅雷博洛夫64千米，距俄远东地区重要交通枢纽和贸易中心乌苏里斯克150千米，距俄滨海边疆区首府符拉迪沃斯托克260千米。

该口岸基础及配套设施日臻完善，功能齐全。市区建有2.8万平方米口岸办公楼及附属设施、2.4万平方米海关监管仓库。口岸现场占地面积1.4万平方米，建筑面积5 000平方米，其中锅炉房、餐厅、车库577平方米，封闭仓储库305平方米，简易库、门卫房263平方米，封闭铁栅栏588米。口岸设有4条进出口货物检验通道、2条出入境旅客查验通道。口岸东侧南北各设1处2 000平方米的停车场，东侧200米处建有2万平方米的货物仓储区。中俄双方共同在白棱河界河上修建了一座长33米、宽12米的永久性公路桥梁，可常年过客过货。该口岸年过货能力在50万吨以上，年过客能力在30万人次以上。该口岸对外旅游购物开展得十分活跃，成为口岸发展的特色优势。在强化口岸过货量提升的同时，口岸积极发展采取手拎包旅游和互市贸易，确保口岸年过客5万人次的目标。现密山口岸过客已经实现了年过客5万人次的目标。

【虎林陆路（公路）口岸】 虎林公路口岸位于市区东南58千米，与俄罗斯马尔科沃口岸对应，于1989年经国务院批准对外开放，1993年5月18日正式开通。口岸建有目前中俄边界上最大的永久性公路桥梁——松阿察界河大桥（长207.08米、宽13.96米），一年四季不受流冰期干扰，无闭关期，可全天候均衡过货，年过货能力达260万吨、过客能力达100万人次。政府先后投资建设了旅货检综合楼、粮食口岸查验场、海关留验货物存储库、边民互市贸易区、冰鲜水产品检疫室等功能设施，将虎林公路口岸建成了集合旅检、货检、贸易、服务等功能于一体的多功能综合对俄经贸平台。

该口岸基础及配套设施日趋完善，客货通过能力不断增强。目前建有2 600平方米口岸办公楼、1 600平方米口岸现场办公楼、1 000平方米旅检厅、250平方米双向车道货检厅，修建了1 640延长米二级水泥面口岸过境公路、5万平方米口岸现场仓储设施、近8万平方米海关监管仓库基地、2万平方米硬化地面露天货场。

【黑瞎子岛陆路（公路）客运口岸】 中俄两国政府于2016年9月20日通过外交换文途径将设立黑瞎子岛—大乌苏里岛公路客运口岸补充

列入 1994 年两国政府签订的《中华人民共和国和俄罗斯联邦政府关于中俄边境口岸协定》。2019 年 3 月，国务院批复同意黑瞎子岛公路客运口岸对外开放。2019 年 7 月，中俄运输合作分委会口岸工作组第二十二次会议就黑瞎子岛口岸问题进行了明确：一是双方赞同 2018 年 10 月 23 日黑龙江省口岸办与俄罗斯哈巴罗夫斯克边疆区国际和区域合作部签订纪要确定的黑瞎子岛—大乌苏里岛公路口岸的选址；二是关于将黑瞎子岛—大乌苏里岛公路口岸由客运口岸调整为客货运输口岸的问题，双方同意待黑瞎子岛—大乌苏里岛中俄发展规划批准后，再行研究调整口岸类型问题。目前，口岸选址及增设货运功能有关问题已得到明确。

【黑河陆路（公路）口岸】 黑河公路口岸于 2020 年 6 月 23 日经国务院批准对外开放，口岸性质为国际性常年开放公路客货运输口岸。黑河公路口岸是黑河黑龙江大桥附属配套工程，该项目位于中方境内黑河市东郊 7 千米长发屯、黑龙江大桥下引桥 1 千米处。口岸联检区域由旅检区和货检区两部分组成，包括出入境旅检楼、入境货检楼、出境货检楼及配套附属设施。货检楼设有出入境通道各 4 条；旅检楼设有出入境通道各 13 条，其中自助通道各 3 条。项目占地面积 28.4 万平方米，主体建筑面积 4.35 万平方米，设计全年过客能力 285 万人次、过货能力 620 万吨。

【黑河（步行）口岸】 2011 年 9 月 28 日，黑河市政府与阿穆尔州政府会晤动议共同建设跨江索道项目。2015 年 9 月 3 日，中俄两国政府签署了《中俄跨境索道建设协定》，该项目的提出，开创了全球跨境索道建设的先河。跨境索道项目历经国家元首级会谈 5 次、总理级会谈 11 次以及部长级、省州级会谈 40 余次后，在两国州省政府大力推动下于 2019 年 7 月 18 日正式开工。2020 年 1 月 28 日，国务院批准黑龙江黑河（步行）口岸对外开放，口岸性质为国际常年开放客运（步行）口岸，允许人员经中俄黑河跨黑龙江索道出入境。

中俄跨境索道项目中方建设地点位于黑河市大黑河岛，总占地面积 19.53 万平方米，建设用地面积 7.04 万平方米，中方联检大厅建筑面积约 2.8 万平方米。俄方建设地点位于布拉戈维申斯克市中心邻江区域，项目占地 12.92 万平方米，俄方联检大厅建筑面积约 2.2 万平方米。

索道主体工程：两岸设置高约 60 米的钢结构塔架，索道水平总长度 972 米，主跨长度 720 米，通航净空高度不低于 18.15 米。索道设备型式为“双线双承载单牵引往复式客运架空索道”，设 2 个轿厢，单个轿厢承载 110 人，最快运行速度为 12.0 米/秒，单程运送仅需 6~8 分钟，每小时单向运输能力为 1 788 人，年设计运输能力为 250 万人次。在索道两端设置有索道站房、海关联检大厅、免税店和其他配套设施。

2021 年黑龙江省口岸大事记

1 月 11 日—12 日

以交通运输部副部长、党组成员刘小明为组长的国务院疫情防控督查工作组到绥芬河市督导检查疫情防控工作，先后对绥芬河市人民医院、疾控中心、公路口岸、铁路口岸及部分社区、餐饮企业和超市等场所进行实地检查。

2 月 12 日

农历大年初一，中欧班列莫斯科—绥芬河进口线路顺利开通。该班列是黑龙江省中欧班列莫斯科直达绥芬河进口线路的首趟班列，为进出口企业走向国际市场开辟了一条快速便捷的新通道。

2 月 26 日

哈尔滨海关关长、党委书记卢厚林陪同黑龙江省委副书记、省长胡昌升到绥芬河市、东宁市调研疫情防控措施落实情况并召开座谈会。

4 月 7 日

黑龙江省委副书记、省长胡昌升到黑河保税物流中心（B 型）调研，详细了解跨境电商产业发展和保税物流中心运营情况。

5 月 6 日

哈尔滨海关保障首列梅尔基—绥芬河—赣州

国际港回程中欧班列开行。该班列由俄罗斯梅尔基站发出，经绥芬河口岸进境，目的地为江西赣州，共装载43个集装箱1 600立方米木材。

5月15日

黑龙江省副省长杨博到哈尔滨太平国际机场调研口岸疫情防控工作。

5月18日

海关总署党委委员、办公厅（国家口岸管理办公室）主任黄冠胜到哈尔滨海关调研。通过业务监控指挥中心检查指导口岸疫情防控工作，与哈尔滨海关所属绥芬河海关进行视频连线，详细了解口岸一线关于严格落实疫情防控措施、促外贸稳增长等情况，并慰问一线关员。

5月25日

黑龙江省副省长孙东生到黑河货运口岸调研，实地查看口岸疫情防控及进出境货物通关工作流程，听取黑河海关主要负责同志相关工作情况介绍。

6月6日—7日

黑龙江省委副书记、省长胡昌升先后到密山、饶河口岸调研，检查指导疫情防控工作。

6月6日—9日

海关总署第三督查组到哈尔滨海关开展新冠肺炎疫情防控专项督查，听取哈尔滨海关新冠肺炎疫情防控工作情况汇报，查阅疫情防控相关文件和资料。

6月26日—27日

黑龙江省委副书记、省长胡昌升先后到黑河、逊克、嘉荫检查指导防汛工作，看望一线抢险救援人员，了解黑河、逊克、嘉荫口岸防汛情况。

6月29日

哈尔滨海关关长、党委书记卢厚林陪同黑龙江省委常委、副省长王永康到哈尔滨综合保税区调研。

7月7日

哈尔滨海关与俄罗斯远东海关局通过视频会议方式举行口岸监管工作组会谈。双方交流口岸疫情防控情况，围绕绥芬河—波格拉尼奇内和东宁—波尔塔夫卡口岸车辆通关状态不均衡、调整绥芬河—波格拉尼奇内口岸工作时间等议题深入交换了意见；通报黑河—卡尼库尔干公路大桥口岸建设及开通准备情况；就在密山—图里罗格公路口岸开展中俄跨境货运“无人驾驶”项目进行详细探讨，并就下一步工作计划达成初步共识。

7月21日—23日

海关总署党委书记、署长倪岳峰到哈尔滨海关调研，考察哈尔滨工业大学卫星技术研究所、俄电500千伏黑河换流站、中俄东线天然气管道黑河首站、黑龙江公路大桥口岸，就微小卫星设计与研制、中俄能源合作、跨境重大项目建设等情况，听取高校、企业对海关工作的意见建议；并到黑河口岸调研口岸疫情防控和边贸工作，检查指导黑河海关党史学习教育、“现场监管与外勤执法权力寻租”专项整治推进情况，慰问一线干部职工，并乘缉私艇巡察中俄界江。

8月11日

黑龙江省委副书记、省长胡昌升到萝北口岸调研。

同日

黑龙江省委常委、副省长李海涛到嘉荫口岸检查指导防汛工作。

8月

黑龙江省副省长杨博到饶河、虎林口岸调研疫情防控工作。

同月

哈尔滨海关在中俄边境陆路口岸货检通道实行“人不见面”查验模式降低感染风险，将跨境运输货运车辆甩挂作业区按照口岸限定区域管控标准进行一体化闭环管理，进一步完善区内管控设施，确保区内物理全封闭、监控全覆盖、监控资料可回查回溯。

9月6日—10日

海关总署副署长、党委委员王令浚到哈尔滨海关开展海关事业单位所属企业脱钩工作督导调研。

9月14日—15日

哈尔滨海关关长、党委书记卢厚林陪同黑龙

江省委书记、省人大常委会主任张庆伟到同江调研，实地察看同江中俄铁路大桥换装站和同江口岸西部港口作业区，了解桥头经济区规划建设和口岸外经贸发展情况。

10月5日—6日

黑龙江省副省长杨博到同江、抚远口岸检查疫情防控工作。

10月11日

哈尔滨海关与俄罗斯联邦远东海关局举行统计工作组视频会谈。

10月18日

嘉荫海关监管嘉荫口岸2015年以来首批进口货物，验放俄罗斯进口煤炭600吨。

11月19日

黑龙江省委书记许勤到绥芬河公路口岸调研检查疫情防控工作。

12月1日

哈尔滨海关与俄罗斯远东海关局以视频会议形式举行2021年度工作会谈。双方就黑河公路口岸、同江铁路口岸、黑瞎子岛公路口岸建设等方面存在的问题，贸易统计数据差异及原因分析等问题进行深入探讨并达成积极共识，提出了下一步合作建议。

12月18日

哈尔滨海关关长、党委书记卢厚林陪同黑龙江省委书记许勤到绥芬河检查督导口岸进出口工作。

12月27日

哈尔滨海关口岸监管环节生物涉恐突发事件应急处置演练暨北京2022年冬奥会安保应急处置实战演练在哈尔滨太平机场口岸货运现场举行。

（撰稿人：刘金成）

2021 年黑龙江省口岸流量统计表

口岸类型		口岸名称	货运量（万吨）				集装箱量（万标箱）				人员（万人次）				交通工具（辆、艘、架、列次）			
			出口	进口	合计	同比（%）	出口	进口	合计	同比（%）	出境	入境	合计	同比（%）	出境	入境	合计	同比（%）
空运口岸		哈尔滨	0.651 6	0.000 7	0.652 3	1 050.40					2.58	2.68	5.26	-60.00	376.00	375.00	751.00	-42.70
		佳木斯																
		牡丹江																
		齐齐哈尔																
		分计																
陆路口岸	公路口岸	密山	0.15	5.15	5.30	22.40					0.220 1	0.219 1	0.439 2	-68.50	2 201	2 191	4 392	12.60
		虎林																
		绥芬河	20.59	13.16	33.75	-8.60	0.011 7	0.041 1	0.052 8	79.60	1.61	1.61	3.22	-66.00	16 119	16 076	32 195	14.90
		东宁	14.62	4.88	19.50	-36.70	0.075 3	0.006 6	0.081 9	253.00	1.26	1.26	2.52	-35.90	12 367	12 400	24 767	2.00
		黑河																
		黑瞎子岛																
		分计	35.36	23.19	58.55	-18.75	0.087 0	0.047 7	0.1347	156.08	3.09	3.09	6.18	-58.22	30 687	30 667	61 354	9.16
	铁路口岸	绥芬河	18.03	798.88	816.91	-12.70	0.136 3	2.723 6	2.859 9	97.20	0.81	0.81	1.62	-45.40	140 445	139 882	280 327	-7.10
		哈尔滨					0.973 9	0.089 9	1.063 8	83.30								
		同江																
		分计	18.03	798.88	816.91	-12.70	1.11	2.81	3.92	84.58	0.81	0.81	1.62	-45.40	140 445	139 882	280 327	-7.10

续表

口岸类型	口岸名称	货运量（万吨）				集装箱量（万标箱）				人员（万人次）				交通工具（辆、艘、架、列次）			
		出口	进口	合计	同比（%）	出口	进口	合计	同比（%）	出境	入境	合计	同比（%）	出境	入境	合计	同比（%）
水运口岸	河港口岸	黑河	11.98	341.58	353.57	98.22	0.000 2	0.023 9	0.024 1		0.16	0.16	0.32	-95.20	379	379	758	-94.11
		逊克	0.67	2.19	2.86	-40.42					0.030 1	0.029 6	0.059 7	-79.20	49	48	97	-24.80
		饶河	0.00	0.00	0.00	-100.00					0.00	0.00	0.00	-100.00				
		抚远	1.36	12.61	13.96	67.78	0.000 0	0.042 2	0.042 2		0.030 8	0.028 8	0.059 6	-71.00	42	41	83	22.10
		同江	3.30	23.57	26.87	4.81	0.13	0.14	0.27		0.048 1	0.048 7	0.096 8	-78.60	62	63	125	-12.00
		萝北	0.00	23.57	23.57	84.39												
		漠河																
		嘉荫																
		哈尔滨																
		佳木斯																
		富锦																
		呼玛																
		孙吴																
		分计	17.31	403.52	420.84	-20.59	0.129 2	0.206 6	0.335 8		0.269 0	0.267 1	0.536 1	-93.30	532	531	1 063	-94.00
合计		71.35	1 225.59	1 296.95		1.33	3.07	4.39		6.75	6.85	13.60		172 040	171 455	343 495	
同比（%）																	

（黑龙江省口岸办提供）

2021年哈尔滨海关主要数据统计表

项目		2021年	2020年	同比（%）
进出口货运量（万吨）	合计	4 724	4 415	7.00
	进口	4 652	4 350	6.95
	出口	72	65	10.30
进出口贸易总值（万美元）	合计	2 213 313	1 551 300	42.67
	进口	1 913 008	1 343 095	42.43
	其中：江、海运输	69 558	63 000	10.41
	铁路运输	150 760	120 565	25.04
	汽车运输	17 756	22 081	-19.59
	航空运输	16 491	29 153	-43.43
	邮件运输	1 079	1 419	-23.97
	其他运输	1 657 364	1 106 877	49.73
	出口	300 305	208 205	44.24
	其中：江、海运输	80 777	49 157	64.32
	铁路运输	38 106	30 581	24.60
	汽车运输	172 952	111 631	54.93
	航空运输	3 277	3 186	2.86
	邮件运输	4 064	12 257	-66.84
	其他运输	1 128	1 392	-18.96
税收（万元）	两税合计	1 399 913	1 130 235	23.86
	关税入库	49 309	40 116	22.92
	进口环节税入库	1 350 604	1 090 119	23.90

（哈尔滨海关提供）

2021年黑龙江省口岸出入境主要数据表

项　目			2021年	2020年	同比（%）
出入境人员（人次）	出入境人员总数		134 502	406 681	-66.93
	入境人员		67 781	208 134	-67.43
	出境人员		66 721	198 547	-66.40
	出入境旅客		45 773	287 657	-84.09
	出入境员工		88 729	119 024	-25.45
	中国公民	小计	48 899	179 371	-72.74
		内地居民（因公）	4 461	11 067	-59.69
		内地居民（因私）	44 409	164 446	-72.99
		港澳居民	27	200	-86.50
		台湾同胞	2	3 658	-99.95
	外籍人员		85 603	227 310	-62.34
	从海港出入境人数		4 978	8 914	-44.16
	从陆港出入境人数		78 587	251 443	-68.75
	从空港出入境人数		50 937	146 324	-65.19
交通运输工具（辆、艘、架、列次）	总计		71 154	84 977	-16.27
	船舶		734	972	-24.49
	飞机		770	1 505	-48.84
	火车		7 868	8 234	-4.44
	机动车辆		61 782	74 266	-16.81

（黑龙江出入境边检总站提供）

2021 年黑龙江海事局进出港船舶统计汇总表

船舶类别	进港船舶							出港船舶						
	艘数（艘）	总吨（吨位）	总载重量（吨）	载客量（客位）	船员人数（人次）	货物到达量（吨）	旅客到达量（人）	艘数（艘）	总吨（吨位）	总载重量（吨）	载客量（客位）	船员人数（人次）	货物发送量（吨）	旅客发送量（人）
总　计	91 022	14 820 151	5 050 044	5 897 524	63 649	5 844 563	2 103 036	90 701	14 794 440	5 068 764	5 878 842	63 652	4 044 806	2 068 168
中国籍船舶	51 651	11 391 620	4 485 187	5 897 524	62 431	5 407 366. 72	2 103 036	51 638	11 376 361	4 503 904	5 878 842	62 434	3 992 936	2 068 168
其中外贸船	1 050	794 609	870 606	0	2 492	651 807. 78	0	1 052	943 198	866 325	0	2 502	155 844. 6	0

（黑龙江海事局提供）

上　海　市

上海市口岸分布示意图

序号	类型	口岸名称	批准开放时间	开放状态
1	空运口岸	上海空运口岸 （虹桥国际机场） （浦东国际机场）	 1963.5 1999.8	国际常年
2	水运口岸	上海水运口岸 （黄浦江沿岸） （长江上海段） （杭州湾北岸） （洋山深水港区）	历史延续	国际常年
3	铁路口岸	上海铁路口岸	2009.11	地区（沪港）常年

口岸数量及分布

截至2021年年底，上海市共有经国务院批准的对外开放口岸3个，分别是上海空运口岸（上海虹桥国际机场、上海浦东国际机场）、上海水运（海港）口岸和上海陆路（铁路）口岸。

口岸运行数据

2021年，上海口岸进出口货物贸易总值达10.09万亿元，同比增长15.36%。其中，出口5.74万亿元，同比增长15.18%；进口4.35万亿元，同比增长15.59%。上海口岸进出口货物总值占全国总值的25.8%，回落0.2%。

2021年，上海水运口岸货物吞吐量达7.76亿吨，同比增长8.3%；集装箱吞吐量达4 703万标箱，同比增长8.1%。其中，洋山深水港区完成集装箱吞吐量2 281.3万标箱，同比增长12.8%。上海港集装箱水水中转量2 330.7万标箱，同比增长3.8%，中转比率达49.6%。其中，国际中转比率达12.9%，提升0.6个百分点。

上海水运口岸外贸货物吞吐量4.15亿吨，同比增长6.6%；外贸集装箱吞吐量3 955.3万标箱，同比增长8.7%，好于上海港集装箱的增长速度。

2021年，上海口岸办理国际航行船舶进出口岸查验3.78万艘次，同比减少1.6%；实施港口国监督检查（PSC检查）164艘次，同比增加3.5%；对国际航行船舶实施救援54艘次，同比增加42.1%；办理船载危险品审批数量705 890件，同比增加13.1%；船载危险品开箱检查数量1 018件，同比增加62.3%。2021年，国内航行船舶进出港239.46万艘次，国际航行船舶进出口岸3.78万艘次，水上客运4 861万人次。水上交通安全形势总体稳定。

2021年，上海空运口岸货邮吞吐量达436.6万吨，同比增长8.5%，逆势上扬创历史新高。空运口岸外贸货邮吞吐量371.1万吨，同比增长9%，好于空运货邮吞吐量的增长速度；完成全国空运外贸货邮吞吐量的二分之一。

2021年，受全球疫情的影响，上海口岸出入境旅客170.21万人次，同比下降67.3%。上海空运口岸出入境验放量连续19年稳居全国首位，完成全国空运旅客出入境吞吐量的三分之一。

2021年，上海空运口岸实现飞机起降58.08万架次、旅客吞吐量6 541.41万人次，同比分别增长6.55%、6.12%。浦东、虹桥两机场分别实现旅客吞吐量3 220.68万人次、3 320.73万人次，同比分别增长5.68%、6.55%；分别实现货邮吞吐量398.26万吨、38.34万吨，同比分别增长8.03%、13.23%。实现公务机起降5 390架次。全年，浦东机场口岸出入境旅客数量170.5万人次，占全国空港口岸的35.5%，较2020年的25.4%大幅上升。特别是8月份以来，出入境旅客占比持续高位，占全国空港口岸的四成以上，远高于2020年。

2021年，上海港完成海铁联运业务量41.7万标箱，同比增长56%。海铁联运班列通达长三角、长江经济带9省28市。“中欧班列—上海号”9月28日首发，截至2021年年底，累计开行15列，载有1 456标箱，货重8 833.64吨，货值达4.21亿元。

2021年，上海电子口岸平台平稳运行。数据传输交换方面，平台海运业务报文交换数9.68亿个，报文发送量6.03亿个。2021年，上海市跨境电商进出口交易2.1亿单、1 328.8亿元，金额同比增长33.7%。

2021年，中国（上海）国际贸易单一窗口货申报量超2 390万票，船申报量超41万票，船舶进出港超3.8万艘次，服务企业数超过54万家，共有925家企业在196个口岸完成超26万次货申报。

口岸综合管理

【研究出台《上海口岸2021年深化跨境贸易营商环境改革若干措施》】 上海市商务委（口

岸办）根据海关总署跨境贸易便利化专项行动部署会和市政府专题会要求，对标国际前沿水平，联合上海海关、市发展改革等九部门，研究制订并发布实施《上海口岸 2021 年跨境贸易营商环境专项行动方案》和《上海口岸 2021 年深化跨境贸易营商环境改革若干措施》，聚焦进一步优流程、减单证、提效率、降费用、可预期，围绕优化“通关物流”作业流程、简化单证要求、推进港口设施升级、规范口岸收费、强化为企服务 5 个方面推出 27 项改革措施。

相关改革措施全部落实到位，通关物流作业流程进一步优化，推广进口货物“提前申报”“两步申报”模式；推广“单一窗口”预约申报功能。进一步简化单证，精简报关随附单证、船公司提单相关手续，进一步减少办理时间。港口设施升级，对电子设备交接单（EIR）平台进行 2.0 版升级，推进智慧道口建设，完善集卡进出港预约系统。落实口岸收费主体责任，建立清理规范口岸收费工作机制，落实港口建设费减负政策措施，升级“单一窗口”收费公示系统，收费更加规范、公开、透明。

【完善口岸开放体系，积极推进口岸开放工作】 在国家口岸管理办公室的大力支持下，上海口岸先后完成洋山四期工程、吴淞邮轮码头二期工程和浦东国际机场卫星厅等的口岸配套设施建设和正式对外开通启用验收。落实了极地中心、崇明锚地和华润大东等单位临时接靠工作，为市能源供应、科研考察等任务提供了保障。上海口岸新开放和扩大开放的任务基本完成，形成水运、航空、铁路全方位开放口岸布局。

【推动海关特殊监管区域转型升级，打造对外开放新高地】 上海原有海关监管特殊区域 10 地 5 种，分别是：外高桥保税区、浦东国际机场综合保税区，漕河泾、闵行、松江、青浦、嘉定、金桥出口加工区，外高桥保税物流园区，洋山保税港区。在海关总署和上海海关大力支持下，先后完成 8 地 3 种（漕河泾、闵行、松江、青浦、嘉定、金桥出口加工区，外高桥保税物流园区，洋山保税港区）整合升级综合保税区工作（外高桥保税区暂不具备整合条件和整合需求），海关特殊监管区高质量发展基础更加稳固。

【配合、推进做好入境货物、人员防疫协调工作】 上海市商务委（口岸办）认真落实国家及本市相关要求，根据市防疫指挥部职责分工，积极配合各口岸查验单位细化上海口岸联防联控措施，加强对进口冷链集装箱、高风险非冷链集装箱货物疫情防控。空运口岸按照“人物同防”“客货分离”原则，对机场地区所有入境人员、入境物品和相关环境实施疫情风险分类、分级管理和控制。及时协调处理日常口岸疫情相关突发事件，在保障正常通关秩序和效率同时，确保口岸防疫安全，协调涉及海关、边检和口岸签证处等单位口岸相关事务。

【严守港口防疫安全，做好船员换班工作】 上海市交通委会同有关口岸部门、港航企业，科学防控，共克时艰。视疫情发展态势和港口生产作业实际，多次调整、完善《上海港港口及其一线作业人员新冠肺炎疫情防控工作指南》。明确防控工作责任体系，督促指导港口行业健全疫情防控制度和管理体系，细化报告、督查（检查）、应急预案、人员培训等制度以及与属地疾控的对接机制，确保各项防控措施“全人员、全要素、全流程、全覆盖”落实到位。针对各航运企业均面临着船员港口上下船难、定期换班难等问题，上海港率先发布《国际船员健康管理要求》，明确国际航行船舶在上海港的换班制度，并配套设置了船员专用隔离点，全力保障国际航行船舶船员换班需求。

【打造口岸疫情防控数字化底座】 积极落实上海市委市政府对口岸高风险非冷链集装箱货物防疫工作要求，协调加快疫情防控相关信息化系统建设，中国（上海）国际贸易单一窗口于 2021 年 1 月 28 日上线“进口高风险非冷链集装箱货物检测与预防性消毒管控信息平台”，实现集装箱货物从境外/省外输入识别、流向、港区提离、到达掏箱点、消杀处置状态等信息追踪，为监管部门掌握进口和省外输入高风险非冷链食品流向提供可溯源、可追踪、可预警的监管手段，打造疫情防控数字化底座。

【积极推动智慧口岸建设，制定智慧口岸建设相关文件报告】 上海市商务委（口岸办）会同相关委办局，积极推进智慧口岸建设。一是完成智慧口岸建设措施意见，并积极推动上述措施意见融入市委市政府《关于全面推进上海城市数字化转型的意见》中。提出上海口岸数字化转型升级有关措施，成为上海经济数字化转型、上海数字商务高质量发展、2021年上海市城市数字化转型重点工作安排等文件中的重要组成部分。二是成立了口岸数字化转型工作调研小组，研究本市口岸数字化升级的基础现状、国内外先进经验，广泛征求口岸监管部门、重点企业、行业协会、专家等的意见建议，形成了口岸数字化升级调研报告，提出了有针对性的重点项目和应用场景建设。

【推进智慧口岸基础设施建设，实现港口作业全流程无纸化】 一是推出作业单证无纸化，先后实现集装箱设备交接单、装箱单和提货单的全面无纸化，并完成所有码头、所有业务种类港区作业小票电子化全覆盖，迎来港口业务“全程无纸化时代”。二是实施码头出场快速道口智能化全面改造工程，借助箱号识别、车号识别、道闸、人机交互、出场道口监控等系统，实现集卡自动进出场，道口平均通行时间仅为12.8秒，有效加快了集卡进出港通行速度。三是实行集卡预约进港，上海港打造了集卡预约平台，集卡司机可以通过在线预约平台选择要去的码头和时间段，拿到预约号的集卡可以享受优先作业的权利，进港时无须等待，全面实行集卡预约进港。

【推进国际贸易“单一窗口”数字化场景建设】 上海市商务委（口岸办）牵头搭建中国（上海）国际贸易单一窗口数字展厅，建成口岸领域数字化示范场景。梳理出中国（上海）国际贸易单一窗口货物贸易、服务贸易、金融特色服务、区域化和国际化等方面的9个数字化子场景，包括企业办理（通过数据智能提升企业作业便捷）、智能监管（依据数据建模实现精准监管）、物流服务（通过数据实现物流全程追踪与监管）、退税一键办理（以数据共享提高便利性）、数字贸易交易促进平台（推动数字支付技术发展，增强数字贸易交易安全）、邮轮母港（通过数字技术建立“多船一通道”模式）、普惠国际贸易金融（数字化助推无纸化办理）、服务长三角（提供异地申报服务等服务）、国际合作（构建亚太经合组织贸易增加值数据库）。

【积极深化国际贸易“单一窗口”特色功能建设】 一是服务贸易版块完成上线，服务贸易版块推出服务贸易出口退税、购付汇等功能，形成了货物贸易向服务贸易的延伸，并在第十九届上海软件贸易发展论坛开幕论坛上进行了上线发布。二是优化出口退（免）税在线申报办理功能，通过“单一窗口”申报渠道有超3.7万家企业办理出口退（免）税，累计申报应退（免）税额超1 092亿元，提升了便利化退（免）税服务体验。三是完善保险特色功能建设，运用精准推送模式实现“政策找企业”，提高出口信用保险企业投保覆盖率。2021年，小微投保企业数超8 400家，同比增长18.86%；保额128.2亿元，同比增长22.9%。四是丰富结算融资类产品。2021年，汇出汇款业务对接银行及金融机构达30家，服务货主企业超4 500家，累计交易额超过390亿元，同比增长270%。融资信贷业务产品超10款，平台融资总额超2 300万元，同比增长65%，切实帮助企业缓解“融资难、融资贵”的困境。

【国际贸易“单一窗口”助推跨境贸易营商环境优化】 认真落实《上海口岸2021年跨境贸易营商环境专项行动方案》，中国（上海）国际贸易单一窗口实现海关查验指令等监管信息与货物抵离港等港口信息双向实时交互，提高进出口货物提离速度。推进港口相关业务受理系统与“单一窗口”信息双向交互。优化中国（上海）国际贸易单一窗口收费公示及服务信息发布功能；完善和推广中国（上海）国际贸易单一窗口预约申报功能，免去企业等待和查询舱单的时间；按时完成港建费退付，通过中国（上海）国际贸易单一窗口港建费退付系统，完成了2020

年最后一批退付工作，合计约 3 900 万元。积极推进亚太示范电子口岸网络（APMEN）建设，持续联络与发展 APMEN 成员，积极扩大成员范围，扩大国际影响力。

【加强长三角区域合作，开展长三角世界级港口群口岸通关一体化专题研究】 2021 年，根据中央和上海市委市政府关于构建长三角世界级港口群形成一体化治理体系工作要求，上海市商务委（口岸办）牵头成立了长三角港口口岸通关一体化专题研究工作组，会同海关、海事、边检查验和港口运营单位进行调研，完成了长三角港口口岸通关一体化课题，并将此稿作为上海通关一体化的研究成果报国务院发展研究中心。

【积极推进长三角口岸国际贸易“单一窗口”合作共建】 为深入贯彻长三角区域一体化高质量发展国家战略，三省一市口岸主管部门签署《长三角国际贸易“单一窗口”合作共建协议》，上海市商务委（口岸办）牵头推进相关工作。一是牵头形成技术方案，根据其他三省的反馈意见，不断细化完善《长三角国际贸易“单一窗口”合作共建的技术方案》。二是达成近期目标共识，上海成立工作小组加快推进、共建工作，分别前往合肥、杭州、南京，与三省口岸办和电子口岸对接沟通，就长三角国际贸易“单一窗口”合作专区的主要功能、技术方案以及成果展示等，形成初步共识。三是完成初步技术开发，在前期沟通及技术初步对接的基础上，上海与浙江、江苏等地积极推进专区页面和特色功能的开发并已初步完成。四是试点上线长三角国际贸易“单一窗口”合作专区，实现四省市企业账户贯通，提供长三角主要口岸海运货物状态跟踪、口岸收费公示等功能。

【积极推进长三角区域大通关合作，提升口岸辐射带动能级】 上海口岸积极支持、推动长三角世界级港口群建设，推进实施长三角地区重要港口联动接卸监管新模式，已覆盖至太仓港、张家港、芜湖港、独山港、安吉港、大丰港、苏州高新港等口岸。依托长江黄金水道，促进贸易便利化水平提升和一体化通关便利，上海口岸加强与长江经济带口岸项目合作，推进沪渝直达快线运行，签署沪渝、沪浔、沪鄂国际贸易“单一窗口”合作备忘，提升口岸辐射带动能级。

【严格落实国家减税降费措施，进一步规范口岸费收】 为严格落实国家减税降费措施，督促行业收费主体加强收费目录清单动态管理及公示。上海市交通委会同市商务委（口岸办）、市市场监管局、市道路运输局联合发布《关于进一步规范上海港口岸服务和收费行为的通知》，明确要求相关企业完善收费目录和服务信息、履行运价备案义务等。加强对重点航线运价备案监控和检查力度，持续规范班轮市场秩序，努力为市场主体营造更加稳定公平透明、可预期的营商环境。

【空运口岸统筹做好疫情防控，从严守国门】 上海机场抓好“外防输入、内防反弹”“人、物、环境同防”各项工作，提炼巩固了“四个一”的总体防疫方略。一是建立一套联动机制，牵头协同各方，提请市政府印发了《关于加强本市机场地区疫情防控工作的决定》，明确了机场地区疫情防控的基本原则、管理机制、防疫要求。二是创立一套数据清单，紧急开发并投入使用“健康空港”系统，全面摸清了机场地区的底数，整合近 800 个单位管理端，服务上海机场地区超过 13 万的工作人员和超过 1 000 家的管理单位所辖工作人员的日常运营需求；实现了机场地区的“一网统管”，有效提升了管控效能。三是确立一套规范标准，着力构建机场地区常态化疫情防控制度体系，研究发布各类规范性文件 50 份，滚动修订上海机场疫情防控规范，按照分类分区分级要求细化作业流程规范与制度，进一步提升了疫情应急处置能力。四是设立一套督查体系，2021 年国务院专项督导组 4 次赴上海机场督导检查疫情防控工作，压紧压实责任链，同步筑牢“三级督查”体系，建立长效机制。

【自由贸易试验区培育跨境电商新动能】 积极拓展跨境电商业务模式，推进上海市跨境电商示范园区建设，在稳步扩大保税备货进口规模的同时，探索全球共享仓业务和跨境电商保税备货出口等创新业务。推动外高桥保税区走通首单退货流程，实现外高桥保税区、外高桥港综合保税区和浦东国际机场综合保税区跨境电商退货流程全覆盖。积极推进“丝路电商”国际合作交流引领区建设。2021年，保税区域跨境电商申报订单1 066.3万单，占全市比重达50.7%；交易金额32.6亿元，占全市比重达59.1%。

口岸监督与服务

【上海海关实施数字化转型提升监管软实力】 为持续优化上海口岸跨境贸易营商环境，上海海关探索推进大数据监管，打造了跨境贸易大数据平台。平台整合贸易全链条数据，形成了覆盖整个贸易链、相互之间比对印证的完整信息链，破解了海关与被监管者信息不对称的困境，便利海关全面了解企业风险等级，快速捕捉到不合规的企业，对其进行布控监管，而对于诚信合规的企业，提供“秒放”的便利通关服务，实现贸易安全与便利的平衡。目前，95%以上的报关单无须人工干预，可以在几秒钟内完成自动审单。

【上海海关大数据平台建设取得重要突破】 应用大数据推动智能化管理，建成汇集94亿条数据的大数据池，86个智能风控模型覆盖主要业务领域，1 600家企业的2.2万余条供应链通过安全评估，54万批货物实现自动快放，在更高水平上促进安全和便利的有机统一。构建临港新片区、外高桥保税区大数据管理子平台，打造中介点评等便利化应用项目，在全国复制推广高新技术货物布控查验协同试点，大数据在重点领域的应用更加成熟定型。

【上海海关推进跨境贸易营商环境持续优化】 开展新一轮贸易便利化专项行动，“中欧班列—上海号”开通运营，两步申报、提前申报改革叠加效应显现，全口岸60%货物实现无陪同查验。推动RCEP顺利实施，指导企业充分享受优惠政策。支持外贸新业态发展，上海跨境电商B2B出口增长迅猛，2021年“数字清关”业务同比增长53%。2021年，上海口岸进口、出口整体通关时间较2017年分别压缩51.9%和56.4%，创历史最好水平；在中国营商环境跨境贸易板块测评中，上海连续两年排名第一。

【上海海关监管科技创新应用水平进一步提升】 持续深化智能审图创新应用，自动化码头海关智慧机检成为首批“三智”示范项目。加快实验室资源整合优化，建成启用孙桥检测技术中心。2021年，上海海关成功申领2个海关总署“揭榜挂帅”科研项目，9个项目通过海关科技成果评定，3个项目荣获上海市科技进步奖。

【上海海关提升通关效率，保障港口安全高效运转】 开展新一轮促进跨境贸易便利化专项行动，形成23项具体任务，推广“预约申报”、推动“问题清零”等措施取得成效。全力压缩通关时间。落实落细“5+2”通关服务，增强“提前申报”“两步申报”“无陪同查验”等改革叠加效应，进一步压缩涉税、查验、检验等重点作业环节时间。2021年，上海口岸进口、出口整体通关时间分别为52.62小时及2.04小时，创年度通关时间历史最好水平。

【上海海关加快改革创新，巩固上海港集装箱国际枢纽港地位】 推行进出境空集装箱无纸化通关模式，整体通关时间缩短1~2天，单个空箱查验成本减少50%以上。助力洋山港建立“上海港东北亚空箱调运中心”，支持使用多用途船阶段性增加集装箱临时运力，保障上海港物流顺畅。积极推动外高桥港中转集拼作业点建设和验收，上海外高桥四期码头完成首票国际中转集拼实货试点业务。支持长三角世界级港口群建设，洋山港已与江苏太仓港、安徽芜湖港、浙江独山港和安吉港形成常态化联动接卸模式，较传统模式缩短通关时间50%，每标箱节约出口物流成本400元。

【上海海关风险防控能力进一步提升，监管不断强化】 聚焦风险整体防控、精准防控，深化“两轮驱动”改革，优化两级风控运行机制，强化关区风险联防联控。上海关区人工布控查获率达到随机抽查的8倍，高质量查获占比从14%提升至50%。建设完善标准化查验场地14个，升级优化物流监控体系，口岸监管作业规范化程度持续提升。强化后续监管，关区稽查、核查查发率分别高出全国 14 个和 15 个百分点。

【上海海关检疫防线更加牢固】 在常态化疫情防控基础上，有效防范埃博拉、拉沙热等重大烈性疫病传入，严防疫情叠加。严守国门生物安全，开展“国门绿盾 2021”行动，聚焦外来入侵物种防控，加大打击非法引进外来物种和种子苗木工作力度，坚决维护国家生态安全和生物安全。落实“四个最严”要求，持续强化食品安全监管。加强重点敏感商品检验监管，严把质量安全关。

【上海海关坚决筑牢“外防输入”最大口岸防线】 作为上海市疫情防控工作领导小组口岸与交通组组长单位，上海海关与地方建立起高度融合、高效顺畅的联防联控机制，推动国家、上海联防联控高度统一，受到国务院联防联控机制高度评价。坚持“人、物、环境同防”，加强提前研判、科学分析，建立健全一整套行之有效的制度规范体系。依托科技赋能，加快智慧旅检建设，优化口岸检疫流程，在确保精准防控的前提下，大幅缩短旅客通关时间。提升检测和基因测序能力，夜以继日、连续奋战，日均检测样本 4 200 份，在全国海关及上海口岸首批测序发现奥密克戎变异株。强化终末消毒监督工作，率先公告明确口岸消杀消毒主体和责任边界，获国务院联防联控机制确认和推广。同步加强货运渠道疫情防控，坚决截断冷链货物疫情传播。

【上海海关助推临港新片区和洋山特殊综合保税区建设】 对标国际最高标准、最好水平，构建全新的进出境制度环境和监管模式。完成洋山特殊综合保税区二期验收，启动三期扩区工作。全面落实国发〔2019〕3 号文的“21 条新举措”，特殊监管区域完成转型升级，贡献全市四成外贸总值，外高桥保税区发展绩效评估排名全国首位。

【上海海关支持长三角高质量一体化发展取得重要阶段性成果】 发挥龙头海关作用，健全一体协同机制。长三角一体化上升为国家战略的三年来，海关累计推出 104 项支持措施，长三角占全国外贸的比重达 36.1%。支持长三角世界级港口群建设，联动接卸监管模式已覆盖三省一市。制定支持虹桥国际开放枢纽建设一揽子措施，推动打造长三角一体化的枢纽和引擎。

【上海海关聚焦重点全力服务保障第四届进博会】 上海海关聚焦“人、物、馆同防”，提升疫情防控新能级；聚焦“中欧班列—进博号”监管服务，打造双循环战略新链接，全力做好首列“中欧班列—进博号”入境通关保障，推动“上海—汉堡”线路实现双向运行；聚焦保税展示展销常态化，打造消费新亮点。累计为第四届进博会出台 63 项海关支持措施，监管展品 2 724 批、货值 4.9 亿美元。海关监管服务的数字化、集约化、便利化、智能化水平不断提升，有力支持进博会“越办越好”。保税展示展销常态化规模化发展，进博会溢出带动效应持续放大。

【上海海关依托“数智赋能”，打造监管新引擎】 自主开发“国门卫士”App，为监管人员全面配备智能可穿戴设备，首次将“5G+AR”、数字标签定位码等新技术应用于驻场监管作业，不断提升监管精准度。全面改版升级“进博会海关专窗”应用功能，新增优化展中销售、留购展品查询统计等 11 个模块，实现对历届进博会参展国家和地区、参展展商和展览品情况的清晰展示、智能分析，实现“一站集成、一点接入”。依托跨境贸易大数据平台，加强供应链安全评估，海关“展转保”业务首次实现在线运行，作业全流程时间缩短 60%，企业获得感进一步提升。

【上海出入境边检总站聚焦主责主业，全力服务上海发展】 在坚决守牢疫情防控底线的同时，全力保障全球产业链供应链畅通。2021 年，共检查出入境人员 249.5 万人次、出入境交通运输工具 11.4 万架（艘、列）次；办理出入境货机 7.8 万架次、查验入境旅客 82.9 万余名。坚持“人、物、环境同防”，有力保障占全国 55% 的进口冷链食品安全高效入境；常态化保障 10 884 艘次入境货轮到港即开工作业，助推上海港集装箱吞吐量突破 4 700 万标箱；为 1.5 万人次中外船员办理换班离船手续，创疫情暴发以来新高。

【上海出入境边检总站助推国际贸易“单一窗口”建设】 2021 年，上海出入境边检总站通过“单一窗口”平台接收出入境（港）交通运输工具申报 13.1 万余架（艘）次，切实压缩手续办理时间，便利口岸通关。特别是为做好口岸疫情防控，筑牢外防输入防线，边检机关依托“单一窗口”平台，研发直接过境免办机组人员申报模块，助力企业复工复产和经济稳步复苏。同时，最大限度地减少边检民警与申报人员的直接接触，降低口岸疫情传播风险。

【上海出入境边检总站开展“我为群众办实事”实践活动】 持续深化放管服改革，大力开展“我为群众办实事”实践活动。优化直接往返机组免办边检手续政策，惠及所有航空公司。高效开展 12345 市民热线工单受理回复和国家移民管理机构 12367 服务平台咨询受理工作，累计受理回复市民热线工单 530 余件，接听各类咨询话务 2.1 万余通。深化应用“单一窗口”电子申报功能，大幅缩减船舶、航空器通关时间，提升通关体验。2021 年，共开展“我为群众办实事”实践活动近 600 次，参与人员 5 551 人次，解决实际问题 303 个。

【上海出入境边检总站推动长三角区域边检机关警务一体化高质量发展】 上海出入境边检总站与长三角区域边检机关和出入境管理部门共同签订《长三角区域和出入境管理系统“4+4”高质量一体化发展战略合作协议》，深化长三角区域移民管理协作共治，长三角区域警务一体化高质量发展。与长三角区域边检机关签署《长三角出入境边防检查机关站级单位跨总站结对共建框架协议》，推动站级单位跨边检总站结对共建，在资源共享、警务协作、联管联控等方面形成更大合力。参加长三角地区与香港特别行政区口岸管理工作合作交流会。发起并会同江苏、浙江、安徽边检机关举行“护航 2021”执法巡逻艇联合巡检行动，进一步加强长三角区域边检机关执法合作，共同维护长江口及辐射水域安全稳定。

【上海出入境边检总站推进信息化建设，提升口岸管控质效】 在浦东国际机场口岸，推进出境登机口旅客身份核验工作，为数字化机场建设奠定基础；推进客货机分级管控系统建设，因时据势创新管控举措。推进浦江出入境边检站、崇明出入境边检站水域船舶监控系统建设，实现辖区内船舶停靠区域和船舶轨迹追踪实时预警，切实维护口岸水域安全。在洋山出入境边检站，开展船舶梯口智能抵近监控系统二期项目建设，增设四期自动化集装箱码头桥吊视频监控和声光报警设备，对上下轮人员实施精准管控。对边检总站两级指挥中心综合指挥系统、“e 督”系统智能视频分析等功能进行优化升级。

【上海出入境边检总站加大自主研发力度，创新服务边检中心工作】 自主研发构建数据转网平台、新版上海口岸入境人员传输平台、iAPI 重点地区人员告警软件，规范数据转网，提供疫情防控数据支撑，有力提升数据研判工作效率。边检总站“e 督智能警务督察平台数据模型和视频分析算法”“出入境证件库数据化治理标签体系”“货机（公务机）风险等级管理系统”等信息化项目，在国家移民管理局首届基层科技创新应用大赛中分别获得二、三等奖和优秀奖，获奖数量名列全国前茅。与此同时，强化数据分析研判，开展专项数据排查行动。全面启用新一代生物特征识别系统，为 31 个省级出入境管理部门人脸识别系统更新换代提供成熟方案和技术保障支持。

【上海出入境边检总站多措并举，抓好口岸疫情防控】 一是坚持“外防输入、内防反弹”总策略不放松，坚决守牢疫情输入“首道关口”。针对机场存在染疫较高风险，积极探索小单元作战模式，确保在出现极端情况下有一支相对安全的队伍保障浦东国际机场口岸边检工作顺利开展。经过调研，形成并制订浦东国际机场高风险岗位闭环管理“1+10”勤务方案。同时，主动应对国际航班并楼运行，建立环内融合和环外增援机制，顺利启动“7 天集中执勤+7 天集中观察+

7 天居家观察”集中闭环勤务模式，做到警力精准配置、勤务运转有序。2021 年，累计 16 批次 1 815 余人次进入集中闭环勤务，每批次超过三成的同志主动报名，521 名同志多次进入。二是边检时刻绷紧疫情防控责任之弦，抓好规范落实防护措施，精准高效管控风险。2021 年，共为 1 548 名境外输入确诊病例办理入境检查手续，没有发生漏管失控、感染传播案例。做好涉疫极端情形下预案、警力配备、装备设施等各项应急准备，形成制度经验汇编报送国家移民管理局。以对策性研究应对上海疫情防控大局，积极研提“浦东国际机场高风险航班并楼运行”“入境货机机组全流程闭环管理”等多项对策建议，为市委市政府外防输入决策提供参考依据，为“上海经验”的形成和推广积极贡献“边检智慧”。2021 年，上海空运口岸共办理出入境航班 9.3 万架次、查验入境旅客 206 万名，未发生 1 起漏管失控、感染传播案例，以实干担当践行上海边检“守一道门、护一座城、卫一国人”的庄严使命。三是边检积极融入地方防疫整体布局，发挥大数据优势，完善边检数据“收集研判、提前预警、汇总分析、推送共享”工作机制，密切跟踪掌握境外疫情发展及出入境政策调整变化，全面开展涉疫人员数据筛查，加强前台涉疫轨迹询问检查，严格落实“三提前、三共享”工作要求，提高信息传输速度和精度，合力织密织牢“外防输入”安全网。2021 年，共排查涉疫信息 73 万余条，推送海关 28 万余条，检查涉疫送医院观察人员 1 624 人，检查确诊病例 1 282 人，服务上海抗疫大局。四是针对疫情防控的严峻形势，上海出入境边检总站充分发挥移民管理机构大数据优势，按照“及时、全量、准确”的原则持续做好数据排查推送工作。在海港口岸，严格重点涉疫船舶在港期间收梯管理、24 小时梯口值守、作业报备制度，全面推广使用“中国边检登轮码”，动态掌握登离轮人员信息和登离轮环节轨迹，严防登轮人员染疫传播。落实国际航行船舶、登离轮人员涉疫监管机制，做好离船入境船员闭环管理，切实阻断和预防疫情经海上输入。同时，加强对外开放锚地监管，强化电子巡检、远程监控及情报搜集；加强与海关、海事、港航等执法机关协作，强化与江苏、浙江边检机关配合，多次动用执法巡逻艇对辖区锚地水域进行巡查、出入境边防检查。加强码头管控，加大码头巡查频率，对在港船舶实行 24 小时电视监控，提升巡查人员与船舶梯口值守人员的联动，加大对登离船船员行李物品以及上下外轮人员携带物品的检查力度，确保口岸及船舶安全。

【上海海事局依托数字技术，插上智能监管的“翅膀”】 一是全面推广“E 上船”船员远程自助任解职服务举措，降低航运公司运营成本，减少船员上下船对船期的影响，促进海事高效服务。二是进一步推进“E 核载”智能监管项目，实现对船载集装箱危险货物积载隔离的远程智能化核查，加强船载危险货物运输的事中事后监管。三是在洋山港上线运行海运集装箱重量验证（VGM）智能监控系统，实现了船公司、托运人或代理、码头与海事监管部门之间 VGM 数据的共享互通，搭建起共管共治平台，实现了出口集装箱重量信息自申报至码头装船的全程闭环监控，有效保障了码头装卸和船舶航行安全。

【上海海事局加强服务，助推航运企业发展】 认真落实国家降费政策，确保港建费十年征收圆满收官。探索推出“先证后审”船舶临时审核实时发证新模式。高效高质运行全国海员证制证中心。推动“船舶开航一件事”落地实施。发布实施《免于海事行政处罚清单》，对轻微海事违法行为实施“首违不罚”。海事证明事项告知承诺试点成果在全国推广。统筹推进海事政务自助服务站建设，创新设立黄浦江海事安全服务中心，实现海事服务“水上事、水上办”。与海关共建危险化学品谎报瞒报智能排查监管平台。

【上海海事局助推国际贸易“单一窗口”建设】 2021 年，上线新版“单一窗口”国际航行船舶进出口岸审核系统，优化申报和查验系统功能，并全面对接海事船舶安全监督管理系统以及国家标准版“单一窗口”数据。目前，在进出上海口岸、进出长江的国际航行船舶及贸易流数据要素方面积累了大量数据和管理经验，其辐射面已影响到全球在此区域内营运的船公司。

【上海海事局创新监管制度，推进自由贸易试验区建设及功能拓展】 一是制定《中国（上海）自由贸易试验区临港新片区国际船舶登记管理规定》，采用预先审查、多证联办模式，实施更为便捷、高效的国际船舶登记。截至2021年年底，“中国洋山港”国际船舶登记总数已达到17艘。推动自由贸易试验区临港新片区国际船舶登记制度下注册船舶的法定检验开放。积极参与建立海船转籍登记“不停航办证”机制，获交通运输部海事局批准在长三角部分地区试点，通过“并跑申办”“分离办理”等便利举措，打破区域限制，大幅压缩转籍时间和成本，实现船舶转籍、营运“两不误”。二是完成外籍船员适任证书承认签证，助力自然人跨境执业。推进洋山临港海事创新试验区建设，印发《上海海事局建设洋山临港海事创新试验区实施意见》。推动海员外派机构在临港新片区开展业务，目前海员外派机构已达3家。推动特种船舶船员培训开展，建立国内首个双燃料动力大型集装箱船员培训项目。“探索突破海员社保缴纳政策瓶颈等5项案例入选临港新片区第二批制度创新案例。颁发临港新片区首张LNG加注船管理公司资质证书。推动沪浙保税燃油跨域供应在上海洋山港实现常态化运作，促进航运要素在临港新片区加快集聚。

【上海海事局积极应用数字化监管，便利船舶营运】 上线运行国际航行船舶疫情防控系统，实现国际航行船舶需办理的船员换班备案、船员健康异常、船员伤病救助三大类事项电子化办理。研究开发海事“一网统管”全球版，拓展船舶预警预控、船舶分类、分级监控、事故应急辅助指挥等功能。实施中国籍国际航行船舶远程识别与跟踪系统（LRIT）升级改造，加强卫星通导遥技术应用。拓展海事“一网统管”平台功能，实现从违法立案到文书送达的全移动端流程办理。推广实施第二批海事电子证照，船舶国籍证书等9项证书电子证照实现在线办理。积极探索在洋山港水域通过船舶健康码实现PSC防疫选船智能化，推广远程非接触式监管手段，试运行远程中国籍船舶安全监督复查。船舶进出口岸手续电子化办理，常态化“四双”通航服务举措，促进港口营运效率提升。

【上海海事局服务长三角区域高质量一体化发展】 加快推进江海直达船型标准化，提高水水中转效率。积极开展长三角海事和口岸一体化发展研究，沪苏VTS覆盖水域实行“一次报告、全线畅通”。牵头建立船舶检验质量协调机制，推动区域5家船检机构正式试点船舶检验“通检互认”。联合东海航海保障中心承接航标管理业务协作试点示范任务，开展通航尺度核定测量工作机制研究，促进海事监管和航海保障融合发展。

【上海海事局聚焦重点从严从紧抓好疫情管控】 上海海事局研发运用船舶“健康码”“国际航行船舶疫情防控系统”，精准掌握辖区船舶风险等级和船员换班信息；持续排查薄弱环节，严格国际航行船舶靠港管理、船船界面、船岸界面管理，强化锚地VTS监控和现场水域巡航，严厉查处违规搭靠外轮、违规靠泊非开放码头、违规水上人员上下等行为；督促航运公司、码头、代理、航修企业等严格规范作业、及时报备相关信息，规范人员登临通道管理；对有潜在问题或隐患的船舶船员疫情防控责任主体，实行约谈、通报或暂停作业等惩戒措施，保障国际航行船舶物流运输安全有序。

开放口岸

【上海空运口岸（上海虹桥国际机场、上海浦东国际机场）】 上海空运口岸是我国目前最大的空运口岸，包括虹桥国际机场、浦东国际机场，共有4座开放航站楼、1座全球最大单体卫星厅、5个空运区、7条跑道、1个公务机基地和435个停机位。上海空运口岸的客货设计能力分别为1.2亿人次和520万吨。2021年，浦东国际机场定期航班通航43个国家和地区253个航点，恢复至2019年的88%；虹桥国际机场通航点达

99 个，超过 2019 年水平（97 个）。

【上海水运（海港）口岸】 上海水运口岸覆盖洋山深水港区、杭州湾北岸、长江上海段和黄浦江四大开放水域，共有开放码头 96 个、泊位 310 个。其中，公共集装箱码头主要分布在洋山、外高桥、吴淞三大港区，共有泊位 49 个。洋山港区已建成 23 个集装箱深水泊位，岸线总长 7 950 米，主要从事大型远洋干线船舶装卸作业；外高桥港区有 19 个集装箱泊位，岸线总长 5 784 米，主要从事近洋航线和中型远洋航线船舶装卸作业；吴淞港区有 7 个集装箱泊位，岸线总长 1 641 米，主要从事内贸航线船舶装卸作业。此外，公共散杂货码头和其他特种码头主要分布在罗泾、吴淞、龙吴、外高桥港区，共有泊位 82 个，岸线总长 10 098 米。

上海南港是上海东南部唯一的多用途、综合性公共港区，也是临港新片区唯一与陆域毗邻的国际港口，还是唯一直通洋山特殊综合保税区陆域的国际港口，拥有“区港一体化”运营优势。港区岸线共 1 460 米，一期已建成码头长 760 米、宽 60 米，投运 9 个万吨级泊位，可靠泊 5 万吨级通用船型。

上海水运口岸共有 7 个邮轮码头泊位。其中，上海港国际客运中心拥有 3 个泊位，吴淞口国际邮轮港拥有 2 个 22.5 万吨级和 2 个 15 万吨级邮轮泊位。

【上海陆路（铁路）口岸】 上海铁路口岸位于上海火车站南端，2003 年 9 月，根据 CEPA 协议，上海设立铁路上海站临时口岸。10 月 1 日起开行上海—香港（九龙）隔日往返直通式旅客列车。2009 年 11 月，国务院批准正式设立上海铁路口岸。2013 年 4 月 27 日，上海铁路口岸通过国家验收宣布对外开放。上海铁路口岸是长三角区域唯一的陆路出入境口岸。

2021 年上海市口岸大事记

1 月 8 日

上海市副市长宗明在《上海出入境边防检查总站关于扎实做好 2020 年度口岸边防检查工作，主动服务上海经济社会发展情况的报告》上批示：“边检作为口岸防控第一道防线，为全市疫情防控作出了特殊的努力和贡献，特向英超同志并全体边检人表示慰问感谢和敬意！望再接再厉，慎终如始，严防严控，确保我市疫情防控更加有力有序有效。”

1 月 15 日

上海市政府办公厅印发《关于加强本市水上搜救体系建设的实施意见》，标志着上海水上搜救工作翻开崭新篇章。

1 月 18 日

外高桥港综合保税区完成正式验收，标志着外高桥保税物流园区顺利转型升级，成为上海更高水平对外开放、提升外贸竞争力的新平台。上海市商务委副主任申卫华出席验收会议并致辞。

1 月 20 日

洋山特殊综合保税区（二期）顺利完成封关验收，实现全域封关验收，一体化信息平台二期也同步投入使用，增加了对加工、贸易等的监管功能，进一步推进区内便利自由的“无感监管”。二期规划面积 9.02 平方千米，包括芦潮港区域南港区块和浦东机场南部区域。

2 月 7 日

上海出入境边检总站与上海市公安局出入境管理局共同举行《集中打击妨害国（边）境管理犯罪专项斗争合作备忘录》签约仪式。上海出入境边检总站党委委员、副总站长聂仁东和上海市公安局出入境管理局党委委员、副局长曹钱华出席会议。

2 月 9 日

上海市委副书记、市长龚正到上海出入境边检总站调研。龚正亲切看望总站指挥中心值班人员，并与上海机场出入境边检站 T2 入境执勤现场视频连线，了解现场执勤情况，向一线民警致以新春慰问。

3 月 1 日

上海市商务委等九个委办局共同制定并下发《上海口岸 2021 年深化跨境贸易营商环境改革若

干措施》。

3 月 8 日

中国（浙江）自由贸易试验区舟山管委会与上海市交通委员会正式签订《保税船用燃料油一体化供应协议》，标志着长三角港口海事服务一体化迈出坚实步伐，取得重要阶段性成果。

3 月 10 日

洋山港—芜湖港“联动接卸”模式顺利落地，长三角区域海关协同发展取得新进展。一体化通关货物可以在洋山港—芜湖港之间直接运输，省略了转关申报和二次运抵等环节，缩短了进出口货物整体通关时间，降低了企业物流成本，又突破了行政区划的限制，优化了口岸营商环境。

3 月 17 日

上海海事局与上港集团签署战略合作备忘录，合力塑造上海港安全、智能、畅行、绿色“四大优势”，助力上海国际航运中心建设再上新台阶。上海海事局党组书记、局长肖跃华，上港集团党委书记、董事长顾金山，上港集团党委副书记、总裁严俊出席；上海海事局党组成员、副局长吴红兵，上港集团副总裁王海建分别代表双方签署战略合作备忘录；上海海事局党组成员、副局长汪志军主持会议。

4 月 8 日

国家移民管理机构 12367 服务平台和国家移民管理局英文版门户网站上线运行；上海出入境边检总站和各边检站 12367 服务平台也同步上线运行。

4 月 10 日

“唐山—上海—广州”南北航线开通，这是上港集团携手唐山港集团、广州港集团联合开通的首条南北航线。该航线串联长三角、京津冀、粤港澳大湾区三大核心区域，并以上海港为中心节点进一步连通“长江经济带”，为上海打造成为国内大循环的中心节点和国内国际双循环的战略链接提供有力支撑。

4 月 21 日

上海海事局“中国籍国际航行船舶远程识别与跟踪系统（LRIT）”升级改造工程通过部海事局竣工验收现场核查，正式投入运行。LRIT 系统是国际海事组织（IMO）强制实施的，由缔约方按照 IMO 制定的技术规范所建设的国际互联船舶监控系统。该系统的正式投入运行标志着“陆海空天”一体化水上交通运输安全保障体系建设取得重要进展。

同日

上海市副市长张为、市政府办公厅副主任祁彦一行赴上海黄浦海事局调研黄浦江水上交通安全工作。

5 月 8 日

上海市副市长张为一行赴上海海事局调研，从服务、安全、保障、创新 4 个方面对上海海事局工作给予高度评价。

6 月 8 日

上海市副市长张为一行赴上海吴淞海事局，调研长江上海段水上交通安全监管工作。

6 月 10 日

长三角区域警务一体化领导小组会议在江苏无锡召开，上海、江苏、浙江、安徽 4 地公安厅（局）及相关警种主要负责人参会。上海出入境边检总站总站长任英超与长三角区域边检机关和出入境管理部门主要负责同志共同签订了长三角区域移民和出入境管理系统“4+4”高质量一体化发展战略合作协议。

同日

湖北省政府副省长赵海山率省政府办公厅、省商务厅、武汉海关、省港口集团、武汉港务集团等口岸相关单位人员一行赴上海电子口岸（亿通公司）调研中国（上海）国际贸易单一窗口和口岸信息化建设情况。上海市商务委副主任申卫华、上海信投有关领导陪同调研。上海电子口岸与湖北电子口岸还举行了《关于加强沪鄂深度合作 共建国际贸易“单一窗口”合作备忘录》签约仪式。

6 月 29 日

上海机场集团在“虹桥源”举行以“百年门户 世界枢纽”为主题的庆祝上海机场建场 100 周

年大会。中共中央政治局委员、上海市委书记李强，市委副书记、市长龚正做出重要批示，国家民用航空局发来贺信。上海市副市长张为、副秘书长王为人，民航华东管理局局长姜春水，机场集团党委书记、董事长秦云，机场集团总裁冯昕，以及市政府各相关委办局负责同志出席大会。

同日

上海机场建场 100 周年主题展览在“虹桥源”拉开帷幕，生动反映了在中国共产党的领导下，上海机场从百年前仅有 1 条土质跑道的虹桥机场，发展成为如今拥有两大机场、4 座航站楼、6 条跑道、年客货吞吐量超 1 亿人次和 400 万吨的世界级航空枢纽。

同日

上海出入境边检总站发起并会同江苏、浙江、安徽出入境边检总站举行“护航 2021”执法巡逻艇联合巡检行动，进一步加强长三角区域边检机关执法合作，共同维护长江口及辐射水域安全稳定。

7 月 16 日

为庆祝香港入境事务处成立 60 周年、香港特别行政区政府成立 24 周年和香港特别行政区政府驻上海经济贸易办事处成立 15 周年，香港特别行政区驻沪办在上海召开“长三角地区与香港特别行政区口岸管理工作合作交流会”。

7 月 20 日

交通运输部党组成员、副部长赵冲久在部总工程师、水运局局长李天碧，部海事局党组书记、局长曹德胜陪同下，赴上海海事局调研。上海海事局党组书记、局长肖跃华，副局长汪志军、吴红兵、谢开运以及东海航海保障中心主任谢群威参加调研座谈。

7 月 23 日

上海市副市长宗明到浦东国际机场检查指导口岸疫情防控工作。

8 月 13 日

中共中央政治局委员、上海市委书记李强赴上海海事局调研指导工作，看望慰问机关干部职工。

8 月 23 日

中共中央政治局委员、上海市委书记李强到浦东国际机场检查新冠肺炎疫情防控工作落实情况，上海出入境边检总站总站长任英超陪同并作工作汇报。

同日

上海海关发布关于进一步做好进出境交通工具及口岸场所新冠肺炎疫情防控消毒处理单位监督管理工作的公告，强调进出境运输企业及其代理人、机场、港口等运营主体依法承担相应的进出境运输工具、货物、场所消毒处理主体责任。海关依法加强监督管理，落实管理责任。

9 月 1 日

经过评定，上海产生了首批国际贸易分拨中心示范企业 40 家，并举行授牌仪式。国际贸易分拨业务是国际贸易中心的重要载体，对保持国际供应链畅通具有重要意义。

9 月 6 日

中共中央政治局委员、上海市委书记李强检查港口新冠肺炎疫情防控工作，指出水路口岸也是上海重要的“入城口”，要把“外防输入、内防反弹”各项措施落实到位，全面扎紧港口闭环、扎牢海上防线，全力以赴守卫好国门、守护好城市。

9 月 23 日

上海市委副书记、市长龚正，市委常委、浦东新区区委书记朱芝松，副市长张为赴洋山深水港调研。龚正指出要深化建设全球领先的国际航运中心，着力打造顶级枢纽港口、智慧绿色港口、安全韧性港口，扎实做好港口疫情防控各项措施，努力使上海成为国内大循环的中心节点和国内国际双循环的战略链接，更好服务融入新发展格局。

同日

国家口岸管理办公室副主任、一级巡视员党英杰赴上海市商务委（市口岸办）调研，并与市商务委副主任申卫华、张杰，就国家“十四五”口岸发展规划、口岸综合绩效评估、口岸发展等议题进行座谈。

9 月 24 日

长三角出入境边防检查工作高质量一体化发展领导协调小组联席会议在江苏南通召开，上海出入境边检总站党委副书记、政委吴长福参加，并与江苏、浙江、安徽出入境边检总站主要领导共同签署《长三角出入境边防检查机关站级单位跨总站结对共建框架协议》。

9 月 28 日

“中欧班列—上海号”首列列车，自上海始发，在阿拉山口出境，途经波兰，最终抵达德国汉堡。

9 月 29 日

上海市人大常委会副主任、市总工会主席莫负春，市总工会党组书记、副主席黄红到浦东国际机场防疫一线走访、慰问。

10 月 14 日

全国首个直接整合境外数据用以支持贸易真实性审核的辅助信息平台——中国（上海）自由贸易试验区“离岸通”平台的上线仪式在外高桥保税区举行。

11 月 3 日

交通运输部副部长赵冲久来沪实地调研检查第四届进博会交通保障工作，看望慰问现场指挥部工作人员。

11 月 4 日

“2021 北外滩国际航运论坛”举行开幕式，国家主席习近平向论坛致贺信，国务院副总理刘鹤通过视频宣读贺信。中共中央政治局委员、上海市委书记李强、交通运输部部长李小鹏出席论坛开幕式并致辞，上海市委副书记、市长龚正主持开幕式。论坛由上海市政府、交通运输部共同主办，以“开放包容，创新变革，合作共赢——面向未来的国际航运业发展与重构”为主题。其中“安全与合作”专题论坛由交通运输部海事局承办，上海海事局和上海宝钢航运有限公司支持，主题为“携手安全保障，共促航运发展”。

11 月 5 日

国家移民管理局党组成员、副局长曲云海出席第四届进博会相关活动，并到上海出入境边检总站检查指导进博会安保维稳工作。总站党委书记、总站长任英超陪同调研。

同日

上海市商务委副主任张杰赴临港新片区调研企业通关需求和口岸营商环境，检查口岸疫情防控工作。

11 月 12 日

上海市商务委副主任张杰赴外高桥港口调研统筹疫情防控和跨境贸易便利工作情况。

12 月 2 日

上海市商务委副主任张杰赴外高桥保税区调研，并与中国（上海）自由贸易试验区管委会副主任陈彦峰进行座谈。

12 月 17 日

临港新片区举行促进离岸贸易发展支持政策发布会。新片区管委会与市商务委、上海海关、人民银行上海分行等单位共同发布了《中国（上海）自由贸易试验区临港新片区促进离岸贸易高质量发展的若干措施》。

（撰稿人：李楠橹、范锋、鹿佳）

2021 年上海市口岸流量统计表

口岸类型	口岸名称	货运量（万吨）				集装箱量（万标箱）				人员（万人次）				交通工具（万辆、艘、架、列次）			
		出口	进口	合计	同比（%）	出口	进口	合计	同比（%）	出境	入境	合计	同比（%）	出境	入境	合计	同比（%）
空运口岸	浦东机场			373.1	9.0					105.3	100.7	206.0	-63.7	4.6	4.6	9.2	-13.9
陆路口岸	上海站			41 489.4	6.6	1 786.9	1 629.7	3 416.6	11.16	21.4	22.1	43.5	-26.6	1.1	1.1	2.2	1.2
水运口岸	上海港			41 862.5		1 786.9	1 629.7	3 416.6		126.7	122.8	249.5		5.7	5.7	11.4	
合计																	
同比（%）																	

（上海市口岸办提供）

2021 年上海海关主要数据统计表

项　目		2021 年	2020 年	同比（%）
进出口货运量（万吨）	合计	41 862.5	39 259.4	6.63
	进口			
	出口			
进出口贸易总值（亿元）	合计	100 859.93	87 463.08	15.32
	进口	43 505.90	37 648.82	15.56
	其中：江、海运输	19 431.83	17 592.44	10.46
	铁路运输			
	汽车运输			
	航空运输	24 024.89	19 993.15	20.17
	邮件运输	17.53	18.83	-6.90
	其他运输	31.65	44.35	-28.64
	出口	57 354.03	49 814.26	15.14
	其中：江、海运输	40 394.51	33 122.11	21.96
	铁路运输			
	汽车运输			
	航空运输	16 669.04	16 539.64	0.78
	邮件运输	21.70	27.15	-20.07
	其他运输	268.76	125.32	114.46
税收（万元）	两税合计	—	—	—
	关税入库	—	—	—
	进口环节税入库	—	—	—

（上海海关提供）

2021 年上海市口岸出入境主要数据表

项目			2021 年	2020 年	同比（%）
出入境人员（万人次）	出入境人员总数		249.5	627.0	-60.19
	入境人员		122.8	324.5	-62.16
	出境人员		126.7	302.5	-58.08
	出入境旅客		170.5	521.1	-67.28
	出入境员工		79.0	106.0	-25.47
	中国公民	小计	201.3	478.6	-57.94
		内地居民（因公）	44.1	52.4	-15.84
		内地居民（因私）	131.3	373.2	-64.82
		港澳居民	7.2	14.2	-49.30
		台湾同胞	18.7	38.8	-51.80
	外籍人员		48.3	148.5	-67.47
	从海港出入境人数		43.5	59.2	-26.52
	从陆港出入境人数		0	0.4	-100
	从空港出入境人数		206.0	567.4	-63.69
交通运输工具（万辆、艘、架、列次）	总计		11.5	12.9	-10.85
	船舶		2.2	2.1	4.76
	飞机		9.3	10.8	-13.89
	火车		0	0.003	-100
	机动车辆				

（上海出入境边检总站提供）

2021 年上海海事局进出港船舶统计汇总表

船舶类别	进港船舶							出港船舶						
	艘数（艘）	总吨（吨位）	总载重量（吨）	载客量（客位）	船员人数（人次）	货物到达量（吨）	旅客到达量（人）	艘数（艘）	总吨（吨位）	总载重量（吨）	载客量（客位）	船员人数（人次）	货物发送量（吨）	旅客发送量（人）
总　计	221 985	1 339 542 409	1 544 496 303	3 591 014	2 679 874	551 985 307	1 400 698	222 153	1 336 744 924	1 545 274 581	3 648 651	2 674 462	309 504 434. 3	1 410 345
中国籍船舶	204 479	533 487 857	639 021 371	3 589 614	2 321 702	395 402 877. 8	1 322 967	204 629	526 884 347	634 981 634	3 644 491	2 317 733	108 497 073. 5	1 332 585
其中外贸船	1 136	22 993 123	31 592 925	23 857	24 338	8 487 298. 77	0	1 105	21 718 761	29 838 535	23 828	23 654	6 644 552. 64	0

（上海海事局提供）

江　苏　省

江苏省口岸分布示意图
连云港
盐城
盐城
大丰
扬泰
如东
扬州
泰州
镇江
如皋
南通
靖江
张家港
南通
常州
常州
江阴
常熟
太仓
启东
无锡
黄
海
东
海
图例
口岸
铁路口岸
水运口岸
空运口岸
公路口岸
境外口岸

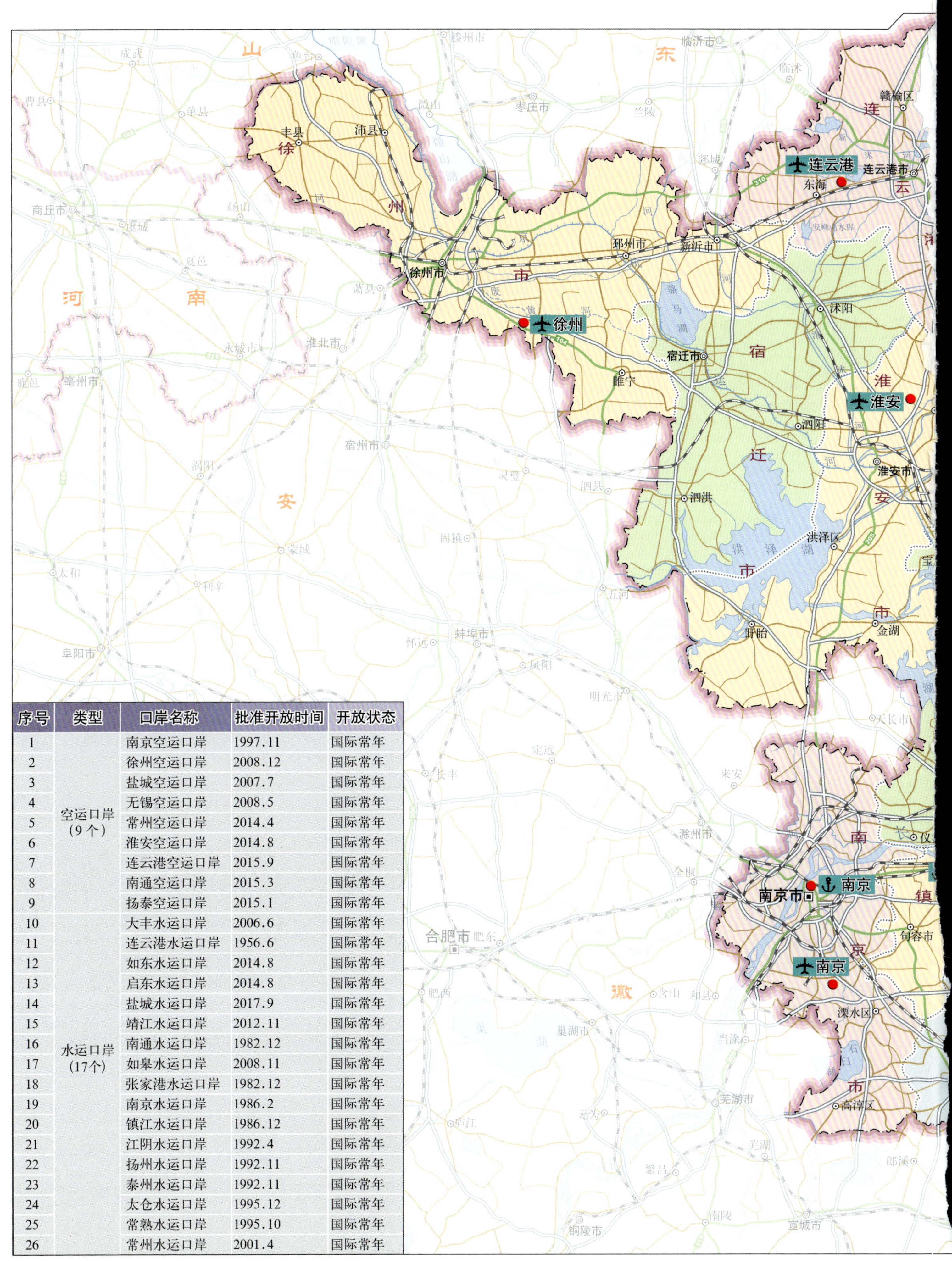

序号	类型	口岸名称	批准开放时间	开放状态
1	空运口岸（9个）	南京空运口岸	1997.11	国际常年
2		徐州空运口岸	2008.12	国际常年
3		盐城空运口岸	2007.7	国际常年
4		无锡空运口岸	2008.5	国际常年
5		常州空运口岸	2014.4	国际常年
6		淮安空运口岸	2014.8	国际常年
7		连云港空运口岸	2015.9	国际常年
8		南通空运口岸	2015.3	国际常年
9		扬泰空运口岸	2015.1	国际常年
10	水运口岸（17个）	大丰水运口岸	2006.6	国际常年
11		连云港水运口岸	1956.6	国际常年
12		如东水运口岸	2014.8	国际常年
13		启东水运口岸	2014.8	国际常年
14		盐城水运口岸	2017.9	国际常年
15		靖江水运口岸	2012.11	国际常年
16		南通水运口岸	1982.12	国际常年
17		如皋水运口岸	2008.11	国际常年
18		张家港水运口岸	1982.12	国际常年
19		南京水运口岸	1986.2	国际常年
20		镇江水运口岸	1986.12	国际常年
21		江阴水运口岸	1992.4	国际常年
22		扬州水运口岸	1992.11	国际常年
23		泰州水运口岸	1992.11	国际常年
24		太仓水运口岸	1995.12	国际常年
25		常熟水运口岸	1995.10	国际常年
26		常州水运口岸	2001.4	国际常年

口岸数量及分布

截至2021年年底，江苏省共有经国务院批准的对外开放口岸26个。其中，空运口岸9个，分别是南京空运口岸（南京禄口国际机场）、无锡空运口岸（无锡硕放国际机场）、徐州空运口岸（徐州观音国际机场）、常州空运口岸（常州奔牛国际机场）、南通空运口岸（南通兴东国际机场）、连云港空运口岸（连云港白塔埠国际机场）、淮安空运口岸（淮安涟水国际机场）、盐城空运口岸（盐城南洋国际机场）、扬泰空运口岸（扬州泰州国际机场）；水运（海港）口岸5个，分别是如东、启东、连云港、大丰、盐城海港口岸；水运（河港）口岸12个，分别是南京、江阴、常州、张家港、太仓、常熟、南通、如皋、扬州、镇江、泰州、靖江河港口岸。

口岸运行数据

2021年，江苏省空运口岸出入境旅客157 363人次，同比下降79.18%；外贸货邮量79 083.68吨，同比下降11.86%。水运口岸共完成外贸货运量57 674.31万吨，同比增长4.11%；外贸集装箱运量达到8 831 797.5标箱，同比增长11.71%。

2021年江苏省空运口岸出入境旅客及外贸货邮量情况表

	出入境旅客（人次）		外贸货邮量（吨）	
	自年初累计	同比（%）	自年初累计	同比（%）
全省合计	157 363	-79.18	79 083.68	-11.86
南京空运口岸	108 949	-76.62	52 415.3	-4.53
无锡空运口岸	13 834	-86.84	14 500	-32.24
徐州空运口岸	0	-100.00	80.2	-87.43
常州空运口岸	29 250	-59.06	714.15	998.16
南通空运口岸	5 068	-83.76	7 547.14	8.19
连云港空运口岸	0	-100.00	—	—
淮安空运口岸	0	-100.00	103.74	—
盐城空运口岸	12	-99.89	3 723.15	-35.21
扬泰空运口岸	250	-99.27	—	—

2021年江苏省水运口岸外贸货运量和外贸集装箱运量情况表

	外贸货运量（万吨）		外贸集装箱运量（标箱）	
	自年初累计	同比（%）	自年初累计	同比（%）
全省合计	57 674.31	4.11	8 831 797.50	11.71
南通如东水运（海港）口岸	727.08	28.13	—	—
南通启东水运（海港）口岸	453.70	25.46	—	—
连云港水运（海港）口岸	13 924.43	5.11	2 449 100	-7.29

续表

	外贸货运量（万吨）		外贸集装箱运量（标箱）	
	自年初累计	同比（%）	自年初累计	同比（%）
盐城大丰水运（海港）口岸	987.59	3.26	29 512	-24.33
盐城水运（海港）口岸滨海港区	175	—	—	—
南京水运（河港）口岸	3 125.70	1.52	919 000	-2.25
无锡江阴水运（河港）口岸	6 658.36	2.84	22 108	-25.85
常州水运（河港）口岸	1 206.28	-12.81	98 593	-23.39
苏州张家港水运（河港）口岸	6 593.66	2.58	585 075.50	1.78
苏州太仓水运（河港）口岸	9 209.24	12.03	3 864 428.75	46.64
苏州常熟水运（河港）口岸	1 297.10	-10.44	137 550.75	13.14
南通水运（河港）口岸	3 335.40	-0.50	301 869.50	-12.42
南通如皋水运（河港）口岸	1 017.01	-22.26	47 126	46.01
扬州水运（河港）口岸	1 367.20	23.50	133 348	-21.74
镇江水运（河港）口岸	4 730.57	1.49	136 267	-7.07
泰州水运（河港）口岸	1 465.26	-5.37	107 819	6.65
泰州靖江水运（河港）口岸	1 400.73	11.88	—	—

口岸综合管理

【持续推进口岸开放工作】 江苏省继续实施沿海开发战略，全面扩大口岸开放，提升完善口岸功能。2021 年，新获批对外扩大开放的口岸 2 个，为连云港空运口岸和南通港口岸通州湾港区；新获批对外开放的码头（泊位）18 个。

随着口岸开放数量的增加和已开放口岸的功能不断挖掘、拓展，江苏省口岸管理工作更加规范和完善。调整设立了江苏省口岸工作领导小组，领导小组办公室设在江苏省商务厅，进一步加强了对全省口岸工作的组织领导和统筹协调，强化了部门协作配合，共同推进江苏省口岸高水平开放，实现高质量发展。凡设立口岸的各市地方政府均成立了口岸综合管理部门，各地口岸查验机构的设立也比较健全，建立了相应的口岸管理工作机制，强化了对地方口岸工作的管理与协调。

2021 年，江苏省口岸管理工作认真落实国务院口岸工作部际联席会议第六次全体会议、全国口岸办主任会议要求，按照省委、省政府决策部署和省口岸工作领导小组第一次全体会议工作要求，坚持“布局合理、特色鲜明、服务一流、运转高效”的发展目标，切实筑牢口岸安全防线，着力推进口岸扩大开放，不断优化口岸营商环境，大力发展智慧口岸，积极在双循环中发挥口岸功能作用，为促进江苏省经济社会高质量发展提供有力支撑。

【国际贸易“单一窗口”建设】 2021 年，按照国家口岸管理办公室和江苏省委省政府相关要求，江苏省商务厅指导省电子口岸紧扣“强富美高”新江苏建设总目标，突出高质量发展导向，立足推进贸易便利化改革，加快推广中国（江苏）国际贸易单一窗口标准版的同时，不断拓展江苏“单一窗口”项目建设，积极参与长三角国际贸易“单一窗口”合作共建，推进建设江苏特色电子口岸。

一是保障“单一窗口”建设，深化完善功能。“单一窗口”标准版主要业务持续保持覆盖率100%，与20个口岸管理部门实现了对接。货物申报等七大类14项功能落地推广，基本覆盖国际贸易全链条。截至2021年年底，平台服务企业数近7万家，企业通过江苏“单一窗口”累计完成各类申报超过8 537.3万单，提供服务超3 247万次，累计节约企业成本约5.8亿元。平台全年对外提供7×24小时不间断服务，客户服务热线累计受理用户咨询25万人次。2021年，完成货物申报607.28万单，运输工具44.03万单，舱单401.61万单。

同时，按照国家口岸管理办公室相关要求，完成“单一窗口”标准版船舶转港数据复用试点任务；优化“单一窗口”原产地申领系统与贸促总会的数据传输接口；完成海关原产地证申报系统切换；升级“单一窗口”通关时效评估系统，扩大港口数据接入；完成出口退税标准版（金三版）切换；上线试运行海关查验信息推送系统，实现海关查验信息向场站推送，企业即时查询，场站完成调箱后实时信息反馈。

二是推进“电子口岸+”服务体系建设，打造江苏特色。创新“电子口岸+金融”服务，“苏贸贷”二期平台上线运行，截至2021年年底累计授信3 041家企业、放贷金额143亿元，帮助金融企业提高普惠金融覆盖面，助力“六稳”“六保”；对接阳光保险集团财产保险公司，完成“单一窗口”关税保证险投保业务系统开发，提高外贸企业资金周转效率，降低企业货物通关时间。创新“电子口岸+口岸”服务，配合南京海关建成商品识别码分类系统数据库并完成验收，同时完成总署级应用研究课题并得到海关总署关税司肯定，在全国推广；对接省“外防输入”联防联控机制空港和水路口岸疫情防控协调组，探索船员换班、“单一窗口”运输工具申报等业务模式，助力空港和水路口岸疫情防控信息系统建设。

三是融入长三角一体化，推进合作共建。长三角国际贸易“单一窗口”服务专区正式上线运行，为长三角地区企业提供物流动态、放行查询等服务；率先启用船舶转港数据复用功能，实现长三角地区船舶企业上下港数据复用；升级改造运输工具申报系统沿海空箱调运功能，2021年5月该业务通过长三角“单一窗口”与上海电子口岸实现数据共享，截至2021年年底全省共计75艘次集装箱船舶提交空箱调运申请9 880个。

四是加强安全检查，完善运维体系。根据《中国（江苏）国际贸易单一窗口数据安全管理实施细则》要求，落实数据安全技术规范与标准、数据安全管理工作规章制度，更新国产防火墙等安全设备，改善优化网络结构，不断提高数据中心基础平台安全性、稳定性，持续更新ISO 20000、ISO 27001资质证书，省电子口岸门户网站及中国（江苏）国际贸易单一窗口系统达到三级等级保护要求，省电子口岸基础平台相关软硬件质量指标维护合格率和机房维护准确率均达100%。疫情防控期间，系统7×24小时平稳运行，保障企业服务。协助各监管部门顺利完成“护网2021”网络攻防演习。

口岸监管与服务

【南京海关筑牢口岸检验检疫防线】 坚决落实新冠肺炎疫情防控“外防输入、内防反弹”总策略，守牢口岸检疫关口，地方核酸检测结果回溯未漏检1例、未漏放1人；科学规范做好进口环节冷链食品、高风险非冷链集装箱货物新冠病毒监测检测和预防性消毒监督工作；全力应对“7·20”禄口机场疫情，推动禄口机场全流程全封闭隔离改造高标准完成，保障客运航班和“接返”包机有序复航。严防“洋垃圾”入境，2021年监管查发5 373.5吨、打私查证3 800余吨、退运1.3万余吨，滞港涉案固体废物动态清零。打击濒危物种及其制品走私，2021年查获360起、852件濒危物种及其制品，在“护卫2021”行动中查获走私象牙制品19.9千克；全年截获1 873种、16.6万种次有害生物，继续保持全国海关第一，在“国门绿盾 2021”等专项行动中截获外来物种 1 051 批次，同比增长 22.2%。

【南京海关持续提升安全监管效能】 2021 年，南京海关监管进出境货物 4.6 亿吨，同比增长 1.7%；监管集装箱 562.2 万标箱次，同比增长 12.8%；监管运输工具 9.3 万辆艘，同比下降 3.8%；监管邮快件 927.2 万件，同比下降 74.7%；验放进出境人员 84.5 万人次，同比下降 45.2%。检验检疫进出口货物 49.8 万批，同比下降 40.1%；对进出境人员实施健康检查 5.33 万人次，同比增长 14%；检疫出入境船舶 2.6 万艘、飞机 0.4 万架，同比分别下降 11%、56%。深化综合治税，全年税收入库 1 770.28 亿元，同比增长 14.24%。卫生检疫完善新冠肺炎疫情防控体系，统筹做好“人、物、环境同防”；科学规范做好进口环节冷链食品、高风险非冷链集装箱货物新冠病毒监测检测和预防性消毒监督工作。与地方强化协同，完善人员移交、信息通报、病例追溯等联防联控机制，实现进境交通工具产生的垃圾、生活污水统一纳入地方医废、危废处置管理。健全口岸卫生检疫“4+2”监督机制，优化作业流程，口岸传染病检出率 0.76‰，同比增长 2 倍，有效防范埃博拉病毒病等重大传染病疫情叠加输入。动植物检疫完善“境外、口岸、境内”三位一体的监测预警体系，封存来自疫区运输工具船员自用猪肉产品 31.62 吨、禽肉产品 16.76 吨，扑杀检疫不合格种牛 137 头。进出口食品检验在进口食品“国门守护”行动中，检出不合格食品 53 批、493.6 吨，主要为饮料、油脂油料、植物性调料等产品，检出不合格批次同比增长 26.2%；进口肉类监管发现不合格情况，协助海关总署加强对外交涉，获总署发函表扬。进出口商品质量检验加强进出口危险货物及包装监管，检出不合格 379 批，同比增长 67%；落实调整后的法检目录，做好涉及“安全、卫生、环保”等商品监管，检出进口大宗资源类不合格商品 45.8 万吨、同比增长 129 倍，阻截不合格医疗器械 135.8 万件；打击假冒、伪造资质等出口涉疫物资违法违规行为，查获出口不合格口罩 648 万只、防护服 7 572 件。从严加强对化肥、初级钢铁制品的进出口管控。在“龙腾行动 2021”知识产权保护专项行动中，查扣侵权货物 61.8 万件，同比增长 69.03%。强化政治把关，加强口岸查缉和行邮快跨全渠道监管，查获仿真枪 3 支、成套散件 1 件、枪支零配件 116 件、管制刀具 27 把，毒品、精神管制药品 21.61 千克，查获非法出版物 10 845 件。

【南京海关高压严打走私违规】 落实“国门利剑 2021”联合专项行动等部署，查证农产品走私案值 39.94 亿元；查证冰毒 14.56 千克、大麻制品 796.23 克以及其他毒品；查获枪支及其零配件 93 件、铅弹 1 629 发；查获非法出版物 5 万余册。深入开展反走私综合治理，查办非设关地走私犯罪案件 24 起，查证案值 18.3 亿元。其中，走私成品油案件 10 起，同比下降 75%；查扣走私香烟 22 万条；走私铜精矿 180 余吨。向地方移交 1 起骗取出口退税 6 亿元大案线索。

【南京海关持续优化口岸营商环境】 制定实施优化口岸营商环境 100 项措施清单，协同江苏省商务厅出台全省跨境贸易便利化 40 项举措，“提前申报”、重点矿产品“先放后检”等便利化改革同步推进，进口、出口整体通关时间分别为 45.39 小时、3.07 小时，同比分别压缩 11.09%、4.95%。融入长三角一体化，“联动接卸、视同一港”监管新模式在江苏太仓、上海洋山港口扩面增量，进口、出口分别验放 0.59 万、7.64 万标箱；率先落地高新技术货物布控查验协同，试点查验集成电路、精密设备等货物 73 票、3 200 余万元；积极推动建立长三角高风险特殊物品风险评估结果互认机制，在苏州工业园区首次试点，涉及 5 票货物，节省通关审批时间 70%。开通绿色通道，保障进口粮食 1 015 万吨，同比增长 1 倍。聚焦能源保供，充分发挥“提前申报”“两段准入”等便利举措效能，保障进口煤炭、石油、天然气共计 5 744 万吨，同比增长 21.3%。

【南京海关积极助力更高水平开放】 保障江苏口岸开放布局进一步优化，支持江苏新增开放码头 11 个、临时开放及延期 5 个、临时启用及延期 11 个。助力“一带一路”建设，创新二次转关公铁水联运、“保税+出口”集装箱混拼等举措，监管江苏中欧班列 1 601 列、10.2 万标箱，同比分别增长 32.8%、49.9%，支持“南京—昆明—老挝万象”“韩国仁川—连云港—波兰马拉舍维奇”等班列顺利开行。在自由贸易试验区推出 10 条海关监管制度创新，其中“优化粮食进口品质检验模式”等 2 项获海关总署备案，“船载危险货物联合查验”在江苏长江沿线口岸复制推广。

【江苏出入境边检总站坚决筑牢国门口岸查验主阵地】 总站始终把维护国家政治安全作为首责首任，坚持情报预警引领边检勤务，严格口岸管控和边检查控，圆满完成中国共产党成立 100 周年、第四届进博会等重大安保任务。严格落实前台询问盘查措施，研究出台重点人员检查指引，不断提升口岸精准查处能力。定期开展各类执法执勤风险预警防范，坚持每月排查口岸风险隐患，每季度研判口岸安全形势，及时发现销号存在的问题隐患。分类制订完善应急处置预案，组建处突分队和“快反”小组，常态化开展演练拉动、桌面推演，确保遇到突发情况第一时间反应、果断高效处置。联合上海、安徽总站开展“护航 2021”联巡行动，有效提升应急处置水平。

【江苏出入境边检总站坚决扛起疫情防控“外防输入”责任】 一是严格执行防控工作制度。坚持执行周工作例会和月视频调度等制度，及时掌握了解各口岸边检力量疫情防控情况。认真开展日、周、月的疫情统计分析及通报工作，第一时间全视角通报疫情。年度累计向地方联防联控机制核查推送涉疫数据 1.1 亿余条、阳性人员密切接触者信息 10 480 条，配合闭环管控输入型确诊病例 28 人、无症状感染者 74 人。二是及时消除水路涉疫风险。积极搜集涉疫案件线索，通过船舶非法搭靠案件，循案深挖发现 3 起“非法向入境船舶提供核酸检测试剂和核酸检测证明”案件，第一时间将案情通报地方党委政府和有关部门，及时堵住外防输入重大漏洞。三是快速稳妥处置突发疫情。研究制定执勤民警疫情自身防护、勤务和防护管理“两个动态指南”，及时做好应对突发疫情处置准备。特别是南京机场突发疫情后，第一时间调整实施“7+14+7”的执勤模式（7 天执勤+14 天集中隔离+7 天调休），研究制订 4 个执勤队、70 名警力的勤务支援应急方案，顺利完成 25 架次、2 415 人次的出入境边防检查任务，南京、扬州片区民警职工无一人染疫。

【江苏出入境边检总站服务对外开放和经济社会发展】 一是立足服务加强协作配合。牵头召开长三角边检工作一体化发展联席会议，联合省级口岸查验单位签署《推进江苏口岸高质量发展合作备忘录》。主动向各级政府报送数据分析、口岸风险研判、要情快报等文件材料，为党委政府决策、地方发展提供边检方案。积极配合口岸扩大开放，加快新开码头泊位审验效率，申请开放时间最少压缩至 6 个月。二是强化长三角区域警务互动。贯彻落实服务促进长三角航运枢纽建设 10 项措施，研究提出服务长江经济带建设 5 项建议，被公安部长江大保护工作专刊刊载。牵头召开长三角出入境边检工作一体化发展领导小组会议，签署落实了《长三角边检站结对共建框架协议》，实施长三角地区边检行政许可“一地办证、区域通用”政策，减少办证等待时间 2 000 余小时。三是主动作为优化服务举措。优化新造船舶出海试航边检手续，每艘船舶平均节约等待时间 4 至 24 小时；创新为修造船企业减免上下外轮许可申办手续，帮助减损增收 8 000 余万元；为 3 500 余艘次靠泊不足 24 小时船舶一次性办理入出境手续，为 9 000 余艘次移泊船舶免办出入港手续，累计缩短船舶在港时间 1.2 万余小时。按时上线 12367 服务平台，承接热线咨询 1 653 次，15 秒内接通率达 97.96%，首呼解决率达 97%，得到广泛认可和好评。

【江苏出入境边检总站科技创新推动高质量发展】 总站投入 1 700 余万元推进算力算法、信息通道、网络安全等 17 个信息化项目建设，创新建设边检“五大系统”。“滤网”系统实现沿江 137 千米、590 平方千米水域面积全覆盖，助力查处案（事）件 60 起，通报线索 192 条。梯口智能精准管控服务系统完成设备研发和软件功能开发，88 台设备投入实战测试与应用，满足实时展示、回溯人员通行记录、多种情形告警等应用需求。梯口智能管控服务系统和“滤网”系统分获国家移民管理局首届基层科技创新应用大赛二等奖、三等奖。视频智能化系统在 18 个口岸启动智能化改造，更新和新建智能监控探头 1 300 台，完成图像智能解析比对平台建设，具备了视频图像数据智能解析、比对服务的能力。边检“数据湖”系统同步完成 1.1 亿条梅沙业务数据、3 700 条梅沙字典数据、150 万条物联数据、67 万条网窗数据的汇聚、融合，已向各类业务平台和系统提供数据支撑服务。“情指勤”一体指挥系统在风险评估引领警务、勤务组织扁平高效、警力编配科学合理、信息科技支撑应用、综合保障服务实战 5 个方面深耕谋划，推动实现管治效果和警力效能最大化。

【江苏海事局不断优化口岸发展环境】 深化口岸领域“放管服”改革，进一步提高通关效率、优化通关流程、降低通关成本，推广电子政务。深入实施优化营商环境 35 项措施，常态化运行支持企业复工复产 8 项举措，推动航运业化危为机，维护国际物流供应链稳定。积极支持自由贸易试验区联动创新发展区建设，出台支持联创区建设 12 项举措，服务打造“全域自贸区”。大力推动航运创新发展，支持南京自贸片区建设现代航运创新园区，共同完成航运创新发展战略研究，推进实施支持航运创新发展 20 项政策举措，增强高端航运资源集聚和要素配置能力。在船舶抵押融资、船舶检验监督、下水试航等方面提供全方位监管服务，适时进行全过程水上交通组织维护，保障长江江苏段航行安全、海洋工程装备等高端装备制造产品出口便利。2021 年以来，提供船舶抵押融资 167 次，近 20 亿元；船舶检验监督 900 余次；下水试航 280 次。

【江苏海事局着力促进国际水运物流畅通】 全面施行《长江江苏段船舶定线制规定（2021 年）》，进一步释放深水航道“黄金效能”；在南京、张家港、太仓等地试点基础上，扩大进江海轮“直进直靠”“直离直出”的范围，大幅度提高码头利用率、船舶周转率，实现 9 万载重吨散货船直达南京。加快沿海航路规划，服务保障通州湾江苏新出海口建设，加快江海河联运集疏运体系建设，提升外贸运输通过能力。完善港航综合支持保障体系，充分利用水上过驳区取缔资源，在长江江苏段新增 26 个临时停泊区，推动建成 5 个水上绿色综合服务区和 5 个危险化学品洗舱站。2021 年，进出长江水域 5 万吨级 19 128 艘次，同比增长 22.3%，“大进大出，快进快出”的良好发展势头持续保持。

【江苏海事局全力支持口岸码头对外开放】 会同江苏省商务厅、南京海关、江苏出入境边检总站等部门指导码头对外开放，支持沿江 8 个码头对外开放、6 个码头临时启用，积极推动南通口岸通州湾港区扩大开放。保障通州湾港口航道建设安全，完善海上风电场和沿海港口水域通航安全监管制度，积极向交通运输部海事局争取开辟通州湾港区江河海联运航线。推广岸电使用，强化防尘治理，全面形成“港航企业全动员、污染治理全覆盖、接收处置全落实、监管服务全链条”的船舶污染防治“江苏模式”。

【江苏海事局加快推动智慧口岸建设】 深化长三角区域一体化通关合作，全面应用国际贸易“单一窗口”，实施国际航行船舶转港数据复用模式，促进跨境贸易便利化。探索组建港航综合调度指挥中心，实施大型海轮“直进直靠”“直离直出”，大幅度提高船舶周转率、码头使用率、深水航道利用率，缓解锚泊压力。2021 年以来，共推进 CAPE 型船舶安全靠泊 87 543 艘，同比增长 17.2%。构建“陆海空天”一体化水上交通运输安全保障体系，打造全要素“水上大交管”，创新管理体制机制，开发智控平台，提升装备水平，实现船舶航行畅顺、港航服务畅享、国际物流供应链稳定。

【江苏海事局持续做好涉外疫情防控工作】 在江苏省疫情防控指挥部的统一领导下，严格落实《江苏省空港和水路口岸疫情联防联控工作方案》赋予的工作职责，重点督促指导做好航运企业、船员疫情防控，指导中国籍船员换班，协助开展船船、船岸界面管控和应急处置等工作。会同交通、卫健等部门持续筑牢水路口岸涉外疫情防线，积极服务国际航行船舶中国籍船员换班，切实维护船员合法权益。2021 年，共换班 19 504 人次，其中上船 10 635 人次、下船 8 869 人次；救治伤病船员 77 人次。

【连云港海事局严格落实防控措施，筑牢水路疫情防线】 保障国际航行船舶进出港疫情防控措施落实到位，严把审批关。严格落实疫情期间口岸国际航行船舶中国籍船员换班要求，确保船员换班在连云港“应换尽换”。2021 年，共推动 389 艘次船舶船员换班 5 002 人次，其中上船 2 509 人次、下船 2 493 人次。加强国际航行船舶锚地搭靠业务管控，先后印发《连云港海事局关于加强锚地搭靠业务监管的通知》《锚地国际航行船舶搭靠业务管控方案》，采取 VTS 监控、锚地巡航和现场监督，按照“非必要不搭靠”、必要的搭靠做到“一船一申请”等措施，筑牢水路口岸疫情通过船舶搭靠作业输入的防线。2021 年，共出动海巡艇 52 艘次、执法人员 170 人次，巡航里程近 2 600 海里，巡查锚地船舶 800 余艘次，及时制止一起非法搭靠行为。

【连云港海事局加强监督检查，做到安全生产零事故】 深化风险防控和隐患排查治理，支持配合连云港市开展“三无”船舶专项整治集中行动，确保“三无”船舶“动态”清零，专项整治集中行动期间，共出动海事执法巡逻艇 127 艘次，海事执法人员 663 人次，排查“三无”船舶 159 艘，其中查扣移交 41 艘。制订春运、春节及冬奥会期间水上安全监管工作实施方案。建立水上无线电监管长效机制，加强游艇现场监管工作，开展中韩客货班轮春运检查。推进行刑衔接和治安移送制度化、规范化。全力保障辖区安全形势稳定。

【连云港海事局服务自由贸易试验区建设，支持国家重大战略】 为服务中国（江苏）自由贸易试验区连云港片区发展，连云港海事局重点从提升政务服务效能、创新事中事后监管、优化营商环境等方面推出 12 项创新举措，包括优化国际贸易“单一窗口”、助力外轮保税维修服务、简化进出港船舶报告信息等。其中，“海事政务闭环办理”和“船载危险货物 1+4 联合查验”均作为改革试点经验在全省范围复制推广。积极融入长三角一体化融合发展大局，稳步推进船舶岸电使用、船舶修造拆解产生污染物监管两项交通强国试点任务。

【连云港海事局服务港口发展，为人民群众办实事】 支持前徐圩 30 万吨级航道建设、30 万吨级码头建设及六港池支航道疏浚项目等多个建造项目，及时高效审批海上施工作业许可。将连云港港主航道双向通航标准由原来的船长 200 米提升至散货船船长 230 米以下和集装箱船舶船长 300 米以下，大大缓解了主港区船舶进出港的压力，提高了通航效率；提供海员证信息采集免费拍照服务，承诺船员办证“一件事一次办”。扶持辖区新成立 1 家船员培训机构，填补了辖区无油船和化学品船特殊培训的空白。推动港口码头防污染应急能力建设、规范船舶污染清除协议的签订实施。积极支持港口对外开放，盐城港滨海港区通过国家验收，射阳港区和响水港区通过省级预验收，连云港港徐圩港区 143-145 泊位和盛虹炼化一体 5 个泊位正式对外开放。

开放口岸

【南京空运口岸（南京禄口国际机场）】 南京禄口国际机场位于南京市江宁区禄口镇，于 1997 年 7 月 1 日正式通航，是中国重要的干线机场，1997 年 11 月经国务院批准对外开放。2005 年 4 月，南京禄口国际机场被世界卫生组织（WHO）评为国际卫生机场；2008 年 12 月 5 日，通过国家航空安全审计。机场 T2 航站楼于 2014 年 7 月 12 日正式启用。2020 年 7 月 29 日，机场 T1 航站楼完成改造升级，正式投用，与 T2 航站楼“双楼合璧”开启新航程。机场目前拥有 2 座航站楼，1 条长 3 600 米、宽 45 米的跑道，1 条长 3 600 米、宽 60 米的跑道，2 条长 3 600 米、宽 45 米的滑行道，脱离跑道 6 条。飞行区等级为 4F，可起降包括 A380 在内的所有机型。年设计旅客吞吐量 3 000 万人次，年设计货邮吞吐量 80 万吨。

南京空运口岸拥有进境植物种苗、水果、冰鲜水产品、食用水生动物共 4 个指定监管场地，已获批药品进口口岸资质。2019 年 12 月 23 日，机场宣布实现 7×24 小时通关保障。2020 年 5 月 8 日，南京空港保税物流中心（B 型）封关运作。截至 2021 年年底，累计开通国际（地区）客运航线 40 条，累计开通国际（地区）货运航线 14 条。

2021 年，南京禄口国际机场安全保障运输航班起降 16.03 万架次，同比下降 10.79%，其中国际（地区）2 343 架次，同比下降 52.19%。全年旅客吞吐量 1 760.69 万人次，同比下降 11.55%，其中出入境旅客 10.89 万人次，同比下降 76.62%。货邮吞吐量 35.91 万吨，同比下降 7.76%，其中外贸货邮量 5.24 万吨，同比下降 4.53%。

【无锡空运口岸（无锡硕放国际机场）】

无锡硕放国际机场位于江苏省无锡市东南方硕放镇，距无锡市中心 16 千米，距苏州市区 25 千米。机场始建于 1995 年，2004 年 2 月 18 日正式开通民用航班；2006 年 1 月 26 日获批临时对外开放，开通无锡—香港地区客运航线。2008 年 9 月 19 日，口岸通过国家级验收，实现口岸限制性开放，允许中国籍飞机执飞国际航线。2009 年 4 月 9 日，开通首条国际航线，由深航执飞无锡—大阪国际航线。2014 年 7 月 15 日，口岸获批扩大对外国籍飞机开放。2015 年 1 月 19 日，二期新航站楼全面投入运营。机场目前拥有 2 座航站楼、1 条长 3 200 米的跑道。飞行区等级为 4E，能够满足 B747 全载及 A340 等远程宽体客机运行。新老航站楼合计 10.6 万平方米，货站处理面积 2.6 万平方米，年客、货吞吐量保障能力分别为 1 000 万人次和 20 万吨，硬件设施达到大型机场保障能力。

无锡空运口岸拥有进境食用水生动物、冰鲜水产品共 2 个指定监管场地，已获批药品进口口岸资质。截至 2021 年年底，累计开通国际（地区）客运航线 42 条，累计开通国际（地区）货运航线 15 条。

2021 年，无锡硕放国际机场安全保障运输航班起降 6.54 万架次，同比增长 18.98%，其中国际（地区）412 架次，同比下降 73.56%。全年旅客吞吐量 712.72 万人次，同比增长 18.90%，其中出入境旅客 1.38 万人次，同比下降 86.84%。货邮吞吐量 16.34 万吨，同比增长 3.94%，其中外贸货邮量 1.45 万吨，同比下降 32.24%。

【徐州空运口岸（徐州观音国际机场）】

徐州观音国际机场是淮海经济区中心机场，于 1997 年 11 月 8 日正式通航，位于徐州市东南方向睢宁县双沟镇境内，距离徐州市区 45 千米，南临 104 国道，北靠盐徐高速公路，地面交通十分便利。2007 年 12 月，获批临时对外开放。2008 年 12 月，经国务院批准对外开放。机场占地面积约 253.33 万平方米，目前拥有 2 座航站楼，分别为 T1 国际航站楼、T2 国内航站楼；1 条长 3 400 米的跑道。飞行区等级为 4E，能够起降波音 738 及以下各类型飞机。设计旅客吞吐量 500 万人次、货邮吞吐量 5 万吨。

徐州空运口岸拥有进境食用水生动物、冰鲜水产品、水果共 3 个指定监管场地。2021 年 5 月 28 日，徐州经济技术开发区（含徐州综合保税区）、徐州高新技术产业开发区、徐州淮海国际港务区获批首批中国（江苏）自由贸易试验区联动创新发展区。截至2021年年底，累计开通国际（地区）客运航线10条，累计开通国际（地区）货运航线4条。

2021年，徐州观音国际机场安全保障运输起降2.36万架次，同比增长16.26%，其中国际（地区）12架次，同比下降95.12%。全年旅客吞吐量261.45万人次，同比增长18.80%，其中出入境旅客0人次，同比下降100%。货邮吞吐量0.81万吨，同比下降28.12%，其中外贸货邮量80.02吨，同比下降87.43%

【常州空运口岸（常州奔牛国际机场）】 常州奔牛国际机场位于常州市新北区罗溪镇，距市中心20千米。1986年3月15日，正式建成开通民航业务。2014年2月21日，经国务院批准对外开放。机场目前拥有1座航站楼、1条长3 400米的跑道，飞行区等级为4E，可起降除空客A380以外的所有飞机。设计旅客吞吐量300万人次、货邮吞吐量10万吨。

常州空运口岸拥有进境食用水生动物和冰鲜水产品共2个指定监管场地。截至2021年年底，累计开通国际（地区）客运航线24条，累计开通国际（地区）货运航线1条，通航城市为马尼拉。

2021年，常州奔牛国际机场安全保障运输航班起降2.76万架次，同比增长24.85%，其中国际（地区）422架次，同比下降29.90%。全年旅客吞吐量292.36万人次，同比增长29.64%，其中出入境旅客2.93万人次，同比下降59.06%。货邮吞吐量2.01万吨，同比增长6.37%，其中外贸货邮量714.15吨，同比增长998.16%。

【南通空运口岸（南通兴东国际机场）】 南通兴东国际机场位于南通市通州区兴东街道境内，机场距南通市区10千米、上海虹桥国际机场100千米。在机场西南端3.5千米处有沪陕高速和沈海高速入口，贯通苏通大桥和崇启大桥。地面交通设施较为发达，出入机场十分便捷。机场于1993年正式通航，是江苏省最早通航的民用机场，也是上海周边空域条件最优的支线机场，总体定位为“上海国际航空枢纽辅助机场”。2015年3月11日，经国务院批准对外开放。2015年10月2日，首航韩国仁川。2016年7月22日，“南通兴东机场”正式更名为“南通兴东国际机场”。机场目前拥有3座航站楼、1条长3 400米的跑道，飞行区等级4E，能够满足波音747飞机起降。设计旅客吞吐量500万人次、货邮吞吐量14万吨。

截至2021年年底，累计开通国际（地区）客运航线13条，累计开通国际（地区）货运航线7条。

2021年，南通兴东国际机场安全保障各类飞机起降27 294架次，同比下降4.08%，其中国际（地区）601架次，同比下降39.66%。全年完成旅客吞吐量252.54万人次，同比增长0.41%，其中出入境旅客5 068人次，同比下降83.76%。货邮（不含行李）吞吐量5.3万吨，同比下降1.84%，其中外贸货邮量0.75万吨，同比增长8.19%。

【连云港空运口岸（连云港白塔埠国际机场）】 连云港白塔埠国际机场位于连云港市东海县白塔埠镇，是1984年经国务院批准使用的军民合用机场，于1985年3月26日开航，是江苏省内第二家开航的机场。2015年9月12日，经国务院批准对外开放，限中国籍飞机起降。2017年5月18日，连云港白塔埠国际机场通过国家验收并正式对外开放。连云港白塔埠国际机场拥有1座航站楼、1条长2 500米的跑道，飞行区等级为4D，可供波音767以下大中型飞机起降，设计旅客吞吐量国内50万人次、国际13万人次，货邮吞吐量3 000吨。截至2021年年底，累计开通国际（地区）客运航线3条。

2021年4月25日，连云港航空口岸扩大开放获国务院批复，待花果山机场建成后，将白塔埠机场的口岸功能迁至花果山机场并扩大对外国籍飞机开放，同时取消白塔埠机场的口岸功能。

2021年，因疫情原因，国际航线暂停运营。

【淮安空运口岸（淮安涟水国际机场）】 淮安涟水国际机场位于江苏省涟水县陈师镇，距淮安市中心 22 千米。机场于 2010 年 9 月 26 日正式通航。2012 年 11 月，经国家口岸管理办公室批准临时开放。2014 年 8 月 10 日，经国务院批准对外开放。机场目前拥有 1 座航站楼、1 条长 2 800 米的跑道，飞行区等级为 4D，可满足 A321、B737-800 机型飞机起降要求。机场航站楼改扩建工程于 2021 年 3 月 19 日通过民航华东局行业验收。航站楼总面积 1.77 万平方米，设计旅客吞吐量 300 万人次。货站面积 5 300 平方米，设计货邮吞吐量 1.3 万吨。2021 年 4 月，开通了淮安经郑州空空中转至欧洲的首票国际货运出港业务；5 月开通了淮安机场首条（淮安至河内）国际全货机航线，实现国际货运航线零的突破。

截至 2021 年年底，累计开通国际（地区）客运航线 8 条；累计开通国际（地区）货运航线 1 条，通航城市为河内。

2021 年，淮安涟水国际机场安全保障运输航班起降 1.52 万架次，同比增长 8.00%，其中国际（地区）22 架次，同比下降 57.69%。全年旅客吞吐量 140.47 万人次，同比增长 5.87%，其中出入境旅客 0 人次，同比下降 100%。货邮吞吐量 1.96 万吨，同比增长 59.10%，其中外贸货邮量 103.74 吨。

【盐城空运口岸（盐城南洋国际机场）】 盐城南洋国际机场始建于 1958 年，系军民合用机场，位于江苏省盐城市亭湖区南洋镇境内，距市中心 8.3 千米。2000 年 3 月 29 日，正式开通民航航班。2007 年 7 月，经国务院批准对外开放。机场现有 T1、T2 两座航站楼，共 4.32 万平方米，其中 T1 航站楼 1.3 万平方米、T2 航站楼 3.02 万平方米（2018 年投入运营）；拥有 1 条长 2 800 米的跑道。飞行区等级 4C，机坪 15 万平方米，停机位 20 个，可保障波音 737、空客 320 等中等机型全载起降。2021 年 10 月 11 日，T1 航站楼改造工程正式开工建设。T1 航站楼改造工程以满足 2030 年国际旅客吞吐量 34 万人次、高峰小时人数 272 人次为基础设计，改造后总建筑面积约 13 850 平方米，功能改为纯国际旅客航站楼，与 T2 航站楼发挥协同效用。

截至 2021 年年底，累计开通国际（地区）客运航线 7 条；累计开通国际（地区）货运航线 2 条，通航城市分别为首尔、大阪。

2021 年，盐城南洋国际机场安全保障航班起降 19 057 架次，同比增长 1.38%，其中国际（地区）航班 418 架次，同比下降 48%。全年旅客吞吐量 175.43 万人次，同比增长 3.69%。货邮吞吐量 1.01 万吨，同比下降 25.99%，其中外贸货邮量 3 723.15 吨，同比下降 35.21%。

【扬泰空运口岸（扬州泰州国际机场）】 扬州泰州国际机场是扬州、泰州两市共同投资合建的民用机场。机场于 2012 年 5 月正式通航，2015 年 9 月经国务院批准对外开放，2016 年 2 月升级为国际机场。机场位于扬州市江都区，占地面积约 246.73 万平方米。机场拥有 1 座航站楼、1 条长 3 200 米的跑道，飞行区等级 4E，可起降波音 747、空中客车 A340 等四发远程宽体客机。设计旅客吞吐量 200 万人次、货邮吞吐量 3.6 万吨。截至 2021 年年底，累计开通国际（地区）客运航线 14 条。

2021 年，扬州泰州国际机场安全保障运输航班起降 1.93 万架次，同比下降 10.29%，其中国际（地区）2 架次，同比下降 99.16%。全年完成旅客吞吐量 222.38 万人次，同比下降 6.23%，其中出入境旅客 250 人次，同比下降 99.27%。

【如东水运（海港）口岸】 如东海港口岸位于江苏东部江海交汇处，地处中国经济最为发达的长三角北翼，距南京约 300 千米，距上海 120 千米，位于上海一个半小时经济圈。陆路距苏通大桥 70 千米、距崇启大桥 84 千米，海上距上海港约 150 千米。随着“一带一路”建设和“长江经济带”“长三角一体化”“江苏沿海开发”国家战略的全面实施，如东洋口港以独特的区位优势、强有力的发展态势开启了江苏出江入海的新通道，成为集石油化工、能源开发、装备制造、仓储物流、建筑新材料产业等为一体的多元化产业型港口。

2014 年 8 月，国务院批复洋口港对外开放，对外开放岸线共6 910米，15个泊位；2015年11月17日，通过国家验收。同时，10万吨级LNG码头、万吨级重件码头正式对外开放。2016年，洋口港5 000吨级液体化工码头通过国家验收，正式对外开放。

2021年，如东洋口港口岸金牛码头区水域和岸线扩大开放列入国家“十四五”口岸发展规划，同时在全国沿海LNG码头布局规划中，洋口港阳光岛规划布置4个LNG泊位，属于国家重要的LNG转运基地。切实加强口岸疫情防控管理，认真落实国家对开放口岸的疫情防控要求，确保防控措施到位。金光、桐昆两个如东最大百亿级在建项目顺利试机生产。

2021年，如东港实现货物吞吐量796.84万吨，同比增长32.3%。实现外贸货运量727.08万吨，同比增长28.13%，全年接卸LNG船舶87艘，接卸量718.3万吨创历史新高，外输天然气96.9亿立方米。随着中石油江苏LNG接收站三期扩建工程两座20万立方米LNG储罐开始外输管道供应天然气，江苏LNG接收站储存、气化、外输均已达到千万吨级，接卸能力在度冬保供短时期内实现千万吨级配套，该站已正式迈入江苏沿海首个千万吨级LNG接收基地行列。

【启东水运（海港）口岸】 启东海港口岸位于江苏东部、长江下游入海口，地处长江、黄海、东海“T”形结合部，由沿海吕四港区和沿江启海港区两部分组成。港区与临海高等级公路、崇启大桥、沪陕高速、336省道、宁启铁路等相连成网，是承接江海联运和水陆联运的重要枢纽，具备良好的货物集疏运条件。启东水运口岸与上海相距仅50多千米，有崇启大桥与之相连，直接纳入上海1小时经济圈。

2014年8月10日，启东水运口岸经国务院批准对外开放。截至2021年年底，共有各类开放码头7座、开放泊位15个，均为业主码头。其中，长江北翼的启海港区是一个以船舶海工修造为主的专业港区。吕四港区现有大唐电厂和广汇能源两大能源企业的专用开放码头泊位。2021年5月29日，江苏大唐国际吕四港发电有限责任公司专用煤炭码头2#泊位对外开放获得批复；11月28日，南通中集太平洋舾装码头2#泊位和重件吊装码头3#泊位对外开放获得批复；2021年12月23日，位于通州湾吕四港起步港区的南通通海港口有限公司一期码头临时启用。

2021年，启东海港口岸全年进出境船舶共计323艘次，同比增长9.49%；完成外贸货运量453.7万吨，同比增长25.46%。

【连云港水运（海港）口岸】 连云港海港口岸地处我国沿海中部，江苏省东北部、黄海海州湾西南岸。港口始建于1933年，1956年对外国籍船舶开放，1973年开始大规模建设。经过多年的建设与发展，连云港现已成为全国沿海25个主要港口、12个区域性主枢纽港，长三角地区7个国家及综合运输枢纽之一。连云港依托独特的区位优势，成为苏北、鲁南及中西部地区最便捷的出海口岸，对外贸易和交通运输的重要通道，是亚欧大陆间国际集装箱水陆联运的重要中转港口。连云港口岸南联长三角，北接渤海湾，隔海东临东北亚，西连中西部地区以至中亚，是“沟通东西、连接南北”的重要战略枢纽。以郑州为起点，中西部到连云港，铁路运距比到青岛近500千米，比到日照近300千米，比到上海近480千米。从连云港经陆桥运输到欧洲，相比原有的陆上运输通道缩短了2 000千米运距，比绕道印度洋和苏伊士运河的水运距离缩短了1万千米。连云港口岸是江苏最早对外开放的口岸。目前连云港拥有1个海港口岸、67个开放性生产泊位，两翼赣榆、徐圩、灌河港区实现对外开放。口岸大通关效率全国领先，口岸功能延伸至中西部及中亚主要地区。

2021年，连云港港实现港口吞吐量2.77亿吨，同比增长10.1%。集装箱509万标箱，同比增长6.0%。其中，外贸运量1.39亿吨，同比增长5.11%；外贸集装箱245万标箱，同比下降7.29%。

【大丰水运（海港）口岸】 大丰海港口岸位于江苏1 040千米海岸线港口空白带的中心位置，利用此海域特有的潮汐通道“西洋深槽”建设深水码头，“西洋深槽”水深稳定，-15 米等深线宽 3~4 千米、长 55 千米，与外海深水贯通，可进出 10 万吨级船舶。大丰海港口岸区位优势明显，集疏运体系完善，是交通运输部规划填补沿海港口空白带的项目，是江苏省沿海重点建设的三大港口之一。2006 年 6 月 13 日，获国务院批准对外开放；2007 年 9 月 20 日，正式对外开放。

大丰港目前已建成海港泊位 19 个，其中 5 000 吨级泊位 7 个、1 万吨级泊位 3 个、5 万吨级泊位 4 个、10 万吨级泊位 5 个。已开通至韩国仁川港、釜山港的国际集装箱班轮航线，至日本的门司港、博多港航线，至俄罗斯的木材航线，与我国的台湾基隆港直航，可经上海港、宁波港中转至世界各大港口的国际航线，并开辟了大丰港至宁波港、上海港、青岛港、连云港港、华南（泉州、厦门、南沙）、周口、蚌埠、凤阳、山东济宁、太仓、重庆的集装箱班轮航线以及至营口的汽车滚装航线。

随着海洋生物、风电新能源、汽车相关产业的迅猛发展，以及盐城港一体化，预计到 2025 年大丰港吞吐量将达到 1 亿吨，集装箱 100 万标箱。“十四五”期间，为应对港区进出港传统货物和新兴货种增长需求，大丰港已启动了新一轮的港口码头建设计划，重点是码头大型化、专业化和仓储中转堆存能力提升。预计到 2025 年年底，大丰港将新增海港生产性泊位 7 个，其中 5 万吨级以上泊位 6 个，最大可靠泊 15 万吨级。

2021 年，大丰港全年完成货物吞吐量 7 066.24 万吨，同比增长 33.08%，其中外贸货运量 987.59 万吨，同比增长 3.26%；集装箱吞吐量 37.56 万标箱，同比增长 43.39%，其中外贸集装箱运量 2.95 万标箱，同比下降 24.33%。

【盐城水运（海港）口岸】 盐城港滨海港区位于黄海之滨，是淮河流域最直接出海门户，地处江苏东部沿海最凸出岸段，港口-10 米等深线距岸 2 千米，-15 米等深线距岸 3.95 千米，均为江苏沿海距岸最近点，是江苏沿海建设 10 万~15 万吨级航道码头条件最好、投资最省的深水港址；-20 米等深线距岸 43 千米，建设 20 万~30 万吨级航道码头的条件在江苏沿海的比较优势非常突出。2020 年 10 月，江苏省政府正式批复滨海港区总体规划，滨海港 20 万吨级航道、30 万吨级码头工程建设取得规划支撑。港区规划岸线 13.1 千米，其中深水岸线 7 千米；规划泊位 78 个，设计吞吐能力可达 2 亿吨。2017 年 9 月 7 日，国务院批复同意盐城港滨海港区对外开放；2020 年 9 月 3 日，盐城港滨海港区正式通过国家验收。

近年来，盐城港依托深水良港、多式联运、资源富集等独特优势，已建成 5 万吨级航道和以 10 万吨级为主的码头泊位 7 个，综合通过能力 4 800 万吨。已完成开放的泊位 3 个，分别为盐城港北区通用码头 1 号泊位、国电投煤炭码头 1 号及 2 号卸船泊位。同时，北港池防波堤、中海油 LNG 码头、滨海港铁路专用线、滨淮高速、海河联运作业区码头等基础设施建设正在加快推进，港区集疏运体系日益完善，“十四五”期间，争取形成以 20 万吨级航道和 30 万吨级泊位为龙头、5 万~10 万吨级泊位为主体、千吨级内河码头为支撑的总体格局。

2021 年，盐城港滨海港区完成货物吞吐量 1 250 万吨，其中煤炭 485 万吨、矿建材料 765 万吨；完成外贸吞吐量 175 万吨，其中煤炭 143 万吨、镍铁 22 万吨和木片 10 万吨，主要来自印度尼西亚、俄罗斯、菲律宾等国家和地区。

【南京水运（河港）口岸】 南京河港口岸地处长江下游，距吴淞口 360 余千米，港辖区沿长江两岸分布，南岸全长 104.2 千米，北岸全长 91.0 千米，航道维护水深至 2018 年已达 12.5 米，满足 5 万吨级海轮可直达南京港，10 万吨级海轮也可减载抵达。南京港是我国沿海 25 个主枢纽港之一。1986 年 3 月，经全国人民代表大会常务委员会批准，南京港对外国籍船舶开放。截至 2021 年年底，南京港（长江港口）共有生产性泊位 201 个，年通过能力 2.15 亿吨，接靠国际航行船舶的正式开放泊位达 69 个。南京河港口岸有近洋航线 2 条，其中日本线每周 5 班、韩国线每周4班；外贸内支线3条，其中外高桥方向和洋山方向每周合计60班、宁波方向每周5班。

2021年，南京河港口岸完成外贸货运量3 125.7万吨，同比增长1.52%。

【江阴水运（河港）口岸】 江阴河港口岸东距上海180千米，西至南京204千米，沿江深水岸线长达35千米，处于长江A、B级航道分界点，是江海河联运、水公铁换装的天然良港，也是无锡地区唯一的出海通道。1992年5月20日，江阴水运口岸经国务院批准对外开放。2009年江阴港跨入亿吨大港行列，2019年成为2亿吨大港。截至2021年年底，江阴港沿江共有31家港口企业、155个泊位，其中118个生产性泊位，其中万吨级以上泊位48个（通用散杂货泊位16个、石油化工泊位14个、煤炭泊位6个、集装箱泊位3个、粮食泊位1个、舾装泊位8个），10万吨级以上码头泊位5个，最大靠泊能力15万吨级，年设计货物总吞吐能力约1.1亿吨、石化仓储能力近300万立方。2021年6月29日，据苏政复〔2021〕39号，省政府同意无锡（江阴）港申夏港区五号码头2期工程3号泊位对外开放；10月23日，据苏政复〔2021〕54号，无锡（江阴）港长山港区江阴兴澄储运有限公司万吨级码头2号泊位对外开放。至此，江阴口岸开放泊位增至42个，其中万吨级泊位40个。2021年，江阴港开通的外贸内支线集装箱公共班轮航线4条，每周航班8班。

2021年，江阴河港口岸完成外贸货运量6 658.36万吨，同比增长2.84%；外贸集装箱运量2.21万标箱，同比下降25.85%。

【常州水运（河港）口岸】 常州河港口岸位于常州市新北区境内，长江南岸，北隔长江与泰兴相望，上距南京长江大桥167千米，下至上海吴淞口180千米。2001年4月，经国务院批准对外国籍船舶开放。常州河港口岸拥有较完善的开放配套设施和良好的口岸通关服务环境，是长江下游地区重要的集疏运进出口通道。截至2021年年底，已建成并实现对外开放的万吨级长江深水泊位10个。其中，集装箱专用泊位2个，年可接卸集装箱超过35万标箱；液体化工品专用泊位3个，可接卸液体化工品种类50多个；散货及件杂货泊位5个，最大的散杂货泊位达10万吨级。

常州港—日本直航集装箱班轮靠泊44个航次，完成集装箱运量7 697标箱。

2021年，常州河港口岸进出境船舶805艘次，同比增长43.49%。全年完成货物吞吐量5 201.4万吨，同比下降4.4%，其中外贸货运量1 206.28万吨，同比下降12.81%；集装箱吞吐量35.54万标箱，同比增长1.2%，其中外贸集装箱运量9.86万标箱，同比下降23.39%。

【张家港水运（河港）口岸】 张家港河港口岸东距上海吴淞口146.5千米，西离南京港219.4千米，南与杭嘉湖地区相连，北通苏北各港。港口面江、傍河、通海，具有水水中转优势。可承接钢材、木材、化工品、粮油、煤炭、集装箱、件杂货等不同货种的中转储运。随着全省大交通格局的形成，港口陆路运输网络不断健全，自港口出发，1小时车程可覆盖苏州、无锡、常州、南通，2小时车程可到达上海、南京、杭州。港口岸线西起长山（与江阴交界），东至东沙（与常熟接界），全长80.4千米，其中主江岸线63.6千米、深水岸线约40千米。港口岸线顺通，深水贴岸，不冻不淤，并有江心福姜沙作天然屏障，是得天独厚的避风良港。口岸年平均气温15.2℃，相对湿度76%，每秒风力3.8米，属亚热带海洋性气候。作为苏州、无锡、常州地区对外开放的重要门户，港口拥有富庶的经济腹地和区港一体的自然条件，是长江内河流域最早对外开放的水运口岸。

2021年，张家港河港口岸进出国际航行船舶5 949艘次，完成货物吞吐量2.57亿吨，其中金属矿石8 571.05万吨、煤炭5 379.30万吨、钢铁3 069.64万吨、化工原料及制品1 327.97万吨、粮食1 167.82万吨、木材487.67万吨、石油及制品224.40万吨。年内，沙洲电力码头2号泊位获得省政府批准对外开放，港新码头5号泊位获得江苏省商务厅临时启用批复。截至 2021 年年底，张家港口岸建有泊位 146 个，已拥有对外开放泊位为 86 个，其中万吨级对外开放泊位 78 个。张家港口岸已开辟集装箱班轮航线 40 条，其中外贸近洋航线 7 条、外贸内支线 18 条、内贸航线 15 条。

2021 年，张家港河港口岸完成外贸货运量 6 593.66 万吨，同比增长 2.58%；外贸集装箱运量 58.51 万标箱，同比增长 1.78%。

【太仓水运（河港）口岸】 太仓河港口岸位于江苏省东南部、长江入海口南岸，距上海、苏州市区均约 60 千米。太仓港是郑和七下西洋起锚地，地处长江和沿海交汇处，拥有 38.8 千米长江岸线和-12.5 米深水航道，是难得的天然良港，自 1992 年开发建设以来，先后被国家定位为上海国际航运中心重要组成部分、集装箱干线港、江海联运中转枢纽港。

太仓港共规划港口岸线 28.20 千米，分鹿河、新泾、荡茜、浮桥、茜泾 5 个作业区，主要功能为：重点服务于长三角及长江沿线地区，以集装箱干线运输和铁矿石、煤炭中转运输为主，相应开展石油化工品中转储运，并兼顾临港产业开发。

2021 年，太仓河港口岸完成外贸货运量 9 209.24 万吨，同比增长 12.03%；外贸集装箱运量 386.44 万标箱，同比增长 46.64%。

【常熟水运（河港）口岸】 常熟河港口岸位于苏州市北部长江南岸，地处我国长江经济带与东部沿海经济带的两条主轴线“T”字结构的交汇处、长江三角洲区域一体化发展和长江经济带建设的重要地带，东倚上海，南连苏州，西邻无锡，北与南通隔江相望，拥有 32.1 千米长江主江堤岸线、总长 16.5 千米的进港专用航道。常熟水运口岸于 1995 年 10 月经国务院批准对外开放，1996 年 11 月正式对外国籍船舶开放，是苏州港重要组成部分，主要为长江沿线及周边地区经济发展和对外物资交流服务，为常熟沿江产业集群和地方经济发展提供重要支撑。

常熟港以散货、件杂货、集装箱运输为主，共有对外开放码头经营企业 12 家，建有对外开放泊位 26 个，其中万吨级以上泊位 17 个，是长三角区域重要的钢材进出口中转基地和华东地区最大的纸浆集散基地和物流中心。2021 年，钢材、纸浆、化工原料、煤炭、石油制品、矿物性建材等七大类货物总吞吐量占全港总吞吐量的 92%以上，与沿江产业形成了互相促进共同发展的格局。

2021 年，常熟港完成货物吞吐量 6 535.5 万吨，集装箱 20.86 万标箱，同比分别下降 25.2%、11.1%，其中外贸货物吞吐量 1 297.1 万吨，同比下降 10.44%。

【南通水运（河港）口岸】 南通河港口岸地处长江和沿海“T”字形经济发展带的交汇点上，是我国发展综合运输的沿海主枢纽港、上海国际航运中心北翼的重要组成部分，于 1982 年经国务院批准对外开放，现与世界上 100 多个国家和地区的 300 多个港口通航。2021 年 5 月 21 日，国务院正式批复同意南通港口岸扩大开放通州湾港区。全年，新世界等 5 家码头企业 9 个泊位开放获省政府批复。12 月，吕四“2+2”码头临时启用获批。海安至东盟中欧班列于 4 月 29 日恢复开行，10 月 12 日正式列入全国铁路运行图。5 月，南通通海港区进境粮食、海安保税物流中心进境肉类指定监管场地分别通过海关总署视频验收。11 月，省政府办公厅关于商请设立南通通常港务有限公司进境粮食指定监管场地的函报海关总署。

2021 年，南通河港口岸出入境（港）国际航行船舶 4 407 艘次，同比下降 17.96%。其中，进口岸 2 126 艘次，同比下降 18.61%；出口岸 2 281 艘次，同比下降 17.36%。全年累计完成集装箱吞吐量 202.7 万标箱，同比增长 6.1%；完成外贸货运量 3 335.4 万吨，同比下降 0.5%；完成外贸集装箱 30.19 万标箱，同比下降 12.42%；累计进靠进境粮食国际航行船舶 181 艘，进口粮食 811 万吨。

【如皋水运（河港）口岸】 如皋河港口岸位于长江三角洲北翼，"长寿之乡"江苏省如皋市最南端，与张家港隔江相望，距上游江阴港 36 千米、南京港 200 千米，距下游南通港 24 千米、上海港 120 千米，距离入海口 223 千米。如皋港现有长江岸线 48 千米，其中深水岸线约 17.56 千米、人工港池岸线 14.20 千米。截至 2021 年年底，共有已开放泊位 25 个，其中公用泊位 10 个（散杂货泊位 6 个，集装箱、件杂货泊位 4 个）、化工品泊位 5 个、舾装泊位 8 个、专用材料泊位 2 个。

2021 年，如皋河港口岸危险化学品吞吐量主要来源于阳鸿石化等四家石化企业，全年危险化学品外贸吞吐量 223.07 万吨，同比增长 9.20%；集装箱量 57.51 万标箱，同比增长 13.90%，其中外贸箱量 4.71 万标箱，同比增长 46.01%。受新冠肺炎疫情影响，以港务集团为主的散杂货中转企业运量降幅明显，全年外贸吞吐量 873.7 万吨，同比下降 26.60%。

【扬州水运（河港）口岸】 扬州河港口岸位于江苏中部、长江下游北岸、江淮平原南端，地处长江和京杭大运河交汇处。扬州是上海经济圈和南京都市圈的节点城市，向南接纳苏南、上海等地区经济辐射，向北作为开发苏北的前沿阵地和传导区域。京杭大运河与长江在扬州南部汇流，构成市域航道主骨，形成了便捷的疏港通道，是长江北岸重要的交通枢纽和货物集散中心。1992 年 11 月 29 日，扬州水运口岸经国务院批准对外开放。

扬州境内长江岸线有 81 千米，其中开放岸线近 70 千米。扬州水运口岸布局为"一港三区"，主港区为六圩港区，江都港区、仪征港区分列两翼，具有广阔的经济腹地和江海河联运的区位优势，共有各类码头泊位 121 个，其中万吨级以上泊位 71 个、开放泊位 30 个。六圩港区以集装箱运输为主，兼顾木材、煤炭、铁矿石、风叶等大宗散货；江都港区距扬州市区 36 千米，以件杂货为主；仪征港区距扬州市区 29 千米，是一个以液体化工为主的专业港区，近年来，港区后方扬州化学工业园区迅速崛起，众多大型化工项目落户园区。

扬州河港口岸已与世界上 50 个国家和地区的 120 个港口有货物中转往来，每周有 30 多个航班从事从扬州至上海外贸集装箱支线运输，40 多个航班从事内贸集装箱支干线运输，为江苏苏北、苏中地区从"运河经济"迈向"江海经济"架起了金桥。

2021 年，扬州港货物吞吐量 1.3 亿吨，同比增长 7.43%，其中，外贸货运量 1 367.2 万吨，同比增长 23.50%；集装箱吞吐量 61.2 万标箱，同比下降 19.05%，其中外贸集装箱运量 13.33 万标箱，同比下降 21.74%。

【镇江水运（河港）口岸】 镇江河港口岸位于长江与京杭运河两条黄金水道的十字交汇处，上距南京 87 千米，下距长江入海口 279 千米，于 1986 年经国务院批准对外开放，是我国沿海 25 个主要港口之一，是国家主枢纽港、长江三角洲地区重要的对外开放口岸。镇江市规划港口岸线总长 126 千米，其中深水港口岸线 75 千米。截至 2020 年年底，已利用港口岸线 43 千米，其中深水岸线 32 千米。

镇江河港口岸包括高资、龙门、谏壁、大港、扬中、高桥、新民洲 7 个港区，主要经营矿石、钢材、木材、纸浆、成品纸、水泥、焦炭、元明粉、化工品、油类、沥青、硫磺、化肥、煤炭、肉类等散杂货及集装箱业务，是长江中上游地区大宗物资江海中转效益最佳区段，具有江海直达和海江河转运的区位优势，-12.5 米水深航道已具备通航能力，5 万吨级船舶可常年通航，具备深水码头成片规模开发建设的条件，具有持续发展的广阔空间。镇江港与沪宁城际铁路、京沪高速铁路等铁路主干线相连接，沪宁高速、扬溧高速、沿江高速、312 国道、104 国道等公路主干线连接各大港区，润扬大桥连接大江南北，泰州长江公路大桥穿越镇江港扬中港区。港口距南京禄口国际机场仅 1 小时车程，集疏运条件畅通便捷，是多种运输方式交汇的中转枢纽港和物流中心港。

镇江河港口岸共有对外开放泊位 53 个，万吨级以上泊位 40 个，设计吞吐能力达 8 700 万吨，其中集装箱通过能力达 100 万标箱。已与世界上 70 多个国家和地区的近 300 个港口建立外贸运输业务，建有镇江综合保税区、中国镇江外轮代理有限公司公用型保税仓库、江苏润华物流有限公司公用型保税仓库、江苏扬子公路沥青有限公司沥青专用型保税仓库等特殊监管区域和保税监管场所；拥有 5 个海关指定监管场地，其中 3 个进境粮食指定监管场地、1 个进境肉类指定监管场地、1 个进境原木指定监管场地。

2021 年，镇江河港口岸完成外贸货运量 4 730.57 万吨，同比增长 1.49%；外贸集装箱运量 13.63 万标箱，同比下降 7.07%。

【泰州水运（河港）口岸】 泰州河港口岸地处江苏中部、长江下游北岸，是长江中上游西部地区物资中转运输的重要口岸，是江海河联运、铁公水中转、内外贸运输的节点，是上海组合港中的配套港、国际集装箱运输的支线港和喂给港。泰州水运口岸于 1992 年 11 月经国务院批准设立，原隶属扬州口岸运行，2001 年 8 月，随着泰州各口岸查验机构的设立，泰州水运口岸经过批准单列运行。

泰州河港口岸以泰州港高港、泰兴两个港区为主体，共有长江岸线 45.38 千米，已全线对外开放。常年通航靠泊万吨级海轮，与世界上 60 多个国家和地区的 70 多个港口有运输往来，可承接钢材、木材、化工品、粮油、煤炭、集装箱、件杂货等不同货种的中转储运，是全国木材、钢材、粮油、化工品等货物的重要中转港和国际贸易商港。

2021 年，泰州河港口岸全年完成货物吞吐量 1.21 亿吨，同比增长 17.5%，其中外贸货运量 1 465.26 万吨，同比下降 5.37%；集装箱吞吐量 32 万标箱，同比下降 1.84%，其中外贸集装箱运量 10.78 万标箱，同比增长 6.65%。

【靖江水运（河港）口岸】 靖江河港口岸地处长江下游北岸，上海与南京中间地段，江苏沿海与沿江经济带 T 形交汇处，地理位置优越，拥有开放岸线 47.78 千米，其中宜港岸线 40.1 千米，分夹港、八圩、新港 3 个作业区，规划泊位数达 110 个，总通过能力达 2.1 亿吨。靖江河港口岸于 2012 年 11 月经国务院批准设立，2013 年 8 月通过国家口岸管理办公室组织的验收后正式对外开放，现有对外开放码头 15 个，共 32 个万吨级以上泊位，其中盈利港务、龙威粮油港务分别获批设立了进境原木指定监管场地、进境粮食指定监管场地，口岸形成了船舶修造、粮食、木材、能源、金属、矿石六大产业。2021 年，靖江河港口岸进口、出口整体通关时间分别为 64.8 小时、1.7 小时，较 2017 年分别压缩 75.6%、64.6%。

2021 年，靖江河港口岸进出境船舶 1 052 艘次，同比下降 5.7%；船员 20 576 人次，同比下降 7.6%；完成外贸货运量 1 400.73 万吨，同比增长 11.88%。

2021 年江苏省口岸大事记

1 月 21 日

交通运输部公布 2020 年全国港口统计数据，太仓港以集装箱吞吐量 521 万标箱首次晋级为全国第九大港口，连续 3 年位居全省第一，连续 11 年领跑长江。

1 月 22 日

春秋航空日本株式会社新开南京至东京国际客运航线。

2 月 24 日

中共中央、国务院印发了《国家综合立体交通网规划纲要》，连云港港被列为全国沿海 27 个主要港口之一，并正式确定为国际枢纽海港。

3月7日

阿斯利康制药有限公司从美国进口到中国的47.7公斤“安达唐”（达格列净片）的半成品随着美国阿特拉斯航空公司的全货机降落在苏南硕放国际机场，无锡药品进口口岸首单业务圆满完成。

3月15日

常州至马尼拉国际货运航线首航仪式在常州机场货站机坪成功举行。

3月19日

中欧班列“常西欧”（常州—西安—莫斯科/塔什干）首发仪式在常州市新北区奔牛港专用线货场成功举行。

3月25日

航班号VZ3686的客改货航班搭载来自泰国普吉的黑虎虾在苏南硕放国际机场落地。这是无锡空港口岸首次包机进口食用水生动物。

3月26日

“太仓港—越南胡志明港”航线正式开通。

4月1日

“太仓港—俄罗斯海参崴”航线正式开通。

4月14日

江苏省副省长惠建林一行实地考察太仓港四期项目。

4月21日

淮安经郑州空空中转至欧洲首票国际货运出港业务开通。

4月25日

国务院印发《关于同意江苏连云港航空口岸扩大对外国籍飞机开放的批复》（国函〔2021〕45号），同意连云港花果山机场航空口岸扩大开放，将白塔埠机场的口岸功能迁至花果山机场并扩大对外国籍飞机开放。

同日

“合肥—连云港”整车出口海铁联运通道开通，使苏皖两地企业依托大陆桥走廊实现了地理串联，进一步放大了该走廊东向开放优势，发挥了连云港港口作为内陆省区便捷出海口功能。

4月27日

中国邮政航空新开南京至大阪国际货运航线。

4月30日

常州国际机场首单常州至胡志明货物，通过南航常州至广州国内航班并衔接南航广州至胡志明市的二程国际航班发往越南，标志着常州国际机场于省内率先实现了南航一体化国际货物空空中转业务。

5月7日

连云港港和山东港口青岛港、日照港签署深化战略合作框架协议。

5月10日

南京首次开通南京至荷兰蒂尔保国际货运班列。

5月21日

国务院正式批复同意南通港口岸扩大开放通州湾港区，开放范围包括三夹沙作业区、腰沙冷家沙作业区水域，共有四段岸线构建成，累计开放岸线46.4千米，共16个泊位。

5月28日

淮安机场首条国际货运航线（淮安—越南河内）成功开航。

5月29日

江苏省政府批复同意南通通常港务有限公司、江苏大唐国际吕四港发电有限责任公司煤炭专用码头2号泊位对外开放。

6月3日

江苏省政府批复同意南通港码头管理有限公司新世界码头3号、4号泊位对外开放。

6月21日

洋山港定制海铁班列顺利首发。一趟满载光伏产品的铁路班列从常州奔牛站顺利开出，发往上海港，衔接国际班轮，成为定制班列产品的又一成功样本。

7月1日

镇江海关成功签发了首票实现自助打印的输泰国原产地证书。

7月10日

太仓港协鑫发电有限公司码头2号泊位获江苏省政府同意对外开放。

7月22日

“太仓港—俄罗斯东方港”航线正式开通。

7 月 30 日

连云港中韩陆海联运甩挂运输双向通道正式打通。

8 月 22 日

徐州中欧班列首次发运跨境电商出口班列。

9 月 27 日

海关总署口岸监管司司长王军、南京海关副关长张亚平来太仓港调研口岸疫情防控、智慧口岸建设情况。

10 月 23 日

张家港沙洲电力有限公司码头 2 号泊位获得江苏省政府批准对外开放。至此，张家港水运口岸对外开放码头泊位增至 86 个。

10 月 28 日

镇江港大港港区四期码头（14 号、15 号泊位）对外开放获江苏省政府批复。

11 月 4 日

“连云港—海参崴”集装箱航线正式开通。

11 月 16 日

江阴港港口集团有限公司被亚太港口服务组织（APSN）评为亚太绿色港口。

11 月 30 日

“镇江市水路口岸疫情防控追溯管理系统”正式上线运行，实现水路口岸突发涉外疫情应急处置的“快发现、快行动、快处置”，提高突发疫情处置的精准性、时效性。

12 月 8 日

南京到万象开出长三角首家“江苏号”中老铁路国际货运列车。

12 月 14 日

江苏省商务厅批复同意江苏通吕港口发展有限公司南通港吕四作业区西港池 8～11 号码头泊位临时启用。

12 月 20 日

江苏省“外防输入”联防联控机制空港和水路口岸疫情防控协调组在太仓港开展全省水路口岸新冠肺炎疫情防控应急演练。

12 月 29 日

太仓港集装箱年吞吐量突破 700 万标箱暨太仓港疏港铁路专用线开通仪式举行，代省长许昆林宣布起运、开通。

（撰稿人：梁东晨、叶晴、杨磊、蒋苏婕）

2021 年江苏省口岸流量统计表

口岸类型		口岸名称	货运量（万吨）				集装箱量（万标箱）				人员（万人次）				交通工具（辆、艘、架、列次）			
			出口	进口	合计	同比（%）	出口	进口	合计	同比（%）	出境	入境	合计	同比（%）	出境	入境	合计	同比（%）
空运口岸		南京			5.24	-4.53							10.89	-76.62				
		无锡			1.45	-32.24							1.38	-86.84				
		徐州			0.008	-87.43							0	-100				
		常州			0.07	998.16							2.93	-59.06				
		南通			0.75	8.19							0.51	-83.76				
		连云港			无	无							0	-100				
		淮安			0.01	100							0	-100				
		盐城			0.37	-35.21							0.001	-99.89				
		扬泰			无	无							0.03	-99.27				
		分计			7.90	-11.86							15.74	-79.18				
水运口岸	海港口岸	如东			727.08	28.13			无	无								
		启东			453.70	25.46			无	无								
		连云港			13 924.43	5.11			244.91	-7.29								
		大丰			987.59	3.26			2.95	-24.33								
		盐城			175	无												
		分计			16 267.8	7.50			247.86	-7.54								

续表

口岸类型		口岸名称	货运量（万吨）				集装箱量（万标箱）				人员（万人次）				交通工具（辆、艘、架、列次）			
			出口	进口	合计	同比（%）	出口	进口	合计	同比（%）	出境	入境	合计	同比（%）	出境	入境	合计	同比（%）
水运口岸	河港口岸	南京			3 125. 70	1. 52			91. 9	−0. 13								
		江阴			6 658. 36	2. 84			2. 21	−25. 85								
		常州			1 206. 28	−12. 81			9. 86	−23. 39								
		张家港			6 593. 66	2. 58			58. 51	1. 78								
		太仓			9 209. 24	12. 03			386. 44	46. 64								
		常熟			1 297. 10	−10. 44			13. 76	13. 14								
		南通			3 335. 40	−0. 50			30. 19	−12. 42								
		如皋			1 017. 01	−22. 26			4. 71	46. 01								
		扬州			1 367. 20	23. 50			13. 33	−21. 74								
		镇江			4 730. 57	1. 49			13. 63	−7. 07								
		泰州			1 465. 26	−5. 37			10. 78	6. 65								
		靖江			1 400. 73	11. 88			无	无								
		分计			41 406. 51	2. 84			635. 32	21. 58								
合计					57 682. 21				883. 18				15. 74					
同比（%）					4. 11				11. 71				−79. 18					

（江苏省商务厅提供）

2021 年南京海关主要数据统计表

项　目		2021 年	2020 年	同比（%）
进出口货运量（万吨）	合计	46 383. 1	45 604. 6	1. 7
	进口	38 792. 0	39 355. 5	-1. 4
	出口	7 591. 1	6 249. 1	21. 5
进出口贸易总值（亿美元）	合计	8 066. 7	6 428. 3	25. 5
	进口	3 031. 7	2 467. 0	22. 9
	其中：江、海运输	1 612. 3	1 274. 9	26. 5
	铁路运输	22. 2	12. 4	79. 03
	汽车运输	137. 7	78. 1	76. 3
	航空运输	1 258. 7	1 100. 7	14. 4
	邮件运输	0. 6	0. 7	-14. 3
	其他运输	0. 2	0. 2	0
	出口	5 035. 0	3 961. 3	27. 1
	其中：江、海运输	3 456. 7	2 665. 5	29. 7
	铁路运输	68. 9	47. 0	46. 6
	汽车运输	257. 5	182. 6	41. 0
	航空运输	1 239. 6	1 055. 9	17. 4
	邮件运输	0. 5	3. 0	-83. 3
	其他运输	11. 8	7. 3	61. 6
税收（亿元）	两税合计	1 770. 3	1 549. 4	14. 3
	关税入库	230. 0	215. 8	6. 6
	进口环节税入库	1 540. 2	1 333. 7	15. 5

（南京海关提供）

2021 年江苏省口岸出入境主要数据表

<table>
<tr><th colspan="3">项　目</th><th>2021 年</th><th>2020 年</th><th>同比（%）</th></tr>
<tr><td rowspan="14">出入境人员（人次）</td><td colspan="2">出入境人员总数</td><td>716 288</td><td>1 415 993</td><td>-49.41</td></tr>
<tr><td colspan="2">入境人员</td><td>344 058</td><td>707 257</td><td>-51.35</td></tr>
<tr><td colspan="2">出境人员</td><td>372 230</td><td>708 736</td><td>-47.48</td></tr>
<tr><td colspan="2">出入境旅客</td><td>157 364</td><td>768 857</td><td>-79.53</td></tr>
<tr><td colspan="2">出入境员工</td><td>558 924</td><td>647 136</td><td>-13.62</td></tr>
<tr><td rowspan="5">中国公民</td><td>小计</td><td>395 673</td><td>962 728</td><td>-58.90</td></tr>
<tr><td>内地居民（因公）</td><td>244 515</td><td>245 889</td><td>-0.56</td></tr>
<tr><td>内地居民（因私）</td><td>141 775</td><td>654 500</td><td>-78.34</td></tr>
<tr><td>港澳居民</td><td>5 639</td><td>13 474</td><td>-58.15</td></tr>
<tr><td>台湾同胞</td><td>3 744</td><td>48 865</td><td>-92.34</td></tr>
<tr><td colspan="2">外籍人员</td><td>320 615</td><td>453 265</td><td>-29.27</td></tr>
<tr><td colspan="2">从海港出入境人数</td><td>529 169</td><td>584 476</td><td>-9.46</td></tr>
<tr><td colspan="2">从陆港出入境人数</td><td></td><td></td><td></td></tr>
<tr><td colspan="2">从空港出入境人数</td><td>187 119</td><td>831 517</td><td>-77.50</td></tr>
<tr><td rowspan="5">交通运输工具（辆、艘、架、列次）</td><td colspan="2">总计</td><td>31 525</td><td>39 445</td><td>-20.08</td></tr>
<tr><td colspan="2">船舶</td><td>27 309</td><td>29 973</td><td>-8.89</td></tr>
<tr><td colspan="2">飞机</td><td>4 216</td><td>9 472</td><td>-55.49</td></tr>
<tr><td colspan="2">火车</td><td></td><td></td><td></td></tr>
<tr><td colspan="2">机动车辆</td><td></td><td></td><td></td></tr>
</table>

（江苏出入境边检总站提供）

2021 年江苏海事局进出港船舶统计汇总表

船舶类别	进港船舶							出港船舶						
	艘数（艘）	总吨（吨位）	总载重量（吨）	载客量（客位）	船员人数（人次）	货物到达量（吨）	旅客到达量（人）	艘数（艘）	总吨（吨位）	总载重量（吨）	载客量（客位）	船员人数（人次）	货物发送量（吨）	旅客发送量（人）
总　计	983 062	1 036 179 770	1 197 644 724	16 553 138	7 864 496	1 324 562 522	16 553 138	983 011	1 036 126 015	1 197 582 592	16 583 048	7 864 314	1 424 599 922	16 583 048
中国籍船舶	968 723	650 029 238. 2	547 235 001. 2	16 553 138	7 587 275	1 002 512 727	16 553 138	968 592	643 910 187. 5	537 453 285. 9	16 583 048	7 600 474	1 374 315 179	16 583 048
其中外贸船	2 448	28 123 814	42 079 366	0	45 722	20 583 977. 06	0	2 794	33 701 656	51 238 878	0	47 558	5 011 830. 18	0
外国籍船舶	14 339	386 150 532	650 409 723	0	277 221	322 049 794. 9	0	14 419	392 215 827	660 129 306	0	263 840	50 284 742. 83	0

（江苏海事局提供）

2021 年连云港海事局进出港船舶统计汇总表

船舶类别	进港船舶							出港船舶						
	艘数（艘）	总吨（吨位）	总载重量（吨）	载客量（客位）	船员人数（人次）	货物到达量（吨）	旅客到达量（人）	艘数（艘）	总吨（吨位）	总载重量（吨）	载客量（客位）	船员人数（人次）	货物发送量（吨）	旅客发送量（人）
总　计	54 016	266 904 331	352 012 204	154 859	706 426	128 646 487. 17	15 397	52 786	271 769 573	369 063 670	154 549	688 746	43 920 601	15 744
中国籍船舶	50 223	148 535 865	161 774 019	63 899	633 584	86 626 823. 55	15 397	48 890	150 089 192	166 109 255	63 589	613 336	39 263 459. 05	15 744
其中外贸船	227	4 886 627	5 948 729	31 752	5 293	2 037 254. 36	0	277	5 573 784	8 075 624	31 360	6 402	407 020. 86	0
外国籍船舶	3 793	118 368 466	190 238 185	90 960	72 842	42 019 663. 62	0	3 896	121 680 381	202 954 415	90 960	75 410	4 657 141. 95	0

（连云港海事局提供）

浙　江　省

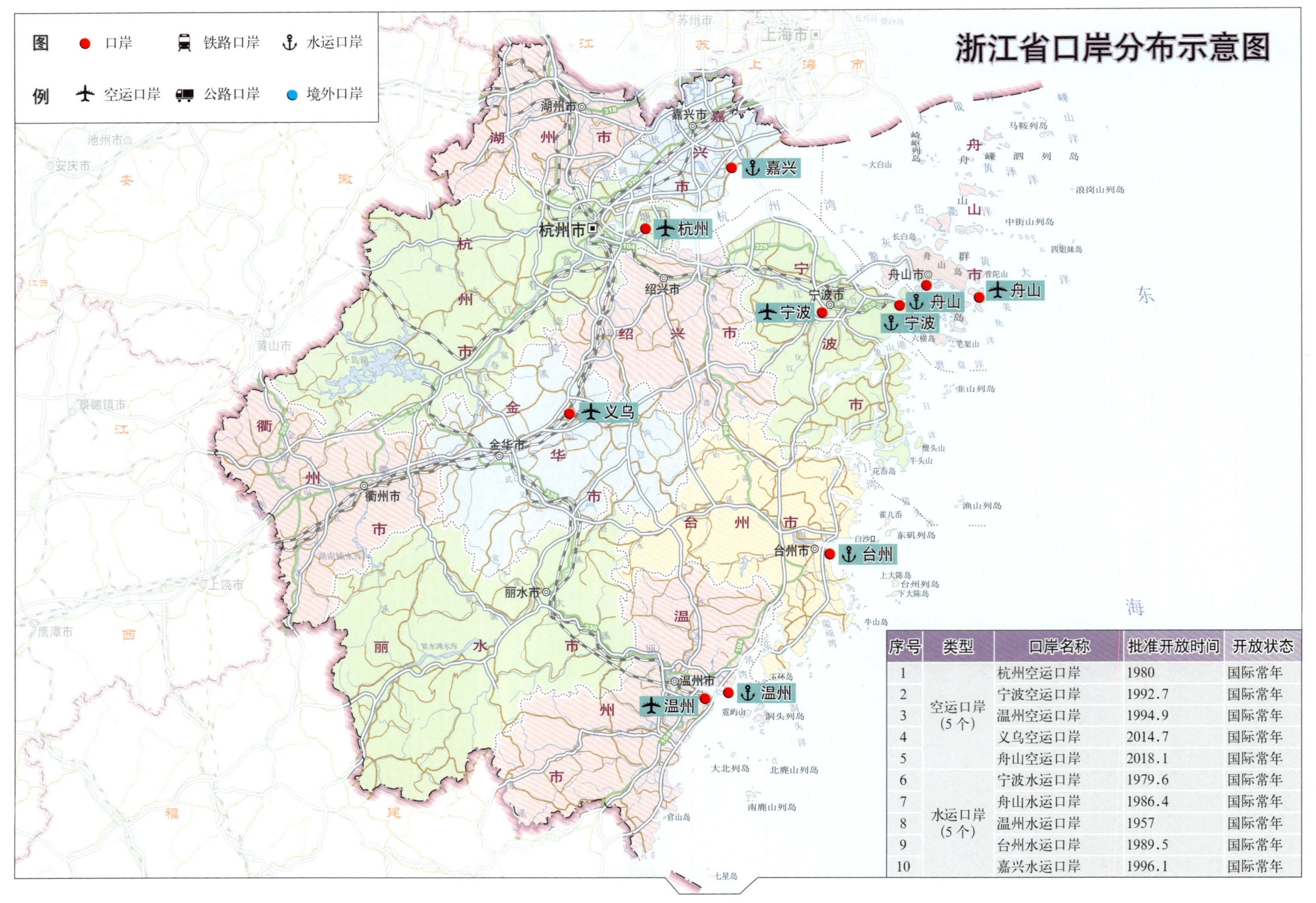

序号	类型	口岸名称	批准开放时间	开放状态
1	空运口岸（5个）	杭州空运口岸	1980	国际常年
2		宁波空运口岸	1992.7	国际常年
3		温州空运口岸	1994.9	国际常年
4		义乌空运口岸	2014.7	国际常年
5		舟山空运口岸	2018.1	国际常年
6	水运口岸（5个）	宁波水运口岸	1979.6	国际常年
7		舟山水运口岸	1986.4	国际常年
8		温州水运口岸	1957	国际常年
9		台州水运口岸	1989.5	国际常年
10		嘉兴水运口岸	1996.1	国际常年

口岸数量及分布

截至2021年年底，浙江省共有经国务院批准的对外开放口岸10个。其中，空运口岸5个，分别是杭州空运口岸（杭州萧山国际机场）、宁波空运口岸（宁波栎社国际机场）、温州空运口岸（温州龙湾国际机场）、义乌空运口岸（义乌国际机场）和舟山空运口岸（舟山普陀山机场）；水运（海港）口岸5个，分别是宁波、舟山、温州、台州和嘉兴海港口岸。

口岸运行数据

2021年，浙江省空运口岸（舟山除外）共完成出入境旅客31.67万人次，同比下降62.74%；出入境飞机12 390架次，同比下降8.7%；进出口货邮量22.84万吨，同比增长44.54%。其中，杭州空运口岸完成出入境旅客25.27万人次、出入境飞机9 237架次、进出口货邮量17.88万吨，同比分别下降54.32%、1.6%、增长54%；宁波空运口岸完成出入境旅客4.7万人次、出入境飞机2 128架次、进出口货邮量4.42万吨，同比分别下降70.5%、26.8%、增长14.1%；温州空运口岸完成出入境旅客1.17万人次、出入境飞机208架次、进出口货邮量288.2吨，同比分别下降80.5%、67.7%、增长20.9%；义乌空运口岸完成出入境旅客5 256人次、出入境飞机817架次、进出口货邮量5 152.5吨，同比分别下降53.89%、增长28.86%、增长71.7%。

2021年，浙江省水运（海港）口岸共完成进出口货运量57 874.86万吨，同比增长3.69%；进出口集装箱2 570.70万标箱，同比增长9.78%；入出境船舶27 668艘次，同比增长1.29%。其中，宁波海港口岸完成进出口货运量36 832万吨、进出口集装箱2 421.3万标箱、入出境船舶10 800艘次，同比分别增长3.2%、9.4%、0.4%；舟山海港口岸完成进出口货运量18 194.9万吨、进出口集装箱56万标箱、入出境船舶13 840艘次，同比分别增长4.2%、36.7%、下降1.48%；温州海港口岸完成进出口货运量263.7万吨、进出口集装箱30.42万标箱、入出境船舶1 051艘次，同比分别下降32.07%、12.35%、增长18.7%；台州海港口岸完成进出口货运量1 146.39万吨、进出口集装箱17.8万标箱、入出境船舶595艘次，同比分别增长103.8%、45.4%、57.82%；嘉兴海港口岸完成进出口货运量1 437.87万吨、进出口集装箱45.18万标箱、入出境船舶1 382艘次，同比分别下降3.04%、增长9.56%、下降2.8%。

2021年，义乌铁路口岸（临）“义新欧”中欧班列义务平台往返运行1 277列，105 292标箱。其中，去程983列，81 030标箱；回程294列，24 262标箱。

2021年浙江省外贸进出口值统计表

	进出口值（亿元）	出口值（亿元）	进口值（亿元）	同比（%）		
				进出口	出口	进口
全省合计	41 429.09	30 121.25	11 307.83	22.40	19.67	30.29
杭州市	7 368.97	4 647.02	2 721.95	23.68	25.94	20.01
宁波市	11 926.12	7 624.32	4 301.80	21.56	19.04	26.30
温州市	2 411.19	2 035.82	375.38	10.14	8.44	20.32
湖州市	1 490.93	1 356.19	134.74	31.75	32.29	26.56
嘉兴市	3 783.83	2 800.79	983.04	23.99	23.26	26.12

续表

	进出口值（亿元）	出口值（亿元）	进口值（亿元）	同比（%）		
				进出口	出口	进口
绍兴市	2 993.03	2 756.63	236.40	16.10	15.54	23.10
金华市	5 880.06	5 326.34	553.73	20.81	15.49	116.87
衢州市	491.44	315.77	175.67	36.42	24.61	64.41
舟山市	2 354.87	773.91	1 580.96	41.84	31.57	47.48
台州市	2 399.36	2 197.09	202.27	26.40	24.82	46.59
丽水市	329.28	287.37	41.91	-4.07	-4.31	-2.39

（杭州海关提供）

口岸综合管理

【落实口岸各项重点工作成效显著】 一是整体通关时间持续压缩。2021年12月杭州关区进口整体通关时间31.25小时、出口整体通关时间1.19小时，较2017年分别压缩89.30%、85.83%；宁波关区进口整体通关时间25.74小时、出口整体通关时间0.80小时，较2017年分别压缩84.52%、97.10%。二是口岸降费工作卓有成效。主动出台一系列减费优惠措施，2021年宁波舟山港累计降费（物流环节）超2.8亿元，集装箱进口、出口合规成本在全国九大海运口岸中均为最低。三是“单一窗口”建设成绩斐然。截至2021年年底，“单一窗口”申报单量累计达11.52亿票，已超过上海居全国第二；对接了浙江省内12个主要码头、4个机场、44个监管场站、8个特殊监管区、国内外33个港口等关键物流节点，开发“通关+e物流”查询功能，为企业提供通关状态查询服务13.2万次；“单一窗口”核心功能全部上线运维并通过验收，汇集数据元6 449个，数据简化率超过60%，为企业提供国际贸易相关的政务、物流、金融、数据等各类服务600余项，实现了38种许可证件的在线申请和查询，惠及32万余家企业。四是口岸大开放格局日臻完善。2021年，共验收启用7家企业码头、2个船坞，实现重点项目临时开放22批次。航空口岸在外防输入风险可控的情况下紧抓时机复产复工，浙江全省口岸机场2021年共运营国际（含地区）定期货运航线35条、客运航线19条；累计完成出入境货邮吞吐量22.84万吨，同比增长44.54%。宁波舟山港2021年完成货物吞吐量12.2亿吨，同比增长4.1%，连续13年位居全球港口第一；完成集装箱吞吐量3 108万标箱，同比增长8.2%。中欧班列（义新欧）2021年累计开行1 904列，提前一个季度完成年度开行1 500列的目标，其中开行返程班列553列，占比29%。

【出台浙江省进一步推进跨境贸易便利化行动计划】 浙江省口岸办起草制订了《浙江省进一步推进跨境贸易便利化行动计划》，落实海关总署要求的18条举措，并结合浙江实际，将常态化疫情防控要求与近年来推进跨境贸易便利化的成功经验相结合，通过提升口岸通关信息化智能化水平，加大非接触式查验和非侵入式稽查比例，优化口岸进出口环节作业流程，形成26条“自选动作”，作为2021年度推进浙江省跨境贸易便利化专项行动的指导性文件。

【组织推进宁波舟山港口岸监管一体化工作】 浙江省口岸办组织成立宁波舟山港口岸监管一体化工作专班，协同浙江省交通运输厅、杭州海关、宁波海关、浙江出入境边检总站、浙江海事局和浙江省海港集团，共同推进宁波舟山港口岸监管一体化工作。2021年，配合浙江海事局推进宁波舟山港船舶交通组织一体化运行机制，试点将浙江北部水域、象山港水域船舶交通组织纳入一体化平台管理，进一步提高船舶进出港通航效率。

【积极推动口岸领域数字化改革】 浙江省口岸办以深化浙江、宁波国际贸易“单一窗口”建设为抓手，持续推动口岸领域数字化改革。一是深入推进浙江全省数字口岸一体化。推动电子口岸股改，浙江省海港集团分别成为浙江、宁波电子口岸的第二大股东和第一大股东，浙江省机场集团成为浙江电子口岸第三大股东。海运、空运口岸场景下，以股权为纽带的数字口岸生态已基本形成。二是加快重大应用建设。全面整合原电子口岸平台功能，开发了“通关+e 物流”等一系列功能，逐步完成系统上云，口岸相关业务办理流程进一步优化，服务能力进一步增强。三是支持各共建单位依托“单一窗口”开展试点创新。支持浙江出入境边检总站在义乌空运口岸试点通过国际贸易“单一窗口”申报出入境货机及机组人员，助力提升疫情防控能力；在杭州、宁波、嘉兴、衢州、温州、绍兴等地建设跨境电子商务线上综合服务平台。

【持续大力推进空运口岸国际航线的培育】 针对疫情影响的特殊情况，浙江省口岸办 2021 年先后 5 次牵头召开浙江省国际航线领导小组办公室成员单位预备会议，及时协调处理杭州航空口岸国际航线培育相关事宜。初步制订了疫情期间恢复和新开的 11 条国际客运航线、3 条国际全货机航线和 1 条国际客改货航线的培育方案。同时，协调指导浙江省交通运输厅等部门起草《浙江省口岸机场国际航空运输培育专项资金管理办法》，助力航空强省建设。

【口岸基础设施、配套设施建设】 2021 年，杭州机场克服疫情带来的不利影响，继续推进三期工程建设。新建航站楼及陆侧交通中心工程主体工程基本完工，能源中心和飞行区工程通过竣工验收；推动电子货运单试点项目、“易安检”服务、“一证通”、“全流程自助乘机”等项目落地，增设南航自助值机设备、毫米波安检门项目和智能安检线（回筐系统）等，组织开展相关条线的业务流程再造及作业规范优化，为旅客出行提供更便捷服务。8 月 31 日与舟山、衢州、台州机场互为异地货站项目完成线上签约，至此，杭州机场已实现与浙江省内全部机场的异地货站合作。此外，杭州机场积极开展城市货站项目，已落地杭州下沙综合保税区、传化公路港、金义综合保税区 3 个城市货站站点，推进航空、陆路运输资源整合。2021 年，宁波机场新建约 2 100 平方米的 1 号航站楼与 2 号航站楼之间的连廊、1 条 1 号航站楼出租车专用地道，改造 1 号航站楼为国内航站楼，优化平面功能布局和工艺流程，更新行李分拣系统、电梯、登机桥及桥载设备、空调主机、锅炉、泊位引导系统等工艺设施设备以及民航专业弱电工程，完善供电、给排水、通信等配套设施。跑滑系统优化工程、机场三期货运区货代业务用房工程项目按计划逐步推进。2021 年 7 月 12 日，温州机场三期扩建项目预可研报告通过国家民用航空局行业评审。为缓解三期项目建设期间对机场运行的影响，先行启动机场三期改扩建机坪工程，12 月 1 日机坪工程完成初步设计，工程先行建设 8 个 C 类机位和 4.7 万平方米的机坪，为后续三期扩建项目全面铺开奠定坚实基础。温州机场综合交通中心内部二次结构、屋面钢结构、地下室及停车楼消防系统基本建成，温州机场国际候机楼过渡性改造工程改造基本完成。2021 年，舟山机场国际航站楼二期工程完善楼内布局，设置前置拦截区域，补足标识标牌。项目汇集海关、边检等职能设施，投运后将是舟山地区国际旅客的空港出入境中心，大大提升机场运营和服务能力。

2021 年，宁波舟山港梅山港区 6 号至 10 号集装箱码头工程 9 号泊位等 7 个单位工程顺利通过验收，工程新建 2 个 20 万吨级和 3 个 15 万吨级集装箱码头，设计年通过能力为 430 万标箱。梅山港区滚装及杂货码头配套工程全面完工，工程总占地面积 18.74 万平方米，新建汽车专用堆场、空箱和汽车通用堆场及配套设施，设计年周转量为商品汽车 12 万辆、空箱 40 万标准箱。北仑港区通用泊位改造工程通过验收，宁波口岸再添 1 个 10 万吨级集装箱专用泊位。穿山港区 1 号集装箱码头工程通过验收，标志着国内最大集装箱港区完成最终拼装，其主要建设内容包括 1 座 7 万吨级集装箱码头及相关配套设施，最大可满足 15 万吨级集装箱船舶停靠。宁波口岸持续织密集疏运网络。石浦连接线、胜陆公路建成通车，前者将石浦纳入了宁波市区 1 小时交通圈，后者实现了慈溪、余姚和杭州湾新区的 30 分钟“同城效应”。杭甬复线一期迎头赶上，进度达到 70%，象山湾疏港高速顺利推进，进度达到 66%。杭甬复线二期、六横公路大桥宁波段实现开工建设。2021 年，新增国省道里程 17.5 千米。甬台温高速改扩建、杭甬复线三期完成工可并上报交通运输部审查。加快甬金铁路建设，推进北仑支线复线和梅山支线工可研究，开通太原、株洲等地班列。舟山高效推进国家铁矿石储运基地建设，启动工程顺利开工。大浦口 3 号泊位完成交工验收；虾峙门 30 万吨级扩建和鱼山航道二期工程完成疏浚施工；大浦口 4 号和 5 号泊位、大洋世家产业园码头、小洋山北陆域形成工程、浙石化二期液化码头等一批重点项目加快建设。攻克册子—马目管线通油难题，为浙石化保供原油 3 200 万吨，切实保障鱼山石化基地生产稳定。大浦口集装箱码头智慧化作业模式、鼠浪湖智能散货码头堆场项目投入试用。温州港加快推进乐清湾港区对外开放，完成溢油等生态专题论证，建成清除溢油应急设备库，启动 CCTV 监控系统及 VTS 雷达站选址建设，协调落实口岸查验单位办公生活用房。确定了状元岙港区进口肉类、水果指定监管场地改造提升方案，由温州港集团作为项目改造主体，预计投资额 1 900 万元，已启动改造建设方案设计工作。台州港头门港区完成工程总量 90%，办公用房大楼及海关实验室装修已完成；海关监管仓库、查验单位现场业务用房完成主体建设。头门港区二期工程堆场通过竣工验收；头门港区岸线和锚地管控系统服务采购方案获浙江出入境边检总站认可。健跳港区完成工程总量 70%，完成口岸现场办公、生活用房和查验基础设施等配套改造建设，完成信息化设施建设和配套船台施工，已基本符合临时口岸开放的要求；现有航道满足口岸开放要求，已委托第三方单位开展锚地水深测量和设计方案编制。龙门港区完成工程总量 70%，查验单位的办公用房、生活用房选址已完成，台州边检温岭执勤点办公楼装修方案和设备、设施配备、信息化建设方案、海关信息化建设、初检实验室配备、边检锚地管控系统建设方案都已形成。大麦屿港务公司 3 万吨级码头通过竣工验收，港口集疏运能力得到进一步提升。大麦屿能源（LNG）中转储运项目牵手上海申能集团，一期约 5.87 万平方米地块已于 4 月份启动建设，二期 15.8 万平方米供地、码头进入核准审批阶段。

义乌铁路口岸项目总用地面积约 39.18 万平方米，总投资约 14.2 亿元，建设内容包括集拼仓区、立体仓区、跨线桥、海关监管区和配套服务区等。立体仓区已于 2021 年 1 月投用，跨线桥已完成总工程量的 90%，综合楼已完成总工程量的 90%，海关监管区已完成总工程量的 20%。

【义乌陆路（铁路）临时口岸建设】 推动杭甬两关关务一体化改革。在铁路口岸探索试点“视同运抵”业务模式，开通义乌“第六港区”海铁联运专列、“以星号”跨境电商海铁联运专列等定制化专列，2021 年完成海铁联运发运 68 432 标箱，同比增长 94.67%；引进马士基、中远海、达飞等 7 家船公司开行海铁联运 CCA 模式，全年 CCA 模式运输占海铁联运总量的 49%。提升铁路口岸堆存能力，合理划分铁路口岸监管区堆位布局，优化堆存方法。组建负责场站内短驳运输的车队，提高场站运输组织效率。完善通关保障机制。开展分类通关、转关无纸化、通关无纸化等配套改革，小商品出口通关无纸化率达到 99%以上。严格落实 7×24 小时通关制度，推出节假日预约通关、预约查验机制，建立海关作业应急处置机制，确保查验集装箱无滞留。全面推广进口货物“两步申报”改革，鼓励企业采用“提前申报”方式报关，建立完善容错机制。推进国际贸易“单一窗口”铁路运输试点。完成中国（浙江）国际贸易单一窗口“义新欧”中欧班列特色服务板块系统构建。推进“义新欧”班列通关业务一个窗口、全流程办理，实现货物便捷申报、场站智能作业、口岸协同监管、企业综合服务、行业运行监测等功能。

2021年，推动“义新欧”中欧班列义乌平台高质量发展。开通“义乌—加里宁格勒—罗斯托克”等2条多式联运新通道。无缝衔接“义新欧”、义甬舟两大通道，创新“进口+转口”业务，实现一般贸易、市场采购、邮（快）件等多种贸易方式和业态全覆盖。实施多式联运“一单制”和铁路运单物权化改革。2021年，“义新欧”中欧班列义乌平台开行1 277列、105 292标箱，其中去程班列共发运983列、81 030标箱，回程班列共发运294列、24 262标箱。累计开通17条运营线路，实现7个口岸出入境，辐射欧亚大陆50多个国家和地区，到达境外站点101个。

2021年，义新欧班列“温州号”实现常态化运行。温州市口岸办加强与浙江海港国际联运有限公司的沟通对接，积极争取班列配额及空箱调运向温州倾斜，推动解决“有货源无班列计划”难题。牵头做好铁路工程结算，顺利完成铁路口岸资产划转。定期召开铁路口岸工作例会，协调解决口岸通关、回程货物二次转关等问题。至4月初，基本理顺铁路口岸工作机制，义新欧班列“温州号”实现常态化运行。11月9日，顺利首发中欧班列温州鞋类号特色专列，温州市委书记刘小涛等市领导参加首发仪式。截至11月底，温州市共出口义新欧班列货物8 555标箱，折合104.3列，提前一个多月完成年度任务(100列)。

【中国（浙江）国际贸易单一窗口建设】 2021年，中国（浙江）国际贸易单一窗口持续推进口岸领域数字化改革，初步建成集大通关、大物流、大外贸和大数据于一体的“一站式”贸易服务平台，通过不断深化多跨场景应用建设，为优化浙江省口岸营商环境，提升跨境贸易便利化水平贡献力量。

一是持续开展口岸数据融合，推动数字口岸一体化成果落地。积极推动对港口、铁路和机场物流数据与通关数据的整合，上线“通关+e物流”应用服务，实现了包括退税状态在内的进出口货物通关物流状态的一键查询，同时还牵引出查验预警、截港预警、便利化措施推荐、“浙冷链”申报等实用服务。应用上线以来使用主体超过2.2万个，访问量达到13.6万次，广受企业好评。

二是迭代优化海事服务功能，服务中国（浙江）自由贸易试验区建设不断深入。开展舟山数字口岸综合服务和监管平台建设，进一步提升舟山海事服务的数字化水平，船供口岸手续办理时间从原来半天缩短到5分钟，极大地提高了业务办理效率。2021年，平台共服务船舶3 803艘，完成保税燃油加注553万吨，助力舟山连续4年成为国内保税燃油第一大加油港，跻身全球第六大加油港；完成供退物料以及伙食供应等海事服务申请共计41 896单，为中国（浙江）自由贸易试验区舟山片区打造国际海事服务基地做出贡献。

三是助力铁路口岸作业无纸化，服务“义新欧”国际班列跨越式发展。深入开展中国（浙江）国际贸易单一窗口义乌铁路运输试点，打通海港、铁路数据壁垒，支持浙江省海港集团开展“第六港区”建设，同时不断完善“义新欧”特色班列服务应用，依托“单一窗口”打通海关、铁路公司、铁路场站、班列运营企业、货代和报关行，实现了“义新欧”中欧班列金华和义乌双平台的申报无纸化、通关便利化、作业智能化、服务企业化、决策数字化。2021年，基于“单一窗口”各“义新欧”业务主体数据交换31万条，有效保障了1 885列“义新欧”班列的顺利开行，比2020年同期的服务量增长30%以上。

四是线上收结汇实名制上线推广，服务市场采购贸易健康发展。在温州市场采购贸易联网信息平台率先试点线上收结汇实名制功能，加强了对个人收结汇业务的监管力度。2021年，已在湖州、台州、绍兴等地试点推广使用，实名制收汇金额9.81亿美元。2021年，浙江省内6个市场采购贸易试点实现总出口额538亿美元，同比增长超31%。

五是建设电商退货辅助系统，提升跨境综试区服务能力。上线试运行杭州跨境综试区跨境电商出口退货海关辅助系统，打通跨境电商直邮出口货物的闭环流程，整合跨境电商直邮出口退货数据，提高海关对跨境电商出口退运货物的管理效率。基于跨境电商退货体系，跨境电商服务体验进一步得到优化。2021 年，浙江省累计完成跨境电商进出口 4.07 亿票，列全国第二。

截至 2021 年年底，中国（浙江）国际贸易单一窗口注册用户 34.4 万家（含宁波），比 2020 年增加约 2.9 万家。2021 年，货物申报 7 601 694 票，舱单申报 54 524 319 票，运输工具申报 235 219 票，原产地证申领 1 918 775 票，许可证件申领 37 206 票，企业资质办理 157 934 票。接听热线电话 6.51 万通；维护企业微信群 45 个，为企业答疑 8.06 万次；持续增加运维保障投入，确保系统高质量稳定运维，平台全年 7×24 小时高效稳定运行，可用性超过 99.9%，成功支持和保障“双 11”以及“6・18”等企业重大生产活动，用户满意度测评连续 7 年超 90%。累计组织“线上+线下”业务培训 68 场，覆盖全省企业 8 057 家。2021 年，申报总单量约 12 亿票（含宁波）。特别是贸促会原产地证推广工作效果明显，自 2018 年国家率先在浙江启动了标准版功能的试点以来，累计完成贸促会原产地证申领 3 326 438 票，约占全国申报总量的 88.73%，申报量和应用率稳居全国首位。

口岸监管与服务

【杭州海关业务概况】 2021 年，杭州海关共审核验放进出口报关单 173.9 万份，同比增长 25.8%；监管进出口货物 2.3 亿吨、货值 1 903.4 亿美元，同比分别增长 5.6% 和 43.2%；监管进出境邮递物品 4 294.2 万件，同比下降 10.1%，快件 1542.6 万件，同比下降 46.4 %；实现税收入库 676.44 亿元，同比增长 44%；检验检疫进出口货物 80.9 万批，同比增长 28.8%，货值 7 565.2 亿元，同比增长 44.6%；监管出入境人员 58.1 万人次、运输工具 2.1 万（辆、艘、架），同比分别下降 39.2%、6.4%；监管集装箱 325.3 万箱次，同比增长 17.1%。

【杭州海关全力筑牢口岸安全防线】 慎终如始抓好口岸新冠肺炎疫情防控，坚决把牢外防输入关口。2021 年，口岸现场查获进境固体废物 8 784.67 吨，查获走私象牙及其制品 9.06 千克。增强综合监管效能，筑牢国门安全屏障。2021 年，监管进出口货运量 2.27 亿吨，同比增长 5.6%；截获进境植物检疫性有害生物 2 065 种次、非法入境外来物种 419 种次，同比分别增长 7.8%、2.4 倍。加强进出口食品安全监管，获评“全国食品安全先进集体”；深入开展“国门利剑 2021”等专项行动，保持打击走私高压态势，刑事立案 133 起、行政立案 1 250 起；跨境电商进口走私“断链刨根”专项整治行动综合成效位居全国海关前列。新增知识产权海关保护备案保持全国首位，“中国海关知识产权保护展示中心（义乌）”被命名为浙江省法治宣传教育基地。

【杭州海关持续优化口岸营商环境】 一是保障防疫物资出口通关顺畅。协调新冠病毒疫苗顺利出口；持续做好口罩等防疫物资出口单证审核。二是落实海关总署新一轮支持长三角区域一体化发展重点举措，由杭州海关牵头开展的推进“陆路航班”业务、协同风险防控两项任务顺利完成。三是落实海关总署跨境贸易便利化专项行动。杭甬两关联合推出跨境贸易便利化专项行动 12 项改革创新举措；实现“两段准入”信息化监管在杭州关区海空口岸全覆盖，原油、铁矿石、煤炭等大宗资源类商品进口平均验放时间缩短 1 天；指导舟山海关创新进境空箱“船边直提”监管模式，提升空箱周转效率，通关时间节省 12 小时；《2020 年中国营商环境评价报告》中杭州跨境贸易便利化指标排名提至第 11 位，迈入“全国标杆”行列。四是巩固压缩整体通关时间成果。加强实时监控，对通关时间异常的现场及时督促提醒。2021 年 12 月，杭州关区进口整体通关时间 31.25 小时、出口整体通关时间 1.19 小时，较 2017 年分别压缩 89.30%、85.83%，位居长三角海关前列。

【杭州海关深入推进跨境电商发展】 一是助力新设跨境电商综试区建设，支持嘉兴新开跨境电商“9610”出口、“1210”进口业务，支持温州综保区开展“9610”出口业务。二是推进跨境电商B2B出口试点工作，将一次登记、一点对接、优先查验、允许转关、便利退货等便利化举措落实落细，努力推动B2B业务上量。三是牵头开展打击跨境电商进口“断链刨根”专项整治行动，构建打击跨境电商进口走私长效体系。

【杭州海关积极助推两区发展提升开放平台作用】 一是持续推进自由贸易试验区制度创新。支持自由贸易试验区拓展片区发展，出台杭州关区支持杭州、金义片区建设34项措施；“优化国际航行船舶进出境监管改革创新”被列入全国自由贸易试验区18个“最佳实践案例”之一，“市场采购贸易方式出口预包装食品检验监管新模式”通过海关总署自贸司创新举措备案；支持油气全产业链发展在海关总署自贸司做经验介绍；获评浙江自贸试验区建设工作先进集体、先进个人。12月16日，在浙江省高质量推进中国（浙江）自由贸易试验区建设大会上的汇报发言得到浙江省委书记袁家军的充分肯定。二是支持综合保税区（保税物流中心）高质量发展。指导协助温州、义乌、绍兴综合保税区一期、金义综合保税区二期和湖州德清保税物流中心通过验收并封关运作；助力台州综合保税区设立获批；对衢州、丽水、湖州、温州、台州等地市申建综合保税区（保税物流中心）需求及时研提意见，赴绍兴、衢州实地调研并宣传平台建设政策；结合2020年度全国综合保税区发展绩效评估结果对相关综合保税区进行“一对一”交流。

【杭州海关大力支持“义新欧”中欧班列平稳运行】 一是进一步优化通关模式，全面实施通关无纸化和自动化，推广中欧（义新欧）班列提前申报模式，开展铁路口岸24小时预约通关制度。二是密切与口岸海关的联系配合，签订合作备忘录，加强协作，支持中欧（义新欧）班列货物高效办理海关手续。三是全力保障出境邮件“中欧班列集货疏运”模式常态化，梳理中欧班列二次转关操作流程，支持“义新欧+”和中欧班列多式联运业务发展。四是支持中欧班列枢纽站点建设，指导义乌铁路口岸海关监管作业场所和金华市浙中公铁联运港海关监管作业场所扩建改造。2021年，共监管中欧班列1 904列、15.7万标箱，同比分别增长36.1%、36.0%。

【杭州海关大力深化“证照分离”改革】 持续深化“放管服”改革，积极探索“证照分离”改革在海关的应用实践取得显著成效。一是大幅精简审批事项，持续释放改革红利。先后取消“长江驳运船舶转运海关监管的进出口货物审批”等6项行政审批事项。将“报关企业注册登记”等“审批改为备案”改革的适用范围从自由贸易试验区扩展到浙江全省范围，受惠企业占出口食品总企业数超四分之一。全面实施“优化审批服务”，精简审批提交材料的事项24项，惠及企业2 000余家。在中国（浙江）自由贸易试验区的口岸区域，对音乐厅、展览馆等的“口岸卫生许可证（涉及公共场所）核发”实施备案管理，有效破解“准入不准营”的问题。二是高效压减办理时效，优化口岸营商环境。共梳理“审批改备案”3项、“告知承诺”1项、“优化行政审批”8项，稳步推进“证照分离”改革落地见效。对“审批改备案”事项全面兑现办结时限承诺，办理效率提高75%。三是强化事中事后监管，积极推动职能转变。以“证照分离”改革为切口，统筹推进监管规范建设，推进“双随机、一公开”监管，根据企业信用等级实施差异化监管，实现“放得开、接得住、管得好”。强化部门间联合协作，与市场监管部门运用“互联网+监管”平台开展联合检查，2021年实施联合抽查作业115起。

【宁波海关业务概况】 2021年，宁波海关共审核验放进出口报关单576.8万份，同比增长13.2%；监管申报进出口货物1.9亿吨、货值2.1万亿元，同比分别增长5.7%、23.7%；实现税收入库743.9亿元，同比增长31.1%；监管出入境人员54.6万人次、运输工具1.3万艘（架）

次、集装箱 1 638 万箱次，同比分别下降 11.6%、下降 3.7%和增长 18.6%；签发各类原产地证书 48.31 万份，签证金额 198.3 亿美元，帮助企业享受境外关税优惠 4.49 亿美元。承办第五届中国—中东欧国家海关检验检疫合作对话会，建成并运行中国—中东欧国家海关信息中心及其网站，访问量突破 10.9 万人次，发布中国—中东欧国家贸易指数。参与海关总署重点产品专项调研并形成 2 篇调研报告，开展海关统计专项调查调研共 20 余次，参与撰写的统计分析研究报告获党中央国务院领导批示 5 篇。

【宁波海关全力以赴做好新冠肺炎疫情防控工作】 严格落实国务院、海关总署和地方政府疫情防控相关要求。把疫情防控工作作为最大政治任务，根据疫情防控不同阶段重点任务，设置各项专班，落实各项任务要求，科学高效开展口岸疫情防控工作。加强风险监测，强化闭环监管，对出入境人员采样 8 993 例，妥善处置染疫船舶 12 艘次及梅山港区码头作业人员感染情事，海港“防控管治”和空港“数字抗疫 321 工作法”工作经验得到海关总署肯定。严格做好进口冷链食品等重点环节病毒检测和预防性消毒工作，进口冷链食品及高风险非冷链集装箱货物采样 68 324 例。协助海关总署对境外企业开展远程视频检查，查发重大风险隐患，取消、暂停 10 家境外食品生产企业输华资格的建议被海关总署采纳。785 人次参与“14+7+7”集中封闭管理，3 672 人次完成第三针加强免疫接种。开展内部疫情防控培训、应急处置演练，妥善应对镇海区、北仑区突发疫情。开发疫情防控内部管理系统，核酸检测时长缩短 60%。开展疫情防控专项监控检查，发现整改问题 508 项，有力保障宁波关区“零感染”。

【宁波海关服务企业精准到位】 深入推进“审批改备案” “多证合一”改革措施，落实“证照分离”改革全覆盖试点工作，实现“全程网办，全国通办”。2021 年，宁波关区净增报关单位 2 989 家，新增备案食品企业 14 家。推进企业信用制度改革，加大企业信用培育力度，宁波关区高级认证企业数达 101 家。开展“便民利企工程”，发挥文具、童车评议基地作用，指导企业妥善应对欧盟技术性贸易新规等壁垒。建立业务问题收集与反馈机制，设立“企业问题和建议直报点”34 家，为 175 家重点企业配备海关协调员，解决企业困难问题 300 余个。推进企业集团加工贸易监管改革试点，试点企业加工进出口值 51 亿元。

【宁波海关持续优化口岸营商环境】 全面深化“放管服”改革，深入开展贸易便利化专项行动，联合杭州海关建立“2+2”合作交流机制，合力推出 12 项改革创新措施。协调推进长三角区域海关一体化工作，牵头海关总署 4 项工作任务，推出 10 条措施，打造长三角高质量发展样板。深入推进“两步申报”改革，持续推广“两步申报”叠加“提前申报”模式，2021 年宁波海关“两步申报”应用率较 2020 年增加 9 个百分点、达 36.53%。深化大宗资源产品检验监管模式改革，推进进口原油、部分矿产品“先放后检”，平均验放时长缩短至 4 小时。持续巩固压缩整体通关时间成效，2021 年 12 月宁波关区进口整体通关时间 25.74 小时、出口整体通关时间 0.80 小时，相较 2017 年分别压缩 84.52%、97.10%，进出口整体通关时间均领跑长三角区域沿海海关。

【宁波海关助推宁波舟山港一流强港建设持续发力】 在海关总署指导下加强与杭州海关、宁波舟山港集团双向合作，深化关港协作、杭甬两关协同监管机制，保障国际物流链高效畅通，宁波舟山港 2021 年集装箱吞吐量突破 3 000 万标箱。推动保税燃料油跨关区直供作业全程无纸化，做大做强保税燃油加注业务，杭甬两关共监管保税燃料油跨关区供船 138.53 万吨，同比增长 22.19%。持续助力“一体两翼多联”运输格局巩固深化，简化“水水中转”业务流程，推进义乌“第六港区”建设，实现“一次申报、一次查验、一次放行”，自动核销“水水中转”货物占“水水中转”总量的 62.4%，2021 年累计监管自舟山口岸进境的木材、肉类、粮食 3 248 标箱。优化“中欧班列+海铁联运”运输新模式，积极支持陆海联运国际物流新通道建设，全力促成义甬舟开放大通道与“义新欧”中欧班列有机衔接。积极支持扩大口岸开放，做好穿山1号泊位、石浦新港码头等正式对外开放。

【宁波海关助力自由贸易试验区建设和新业态发展务实有效】 分两批次制定自由贸易试验区海关工作清单，2项成果被评为省市最佳制度创新案例，1项创新举措获海关总署备案、实现零突破。推出20项创新举措，对宁波市政府提出的8项自贸政策创新需求开展专题研究。完成浙江省首家LNG保税仓库审批并顺利办结14.59万吨进口液化天然气入出仓手续，支持浙江省液化天然气登陆中心建设。推出促进宁波综合保税区高水平开放高质量发展24项举措，14项已实际落地，10项已具备实施条件。持续优化跨境电商监管模式，强化海关政策及措施有效供给，率先开发运行“海外仓备案辅助系统”，推进跨境电商前置仓、集货仓建设，推广“退货中心仓”模式，探索跨境商品组合销售，推进跨境电商独立站、前置仓、海外仓建设，截至2021年年底宁波企业全球布局海外仓203个，占全国的九分之一，出口海外仓货值增长4.8倍，成为全国首个跨境电商零售进口千亿级城市，网购保税进口“双11”业务连续5年全国第一。

【宁波海关切实加强口岸监管】 持续推动“两轮驱动”改革，稳步提升人工分析精准性，货运渠道总体查验率2.69%，人工分析布控查获率14.21%；非贸渠道快件查验率1.69%，人工分析布控查获率9.28%；跨境电商零售进口布控率0.04%，人工分析布控有效率6.43%；邮递查验率2.32%，人工分析布控有效率11.35%。建立健全业务运行监控指挥长效机制，开展口岸监管业务常态化运行监控主题监控255次。研究制定宁波海关“133”检查监管规范化体系，保障宁波关区口岸检查作业执法统一、规范高效。提升场所（场地）管理规范，与海关总署联网视频监控2 959路，平均在线率99%以上。扎实推进海关总署智能审图算法分类部署试点，推进机检智能审图创新应用，持续提升机检查验效能。正式启动出口先期机检业务试点，开展出口先期机检1 323自然箱，进一步强化宁波口岸出口集装箱货物安全风险防控和准出管理。深入开展打击跨境电商进口走私“断链刨根”专项整治行动，稽查企业查发问题企业25家，缉私刑事立案4起，案值1 750万元；行政立案4起，案值980万元。扎实推进属地查检改革，完成历史遗留单证清理工作，实现进口货物目的地查验动态清零。积极开展知识产权保护系列专项行动，涉嫌知识产权侵权货物（物品）查扣数1 664.9万件，案值4 850.3万元，均居全国海关第2位，宁波海关案例入选中国知识产权海关保护典型案例。快邮件渠道监管严格落实海关总署打击治理“水客”走私要求，严打水客漂移。

【宁波海关持续强化口岸检验检疫】 对出入境运输工具、出入境人员及集装箱开展卫生检疫，检出传染病143例，预防接种3 988人次，监测发现口岸病媒生物3 757只。深入开展外来物种入侵口岸防控，截获检疫性有害生物71种1 586种次，同比分别增长4.41%、6.01%，非贸渠道截获外来入侵物种97种170批次，在宁波市首次监测发现红火蚁疫情并妥善处置，避免北仑种苗产业直接经济损失28亿元。以最严格措施全面落实非洲猪瘟全链条防控工作，封存猪肉及其制品321批次共19.1吨。全力做好两批次12 576头进境种牛检疫监管，首次在宁波口岸检出二类动物疫病赤羽病15头并妥善处置。完善食品风险信息收集、分析、研判机制，退运销毁不合格进口食品化妆品362批，同比增长147.9%，不合格检出率居全国海关首位。加强重点敏感商品风险管控，检出不合格进出口危险化学品和进口消费品、旧机电、医疗器械等254批，未发生系统性、区域性风险。

【宁波海关打击走私成果丰硕】 以“国门利剑2021”联合行动为主线，立足宁波关区通关渠道和非设关地两个主战场，深入开展禁止“洋垃圾”入境“蓝天”、打击濒危物种走私“护卫”等专项行动，2021年共办理各类走私犯罪及违法案件 1 112 起，案值 135.76 亿元，其中走私犯罪案件被海关总署缉私局列为挂牌管理案件 12 起，查办案值超千万行政大要案 18 起。“东海利剑”打击成品油走私专案、“4·27”打击香烟走私专案等走私大要案实现政治效果、法律效果和社会效果的统一，查扣走私母船 3 艘，查证走私成品油约 195 万吨、走私香烟约 52 万条，均创宁波关区历史新高。

【宁波海关科技赋能监管有新突破】 完善智慧物流监管模式，加强图像识别、5G 等新技术应用，扩大智能施封作业覆盖面，全面推广转关货物自动核销范围，继续推进转关审放自动化。推进智慧查验监控指挥中心建设，打通与港务、场站等系统数据交互，实现自动预警提示功能。做好新一代通关管理系统 3.0 版切换的本地化系统改造，开发应用智能先期筛查系统，开发建设智慧动植检一期项目，运维支持新一代查验管理系统、C 类快件查验管理系统等业务系统，助力海关总署重大业务改革。开发疫情防控内部管理系统，“五合一”混采模式缩短检测时长 60%。集中立项建关级信息化项目 6 个，重要变更 5 个。积极参与省市数字化改革，推进“甬 e 通”宁波国际贸易一站式服务场景应用改革。

【宁波海关实验室和科研建设上新台阶】 深化技术大中心管理，推进实验室高质量发展。高等级生物安全实验室开展病毒分离培养活动和基因测序工作，测出 B.1.617.2（Delta）变异株并通过了 CNAS 生物安全体系监督评审。2021 年，完成法定商品检测 2.7 万批，同比增长 32%；完成新冠病毒核酸样本检测 14.1 万份，同比增长 166.8%。申报省部级及以上科研项目 33 项，其中 1 项国家自然科学基金项目、4 项海关总署科研项目、6 项宁波市科研项目已获得立项；海关技术规范制修订项目 10 项。获海关总署首次科技成果评定奖项 5 个。

【浙江出入境边检总站跟进服务重大战略】 认真贯彻移民管理领域“放管服”改革和浙江高质量发展建设共同富裕示范区整体部署，从政策支持、查验流程和便利通关等方面，主动研究提出配套思路和创新举措。全面推广《服务促进长三角航运枢纽建设十项举措》和《促进服务航运企业发展十六项新举措》，倡议推动长三角区域边检机关和出入境管理部门联合签署《长三角区域移民和出入境管理系统“4+4”高质量一体化发展战略合作协议》，在宁波召开长三角港口边检工作座谈会，深入开展需求调研，推动“长三角地区边检行政许可‘一地办证，区域通用’”“外籍船舶在长三角地区港口间移泊免办边检手续”等服务举措落地生根。2021 年，累计为航运企业和相关作业单位人员节约办证时间 15 296 小时，为外籍船舶在长三角地区港口间移泊免办边检手续 13 241 艘次，累计缩短船舶在港停泊时间 9 000 余小时，帮助船方降低营运成本 1.6 亿余元。按照国务院的统一部署，8 月至 9 月，舟山出入境边检站集中为 68 艘中美粮食贸易船舶办理通关手续，接卸转运自美国进口粮食 363.07 万吨，保证了国家粮食储备安全；为“东方发现”“东方勘探四号”等 5 批次海洋钻井平台高效办理了入出境（港）手续，并为“力神”办理国籍转换手续，保证石油勘探工作顺利开展。

【浙江出入境边检总站严防境外新冠肺炎疫情输入】 深入贯彻落实国家移民管理局、浙江省委省政府部署要求，积极融入浙江疫情防控工作大局，研究出台《海港口岸严防境外疫情输入边防检查工作指引（2.0）》等 8 项制度规定，进一步明确涉疫勤务处置要求、流程和措施。会同浙江省农业农村厅、外事办、公安厅联合下发《关于指定舟山市为远洋渔业外籍船员临时入境城市的通知》，规范远洋渔船外籍船员入境转运隔离等事宜，严密管理环节。2021 年，累计为 443 艘次远洋渔船 1 710 名外籍船员办理登陆离境手续，推动了舟山远洋渔业在疫情背景下有序发展。积极应对因工作人员染疫可能导致整建制隔离问题，推行独立作战单元勤务，组建增援预备队，圆满完成各类涉疫勤务。自主研发“边检登轮码”，被国务院采用迭代升级为“中国边检登轮码”，在全国海港口岸推广应用。及时回应群众“急难愁盼”，在严密疫情防控举措下，

2021年为30 907名中外籍船员办理了登离轮换班手续，有效缓减了船员复工与休假矛盾。实行24小时入境数据分析研判，科学预警涉疫风险，累计研判推送全国出入境涉疫风险数据6 000余万条，为浙江疫情防控提供了源头支撑，并先后3次代表浙江省政府牵头赴舟山、宁波、台州等地市开展境外疫情输入防控督导检查，为全省疫情防控贡献边检智慧和力量。

【浙江出入境边检总站创新边检服务举措】 着眼浙江自贸区舟山油气全产业链建设，制定《保税油加注通关便利化实施细则和规范》，推进跨港加注“零成本”、实现行政审批“零见面”，推动“科技监管不缺失”，简化在锚地加注保税燃料油后直接出境的国际航行船舶的边防检查手续，免予查验船员出入境证件、免收纸质申报单证，助力打造东北亚保税燃料油加注中心。2021年，为2 467艘次的国际航行船舶节约航行时间8 635小时，为航运企业节约超过1 000万元运营成本，助力舟山成为全球第六、东北亚第一的保税燃料油加注港。精准定位修造船企业的管理成本负荷，创新研发“诚信评定管理系统”，持续优化修造船企业管理措施，外籍船舶在信用良好的修造船企业维修期间，为人员上下、船舶搭靠提供便利，不再办理“上下外国船舶许可”和“搭靠外轮许可”。2021年，累计为辖区32家修造船企业免办上下外国船舶许可244 181份，免办搭靠外轮许可1 447份，极大地便利了修造船企业员工上下外籍船舶开展维修作业。

【浙江出入境边检总站优化服务管理模式】 以“我为群众办实事”实践活动为载体，指导义乌出入境边检站推进货机国际贸易“单一窗口”申报试点工作，简化货机边检手续，该举措被列入浙江省政府“2021年度绩效考核项目”。深化“新时代枫桥经验”在海港口岸的实践应用，以“信息化+诚信体系”推动边检口岸治理机制创新，配套研发上线了“诚信评定管理系统”，推行标准化等级评定，细化评价指标分值，系列负面清单，透明化升降级规则，系统共采集1 800余家企业、11 000余艘船舶、45 000余名涉外服务人员数据，获评为2021年第二批中国（浙江）自由贸易试验区宁波片区16项最佳制度创新案例。高质量上线运行12367服务平台。建立由总站接听全省咨询电话、各站具体承办工单的话务模式，严格落实“一号响应、全时运行、规范服务”工作要求，建立全天候值班值守制度，保证服务平台7×24小时在线应答，群众诉求第一时间受理。2021年，共接听处理咨询电话1 774通，解答群众咨询问1 504个，实现了百分百接听、百分百办结。

【浙江出入境边检总站维护口岸安全稳定】 紧紧围绕中国共产党成立100周年安保维稳任务，迅速成立安保工作领导小组，制订工作方案，严格落实24小时领导带班和“一办五组”值班备勤等制度，每日会商研判，常态视频调度，严格督导检查，用实际行动交出了安保工作高分答卷。全力推进集中打击妨害国（边）境管理犯罪专项斗争、“三非”外国人清网、打击治理海上违法违规行为等专项行动，研究出台《集中打击妨害国（边）境管理犯罪专项斗争积分考核办法》等制度规定，明确防控重点、量化措施标准、压实工作责任，全力打击违法违规行为。行动期间，查处持伪假证件出入境案件14起14人次、国际航行船舶违反出境入境管理法185起185艘次，联合出入境管理部门办理涉边案件136起、查处违法犯罪人员579人。

【浙江海事局业务概况】 2021年，浙江海事局开展水上巡航检查15 901次，实施各类船舶检查48 719艘次，对违规违章船舶行政处罚20 268件次；安全保障辖区进出港船舶264.66万艘次，同比增长11.34%，其中国际航行船舶进出口岸31 079艘次，同比下降15.86%；安全保障水上旅客运输5 163万人次，同比增长7.93%；接处海上险情238起，成功救助遇险人员1 812人，救助遇险船舶117艘，搜救有效率94.4%。

【浙江海事局持续提升口岸通关便利化】 一是依托国际贸易“单一窗口”标准版应用，全面实现国际航行船舶进出口岸查验手续全流程

“无纸化” 和 “零次跑” 办理。大幅精简海事查验单证证书数量，证书从原先的 24 件减少至 12 件，提交材料体量仅为原需提交材料的 13%。口岸查验效能显著提升。2021 年，共成功办理国际航行船舶进出口岸查验 39 713 艘次、外贸货物吞吐量 5.3 亿吨，同比分别上涨 9.9%和 8.8%。二是在宁波、舟山口岸间推行国际航行船舶 “单一窗口” 企业端申报数据跨区域、跨单位共享复用，推动国际航行船舶境内续驶 “一次申报、全域复用”，船舶通关手续办理时限压缩 80%以上。三是深化宁波舟山港核心港区交通流组织一体化，制定并发布了《宁波舟山港核心港区船舶交通组织实施办法》，配套研发船舶交通组织服务管理平台，全面实施宁波舟山港核心港区船舶交通组织、港口引航、锚地和航道、海上应急力量组织、使用、调派一体化。2021 年，共通过交通组织一体化平台发布并执行船舶进出港计划近 10 万条，虾峙门主要航道进出港准点率始终保持在 95%以上，帮助 2 245 艘次船舶采用经济航速，节约燃油 10.2 万吨，减少待港时间 3.9 万小时，减少碳排放 8.6 万吨，节约成本 5 500 万美元。

【浙江海事局全方位构建安全稳定的口岸发展环境】 一是按照浙江省数字化改革整体工作部署，完成浙江海上智控平台 1.0 版建设和 “商渔船防碰撞” 场景上线应用，初步实现对水上交通活动主要环节的过程管控和闭环处置，海上整体智治能力显著提升。二是正式实施浙江沿海主要公共航路，构建 “三纵六横” 通航新格局，建立商渔船协同引导、信息通报等配套机制，沿海船舶主要公共航路与渔区界限逐步清晰，虾峙门口外等航路重点水域船舶碍航抛锚现象基本消除，船舶通航效率全面提升。三是全力支持自由贸易试验区建设，出台《支持中国（浙江）自由贸易试验区深化改革开放建设实施方案》，浙沪跨港区供油助推长三角海事服务一体化、抵港外国籍船舶 “港口国监督远程复查” 创新机制、国际航行船舶转港数据复用模式、海事 “一船多证一次通办” 服务创新机制 4 项制度，先后被纳入 2021 年第一批中国（浙江）自由贸易试验区制度创新十佳案例和第二批最佳制度创新案例。

【浙江海事局坚持落实海港口岸疫情防控 “三保障”】 一是妥善保障涉疫船舶应急处置工作，在浙江省海港口岸疫情防控协调机制的统一指挥下，建立本局 “1+2+3” 工作机制，稳妥高效处置辖区口岸船舶船员涉疫事件。2021 年，配合属地疫情联防联控机制成功处置 40 艘船舶、150 名船员的外轮涉疫事件。二是全力保障船员换班和伤病救助合法权益，建立国际航行船舶船员换班工作专班，对接属地联防联控机制，实现船员换班 “应换尽换、应换快换”。2021 年，累计完成商船船员换班 46 096 人次，伤病船员救助 363 人次。三是持续保障浙江省海上国际物流链畅通，在属地联防联控机制领导下，强化交通流组织和安全监管，按照优先引航、优先靠泊、优先装卸的 “三优先” 原则，确保粮食、能源等重点物资运输的安全畅通。

开放口岸

【杭州空运口岸（杭州萧山国际机场）】 杭州萧山国际机场位于杭州市东部，距杭州市中心 27 千米，是国务院确定的国内区域性枢纽机场，是国家对外开放口岸、中国内地十大机场和全球百强机场之一。截至 2021 年年底，机场占地面积 10 平方千米；共有 3 座航站楼，总面积近 37 万平方米；拥有 2 条跑道（北跑道长 3 400 米、宽 60 米，南跑道长 3 600 米、宽 45 米），停机位共 157 个，飞行区等级为 4F，可起降目前世界上最大的民航客机 A380。

杭州萧山国际机场是由原军民合用杭州笕桥国际机场迁址新建机场，原杭州笕桥机场于 1979 年经国务院同意开通至香港的包机航线，于 1980 年经国务院批准正式对外开放。杭州萧山机场于 1997 年 7 月动工建设，2000 年 12 月建成通航。2003 年 9 月，国务院批复同意杭州空运口岸扩大对外国籍飞机开放。2004 年 3 月，杭州空运口岸通过国家验收正式对外开放。2007 年 11 月，机场二期扩建工程开工；2013 年 1 月，建成投运。

2018 年 10 月，机场三期工程开工，其中新建航站楼及陆侧交通中心项目是核心项目，新建航站楼 72 万平方米（设计能力 5 000 万人次，其中国际 1 400 万人次，远期可拓展至 1 800 万人次）；新建陆侧交通中心及地上开发 64 万平方米，建成后将成为集地铁、高铁、大巴、私家车等多种交通方式为一体的机场综合交通中心。机场内建有独立的口岸工作园区和完善的口岸设施及功能（包括落地签证点、台胞签注点、过境 144 小时免签通道等），实行“5+2”工作制，2019 年 9 月 29 日起全面实现 24 小时无障碍通关。2021 年 12 月 30 日，杭州机场国际邮件交换站落成，丰富了杭州空运口岸功能，提升了杭州机场国际物流服务能力。

2021 年，杭州空运口岸织密新冠肺炎疫情防控网络，强化入境旅客和货物防疫管理。全年保障国际及地区（不含澳门地区）客运航班 672 架次、旅客 70 371 人，处置发烧旅客 304 人，未发生脱管、失管、漏管和感染事件。在浙江省内机场中率先对入境货物实施“两集中”“四固定”要求和货物二次加六面消杀做法，全年保障入境货邮 5. 52 万吨，参与保障作业人员无一人感染、未发生一例失管漏管，实现了“人物同防”。

2021 年，杭州空运口岸国际及地区客运航点恢复至 14 个，复航杭州—法兰克福客运航线；新增 3 条国际全货机航线以及 7 条国际客改货航线。12 月 30 日，开通浙江省首条第五航权国际货运航线纽约—杭州—首尔—纽约航线。第五航权的开放意味着杭州机场获得了全球更高开放水平枢纽的“入场券”，对助力浙江省自由贸易试验区高质量发展和新一轮高水平开放具有重要意义。

2021 年，杭州萧山国际机场完成旅客吞吐量 2 816. 38 万人次、货邮吞吐量 91. 41 万吨、航班起降 23. 83 万架次，同比分别下降 0. 2%、增长 14. 0%、增长 0. 4%。杭州空运口岸出入境飞机 9 237 架次（入境 4 573 架次、出境 4 664 架次），同比下降 1. 6%；出入境人员 31. 34 万人次，同比下降 49. 14%，其中出入境旅客 25. 27 万人次（入境 11. 58 万人次、出境 13. 68 万人次），同比下降 54. 32%，机组员工 6. 07 万人次（入境 3. 05 万人次、出境 3. 03 万人次），同比下降 3. 68 %；出入境货邮吞吐量 17. 88 万吨，同比增长 54%，出入境货邮吞吐量全国排名从第 8 位上升至第 7 位。2021 年，杭州萧山国际机场稳定运营航点 169 个，其中国际航点 29 个、港澳台地区航点 2 个。

【宁波空运口岸（宁波栎社国际机场）】

宁波栎社国际机场于 1984 年建站，1990 年 6 月 30 日迁至现址，定名为宁波栎社机场；2005 年 11 月 29 日，经中国民用航空总局批复，更名为宁波栎社国际机场。宁波栎社国际机场位于浙东鄞西平原，距宁波市中心约 12 千米，是国内重要的干线机场。机场高架路与甬金高速出口相连接，地铁 2 号线将机场与市内火车站、汽车客运中心相连，客流往返与物流运输均十分便利。机场在用 T2 航站楼于 2019 年 12 月 28 日启用，候机楼面积 11. 24 万平方米，机坪面积 53. 2 万平方米，机位数量 60 个，现飞行区跑道长 3 200 米，配备有国际先进的通信导航和航行管制设备，达到 4E 级标准，可满足波音 747 等大型飞机起降。机场交通中心面积 5. 5 万平方米，直接与 T2 航站楼相连，可同时停靠约 1 040 辆小车和 40 辆大客车。

1992 年 7 月，宁波空运口岸经国务院批准正式对外开放；同年年底，国际航空货运业务开通。2005 年 4 月 1 日，宁波空运口岸获国务院批准扩大对外国籍飞机开放，9 月 2 日通过国家验收。口岸拥有冰鲜水生动物及水果指定口岸资质，可满足海鲜、水果等特种货物的进境需求，2016 年 11 月 10 日成为浙江省首个、全国第十一个国际卫生机场。2018 年，宁波栎社国际机场年旅客吞吐量突破 1 000 万人次，正式迈入全国大型繁忙机场行列。2021 年 4 月 29 日，宁波栎社国际机场与义乌机场互为异地货站项目签约揭牌。6 月 15 日，宁波机场 T2 航站楼口岸出境免税店通过海关验收正式营业。

2021 年，宁波机场国内进港航班防疫工作形成由宁波市卫健委、宁波机场、公安机场分局三方协作的联防联控机制，对国内中高风险地区进港航班，启用国内“专用通道”；对国际地区客运航班，宁波市国际防疫专班进驻机场 TOC 指挥部，实行全流程、全方位、全时段监督指挥。2021 年，累计保障国际地区入甬航班 1 174 架次、货量 2.16 万吨、旅客 2.2 万人次，未发生任何失管漏管事件，同时宁波机场充分对接宁波市、海曙区两级疾控部门，研究制订《防控新冠疫情应急处置预案》和 5 项分预案。先后组织开展突发疫情应急处置桌面演练和实战演练，全流程检验应急处置程序适用性和可操作性。

2021 年，宁波栎社国际机场运营国际（含地区）全货机定期航线 5 条、“客改货”航线 5 条。截至 2021 年年底，宁波机场共开通客运航线 116 条，其中国内航线 113 条、地区航线 2 条、国际航线 1 条；通航城市 88 个，其中国内航点 85 个、地区航点 2 个、国际航点 1 个。2021 年，参与运营的航空公司达 37 家，平均每日超 212 架次航班从机场起降。

2021 年，宁波栎社国际机场完成旅客吞吐量 946.25 万人次，同比增长 5%；完成货邮吞吐量 11.27 万吨，同比下降 5%；航班起降 7.77 万架次，同比增长 3%。年旅客吞吐量全国排名第 32 位。2021 年，宁波栎社国际机场国际及地区旅客吞吐 4.5 万人次，同比下降 71%；国际地区货邮吞吐量 4.42 万吨，同比增长 14.1%；国际地区起降航班 2 128 架次，同比下降 26.8%。

【温州空运口岸（温州龙湾国际机场）】 温州龙湾国际机场于 1990 年 7 月 12 日通航，先后经历民航温州站、民航温州永强机场的发展，2013 年经温州市政府、中国民用航空局批准正式更名为温州龙湾国际机场。机场位于温州市龙湾区，地处温州东南瓯江口、濒临东海，距温州市中心约 22 千米，辐射浙江温州、台州、丽水和福建宁德 4 个地区约 16 万平方千米、2 000 多万人口，周边 300 千米范围内没有大型机场，是大陆离台湾空中航距最近的机场，航程只有 50 多分钟，具备打造对台湾桥头堡和“跳板城市”的时空条件，具有发展航空运输业得天独厚的区位优势。

温州龙湾国际机场飞行区等级为 4E，消防保障等级为 8 级，拥有一条长 3 200 米、宽 45 米跑道（含道肩 60 米），一条 3 200 米平行滑行道，高峰小时可起降 28 架次，可保障波音 747-400、空客 A340-600 等同类及以下机型起降。现有候机楼总面积 12.95 万平方米，其中 T2 国内候机楼 11.6 万平方米、T1 候机楼国际厅 1.35 万平方米；停机坪 53.4 万平方米，停机位 59 个，登机廊桥 29 座。机场作为对外开放口岸，客运区国际出发配备海关通道 2 条，值机柜台 9 个，边检通道 5 条（其中 1 条自助通道），安检通道 3 条，登机口廊桥 4 个（5-8 号）、2 个远机位（18-19 号）；国际到达配备海关通道 2 条，边检通道 7 条（其中 2 条自助通道），行李提取转盘 2 个。口岸货运区现有 6 650 平方米的国际监管仓库，设有出境货物区、进境货物区、邮件交换站、海关办公区、查验区和扣留区等，配备电子地磅、集装箱式冷库、生物培育地、视频监控和卡口系统等设施。温州机场进出口货物主要为皮料、服饰、箱包、生鲜产品等，拥有“进口冰鲜水产品运输资质”“进境食用水生动物指定口岸”资质。

1994 年 9 月，温州机场获国务院批准对外开放（限中国籍飞机飞港澳地区）。2011 年 6 月，温州机场获国务院批准对外国籍飞机开放；2012 年 7 月 24 日，通过国家验收正式对外国籍飞机开放。2018 年，温州机场年旅客吞吐量首次突破 1 000 万人次，成功迈入千万级大型国际机场行列。2019 年 9 月，温州机场轨道交通 S1 线全线开通，温州也成为浙江省内首个实现航空和轨道交通“零换乘”的城市。2021 年 7 月 12 日，温州机场三期扩建项目预可研报告通过国家民用航空局行业评审。为缓解三期项目建设期间对机场运行的影响，先行启动机场三期改扩建机坪工程，12 月 1 日机坪工程完成初步设计，工程先行建设 8 个 C 类机位和 4.7 万平方米的机坪，为后续三期扩建项目全面铺开奠定坚实基础。温州机场综合交通中心内部二次结构、屋面钢结构、地下室及停车楼消防系统基本建成，温州机场国际候机楼过渡性改造工程改造基本完成。2021 年，浙江省机场集团与温州市政府、深圳顺丰泰森控股（集团）有限公司共同签订战略合作框架协议，三方以航空时效提升、综合供应链产业集聚为重点，推动顺丰长三角南翼临海空港创新供应链总部基地项目在温落地，培育发展浙南航空枢纽业务，助推航空物流产业转型升级。8 月 4 日，温州机场和宁波市海曙东南航空货运代理有限公司举行战略合作签约仪式暨航空物流园一期园区投用揭牌仪式，温州航空物流园一期园区进入实际运营阶段。

2021 年，为顺利完成国际货运航班保障，温州空运口岸设立保障人员防护服脱卸区，安排专用保障机位，严格按照“两集中” “四固定”“四指定”要求，制订国际货运航班保障闭环管理等工作方案，落实场地、设施、人员集中居住点等配套设施，精心组织实战演练，严格执行“14+7+7”健康管理，高标准开展环境货物消杀，确保国际货运航班运行安全平稳。

截至 2021 年年底，温州空运口岸出入境定期通航点 12 个，其中地区 3 个、国际 9 个（不包括包机通航点）；2021 年实际营运国际（地区）航点 3 个，其中地区 1 个、国际 2 个；共有 2 家航空公司运营国际（地区）航线，其中国内 1 家、地区 1 家。

2021 年，温州龙湾国际机场完成旅客吞吐量 923. 14 万人次、货邮吞吐量 7. 32 万吨、航班起降 8. 06 万架次，同比分别增长 5. 06%、下降 0. 45%和增长 9. 33%。旅客吞吐量在全国机场排名位列第 33 名，与 2020 年持平。其中，出入境旅客吞吐量、货邮吞吐量和航班量分别为 1. 17 万人次、288. 2 吨、208 架次，同比分别下降 80. 5%、增长 20. 9%、下降 67. 7%。

【义乌空运口岸（义乌国际机场）】 义乌国际机场位于浙江省中部、义乌市西北，距市中心 5. 5 千米，始建于 1970 年，1988 年经国务院批准为军民合用机场，1991 年 4 月正式开通民用航班。义乌机场历经 5 次改造和扩建。目前飞行区等级为 4D，跑道长 3 000 米、宽 45 米，可起降空客 300、波音 767 等大中型客机及波音 757 货机。停机坪面积 6 万平方米，12 个中型客机机位；国内候机楼 1. 66 万平方米，4 个登机廊桥，可满足 1 000 人次同时候机。国际航站楼面积 1. 3 万平方米，2 个登机廊桥，设计年旅客吞吐量 30 万人次。共建有 2 个临时国际货站。国际货站一设计规模仅供国际（地区）航班腹舱带货所需，于 2014 年 10 月改造完成；国际货站二于 2015 年由地方政府筹建，包括一个普货通道、一个邮件通道，该货站设计仅为单一出港功能，能满足保障 1 架 B757 货机，即 30 吨国际货物运输量的要求。2019 年，义乌机场年旅客吞吐量首次突破 200 万人次，正式迈入中型机场行列。

2014 年 7 月 31 日，义乌空运口岸获批对外开放；10 月 13 日顺利通过国家验收投用。2019 年 11 月 29 日，义乌国际机场顺利通过世界卫生组织专家组实地验收，正式被授予“国际卫生机场”称号，成为全国县级市首个、关检融合后首批、杭州关区内首个国际卫生机场，也是全国第 13 个国际卫生机场。2019 年 9 月 19 日，与杭州萧山国际机场合作设立“异地货站”。

2021 年，义乌机场实际运营地区客运航线 1 条，为义乌至澳门航线；实际运营国际全货机航线 2 条，为义乌至大阪全货机航线及义乌至马尼拉全货机航线。“义乌—大阪”国际货运航线实现每周 7 班常态化开行，2021 年往返航班共计 393 班。依托“义乌—马尼拉”航线，进口水果、冰鲜水产品指定监管场地业务实现零的突破。与宁波机场签约，成为继杭州机场后义乌设立的第 2 个异地货站项目。

2021 年，义乌机场完成旅客吞吐量 167. 73 万人次，货邮吞吐量 1. 42 万吨，保障航班起降 1. 65 万架次，同比分别增长 22. 8%、13. 2%、20. 7%。完成国内货邮吞吐量 9 096. 7 吨，同比下降 5. 1%；完成国际（地区）货邮吞吐量 5 152. 5 吨，同比增长 71. 7%。义乌空运口岸出入境飞机 817 架次，其中出境飞机 409 架次、入境飞机 408 架次；出入境人员 8 729 人次，其中出境人员 4 666 人次、入境人员 4 063 人次；出入境旅客 5 256 人次，其中出境旅客 2 928 人次、入境旅客 2 328 人次。

【舟山空运口岸（舟山普陀山机场）】 舟山普陀山机场位于舟山本岛东南面，地处国家级风景区“海岛生态园”朱家尖岛，距市中心直线距离 16.5 千米，西距著名渔港沈家门仅 1.2 千米（由跨海大桥连接），北邻“海天佛国”普陀山 2.5 千米（由舟山机场出发到普陀山只需 10 分钟）。舟山普陀山机场原名舟山朱家尖机场，于 1995 年 1 月开工建设、1997 年 3 月底建成、8 月 8 日正式通航，1998 年 4 月更名为舟山普陀山机场。机场总占地面积约 200.07 万平方米，拥有 1 条跑道（长 2 500 米、宽 60 米），1 条平行滑行道（长 2 500 米、宽 38 米），2 座航站楼（不含在建的二期国际航站楼），总面积近 2.2 万平方米；机坪面积 9 万平方米；停机位共 16 个（包括廊桥机位 3 个、远机位 13 个）；1998 年 7 月飞行区等级升至 4D 级，能满足 B757 以下的机型起降，2014 年客流量突破 50 万人次，迈入民航中型机场行列。

舟山普陀山机场于 2018 年 1 月获国务院批复同意对外开放，正在抓紧落实对外启用验收工作，其间以临时开放方式保障口岸运行。2021 年，舟山机场国际航站楼二期工程完善楼内布局，设置前置拦截区域，补足标识标牌。该项目汇集海关、边检等职能设施，投运后将是舟山地区国际旅客的空港出入境中心，大大提升机场运营和服务能力，进一步促进舟山航空业、旅游业的发展。

2021 年 2 月 9 日，国家口岸管理办公室复函浙江省口岸办，同意普陀山机场对外开放延期 1 年验收。12 月 15 日，舟山普陀山机场有限公司向舟山市口岸工作领导小组办公室提交关于要求对机场航空口岸对外开放验收的请示。

2021 年，舟山普陀山机场完成旅客吞吐量 148.37 万人次、货邮吞吐量 893.5 吨、保障航班起降 2.3 万架次，同比分别增长 29.98%、下降 29.98%、增长 13.8%。

【宁波水运（海港）口岸】 宁波港地处中国大陆海岸线中部、南北海岸线和长江“T”形结构的交汇点上，是中国大陆著名的深水良港，是中国对外贸易的重要海港口岸。宁波港自然条件得天独厚，内外辐射便捷：向外直接面向东亚及整个环太平洋地区，海上至香港、高雄、釜山、大阪均在 1 000 海里之内；向内不仅可连接沿海各港口，而且通过江海联运，可沟通长江、京杭大运河，直接覆盖整个华东地区及经济发达的长江流域，是中国沿海向美洲、大洋洲等港口远洋运输辐射的理想集散地。1979 年 6 月，国务院正式批复宁波港对外开放。宁波港域共有已开放港区 7 个，分别是甬江港区、镇海港区、北仑港区、大榭港区、梅山港区、穿山港区、石浦港区（临时开放）。截至 2021 年年底，宁波舟山港已与世界上 100 多个国家和地区的 600 多个港口通航，全球排名前 20 位的国际班轮公司都已登陆宁波海港口岸，集装箱航线数量创下 287 条的历史新高，较 2020 年新增航线 27 条，其中“一带一路”航线达 117 条；海铁联运班列增至 21 条，业务辐射全国 16 个省（自治区、直辖市）61 个地级市。

2021 年，宁波舟山港货物吞吐量完成 12.24 亿吨，同比增长 4.4%；集装箱吞吐量完成 3 107.9 万标箱，同比增长 8.2%，成功跻身全球港口年集装箱吞吐量 3 000 万“梯队”。宁波港域货物吞吐量 62 340.1 万吨，同比增长 3.7%。外贸货物吞吐量累计 36 832.0 万吨，同比增长 3.2%。其中，进口 21 637.0 万吨，同比增长 4.2%；出口 15 195.0 万吨，同比增长 1.8%。宁波港域集装箱吞吐量累计 2 937.3 万标箱，同比增长 8.6%。其中，进口 1 145.7 万标箱，同比增长 9.1%；出口 1 275.6 万标箱，同比增长 9.7%；内支线 119.6 万标箱，同比下降 4.4%。宁波海港口岸国际航行船舶出入境 10 800 艘次，同比增长 0.4%，其中外国籍船舶 9 926 艘次，同比增长 0.9%。宁波海港口岸出入境人员 22.1 万人次，同比增长 1.8%。

【舟山水运（海港）口岸】 舟山港地处中

国东部海岸线与长江水道的交汇处，背靠长三角经济腹地，面向太平洋，是东部地区和长江流域重要的对外开放海上门户和通道。1981 年 5 月，国务院批准嵊泗县绿华山和普陀区黄兴岛为外轮海产品交货锚地，同时开放沈家门港为国轮外贸运输港；1987 年 4 月 1 日，国务院正式批准舟山港对外开放，其中沈家门、老塘山为对外开放作业区；1996 年 8 月 20 日，国务院批准岙山原油中转码头对外开放。2014 年 10 月 13 日，舟山群岛国际邮轮港正式开港。2016 年 1 月 8 日，国务院批复同意舟山港口岸扩大开放。舟山海港口岸共有 11 个已开放港区，分别是定海港区、岑港港区、马岙港区、白泉港区、金塘港区、沈家门港区、六横港区、岱山港区、衢山港区、嵊泗港区、洋山港区；还拥有进口粮食、进口冰鲜水产品、进境水果、进口肉类、进口水生动物指定口岸资质和进口澳大利亚肉牛指定隔离检疫场，并设有 20 个保税仓库，其中 16 个油品保税仓库，大豆、水产品和船用配件保税仓库 4 个，出口监管仓 5 个。这标志着舟山口岸核心能力建设跨上一个新高度。2021 年，浙石化、新奥等 6 个重点项目获批口岸临时开放，半岛、宏洲两家企业码头船坞通过浙江省政府对外启用验收；舟山口岸“十四五”扩大开放项目全部纳入《国家“十四五”口岸发展规划》，并且规划首次明确舟山口岸被纳入全国重点水运口岸示范工程。

2021 年，舟山口岸持续保持快速发展态势。以大宗商品进出口为特色的港口实力有效加强，港口货物吞吐量突破 6 亿吨，同比增长 5.1%，其中外贸货物吞吐量 1.93 亿吨，同比增 7.59%，占全港比重进一步加大；港口集装箱吞吐量 170.6 万标箱，同比增长 2.3%，其中进出口集装箱 56 万标箱，同比增长 36.7%；口岸海事服务等产业迎来快速发展期，年度总产出达 350 亿元，同比增长 30%，保税油供应量突破 550 万吨，跃升为全球第六大加油港，外轮供应货值超 30 亿美元，同比增长 30%，约占舟山市出口额的 27%。

【温州水运（海港）口岸】 温州港处于全国海岸线的中间节点，由状元岙港区、乐清湾港区、大小门岛港区 3 个核心港区以及瓯江港区、瑞安港区、平阳港区、苍南港区 4 个辅助港区组成。其中已开放港区 2 个，分别是状元岙港区、瓯江港区。1957 年，温州海港口岸经国务院批准对外开放。1964 年 8 月 27 日，首艘外轮日本“东宫丸”号抵达温州。“十一五”时期，温州港开始由“瓯江时代”向“东海时代”迈进，实现由河口型港向近海深水港、地区性港向沿海枢纽港、集装箱喂给型港向重要支线港发展的三大历史性转变。2014 年 2 月，温州海港口岸扩大开放获国务院批准，这是温州港由“瓯江时代”向“东海时代”全面跨越的重要标志。2014 年 12 月，状元岙港区扩大开放通过国家验收。2021 年 5 月 1 日，“温州—菲律宾”外贸集装箱航线实现首航；7 月 29 日，乐清湾铁路支线乐清湾港区站迎来首趟集装箱海铁联运专列，标志着继宁波舟山港后，浙江省第二条集装箱海铁联运大通道正式开通，温州港浙南集装箱枢纽港地位进一步夯实；11 月 3 日，温州至马尼拉（南港）外贸直航线正式开通，该航线是对温州港已经运营的温州至马尼拉（北港）航线的补充。截至 2021 年年底，温州港已累计开通近洋航线 7 条，温甬内支线达到每周 8 至 10 班，航线网络服务能力得到进一步提升，已逐步成为浙西南、赣东、闽北等地区对外交流的重要海港口岸。

2021 年，温州海港口岸完成进出口货运量 263.7 万吨、进出口集装箱 30.42 万标箱、入出境船舶 1 051 艘次，同比分别下降 32.07%、下降 12.35%、增长 18.7%。

【台州水运（海港）口岸】 台州港位于浙江中部沿海，地处中国海岸带中段，是浙中沿海的水运枢纽，海岸线 745 千米，占浙江省的 28%。2001 年交通部批准台州市港口统一更名为台州港，实现“一城一港”、港城同名的发展格局。台州水运口岸辖海门港区和大麦屿港区。海门港区位于椒江区，1983 年 11 月经国务院批准开展国轮外贸运输业务，1989 年 5 月获国务院批准对外轮开放，1990 年 10 月正式对外开放，有开放泊位5个，最大靠泊等级为5 000吨级。大麦屿港区位于玉环市，2008年4月获国务院批复同意对外开放，2011年9月通过国家验收，12月正式对外开放，港区有开放泊位5个，最大靠泊能力为10万吨级，港区开通至台湾基隆的客货运直航业务（受新冠肺炎疫情影响，2020年1月29日至12月31日暂停客运直航业务），航班每周常态化运行。此外，国务院、浙江省政府曾根据台州对外开放需要，先后批准临海红光液化气专用码头、大陈岛海上水产品交货点2个二类口岸并入台州海港口岸统一管理。2020年7月29日，台州港口岸扩大开放获国务院正式批复同意，扩大开放范围包括头门港区、健跳港区和龙门港区，新增水陆域面积690平方千米。在原有海门港区、大麦屿港区开放基础上，台州港口岸沿海各港区实现全面开放，总开放水陆域面积达970平方千米。2021年12月31日，大麦屿港区是进境水果指定口岸（监管场地）通过海关总署验收，正式获批。

2021年，台州海港口岸外贸货物吞吐量创历史新高且品种增多。经历了两年多的低谷，2021年年初，外贸货物吞吐量开始回升，且一直处于高位。全年共完成外贸货物吞吐量1 146.4万吨，同比增长103.8%，吞吐量和增速齐齐创下历年来新高。其中，主要货种为华能电厂的外贸进港电煤，完成吞吐量897.7万吨，占全港外贸吞吐量的78.3%，同比增长104.6%；其次是外贸箱，共完成吞吐量166.0万吨，占全港外贸吞吐量的14.5%，同比增长68.7%。自2021年3月开始，大麦屿港区陆续新增外贸水泥、钢材、矿建和木材，台州港外贸货种日渐丰富，全年共完成82.7万吨，占全港外贸吞吐量的7.2%。2021年，全港完成集装箱吞吐量55.1万标箱，同比增长9.4%，较2019年增长28.7%，两年平均增速为13.5%。其中，完成内贸箱37.3万标箱，同比减少2.2%；完成外贸箱17.8万标箱，同比增长45.4%。大麦屿港区对台湾海上货运直航完成80航次，同比减少11.1%；集装箱吞吐量12 024标箱，同比增长236.9%。

【嘉兴水运（海港）口岸】 嘉兴港（原名乍浦港），位于浙北地区的杭州湾北岸，地处沪、杭两市中间的嘉兴市境内，是浙江北部唯一的出海门户，是全国海河联运主要港口之一，毗邻上海浦东，陆上距上海95千米、杭州117千米、嘉兴43千米，海上距上海122海里、洋山港区53海里、宁波港74海里。嘉兴港自东向西由独山、乍浦、海盐三大港区组成。其中，乍浦港区1993年3月经批准开办国轮外贸运输业务，1994年5月获批临时接靠外国籍船舶，1996年1月经国务院同意对外国籍船舶开放，2001年4月正式通过国家验收对外开放。2014年12月24日，国务院批复同意乍浦港口岸更名为嘉兴港口岸并扩大开放独山、海盐港区。2016年11月25日，嘉兴港口岸扩大开放通过国家验收，基本实现全港对外开放（除乍浦港区九龙山区域）。2021年1月27日至28日，乍浦港区D6、D9、D10、D11和独山港区A4等5个万吨级码头泊位通过了浙江省政府组织的对外启用验收，并于2月2日获得省政府批复正式对外开放，解除了腹地独山能源等百亿项目的进口原材料断供致停产的危机，大幅扩宽了嘉兴市开放型经济口岸通道。截至2021年年底，嘉兴水运口岸共有28个泊位对外启用。2021年，嘉兴港新开辟“嘉兴—胡志明”“嘉兴—海参崴”2条国际集装箱直航航线，完成中国（浙江）自由贸易试验区首次中资非五星旗船沿海捎带业务，为外向型经济发展注入了新动力。

2021年，嘉兴海港口岸完成货物吞吐量12 690.80万吨，同比增长8.33%，集装箱完成222.19万标箱，同比增长13.61%；外贸货物吞吐量完成1 437.87万吨，同比下降3.04%，其中，进口货物吞吐量为1 035.39万吨，同比减少5.31%，出口货物吞吐量为402.48万吨，同比增长3.32%；外贸集装箱完成45.18万标箱，同比增长9.56%，其中，进口集装箱13.66万标箱，同比减少5.31%，出口集装箱31.52万标箱，同比增长17.56%。从进出口货物情况看，嘉兴港水运口岸外贸货物以进口为主，出口货物以集装箱运输为主。

宁波市

【口岸运行主要数据】 2021年，宁波口岸进出口贸易额累计3 177.1亿美元，同比增长32.6%，占全国进出口总额的比重为5.25%。其中，进口913.0亿美元，出口2 264.1亿美元；贸易顺差1 351.1亿美元，同比扩大21.1%。异地（除宁波市以外）企业在宁波口岸进出口1 909.6亿美元，占口岸进出口额的60.1%，较2020年提升0.7个百分点。其中，在浙江省内10个地市（除宁波市以外）中，金华、台州、杭州、绍兴等传统口岸腹地企业进出口额体量相当，依次为223.1亿美元、220.6亿美元、208.9亿美元、206.0亿美元，四地合计占宁波口岸省内异地进出口额的73.6%；衢州、嘉兴、金华等地企业进出口额增速位列前3位，同比分别增长52.1%、38.6%、32.2%。

2021年，宁波港域货物吞吐量62 340.1万吨，同比增长3.7%。外贸货物吞吐量累计36 832.0万吨，同比增长3.2%。其中，进口21 637.0万吨，同比增长4.2%；出口15 195.0万吨，同比增长1.8%。宁波港域集装箱吞吐量累计2 937.3万标箱，同比增长8.6%。其中，进口1 145.7万标箱，同比增长9.1%；出口1 275.6万标箱，同比增长9.7%；内支线119.6万标箱，同比下降4.4%。宁波海港口岸国际航行船舶出入境10 800艘次，同比增长0.4%，其中外国籍船舶9 926艘次，同比增长0.9%。宁波海港口岸出入境人员22.1万人次，同比增长1.8%。

2021年，宁波空运口岸出入境航班累计2 128架次，同比下降26.8%。其中，出境969架次，同比下降28.7%；入境1 159架次，同比下降25.2%。出入境旅客4.7万人次，同比下降70.5%。其中，国内旅客4.0万人次，同比下降70.2%；港澳台地区旅客0.6万人次，同比下降66.8%；外国籍旅客0.1万人次，同比下降84.6%。宁波机场共完成货邮量（不含行李）11.27万吨。其中，国内6.14万吨，同比下降16.1%；国际和地区4.42万吨，同比增长14.1%。

【精心谋划口岸发展新蓝图】 一是抓好口岸“一盘棋”。宁波市市长裘东耀主持召开2021年宁波市口岸协调委会议和反走私综合治理工作联席会议，有力推动口岸各单位发挥职能优势，强化责任担当，与区域发展同频共振，服务浙江省高水平开放高质量发展。二是制定行动纲领。编制实施《宁波口岸发展“十四五”规划》和《宁波市推进世界一流口岸建设行动方案》，启动六大行动（口岸强基行动、营商优化行动、数字赋能行动、产业提质行动、治理创新行动、品牌铸造行动），提升六化水平（口岸开放国际化、口岸服务一体化、口岸管理数字化、口岸经济规模化、口岸治理现代化、口岸形象品牌化），打造具有全球影响力、辐射力、品牌力的世界一流口岸。三是出台宁波口岸首部法规。立足长远发展，出台《宁波口岸管理和服务实施细则》，推动宁波口岸工作系统化、法治化、规范化。

【口岸开放】 海港口岸方面。完成象山石浦新港码头临时开放工作和梅山6~7号泊位临时对外启用的延续工作，象山新港码头突破国家临时开放5年限期获批延续；梅山6~7号泊位自2020年4月15日获批临时启用。支持梅山8号、穿山1号开展内支线业务，支持穿山1号泊位和象山扩大开放工作，穿山1号泊位临时开放和扩大开放实施“双轨制”并行申报，象山港港区和石浦港区扩大开放、穿山1号泊位扩大开放申报工作正有序推进。支持台塑、亚洲浆纸等企业码头通过“一船一议”开展临时靠泊，满足企业大型生产设备、特种设备进出实际需求。

空运口岸方面。新开至越南胡志明、印度尼西亚雅加达、匈牙利布达佩斯等货运航线，国际货运航线网络进一步完善。稳定运营的货运航线共6条，分别为顺丰深圳、香港、台北B737航线，康尼航空B747美洲航线、金鹏航空大阪至宁波B737航线，中货航B747法兰克福航线。

邮路口岸方面。加强空海陆邮口岸联动，打通宁波关区首个公路运输跨境电商出口业务。全省首张经营国际业务快递许可落户宁波。宁波快递企业在全国率先打通集装箱海运到美国西海岸的报关、运输、落地配全环节，月均出口快件10万票，快件铁路出口到“一带一路”沿线14个国家和地区，实现了航空货运、集装箱海运、邮铁联运的多模式“出海”。

【打造口岸营商环境示范高地】 截至2021年年底，宁波口岸进出口整体通关时间大幅压缩，海运方式进口26.67小时、出口0.8小时，较2017年基数分别压缩84.94%和97.13%，压缩幅度较2020年提升4.68个和6.81个百分点。出口通关时间首次跃升长三角第一，实现进、出口通关效率全面领跑长三角。

2021年，在国家发展改革委开展的全国营商环境评估中，宁波市“跨境贸易”指标在全国98个参评城市中名列第7位（上轮评比在40个参评城市中名列第12位），首次进入全国营商环境评估单项标杆城市行列。据《2021新华·波罗的海国际航运中心发展指数报告》排名，宁波舟山首次跻身全球航运中心城市综合实力前10强，较2015年排名上升了13位，较2020年排名上升1位。

系统谋划，强化专项行动组织领导。制定出台《2021年宁波打造口岸营商环境示范高地工作措施》，组织召开促进跨境贸易便利化专项行动暨打造口岸营商环境示范高地动员部署会，开展宁波口岸第4轮跨境贸易便利化专项攻坚行动，打造口岸营商环境示范高地。实行专班化运作，改革攻坚协同推进。畅通政企沟通渠道，扩大惠企政策宣传、培训覆盖面。加强各项工作措施落实的检查和评估，定期编制工作简报，交流工作经验和工作做法。

持续深化通关模式改革创新。关检深度融合，实现查验指令“一次下达、一次作业”。出口货物“提前申报、运抵验放”通关模式全面实施，“两步申报”改革试点稳步推进。进口货物“船边直提”、出口货物“抵港直装”作业模式不断完善，实现车船直连，免去货物港区堆存与多次装卸环节。推动口岸通关环节“减单证、优流程、提时效、降成本”，并由“串联”向“并联”模式转变。

口岸服务效能再上台阶。口岸经营服务企业场内转运、吊箱移位、箱和货方提箱等作业时限公示制度更加完善，接受社会各界监督。海事、海关、边检国际航行船舶联合登临检查机制更加完善，船舶“联合登临”检查召集时间压缩到2小时以内。进出口环节的监管证件由86种减少到41种。边检“上下外国船舶许可”“船舶搭靠外轮许可”实现“一站签发，全域通用”。进口矿产品实施“先验放后检测”检验监管模式，关税保证保险等多元化税收担保实现货物“先放行后缴税”。口岸通关“日清”工作机制在口岸各部门普遍推广应用。

口岸通关综合成本阳光透明。口岸收费公示制度不断完善，政府性基金及政府定价，海关、海事、港口、机场、船代、堆场仓库、货代等收费目录清单在中国（宁波）国际贸易单一窗口上公示公开，口岸收费更加规范化、阳光化。稳步推进免除海关查验没有问题配套费用试点，2021年，累计免除企业费用近5 000万元。据北京容库贸易安全及便利化研究中心调研结果，宁波口岸进、出口集装箱合规成本在全国主要水运口岸中处于较低水平。

积极应对跨境物流缺舱缺箱问题。1月8日，宁波市政府办公厅下发《关于做好当前跨境物流缺舱缺箱问题应对工作的若干意见》，从增加航线运力、保障空箱供给、稳定运价箱价、加快集装箱周转等10个方面，破解当前航运市场“一箱难求”问题。同日，宁波市政府召开做好应对当前跨境物流缺舱缺箱问题专题工作动员部署会。会后仅1个月，进口外贸空箱增加16万标箱、新增靠泊进口空箱加班船20艘、新增本地制造空箱5.34万标箱，为国际供应链、物流链稳定发展提供保障，赢得先机。2021年，宁波舟山港全年空箱供给超754.8万标箱，同比增长23.1%。

【深入开展口岸合作】 加快口岸城市群合作，加强区域协调和部门联动，重点推动与成都、重庆等长江经济带沿线城市口岸合作，深入开展沪甬、杭甬、甬舟等长三角城市和省内口岸协作。一是唱好杭甬口岸“双城记”。杭甬两地口岸主管部门主导，两地海关全面参与，海事、边检、港口、机场和相关市级部门共同推进的跨境贸易便利化“2+2+X”合作推进机制持续完善。杭甬跨境贸易便利化课题研究深入推进。杭甬两关联合开展2021年促进跨境贸易便利化专项行动，协同推进“两步申报”“两段准入”等通关模式改革，强化关际执法协作，开通绿色通道，稳定企业进出口通关预期；优化杭甬两关货物转关作业，实施进口“水水中转”自动审放，免去商业封志完好的铁路、水路转关货物的施封作业，推广安全智能锁应用，扩大转关自动核销覆盖范围，实现转关业务办理“无纸化、网上办”。二是积极参与长三角一体化。积极参与长三角区域海关查验作业一体化试点工作，按照海关总署统一部署，对符合条件的试点企业和特定货物，在长三角区域内允许货物流转至目的地实施查验。积极贯彻落实国家移民管理局出台的服务促进长三角区域航运枢纽10项新举措。三是积极推进甬舟一体化。实施宁波舟山港交通流组织一体化，统筹港内外的锚地、航道、码头资源，科学组织船舶进出，提升通航效率。“引航一体化”针对甬舟跨辖区作业船舶，指导两地引航站统一引航规则，在保障船公司船期的同时，节省了船舶的引航成本，彻底解决“一船两引”问题。“拖轮经营一体化”改革试点启动，促进信息互通互联，扩大企业经营范围，两港域之间的拖轮整合调度解决了区域性、偶发性拖轮短缺时难以调度的困难。

【宁波国际贸易“单一窗口”建设】 升级推广“单一窗口”标准版。积极对接落实国家“单一窗口”标准版试点推广任务，在确保3项主要申报业务（货物、舱单、运输工具）应用率100%的基础上，申请新项目的试点，提升其他申报业务应用率。一是推广各类许可证件申领功能。新上线进口许可证申领、“麻醉药品进出口准许证”和“进口医疗器械备案注册证”等33种监管证件在线办理和企业自主打印。二是推出进口信用证相关国际结算服务功能，增加现行主流国际结算方式，扩大国际结算的产品范围。三是推广海关出口原产地证书相关系统切换。生产企业通过该平台完成企业备案及产品预审后，即可进行海关原产地证书录入和申报，进一步提升原产地综合服务平台对外服务能力。四是上线“掌上单一窗口”App，为广大进出口企业提供货物通关、个人通关、状态订阅推送等“一站式”业务查询和办理服务，使企业实时掌握通关状态，随时随地办理业务，进一步提升用户体验。

持续完善宁波“单一窗口”地方特色版建设。一是全面完成2019年宁波“单一窗口”建设项目。包括：“单一窗口”门户及认证标准化、口岸收费公示查询及评价系统、单一窗口公共服务平台（移动端）、单一窗口可视化系统、水运口岸集装箱通关物流全程评估、通关信息综合查询辅助功能、宁波海关空箱检查辅助系统（企业端、审批端）、宁波海关政务办公统计调查系统、海事通关货物风险稽核系统改造升级、宁波重庆“单一窗口”互通，共10个项目。二是上线“单一窗口”长三角专版。通过多次业务交流、技术研讨，与浙江、上海等地沟通与交流，完成了长三角国际贸易“单一窗口”专区门户的设计，主要包括“我要查询”、业务办理、数据看板和新闻资讯等功能，完成了与浙江、上海进行接口联调测试。长三角专区已经在宁波国际贸易“单一窗口”正式上线试运行。三是推进“单一窗口”自贸区版块建设。通过试点经验复制推广，实地调研、需求征集，系统集成等方式，完成宁波“单一窗口”自贸服务版块门户试运行，主要内容包括走进自贸区、新闻资讯、办事服务、信息公开和互动交流五大模块，提供出口退税、金融服务、通关物流可视化、电子地图、收费公示及运价指数查询等六大功能，覆盖物流服务、贸易服务、金融服务三大领域。

【完善口岸监管服务体系】 出台口岸管理服务规范文件，推动口岸规范化建设。宁波市首部口岸管理和服务领域行政规范性文件《宁波市口岸管理和服务实施细则》，于 2021 年 6 月 20 日起正式实施。该细则对口岸开放管理、口岸信息化建设、口岸营商环境优化、口岸综合服务、口岸高质量发展促进保障机制 5 个方面工作进行规范，同时，对口岸开放规划编报、口岸开放年度计划编报、口岸开放前置程序办理、口岸开放（扩大开放）办理、口岸验收办理、口岸临时开放办理、口岸临时对外启用办理等具体作业流程进行细化。该细则具有较强的实操性和明显的宁波辨识度，有助于宁波市口岸管理和服务的规范化和法治化建设。

完善口岸监管服务。通过前置服务、后续监管、信息共享、执法合作等手段，引导口岸通关环节和手续前推后移，减少实货等待，改“串联”流程为“并联”流程。简化监管证件和随附单证、证明文件，推动进出口环节涉及的监管证件（除涉密等特色情况外）通过国际贸易“单一窗口”一口受理和自主打印，推进电子版“入境货物检验检疫证明”的跨部门合作和电子证明信息共享。推动口岸跨部门联合检查。探索整合两仓功能，支持国产船用燃料油供应国际航行船舶业务发展。创新二手车出口的监管、政策和服务体系，建立适应二手车出口特点的检测、报关、仓储物流、金融信保等配套服务体系。

完善新型智控平台。一是共建边检海上智能管控平台。深化完善情报信息共享机制，共享海域精密智控平台等系统权限，结合边检及公安实际工作职责，充实完善海上精密智控平台功能模块及数据覆盖范围，进一步拓展扩大管控触角，实现国际海员闭环管理。二是共同研发智慧海员 App。宁波边检与市反恐支队互通数据资源，共同研发海员智能管控 App，全面涵盖海员证件资料、生物特征等重要信息，实时掌握海员入境后轨迹跟踪核查，及时发现相关可疑人员。

开展口岸领域企业信用评价。2 月 25 日，宁波市发布口岸领域企业信用评价结果。此次评价企业总量 2 147 家，同比增长 16.2%，其中 A 类企业为 181 家，同比增加 15 家，B 类企业为 675 家，C 类企业 1 212 家，D 类企业 42 家，E 类企业 37 家。开展口岸领域企业信用评价，旨在揭示社会主体信用优劣，整合全社会力量褒扬诚信、惩戒失信。宁波口岸领域信用应用监管场景入选浙江省信用数字化改革应用场景十大示范案例。

【创新海关特殊监管区域管理制度】 2021 年，宁波口岸抓住中国（浙江）自由贸易试验区扩区的机遇，争取在国际海运货物装卸、海运集装箱站和堆场业务等多个领域扩大开放。探索境内关外制度，在国际集装箱中转、集拼、捎带等方面取得突破，争取境内外旅客购物离境退税试点。一是推进综合保税区高质量发展。推进国务院关于促进综合保税区高质量发展的政策在宁波落地，推进综合保税区率先复制推广自由贸易试验区改革试点经验。宁波保税区在全国 134 个综合保税区考评中名列 11 位，位居浙江省第 1 位。对照海关总署关于综合保税区的发展绩效评估反馈报告，指导园区制订赶超计划，补齐短板。围绕建设“五大中心”，明确各综合保税区重点工作任务，努力打造在全球有竞争力的加工制造中心、物流分拨中心、研发设计中心、检测维修中心和销售服务中心。二是推进开发区创新提升发展。强化经济开发区外向型经济发展导向，加强对开发区利用外资的指导和督查，提升开发区在宁波市利用外资的比重；制定国家级开发区发展绩效评估办法，推进开发区高质量发展；推进宁波市经济开发区在全国、浙江全省综合考评中争先进位，宁波经济技术开发区在全国 218 个国家级经济开发区综合考评中处于第一方阵（第 21 位），且在浙江省 21 个国家级经开区名列第 2 位。三是深化自由贸易试验区改革试点经验的推广复制工作。国务院及国家部委发布推广的 278 条改革试点经验，已在宁波复制推广 219 项，暂未复制推广 59 项（含因国家政策变化、特定区域限制及客观条件限制等难以复制的 7 项及近期国家发文推广的 18 项），已复制事项较 2020 年增加 16 项。四是推进经济开发区的整合提升工作。深入落实浙江省委省政府《关于整合提升全省各类开发区（园区）的指导意见》，做好宁波市开发区的整合提升工作，指导经济开发区制订整合提升方案，做强做大开放平台。宁波市经济开发区整合提升方案经浙江省、宁波市政府批准后正式实施。落实浙江省委省政府关于建设浙江共同富裕示范区文件精神，推进宁波市开发区与山区26个县开放平台共建工作，宁波石化经济技术开发区与丽水经济开发区、慈溪经济开发区与常山经济开发区等一批园区建立合作关系。

【推进口岸智慧监管】 海关智慧监管。一是推进机检智能审图应用及先期机检试点，开展智能审图算法分类部署试点，评估梳理2种拦截商品、276种商品作为商品目录；推进出口货物先期机检试点，通过大数据应用分析实现选箱、获取过机图像、智能审图筛查等；提升机检查验效能，机检报关单、集装箱的查验比率为51.63%、51.93%，有效识别商品覆盖率55.73%。二是推进口岸监管业务数字化改革，完善智慧物流监管模式，加强图像识别、5G等新技术应用，扩大智能施封作业覆盖面，全面推广转关货物自动核销范围，继续推进转关审放自动化；推进智慧查验监控指挥中心建设，打通与港务、场站等系统的数据交互，实现自动预警提示功能；推进甬义物流一体化监管项目建设，提升智能化应用水平。三是推动快邮监管改革有序发展，应用智能CT机和X光机、人体扫描检查仪等先进设备，提升行李物品查验能力。支持国际邮件互换中心二期项目建设，加强配套科技项目开发力度，提升宁波邮路口岸综合竞争力。

海事智慧监管。一是做好港口国监督“远程检查”工作。为避免近距离检查接触导致疫情传播风险，持续开展国际航行船舶远程港口国监督检查。首次远程滞留低标准外轮，及时就滞留缺陷开具等事项进行复盘回顾，为后续完善远程“非接触式”港口国监督检查，提升宁波港域水上交通安全打好基础。二是开展“深蓝智享”三期软件功能建设。继续在展示端、管理端和移动端融合分析海事监管数据，累计上线“一处全景”、船籍港管理、沿海航路等6个新场景，开发船长首次抵港、航道内违章锚泊、智能自定义区域预警等12个新风控中心逻辑，提供船舶聚合、综合查询、移动端证据采集3个新辅助工具，优化预警预控、防台管理、区域流量统计等7个已有功能，提供全方位、深层次、精细化的海事数据“新服务”。三是优化“一处全景”场景功能。进一步以各基层海事部门为单位提供管理端和展示端数据分析服务，从船舶作业计划、海事监管服务动态、辖区感知设备等维度提供决策支持。在“预警预控”优化后的场景中，支持对在港船舶、公司、代理、码头等动静态目标发送安全提醒短信和监测送达、回复情况，首次实现恶劣气象预警短信点对点闭环管理，进一步强化短信提醒的覆盖面、及时性和有效性。持续提升远程感知能力，成功接入4个超视距视频监控，并首次在中界山测试太阳能监控点位，完成港口拖轮移动监控点位的接入工作。

边检智慧监管。一是打造边检大数据“五平台”。通过打造“宁波片核心通信平台”、完善“情指勤舆”一体化指挥平台、建立“数据研判中心平台”、升级“智能大数据监控平台”、构建“锚地监管天眼平台”，实现情报信息、技术手段、数据资源的科学整合，提升口岸案件查缉案件效能，打造全方位数据化、智能化口岸管控模式。二是“登轮码”提高作业效率。“登轮码”系统在浙江省海港口岸运行顺畅，充分发挥信息化优势，在助力企业复工复产、强化疫情防控方面作用凸显。国家移民管理局在长三角“登轮码”先行先试的基础上，自2021年12月10日在全国海港口岸推广使用“登轮码”，为全国海港口岸阻击境外疫情提供“宁波方案”。

【积极打造口岸经济新引擎】 一是招大引强有新成果。《宁波市人民政府 中国海事仲裁委员会战略合作框架协议》经宁波市政府常务会议审议通过。吸引挪威船级社、利比里亚船旗国、中国海仲（浙江）、知名海事法律服务律所安杰、航运界、德路里、中国船舶工业行业协会、大连海事大学校友会等8家机构设立分支。二是海丝指数有新拓展。海上丝路指数体系继续完善，中国—中东欧国家贸易指数在中东欧博览会上发布。航运大数据中心项目初步建成，新增数据 1.1 亿条，累计数据超 17 亿条。集聚区企业运行监测平台于 2021 年 2 月上线。三是大型活动有新措施。首届港航创新创业大赛成功举办，初赛（含 106 个项目）、复赛（含 30 个项目）已通过线上方式举办，为提升宁波市航运科技化、数字化水平提供市场风向标。

2021 年浙江省口岸大事记

1 月 6 日—7 日

浙江省政府办公厅（浙江省口岸办）在温州、台州组织开展 2021 年度浙江国际贸易“单一窗口”功能提升专题调研。

1 月 8 日

宁波市政府办公厅下发《关于做好当前跨境物流缺舱缺箱问题应对工作的若干意见》。同日，宁波市政府召开做好应对当前跨境物流缺舱缺箱问题专题工作动员部署会。

1 月 12 日

杭州海关、宁波海关签署《杭州海关 宁波海关支持宁波舟山港打造世界一流强港备忘录》。浙江省政府副省长朱从玖、副秘书长高屹出席签订仪式。

1 月 15 日

装载 90 标箱出口货物的 81942 次“达飞号”海铁国际多式联运专列从铁路义乌西站启程驶往宁波舟山港。这标志着达飞轮船海铁专列从“一月一班”成功升级为“一周一班”。达飞轮船成为首个入驻义乌铁路口岸开行周海铁专列的船公司。

1 月 19 日

义乌机场开通“义乌—澳门”航线。下午 5 点 10 分，从澳门起飞的 NX168 航班平稳降落在义乌机场。义乌机场用“过水门”方式迎接首航航班，并举行了首航仪式。

1 月 20 日

葡萄牙籍散货船“海恩”（Hannes Oldendorff）轮，在舟山衢山临时锚地完成价值 77 万美元的油、水、货等综合补给后离开。这是舟山港域开辟北部港区供油锚地后的首单综合供应业务。

1 月 22 日

义乌快件（跨境）监管中心完成 eWTP 数字清关首单业务，标志着 eWTP 数字清关项目正式落地。

同日

“新明州 18 轮”集装箱船顺利完成装船作业驶离嘉兴港务乍浦港区 D4 泊位，标志着“乍浦—越南”集装箱航线首航成功。

1 月 28 日

嘉兴港乍浦港区 D6 等 4 个万吨级泊位及独山港区新建的 A4 化工散货泊位共 5 个万吨级泊位，顺利通过浙江省政府组织的对外启用验收。

2 月 8 日

泰国越捷航空普吉—宁波—曼谷 A321 客改货航线开通，这是宁波机场 2021 年新开通的第一条客改货航线。

2 月 9 日

义乌市首辆出口二手车搭乘“义新欧”班列从义乌西站出发，驶往吉尔吉斯斯坦首都比什凯克市，这是义乌成为全国第二批二手车出口试点地区之后的首单二手车出口业务。

2 月 25 日

宁波市发布口岸领域企业信用评价结果。此次评价企业总量 2 147 家，同比增长 16.2%，其中 A 类企业为 181 家，同比增加 15 家，B 类企业为 675 家，C 类企业 1 212 家，D 类企业 42 家，E 类企业 37 家。

2 月 28 日

“杭州—伦敦”客改货包机航线开通运营，

由 A330-300 机型执飞，每周三班。这是 2021 年杭州机场开通的首个洲际定期包机航班。

3 月 2 日

义乌机场开通义乌往返马尼拉全货机航线，开辟了义乌至东南亚的空中货运通道。

同日

杭州萧山国际机场开通杭州—首尔全货机定期航线。

3 月 3 日

杭州萧山国际机场开通杭州—大阪全货机定期航线。

3 月 4 日

浙江半岛船业有限公司及舟山市宏洲船舶修造有限责任公司两家企业码头船坞通过浙江省政府组织的对外启用验收。

同日

浙江省副省长朱从玖一行到宁波海关考察调研。

3 月 8 日

中国（浙江）自由贸易试验区舟山管委会与上海市交通委员会正式签订了《保税船用燃料油一体化供应协议》，标志着长三角港口海事服务一体化迈出坚实步伐，取得重要阶段性成果。

同日

宁波机场开通东方航空宁波—雅加达 A330 客改货航线，进一步促进了“一带一路”沿线的航空物流发展。

3 月 9 日

亚太地区港口国监督谅解备忘录组织以内部通函和新闻发布形式宣告，由中国牵头制定、浙江海事局具体承担的《远程港口国监督检查指南》获得一致通过，并将于 4 月 1 日起正式在亚太地区 21 个成员方实施。

3 月 10 日

杭州机场新增东航“杭州—洛杉矶”客改货定期航班，这是杭州机场 2021 年新增的首条至美洲的洲际货运航线，也是首次保障以拆除客舱座椅方式载货的客改货航班。

3 月 17 日

首批 6 个标准箱进境肉类产品由舟山口岸进境后，顺利转关运输至北仑口岸的进口肉类指定监管场地。该项业务的开展是杭甬两关支持宁波舟山港打造世界一流强港建设的重要举措之一，将有效促进甬舟码头等宁波舟山港域各集装箱码头指定监管场地的资源共享，提升宁波舟山港的货物集聚能力。

同日

义乌铁路口岸（临）顺利完成“中欧+海铁+海运”多式联运转口贸易首单业务，标志着“义新欧”中欧班列国际中转海铁联运新通道正式开启，回程班列业务也从单一的进出口贸易模式向转口贸易模式转变。此次首单业务涉及的 39 个集装箱，先通过“义新欧”回程班列到达义乌铁路口岸，再转至义乌 B 型保税物流中心，在换箱、转关后再采用海铁联运的方式发运至宁波舟山港，随后通过海运运至东南亚。

3 月 22 日

首批共计 10 个标准箱的天然橡胶混合物从宁波进境后，采用“全程转关模式”由内支线船舶经嘉兴中转至湖州。该业务模式是宁波海关支持宁波舟山港打造世界一流强港建设的重要举措之一，将有效促进浙江省内沿海支线港口和内河港口的发展，助力打造浙江省内“一体两翼多联”运输格局。

3 月 23 日

浙江省召开口岸工作领导小组电视电话会议，全省各设区市政府、省级有关部门和企业等 40 余家单位参加会议。会议由浙江省政府副秘书长高屹主持，副省长朱从玖参加会议并做重要讲话。会上传达了海关总署促进跨境贸易便利化专项行动部署会和中国口岸管理办公室主任电视电话会议主要精神，回顾总结了 2020 年全省口岸工作，分析浙江省口岸工作面临的形势和任务，并研究部署今后一段时期全省口岸工作特别是推进跨境贸易便利化重点工作。

3 月 31 日

海关总署等八部委组成国家联合验收组，采用视频会议方式一致同意温州综合保税区（一期）通过正式验收。

4 月 2 日

浙江电子口岸在浙里办上线“通关+e 物流”查询服务，实现通关、港口物流状态“一指查”。

4 月 12 日—14 日

全国人民代表大会常委会副委员长、中华全国总工会主席王东明率调研组在浙江调研建设现代综合交通运输体系工作。12 日，调研组一行到杭州萧山国际机场三期工程 T4 航站楼主楼施工现场察看工程建设进展情况，对机场建设现代综合交通运输体系所做的工作给予充分肯定。

4 月 14 日

在宁波海事局政务中心，首艘办证船舶“联合 17”轮成功完成证书变更，成为全国首个“融合线上线下业务、外并不同领域政务、内串受理审批流程”的跨行业海事政务服务机制。

4 月 16 日

宁波舟山港穿山港区集装箱码头工程顺利通过竣工验收，标志着全球第二大单体集装箱码头完成最后一块“拼图”，宁波舟山港第一个“千万级 TEU”集装箱泊位群全面建成。

4 月 20 日

满载集装箱的钱江货 00359 班轮从杭州富阳东洲国际港码头起航，驶向嘉兴乍浦港，标志着浙江省首条内河外贸集装箱精品航线正式开通。

同日

交通运输部海事局局长曹德胜在宁波召开全要素水上“大交管”工作推进现场调研座谈会。

同日

搭载着 800 千克菠萝的 YG9050 国际货运航班从菲律宾马尼拉国际机场顺利飞抵义乌机场，该批货物是义乌进境水果指定监管场地获批后，首次以海外直采、产地直达模式引进的进口水果。

4 月 21 日

交通运输部海事局局长曹德胜到浙江海上智控平台建设现场指导平台建设工作。

4 月 25 日

宁波市口岸协调委员会印发《宁波市推进世界一流口岸建设行动方案》，明确以围绕平安、效能、智慧、法治、绿色“五型”建设世界一流口岸。

同日

宁波海关顺利完成杭甬两关首票出口全程转关业务，标志着杭甬两关已全面畅通进出口双向多程运输，并实现浙江全省多次中转货物海关监管手续的一次办理，有效助力宁波舟山港拓展支线港口和内河港口、打造浙江省内“一体两翼多联”运输格局。

同日

海关总署党委书记、署长倪岳峰在署会见浙江省委副书记、省长郑栅洁。双方就浙江省数字化改革工作、宁波舟山港建设、开放平台建设、自由贸易试验区改革创新、支持中国—中东欧国家博览会等事项交换意见。

4 月 26 日

浙江省口岸办组织召开上海市商务委员会来浙调研长三角国际贸易“单一窗口”合作共建工作座谈会。

4 月 27 日

中国—中东欧国家海关信息中心在宁波揭牌，中国—中东欧国家海关信息中心网站同步上线运行。海关总署副署长王令浚，宁波市委副书记、市长裘东耀，外交部中国—中东欧国家合作事务特别代表霍玉珍，匈牙利驻华大使白思谛出席活动并致辞。

同日

杭州机场新开至澳大利亚悉尼客改货定期航线，“杭州—悉尼”航线是杭州机场开通的首条至澳大利亚的洲际货运航线。

5 月 11 日

越南航空开通宁波—胡志明 A321 客改货航线。这是新冠肺炎疫情以来，越南航空在华东地区开通的首条往返胡志明的货运航线。

5 月 12 日

义乌—宁波舟山港穿山港区海铁联运班列首趟班列在义乌西站发车，这是中远海运集团在义乌启运的首趟全程提单光伏专列。

5 月 13 日

国家发展改革委公布《2021 全国营商环境报告》，宁波市“跨境贸易”指标名列第 7 位，首次进入全国营商环境评估单项标杆城市行列。

5 月 19 日

宁波市人民政府印发《宁波市口岸管理和服务实施细则》，这是宁波市首部全面性、系统化的口岸管理和服务领域行政规范性文件。

5 月 24 日

中共中央政治局常委、国务院总理李克强考察宁波舟山港。他强调，要坚持以习近平新时代中国特色社会主义思想为指导，落实党中央、国务院决策部署，贯彻新发展理念，进一步推进改革开放，增强市场主体活力，积极应对国内外环境变化，推动经济稳定向好。李克强说，要高度关注世界经济周期性变化以及国际大宗商品价格波动，坚持扩大开放，进一步推动通关便利化，更好融入国际市场，开展自由公平贸易，更有效利用两个市场、两种资源。他要求发挥好宁波舟山港区位、航道和江海联运等优势，抓紧下好优化布局这盘棋，用市场化办法做好大宗商品进口、储运、交易，增强应对未来世界经济周期性波动、稳定产业链供应链的能力。

5 月 26 日

宁波栎社国际机场开通宁波往返匈牙利布达佩斯货运航线，也是宁波机场首条直达中东欧国家城市的货运航线。

5 月 27 日

国泰航空 CX961 航班搭载着 158 名旅客，177 件托运行李从杭州机场出发前往香港。这是新冠肺炎疫情以来杭州机场复航的首条香港航线，也是国泰航空在杭州机场开通的首条航线。

6 月 1 日

浙江省政府副秘书长高屹赴浙江电子口岸有限公司调研，围绕落实浙江省委省政府关于数字化改革和推进全省数字口岸一体化的相关精神，专题研究中国（浙江）国际贸易单一窗口和浙江电子口岸下一步工作。

同日

金义综合保税区（二期）顺利通过杭州海关等八部门联合验收。至此，金义综合保税区顺利完成全域验收。

6 月 7 日

第五届中国—中东欧国家海关检验检疫合作对话会在宁波举行。此次对话会的主题为“以‘智慧海关、智能边境、智享联通’合作促进贸易安全和通关便利”，通过“线上+线下”的方式，围绕深化海关贸易安全和通关便利化合作、加快中东欧农食产品输华准入进程等议题进行交流和研讨，旨在深化中国与中东欧国家海关、检验检疫、农业、食品等部门的合作。会上，首次发布中国—中东欧国家贸易指数。

6 月 8 日

海关总署主办的首次中国—中东欧国家动植物卫生和食品安全（SPS）工作组会议在宁波召开。

6 月 15 日

宁波机场 T2 航站楼口岸出境免税店通过海关验收正式营业。营业首日，共销售免税品 10 件、销售金额 1 444 元。

6 月 16 日

满载着 100 个标箱货物的 X8022 次“义新欧”中欧班列从义乌启程开往俄罗斯莫斯科，这是 2021 年第 1 000 列“义新欧”中欧班列，较 2020 年的第 1 000 列提前了 4 个月。

6 月 18 日

浙江省首家 LNG 保税仓库正式通过宁波海关验收。该保税仓库经营企业为中海浙江宁波液化天然气有限公司，总罐容 16 万立方米。

同日

一批从菲律宾进口的石斑鱼由马尼拉启程直

飞义乌，在义乌铁路口岸冰鲜水产品指定监管场地完成清关，标志着浙中地区冰鲜水产品进口业务实现了从无到有的零突破。

6 月 22 日

宁波市口岸办推荐的“甬 e 通”国际贸易一站式服务场景应用改革项目在宁波市数字经济系统应用场景大赛中荣获一等奖。

6 月 23 日—24 日

国际中转货物搭载东航 MU7180 航班自雅加达运抵宁波后，搭载美国康尼康空 K4961 航班转运至美国洛杉矶。该货物是宁波机场办理的首票国际转国际“空空中转”货物。

6 月 24 日

浙江出入境边检总站在宁波梅山组织开展中国共产党成立 100 周年安保直升机锚地巡航暨海上集中打击行动。总站长陈宏斌表示，直升机锚地巡航工作是浙江边检主动创新海港口岸管理的新探索，也是推动海上国（边）境管理由口岸“点”向海域“面”转变的新举措，更是“浙江边检智造”的又一项新战果。

6 月 25 日

杭州机场、温州机场互为异地货站线上签约、揭牌仪式在杭州、温州两地同时举行。

同日

随着“PLATON”轮装载 137 个集装箱驶离嘉兴港，标志着“嘉兴港—俄罗斯海参崴”集装箱直航航线顺利首航，也标志着嘉兴港成功开辟第三条近洋航线。

7 月 1 日

宁波海关保障“以星号”义乌—宁波舟山港出口跨境电商海铁联运专列首发，实现了海铁联运跨境电商专列与船公司跨境电商航运快线的无缝衔接，为义乌跨境电商出口商品开辟了一条新的多式联运快速通道。

同日

首趟“义新欧”中欧班列中吉乌公铁国际多式联运班列发车。这是全国首趟具备物权属性的提（运）单，是推进中欧班列多式联运“一单制”和国际陆路联运提单实现“物权化”走出的关键一步。

7 月 8 日

“义新欧”国际贸易“单一窗口”铁路运输试点项目在义乌市通过项目验收。

7 月 11 日

《2021 新华·波罗的海国际航运中心发展指数报告》在上海发布，宁波舟山首次进入十强，被誉为“进步之星”。

7 月 16 日

“义新欧”公铁联运中欧班列，从金华南站启程，奔赴新疆喀什，再通过公路运输从吐尔尕特口岸出境，运往吉尔吉斯斯坦比什凯克、哈萨克斯坦阿拉木图等城市。这标志着全国首列“中吉哈”公铁联运中欧班列成功开行，打开了一条全新的陆上丝绸之路出境通道，将有效缓解新疆阿拉山口、霍尔果斯铁路口岸通行压力，为中欧班列持续高速增长开辟了新路径。

7 月 27 日

宁波舟山港梅山港区 6 号、7 号泊位临时对外启用延期获浙江省口岸办批准，有力缓解了港口泊位紧张、运力不足的矛盾。

7 月 29 日

宁波海关保障浙江省首家 LNG 保税仓库首票保税货物顺利入库。

同日

“义新欧”（义乌—加里宁格勒—罗斯托克）中欧班列从义乌铁路口岸首发。

7 月 31 日

浙江省委副书记、省长郑栅洁检查杭州萧山国际机场新冠肺炎疫情防控工作。

8 月 3 日

载箱量达 23 992 标箱的世界最大集装箱船“长范”轮靠泊宁波舟山港梅山港区，实现了“最大港”与“最大船”的牵手，刷新了宁波舟山港挂靠纪录。

8 月 6 日

梅山海关保障浙江口岸首批国六平行进口车顺利通关。该批平行进口车为香港产丰田塞纳，共计 7 辆。

8 月 8 日

国务院联防联控机制口岸疫情防控督导组到宁波栎社机场检查疫情防控工作。

8 月 19 日

在中欧班列（义新欧）义乌平台累计开行第 3 000 列发车仪式上，“义新欧”班列运营平台与中国建设银行义乌分行、浙江稠州商业银行义乌分行就《中欧（义新欧）班列“铁路多式联运提单物权化”授信业务》达成合作，贸易企业可凭铁路多式联运提单，获银行“运费贷”和“货物贷”等服务。

8 月 26 日

交通运输部批复同意国际航行船舶临时进出宁波舟山港石浦港区新港码头。

8 月 30 日

浙江省口岸办联合省税务局开展中国（浙江）国际贸易单一窗口出口退税功能线上直播培训，标志着中国（浙江）国际贸易单一窗口出口退税功能面向全省推广应用。

8 月 31 日

杭州机场与舟山、衢州、台州机场互为异地货站项目完成线上签约，揭牌仪式在杭、舟、衢、台 4 个会场同时举行。至此，杭州机场与浙江省内其他机场均实现异地货站合作。

9 月 6 日

交通运输部发布公告，批复同意国际航行船舶临时进出宁波舟山港石浦港区新港码头、定海港区浙江建桥能源发展有限公司 5 万吨级码头、新奥（舟山）液化天然气有限公司 1 号码头和浙台（舟山普陀）经贸合作区客货滚装公用码头。

9 月 7 日

“义新欧”班列数字服务平台上线试运行。

9 月 16 日

宁波舟山港集团有限公司荣膺中国质量领域最高荣誉——中国质量奖，这是浙江企业、国内港口企业首度获此殊荣。

同日

宁波海事局联合宁波市交通运输局共同发布了关于实施国内航行船舶“一船多证一次通办”跨部门联办的通告，实现船舶所有证书办理实现一次通办。

9 月 19 日

“义乌—莫斯科”公铁联运运邮车满载着跨境邮件从义乌国际邮件互换局缓缓驶出，邮件将经卡车中转后通过铁路运输预计 15 天后到达莫斯科。首班邮车集结了菜鸟俄罗斯路向邮件共计 27 万件。义乌成为全国首个开展公铁联运运邮的县级市。

9 月 25 日

宁波邮路口岸开通东南亚方向海运跨境电商业务。

9 月 26 日

浙江口岸首票定班航线出口汽车查验在梅山港区完成作业。

9 月 28 日

义乌—宁波舟山港“第六港区”海铁联运专列从铁路义乌西站出发驶向宁波舟山港。实现“一次申报、一次查验、一次放行”，推动义乌国际陆港与宁波舟山港双核港口一体化。

10 月 7 日

交通运输部部长李小鹏视频连线浙江海事局，听取假期值班值守、服务保障、安全生产、突发事件应对等情况汇报，并关心和指导浙江海事有关工作。

10 月 12 日

浙江省政府副秘书长陈重一行莅临浙江电子口岸有限公司调研指导工作。

10 月 18 日

宁波邮路口岸海运出境国际邮件业务正式开

始运行。

10 月 22 日

“金华—莫斯科”首趟公共班列成功开行，使“义新欧”中欧班列金华平台成为继郑州、西安、重庆之后第 4 个开行公共班列的平台。

11 月 5 日

宁波邮路口岸开通宁波—南昌跨境电商出口转关渠道。该批商品转关抵达至南昌昌北机场后，将搭乘国际航班输往比利时再发往欧洲各国。这是继杭州机场、广西凭祥之后，宁波邮局海关开辟的第 3 条跨关区跨境电商出口链路。

11 月 9 日

义新欧班列温州号特色专列从铁路温州西站启程，将与先期通过铁路在金华南站集结的温州特色产品合并出运，经满洲里口岸出境后抵达俄罗斯。本次专列采用“干支结合、无缝衔接、枢纽集散”运输模式，是全国首个支线专列直转出运模式。

11 月 11 日

宁波跨境电商零售进口累计货值突破 1 000 亿元，成为全国首个跨境电商零售进口破千亿的城市。

11 月 17 日

装载 470 个集装箱的马绍尔群岛籍“MPV THALIA”轮驶离台州大麦屿港，经天津港，驶往美国东海岸佐治亚州萨瓦纳港。这是大麦屿港自 2021 年 9 月开辟至利物浦港欧洲航线后，开通的第 2 条国际集装箱航线，也是首条美洲集装箱航线。

11 月 29 日

一架东方航空 A330-200“客改货”宽体飞机，由温州直飞意大利米兰，标志着温州至米兰的国际货运航线正式开通。这是温州机场第 1 条国际货运航线，也是浙江省内唯一一条飞往意大利的“客改货”航线。

12 月 1 日

宁波海关审批通过浙江省首票“以企业为单元”海关税款担保保函。该份保函由中国银行宁波市分行开立，担保总金额 600 万元，受益直属海关达 23 个。

12 月 3 日

数字“单一窗口”（浙江省政府数字化转型“8+13”重点项目）通过浙江省发展和改革委员会牵头的考核组和专家组的验收，圆满完成为期三年的建设任务。

12 月 8 日

宁波港域的两艘拖轮与舟山港域的两艘拖轮在宁波舟山港穿山港区水域联合作业，协助“地中海米娅”轮安全驶离穿山港区集装箱码头 4 号泊位。至此，宁波舟山港正式开启甬、舟两地拖轮一体化试点经营，宁波舟山港一体化“2.0”改革迈出坚实一步。

12 月 9 日

中国报关协会、北京睿库贸易安全及便利化研究中心在中国关务发展大会上联合发布“2021 年十大海运集装箱口岸营商环境测评结果”。宁波综合得分位居前列，与天津、青岛、上海、厦门并列获评四星级，为本次测评结果的最高星级。

12 月 10 日

宁波边检自主研发的“中国边检登轮码”在全国 129 个水运口岸全面推行，并进驻国务院客户端。

12 月 14 日

“义新欧”中老铁路（义乌—万象）国际货运列车从铁路义乌西站首发。

12 月 16 日

宁波舟山港年集装箱吞吐量首破 3 000 万标箱，成为继上海港、新加坡港后，全球第 3 个

3 000 万级集装箱大港。

12 月 17 日

浙江电子口岸完成中国（浙江）国际贸易单一窗口移动应用部署环境迁移工作；上线中国（浙江）国际贸易单一窗口金融服务平台。

12 月 21 日

中老铁路（金华—万象）国际货运列车，从铁路金华南站启程，奔赴 3 000 余千米外的老挝万象。这是 2021 年 12 月 3 日中老铁路通车以来，浙江海港国际联运有限公司运营的首趟中老铁路国际货运列车。浙江省成为全国第一批出口货物通过中老铁路直通老挝的省份之一。

12 月 22 日

东方航空新开温州至美国洛杉矶客改货包机航线，该航线是温州首条至北美的洲际货运航线。

12 月 30 日

杭州萧山国际机场开通浙江省首条第五航权国际货运航线“纽约—杭州—首尔—纽约”航线。第五航权的开放意味着杭州萧山国际机场获得了全球更高开放水平枢纽的“入场券”，对助力浙江省自由贸易试验区高质量发展和新一轮高水平开放具有重要意义。

同日

杭州机场国际邮件交换站正式挂牌运营，揭牌仪式在杭州邮政互换局举行。该站的落成，丰富了杭州空运口岸功能，提升了杭州萧山国际机场国际物流服务能力。

（撰稿人：陈加恩、王海华、陈展、田一峰、徐晋、王延、钟怡辰、张璐、王扶桑、陈滨、金子港、汤军、陈坚、於明敏、陈嘉诚、林梦迪、朱奕谚、贾宗让、韩子墨、陈之英、曾宪武、张海峰）

2021 年浙江省口岸流量统计表

口岸类型		口岸名称	货运量（万吨）				集装箱量（万标箱）				人员（万人次）				交通工具（辆、艘、架、列次）			
			出口	进口	合计	同比（%）	出口	进口	合计	同比（%）	出境	入境	合计	同比（%）	出境	入境	合计	同比（%）
空运口岸		杭州	12.36	5.52	17.88	54.00					16.71	14.63	31.34	-48.92	4 664	4 573	9 237	-1.60
		宁波	2.47	1.95	4.42	14.10					2.77	2.77	5.54	-68.37	949	1 179	2 128	-26.82
		温州	0.03	0.00	0.03	20.90					0.67	0.64	1.31	-80.01	106	102	208	-67.60
		义乌	0.50	0.02	0.52	71.70					0.47	0.41	0.87	-39.99	409	408	817	28.86
		舟山																
		分计	15.36	7.49	22.84	44.54					20.62	18.45	39.07	-55.05	6 128	6 262	12 390	-8.70
水运口岸	海港口岸	宁波港	15 195.00	21 637.00	36 832.00	3.20	1 275.60	1 145.70	2 421.30	9.40	9.41	12.64	22.05	1.85			10 800	0.4
		舟山港	1 378.30	16 816.60	18 194.90	4.20	16.20	39.80	56.00	36.70	10.21	8.71	18.91	-10.94			13 840	-1.48
		温州港	102.62	161.08	263.70	-32.07	15.09	15.33	30.42	-12.35	0.39	0.21	0.60	-23.14			1 051	18.70
		台州港	109.14	1 037.25	1 146.39	103.80	8.80	9.00	17.80	45.40	0.67	0.62	1.29	36.08			595	57.82
		嘉兴港	402.48	1 035.39	1 437.87	-3.04	31.52	13.66	45.18	9.56	1.23	1.35	2.58	-4.28			1 382	-2.8
		分计	17 187.54	40 687.32	57 874.86	3.69	1 347.21	1 223.49	2 570.70	9.78	21.90	23.52	45.42	-3.97			27 668	1.29
合计			17 202.90	40 694.81	57 897.70	6.25	1 347.21	1 223.49	2 570.70	9.78	42.52	41.97	84.50	-37.04			40 058	-2.02
同比（%）			4.82	6.86			10.78	8.70			-34.21	-40.26						

（浙江省口岸办提供）

2021年杭州海关主要数据统计表

项　目		2021年	2020年	同比（%）
进出口货运量（万吨）	合计	22 705.90	21 507.36	5.6
	进口	19 322.30	19 036.34	1.5
	出口	3 383.60	2 471.02	36.9
进出口贸易总值（万美元）	合计	19 033 903.80	13 288 276.73	43.2
	进口	8 708 760.70	5 741 768.44	51.7
	其中：江、海运输	7 691 517.29	5 159 303.06	49.1
	铁路运输	128 973.00	35 622.06	262.1
	汽车运输	260 109.66	87 011.92	198.9
	航空运输	627 872.90	459 483.97	36.6
	邮件运输	287.65	279.53	2.9
	其他运输	0.00	67.90	-100.0
	出口	10 325 143.10	7 546 508.29	36.8
	其中：江、海运输	9 468 118.39	6 894 310.16	37.3
	铁路运输	519 533.60	360 667.86	44.1
	汽车运输	48 259.72	23 108.41	108.8
	航空运输	289 121.19	268 162.64	7.8
	邮件运输	110.20	259.22	-57.5
	其他运输			
税收（万元）	两税合计	6 764 428.50	4 697 514.16	44.0
	关税入库	499 064.30	408 202.09	22.3
	进口环节税入库	6 265 364.20	4 289 312.07	46.1

（杭州海关提供）

2021 年宁波海关主要数据统计表

项　目		2021 年	2020 年	同比（%）
进出口货运量（万吨）	合计	18 587. 01	17 589. 36	5. 67
	进口	12 762. 68	12 549. 92	1. 70
	出口	5 824. 33	5 039. 44	15. 57
进出口贸易总值（万美元）	合计	31 759 023. 08	23 965 306. 65	32. 52
	进口	9 120 192. 06	6 425 351. 51	41. 94
	其中：江、海运输	8 476 433. 01	5 922 532. 57	43. 12
	铁路运输	637. 44	0. 00	
	汽车运输	232 204. 09	93 226. 14	149. 08
	航空运输	409 795. 20	408 355. 81	0. 35
	邮件运输	739. 05	741. 06	-0. 27
	其他运输	383. 28	495. 94	-22. 72
	出口	22 638 831. 02	17 539 955. 14	29. 07
	其中：江、海运输	22 317 172. 30	17 338 540. 67	28. 71
	铁路运输	1 632. 59	1 408. 77	15. 89
	汽车运输	64 437. 71	64 308. 51	0. 20
	航空运输	89 884. 38	101 198. 19	-11. 18
	邮件运输	1 389. 46	2 733. 77	-49. 17
	其他运输	164 314. 58	31 765. 24	417. 28
税收（万元）	两税合计	7 439 145. 79	5 676 032. 40	31. 06
	关税入库	706 244. 03	619 566. 95	13. 99
	进口环节税入库	6 732 901. 77	5 056 465. 45	33. 15

（宁波海关提供）

2021 年浙江省口岸出入境主要数据表

项　目			2021 年	2020 年	同比（%）
出入境人员（人次）	出入境人员总数		844 967	1 342 175	-37. 04
	入境人员		419 740	695 868	-39. 68
	出境人员		425 227	646 307	-34. 21
	出入境旅客		314 913	784 785	-59. 87
	出入境员工		530 054	557 390	-4. 90
	中国公民	小计	532 181	942 057	-43. 51
		内地居民（因公）	206 600	188 075	9. 85
		内地居民（因私）	295 025	678 200	-56. 50
		港澳居民	19 622	29 606	-33. 72
		台湾同胞	10 982	46 204	-76. 23
	外籍人员		312 786	400 118	-21. 83
	从海港出入境人数		454 247	473 013	-3. 97
	从陆港出入境人数				
	从空港出入境人数		390 720	869 162	-55. 05
交通运输工具（辆、艘、架、列次）	总计		34 271	34 812	-1. 55
	船舶		21 885	22 657	-3. 41
	飞机		12 386	12 155	1. 9
	火车				
	机动车辆				

（浙江出入境边检总站提供）

2021 年浙江海事局进出港船舶统计汇总表

船舶类别	进港船舶							出港船舶						
	艘数（艘）	总吨（吨位）	总载重量（吨）	载客量（客位）	船员人数（人次）	货物到达量（吨）	旅客到达量（人）	艘数（艘）	总吨（吨位）	总载重量（吨）	载客量（客位）	船员人数（人次）	货物发送量（吨）	旅客发送量（人）
总　计	1 104 109	2 121 749 539	2 670 541 799	85 012 792	10 879 274	909 766 032	24 183 578	1 102 192	2 134 765 294	2 690 612 231	85 059 660	10 870 531	662 383 144	24 274 772
中国籍船舶	1 088 737	1 266 516 636	1 467 095 078	84 995 332	10 558 170	599 492 384	24 183 578	1 086 485	1 263 073 803	1 461 206 631	85 039 600	10 542 437	548 945 832	24 274 772
其中外贸船	1 452	24 367 462	36 631 949	0	30 418	18 450 449	0	1 490	23 872 843	39 021 960	0	33 400	2 015 883	0

（浙江海事局提供）

安 徽 省

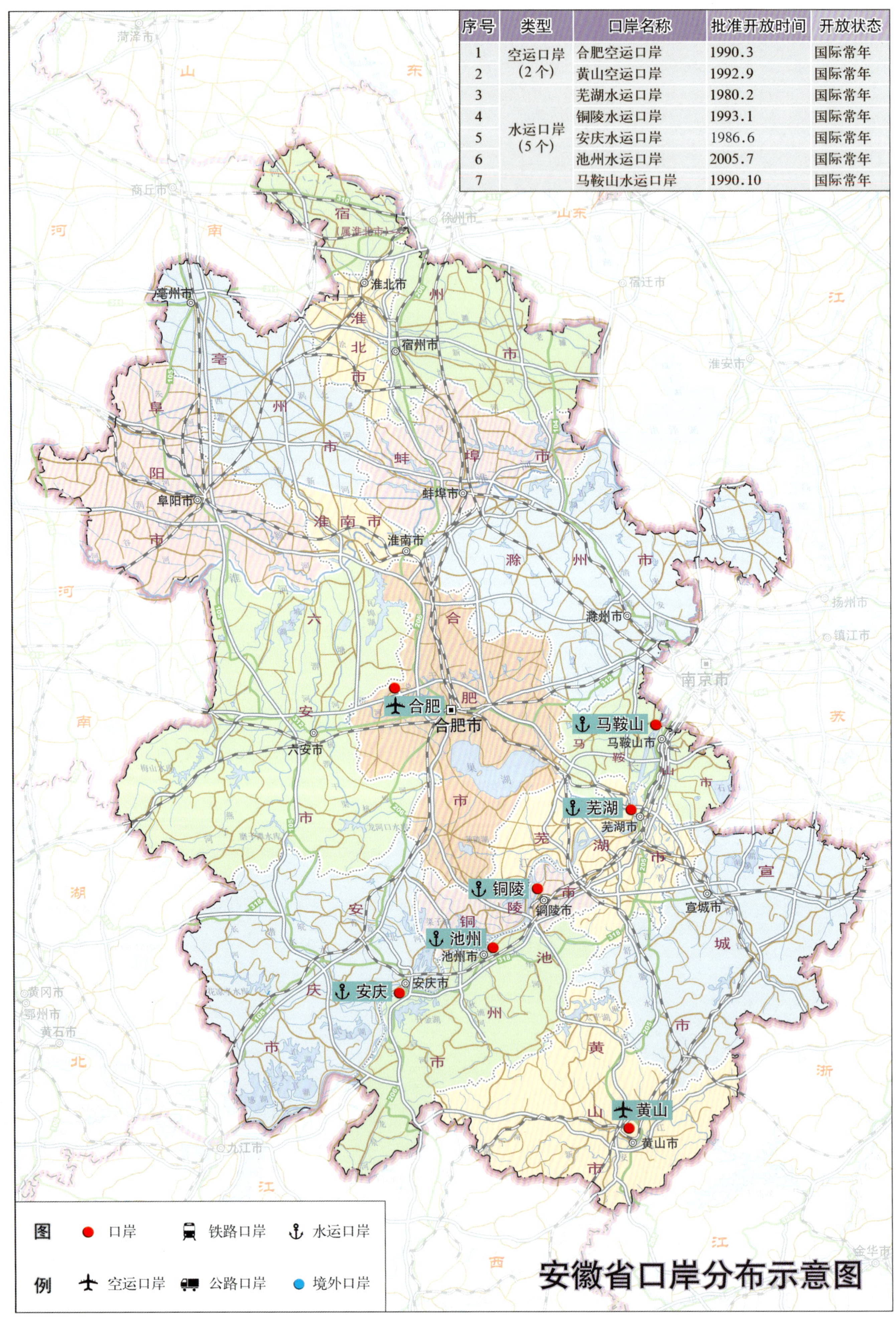

序号	类型	口岸名称	批准开放时间	开放状态
1	空运口岸（2个）	合肥空运口岸	1990.3	国际常年
2		黄山空运口岸	1992.9	国际常年
3	水运口岸（5个）	芜湖水运口岸	1980.2	国际常年
4		铜陵水运口岸	1993.1	国际常年
5		安庆水运口岸	1986.6	国际常年
6		池州水运口岸	2005.7	国际常年
7		马鞍山水运口岸	1990.10	国际常年

安徽省口岸分布示意图

口岸数量及分布

截至2021年年底，安徽省共有经国务院批准的对外开放口岸7个。其中，空运口岸2个，分别是合肥空运口岸（合肥新桥国际机场）、黄山空运口岸（黄山屯溪国际机场）；水运（河港）口岸5个，分别是芜湖、安庆、铜陵、池州、马鞍山河港口岸。

口岸运行数据

2021年，据海关统计安徽省口岸完成货运量2 056.7万吨。受新冠肺炎疫情影响，空运口岸进出境人员2 678人次，进出境航班451架次。

口岸综合管理

【海关特殊监管区域发展提质增效】 积极推进全省综合保税区扩能升级、提质增效和高质量发展，取得了明显成效。2021年，海关特殊监管区域合计进出口1 115亿元，同比增长25%。其中，进口540亿元，同比增长43.2%；出口575亿元，同比增长11.7%。合肥经开区综合保税区进出口664亿元，占海关特殊监管区域进出口总额的59.5%。12月，安庆综合保税区顺利通过由海关总署等联合验收组的正式验收。

【持续推进合肥中欧班列高质量发展】 据统计，合肥中欧班列2021年开行668列、货值138亿元，同比分别增长17.6%、19.5%。11月29日，国家发展改革委印发《关于做好“十四五”首批国家物流枢纽建设工作的通知》，合肥作为25个单位之一正式获批陆港型国家物流枢纽，成为长三角区域首个陆港型国家物流枢纽。先后开辟合肥中欧班列“+阜阳”“+芜湖”“+宣城”等城际定向班列，服务范围已覆盖全省16个地市，优化“门到门”的全流程、个性化、定制化服务，开行“江淮号”“奇瑞号”“康宁号”等企业定制专列200余列。

【口岸功能建设明显加强】 进一步完善口岸基础设施和查验设施，推进监管作业场所、卡口建设和监管查验装备信息化标准化，提升口岸核心能力，铜陵港口岸高分通过海关口岸核心能力建设验收。指导阜阳、九华山、芜宣机场扎实做好线路拓展、统筹货源、增加货运量等工作，推动池州港、芜湖港口岸扩大开放。合肥国际陆港建设项目用地获批，一期项目已开工建设，建成后合肥中欧班列综合运能将大幅提升。

【口岸疫情防控工作有序推进】 积极会同海关、边检、海事、交通等部门，严格落实国家防指和省防指的各项工作任务，按照国家口岸管理办公室要求，通过中国国际贸易单一窗口上报各口岸疫情防控运行信息。按照省防指要求分组赴重点机场、港口口岸实地调研疫情防控工作，通过中国（安徽）国际贸易单一窗口发布通关信息，主动帮助协调各查验单位，助力企业开展防疫物资进出口顺畅通关。

【国际贸易“单一窗口”功能不断完善】 按照国家口岸管理办公室工作部署和安排，结合国家对国际贸易“单一窗口”标准版各项功能的推广应用，中国（安徽）国际贸易单一窗口累计申报量突破1 553万票。据国家口岸管理办公室《国际贸易“单一窗口”服务月报》，安徽省“单一窗口”客服工作4月、5月、8月—10月绩效考核取得满分100分，其余月份均在90分以上。积极与上海市口岸办进行对接洽谈，会商长三角国际贸易“单一窗口”合作事项，对接中国（上海）国际贸易单一窗口开展数据统计分析，共同推进数据互换、信息共享。

【口岸营商环境持续优化】 有序推进“提前申报”“两步申报”等通关业务改革，在铜陵、安庆、芜湖、马鞍山、池州、庐州等口岸开展“船边直提”和“抵港直装”业务。优化进口铜精矿检验监管模式，企业年均可节约费用1 000万元以上。在国际贸易“单一窗口”平台公示口岸收费目录清单。在芜湖港、合肥港开展5G技术等试点应用。在芜湖港实现基于区块链技术的提货单无纸化，使其成为全国第一个实现区块链无纸化进口放货的内河口岸。

口岸监管与服务

【合肥海关改革创新不停步，全力助推安徽高水平开放高质量发展】 安徽省人民政府和海关总署新一轮合作备忘录成功签订，合肥海关第一时间出台35项细化措施，推动合作备忘录及署省主要领导会商事项落到实处。首创开展长三角特殊货物检查作业一体化改革，截至2021年年底累计试点企业10家、备案商品437项，试点报关单货值3.27亿元。在芜湖—洋山港试点沪皖港口“江海一港通”监管新模式，该模式通关货值1.5亿元。优化进口光刻胶监管流程，整体放行时间缩短10天。优化进口铜精矿检验监管模式，企业年均可节约费用1 000万元以上。积极参与中国（安徽）自由贸易试验区推进行动计划，与省总工会联合举办中国（安徽）自由贸易试验区建设立功竞赛，2项创新成果和8项实践案例入选安徽省首批复制推广改革试点经验。协同商务部门做好综合保税区发展绩效考核评估分析，指导安庆综合保税区通过验收。定制中欧班列个性化监管服务方案，做大做强“皖货皖运”，2021年，开行668列、货值138亿元，同比分别增长17.6%、19.5%。定制出台8条服务举措，助推跨境电商海关监管模式全覆盖。市场采购通关一体化落地加速，年交易额11.04亿元。2021年，安徽省实现进出口额6 920.2亿元，同比增长26.9%，创历史新高，增速快于全国5.5个百分点。

【合肥海关坚持以人民为中心，为民办实事为企优环境务求实效】 聚焦群众“急难愁盼”问题，推出“我为群众办实事”项目45个，2项入选全国海关“百佳项目”。在长鑫存储等24家企业设立问题直报点，点对点收集企业诉求，妥善解决31个通关难题。用好减免税政策，为相关企事业单位减免关税、进口环节增值税3.91亿元。签发出口原产地证书11.43万份，企业据此可减免关税约3.28亿美元。与合肥市政府共同举办重点外贸企业圆桌会议，共建电子化学品检测实验室；支持开通合肥至韩国航线，保障光刻胶等产品进口，助推战略性新兴产业发展壮大。支持优质种质资源引进，圆满完成2 359头进境种猪检疫监管任务。向22家特色食品出口企业精准推送风险预警信息，帮助企业避免经济损失2 859万元。支持皖西革命老区创建出口欧盟茶叶生产基地，选派7位同志接续开展驻村帮扶，推进巩固脱贫攻坚成果与乡村振兴有效衔接。

【合肥海关坚定不移强监管，织密筑牢开放发展安全底线】 加强口岸安全风险联合防控和核生化涉恐事件应急处置，圆满完成中国共产党成立100周年等重大节点政治安全保卫任务。提升风险防控精准度，查发安全准入风险情事342起，查获违禁印刷品音像制品756件、涉赌筹码400枚，首次查获出境文物1起。开展“龙腾”“蓝网”专项行动，查获涉嫌侵犯知识产权货物1 247批、4 252件。强化“两危”检验监管，检出各类安全隐患危险品1 800批，获批建立进出口危险化学品署级风险监测点。输美禽肉、鲶鱼监管体系通过美国农业部等效性检查。铜陵口岸核心能力建设高分通过海关总署复核。

【安徽出入境边检总站狠抓疫情防控，严防境外疫情输入】 主动融入安徽省疫情防控总体布局，不断完善与卫健、海关等部门的协作机制，强化疫情防控应急处置能力，确保了口岸防输入和内部防控双稳定。一是健全疫情防控机制。总站疫情防控工作领导小组建立常态化形势分析研判、信息情况上报、风险安全排查、检查督导通报4项工作机制，每周研究部署疫情防控工作，总站党委成员带队先后20余次到现场督导检查，全面深入查找短板漏洞，确保各项防控措施落实到位。推进民警新冠病毒疫苗接种工作，建立了免疫屏障，确保队伍内部安全稳定。二是筑牢外防输入屏障。制订下发疫情期间勤务轮转方案和分级勤务工作方案，强化高风险岗位人员离岗后闭环管理工作，不断优化勤务模式和勤务组织。严格审核船舶在港期间的人员登轮、船舶搭靠申请，推广使用“中国边检登轮码”，坚决防止境外疫情通过安徽省港口输入。累计向省疫情防控指挥部等部门推送涉疫数据 5 万余条，为安徽省疫防工作提供精准有力的数据支撑。三是提升应急防控能力。统筹常态化疫情防控和应急处置能力建设，制订《安徽边检总站疫情防控应急指挥桌面推演方案》，组织疫情防控应急指挥桌面演练，进一步强化了应急处突预案方案体系，定期开展无脚本红蓝对抗演练做法，得到国家局肯定并简报刊发，总站防范境外疫情输入工作受到安徽省领导多次批示肯定。

【安徽出入境边检总站跟进国家战略，全力服务改革开放大局】 成立安徽口岸开放边检工作领导小组，全面深化移民领域“放管服”改革，为优化营商环境、提升通关效率、保障口岸安全做出了积极贡献。一是全力推动口岸开放。服从服务改革开放大局，召开口岸开放边检工作领导小组会议和“聚焦边检核心职能 服务改革发展大局”研讨会，制定贯彻国家“十四五”口岸发展规划具体措施，向省委省政府报送关于服务对外开放促进经济社会发展情况的报告。密切配合合肥国际航空货运集散中心、沿江三地江海联运枢纽建设，全力跟进合肥新桥机场二期工程建设和阜阳、九华山、芜宣机场和沿江部分港区开放工作。二是不断优化服务举措。坚持把“我为群众办实事”实践活动作为践行初心使命的重要载体，全面贯彻落实国家局服务促进长三角航运枢纽建设“十项措施”和促进服务航运企业发展十六项新举措，优化移民边检服务措施 30 余项，高效完成 12367 平台建设，设立省 12345 服务热线移民管理分中心。开设鲜活农产品、疫情防控物资等“绿色通道”、中韩“快捷通道”，优化专包机、备降航班等勤务保障，旅客平均侯检时间不超过 15 分钟。

【芜湖海事局推进线上审批模式，提高国际进出口货物物流中转效率】 指导船舶和代理使用“单一窗口”“一网通办”“海事综合信息服务平台”等系统申请办理海事业务。2021 年，上述海事业务线上审批率达到 100%，大大提高审批效率，避免出现因审批不及时而导致船舶进港推迟以及船舶滞留港口的问题出现。

【芜湖海事局配合地方政府，加速推进各地口岸扩大开放】 为进一步发挥口岸优势，拓展港口功能，使芜铜马三地建成内陆一流港口型物流枢纽和重要的对外贸易口岸。积极配合芜湖市口岸办和三山区管委会，指导三山港完成海事查验场所的建设、国际航行船舶停靠安全以及安保制度的建立、应急措施的准备并通过了芜湖市级预验收。将芜湖三山港口岸扩大开放准备情况积极向长江海事局汇报，争取通过省级验收。同时积极跟进铜陵口岸扩大开放进展情况。

【芜湖海事局帮扶航运相关企业 服务好外向型经济发展】 积极维护芜湖造船厂为外企建造的 7 艘 8 000 吨级国际航行货船顺利出口并交付；积极落实国务院相关决策，全面取消港口建设的征收，大大降低航运企业负担；积极走访芜铜马三地至上海洋山集装箱班轮航运公司，协调解决船员招聘困难以及锚地申请困难，进一步促进外贸货物承运企业健康发展。

【芜湖海事局强化疫情防控 做好“外防输入、内防反弹”】 及时将最新版《船舶船员新冠肺炎疫情防控操作指南》和当地防疫要求向代理及船舶进行传达，要求船长及时组织船员学习；在进口岸申报时要求船舶提交船长关于本船未搭载非本船船员的声明以及从韩国开航至码头所有船员体温监控表并严格审查；在船舶提出船员换班时积极与当地卫健委、海关、边检单位对接，保障船员正常权益；积极走访开放码头，通报沿海港口作业人员感染新冠肺炎的事件，并对码头防疫风险隐患进行排查。

【安庆海事局深化与口岸单位交流合作，不断推进“三互”大通关建设】 按要求向安徽省人民政府口岸办公室报送有关工作情况，及时处理当地口岸办有关文件并报送相关意见，开展年度跨境贸易营商环境工作自评，主动向地方政府征求海事服务口岸发展举措需求，认真参与长三角口岸发展专题研究和水运口岸建设发展绩效调查。

【安庆海事局落实疫情防控常态化工作要求，筑牢水路口岸联防联控机制】 进一步排查水路口岸境外疫情输入防控应急预案薄弱环节、完善《安庆海事局关于国际航行船舶疫情防控应急处置流程》，持续向国际航行船舶代理单位提供疫情防控政策、船员换班、伤病船员紧急救助处置、船舶船员防疫操作指南等信息服务，积极参与水路口岸新冠肺炎疫情应急处置演练，提升口岸各成员单位协同联动处置水平。

【安庆海事局优化口岸营商环境，细化办实事举措】 进一步推进海事“放管服”改革，建立“我为群众办实事”长效化机制，落实口岸“3+6”管理指导意见，完善开放口岸、码头泊位等基础资料，坚持进出口岸“单一窗口”100%应用，健全联合登临检查机制，提升国际航行船舶进出口岸效率。

开放口岸

【合肥空运口岸（合肥新桥国际机场）】 原合肥骆岗国际机场于 1990 年 3 月经国务院批准对港澳地区开放，2005 年 4 月国务院批准扩大对外国籍飞机开放，2006 年 6 月通过国家验收。2007 年 10 月 15 日，国务院正式批复同意合肥迁建骆岗国际机场、新建新桥国际机场。2013 年 5 月 29 日 24 时，安全运行 36 年的合肥骆岗国际机场永久关闭；5 月 30 日，合肥新桥国际机场正式启用。合肥空运口岸已建成水果、冰鲜水产品和食用水生动物指定监管场地并正常运营。

新桥国际机场位于安徽省合肥市肥西县高刘镇，距合肥市中心 31. 8 千米，是国内 4E 级枢纽干线机场，按照满足 2020 年旅客吞吐量 1 100 万人次、货邮吞吐量 15 万吨的需要设计。跑道长 3 400 米、宽 45 米；航站楼面积 11 万平方米；站坪面积 36 万平方米，共设机位 27 个，其中廊桥机位 19 个、远机位 8 个。航站楼外观呈现自然流畅的弧形整体造型，整个建筑地下一层，地上两层，局部夹层；布局长 804 米，最大进深 161 米，屋脊最高点 30 米；屋面采用金黄色的直立锁边铝镁锰合金面板，规律设置 19 排屋面采光天窗。俯视整个建筑，宛若金色的展翅大鹏在江淮分水岭上昂首欲飞，既是一张代表合肥形象的新“名片”，也是安徽又一标志性新景观。目前已开通至美国、俄罗斯、韩国、日本、新加坡、泰国、越南，以及中国香港、澳门、台湾等国际和地区客货航线和旅游包机。按照近期 2030 年规划，机场年旅客吞吐量 4 000 万人次，货邮吞吐量 35 万吨，起降量总计约 30. 5 万架次。

受新冠肺炎疫情影响，2021 年合肥新桥国际机场飞行国际和地区航班 451 架次、出入境 2 678 人次。

【黄山空运口岸（黄山屯溪国际机场）】 1992 年 9 月，国务院批准开放黄山空运口岸；2009 年 8 月，国务院批准黄山空运口岸扩大对外国籍飞机开放；2014 年 11 月，公安部授权设立台湾居民口岸签注点。黄山屯溪国际机场是国家重要的旅游机场，为 4D 级民用运输机场，也是皖南及皖浙赣毗邻区域重要的空中交通门户、唯一的国际机场。黄山屯溪国际机场占地面积约 173. 33 万平方米，停机坪面积为 4. 9 万平方米。航站楼面积 1. 48 万平方米，规划设计旅客吞吐量 112 万人次。目前已开通至韩国和中国台湾、香港等国际和地区航线及旅游包机。

受新冠肺炎疫情影响，2021 年，黄山空运口岸无飞行国际和地区航班。

【芜湖水运（河港）口岸】 芜湖港于 1980 年 2 月经国务院批准对外开放；1991 年 10 月，经全国人民代表大会批准为对外籍轮开放港口；2008 年 11 月，获批准为首批对台直航内河港口。2012 年 5 月，芜湖口岸扩大开放水域获批并纳入国家口岸“十二五”规划，标志着芜湖长江水域全部纳入扩大开放范围。2014 年 9 月 1 日，芜湖朱家桥港正式启动启运港退税政策，是安徽省首个试行启运港退税政策的皖江港口。2018 年 12 月 23 日，国务院批复同意芜湖港口岸扩大开放三山港区。

芜湖港是全国 28 个内河主要港口之一和国家对外开放口岸，是安徽省最大的货运、外贸和集装箱中转运输港，是长江溯江而上最后一个深水良港，可常年通航万吨级船舶，是长江干线较早开展集装箱运输的港口之一，集装箱运量一直位居安徽省第一。

芜湖港辖长江岸线总长193.9千米，其中江北121千米、江南72.9千米，划分为7个长江干线港区和5个支流港区，拥有各类生产性码头泊位144个，其中万吨级泊位9个，年设计货物通过能力达到1.1亿吨，对外籍轮开放泊位6个。现已基本形成布局合理，能力适度，门类齐全，功能完善，设施先进的良好格局。码头泊位已向规模化、集约化、专业化发展，并形成了煤炭转运、水泥建材发运，集装箱中转、成油品转运、商品汽车滚装运输的特色和优势，已发展成为长江干线重要的能源、水泥、矿石、建材、集装箱运输大港。芜湖港口基础设施日趋完善，远洋货轮可直达日本、韩国、朝鲜、新加坡、马来西亚、泰国、柬埔寨和中国香港、台湾等46个国家和地区，口岸运量逐年攀升。目前正在推进三山港区对外开放。

2021年，芜湖水运口岸完成申报货运量257.08万吨。

【铜陵水运（河港）口岸】 1993年1月，国务院批准铜陵港对外国籍船舶开放；1994年8月，通过国家验收；1997年，正式开通国际集装箱内支线航班；2009年，交通运输部确立铜陵港为海峡两岸三通直航港口；2017年12月28日，铜陵进境水果指定口岸正式启动运营。

铜陵港地处长江中下游南岸、八百里皖江中部，素有皖中南以及中国古铜都对外开放桥头堡之称。这里陆域平坦，岸线顺直，航道宽阔，水深流缓，河床稳定，是交通运输部《长江干线航道发展规划》确立的万吨级海轮进江终点港。铜陵港地理位置优越，区位优势明显，处在上海—武汉、九江—南京、合肥—黄山以及安徽长江五港的中心点。沿江高速、合铜黄高速、铜宣杭高速、宁铜铁路、铜九铁路和京福高铁交汇于港区及腹地边际，水陆交通四通八达，是皖中南物流集散中心和长江干线重要港口企业。港口现有15座码头、17个泊位，分布于大通、横港、兴隆等四大港区，港区岸线29.1千米，其中对外开放码头4座，开通日本、朝鲜、韩国、中国香港、东南亚以及欧美等国家和地区的直达或中转航线，常年可通航和靠泊万吨级海轮。主要从事国际、国内集装箱和件杂散货的装卸、仓储、中转以及理货、船舶代理、水陆运输、旅游服务等物流服务等业务，是一个多功能、综合性、现代化港口。

2021年，铜陵水运口岸完成申报货运量396.54万吨。

【安庆水运（河港）口岸】 安庆港是全国内河28个主要港口之一。1986年6月，安庆港经国务院批准对外开放；1996年1月，对外籍轮开放；2011年7月，获准对台直航。2017年5月28日，安庆港汽车整车进口口岸获得国务院批准建设。2018年12月27日，国务院批复同意安庆港口岸扩大开放长风港区和皖河农场港区。

安庆港是长江干线上兼有沿海和内陆双重优势对外开放的重要港口，也是安徽省境内长江北岸唯一深水良港，被称为“皖西南咽喉”。港口岸线总长247千米，占皖江北岸岸线的61%，适合建设港口岸线105千米，其中深水岸线70千米，安庆至芜湖段长江航道日常维护水深为6米，具有建设5 000吨~10 000吨级海轮深水泊位的优越条件。境内华阳河、皖河、菜子湖、罗昌河四大水系均为长江左岸一级支流，航道总长724千米，与长江干流形成“一干四支”网络水系。目前，安庆港干线港区有各类码头173座，泊位214个，其中生产性泊位136个、5 000吨级以上泊位11个。

安庆港中心港区上自皖河农场，下至枞阳县鲟鱼嘴，岸线长67千米，其中港口岸线47.6千米。依据《安庆港总体规划》，中心港区规划有：长风铁水联运综合物流基地、马窝散货物流基地、石化油品码头作业区、五里庙集装箱综合物流基地、沙漠洲港口综合作业区、皖河农场作业区。中心港区拥有港口企业25家，各类码头40座，其中，公用码头23座，占58%；企业自用码头17座，占42%。泊位54个，其中，生产性泊位 39 个，5 000 吨级以上泊位 9 个、3 000 吨~5 000 吨级泊位 4 个、3 000 吨级以下泊位 26 个，外贸集装箱泊位 2 个。拥有公用锚地 3 处。码头前沿最大靠泊能力 10 000 吨，最大起重能力 40 吨，港口年通过能力 2 152 万吨，集装箱年设计通过能力 6.35 万标箱。港口实际年货物通过能力超过了货物吞吐量需求。长江游轮靠港实现常态化。2017 年长风港区基础设施大部分已完成建设，皖河农场港区基础设施正在规划建设中。2018 年 12 月下旬，国务院批复同意安庆港口岸扩大开放长风港区和皖河农场港区。

2021 年，安庆港口岸完成申报货运量 41.26 万吨。

【马鞍山水运（河港）口岸】 1990 年 10 月国务院批准办理国轮外运业务，2007 年 9 月国务院批准马鞍山口岸扩大对外国籍船舶开放，2009 年 7 月通过国家验收组验收。马鞍山水运口岸是首批对台湾直航的口岸。2016 年 7 月 5 日，马鞍山港口岸扩大开放郑蒲港区集装箱码头 1~3 号泊位通过国家验收组开放验收正式对外开放。

马鞍山港位于长江下游南岸的马鞍山市，地处安徽省中部东端，与江苏省交界，是“皖江”的东大门。上毗芜湖，下邻南京，逆江而上至重庆 1 959 千米，顺流而下至上海 440 千米。港辖区上起和县的西梁山，下至乌江的驻马河口，全长 41 千米。港辖区自采石矶翠螺山至慈湖和尚港，全长 15.7 千米。马鞍山港是全国内河主要港口，对外开放口岸，是国家首批确定对台直航港口。港口拥有生产性泊位 160 个，其中 5 000 吨级以上泊位 19 个，可兼靠万吨级海轮泊位 13 个，最大可靠 20 000 吨级船舶。港口以中心港区、郑蒲港区为核心，以慈湖港区、采石矶港区、太平府港区、江心洲港区、乌江港区为骨干，当涂港区、博望港区、和县港区、含山港区为补充，形成“一江两岸，双核九区”层次清晰、结构合理、功能明确的布局体系。港口规划发展成为以集装箱、矿石、钢铁、能源物资、化工品等运输为主兼顾旅游客运的现代化、多功能、综合性港口。全港拥有长江及支流港口岸线合计 62.17 千米，已利用港口岸线 14.83 千米，占比 23.85%；未利用 47.34 千米，占比 76.15%。辖区长江段航道 36.2 千米，常年维护水深 9 米以上，中洪水位期达 10.5 米，2 万吨级江海轮可常年到港。

2021 年，马鞍山水运口岸完成申报货运量 1 246.77 万吨。

【池州水运（河港）口岸】 池州港是国家对外开放口岸，交通运输部长江重点港口，也是长江溯江而上南岸最后一个万吨级深水港。2005 年 7 月国务院批准对外国籍船舶开放，2009 年 7 月通过国家验收。

池州市依江近海，水网发达，长江流经池州市 158 千米，岸线长 162 千米，长江池州段水流平稳，岸坡稳定，常年通航 5 000 吨级船舶，属国家一级航道，江口至梅龙段可建万吨级码头。沿江高速公路贯穿池州，沿江铁路大动脉铜九铁路东接上海、西达重庆，安庆长江大桥连接安庆与池州，池州九华山机场已于 2013 年 7 月 29 日建成通航，发展水陆联运和水铁联运前途广阔。

池州港目前拥有生产性码头泊位 9 座，工作泊位 2 座，其中 10 000 吨级泊位 2 座，5 000 吨级散货泊位 2 座，3 000 吨级件杂货泊位 5 座，货场总面积 31 万多平方米，海关监管仓储面积 15 000 平方米，长江深水岸线 2 460 米，码头前沿水深 11~18 米，各类装卸机械设备 180 余台，最大起重能力 45 吨，年货运综合通过能力 2 000 万吨，年集装箱通过能力 5 万标箱。池州旅游码头是安徽省唯一停靠涉外游轮的旅游码头，每年停靠涉外游轮约 130 航次，接待入境游客约 3 万人次。目前正在加快推进江口港区和牛头山港区对外开放。

2021 年，池州水运口岸完成申报货运量 89.27 万吨。

2021 年安徽省口岸大事记

3 月 15 日

基于区块链技术的数字化、无接触进口提货

单在芜湖港落地，芜湖港口岸成为全国第一个实现区块链无纸化进口放货的内河口岸。

4月8日

洋山港—芜湖港运行“联动接卸”海关监管模式下的首单进口货物运抵芜湖港。

7月30日

出口货物“抵港直装”模式试点在合肥港落地。

8月28日

安徽首趟中欧班列茶叶专列从中国铁路局集团有限公司合肥货运中心北站物流基地发出。

10月9日

安徽省跨境电商网购保税零售进口商品首次通过中欧班列运输进口。

11月29日

国家发展改革委印发《关于做好“十四五”首批国家物流枢纽建设工作的通知》，合肥作为25个单位之一正式获批陆港型国家物流枢纽，成为长三角区域首个陆港型国家物流枢纽。

12月2日

安庆综合保税区顺利通过海关总署等部门组成的联合验收组验收。

12月31日

“合肥—仁川”原材料货运包机开通。

（撰稿人：周贤惠、王大鹏、杨中博、孔斌、宋胜利）

2021 年安徽省口岸流量统计表

口岸类型		口岸名称	货运量（万吨）				集装箱量（万标箱）				人员（万人次）				交通工具（辆、艘、架、列次）			
			出口	进口	合计	同比（%）	出口	进口	合计	同比（%）	出境	入境	合计	同比（%）	出境	入境	合计	同比（%）
空运口岸		合肥	3.00	2.31	5.31								0.267 8				451	
		黄山	0.00	0.001 3	0.001 3								0				0	
		分计	3.00	2.31	5.31								0.267 8				451	
水运口岸	河港口岸	马鞍山	38.75	1 208.10	1 246.86													
		铜陵	13.92	391.83	405.75								0.001 4				1	
		芜湖	106.53	160.96	267.48								0.048 0				27	
		池州	4.60	84.66	89.27													
		安庆	19.64	22.39	42.03													
		分计	183.44	1 867.95	2 051.39								0.049 4				28	
合计			186.44	1 870.26	2 056.70								0.317 2				479	
同比（%）																		

（安徽省口岸办提供）

2021 年合肥海关主要数据统计表

项　目		2021 年	2020 年	同比（%）
进出口货运量（万吨）	合计	2 329.87	2 239.71	4.03
	进口	2 034.69	1 970.38	3.26
	出口	295.17	269.33	9.59
进出口贸易总值（万美元）	合计	4 954 277.41	3 883 236.99	27.58
	进口	3 108 698.53	2 386 390.71	30.27
	其中：江、海运输	1 882 720.55	1 555 800.57	21.01
	铁路运输	52 800.58	42 646.62	23.81
	汽车运输	150 133.32	88 262.07	70.10
	航空运输	1 016 582.80	696 588.90	45.94
	邮件运输	687.30	756.84	-9.19
	其他运输	5 773.98	2 335.71	147.20
	出口	1 845 578.87	1 496 846.29	23.30
	其中：江、海运输	931 872.21	700 755.08	32.98
	铁路运输	153 804.91	134 090.24	14.70
	汽车运输	151 150.69	111 423.63	35.65
	航空运输	603 953.14	546 003.78	10.61
	邮件运输	4 779.37	4 573.13	4.51
	其他运输	18.55	0.43	4 255.14
税收（万元）	两税合计	2 286 107.07	2 104 149.90	8.65
	关税入库	131 236.50	225 493.88	-41.80
	进口环节税入库	2 154 870.57	1 878 656.02	14.70

（合肥海关提供）

2021 年安徽省口岸出入境主要数据表

项目			2021 年	2020 年	同比（%）
出入境人员（人次）	出入境人员总数		3 264	105 619	−96.91
	入境人员		1 439	54 805	−97.37
	出境人员		1 825	50 814	−96.41
	出入境旅客		189	91 865	−99.79
	出入境员工		3 075	13 754	−77.64
	中国公民	小计	1 002	91 789	−98.91
		内地居民（因公）	182	4 068	−95.53
		内地居民（因私）	809	78 594	−98.97
		港澳居民	7	907	−99.23
		台湾同胞	4	8 220	−99.95
	外籍人员		2 262	13 830	−83.64
	从海港出入境人数		494	597	−17.25
	从陆港出入境人数				
	从空港出入境人数		2 770	105 022	−97.36
交通运输工具（辆、艘、架、列次）	总计		495	1 616	−69.37
	船舶		28	97	−71.13
	飞机		467	1 519	−69.26
	火车				
	机动车辆				

（安徽出入境边检总站提供）

2021 年芜湖海事局进出港船舶统计汇总表

船舶类别	进港船舶							出港船舶						
	艘数（艘）	总吨（吨位）	总载重量（吨）	载客量（客位）	船员人数（人次）	货物到达量（吨）	旅客到达量（人）	艘数（艘）	总吨（吨位）	总载重量（吨）	载客量（客位）	船员人数（人次）	货物发送量（吨）	旅客发送量（人）
总　计	149 615	2.1 亿	3.5 亿	432.5 万	85.3 万	1.4 亿	374.6 万	149 790	2.1 亿	3.5 亿	435.7 万	85.3 万	1.4 亿	365.1 万
中国籍船舶	149 602	2.1 亿	3.5 亿	432.5 万	85.3 万	1.4 亿	374.6 万	149 770	2.1 亿	3.5 亿	435.7 万	85.3 万	1.4 亿	365.1 万
其中外贸船	13	65 217	85 312	0	245	25 034	0	20	95 644	112 354	0	325	79 652	0

（芜湖海事局提供）

2021 年安庆海事局进出港船舶统计汇总表

船舶类别	进港船舶							出港船舶						
	艘数（艘）	总吨（亿吨位）	总载重量（亿吨）	载客量（万客位）	船员人数（万人次）	货物到达量（亿吨）	旅客到达量（万人）	艘数（艘）	总吨（亿吨位）	总载重量（亿吨）	载客量（万客位）	船员人数（万人次）	货物发送量（亿吨）	旅客发送量（万人）
总　计	94 468	1.02	1.48	314.13	42.51	0.27	274.68	74 097	0.86	1.49	108.37	33.34	1.05	28.53
中国籍船舶	94 468	1.02	1.48	314.13	42.51	0.27	274.68	74 097	0.86	1.49	108.37	33.34	1.05	28.53
其中外贸船	0	0	0	0	0	0	0	0	0	0	0	0	0	0

（安庆海事局提供）

福 建 省

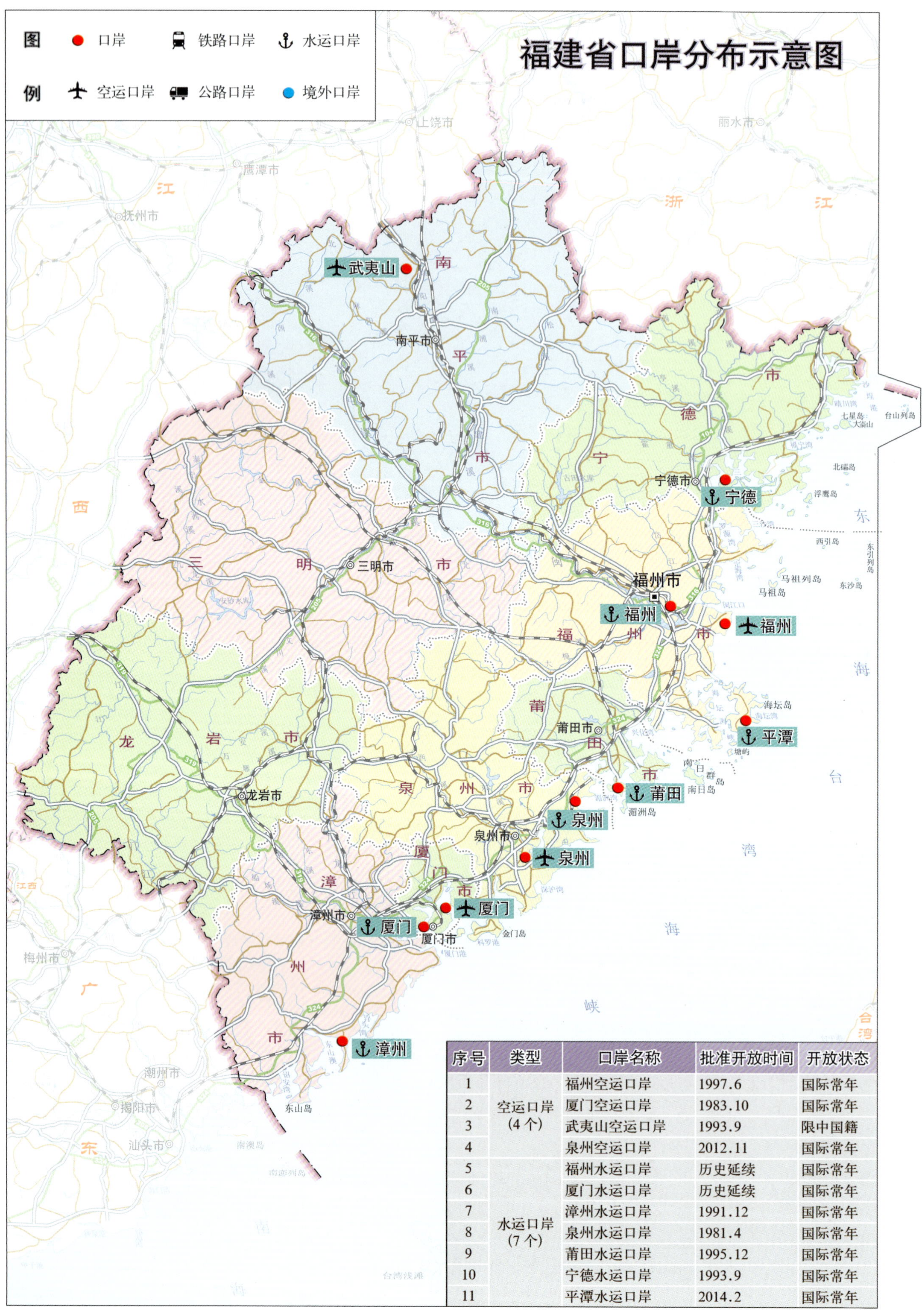

序号	类型	口岸名称	批准开放时间	开放状态
1	空运口岸（4个）	福州空运口岸	1997.6	国际常年
2		厦门空运口岸	1983.10	国际常年
3		武夷山空运口岸	1993.9	限中国籍
4		泉州空运口岸	2012.11	国际常年
5	水运口岸（7个）	福州水运口岸	历史延续	国际常年
6		厦门水运口岸	历史延续	国际常年
7		漳州水运口岸	1991.12	国际常年
8		泉州水运口岸	1981.4	国际常年
9		莆田水运口岸	1995.12	国际常年
10		宁德水运口岸	1993.9	国际常年
11		平潭水运口岸	2014.2	国际常年

口岸数量及分布

截至2021年年底，福建省共有经国务院批准的对外开放口岸11个。其中，空运口岸4个，分别是福州空运口岸（福州长乐国际机场）、厦门空运口岸（厦门高崎国际机场）、泉州空运口岸（泉州晋江国际机场）和武夷山空运口岸（武夷山机场）；水运（海港）口岸7个，分别是福州、厦门、泉州、漳州、莆田、宁德、平潭海港口岸。

口岸运行数据

2021年，福建省水运口岸外贸货物吞吐量累计完成25 959.94万吨，同比增长10.2%。其中，出口7 172.23万吨，同比增长14.9%；进口18 787.71万吨，同比增长8.6%。外贸集装箱吞吐量累计完成1 061.69万标箱，同比增长12.2%。其中，出口534.11万标箱，同比增长12.0%；进口527.58万标箱，同比增长12.4%。空运口岸出入境货运量累计完成20.54万吨，同比增长58.10%。其中，进口4.30万吨、出口16.24万吨。出入境旅客累计完成48.22万人次，同比下降54.91%。其中，出境旅客22.74万人次、入境旅客25.48万人次。

口岸综合管理

【推进口岸对外开放】 一是推动口岸正式开放。宁德港口岸三都澳港区漳湾作业区获国务院批复并先后通过省级和国家级验收，福州港口岸黄岐港区通过省级验收，泉州港口岸泉州湾港区锦尚作业区加紧协调省级验收事项。二是做好新建改建码头泊位省级验收。福州港口岸松下港区元洪作业区4#泊位、厦门港口岸东渡港区邮轮中心码头1#~3#泊位通过省级验收实现对外开放。三是临时开放延期进展顺利。漳湾作业区8#~10#泊位、罗源湾港区环下屿作业区1#~4#泊位等7个泊位临时开放延期获交通运输部批复，有力保障了省重点项目的运行。

【不断提升口岸运行管理水平】 一是加快优质外贸码头奖励审核工作。认真审核各地市上报的项目资料，遴选优质外贸集装箱和散杂货码头共8个，奖励范围覆盖福州、厦门、泉州、莆田、宁德等地。二是召开全省口岸工作交流推进会。传达国家和省里关于口岸工作的文件精神，部署下一阶段工作。三是做好口岸业务宣传。联合福建电视台录制《八闽商务访谈》口岸管理专题节目，突出体现了口岸工作对经济发展的重要支撑作用，赢得社会广泛好评。四是组织开展口岸运行情况监测。组织开展全省口岸重点码头泊位、重点港区吞吐量运行监测专项工作，主要针对外贸货物吞吐量、外贸集装箱吞吐量这两项指标。

【优化口岸营商环境】 深入落实福建省政府和海关总署合作备忘录，落地实施跨境电商“简化申报”、“清单核放、汇总统计”、航空“区域外发保税维修”等一批作业新模式，率先试点以市场采购贸易方式出口预包装食品，石狮市场采购的通关范围从厦门关区扩大到全省口岸。面向全省各口岸收费主体推广使用国家标准版“单一窗口”口岸收费及服务信息发布系统，口岸企业收费线上公开、在线查询、企业直观比价。全省口岸全年平均进口、出口货物整体通关时间分别压缩至28.66小时、1.52小时，基本控制在合理区间。

【提升“单一窗口”功能服务】 启动中国（福建）国际贸易单一窗口邮递物品综合服务系统、RCEP进出口企业智能服务系统、进出口企业签证服务系统等新项目规划建设。发布实施国内“单一窗口”领域首个省级地方性标准《“单一窗口”进出口信用证服务系统接口技术要求》（标准号：DB35/T 1960—2021）。中国（福建）国际贸易单一窗口参展第四届数字中国峰会。依托“单一窗口”践行“我为群众办实事”，全年举办16场业务培训、9场新用户孵化沙龙，参训企业人员超过1 000人次，组织技术人员80多人次，先后到 40 多家企业实地开展帮扶，做好“6·18”“双 11”跨境电商促销活动单一窗口服务保障。2021 年，新增注册用户超 2 100 家，访问量超 80 万次，跨境电商业务量超 6 000 万票，平台用户总数超 1.8 万家。

【启动南平武夷山国际货运班列】 1 月 21 日首发，第四季度起被列入国铁“图定班列”，形成中亚、东欧（俄罗斯）、西欧（德国等）等方向三条运线，全年累计运载铁路货柜 1 400 多个，货值超 7 亿元，成为闽北山区对外直接通道、福建省继厦门之后又一条对外贸易陆路通道，在福建省形成国际货运铁路班列南北两线“双轮驱动”格局，促进稳定外贸产业链供应链。

【全力做好口岸疫情防控】 一是进一步细化工作制度和措施，完善口岸疫情防控工作预案，强化口岸联防联控机制，要求各地口岸部门强化各口岸的属地责任，抓实抓细抓落地。坚持各地口岸常态化疫情防控督查工作月报制度。针对海关部门视频督查发现的相关问题，密切对接海关和口岸相关单位，按照省领导批示意见，督促抓紧落实整改。二是参与疫情防控外事组口岸专班，督促各地市口岸管理办公室跟踪属地口岸船员出入境情况，整合福建口岸人员入境情况等口岸大数据，并每日向国家口岸管理办公室推送福建省水运口岸出入境船员数据，为“外防输入”工作提供有力数据支撑。三是参与交通检疫组和进口冷链食品疫情防控工作专班，重点做好口岸疫情防控，确保从“国门”到“家门”的全链条闭环管理落实到位。统筹协调口岸各有关单位，按职责分工做好进口货物新冠病毒的检测和消杀工作，及时协调解决疫情防控中出现的问题。

口岸监管与服务

【福州海关深化通关机制改革】 一是署省合作含金量持续显现。支持福建发展的 35 项任务已完成过半，获得省领导的多次肯定。高质量完成福建省委书记尹力交办的口岸优化、产业发展 2 个课题。4 篇统计分析报告获上级领导批示，监测预警文章被省委省政府采用 61 篇次，服务领导决策的作用不断发挥。二是创新政策价值量持续提升。推出优化口岸营商环境措施“3.0”版，出台便利化措施 18 条。牵头 RCEP 原产地管理信息化应用项目开发，智慧签证辅助应用全面推广。“通关掌上查”获评福建省第二批优化营商环境工作典型经验做法，连续两年获地方政府通报表扬。三是外贸企业获得感持续提升。2021 年 12 月，进口、出口整体通关时间分别为 15.66 小时、0.76 小时，较 2017 年分别压缩 85.99%、93.38%，保持全国沿海海关前列，连续 4 年取得新突破。落实企业“问题清零”机制，解决“急难愁盼”问题超 300 个。首票二手新能源乘用车顺利通关，企业集团保税监管模式落地实施。

【厦门海关深化通关机制改革】 推动福州厦门两关全业务领域一体化改革，研究提出 30 项具体措施，建立 5 个协作机制，实现全国第 3 个跨关区出口货物转关自动核销，单票货物压缩通关时间超 8 小时，每个集装箱节约成本 300 元，有力提升驻闽海关监管服务质效。深化进出口货物“两步申报”“两段准入”通关模式改革，“两步申报”模式下进口货物海关通关时间仅需 1.9 小时，较一般模式压缩 79.07%；“两段准入”模式有效减少货物口岸积压，降低货物滞港产生的仓储等成本，实现进口粮食整体通关时间压缩 90%。

【驻闽海关服务地方经济发展】 福州海关助力对外开放出实招。一是开放平台持续扩大。平潭海峡二桥通道顺利通过海关总署验收。助力罗屿港口 40 万吨轮首航成功。积极支持武夷山中欧班列常态化运行，开行 34 趟次、货值 7.17 亿元。二是改革效应持续放大。业务改革“五个两”持续深化，3 项自贸创新举措获评全国首创、1 项获海关总署备案发布。福厦两关全业务领域一体化改革落地见效，建立协作机制 5 个。三明陆地港实现跨关区直通，内外贸同船运输、水水转运、进口货物船边直提和出口货物船边直装业务快速发展。三是新兴业态持续壮大。全球质量溯源体系在跨境电商业务领域全面应用，对11.98亿元商品实现溯源。“网购保税+线下自提”业务落地实施，首个跨境电商退货中心仓正式运行。推动重大项目落户福州综合保税区，实现保税研发“零突破”。

福州海关服务发展大局见实效。一是稳产保供护安全。加快验放进口煤炭，有力保障重大节假日用电安全和迎峰度夏工作。成立工作专班，创新“两段准入”附条件提离模式支持粮食进口。二是产业发展添动力。开展风力发电、氢燃料电池、医疗器械等重点行业调研，提交税政调研建议98项，7项被国务院税则委员会采纳。支持中国—印度尼西亚“两国双园”项目加速推进，印度尼西亚青皮椰子输华准入获得海关总署支持。罗屿对台铁矿砂中转入出库货值翻倍增长。三是乡村振兴保民生。大力实施乡村振兴战略，助力扶贫挂钩村提前1年脱贫。支持建成三明市首家进境种猪隔离检疫场，圆满完成2 980头丹麦种猪、3 829头智利种牛隔离检疫监管。白茶增设税号建议获得省政府认可。

厦门海关落实落细署省合作备忘录和58条稳外贸措施，开展助推民营企业发展、RCEP对省市外贸影响等专项调研，健全“问题清零”机制，解决企业“急难愁盼”问题89个，为天马微第6代柔性AM-OLED、宁德时代锂电池出口等重点项目量身制订快速通关方案，宁德时代锂电池出口在厦门申报货值同比增长16.96倍。全面落实国家减税降费等税收优惠政策，积极向海关总署提出减免企业滞报金滞纳金、便利企业内销等建议，全力帮扶外贸企业保订单、保履约、保市场，全年累计减免、减让税款34.52亿元。推荐出口食品生产企业对外注册52家次，助推福建省芦柑首次准入美国市场。

出台促进跨境电商高质量发展12条措施。支持晋江国际鞋纺城市场采购贸易试行通关一体化模式，监管市场采购贸易额572.11亿元、同比增长64.12%。深化全国唯一集成电路研发保税监管改革，覆盖面拓展至80多家中小微集成电路设计企业，监管货值大幅增长2.43倍，助力4家试点企业营收突破1 000万元。支持厦门国际航材保障中心建设，研提税政建议为福建省航材维修企业年减负近亿元，航材保障保税物流初步建成，监管各类保税航材191亿元。支持生物医药产业发展，完善生物材料特殊物品查验平台监管机制，助力厦门新冠病毒检测试剂出口额稳居全国第一。积极推进革命老区加工贸易承接地建设，龙岩紫金矿业进口未锻造金项目顺利落地。

【厦门出入境边检总站高效服务高质量发展】 一是服务探索两岸融合发展新路。服务中央对台工作大局，研究制定相关工作措施，推动新时代往来台湾出入境边防检查工作高质量发展。针对夜间两岸直航货轮推行“24小时零等候”服务机制，提升两岸“大三通”“小三通”货物通关效率。支持全省构建适应常态化疫情防控需要的闽台直航方式，做好高崎机场两岸客运直航航点出入境通关保障，高效查验往来两岸旅客7.3万人次。二是助推口岸发展开放。高效保障两岸空中直航航点平稳运行，助力对台融合发展。全力支持福建对外开放战略及自贸区创新发展，积极参与“丝路海运”等扩大开放举措，支持福州黄岐等4个口岸港区通过省级对外开放验收，“一地办证，全省通用”创新做法得到服务对象高度认可。积极为厦门建设金砖国家新工业革命伙伴关系创新基地建设出谋划策，研提12条边检便利措施，配合推动保税船燃供应业务在厦门复制落地。围绕做好“六稳”工作，落实“六保”任务，助力福建复工复产，累计为2 000余艘次船舶、4 800余万吨货物快速办理出入境边检手续。召开“开门纳谏”座谈会，邀请政府部门、联检单位、口岸生产企业等社会各界代表听民意察民情，结合放管服改革系列举措，落地落实10条为群众办实事项目。精心建设12367咨询平台，创设“五心五询”工作法，赢得服务对象高度认可。

【福建海事局不断提升应急搜救能力和通航安全水平】 一是完善海上应急搜救机制，联合省交通运输厅印发《加强福建省海上搜寻救助工作方案》，编制《船载危险品泄漏事故应急处置工作指南》。强化履职担当，重点做好“两会”、中国共产党成立 100 周年、进博会、党的十九届六中全会以及四季七节等重点时段和恶劣天气的预警防范、安全值守、现场监管和督查整改等工作。成功防御“烟花”“圆规”等 6 个影响辖区的台风，实现海上防台“三不一少”工作目标。全年成功救助遇险人员 883 人，成功救助遇险船 74 艘，人命救助成功率、船舶救助成功率同比“双提升”。二是有效落实保通保畅任务。加强水上交通秩序监控，充分发挥监管保障系统作用，全年共接受船舶报告 86.88 万艘次，跟踪船舶 57.77 万艘次，信息服务 57.77 万次，实施交通组织管制 3 083 次，避免险情 348 起。全年辖区船舶进出港 59.54 万艘次，港口货物吞吐量 6.8 亿吨，集装箱吞吐量超 1 730 万标箱，水路运送旅客 2 200 万人次，运输能源、防疫等重点物资 2.08 亿吨，圆满完成水上运输保通保畅任务，为经济社会稳定运行提供坚强保障。

开放口岸

【福州空运口岸（福州长乐国际机场）】
福州长乐国际机场位于福建省福州市长乐区，距离福州市区约 47.5 千米，车程约 50 分钟，为 4E 级民用国际机场，是中国东南沿海最繁忙的机场和福建省重要的国际机场之一。2015 年，国家“一带一路”倡议中将福州长乐国际机场定位为“海丝门户枢纽机场”，这意味着福州长乐国际机场从一般枢纽机场上升为国家级门户枢纽机场。

福州长乐国际机场年旅客吞吐量 2015 年 11 月 30 日突破 1 000 万人次，跻身国内大型航空港行列。2021 年，福州机场在场运营航司共 37 家，运营国内外航线 91 条，其中 85 条境内航线、2 条地区航线、4 条国际航线；通航航点 79 个，其中境内航点 73 个、地区航点 2 个［台北桃园（货）、香港（客）］、国际航点 4 个［东京（客）、雅加达（客）、安克雷奇（货）、英国伯恩茅斯（货）］。

福州机场现有一条长 3 600 米、宽 45 米的混凝土跑道，航站楼总面积达 21.6 万平方米，运行机位 62 个，航空公司基地机位 14 个，可保障年旅客吞吐量 2 500 万人次。

2021 年，福州长乐国际机场全年运输起降 8.15 万总架次，旅客吞吐量 903.71 万人次，货邮吞吐量 15.27 万吨。其中，出入境货运量 6.8 万吨、出入境旅客 83 362 人次、运输起降 3 223 架次。

【厦门空运口岸（厦门高崎国际机场）】
厦门高崎国际机场位于厦门岛的东北端，距厦门市中心 10 千米，地处闽南金三角的中心地带，与台湾隔海相望，三面临海，环境优美，净空条件优越，具有良好的区位优势。1982 年 1 月 10 日，厦门高崎国际机场破土动工兴建；1983 年 10 月 22 日，建成并对外开放。1992 年，经国家批准投资 23 亿元进行大规模的扩建，扩建后的厦门空港飞行区等级为 4E 级，可起降 B747-800 等大型飞机。

2021 年，在厦门空港营运的航空公司达 40 家，其中国内航空公司 30 家、国际及地区航空公司 10 家；已有航点共 117 个，其中国内 102 个、国际及地区 15 个。航线网络已基本覆盖中国所有省会城市和主要二、三线城市，搭建了通往北美、澳大利亚的客运航线。厦门空运口岸已成为华东地区重要的区域性航空枢纽。厦门机场的东南亚航线覆盖较广、航班密度较高，在全国位居前列，特别是由于厦门特殊的对台区位优势，厦门两岸直航航班的密度位居大陆地区前 3 位。

2021 年，厦门空港保障安全飞行 12.8 万架次，同比减少 8.42%；旅客吞吐量 1 495.2 万人次，同比减少 10.52%，其中出入境旅客 30.6 万人次，同比减少 52.14%；货邮吞吐量 29.8 万吨，同比增长 7.01%，其中出入境货邮 15.2 万吨，同比增长 35.98%。

【泉州空运口岸（泉州晋江国际机场）】 泉州晋江国际机场始建于 1955 年 8 月；2012 年 11 月航空口岸正式对外开放；2014 年 10 月更名为泉州晋江国际机场。机场具备全天候飞行条件，飞行区等级为 4D 级，能起降波音 757 等同类机型，可满足年旅客吞吐量 400 万人次、货邮吞吐量 4.4 万吨的保障需求；已有国内外 35 家航空公司进场运营，开通国内外客货运航线 76 条，每周进出港航班 2 120 余架次。

2021 年受新冠肺炎疫情影响，泉州晋江国际机场“客改货”货运航班于 6 月 29 日起停航，全年共运载货物 679.493 吨；客运航班自 8 月 3 日起停航，全年共进出飞机 319 架次，出入境旅客合计 12 010 人次，其中入境 5 648 人次、出境 6 362 人次，平均每架次 37 人。

【武夷山空运口岸（武夷山机场）】 武夷山机场位于武夷山市南郊，距离市区及武夷山风景区各 7 千米。1993 年 9 月 22 日，国务院批准在武夷山设立空运口岸。

2020 年 2 月以来，因新冠肺炎疫情影响，武夷山航空口岸已全面停运。

【福州水运（海港）口岸】 福州是大陆距台湾最近的地区，连江县黄岐半岛距马祖列岛仅 4.8 海里。福州作为首批对外开放的沿海港口城市之一，地处长三角、珠三角等全国最活跃经济板块的中间地带，具有得天独厚的口岸优势。“六区叠加”，即生态文明示范区、21 世纪海上丝绸之路核心区、自由贸易试验区、福州新区、自主创新示范区、海洋经济发展示范区叠加，不仅打开了口岸跨越发展的“机会窗口”，同时也为口岸的发展创造良好条件。福州港共有 6 个港区，分别为闽江口内港区、松下港区、江阴港区、牛头湾港区、罗源湾港区及黄岐港区。

闽江口内港区，位于中国东南部，台湾海峡西岸，是中华人民共和国成立后自然延续下来的对外开放口岸。闽江口内港区水路可达中国沿海各港和世界各地主要港口，北距上海 433 海里、东距台湾基隆 149 海里 、南距香港 420 海里。港内现有开放码头 21 个，最大可靠泊 2 万吨级船舶。

松下港区，位于福清、长乐交界处的福清湾内，1994 年 9 月 10 日经国务院批复对外开放，并于 1995 年 11 月 20 日由交通部正式对外公布。其地理位置十分优越，水路位于经济发达的香港和上海之间，北距上海 447 海里、福州马尾港 54 海里；南距厦门港 130 海里，香港 395 海里，台湾新竹 80 海里、基隆港 125 海里。陆路西接 324 国道和福厦高速公路，东接长乐国际机场专用公路，并经青州大桥与闽江北岸公路网相接。目前港区内开放的码头 1 个，最大可靠泊 3 万吨级船舶。

江阴港区，位于福清市江阴镇东南部的兴化湾北岸，2003年3月12日经国务院批复对外开放，2004年7月1日由交通部正式对外公布。江阴港区地处中国海岸线中心点，北上上海、大连、天津，南下广州、深圳、香港，都在800海里以内，且居上海港、深圳盐田港航运线中部，可接受长三角和珠三角两大中国经济增长极的辐射；江阴港区距国际集装箱环球主航线仅24海里，堪称黄金水道的“黄金点”。江阴港区与台湾隔水相望，由此东进100海里是台中，150海里是基隆，170海里是高雄，与台湾各港口有地域相近、功能互补的优势，可与台湾实行优势互补，共建海峡两岸航运运作。港区内开放的码头5个，最大可靠泊20万吨船舶。

牛头湾港区，位于福州市长乐区松下镇，海坛海峡北侧，东洛列岛西南侧，2008年12月11日经国务院批复对外开放，2012年2月14日由交通部正式对外公布。牛头湾港区有着便捷的集疏运条件：水路北上距上海447海里，南下距厦门154海里、距香港395海里，东至台湾基隆125海里；陆路距福州中心城区60多千米，距长乐市区、福清市区均约30千米；公路主要通过福清北山一级公路，西接324国道和福厦高速公路，东接长乐机场专用公路，并经青州大桥与闽江北岸相接。目前港区内开放的码头有1个，最大可靠泊10吨级船舶。

罗源湾港区，位于福州市区北部，2014年9月9日经国务院批复对外开放，2018年7月12日交通运输部对外公告：福州港口岸正式扩大对国际航行船舶开放。罗源湾港区与台湾、马祖隔海相望，距福州马尾港50多千米、台湾基隆142海里、上海405海里、香港435海里。目前港区内开放码头共有7个，最大可靠泊30吨级船舶。1个码头临时进靠国际航行船舶作业。

黄岐港区，位于福州市连江县黄岐半岛南侧，闽江入海口北岸，2017年8月5日经国务院批复对外开放。黄岐港区面对马祖列岛，最近处仅距4.8海里，距连江县城46千米、省会福州91千米，海距马尾港33海里。黄岐港区地处中国南北交通的黄金水道，地理位置特殊，是海西一个重要的对台港口。

2021年，福州港共完成外贸货物吞吐量7 246.28万吨，同比增长4.35%；外贸集装箱累计吞吐量163.14万标箱，同比增长2.99%。受新冠肺炎疫情影响，对台客运从2020年2月10日起至今“两马”、“黄岐—马祖”、平潭对台客运停航。

【厦门水运（海港）口岸】 厦门港位于中国东南沿海——福建省东南部、九龙江入海处，背靠漳州、泉州平原，濒临台湾海峡，面对金门诸岛，与台湾宝岛和澎湖列岛隔海相望。厦门海岸线蜿蜒曲折，全长234千米。港区外岛屿星罗棋布，港区内群山环抱，港阔水深，终年不冻，是中国东南沿海重要的天然深水良港。

厦门港是全国25个主要港口、12个区域性枢纽港、9个沿海国际集装箱干线港之一和对台航运重要口岸，范围跨厦门与漳州两个地市级行政区共8个港区（厦门市东渡、海沧、嵩屿、刘五店、客运和漳州市后石、石码、招银）。目前共有航线159条，其中外贸航线115条（其中国际航线102条、内支线13条）、内贸线44条，通达52个国家和地区的141个港口。“一带一路”航线72条，途经23个“一带一路”沿线国家和地区的53座港口。金砖航线4条，途经俄罗斯、南非、印度的6个港口。RCEP航线87条，途经10个国家和地区的55个港口。

2021年，厦门港货物吞吐量完成22 755.99万吨，同比增长9.67%，其中外贸货物吞吐量

11 670.68 万吨，同比增长 14.24%；集装箱吞吐量完成 1 204.63 万标箱，同比增长 5.62%；对台货运直航 36.22 万标箱，同比增长 3.63%。

【泉州水运（海港）口岸】 泉州港位于福建省东南部，与台湾一水之隔，毗邻港澳，距香港 357 海里、高雄港 165 海里，石井作业区距金门仅 5.6 海里。早在 6 世纪的南朝，泉州已开始和国外交往。唐代泉州开埠，宋元时期泉州港海外贸易达到鼎盛阶段，公元 1087 年北宋设置泉州市舶司，元代泉州港成为国际重要的贸易港口。泉州港是中国东南沿海不可多得的天然良港之一。

1981 年泉州海港口岸恢复对外开放，1983 年正式对外开放。海岸线长 541 千米，现建成生产性码头泊位 89 个，其中万吨级以上泊位 25 个（最大泊位为 30 万吨级专用油码头）。泉州海港口岸辖区海岸线 427 千米，由肖厝、斗尾、泉州湾、围头湾和深沪湾五大开放港区组成，对外开放码头泊位 39 个。

泉州市港口与世界 19 个国家和地区有海运往来，现已开通集装箱班轮航线 39 条，其中外贸集装箱班轮航线 10 条（含内支线 1 条），主要是近洋集装箱航线，通达菲律宾、越南、日本和中国香港、中国台湾等地。泉州至金门客运航线 1 条。

2021 年，受新冠肺炎疫情影响，泉州海港口岸外贸进出口吞吐量完成 3 768.19 万吨，集装箱进出口完成 84 596 标箱。泉金客运航线自 2020 年 2 月 10 日起停航，暂未复航。

【漳州水运（海港）口岸】 漳州港地处漳州市行政辖区范围内，由“两湾六区”组成，即环东山湾和厦门湾南岸两个湾，包含古雷、东山、诏安和招银、后石、石码六个港区。截至 2021 年 12 月，已建成生产性泊位 74 个，万吨级以上深水泊位 24 个。2021 年无新开通航线。

石码港区，是福建省重要的船舶修造基地，以杂货和建材运输为主。招银港区，拥有自然岸线长达 28 千米，其中-8 米以下深水岸线 13 千米，已建成全省最大的仓储物流中心，成功培育了木材、粮食、钢材三大市场，成为全省最大的粮食中转基地和木材集散地。后石港区，与招银港区水域岸线相连，形成码头岸线 7 000 米。后石港区是以大宗散货码头为主的大型临港工业港区，承担大宗散货和 LNG、石油化工品等液体散货运输。古雷港区，具有水位深、不淤积、航道宽、风浪小、航泊条件好、紧靠国际航线和拥有充足锚地等突出优点；因东向和北向的山体掩护，全年作业天数达 320 天以上；主要为临港产业服务，以原油、石化产品运输为主，兼顾散货、杂货和集装箱运输。东山港区，位于东山县，港区功能以服务临港工业、城市旅游和地区经济发展为主，发展散杂货和对台客滚运输，兼顾油品运输；目前已建成泊位 9 个，其中 3 万吨级泊位 1 个。

【莆田水运（海港）口岸】 莆田港东临台湾，西连“两湖一江”，北承长三角、南接珠三角，是福建、长三角和珠三角的中部连接地带，区位优势得天独厚，经济腹地广，是中国东南沿海重要的中转枢纽港口。莆田海港口岸于 1999 年 11 月 26 日经国家批准正式对外开放，已与美国、俄罗斯、加拿大、巴西、阿根廷、韩国、泰国、沙特、印度尼西亚、马来西亚等世界上的 30 个国家和地区的 50 个港口建立了海上航运联系，开通了对台海上客货运直航业务。进出口的主要大宗货物有铁矿石、LNG、木材、煤炭、转基因大豆、钢材、粮食、石化、鞋服原辅材料及成品、机器设备等。

莆田海港口岸已建成外贸客货运码头 17 座，具体分布：秀屿港区秀屿作业区共 7 座，分别为莆田秀屿港口有限公司 1 号泊位 5 万吨级多用途码头、4 号泊位 2 万吨级杂货码头、5 号泊位 3 000 吨级集装箱散杂货两用码头、6 号泊位 4 万吨级木材码头、5 000 吨级滚装码头，福建中原港务公司秀屿作业区 8 号 5 万吨级石化码头，以及中海福建天然气有限责任公司 10 万吨级 LNG 专用码头各 1 座；秀屿港区莆头作业区共 2 座，分别为福建省莆头港口开发有限公司 1 号、2 号泊位 4 万吨级多用途码头各 1 座；秀屿港区罗屿作业区共 2 座，分别为福建省罗屿港口开发有限公司 9 号泊位 30 万吨级干散货码头、10 号泊位 10 万吨级干散货码头各 1 座；秀屿港区东吴作业区共 3 座，分别为国投湄洲湾港口有限公司 9 号泊位 7 万吨级散货码头、10 号泊位 10 万吨级散货码头，福建太平洋电力有限公司 8 000 吨级煤炭专用码头各 1 座；东吴港区福建八方港口发展有限公司东吴作业区东 1 号 20 万吨级煤炭码头、东 2 号 10 万吨级煤炭码头各 1 座；湄洲岛港区 3 000 吨级对台客运码头 1 座。港内设有 25 万吨级、20 万吨级、5 万吨级、2 万吨级、1 万吨级浮筒各 1 座，避风避险应急锚地 1 座，设计年货物吞吐量近亿吨、客运 20 万人次，目前可最大适航 40 万吨级船舶通航，向莆铁路、沈海高速支线直通港区，可实现无转场铁海联运业务，是福建海西重要战略港口。

2021 年，莆田海港口岸累计外贸货运量 33 106 183 吨，同比增长 30.67%。其中，进口 28 332 089 吨，同比增长 31.56%；出口货运量 4 774 093 吨，同比增长 25.67%。累计完成集装箱货柜 11 445 标箱，同比下降 4.44%。其中，进口货柜 6 470 标箱，同比增长 1.19%；出口货柜 4 975 标箱，同比下降 10.89%。

【宁德水运（海港）口岸】 宁德港位于福建省东北部世界闻名的天然良港三都澳内，东距台湾基隆港 145 海里，南依省会福州，北距上海

390 海里，南至福州 66 海里，地理坐标为北纬 26°30′~26°45′与东经 119°35′~119°58′之间，距离西太平洋西岸国际主航线 30 海里，是连接中国中西部地区“一带一路”的重要出海通道，港口优势、区位优势、对台优势凸显。

2021 年，宁德海港口岸漳湾作业区获国务院批复同意正式开放，并通过国家验收。通关一体化改革持续深入，口岸环境进一步改善，对外开放程度进一步提升。全口岸共开设外贸作业点 22 个、临时开放点 3 个。目前，口岸对外运输航线主要有日本、韩国、印度尼西亚、菲律宾、越南等国际航线和对台地区直航货运航线。进出口货物主要有煤炭、镍矿、铜精矿进口和锂电池、新能源汽车 KD 零部件、水产品、砂石、钢材设备出口，以及外国籍船舶维修。全年完成吞吐量 1 498.11 万吨，同比增长 2.09%。其中，进口 1 434.79 万吨，同比增长 2.32%；出口 63.32 万吨，同比下降 2.76%。

【平潭水运（海港）口岸】 平潭港地处海峡西岸，处于中国海岸线的中心和海峡经济走廊的中心突出部，东濒台湾海峡，距台湾新竹仅 68 海里，是祖国大陆距台湾本岛最近的地区，具有

优越的自然条件和对台区位优势，是两岸贸易合作和人员往来的重要平台。平潭海港口岸共有两个港区，分别为澳前、金井港区。澳前港区开通平潭至台北、台中、高雄 3 条客滚直航航线；金井港区开通平潭至台北、台中、高雄、基隆、金门、马祖等多条直航及对台集装箱货运航线。主要进出口货物种类为：电商类、农渔产品、台湾地区食品类、台杂货、电子面板、快件、邮包等。

2021 年，经平潭口岸出入境人数 1.34 万人次；外贸吞吐量 35.96 万吨，同比增长 93.57%；海港国际集装箱 8.76 万标箱，同比增长 80.99%。

厦门市

【口岸运行数据】 2021 年，厦门港货物吞吐量完成 22 755.99 万吨，同比增长 9.67%，其中外贸货物吞吐量 11 670.68 万吨，同比增长 14.24%；集装箱吞吐量完成 1 204.63 万标箱，同比增长 5.62%；对台货运直航 36.22 万标箱，同比增长 3.63%；厦门空港保障安全飞行 12.8 万架次，同比减少 8.42%；旅客吞吐量 1 495.2 万人次，同比减少 10.52%，其中出入境旅客 30.6 万人次，同比减少 52.14%；货邮吞吐量 29.8 万吨，同比增长 7.01%，其中出入境货邮 15.2 万吨，同比增长 35.98%。

【口岸开放工作】 2021 年，厦门港东渡港区邮轮中心码头 1#~3#泊位于 3 月 16 日通过新改建码头市级验收，8 月 26 日顺利通过省级验收，正式启用。

【口岸综合管理】 口岸疫情防控有力有效。厦门高崎国际机场国际港澳台到达第二通道正式启用，是独立于国内进出港旅客及国际出港旅客的全封闭式入境专用通道。口岸单位与卫健委、120 急救中心、外办、航空公司、码头等单位加强联合管控与应急处置。坚持“人、物、环境同防”，严格做好进口冷链食品疫情防控及高风险非冷链集装箱货物口岸检测监测及预防性消毒。持续保障口岸单位防疫物资、工作人员核酸检测

及新冠病毒疫苗接种。

在 2021 年十大海运集装箱口岸营商环境测评中，厦门再次荣获本年度测评最高星级。多部门联合发布《关于厦门市持续优化口岸营商环境 2021 年专项工作方案的通知》，共同推进优化口岸营商环境。加强口岸收费清单管理，更新口岸收费目录清单，推广“单一窗口”全国口岸收费及信息发布系统，实现海运口岸港口、船代、理货等企业收费标准线上公开、在线查询。持续降低口岸收费，免除货物港务费地方政府留存部分，降低引航费收费标准；免除查验没有问题的外贸企业吊装移位仓储费用，2021 年免除查验无问题集装箱共计 5.5 万自然箱，减免企业查验费约 3 600 万元。持续推动压缩整体通关时间，厦门口岸进出口整体通关时间均位于沿海主要口岸前列。公开港口集装箱进出口环节作业时限，进一步提高口岸作业效率，建设稳定透明的口岸服务环境。联合印发《厦门市多式联运“一单制”试点工作意见的通知》，在福建省首发“一单制”提单。联合发布《关于在堆场全面实施集装箱设备交接单电子化操作的通知》，将设备交接单电子化推广至堆场。

“单一窗口”建设持续加强。厦门率先全国完成“单一窗口”航空物流公共信息平台验证工作并被国家口岸管理办公室选为“单一窗口”航空物流公共信息平台首批试点建设城市。积极推广标准版国际贸易“单一窗口”新功能，如监管证件申领功能、全国口岸收费及服务信息发布系统等。完成国际贸易“单一窗口”全国统一用户认证工作。开展 2021 年度国际贸易“单一窗口”安全自查及网络安全演练。

口岸基础设施持续完善。在嵩屿、海天、海润、国际货柜等大型码头相继投用移动口岸检疫方舱，进一步提高口岸检疫工作效率。邮轮中心码头认真完善包括监管围网、视频监控、恒温查验室、冻库、冷藏库、食用水生物暂养与扣检场等口岸配套设施以及技术业务用房建设，提升对台货运口岸监管水平。五通三期厦金客运候船楼海关卫生检疫通道改造，从快从实提升抗疫保障水平。翔安刘五店港区海翔码头按照口岸公共卫生核心能力的标准完善相关配套设施建设。

【对台主要工作】 推进同益码头对台货运业务转移至邮轮中心码头，邮轮中心码头开展“进境食用水生动物、冰鲜水产品海关指定监管场地”两项资质的相关建设及申报工作。探索两岸融合发展新路，加快对台海运快件“南向通道”建设。

2021 年福建省口岸大事记

1 月 18 日

中国（福建）自由贸易试验区厦门片区管理委员会、厦门海关、厦门市人民政府口岸工作办公室、厦门港口管理局、厦门市商务局、厦门市交通运输局、厦门市市场监督管理局联合发布《关于厦门市持续优化口岸营商环境 2021 年专项工作方案的通知》。

1 月 21 日

南平武夷山国际货运班列首发，成为继厦门之后福建省又一条通往“一带一路”沿线国家和地区的国际物流陆上通道。

2 月 1 日

厦门海事局港内航行船舶“多证合一”改革经验在福建海事局辖区全面推广，在全国首次实现省级范围内的沿海航行船舶“多证合一”。

2 月 9 日

福建省市场监督管理局发布新一批省地方标准，福建省商务厅（口岸办）牵头制定的《“单一窗口”进出口信用证服务系统接口技术要求》位列其中。

3 月 16 日

厦门港东渡港区邮轮中心码头 1#~3#泊位通过新改建码头市级验收。

3 月 19 日

福建省人民政府发布《福建省国民经济和社会发展第十四个五年规划和二〇三五年远景目标纲要》，提出“提升通关便利化水平，优化升级中国（福建）国际贸易单一窗口，建设智慧口岸，推进关、港、贸、税、金一体化运作，加强境内外跨区域口岸通关合作”。

3 月 27 日

福州港口岸松下港区元洪作业区 4#泊位对外开放通过省级验收。

4 月 8 日

在国家移民管理局统一部署下，厦门出入境边检总站正式启用运行国家移民管理机构 12367 服务平台。

4 月 20 日—21 日

国家口岸管理办公室在厦门组织“单一窗口”航空物流公共信息平台调研及召开工作现场会。

4 月 25 日

中国（福建）国际贸易单一窗口参展第四届数字中国建设峰会。

4 月 26 日

福建省商务厅通关处负责人受邀做客《人民日报》数字传播专访间，介绍中国（福建）省国际贸易单一窗口建设成果。

5 月 9 日

福建省商务厅（口岸办）牵头研究制定的省地方标准《“单一窗口”进出口信用证服务系统接口技术要求》，由福建省市场监督管理局发布实施，成为中国“单一窗口”领域首个省级地方性标准。

6 月 21 日

厦门关区空港口岸和海港口岸全面实施“14+7+7”天模式管理和“1 天 1 检”工作要求。

7 月 9 日

福州港口岸黄岐港区扩大开放通过省级验收。

7 月 14 日

厦门市口岸办、厦门自贸区管委会综合监管和执法局、东渡海关、东渡出入境边检站、东渡海事处共同举行《东渡口岸通关联合执法合作备忘录》续签仪式。

8 月 9 日

厦门市多式联运“一单制”提单首发仪式举行，签发福建省首份多式联运“一单制”提单。

8 月 24 日

国务院批复宁德港口岸三都澳港区漳湾作业区扩大开放。

同日

福建省召开全省打造数字化营商环境培育和激发市场主体活力电视电话会议，福建省商务厅厅长、口岸办主任吴南翔汇报“推进国际贸易‘单一窗口’建设，优化口岸营商环境”工作情况。

8 月 26 日

厦门港东渡港区邮轮中心码头 1#～3#泊位顺利通过新改建码头省级验收正式启用。

同日

厦门港口岸东渡港区邮轮中心码头 1#～3#泊位对外开放通过省级验收。

9 月 13 日

福建省商务厅副厅长、一级巡视员黄娜恩陪同副省长郭宁宁前往福州马尾调研疫情防控工作，实地走访了福州海关、福州市集中监管仓、青洲码头。

9 月 16 日

海关总署发布国家口岸发展“十四五”规划，福建省上报的海港口岸扩大开放项目全部列入。

10 月 3 日

福建省商务厅二级巡视员吴霏陪同副省长郭宁宁慰问福州海关、福州市集中监管仓、马尾海关，通过视频连线，调度慰问了长乐机场海关等一线值班人员。

10 月 15 日

宁德港口岸三都澳港区漳湾作业区扩大开放通过省级验收。

10 月 23 日

厦门高崎国际机场国际、港澳台到达第二通道正式启用。

12 月 9 日

在江苏无锡举行的“中国关务发展大会”发布“2021 年十大海运集装箱口岸营商环境测评”结果，福建省厦门口岸继 2019 年、2020 年连续两年获评第一名后，再次荣获该测评最高星级“四星级”。

12 月 14 日

2021 年中国（福建）国际贸易单一窗口跨境电商专题培训在福州举办，各地市商务局（口岸办）人员、跨境电商企业、物流企业和进出口货物报关公司参加。

12 月 23 日

厦门海关“口岸提效降费系统　提升跨境贸易便利化水平”入选厦门经济特区建设 40 周年 40 个全面深化改革优秀案例。

同日

宁德港口岸三都澳港区漳湾作业区扩大开放通过国家验收。

12 月 24 日

国家口岸管理办公室副主任党英杰一行到厦门开展促进跨境贸易便利化专题调研。

（撰稿人：张昕欣、喻波、沈荣标、陈润禾、苏丽丽、颜娟、叶雅芳、李若杰、阮仙玉、周颖杰、何波、毛蒙恩）

2021 年福建省口岸流量统计表

口岸类型	口岸名称	货运量（万吨）				集装箱量（万标箱）				人员（万人次）				交通工具（辆、艘、架、列次）			
		出口	进口	合计	同比（%）	出口	进口	合计	同比（%）	出境	入境	合计	同比（%）	出境	入境	合计	同比（%）
空运口岸	福州	5.85	0.97	6.82	157.93					4.03	4.31	8.34	-71.74	1 626	1 597	3 223	
	厦门	10.33	3.33	13.66	33.09					17.94	20.48	38.42	-42.55	4 124	4 012	8 136	
	泉州	0.067	0.00	0.067	-23.17					0.77	0.69	1.46	-85.52	160	159	319	
	武夷山	0.00	0.00	0.00	0.00					0.00	0.00	0.00	0.00	0	0	0	
	分计	16.24	4.30	20.54	58.1					22.74	25.48	48.22	-54.91	5 910	5 768	11 678	
水运口岸 河港口岸																	
	分计																
合计																	
同比（%）																	

（福建省口岸办提供）

2021 年福州海关主要数据统计表

项　目		2021 年	2020 年	同比（%）
进出口货运量（万吨）	合计	11 718. 8	10 636. 2	10. 18
	进口	10 067. 9	9 072. 8	10. 97
	出口	1 650. 9	1 563. 4	5. 60
进出口贸易总值（万美元）	合计	5 579 486. 5	3 836 821. 4	45. 40
	进口	3 362 269. 1	2 143 777. 6	56. 80
	其中：水路运输	3 209 147. 7	2 032 513. 0	57. 90
	铁路运输	0. 0	0. 0	—
	公路运输	49 826. 0	24 722. 0	101. 50
	航空运输	100 858. 6	83 664. 0	20. 60
	邮件运输	2 435. 2	2 501. 9	-2. 70
	其他运输	0. 6	376. 3	-99. 80
	游客携带	1. 0	0. 4	142. 40
	出口	2 217 217. 4	1 693 043. 8	31. 00
	其中：水路运输	2 044 594. 6	1 572 736. 9	30. 00
	铁路运输	11 344. 7	8. 2	138 886. 00
	公路运输	51 258. 5	43 657. 1	17. 40
	航空运输	88 184. 9	49 089. 0	79. 60
	邮件运输	11 710. 3	12 125. 5	-3. 40
	其他运输	10 124. 4	15 427. 2	-34. 40
	游客携带	0. 0	0. 0	—
税收（万元）	两税合计	2 380 320. 11	1 740 267. 05	36. 78
	关税入库	156 215. 34	133 665. 83	16. 87
	进口环节税入库	2 224 104. 76	1 606 601. 22	38. 44

（福州海关提供）

2021 年厦门海关主要数据统计表

项　目		2021 年	2020 年	同比（%）
进出口货运量（万吨）	合计	12 104.00	11 039.00	9.60
	进口	8 273.00	7 648.00	8.20
	出口	3 831.00	3 391.00	13.00
进出口贸易总值（万美元）	合计	17 545 631.15	12 834 186.50	36.71
	进口	5 744 385.85	3 878 461.52	48.11
	其中：水路运输	4 367 434.07	2 870 295.15	52.16
	铁路运输	151.01	696.75	-78.33
	公路运输	574 521.53	391 651.26	46.69
	航空运输	796 771.13	613 865.43	29.80
	邮件运输	1 416.24	1 836.54	-22.89
	其他运输	4 091.88	115.98	3 427.96
	出口	11 801 245.30	8 955 724.98	31.77
	其中：水路运输	10 325 031.44	7 867 500.29	31.24
	铁路运输	105 037.92	88 543.40	18.63
	公路运输	437 241.59	340 128.83	28.55
	航空运输	889 733.99	640 264.04	38.96
	邮件运输	5 234.80	11 386.79	-54.03
	其他运输	38 965.56	7 901.63	393.13
税收（万元）	两税合计	3 914 414.43	3 299 342.93	18.64
	关税入库	407 020.58	372 853.61	9.14
	进口环节税入库	3 507 393.85	2 926 489.31	19.85

（厦门海关提供）

2021 年福建省口岸出入境主要数据表

项　目			2021 年	2020 年	同比（%）
出入境人员（人次）	出入境人员总数		813 870	1 645 553	-50. 54
	入境人员		418 409	866 130	-51. 69
	出境人员		395 461	779 423	-49. 26
	出入境旅客		383 949	1 150 725	-66. 63
	出入境员工		429 921	494 828	-13. 12
	中国公民	小计	634 680	1 344 297	-52. 79
		内地居民（因公）	217 075	232 863	-6. 78
		内地居民（因私）	276 618	793 259	-65. 13
		港澳居民	39 675	65 402	-39. 34
		台湾同胞	101 312	252 773	-59. 92
	外籍人员		179 190	301 256	-40. 52
	从海港出入境人数		330 654	503 411	-34. 32
	从陆港出入境人数				
	从空港出入境人数		483 216	1 142 147	-57. 69
交通运输工具（辆、艘、架、列次）	总计		30 184	36 656	-17. 66
	船舶		18 299	21 984	-16. 76
	飞机		11 885	14 672	-19. 00
	火车				
	机动车辆				

（厦门出入境边检总站提供）

2021 年福建海事局进出港船舶统计汇总表

船舶类别	进港船舶							出港船舶						
	艘数（艘次）	总吨（吨位）	总载重量（吨）	载客量（客位）	船员人数（人）	货物到达量（吨）	旅客到达量（人）	艘数（艘次）	总吨（吨位）	总载重量（吨）	载客量（客位）	船员人数（人）	货物发送量（吨）	旅客发送量（人）
总　计	301 219	865 419 504	1 142 438 385	53 027 075	3 337 062	417 296 480. 1	11 163 863	300 243	863 543 770	1 137 558 896	52 992 262	3 337 990	337 629 184. 3	10 907 231
中国籍船舶	290 047	460 060 494	599 964 902	52 980 420	3 119 840	242 451 664. 3	11 163 863	288 989	455 744 445	592 570 643	52 945 227	3 119 578	273 925 770. 8	10 907 231
其中外贸船	1 583	12 092 743	18 881 082	447	23 620	9 260 077. 82	84	1 518	12 006 665	18 183 020	0	22 543	4 896 807. 1	0

（福建省海事局提供）

江 西 省

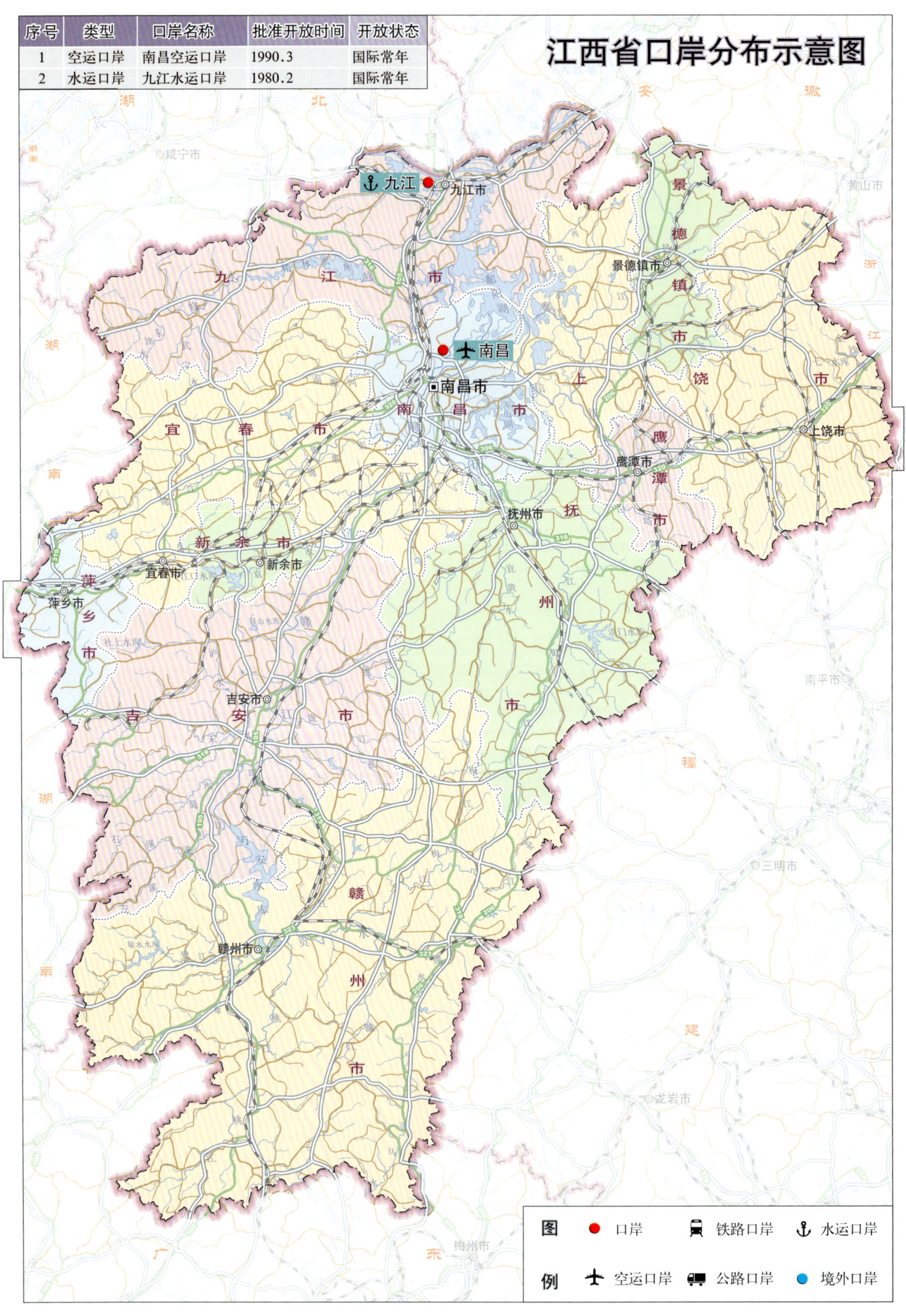

序号	类型	口岸名称	批准开放时间	开放状态
1	空运口岸	南昌空运口岸	1990.3	国际常年
2	水运口岸	九江水运口岸	1980.2	国际常年

口岸数量及分布

截至 2021 年年底，江西省有经国务院批准的对外开放口岸 2 个。其中，空运口岸 1 个，即南昌空运口岸（南昌昌北国际机场）；水运（河港）口岸 1 个，即九江河港口岸。

口岸运行数据

2021 年，江西省口岸共完成进出口货运量 658.36 万吨、国际集装箱 45.32 万重标箱，同比分别下降 3.83%和 4.57%。全省赣欧班列累计开行 401 列，共计 38 857 标箱。

口岸综合管理

【抓航空保畅通，实现国际航空货运倍增】 2021 年，在国际国内疫情多点暴发的情况下，南昌昌北国际机场新开通了南昌至纽约国际货运航线，稳定运行 6 条全货机航线，实现了国际货运倍增，全年完成国际货邮吞吐量 11 万吨，同比增长 45%。南昌昌北国际机场全货机货运航线通航点高峰期达 14 个，每周运力高峰期达到 47 班，同比分别增长 75%和 27%。江西省航空货运结构也实现了进一步优化，国际货源中本省占比从 2020 年的 5.11%提高到 29.48%。同时，多次组织各有关单位开展航空客货运研讨会并赴国家民用航空局拜访恳请支持江西货运航空发展，协调解决因疫情停飞航班、防疫物资短缺等问题。航空货运的快速发展，为江西省跨境电商产业发展畅通了国际物流通道，同时借助航线的开通，已在列日和纽约设立了公共海外仓。

【抓水运促“三同”，完善九江区域航运中心建设】 一是大力推进“三同”试点。政策实施以来，九江港集装箱吞吐量实现增量进位，2021 年完成集装箱 65 万标箱，同比增长 6%，在同等区位港口中排名保持第二。二是稳定运营九江至上海“天天班”，平均每天达到 2 班以上。推动九江城西、红光两港集装箱“穿巴航线”开行，提高了九江港船舶和货物转运效率。三是九江港扩大开放建设进展顺利。彭泽红光国际港海关监管场所已验收通过。四是搭建九江智慧港航信息平台和多式联运信息化系统平台，实现与港口、航运和物流等部门数据互联互通，可通过该系统进行“三同”政策资金的审核拨付，实现“一网通办”，进一步提高资金使用效率。

【抓平台拓功能，口岸平台效能进一步提升】 加强全省口岸平台建设，完善口岸功能。2021 年 4 月，九江进境水果指定监管场地获海关总署正式批复。9 月，赣州黄金机场纳入国家口岸开放“十四五”规划。南昌昌北国际机场“一货站三中心”（新国际货站、国际邮件互换局、国际快件监管中心、通关中心）稳定运营；3 个进境指定监管场地（进境水果、冰鲜水产品、食用水生动物）建设完成，已通过预验收。南昌机场海关监管业务量持续提升，通关效率持续加快，南昌空运口岸出口货物整体通关时间 0.24 小时，居全国第一位。

【抓经济促发展，综合保税区实现进位赶超】 一是举办全省综合保税区培训班，承接全国综合保税区高质量发展工作交流会，并组织赴北京、海南等地学习调研。二是赴海关总署等国家部委沟通汇报，争取支持。三是全省综合保税区在 2020 年全国绩效评估工作中整体实现进位赶超，南昌综合保税区比 2020 年度大幅前进 30 位。11 月份赣州综合保税区调整规划成功获批。四是招商引资量质提升，各项业态功能快速落地。2021 年，综合保税区共签约引进项目 72 个，总投资 421.25 亿元；完成进出口额 430 亿元，同比增长 141%。

【抓服务优环境，物流提效率降成本】 一是开展水运“三同”政策宣讲并牵头组织航空、港口等一批重点货运代理龙头企业赴地市开展“服务进园区，畅通双循环”，为省内重点生产型企业与承运企业搭建供需交流平台，同时编印了《江西省国际物流服务企业名录》，通过提升服务，为企业协调解决了国际货物运输中遇到的问题。二是在南昌龙头岗综合码头先后实现“抵港直装”和“船边直提”监管作业方式，进一步提升了口岸通关效率，降低物流运营成本，实现了到港即提的“零延时”通关。九江至上海的舱位费平均下降约150元/标箱，“天天班”航行时间缩短25%以上。

【打通堵点，铁海联运稳步运行】 强化口岸区域合作开辟绿色通道，南昌、上饶至宁波和赣州至深圳3条“天天班”稳定运行，全年累计开行1 724列，同比增长1.4%，铁海联运开行线路、运量均居中部省份第一，保持全国前列。积极落实中央巡视反馈问题整改问题，全省开行至宁波铁海联运班列859列，南昌、上饶至宁波“天天班”稳定运行，圆满完成整改任务。

【保障国际物流通道畅通，赣欧班列稳中提质】 以赣欧班列为桥梁，中国（赣州）跨境电子商务综合试验区与匈牙利中欧商贸物流合作园区“双区联动”国际合作项目列入“中国—中东欧国家领导人峰会”成果清单，先后开行“跨境电商”“江西制造”等特色班列，形成了白俄罗斯、乌兹别克斯坦、俄罗斯3条精品线路，全年累计开行401列，同比增长8.67%。

【提升亮点，“单一窗口”运用率大幅提升】 深化国际贸易“单一窗口”改革创新，牵头组织新上线功能培训17场。截至2021年年底，中国（江西）国际贸易单一窗口共上线运行114项政务申报功能，运行11项地方特色功能，年日均申报业务量10 800余票，同比增长48%。2021年，使用中国（江西）国际贸易单一窗口全国用户达14 900余家，同比增长54%，其中江西外贸企业1 900余家，同比增长53%。

口岸监管与服务

【南昌海关全力做好口岸疫情防控工作】 南昌海关筑牢新冠肺炎疫情外防输入“第一道防线”，坚持“人、物”同防，落实“三查三排一转运”（筛查环节100%查验健康申报、体温筛查、医学巡查，排查环节严格实施流行病学排查、医学排查、实验室检测排查，处置环节对疑似病例和阳性病例一律转运地方卫生健康部门妥善处置），严格实施进口冷链食品、农产品和高风险非冷链集装箱货物监测检测和预防性消毒监督工作，严格“14+7+7”封闭管理。2021年，共检疫监管航空器1 353架次，出入境人员7 607人次，闭环交接524人次，完成4国外长包机入境等重大卫生检疫任务，登临检疫作业短片被选为海关总署货机检疫示范片。

【南昌海关服务国家战略，融入“一带一路”建设】 南昌海关针对性拟订海关监管方案，指导赣州港做好基础设施、提升信息化水平等项目承接准备，支持中国（赣州）跨境电子商务综合试验区、赣州港运营方与“双区联动”项目承办方进行对接，推动匈牙利中欧商贸物流合作园区与中国（赣州）跨境电子商务综合试验区“双区联动”合作协议落地。2021年1月26日，《匈牙利中欧商贸物流合作园区与中国（赣州）跨境电子商务综合试验区“双区联动”合作协议》在赣州正式签约，2月9日作为53项成果之一纳入“中国—中东欧国家领导人峰会”成果清单。年内累计开行“双区联动”班列31列、赣欧班列399列，助力江西打造中欧内陆“南线”物流新通道，为国家战略决策提供“江西方案”“海关智慧”。

【南昌海关支持口岸平台建设】 落实江西省口岸发展“十四五”规划，推动赣州黄金机场纳入全国口岸“十四五”规划，支持九江口岸扩大开放，指导彭泽港区和瑞昌港区海关监管场地规划建设，2021年11月29日彭泽港区红光码头监管场所完成建设验收。落实《中华人民共和国海关综合保税区管理办法》，支持4个综合保税区健康发展、做大做强。年内，赣州综合保税区调整至赣州国际陆港获批，井冈山综合保税区正式封关运作。2021年，综合保税区进出口457.7亿元，同比增长1.6倍，南昌综合保税区发展绩效评估结果排名从全国第70位跃居第40位。畅通国际航空物流通道，8月19日，新增“南昌—纽约”全货机航线顺利开航，全年南昌空港国际货邮吞吐量 11.21 万吨，同比增长 46.2%。2021 年 7 月 1 日，新开通“9710”“9810”业务，实现跨境电商全业务覆盖、全模式运行、全链条打通，年内跨境电商进口 442.41 万票、出口 301.51 万票，同比分别增长 10.61 倍和 2.31 倍，进出口规模居全国第五。

【南昌海关持续优化口岸营商环境】 深化“放管服”改革，强化“双随机、一公开”监管，推进“海关改革 2020”，制定促进跨境贸易便利化措施 51 条。2021 年，“两步申报”率 72.47%，居全国第一；“证照分离”14 项改革全部落地，“船边直提”“抵港直装”扩大试点范围。全国首创“跨省域、跨关区、跨海陆港”的“赣深组合港”通关模式，促进“老区+特区”共赢发展。连续三年实施“通关与沿海同样效率”专项行动，2021 年进口、出口整体通关时间分别为 11.03 小时（扣除国内运输段）、0.28 小时，较 2017 年分别压缩 72.73%、98.87%，通关效率保持全国前列，大幅超过国务院提出的压缩 50%的目标要求。在 2021 年公布的 2020 年度国家营商环境评价中，江西省南昌市、九江市跨境贸易指标评价均为优秀。

【江西出入境边检总站创新服务举措，全面深化“放管服”改革工作】 一是数据引领，助力全省疫情防控。持续聚焦国内外疫情防控动态，密切加强与驻地党委政府、口岸联检单位的联动协作，研究制订应对新冠肺炎疫情防控工作方案、内部管控工作方案等系列方案措施，确保各项疫情防控措施落实到位，有力服务全省防疫工作大局。全年，总站疫情数据专班向省疫情防控指挥部推送数据 32 万余条，为有关部门加强入境人员检疫，实施闭环管理提供信息数据支持。二是聚焦一线，全面优化勤务模式。严格执行“独立作战、三个 7 天”勤务组织模式和“四不交叉”应急机制，执勤人员按照最高等级规范穿戴和使用防护装具，严格落实“四分流”验放措施，设置防疫监督岗，全程监督指导防护服穿脱，证件、场地和设备消杀。边检总站、边检站指挥中心和勤务值班室 24 小时视频监控执勤过程，重点对涉及防控重点环节和工作细节挑刺，做到当场发现并指正，不留安全隐患。三是重点盯防，全面服务工作大局。牢固树立安全发展理念，贯彻落实国家局服务促进“六保”“六稳”出入境政策“十项规定”，重点保障至美国、比利时、俄罗斯、哈萨克斯坦等国家和地区货运包机，在上饶三清山非国家开放口岸机场圆满完成马来西亚、新加坡、印度尼西亚、菲律宾 4 国外长专机检查任务，有力服务了全国外交工作和疫情防控工作大局。

【江西出入境边检总站加强科技信息化建设】 与江西省公安厅出入境管理局共建江西移民管理系统大数据平台，主导开发大数据系统建设项目，综合展示分析研判赣籍人员证件办理、出入境等综合态势，开展“入境入赣重点国家人员分析”和“赣籍前科人员往来重点国家地区分析”自主建模，设定红、橙、蓝、绿四类积分预警阈值，提前发现主动研判涉跨境赌博人员。

【九江海事局三年行动成效显著】 按照国务院安委会印发的《全国安全生产专项整治三年行动计划》，深入开展水上交通安全生产专项整治三年行动，建全安全风险分级管控和隐患排查治理双重预防制度，建立问题隐患和制度措施“两个清单”。2021 年，排查水上交通安全问题隐患 53 项、整改销号 44 项，有效管控重大风险 11 项。开展船舶碰撞桥梁隐患专项治理，辖区 2 座桥梁全部建立“一档一单一策”。

【九江海事局多举措保障通航安全】 一是涉客船舶安全稳定。涉客船舶是长江水上交通安全监管的重中之重。九江海事局全面贯彻《内河交通安全管理条例》，落实渡船“116”和客船“1+7”长效管理机制，联合船检机构开展涉客船舶同船检查 11 艘次，对长江干线江西段渡船全面开展隐患排查，46 艘渡船（含 8 艘汽渡船）隐患动态清零。2021 年，安全渡运旅客 32.3 万人次、车辆 4.2 万车次，渡船连续 17 年实现“零险情”。二是战枯保畅应对有序。全力奋战近 10 年同期最枯水位，维护航道疏浚，有效遏制枯水期九江水道、张南水道通航条件恶化。成功应对近年来管制时间最长、滞留船舶最多、管控难度最大的“11·7”寒潮大风天气，科学疏散 60 小时内积压的 1 300 余条船舶安全有序通过。三是通航环境持续优化。积极贯彻落实水利部等 5 部门《关于进一步明确长江河道采砂综合整治有关事项的通知》要求，严厉打击非法采运砂行为，开展联合执法 449 次，查处非法砂船舶 12 艘、违法人员 4 人。开展“三无”船舶（无船名船号、无船舶证书、无船籍港）治理行动，查处“三无”船舶 67 艘，长江干线江西段实现“三无”船舶动态清零。四是污染防治有力度。实施船舶垃圾、水污染物靠岸交付“零排放”模式，134 艘船舶主动实行排污管道“双铅封”。推动长江干线江西段 73 个码头泊位配备污染物接收设施。2021 年，接收船舶生活污水 1.67 万立方米、油污水 215.21 立方米，生活垃圾 248.31 吨。深入贯彻实施《中华人民共和国长江保护法》，查处船舶涉污违法行为 157 件，处罚 87.7 万元，有力保证“一江清水东流”。五是岸电推广有进展。推动 43 艘船舶完成受电设施改造，全年 3 500 艘次船舶使用岸电，用电量 5.2 万度。推动湖口洗舱站、转岸码头和水上绿色服务区有效运行、湖口 LNG 加注码头顺利建成，全年为船舶提供绿色服务 248 艘次。六是共管共治有成果。与省直涉水部门开展船舶与港口污染协同治理，推广应用船舶水污染物联合监管与服务信息系统（船 E 行）至全部码头和到港船舶，污染物实现“全程跟踪”。深入开展长江“十年禁渔”执法，配合拆解渔船 137 艘次，帮助解决退捕渔民实现再就业 150 余人。

【九江海事局持续优化营商环境，助力港航经济发展】 一是持续深化“放管服”改革，深化“互联网+”政务服务，推广海事政务“一网通办”，建设运行 6 个海事政务自助服务站，实现海事政务服务 7×24 小时不打烊，办理时限减少 33%。配合发放航运业发展财政奖励 459.07 万元，惠及船舶 11 艘次，引导优秀航运企业落户江西，有效助推江西航运中心建设。二是做好优质航运服务，保障湖口 LNG 加注码头、国电码头、姚港水上绿色服务区、江西段崩岸治理、合安九大桥施工等重点涉水工程建设。服务九江港口大通关建设，推进水运口岸瑞昌港区和彭泽港区扩大开放。积极招商引资，引进“九江华亿石油化工物流码头工程”项目，完成基础设施建设投资 1.2 亿元。推动长江干线江西段实现 6 米水深航道全线贯通，全年保障 3 838 吨重点物资运输安全。

【九江海事局服务民生有实效】 大力推进乡村振兴，统筹落实帮扶资金 20 万元，助力帮扶都昌县大沙镇店前村、都昌县周溪镇枭阳村产业发展和基础设施改善，局驻村工作队荣获“全国交通运输脱贫攻坚成绩突出集体”称号。2021 年，组织开展船员考试 29 期、662 人次，成立国际船舶船员换班工作专班，组织船员接种新冠病毒疫苗超 6 000 余剂次，船员急难愁盼问题得到有效解决。

开放口岸

【南昌空运口岸（南昌昌北国际机场）】 1990 年 3 月 5 日，国务院以《国务院关于同意开放南昌机场的批复》（国函〔1990〕19 号）批准南昌机场对外开放。南昌昌北国际机场原址在南昌向塘机场，1999 年 9 月搬迁至南昌市新建县境内。机场与昌九高速相连，距离市中心 23 千米，占地面积为 15 平方千米，跑道 3 400 米，可起降包括空客 A380 的所有机型，有 46 个停机位，近 2 000 个停车位。T1 航站楼为国际候机楼，面积为 2.7 万平方米。T2 航站楼为国内候机楼，面积为 9.66 万平方米，主楼宽 222.4 米，进深 90 米。昌北国际机场在南昌市区设有 2 个城市候机楼，在九江、抚州、新余、景德镇、上饶等市设有异地城市候机楼，昌北国际机场地空联运网络已基本覆盖昌北机场东、西、北向的主要客源市场。

【九江水运（河港）口岸】 1980 年 2 月 14 日，经国务院批准，九江港正式对外开放。九江港位于长江中下游结合部南岸、江西省北端的九江市，拥有长江岸线 152 千米，对外开放口岸线

40余千米。九江河港口岸现有已开放码头6座,锚地2个。

2021年,九江河港口岸完成外贸进出口运量336.58万吨,同比增长5.7%。其中进口185.67万吨,同比增长9.64 %;出口150.91万吨,同比增长1.23%。

2021年江西省口岸大事记

1月5日

南昌海关所属赣州海关作为第一进境地海关完成对赣州港首票“赣深组合港”模式下的进口实货申报测试,该货物系江西某公司申报进口的塑料颗粒货值21.5万元。

1月6日

海关总署批复同意井冈山综合保税区通过验收。

1月7日

南昌综保区保税维修业务“零突破”。赣江新区海关监管进境待维修无加密以太网交换机965台、货值21.37万美元。

1月11日

南昌海关所属青山湖海关保障江西省博物馆首批境外展品顺利入境,系来自日本、德国的瓷器文物43组100件。

1月12日

江西省委常委、副省长、赣州市委书记吴忠琼听取南昌海关所属赣州海关工作情况介绍。

1月13日

江西省副省长胡强听取南昌海关工作介绍。

1月18日

江西省省长易炼红对南昌海关报送的《2020年江西外贸进出口突破4 000亿元》工作专报做出肯定批示。

1月21日

江西省首票保税展示交易陶瓷完成内销手续。

1月26日

《匈牙利中欧商贸物流合作园区与中国(赣州)跨境电子商务综合试验区“双区联动”合作协议》在赣州正式签约。

2月9日

《匈牙利中欧商贸物流合作园区与中国(赣州)跨境电子商务综合试验区“双区联动”合作协议》被纳入“中国—中东欧国家领导人峰会”成果清单。

2月19日

江西省省长易炼红对南昌海关报送的《RCEP的签署对江西外贸发展机遇大于挑战建议全面加快对接提升比较优势》工作专报做出肯定批示。

3月4日

江西省首票特殊区域跨境电商出口海外仓业务正式落地。

3月18日

江西省首票对进口大宗散货实施“两段准入”信息化监管报关单完成结关。

4月10日

九江河港口岸城西港区设立进境水果指定监管场地获海关总署正式批复同意。

5月22日

江西省委书记刘奇到龙南保税物流中心(B型)调研跨境电商发展。

7月1日

江西省首次开通跨境电商B2B出口业务。

7月5日

经《中共江西省委机构编制委员会办公室关于省商务厅加挂江西省人民政府口岸管理办公室牌子的批复》(赣编办〔2021〕71号)批复同意,省商务厅加挂“江西省人民政府口岸管理办公室”牌子,并增加指导和协调全省口岸工作职责。

7月15日

江西省省长易炼红到龙南保税物流中心(B型)调研跨境电商发展。

7月16日

江西省省长易炼红到赣州国际木材集散中心调研。

7月29日

全国人民代表大会常委会委员、全国人民代

表大会华侨委员会副主任委员、致公党中央副主席曹鸿鸣一行到南昌国际快件监管中心调研。

8月4日

江西省人民政府口岸管理办公室揭牌仪式在南昌举行，省政府副省长胡强出席并揭牌。

8月9日

江西省委常委、南昌市委书记李红军，副省长孙菊生到南昌昌北国际机场调研口岸疫情防控工作，并听取各驻场单位疫情防控工作汇报。

8月19日

南昌昌北国际机场口岸新增“南昌—纽约”全货机航线顺利开航。

9月9日

海关总署发布2020年度全国综合保税区发展绩效评估结果，江西省综合保税区绩效评估结果较2019年显著提升，其中南昌综合保税区在全国排位从2019年第70位跳升至第40位，在中西部地区排位从2019年第19位跃升至第9位，排位等次从B类升至A类；赣州综合保税区在全国和中西部地区的排位等次均从C类升至B类；九江综合保税区在全国和中西部的排位也有小幅上升。

11月11日

江西省副省长张鸿星召集省商务厅、南昌市人民政府、省机场集团、省交通厅等相关部门负责人，就如何推进南昌国际航空物流枢纽建设进行了专题研究。厅党组成员、副厅长陈长生、饶芝新及相关处室负责同志参加。

12月16日

首列“东乡—沃尔西诺”中欧班列开行，共50个集装箱，货重1 200吨，货值1 401万元。

12月18日

江西省委副书记、代省长叶建春对南昌海关报送的工作专报《11月份江西外贸规模首次突破五百亿元 前11个月进出口增速超全国平均水平》做出肯定批示。

12月29日

国务院联防联控督查组到九江城西港水运监管作业场所及九江综合保税区开展口岸疫情防控检查。

（撰稿人：江斌、金衍、蔡翌、卢其）

2021 年南昌海关主要数据统计表

项 目		2021 年	2020 年	同比（%）
进出口货运量（万吨）	合计	1 378. 1	1 347	2. 3
	进口	1 193. 3	1 153	3. 5
	出口	184. 8	195	-5. 1
进出口贸易总值（万美元）	合计	2 842 349. 0	2 349 441	21. 3
	进口	1 538 589. 2	1 238 204	24. 3
	其中：江、海运输	847 033. 3	507 226	67. 0
	铁路运输	4 999. 1	5 317	-6. 0
	汽车运输	644 267. 2	659 277	-2. 3
	航空运输	42 283. 8	65 831	-35. 8
	邮件运输		553	
	其他运输			
	出口	1 303 759. 8	1 111 237	18. 0
	其中：江、海运输	415 771. 8	317 390	31. 0
	铁路运输	99 690. 4	68 430	45. 7
	汽车运输	572 081. 5	597 502	-4. 3
	航空运输	216 216. 1	121 420	78. 1
	邮件运输		6 495	
	其他运输			
税收（万元）	两税合计	1 020 514	908 751	12. 3
	关税入库	40 046	43 245	-7. 5
	进口环节税入库	980 468	865 506	13. 3

（南昌海关提供）

2021 年江西省口岸出入境主要数据表

项　目			2021 年	2020 年	同比（%）
出入境人员（人次）	出入境人员总数		7 611	109 870	-93. 07
	入境人员		3 732	57 317	-93. 49
	出境人员		3 879	52 553	-92. 62
	出入境旅客		73	97 944	-99. 93
	出入境员工		7 538	11 926	-36. 79
	中国公民	小计	1 160	100 485	-98. 85
		内地居民（因公）	0	194	-100. 00
		内地居民（因私）	1 158	93 080	-98. 76
		港澳居民	2	1 088	-99. 82
		台湾同胞	0	6 123	-100. 00
	外籍人员		6 451	9 385	-31. 26
	从海港出入境人数				
	从陆港出入境人数				
	从空港出入境人数		7 611	109 870	-93. 07
交通运输工具（辆、艘、架、列次）	总计		1 356	1 853	-26. 82
	船舶		0	0	0. 00
	飞机		1 356	1 853	-26. 82
	火车				
	机动车辆				

（江西出入境边检总站提供）

2021 年九江海事局进出港船舶统计汇总表

船舶类别	进港船舶							出港船舶						
	艘数（艘次）	总吨（吨位）	总载重量（吨）	载客量（客位）	船员人数（人次）	货物到达量（吨）	旅客到达量（人）	艘数（艘）	总吨（吨位）	总载重量（吨）	载客量（客位）	船员人数（人次）	货物发送量（吨）	旅客发送量（人）
总　计	47 673	94 739 350	157 288 552	156 025	332 988	48 938 806	43 301	47 631	94 672 774	157 176 721	167 752	333 441	73 346 887	96 993
中国籍船舶	47 673	94 739 350	157 288 552	156 025	332 988	48 938 806	43 301	47 631	94 672 774	157 176 721	167 752	333 441	73 346 887	96 993

（九江海事局提供）

山 东 省

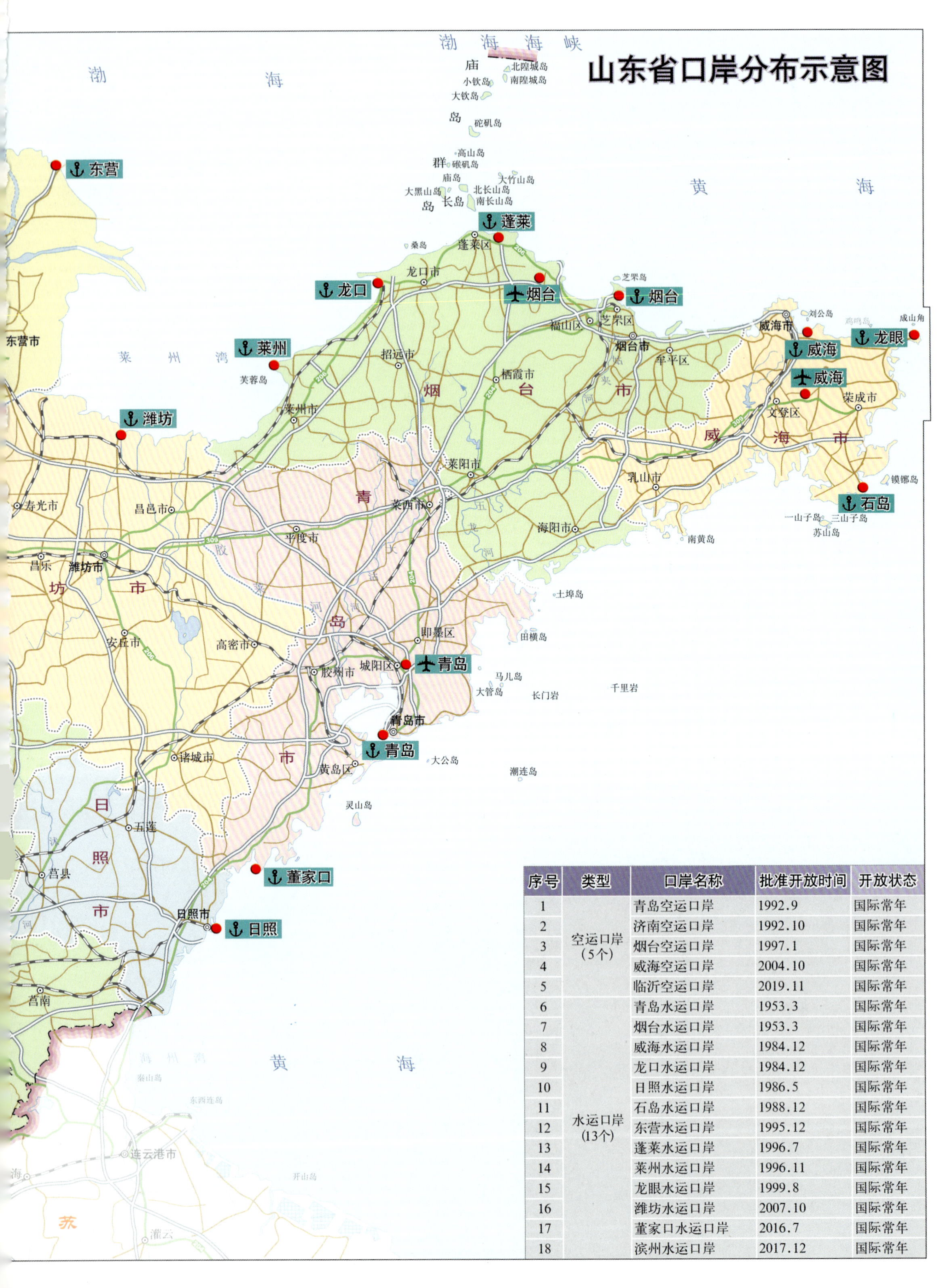

序号	类型	口岸名称	批准开放时间	开放状态
1	空运口岸（5个）	青岛空运口岸	1992.9	国际常年
2		济南空运口岸	1992.10	国际常年
3		烟台空运口岸	1997.1	国际常年
4		威海空运口岸	2004.10	国际常年
5		临沂空运口岸	2019.11	国际常年
6	水运口岸（13个）	青岛水运口岸	1953.3	国际常年
7		烟台水运口岸	1953.3	国际常年
8		威海水运口岸	1984.12	国际常年
9		龙口水运口岸	1984.12	国际常年
10		日照水运口岸	1986.5	国际常年
11		石岛水运口岸	1988.12	国际常年
12		东营水运口岸	1995.12	国际常年
13		蓬莱水运口岸	1996.7	国际常年
14		莱州水运口岸	1996.11	国际常年
15		龙眼水运口岸	1999.8	国际常年
16		潍坊水运口岸	2007.10	国际常年
17		董家口水运口岸	2016.7	国际常年
18		滨州水运口岸	2017.12	国际常年

图例
口岸
铁路口岸
水运口岸
空运口岸
公路口岸
境外口岸
滨州
济南
临沂
德州市
聊城市
济南市
泰安市
淄博市
滨州市
济宁市
菏泽市
枣庄市
临沂市
渤海湾

口岸数量及分布

截至2021年年底，山东省共有经国务院批准的对外开放口岸18个。其中，空运口岸5个，分别是济南空运口岸（济南遥墙国际机场）、青岛空运口岸（青岛流亭国际机场）、烟台空运口岸（烟台蓬莱国际机场）、威海空运口岸（威海大水泊国际机场）、临沂空运口岸（暂未启用）；水运（海港）口岸13个，分别是青岛、烟台、威海、龙口、石岛、日照、东营、蓬莱、莱州、龙眼、潍坊、董家口、滨州海港口岸。

口岸运行数据

2021年，山东省水运（海港）口岸货物吞吐量178 158万吨，同比增长5.5%；外贸进出口货物99 506万吨，同比增长6.7%；国际集装箱吞吐量完成3 447万标箱，同比增长8%。

2021年，山东省全年入出境旅客855 987人次，同比下降47.22%。其中，入境441 924人次、出境414 063人次。航空口岸出入境旅客209 503万人次，同比下降77.38%；海港出入境旅客646 484人次，同比下降7.06%。

2021年山东省各地市进出口总值表

地区	进出口合计		出口		进口	
	金额（亿元）	同比（%）	金额（亿元）	同比（%）	金额（亿元）	同比（%）
总计	29 304.1	32.4	17 582.7	34.8	11 721.4	29.0
青岛	8 498.4	32.4	4 921.3	27.0	3 577.2	40.7
烟台	4 115.0	27.8	2 448.6	24.7	1 666.5	32.6
潍坊	2 657.0	39.4	1 861.7	53.2	795.3	15.2
威海	2 032.5	25.8	1 494.0	28.2	538.5	19.3
东营	2 011.9	44.6	555.0	22.8	1 456.8	55.0
济南	1 944.2	40.1	1 174.1	55.6	770.1	21.5
临沂	1 766.8	51.4	1 584.8	59.8	182.0	3.8
淄博	1 192.4	33.6	725.1	48.3	467.3	15.8
日照	1 165.7	11.0	403.0	17.4	762.7	8.0
滨州	1 023.1	24.4	462.2	41.2	561.0	13.3
济宁	678.7	24.6	485.5	25.8	193.3	21.6
菏泽	568.2	30.1	282.3	31.8	285.9	28.5
聊城	530.4	29.4	366.4	61.1	164.0	-10.1
德州	513.6	30.8	333.6	35.0	180.0	23.8
枣庄	315.1	20.0	292.0	16.9	23.1	80.1
泰安	291.1	37.2	193.2	32.4	97.9	47.6

备注：经国务院批复同意山东省调整济南市莱芜市行政区划，撤销地级莱芜市，其所辖区域划归济南管理（山东省统计局便函〔2019〕55号），因此从2019年1月起将济南、莱芜数据合并，原17地市调整为16地市。数据来源于青岛海关官方网站。

口岸综合管理

【持续提升口岸综合管理能力】 着眼于巩固口岸发展新优势，锚定口岸强省发展目标，持续提升口岸管理服务水平。一是不断提升水运口岸在国家口岸布局中的地位。牵头会同国家驻鲁口岸查验单位、沿海 7 市口岸管理部门及港口经营企业，通过调研座谈等形式，着重就水运口岸建设、运行、辐射带动情况进行分析研判，将发展前景好、辐射带动强的重点水运口岸，积极向国家口岸管理办公室推荐列入国家重要口岸枢纽行列，其中《国家“十四五”口岸发展规划》（以下简称《国家规划》）将青岛港口岸列为环渤海主要口岸，将烟台港、日照港口岸列为环渤海区域性口岸，进一步提升了重点水运口岸参与国际竞争和服务腹地经济社会发展能力。二是全力争取口岸项目列入《国家规划》。根据山东省高质量发展需要和各口岸资源禀赋，牵头会同有关单位全力争取国家口岸管理办公室和相关部委支持，重点服务全省冷链物流产业发展的青岛董家口港口岸扩大开放项目、重点服务裕龙岛炼化一体化项目发展的烟台龙口港口岸扩大开放项目成功列入《国家规划》，为全省高质量发展奠定了坚实基础。三是实现涉外作业点全流程闭环动态管理。不断深化口岸供给侧结构性改革，根据口岸管理工作新形势新变化新要求，组织起草了《山东省水运口岸开放范围内涉外作业点管理办法》，为水运口岸涉外作业点管理工作提供科学指导，2021 年下半年，石岛港口岸 6 个泊位退出对外启用，打破了口岸“重开放、轻管理”和“只开不关”的局面。

【持续提升口岸辐射带动能力】 牢固树立主动服务意识，深入口岸一线调研摸底，不断加强对口岸建设的指导督促，协调推进解决口岸开放过程中难点、堵点问题，充分发挥口岸效能，不断提升口岸对外贸经济的辐射带动作用。一是充分激发新增水运口岸涉外作业点效能。牵头会同国家驻鲁口岸查验单位组织码头泊位对外启用现场验收会议 7 次，实现对外启用码头泊位 17 个、临时对外启用码头泊位 26 个、退出对外启用码头泊位 6 个。上述码头泊位运行以来，共靠泊国际航行船舶 770 艘次，实现外贸吞吐量 4 978.6 万吨，拉动外贸增长 1 936 亿元，实现了经济效益和社会效益的双提升。二是积极提升航空口岸国际运输效能。强化协调汇报和调研指导力度，加快推进青岛胶东国际机场、济南遥墙机场相关口岸查验设施建设，顺利完成青岛胶东国际机场、济南遥墙国际机场北指廊工程口岸查验设施验收和青岛胶东国际机场转场有关工作，为实现山东省水运口岸和航空口岸协同发展奠定良好基础。三是稳步推进口岸开放项目。克服新冠肺炎疫情不利影响，积极争取国家口岸管理办公室支持，顺利实现临沂机场实现第 14 次临时开放，2021 年临沂机场共执飞货运包机 138 架次，货邮吞吐量 881.8 吨，为临沂机场正式对外开放验收打下良好基础。同时，牵头会同驻鲁口岸查验单位和驻鲁部队，积极向国家口岸管理办公室、有关部委等汇报对接，扎实做好临沂机场正式对外开放验收前准备工作，协调解决青岛港口岸扩大开放至女岛港区有关工作，目前两个对外开放项目进展顺利。

【不断拓展口岸功能】 一是推进海关指定监管场地申建。畅通和海关及相关省直部门沟通渠道，优化海关指定监管场地申建合作机制，完成潍坊港、莱州港进境粮食指定监管场地和临沂综合保税区、阳信县进境肉类指定监管场地申建可行性评估和申请推荐，目前山东省共有已运行指定监管场地 62 家，数量位居全国前列。二是组织完成济南国际铁路货运场站申建。会同济南市和省有关部门积极争取国家口岸管理办公室支持，2021 年上半年，具备铁路口岸功能的山东（济南）国际铁路货运中心获海关监管场所批复注册登记并正式运行，前 11 个月，济南“齐鲁号”中欧班列开行 639 列，居全省第一。

【口岸营商环境进一步优化】 紧盯全国最优，坚持对标对表，主动调研、强化措施、狠抓落实。牵头制定优化口岸营商环境促进跨境贸易便利化举措 21 条，协同省优化营商环境和推进政府职能转变领导小组办公室制订优化营商环境创新突破行动《跨境贸易专项行动方案》，出台措施 12 条，年内事项全部完成，一大批通关便利化创新举措落地实施，压缩整体通关时间成效进一步得到巩固。2021 年 12 月，全省进出口整体通关时间分别为 36.72 小时、1.9 小时，较 2017 年分别压缩 63.59%、91.26%。在中国报关协会等机构组织的 2021 年十大海运集装箱口岸营商环境测评中，青岛市以总分第一名获四星级最优评价。一是通关流程持续优化。大力实施“提前申报”“两步申报”改革，积极开展出口货物“抵港直装”、进口货物“船边直提”试点，创新开展“先期机检+智能审图”通关模式，通关时间大幅压缩。推广第三方采信制度，汽车验放时间由 7 个工作日缩短到 2 个，原油、成品油每船次待港时间缩减 2 小时。二是监管单证持续简化。进一步精简海关申报随附单证要求，进口申报环节免予提交合同、装箱单，出口申报环节免予提交合同等商业单证。推广应用原产地证书智能审核和自助打印，“零跑腿”办证的比重达到 59%。经过几年努力，进出口环节的监管证件数量，由 2017 年的 86 个压减到目前的 41 个。三是口岸作业水平持续提升。印发《关于进一步规范公开口岸作业时限的通知》，督促公开口岸作业时限标准，增强口岸作业透明度。印发《关于通过中国（山东）国际贸易单一窗口推送海关查验信息有关事宜的通告》，实现在全省水运口岸推送海关查验信息，推动关港信息共享。在全省范围内打造“铁海 E 通”信息系统，优化转关监管方式，每箱节约物流成本约 150 元。四是口岸收费整治成效持续巩固。督促落实取消港口建设费政策，据不完全统计，全年为企业节省成本合计近 50 亿元。统计审核查验没有问题的集装箱数量，配合财政部门核拨 2021 年外贸集装箱吊装移位仓储费用补贴共计 1 亿元。协同市场监管等部门对企业反映的突出问题开展抽查，共检查进出口单位 274 家，实施经济制裁 27.79 万元。五是口岸合作迈出新步伐。组织青岛海关、济南海关、济南市口岸物流办、山东高速物流公司等单位赴内蒙古满洲里、二连浩特边境口岸实地调研，探索与边境地区开展合作，协调推动行业间签署多个合作协议。济南海关的统计数据显示，此次调研活动结束后，济南关区中欧班列进口整体通关时间 43.69 小时，比调研前压缩了 8.23 小时。

【国际贸易“单一窗口”服务效率进一步提升】 按照“建设更高水平国际贸易‘单一窗口’”目标要求，加大建设力度，平台保障能力明显提升。2021 年，山东“单一窗口”平台累计注册企业 4.6 万余家，服务外贸企业近 23 万家，通过平台办理进出口业务量 1.28 亿票，进出口货物申报额达 3 765.5 亿美元。其中，货物申报 680.4 万票，舱单申报 3 478.2 万票，运输工具申报 48.4 万票，原产地证申领 23.6 万票，税费支付 40.5 万票，许可证件申领 2.6 万票，企业资质办理 17.8 万票，加工贸易 261.6 万票，物品通关 1 750.4 万票，跨境电商 6 348.3 万票，口岸物流协同平台 170.4 万票；金融服务新增签约企业 4 641 家，办理融资贷款 1 503 笔，融资金额 14 亿元；共有 16 536 家小微外贸企业通过“单一窗口”进行投保；办理申报退税 801 笔，退税金额 9 498.5 万元；口岸收费公示系统共有 650 家企业更新发布 14 100 条收费信息。一是平台功能更加丰富。先后上线危险货物申报系统、口岸收费公示自主更新系统、通关物流状态查询系统、外贸中介服务企业评价系统和海关查验信息推送系统等应用系统，升级对接金税三期相关系统。在全国率先试点上线危险货物申报功能，为全国推广提供经验。口岸收费公示自主更新系统建设推广应用成效突出，获国家口岸管理办公室书面肯定。二是培训宣介成效明显。联合青岛海关、济南海关、市场监管局以及各市口岸办等单位，积极开展通关政策、口岸收费自主更新、“单一窗口”使用等业务培训。2021 年，共举办培训会 26 场，参会企业 1 734 家，参会人次达 2 653 人次。加大政策推介力度，山东电子口岸网站累计转载口岸通关政策等各类文章 5 734 篇，点击量达 71 万余次；微信公众号分享文章 2 923 篇。三是平台保障更加有力。推动实施扩充云资源，云资源空间得到有效拓展，平台数据处理能力提高 50%以上。组织专家对山东“单一窗口”平台网络安全等级保护定级进行了论证，强化了安全保障措施，网络安全保障工作全面加强。

口岸监管与服务

【济南海关全力做好疫情防控工作】 坚持“外防输入、内防反弹”，2021 年检疫出入境交通工具 3 732 架（艘）次、检疫出入境人员 5.8 万人次，承接特殊类型航班 18 架次，检出山东省首例“德尔塔”变异病毒株感染输入性病例。对 3 批进口冷链食品进行预防性消毒监督和查验作业，对高风险非冷链集装箱货物采样 320 批次、采集样本 3 413 个，监督预防性消毒 340 批次。

【济南海关全力做好监管通关工作】 一是检验检疫防线更加牢固。坚持“多病同防”，检出监测类传染病 12 例。检疫监管进境种牛 6.7 万头，同比增长 198%，列全国第 3 位，检出并扑杀二类传染病进境种牛 213 头，同比增长 62%。实施进口食品监督抽检和风险监测 1.4 万项次，查获禁止进境及不合格进口食品 110 批。检验出口危险化学品 3.5 万批，居全国第 2 位，检出不合格 308 批。完成出入境人员健康监测 3.1 万人次、预防接种 1.3 万人次。二是正面监管细致严密。寄递渠道查获大麻 1.28 千克、违禁药品 1.4 万粒。组织“国门勇士”缉枪专项行动，查缴枪支 6 支、散件 20 余件、铅弹 1 000 余枚。开展“龙腾”“蓝网”等行动，查获侵权商品 591 批次、2.9 万件，查发全国首起后续稽查渠道侵权案件。组织不实贸易高风险核查 10 批次，查发企业 136 家，暂缓统计值 87.7 亿元。三是企业管理和后续监管水平不断提升。开展跨境电商进口走私“断链刨根”、“进口粮食”、“进境大豆”等专项稽核查行动 100 余起，有效率 50%以上。完成 2 万家企业信息核对，实现关区有进出口实绩企业全覆盖，全年加工贸易监管进出口总值 1 566.9 亿元，同比增长 40%，企业信用管理、监管效能指标考核均列平衡型海关第 1 位。

【济南海关全力做好税收征管工作】 强化调研督导，2021 年完成 382.02 亿元综合治税指导性目标。深化属地纳税人管理，为 60 家重点企业建立底账，运用“双特”价格台账补税 465 万元。强化进境物品涉税风险研判，行邮税额同比增长 46.5%。

【济南海关全力服务区域经济发展】 一是服务重大国家战略能力不断提升。服务黄河流域生态保护和高质量发展国家战略，牵头开展黄河流域农食产品技术性贸易措施研究应用工作。支持自由贸易试验区和综合保税区统筹发展，设立自贸区和特殊区域发展处，2 项创新举措通过海关总署备案，自贸区济南片区进出口值 516.5 亿元，同比增长 44.3%。关区 5 个综合保税区全年进出口值首次突破千亿，同比增长 1.9 倍。指导帮扶潍坊港建设进境粮食指定监管场地，支持潍坊国家农综区打造特色高水平开放平台。二是跨境贸易便利化程度持续提升。圆满完成国务院压缩整体通关时间目标任务，2021 年进口、出口整体通关时间较 2017 年分别压缩 87.77%、93.76%，分别高于全国水平 21.63 个、3.78 个百分点。落实进口原油“先放后检”模式，为企业节约费用近 5 000 万元。调整进口棉花品质检验模式，每批棉花抽样和检验时间平均缩短 20 天。三是重点改革实现突破。稽查业务改革后稽查查发率提高至63.2%，提高17.2个百分点。推动出台全国首个省级《关税保证保险风险补偿资金管理暂行办法》，全年办理企业集团财务公司备案担保8.3亿元、关税保证保险担保62.6亿元。建成全省首个AEO信用培育实训基地，在全国首批试点企业集团加工贸易监管改革，4家集团加工贸易进出口值781.1亿元，同比增长64.7%。推动跨境电商B2B出口迅猛发展，监管货值大幅增长220倍。支持关区内陆港提质增效，货运批次、货值同比分别增长112倍和73倍。四是政策研究及统计工作成效明显。制订《济南海关贯彻〈“十四五”海关发展规划〉实施方案》。全年牵头署级课题3项，参与署级课题5项，立项关级课题14项，课题研究的参与度和覆盖面均达到历史最好水平。

【济南海关全力做好查缉走私工作】 深入开展“国门利剑2021”行动，2021年共刑事立案33起，案值8 594万元，海关部门查发占比超过50%；行政立案283起，同比增长75%，案值9.33亿元，同比增长43%。

【青岛海关全力做好口岸疫情防控工作】 一是构建科学高效的常态化防控体系。加强入境人员体温监测、健康申报、流行病学调查、采样检测、移交转运等措施，织牢织密防控网络；打造“全面筛查+动态监测+重点复测”的疫情防控模式，实现科学、精准检疫。加强风险评估及结果运用，对高风险船舶实施“前置流调”检疫模式，对高风险人员采取“双采双检”措施，最大限度提高阳性检出能力。加大对埃博拉、黄热病、鼠疫等重大传染病排查力度，加强病媒生物检测，在胶东国际机场监测点3个月捕获鼠类35只，防止疫情叠加。二是巩固内外联动的联防联控机制。深化“密切合作、分段采样、结果共享”联防联控机制，合力做好入境人员转运隔离、基因测序、流调溯源、重大活动保障等工作，共同保障国境口岸公共卫生安全。三是筑牢立体化的安全防护防线。完善“三位一体”“3+2”安全防护制度体系，组建安全防护专家队伍和应急专家梯队；口岸一线严格防护标准、程序和要求，顶格、就高防护。四是严格落实进口冷链食品、高风险非冷链集装箱货物口岸环节风险监测和预防性消毒监督各项规定，制订防控规范和应急处置预案，成立督导组对关区疫情防控情况进行检查，加大风险监测、源头管控、口岸风险分析布控和远程视频巡检力度，科学规范采样检测，做好阳性货物后续处置。

【青岛海关全力做好海关监管工作】 大力推行提前申报、两步申报，推广进口货物“船边直提”、出口货物“抵港直装”等模式，巩固压缩整体通关时间成效，12月关区进口、出口整体通关时间较2017年分别压缩61%和91%。全国首创“陆海联动、海铁直运”监管模式，赋予内陆港码头前沿功能，境内综合运输成本下降20%；支持中欧班列发展，2021年共监管进出境中欧班列1 077列、8万箱，同比分别增长11.7%、14.2%。积极助力新业态健康发展，关区15个隶属海关参与跨境电商B2B监管试点，持续推动市场采购做大做强。深化“先期机检+智能审图”实战化应用，拓宽“无感”监管覆盖面，查获夹藏涉税商品7.64亿元。深入推进安全生产专项整治三年行动，每月开展监管区内长期存储进出口危险品排查清理，组织4轮安全隐患排查，建立突出问题隐患和制度措施“两个清单”，排查发现和推动整改35项安全隐患，关区保持零涉危存储类监管作业场所。支持青岛胶东国际机场高标准转场，创新旅检监管新模式，实现出境“海关+安检一次过检”、进境“先期机检+智能拦截”。组织“龙腾”等知识产权保护专项执法行动，查办的知识产权案件连续 15 年入选中国海关知识产权保护典型案例。

【青岛海关全力做好税收征管工作】 严格按日比对税收进度，科学征管、依法征管，2021 年税收入库创 2014 年以来历史新高。创新事后验估作业模式，在烟台、日照海关成立集中验估中心，以“双特”管理作为突破口积极推动属地纳税人管理工作落地，相关经验做法得到海关总署肯定，全年“双特”补税 1.22 亿元，同比增长 20.8%。全面落实各项税收优惠，持续推进减税降费，全年审核减免税 2 651 份，减免税款 13.5 亿元，推广应用原产地证书自助打印和智能审核，“零跑腿”办证和“零等待”审核的比例超过七成，“零重复”调查实现 100%。深化稽查改革，突出查发导向，对重大、复杂稽查情事实施不经事先通知的稽查 39 起，刑事立案 27 起，案值 6.1 亿元。持续深化分类核查工作，首次开展与市场监管部门、农业农村部门的联合抽查工作，全年联合执法 537 起，数量位居全国海关首位。

【青岛海关全力做好打击走私工作】 开展“国门利剑 2021”联合专项行动，2021 年刑事立案 195 起，案值 46.3 亿元，同比分别增长 4.28%、6.29%，其中海关总署缉私局挂牌督办案件 11 起；行政立案 2 527 起，案值 111 亿元，同比分别增长 34.3%、97.2%。立案侦办毒品、易制毒化学品走私案件 25 起，查获山东省历年来最大可卡因走私案，缴获可卡因 215.37 千克。打击重点涉税商品走私活动取得突破，刑事立案 111 起，案值 33.16 亿元。其中，刑事立案卷烟走私案件 13 起，案值 3.6 亿元，是青岛关区查获走私卷烟数量最多的一年。打击“洋垃圾”走私刑事立案 5 起，列全国海关第 4 位；行政立案 56 起，查获固体废物合计 8 500 余吨，退运非法进境固体废物 45 批 7 118 吨。立案侦办走私象牙等濒危动物制品案件 33 起，列全国海关第 4 位；破获特大走私 6.98 吨穿山甲鳞片案，总案值 12.3 亿元，是近年来全国缉私部门查获案值最大的走私珍贵动物制品案。开展打击跨境电商进口走私“断链刨根”及快件全链条监管专项整治，刑事立案 3 起，案值 2.36 亿元，行政立案 16 起，案值 1 000 万元。

【青岛海关全力做好出入境检验检疫工作】 强化对传染病、非洲猪瘟、高致病性禽流感、外来物种入侵等的防控。提升进境动植物疫病疫情截获精准度，2021 年截获有害生物 55 169 种次，全国首次从 2 批进口俄罗斯大豆中截获我国重要检疫性有害生物大豆北方茎溃疡病菌。认真落实食品安全“四个最严”总体要求，检出不合格进口并未准入境食品 230 批，全国首次查发进口碎肉产品官方兽医卫生证书签发错误和产品标签错误问题，累计 19 批。严把商品检验关，全年检出不合格进出口商品 2 566 批，强化再生原料检验监管，查获伪瞒报进口固体废物 628.21 吨，有力阻击固体废物以再生金属原料名义伪瞒报进境。强化关区技术机构执法保障作用，新增检测能力 5 388 项，完成法检业务 9.25 万批、130.75 万项，同比分别增长 17.06%、70.27% 和 88.42%。

【青岛海关全力服务经济社会发展】 一是全力推动开放平台提质增效。高水平推进自由贸易试验区监管制度创新，累计出台创新举措 42 项，5 项在海关总署备案，12 项入选中国（山东）自由贸易试验区首批“最佳实践案例”。加大首创性改革创新力度，企业集团保税监管模式已在全国推广，被列为全国深化“放管服”改革重点任务。高标准服务上合示范区特色突破，积极支持青岛空港综合保税区申建，批准设立 15 家保税仓库，打造保税集群。牵头 185 家机构成立青岛检验检测认证协会，首创“上合银关通”税款担保新模式成功落地，全国首创并正式发布“中国对上合组织成员国贸易指数”。高质量推进综合保税区高质量发展，青岛即墨综合保税区顺利通过验收并封关运作，关区特殊区域全部转型升级为综合保税区，全面推广国发〔2019〕3 号文的 21 项创新监管制度，联合有关部门建设全国大宗商品仓单登记平台，支持期货保税交割业务做大做强，全年关区 6 家 20 号天然橡胶期货指定交割库交割仓单量占全国实际参与交割量的90%以上。二是全力助力外贸稳中提质。全力促进重点商品便利进出，全国率先推出保税铁矿“随卸随混”，获中国（山东）自由贸易试验区“最佳实践案例”，实施大宗商品先放后检、边装边检、进口鲜活农产品“即验即放”等举措，支持建设进出口食品农产品示范口岸。用好技术性贸易措施，助力每年约33亿元动物源性食品、泡菜、花生等出口产品获益。出台助推山东抢抓RCEP机遇25条服务措施，创建RCEP海关监管服务创新示范基地。积极推动认证企业便利措施落地，大力推进AEO示范市创建，关区共有高级认证企业289家，扎实做好出口食品生产企业对外注册推荐，全年对外注册推荐企业2 175厂次，占全国的23.7%，居全国海关首位。三是全力优化口岸营商环境。研究制定深化“放管服”改革36项具体措施，推进行政审批标准化、规范化建设，审批事项100%“网上办、码上办”，保持“零超时、零差评”。统筹推进改革落实，参与海关总署5个改革专项工作，务实推进业务深度融合，统筹推进检查效能提升等8项关检业务深度融合项目落地见效，检查效能进一步提升。牵头开展服务黄河流域生态保护和高质量发展海关合作，建立“11+1”关际一体协同机制，牵头区域海关成立14个条线工作专班，制定28项重点任务，建立区域业务异常问题联合快速响应机制并取得初步成效。

【山东出入境边检总站全力打赢口岸管控总体战】 把庆祝中国共产党成立100周年边检安保作为贯穿全年、压倒一切的首要政治任务，构筑起坚不可摧的口岸管控屏障。一是组织领导更加有力。总站党委站位大局，主动融入国家安全体系建设，成为省委国安委重要成员单位，成立以党委书记、总站长徐晓伟为组长的党委国家安全领导小组，研究出台深入推进移民边检机关维护国家安全工作实施细则，牵头负责全省涉海外利益应急保障工作，体系更加健全、作用更加突出。二是防范机制更加完善。聚焦重大活动、特殊节点，固化形成重大安保“一办四组”机制模式，推行战时指挥调度“六项机制”，定期研判分析，因应调整勤务等级。自觉落实对美斗争策略，建立健全涉美信息动态搜集报送机制。推行“1+4+N”情报数据研判架构，主动深化与相关部门情报交流会商机制，研判要情信息得到范华平副省长批示。三是斗争能力不断增强。坚持隐患排查在前，围绕政治安全、口岸管控、疫情防控等重点，开展口岸风险隐患大排查、大评估、大起底，风险隐患全部清零见底。坚持风险防范在先，动态完善基础信息数据库、口岸应急预案库，突出涉恐、涉疫、涉赌诈等重点方向，组织开展“国门利剑2021”图上推演和实兵拉动，确保“见事快、反应快、行动快”。

【山东出入境边检总站全力打击跨境赌博、电信诈骗等违法犯罪活动】 坚决贯彻落实党中央决策部署，将防范打击中国公民跨境参赌、电信诈骗纳入党委年度重点工程，抽选精干组建工作专班，强力部署“国门利剑2021”系列行动，连打隐患排查、情报搜集、要素查堵、净港行动“四场会战”，全面开展打击妨害国（边）境犯罪、跨境赌诈、“三非”活动“三项攻坚”，建立专项攻坚任务、督办、通报、整改“四张清单”，“红黑榜”晾晒、“清单表”推进，2021年累计搜集上报案件线索370余条，移交立案80余起。以“办要案、查大案”为目标牵引，编印前台审查等3个指引，探索应用“精研智控”网上战法，搭建“涉恐、危安、三非、赌诈”等预警模型，多起案件被列为国家移民管理局、省公安厅督办，工作成效得到公安部许甘露副部长、范华平副省长批示肯定。

【山东出入境边检总站持续做好口岸疫情防控工作】 始终保持对疫情防控的高度警觉，强化数据研判预警，动态完善勤务防护机制，以非常手段力保绝对安全。一是数据察觉风险强预警。常态开展疫情风险研判，累计推送涉疫人员信息37.3万余条，2篇风险分析得到副省长范华平批示肯定，工作经验6次被国家移民管理局简报刊发。二是严密措施强防护。紧盯勤务防护、防疫消杀、闭环管理关键环节，刚性落实防疫要求，建立动态监测、常态排查、定期倒查、勤务支援“四项机制”，动态完善极端情况跨站支援等6类防控预案、15项工作指引，创新建立“三区两点一员”防控模式，划分穿脱“五色五区”，推行“三七”“四七”勤务组织模式，最大限度降低勤务风险。2021年，保障北京分流航班30架次、包机16架次、专机4架次、科考船14艘次快捷通关，精准保障离船换班船员35 279人，妥善处置船员染疫78人。三是优化流程保通关。坚持防输入与保通关“两手抓”“两手硬”，研究出台全货机查验工作指引，设立货机专用查验场地；完善警企“点对点”“单船指导员”联络机制，推行海港口岸“全时制、全天候、零待时”边检通关服务，建立抗疫物资“快速通道”、鲜活产品“绿色通道”、大宗商品“专用通道”，保障3.3亿吨重要民生物资快速通关，便利900余名重要急需人员往来，优质通关服务多次获感谢信。

【山东出入境边检总站积极服务发展大局】 深入贯彻以人民为中心的发展思想，紧跟山东“四大国家战略”进程，积极争取政策红利落地山东，为山东加快开放发展创造条件、提供保障。一是聚力服务强省建设。深入贯彻落实促进服务航运企业发展16项新举措，主动对标省“十四五”发展规划，落地抓实8个融入27项措施，为打造对外开放新高地加压助力。深入开展专题调研，全面摸清发展需求，研究出台服务山东发展15项清单，进一步释放边检“放管服”政策红利。二是强力支持口岸开放。主动跟进全省口岸开放需求，圆满完成青岛胶东国际机场、济南遥墙机场北指廊转场启用，支持临沂机场临时开放，滨州站承接业务，审批9条新开、加密航线，保障7个港口40个泊位启用。积极争取国家移民管理局政策支持，超前落地中韩“四港联动”项目“合作查验、一次放行”车辆一站式通关模式，工作成效得到时任省委书记刘家义、省委书记李干杰等领导同志批示肯定。三是全力回应群众诉求。研究“我为群众办实事”9项措施，积极推行船舶“网上申报”、许可“网上办理”，2021年累计签发线上行政许可16.6万余份，节省通关时间1.6万余小时，节约运营成本4 000余万元。推进“一站应答”12367服务平台建设，群众满意率始终保持在100%，工作成效7次被移民事务服务中心通报表扬。

【山东出入境边检总站深化推进勤务改革创新】 顺应时代发展、因应体制改革、对标“四化”要求，创新打造以全面过硬执勤队为主体，以警务智治强警增效、勤务机制集约高效为两翼的“一体两翼”新时代边检治理模式，推动口岸查缉管控迈上新台阶。一是高标准打造过硬执勤队。始终把过硬边检执勤队建设作为提升改革重塑力、核心战斗力的“一号工程”，出台“一总四子”方案，制定执勤队工作“三个规范”，修改完善等级评定暂行办法，深入开展执勤队“实干攻坚”行动，引导全省执勤队错位发展、良性竞争。二是深层次革新勤务模式运行。创新推行以勤务指挥室为中枢，边检查验、自助监管、巡查监护、核查办案“四组联动”的“一室四组”模式，部署青岛机场、黄岛出入境边检站探索推进勤务模式改革，推动勤务机制由“系统重塑”向“集约高效”迈进。瞄准实战型指挥中心建设目标，研究制定指挥中心、业务数据、12367服务平台“三个规范”，推动中枢建设全面提档升级。三是高起点推进警务智治建设。聚焦大数据引领实战、信息化支撑管控，全速推进智能指挥平台建设，探索研发登机安全核验、卡口梯口智能管理等系统，强化人脸识别、行为分析等智能感知技术应用，实现人员动态感知。紧盯锚地监管难题，试点应用雷达、无人机等先进设备，靶向堵塞管控漏洞，科技支撑管控效能逐步凸显。

【山东海事局“四位一体”深入推进安全专项整治三年行动】 一是“四位一体”深入推进安全专项整治三年行动。联合省应急厅等六部门出台20项措施进一步加强海上安全工作。开展“斩链行动”“净海行动”，2021年查处非法从事海上运输内河船41艘，罚款302.7万元，移送公安机关实施拘留6人。实施船舶现场监督和安全检查13 507艘次，滞留443艘次，排查长期逃避海事监管船舶 1 105 艘次，公示灭失或拆解船舶 417 艘次。深化“四联”机制，巩固提升“平安海区”攻坚成果，联合开展“商渔共治 2021”等巡航执法行动，开展商渔船安全警示教育活动 2 605 场次，培训 20 259 人次。

【山东海事局全面推进海上客运安全“四个治理”】 扎实开展中韩客货班轮和省际客滚运输安全管理提升行动，对 10 家公司实施监督检查 51 次，督促整改安全隐患或问题 111 项，会同山东省交通运输厅对 3 家省际客滚运输企业开展驻点监管。编制《“十三五”山东海上客运安全发展报告》，评估完善客运船舶安全监管“五制五关”长效机制，出台加强游艇安全管理 12 条措施，2021 年查处游艇违法行为 147 起，注销游艇登记手续 73 艘，拆解“三无”船舶 474 艘。持续推进第 4 批船舶实施 NSM 规则工作，印发《推进航运公司安全管理体系审核高质量发展指导意见》。制定《客运船舶和高速船船员实操检查指南》，组织开展客运船舶船员素质提升行动，举办客船船员特殊培训 248 期，培训船员 5 103 人，检查客运船舶 3 912 艘次。

【山东海事局积极处置威海“4·19”、青岛“4·27”重大险情事故】 坚持生命至上、快速反应、科学施策，在上级的正确领导下，“交响乐”轮船舶溢油清污工作历时 54 天取得决定性胜利，实现了应急处置“零死亡、零爆炸、零火灾”；历时 24 天顺利完成“中华富强”轮火灾处置工作，部、省领导对应急处置工作都给予充分肯定。组织开展液化品码头船岸消防溢油综合应急演习、中韩海上搜救通信应急演练等 30 余次，申请并发放国家海上搜救应急专项奖励资金 49.5 万元。严格落实恶劣气象海况“七严七防”长效机制，全局发布黄色及以上预警 325 期。组织搜救行动 96 次，成功救助 1 163 人、19 艘船舶。

【山东海事局制定实施服务世界一流港口建设 25 项举措】 落实服务黄河流域生态保护和高质量发展举措，支持烟台芝罘湾等 32 个码头泊位对外启用。保障烟台裕龙岛炼化一体化等重大涉水工程建设和山东首个海上风电项目成功并网发电，全力助推小清河复航工程提速增效，支持山东“四港联动”中韩陆海联运整车运输。推广运行中国（山东）国际贸易单一窗口危险货物申报系统，联合建立海船新建及转籍检验、登记“不停航办证”新机制。修订《政务服务手册》，实施《海事政务服务事项清单》《零跑腿和只跑一次政务服务事项清单》。公布实施 22 条沿海航路，构建“1 纵 2 横 38 支线”的山东沿海“水上路网”。VTS 监控服务船舶 182 万艘次，避免险情 416 起。服务国内首次外贸整船载运 LNG 罐柜运输，全力保障近 1.2 亿吨煤炭、723 万吨 LNG 等重要能源和民生物资海上安全运输。

【山东海事局合力保障国际航行船舶船员换班】 认真落实部省关于做好国际航行船舶船员换班工作要求，妥善处置“新润”轮等 75 艘船舶 173 名船员感染新冠肺炎事件，维护船员合法权益，有力保障国际海运物流链安全畅通。统筹做好疫情防控和船员培训考试，组织船员考试 16.7 万余人次，签发证书 9.1 万余本。严格船员培训机构资质管理和培训监管。积极回应船员关切，答复船员各类咨询 6.5 万件，处理投诉举报 111 件。山东省首个基层海事船员驿站在董家口港区投入运行。认真落实六部委《关于加强高素质船员队伍建设的指导意见》，推动船员队伍高质量发展，辖区注册海员 19.8 万人。

【山东海事局持续深化“船舶碧海蓝天”行动】 推进《山东省重大海上溢油应急处置预案》发布，完成《港口与船舶污染防治专项行动（2015—2020）评估报告》。修订完善超大型油轮监管指南、散装汽油货物安全监管指南，编制船舶载运固散货物事故案例汇编，持续贯彻实施“渤海污染综合治理”“碧海 2021”等各项污染防治攻坚行动，开展危防监督检查 13 443 艘次，同比增长 61.8%。“零问题”通过中央环保督查。开展辖区涉硅类货物运输情况排查和安全运输研究与风险评估，探索涉硅类货物安全运输监管新举措。加大船载危险货物谎瞒报查处力度，查处案件 45 起，保障 4.55 亿吨危险货物安全运输，其中油类货物 2.8 亿吨。

开放口岸

【济南空运口岸（济南遥墙国际机场）】

济南空运口岸位于济南市历城区遥墙镇，1992 年 7 月 26 日建成通航，同年 10 月经国务院批准对外开放，拥有 3 600 米、2 600 米跑道各 1 条，飞行等级为 4E 级。

2021 年，济南空运口岸继续以发展国际航空货运为重点，新开通巴西圣保罗、意大利米兰、英国伦敦、美国芝加哥 4 条货运航线，济南机场国际货运航线网络得到进一步丰富。目前，济南机场累计运营国际地区航线 44 条。其中，客运航线 27 条，分别通往 22 个国际城市及中国香港、澳门、台北、花莲、高雄 5 个地区城市；货运航线 17 条。目前，济南空运口岸具备进境水果、冰鲜水产品、食用水生动物、药品等指定口岸功能。

2021 年，国际货邮吞吐量实现大幅增长，国际货邮吞吐量 5.99 万吨，同比增长 45.4%。出口货物主要以电商、汽车和防疫物资为主，货源地主要为广州、深圳、上海、杭州、义乌等地。欧洲进口货物主要以机械设备、汽车配件为主，货源地主要为意大利、德国、奥地利、荷兰；自美国进口货物以奶粉、化妆品等快件或电商货物为主。

【青岛空运口岸（青岛胶东国际机场）】

青岛空运口岸位于青岛市所辖胶州市，飞行等级为 4F 级，于 2021 年 8 月 12 日正式投入运营，距离东京、仁川均约 700 千米，距京津冀城市群约 600 千米，距长三角城市群约 700 千米，具有贯通东西、连接南北、面向日韩的区位价值，是东北亚地区重要的国际性枢纽机场，中国面向日韩对外开放的重要空中门户。

机场一期工程占地 16.25 平方千米，总投资 360.39 亿元；建有 2 条平行远距跑道，长度为 3 600 米，间距 2 184 米；机位总数 184 个（廊桥机位 76 个）。预计到 2025 年，可满足旅客吞吐量 5 000 万人次、货邮吞吐量 50 万吨、飞机起降 35 万架次的保障需求。航站楼面积 47.8 万平方米，采用单体五指廊构型，旅客安检后最远步行距离 550 米，中转效率相对较高，配有自助托运、自助值机、自助安检、自助通关等全流程自助设备 263 套，是中国民航“智慧型机场”建设发展示范项目。与之相连的综合交通换乘中心（GTC）总建筑面积 20 万平方米，停车位 3 700 个，集高铁、地铁、机场巴士、网约车等多种交通方式于一体，实现“垂直零换乘”目标。1 小时通达青岛全域、1.5 ~ 2 小时通达山东主要城市，资源吸附效能高效辐射苏北、皖北、豫东等市场区域。

货运配套保障方面，青岛胶东国际机场货运区距离新机场高速 6 千米，距离胶济客运专线和济青高速铁路交汇站胶州北站 4 千米，距离胶济、胶新、胶黄、青连铁路接轨站胶州站 19 千米，货运区占地 80 万平方米，包括机场货站、山航货站、东航货站，其中机场部分占地约 56 万平方米，设有进境肉类、进境冰鲜水产品、进境食用水生动物、进境水果和进境植物种苗等海关指定监管场地。

【烟台空运口岸（烟台蓬莱国际机场）】

烟台空运口岸位于山东烟台市蓬莱，24 小时对外开放。持续受新冠肺炎疫情影响，烟台蓬莱国际机场现仅运行至韩国首尔、日本大阪及东京、越南河内、意大利米兰、俄罗斯海参崴 6 条国际客货运航线。其中，新开烟台至意大利米兰 1 条国际货运航线，加密烟台—首尔、烟台—东京 2 条国际货运航线。运行航线中，烟台—首尔国际客运航线 1 条，烟台—首尔、烟台—东京、烟台—大阪、烟台—河内、烟台—海参崴、烟台—米兰国际货运航线 6 条。

烟台空运口岸为面向日韩及东北亚的前沿城市口岸，距烟台市中心约 43 千米，距威海市中心约 110 千米，距青岛市中心约 240 千米，距潍坊市中心约 250 千米，荣乌高速直达候机楼，国道 206、省道 302 线通过机场连接线与机场相通，同时，与烟大铁路轮渡、龙烟铁路、烟台港西港区和沈海、威乌高速相互依托，构成海、陆、空交通枢纽。市场覆盖烟台全市范围，兼顾威海，最大辐射范围至青岛北部、潍坊东部，与青岛胶东国际机场遥相呼应，并与济南遥墙国际机场、青岛胶东国际机场一起，成为山东省民用航空三大干线机场。

2021 年，烟台蓬莱国际机场起降国际航班 4 450 架次，同比增长 16.8%；出入境人员 2.26 万人次，同比下降 76.8%；出入境货运量 4.63 万吨，同比增长 34.5%、出口货运量 2.67 万吨，其中电商占比 23%，电子产品占比 28%，快件占比 16%；进口货量 1.96 万吨，其中服装占比 42%，电子产品占比 18%，快件占比 12%。

【威海空运口岸（威海大水泊国际机场）】 威海空运口岸位于威海市文登区大水泊镇，2004 年 9 月经国务院批准对外开放，2005 年 3 月开通国际航线，航站楼面积 2.8 万平方米、停机坪 3.6 万平方米、停机位 20 个，飞行区等级 4D，是山东省第 4 个旅客吞吐量超过 200 万人次的机场。2021 年 1 月，威海大水泊国际机场经中国民用航空局批准列入提升航空物流综合保障能力第一批试点，成为全国 25 家试点单位中唯一的千万级以下机场；3 月成功引进天津货运航空驻场货机，9 月开通威海至日本东京全货运航线，先后加密至大阪、仁川货运航班。截至 2021 年年底，威海空运口岸运行国际客货航线 4 条，每周运行 25 班。全年，出入境人员 20 759 人次，同比下降 75.6%；进出口货运量 8 821 吨，同比增长 110.7%；出入境飞机 1 823 架次，同比增长 37.7%。

【青岛水运（海港）口岸】 青岛港位于山东半岛南岸的胶州湾内，始建于 1892 年。青岛港是太平洋西海岸重要的国际贸易口岸和海上运输枢纽，是沿黄流域及其腹地外贸物资、能源和原材料运输的重要口岸，是中国重要的大宗原材料进口港、集装箱运输干线港和山东半岛及其腹地重要的物流中心，主要从事集装箱、原油、铁矿石、煤炭、粮食等各类进出口货物的装卸、储存、中转、分拨等物流服务和国际客运服务，具有冰鲜水产品、粮食、肉类、水果、种苗、食用水生动物 6 种特殊商品进境口岸资质。

青岛港由大港港区、前湾港区、黄岛油港区等组成。青岛大港港区以一般散杂货物和内贸集装箱为主，兼顾少量液体化工品和成品油运输；开通有青岛至韩国仁川的客货班轮航线；加快建设邮轮母港，建成运营可停靠世界最大的 22.5 万吨级邮轮专用码头。黄岛油港区以接卸外贸进口原油和成品油、液体化工品为主，是沿海最大的油品运输、中转、储存基地。前湾港区以国际集装箱干线和铁矿石、煤炭等大宗散货中转运输为主，拥有可停靠 2.4 万标箱船舶的最大集装箱码头和 20 万吨级矿石码头、10 万吨级的煤炭码头等专业化大型码头，是青岛港目前现代化程度最高、规模最大的生产性港区，承担了青岛港 50%以上的吞吐量。目前，口岸开放范围内对外启用泊位 95 个，其中大港港区 29 个泊位、前湾港区 51 个泊位、黄岛油港区 15 个泊位。与世界上 180 多个国家和地区的 700 多个港口有贸易往来。青岛港现有集装箱航线 210 余条，世界前 20 大集装箱班轮公司都在青岛港开辟了航线，国际直达航线 160 条，每月来往世界各地航班达到 700 多班，航线和航班密度均位居中国北方港口第一。

【董家口水运（海港）口岸】 董家口港为正在开发建设的新港区，承载着青岛港转型升级，向“第四代”港口跨越的历史重任，以大宗散货、液体化工品及杂货运输为主，逐步发展港口现代物流及港口物流与临港产业的联动。港区位于青岛市黄岛区泊里镇，深水岸线及港口资源丰富，规划面积 72 平方千米，码头岸线长约 35.7 千米，共规划建设 112 个泊位，其中，琅琊台湾作业区和董家口嘴作业区规划建设 79 个泊位，全部建成后港口设计年通过能力为 3.6 亿吨。目前，对外启用泊位 22 个（其中 4 个泊位临时对外启用），设计年通过能力达 1.3 亿吨。随着港口设施的逐步完善和腹地运输需求的增长，董家口港将逐步拓展服务范围，全面发展港口综合物流、专项物流、商贸、信息、综合服务等功能，成为青岛港南翼新的大型综合性港区和大宗干散货运输基地。2021 年，靠泊外贸船舶 3 056 余艘次，货物进出港量 1.8 亿吨。

2021 年青岛水运（海港）口岸运输货种统计表

类别	港口吞吐量（万吨）	外贸运量			
		外贸运输总量（万吨）	同比（%）	进口（万吨）	出口（万吨）
合计	63 029.27	45 881.45	3.2	31 905.02	13 976.43
煤炭	2 308.58	603.81	0.2	337.30	266.51
原油	10 605.26	9 294.49	-4.3	8 838.37	456.12
成品油	1 176.20	533.92	15.3	146.63	387.29
铁矿石	14 481.95	10 782.83	4.2	10 020.82	762.01
钢铁	510.20	124.97	-21.5	36.82	88.16
水泥	71.54	67.69	20.8	67.69	0.00
木材	209.76	209.76	79.7	175.77	33.99
非金属矿	11.16	4.66	219.2	2.55	2.11
化肥	63.93	63.59	-21.3	44.29	19.29
粮食	1 052.97	1 038.15	20.2	1 020.13	18.02
食盐	66.98	66.98	16.2	66.98	0.00
其他	26 066.86	18 825.51	3.7	7 285.58	11 539.93

（青岛市口岸办提供）

【烟台水运（海港）口岸】 烟台港由芝罘湾港区、西港区、海阳港区、牟平作业区和烟台水产集团码头组成，24 小时对外开放。国务院批准自 1953 年 4 月起，昼夜开放上海、青岛、烟台三港口。2014 年 8 月，国务院批复同意烟台港口岸扩大开放西港区和海阳港区；2019 年 12 月，烟台港口岸扩大开放通过国家验收。

2021 年 9 月，烟台港芝罘湾港区中集来福士公司码头 3#、11#和 13#泊位对外启用，口岸开放泊位达到 92 个；上半年，烟台综合保税区综合性指定监管场地（进境肉类、冰鲜水产品和食用水生动物）相继通过海关总署验收。

烟台港是联结东三省、环渤海与长三角、珠三角等最活跃经济带之海上交通要冲，背靠京津鲁冀经济发达区域，隔海与日本、韩国相望，占据东北亚国际经济圈核心地带，是沿海 25 个主枢纽港、中国“一带一路”倡议 15 个支点港口城市。烟台海港口岸是中国沿海最大的化肥、铝矾土、石油焦、朝鲜煤炭接卸和对非出口贸易口岸，是渤海湾南岸最大的矿石、散粮中转港、石油化工品储运中转基地和北方重要的煤炭装船港。芝罘湾港区是口岸的发展起源地和现有的核心港区，位于烟台市芝罘区北部，主营集装箱、客货滚装和散杂货等业务；西港区是口岸规划建设发展的核心港区，地处烟台经济技术开发区东北海域，规划布局液化油品、通用散货、大宗散货、原油和 LNG 五大作业区；海阳港区位于烟台海阳市，港口濒临黄海，东北为乳山口，西南为丁字河口，主营散杂货。

2021 年，烟台海港口岸不断优化营商环境，出台《烟台市 2021 年优化口岸营商环境若干措施》《关于做好口岸通关时效评估和公开工作的通知》等政策性、落实措施性文件及通知公告 13 项，推出口岸经营服务企业联合信用管理机制、降低烟台港部分港口收费标准、口岸通关时效评估和公开机制等创新举措 6 项，促进跨境贸易体制机制不断创新。率先建设原产地证虚拟审签中心，“零接触”方式办理原产地证信用签证、邮寄办理、自助打印等，实现企业“零跑腿”。整合通关投诉服务热线，实现口岸通关投诉服务“12345 一号受理”，群众满意度和获得感进一步提升。积极推广使用国际贸易“单一窗口”，推动烟台港相关数据与省“单一窗口”对接，实现烟台港通关物流信息全程可视化，完成“关港贸税金”全链条运作改革工作要求。年内，烟台地区“单一窗口”企业注册数达 4 745 家，完成 ECIQ 报检 6.2 万单，报关 33.6 万单，船舶 2.4 万艘次，跨境电商清单量 923.5 万单，合计约 965.7 万单。建设上线跨境电商综合服务平台和“烟港易通”App，实现集装箱查验预约、信息查询、缴费办理、提货等业务“网上办”“掌上办”，集装箱设备交接单、提货单等物流单证无纸化办单率达 95%。

2021 年，烟台海港口岸出入境船舶 7 652 艘次，同比增长 48.21%；出入境货运量 10 457.20 万吨，同比增长 12.62%；出入境集装箱 56.37 万标箱，同比增长 16.88%。现有航线主要进出口货物有铝矾土、油品、矿石、化肥、煤炭等，连续多年保持全国铝矾土进口第一港、化肥进出口第一港地位。

【威海水运（海港）口岸】 威海港位于山东半岛东端，北临黄海，东与朝鲜半岛、日本隔海相望，是中国通往韩国、日本、朝鲜等国家的便捷出海口。港口水深域阔，终年不淤不冻，全年作业天数约 330 天，水路距韩国仁川港 220 海里、距平泽港 238 海里，客滚班轮均可实现“夕发朝至”，是东北亚地区重要的海上枢纽之一。威海港码头功能齐全，集疏运体系完善，主要从事集装箱、散杂货、油品、国际快件、旅客、车辆、行李的装卸、仓储、运输、托运、代理服务，以及港口物流、船舶服务、商业旅游开发等业务。1985 年 4 月，威海港经国务院批准对外开放，现有老港区、新港区、张家埠港区、乳山口港区 4 个作业区，开放泊位 40 个，其中万吨级以上泊位 28 个，最大靠泊能力 7 万吨；已获批进口冰鲜水产品、肉类、食用水生动物等指定监管场地，以及跨境电商、海运快件等特殊监管场所。截至 2021 年年底，开通国际班轮航线 10 条，每周运行 16 班。其中，客货班轮航线 2 条（威海至韩国仁川、平泽），每周运行 6 班；集装箱航线 8 条（威海至韩国仁川、平泽、釜山，以及威海至日本关东、关西、九州），每周运行 10 班。

2021 年，威海海港口岸进出口货运量 492.1 万吨，同比增长 9%；出入境集装箱 52.6 万标箱，同比下降 18.1%；出入境人员 32 351 人次，同比下降 38.1%；出入境船舶 1 349 艘次，同比下降 7.8%。

【龙口水运（海港）口岸】 龙口港位于山东烟台龙口市，由龙口港、龙口南山屺母岛港码头、龙口胜利码头和龙口渔港码头组成，24 小时对外开放。2021 年，龙口海港口岸扩大开放列入《国家“十四五”口岸发展规划》。

龙口港地处渤海南岸、胶东半岛西北部，与辽东半岛隔海相望，是距离黄河三角洲最近的 15 万吨级以上船舶出海口，烟台市和烟台港集团规划建设的三大核心港区和两个亿吨港区之一，首批对台开放直航港口、国内首家拥有原油仓储资质的港口企业、国家规划建设的北煤外运装船港。口岸地处环渤海经济圈的中心区域，港湾自然条件良好，北有东西长 8 千米的连岛天然沙坝为屏障，南有金沙滩环抱，不冻不淤，全年作业天数在300天以上，史有“稳油盆”之称。屺坶岛端部自然水深-16米以上，最大水深-22米，后方陆域土地广阔，具备优越深水泊位的建设条件。

2021年，龙口海港口岸积极优化口岸通商环境，提高通关便利化水平，进口、出口整体通关时间分别为14.87小时、3.77小时，较2017年基准分别压缩92.9%和71.9%。稳步推进“先验放后检测”改革，指导企业进行“提前申报”，进口提前申报率为58.3%，通关时间压缩工作走在青岛关区前列。龙口海港口岸拥有70多条国内外航线，与世界50多个国家和地区的港口有贸易往来。龙口港拥有集装箱航线11条，其中内外贸同船支线2条、外贸线3条、内贸航线8条，港口航线可辐射涵盖渤海湾、长三角、珠三角经济圈，以及北部湾、海南等地，网络布局相对较为完善。

2021年，龙口海港口岸出入境船舶1 374艘次，同比下降13.86%；出入境货运量4 272.68万吨，同比下降4.54%；出入境国际集装箱1.58万标箱，同比增长866.5%。进出口货物主要为铝矾土、煤炭、液体化工、铁矿石、粮食等。

【日照水运（海港）口岸】 改革开放后，国家批准日照设立了石臼港和岚山港两个对外开放口岸。其中，石臼港口岸于1986年5月对外开放，岚山港口岸于1989年9月对外开放。2016年12月，国务院批复同意将石臼港和岚山港口岸合并为日照港口岸，并扩大开放石臼南作业区和岚山北作业区，共25个泊位、1.54万米岸线。日照港位于山东半岛东南侧，是国家重要的能源和原材料运输口岸、煤炭装船港和沿海集装箱运输支线港，主要从事铁矿石、煤炭、原油、粮食、集装箱等各类进出口货物的装卸、储存、中转、分拨等物流服务，是国家重点发展的沿海主要港口，新亚欧大陆桥东方桥头堡。

石臼港区位于中国海岸线中部，东临黄海、北与青岛港、南与连云港港比邻，隔海与日本、韩国相望。1982年正式开工建设，1986年实现对外开放，是中国重点发展的沿海20个主枢纽港之一，包括东港区、北港区、西港区。截至2021年年底，日照港口岸石臼港区共有泊位49个，设计年通过能力26 728万吨，已开放煤炭、通用、矿石、散杂、油品、木片、集装箱等泊位47个。

岚山港区位于黄海海州湾北岸，是1977年作为山东省“七五”重点建设项目而兴建的地方港口，1989年实现对外开放，包括南作业区、中作业区、北作业区。日照港口岸岚山港区共有泊位40个，设计年通过能力15 496万吨，截至2021年年底已开放油品、液化、通用、散杂等泊位29个。临时启用2个。目前正常使用39个。

2021年，全市累计完成港口货物吞吐量5.41亿吨，同比增长9.07%。其中，日照港集团完成4.73亿吨，同比增长9.36%；岚山港区岚桥港完成6 816.43万吨，同比增长8.01%；岚山港区童海港完成35.5万吨，同比下降57.89%。其中，外贸货物吞吐量完成3.46亿吨，同比增长8.33%。完成集装箱货物吞吐量517.42万标箱，同比增长6.44%。重点货种吞吐量方面，全年金属矿石完成21 081万吨，同比增长9.58%；石油、天然气及制品完成8 587万吨，同比增长5.61%；煤炭及制品完成5 810万吨，同比增长7.55%；木材完成吞吐量3 116万吨，同比增长46.88%；粮食完成1 438万吨，同比增长2.38%；钢铁完成吞吐量1 026万吨，同比下降22.36%。此外，2021年，石臼港区出入境船舶2 791艘次，出入境船员60 583人次，同比分别下降2.6%和3.35%；岚山港区共检查出入境船舶3 855艘次，同比下降1.31%，出入境船员79 381人次，同比下降1.76%。整个日照海港口岸合计，出入境船舶6 646艘次，出入境船员139 964。受新冠肺炎疫情影响，“日照东方”号客货班轮于2020年1月16日暂停中韩客运业务，目前仍未恢复。

【石岛水运（海港）口岸】 石岛港位于威海市南部石岛湾畔，港区水域宽阔，受风浪大雾影响少，岸线资源丰富，自然条件十分优越，主要从事货物装卸储运、旅客运输服务、港机设备租赁、港口拖轮经营、船舶港口服务等业务。1988年12月经国务院批准对外开放，2014年1月石岛港口岸扩大开放至好当家和俚岛港区。2021年，荣成造船工业有限公司码头1号泊位、荣通船业有限舾装码头，以及黄海造船有限公司码头2号、3号泊位，获批临时对外启用或延长临时对外启用期限。2021年10月，山东省人民政府批准石岛海港口岸石岛老港客运泊位，石岛老港1~3号泊位，蜊江1、2号泊位，退出对外启用，属省内首次开放泊位退出启用。截至2021年年底，石岛海港口岸共有石岛港、蜊江港、朱口港、好当家港、俚岛港5个作业区，对外启用泊位61个，万吨级以上泊位26个。开通国际班轮航线5条，每周运行9班。其中，客货班轮航线2条（石岛至韩国仁川、群山）、每周运行6班；集装箱班轮航线3条（石岛至日本关东、关西、东京），每周运行3班。已获批进口冰鲜水产品、肉类、食用水生动物等指定监管场地以及跨境电商特殊监管场所。

2021年，石岛海港口岸进出口货运量185.6万吨，同比增长46.8%；出入境集装箱量18.9万标箱，同比增长4.7%；出入境人员49 040人次，同比下降29.4%；出入境船舶2 149艘次，同比增长15.7%。

【东营水运（海港）口岸】 东营港位于山东省东营市北部，是环渤海地区以石油化工货物运输为主，兼顾散杂货、客货滚装、集装箱运输的区域特色港。1995年12月国务院批准东营港为开放口岸，1997年12月正式对外开放。目前，东营港已建成泊位57个，其中26个泊位实现了对外开放。东营港已成为山东进口丙烯最大港口和外轮业务增长最快的口岸，是环渤海地区以石油化工货物运输为主，兼顾散杂货、客货滚装、集装箱运输的区域特色港口。

2021年，东营港货物吞吐量5 880万吨，同比下降2.4%。其中，外贸货物吞吐量567万吨，同比下降12.6%。出入境外轮877艘次，出入境人员16 809人次。主要货种为原油、燃料油、成品油、丙烯、液化气等液体化工品兼顾散杂货、客货滚装及集装箱，拥有原油、汽柴油及各类化工品罐区560万立方米，保税罐区100万立方米。以东营港口岸为依托的东营综合保税区2021年进出口总值达2 011.9亿元，同比增长44.6%。其中，出口值555亿，同比增长22.8%；进口值1 456.9亿元，同比增长55%，均创历史新高。

2021年，东营港口岸推进关检业务全面融合，积极推广国际贸易“单一窗口”，规范口岸收费行为，深化落实“放管服”改革，口岸营商环境不断优化。进出口收费目录清单符合《港口收费计费办法》，并严格落实收费清单公示制度，已全部在中国（山东）国际贸易单一窗口网站公开，外代、货代、检验、生产等企业收费项目、内容均在营业场地公式公开。推行两步申报、“预审价、预归类”等改革举措，为企业提供了口岸全程“一站式”服务模式。深入实施联合登临和关检查验改革，积极推动海事、港航并联处理船舶载运危险货物进出港口申报和装卸作业，建设了东营市海上搜救与安全视频指挥系统、东营市海上溢油应急平台，建立了以海事“云登轮”为代表的“互联网+”远程信用监管机制，推进电子监管许可，协调实现了“单一窗口”网上全程办理，缩短了船舶作业等待时间。

【蓬莱水运（海港）口岸】 蓬莱港位于山东烟台市蓬莱区，由蓬莱新港、栾家口港区组成，24 小时对外开放。蓬莱港终年不冻不淤、浪小涌缓，拥有天然的深水航道，是中国少有的天然良港。1996 年 7 月，国务院批复同意山东蓬莱港对外国籍船舶开放；2003 年 6 月，国务院批复同意山东蓬莱港口岸栾家口港区对外开放。2021 年 9 月，烟台港蓬莱东港区蓬莱大金海洋重工有限公司 3 号泊位对外启用，口岸开放泊位达到 28 个。在海关总署指导下，蓬莱海港口岸正加快推进进境原木指定监管场地建设。

2021 年，蓬莱海港口岸持续深化通关模式改革，加强“单一窗口”功能的推广应用，口岸查验单位出台和落实监管和服务措施，口岸通关畅通便捷。海关实现 44 票 7 561 吨进境冷冻远洋自捕鱼“船边直提”，实现 7 票 3 万余吨出境大型设备、石油焦、脱硫石膏等货物“抵港直装”。全年对 RCEP 成员方外贸进出口总值 69.35 亿元，同比增长 52.6%。边检量身定做“蓬莱边检模式”，建立了 24 小时、“5+2”服务工作机制和“三区两点一员”管理模式，服务窗口前移至码头一线，实现无接触查验，推动口岸防疫闭环管控。海事积极实施“提前预约+按时申报+及时受理”快捷审批方案，规范国际航行船舶进出口岸申报和查验管理，缩短船舶进出港审批时间；建立辖区船舶代理公司清单和申报人员清单，定期评估船舶代理等申请人的诚信度，实行告知承诺制动态管理。

2021 年，蓬莱海港口岸出入境船舶 459 艘次，同比增长 1.32%；出入境货运量 399 万吨，同比增长 1.79%。主要贸易伙伴为新西兰、越南、韩国、日本等；主要进出口货物为风电设备、木材、煤炭、矿建材料、铝矾土等，其中风电设备业务出运量居山东省首位。

【莱州水运（海港）口岸】 莱州港位于山东省烟台莱州市，24 小时对外开放。2021 年 3 月，烟台港莱州港区华电莱州港务有限公司码头 1 号泊位对外启用，口岸开放泊位达到 13 个；10 月，海关总署批复同意在莱州港设立进境粮食指定监管场地。

莱州港地处渤海莱州湾东岸，胶东半岛、鲁东地区、鲁中平原和黄河三角洲的结合部，近岸自然水深 7～12 米，所在海域海岸线稳定、泥沙活动弱、底质条件好、水流速度小，常年不冻不淤，是鲁中、鲁西、鲁西北地区最便捷的深水出海通道。为优化口岸营商环境，提高通关便利化，莱州海港口岸建立通关时效评估机制，推动“提前申报”“两步申报”改革，实现原油等国家战略资源商品进口“先放后检”“即卸即检”，扩大出口货物“抵港直装”，持续压缩进口、出口货物整体通关时间，提升进出口通关效率，助力莱州特色产业开拓国际市场，“大家乐”粽子首次出口售往东南亚。2021 年，进口、出口提前申报比率分别达到 99.5%、66.3%，进口、出口货物整体通关时间分别压缩到 4.1 小时、1.8 小时，打造了“诚信经营、安全便捷、优质高效”的口岸通关环境。

2021 年，莱州海港口岸出入境船舶 605 艘次，同比增长 34.4%；出入境货运量 1 240 万吨，同比略有下降。主要贸易伙伴为新加坡、澳大利亚、俄罗斯、韩国、委内瑞拉等；主要进出口货物为原油、成品油及各类液体化工、大宗散货等。其中，原油 653 万吨，占比 52.7%；散杂货

526 万吨，占比 42.4%。

【龙眼水运（海港）口岸】 龙眼港位于山东半岛最东端，距国际主航道仅 5 海里，是中韩两国海上交往最便利的港口。1999 年 8 月，龙眼海港口岸经国务院批准正式对外开放，现有货场 10 万平方米、港口仓库 3 万平方米、保税仓库 3 万平方米、4 万吨油库 1 个，主要从事工业用煤、水产品、非金属矿、成品油、钢材、粮食等进出口货物物流服务和国际客运服务。2021 年 11 月，龙眼港东港池 1 号舾装泊位经山东省人民政府批复对外启用。截至 2021 年年底，龙眼海港口岸对外启用泊位 11 个，其中 5 万吨级泊位 3 个、集装箱专用泊位 2 个；开通龙眼至韩国平泽客货班轮航线，每周运行 3 班。

2021 年，龙眼海港口岸进出口货运量 80 万吨，同比增长 122.7%；集装箱量 5.3 万标箱，同比增长 30.1%；出入境人员 13 609 人次，同比下降 54.9%；出入境船舶 975 艘次，同比增长 6.9%。

【潍坊水运（海港）口岸】 潍坊港始建于 1996 年，位于渤海莱州湾南岸潍坊滨海经济开发区，地处环渤海经济圈黄金地带和东北亚区域经济合作的前沿，是鲁中、鲁北、鲁西物资出海陆路运距最短、最便捷的港口，2009 年 7 月 28 日正式对外开放，拥有开放泊位 25 个（其中 5 万吨级泊位 10 个、3 万吨级泊位 6 个、集装箱泊位 5 个、1 万吨级泊位 4 个）。该口岸可停靠 5 万吨级以下船舶，已建成使用的码头岸线 7 196 米。潍坊港划分为东、中、西 3 个港区。中港区作为潍坊港的主港区，总体布局为离岸式港岛码头，依托国家级的滨海经济开发区，是以散杂货运输为主、集装箱、液化品并存的综合性港区。初步构成了潍坊港“一主两辅、功能互补、多点并进、统筹发展”的框架。已同德国、加拿大、澳大利亚、韩国、日本、越南、菲律宾、俄罗斯、朝鲜、中国台湾等国家和地区的 20 多个港口建立了贸易往来。

【滨州水运（海港）口岸】 滨州港位于渤海湾西南岸，是山东海上北大门，处于京津冀和山东半岛两大经济发达地区的连接地带，是济南省会城市群最便捷的出海通道。2017 年 12 月 22 日，国务院正式批复同意滨州海港口岸对外开放；2020 年 10 月 22 日，口岸通过国家验收；2020 年 11 月 9 日，口岸正式开放运营。滨州海港口岸开放泊位 4 个，其中 2 个 3 万吨级散杂货码头和 2 个 3 万吨级化工码头。

2021 年，滨州海港口岸外贸进出口货运量为 27.42 万吨，货值约 7 300 万美元，出入境船泊共计 15 艘次，检疫国际船员 357 人次。其中，进口货物 22.35 万吨，货种主要为水泥熟料、石油焦、煤炭和乌拉圭种牛等；出口货物 5.07 万吨，货种主要为风电设备和脱硫石膏等。开放一年来，滨州港口岸实现安全高效运营，有力推动了滨州市对外贸易高质量发展。

青岛市

【口岸数量及分布】 截至 2021 年年底，青岛市共有经国务院批准的对外开放口岸 3 个。其中，空运口岸 1 个（青岛胶东国际机场）；水运（海港）口岸 2 个，分别是青岛港、董家口港海港口岸。

【口岸运行数据】 2021 年，青岛海港口岸货物吞吐量 6.3 亿吨，同比增长 4.25%。外贸进出口货运量 4.59 亿吨，同比增长 3.2%。其中，进口货运量 3.19 亿吨，同比增长 0.73%；出口货运量 1.4 亿吨，同比增长 9.34%。外贸运量占港口吞吐量的 72.79%。集装箱吞吐量 2 371.44 万标箱，同比增长 7.75%。其中，外贸集装箱 1 668.92 万标箱，同比增长 6.59%。

2021 年，青岛空运口岸完成航班起降 13.87 万架次，同比增长 9.8%；旅客吞吐量 1 603.2 万人次，同比增长 10.1%；货邮吞吐量 23.76 万吨，同比增长 14.9%。其中，国际货邮吞吐量 9.63 万吨，同比下降 56.6%，较 2019 年增长 8.2%。受新冠肺炎疫情影响，入出境飞机起降 5 246 架次；入出境人员 12.65 万人次，其中入境 6.56 万人次、出境 6.09 万人次。国际及地区旅客吞吐量 9.81 万人次，同比下降 80.34%。

【扩大口岸开放】 2021 年，对外启用泊位 6 个。其中，青岛海港口岸前湾港区前湾四期码头 U8、U9 泊位正式对外启用；董家口海港口岸原油码头二期 D22#、D23#泊位和液体化工码头 D24#、D25#泊位临时对外启用。

2021 年，青岛空港通航航线 204 条，其中国内 185 条、国际及地区 19 条；通航城市 121 座，其中国内 102 座、国际及地区 19 座；航空公司 52 家，其中国际及地区 17 家。

2021 年，中铁联集青岛中心站新开通首班“齐鲁号”欧亚班列“上合快线”（胶州—比什凯克）班列，直达巴库、伦敦、汉堡、莫斯科、米兰、杜尚别、第比利斯的点对点班列。开行全国首班冷鲜蔬菜专列，开行山东省首班中老国际班列、首班“铁路快通”货物专列、首班“上合快线”跨境电商专列。2021 年，完成集装箱作业量 86.1 万标箱，同比增加 12.5%。

【口岸营商环境】 2021 年，组织开展持续优化口岸营商环境创新突破攻坚行动，对标国内国际先进水平，不断优化通关流程、降低通关成本。截至 12 月底，进口、出口整体通关时间分别为 42.16 小时和 2.51 小时，较 2017 年分别压缩 56.35%和 88.31%。一是持续提升口岸通关效能。海事、引航、港口等部门创新实施“套泊热接”，联合开展“集装箱班轮通航效率提升”行动，实现通航效率与装卸效率的高效匹配。持续实施进口货物“船边直提”和出口货物“抵港直装”，进口铁矿石、原油实施“先放后检”“两段准入”，前湾港进口铁矿靠泊至放行时间缩短至 1.4 天，原油验放时间缩减为半天。二是先行先试构筑政策创新高地。抢抓机遇建设 RCEP“先行区”，设立原产地证书虚拟审签中心，实现近七成业务智能“秒签”。创新打造自由贸易试验区“试验田”，保税原油混兑调和、进出口货物知识产权预确认、进口大宗商品重量鉴定智慧管理等一系列全国首创的监管创新举措已落地见效。三是不断提升口岸智慧化水平。胶东国际机场旅检智能查验、自助查验通道分别增加 77%和 150%，出境流程实现“一次过检”“无感通关”。海港口岸实施“先期机检，码头直提”智慧查验新模式，通关时效平均压缩 3~7 个小时。“智能港口”助跑全球领航，首创氢动力自动化轨道吊、运用 5G+自动化技术等 6 项科技成果，首创智能化空轨集疏运系统，为全球智慧港口建设提供了“中国经验”。四是大力规范口岸经营服务秩序。依托中国（山东）国际贸易单一窗口开发启用“青岛专区”，开设收费标准查询、服务质量评价、相关问题反馈、政策公告查阅等功能。向社会公布青岛海运口岸集装箱进出口全流程和合规费用参考，建立口岸收费政策短信推送机制。组织口岸管理部门和经营服务企业召开诚信建设推进会，着力构建部门联合奖惩、多方协同联管的管理机制。联合山东省集装箱场站协会在全国首次推出了青岛市海运集装箱场站经营规范、公平竞争规则和行业自律公约等系列规范。五是深入开展助企纾困活动。开展“进基层、惠企业、促发展”口岸政策宣讲活动，实现青岛所辖区、市全覆盖，800 余家外贸企业参加，叫响“企业有难事，我来帮你办”口号，助力企业用足用好新政策。

【重大活动保障】 积极协调做好博鳌亚洲论坛全球健康论坛第二届大会、2021 年跨国公司领导人青岛峰会、第二届“一带一路”能源部长会议等重大活动通关保障工作。

2021 年山东省口岸大事记

1 月 26 日

青岛胶东国际机场口岸查验基础设施通过省

政府验收。

3月23日

莱州海港口岸烟台港莱州港区华电莱州港务有限公司码头1#泊位顺利通过省政府验收，正式对外启用。

5月10日

日照港口岸石臼港区南区1#~6#泊位、日照港口岸岚山港区岚南15#泊位顺利通过省政府验收，正式对外启用。

5月11日

济南机场北指廊口岸查验设施通过省政府验收。

6月

青岛市荣获2020年度全国营商环境评价跨境贸易标杆城市。

8月12日

青岛胶东国际机场正式投入运营。

9月10日

烟台海港口岸3个泊位、蓬莱港口岸1个泊位顺利通过省政府验收，正式对外启用。

10月12日

青岛海港口岸前湾港区前湾四期码头U8、U9泊位顺利通过省政府验收，正式对外启用。

10月29日

石岛海港口岸6个泊位获省政府批复退出对外启用。

11月12日

威海海港口岸2个泊位和龙眼港口岸1个泊位顺利通过省政府验收，正式对外启用。

11月

青岛海港口岸以第一名的成绩获评“十大海运口岸营商环境”测评最优等次。

12月3日

临沂机场获国家口岸管理办公室批复临时开放。

（撰稿人：王增磊、郁启伟、杜宏亮、王树平、杨冻、焦宗轩、孙红梅、肖迪胜）

2021 年青岛海关主要数据统计表

项　目		2021 年	2020 年	同比（%）
进出口货运量（万吨）	合计	83 189.5	79 732.9	4.34
	进口	71 133.9	69 935.8	1.71
	出口	12 055.7	9 797.1	23.05
进出口贸易总值（万美元）	合计	50 409 071.0	36 554 801.3	37.90
	进口	26 284 343.0	18 843 944.0	39.48
	其中：江、海运输	25 074 526.0	18 132 662.0	38.28
	铁路运输	0.0	28.0	-100.00
	汽车运输	3.0	8.0	-58.60
	航空运输	1 207 075.0	705 106.0	71.19
	邮件运输	1 553.0	1 519.0	2.24
	其他运输	1 185.0	4 622.0	-74.36
	出口	24 124 728.0	17 706 613.0	36.25
	其中：江、海运输	22 736 775.0	17 021 730.0	33.57
	铁路运输	2 218.0	0.0	—
	汽车运输	0.0	0.0	-100.00
	航空运输	819 289.0	397 594.0	106.06
	邮件运输	8 442.0	9 536.0	-11.47
	其他运输	558 006.0	277 753.0	100.90
税收（亿元）	两税合计	1 478.7	1 135.7	30.20
	关税入库	148.5	123.3	20.40
	进口环节税入库	1 330.2	1 012.3	31.40

（青岛海关提供）

2021 年济南海关主要数据统计表

项　目		2021 年	2020 年	同比（%）
进出口货运量（万吨）	合计	15 035.82	16 368.59	-8.14
	进口	13 250.87	14 823.49	-10.61
	出口	1 784.95	1 545.10	15.52
进出口贸易总值（万美元）	合计	7 986 774.67	5 807 659.75	37.52
	进口	4 163 718.28	2 776 271.47	49.98
	其中：江、海运输	3 459 136.24	2 373 266.19	45.75
	铁路运输	131 656.61	109 975.86	19.71
	汽车运输	121 820.30	43 793.32	178.17
	航空运输	447 499.14	247 194.21	81.03
	邮件运输	3 605.21	2 041.89	76.56
	其他运输	0.77	0.00	—
	出口	3 823 056.40	3 031 388.28	26.12
	其中：江、海运输	3 185 597.41	2 664 785.62	19.54
	铁路运输	30 684.78	14 332.45	114.09
	汽车运输	248 139.01	95 865.07	158.84
	航空运输	348 704.32	250 109.22	39.42
	邮件运输	930.72	898.94	3.53
	其他运输	9 000.15	5 396.98	66.76
税收（万元）	两税合计	3 820 197.80	3 460 412.90	10.35
	关税入库	221 872.90	183 608.50	20.80
	进口环节税入库	3 598 324.90	3 276 804.40	9.82

（济南海关提供）

2021 年山东省口岸出入境主要数据表

项　目			2021 年	2020 年	同比（%）
出入境人员（人次）	出入境人员总数		855 987	1 621 828	-47.22
	入境人员		441 924	848 693	-47.93
	出境人员		414 063	773 135	-46.44
	出入境旅客		148 163	900 694	-83.55
	出入境员工		707 824	721 134	-1.85
	中国公民	小计	449 810	1 076 127	-58.2
		内地居民（因公）	310 134	319 822	-3.03
		内地居民（因私）	129 572	732 919	-82.32
		港澳居民	5 373	5 853	-8.2
		台湾同胞	4 731	17 533	-73.02
	外籍人员		406 177	545 701	-25.57
	从海港出入境人数		646 484	695 597	-7.06
	从陆港出入境人数				
	从空港出入境人数		209 503	926 231	-77.38
交通运输工具（辆、艘、架、列次）	总计		44 639	44 104	1.21
	船舶		31 660	29 564	7.09
	飞机		12 979	14 540	-10.74
	火车				
	机动车辆				

（山东出入境边检总站提供）

2021 年山东海事局进出港船舶统计汇总表

船舶类别	进港船舶							出港船舶						
	艘数（艘）	总吨（吨位）	总载重量（吨）	载客量（客位）	船员人数（人次）	货物到达量（吨）	旅客到达量（人）	艘数（艘）	总吨（吨位）	总载重量（吨）	载客量（客位）	船员人数（人次）	货物发送量（吨）	旅客发送量（人）
总　计	400 953	1 651 288 411	2 125 417 668	22 604 921	4 329 685	981 722 056	8 203 632	399 381	1 647 438 441	2 123 642 861	22 626 606	4 241 248	448 499 931	8 073 789
中国籍船舶	380 189	724 534 180	718 415 623	21 458 873	3 757 688	263 226 535	8 203 632	378 643	723 949 302	716 049 587	21 479 638	3 773 019	314 463 694	8 073 789
其中外贸船	1 608	25 186 364	31 124 549	89 600	28 837	20 144 860	0	1 237	21 280 805	25 651 975	90 300	26 753	6 194 980	0

（山东海事局提供）

河 南 省

河南省口岸分布示意图

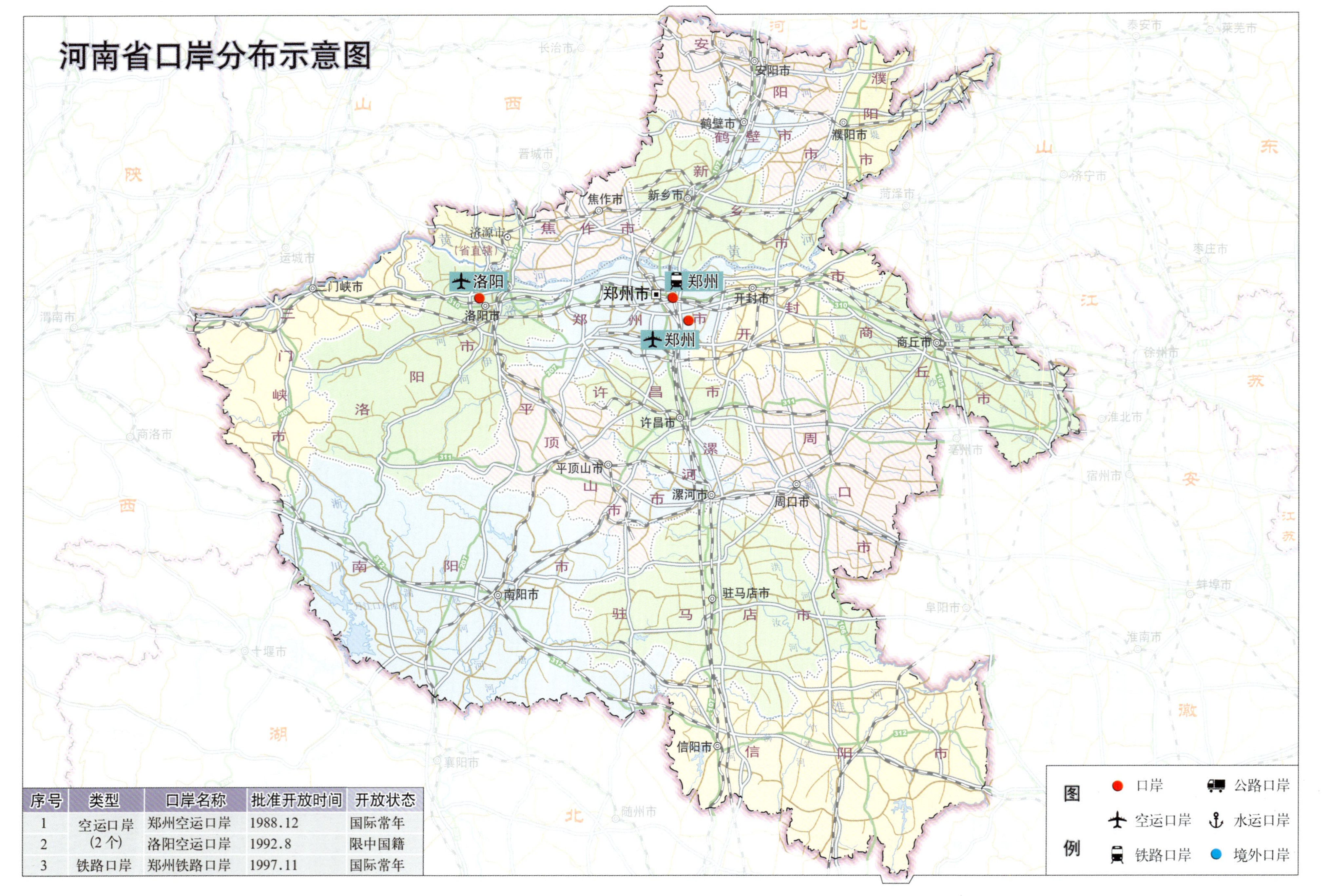

序号	类型	口岸名称	批准开放时间	开放状态
1	空运口岸（2个）	郑州空运口岸	1988.12	国际常年
2		洛阳空运口岸	1992.8	限中国籍
3	铁路口岸	郑州铁路口岸	1997.11	国际常年

口岸数量及分布

截至2021年年底，河南省共有经国务院批准的对外开放口岸3个。其中，空运口岸2个，分别是郑州空运口岸（郑州新郑国际机场）、洛阳空运口岸（洛阳北郊机场）；陆路（铁路）口岸1个，即郑州铁路口岸（郑州铁路东站）。

口岸运行数据

2021年，河南省进出口总值8 208.1亿元，首次突破8 000亿元大关，同比增长22.9%，高于全国进出口增速1.5个百分点。其中，出口5 024.1亿元，同比增长23.3%；进口3 184亿元，同比增长22.3%。

2021年，郑州空运口岸完成国际地区货邮吞吐量54.5万吨，同比增长20.8%；出入境旅客4.44万人次，同比下降78.86%。开通的国际地区航线总数达58条（其中客运航线29条、货运航线29条）。洛阳空运口岸常态化运行洛阳至大阪、呼和浩特经洛阳到泰国曼谷两条国际客运航线，受新冠肺炎疫情影响，2021年共完成出入境人员0.47万人次。

2021年，郑州铁路口岸完成进出口货运量98.8万吨，同比增长42.2%。其中，出口45.8万吨，同比增长15.4%；进口53.0万吨，同比增长77.9%。完成集装箱运量13.1万标箱，同比增长46.6%。

口岸综合管理

【加强口岸顶层设计和谋划实施】 制定印发《关于加快建设中欧班列郑州集结中心示范工程的实施意见》《关于推动综合保税区和保税物流中心高质量发展的意见》，印发实施《2021年全省口岸建设发展工作要点》《中国（河南）国际贸易单一窗口建设运行管理办法（试行）》，研究编制《河南省“十四五”口岸发展规划》，完善全省口岸建设发展政策体系。

【加快口岸通道网络拓展】 完善口岸通关功能和服务，支持郑州航空口岸加密开行至中东欧定期货运航线，完成越南—郑州—卢森堡国际换单模式的“空空中转”测试，国际航线网络和转运能力进一步拓展提升。中欧班列（郑州）新开至波兰、意大利等线路，形成“16站点、7口岸”国际货运通道网络。积极对接“海上丝绸之路”，周口港开通至连云港、大丰港、淮安港、太仓港、上海港等集装箱航线，漯河港正式开港，信阳（淮滨）港开通航线。

【推进口岸重点项目实施】 开工建设中欧班列郑州集结中心示范工程中央预算项目及铁路口岸第二线束、跨境商品处理分拨中心项目。按照同步规划、同步建设、同步投用要求，推动郑州机场北货运区相关口岸查验设施项目建设。推动洛阳、开封综合保税区完成相关建设任务。推动许昌保税物流中心建成验收，已封关运营开展业务。推进河南“单一窗口”二期项目加快建设，完成全省综合保税区绩效监测等系统开发并上线运行。

【做好口岸疫情防控和通关保障】 实行国际航班入郑闭环管理，高标准完成入境旅客检疫管理；坚持“人物同防”，加强进口冷链食品监管，落实集中和末端消杀，全年口岸未发生人传人、物传人情况。深化跨境贸易便利化改革，依托河南“单一窗口”实现网上办理出口前检验申报、预约通关和申报告知，依据信用等级实施抽样后即放行措施，提高货物流转效率。组织抓好压缩口岸整体通关时间工作，2021年全省进口、出口整体通关时间分别为35.65小时、0.63小时，压缩率分别为77.56%、93.79%。其中，空运进口、出口分别为14.98小时、0.39小时，压缩率分别为72.21%、89.78%，空运进口时间继续保持全国最短，超额完成国务院要求压缩50%的目标任务。

口岸监管与服务

【郑州海关严密高效推进口岸疫情防控】 坚持“外防输入、内防反弹”总策略，抓实抓细抓落地国务院联防联控机制、海关总署以及省委、省政府关于疫情防控的最新要求，坚持“人、物、环境同防”“多病共防”，毫不放松做好常态化疫情防控工作，扎紧扎牢扎实“四个口袋”。2021 年，共检疫监管入境人员 5.55 万人次，做好进口冷链食品及高风险非冷链集装箱货物抽样检测和预防性消毒。

【郑州海关全力促进外贸稳增长】 落实“六稳”“六保”部署，开展“万人助万企”活动，落实“问题清零”机制，执行减税降费措施，为全省 61 家企事业单位进口货物减免税款 1.82 亿元。抢抓 RCEP 发展机遇，制定海关专项方案 12 项措施。支持许昌市场采购贸易试点落地实施，实现汽车整车进口口岸与综合保税区功能叠加、联动发展，完成平行进口汽车保税仓储业务测试。支持三门峡开展进口铜精矿混矿业务试点。

【郑州海关持续优化口岸营商环境】 深化“放管服效”改革，分类推进 12 个许可事项行政审批制度改革。全面应用“互联网+预约通关”系统，深化“两步申报”“提前申报”“两段准入”改革，巩固压缩整体通关时间成效。落实“双随机、一公开”监管，支持国际贸易“单一窗口”建设，全国首创上线“技贸通”特色模块，在申报环节向外贸企业提供精准的技术性贸易措施风险预警。

【郑州海关全面维护国门安全】 建立全省口岸安全风险联防联控工作机制，围绕庆祝中国共产党成立 100 周年等重要节点，强化口岸反恐维稳和“扫黄打非”，加大对涉枪、涉毒、涉疫情以及非法印刷品、音像制品的监管力度。开展“国门利剑 2021”专项行动、开展打击跨境电商进口走私“断链刨根”专项整治。开展“国门绿盾 2021”行动，加强进口食品化妆品风险监测，完善进出口商品质量安全风险预警和快速反应监管体系，强化危险化学品等重点敏感商品检验监管。

【河南出入境边检总站全力推动空港口岸建设】 积极优化营商环境、提升跨境贸易水平，推动口岸建设在更高层次、更高水平、更高质量上取得突破。落实 7×24 小时通关，优质保障至新加坡、澳门等定期客运航线复航。积极应对全货机航线新增、“客改货”业务态势，规范改进货机查验流程，完善货运查验场地设施。启用 12367 服务平台，对接 12345 政务服务热线，为广大出入境人员提供“全天候”边检咨询。主动服务全省人才战略、创新战略实施，通过提供口岸通关便利、入出境政策解读，为吸引外籍高端人才来豫科研、投资、定居起到积极促进作用。

【河南出入境边检总站全力维护口岸稳定】 全力做好中国共产党成立 100 周年庆祝活动安保维稳工作，召开动员大会、誓师大会，提升防范化解重大风险维护口岸稳定能力。聚焦全省反渗透、反恐工作任务特点，完善出入境旅客风险评估机制，防止“颜色革命”风险倒灌内地。完善口岸执法执勤协作，提升口岸应急保障水平，坚决守住暴恐案件零发生底线。坚持以集中打击妨害国（边）境管理专项斗争、打击跨境赌博违法犯罪、“三非”外国人治理等专项行动为抓手，探索形成河南口岸“技战法”，被国家移民管理局多次刊发简报、推介。2021 年，共依法阻止 291 人次涉赌诈可疑人员出境，总站移交的 25 名涉赌诈可疑人员中有 8 人被刑事拘留，对境外赌场、国内非法链条形成了强大震慑。

【河南出入境边检总站健全完善疫情防控机制】 严格口岸闭环管理，坚持“一盘棋”思想，优化调整边检查验流程，配合做好闭环管理工作。开通中国公民返乡回国“专用通道”，开展口岸宣传活动，主动提醒、劝导内地居民取消非紧急不必要出境活动。坚持运行疫情防控专班、数据核查专班，强化重点涉疫方向信息研判，累计核查推送涉疫人员数据 175 万人次、报送研判信息 44 份。坚持“从最坏处着眼、做最充分准备，以大概率思维来应对小概率的事件”，全面落实独立作战单元勤务制度要求，部署开展总站2021年异地实践活动，坚持安全防控“五个一”要求，实行“7天离岗封闭管理+7天居家健康监测”，切实消除内部感染和传播风险隐患。

开放口岸

【郑州空运口岸（郑州新郑国际机场）】 郑州空运口岸于1988年12月经批准开放，当时只限中国籍飞机出入境，2002年5月经国务院批准可供中国籍和外国籍飞机出入境。1997年建成并通航的河南郑州新郑国际机场位于郑州市东南，距市区27千米，占地约466.67万平方米，飞行区等级4F，是国家对外开放口岸和中国国内干线运输机场，是国家民用航空局确定的全国八大区域性枢纽之一，建设有高速公路直达机场，交通条件优越。2007年，T1航站楼进行了一次改扩建，扩建后航站楼建筑面积达到12.89万平方米，客机坪18.25万平方米，货机坪7.6万平方米，机位43个，年旅客和货邮保障能力分别可达1 200万人次、15万吨。2013年12月19日郑州机场二期扩建工程开工建设，2015年9月30日完成竣工，同年12月19日郑州机场T2航站楼启用并开始试运行，郑州机场正式步入“双航站楼双跑道”时代。T2航站楼建筑面积48.6万平方米，南北长约1 128米，总投资191亿元，其四角拥有4条指廊，可以增加79个机位，客运吞吐能力3 000万人次/年、货运吞吐能力达30万吨/年。其中，国际区域建筑面积为5.5万平方米，设计满足近期2025年国际320万人次、高峰小时国际1 280人次，远期国际旅客400万人次、高峰小时国际1 440人次的使用要求。国际区域主要包括四层国际办票区、国际出发联检厅；三层国际候机厅；二层国际到达联检厅、国际行李提取厅及国际到达通道；一层国际远机位候机厅等。同时，国际查验通道还包括国际同程航班查验通道及国际贵宾离到港查验通道。T2航站楼国际值机岛设置28个行李托运柜台及2个开包间。采用开放式值机，海关及检疫在后台对国际旅客托运行李进行监控。

【洛阳空运口岸（洛阳北郊机场）】 洛阳空运口岸于1992年8月1日经国务院批准为对外开放口岸。洛阳机场位于洛阳市北部，距市中心9千米。该机场净空条件优越，各种设施、设备齐全，可起降B737、B767、MD82等大型客机，是北京机场、郑州机场理想的备降机场。机场候机楼面积1.7万平方米，其中国际部分1.2万平方米。

【郑州陆路（铁路）口岸】 郑州铁路口岸（郑州铁路东站）于1991年3月经河南省批准为原二类铁路口岸，1994年12月经铁道部、海关总署和河南省政府协商，开通了郑州东站至香港九龙的直达集装箱专列。1997年11月28日，国务院批准为对外开放口岸。2014年新建了10 660平方米的铁路口岸联检大楼和5万平方米的监管查验场地及设施。

郑州铁路口岸所在地——郑州铁路集装箱中心站是全国规划建设的18个集装箱中心站之一，目前具有年办理36万标准集装箱的承载能力。铁路口岸毗邻的郑州圃田站是全国铁路特等货运站，被铁道部确定为国际大型集装箱中转站，是国内在新亚欧大陆桥最大的铁路货运站和集装箱集散地。目前，河南依托郑州铁路口岸，建成运行汽车整车进口口岸和进境粮食口岸，拓展跨境电商等业务，为郑欧班列进一步提供有效货源支撑。

2021年河南省口岸大事记

1月20日

中欧班列（郑州）开通波兰卡托维兹新线路。

7月16日

中欧班列（郑州）开通意大利米兰新线路。

9月5日

许昌保税物流中心（B型）通过海关总署验收，正式封关运作。

11 月 28 日

中欧班列（郑州）开通土耳其梅尔辛新线路。

12 月 2 日

洛阳综合保税区通过海关总署等八部委正式验收。洛阳综合保税区于 2020 年 5 月经国务院批准设立，总用地面积 1.37 平方千米。

12 月 26 日

中欧班列（郑州）开通俄罗斯加里宁格勒新线路。

（撰稿人：范会卿）

2021 年河南省口岸流量统计表

口岸类型		口岸名称	货运量（万吨）				集装箱量（万标箱）				人员（万人次）				交通工具（辆、艘、架、列次）			
			出口	进口	合计	同比（%）	出口	进口	合计	同比（%）	出境	入境	合计	同比（%）	出境	入境	合计	同比（%）
空运口岸		郑州	—	—	54. 5[1]	20. 8					3. 91	5. 63	9. 54	-65. 33	5 324	5 376	10 700	1. 87
空运口岸		洛阳									0. 00	0. 00	0. 00		0	0	0	0. 00
空运口岸		分计									3. 91	5. 63	9. 54	-65. 33	5 324	5 376	10 700	1. 87
陆路口岸	公路口岸																	
陆路口岸	公路口岸	分计																
陆路口岸	铁路口岸	郑州	45. 80	53. 00	98. 80	42. 20			13. 10	46. 60								
陆路口岸	铁路口岸	分计																
合计																		
同比（%）																		

①空运口岸 54. 5 万吨为货邮吞吐量。

（河南省口岸办提供）

2021 年河南省口岸出入境主要数据表

<table>
<tr><th colspan="3">项　目</th><th>2021 年</th><th>2020 年</th><th>同比（%）</th></tr>
<tr><td rowspan="14">出入境人员（人次）</td><td colspan="2">出入境人员总数</td><td>95 393</td><td>275 184</td><td>-65. 33</td></tr>
<tr><td colspan="2">入境人员</td><td>56 304</td><td>155 509</td><td>-63. 79</td></tr>
<tr><td colspan="2">出境人员</td><td>39 089</td><td>119 675</td><td>-67. 34</td></tr>
<tr><td colspan="2">出入境旅客</td><td>44 789</td><td>218 279</td><td>-79. 48</td></tr>
<tr><td colspan="2">出入境员工</td><td>50 604</td><td>56 905</td><td>-11. 07</td></tr>
<tr><td rowspan="5">中国公民</td><td>小计</td><td>57 260</td><td>225 746</td><td>-74. 64</td></tr>
<tr><td>内地居民（因公）</td><td>8 311</td><td>8 306</td><td>0. 06</td></tr>
<tr><td>内地居民（因私）</td><td>46 374</td><td>207 150</td><td>-77. 61</td></tr>
<tr><td>港澳居民</td><td>1 855</td><td>2 360</td><td>-21. 40</td></tr>
<tr><td>台湾同胞</td><td>720</td><td>7 930</td><td>-90. 92</td></tr>
<tr><td colspan="2">外籍人员</td><td>38 133</td><td>49 438</td><td>-22. 87</td></tr>
<tr><td colspan="2">从海港出入境人数</td><td>0</td><td>0</td><td></td></tr>
<tr><td colspan="2">从陆港出入境人数</td><td>0</td><td>1</td><td>-100. 00</td></tr>
<tr><td colspan="2">从空港出入境人数</td><td>95 393</td><td>275 183</td><td>-65. 33</td></tr>
<tr><td rowspan="5">交通运输工具（辆、艘、架、列次）</td><td colspan="2">总计</td><td>10 700</td><td>10 504</td><td>1. 87</td></tr>
<tr><td colspan="2">船舶</td><td></td><td></td><td></td></tr>
<tr><td colspan="2">飞机</td><td>10 700</td><td>10 504</td><td>1. 87</td></tr>
<tr><td colspan="2">火车</td><td></td><td></td><td></td></tr>
<tr><td colspan="2">机动车辆</td><td></td><td></td><td></td></tr>
</table>

（河南出入境边检总站提供）

湖 北 省

湖北省口岸分布示意图

序号	类型	口岸名称	批准开放时间	开放状态
1	空运口岸（2个）	武汉空运口岸	1997.12	国际常年
2		宜昌空运口岸	2005.7	国际常年
3	水运口岸（2个）	武汉水运口岸	1992.6	国际常年
4		黄石水运口岸	1993.6	国际常年

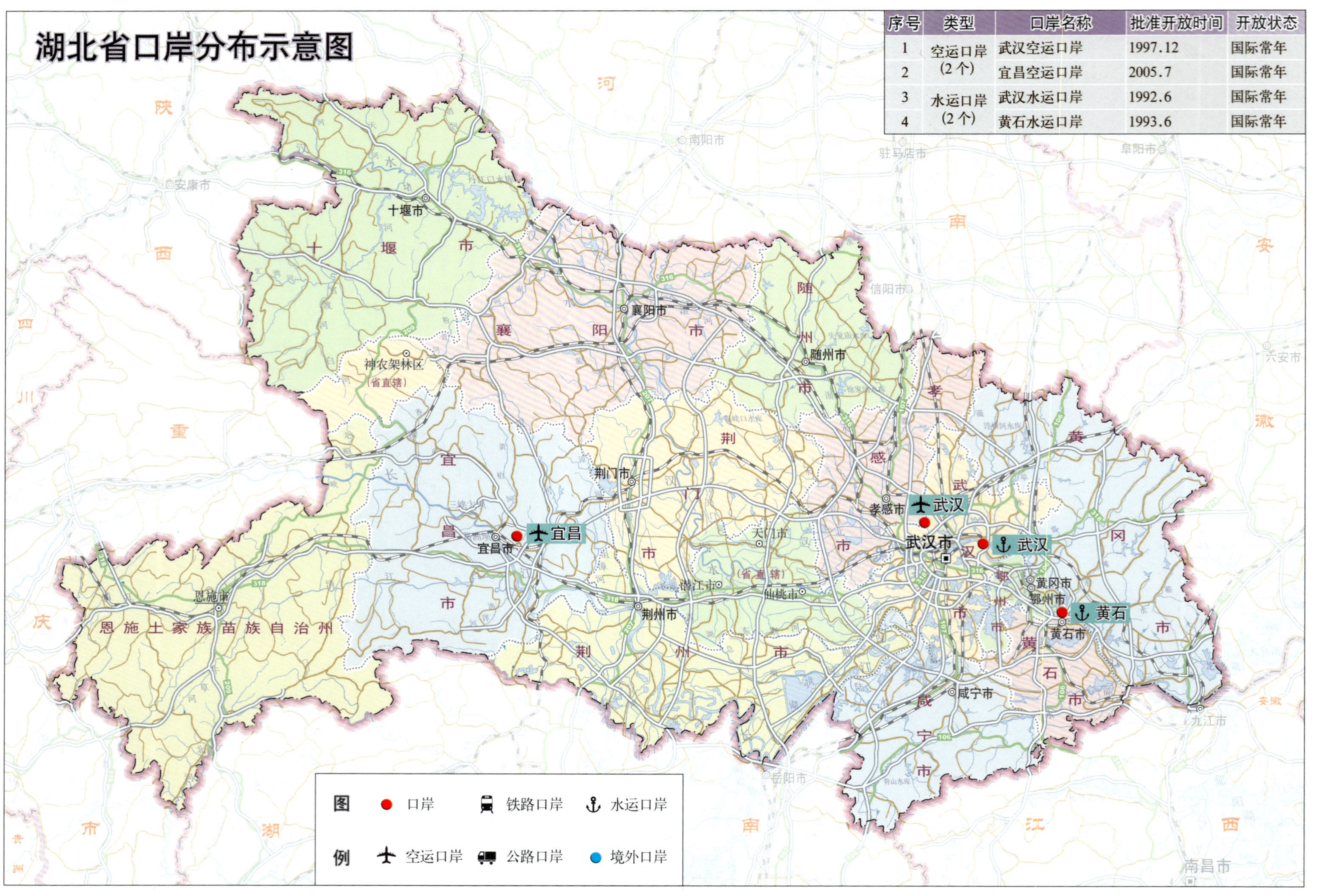

口岸数量及分布

截至2021年年底，湖北省共有经国务院批准的对外开放口岸4个。其中，空运口岸2个，分别是武汉空运口岸（武汉天河国际机场）、宜昌空运口岸（宜昌三峡机场）；水运（河港）口岸2个，分别是武汉水运（河港）口岸、黄石水运（河港）口岸。

口岸运行数据

2021年，湖北省进出口货运量1 353.93万吨，同比下降6.5%。其中，进口货运量830.85万吨，同比下降14.7%；出口货运量523.08万吨，同比下降10.5%。从运输方式看，水运1 301.66万吨，同比下降8.2%，约占进出口总运量的96.14%；铁路运输31.45万吨，同比增长98.5%；公路运输4.97万吨，同比增长8.2%；空运15.85万吨，同比增长86.4%；邮运13吨，同比增长2.25倍。

受新冠肺炎疫情影响，全省航空口岸出入境客运航班、人员流量减少，但航空货运逆势增长。全年出入境人员9.19万人次，同比下降65.5%；出入境飞机4 774架次，同比增长32.28%。

水运口岸直接出入境船舶61艘次，同比增长60.53%，口岸直接出入境船舶验放量创历史新高；直航（直接出入境）货运量5.82万吨，同比增长173.24%。

口岸综合管理

【口岸开放】 鄂州花湖机场、襄阳机场纳入国家“十四五”口岸发展规划，正式开始规划建设；恩施机场正式开放、宜昌三峡机场扩大开放口岸基础设施建设正抓紧推进；武汉港获批扩大开放的花山港区、汉南港区、金口港区完成口岸基础设施及查验配套设施建设。

【口岸营商环境】 湖北省口岸办会同武汉海关成立优化口岸营商环境工作专班，形成季度定期会商、重要问题共同调研等工作机制，合力深化跨境贸易便利化改革、开展营商环境难点堵点大调研，指导优化营商环境改革先行区创建，湖北省3个行政区被评为“两步申报”改革先行区。落实国务院清理规范口岸收费要求，会同省财政、市场监管、交通、海关、海事等部门成立联合检查组，在全省口岸及海关特殊监管区域范围内开展口岸收费检查，规范口岸收费行为。组织开展支持湖北高水平开放高质量发展措施政策宣讲，累计860余家单位、1 200余人次参加，让好政策好措施让市场主体“可知可感、快知快感”。深入推进送“服务包”活动，选取760家重点外贸企业，提供“一对一”个性化通关服务；建立企业即时通信微信群，300余家企业入群，14名海关业务专家加入，实时解答企业提出的通关问题，全年累计答复企业业务咨询1 898个；在湖北“单一窗口”公众号上线“企呼关应”信息沟通平台，打造关企沟通直通车。部署启用12367出入境管理服务平台，为出入境旅客、涉外企业及单位提供24小时咨询、救助服务，准确专业答疑解惑。回应航运企业需求，出台九项措施，对船舶在港口间移泊、检查提供出入境便利，降低企业通关成本。推动启用中国边检登轮码及港口通小程序，推行无纸化报关，实现了边检行政许可的在线申请、审批、签发等功能。

【口岸疫情防控】 严格落实高风险岗位人员集中居住、“14+14+14”闭环管理等要求，实现了全年口岸人员防输入现场零事故。出台关于进口冷链及高风险货物疫情防控政策文件，对流入辖内进口高风险货物的有效处置率达100%。开发建设“楚贸安”平台，突出通关风险管控、备案管理、轨迹信息录入、数据比对、信息追溯、应急预警等功能，实现了对高风险货物的全流程闭环防控。研发启用入境旅客信息二维码回填系统，在提高旅客通关效率的同时为湖北省外防输入提供了精准防控保障。

【国际贸易“单一窗口”】 中国（湖北）国际贸易单一窗口自上线以来，已陆续开发上线140个应用系统。平台注册企业累计超过1.9万家，通过“单一窗口”平台办理的各类通关业务累计超过1亿单（票），主要业务覆盖率达到100%。一是推广应用基本业务功能。贯彻《优化营商环境条例》，通过集中推广、单独指导、线上培训等方式指导企业使用“单一窗口”。与市州商务局共同宣传推广进出口货物申报、运输工具申报、水运舱单申报、空运舱单申报等主要业务，协助企业使用原产地证、许可证件申领等功能。二是升级拓展特色应用功能。推动“单一窗口”由口岸执法向贸易服务延伸。推出触发申报、保税展示交易、政企呼应、水运系统、两随机一公开等贸易服务功能。触发申报新模式将原有录入环节从5~8次减少到1次，申报工作量平均降低约85%，载货车辆停留时间减少83%。三是推进“单一窗口”全国统一用户认证工作。落实国务院口岸工作部际联席会议关于统一“单一窗口”用户管理和身份认证的要求，改造用户登录认证系统，实现用户“一次注册、全国通用”。

【国际物流通道建设】 武汉天河机场开通国际及地区全货运航线16条，通航点17个。武汉至上海江海直达“天天班”航线稳定运行，武汉至日本集装箱近洋直航航线班轮化运营并拓展至韩国；“舟山—武汉/黄石”全国首制服务长江中游特定航线江海直达散货船实现首航。阳逻港铁水联运二期项目开通运营；武汉至日本集装箱直达航线与中欧（中亚）班列实现对接，日本—湖北—亚欧过境货物海铁联运新通道打通；武汉—宁波、武汉—钦州等铁海联运国际物流新通道成为传统江海联运通道的重要补充。全面优化水陆空铁、邮快跨、特殊区域物流一体化运作模式，支持中欧班列开展邮运业务。

【口岸通关改革】 湖北出入境边检总站研发启用入境旅客信息二维码回填系统，完成从“问答式录入”向“核对式录入”的转变，优化了通关流程，提高了通关效率。武汉海关取消在办行政审批事项1项，压减13个审批事项“承诺办理时限”，最大压缩比率达90%，对滞报金减免证明等10个事项实行告知承诺。不断拓展口岸功能，建立快速高效的“港区直通+抽样后即放行”进口肉类检验检疫监管模式；支持武汉新港水运口岸申请建设进境原木指定监管场地（B类），加快武汉（华中）植物隔离检疫圃建设；探索组合港模式海关监管改革，推动建设具有武汉海关鲜明特色的23项监管模式。在全省推行7×24小时预约通关服务，在机场口岸实行7×24小时不间断通关服务。推广“两步申报+N”“提前申报”“船边直提”“抵港直装”等多种通关模式，供企业根据自身物流规律自主选择。水运口岸建立联合登临检查机制，实现“联合查验、一次放行”，减少船舶迎检负担，提升了口岸船舶检查和通关效率。通关时效进一步巩固提升，2021年进口、出口整体通关时间分别为48.8小时和1.1小时，较2020年分别压缩45.78%、48.6%，较2017年分别压缩83.07%、96.46%，超额完成国务院关于“到2021年底整体通关时间比2017年压缩一半”的目标要求。

口岸监管与服务

【武汉海关维护口岸公共卫生安全】 2021年，武汉海关完成出入境人员监测体检23 240人次，同比上升83.0%，检出传染病67例。全年新冠肺炎预防接种服务22 733人次，签发预防接种证书6 917份，同比分别上升33.1%和48.1%。特殊物品检疫审批2 453批次，同比增长219%；口岸卫生许可213批次，同比增长142%；捕获病媒生物3 529只，同比增长36.8%。采集进口高风险非冷链集装箱货物样本20 674个，实验室检测全部为阴性。全省各口岸海关累计开展病媒生物监测561次，捕获鼠类1目1科2属2种2只，开展鼠类病原体检测2次，均为阴性；捕获蚊类1目2科5属8种3 438只；捕获蜚蠊1目2科3属3种89只。开展应急处置演练12次，妥善处置突发事件3次。

【武汉海关保障国门生物安全】 着力防范

重大动植物疫情疫病传入传出，2021 年，武汉海关办理进境动植物检疫审批 92 批次，进境粮食 451 万吨、种禽 11 万羽；截获外来植物有害生物 120 种、232 次，其中检疫性有害生物 17 种、74 次。在非贸渠道截获外来入侵物种 67 种次。办理出境动植物及其产品生产加工存放企业注册登记 72 家，出口水果 16 872.9 吨，供港澳活动物 26 140 只。监测动物疫病 8 370 种，监测各类实蝇 19 942 头，监测外来杂草 73 次，防除“加拿大一枝黄花”、长芒苋、豚草等检疫性杂草 35 种次；退运、销毁不合格进口动植物产品 2 批次。检疫监管进境粮食 451.5 万吨，创历史新高；出口竹木草制品货值 7.48 亿元，同比增长 60.1%。

【武汉海关实施进口食品“国门守护”行动】 查获未获准入产品 2 批次，监管实施退货、销毁或改变用途建议的食品 12 批次。对 7 项输华食品实行准入评估，修订 3 份海关检验检疫和兽医卫生要求议定书。推动建立进口肉类“港区直通+抽样后即放行”监管模式改革。对出口鲜鸡蛋、进口冰鲜三文鱼等鲜活易腐食品实施附条件抽样后即放行改革。开展农产品产业链“补链”“强链”行动，助推湖北食用菌产业转型。2021 年，累计监管进出口食品化妆品批次、货值同比分别增长 9.35%、20.20%。依法依规处置不合格进出口食品处，严防不合格进口食品流入国内，保护人民群众“舌尖上的安全”。

【湖北出入境边检总站圆满完成中国共产党成立 100 周年等重大活动安保任务】 边检总站将中国共产党成立 100 周年等重大活动安保作为“一把手工程”抓紧抓牢，从严从细从实研究部署各个时期、各个阶段、各个节点口岸管控工作，对标对表、挂图作战、压实责任，圆满完成了全国“两会”、中国共产党成立 100 周年、十九届六中全会等重大活动安保工作，为湖北省社会治理、经济社会发展提供了安全稳定的口岸环境。

【湖北出入境边检总站牢筑“外防输入”边检防线】 边检总站切实将思想和行动统一到党中央决策部署上，不断推动“外防输入”各项措施落实到位。启动独立作战单元勤务模式，严格落实高风险岗位人员集中居住、“两点一线”、“14+14+14”闭环管理等要求，降低口岸交叉感染、聚集性疫情的风险。开展跨边检站警力支援工作，抽调警力支援武汉，助力武汉机场、港口全年正常运转。加强与全国边检机关联系对接，全天候搜集研判入境涉疫信息，2021 年为省疫情防控指挥部外事组信息专班提供数据 16 万余条，助力湖北省实现了数据、人员的“闭环”管理。

【湖北出入境边检总站高效应对各类专项重大工作任务】 深入开展打击妨害国（边）境管理犯罪等专项斗争，抽调骨干民警与省公安厅出入境管理部门一起侦办国家移民管理局重要案件，为依法严厉打击跨境违法犯罪、有效防范境外疫情输入、捍卫国门安全和社会稳定做出了积极贡献。强化口岸打击跨境赌博电诈专项工作，充分利用大数据工作平台，强化信息研判力度，与出入境、刑侦等部门建立了协作联系机制。

【长江海事局督促企业落实疫情主体责任】 向辖区船公司宣传《船舶船员新冠肺炎疫情防控操作指南》，督促船公司建立健全疫情防控管理制度，落实船舶梯口、船岸、船舶界面、搭靠作业等管控措施，及时购置补充防疫物资，加强船员个人防护，熟悉疑似病员的应急操作，及时报告疑似病例，落实国际航行船舶疫情常态化防控的各项要求。

【长江海事局建立水运口岸疫情联防联控机制】 武汉海事局与地方政府、卫健部门、口岸查验单位建立《阳逻港国际航行船舶船员疫情防控方案》，及时应对可能出现的船舶船员疫情。重点关注辖区国际航行船舶进出口岸信息，对进出口岸的国际航行船舶通过“单一窗口”审批，并督促船舶在预计到港 48 小时前报告在船船员健康信息，航行时间不足 48 小时的在驶离上一港口时立即报告。配合相关部门做好入境国际航行船舶登临检疫和入境船员口岸查验工作，实现国际航行船舶进出口岸信息精准管控，严防水路疫情外部输入。制定长江海事局水路新冠肺炎疫情突发事件应急处置程序，指导基层单位开展船舶疫情防控处置工作。

【长江海事局畅通船舶船员应急处置渠道】 建立本港国际航行船舶的沟通联系及信息发布机制。及时发布最新的疫情防控要求，接收船舶、船员、船公司的信息反馈，积极与地方港口部门、卫健部门、海关等单位沟通，及时处置船员紧急救助事宜，保障船舶船员应急处置渠道畅通。

开放口岸

【武汉空运口岸（武汉天河国际机场）】 武汉天河国际机场航空口岸位于武汉市黄陂区，于1995年投入使用，1997年获批对外国籍飞机开放，2003年获批开展落地签证业务，2015年在中部六省首家获批实施72小时旅客过境免签政策。现场口岸联检单位为机场海关、武汉邮局海关、武汉出入境边检站。天河机场具备进口水生动物、冰鲜水产品、种苗、药品、水果、肉类等特殊商品进境指定监管场地和邮政快件业务功能。

天河机场1小时航空圈通达中国中部80%的干支线机场、覆盖人口3.5亿人，2小时航空圈连通中国长三角、珠三角、渤海经济圈及中部各省，4小时航空圈通达中国所有的省、直辖市、自治区，并辐射亚洲十多个国家和地区。机场周边路网发达，机场直达京广铁路、沪蓉铁路、武汉绕城高速和汉十高速的距离均在15千米内，距汉口火车站22千米、武汉火车站43千米，距阳逻港70千米，距东湖综合保税区约65千米。

天河机场航空物流园区规划面积约133.33万平方米。目前已有空侧货站总面积约8万平方米，其中国内货站面积约3万平方米，国际货站及快件监管中心面积约5万平方米。改造完成国际快件监管中心，配套建成1 500平方米的海鲜暂养中心，1 500平方米的机场口岸集中检管区，在功能和查验要求上可同时满足水果、水生动物、水产品、种苗、肉类指定口岸的监管需求。建成并启用3万平方米的航空物流服务中心，进一步完善了机场物流园区的商业配套服务功能。建成投用5号货机坪，货运机位达到11个，其中E类机位增加到9个，满足同时保障多个E类货机的硬件条件。保税物流中心（B型）及配套项目开工，占地面积约25.87万平方米，总建筑面积约17万平方米，建成后将重点发展以航材航食、跨境电商、生鲜冷链和医药贸易等航空高附加值产业，有利于推动航空物流和临空经济融合发展，打造武汉天河机场航空物流生态圈。

【宜昌空运口岸（宜昌三峡机场）】 宜昌三峡机场位于湖北省宜昌市猇亭区，距宜昌市中心26千米，距三峡大坝55千米。该机场是三峡工程的重要配套设施项目，是辐射“三峡城市群”和鄂西、湘西、渝东地区的重要区域性机场。三峡机场于2005年经国务院批准对外开放，限中国籍飞机出入境，2007年通过国家验收。2019年3月，国务院批准扩大对外国籍飞机开放，目前正在新建国际航站楼。

【武汉水运（河港）口岸】 1991年，武汉港获批为对外开放口岸。目前，武汉河港口岸阳逻港港区（位于武汉市新洲区）共有11个集装箱泊位，年吞吐能力达200万标箱。现场口岸联检单位为武汉新港海关、汉口出入境边检站。阳逻港已具备进口粮食、肉类、药品等特殊商品进境指定监管场地功能。武汉河港口岸已获批扩大开放的汉南港区、花山港区、金口港区、鄂州港区、黄州港区，目前正在抓紧建设。

阳逻港地处位于长江左岸武汉阳逻经济技术开发区，上距武汉关约28.7千米，下游航道里程约为1 015千米，是得天独厚的深水良港。武汉港沿长江形成双向出海通道，溯江而上与重庆港联动，通过亚欧大陆通道与欧洲市场对接；顺江而下与上海港等港口协同江海联动，实现近洋直航、江海直达拓展至亚洲与欧洲市场。阳逻港承担了全省80%以上的外贸进出口货物运输，经营主体为湖北港口集团。

阳逻港一期占地约28.33万平方米，岸线长250米，拥有3个5 000吨级（兼顾万吨级）集装箱泊位（2个集装箱泊位、1个通用泊位），拥有26万平方米库场、集装箱桥吊等数十台配套齐全的现代化装卸机械，以及先进的计算机信息管理系统。海关H986集装箱快速查验系统和检验检疫防辐射门、消毒门已投入使用，可提供便捷的综合口岸服务。二期占地面积约46万平方米，岸线长525米、宽30米，拥有4个5 000吨级（兼顾万吨级）集装箱专用泊位，年设计吞吐能力75万标箱。码头前沿安装5台岸桥，堆场总面积31万平方米，海关监管区总面积约38.46万平方米，其中海关查验区面积11 500平方米，海关监管仓库1座面积2 664.72平方米。开发并应用TOPS码头营运管理系统，对集装箱生产作业进行全过程管理与控制，应用无线终端系统实现码头作业数据的控制与生产管理，应用电视监控系统对作业现场进行实时监控，实现对港区全方位24小时监控。三期占地约72万平方米，岸线长563米，现建有5 000吨级（兼顾万吨级）集装箱专用泊位4个，设计年吞吐量74万标箱，于2015年年底建成开港。堆场总面积50万平方米，海关监管区总面积约30万平方米。

【黄石水运（河港）口岸】 黄石港于1980年9月经国务院批准开办国轮对外贸易运输业务，1993年6月15日经国务院批准对外国籍船舶开放。2015年黄石成功引进深圳盐田港建成棋盘洲港区，2016年棋盘洲港区集装箱码头投入运营，2017年黄石棋盘洲港区多式联运项目入选国家第二批多式联运示范工程，2018年国务院批复同意黄石港口岸扩大开放棋盘洲港区。2019年，海关总署正式对外公布黄石港口岸扩大开放棋盘洲港区，同年，黄石新港进境粮食指定监管场地正式通过国家验收，国务院批复同意设立中国（黄石）跨境电子商务综合试验区。黄石口岸棋盘洲港区位于黄石市长江水道右岸、阳新县韦源口镇棋盘洲，上距黄石市约29千米、距省会武汉市143千米，下距九江99千米、距上海982千米，水陆交通极为便利。

【武汉铁路口岸（临时开放）】 2015年，为促进开展中欧班列（武汉）业务，武汉铁路集装箱中心站获批临时对外开放。中心站位于武汉市东西湖区吴家山，邻近国家级吴家山经济技术开发区、吴家山台商投资区，距阳逻港57千米，距京港澳高速公路入口3千米，距武汉保税物流中心1.2千米。该中心站是全国18个铁路集装箱中心站之一，可实现集装箱班列整列到发，由中铁联合国际集装箱有限公司武汉分公司负责运营。现场口岸联检单位为汉口海关。铁路口岸具备汽车整车进口指定口岸功能，同时可以进口药品。

中铁联集武汉铁路中心站目前占地面积约67.93万平方米，于2010年8月投入运营。现场站内共有4条铁路装卸作业线，6台先进龙门吊设备，办理集装箱能力80万标箱/年。武汉铁路口岸海关监管区位于中铁联集武汉中心站场站内，于2013年11月11日成立，初建面积8 045平方米；2016年完成海关监管区扩建并投入使用，面积扩为4.5万平方米；2018年争取了海关H986安检查验设备，2019年完成了H986安检查验设备建设安装并投入使用；2020年完成海关监管区再次扩建，扩建后总面积达到7万平方米，正常最大作业国际班列能力2 000列/年。

2021年湖北省口岸大事记

1月15日

襄阳综合保税区获国务院批复同意设立，位于中国（湖北）自由贸易试验区襄阳片区范围内，批准规划面积2平方千米，是全省第5个综合保税区。

3月20日

中欧班列（武汉）首次开行至意大利米兰。这是继2018年7月31日开行至英国伦敦后，中欧班列（武汉）再次延伸物流线路，为中意经济贸易往来开辟一条更便捷的通道。

5月20日

首列“武汉—阿拉木图”中欧班列开行。该班列从武汉铁路中心站开出，经新疆霍尔果斯驶往哈萨克斯坦阿拉木图，全程约4 300千米，运行时间约 12 天。

同日

海关总署副署长张际文一行到黄石市调研企业外贸经营和进出口情况。武汉海关关长高瑞峰、市委书记郄英才参加调研。

6 月 25 日

武汉—日本集装箱近洋国际直航航线对接中欧班列（武汉），“日本—武汉—欧洲（中亚）”过境运输新通道开通。6 个集装箱（标箱）自行车零件通过中日直航航线从武汉阳逻港入境后，搭乘中欧班列（武汉）经阿拉山口口岸过境至波兰。整体物流时间 22 天，较传统物流运输方式缩短 20 天。

8 月 1 日

阳逻国际港集装箱水铁联运项目开港通车运行。湖北省委书记应勇出席并宣布开港通车，省委副书记、省长王忠林出席并讲话。

8 月 7 日

黄石棋盘洲综合保税区获国务院批复同意设立，是 2021 年湖北省继襄阳综合保税区获批后第 2 个获批的综合保税区，也是全省第 6 个综合保税区。

8 月 31 日

首列“武汉—比什凯克”中欧班列开行。该班列自武汉始发，从霍尔果斯口岸出境抵达吉尔吉斯斯坦首都比什凯克，运行时间约 15 天。

10 月 19 日

150 辆沃尔沃汽车从波兰搭乘中欧班列（武汉）运抵武汉新港空港综合保税区东西湖园区以保税状态存储。这是湖北首次进口中规车保税仓储业务落地综合保税区。

10 月 27 日

“武汉—韩国釜山”集装箱江海直航航线正式开通，成为辐射中部地区、对接中欧班列、横跨亚欧的国际复合型物流新通道。首批货物包括产自湖北、重庆、湖南等地的防疫物资、汽车零部件等，共 2 500 余吨。

12 月 16 日

“中国湖北—日本关西江海联运带路互通合作项目”签约仪式暨中国湖北—日本经贸合作对接会分别在武汉、北京、东京、大阪四地以线上线下相结合的形式举行。

（撰稿人：何博、韩伟、田力、张萌、梅龙凯、杨光）

2021 年湖北省口岸流量统计表

口岸类型		口岸名称	货运量（万吨）				集装箱量（万标箱）				人员（万人次）				交通工具（辆、艘、架、列次）			
			出口	进口	合计	同比（%）	出口	进口	合计	同比（%）	出境	入境	合计	同比（%）	出境	入境	合计	同比（%）
空运口岸		武汉	—	—	16.99	165.10	—	—	—	—	—	—	9.08	-64.69	—	—	4 774	35.20
		宜昌	—	—	0.00	—	—	—	—	—	—	—	0.00	-100.00	—	—	0	-100.00
		分计	—	—	16.99	165.10	—	—	—	—	—	—	9.08	-65.42	—	—	4 774	32.28
水运口岸	河港口岸	武汉	—	—	627.94	-16.73	—	—	—	—	—	—	0.11	61.21	—	—	61	60.53
		黄石	—	—	228.52	20.33	—	—	—	—	—	—	0.00	—	—	—	0	—
		分计	—	—	856.46	-9.28	—	—	—	—	—	—	0.11	61.21	—	—	61	60.53
合计			—	—	873.45	-8.10	—	—	—	—	—	—	9.19	-65.52	—	—	4 835	32.57
同比（%）			—	—		—	—	—	—	—	—	—		—	—	—		—

（湖北省口岸办提供）

2021 年武汉海关主要数据统计表

项　目		2021 年	2020 年	同比（%）
进出口货运量（万吨）	合计	1 354	1 447	-6.46
	进口	831	974	-14.69
	出口	523	474	10.45
进出口贸易总值（万美元）	合计	4 989 747	3 722 187	34.05
	进口	2 310 117	1 881 545	22.78
	其中：江、海运输	878 006	972 307	-9.70
	铁路运输	91 252	29 087	213.73
	汽车运输	362 790	239 184	51.68
	航空运输	976 877	639 767	52.69
	邮件运输	1 148	927	23.86
	其他运输	44	273	-83.80
	出口	2 679 630	1 840 642	45.58
	其中：江、海运输	1 444 783	1 073 946	34.53
	铁路运输	101 946	70 752	44.09
	汽车运输	562 033	337 941	66.31
	航空运输	558 808	352 745	58.42
	邮件运输	7 704	5 236	47.12
	其他运输	4 356	23	19 243.94
税收（万元）	两税合计	2 060 352	1 668 148	23.51
	关税入库	171 719	134 790	27.40
	进口环节税入库	1 888 633	1 533 358	23.17

（武汉海关提供）

2021 年湖北省口岸出入境主要数据表

<table>
<tr><th colspan="3">项　目</th><th>2021 年</th><th>2020 年</th><th>同比（%）</th></tr>
<tr><td rowspan="14">出入境人员（人次）</td><td colspan="2">出入境人员总数</td><td>91 854</td><td>266 430</td><td>-65.52</td></tr>
<tr><td colspan="2">入境人员</td><td>45 739</td><td>130 660</td><td>-64.99</td></tr>
<tr><td colspan="2">出境人员</td><td>46 115</td><td>135 770</td><td>-66.03</td></tr>
<tr><td colspan="2">出入境旅客</td><td>58 307</td><td>236 086</td><td>-75.3</td></tr>
<tr><td colspan="2">出入境员工</td><td>33 547</td><td>30 344</td><td>10.56</td></tr>
<tr><td rowspan="5">中国公民</td><td>小计</td><td>62 046</td><td>214 556</td><td>-71.08</td></tr>
<tr><td>内地居民（因公）</td><td>11 571</td><td>11 523</td><td>0.42</td></tr>
<tr><td>内地居民（因私）</td><td>49 316</td><td>191 932</td><td>-74.31</td></tr>
<tr><td>港澳居民</td><td>910</td><td>3 460</td><td>-73.7</td></tr>
<tr><td>台湾同胞</td><td>249</td><td>7 641</td><td>-96.74</td></tr>
<tr><td colspan="2">外籍人员</td><td>29 808</td><td>51 874</td><td>-42.54</td></tr>
<tr><td colspan="2">从海港出入境人数</td><td>1 093</td><td>678</td><td>61.21</td></tr>
<tr><td colspan="2">从陆港出入境人数</td><td></td><td></td><td></td></tr>
<tr><td colspan="2">从空港出入境人数</td><td>90 761</td><td>265 752</td><td>-65.85</td></tr>
<tr><td rowspan="5">交通运输工具（辆、艘、架、列次）</td><td colspan="2">总计</td><td>4 835</td><td>3 647</td><td>32.57</td></tr>
<tr><td colspan="2">船舶</td><td>61</td><td>38</td><td>60.53</td></tr>
<tr><td colspan="2">飞机</td><td>4 774</td><td>3 609</td><td>32.28</td></tr>
<tr><td colspan="2">火车</td><td></td><td></td><td></td></tr>
<tr><td colspan="2">机动车辆</td><td></td><td></td><td></td></tr>
</table>

（湖北出入境边检总站提供）

2021 年长江海事局（湖北）进出港船舶统计汇总表

船舶类别	进港船舶							出港船舶						
	艘数（艘）	总吨（吨位）	总载重量（吨）	载客量（客位）	船员人数（人次）	货物到达量（吨）	旅客到达量（人）	艘数（艘）	总吨（吨位）	总载重量（吨）	载客量（客位）	船员人数（人次）	货物发送量（吨）	旅客发送量（人）
总　计	1 588	5 943 930	5 893 018	0	16 793	1 615 783. 67	2	1 638	5 921 466	5 943 894	0	16 678	1 948 847	0
中国籍船舶	1 588	5 943 930	5 893 018	0	16 793	1 615 783. 67	2	1 638	5 921 466	5 943 894	0	16 678	1 948 847	0
其中外贸船	36	274 860	343 349	0	646	15 357. 95	0	20	152 700	190 781	0	359	19 270. 67	0

（长江海事局提供）

湖 南 省

湖南省口岸分布示意图

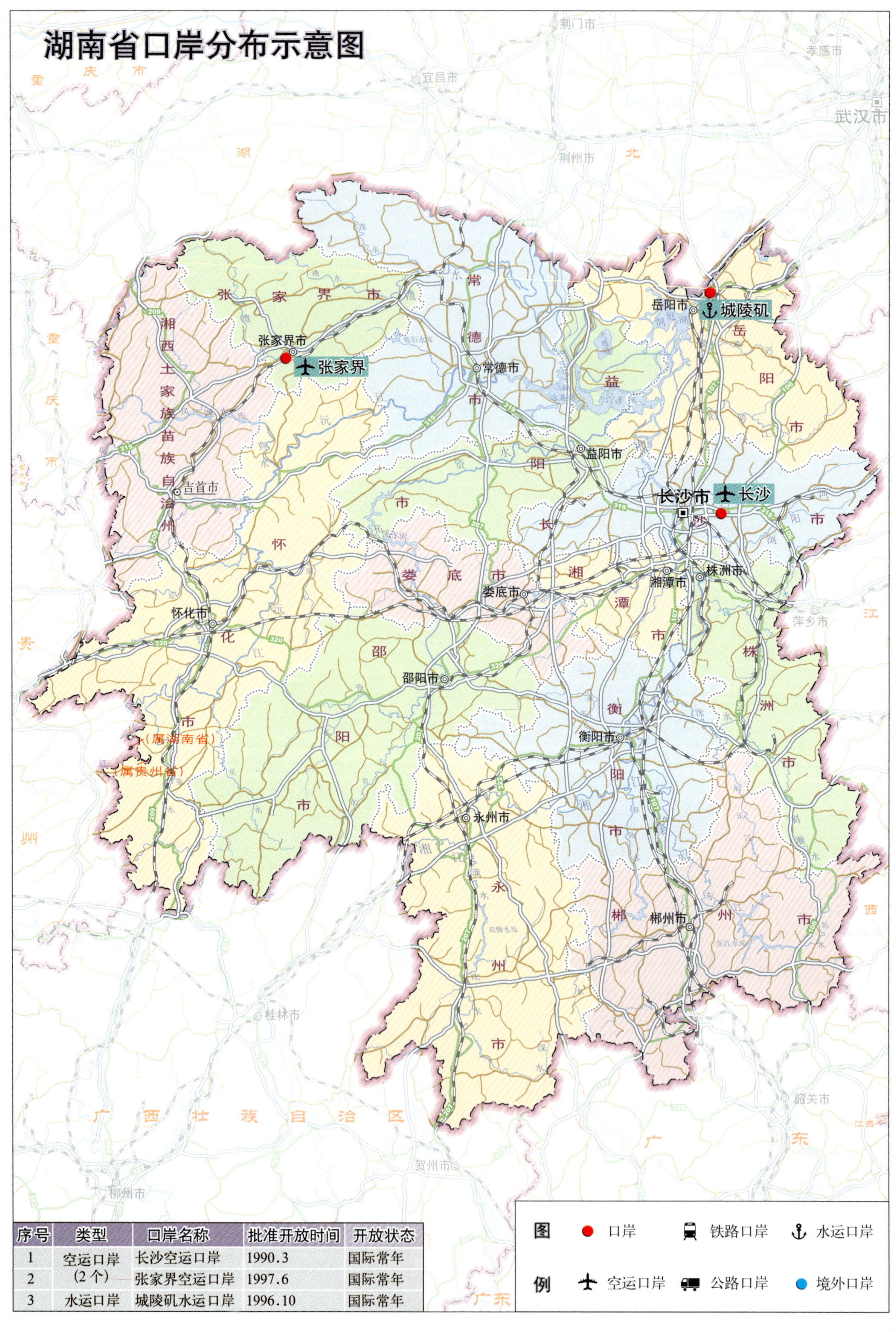

序号	类型	口岸名称	批准开放时间	开放状态
1	空运口岸（2个）	长沙空运口岸	1990.3	国际常年
2		张家界空运口岸	1997.6	国际常年
3	水运口岸	城陵矶水运口岸	1996.10	国际常年

口岸数量及分布

截至2021年年底，湖南省共有经国务院批准的对外开放口岸3个。其中，空运口岸2个，分别为长沙空运口岸（长沙黄花国际机场）和张家界空运口岸（张家界荷花国际机场）；水运口岸1个，为岳阳城陵矶水运（河港）口岸。

口岸运行数据

2021年，湖南省外贸进出口额达到5 988.5亿元，首次接近6 000亿关口。其中，出口4 212.7亿元，同比增长27.5%；进口1 775.8亿元，同比增长12.3%。前三大贸易伙伴分别为东盟、美国和欧盟，进出口值分别为977亿元、815.9亿元和618.4亿元，同比分别增长20.6%、51.7%和15.6%。同时，湖南省对拉丁美洲、非洲、RCEP成员方、“一带一路”沿线国家和地区进出口均保持稳步增长态势。

2021年，湖南省航空国际货邮吞吐量9.36万吨，同比增长24.1%。岳阳城陵矶港完成集装箱吞吐量60.06万标箱，同比增长18.08%。其中，外贸集装箱吞吐量39.38万标箱，同比增长13.73%；进出口货运总量559.13万吨，同比增长0.93%。全省中欧班列共计开行1 072列，同比增长95.6%；货值29.75亿美元，同比增长33.1%。其中，长沙开行1 030列，同比增长95.1%，在全国前五强中增速最快。新开通湘粤非铁海联运班列，全年共运行10列。

口岸综合管理

【航空口岸货运能力稳步提升】 2021年在克服新冠肺炎疫情的不利影响下，稳定运行长沙至洛杉矶、纽约、莫斯科、特拉维夫、布鲁塞尔、大阪6条国际货运航线，稳定运行长沙至肯尼亚内罗毕国际客运航线。全年，执飞国际及地区运输2 324架次。

【中欧班列持续逆势上扬】 重点打造长沙中欧班列货运集结中心并联动衡阳，其他市州通过冠名加接续方式运行，参与全省中欧班列联动，提高长沙中欧班列集疏运能力。重点打造明斯克、马拉精品线路。全年，全省中欧班列共计开行1 072列，同比增长95.6%；出口产品主要是电子产品、工程装备、汽车整车及零配件等；进口产品主要是木材、锑精矿等。中欧班列的稳定运行成为新冠肺炎疫情期间提振信心、稳定国际产业链供应链的重要支持。

【水运口岸江海航线稳定运营】 打造岳阳城陵矶江海联运集结中心，发挥城陵矶港口的对外开放口岸作用和长江黄金水道功能，以江海联运的方式，把货物从湖南及中部地区运送到长三角港口群出海。加大航线政策扶持力度，推进城陵矶口岸水果、原木等指定进境监管场地申建，推动岳阳城陵矶口岸与综合保税区、中国（湖南）自由贸易试验区岳阳片区联动发展。2021年，岳阳城陵矶港集装箱吞吐量、外贸集装箱吞吐量、进出口货运总量均实现同比增长。

【海关特殊监管区域稳定发展】 强化全省综合保税区、保税物流中心统筹发展，加强自贸政策创新和复制推广，引导各区根据优势实现差异化发展，促进高水平开放高质量发展。2021年，全省5家综合保税区、2家保税物流中心外贸进出口额合计达1 337.8亿元，同比增长35.5%。

【持续抓好口岸疫情防控】 督促各相关单位和口岸场所落实各项防疫措施；加强口岸单位人员核酸检测排查力度，推动落实一线工作人员每日一检措施，严格落实口岸区域人货同查措施，切实降低疫情传播风险；进一步压实部门和地方责任，加强工作督办，强化机场和港口等重点口岸场所的疫情防控工作，进一步加强高风险和重点岗位人员的管控和防护措施；全年未发生本省口岸扩散性疫情。

【成功举办第二届口岸经贸博览会】 博览会以“繁荣口岸经济、深化内陆开放”为主题，其间举行了开幕式及口岸合作发展论坛等论坛系列活动；共有33个政府和经贸团组、95个重点企业团组报名参会参展，总规模700余人；其间签约项目40个，投资总额379.26亿元；邀请了部分与湖南有经贸往来的境外国家如南非、肯尼亚、坦桑尼亚、老挝等前来参会并开展相关领域经贸合作，在农产品、基础设施、物流航运等领域达成了广泛的合作意向。

【持续优化口岸通关环境成效显著】 2021年，长沙关区进口、出口整体通关时间分别为28.48小时、0.88小时，均优于全国海关平均水平。及时上线国际贸易“单一窗口”新功能，实施外贸服务功能模块共26项；全年总应用量为9 441.13万票，居全国第9位，中部地区第2位；开展线上功能实操培训2次，受众人数达千余人；通过运维服务管理平台提交问题共计1 867个，成功解决1 867个，递交国口管理办公室工程组处理问题232个，问题解决率达100%。

口岸监管与服务

【长沙海关深化“放管服”改革】 2021年，长沙海关出台11个方面23项措施，持续深化“放管服”改革，优化营商环境，取得积极成效，被湖南省人民政府评为“推进‘放管服’改革工作突出单位”。落实口岸提效降费举措，严格做好涉企收费检查，厘清费用主体，法定检验检测等海关检验检疫行政执法行为产生的费用一律由海关承担。将12360海关服务热线作为涉企收费咨询投诉电话对外公布，建立收费咨询投诉及处理结果台账，主动接受外部监督，全年未发生损害营商环境行为。

【长沙海关持续提升口岸通关时效】 2021年，长沙海关积极优化通关作业流程，推动信息化建设，实现“电子运抵、电子监管、电子放行”，转关无纸化、舱单无纸化等改革落地，部署集中审像系统、智能审图系统，移动查验作业相关设备实现全覆盖，进出口货物非侵入式查验比例大幅提高。不断推进进出口“提前申报”“两步申报”“两段准入”改革措施，巩固压缩整体通关时间成效。积极推动上海港、北海港烟花爆竹出口通道相继恢复，支持“岳阳—番港”直航航线复航，开辟烟花直航新通道。启动“铁路进出境快速通关”“出口运抵直装”等改革试点，支持郴州建设中欧班列站点，助力“湘粤非”铁海联运通道顺利首发。

【长沙海关提升口岸监管效能】 2021年，长沙海关坚决贯彻总体国家安全观，深入开展安全生产专项整治，口岸反恐工作获评湖南省考核优秀等次。加强安全准入风险布控，查获风险情事2 562起。深入开展特许权使用费、粮食加工等专项稽查。全面落实企业信用管理制度改革，注册企业突破2万家。提升税收征管质量，全年税款入库101亿元，15项税政调研建议被国务院关税税则委员会采纳。出台加强国门生物安全管控15项措施。优化进出口商品检验模式，加强风险预警和快速反应，检验监管出口烟花爆竹、打火机数量居全国海关第1位，开展进口食品“国门守护”行动。

【长沙海关全力服务湖南开放发展】 2021年，长沙海关推动签署新一轮《海关总署 湖南省人民政府合作备忘录》，出台21项具体措施，精准服务湖南高水平开放高质量发展。高效办理31个国家和地区、335家参展商备案，保障第二届中非经贸博览会成功举办。推进非洲产品准入进程，开通湘粤非“铁海联运”班列，支持湖南在全国首次进口非洲卢旺达干辣椒，首次将大闸蟹出口非洲肯尼亚，助力打造中非经贸深度合作先行区。认真落实减税降费政策，企业享受税收优惠10.3亿元。出台助力乡村振兴促进农产品出口18项措施，助推湖南出口农产品133.4亿元，同比增长29%；安全稳定保障供港澳活猪3.56万头。全年湖南进出口5 988.5亿元，同比增长22.6%，创历史新高。

【湖南出入境边检总站全力维护国门安全稳定】 全面规范查验流程，严密勤务组织，严格开展出入境边防检查，与公安厅各警种及国家安全等部门协作机制，有力维护了口岸安全稳定，为出入境人员、货物顺畅通关提供了有力保障。开展“拒绝跨境赌博”主题宣传活动，在长沙市中心和口岸执勤现场等人员密集场所设立宣传站点，制作投放各类型展板、宣传资料共计300余份篇，在总站“潇湘国门”微信公众号上发布宣传文章，充分展示了移民管理队伍为民服务、依法履职的良好形象。

【湖南出入境边检总站全力确保人员货物顺畅通关】 建立客流实时监测预警机制，保持与口岸办、航空公司动态联络，提前掌握航线、航班及开放口岸出入境人员数量，通过前置审查、预警分类、科学设置中国公民通道等手段提高通关效率。发布“两公布、一提示”通关提示5期，开通紧急救助、民生物资保障等“绿色通道”“快捷通道”，提供边检“零等待”查验服务。完善旅客高峰期总站范围内跨边检站、边检站范围内跨执勤队警力支援机制，适时增配或预置后台审查、证件鉴别、技术保障、应急处突等力量，动态精准科学投放警力，切实提升航班保障能力。

【湖南出入境边检总站筑牢外防输入防线】 为适应疫情防控工作需要，减少交叉染疫风险，精准投放执勤警力，提升勤务保障效能，总站根据上级工作要求，优化调整出入境边防检查方式为独立作战单元的勤务保障方式，强化高风险岗位闭环人员管理，固化最小化独立执勤单元“7+7+7”勤务模式，优化涉疫勤务组织，全力确保出入境人员、货物通关顺畅。落实常态化内部疫情防控措施，制定《新型冠状病毒肺炎疫情内部防控工作指南》，队伍内部持续保持“零感染”。

【湖南出入境边检总站着力落实“放管服”改革措施】 贯彻落实习近平总书记在湖南考察时的重要讲话精神，制定服务湖南“三高四新”战略6类14项工作措施，主动走访地方党委政府、联检单位、口岸相关部门和涉边企事业，积极宣传有关工作举措，主动争取支持推进国际贸易“单一窗口”建设，推行边检行政许可网上办理，实现出入境交通工具无纸化申报、代理资质网上审查备案。全面优化勤务组织，优化出入境人员通关流程，高质量完成第二届中非经贸博览会、湖南（国际）通用航空产生博览会等主场大型涉外活动执法执勤任务。开通12367边检服务热线平台，为群众提供与出入境相关的政策咨询。

开放口岸

【长沙空运口岸（长沙黄花国际机场）】
长沙空运口岸于1990年3月正式对外开放，1999年开通国际航空货运，是湖南省最早开放的空运口岸。长沙黄花国际机场位于长沙市长沙县黄花镇，飞行等级为4F级，现有3 800米跑道1条、3 200米跑道1条，航站楼面积21.2万平方米，是湖南省规模最大的民用机场，也是湖南首个开放口岸。长沙空运口岸实行24小时通关，推行无纸化通关、“属地报关、口岸验放”、风险分级管理等措施等。长沙空运口岸已叠加冰鲜、食用水生动物、水果、药材等进境指定监管场地功能。

【张家界空运口岸（张家界荷花国际机场）】 张家界空运口岸于1999年4月正式对外开放，2016年开通国际航空货运，是武陵山片区目前唯一的对外开放口岸。口岸机场张家界荷花国际机场位于张家界市永定区，飞行等级为4D级，现有2 600米跑道1条，航站楼面积4.65万平方米。张家界地处湖南西北部，武陵山腹地，拥有第一个国家森林公园、世界自然遗产、世界地质公园、国家 5A 级旅游景区等多项桂冠，旅游资源富集，是国内外重要的游客集散地，首批国家旅游综合改革试点城市之一。张家界空运口岸已叠加水果、冰鲜水产品、食用水生动物等进境指定监管场地功能。

【岳阳城陵矶水运（河港）口岸】 岳阳城陵矶河港口岸包括 1996 年 10 月国务院批准设立的城陵矶港和 2009 年 6 月正式开港营运的城陵矶新港以及华粮、岳化、长炼 3 个开放口岸停靠点，是湖南省唯一的水运开放口岸。城陵矶港全年平均水深 12 米以上，共有客货泊位 37 个，其中 3 000 吨级泊位 29 个、3 000 吨级（兼顾 5 000 吨级）集装箱泊位 7 个，拥有进港铁路专线、H986 集装箱机检中心等，可常年停靠 5 000 吨级以上的船舶，是长江八大深水良港之一。岳阳城陵矶河港口岸已叠加汽车整车、肉类、粮食、固体废物等进境指定监管场地功能。

2021 年湖南省口岸大事记

1 月 29 日

湖南省副省长何报翔赴长沙空运口岸，慰问口岸一线干部职工。

4 月 10 日

张家界开通至曼谷货运航线。

4 月 12 日

张家界开通至马尼拉货运航线。

9 月 15 日

湘粤非铁海联运通道首列启运。

10 月 18 日—20 日

第二届湖南（岳阳）口岸经贸博览会在岳阳举行。

12 月 9 日

长沙开通至布鲁塞尔货运航线。

（撰稿人：李志彬）

2021年湖南省口岸流量统计表

口岸类型	口岸名称	货运量（万吨）				集装箱量（万标箱）				人员（万人次）				交通工具（辆、艘、架、列次）			
		出口	进口	合计	同比（%）	出口	进口	合计	同比（%）	出境	入境	合计	同比（%）	出境	入境	合计	同比（%）
空运口岸																	
	分计			9.36	24.10							2.43	-91.61			2 319	-50.67
水路口岸 河港口岸	城陵矶			0.31												5	
	分计																
合计												2.43	-91.61			2 324	-50.77
同比（%）																	

（湖南省口岸办提供）

2021 年长沙海关主要数据统计表

项　目		2021 年	2020 年	同比（%）
进出口货运量（万吨）	合计	2 655. 84	2 625. 21	1. 17
	进口	2 429. 73	2 413. 62	0. 67
	出口	226. 11	211. 6	6. 9
进出口贸易总值（万美元）	合计	9 089 841. 9	7 068 446. 2	28. 6
	进口	2 720 494	2 286 022. 9	19
	其中：江、海运输	1 700 617. 2	1 179 831. 5	44. 1
	铁路运输	37 751. 09	39 729. 2	-4. 9
	汽车运输	797 190	850 021. 9	-6. 2
	航空运输	183 013. 8	208 298. 32	-12
	邮件运输	822. 78	1 414	-41. 8
	其他运输	1 093. 2	6 278. 1	-83. 8
	出口	6 369 347. 9	4 782 423. 2	33. 2
	其中：江、海运输	4 581 932. 2	3 150 180. 8	45. 4
	铁路运输	110 819. 87	129 529. 46	-14. 4
	汽车运输	1 092 591. 1	896 964. 69	21. 8
	航空运输	512 065. 24	513 165. 24	-0. 2
	邮件运输	16 344. 46	13 804	18. 4
	其他运输	55 595	78 779. 1	-29. 4
税收（万元）	两税合计	1 010 149. 03	1 029 591. 59	-1. 89
	关税入库	90 979. 86	111 636. 88	-18. 5
	进口环节税入库	919 169. 17	917 954. 71	0. 13

（长沙海关提供）

2021 年湖南省口岸出入境主要数据表

项　目			2021 年	2020 年	同比（%）
出入境人员（人次）	出入境人员总数		24 325	289 762	-91.61
	入境人员		13 655	147 261	-90.73
	出境人员		10 670	142 501	-92.51
	出入境旅客		10 269	255 024	-95.97
	出入境员工		14 056	34 738	-59.54
	中国公民	小计	15 665	231 091	-93.22
		内地居民（因公）	3 848	8 281	-53.53
		内地居民（因私）	11 589	208 914	-94.45
		港澳居民	162	1 766	-90.83
		台湾同胞	147	12 130	-98.79
	外籍人员		8 660	58 671	-85.24
	从海港出入境人数				
	从陆港出入境人数				
	从空港出入境人数				
交通运输工具（辆、艘、架、列次）	总计		2 324	4 711	-50.67
	船舶		5		
	飞机		2 319	4 711	-50.77
	火车				
	机动车辆				

（湖南出入境边检总站提供）

2021 年岳阳海事局进出港船舶统计汇总表

船舶类别	进港船舶							出港船舶						
	艘数（艘）	总吨（吨位）	总载重量（吨）	载客量（客位）	船员人数（人次）	货物到达量（吨）	旅客到达量（人）	艘数（艘）	总吨（吨位）	总载重量（吨）	载客量（客位）	船员人数（人次）	货物发送量（吨）	旅客发送量（人）
总　计	36 681	105 438 973	170 347 222	86 881	—	56 151 829. 6	216 347	36 480	101 438 974	168 327 203	84 745	—	64 744 824. 1	42 702
中国籍船舶	36 681	105 438 973	170 347 222	86 881	—	56 151 829. 6	216 347	36 480	101 438 974	168 327 203	84 745	—	64 744 824. 1	42 702
其中外贸船	5	18 000				0		6	21 600				3 160	

（岳阳海事局提供）

口岸数量及分布

截至2021年年底，广东省共有经国家批准的对外开放口岸56个。其中，空运口岸5个，分别是广州空运口岸（广州白云国际机场）、深圳空运口岸（深圳宝安国际机场）、梅州空运口岸（梅州机场）、湛江空运口岸（湛江机场）、揭阳空运口岸（揭阳潮汕国际机场）；陆路（铁路）口岸4个，分别是广州、东莞、深圳、广深港高铁西九龙站铁路口岸；陆路（公路）口岸12个，分别是文锦渡、沙头角、皇岗、罗湖、深圳湾、福田、莲塘、拱北、横琴、珠澳跨境工业区专用口岸、港珠澳大桥珠海公路口岸和珠海青茂口岸；水运（海港）口岸23个，分别是广州、南沙、莲花山、盐田、蛇口、赤湾、妈湾、大亚湾、大铲湾、珠海、九洲、湾仔、万山、汕头、潮阳、潮州、惠州、汕尾、湛江、揭阳、广海、阳江、茂名海港口岸；水运（河港）口岸12个，分别是新塘、斗门、虎门、江门、新会、三埠、鹤山、中山、南海、高明、容奇、肇庆河港口岸。

口岸运行数据

2021年，经广东省口岸进出口货运总量约5.61亿吨（不含对港澳水出口），同比增长4.3%。其中，进口3.95亿吨，同比增长8.6%；出口1.66亿吨，同比增长0.1%。出入境人员1.15亿人次，同比增长19.3%。；出入境交通运输工具1 005.9万辆（艘、列、架）次，同比增长6%。货运量及出入境人数呈现以下特点：一是进出口货运量保持正增长。克服新冠肺炎疫情和全球海运运力紧张影响，推动解决疫情期间运价上涨、集装箱紧缺等问题，进出口货运量维持正增长，全年进口货运量同比增长8.6%。二是人员出入境稳步恢复。在确保口岸疫情防控安全的前提下进一步优化口岸通关安排，协调促成珠海九洲港口岸开通至澳门氹仔水上客运航线、东莞市虎门港澳客运码头恢复至澳门水路客运航线，保留深圳湾口岸和港珠澳大桥珠海公路口岸通关运作，粤澳口岸恢复正常通关，陆路口岸出入境日均31万人次，同比上升约20%。受新冠肺炎疫情影响，航空口岸日均入境约6班次，日均入境旅客1 038人次。

口岸综合管理

【抓实常态化疫情防控工作】 坚决履行广东省陆路与空运口岸疫情防控工作专班牵头职能，聚焦国际机场、跨境司机、接转分流、豁免人员“四个领域”，持续升级加固陆路和航空口岸疫情防控措施，有力保障航空口岸物流大通道畅通和粤港粤澳口岸常态化运作。一是强化国际机场疫情防控。健全广州、深圳国际机场疫情防控工作机制，推动广州、深圳市成立由分管市领导任组长的机场防境外疫情输入工作领导小组。严密机场一线工作人员、机场区域防线，对在广州、深圳机场一线工作的2 000多名高风险岗位人员全部落实“四件套”管理措施，对航站楼实行国际和国内区域“五分开”，严格分区管理。积极沟通协调国家有关部委削减第130届广交会入境国际客运航班、降低客座率；及时向国务院联防联控机制外事组申请暂停非洲方向2个航班载客入境业务，有效降低南非新型变异毒株奥密克戎经空运口岸输入风险。二是严格跨境货车司机管理。全面压减粤港跨境货物作业点至3 139个，较最高峰时期压减了60%以上。强化“三点一线”闭环管理，协调推进“跨境安”系统在全省范围内运行，实现对11 655名粤港跨境货车司机和4 730名接驳司机实时管控，在全省7个口岸点、3 139个货物作业点、66个住宿点、93个交通节点实施“三点一线”闭环管理。对粤港跨境货物作业点实行“一作业点一管理专班”全覆盖，推动各市成立货物作业点管理专班，压实挂点领导、疫情防控责任人、驻点干部、专责管理员“四个专人”责任，做到“车到人到，车在人在”。三是全省“一盘棋”统筹入境人员接转分流安排。推动各市建立完善牵头部门与卫生健康（疾控）部门同步配备、相应分管市领导共同负责的“双配备、双负责”工作机制。严格入境人员接转分流闭环管理，推动各市把接转分流工作纳入安全生产管理范畴，实行专车专运，严格落实人员、车辆配备和“一车次一消毒”，以及异常恶劣天气、人员配置不齐、车辆安排无保障、夜间不接转分流“四不接转”；确保入境人员、工作人员、车辆、运输途中、隔离点“五个安全”。2021 年，广东省接转分流陆空口岸入境人员共 693 824 人，其中从空运口岸接转 378 870 人、从陆路口岸接转 314 954 人，接转工作实现了入境人员“零脱控”、工作人员“零感染”、接转车辆“零事故”。四是努力做好粤港粤澳联防联控和维护港澳正常运转“双统筹”。牵头及时制定、修订完善《新冠肺炎疫情期间自香港入境从事重要公务、经贸、科技等活动豁免隔离医学观察人员疫情防控和健康服务管理工作指引》（第一至第五版），不断优化完善豁免人员疫情防控和健康管理措施。对香港地区入境旅客实施每日限额预约通关机制；下放审批权限，优化流程简化手续，授权深圳、珠海市新冠肺炎防控指挥办按“一事一办”原则进行审批，有效保障粤港之间人员必要往来。2021 年，自香港地区入境紧急公商务豁免人员 3.71 万人次。全力配合参与推动逐步恢复粤港两地人员正常通关相关工作，会同配合相关部门研提恢复粤港正常通关方案，全力配合做好推进粤港两地恢复通关的准备工作。进一步优化口岸通关安排，促进常态化疫情防控下粤澳两地恢复正常交往。五是坚持不懈抓好常态化督导检查。编制督导检查工作手册，制定疫情防控检查工作表，细化明确 160 项检查要点。全年先后 133 次赴全省各地市开展常态化督导检查工作，及时通报检查发现问题，共形成 55 份问题清单，通报各地市指挥部，组织“回头看”等督促落实整改。

【跨境贸易便利化水平显著提升】 截至 2021 年 12 月，广东省进口整体通关时间 8.95 小时、出口 0.89 小时，较 2017 年分别压缩 80.61%和 94.31%。广东省进口整体通关时间低于全国。一是圆满完成促进跨境贸易便利化专项行动。按照国家和省相关部署，支持指导广州、深圳市开展促进跨境贸易便利化专项行动，联合海关总署广东分署研究制订了《支持广州、深圳市开展 2021 年促进跨境贸易便利化专项行动工作方案》，出台 23 条细化措施，全力推进各项工作落地。广州、深圳市跨境贸易指标在财政部组织的拟列入世界银行评价 4 个城市（广州、深圳、重庆、杭州）中分别名列第 1、2 名，在国家发展改革委组织的营商环境评估的 20 个城市中分别位居第 2、3 名（上海第 1 名）。二是扎实推进通关便利化改革工程落地实施。推进全国口岸收费及服务信息发布系统在广东省应用推广，推动港口、船代、理货等收费主体线上公开收费标准，截至 2021 年 12 月已有 1 249 家企业完成公示，公示收费标准 1.9 万条。开展跨境贸易便利化涉企收费专项整治和口岸收费执法检查专项行动，推动相关企业规范明码标价和收费公示。按照国务院关于减税降费的决策部署，协同落实《清理规范海运口岸收费行动方案》，推进落实 2021 年 1 月 1 日起全面停征港口建设费政策，预计每年为企业节省 20 多亿元成本。持续推进免除查验没有问题外贸企业吊装移位仓储费用试点，2021 年，免除费用约 1.57 亿元。三是认真贯彻落实国家新一轮措施。落实海关总署等 10 部委《关于进一步深化跨境贸易便利化改革优化口岸营商环境的通知》，组织开展全省跨境贸易便利化专题调研，拟制出台广东省具体贯彻落实措施 28 条。委托第三方机构开展 2021 年广东口岸营商环境评估跟踪问效项目研究，形成《2021 广东口岸营商环境中长期规划研究报告》《2021 年案例跟踪调研报告》《广东口岸营商环境常态化监测方案》。

【国际贸易“单一窗口”进一步推广应用】 一是持续推广“单一窗口”标准版应用功能。截至 2021 年 12 月，累计上线“单一窗口”标准版 17 类 106 项功能，新增推广全国口岸收费信息发布系统、进口许可证等 15 项新功能，累计单量

46亿票，占全国的51%，注册用户数超过18万个，问题及时解决率、呼入接通率均超过99%。二是稳步推进省域“单一窗口”地方特色建设。广东“单一窗口”地方特色应用上线10类25项功能，依托“口岸物流协同平台”完成与11个地市共41个水运口岸对接，实现海关查验信息精准推送和码头调箱到位信息实时回传。引导近6 000家小微企业在广东“单一窗口”上投保出口信用保险，生效保单保额超53.5亿美元。推进中新船舶电子证书先导合作项目、广东跨境电商公服平台等平台建设。三是研究推进国际贸易“单一窗口”航空物流公共信息平台试点建设。按国家口岸管理办公室要求及厦门“单一窗口”航空物流公共信息平台工作现场会精神，拟按市场主导、政府引导、信息联通、服务企业的思路，对接中国民用航空中南地区管理局，推动广东省航空物流公共信息平台试点建设。

【横琴粤澳深度合作区通关工作顺利推进】贯彻落实党中央、国务院建设横琴粤澳深度合作区的重大战略部署，牵头广东省推进横琴粤澳深度合作区建设领导小组通关组办公室工作，推进“一线”横琴口岸（二期）以及“二线”海关监管作业场所建设，各项工作取得积极进展。目前，“一线”横琴口岸（二期）已协调粤澳双方查验单位在横琴口岸客货车通道采用“合作查验、一次放行”（联合一站式）创新查验模式，已完成相关测试通道建设并开展有关测试工作。“二线”基础设施建设工作整体推进顺利。按照2021年8月31日、2021年12月31日、2022年6月30日3个时间节点积极推进横琴合作区“二线”基础设施建设，已完成第2个节点，已按照进度要求完成“二线”基础设施建设项目立项、建设用地规划许可、建设工程规划许可、规划设计方案审查、初步设计审查、信息化初步设计和投资概算审查等工作。

【粤港澳大湾区“硬联通”“软联通”取得新进展】 完成青茂口岸通关启用工作，2021年9月8日，粤澳双方在青茂口岸澳门查验区联合举行开通仪式，并于当日下午3时正式开通启用。港珠澳大桥珠海公路口岸和跨境工业区专用口岸获批临时扩大开放，有效保障了粤澳车辆安全畅顺通关。深圳莲塘、罗湖、福田3个口岸获批临时开放，有力保障各专项工作顺利进行。跨境工业区口岸功能调整优化申请获批，已商澳方准备实施。“港澳船舶进境信息互通”功能在汕头、佛山、中山市试点应用，实现港澳船舶进境信息互联互通。优化完善粤港澳航行船舶综合服务平台申报功能，推动实现来往港澳小型船舶“一站式”便捷申报。推动完善粤港跨境货车作业点信息登记系统、粤港澳大湾区跨界车辆信息管理综合服务平台功能建设，新增上线海关、边检两地牌车辆全业务备案功能、交通运输厅直通港澳跨境道路运输申请等功能，初步实现大湾区跨境车辆“网上办”“协同办”，累计申报超4万票。粤澳货物“单一窗口”综合服务平台于2021年7月15日上线试运行粤澳货物“一单两报”服务功能；“澳车北上”信息管理服务系统于10月底完成系统基本功能开发以及粤澳相关单位联调测试；“港车北上”工作正在筹备推进。

【重点口岸项目开放建设和口岸资源整合取得新突破】 一是扎实推进国家“十三五”口岸发展规划重点项目建设。汕尾港、揭阳港口岸相关扩大开放通过国家验收正式对外开放，湛江港口岸扩大开放获得国务院批复，阳江港口岸扩大开放已申请国家验收，广州港、珠海港口岸申请扩大开放已上报国务院。二是依法依规协调推进已开放范围内码头泊位对外开放。协调推进完成汕头港口岸广澳港区二期码头、潮州港扩建货运码头1~2号泊位、湛江港口岸东海岛港区中科合资广东炼化一体化项目配套码头、江门高新区公共码头1~3号泊位、广东中远海运重工有限公司造船项目配套码头、珠海港口岸高栏港区集装箱码头二期工程泊位6个项目通过省级验收正式对外开放。三是积极协调重点建设项目临时开放。协调促成广州港大屿山锚地、茂名港口岸博贺新港区广港码头、阳江港青湾仔港区华厦阳西电厂配套码头、湛江港口岸大唐雷州电厂配套码头、珠海港烽火海洋网络设备有限公司配套码头、

“福海号”外籍船和“恒通 3”外籍船临时进入珠海辖区非开放水域等 7 个项目临时开放。四是协调推进设立海关指定监管场地相关申报工作。积极协调驻粤口岸查验单位及省直有关单位，推进江门、中山、汕头、茂名等地申报口岸进境原木、肉类、冰鲜水产品、粮食等海关指定监管场地。五是有序推进口岸资源优化整合工作。关闭珠海港口岸珠海粤裕丰钢铁有限公司原料码头对外开放功能，完成全省首个已开放范围内的码头退出工作。推动完成云浮六都装卸点通过搬迁实现资源整合。六是科学谋划省“十四五”口岸发展规划。落实推进《国家“十四五”口岸发展规划》相关事项，督促指导各相关地市扎实推动已列入《国家“十四五”口岸发展规划》的珠海机场等 3 个对外开放项目、盐田港等 8 个扩大开放项目建设。结合《国家“十四五”口岸发展规划》任务目标，加强实地调研，研究制定并印发《广东省“十四五”口岸发展规划》。

【持续推进中欧班列健康发展】 贯彻落实省政府部署，积极协调省市相关职能部门、口岸查验单位和运营企业，共同推动广州、深圳、东莞中欧班列建设发展工作，通过统筹口岸布局、创新监管模式、优化口岸资源，新增广州增城西班列运营站点，现已形成 5 个中欧班列运营站点，往欧洲方向站点从俄罗斯沃尔西诺拓展至波兰华沙、德国杜伊斯堡等地，共开通运行 10 个国家和地区的 12 个城市。2021 年，中欧班列共发运 435 列，同比增长 79.01%；发送集装箱 42 766 标箱，同比增长 86.75%；出口货值 19.48 亿美元，同比增长 56.09%。广东省中欧班列开行 5 年多来，共发运 1 504 列，发送集装箱 142 775 标箱，出口货值 77.55 亿美元，发运列车数、发送集装箱数、出口货值均呈逐年上升趋势。

【依法行政和管理服务水平不断提高】 一是依法依规开展口岸审批服务工作。配合国家口岸管理办公室修订口岸验收、临时开放、准入退出等管理办法。按规定及时在省商务厅网站上公开审理批复项目，全部在法定和承诺时限内办结。二是强化口岸日常通关安全管理。结合疫情防控工作实际，督促各地市口岸主管部门加强进行本地区所辖口岸通关安全、疫情防控和安保防范应急措施的自查工作，主动排查口岸通关环节安全隐患并督促整改，强化安全检查，及时消除隐患堵塞漏洞，保障口岸运行安全、高效、畅通。三是推进口岸开放验收“放管服”工作。根据《广东省已开放港口口岸范围内新建、改建码头泊位对外开放验收启用管理实施细则》，指导广州、深圳严格规范做好已下放的“已开放港口口岸范围内新建、改建码头泊位对外开放验收启用”事项，提升广州、深圳市口岸开放建设项目验收审批效率和服务效能。四是加强财政资金管理使用。认真落实专项资金管理使用有关规定，强化对优化口岸营商环境跟踪评估、广东电子口岸平台和国际贸易“单一窗口”（2021 年）综合服务项目等口岸建设事项省级审批项目资金的管理和使用，提高资金使用效益。

【发挥口岸应急指挥网功能服务支撑疫情防控检查便利高效】 一是提高疫情防控检查效率。落实广东省疫情防控指挥办关于加强疫情防控检查督导、严防风险漏洞要求，广东省口岸应急指挥中心发挥口岸应急指挥网在疫情防控中的支撑服务作用，建立疫情防控远程视频监控平台，落实口岸运行监控职责，在现有口岸视频监控网基础上，协调接入深圳机场等重点口岸现场高清镜头，结合入境旅客及工作人员入境流程图，为检查人员提供全流程、多方位、超高清的检查镜头，支持多次回放和现场直播，有效提高检查效果，降低工作人员染疫风险。广东省陆空口岸疫情防控工作专班及卫健、疾控、海关、民航等部门多次利用该平台检查，逐渐成为常态化检查方式。二是加强日常监控和数据统计。在重点时期每日监控深圳湾口岸、港珠澳大桥等重点口岸通关情况，及时发现上报口岸拥堵等突发事件。落实口岸信息统计、分析职责，坚持每天统计报送口岸疫情防控相关数据，依托口岸应急指挥网建立数据报送统计分析平台，确保数据及时报送“零间断”“零出错”。

口岸监管与服务

【海关总署广东分署统筹推进口岸疫情防控和促进外贸稳增长】 2021年，海关总署广东分署会同省内海关深入贯彻党的十九大和十九届二中、三中、四中、五中、六中全会精神，坚持以习近平新时代中国特色社会主义思想为指导，深入贯彻习近平总书记重要讲话和重要指示批示精神，坚决落实党中央决策部署，认真落实广东省委省政府“1+1+9”工作任务，履职尽责，较好完成了各项工作任务。

2021年，广东外贸进出口8.27万亿元，同比增长16.7%，占全国进出口总值的21.1%；全年广东省内海关监管进出口货运量14.7亿吨，同比增长2.2%；监管运输工具1 067.9万辆(艘)次，同比增长5.9%；税收入库4 289.1亿元，同比增加13.4%；立案查办走私犯罪案件1 867起，案值362.51亿元；立案办理走私行政案件1.95万起，案值28.72亿元；立案查处违规案件数量2.9万起，案值270.49亿元。

【海关总署广东分署毫不放松抓好常态化口岸疫情防控】 一是严格落实口岸新冠肺炎疫情防控各项措施。从严从紧落实口岸“三查三排一转运”口岸卫生检疫措施，不断强化联防联控，严格落实转运、隔离防控措施，实现空港、海港、陆港口岸与地方疫情处置全流程无缝对接、闭环运作。二是迅速升级空运口岸防控措施。整合健康申报和快速流调，进一步强化重点人群的流行病学调查，缩短旅客通关时间，最大限度降低疫情在口岸环节的传播；在流行病学调查岗位，设置物理隔断，最大限度避免交叉感染。三是坚持“人物同防”。严格执行指令，科学实施核酸检测和预防性消毒监督。四是狠抓内部疫情防控。制定两版《广东省内海关工作人员新冠疫情防护工作指引》，对海关一线高风险岗位人员严格实施“两点一线”“一天一检”“定期轮班”的封闭管理，积极推进一线高风险岗位人员新冠病毒疫苗加强免疫接种。五是积极加强联防联控。持续推动优化“一码通”系统和粤康码“通关凭证”系统。

【海关总署广东分署全力服务粤港澳大湾区和深圳中国特色社会主义先行示范区建设】 一是支持粤港澳大湾区建设。举办首届粤港澳卫生检疫、动植物检疫和食品安全控制会议，签署合作备忘录。支持国际科技创新中心建设，落实粤港澳大湾区药品和医疗器械进口便利化政策。研究“澳车北上”政策，提出明晰“四方责任”的具体措施。联合港澳开展打击侵犯知识产权行动，2021年2次行动省内海关查获侵权货物、物品1 342批次，数量246.9万件，货值650.5万元。二是支持深圳先行示范区建设。推动落实保税油供应、游艇自由行免担保等综合改革试点首批授权事项。三是支持横琴粤澳深度合作区建设。研究对横琴合作区监管8个方面的初步思路和措施。联合地方开展“通关便利化措施”“人员进出高度便利”“二线通道建设”“加强风险防控”等专题调研。配合地方财税部门，对不予退税负面清单、出口退税货物监管模式提出意见建议。四是支持前海深港现代服务业合作区建设。参与广东省港澳服务与国际合作、服务业与科技促进2个专项小组，落实涉及海关的8项工作。五是支持中国（广东）自由贸易试验区建设。开展制度创新和复制推广工作，向海关总署备案的创新措施13项，占全国海关的17.3%。六是支持河套深港科技创新合作区建设。2021年，为17家科研机构、2 926台科研设备办理通关手续。

【海关总署广东分署深化改革支持广东外贸创新发展】 一是推动落实促进外贸稳增长措施，密切监测疫情对广东外贸走势的影响，做好分析预警。2021年，广东外贸进出口8.27万亿元，同比增长16.7%。二是全力支持外贸新业态发展。跨境电商B2B出口监管改革试点覆盖全广东。广东6个市场采购出口贸易试点业务全部启动，2021年，广东市场采购出口3 159.3亿元，同比增长7.3%。三是落实海关总署支持中欧班列发展10条措施，配合省口岸部门依托国际贸易“单一窗口”，建设中欧班列公共服务平台。2021 年，广东省共开行中欧、中亚、东南亚等方向国际货运班列 431 列，同比增长 59.63%。四是落实“两步申报”“提前申报”，2021 年省内海关两步申报率、进出口提前申报率均超过全国平均水平。积极开展 2021 年度跨境贸易便利化专项行动，在省内主要港口组织推广“船边直提、抵港直装”改革试点，进口货物从卸船至提离由 4~6 小时压缩至 5~8 分钟，出口货物口岸停留时间由 3~4 天压缩至约 2 小时。2021 年 12 月，广东省进口、出口整体通关时间分别为 8.33 小时、0.67 小时，较 2017 年分别压缩 80.61%和 94.31%。五是落实先放后检，提高港口堆场利用率 20%以上。六是积极落实减免税政策，2021 年优惠贸易协定项下进口商品税收减让共 228.1 亿元，同比增长 11.4%。七是推动行政许可制度改革，15 项海关涉企经营许可事项“证照分离”改革任务均在广东落地实施。

【广州海关支持联合国在华首个全球人道主义应急仓库和枢纽建设运作，服务国际“抗疫”需求】 2021 年 7 月 14 日，联合国在华设立的首个全球人道主义应急仓库和枢纽（过渡期）揭牌仪式在广州举行。该项目是落实习近平总书记在第 73 届世界卫生大会视频会议上有关对外承诺的重要内容，过渡仓揭牌标志着相关工作取得阶段性进展。一是建立多方协作和问题快速处理的保障机制，指定项目整体统筹部门，明确具体执行部门，各司其职形成工作合力。主动对接地方政府和运营商，全程参加地方工作专班，及时协调解决应急物资通关过程中遇到的各类问题。二是运用综合保税区政策叠加货物状态分类监管创新措施，利用“智慧海关”改革成果实施“24 小时全天候智能通关”。在南沙海港、机场空港设立专窗和绿色通道，对应急物资实施“申报前预审核”“提前申报、运抵分流”“免于到场查验”等便利化措施，为负责项目建设的世界粮食计划署等相关人员提供进出境通关便利。三是提供海关政策支持，支持项目过渡仓运作和长期仓建设加快落地。对长期仓涉及危险品储存、冷藏仓、药品、疫苗等不同应急物资进区储存需求，积极协调地方政府相关部门，提请加快办理经营资质。支持打造“智能仓”，满足应急物资多样、存储需求复杂、物资高时效流转等要求。

【广州海关落实“三智”“海关贸易安全”理念，全力服务中国—中东欧国家经贸合作】 深入学习贯彻“智慧海关、智能边境、智享联通”及“海关贸易安全”理念，全力服务中国—中东欧国家经贸合作，更好服务国家外交大局和高水平对外开放。一是优化服务推动各项合作落地落实。积极培育认证 AEO 企业，使企业享受 AEO 互认的中东欧国家通关便利。扩大中东欧优质食品准入，进一步推动中国—中东欧食品贸易。二是创新监管提升物流运行效能。支持中欧班列“多程转关”办理海关手续，加强与内陆、内河、海运贸易通道联运扩大规模，助推珠三角特色优势商品出口。三是推动形成常态化合作机制。探索搭建“海关—领事馆—企业”三方协作平台，联合广东省外事部门面向部分中东欧国家驻穗（总）领事馆、关区企业等开展海关政策宣讲，畅通信息互联互通渠道，共同协调解决企业遇到的通关等问题。

【广州海关持续深化跨境贸易便利化改革，全力推动优化口岸营商环境】 贯彻落实国务院《关于开展营商环境创新试点工作的意见》的部署要求要求。一是推动区域通关协作。推进“湾区一港通”“组合港”改革合作，实现南沙海港和珠江内河、省内关区间货物快速流转。推进“跨境一锁”快速通关，实现往来粤港两地物流全程信息化监控。推进与港澳检验检测结果互认，减少重复检验检测。二是构建便捷高效物流体系。推进“两段准入”创新叠加远程监管改革，实现货物目的地检查“线上”远程监管、“无接触”快速入市。推进“船边直提”“抵港直装”改革，实现进出口货物船边“直提”“直装”“零停留”。推进“多式联运”发展，支持“海铁联运”“海公铁联运”“卡车航班”业务发展，实现海运、铁路、空运的无缝衔接。三是打造互联互通智慧口岸。支持国际贸易“单一窗口”推送查验通知和放行信息关区全覆盖，实现口岸通行通关全流程无纸化。支持提供国际会展等本地特色项目服务，覆盖关区所有口岸以及特殊监管区域，满足企业“一站式”办理外贸业务需求。四是深化“放管服”改革激发发展活力。联合黄埔海关开展政务服务窗口业务“一窗通办”，推进“证照分离”改革落地生效，上线“12360 热线指尖服务”便利企业群众在指尖随时办理海关业务。

【广州海关全力保障疫情期间重点食品农产品安全、稳定、顺畅进口】 认真落实“六稳”“六保”工作任务要求，立足国内消费升级需求，设立工作专班，推动相关产品安全稳定顺畅进口。一是紧贴关区实际和企业需求精准施策。组织走访企业和召开口岸重点企业座谈会，主动对接企业诉求，开展情况梳理和业务分析，寻求稳定增量和扩展增量的对策措施。二是疫情期间创新应用移动远程监管模式，为进口乳品企业平均节省查验时间 2~3 天。针对进口肉类商品检验检疫要求，实施“优先接单、优先查验、优先检测、优先出证”措施，提前2~4 天完成海关监管流程。在保障国门生物安全的前提下，探索优化进境粮食、油脂油料查检作业流程，改“串联”为“并联”方式，各步骤同步开展，提高通关效率。三是强化全链条风险防控保障消费安全。强化现场海关单位责任担当，严格落实企业准入，针对暂停、熔断措施涉及企业及时开展风险排查，狠抓进口食品安全监督抽检工作，巩固全国疫情防控阻击战取得重大战略成果，有力保障进口食品安全。

【广州海关深化“智慧海关”改革，持续优化口岸营商环境】 广州海关“智慧海关”项目被国务院选为全国 15 项优化营商环境典型创新案例之一。一是“机器助人”提质增效。应用查验辅助智能机器人，自动识别采集箱号和封识号云端验核，提升查验效率；研发“查船蜘蛛人”，深入密闭空间和隐蔽刀口等部位进行查船作业。二是“互动式快速监管”省时省力。通过 AR 视频直接查看通关流程，远程监控指挥现场监管作业，智能预警处置风险，现场“一键求助”与后台查验专家进行语音和视像互动，实现前端作业、后方指挥协同的“一对多”互动快速查验。三是“移动远程监管”安全高效。在出口申报前监管、进口目的地检验、企业日常监管、企业核查等业务推广移动远程监管新模式，企业在移动端预约，海关在线完成日常巡查等监管工作。四是便捷智能通关便民利企。利用智能技术手段，实施全天候无须查验货物进口“即到即提”、出口“即到即装”，邮快件、跨境电商 24 小时自动分拣，实现在途监控、装卸、查验、联网监管等智能化研判处置。推行进境旅客“一码通”与地方形成闭环管理，联动智能设备自动预警，实现低风险旅客“一码”快速通关。

【广州海关精准服务大湾区“菜篮子”，促进高质量发展、全链条防控疫情疫病及安全卫生风险】 促进大湾区食品安全多元共治，支持大湾区“菜篮子”工程和共建共享绿色优质生活圈。一是严控检疫及食品安全风险，落实“菜篮子”工程粤港澳三地联席会议合作框架协议，制定发布粤港澳大湾区“菜篮子”产品质量安全控制团体标准，涉及蔬菜、水产品等 6 大类产品 2.1 万检测项次。二是改革创新促进提质增效，提供“一站式政务”“即报即办”服务，实施出口企业备案制改革，建立供港澳生鲜食品查验绿色通道快验快放。三是发挥技术优势服务发展，完善粤港澳大湾区“菜篮子”检测监管平台，指导地方配送中心及实验室建设，为“菜篮子”产品提供从“田间”到“餐桌”的第三方检测技术支撑。四是协作合作推动多元共治，加强规则对接，就供港生乳官方证书事宜与香港食环署达成一致，推动粤港食品安全合作共治。加强关地协作，签订《粤港澳大湾区肇庆（怀集）绿色农副产品集散基地农副产品安全合作框架协议》，2021 年 1 月该基地蔬菜首次实现就地申报、直通香港。

【广州海关优化监管服务，全力疏解疫情背景下海港拥堵】 因周边港口城市疫情出现反复、防疫措施收紧，部分航运公司“跳港”装卸，及时优化监管疏解海港物流。一是动态监测通关情况，靶向施策让货柜动起来。运用智慧海关建设成效，通过 GIS 地图定位全景展示泊位、堆场、集装箱影像，动态监控找准货物压港滞港堵点，支持外贸堆场临时扩容、提升集装箱调度冗余度，积极推动吉柜内河调运疏港。二是优化监管流程措施，减轻企业物流成本负担。积极收集企业关切，持续优化通关流程。针对卡口外塞车，车辆无法快速进入港区问题，综合运用港内查验平台和港外查验平台开展查验工作，有效为企业压减滞港、滞箱、柜租费用等。紧盯重点商品进口计划，梯队调配驻岛监管人员，用足用好技术装备提升查验效率。三是加强与各单位协同，建立高效物流运转机制。主动加强与地方政府、广州港集团的沟通，建立南沙港每日通报机制，共同研究推动港口物流高效运转。针对南沙港闸口承载流量小、进出效率低等问题，联合交管部门、码头单位及物流协会，完善入区指引、疏导入闸车流、启用备用卡口等，保障港区内外车辆安全顺畅通行。

【广州海关应用移动 P2+实验室检测技术助力口岸冷链物流疫情防控】 在辖区海港冷链查验平台配置车载一体式移动加强型生物安全二级实验室（移动 P2+实验室），为冷链商品安全顺利抵达国内市场提供技术支撑。一是加强综合硬件配备，发挥科技利器作用。配备全自动核酸提取仪、荧光定量 PCR 仪、新冠病毒快检设备等仪器设备，联动形成“实验室+专用仪器+快检设备”检测技术链条，建立业务核心骨干检测队伍，提升检测、规范操作、应急处突等的能力水平。二是健全管理工作模式，提升疫情防控质效。制定移动 P2+实验室管理办法，加强实验室检测人员安全培训，开展针对生物安全事故的应急演练，加强安全自查和监督检查力度，合理安排检测人员和工作时间，避免疲劳作战，做到“打胜仗、零感染”。三是完善关地联动机制，服务地方发展需要。将移动 P2+实验室纳入《广州市生物安全实验室体系建设规划》，发挥移动 P2+实验室对其他传染病的检测作用。联合在空港、海港枢纽启用的移动式一体化生物安全方舱，探索拓展技术服务范围，为相邻海关提供检测保障，实现“就近送检、就近检测”，压缩送样检测时间，降低送检途中核酸降解、样品泄漏等风险，助力冷链货物安全快速通关。

【广州海关“四个聚焦”支持跨境电商健康规范发展】 落实构建“双循环”新发展格局战略部署和促进外贸稳增长工作要求，坚持“四个聚焦”统筹推进关区跨境电商健康有序发展。一是聚焦项目拉动，厚植业务发展潜力。支持南沙海港、机场空港建设大湾区跨境电商国际枢纽，打造南沙自贸区白云机场远程货运中心，有机链接南沙海港与机场空港实现“一站式”通关。支持佛山口岸设立全球速卖通大件跨境华南运营中心，通过“集货+拼柜”模式办理家具类商品 B2B 出口业务。推动佛山传统码头、监管场所依托跨境电商转型升级，实现跨境电商业务五区全覆盖。二是聚焦改革驱动，培育业务新增长点。深入推进 B2B 出口改革与地方产业对接，引导企业开展海外仓备案及出口，支持代工制造企业突破自主品牌占领海外市场瓶颈，扶持传统制造企业依托跨境电商转型升级，服务企业“跨境电商+直播”新模式发展。三是聚焦服务促动，助力业务有序发展。协同地方政府、跨境电商协会、招商洽谈会等为企业提供政策咨询辅导，服务解决企业诉求。落实“简化申报、清单核放、汇总统计”及出口退货等便利措施，化解出口订单快速增长产生的通关压力。打通中欧班列跨境电商出口通道，支持关区海、陆、空、铁、邮等物流多元化发展。

【广州海关大力推进“三智”合作，持续提升粤港澳跨境邮件通关便利化水平】 深入贯彻“智慧海关、智能边境、智享联通”理念，持续深化与港澳海关、邮政部门合作，推动港澳进境邮件全链条智能化监管。一是聚焦“智慧海关”建设，打造全流程智慧监管。建立邮件全自动分拣线，实现线上“一次流转、全面检测”自动化监管。先行先试“AR+AI”、5G、RFID 等技术运用，实现车辆全程自动验放。实现电子申报信息预交换，利用大数据技术开展预审单，实现邮件运抵快速分类验放。二是构建“智能边境”格局，强化边境管控合力。持续加强与港澳海关、邮政部门的沟通合作，合力打造信息互通互享、风险联防联控格局的边境治理新格局。加强穗港澳三地邮递物品进出境通关政策互享认知，统一数据传输标准。建立监控分析机制，及时纠治不规范寄递行为和打击走私。三是推动“智享联通”服务，全力构建粤港澳大湾区寄递网络。加大与港澳海关、邮政部门的信息互享联通，对接三方征税标准，实现邮件信息与系统参数自动对碰征税。开发应用“互联网+关邮e通”一站式智慧通关服务，实行港澳“一点清关”进境邮件线上办理通关业务，实现大湾区邮件网络无缝连接，提升大湾区寄递网络智享联通水平。

【广州海关紧跟发展需求优化服务措施，支持广交会发挥重要平台作用】 立足通关便利化、新业态发展和疫情防控要求，推出适应展会需求的监管新模式，全力支持广交会成为全方位对外开放、促进国际贸易高质量发展、联通国内国际双循环的重要平台。一是对接企业诉求，力促优惠措施应享尽享。协同地方商务部门，推行18项通关优惠便利措施，吸引珠宝、葡萄酒、化妆品等行业国际高端品牌入驻展会。二是立足新业态发展，创新“保税+会展”新模式。支持企业依托南沙、白云机场综合保税区优惠政策和贸易便利化措施，运用“保税+会展”模式搭建更加完善的贸易服务链。对接首届珠江国际贸易论坛成果，引导服务企业借力市场采购、跨境电商等新业态实现内外贸一体化发展。三是聚焦跨境贸易便利化，擦亮广交会海关服务品牌。运用“互联网+会展e通”信息化系统，全天候在线办理展会备案、展品通关、展中监管、展后核销留购等事项，办展企业递交资料由40多项减至最少2项，展品通关环节由16个减至8个，进境展览品平均通关时效缩减62%。密切对接广交会承办方及物流企业，及时跟进进境展品最新动态，设立广交会展品“绿色通道”，接受企业24小时预约通关，优先办理查验、抽样、检测等海关手续，确保货物“随到随验、随验随放”。

【广州海关开展“国门绿盾2021”行动，强化全链条监管严防外来物种入侵】 通过加强前瞻风险预警、严密正面智能监管、强化综合技术保障等措施强化全链条管控，持续提升外来入侵物种防控管理水平。一是加强风险预警，密切关注加强境外潜在外来入侵物种和国内外动植物疫情动态信息收集，强化动植物疫情疫病和潜在外来入侵物种风险分析。二是强化贸易渠道检疫监管，严格加强对进境动植物及其产品检疫，严防非洲猪瘟、高致命禽流感、红火蚁、松材线虫等动植物疫情疫病和外来物种传入风险，不符合海关监管和检验检疫规定的一律不得入境。三是强化非贸渠道检疫监管，依托科技力量，发挥口岸初筛鉴定工作室作用，推广智能审图及远程鉴定等先进技术，全面提升外来物种、动物疫病和植物有害生物检疫、检测、鉴定技术水平，有效提升查获率。四是加强宣传教育，充分利用报纸、广播、电视和新媒体，深入开展防范动植物疫情疫病传入和外来物种入侵警示教育和科普教育，提高社会公众特别是广大青少年自觉保护国门生物安全的意识。

【深圳海关做好疫情防控工作，筑牢口岸疫情防线】 坚持“人、物、环境同防”“多病共防”，构建科学严密的防控体系。2021年，检疫入境人员375.7万人次，检测进口高风险货物样本16.4万份，监督预防性消毒进口高风险货物1.3万批次，分别在进口水果、非冷链航空箱中检出全国首宗新冠病毒阳性样本。落实“3个不超过24小时”要求，高效监管疫苗出境，支持深圳疫苗产业发展。

【深圳海关优化营商环境，促外贸稳增长】 面对外需不确定性增加、供应链遭遇“断链”风险等问题，回应企业诉求，实施“暖企计划”和AEO 高级认证企业“链式”信用培育，滚动推出 2 批 28 项“稳外贸稳外资”措施，服务深圳外贸进出口规模历史性突破 3.5 万亿元，出口实现 29 连冠。落实国家减税降费政策，累计为企业节约成本 229 亿元。发挥技术性贸易措施“筑篱破壁”作用，利好我国 930 亿元产品出口，为国货扬帆出海保驾护航。深化“放管服”改革，取消许可、备案事项 6 项，推广特殊物品“换证直批”模式，促进科研要素高效便捷流动。推进海关特殊监管区域高质量发展，特殊监管区域以占深圳不足 0.5%的面积贡献了深圳 20%以上的进出口值。出台 28 项促进跨境贸易便利化措施，口岸进口、出口整体通关时间较 2017 年分别压缩 80.58%、93.84%，为深圳获评中国营商环境跨境贸易领域标杆城市做出贡献。

【深圳海关强化改革创新，服务“双区”建设】 推进“1331”赋能工程。围绕“双改”示范，推动首批综合改革授权清单涉及海关职责事项率先落地，13 项措施纳入上报的前海总体发展规划。推动妈湾智慧港正式开港，“湾区组合港”被列入国家级创新试点改革项目。支持“湾区海铁通”等项目落地实施，“湾区号”中欧班列运载货物超 10 万吨，有力保障跨境物流供应链稳定。实施物流一体化改革，推动形成海、陆、空、铁、邮一体联动格局，助力深圳空港国际货邮吞吐量、海港集装箱吞吐量双双再创新高。参与深圳市口岸“十四五”规划研究工作。协同推进皇岗口岸重建工作。推动解决深圳铁路口岸历史遗留问题。

【深圳海关把守国门安全，维护经济社会稳定】 贯彻总体国家安全观，有效应对口岸政治、意识形态、社会、生态等输入性风险，坚决守牢国门关口，以高标准安全保障高质量发展，服务平安深圳建设。强化口岸政治保卫，完成中国共产党成立 100 周年、党的十九届六中全会等重大时间节点保卫任务。守牢意识形态“南大门”。持续打击涉恐涉暴涉枪涉毒走私。强化知识产权保护，查获侵权商品数量、案值均居全国海关首位，为深圳打造知识产权标杆城市增添力量。保障国门生物安全，严把进出口食品安全关和商品质量关，查获未准入境食品化妆品、不合格商品的批次均居全国海关前列，供港活畜、生鲜保持安全稳定供应。

【深圳海关加强政治建设，推动全面从严治党】 开展党史学习教育，开展“永远跟党走”群众性主题宣教活动，引导全员做到学史明理、学史增信、学史崇德、学史力行。开展“我为群众办实事”实践活动，885 项民生实事落地见效。深化基层党建，基层组织力、战斗力进一步提升，“两个作用”发挥明显。推进清廉海关建设，建立与地方纪检监察部门协作配合机制，建设“智慧纪检”，以“制度+科技”强化反腐综合治理，不敢腐、不能腐、不想腐的体制机制不断健全完善。

【黄埔海关强化精准防控，严防口岸疫情输入】 毫不动摇坚持“外防输入、内防反弹”总策略，坚决筑牢口岸疫情防线。聚焦国际航行船舶、来往港澳小型船舶船员等疫情防控重点，2021 年检疫出入境人员 20.2 万人次，登临检疫进境船舶 3 675 艘次。强化“人物同防”“多病共防”，严格落实进口冷链食品、进口高风险非冷链集装箱货物监测检测和预防性消毒监督工作。“人防、物防、技防”一体推进，组建业务应急预备梯队，关心关爱长效机制有效落实，防疫物资保障高效到位，核酸检测能力大幅提升，疫情防控综合保障机制更为健全。对接属地联防联控工作指挥部，完善船舶船员信息通报机制，慎终如始抓好疫情防控工作。

【黄埔海关严密口岸监管链条，筑牢国门安全防线】 始终坚持将监管放在第一位，持续深化制度“立改废释”，建立健全行政争议化解机制，有力夯实依法履职基础。扎实推进跨境电商进口走私“断链刨根”专项整治行动，“集零为整”“三单造假”等风险有效化解，跨境寄递智慧监管改革成效明显。圆满完成重要时间节点口岸维稳保障任务。加大打击侵犯知识产权违法行为力度，查扣批次、数量、货值实现提升。三级监控指挥中心全面实体化运作，监管作业场所、运输工具、货物“三位一体”智能物流监控体系初步建立。智能审图制图有效性持续保持领先水平。始终保持打击走私高压态势，打击“水客”走私、粤港澳海上跨境走私取得实效，“洋垃圾”、象牙等濒危野生动植物及其制品走私有效遏制，缉私局荣获联合国“亚洲环境执法奖”。

【黄埔海关促进贸易便利化，优化口岸营商环境】 黄埔海关扎实开展促进跨境贸易便利化专项行动，对标对表总署党委要求，细化分解25条措施推进落实。充分运用“提前申报”“两步申报”“两段准入”等改革，持续压缩整体通关时间。创新检验检疫证单智能签发、属地检验检疫集约化等系列改革，建立更便捷、更高效的检验检疫作业模式。2021年，黄埔海关进口、出口整体通关时间分别压缩至11.65小时、0.9小时，均位居全国海关前列。以2021中国营商环境评价等口岸营商环境评价为契机，以评促改，持续优化口岸营商环境。加强与省市商务部门的联系配合，与广东分署和广州市、东莞市、黄埔区商务局建立联系人机制，定期互通进度情况，助力广州获批首批优化营商环境创新试点城市。

【黄埔海关深化口岸改革创新，推进信息化智能化监管】 2021年，黄埔海关在24小时智能通关改革的基础上，深化拓展，升级为海运智能大通关改革。在物流监管方面，构建“三位一体”海关智能物流监控体系，更加强调企业和口岸区域、场所的联动，创新“厂港联动”“场港一体”模式。在口岸作业方面，装卸、放行等环节更加强调科技化、自动化，通过智能卡口、智能选查等建设减少人工干预。在航线运输方面，在同船运输、江海联运基础上，推进“组合港”“一港通”模式，加快大湾区物流一体化。在海关查验方面，通过智能卡口、智能选查、智能审像等减少人工干预，提高监管效能。稳步推进进口货物“船边直提”、出口货物“抵港直装”试点，便利企业合理调度安排。针对辖区是制造业基地、出口前产地监管需求大的特点，深化关检业务融合，用“集约”提效率，推进属地检验检疫业务集约化改革，实施“顺势监管”。

【黄埔海关全面优化服务，助力构建新发展格局】 全面落实减税降费政策，不断深化“放管服”改革，积极推进“证照分离”“注销便利化”。积极落实“三智”理念，服务共建“一带一路”高质量发展，增设增城西站、黄埔新港中欧班列始发站点，支持开通中老、中越国际货运班列线路，助力畅通国际物流大通道。主动服务粤港澳大湾区建设，“东莞—香港国际空港中心”“大湾区组合港”“湾区一港通”等项目试点运行，以供应链为单元布控协同取得初步成效。支持综合保税区业态多元化发展，进口汽车保税存储、保税租赁等“保税+”新型业务先后落地。健全新业态协同监管机制，促进跨境电商、市场采购健康发展。持续落实“六稳”“六保”部署，积极帮扶企业应对技术性贸易壁垒，深入推进AEO认证工作，提升高级认证企业质量，帮助企业缓解进口粮食滞港、海运集装箱“一箱难求”、汽车缺芯等难题，增强企业获得感。发挥生物医药优势助力抗击疫情，畅通生物制品出口验放机制，2021年黄埔海关监管出口新冠病毒检测试剂至100多个国家（地区），位居全国海关首位，助力“黄埔造”生物抗疫物资在全球抗击新冠肺炎疫情瞩目表现，推动成为团结抗疫的合作典范。

【黄埔海关降低进出口合规成本，提高口岸规范化管理】 2021年，黄埔海关落实进一步精简作业单证要求，主动对接广州推进港航物流单证无纸化电子化工作，提升货物及集装箱运转效率。全面落实减税降费政策，减少疫情对企业影响。深化多元化税收担保改革，为企业节约大量资金。通过“单一窗口”实施查验信息推送，提升执法透明度，加强信息互换共享。严格执行收费目录清单及公示制度，公示口岸收费项目，规范不合理收费，实行“阳光收费”，全关区无行政事业性收费。

【拱北海关服务口岸通关】 在关区水运口

岸推广 7×24 小时“提吉还重”（24 小时空集装箱提离）业务模式。继续支持澳门机动车入出横琴，优化澳门单牌机动车首次入境检查流程。验放粤澳海关“跨境一锁”快速通关模式货物 384 批次。建立港珠澳大桥核辐射监测集成系统，实现一站式联动拦截。推广健康申报专用验核闸机，提高人员通关效率，拱北口岸高峰期每 3 秒验核 1 人。保障第十三届航展等重大活动顺利举办，做好煤炭、天然气等能源进口通关保障。设置疫苗出境“绿色通道”，快速验放 100 万剂疫苗出境澳门。落实进口铁矿“先放后检”及依企业申请实施品质检验监管模式、进口大宗商品依企业申请实施重量鉴定等改革，优化调整进口危险化学品检验监管新模式。对供澳种苗花卉推行“检疫前推，合作放行”监管模式。

【拱北海关优化口岸营商环境】 在关区全部水运口岸常态化开展进出口货物“船边直提”“抵港直装”业务模式。做好 RCEP 原产地规则政策宣讲和实施准备工作，惠及关区企业超 800 家次。全面实施报关企业“审批改备案”，实现注册流程再简化；高度重视企业信用培育，2021 年拱北关区高级认证企业 114 家，占登记备案进出口企业数的 0. 51%，高于全国高级认证企业平均占比数。优化出口原产地签证服务，自助打印同比增长近八成。巩固压缩整体通关时间成效，2021 年拱北海关进口、出口整体通关时间在全国海关均位列前茅。

【拱北海关支持地方外经贸发展】 持续支持澳门用好用足 CEPA 优惠政策，支持澳门经济适度多元发展。落实《横琴粤澳深度合作区建设总体方案》，完善组织架构，推进 6 个专项工作和 45 项任务。开展合作区监管制度及配套保障措施研究，参与《横琴粤澳深度合作区条例》立法研究，配合做好合作区“二线”基础设施及信息化建设规划。有效落实各项减税降费政策。

【拱北海关推动口岸通关改革】 推进湾区一港通、大湾区组合港业务改革。高质量推进“提前申报”“两步申报”“两段准入”改革，“两步申报”应用率占比位居全国海关前列，“两段准入”信息化监管覆盖关区全部水运口岸。

【拱北海关创新通关监管模式】 深化自贸区监管制度创新，2 项创新举措获海关总署备案通过。探索实施供澳食用水生动物“检疫前推，合作监管”模式。落实《海关总署与香港海关、澳门海关开展港珠澳大桥口岸合作互助项目备忘录》，深化拓展旅检“执法互助便捷通关”、卫生检疫“合作查验、一次放行”、珠港澳三地病媒生物检疫联合调查和粤港、粤澳海关“跨境一锁”等合作成果。推动进境暂存中转澳门食品检验检疫监管创新升级，实现肉类、冰鲜海产品、乳制品 3 大类共 1 130. 7 吨食品进境暂存并分批返澳。

【拱北海关提高口岸规范化管理】 推动海关特殊监管区域整合优化和规范发展，支持高栏港综合保税区建设，推动青茂口岸验收开放。推动中山港国际货柜码头进境原木指定监管场地和中山市神湾港进境水果、原木指定监管场地整改验收，指导斗门新环码头、高栏国际货柜码头进境水果指定监管场地、中山港中外运码头进境粮食指定监管场地开展整改。

【拱北海关常态化开展打击治理“水客”走私工作】 开展打击治理珠澳口岸“水客”走私专项行动，巩固拓展行动成果，建立完善长效机制；构建“监管—缉私—风险”协同作战模式，摸清“水客”底数，科学精准打击；持续加大正面监管力度，全面提升旅检现场处置效能，同步开展客车监管“雷霆”专项行动和跨境电商进口走私“断链刨根”专项整治行动，严防走私漂移；坚持专业打私和多元共治，不断强化综合治理，因势利导巩固促进与珠澳各方联动配合，有效遏制了珠澳口岸“水客”走私势头。

【拱北海关强化口岸检验检疫】 2021 年，关区口岸检疫出入境人员超过 1 亿人次，占比全国总出入境人数的八成。持续开展珠港澳三地病媒生物联合监测，截获输入性病媒生物 58 批次，其中多恩拉丁蠊为全国口岸首次截获。与澳门开展口岸病媒生物联合监测，相互通报数据 11 次。检验检疫内地供澳活猪 8. 83 万头，供港澳食用水生动物 4.75 万吨，供澳水果 2.6 万吨，供港澳种苗花卉 1 540 批次。检出非洲猪瘟等重大动物疫病 80 项次、检疫性有害生物 199 种次，截获外来入侵物种 848 批次。检出不合格进出口食品化妆品 111 批次。开展 14 项食品体系和准入研究，加快推动葡语系国家食品准入。完善进出口商品质量安全监管体系，检出不合格商品 278 批次。

【汕头海关政治强关建设谋深抓实】 深刻领会“两个确立”决定性意义，把学习贯彻习近平新时代中国特色社会主义思想作为重大政治任务，全关理论武装持续强化。坚决贯彻落实习近平总书记关于加强疫情防控工作的重要指示批示精神，科学精准落实各项疫情防控措施，全员实现“零感染”。坚决落实稳外贸促增长工作部署，以高站位、优服务助推粤东外贸稳步发展。打击走私高压态势持续增强。坚决抓好安全生产工作，开展专项整治，保持安全生产“零事故”。坚决落实从政治层面强化业务工作，深入推进政治机关建设。将学习贯彻习近平新时代中国特色社会主义思想贯穿始终，党史学习教育务实显效。

【汕头海关坚决筑牢国门安全屏障】 把疫情防控作为重中之重，关党委靠前调度指挥，完成关区疫情防控监管任务，2021 年监管进出境船舶 2 700 多艘次、进出境人员 4.6 万人次。坚持底线思维，强化风险防控，全链条监管稳步向前。严格落实《中华人民共和国生物安全法》，加强入境检疫。支持种质资源和粮食安全进口，首次检疫丹麦种猪近 1 700 头。严把重点商品质量安全关，工业品质量不合格检出率达到目标要求。建立完善全员打私长效机制，强化关警协同，深化反走私综合治理，关区反走私态势平稳可控。

【汕头海关主动作为支持粤东开放提质增效】 发挥重大平台项目带动作用，为以关区业务发展推动粤东开放提供有力支撑。支持汕头综合保税区正式封关运作，支持梅州综合保税区成功通过国家验收。支持深汕特别合作区口岸对外开放和码头监管设施建设。支持广东石化炼化一体化项目按计划推进建设。精准发力持续优化口岸营商环境，支持关区 5 个码头顺利通过开放验收，2 个码头成为全国第五批试行更开放管理措施对台小额贸易点，培塑知识产权优质企业 5 家，研究制定 20 项便利措施为 2022 年汕头亚青会进出境人员、物资通关做好政策保障和措施储备。落实“六稳”“六保”部署，有力支持关区大宗商品进口，支持关区跨境电商、市场采购贸易等新业态健康发展，支持梅州蜜柚实现输美零的突破，惠来鲍鱼、澄海卤味狮头鹅等 12 种特色产品实现首次出口。发挥以智辅政作用，统计分析和政策研究取得实效。

【汕头海关业务改革红利充分释放】 深化通关便利化、企业信用管理、报关单位备案、注销便利化等一系列改革，2021 年关区进口、出口整体通关时间均居全国前列，AEO 企业增至 52 家，关区备案企业突破 1 万家。参照粤港澳大湾区组合港模式，提升汕头广澳—深圳蛇口物流通关速度，关区主要港口聚货能力提升 23.8 个百分点。实施“三联三优”模式，助力潮州陶瓷出口同比增长 32.9%。落实“三智”合作理念，推广“港澳船舶进境信息互通项目”。推进业务科技一体联动，科技应用效能不断提升，海关执法技术支撑能力再上新台阶。

【江门海关筑牢国门安全防线】 坚持“外防输入、内防反弹”总策略，严格落实各项外防疫情输入措施。2021 年，检疫进出境船舶 5 805 艘次、出入境船员 4.99 万人次，检出阳性船员移交地方全部确诊。坚持“人、物、环境同防”，严格开展进口冷链食品目的地事中环节、进口高风险非冷链集装箱货物检测和预防性消毒监督。坚持“多病共防”，同步严防埃博拉、拉沙热等传染病疫情叠加。持续强化濒危物种及其制品、危险化学品、重点领域敏感货物监管，寄递渠道查获象牙、红珊瑚、玳瑁等濒危动植物及其制品，查发低报价格入境潮玩、液氮冷冻液、注射针剂、银行密码器等物品。强化对毒品的口岸监管查缉，寄递渠道查获冰毒、大麻烟油、大麻花等 3 888 克以及三唑仑、咖啡因片共 30.6 万粒。组织口岸监管环节反恐维稳培训、演练和实操练习 201 次。建立健全打击治理“水客”走私长效机制，依法退运快件渠道包裹 12 239 个，查获邮递渠道走私名牌服装、箱包等奢侈品 154 件。严格落实进出口食品安全监督抽检及风险监测，检出不合格 11 批，发现风险隐患 11 例。扎实开展进口食品“国门守护”行动，拦截不符合准入要求食品 9 批。服务粤港澳大湾区“菜篮子”建设，检验监管供港澳冰鲜禽肉产品 6.98 亿元，同比增长 14.4%，供港海捕水产品 8.18 亿元，占全国该类供港产品总量八成以上。推动地方特色产业做大做强，出口酱油 8.5 万吨，占全国出口总量的 44%。出台危险化学品检验安全责任 22 条措施，完善关区进出口危险化学品及其包装检验制度机制，健全风险“双查双减”上下联动，推动 16 项风险隐患动态清零，检出批次同比增长 2 倍。推进进出口商品质量安全风险预警监管体系建设，引入全国大数据外脑机构，强化大数据与云计算应用，实现摩托车、五金刀剪和纸质印刷品风险信息全球监测，收集风险信息 5 000 余条，完善上下游监测信息与风险评估协作，推动建立国家级出口摩托车风险监测评估联盟。落实全面禁止进口固体废物，对 164.3 万吨水运进口铁矿严格开展固体废物排查，实施卸货全过程风险排查。持续落实进口铁矿依申请实施检验、“先放后检”和依申请实施重量鉴定等改革措施，压缩检验时长 63%，支持保障 250 万吨煤炭稳定供应，同比增长 265%，进口值同比增长 40% 以上。成立外来入侵物种口岸防控工作领导小组，建立健全关区动植物检疫风险排查机制和疫情风险信息联合分析研判机制，统筹防范和及时处置一般贸易、非贸两个渠道外来物种检疫安全风险，推进关区国门生物安全监测和安全风险监控，截获输入性病媒生物 42 447 只。严格非洲猪瘟等重大动物疫病防控，保障供港澳活猪安全供应。落实高致病性禽流感等重大动物疫病监测各项措施，安全监管供港活种鸡苗 262.83 万只。多部门协同监管进境粮食跨关区调运，促成江门市在广东省粮食安全责任考核工作中获得全省第一的“优秀”等次。加强红火蚁等外来入侵物种布控，启动应急处置机制，解决现场海关磷化氢、溴甲烷等熏蒸气体残留浓度超标情事。实施检疫除害处理单位监督管理，对近年来未有实际开展检疫处理业务的 5 家检疫处理单位，依企业申请予以注销。与江门市农业农村局合作，首次以新媒体直播形式，举办“4·15 全民国家安全教育日暨《生物安全法》实施国门生物安全知识科普讲座”活动，1 800 人观看直播。

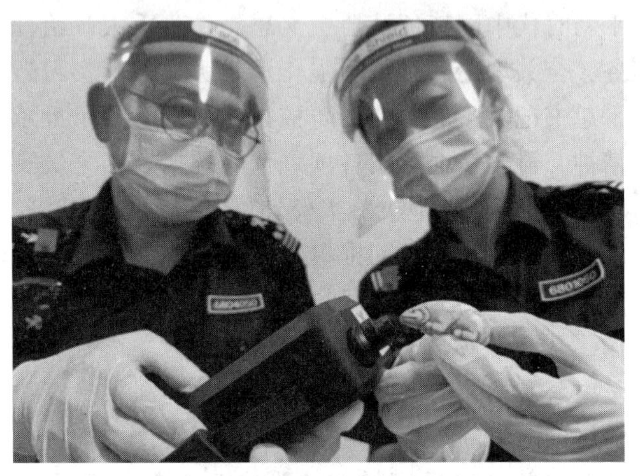

【江门海关巩固压缩整体通关时间成效优化口岸营商环境】 持续巩固压缩整体通关时间成效全国领先，2021 年 12 月进口整体通关时间 3.16 小时，较 2017 年压缩 96.02%；出口整体通关时间 0.31 小时，较 2017 年压缩 94%。结合关区快件集中审单改革，2021 年 3 月份在全国海关范围内首创快件“风险集中审单”模式优化，江门海关 B 类进口快件通关效率大幅提升。推广税费电子支付、企业自报自缴、原产地证书自助打印、无纸化办理海关注册登记等便利模式。围绕 RCEP、TIR、海关税款担保改革等社会关注度高、与企业群众利益密切相关专题，采用线上集中解读方式精准回应企业宣讲需求，惠及企业近 600 家。强化知识产权保护，深入开展“龙腾行动 2021”和粤港澳海关系列联合执法行动，查获涉嫌侵权货物 2.4 万件，其中查获有价值超 570 万元涉嫌侵犯专利权的生产设备。严格落实企业信用管理政策措施，对不同资信等级企业实施差别化风险防控，及时优化布控策略，在风险可控情况下，降低高级认证企业查验率。

【江门海关支持地方高水平开放新平台建设】 成立支持外贸高质量发展工作专班，5次向地方发函提出工作建议；与行业协会、企业代表交流21次，举办政策宣讲会5场、辅导企业600家次，发布工作专报9期，组织学习交流4次、业务培训2次；支持对外开放平台建设取得新突破，支持江门高新港码头对外开放和阳西电厂码头临时开放，推动“智慧物流监管平台”在高新港码头试运行并顺利验收，支持江门市推动智慧口岸建设，支持江门北站铁路类海关监管作业场所正式设立。跨境电商出口海外仓、B2B等新业态实现零突破。支持大宗商品监管中心建设，2021年监管进口原木、木薯干近4万吨，复制推广自由贸易试验区创新制度——“货物贸易一保多用管理模式”，进一步降低企业资金成本。深化海关业务改革成效持续显现，“提前申报”“两步申报”应用率大幅提升，大力推广“船边直提”“抵港直装”助力企业通关“再加速”，试点企业提（装）货较传统模式提速93%。

【江门海关服务地方特色农产品出口】 支持粤港澳大湾区“菜篮子”生产基地和优质农产品供应基地建设，培育发展“菜篮子”优质经营主体，累计推动42家企业被认定为“广东省农产品出口示范基地”企业、“粤港澳大湾区‘菜篮子’生产基地”企业。全链条一体化推进重大动物疫病防控，供港澳活猪数量全国占比保持20%以上，在春节、国庆等重大节假日期间，短期调度供应量全国占比达60%~100%，被澳门市政署誉为“保障澳门市场生猪稳定供应的蓄水池”。支持全国最大的供港活种鸡苗孵化基地开展种用资源保良育优技术攻关，从源头上确保鲜活农产品质量安全，供港澳活鸡苗同比增长7.2%，所选育的种鸡品系在广东省内供港澳冰鲜鸡肉制品的市场占比60%以上。推进“新会柑”出口标准化种植，2021年出口1 400万元，强化台山富贵竹“以质取胜”，连续16年无检疫问题反馈，实现绿色生态惠农发展，2021年出口同比增长19.1%。

【江门海关推进智慧海关建设】 推进智慧海关建设，开发上线智慧物流监管平台。实现H986集中审像、CT机智能审图全覆盖，机检查验率、直放率分别达75%、61%。优化实验室布局与规划，集中优势资源集约发展，加强实验室能力建设，法定项目自检率大幅提升，实现微生物领域法定项目检测全覆盖，新冠病毒核酸检测能力进一步提升。建成移动PCR实验室，新建2个分子生物学实验室。加强科研创新，获海关总署科研立项1项，获广东省乡村振兴战略专项资金项目1项、江门市科研项目立项6项，获得发明专利授权2项，实用新型专利授权7项。

【湛江海关坚决守牢国门防线，口岸疫情防控精准科学】 一是严格规范实施口岸卫生检疫。严格执行“三查三排一转运”“7个100%”，坚持“一船一研判”“一船一排查”，实施“一卡一单”，强化联防联控，做到无缝对接、闭环管理、信息共享。建立关党委委员常态化视频督导检查机制，成立“挑毛病”专家组和安全防护监控专班，加强“四不两直”监督检查，确保规范执行到位。茂名海关卫生检疫实验室及关区首个移动 PCR 实验室成功取得 P2 实验室备案和新冠病毒核酸检测资质，新冠病毒核酸检测能力从 250 人份/天提升到 800 人份/天。坚持“多病共防”，严防埃博拉、鼠疫、黄热病等重大烈性传染病传入。深入推进口岸核心能力建设，建成 11 条船员检疫通道，率先实现海港口岸全覆盖。二是强化进口冷链食品监管。严格按照海关总署统一部署，坚持“人、物、环境同防”，科学、严谨、规范做好进口冷链食品采样检测和口岸环节预防性消毒监督工作。压实企业主体责任，约谈提醒 4 家未规范申报的进口商，书面警示和约谈提醒 10 家检出阳性 2 次以上的进口商；对印度等 5 个国家和地区的 26 家水产企业开展视频检查，发现不符合规定项 184 条。全年监督口岸环节预防性消毒货物 2.9 万吨、外包装 233.5 万件，监督进口快件预防性消毒 282.2 万票。三是从严顶格做好安全防护和内部防控。严格规范口岸一线高风险岗位工作人员封闭管理工作，不折不扣严格落实“四必须”“五件套”要求，关区纳入封闭管理共 233 人、602 人次。严格执行“两非”工作纪律、“三不”要求，落实防疫“三件套”和干部职工健康情况“日报告、零报告”制度，严格“绿码”上岗制，严格出差出行审批。四是强化党建引领和激励关爱。先后成立 59 个封闭人员临时党支部，广泛发动党员开展“我为防控缺位挑毛病”“我为防控到位献计策”，收集建议 619 条；及时发展在疫情防控一线等工作岗位表现突出、符合条件的 15 名同志入党。细化 59 项关心关爱措施，对在疫情防控工作中表现突出的 5 人予以嘉奖。五是全力维护国门生物安全。扎实开展“国门绿盾 2021”行动，严防外来物种入侵。持续做好非洲猪瘟、红火蚁等重大动植物疫情疫病防控。开展国门生物安全教育，建成关区首个国门生物安全宣传教育示范基地。

【湛江海关落实总体国家安全观，监管职能持续强化】 一是风险防控更加精准。强化“云擎”和系统大数据运用，通过风险分析精准移交线索，刑事立案 50 起、行政立案 45 起。在快件渠道布控查发毒品、外来有害生物等安全准入风险情事 3 864 起。加强口岸安全风险联合防控，联合查发进口矿产品逃税、出口家具企业虚开发票骗取退税的刑事案件 2 起。二是口岸正面监管持续加强。完善二、三级监控指挥中心建设，海关总署在线率考核保持优秀等级。深化智能审图应用，加强口岸环节违禁品查缉和“扫黄打非”，查获冰毒 251.9 克、大麻 320.4 克、精神类药品 295 克、非法出版物 7 本。对高风险货物、物品开展联合机动查验 10 次，查获 17 票低报价格进口快件，退运货运渠道违规进境的石斛 9.4 吨。开展“龙腾行动 2021”，口岸拦截涉嫌侵权货物 30 批次，立案查扣涉嫌侵权小家电 3 836 件。三是进出口商品检验更加优化。推进进口液化石油气一级风险监测点高效运作，开展全国进口液化石油气质量安全风险评估，向海关总署上报分析报告 14 篇，专项监测报告 3 篇。强化对危险品、大宗矿产品、再生金属原料等重点敏感商品的检验监管，全年检出不合格进口设备 4 批、危险品及其包装 12 批、外来夹杂物超标铁矿 2 批。落实食品安全“四个最严”要求，严格执行进出口食品化妆品安全监督抽检和风险监测计划，检出不合格食品化妆品 70 批。加大境外通报核查力度，压实企业主体责任，关区出口食品被境外通报批次下降 84.2%。四是后续监管进一步强化。坚决落实稽查业务改革部署，全年稽查查发率提高 14.6 个百分点，补税入库同比增长 53.7%；核查查发率 79.7%，补税入库同比增长 90.8%。统筹推进保税监管业务改革，启动关区首家企业集团加工贸易监管改革。落实企业信用管理制度，积极推进 AEO 信用培育，年内新增 AEO 高级认证企业 9 家。

【湛江海关加强综合治税，税收征管效能进一步提升】 推行以企业为单元的税款担保改革，规范关税保证保险。持续推广电子支付、汇总征税等征管便利措施，电子支付率达 94.4%。完成属地纳税人管理结构搭建，建立属地纳税人底账，首次实施纳税遵从度评估。强化关税技术运用，自主查发审价补税同比增长 1.1 倍。2021 年，税收入库 261.62 亿元，同比增长 32.9%，完成年度税收目标。

【湛江海关深化全员打私，打击走私战果丰硕】 保持高压严打态势，全面开展“国门利剑 2021”暨“湛蓝 2021”专项行动，2021 年缉私立案 1 145 起，同比增长 121.5%，其中刑事立案 106 起、行政立案 1 039 起；案值 37.76 亿元，同比增长 3.5%。深入打击治理海南离岛免税“套代购”走私，全年开展 13 轮集中收网行动，立案 547 起，案值 2.45 亿元，有效遏制“套代购”走私势头，得到海关总署充分肯定。侦办“7·5”走私进口稀释沥青案件，查证走私稀释沥青 61 万吨，案值约 18.59 亿元，在全国率先揭示稀释沥青伪报原产地走私风险；侦办伪报贸易方式走私进口干果案件，揭示利用保税物流中心（B 型）“一日游”逃避对美加征关税风险；破获通过快件渠道低报价格进口保健品案件，案值约 3 000 万元，揭示快件走私风险。强化关警整体联动，海关业务部门全年查发案件线索同比增长 2.2 倍；缉私部门根据移交线索立案同比增长 1.13 倍，其中刑事案件占刑事立案总数的 55.7%，圆满完成海关总署党委确定的目标任务。持续深化反走私综合治理，徐闻县角尾乡获评省级反走私综合治理示范点。

【湛江海关聚焦重点攻坚克难，改革创新迈出新步伐】 一是重点改革任务落地见效。深化行政审批制度改革，行政审批事项全部实现“零接触”网上办理，办理时间缩短约 70%。积极推进“两步申报”“两段准入”“提前申报”改革，“两步申报”应用率达到 15.1%；“两段准入”报关单占比 9.9%。稳步推进“抵港直装、船边直提”试点，监管直装直提货物 2 679.4 万吨，为企业节省物流成本超 2 000 万元。积极推进“整合优化两仓功能”改革试点工作。二是科技引领支撑更加有力。推广应用 H2018 新一代通关管理系统，确保平稳切换、有序运行。推广运用“商品标签智能识别系统”，提升监管效能。持续提高检测能力，技术中心完成扩项 715 项，国家海洋生物、精细化工检测重点实验室建设持续推进。抓好实验室安全管理。2 个科研项目被立项为海关总署 2021 年度项目，完成 5 个署级科研项目验收，获得省部级科技奖项 2 项、社会科技奖项 3 项。高质量完成网络安全攻防演习任务。

【湛江海关全力服务国家发展战略，助力扩大开放取得明显成效】 一是服务国家发展战略取得积极成果。推动湛江与海南相向而行，与海口海关签署合作备忘录。积极推进“组合港”建设，推动湛江港集装箱外贸内支线进出口双向运作。支持湛江参与西部陆海新通道建设，积极指导企业开拓“一带一路”沿线国家和地区市场，西部陆海新通道沿线企业经湛江口岸进出口 249.3 亿元，同比增长 81%。二是对外开放平台建设加快推进。与湛江市委市政府同心协力，按照“严规范、高质量、有特色、促升级”的思路，全力推动湛江综合保税区完成基础及监管设施建设，按期申请验收。推动湛江港口岸获批扩大开放、茂名吉达港扩大开放纳入国家口岸开放“十四五”规划，中科炼化自用码头获批正式对外开放。支持大唐雷州电厂码头获批临时进靠国际航行船舶，茂名港博贺新港区外贸进出口业务实现首航。全力支持茂名广港码头进境粮食指定监管场地建设。支持湛江、茂名纳入中国（广东）自由贸易试验区扩区新片区。

【湛江海关主动担当作为，促进外贸稳增长成效显著】 一是口岸营商环境持续优化。持续推广进口铁矿、原油“先放后检”模式，对 4 319.9 万吨进口原油、4 941.7 万吨进口铁矿实行“先放后检”，为企业节省仓储、物流成本约 2.83 亿元。巩固压缩整体通关时间成效，2021 年 12 月关区进口、出口整体通关时间分别为 57.57 小时和 0.98 小时，较 2017 年分别压缩 64.1%和 96.8%。落实原产地税收优惠政策，优惠贸易协定项下享惠进口货值 99.83 亿元，减让税款 5.08 亿元；签发出口原产地证书 21 450 份，签证金额 14.51 亿美元。持续“讲政策、送信息、听意见”，开展“线上+线下”宣讲20轮次，做好 RCEP 实施准备，实施首日即签发首批 RCEP 原产地证书。二是服务高质量发展精准有力。“一企一策”服务重大项目建设，为巴斯夫项目进口设备减免税款 585.25 万元；优化监管流程，支持中科炼化低温乙烯等 3 类产品首次出口；支持湛江港开展铁矿石保税简单加工业务，全年监管进口 606 万吨，同比增长 11.2%；精准帮扶我国自营勘探开发的首个 1 500 米超深水大气田“深海一号”顺利投产。“一业一策”帮扶特色产业，助力关区特色食品农产品实现 14 个“首次出口”；优化检疫监管，支持进口粮食快速通关，关区共进口粮食 371.4 万吨，同比增长 22.3%。推动湛江水产品技术性贸易研究评议基地在全国率先重新签署四方共建协议并开展实体化运作，对 15 份技术性贸易通报开展研究评议。支持拓展跨境电商新业态，助力徐闻鲜菠萝以 B2B 模式“走出去”，帮扶企业打通“湛江—友谊关—越南”跨境电商西南陆路出口新通道。三是政策研究统计工作持续加强。积极参与“十四五”海关发展规划研究，得到海关总署充分肯定，研究制订《湛江海关贯彻落实〈“十四五”海关发展规划〉实施方案》。加强统计基础建设，把好统计数据质量关。牵头 2 个、参与 2 个署级课题，参与《“十三五”期间中国对外贸易发展报告》编撰工作。向广东省委省政府报送专报 15 期，12 条意见获采纳，向两市报送湛江海关专报 25 期。2021 年，湛江市外贸进出口总值 541.7 亿元，同比增长 21.4%；茂名市外贸进出口总值 229.3 亿元，同比增长 15%。

【广州出入境边检总站全力筑牢国门安全防线】 广州出入境边检总站全面贯彻总体国家安全观，坚决捍卫国家政治安全，严密口岸管控措施，严格出入境人员及交通运输工具检查，严厉打击各类非法出入境活动，坚决防范不法分子从口岸潜入潜出，确保国门安全，有效维护了口岸出入境秩序。

【广州出入境边检总站织密疫情“外防输入”防线】 始终把疫情防控作为头等大事，强化涉疫数据筛查预警，向地方联防联控机制、其他边检总站推送入境人员数据，核查涉疫高风险船舶船员数据。严格空港口岸场地分区、人员分组查验管理，从严签发临时入境许可，推动货机专区封闭查验，按照最高标准坚持“人、物、环境同防”要求。充分展现担当作为，主动与广州市商务局对接支援开展机场入境人员转运工作。落实海港口岸非必要不登轮、不登陆、不搭靠“三不”要求，做好船员换班转运工作。跟进船舶涉外纠纷、船员救助等敏感事项，配合联防联控机制稳妥处置涉疫船舶及船员。

【广州出入境边检总站服务保障经济社会发展】 认真落实国家移民管理局促进服务航运企业发展 16 项新举措，结合实际逐条细化措施，“船舶边检查验零待时”实践案例入选 2021 年中国服贸会示范案例。服务保障广州白云机场 T3 航站楼、南沙邮轮母港、黄埔穗港客运港、琶洲

港澳客运港等重点项目建设开放。高标准将12367平台打造成为便民利民重要渠道，上线广东广播民生热线宣传总站深化“放管服”改革成果。简化入境船舶候泊锚地边检手续、边检行政许可网上办理、航行港澳小型船舶出境联网核放3项改革措施被纳入《2021年广州市促进跨境贸易便利化工作方案》。

【深圳出入境边检总站维护口岸边境安全】 2021年，深圳出入境边检总站完善等级勤务响应、情报会商研判、风险隐患排查整改3个机制，部署实施“海、陆、空、铁、边”口岸边境执勤场所数字化100%系列查验监管措施，构建完善“人防、物防、技防、群防、犬防”五位一体的口岸防控体系，协调属地公安反恐部门落实落细口岸限定区域反恐应急响应机制，常态协同各联勤单位开展处突演练，稳妥应对处置文锦渡口岸货车着火事件，顺利完成中国共产党成立100周年庆祝活动、党的十九届六中全会等一系列重要活动边检安保工作任务。

【深圳出入境边检总站打击跨境违法犯罪活动】 2021年，深圳出入境边检总站统筹部署开展集中打击妨害国（边）境管理犯罪专项斗争、“三非”外国人专项治理“清网”行动、依法阻止中国公民从事跨境违法犯罪活动专项行动，累计在口岸拦查劝阻涉出境从事赌博电诈违法犯罪活动人员1.4万人次，协同地方公安机关打掉一个组织内地居民偷越国（边）境从事跨境网络赌博活动的犯罪团伙，会同地方公安机关联合香港警方侦破“9·11”组织他人偷越国（边）境及跨境开设赌场案。相关工作获公安部、国家移民管理局主要领导同志的批示肯定。

【深圳出入境边检总站优化边检服务】 2021年，深圳出入境边检总站持续深化边检“放管服”改革，落实落细国家移民管理局促进服务航运企业发展16项新举措，扎实做好全国移民管理机构12367服务平台工作，实现边检行政许可“指尖办”“网上批”“手机查”，部署推行粤港跨境车辆及驾驶人员“快捷通”边检备案手续“前置办、网上办、自动办”。顺利完成内地香港选民赴港深边境管理区香港侧投票站投票出入境边防检查工作。累计为3 500余艘次国际航行船舶提供入境出境边检手续“一次办妥”便利，免予办理5 800余艘次外籍船舶国内港口口岸间移泊出入港边检手续，为4.31万辆（艘、架）次运输大宗商品、鲜活产品、抗疫物资、民生物资的跨境交通运输工具提供“零等待”边检服务，为5.6万辆粤港跨境车辆提供信息自动备案便利，免予办理8 800余名港澳籍驾驶员人工备案变更手续。

【深圳出入境边检总站提升边检智能化】 2021年，深圳出入境边检总站进一步提升口岸边境智能化管控水平，扩大人脸智能识别眼镜、员工快捷查验通道应用范围；搭建多岗位核查平台，实现车底藏匿人员情况预警；实施人员及交通运输工具出入境平衡强制校验和境内外车牌双重校验，确保粤港跨境车辆资料录入准确无误，查获非法出入境人员16人；研发应用口岸管理区管控防疫一体化查验系统、流渔申报平台、车辆“一站式”通道异常开闸预警软件，完善“小、远、散”执勤点无线视频监控系统、防穿越防攀爬电子围栏、高空全景高清镜头、人员非法越界动态感知系统等信息化建设项目，以及出入境附加信息查询、旅客风险联合研判等10余个辅助出入境边防检查信息系统前台查验的软件；“中英街关口打造智慧通关新模式科技赋能助推移民服务提质增效”项目作为中央驻深单位唯一入围项目，被纳入深圳市“我为群众办实事”重点民生项目清单，并获深圳市“党建杯”机关创新创优竞赛三等奖。

【深圳出入境边检总站严格落实常态化疫情防控】 2021年，深圳出入境边检总站建立每日入境人员数据全量监测，强化涉疫“大数据”预报预警，累计向属地疫情防控部门以及流入地边检总站推送涉疫高风险人员数据22万条；严格落实海港口岸“三个非必要”要求（非必要不登陆、不登轮、不搭靠），全力保障深圳机场D航站楼国际航班涉疫情期间临时保障场地顺利启用，配合开展涉疫高风险货车司机入境查处，累计处置被移除豁免名单人员1 400余人次，从中查获并协助退运580余人次，稳妥处置跨境货车司机涉疫突发事件13起，为需紧急就医外籍船员办理离船入境手续80余人次，会同防疫部门开展涉疫联合处置演练17次；盐田港“5·21”疫情发生后，总站医院先后8次派出共2 926人次医护人员支援驻地抗疫工作，赴相关区49个采样点采集核酸样本近26万份。妥善应对深圳机场“6·14”疫情，相关工作获国家移民管理局通报肯定以及广东省、深圳市委市政府主要领导批示肯定。

【珠海出入境边检总站全力确保国门边境管控安全】 2021年，珠海出入境边检总站坚持把维护国家政治安全放在首位，牢固树立总体国家安全观，以重大活动安保为主线，通过建强执勤队伍素质、提升口岸预警能力、加强出入境实质性审查、强化口岸合成作战等举措，织密织牢口岸管控网络，全力确保国门边境管控安全，顺利完成中国共产党成立100周年庆祝活动、香港选委会及立法会选举、澳门立法会选举、十九届六中全会等重要节点安保任务。全年，共检查出入境人员1.05亿人次，同比增长55.51%；检查出入境交通运输工具425.53万辆（艘、架）次，同比增长61.40%。

【珠海出入境边检总站着力健全完善指挥处置体系】 2021年，珠海出入境边检总站将原指挥中心与数据研判、舆情监控、情报调研等环节有机整合，推动建设“情指勤舆”一体化指挥中心。完善多方协同联动处突体系，加强与口岸驻地公安机关、海警、海关、海事等部门协作配合，进一步密切口岸维稳、客流疏导、海上搜救等应急处置工作。统筹18个边检站前台查验、巡查监护、应急处突、执法调研等岗位，组建应急处置后备力量名单，每月动态更新轮替人员名单，强化应急队伍保障。指导各单位采取实兵拉动、桌面推演、图上作业等方式开展常态化应急处置演练，在上下半年分别举办联合处置演练，选定拱北、港珠澳大桥、横琴、湾仔等边检站针对珠澳口岸查验设施故障、入境船舶藏匿可疑人员、口岸发现染疫病例等假想事件开展全流程、全要素模拟处置。

【珠海出入境边检总站认真贯彻落实“外防输入”工作部署】 2021年，珠海出入境边检总站在严格执行珠澳常态化通关各项防疫措施基础上，指导对澳口岸6个边检站进一步强化客流监测、证件查验、轨迹核查、客流疏导等工作，确保珠澳口岸大进大出客流下通关平稳顺畅、疫情防控安全稳定。根据境外疫情形势变化，指导海港边检站严格落实上级关于水运口岸疫情防控工作部署，动态调整对来自疫情重点国家（地区）船舶、船员信息研判工作，充分发挥数据信息预警作用，加强对国际航行船舶轨迹核查，严格船舶在港监管、船员换班登陆及登轮、搭靠证件签发。对珠三角水域往来港澳小型船舶、港澳流动渔船、远洋渔船进行专项数据排查，及时发现并堵塞疫情防控漏洞，筑牢口岸疫情防控安全防线。

【珠海出入境边检总站积极提升边检管理服务】 2021年，珠海出入境边检总站积极推动口岸开放筹备工作，确保青茂口岸于9月8日正式开通，九洲港至澳门氹仔客运航线3月1日顺利通航，推动湛江港口岸中科合资广东炼化一体化项目配套码头、江门高新区公共码头1~3号泊位、茂名博贺新港区广港码头、阳江阳西电厂码头开放工作，有力推进珠海机场口岸国际区副楼、九洲港永久口岸、高栏港区集装箱码头二期泊位、湛江机场口岸、湛江国际邮轮码头、中山港客运口岸搬迁、石角咀水闸重建等项目建设，全力确保各项口岸建设满足边检执勤管理和安全管控需要。研究提出支持珠海建设新时代中国特色社会主义经济特区、湛江建设省域副中心城市8条措施，认真贯彻落实国家移民管理局促进服务航运企业发展16项新举措，制定实施总站细化措施，为出入境船舶节省候泊时间，400余艘次外籍船舶享受免办国内港口间移泊边检手续政策便利，网上签发2.5万余份上下外轮和搭靠外轮许可，有力提升港口运营效率和航运企业竞争力。搭建总站12367服务平台，接听旅客出入境咨询电话14 334余通，成功解决旅客各类诉求

270余件，咨询满意度达98.89%，为增强人民群众获得感、幸福感、安全感贡献边检力量。

【珠海出入境边检总站推动创新查验模式】 2021年，珠海出入境边检总站认真贯彻落实《横琴粤澳深度合作区建设总体方案》，在助力构建合作区与澳门一体化高水平开放的新体系上聚焦用力，开展横琴口岸边检查验方式创新研究，推动“合作查验、一次放行”通关模式在车辆查验领域应用，研究车道“大一站式”业务流程及技术实现方式，探索更加新型便利的查验模式和检查方式，力争走在全国改革创新前列。创新粤港澳跨境车辆司机备案方式，打通数据壁垒，实现车辆备案“自动办”、司机备案“网上办”和备案结果“实时查”。优化调整粤澳跨境车辆司机查验方式，周密试点，稳妥推进，有力促进人员、货物跨境便捷流动。

【广东海事局中新电子证书先导项目取得新进展】 全球首个海事电子证书跨国应用项目实船测试在广州南沙港和新加坡港落地，实现了中国和新加坡国家级“国际贸易单一窗口”系统对接，拉开了中国与境外海运口岸政务信息系统互联互通的帷幕。项目在2021年列入韩正副总理和新加坡王瑞杰副总理共同主持的中新双边合作机制会议成果，中国海事局与新加坡海事及港务管理局共同签署了《中华人民共和国与新加坡共和国关于推广、接受和使用船员和船舶电子证书的谅解备忘录》，进一步拓展双方电子证书交换范围，提升口岸通关效率，切实减轻航运企业和船舶负担，促进海上物流供应链畅通。截至2021年年底，已有190余艘次中新船舶通过项目在广州南沙自贸区完成了进出口岸查验，实现了25类海事证书及其证书数据的交换，并且成功将应用成果从广州南沙自贸区复制推广至湛江港。筑牢监管体系，事故歼灭战首战告捷。

【广东海事局筑牢监管体系，事故歼灭战首战告捷】 一是安全形势保持稳定。坚决落实省委省政府关于打好打赢水上交通事故歼灭战的要求，推动广东省及相关地市建立水上交通安全联席会议制度，与省公安厅、交通运输厅、海洋综合执法总队签订执法合作协议，扎实推进防范船碰桥、载砂海船专项整治、内河船涉海运输整治、“商渔共治2021”、长期逃避海事监管船舶专项整治、水上无线电秩序管理、广东省水上交通安全专项整治等行动，打好事故歼灭战取得预期目标。2021年，辖区船舶进出港411.48万艘次，同比增长7.1%；港口吞吐量29.74亿吨(其中危险品5.33亿吨)，同比增长1.8%；集装箱4 148.43万标箱，同比下降2.5%；旅客运送量4 385.35万人次，同比增长4.0%。全年列入统计的水上交通事故4项指标同比全面下降，安全形势稳中趋好。修订《广东省海上险情应急预案》。推动14个县（区）批复成立搜救分中心，已挂牌运作9个。成功防御“查帕卡”“卢碧”等台风，实现全省水域船舶防台“零事故、零伤害、零污染”佳绩。完成南海“1·3”商渔船碰撞、“7·25”“升平001”风电施工平台沉没等事故应急处置和调查。全年组织开展搜救行动405起，搜救遇险人员2 959人，救起2 881人。二是隐患治理持续发力。开展专项整治三年行动集中攻坚，实施重大隐患挂牌督办，推进风险隐患排查整改，累计排查问题隐患164个，整改率100%。制定长期逃避海事监管船舶清单和灭失船舶清单，照单销号率93.4%。推动出台广东省“三无”船舶联合认定处置办法，排查“三无”船舶5 654艘，已处置1 948艘。开展港口国监督远程检查401艘次，船旗国监督检查1.85万艘次，船舶现场监督检查3.39万艘次，船员履职检查5 959人次，海事劳工检查517艘次。实施行政处罚1.78万宗，金额1.17亿元。公司审核197家次，船舶审核1 067艘次，约谈航运公司60家。严把审核质量关，2家公司和27艘船舶未通过审核。对分支局进行事故调查“回头看”全覆盖督查。三是污染防治勇于攻坚。参与起草广东省珠三角水域船舶排放控制区实施意见，会同省交通运输厅等部门印发广东省船舶污染物接收转运及处置联合监管指导意见，出台广东省深化治理船舶水污染物工作方案。建立粤港两地应对海上重大船舶污染事故通报机制。编制珠三角水域船舶大气排放清单，编写广东内河船舶防污染监督检查指南。积极配合中央生态环境保护督察对“非法洗砂”作业行为的专项检查。开展船舶大气污染防治监督检查2.11万艘次，其中登轮取样6 487艘次，查处船舶使用不合规燃油行为877宗，通报供油单位提供非标油线索566宗。查处船舶非法排放水污染物行为242宗，查处其他涉污违法行为673宗。

【广东海事局优化营商环境，服务发展彰显“海事元素”】 服务重大战略有成效。出台推进交通强国建设海事试点任务实施意见，部署推进“健全粤港澳大湾区海事合作机制”“珠江口水上交通安全特别监管区建设”等15项重点任务。承办首届粤港澳大湾区海事工作协调会议。“大湾区海事节”纳入广东省推进粤港澳大湾区建设重点事项。深化粤港澳海事调查合作机制。推动建立粤港澳大湾区非公约船舶安全检查协同机制。承办粤澳水上交通安全及航道管理联席会议。协助推行澳门水道临时交通管制措施。发布粤澳游艇自由行海事实施细则，推动粤澳游艇证书互认。深汕海巡执法大队进驻深汕特别合作区。成立海上风电建设保障工作专班。支持LNG动力船舶应用推广，推动LNG水上加注站建设。保持深中通道、黄茅海跨海大桥等重点涉水工程“三零”记录。保障重点能源物资水上运输，妥善解决粮食运输压港问题。

【广东海事局“为群众办实事”有担当】 关注群众急难愁盼事项，2021年完成办实事清单任务242项。推动国内首单船员技能提升补贴落地。签发国内航行船舶首份海事劳工检查电子报告。代部起草《港口船员服务区设置技术标准》。代部局草拟《海上设施工作人员海上交通安全技能培训管理办法》。妥善解决内河A级航区货船航行珠海高栏港航线签注问题。落实船舶审核“全国通办”。试点船舶买卖转籍便捷登记。6个分支局新获海船船员证书签发授权。新增1个内河一类船员实操考场，2个内河LNG动力船舶船员培训点。开设“处长接待日”。建成6个“幸福船员小屋”。积极开展水上安全知识“六进”活动。向社会救助力量发放国家海上搜救奖励金66万元。政务服务“好差评”满意度达95.6%。统筹做好水上交通安全监管和疫情防控，取得水路口岸疫情“零扩散”和海事内部“零感染”阶段性成效。妥善处置希腊籍“天使力量”轮滞港、乌克兰籍船员因病遣返等事件。全年保障国际航行（含港澳航线）船舶换班2 503艘次16 834人次，实施伤病救助178艘次244人次，处置涉疫船舶43艘次154人次，其中88人入境治疗。建立港澳航线船舶防疫特别监管机制，标识船舶4 213艘，核查船员6 312人次。克服疫情影响，开展各类船员考试4.3万人次，同比增长33.2%；签发船员证书5.7万份，增长60.0%。

【广东海事局“智慧海事”应用有提升】 推进全要素水上“大交管”建设，运行广东局“智管”总中心、21个“智管”中心、68个“智管”分中心。“海事一网通办平台”上线，政务服务进驻“粤省事”。32项船舶证书文书实现“一次申请，一次办结”。国际航行（含港澳航行）船舶“单一窗口”办理率达100%。15个海事政务自助服务站启用。推广行政处罚App，开发扫码缴费系统。完成39个智能卡口、2个VTS系统、4个VHF-DF基站、3个微波站、4个雷达站建设。“海事之眼”用户达20万人。“智慧海事2.0”日均峰值用户1 400人。危防远程非接触式核查超12万次。船舶远程配员核查近150万人次。建成“珠江水系内河船舶船员航线考试系统”。升级船舶管用养修信息化系统。“水上移动目标的流量统计方法、装置和计算机设备”成为局首个发明专利。

【广东海事局深度参与全球海事治理】 广东海事局代部承办的中新（加坡）电子证书合作项目被列入中新两国最高层级双边合作机制会议成果。承办中国东盟海事磋商机制会议。举办东盟地区论坛第二届渡运安全能力建设培训。全年24批36人次参加国际海事类视频会议。派驻国际海事组织任职1人次。牵头编写的渡运安全、国际海事组织（IMO）成员方强制审核、无人船试航报告、船舶远程检验导则等多个提案被IMO

采纳。协助部海事局推进与新加坡、丹麦、塞尔维亚等国的船舶船员电子证书双边合作。

【深圳海事局深化国际贸易“单一窗口”建设推广，推进航运进出口岸便利化水平】 根据国际贸易“单一窗口”标准版统一部署，积极优化国际贸易“单一窗口”服务功能，完善大数据分析平台应用基础，创新跨境贸易大数据服务模式，推进航运进出口岸便利化水平。一是积极推广“单一窗口”船舶运输工具申报系统应用，率先在深圳港范围内上线运行，实现了国际航行船舶进出口岸海事申报“无纸化”“零待时”，辖区“单一窗口”申报率持续保持100%。调研船公司、船代企业，针对海事申报事项需求，研究制订并落实EDI平台申报方案，将船舶进出港航行计划申报纳入“单一窗口”，实现“单一窗口”与深圳海事局“VTS-MIS”系统对接，有效提升了船舶进出口岸便利化水平。二是制定深化国际贸易“单一窗口”建设推广工作措施，强化全省国际贸易“单一窗口”建设统筹谋划。配合牵头单位推动深圳“单一窗口”数据进一步汇聚广东电子口岸平台，实现“单一窗口”数据互联互通。

【深圳海事局加强口岸协作，提高船舶出入境现场查验效率】 按照交通运输部、广东省委和深圳市委的部署要求，围绕“保畅通、保安全、保服务”目标，加强口岸部门协作，持续提升船舶出入境通关效率。一是推进跨部门联合检查。推动深圳海关、深圳出入境边检总站等口岸单位共同建立国际航行船舶联合登临检查机制，联合印发《关于实施国际航行船舶联合登临检查有关事项的通知》，明确了工作程序；推动国家“单一窗口”联合登临检查业务在深圳试点推广，建立口岸查验单位间的信息共享机制，推进执法互助和监管互认，实现通关和物流操作快速衔接，提高口岸查验能力和服务水平。二是协同推进建设粤港澳大湾区船舶安全检查协同机制，减少对船舶检查频次，促进航运要素自由流动，提高查验效率。协同粤港澳大湾区其他海事机构研究制定《粤港澳大湾区非公约船舶和高速客船安全检查协同机制》，加强相关岗位人员培训，提高各方协同处理能力。通过开展业务评估、业务交流、和专题研讨等形式协同各方适用船舶的检查标准和缺陷处理，加强安全检查人员的专业能力培训。三是依托“互联网+监管”“单一窗口”等智能化、精准化监管手段，实现了全要素融合各类任务，对来港船舶“最多（登轮）查一次”，最大限度降低海事监管对在港船舶的打扰，极大提升深圳港通关时效。

【深圳海事局优化口岸营商环境，助力口岸扩大开放】 为着眼行业发展，营造一流口岸营商环境，出台了《服务湾区建设、优化营商环境、促进航运发展若干措施》，推出了《深圳海事局服务国家重大战略任务清单》，提升政务服务效能，创新事中事后监管，持续优化公共服务，助力湾区建设发展。一是落实国务院关于港口建设费减免政策。从2021年1月1日起，全市暂停征收港口建设费，严格检查督导港口码头企业规范收费退费，降低通关成本；配合深圳市口岸办，全面公开公示口岸收费标准，进一步规范进出口环节收费，切实降低国际航行船舶通关成本。二是助力口岸扩大开放。2021年12月28日，深汕特别合作区小漠国际物流港码头正式开港运营。该港口行政管理纳入深圳市管理，深圳港引航站引航范围增加汕尾港小莫港区。严格督促落实《中华人民共和国海上交通安全法》《船舶引航管理规定》等政策法规，健全引航安全管理制度，保障引航安全，全力助推汕尾港口岸扩大开放。2021年9月海关总署印发《国家口岸发展“十四五”规划》，南澳码头作为盐田港口岸扩大开放项目列入规划，前海码头作为新开放口岸项目列入该规划。协同其他相关单位，积极研究制定口岸查验设施建设方案和业务发展规划，并就相关项目规划和可行性研究成果，认真组织研究，全力推动完成相关研究和立项。

开放口岸

【广州空运口岸（广州白云国际机场）】 广州空运口岸位于广州白云国际机场，白云国际机场是国家战略定位重点发展的三大国际航空枢纽机场之一，是国家定位的“一带一路”国际枢纽机场之一，更是推进民航强国战略和粤港澳大湾区协同发展的重要引擎。白云国际机场飞行等级为 4F 级，现有 2 座航站楼和 1 座 GTC 交通中心，总面积达到 138 万平方米，拥有 3 条跑道，可满足年起降航班 62 万架次、旅客吞吐量 8 000 万人次和货邮吞吐量 250 万吨的运营需求。亚洲运输和机队规模最大的中国南方航空以此为主运营基地。白云国际机场也是中国东方航空公司、海南航空、深圳航空公司、九元航空公司等基地机场。与近 80 家中外航空公司结成合作伙伴关系，航线通达国内外 230 多个通航点，其中国际及地区航点超过 90 个，航线网络覆盖全球五大洲。2019 年 5 月 1 日起，正式实施 144 小时过境免签政策。

2021 年，广州白云国际机场在全力做好疫情防控的基础上，大力推进复工复产，在全球机场服务质量满意度评价中再次并列第一，入选国际机场协会“总干事级机场服务质量荣誉榜”；荣获 SKYTRAX 全球 3 500 万～4 500 万人次旅客吞度量最佳机场第 1 位、国内最佳机场奖、中国最佳清洁机场奖，连续三年获得“中国最佳机场员工服务”奖和“五星航站楼（T2）”称号；荣获第六届中国品牌太阳花奖“最佳品牌影响力”奖项。2021 年，白云国际机场完成飞机起降 36.25 万架次，运输旅客 4 025.7 万人次，年旅客吞吐量蝉联国内机场第一；年货邮吞吐量 204.5 万吨，创历史新高，国际及地区货邮吞吐量同比增幅超过 20%。航班正常管理成效显著，航班放行正常率 91.66%，运行安全保障能力稳步提升，连续实现 29 个安全年。

【深圳空运口岸（深圳宝安国际机场）】 深圳空运口岸（深圳宝安国际机场）位于深圳市宝安区，距深圳市南山区前海市中心 20 千米，距深圳福田区市民中心 32 千米，配套水陆交通运输网络，是集海、陆、空、铁于一体的空运口岸，深圳宝安国际机场是中国第一家以地方投资为主兴建的机场，一期工程于 1989 年 5 月动工兴建，1991 年 10 月正式开通国内航线。1992 年 2 月，经国务院批准正式对外开放；于 2013 年 11 月 28 日正式启用，自 2015 年 11 月 12 日起实行 24 小时通关。深圳宝安国际机场飞行等级为 4F 级，现有 T3 航站楼 1 座，建筑面积 45 万平方米，年设计旅客吞吐量 4 500 万人次（其中国内旅客 3 600 万人次、国际和地区旅客 900 万人次），拥有中国现代化程度高的航空货站和货运停机坪，货站内建有现代化的立体散货及集装货处理系统，启用了货物存放、存取机械化自动系统。与机场配套的福永码头，建设规模为 3 个 1 000 吨级多用途泊位和 4 个 500 吨级的客运泊位。目前开通深圳—香港、深圳—澳门、深圳—中山航线（新冠肺炎疫情期间暂时停止通行）。

2021 年，深圳空运口岸出入境旅客 9.4 万人次，日均 0.025 6 万人次；国际空运货物 53.70 万吨，累计同比增长 31.40%。

【湛江空运口岸（湛江机场）】 湛江机场位于广东、广西、海南的交界处，中心坐标为北纬 21°13′02″、东经 110°21′27″，是连接广东、广西和海南的重要交通枢纽。湛江机场始建于 1936 年，系当年法国殖民者侵占和租用“广州湾”（1943 年 8 月 22 日定名湛江市）时兴建。1953 年国家民航局批准“中国民用航空湛江站”成立；1987 年 7 月 7 日国务院批准湛江机场对外开放；2019 年 9 月获国务院批准扩大对外籍飞机开放。湛江机场飞行区等级标准为 4D 级，拥有 2 个停机坪，总面积 4 万平方米；货运中心面积 2 700 平方米，年处理货物能力 10 万吨；口岸国际联检厅面积 2 868 平方米，综合业务楼 4 616 平方米。

湛江机场新增至哈尔滨、佛山、淮安、泉州、温州、安顺、岳阳、成都天府、石家庄、太原共 10 个航点的航班，加密至广州、深圳、上海浦东、成都天府、南京、南昌、西安、岳阳、青岛、郑州、大连、合肥、揭阳、海口、贵阳、沈阳、三亚、赣州、梅州、武汉、福州等航线。截至 2021 年年底，湛江机场通达国内城市 43 个，航线网络基本覆盖全国大部分省会城市，运营航线46条，参与运营航空公司17家，旅客吞吐量250.8万人次。2021年，受新冠肺炎疫情影响，湛江机场国（境）外航线均暂时停飞。

【梅州空运口岸（梅州梅县机场）】 梅州梅县机场位于梅州市梅江区三角镇境内，地理位置坐标为北纬23°23′~24°56′、东经115°18′~116°56′之间，地处闽、粤、赣三省交界处。1985年6月动工兴建，1987年9月建成投入使用，梅州梅县机场原名梅县机场，2019年4月更名为梅州梅县机场。梅州梅县机场占地面积约118.33万平方米，停机坪面积20 400平方米，机场跑道为长2 400米、宽45米，飞行等级为4C级，可以满足A320、B737-800等主力机型的起降要求，停机坪设有5个机位（3个B型和2个C型），机场规模设计为每年旅客吞吐量30万人次，飞机起降4 860架次，货邮吞吐量450吨。

梅州空运口岸于1989年3月经国务院批准对外开放，1989年11月28日正式通航，开始仅有梅州至香港直航包机航线。2014年，梅州梅县机场进行全面维修升级改造，国际候机楼也由原来的出入境单向通道改为出入境同时验放双向通道。目前，梅州空运口岸已经开通7条国际（地区）航线。2020年，执飞香港、台中两条航线，受新冠肺炎疫情影响，航班于2020年2月8日暂停运行，至今尚未恢复。

【揭阳空运口岸（揭阳潮汕国际机场）】 揭阳潮汕国际机场位于揭阳市榕城区登岗镇，地处揭阳、汕头、潮州三市中心，距离分别为22千米、28.5千米、24千米，为中国南部沿海地区重要的干线机场、汕头外砂机场的迁建机场，是连接“21世纪海上丝绸之路”的重要空中节点，为广东省东翼的骨干机场。揭阳潮汕国际机场于2011年12月15日正式启用，定名为揭阳潮汕机场；2014年9月12日，揭阳潮汕机场正式更名为揭阳潮汕国际机场。

截至2021年年底，揭阳潮汕国际机场拥有航站楼面积5.87万平方米，停机位46个，机场跑道长为3 200米，机场飞行区为4E级，能满足A330-200等大型客机起降，机场建设规模满足每年旅客吞吐量450万人次。

1999年，国务院批复同意新建广东潮汕民用机场。2011年12月15日，揭阳潮汕国际机场投入使用，并以临时开放形式承接原汕头外砂机场口岸对外开放业务，同时关闭汕头外砂机场口岸，汕头外砂机场口岸原有查验机构转设入揭阳空运口岸。揭阳潮汕国际机场于2013年12月16日获国务院批准对外开放，2014年7月10日通过国家验收正式对外开放。

2019年5月1日，揭阳空运口岸正式实施外国人144小时过境签证政策。截至2021年年底，共开通国际及地区航线8条（芽庄、金边、西港、吉隆坡、新加坡、曼谷、澳门、台北）。受新冠肺炎疫情影响，揭阳潮汕国际机场暂停对外开放运营业务至今尚未恢复，现仅保留揭阳—澳门1条国际航线。

【广州天河陆路（铁路）口岸】 广州天河铁路客运口岸位于广州市天河区广州东站，广州东站为天河铁路客运口岸设置了专门的粤港直通车售票窗口、候检区、候车室、站台。其中，售票窗口共3个；候检区面积约500平方米，可容纳约400人；候车室面积约1 000平方米，可同时容纳约900人；专用站台长度548米，宽12米，高1.1米。共配置出、入境检查通道各23条（人工13条、自助9条、员工1条）。

2020年1月30日，香港因新冠肺炎疫情暂时关闭西九龙、红磡口岸，天河铁路客运口岸随即暂时关闭至今。

【广深港高铁西九龙站陆路（铁路）口岸】 广深港高铁西九龙站铁路口岸位于香港特别行政区境内西九龙站内，为国际性常年开放铁路客运口岸，于2018年9月23日正式对外开放。西九龙站铁路口岸分为香港口岸区和内地口岸区。香港口岸区由香港特别行政区依据特别行政区法律设立和管辖，实行过境限制区管理。内地口岸区由内地根据《内地与香港特别行政区关于在广深港高铁西九龙站设立口岸实施“一地两检”的合作安排》和内地法律法规设立和管辖，实行口岸管理制度。双方分别按照各自法律法规，对往来内地和香港特别行政区的出入境人员及其随身物品和行李进行出入境边防检查、海关监管、检验检疫等出入境监管。

广深港高铁西九龙站铁路口岸共有四层地下楼层，总建筑面积为 38 万平方米。地下一层为售票大厅，地下二层为抵达层，地下三层为离港层，地下四层为列车站台，口岸日设计通关流量为 20 万人次。其中，内地口岸区总建筑面积约 10.9 万平方米，出入境大厅各设置 50 条自助和 18 条人工查验通道；香港口岸区总面积约 2.41 万平方米，入境大厅设置人工柜台 66 个、自助通道 22 条，离境大厅设置人工柜台 32 个、自助通道 29 条。

广深港高铁西九龙站铁路口岸运行时间为每日 6：30 至 23：30，运行 17 小时。新冠肺炎疫情期间（2020 年 1 月 31 日起）高铁暂停服务。2021 年，该口岸出入境人员 6.25 万人次，日均 0.017 1 万人次。

【东莞陆路（铁路）口岸】 东莞铁路客运口岸位于东莞市常平镇。1994 年 8 月国务院批准开设东莞常平铁路客运口岸，1994 年 10 月正式对外开放。1997 年 5 月至 2003 年 9 月经国务院批准，京九、沪九直通旅客列车经停东莞常平铁路客运口岸，并在此办理出入境手续。1997 年 12 月国务院批准常平铁路客运口岸更名为东莞铁路口岸。现设有进出境通关通道各 10 条，其中 4 条自助通关通道、6 条人工通关通道，每天停靠广九直通车“8 进 8 出”。受新冠肺炎疫情影响，2021 年全年东莞铁路客运口岸暂停运营，2021 年出入境旅客 0 人次。

【罗湖陆路（公路）口岸】 罗湖公路口岸位于深圳罗湖商业中心南侧，与香港新界一河之隔，深港两地由一座双层人行桥和一座铁路桥相连。罗湖口岸是改革开放前深圳仅有的两个陆路口岸之一。新联检大楼于 1984 年 1 月开始动工兴建，1986 年 6 月 14 日竣工启用。占地面积 18 107 平方米，主楼高 12 层（含地下一层），南、北附楼各 3 层，总建筑面积共 70 623 平方米。楼内地下 B 层和一层为入境（北行）查验场地，建筑面积 18 107 平方米；二层和三层为出境（南行）查验场地，建筑面积 17 558 平方米。该口岸出入境验证通道共有 186 条，其中人工查验通道 81 条、自助查验通道 105 条，具体设置如下：地下 B 层设为港澳旅客入境检查通道 48 条，一层为非港澳旅客入境检查通道 39 条，二层为非港澳旅客出境检查通道 39 条，三层为港澳旅客出境检查通道 47 条。口岸设计通过能力由 20 世纪 80 年代每日 20 万人次，提高到目前每日 40 万人次。

罗湖公路口岸运行时间为每日 6：30 至 24：00，运行 17.5 小时。新冠肺炎疫情期间，该口岸临时停止通行。

【文锦渡陆路（公路）口岸】 文锦渡公路口岸位于深圳市罗湖区南面、香港新界北面，由一座公路桥与香港新界相连。该口岸是改革开放前深圳仅有的两个陆路口岸之一，是以供港鲜活产品及进口水果通关为特点的客、货运综合性公路口岸，1978 年经国务院批准对外开放。改革开放前，文锦渡口岸只是供港鲜活商品的贸易口岸，1978 年 10 月建成公路桥，1985 年 2 月新建一座公路桥，实行出入境车辆分桥行驶。为配合治理深圳河工程，原出入境桥被拆除，新建一座出入境双向桥于 2005 年 2 月正式投入使用。文锦渡口岸区域占地面积 13.8 万平方米。其中，出入境旅检场地 3 万平方米、出入境货物查验场地 10 万平方米（入境 6 万平方米、出境 4 万平方米）；共有 28 条车辆检查通道，其中，货车通道 18 条（入境 10 条、出境 8 条）、小（客）车查验通道 10 条（出入境各 5 条，其中小车通道 3 条、客车 2 条）。

2010 年，文锦渡公路口岸开始进行旅检场地改造。从 2010 年 2 月 22 日零时起，文锦渡口岸客运区域改造期间实行临时关闭。原从文锦渡口岸出入境的客车（含过境巴士、私家车、公务车及商务车），按其已选择的口岸出入境。2013 年 8 月 26 日，文锦渡口岸客运区域改造完成并恢复运行。改造后，设计日过境旅客通过能力 3 万人次，日过境车辆通过能力 1 万辆次。

文锦渡口岸运行时间为每日 7：00 至 22：00。

新冠肺炎疫情期间，该口岸客运临时停止通行，货运正常。2021 年，该口岸出入境车辆 76.77 万辆次，日均 0.210 3 万辆次。

【皇岗陆路（公路）口岸】 皇岗公路口岸是配合广深高速公路建设开设的口岸，位于深圳市福田区南端，与香港新界落马洲隔河相望，口岸南面的皇岗—落马洲大桥横跨深圳河连接深港两地；于 1985 年 5 月开始建设，1988 年 11 月 30 日经国务院批准对外开放，1989 年 12 月 29 日货运部分启用通车，1991 年 8 月 8 日客运部分开通使用。1994 年 11 月 3 日起，开辟两条货检通道试行 24 小时通关，并设置了空车验放专用通道。1997 年 3 月 20 日，开通了皇岗—落马洲穿梭巴士服务，为方便旅客过境开辟了一条新的途径。1999 年 10 月，实行货车自然分流通关，即除部分货物、车辆按照有关规定维持现行做法从指定口岸进出境外，其他行走文锦渡口岸、沙头角口岸的货车在原行走口岸晚上关闸以后，可行走皇岗口岸 24 小时通关的货车通道。2003 年 1 月 27 日零时起，皇岗口岸实行旅检通道 24 小时通关。2003 年 10 月 8 日始，允许持有文锦渡口岸、沙头角口岸两地牌的私家车、公务车和商务车在零时至 6：30 时从皇岗口岸出入境。该口岸旅客出入境通道共 131 条，其中出境人工通道 58 条、自助通道 42 条；入境人工通道 16 条、自助通道 15 条；货运通道共 40 条，出入境各 20 条；设计通关能力为每日车辆 5 万辆次（标准车）、旅客 5 万人次。

皇岗公路口岸全天候通关。新冠肺炎疫情期间，该口岸客运临时停止通行，货运保持正常全天通关运作。2021 年，该口岸出入境车辆 170.51 万辆次，日均 0.467 2 万辆次。

【沙头角陆路（公路）口岸】 沙头角公路口岸位于深圳市盐田区沙头角西面，东接沙头角保税区和盐田港，北邻梧桐山公路隧道，是服务于深圳市盐田区、龙岗区及珠江三角洲东部地区的辅助性客货综合性口岸；1984 年 9 月经国务院批准对外开放，1985 年 3 月建成使用，2005 年 1 月 28 日启用新的口岸跨境大桥。口岸管理区占地面积约 4.2 万平方米，其中出入境旅客查验场地 5 700 平方米、出入境货物查验场地 3.6 万平方米。旅检大厅设在口岸区中间，东侧是出境货检场，西侧是入境货检场。共设有出入境车辆检查通道 10 条（出入境各 5 条），查车台 15 个；出入境旅客检查通道 24 条（其中人工查验通道 14 条、自助查验通道 10 条）。此外，还建有专门供香港灵柩入境的检查服务设施，为港澳同胞前往大鹏湾“华侨墓园”办理安葬和扫墓活动提供方便。设计通关能力每日车辆 1 500 辆次、人员 1 500 人次。

沙头角口岸旅检和货检场地的运行时间为每日 7：00 至 22：00，运行 15 小时。新冠肺炎疫情期间，客运临时停止通行，货运正常。2021 年，该口岸出入境旅客 23.93 万人次，日均 0.065 6 万人次；出入境车辆 28.28 万辆次，日均 0.075 5 万辆次。

【深圳湾陆路（公路）口岸】 深圳湾公路口岸位于深圳市南山区蛇口东角头，经深圳湾跨海大桥连接香港鳌勘石。该口岸于 1997 年 12 月获国家批准立项，2003 年 8 月奠基，2007 年 7 月 1 日正式开通启用，是经全国人民代表大会授权、国内首个实施“一地两检”查验新模式的现代化、智能化口岸，深港双方口岸区域均在深圳境内，双方口岸查验单位均在一栋大楼内完成查验工作。口岸占地 1.179 平方千米，其中深方为 76.3 万平方米、港方为 41.6 万平方米；口岸联检大楼建筑面积 5.67 万平方米，其中深方 2.94 万平方米、港方 2.73 万平方米。旅客出入境通道共 109 条，其中出境人工 15 条、自助 39 条，入境人工 17 条、自动 38 条；客车出境查验厅旅客通道 5 条，自助 5 条。小车通道共 38 条，出入境各 19 条。货车通道 57 条，其中出境 28 条、入境 26 条；边检 44 条，出入境各 22 条。设计通过能力为每日车辆 5.86 万辆（其中货车 4.32 万辆次、小汽车 1.39 万辆次、大客车 1 500 辆次），设计旅客流量为每天 6 万人次。

深圳湾口岸运行时间为（旅检）10：00 至 22：00、（货检）00：00 至 24：00。2021 年，该口岸出入境旅客 84.31 万人次，日均 0.231 0 万人次；出入境车辆 206.49 万辆次，日均 0.565 7 万辆次。

【福田陆路（公路）口岸】 福田公路口岸位于福田区裕亭路 23 号（福田保税区东侧），由人行通道桥和旅检大楼组成。该口岸工程建设于 2004 年 12 月正式开工，2007 年 8 月 15 日开通启用。总占地面积 62 962 平方米，总建筑面积 84 198 平方米。设入出境大厅各 1 层，出入境通道共 146 条。出境大厅内设有通道 78 条（自助式通道 20 条、人工验放通道 58 条），入境大厅内设有通道 68 条（自助式通道 20 条、人工验放通道 48 条），设计日过境旅客通过能力为 25 万人次。人行通道桥工程连接福田口岸联检大楼和香港九广铁路落马洲管制站，是连接深圳地铁 4 号线和香港轻铁东部支线的口岸枢纽工程，桥长 240 米，其中深方 116 米、港方 124 米，桥宽 16.5 米，上下两层，单向行走，桥内有自动步行梯（深圳一方每层有一部长 80.5 米的自动步行梯），分别供深港出入境旅客使用（上层为出境，下层为入境）。

福田口岸运行时间为每日 6：30 至 22：30，口岸运行 16 小时。新冠肺炎疫情期间临时停止通行。

【莲塘陆路（公路）口岸】 莲塘公路口岸位于罗湖区莲塘街道西南角，北临罗沙路、南至深圳河，是粤港合作重点项目之一，先后列入《国家“十二五”发展规划》《珠三角地区改革发展规划纲要（2008—2020）》《粤港合作框架协议》等战略规划。作为深圳“十三五”规划重点项目和粤港澳大湾区建设重点工程，口岸定位为客货运综合口岸，承担香港与深圳东部、惠州以及粤东、赣南、闽南之间的跨界货运兼顾客运，是实现深港跨界交通“西进西出、东进东出”总体格局的东部重要口岸。口岸主体建筑采用架空设计，一层为货检区，二层高架平台为旅检区，货检、旅检在空间上垂直分布，最大限度集约化利用场地空间。

2008 年 9 月，深港边界区发展专责小组公布，深港双方决定共同兴建莲塘口岸。2010 年 8 月，莲塘口岸获批立项；2013 年 11 月，动工建设；2019 年 10 月，国务院批复同意对外开放；2020 年 5 月，通过国家验收。2020 年 8 月 26 日，莲塘口岸正式开通。粤港两地政府在莲塘口岸现场联合举行新口岸开通仪式，国家港澳办、中联办等中央部委领导，省委省政府、市委市政府主要领导共同出席仪式，香港特别行政区行政长官林郑月娥率特别行政区政府 23 个主要部门负责人前来参加活动。

莲塘公路口岸采用“两地两检”查验方式和车辆“一站式”通关模式，设计日通关能力为旅客 3 万人次，车辆 1.785 万辆次，其中货车 1.5 万辆次、小客车 2 000 辆次、大客车 850 辆次。货检场地通关服务时间为每日 7：00 至 22：00。旅客和客运车辆的通关服务，将由深港两地协商后适时开通启用。2021 年，该口岸出入境车辆 50.20 万辆次，日均 0.137 5 万辆次。新冠肺炎疫情期间，该口岸客运临时停止通行。

【拱北陆路（公路）口岸】 拱北公路口岸是全国重点开放口岸，珠海的陆路口岸之一，地处珠海经济特区境内，距市政府所在地香洲区 9 千米，北面是北岭工业区，西北面是前山镇，西南临近湾仔口岸，东临南海，南与澳门相连。拱北口岸于 1992 年开始迁建于现址。1999 年 10 月 2 日，迁建后的拱北口岸作为省政府迎澳门回归重点工程之一，建成投入使用，占地 16.2 万平方米，建筑面积 12.8 万平方米，口岸建设总投资 8.3 亿元，设计日通关能力为旅客 15 万人次，车辆 8 000 辆次。

拱北口岸改扩建工程于 2008 年经省发改委批准立项，总投资 5 亿元，主要在原联检楼东西两侧分别扩建新出境、入境联检楼，建筑面积达 4.3 万平方米。新联检楼于 2013 年 6 月 28 日开通启用，设计旅客日通关能力提升至 50 万人次。目前，拱北口岸是全国旅客通关量最大的口岸，设有出入境旅客通道共 344 条（旧联检楼出境大厅 66 条，其中人工 14 条、自助 52 条；旧联检楼入境大厅 76 条，其中人工 18 条、自助 58 条；新联检楼出境大厅一层45条，其中人工8条、自助37条；新联检楼出境大厅二层42条，其中人工通道14条、自助通道28条；新联检楼入境大厅一层53条，其中人工6条、自助47条；新联检楼入境大厅二层53条，其中人工18条、自助35条；出境随车人员验放厅4条，其中人工2条、自助2条；入境随车人员验放厅5条，其中人工3条、自助2条)。“一站式”客车通道共12条，其中出境6条、入境6条。口岸开放时间为每天早上6时至次日凌晨1时。

2021年，拱北公路口岸出入境人员8 838.1万人次，同比增长48.5%；交通工具137.1万辆次，同比增长39.7%。

【横琴陆路（公路）口岸】 横琴公路口岸于1999年6月经国务院批准对外开放，于2000年3月28日正式对外开放。第一代横琴口岸占地面积17.5万平方米，总建筑面积12 839.6平方米，联检楼为临时建筑，设计日通关能力6万人次。第二代横琴口岸联检楼于2005年12月8日动工，设计日通关能力为旅客7万人次、车辆1万辆次，于2007年5月1日正式投入使用，口岸开放时间为客运9：00至20：00、货运8：00至20：00。第三代横琴过渡期口岸建设项目于2013年10月启动，占地24万平方米，总建筑面积约4.2万平方米，于2014年12月18日正式启用，设计日通关能力为旅客8万人次、车辆2万辆次。经国务院批准，旅客出入境大厅、客车通道全天24小时开放，货车通道开放时间为8：00至20：00。

2016年12月，横琴口岸及综合交通枢纽开发工程动工建设，为第四代横琴口岸。项目位于横琴新区中东部，东邻十字门水道，与澳门路氹城遥相呼应，南接澳门大学，西至环岛东路，北联十字门中央商务区。横琴口岸及综合交通枢纽总建筑面积约34.51万平方米，总建筑规模约130万平方米，口岸设计日通关能力为旅检22.2万人次、车检7 300辆次、货检1.5万吨。设计出入境旅客通道共117条（联检楼出境大厅63条，其中传统人工6条、合作人工4条、自助53条；联检楼入境大厅54条，其中传统人工7条、合作人工4条、自助43条）。客车通道18条（其中出、入境各9条），货车通道10条（其中出、入境各5条）。2018年10月12日，国务院原则同意澳门莲花口岸迁至横琴并实行“合作查验、一次放行”通关查验模式。2019年10月26日，第十三届全国人民代表大会常务委员会第十四次会议审议通过《全国人民代表大会常务委员会关于授权澳门特别行政区对横琴口岸澳方口岸区及相关延伸区实施管辖的决定》。新横琴口岸澳方口岸区及相关延伸区旅检区域于2020年3月18日零时启用，并适用澳门特别行政区法律实施管辖。横琴口岸一期工程（新旅检区域）于2020年8月18日开通启用，澳门莲花口岸旅检区域搬迁至横琴口岸澳方口岸区，旅检通道采取“合作查验、一次放行”查验方式。横琴口岸（二期）工程（原规划建设客货车道、查验场、随车人员验放厅、澳方二层平台、澳门大学横琴校区连接横琴口岸的通道桥）正在施工建设。

2021年，横琴公路口岸旅客通关量为807.7万人次，同比增长122.2%；进出境交通工具106.9万辆次，同比增长65.6%。

【港珠澳大桥珠海陆路（公路）口岸】 港珠澳大桥跨越伶仃洋，东接香港特别行政区，西接广东省珠海市和澳门特别行政区，总长约55千米，是“一国两制”下粤港澳三地首次合作共建的超大型跨海交通工程。港珠澳大桥珠海公路口岸位于珠澳口岸人工岛珠海口岸管理区。港珠澳大桥珠海公路口岸，是连接广东省珠海市与香港特别行政区、澳门特别行政区的口岸，是粤港澳大湾区三地互通、客货兼重的陆路口岸之一，也是港珠澳大桥的核心组成部分。2013年12月31日，港珠澳大桥珠海公路口岸开工建设；2018年3月30日，港珠澳大桥珠海公路口岸通过竣工验收；2018年12月24日，港珠澳大桥珠海公路口岸正式对外开放通车运营。港珠澳大桥珠海公路口岸管理区总占地面积107.33万平方米，口岸工程建筑面积为32.7万平方米。珠海与香港之间设计日流量为出入境旅客15.33万人次、出入境车辆 4 万辆次，并按最大日流量出入境旅客 30 万人次、出入境车辆 6 万辆次预留发展空间。珠海与澳门之间设计日流量为出入境旅客 10 万人次、出入境车辆 0.3 万辆次，并按最大日流量出入境旅客 15 万人次预留发展空间。

目前，港珠澳大桥珠海公路口岸珠港旅检大厅出入境设有通道共 84 条（出境大厅 52 条，其中人工 12 条、自助 40 条；入境大厅 32 条，其中人工 12 条、自助 20 条）；珠澳旅检大厅出入境设通道共 68 条（出、入境大厅各 34 条，其中传统人工各 6 条、合作人工各 8 条、自助各 20 条）；随车验放厅 25 条（其中出境人工 4 条、自助 8 条，入境人工 4 条、自助 9 条）；车辆通道 78 条（货车通道 30 条，其中出、入境各 15 条；客车通道 48 条，其中小客车通道出、入境各 22 条，大客车通道出、入境各 2 条）。口岸开放时间为 24 小时。

2021 年，港珠澳大桥珠海公路口岸旅客通关量为 306.3 万人次，同比增长 26.3%；进出境交通工具 169.2 万辆次，同比增长 85.1%。

【珠澳跨境工业区专用陆路（公路）口岸】 珠澳跨境工业区专用口岸地处前山水道内港，东与澳门相接，北临石角咀水闸，西临前山水道，东侧临近拱北口岸。2003 年 12 月 5 日，国务院正式批准建设珠澳跨境工业区；2003 年 12 月 9 日，珠澳跨境工业区正式动工建设；2005 年，珠澳跨境工业区专用口岸开始建设；2006 年 6 月 28 日，珠澳跨境工业区珠海园区专用口岸通过国务院五部委联合验收；2006 年 9 月 22 日，珠澳跨境工业区珠海园区通过海关总署、国家发展改革委、国土资源部等九部委联合验收；2006 年 12 月 8 日，珠澳跨境工业区及专用口岸正式开通启用，对园区工作人员及车辆实行 24 小时开放。2007 年 4 月 8 日，海关总署颁布的《中华人民共和国海关珠澳跨境工业区珠海园区管理办法》正式实施。珠澳跨境工业区专用口岸项目投资投入资金 3 000 多万元，用地面积为 27 863 平方米，总建筑面积 3 350 平方米。2014 年，根据国务院的工作部署，完成口岸临时扩大开放改造项目，自 2014 年 12 月 18 日起在 0：00 至 7：00 临时对步行的澳门居民和在澳内地劳工及学生开放。扩大开放项目的建筑面积约为 1 579 平方米，其中新扩建旅客查验厅 326 平方米、旧旅客查验厅改造 423 平方米，出入境风雨廊及配套建筑约 800 平方米。改造后出入境查验通道共 16 条，其中出境人工 2 条、自助 6 条，入境人工 2 条、自助 6 条，出入境客、货车通道各 1 条。目前，跨境工业区专用口岸根据国务院规定，旅检通道每天 0：00 至 7：00 临时向社会开放，每天 7：00 至 24：00 仅对园区工作人员开放，客、货车辆进出专用通道每天 7：00 至 24：00 仅供在跨境工业区备案的车辆进出专用。跨境工业区专用口岸对珠海、广东省乃至全国的经济发展起着重要的作用。

2021 年，珠澳跨境工业区专用公路口岸旅客通关量为 149.0 万人次，同比增长 22.3%；进出境交通工具 6.7 万辆次，同比增长 70.5%。

【青茂陆路（公路）口岸（在建）】 青茂公路口岸（粤澳新通道）是澳门特别行政区政府报请中央同意支持实施的涉澳重要项目，项目由澳门特别行政区政府全额投资并委托南粤集团组织建设实施，建设用地由粤方提供。2017 年 7 月 14 日，国务院批复同意设立青茂口岸。青茂口岸于 2018 年 4 月 12 日正式动工建设，于 2021 年 9 月 8 日正式对外开放。口岸联检大楼和交通连接通道总用地面积为 40 195.25 平方米，总建筑面积为 64 869 平方米，其中联检大楼建筑面积 40 716 平方米、连接通道 24 153 平方米、建筑高度 60 米。青茂口岸实施 24 小时通关，设计日通关客流量 20 万人次，仅供自助通关旅客通行，不设通关车辆通道，采用“合作查验，一次放行”通关模式验放。口岸旅检大厅分两层，联检大楼二楼是离境珠海入境澳门的通关层，联检大楼三楼是离境澳门入境珠海的通关层。目前，出入境旅客查验通道共有 112 条，其中出、入境各设置自助通道 50 条，人工通道 6 条。

2021 年，青茂公路口岸旅客通关量为 324.6 万人次。

【南沙水运（海港）口岸】 广州南沙海港客运口岸于1992年2月正式对外开放，2005年4月28日新客运码头投入使用。口岸位于南沙区东部，珠江出海口虎门水道西岸，地处粤、港、澳金三角的中心。南沙客运码头岸线长约300米，设有3个大型高速客船停靠泊位，港口年客运量设计标准为160万人次，旅客日集聚量约1 600人。共配置出境检查通道13条（7条人工、5条自助、1条员工），入境检查通道14条（7条人工、6条自助、1条员工），共计27条。从2019年6月1日起，南沙客运港每日往返香港中港城码头航班为12个，往返香港机场码头航班为6个，即航班总数为18个。受新冠肺炎疫情影响，2020年3月起香港航线暂停。

【莲花山水运（海港）口岸】 广州莲花山海港客运口岸于1985年6月正式对外开放，属双边性口岸（广州与香港），位于广州市番禺区石楼莲花山联围村。该口岸拥有岸线171米，水深5米，泊位2个，码头吨位1 200吨，是广东省最早开放的粤港水陆口岸之一，共配置出、入境检查通道各11条（10条人工、12条自助）。2020年以来，受新冠肺炎疫情影响，来往番禺和香港的客船已停航。

【盐田水运（海港）口岸】 盐田海港口岸位于深圳大鹏湾海域西北部，南与香港九龙半岛隔海相望，分为盐田港区、下洞港区、广东大鹏液化天然气（LNG）专用码头和深圳液化天然气专用码头。

盐田港区于1990年6月经国务院批准对外国籍船舶开放，1994年7月正式开港。该港区距深圳市区13千米，距大鹏湾口22.22千米。岸边水深-15~20米。受大鹏半岛与九龙半岛天然的屏障掩护，该港区湾内水深浪小，无淤积，大型船舶可以自由进出锚地，是少有的天然良港，并被列为中国沿海重点发展的四大国际深水港之一。盐田港区划分为西、中、东3个港区，共有20个对外开放泊位。其中，西港作业区4个，3.5吨~7吨级。中港作业区16个，3#~5#10万吨级，6#~9#15万吨级，10#~13#20万吨级，另9#、16#可减载靠泊20万吨级，航道宽400米，水深17.6米，泊位水深15~17.6米，码头岸线长8千米，堆场面积4.17平方千米。

下洞港区位于大鹏湾畔，为深圳市东部石油、液化气等危险品码头专用作业区。2002年12月国务院批准下洞港区作为盐田水运口岸危险品作业区对外开放，港区内共建有3个独立的栈桥式码头共9个泊位。

广东大鹏液化天然气（LNG）专用码头位于深圳东部大鹏半岛秤头角，是“十一五”期间广东省口岸发展规划中主要建设项目之一。2007年3月国务院批准盐田水运口岸大鹏液化天然气专用码头对外国籍船舶开放。LNG码头建有1个靠泊能力为8万吨级的LNG船专用的栈桥式码头泊位和1个5 000吨级的工作船舶。

深圳液化天然气项目（迭福站址）是深圳市政府与中国海洋石油总公司战略合作重点内容，列入深圳市“十二五”能源基础设施重大建设项目。该项目位于深圳东部大鹏湾东北岸迭福片区，毗邻广东大鹏LNG项目，接收站占地约27万平方米，达产后天然气年周转量为400吨，项目配套建设1座可靠泊8万~26.6万立方米LNG船舶的专用码头。2016年11月18日，深圳液化天然气专用码头通过了由广东省口岸办牵头组织的对外开放前准备工作验收；2016年11月21日，对外开放。

盐田海港口岸全天候运行。2021年，该口岸集装箱吞吐量1 416.10万标箱，同比上升6.09%。

【大亚湾水运（海港）口岸】 大亚湾核电站专用码头位于深圳市东部大亚湾畔的大坑村麻岭角，距深圳市直线距离约45千米，距香港岛约50千米。大亚湾核电站是由广东核电投资有限公司和香港核电投资有限公司合营组成的广东核电合营有限公司负责建设和经营。经国务院批准大亚湾核电站专用码头于1986年1月1日起对外国籍船舶开放。1987年3月和1989年6月，核电站专用码头和相关配套设备相继竣工投入使用，该码头建有4个泊位（该口岸由大亚湾核电站专用，不对外经营，数据不公开）。

【蛇口水运（海港）口岸】　蛇口海港口岸位于珠江口东岸、深圳市西部南头半岛南端，东临深圳湾，南与香港隔海相望，西邻珠海、澳门及深圳机场，北靠南山内陆腹地，陆路距深圳市区27千米，水路距香港40.74千米。蛇口海港口岸陆路可与广深、广惠公路干道以及广深高速公路、平南铁路衔接，进而由广深线、广九线与国内衔接，由招商局蛇口工业区公司投资兴建，于1981年1月经国务院批复对外开放，是我国改革开放初期第一个由企业自筹资金建设、管理和经营的对外开放口岸，目前已发展成为集铁路、公路、水路等运输方式为一体的大型综合性的客货运港口口岸。蛇口口岸共有31个对外开放泊位，其中10个集装箱专用泊位。择其中部分码头介绍如下：

招商港务（深圳）有限公司客货运码头。该码头拥有陆域面积75万平方米，岸线总长4 100米（其中客运岸线1 050米），是拥有35个客、货运泊位的中国沿海大型综合性港口，港口年货物通过能力2 000万吨，集装箱100万标箱，客运500万人次，成为珠三角及华南地区重要的海上门户。2021年，该码头集装箱吞吐量81.31万标箱，同比增长11.82%。

蛇口集装箱码头。该码头建有10个泊位，其中，一期工程建设规模为2个集装箱专用泊位，年设计吞吐能力为100万标箱，于1991年8月建成投产，蛇口集装箱码头二、三期工程项目，于2001年上半年动工兴建，共建成8个集装箱专用泊位，其中二期工程2个集装箱专用泊位已于2003年建成并投入使用，三期工程6个集装箱专用泊位于2010年3月前建成并陆续投入使用。蛇口港区（货运）全天候运行。2021年，该码头集装箱吞吐量569.95万标箱，同比下降1.96%。

太子湾邮轮母港。该邮轮母港是由招商局蛇口工业区控股有限公司于2011年12月正式动工建设。邮轮码头建设22万吨级邮轮泊位1个、10万吨级邮轮泊位1个，新建800吨级客轮泊位12个（其中港澳线泊位6个），2万吨级客货滚装泊位1个，共计15个泊位，其中8个对外开放泊位。该邮轮母港的组成部分蛇口邮轮中心大楼工程占地面积约4.26万平方米，总建设面积为13.8万平方米。出境大厅位于二层，边检出入境查验通道包括16条人工查验通道（出入各8条）和20条自助查验通道（出入各10条）。邮轮母港于2016年9月项目工程建设基本完工，于2016年10月11日通过由广东省口岸办牵头组织的对外开放前准备工作验收，2016年10月12日正式对外开放。2016年10月31日起蛇口客运码头搬迁至太子湾邮轮母港客运码头运作。

香港友联船坞（深圳）有限公司专用码头。该码头为中外合资公司投资建设的，可为中外客商提供30万吨级的修船业务，是深圳市西部港区唯一的修船基地，目前建有4个泊位（其中2个干船坞、2个浮船坞）。目前孖洲岛修船专用码头运作正常，2021年修船数量239艘（其中外国籍船舶188艘）。

【赤湾水运（海港）口岸】　赤湾海港口岸位于前海蛇口自由贸易试验片区范围内，珠江口东岸、深圳市西部的南头半岛西南端。东连蛇口港，位于蛇口港西侧；南面向伶仃洋，与香港、澳门、珠海隔海相望；西接妈湾电厂和妈湾港区；北靠南山半岛。陆路距深圳市中心30千米，可与广深、广惠公路干道以及广深高速公路、平南铁路衔接；水路距香港、澳门、珠海均约37千米。赤湾码头于1982年8月动工兴建，1983年10月建成1个1万吨级泊位并开港，1984年5月经国务院批准对外国籍船舶开放。港区现有泊位17个，其中集装箱专用泊位6个，码头岸线总长3 176米。赤湾口岸是中国主要的散装化肥及粮油进出口中转基地之一，是深圳西部港口群中规模仅次于蛇口港，功能集铁路、公路、水路等运输方式为一体的大型综合性口岸。

赤湾海港口岸全天候运行。2021年，该口岸集装箱吞吐量631.81万标箱，同比增长19.27%。

【妈湾水运（海港）口岸】　妈湾海港口岸位于前海蛇口自由贸易试验片区范围内，地处珠江口东岸、深圳市西部的南头半岛西侧，东接赤湾港，南面向伶仃洋，与珠江口主航道对接，西邻深圳机场，北以南山半岛为腹地。陆路距深圳市区 24 千米，可与广深、广惠等公路干道以及广深高速公路、平南铁路衔接。水路距香港、澳门、珠海均约 37 千米。1987 年开始建设，1990 年 7 月建成第一个 3.5 万吨级多用途泊位，1990 年 2 月经国务院批准对外国籍船舶开放，码头岸线总长 3 877 米。2021 年 6 月 28 日，妈湾海港口岸妈湾码头 0 号、3 号、4 号泊位 3 个泊位通过了对外开放的验收，0 号、3 号、4 号泊位所在的妈湾智慧港是全国首个集合人工智能、5G 应用、北斗系统、自动化、智慧口岸、区块链、绿色低碳等大智慧元素于一体的 5G 智慧港，也是目前世界最高等级 20 万吨级、自动化程度最高的集装箱码头。

【大铲湾水运（海港）口岸】 大铲湾海港口岸位于珠江口伶仃洋矾石水道东南部，深圳西部妈湾港区以北的大铲湾内，港区地理位置优越，水、陆路交通便捷，水路南距香港 20 海里，北至广州 40 海里；陆路通过广深高速、机荷高速、107 国道以及在建的广深沿江高速公路联系腹地。大铲湾港区岸线总长为 11.6 千米，陆域面积为 10.28 平方千米，拟建 17 个大型集装箱深水泊位、7 个中型泊位及 19 个驳船泊位，设计年吞吐能力为 1 250 万标箱，总投资约 450 亿元。港区整体工程分四期建设。其中，大铲湾港区集装箱码头（一期）工程于 2005 年 9 月正式开工兴建，其建设规模为 3 个 10 万吨级和 2 个 7 万吨级集装箱专用泊位，占地为 112 万平方米，泊位岸线总长为 1 830 米，设计年吞吐能力为 250 万标箱，整体工程于 2009 年 11 月全部工程完工。2009 年 5 月，国务院批准深圳港口岸大铲湾港区对外国籍船舶开放。2011 年 11 月，大铲湾口岸正式通过国家口岸验收。

大铲湾海港口岸全天候运行。2021 年，该口岸集装箱吞吐量 177.57 万标箱，同比增长 30.42%。

【湾仔水运（海港）口岸】 湾仔轮渡客运口岸位于珠海市湾仔西南面，与澳门一水相隔，水面距离只有几百米，对面为澳门内港十六铺，由当年穿梭于珠澳两地繁盛的边境小额贸易发展而成。湾仔轮渡客运口岸于 1984 年经国家批准开设，12 月 23 日正式通航，2016 年 1 月 17 日因安全原因暂时关闭。澳门特别行政区政府高度重视湾仔口岸恢复开通工作，与珠海市委、市政府达成了在 2020 年春节前恢复湾仔口岸通关的共识。珠海市政府决定在湾仔口岸原址建设临时过渡口岸，于 2019 年 9 月 28 日动工建设，于 2020 年 1 月 23 日恢复开通，设置出入境旅客查验通道 16 条，其中出、入境各设人工 2 条，自助 6 条。经国家口岸管理办公室批准，湾仔口岸通关时间从原来每天 7 小时延长到 15 小时，为 7：00 至 22：00，每天往来轮渡 110 班次。

2021 年，湾仔海港口岸旅客通关量为 65.8 万人次，同比增加 77.3%；进出境交通工具 2.9 万辆次，同比增加 0.9%。

【九洲水运（海港）口岸】 九洲海港口岸位于珠江口西岸，距香港 36 海里，距澳门 4 海里，1981 年 9 月经国务院批准为对外开放口岸，客、货运口岸分别于 1982 年和 1984 年建成通航。2013 年 10 月，货运功能搬迁整合至珠海洪湾区。九洲海港口岸客运码头长 436.70 米，港池直径 275 米，航道长 10.5 海里，水深 5.5~6.5 米，港区航道设有灯光等标志，日夜均可通航，可供 8 艘大型双体快速客船同时靠泊，设计年客运量为 200 万人次。九洲海港口岸客运码头于 1982 年开通珠海九洲港至香港市区和香港机场航线，年最高客流量 230 万人次，逢节假日人流高峰期航班每天可增至 60 班次。2017 年 8 月 23 日受“天鸽”台风影响九洲海港口岸联检楼损毁严重，珠海市政府决定在原址拆除重建。为保障九洲海港口岸正常运作，现已搬迁至原址西侧 8 362 平方米的临时口岸联检楼，2020 年 5 月 25 日经广东省口岸办验收启用。根据珠海市政府将九洲海港口岸建成集水上交通、轨道交通运输和旅游业发展于一体的综合中心枢纽的要求，珠海市正在重新整体规划建设九洲港口岸新客运联检大楼及广场。新冠肺炎疫情期间，香港机场航线暂停运作。

【珠海水运（海港）口岸】 珠海海港口岸

于 1994 年 6 月经国务院批准设立，1996 年 7 月 28 日正式对外开放。珠海港口岸地处珠海市西部，位于珠江三角洲西侧、黄茅海东部沿岸及高栏列岛海域，东距澳门 23 海里，至香港 45 海里。该口岸地理优势得天独厚，处于珠江出海口的虎跳门、崖门和鸡啼门之间，外临南海，靠近国际航线大西水道仅 1 海里，内通西江，具备发展江海联运、南北航运和近远洋运输的优越条件，其对外开放的水域范围为北纬 21°50′至 22°00′，东经 113°05′至 113°17′。主要贸易类别为煤炭、铁矿石、石化品、液化气、集装箱、先进装备等。珠海海港口岸共有正式开放码头 15 个、临时开放码头 1 个，开通国际地区航线 7 条（内支线 1 条），通达伊朗、阿联酋、马来西亚、泰国、越南等国家和中国香港、台湾等地区。

【万山水运（海港）口岸】 万山海港口岸位于珠海市万山群岛港区，包括桂山岛、外伶仃岛和大万山岛三大作业区，1995 年 4 月 6 日经国务院批准对外国籍船舶开放。万山群岛处于珠江出海口下游，是船舶由南海进出珠江三角洲的必经之地，紧临香港和澳门，多条国际地区航线从港区通过，港区有特殊的地域优势，适合开展大型油品储存和集装箱、大宗散货水运中转业务。万山港是客货运综合性港口，货运码头建有 3 000 吨级泊位 1 个，设计年吞吐量为 60 万吨；客运联检楼占地面积 1 164 平方米，建筑面积 1 785.7 平方米；万山海港口岸桂山十三湾第一、第二作业区客货运口岸于 2003 年 4 月正式对外开放。2015 年桂山一湾的口岸新联检楼和新码头建成投入使用。万山港口岸的建设按“一次规划，分步实施；简易入手，逐步完善；先中心港桂山，后其他岛屿；成熟一个，开放一个”的原则进行。

【汕头水运（海港）口岸】 汕头港地处广东省东部沿海，美丽富饶潮汕平原的南部。港界线：以新津河口东侧 23°21′N 纬线和梅溪蛋家园 23°27′40″N 纬线为北港界；以 116°50′E 经线为东港界；以 23°12′N 纬线为南港界；以 23°23′N 纬线为西港界。东距高雄 214 海里，西南距香港 187 海里，扼韩江、榕江、练江出海口，素有“岭东之门户，华南之要冲”的称誉。

汕头港是中国华南地区对外贸易的重要口岸，是沿海 25 个国家级主要港口之一，是广东省东翼的主要港口。汕头港历史悠久，是中国最早对外开放的港口之一，航道全长 17.25 千米，外航道基准面水深为-9.5 米。主要泊位水深分别是：马山港区泊位-10.8 米、珠池港区泊位-8 米、广澳港区泊位-15 米。2020 年 5 月，汕头市政府因建设需要，对内海湾实施整治。现有泊位 17 个，其中 1 000 吨级泊位 3 个、5 000 吨级泊位 2 个、1 万吨级泊位 3 个、5 万吨级泊位 4 个、7 万吨级泊位 1 个、10 万吨级泊位 2 个、其他泊位 2 个，堆场总面积 70.46 万平方米。近年来，汕头市大力发展港口物流和海运业，与东南亚很多国家或地区有集装箱定期货运班轮。汕头港的直接经济腹地包括汕头、潮州、揭阳、梅州 4 市所辖 23 区（县、市）的广大地区，其间接腹地包括闽西南及赣南部分地区。腹地经本港吞吐的主要货物有煤炭、石油、钢铁、水泥、化肥、木材、粮食等。

2021 年 6 月 1 日，广东省口岸办牵头组织海关总署广东分署、汕头海关、广东海事局、深圳出入境边检总站等有关单位组成验收组，实地检查了广澳港区二期码头现场口岸查验单位监管设施建设情况，就对外开放涉及的相关问题进行了认真研讨，并达成共识，一致同意汕头港口岸广澳港区二期码头通过验收，于 2021 年 6 月 3 日经广东省口岸办批准对外开放。这将有力地提升汕头港口岸在粤东中心港的地位和竞争力，不断提高汕头港的货物吞吐量。

2021 年，汕头海港口岸货运总量 3 002 万吨，同比增长 18.61%；外贸进出口量 473 万吨，同比下降 19.28%，其中进口 254 万吨，同比下降 27.22%，出口 219 万吨，同比下降 7.59%；集装箱吞吐量 180 万标箱。

2021 年汕头水运（海港）口岸集装箱航线运行情况

承运公司	挂靠港
中联航运	汕头、高雄、台中、惠州、盐田、南沙、汕头
高丽海运 & 天敬海运	釜山、光阳、上海、越南海防、汕头、福清、釜山
长锦商船 & 泛洋海运	仁川、瑞山、釜山、光阳、香港、黄埔、蛇口、汕头、仁川
高丽海运 & 泛洋海运	仁川、瑞山、光阳、釜山、黄埔、南沙、蛇口、汕头、仁川
达飞轮船	大连、天津、青岛、汕头、盐田、蛇口、南沙、香港、马尼拉南港、马尼拉北港、大连
	高雄、厦门、汕头、香港、马尼拉北港、马尼拉南港、苏比克湾
	上海、宁波、福州、汕头、蛇口、雅加达、泗水（印度尼西亚）、马尼拉（菲律宾）
地中海航运	福州、汕头、香港、蛇口、盐田、海防、新加坡、丹戎帕拉帕斯港、巴西古当、巴生、新加坡、丹戎帕拉帕斯港、海防、盐田、南沙、香港、福州
中外运集运	汕头、泉州、厦门、马尼拉北港、马尼拉南港
万海航运	青岛、上海、宁波、汕头、香港、蛇口、巴生、科钦、那瓦西瓦、杜蒂戈林、槟城、巴生、香港、汕头、青岛
	江阴、泉州、汕头、蛇口、南沙、胡志明市（越南）、香港、江阴
长荣海运	汕头—香港—蛇口—高雄—马尼拉南港—马尼拉北港—汕头
中联航运	汕头、蛇口、基隆、台中、高雄、汕头
海陆	高雄、汕头、香港、蛇口、南沙、胡志明市（越南）、丹戎帕拉帕斯港（马来西亚）、迪拉瓦港（缅甸）、仰光港（缅甸）、丹戎帕拉帕斯港（马来西亚）、新加坡、民都鲁港（马来西亚）、麻拉港（文莱）、哥打基纳巴鲁（马来西亚）
长锦 & 兴亚	黄埔、蛇口、汕头、厦门、仁川、光阳、釜山
华锦航运	汕头、南沙、香港、巴生、厦门、南沙

【潮阳水运（海港）口岸】 潮阳港地处潮阳区海门镇澳内湾。港界线：以 116°40′ E 经线为东港界；以 23°08′ N 纬线为南港界；以龟头海大堤为北港界。该港自然条件优越，属波浪庶敝带内等角螺璇线海岸。港池、航道水深 12 米，是天然的深水良港。距香港 161 海里，离台湾恒春港 210 海里，陆上至潮阳区 14 千米，由疏港公路连接深汕高速公路 3 千米，至广梅汕铁路汕头站 15 千米，交通、疏运条件优越。主航道水深-7.2~-12 米。1996 年 8 月，国务院批准同意潮阳港对外国籍船舶开放，海门港更名潮阳港。已建成码头 7 个泊位，分布在澳内码头、弗兰克油库码头、大明液化石油气码头、华能海门煤炭中转基地煤码头，年港口通过能力 1 385 万吨杂散货和集装箱 8 万标箱。拥有仓库、堆场共计 11.10 万平方米。建成 5 000 吨级油料码头泊位 1 个，储油量 2.4 万立方米油库 1 座。

2021 年，潮阳海港口岸货运总量 1 136 万吨，同比增长 38.54%；外贸进出口量 1 009 万吨，同比增长 114.68%。

【惠州水运（海港）口岸】 惠州港位于南海大亚湾西北隅，毗邻港澳，面对东南亚和台湾，拥有超大型原油接卸泊位和具有可建大型干散货泊位的自然条件及丰富的土地资源，对发展石化、电力等能源型临港工业有独特优势。惠州港于 1993 年 4 月 16 日正式对外国籍船舶开放，包括荃湾港区、东马港区、港口碧甲作业区和亚婆角作业区。现有开放码头 19 座（其中亚婆角码头按二类口岸运作）共 58 个泊位，设计吞吐能力 13 663 万吨及 90 万标箱，其中万吨级以上泊位 25 个。荃湾港区是惠州港的起步港区，是多功能综合性港区，以承担大宗散货物资转运和集装箱运输为主。东马港区是惠州港的大型石化港区，建有 30 万吨级石化泊位 3 个、15 万吨级石化泊位 2 个，主要承担大亚湾石化区内生产企业的原材料及产成品装卸和广石化原油接卸服务，同时也为周边地区提供石化货物运输服务以及为海上石油钻井平台提供物资输送服务。港口碧甲作业区主要为临港工业区提供港口配套服务，以承担临港工业所需的工业煤炭、矿石等大宗散货接卸服务为主。亚婆角作业区现为沿海砂石出口作业点，主要提供矿建材料和非金属矿石等装卸服务。惠州海港口岸开通台湾货运航线，以“惠盐组合港”模式开通惠州—盐田航线。

2021 年，惠州港进出口货运量 4 279.72 万吨，同比增长 2.1%；入出境船舶 5 781 艘次，同比增长 8.5%；入出境服务员工 78 167 人次，同比增长 8.8%。

【汕尾水运（海港）口岸】 汕尾海港口岸是中华人民共和国成立之后首批对外开放的 16 个沿海港口之一。1988 年汕尾建市初期，市委市政府就确定了以港立市、港城共荣的方针。建设 2 个 5 000 吨级泊位码头。随着汕尾市的经济社会发展，汕尾港口岸红海湾港区于 2009 年 11 月经国务院批准同意扩大对外开放，主要包括红海湾发电厂专用码头泊位、万聪船舶修造厂专用码头（船坞）、东洲通用码头泊位及白沙湖商贸通用码头泊位 4 个码头泊位区。目前已建成的码头泊位有：红海湾电厂 7 万吨级煤炭专用码头、3 000 吨级重件码头和 1 000 吨级油码头各 1 个；万聪船舶修造厂 1 万吨级和 5 000 吨级船坞各 1 个，500 吨级船坞 4 个。2019 年 11 月，国务院批复同意汕尾海港口岸扩大开放，扩大开放范围包括海丰港区和陆丰港区。海丰港区主要有华润电力（海丰）有限公司专用码头（已建成 1 个 10 万吨级码头泊位和 1 个 3 000 吨级重件码头泊位，并已投入商业运行）、小漠国际物流港区码头（项目规划建设 2 个 5 万吨级多用途泊位和 1 个工作船泊位）和海丰华城能源有限公司专用码头（规划建设 3 000 吨级和 1 000 吨级石化泊位各 1 个、50 吨杂货泊位 1 个，3 000 吨级码头泊位已经建成）。陆丰港区主要有陆丰宝丽华新能源电力有限公司专用码头（已建成 1 个 10 万吨级煤炭码头和 1 个 3 000 吨级重件码头，投入商业运行）。

2021 年，汕尾海港口岸进口货运量约 557.22 万吨。

【湛江水运（海港）口岸】 湛江港位于中国大陆最南端的雷州半岛，是汉代“海上丝绸之路”始发港，是中国大陆通往东南亚、非洲、欧洲和大洋洲海上航程最短的港口，已与世界 100 多个国家（地区）通航。自 1956 年开港以来，历经 60 多年的建设，已成为全国沿海 12 个战略枢纽港和原油、铁矿石物流集散中心，是西南沿海港口群的龙头港和中国中西部地区货物进出口的主通道，是广东省连接东盟自由贸易区的最佳海上物流平台，是国家建设“一带一路”重要支点口岸，是中国大陆的重要远洋门户，在亚太经济圈中具有重要的战略地位。湛江海港口岸主要包括霞山港区、调顺港区、霞海港区、宝满港区、东海岛港区、南海西部石油公司专用码头等港区和 5 个原二类口岸，拥有对外开放码头泊位 57 个，年设计吞吐能力近 2 亿吨。

霞山港区岸线 6 387 米，陆域纵深 1 500 米，用地面积 3.932 平方千米，生产性泊位 27 个（其中万吨级以上泊位 17 个，40 万吨级铁矿石码头 1 个、30 万吨级陆岸原油码头 2 个）。开通航线主要是原油运输航线（中东航线、非洲航线、新加坡中转航线）、铁矿石运输航线（东盟航线、东南亚航线、非洲航线、美洲航线、澳大利亚航线）。进出口货物有铁矿石、原油、成品油、集装箱、杂矿、化肥、粮食、钢材、木材等。

调顺港区岸线 1 315.4 米，陆域纵深 660 米，用地面积 0.795 平方千米，生产性泊位 7 个，开通航线主要是煤炭运输航线（东盟航线、非洲航线），进出口货物有煤炭、杂矿等。

霞海港区原拥有对外开放码头泊位 5 个，但由于城市扩容提质，目前该港区货运功能已腾退。湛江市已调整该港区港口功能为客运功能，并计划配建 2 个邮轮码头泊位。

宝满港区岸线 10 290 米，陆域纵深 1 000 米，用地面积 0.672 平方千米。规划重点发展集装箱运输业务，已完成一期工程，建成 2 个 5 万吨级集装箱专用泊位，年设计吞吐能力 80 万标箱。2021 年，集装箱外贸航线 11 条，主要至新加坡、越南、泰国、马来西亚、柬埔寨及中国香港等国家和地区，至欧美、非洲、中东等区域的货物目前主要通过新加坡及中国香港进行中转。

东海岛港区岸线 34 110 米，是湛江钢铁基地、中科合资广东炼化一体化项目和巴斯夫一体化项目生产配套的港区，已建成并对外开放生产性泊位 11 个，以大宗能源、原材料运输为主。

南海西部石油公司专用码头岸线 384 米，陆域纵深 584 米，用地面积 0.175 平方千米，生产性泊位 5 个，主要业务是进口大型海上钻井平台配件。

徐闻港区和大唐雷州电厂码头于 2021 年 4 月 14 日经国务院批准对外开放。目前，大唐雷州电厂码头已临时对外开放运作。

2021 年湛江水运（海港）口岸集装箱航线运行情况

一、外贸班轮情况		
航线	船公司	挂靠港
班轮航线	长荣	湛江—香港—蛇口—胡志明—西哈努克—林查班—香港—海防—钦州—湛江（CVT）
	中远海	湛江—高栏—虎门—南沙—盐田—胡志明—小铲滩—钦州—湛江（CVX1）
	万海	湛江—香港—南沙—巴生西—巴生北—海防—湛江（CVM）
	太平船务	湛江—归仁—新加坡—海防—钦州—湛江（VCS）
	中远海	湛江—钦州—海防—小铲滩—朱莱—胡志明—新加坡—胡志明—湛江（QVS）
二、外贸驳船船期		
驳船航线	海粤/丰顺	湛江—蛇口（内支线）
	五洲	湛江—南沙（内支线）
	丰顺	湛江—茂名（内外贸同船运输）
	丰顺	湛江—海安（内外贸同船运输）
	丰顺	湛江—洋浦（内外贸同船运输）
	五洲/海粤 丰顺/永丰	湛江—香港

【广海水运（海港）口岸】 广海海港口岸位于台山市广海湾华侨投资开发试验区，面临南海，原址在台山广海镇海港码头，距澳门 52 海里、香港 96 海里，1985 年 10 月经国家批准正式对外开放。客运于 1988 年 8 月开通香港客运航线，年客运量曾超过 10 万人次；1996 年 11 月该口岸客运迁往公益港，2007 年起暂停运行。货运于 1996 年规划迁建于鱼塘货运港区，可靠泊万

吨级轮船。2014 年，台山市政府根据大广海湾的规划发展，拟将该港区规划调整升级为建设 5 万吨级泊位、规模更大的广海湾货运港区。广海海港口岸开放水域范围新增的国华粤电台山电厂进口煤专用码头，于 2012 年 12 月获准正式对外开放。该码头位于台山市广海湾东侧铜鼓湾内，建有 2 个 5 万吨级泊位（水工设计为 10 万吨级），港口接卸能力达到 1 300 万吨。

2021 年，国能台山电厂累计完成 165 航次约 1 125 万吨燃煤接卸，其中完成 25 航次约 162 万吨进口煤接卸，累计为地方政府缴纳约 15 570 万元税收。截至 2021 年 12 月 31 日，国能台山电厂累计完成 2 130 航次，约 13 757 万吨燃煤接卸，其中，累计接卸进口煤 187 航次，约 1 232 万吨。口岸的绿色畅通，确保了国能台山电厂电煤稳定供应，为广东省能源保供做出贡献。

【阳江水运（海港）口岸】 阳江海港口岸于 1993 年 3 月 9 日经国务院批准设立。2020 年 7 月 29 日，国务院批复同意广东阳江海港口岸扩大对外开放。阳江海港口岸主要港区海陵湾港区位于广东省沿海的阳江市西南平冈镇，处于海陵湾的中部，地理坐标 21°42′ N，111°48′ E。水路东距香港 180 海里、澳门 140 海里、珠江口 190 海里，西距湛江 110 海里、海口 160 海里，北距广州 220 海里。陆路至广湛公路（325 国道）25 千米、广州 256 千米、湛江 230 千米，是广湛水陆交通线的中心点，在广州港、湛江港两个主枢纽港之间，与主枢纽港一起构成层次分明的水运体系，成为粤西中部和内陆地区重要出海门户，地理位置十分优越。

海陵湾港区现有对外开放码头 6 个。其中，通用码头 1 个（由广东阳江港港务有限公司建设经营，码头岸线长 608 米，已建成 1 万吨级泊位 2 个、3.5 万吨级泊位 1 个，设计年吞吐量 395 万吨）；粮食码头 1 个（由阳江良港码头有限公司建设经营，码头岸线长 300 米，已建成 3 万吨级泊位 1 个，设计年吞吐量 180 万吨）；公用散杂货码头 1 个（由阳江市保丰港务有限公司建设和经营，码头岸线长 510 米，已建成 5 万吨级泊位 2 个，设计年吞吐量 381 万吨）。

阳江港主航道水深 12 米，港池和码头前沿水深 8.5~14.5 米。目前已按 10 万吨级航道进行疏浚改造，可满足载重 7 万吨船舶航行。2021 年，往来航线主要有印度尼西亚、菲律宾、印度、马来西亚、越南、俄罗斯、韩国、澳大利亚、斯里兰卡、秘鲁、巴西、泰国、毛里求斯、新喀里多尼亚、缅甸、美国、南非等 17 个国家和地区。进出口货物总类主要有镍矿、铁矿、煤炭、石油天然气、水泥、木材、有色金属、大豆等。

2021 年，阳江海港口岸进出口货运总量为 1 198.91 万吨，同比减少 8%。其中进口 1 179.43 万吨，同比减少 8.6%；出口 19.48 万吨，同比增加 58.9%。进出境船舶 565 艘次，出入境人员 10 133 人次。集装箱进出口 7 906 箱次，同比增长 28.4%。其中，进口 1 箱次，同比下降 85.7%；出口 7 905 箱次，同比增长 28.5%。

【潮州水运（海港）口岸】 潮州港位于广东省东南部沿海，是广东省最东端的一个天然良港，包括三百门、西澳、金狮 3 个港区，海岸线总长 136 千米，港区规划水域面积 230 平方千米。1994 年 11 月，国务院同意将三百门港更名为潮州港，并列为独立对外开放口岸；2003 年 12 月 28 日，经广东省政府（受国务院委托）验收合格正式对外开放。对外开放水域 115 平方千米。潮州港可利用建码头、泊位岸线共 39 千米，其中可建 10 万 ~ 30 万吨级码头、泊位岸线共 10.4 千米，目前已拥有对外开放码头 5 座，分别为三百门港务公司码头、广东大唐潮州三百门电厂 5 万吨级专用煤码头、华丰 5 万吨级和 2 000 吨级油气专用 2 个码头、潮州港亚太通用码头。

2021 年，潮州海港口岸共监管进出口货物总值 12.73 亿美元，同比增长 54.5%；监管进出口货运量 704.2 万吨，同比减少 9.6%。其中，进口 10.32 亿美元，同比增长 58.7%；出口 2.41 亿美元，同比增长 38.7%。共征税 6.77 亿元，同比增长 46.6%，实现审价补税 266.4 万元。进出境交通工具 529 艘次，同比增长 34.95%。进出境人员 8 759 人次，同比增长 25.63%。

【茂名水运（海港）口岸】 茂名港水东港区于 1998 年 10 月 28 日经国务院批准对国轮开放，1993 年 2 月 24 日经国务院批准对外轮开放，1998 年经交通部批准，茂名市水东港更名为茂名港。茂名港水东港区地处粤西地区，位于广东省茂名市东南角，东经 111°、北纬 21°，是南海伸入内陆的一个面积为 32 万平方千米的泻湖湾。2019 年 5 月 16 日，国务院批复同意茂名港口岸扩大开放。茂名港划分为水东港区、博贺新港区、吉达港区，形成以水东港区为依托、博贺新港区为重点、吉达港区为重要组成的"一主两副"总体发局。

茂名港位于广东省茂名市区东南水东湾、博贺湾及北山岭，地处中国南部沿海、广东省西部，东接珠三角，西临北部湾，南濒南海，面向东南亚，北靠广阔的大西南、中南地区，是中国中南、西南地区的主要出海口，也是中国大陆距离马六甲海峡和南海油气田最近的港口，是广东省沿海地区性重要港口和地区综合运输体系的重要枢纽，是中国西南地区与外界沟通的重要门户。茂名港地处东南沿海铁路与洛湛铁路交汇点，陆路至广州 380 千米、湛江 100 千米；水路东距香港 178 海里、广州 246 海里，西距湛江 68 海里、海口 134 海里。目前，茂名港水东港区开通港澳驳船班轮航线，主要进出口货物为原油、成品油、煤炭、粮食、矿建材料、化工原料及制品、钢铁等。

茂名港是广东省沿海地区重要港口和地区综合运输体系的重要枢纽，是粤港澳大湾区、广东省沿海经济带西翼新增长极、茂名市经济社会发展和对外开放的重要依托，是茂名滨海新区开发建设的重要引擎，是茂名市调整产业结构、承接产业转移、发展临港产业的重要支撑。茂名港实施提前申报、船边验放等便利化措施，推行原油"先放后检"监管模式，原油进口通关时长从 15 天压缩至 5 小时。支持茂名特色农产品出口。继 2020 年茂名市香蕉试管苗等 8 个特色产品首次出口后，2021 年又助力酸菜鱼等 8 个产品实现首次出口，推动荔枝出口同比增长 63.2%、龙眼出口同比增长 4.1 倍。口岸工作时间为法定工作日 8：30 至 17：30（提供 24 小时预约通关服务。）

2021 年，茂名海港口岸进出口货运总量为 1 356.93 万吨，同比下降 0.92%。其中进口 1 227.37 万吨，同比下降 1.12%；出口 129.56 万吨，同比增长 1.01%。

【揭阳水运（海港）口岸】 揭阳港总体规划于 2010 年 10 月获得广东省人民政府同意批复，揭阳港定位为广东省沿海地区性重要港口，规划港口岸线 75.8 千米，其中榕江港区岸线 32.7 千米、惠来沿海港口岸线 43.1 千米，总体布局为"两港（港区）十区（作业区）"。截至 2021 年年底，共有 2 个码头对外开放，分别为中海油粤东 LNG 项目 15 万吨级专用码头和广东粤电靖海发电公司专用煤码头。

揭阳港神泉港区于 2010 年 12 月 9 日经国务院批准对外开放，2017 年 2 月 7 日通过国家验收，实现正式开放。神泉港区主体工程项目为中海油粤东 LNG 项目 15 万吨级专用码头（简称中海油粤东 LNG 码头），年设计货运吞吐能力为 600 万吨，可靠泊 8 万～26.7 万立方米液化天然气船舶的泊位及 1 000 吨及重件泊位各 1 个。该项目主要为满足液化天然气（LNG）的装卸作业及气化输出，按照设计要求，项目 LNG 来源全部从国外进口。2017 年 4 月 25 日，装载进口天然液化气的首艘境外货轮顺利停靠中海油粤东 LNG 码头，中海油粤东 LNG 码头投入正式运营。2021 年，中海油粤东 LNG 码头共进口天然液化气 50 航次 326.76 万吨。

2019 年 4 月 27 日，国务院批准揭阳海港口岸扩大开放，扩大开放水域包括惠来沿海港区的靖海作业区、资深作业区和榕江港区部分水域，同意开放码头包括广东粤电靖海发电公司专用煤码头（简称惠来电厂码头）、广东石化原油码头、揭阳市源茂利鸿基物流有限公司通用码头等 6 座。2021 年 2 月 1 日，惠来电厂码头通过国家验收，实现正式开放。惠来电厂码头岸线长 563 米，为北纬 22°59′28″、东经 116°32′32″和北纬

22°59′45″、东经 116°32′38″两点连线间，建设有 2 个 10 万吨级泊位煤码头（按 15 万吨级船舶设计）、1 个 3 000 吨级泊位综合码头，共 3 个泊位。2021 年，惠来电厂码头共进口煤 23 航次 168.18 万吨，货值 9 918.22 万元。

【广州港（海港、河港）口岸】 广州港由海港和内河港组成。海港由南沙港区、黄埔港区、新沙港区、内港港区和珠江口水域、航道、锚地组成。内河港由番禺港区、花都港区、新塘港区组成。南沙港区是广州港核心港区，主要承担集装箱、能源、石化、粮食、造船、滚装汽车和国际邮轮运输，已建成集装箱、滚装汽车、粮食、石油化工、船舶修造等专业化深水泊位。新沙港区主要承担集装箱、煤炭、矿石、粮食、商品汽车等物资运输。黄埔港区主要承担集装箱和煤炭、粮食、石油化工、件杂货运输，主要服务广州开发区临港工业和内陆腹地。内港港区位于广州中心城区，大部分码头已随城市发展逐步搬迁、改造，逐步向游船游艇旅游、商贸娱乐、文化景观等滨水休闲产业转型发展。

2021 年，广州港完成货物吞吐量 6.51 亿吨，完成集装箱吞吐量 2 447 万标箱，同比分别增长 2.34%、4.09%，两项指标分别位列国际港口第 4 位、第 5 位。其中，完成外贸货物吞吐量 1.59 亿吨、外贸集装箱吞吐量 984 万标箱，在新冠肺炎疫情和全球港口拥堵的严峻形势下，实现同比分别增长 10.84%、8.68%。开通集装箱航线 247 条，其中外贸班轮航线 141 条、内贸航线 106 条，年内净增外贸航线 21 条。

【斗门水运（河港）口岸】 斗门河港口岸位于东经 113°32′、北纬 22°27′的珠江出海口的磨刀门水道，客、货运码头岸线总长 950 米，河面宽 1 300 米，航道水深 3~8 米，无须清淤。内河可直达广东江门五邑、粤西腹地，外可直达香港（54 海里）、澳门（17 海里）。陆路有宽阔的输港公路直达珠海市区、澳门、珠海机场，以及与省内主要交通干道相连。斗门河港口岸水陆交通十分便捷畅顺，天然条件优良，是港澳连接珠海西部地区、粤西地区重要的对外开放口岸。斗门河港口岸是客货运综合港口口岸，包括斗门港客运口岸和斗门港货运口岸。

斗门河港口岸客运码头于 1987 年 10 月 31 日经国务院批准对外开放，1991 年 1 月 28 日建成试航，1992 年 11 月 8 日国务院口岸办组织验收，并批准正式通航。口岸建有 4 800 平方米的客运联检大楼，有客运经营公司、商场、车队等经营服务单位。近年来，随着珠海和港澳交通的便利化，斗门港客运进出境客流下滑，但客运口岸仍保持正常运营。受新冠肺炎疫情影响，自 2020 年 1 月 27 日起停运至今。

斗门河港口岸货运码头是原二类口岸，位于斗门港客运口岸的北侧，占地 5 万多平方米，查验管理由斗门港客运口岸的查验机构覆盖，1993 年 2 月获批准设立，1994 年 6 月 18 日建成试航。港口经营单位为珠海斗门珠船集装箱码头有限公司，其母公司为珠江船务企业（集团）有限公司（为省属国企广东省航运集团有限公司属下在香港设立的上市公司），码头配套设施设备完善，所处地理位置优越，具有良好水域条件、优良的通关环境和强大的集疏运能力。码头经营范围包括但不限于港区内货物（包括建筑材料，不限于沙石）装卸、仓储（不含危险品仓储）；道路货物专用运输（集装箱）业务。主要有码头装卸、散货拼箱、甩挂运输、拖车服务、仓储服务、综合物流、港珠澳大桥查验服务，“一桥通”粤港车业务以及内贸业务。货运口岸经营公司拥有 4 个 3 000 吨级的集装箱码头，码头场地面积 5.3 万平方米，码头泊位岸线 203 米，可同时靠泊 4 艘 3 000 吨级的船舶，码头的货运年吞吐量能力达到 15 万标箱。

【南海水运（河港）口岸】 南海河港口岸三山港区于 1996 年经国务院批准将南海客运港与三山装卸点合并为客货运对外开放口岸，位于南海区三山港经济开发区，港区码头岸线长 420 米，3 000 吨级泊位 7 个，港区总面积 40 万平方米，堆场面积 23 万平方米。开通接驳航线有南海至香港、盐田、蛇口、赤湾、南沙、大铲等班轮；港区配备 CCTV、X 光机货物查验系统、闸口集装箱自动识别系统等查验设备；进出口货物种类主要为再生金属、木材、家电、汽车零配件等；口岸实行全天24小时运作。现由和黄港口南海有限公司与佛山市南海瀚和投资有限公司共同投资设立的南海国际货柜码头有限公司负责经营。

2021年，南海河港口岸进出口货运量212.7万吨，其中出口货运量44.6万吨、进口货运量168.1万吨；集装箱吞吐量25.5万标箱。

【容奇水运（河港）口岸】 容奇河港口岸位于顺德大良德胜河板沙尾，东经111.3°，北纬22.3°。距香港62海里，陆路距广州和佛山各40千米，距东莞50千米、珠海90千米，城际轻轨经港口而过，水路、陆路交通十分便利。容奇港客运口岸于1986年经国务院批准开设，1986年12月正式启用，1995年9月经广东省政府批准将容奇港搬迁至现址并易名为顺德港。港口岸线长260米，港区占地7.28万平方米，建筑面积2.93万平方米。容奇河港口岸现建成有10条自助查验通道及1套信息采集系统，平均每天有7个以上航班往返顺德港至香港中港城码头。现由佛山市顺德区顺港客运联营有限公司负责经营。

受新冠肺炎疫情影响，自2020年1月30日起容奇河港客运口岸往返香港航线暂停营运。

【高明水运（河港）口岸】 高明河港口岸位于佛山市西翼的西江之滨，分为高明港客运口岸、高明外贸货物装卸点。高明港客运口岸是国务院于1992年12月批准开设的对外开放口岸，位于高明区荷城沿江路303号，水路距香港101海里。高明港客运口岸现有直接通航航点（航线）到香港中港城。现由佛山市高明区明珠客运联营有限公司负责经营。受新冠肺炎疫情影响，自2020年1月30日起高明港客运口岸往返香港航线暂停营运。

【虎门水运（河港）口岸】 东莞港位于珠江口东岸，于1997年6月27日经国务院批准设立，2003年9月28日经批准虎门河港口岸正式对外开放，2016年经交通部批准虎门港更名为东莞港，口岸暂未更名。虎门河港口岸开放范围自北向南包括麻涌、沙田、沙角和长安4个港区。截至2021年12月31日，纳入虎门河港口岸的对外开放货运码头有27座、泊位68个。集装箱外贸直航7条，其中2条中国台湾地区航线、2条越南海防线、1条越南胡志明线、1条柬埔寨/泰国航线、1条马来西亚航线。2021年，货运量4 076.44万吨，14.02万标箱。

虎门港太平客运口岸于1982年6月24日经国务院港口工作领导小组批准开通，于1984年7月2日正式通航。现有2条航线：一是2003年9月29日开通东莞至香港机场航线，每日5进5出，共10个航班，1 996个座席；二是2019年10月11日开通东莞至澳门氹仔码头航线，每天两进两出，800个座席。2021年4月28日复航东莞至澳门航线；随着疫情防控形势严峻，于6月7日再次停航至今。2021年，出入境旅客1 959人次。

【中山水运（河港）口岸】 中山市地处珠江口西岸。中山港于1985年建成通航。2016年8月10日，中山河港口岸扩大开放通过国家验收。经过30多年的发展，中山市已形成东部有中山港区（含中港客运码头）、南部有神湾港区（含神湾游艇码头）、西北部有小榄港区、北部有黄圃港区的环型码头布局。另外，在东部的民众镇设有中山保税物流中心车检场，在西北部的小榄镇设有小榄车检场。

中山港港区对外籍船舶开放。该港区位于中山市火炬开发区，水路距香港54海里、距澳门51海里，向东进入伶仃洋与国际航线相通，内河接珠江水网，公路以广珠东线、京珠高速公路为骨干线，中山港港区河宽平均400米，水深7~10米，现可通航3 000吨级江海轮。港区内设客运码头1个，经营方为中港客运联营有限公司；公共货运码头2个，分别为中山港国际货柜码头和中外运码头，经营方分别为中山港货运联营有限公司和中山中外运仓码有限公司。中山港港区已开设的固定航线有：中山港—香港、中山港—深圳、中山港—南沙。中山港港区已发展为集客货运一体、年均入出境旅客100多万人次、进出口货物 600 多万吨的综合性水运口岸，服务区域覆盖了全市各个镇区及中山周边城市。

神湾港区对外籍船舶开放。该港区位于中山市南部神湾镇，陆路距中山港区 48 千米，水路距香港 52 海里，主要辐射神湾、三乡、坦洲、板芙等镇区。神湾港区内设公共货运码头 1 个和游艇码头 1 个，货运码头经营方为中山市神湾港货运联营有限公司；游艇码头位于神湾镇磨刀岛磨刀门水道东岸，经营方为广东盛世游艇会有限公司。该码头拥有齐全的查验配套设施供游艇进出境查验使用，已开通中山与澳门游艇自由行。

小榄港区对国内船舶开放。该港区位于中山市西北部的小榄镇，陆路距中山港区 35 千米，水路距香港 75 海里，主要辐射中山市小榄、南头、古镇、东凤、黄圃、阜沙、东升等镇区以及顺德等周边地区。小榄港码头岸线长度 364 米，建有 1 000 吨级货轮泊位 8 个，经营方为中山市小榄港货运联营有限公司。

黄圃港区对国内船舶开放。该港区位于中山市北部的黄圃镇洪奇沥水道南岸，主要服务于中山市北部镇区，同时辐射佛山市顺德区和广州市番禺区。年设计吞吐能力 190 万吨，其中集装箱 9 万标箱、件杂货 100 万吨，经营方为中山市黄圃港货运联营有限公司。

2021 年，中山河港口岸进出口货物 426.46 万吨，其中集装箱运输 80.26 万标箱；中港客运码头受新冠肺炎疫情影响自 2020 年 3 月暂停进出境业务。

【江门水运（河港）口岸】 江门河港口岸是江门市具有百年悠久历史的客运口岸（通航香港、澳门），原位于江门北街，1997 年 6 月迁至西江河段江门外海大桥下游 1.5 千米处新港，地址为江门市江海区金瓯路 1 号。水路距香港 75 海里，距澳门 38 海里。口岸占地面积 8 万平方米，码头长度 133 米，500 吨级泊位 3 个，设计年客运通过能力 100 万人次。查验综合大楼建筑面积 4 万平方米，大楼内出入境查验通关大厅、候船厅、免税商场、地下车库等口岸功能设施齐全，港口广场及绿化面积 6.5 万平方米。中华人民共和国成立以来，该口岸大部分时段保持通航澳门，1982 年 5 月扩大开放通航香港。20 世纪 90 年代最鼎盛的时候码头有 5 艘高速客船，年客运量达 52 万人次，随着陆路交通网络发展，江门港客流量逐年下降，至 2017 年只余 1 艘船舶“蓬莱湖”，且于 2017 年 12 月 29 日到期报废。2017 年 3 月 18 日，经市政府研究同意，造船保港，新船于 2018 年 8 月底投入营运，客位 199 个，与珠海斗门港挂港联运，日常每天 2 个航班往返于江门至香港，直航单程需 2 小时 50 分钟左右，节假日进出境客流高峰时，每天进出航班会增开到 4 个。2017 年出入境旅客 84 719 人次，2018 年为空档期，2019 年出入境旅客 44 349 人次，同比下降 47%。受新冠肺炎疫情影响，从 2020 年 1 月 30 日起停航至今。

【新会水运（河港）口岸】 新会河港口岸位于潭江下游的银洲湖左岸，于 1992 年 9 月 2 日经国务院批准客运对外开放，2003 年暂停运行。2001 年 9 月 23 日经国务院批准货运对外开放，包括天马货运港区及口岸开放水域范围的双水发电厂进口煤专用码头、银湖船舶维修专用码头、宜大化工品专用码头。其航道经崖门出南海，天然水深 8～13 米，是少有的内河优良建港水域，交通便利，水路距香港 98 海里、距澳门 47 海里，陆路紧靠广东西部沿海高速公路和广珠铁路。天马货运港区可靠泊外国籍船舶，一期工程于 2001 年 12 月建成通过验收并对外开放，建成使用的港区占地面积 12.80 万平方米，基本设施建有长 323 米的码头，含 5 000 吨级泊位 2 个、500 吨级泊位 1 个，仓库 4 800 平方米，集装箱及件杂货堆场共 5 万平方米，以及建筑面积近 4 000 平方米的综合联检办公大楼，进出港道路为 6 车道一级水泥公路。港口运作配套设施较先进、齐备，装甲运输设备主要有门座起重机 4 台（最大起重能力 45 吨），各型集装箱牵引车、叉车和运输车 50 多辆，港口作业船 1 艘。设计年货物吞吐能力 100 万吨，其中集装箱 10 万标箱。二期工程（2 个 1 万吨级泊位，兼顾 3 万吨级功能）于 2019 年 11 月建成通过验收并对外开放。

现天马港区共建有5个泊位，岸线总长678米，设计年货物吞吐量为177万吨，其中集装箱19万标箱。港区面积27.2万平方米，堆场面积12万平方米，仓库面积2万平方米。目前，5 000吨级海轮可全潮、1万吨级海轮可乘潮进出港。

2021年，新会河港口岸进出口货物156.35万吨，同比减少15.1%；水运进出口集装箱7.36万标箱，同比减少42.4%。

【鹤山水运（河港）口岸】 鹤山河港客运口岸位于广东省鹤山市西江河段、325国道九江大桥侧的沙坪河口与西江的汇合处（通航香港），鹤山沙坪镇口岸路，于1988年4月27日经国务院批准对外开放，1989年1月28日开通鹤山至香港的水路客运航线。港区岸线长260米，码头长48米，泊位1个；建有旅检大楼300平方米，内设6条旅客进出境通道和候船厅、免税商场、停车场等设施齐备。目前由佛山高明港高速客轮挂港联运，每天一进一出共2个航班，每航次约需2小时30分钟。受新冠肺炎疫情影响，客运暂停运作。

【三埠水运（河港）口岸】 三埠河港客运口岸位于广东省开平市三埠镇长沙港口路7号、潭江中下游左岸，距香港146海里、澳门80海里，于1982年6月24日经国务院批准对外开放，1984年4月1日建成并开放使用，通航港澳。码头长度82米，泊位2个，旅检大楼面积4 049平方米。年客运量曾达到20多万人次，2007年9月起，因客运量不足，取消直航航班，通过与中山港合作开展“三埠—中山—香港”水陆联运模式接送旅客。2009年6月起，暂停客运业务。2010年7月，三埠河港客运码头暂改为内贸集装箱装卸区，并于同年8月开始兼营内贸集装箱装卸业务。

原二类口岸

截至2021年年底，广东省共保留运作的原二类口岸84个。择其中部分介绍如下：

【惠州红海港装卸点】 惠州红海港装卸点是1985年11月5日经广东省人民政府批准开设的二类口岸，是东江流域的重要河港口岸之一。该装卸点于1998年10月经广东省人民政府、海关总署确认为继续保留运作的原二类口岸，2005年作为新开口岸项目列入《国家“十一五”口岸发展规划》。该装卸点包含恒盛集装箱码头和宏兴码头。其中，恒盛集装箱码头位于博罗县石湾镇江滨路，设有500吨级泊位2个，设计年吞吐能力为60万吨；宏兴码头位于博罗县龙溪镇，始建于1998年10月，建有500吨级泊位10个，设计年吞吐能力为500万吨。

【容奇装卸点】 容奇装卸点内设容奇码头，是1987年12月经广东省口岸办批准正式启用的二类口岸，地处西江下游的容桂水道，位于广珠公路容奇大桥东侧，距香港63海里，距深圳48海里。现有泊位10个，码头岸线长636米，港区面积为12万平方米，货物年吞吐量200万吨、80万标箱。每天有多班往来香港的集装箱船、件杂货船和多班往来深圳、南沙的进出口直航驳船。码头内还设有进出境货运车辆查验场。2021年，进出口货运量34.2万吨。

【北滘装卸点】 北滘装卸点内设北滘码头和勒流码头。北滘码头于1992年10月动工兴建，是1993年3月经广东省口岸办批准设立的二类口岸，1994年12月通过验收投入使用，2011年完成扩建。码头位于北江顺德水道的北岸，105国道三洪奇大桥东面，碧桂路西面的北滘工业园内。港口泊位岸线长800米，港区面积31万平方米，货物年吞吐量280万吨、80万标箱。港区内设有进出境货运车辆查验场。2021年，北滘码头进出口货运量379.6万吨。勒流码头是1993年3月经广东省口岸办批准设立的二类口岸，地处顺德区北江水道南岸的稔海—黄连段，距香港70海里，距深圳55海里，距广州黄埔港68海里。现有泊位9个，码头岸线长600米，港区面积为30万平方米，货物年吞吐量200万吨、80万标箱。港区内设有进出境货运车辆查验场。2021年，勒流码头进出口货运量203.2万吨。

【了哥山港装卸点】 佛山港了哥山港区内设顺德新港码头，是 2019 年 3 月经广东省口岸办批复同意对外开放的二类口岸，2019 年 4 月正式对外开放。了哥山港（即顺德新港）一期位于广东省佛山市顺德区西江干流杏坛南华岸线，是招商局港口控股有限公司和广东顺德控股集团有限公司联合打造的第一个内河港口。了哥山港水域条件优厚，港口设施齐全，功能布局合理，总投资超 8 亿元，拥有岸线长度 438 米，陆域堆场 18.4 万平方米，4 个 3 000 吨~5 000 吨级的多用途泊位，货物年吞吐量 200 万吨、50 万标箱。2021 年，进出口货运量 41.7 万吨。

【佛山新港装卸点】 佛山新港装卸点内设新港码头，是 1993 年经广东省口岸办批复同意对外开放的二类口岸，位于禅城区港口路 39 号，货物年吞吐量 350 万吨、28 万标箱。进出口货源主要是机械产品、塑料原料、棉纱和钢材。自 2019 年 6 月 30 日起佛山新港码头关闭。

【澜石装卸点】 澜石装卸点内设澜石码头，是 1979 年经广东省口岸办批复同意对外开放的二类口岸，位于禅城区前进路 88 号，码头岸线长 440 米，有驳船装卸泊位 7 个，货物年吞吐量 250 万吨、30 万标箱。进出口货源以原材料、食品、陶瓷、建材为主。自 2019 年 12 月 31 日起佛山澜石码头关闭。

【九江装卸点】 九江装卸点内设九江码头，是 1979 年经广东省口岸办批复同意对外开放的二类口岸，位于南海区九江镇东南段。现有 45 吨轨道门座机 6 台，集装箱龙门吊 6 座，码头岸线长 330 米，驳船泊位 5 个（其中外贸 5 000 吨级泊位 3 个、内贸 5 000 吨级泊位 2 个），集装箱年吞吐量达 60 万标箱。2021 年，进出口货运量 330 万吨。现由佛山中外运仓码有限公司经营。

【平洲装卸点】 平洲装卸点内设南港码头，是 1989 年经广东省口岸办批复同意对外开放的二类口岸，位于南海区永安路 1 号，港区码头岸线长 230 米，3 000 吨级泊位 4 个，集装箱堆场面积 1.7 万平方米，散货堆场面积 2.6 万平方米。进出口货物种类主要为再生胶粒、棉纱、木材、家电、钢材、挖掘机等。口岸实行“6+1”工作制，即星期一至星期六正常上班，星期天预约上班。2021 年，进出口货运量 28.48 万吨。自 2021 年 8 月 19 日起南港码头关闭。

【北村装卸点】 北村装卸点内设北村码头，是 1987 年经广东省口岸办批复同意对外开放的二类口岸，位于珠江口水道广州珠江大桥上游，码头岸线长 119.5 米，设有 1 000 吨级的集装箱泊位 1 个，500 吨级的散货船泊位 2 个，集装箱堆场面积 1.48 万平方米，仓库面积 147 平方米。口岸实行“6+1”工作制，即星期一至星期六正常上班，星期天预约上班。2021 年，进出口货运量为 60.9 万吨。现由佛山北村珠江货运码头有限公司经营。

【高明港装卸点】 高明港装卸点内设珠江货运码头和食出码头。珠江货运码头是 1992 年经广东省口岸办批准设立的二类口岸，位于高明区荷城沿江路 11 号，建有 4 个 3 000 吨级泊位，2021 年进出口货运量 324.54 万吨，现由佛山高明珠江货运码头有限公司负责经营。食出码头是 1985 年经广东省口岸办批准设立的二类口岸，位于高明区荷城沿江路 253 号，设有 1 500 吨级泊位 1 个，集装箱堆场 1.6 万平方米，拥有物流仓库 4 000 平方米、保税仓出口监管仓 1 200 平方米、冷冻仓库 400 平方米，2021 年，进出口货运量 8.66 万吨，现由港资企业海晏（广州）国际货运代理有限公司经营。

【三水港装卸点】 三水港装卸点内设三水港码头，是 1996 年经广东省口岸办批准设立的二类口岸，码头位于西江马口段，2000 年正式启用，年外贸集装箱吞吐能力 30 万标箱，现由佛山三水中外运货运港口有限公司经营。三水口岸三水港地处珠江—西江经济带黄金水道中游，扼西江、北江、绥江三江交汇的咽喉要道，距香港 114 海里、深圳 100 海里、南沙 85 海里，是广佛肇清经济圈最主要的进出口水路运输门户之一，也是连接粤港澳大湾区、面向东南亚、沟通北部湾、辐射大西南的重要节点。主要进口棉纱、金属原料，出口陶瓷、玻璃瓶等。2021 年，三水口岸进出口货物261万吨，同比增加16%。

【西南装卸点】 西南装卸点内设西南码头，是1986年经广东省口岸办批复同意迁建并更名的二类口岸，位于北江下游东平水道左岸，码头岸线长400米，有1 000吨级泊位4个。

【韶关新港水运（河港）口岸】 该口岸位于市区南郊9千米处，占地6.5万平方米，300吨级船泊位3个，岸线180米，监管仓库500平方米，堆场3万平方米，办公大楼2 800平方米，配备设备40T吊机1台，叉车1台，120吨地磅1台，年吞吐能力30万吨。

【湛江港长桥作业区】 该作业区由霞山长桥码头、渔业公司旧码头和富多石油液化气专用码头3个码头组成。霞山长桥码头、渔业公司旧码头是1982年经广东省口岸办批准设立的二类口岸。霞山长桥码头为湛江口岸对台小额贸易点。湛江港长桥作业区位于湛江市霞山区，东经110°24′、北纬21°12′。

【湛江港北潭作业区】 该作业区是1993年经广东省口岸办批准设立二类口岸装卸点，1998年广东省政府列为暂停运作需进行调整的口岸装卸点，2003年广东省政府批准恢复运作。湛江港北潭作业区位于雷州半岛西北部的英罗湾，东经109°8′、北纬21°6′。

【湛江港营仔作业区】 该作业区是1993年经广东省口岸办批准设立二类口岸装卸点，1998年广东省政府列为暂停运作需进行整顿的口岸装卸点，2004年经广东省政府批准恢复运作。湛江港营仔作业区位于雷州半岛北部，东经109°54′、北纬21°28′。

【湛江港流沙作业区】 该作业区是1989年经广东省口岸办批准设立二类口岸装卸点，1998年广东省政府列为暂停运作需进行整顿的口岸装卸点，2004年经广东省政府批准恢复运作。湛江港流沙作业区位于雷州半岛西南端，东经109°55.8′、北纬20°26.2′。

【湛江港海安作业区】 该作业区是1981年经广东省口岸办批准设立二类口岸装卸点，1995年广东省政府批准为对越南小额贸易试点口岸，2008年改扩建1 000吨级件杂货综合性码头，并于2015年1月8日被广东省口岸办批准为海安作业区新址，同年1月28日该作业区开通“湛江—海安—香港”集装箱航线，正式开展对外业务。湛江港海安作业区位于祖国大陆最南端，东经110°35′、北纬20°13′。

【肇庆港口岸肇庆港区（新港码头、三榕港码头）】 新港码头为国家二类货运口岸，位于肇庆市鼎湖区广利镇，国道321线鼎湖路段院主处向南6千米，是交通运输部确定的全国28个内河主要港口之一，西江流域枢纽港口；常年水深6米，有5 000吨级泊位2个；地处珠江水系的西江中下游，上游可至梧州、贵港、南宁、百色，下游通过虎跳门的出海航道可通航5 000吨级江海轮，是珠三角重要的内河枢纽港口。主要进出口货物种类为松香、再生金属、纸浆、出口瓷砖。新港码头已开通往返香港的外贸定期班、往返深圳西部港口及广州南沙港的外贸内支线驳船航班服务，其中往返香港航线为每周一、三、五新港码头开航，每周二、四、六香港开航（22小时到肇庆），西部港口（蛇口、赤湾、妈湾、大铲湾）及广州南沙港按实际需要开航。在2021年12月，新港码头开通“新港码头—深圳蛇口港”组合港通关模式。三榕港码头为国家二类货运口岸，位于肇庆市端州区西侧的端州八路，西江的中下游，毗邻G321国道，距离S8广佛肇高速路口6.7千米，可以通航3 000吨~5 000吨级驳船，是东引西连的枢纽门户。外贸集装箱以石材、陶瓷、粮食、机械设备货种为主，外贸散杂货以石粉、散竹、松香货种为主。具备进境粮食指定口岸资质。三榕港码头已开通航线：三榕港码头—香港、三榕港码头—广州南沙港、三榕港码头—深圳西部港区（蛇口、赤湾、妈湾、大铲湾）。

【肇庆港口岸四会港区】 四会港区为国家二类货运口岸，位于肇庆市四会市进港路，地处西江和北江交汇处附近，毗邻佛山三水，连接珠江三角洲核心经济区，是肇庆地区各港口中距离区域性枢纽港（海港）最近的一个港口。主要进出口货物种类有纸浆、糖浆、棉纱、松香、橡胶、再生金属原材料、胶粒、陶瓷、铝锭、板材、电池、厘竹、纸巾、饭盒、玻璃瓶等。四会港区已开通航线：四会港区—香港、四会港区—广州南沙港、四会港区—深圳西部港区（蛇口、赤湾、妈湾、大铲湾）、四会港区国际中转（经香港）—深圳盐田港。2021 年 12 月，四会港区开通“四会港区—深圳蛇口港”组合港通关模式。

【肇庆港口岸高要港区】 高要港区为国家二类货运口岸，位于肇庆市高要区南岸镇南湾路 48 号，上游连接云浮、广西梧州等地，下游达中山、江门、广州、香港、澳门，主要承接西江以南的货物进出口业务。高要港区周边地区的厂家主要以石材、陶瓷、五金、土特产（桂皮、松香）及家禽饲料产业为主。港口提供进出口货物装卸、配送、水陆中转、水转水、仓储、拼箱、代理报关等“一站式”服务业务。主要进出口货物种类为石材、陶瓷、土特产以及米糠等。高要港区已开通航线：高要港区—香港、高要港区—广州南沙港、高要港区—蛇口港、高要港区—妈湾港等。2020 年，高要港区借助 AI 人工智能识别等技术设备，建成“数字智能化”内外贸分流管控系统系统，通过“同泊位、同堆场、同吊机和分时分区管理”，实现生产要素内外贸共享，24 小时自动判别集装箱属性，满足口岸按需调整内外贸经营的实际需求，降低口岸生产经营的合规成本。2021 年 10 月，高要港区开通“高要港区—深圳蛇口港”组合港通关模式。

【清远港装卸点】 该装卸点位于北江四路 10 号，107 国道旁，距离广州约 70 千米，水路距离香港约 160 海里，航时约 18 小时。岸线坐标为：A 点：北纬 23°41′30. 2″，东经 113°00′11. 7″；B 点：北纬 23°41′34. 7″，东经 113°00′05. 2″。1993 年 4 月经广东省口岸办批准设立为清远港进出口货物装卸点，1998 年经广东省政府、海关总署确认为继续保留运作的二类口岸。码头作业区占地面积约 4. 1 万平方米，其中堆场总面积约 3. 2 万平方米，监管仓库 1 300 平方米，码头岸线 236 米，拥有 4 个 1 000 吨级泊位，配备有 50 吨、45 吨、35 吨级集装箱岸吊各 1 台、集装箱正面吊车 4 台、集装箱拖车和多功能叉车 20 多辆，码头设计年吞吐能力为 120 万吨。现开通清远港往返香港、澳门小型船舶运输以及外贸内河中转运输航线。进出口货物种类主要有塑胶料、高岭土、硼钙石、锆英砂、陶瓷、纸巾等。根据清远港经营企业统计，2021 年进出口货运量 49. 44 万吨，集装箱吞吐量 3. 52 万标箱。口岸实行“5+2”工作制，即星期一至星期五正常上班；星期六、日，法定节假日预约上班。现由清远珠江货运码头有限公司经营。

【云浮水运（河港）口岸】 云浮新港口岸位于西江中游南岸云安区六都镇，地处两广航运节点，且航道水深优良，水陆铁交通十分便利。下达广州 113 海里、珠海 149 海里、香港 177 海里，上溯广西梧州 60 海里。陆路与国道 324 线相连，距广梧高速公路云安区出口 7. 5 千米、云浮市区 18 千米、广州 178 千米，是连接沿海与内地、连接珠三角与大西南的交通要冲，是云浮建设两广（广东、广西）交通纽带的重要节点。2021 年 4 月 22 日，广东省口岸办批复同意将云浮六都装卸点的口岸功能整体搬迁至云浮港都骑通用码头口，目前该码头正在建设中。

云浮新港口岸现开通云浮新港至香港、深圳蛇口、广州南沙、珠海高栏等港口的船舶往来航线，在“云浮—香港”定期航班的基础上，开通“云浮—南沙”出口航线。开通梧州赤水—云浮水运（河港）口岸内支航线及云浮水运（河港）口岸—梧州大利口航线。进口主要货物种类有石材、不锈钢、纸浆等，出口主要货物种类有石材、陶瓷、电池、硫铁矿等。

【韶关陆路（公路）口岸】 该口岸位于韶关市区南郊 6 千米的广韶公路旁，占地 9 500 平方米，设有建筑面积 2 400 平方米的三层报关大楼、800 平方米 19 个停靠候检车位的查验平台和 5 000 平方米的停车场，并配套设有 500 平方米的监管仓，年吞吐能力 90 万吨。场地内建有韶关市跨境电商清关服务中心，一期占地 1 170 平方米，投资总额776万元，设有1条分拣线，并于2016年10月31日正式运营开展跨境电子商务直购进口业务。自运营以来清关中心业务量保持稳定，共到车近4 000台次，到货约260万件，完成B2C直购进口货值11亿元，成为韶关市外贸可持续发展的新增长点。二期投资总额800万元，占地面积1 360平方米，投入2条生产线，规划设计最大日均快件处理量为1.2万件，2021年3月30日正式启用，韶关市跨境电商清关服务中心成为粤北首个涵盖个人物品和跨境电商B2C业务的监管场所。业务开通以来，开展进出境快件通关2 948票，货值80.3万元。

【韶关陆路（铁路）口岸】 该口岸位于韶关市区南郊3千米处，占地25 640平方米，内设有1座500平方米封闭式仓库、1座3 000平方米的低温仓库、300平方米的停车场，铁路专用线、站台465米，可同时停靠8个火车皮，地面仓库及附属建筑4 153平方米，年吞吐能力150万吨。

【乐昌陆路（铁路）口岸】 该口岸位于乐昌市环城中路，距离韶关车检场65千米，占地2.17万平方米，有专线500米，年吞吐能力20万吨。

深圳市

【口岸数量及分布】 截至2021年12月31日，深圳拥有经国务院批准的对外开放口岸15个。其中，空运口岸1个，即深圳空运口岸（深圳宝安国际机场）；陆路（公路）口岸7个，分别为罗湖、文锦渡、皇岗、沙头角、深圳湾、福田、莲塘公路口岸；陆路（铁路）口岸1个，为广深港高铁西九龙站铁路口岸；水运（海港）口岸6个，分别为盐田、大亚湾、蛇口、赤湾、妈湾、大铲湾海港口岸。

罗湖口岸是深圳市客流量最大的旅客入出境陆路口岸，客流量居全国前三名；皇岗口岸是目前中国货车入出境数量最多的客货综合性公路口岸，也是中国率先实行24小时通关的口岸；深圳湾口岸是中国第一个按照“一地两检”查验模式运作的客货综合性公路口岸；文锦渡口岸是中国最早对外开放的口岸之一；福田口岸是中国首个内地与香港无缝接驳的地铁口岸；莲塘口岸是深港间第7座公路口岸，定位为客货综合性口岸；盐田港口岸是中国四大国际中转深水港之一；蛇口口岸是第一个由企业自筹资金建设、管理和经营的海港口岸；赤湾口岸是第一个中外合资港口企业建设和经营的海港口岸；深圳宝安国际机场是中国第一家以地方投资为主兴建的机场，是中国四大航空港之一。

【口岸运行数据】 2021年，经深圳口岸出入境旅客人员171万人次，日均0.47万人次；出入境车辆564.80万辆次，日均1.54万辆次；深圳海港口岸集装箱吞吐量2 623.76万标箱，累计同比增长9.44%；进出口货物19 000万吨，累计同比增长11.06%。深圳空港（机场）口岸出入境旅客9.40万人次，日均0.025 7万人次；国际空运货物53.70万吨，累计同比增长31.40%。

【口岸综合管理】 一是口岸基础及配套设施建设。高效推进皇岗口岸重建工作，新皇岗口岸综合业务楼项目于2021年5月完成地连墙及桩基施工，6月底项目基坑支护工程立柱桩、工程桩施工完成，6月30日开始土方开挖及支撑体系施工。新皇岗口岸联检大楼项目于2021年3月取得用地预审与选址意见书，截至12月31日，地连墙施工累计完成62幅（总数为137幅，约占总数的45.25%）、三轴搅拌桩累计完成390根（总数为753根，约占总数的51.79%）、咬合桩完成总施工数量（375根）。深港双方就联检大楼设计方案框架、建设标准、建设主体、建设费用、司法管辖等问题达成共识，并明确在新皇岗口岸共同研究实施“合作查验、一次放行”等查验模式。积极开展沙头角口岸重建功能定位、重建工作实施方案、重建指挥部组建方案研究，并向市领导、市委编办请示汇报；就需与港方沟通涉及口岸的查验模式、通关规模、功能调整等内容征求了相关部门意见，并报市政府审议同意；与香港保安局建立联系，并就口岸的查验模式、通关规模、功能调整等与港方沟通，及时了解港方动向。积极开展罗湖口岸改造重建规划研究，加强与罗湖区沟通联系，筹备开展罗湖口岸与深圳火车站片区改造重建规划论证会。

二是口岸综合改革。主动谋划口岸综合改革，着眼于充分发挥深圳作为“口岸城市”的特殊优势，提升口岸助推大湾区发展的服务能级，系统谋划推动口岸管理体制、通关模式、法治规范、口岸建设等领域系统性改革创新，“支持深圳推动口岸领域综合改革，加强深港口岸合作，先行探索更加高效的口岸管理体制机制和更加便利的口岸通关模式”纳入国家发展改革委《粤港澳大湾区建设十四五规划和2035年远景目标》规划。推进首批综合授权改革清单事项“深圳港客运码头设置旅客国际中转区”，形成系列制度性文件，赋予深圳市开展客运码头旅客国际中转业务的法律权限。积极推动深港口岸经济带建设，主动对接香港北部都会区“双城三圈”战略布局，充分发挥口岸的前沿阵地作用，推动深港口岸经济带成为“一国两制”条件下制度集成创新和规则对接的示范地。深化口岸管养体制改革，制定《市口岸办口岸管养经费管理办法（试行）》等20多项制度，建立以绩效为导向的口岸管养经费管理模式，企业规范性进一步增强。研究编制国际一流口岸管理服务标准体系架构设计，为口岸精细化管理服务提供遵循。

三是口岸营商环境。创新便利化通关模式，全面推广“提前申报”，深化“船边直提”“抵港直装”改革试点，“船边直提”从卸船到出闸操作时间由4~6小时缩减至5~8分钟，“抵港直装”全程在口岸停留时间不超过3.5小时，较传统模式缩短1~2天。2021年，深圳关区进口、出口整体通关时间较2017年分别压缩80.58%、93.84%。区域性通关便利化协作不断强，“大湾区组合港”航线达到15条，累计超过11.6万标箱。完善规范口岸收费目录清单，积极推广国际贸易“单一窗口”全国口岸收费及服务信息发布系统，共计337家企业录入了口岸收费信息，逐步实现进出口环节收费的动态管理。落实免除查验没有问题外贸企业作业服务费改革试点工作，落实国务院关于港口建设费减免政策。检查督导港口码头企业规范收费退费，调降船舶进出港引航费收费，深圳港国际国内集装箱班轮航线船舶以及邮轮航线船舶引航费较现有国家标准降低了16.70%，2021年深圳港班轮、邮轮航线船舶引航费降费金额约为6 036.10万元。加强科技手段应用，加强国际贸易“单一窗口”建设，累计上线中央标准和地方特色应用共30个业务领域129个业务模块，提供网上服务事项超900项，推广成效走在全国前列。2021年，出口总额连续29年居内地城市首位，市场主体满意度不断提升，深圳已成为跨境贸易指标领域的标杆城市之一。

四是口岸法治建设。推动口岸立法修法各项工作，继续推进《深圳经济特区陆路口岸和特区管理线检查站物业管理规定》修订，结合口岸高质量发展新形势带来的新任务、新需求，理顺各类口岸设施权利主体、使用主体、管养经营主体之间的关系，确保各类场地设施高效、合理、有序使用。启动口岸管理综合性法规立法调研工作，为打造口岸治理“基本法”，切实落实口岸建设、管理、协调、服务、监督等各项职能职责提供立法支撑。制定发布行政规范性文件情况。严格落实行政规范性文件征求意见、专家论证、合法性审查、公平竞争审查、集体决策等环节要求，2021年先后制定发布《深圳市已开放港口口岸范围内新建、改建码头泊位对外开放验收启用管理操作办法》《深圳港客运码头旅客国际中转区管理办法（试行）》2项行政规范性文件，为规范已开放港口口岸范围内新建、改建码头泊位对外开放验收启用管理，落实《深圳建设中国特色社会主义先行示范区综合改革试点首批授权事权清单》有关改革事项提供制度支撑。

五是口岸信息化建设。全力推进5G、大数据、云计算等新技术应用，打造“智慧口岸大脑”，改善旅客通关体验，提升通关效率，实现口岸监管、管理、贸易、服务智慧化，助力深圳“双区”建设。2021年，加快推动智慧口岸项目建设，完成总体规划、项目一期可行性研究报告和初步设计编制，可研报告完成报审。启动智慧通关平台研究，助力优化营商环境。完善莲塘口岸“一站式”信息平台，保障系统正常运行。在深圳湾口岸试点5G全场景应用，5G服务机器人、巡防机器人、5G视频监控、5G全景直播已在深圳湾正式应用。“i口岸”小程序正式上线，提供口岸服务、信息咨询、智能客服等8项服务。建成口岸应急指挥中心，建立应急指挥、值班值守、视频会议、监控巡检集成系统，增强口岸重大公共事件应对能力。在口岸推广“一码通”“跨境安”，助力科技防疫。

六是疫情防控境外输入。截至2021年12月31日，深圳口岸出入境旅客93.8万人次（入境39.80万人次、出境54万人次），深圳湾口岸入境34.70万人次，深圳机场口岸入境5.10万人次。累计出入境跨境司机545.30万人次、货车出入境544.97万辆次，司机累计核酸检测168万人次，口岸疫情防控总体平稳有序。市陆路与航空口岸工作专班始终将疫情防控作为第一要务，把“防”字挺在最前，将外严防输入作为疫情防控的“重中之重”，维护疫情防控大局，维护“一国两制”大局，受到中央和省市各级高度肯定。盐田港“5·21”疫情发生后，迅速出台政策文件，果断采取措施，有效夯实疫情防控基础。机场“6·14”疫情发生后，响应快速、措施精准、管控到位，疫情在7天内得到有效控制，国家卫健委表示充分肯定并指出此次积累的经验与认识将为全国疫情防控工作提供重要的参考和借鉴。累计督导检查158次，发现问题383个，限时整改清零。累计印发政策文件100余份，编制专班简报675期，口岸疫情日报1 294期。

2021年广东省口岸大事记

1月1日

经深港两地沟通协商，载运危险化学品跨境货车须经由皇岗口岸出入境，其他口岸不再允许此类货车通行。

1月3日

深圳海关所属邮局海关在进境邮件渠道截获钟角蛙1只，为全国海关首次截获的外来物种品种。

1月5日

海关总署为广州海关技术中心卫生检疫研究所在新冠肺炎疫情防控工作中的突出表现记大功。

同日

海关总署批复同意在深圳盐田港设立“进境肉类”指定监管场地。

同日

启用“健康驿站房间网上预约系统”，自香港经深圳湾口岸入境来深人员，提前预约房间名额并获取预约确认单，并在口岸通关现场出示。

1月15日

广州海关所属邮局海关被全国“扫黄打非”工作小组授予2020年全国“扫黄打非”先进集体称号。

1月22日

湛江海关积极对接粤港澳大湾区推动“湛江—深圳”外贸内支线中转航线顺利首航。相比原有经香港中转模式，每集装箱标箱可节省企业物流成本约500元，运输时间缩短3~4天。

1月28日

广州白云机场综合保税区保税药品分拨中心案例作为广州市综合保税区唯一案例，入选海关总署印发的《综合保税区适合入区项目指引（2021年版）》，在全国范围内借鉴参考。

2月1日

惠来电厂码头通过国家验收，实现正式开放。

2月10日

经深港两地沟通协商，除原经批准单独行驶皇岗口岸的跨境货运车辆外，其他空载跨境货车不再允许经由皇岗口岸入境，可自行选择其他口岸（不含文锦渡口岸）通关。

同日

文锦渡口岸取消非鲜活食品货检功能，仅允许鲜活食品货物跨境运输车辆入境，其他普通货物跨境运输车辆不再允许经由文锦渡口岸入境。

2 月 15 日

广东省商务厅副厅长符永革率队赴深圳湾口岸检查货检区疫情防控闭环管理工作，同时看望坚守在工作岗位的一线值守人员，送上新年祝福和慰问。

3 月 1 日

深圳出入境边检总站深圳湾出入境边检站执勤五队、蛇口出入境边检站执勤一队被全国妇女联合会授予“全国巾帼文明岗”称号。

3 月 5 日

湛江海关连续查获 2 起走私珍贵动物制品案，抓获犯罪嫌疑人 3 名，现场查扣虎骨 2 根共 1 204 克，另查扣虎牙 2 枚、象牙制品 2 件。

同日

湛江海关支持茂名港博贺新港区外贸进出口业务实现首航。该关所属茂名海关监管一艘装载 6.7 万吨煤炭的进境船舶顺利靠泊，标志着茂名港博贺新港区外贸进出口业务实现首航。

3 月 8 日

海关总署缉私局将湛江海关“许某裕等人走私进口柴油案”列为一级挂牌管理案件。

3 月 16 日

湛江海关验放湛江口岸首票进口再生钢铁原料。

3 月 17 日

拱北海关首次破获“水客”团伙利用海南离岛免税政策以“蚂蚁搬家”方式走私化妆品进境案，案值 7 000 万元。

3 月 18 日

广州海关首批“香港—三水港—三水跨境电商清关中心”水陆联运跨境直购商品顺利通关。

3 月 24 日—25 日

国家口岸管理办公室党英杰副主任率队到揭阳潮汕国际机场口岸和广东粤电靖海发电公司专用煤码头开展调研并召开座谈会。

3 月 27 日

拱北海关破获近年来关区最大一起“水客”团伙以“蚂蚁搬家”方式走私奢侈品、保健品等普通货物进境案，案值 21.5 亿元。

3 月 30 日

“大湾区组合港”新增航线“深圳蛇口—北滘组合港”组合港航线正式启动，运载 59 个装载货物集装箱的驳船在顺德北滘码头启运。为年内新增首条、总计第 3 条“大湾区组合港”航线。

3 月 31 日

广州海关联合海口海关共同推动海南自由贸易港试行启运港退税政策全国首票报关单落地。

3 月

广州海关“智能通关”改革项目入选国务院《优化营商环境条例》实施情况第三方评估创新举措。

4 月 8 日

全国移民管理机构 12367 服务平台正式上线运营，珠海出入境边检总站 12367 服务平台同步启用。

4 月 9 日

江门市高新港 1~3 号泊位对外开放通过验收。

4 月 14 日

拱北海关 4 件抗疫见证物被中国国家博物馆永久收藏。

湛江海港口岸获国务院批复同意扩大开放徐闻港区和大唐雷州电厂码头，对外开放岸线 5 570 米，泊位 5 个。

4 月 16 日

广州海关进出口食品安全处获评“全国食品安全先进集体”称号。

4 月 22 日

湛江海关首票跨境电商网购保税进口“1210”业务落地，所属霞海海关为首批“1210”模式下跨境奶粉办结进区核放手续。

同日

深圳出入境边检总站蛇口出入境边检站被国家移民管理局授予集体二等功。

4 月 29 日

为保障粤港两地人员便利通关，经粤港两地政府协商，深圳湾口岸（出入境旅检大厅、出入境客车通道）通关时间由 10：00 至 20：00 调整为 10：00 至 22：00。

4月30日

国务院联防联控机制第九驻点工作组（广东省）赴深圳湾口岸开展疫情防控和疫苗接种工作调研指导。

4月

广州海关“构建仓储货物区内直转模式”“推广旅客通关‘指尖申报’模式”两项创新举措入选中国（广东）自由贸易试验区第七批改革创新经验复制推广清单，由广东省政府明确在全省相关范围内复制推广。

5月6日

海关总署与澳门特别行政区政府行政法务司签署的《关于输内地澳门制造食品安全监管合作》落地实施，首批50箱、330千克新鲜制作的葡挞，随附经澳门市政署监管及签发卫生证书，经港珠澳大桥珠澳口岸顺利入境。

5月6日—8日

海关总署广东分署党委委员、纪检组组长程开宇赴湛江海关开展调研检查，了解该关“现场监管与外勤执法权力寻租”专项整治和海关总署党委巡视整改落实情况，召开企业座谈会听取意见建议，并实地走访有关重点企业。

5月11日

深圳市委副书记，市人民政府市长、党组书记覃伟中就深圳湾口岸疫情防控工作进行调研。

5月12日

深圳海关在全国海关首次应用自身测序平台实现对新冠病毒精准溯源。

5月17日—18日

4匹香港赛马会马匹经“中国香港沙田马场—深圳湾口岸—广州从化马场”生物安全通道成功往返，标志着香港赛马会马匹往返粤港两地第二条生物安全通道成功运行。

5月18日

湛江海关所属东海岛海关顺利完成当年首票同船同提单同报关单大宗散货跨现场卸货通关监管作业，该票货物为来自加拿大的17.1万吨铁矿。

5月21日

拱北海关副关长何宏恺参加拱北海关与澳门海关业务研讨会议，与澳门海关助理关长李煜辉一行就推进横琴粤澳深度合作区建设，加快推进横琴口岸二期建设、推动监管合作创新等问题进行研讨。

5月26日

中央政治局委员、广东省委书记李希，广东省委副书记、省长马兴瑞深入横琴口岸现场，就认真贯彻落实习近平总书记对广东重要讲话、重要指示批示精神，扎实推进粤澳合作，加快横琴粤澳深度合作区建设，全力打造新发展格局战略支点，推动“十四五”开好局、起好步进行调研。珠海出入境边检总站总站长涂林等领导陪同。

5月31日

深圳市委常委、副市长艾学峰率队前往深圳湾口岸进行调研。

6月3日

湛江港东海岛港区中科合资广东炼化一体化项目自用码头获广东省口岸办批准同意正式对外开放，开放码头泊位5个。

6月18日

深圳出入境边检总站深圳机场出入境边检站被国家移民管理局授予集体二等功。

6月19日

深圳湾口岸货检业务自2020年12月10日启动货检业务24小时通关模式以来，跨境货车查验量首次突破100万辆次。

6月28日

深圳妈湾口岸妈湾码头0号、3号、4号泊位和蛇口口岸联用通码头10~15号泊位等9个泊位通过对外开放验收。

同日

莞盐组合港项目顺利完成了第一次整船实货测试。该项目实现了出口货物在东莞港完成申报验放，全程只需要一次申报、一次查验、一次放行，货物在东莞港和盐田港之间以专线驳船开展跨港区调拨运作，有效降低莞深间跨市陆路的运输压力，同时有效缓解由于疫情防控、空箱缺乏等压力。

7 月 1 日

深圳市陆路口岸查验配套服务无纸化系统全面上线。

同日

汕头海关跨境电商企业对企业（B2B）出口监管业务正式启动。当日凌晨 0 点 14 分，关区首票跨境电商 B2B 出口报关单顺利审结放行。

7 月 2 日

广州打捞局租赁进口一条租期 6 个月的海上风电项目工程船舶，租金约 2 亿元，江门海关对该票船舶首期租金征收税款 550 万元，为关区首次办理租赁贸易进口业务。

7 月 6 日

潮州港口岸三百门港区小红山扩建货运码头 1 号、2 号泊位顺利通过验收，正式对外开放。

7 月 15 日

拱北海关助力供澳民生物资再添出口新航线，首批次 4 522 千克矿泉水装柜登轮，自斗门港直航澳门内港，全程仅用时 2 小时。

7 月 16 日

拱北海关完成关区首票核查领域“企业自查结果认可模式”改革试点保税核查，该作业相较同期同类核查作业时间缩短近 40%。

7 月 26 日

“江门跨境 B2B 出口 9710 首航启动仪式”在高沙港举行，江门市揽进供应链管理有限公司以“9710”模式向江门海关所属高沙海关申报出口货物 1 批，货值约 61 万元。

8 月 3 日

珠海出入境边检总站与澳门治安警察局正式签署青茂口岸珠澳边检执法合作协议，并对青茂口岸允许通行人员范围、青茂口岸通关前准备工作、服务横琴粤澳深度合作区建设工作、加强珠澳边检支持合作等具体事项深入研讨、交换意见，达成基本共识。总站党委委员、副总站长谢榕带队参加活动。

汕尾港口岸扩大开放通过国家验收。

8 月 4 日

拱北海关正式启用行邮税征管应用系统生成全国首单 B 类快件缴款书。

同日

拱北海关于 4 月查获的一批出口台湾地区的电热开水瓶及配件违反“一个中国”原则情事，入选 2021 年上半年全国海关典型案例。

8 月 5 日

深圳市委常委、副市长艾学峰在口岸指挥中心大厦主持召开视频会议，专题研究航空口岸疫情防控工作，落实近日国务院、省、市相关会议精神。

同日

深圳出入境边检总站皇岗出入境边检站执勤十三队、文锦渡出入境边检站执勤二队被公安部授予集体一等功。

8 月 9 日

湛江海关所属徐闻海关为大唐雷州电厂办理首次煤炭监管业务。该关监管载有 69 100 吨印度尼西亚动力煤的“大唐 711 轮”顺利靠泊并卸货，及时为该电厂夏季发电生产做好保障。

8 月 12 日

江门海关首票加工贸易手册保税料件串换集中审核业务正式实施，涉及线型低密度聚乙烯胶粒 50 吨，货值 42.1 万元。“保税料件串换”集中审核业务是关区 7 项一体化改革项目的内容，标志着江门海关成功拓展加工贸易集中审核范围。

8 月 13 日

湛江海关技术中心完成湛江口岸首次进口瓶装啤酒检验。

同日

湛江海关所属茂名海关成功办理博贺新港区首票供船业务。

8 月 17 日

江门海关完成首票跨境电商“9610”水陆联运出口转关业务，一票涉及 823 件日用品、价值约 95 万元的出口包裹在江门跨境电商快件分拣清关中心完成跨境电商“9610”水陆联运出口转关模式申报工作，经该关现场查验放行并搭载货船运至香港，最终抵达马来西亚清关。

8 月 18 日

广州海关所属大铲海关监管一科、南沙海关

大南沙审核业务科在共青团中央组织的2019—2020年度全国青年文明号创建活动中被评选为“第20届全国青年文明号”。

8月23日

全国海关首票通过“财关库银”模式支付行邮税税单在港珠澳大桥海关旅客通关渠道成功支付，税款金额为699.4元。

8月26日

深圳海关“湾区海铁通”物流模式改革启动实货运行，5个出口货物集装箱在中外运平湖物流中心办结通关查验手续后，通过平盐铁路直接调拨至盐田港装船发运，该模式可有效缓解口岸查验压力，压缩货物转场滞港等待时间，提高盐田港核心港区的装船发运效率，降低企业综合物流成本。

8月27日

深圳出入境边检总站“虹膜——藏在眼睛里的身份证”项目获公安部科普讲解大赛二等奖。

9月1日

湛江海关所属霞山海关成功办理公式定价新公告实施后首票备案业务，涉及石油原油10万吨，货值2.9亿元。

9月8日

粤澳新通道青茂口岸正式开通，实施24小时通关及“合作查验，一次放行”通关模式，设计日通关量20万人次，出入境各设置50条自助通道及6条人工通道，是人员步行自助通行口岸。

9月13日—14日

海关总署副署长孙玉宁在湛江海关调研，听取该关打击治理海南离岛免税“套代购”走私工作情况汇报，到“海关总署 国家烟草专卖局打击烟草走私情报中心”、湛江徐闻港现场实地调研，对下一步工作进行部署。其间，会见湛江市委市政府主要负责人。

9月15日

广州海关联合长沙海关支持首列“湘粤非”铁海联运班列发运保障援非大米高效出口，标志着“铁路+海运+国际段内陆物流”的多式联运通道顺利开通。

9月22日

深圳海关所属深圳湾海关旅检大厅综合处置岗、机场海关空港旅检入境行李物品监管岗2个集体获评共青团中央命名“全国青年文明号”称号。

9月26日

湛江海关技术中心开展的进口大豆携带有害生物、水生动物疫病检测两项海关总署科研项目顺利通过海关总署专家组验收。

9月28日

拱北海关顺利办结拱北海关首单横琴粤澳深度合作区内减免税设备出区业务。

9月29日

湛江海关的署级科研项目《基于人工智能技术的出入境环节有害生物现场识别自动化方法研究》以优秀等次通过海关总署验收并入选海关总署知识库。

9月

湛江海关所属海东新区海关综合业务一科获评第20届全国青年文明号，这是湛江海关第6个荣获“全国青年文明号”称号的集体。

10月13日

东莞市虎门港麻涌港区广东中远海运重工有限公司造船项目配套码头经批准，正式对外开放。

同日

汕头海关区首个跨境电子商务零售进口退货中心仓正式落地汕头综合保税区。

10月16日

RCEP原产地管理信息化应用项目3.0版顺利在深圳海关上线运行，实现中国—东盟自由贸易区优惠关税原产地证书、中国—东盟自由贸易区流动证明审核功能。

10月22日

拱北海关顺利实现首批行邮税电子缴库改革试点联网机构成功缴税，纳税义务人可使用移动客户端App扫码缴税。

10月27日

湛江海关、海口海关召开协同打击治理海南

离岛免税“套代购”走私工作专项推进会。会上，两关分别通报了打击治理海南离岛免税“套代购”走私工作情况，进行工作交流。

10 月 30 日

江门海关首批跨境电商 TIR 国际公路出口运输业务顺利通关。

10 月

湛江海关技术中心食品实验室被命名为“2021 年度广东省青年文明号标兵号”。此为该关首次获评广东省青年文明号标兵号，也是当年湛江市唯一一个获此荣誉的青年文明号集体。

11 月 1 日

国家移民管理体制改革后珠海出入境边检总站建造的第一艘执法船艇 21 米级“中国边检 4489”执法船艇交接仪式在船厂码头举行。总站党委委员、副总站长施胜勇，总站党委委员、副总站长谢榕及船艇承建单位相关负责人参加。

11 月 2 日

江门海关首票跨境电商 B2B 出口海外仓业务（“9810”模式）在江门海关所属开平海关顺利申报放行，标志着顺利打通了跨境电商 B2B 出口海外仓通道。

11 月 2 日—3 日

海关总署广东分署党委委员、纪检组组长程开宇到湛江海关技术中心第二党支部调研，参加“弘扬两弹一星精神，争当食品安全卫士”主题党日，调研支部队伍建设和业务工作、开展“我为群众办实事”实践活动情况，并督导党史学习教育、党建等工作。

11 月 4 日

湛江海关技术中心动检实验室首次完成船舶压载水浮游生物检测任务。

11 月 14 日

深圳妈湾 5G 智慧港正式开港。

11 月 15 日—16 日

海关总署副署长王令浚在湛江海关调研。到该关所属徐闻、茂名海关调研并慰问一线关警员，要求该关深入学习贯彻党的十九届六中全会精神，持续开展党史学习教育，推进科技人员跟班作业，不断强化打击治理海南离岛免税“套代购”走私的科技支撑保障；加强实验室综合保障能力建设，促进外贸平稳健康发展。其间，到相关进出口企业调研，听取对海关工作的意见建议。

11 月 17 日

广州海关自主设计的海关系统首条进口新能源汽车检测线在广州顺利建成运行。该条检测线是全国首个具有最新强制性国标 GB 18384 测试能力的项目，也是海关系统唯一与工信部对接的进口新能源汽车安全监控信息推送窗口，成为全国首个口岸与地方共用的公共技术服务平台，为进口新能源汽车提供快速全面检验服务。

11 月 19 日

在国家移民管理局“首届基层科技创新应用大赛”中，深圳出入境边检总站自主研发的“前台疑似双胞胎信息自动比对系统”项目获一等奖，“边检掌上通移动查验系统”“边检视频智能客流管控系统”项目获三等奖，“出入境基础信息采集录入训练考试系统”项目获优秀奖。

11 月 22 日—24 日

海关总署广东分署党委副书记、副主任温珍才在湛江海关开展中长期巡视整改检查，调研湛江综合保税区建设、打击治理海南离岛免税“套代购”走私、乡村振兴等工作。

11 月 26 日

广川海关办理首宗报关企业“多证合一”备案全程“网上办”“一次办”。

11 月 30 日

湛江港大唐雷州电厂码头获国家交通运输部批复同意临时对外开放，时限 6 个月。

同日

黄埔海关缉私局荣获联合国“亚洲环境执法奖”。

12 月 1 日

江门海关备案通过首份以企业为单元的税款担保保函。该保函是海关总署关于深化海关税款担保改革的公告实施首日，江门海关为属地纳税企业通过电子传输方式备案的首份税款担保，该担保备案后，企业仅需凭一份税款担保保函，在额度范围内多项海关涉税担保业务均可使用同一保函办理通关手续。

12 月 5 日

广州白云国际机场空运口岸跨境电商年度进出口交易额突破 1 000 亿元，同比增长 1.5 倍，成为全国首个跨境电商业务迈进千亿元大关的空港口岸。

12 月 6 日

海关总署党委委员、广东分署主任张广志到横琴粤澳深度合作区调研并出席横琴粤澳深度合作区管理委员会第二次会议。

12 月 15 日—17 日

海关总署党委委员、广东分署主任张广志到湛江市徐闻县下桥镇开展乡村振兴工作调研。其间，到“海关总署国家烟草专卖局打击烟草走私情报中心”、徐闻港调研打击治理海南离岛免税“套代购”走私工作，实地了解湛江综合保税区建设进展，深入外贸企业听取对海关工作的意见建议。

12 月 16 日

汕头海关“关馨 12345”文明窗口创建暨广东省 12345 政务服务便民热线汕头海关分中心正式启动。

同日

湛江海关一项科技成果获评 2021 年度海关科技三级成果。该项目解决了石油组分鉴别分析、数重量精确鉴定及产地溯源、关键检测设备国产化等技术难题，大大提升了海关对进出口石油的检验监管技术水平。

12 月 18 日—19 日

湛江海关技术中心实验室顺利通过 CNAS+CMA 扩项评审，实现扩项 715 项，认可项目总数达到 3 905 项，检测技术实力又上新台阶，为支撑国门安全把关、服务地方经济发展奠定了坚实技术基础。

12 月 22 日

湛江海关推动“蛇口—湛江”外贸内支线双向运作首航开通，有效缓解船公司的运营压力，提高物流效率。

同日

深圳出入境边检总站深圳湾出入境边检站执勤二队被国家移民管理局授予集体二等功。

12 月 25 日

湛江跨境电商西南陆路出口新干线“9710”(跨境电子商务企业对企业直接出口）监管模式下首票货物成功验放。

12 月 30 日

湛江关区首批“两仓整合”试点保税船供燃油入仓完毕。共 6 300 吨 5~7 号低硫燃料油在“两仓整合”试点的石化码头 006#储罐入仓完毕。

12 月 30 日

“大湾区组合港”新增航线“深圳蛇口—肇庆新港”组合港正式启动。全年，新增“大湾区组合港”航线 12 条，覆盖广州、珠海、中山、东莞、佛山、肇庆、赣州 7 个城市，进出口吞吐量 9.2 万标箱，同比增长 3.5 倍。

12 月 31 日

广州白云机场综合保税区药品进口服务专窗在广州空港委政务服务中心试运行，实现“一窗通办”，有效解决企业“来回跑、两头跑”问题。

（撰稿人：许建平、丁学芝、齐港、韩晶、祝超漾、蔡立、李劼聪、孙雪、王长生、蔡玮、叶青青、胡伟章、井海鸿、叶嘉骏、王枣、李鑫）

2021年广东省口岸数据统计表

口岸名称		人员（万人次）				交通工具（万辆、艘、架、列次）			
		入境	出境	合计	同比（%）	入境	出境	合计	同比（%）
公路口岸	罗湖公路口岸								
	皇岗公路口岸	73.31	98.55	171.86	−64.8	72.01	97.15	169.16	−48.6
	文锦渡公路口岸	38.9	41.43	80.33	−41.1	38.9	41.43	80.33	−28.7
	深圳湾公路口岸	153.82	152.77	306.58	−42.7	119.93	103.48	223.41	32.4
	沙头角公路口岸	27.88	21.42	49.29	−36.9	15.83	9.4	25.24	−22.3
	福田公路口岸	0	0	0		0	0	0	
	福田保税区	8.19	8.19	16.39		8.19	8.19	16.39	0.8
	莲塘公路口岸	27.33	22.99	50.32	828.8	27.33	22.99	50.32	830.2
	拱北公路口岸	4 434.88	4 403.22	8 838.11	48.5	66.94	70.2	137.14	39.7
	横琴公路口岸	399.84	407.83	807.67	122.2	53.95	52.91	106.86	65.6
	港珠澳大桥珠海公路口岸	152.62	153.69	306.31	26.3	84.04	85.18	169.21	85.1
	珠澳跨境工业区专用口岸	66.56	82.41	148.97	22.3	5.23	1.48	6.71	70.5
	青茂口岸	162.47	162.17	324.64		0	0	0	
	合计	5 545.8	5 554.67	11 100.47	25.6	492.35	492.42	984.77	6.7
铁路口岸	广州铁路口岸	0	0	0		0	0	0	
	深圳铁路口岸	0	0	0		0	0	0	
	广深港高铁西九龙站口岸	3.18	3.18	6.36	−94	0.04	0.04	0.07	−22.3
	东莞铁路口岸	0	0	0		0	0	0	
	合计	3.18	3.18	6.36	−94	0.04	0.04	0.07	−22.3
空运口岸	广州空运口岸	42.9	41.05	83.96	−68.9	1.98	1.9	3.89	−12.4
	深圳空运口岸	9.74	8.94	18.68	−76.9	0.9	0.91	1.81	−11.8
	梅州空运口岸	0	0	0		0	0	0	
	湛江空运口岸	0	0	0		0	0	0	
	揭阳空运口岸	0.07	0.08	0.15	−97.9	0	0	0	−95.4
	合计	52.72	50.07	102.79	−71.4	2.88	2.82	5.7	−13.4
水运口岸	莲花山水运口岸	1.4	1.24	2.64	−36.7	0.23	0.21	0.44	1.3
	南沙水运口岸	0.98	0.86	1.85	−83.7	0.07	0.06	0.13	−68.3
	广州水运口岸	12.98	13.49	26.46	−21.2	1.21	1.22	2.44	−24.3

续表

口岸名称		人员（万人次）				交通工具（万辆、艘、架、列次）			
		入境	出境	合计	同比（%）	入境	出境	合计	同比（%）
水运口岸	新塘水运口岸	0.02	0.04	0.06	-49	0	0.01	0.01	-52.8
	盐田水运口岸	7.19	7.9	15.09	-15.6	0.48	0.5	0.98	-24.9
	深圳大铲湾水运口岸	0.54	0.94	1.49	12.6	0.04	0.06	0.11	-3
	蛇口水运口岸	30.69	46.74	77.43	-13.9	1.28	1.55	2.82	-31.8
	福永码头	0	0	0	-100	0	0	0	-99.9
	九洲水运口岸	1.43	1.32	2.75	-61.4	0.11	0.11	0.23	79
	湾仔轮渡客运口岸	31.62	34.15	65.76	77.3	1.46	1.45	2.91	0.9
	斗门水运口岸	0.22	0.23	0.44	-61.8	0.04	0.04	0.08	-41.9
	万山水运口岸	0.91	0.98	1.9	147.4	0.19	0.19	0.38	155.4
	珠海水运口岸	2.77	2.63	5.39	9.9	0.18	0.17	0.35	12.5
	汕头水运口岸	0.32	0.31	0.63	-57.2	0.03	0.03	0.05	-52.3
	潮阳水运口岸	0.92	1.2	2.13	46	0.06	0.07	0.12	48.6
	惠州水运口岸	2.56	2.61	5.17	13.7	0.19	0.19	0.37	14.9
	汕尾水运口岸	0.34	0.22	0.56	169.6	0.03	0.02	0.05	201.7
	虎门水运口岸	0.12	0.15	0.27	-96.7	0	0	0.01	-98.3
	中山水运口岸	2.29	2.13	4.42	-67.8	0.36	0.33	0.69	-15.8
	江门水运口岸	0.94	1.07	2.01	-41.2	0.15	0.17	0.31	-24.4
	三埠水运口岸	0.17	0.17	0.34	-35.9	0.03	0.03	0.05	-27.7
	广海水运口岸	0.43	0.42	0.84	-3.4	0.05	0.05	0.1	-9.1
	鹤山水运口岸	0	0	0		0	0	0	
	新会水运口岸	0.43	0.39	0.82	-37	0.06	0.05	0.11	-33.4
	高明水运口岸	0.45	0.5	0.96	-20.4	0.07	0.08	0.15	-5.9
	南海水运口岸	1.64	1.34	2.98	-17.8	0.25	0.2	0.45	-17.3
	容奇水运口岸	1.77	1.81	3.58	-40.1	0.26	0.27	0.53	-12.4
	阳江水运口岸	0.55	0.46	1.01	-8.4	0.03	0.03	0.06	1.3
	湛江水运口岸	2.65	2.42	5.06	-15.7	0.14	0.13	0.27	-6.4
	茂名水运口岸	0.54	0.66	1.2	-10.3	0.03	0.04	0.07	-8.5
	肇庆水运口岸	1.14	0.93	2.06	-57.9	0.15	0.12	0.28	-48.1
	潮州水运口岸	0.43	0.45	0.88	25.4	0.03	0.03	0.05	34.5
	揭阳水运口岸	0.24	0.22	0.46	328.9	0.01	0.01	0.02	408.3
	合计	108.68	127.98	236.64	-13.9	7.22	7.42	14.62	246.6
总　计		5 710.38	5 735.9	11 446.26	19.3	502.49	502.69	1 005.16	1 235.6

（广东省口岸办提供）

2021 年广东省内海关主要数据统计表

项　目		2021 年	2020 年	同比（%）
进出口货运量（万吨）	合计	146 709. 8	143 503. 1	2. 2
	进口	39 535. 2	36 411. 6	8. 6
	出口	107 174. 6	107 091. 6	0. 1
进出口贸易总值（万美元）	合计	165 648 394. 9	130 731 344. 1	26. 7
	进口	62 683 864. 4	49 105 457. 0	27. 7
	其中：江、海运输	23 394 207. 9	17 769 930. 8	31. 7
	铁路运输	6 522. 6	4 671. 4	39. 6
	汽车运输	35 785 086. 4	28 421 584. 6	25. 9
	航空运输	3 422 621. 8	2 793 746. 0	22. 5
	邮件运输	54 430. 0	59 366. 3	-8. 3
	其他运输	20 995. 6	56 157. 8	-62. 6
	出口	102 964 530. 5	81 625 887. 2	26. 1
	其中：江、海运输	59 521 756. 0	49 366 681. 4	20. 6
	铁路运输	181 593. 9	136 669. 0	32. 9
	汽车运输	33 888 194. 9	26 595 254. 4	27. 4
	航空运输	6 047 101. 4	4 206 162. 9	43. 8
	邮件运输	91 919. 8	119 243. 9	-22. 9
	其他运输	3 233 964. 6	1 201 875. 6	169. 1
税收（万元）	两税合计	42 890 673. 2	37 824 252. 2	13. 4
	关税入库	5 328 414. 1	4 866 503. 1	9. 5
	进口环节税入库	37 562 259. 2	32 957 749. 1	14. 0

（海关总署广东分署提供）

2021年广州海关主要数据统计表

项　目		2021年	2020年	同比（%）
进出口货运量（万吨）	合计	8 970.4	9 685.8	-7.4
	进口	5 109.9	5 625.0	-9.2
	出口	3 860.4	4 060.7	-4.9
进出口贸易总值（万美元）	合计	24 963 629.5	19 334 393.6	29.1
	进口	7 984 875.4	6 560 014.9	21.7
	其中：江、海运输	4 857 152.6	3 990 959.7	21.7
	铁路运输	564.4	287.2	96.5
	汽车运输	1 363 205.3	1 077 659.8	26.5
	航空运输	1 709 005.6	1 415 686.7	20.7
	邮件运输	50 171.9	55 267.6	-9.2
	其他运输	4 775.7	20 153.8	-76.3
	出口	16 978 754.0	12 774 378.7	32.9
	其中：江、海运输	10 830 864.8	9 018 722.1	20.1
	铁路运输	58 393.7	47 334.5	23.4
	汽车运输	1 426 228.8	971 878.2	46.7
	航空运输	3 998 718.2	2 532 972.7	57.9
	邮件运输	62 936.3	51 306.6	22.7
	其他运输	601 612.1	152 164.6	295.4
税收（万元）	两税合计	6 202 453.5	5 743 159.0	8.0
	关税入库	1 199 607.6	1 141 149.0	5.1
	进口环节税入库	5 002 845.9	4 602 010.0	8.7

（广州海关提供）

2021 年深圳海关主要数据统计表

项　目		2021 年	2020 年	同比（%）
进出口货运量（万吨）	合计	97 372.9	93 764.2	3.8
进出口贸易总值（亿元）	进口	—	—	—
	其中：江、海运输	3 210.3	2 460.3	30.5
	铁路运输	2.0	0.035 5	5 533.8
	汽车运输	17 195.6	14 271.8	20.5
	航空运输	878.5	803.7	9.3
	邮件运输	2.2	2.3	-3.5
	其他运输	4.8	12.4	-61.4
	出口	—	—	—
	其中：江、海运输	24 324.5	21 941.3	10.9
	铁路运输	28.1	7.5	275.6
	汽车运输	15 219.4	12 745.6	19.4
	航空运输	1 096.1	982.8	11.5
	邮件运输	11.2	32.9	-66.0
	其他运输	1 475.7	626.9	135.4
税收（万元）	两税合计	1 893.3	1 644.7	15.1
	关税入库	126.3	108.3	16.6
	进口环节税入库	1 767.0	1 536.4	15.0

（深圳海关提供）

2021 年拱北海关主要数据统计表

项　目		2021 年	2020 年	同比（%）
进出口货运量（万吨）	合计	14 384.83	15 457.94	-6.94
	进口	2 636.14	2 588.90	1.82
	出口	11 748.69	12 869.04	-8.71
进出口贸易总值（万美元）	合计	6 914 824.82	5 953 626.017	16.14
	进口	2 593 101.75	2 174 976.03	19.22
	其中：江、海运输	1 978 470.39	1 528 196.88	29.46
	铁路运输	—	—	—
	汽车运输	579 622.91	605 538.31	-4.28
	航空运输	24 430.24	23 855.24	2.41
	邮件运输	266.59	254.46	4.77
	其他运输	10 311.62	17 131.14	-39.81
	出口	4 321 723.08	3 778 649.00	14.37
	其中：江、海运输	3 083 480.20	2 716 420.52	13.51
	铁路运输	255.44	58.75	334.82
	汽车运输	1 187 742.45	1 020 865.28	16.35
	航空运输	8 346.38	5 487.70	52.09
	邮件运输	1 922.84	648.65	196.44
	其他运输	39 975.71	35 169.09	13.67
税收（万元）	两税合计	1 395 387.90	1 151 496.86	21.18
	关税入库	177 413.08	154 966.43	14.48
	进口环节税入库	1 217 974.82	996 530.43	22.22

（拱北海关提供）

2021 年汕头海关主要数据统计表

项　目		2021 年	2020 年	同比（%）
进出口货运量（万吨）	合计	3 830.4	2 981.1	28.5
	进口	3 621.6	2 795.4	29.6
	出口	208.8	185.7	12.4
进出口贸易总值（万美元）	合计	2 026 610.0	1 418 004.9	42.9
	进口	809 416.4	464 446.4	74.3
	其中：江、海运输	695 189.3	347 636.1	100.0
	铁路运输	—	—	—
	汽车运输	111 631.1	113 092.1	-1.3
	航空运输	2 309.1	3 398.0	-32.0
	邮件运输	286.5	284.9	0.6
	其他运输	0.3	35.2	-99.0
	出口	1 217 193.6	953 558.6	27.6
	其中：江、海运输	1 003 594.9	795 001.2	26.2
	铁路运输	—	—	—
	汽车运输	212 876.1	158 131.9	34.6
	航空运输	721.8	422.4	70.9
	邮件运输	0.7	3.1	-78.4
	其他运输	—	—	—
税收（万元）	两税合计	465 560.9	353 218.4	31.8
	关税入库	35 913.4	37 471.2	-4.2
	进口环节税入库	429 647.5	315 747.2	36.1

（汕头海关提供）

2021年黄埔海关主要数据统计表

项　目		2021年	2020年	同比（%）
进出口货运量（万吨）	合计	9 239.0	9 851.5	-6.2
	进口	7 788.3	7 114.4	9.5
	出口	1 450.7	2 737.1	-47.0
进出口贸易总值（万美元）	合计	27 624 128.7	22 036 639.5	25.4
	进口	14 308 535.3	11 976 371.5	19.5
	其中：江、海运输	6 961 463.0	5 864 611.3	18.7
	铁路运输	2 836.7	4 330.2	-34.5
	汽车运输	7 023 486.0	5 925 310.5	18.5
	航空运输	320 659.9	181 230.5	76.9
	邮件运输	2.6	2.9	-10.8
	其他运输	87.1	886.0	-90.2
	出口	13 315 593.3	10 060 268.0	32.4
	其中：江、海运输	5 356 096.5	3 774 936.1	41.9
	铁路运输	79 385.2	78 175.3	1.5
	汽车运输	7 314 151.5	5 856 933.7	24.9
	航空运输	344 088.8	252 484.5	36.3
	邮件运输	10 044.4	20 861.6	-51.9
	其他运输	211 827.0	76 876.8	175.5
税收（万元）	两税合计	12 740 476.0	11 733 887.5	8.6
	关税入库	2 454 620.0	2 306 302.9	6.4
	进口环节税入库	10 285 856.0	9 427 584.6	9.1

（黄埔海关提供）

2021 年江门海关主要数据统计表

项　目		2021 年	2020 年	同比（%）
进出口货运量（万吨）	合计	1 931.8	2 002.2	-3.5
	进口	1 513.5	1 606.9	-5.8
	出口	418.3	395.3	5.8
进出口贸易总值（万美元）	合计	2 142 838.9	1 753 921.6	22.2
	进口	684 666.9	553 002.0	23.8
	其中：江、海运输	616 886.3	498 812.9	23.7
	铁路运输	—	—	—
	汽车运输	61 224.5	47 323.9	29.4
	航空运输	6 553.1	6 817.2	-3.9
	邮件运输	3.1	1.9	66.0
	其他运输	0.0	46.1	-100.0
	出口	1 458 171.9	1 200 919.6	21.4
	其中：江、海运输	1 191 776.5	1 043 025.6	14.3
	铁路运输	0.0	3.5	-100.0
	汽车运输	174 087.6	133 489.2	30.4
	航空运输	4.0	36.9	-89.1
	邮件运输	—	—	—
	其他运输	92 303.8	24 364.4	278.8

（江门海关提供）

2021 年湛江海关主要数据统计表

项　目		2021 年	2020 年	同比（%）
进出口货运量（万吨）	合计	10 980. 56	9 760. 47	12. 50
	进口	10 352. 20	9 283. 73	11. 51
	出口	628. 36	476. 74	31. 80
进出口贸易总值（万美元）	合计	3 808 103. 16	2 300 860. 27	65. 51
	进口	3 350 186. 21	1 987 723. 12	68. 54
	其中：江、海运输	3 338 081. 70	1 970 839. 95	69. 37
	铁路运输	—	—	—
	汽车运输	11 949. 29	15 298. 51	-21. 89
	航空运输	155. 23	1 578. 81	-90. 17
	邮件运输	—	—	—
	其他运输	0. 00	5. 86	-100. 00
	出口	457 916. 94	313 137. 15	46. 24
	其中：江、海运输	455 140. 38	310 538. 96	46. 56
	铁路运输	—	—	—
	汽车运输	2 582. 21	2 450. 13	5. 39
	航空运输	194. 35	148. 06	31. 27
	邮件运输	—	—	—
	其他运输	—	—	—
税收（万元）	两税合计	2 598 132. 48	1 951 740. 38	33. 12
	关税入库	128 701. 31	88 536. 18	45. 37
	进口环节税入库	2 469 431. 17	1 863 204. 20	32. 54

（湛江海关提供）

2021 年广州市口岸出入境主要数据表

项　目			2021 年	2020 年	同比（%）
出入境人员（万人次）	出入境人员总数		135.8	361.8	-62.5
	入境人员		69.2	190.0	-63.6
	出境人员		66.6	171.8	-61.3
	出入境旅客		69.3	262.8	-73.6
	出入境员工		66.5	99.1	-32.8
	中国公民	小计	109.7	289.9	-62.2
		内地居民（因公）	50.3	73.6	-31.7
		内地居民（因私）	58.5	200.9	-70.9
		港澳居民	0.4	9.4	-95.3
		台湾同胞	0.4	6.0	-93.5
	外籍人员		26.1	71.9	-63.7
	从海港出入境人数		51.8	81.3	-36.2
	从陆港出入境人数		0.0	10.8	-100.0
	从空港出入境人数		84.0	269.8	-68.9
交通运输工具（万辆、艘、架、列次）	总计		9.3	11.6	-20.1
	船舶		5.4	7.1	-24.4
	飞机		3.9	4.4	-12.4
	火车		0.0	0.05	-100.0
	机动车辆				

（广州出入境边检总站提供）

2021 年深圳市口岸出入境主要数据表

项　目			2021 年	2020 年	同比（%）
出入境人员（万人次）	出入境人员总数		807.0	2 475.7	-67.4
	入境人员		387.3	1 226.9	-68.4
	出境人员		419.7	1 248.8	-66.4
	出入境旅客		171.6	1 784.0	-90.4
	出入境员工		635.4	691.7	-8.1
	中国公民	小计	774.7	2 398.5	-67.7
		内地居民	233.8	790.6	-70.4
		港澳居民	537.5	1 588.2	-66.2
		台湾居民	3.4	19.7	-82.6
	外籍人员		32.3	77.2	-58.1
交通运输工具（万辆、艘、架、列次）	总计		571.3	673.8	-15.2
	船舶		4.6	6.3	-26.7
	飞机		1.8	2.1	-14.8
	火车		0.07	0.1	-22.3
	机动车辆		564.8	665.3	-15.1

（深圳出入境边检总站提供）

2021 年珠海市口岸出入境主要数据表

项　目			2021 年	2020 年	同比（%）
出入境人员（人次）	出入境人员总数		105 176 625	67 635 341	55.51
	入境人员		52 613 158	33 849 391	55.43
	出境人员		52 563 467	33 785 950	55.58
	出入境旅客		104 236 161	66 692 525	56.29
	出入境员工		940 464	942 816	-0.25
	中国公民	小计	105 080 912	67 413 963	55.87
		内地居民（因公）	1 050 960	938 375	12.00
		内地居民（因私）	60 999 521	37 114 280	64.36
		港澳居民	42 809 660	29 165 298	46.78
		台湾同胞	220 771	171 921	28.41
	外籍人员		95 713	221 378	-56.76
	从海港出入境人数		919 512	811 265	13.34
	从陆港出入境人数		104 257 058	66 814 931	56.04
	从空港出入境人数		55	9 145	-99.40
交通运输工具（辆、艘、架、列次）	总计		4 255 269	2 636 525	61.40
	船舶		55 973	56 201	-0.41
	飞机		1	145	-99.31
	火车		—	—	—
	机动车辆		4 199 295	2 580 179	62.75

（珠海出入境边检总站提供）

2021 年广东海事局进出港船舶统计汇总表

船舶类别	进港船舶							出港船舶						
	艘数（艘次）	总吨（吨位）	总载重量（吨）	载客量（客位）	船员人数（人）	货物到达量（吨）	旅客到达量（人）	艘数（艘次）	总吨（吨位）	总载重量（吨）	载客量（客位）	船员人数（人）	货物发送量（吨）	旅客发送量（人）
总　计	365 929	1 609 600 468	1 787 917 050	42 150 347	4 831 973	894 174 807	9 280 370	359 170	1 610 034 349	1 785 369 181	42 331 025	4 774 782	388 971 356	9 364 315
中国籍船舶	354 422	1 156 550 706	1 135 336 677	42 146 737	4 596 915	592 864 770	9 280 370	347 531	1 154 805 890	1 128 795 084	42 325 144	4 537 652	333 470 279	9 364 315
其中外贸船	9 423	65 895 298	54 410 485	3 514 268	223 500	25 650 036	774 940	9 517	71 904 475	64 616 399	3 534 428	228 001	9 767 822	674 555

（广东海事局提供）

2021 年深圳海事局进出港船舶统计汇总表

船舶类别	进港船舶							出港船舶						
	艘数（艘）	总吨（吨位）	总载重量（吨）	载客量（客位）	船员人数（人次）	货物到达量（吨）	旅客到达量（人）	艘数（艘）	总吨（吨位）	总载重量（吨）	载客量（客位）	船员人数（人次）	货物发送量（吨）	旅客发送量（人）
总　计	113 340	723 912 063	824 087 833	5 587 520	1 072 056	79 853 501. 71	1 601 483	114 876	737 722 520	839 947 608	5 575 433	1 102 461	70 552 658. 68	1 675 548
中国籍船舶	102 078	70 232 174	68 466 437	5 587 260	838 011	25 531 650. 87	1 601 483	103 459	70 287 449	70 653 470	5 575 173	864 231	13 258 895. 27	1 675 548
其中外贸船	6 122	11 009 718	11 740 742	845 728	43 778	3 528 557. 18	74 336	6 148	15 463 974	18 382 669	803 580	46 741	3 065 211. 02	141 888

（深圳海事局提供）

广西壮族自治区

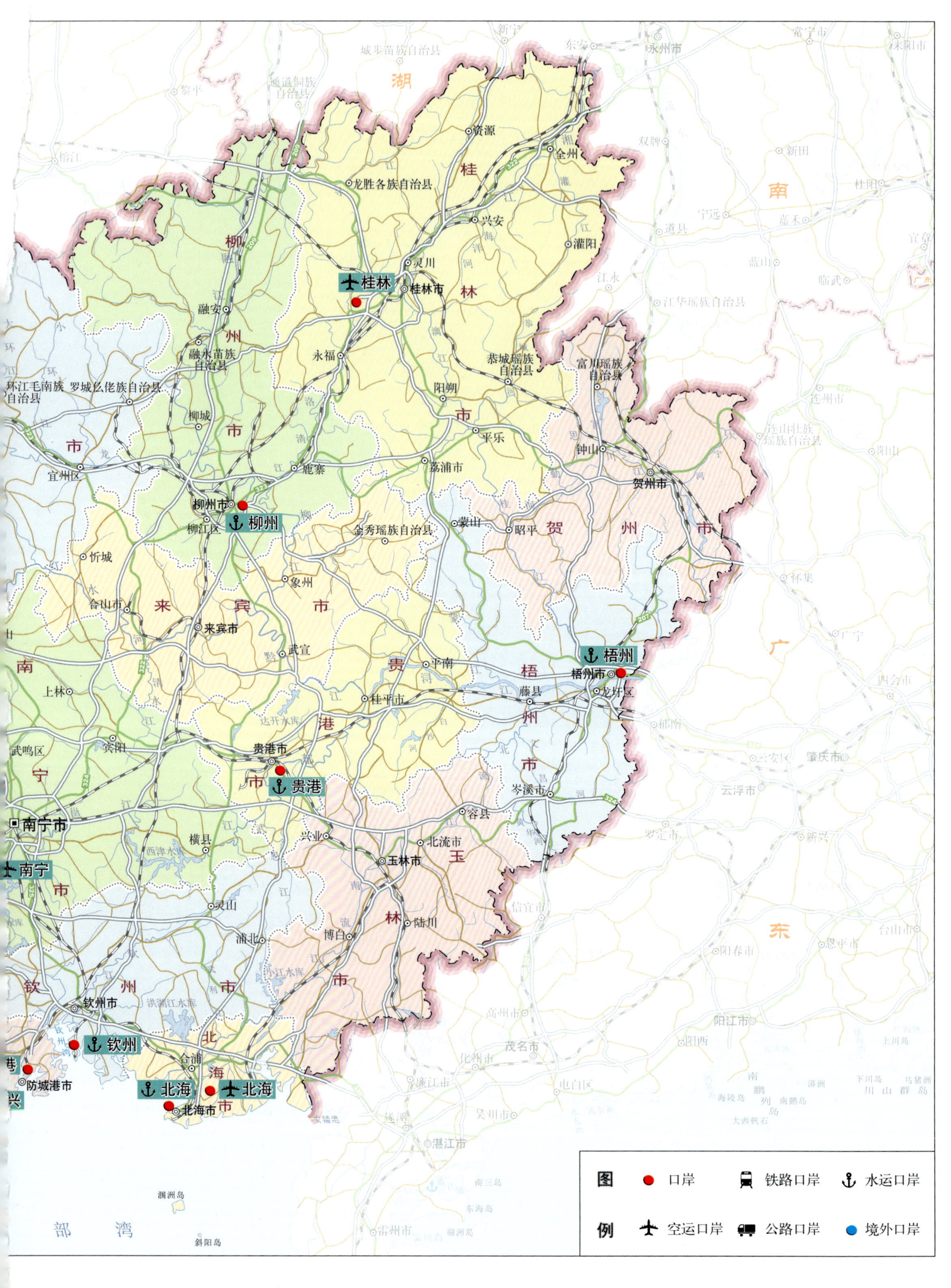

湖
南
广
东
桂林市
柳州市
贺州市
来宾市
贵港市
梧州市
玉林市
南宁市
钦州市
北海市
桂林
柳州
梧州
贵港
南宁
钦州
北海
资源
全州
龙胜各族自治县
兴安
灌阳
灵川
融安
永福
融水苗族自治县
恭城瑶族自治县
富川瑶族自治县
阳朔
平乐
钟山
罗城仫佬族自治县
环江毛南族自治县
柳城
鹿寨
荔浦市
宜州区
柳江区
金秀瑶族自治县
蒙山
昭平
忻城
象州
合山市
来宾市
武宣
平南
桂平市
藤县
龙圩区
上林
宾阳
武鸣区
贵港市
岑溪市
容县
兴业
北流市
玉林市
横县
灵山
浦北
博白
陆川
钦州市
合浦
北海市
防城港市
达开水库
西津水库
小江水库
洪潮江水库
永州市
道县
江永
江华瑶族自治县
连州市
连山壮族瑶族自治县
怀集
广宁
四会市
肇庆市
云浮市
罗定市
信宜市
高州市
茂名市
化州市
廉江市
吴川市
湛江市
阳江市
阳春市
涠洲岛
斜阳岛
部
湾
图例
口岸
铁路口岸
水运口岸
空运口岸
公路口岸
境外口岸

广西壮族自治区口岸分布示意图

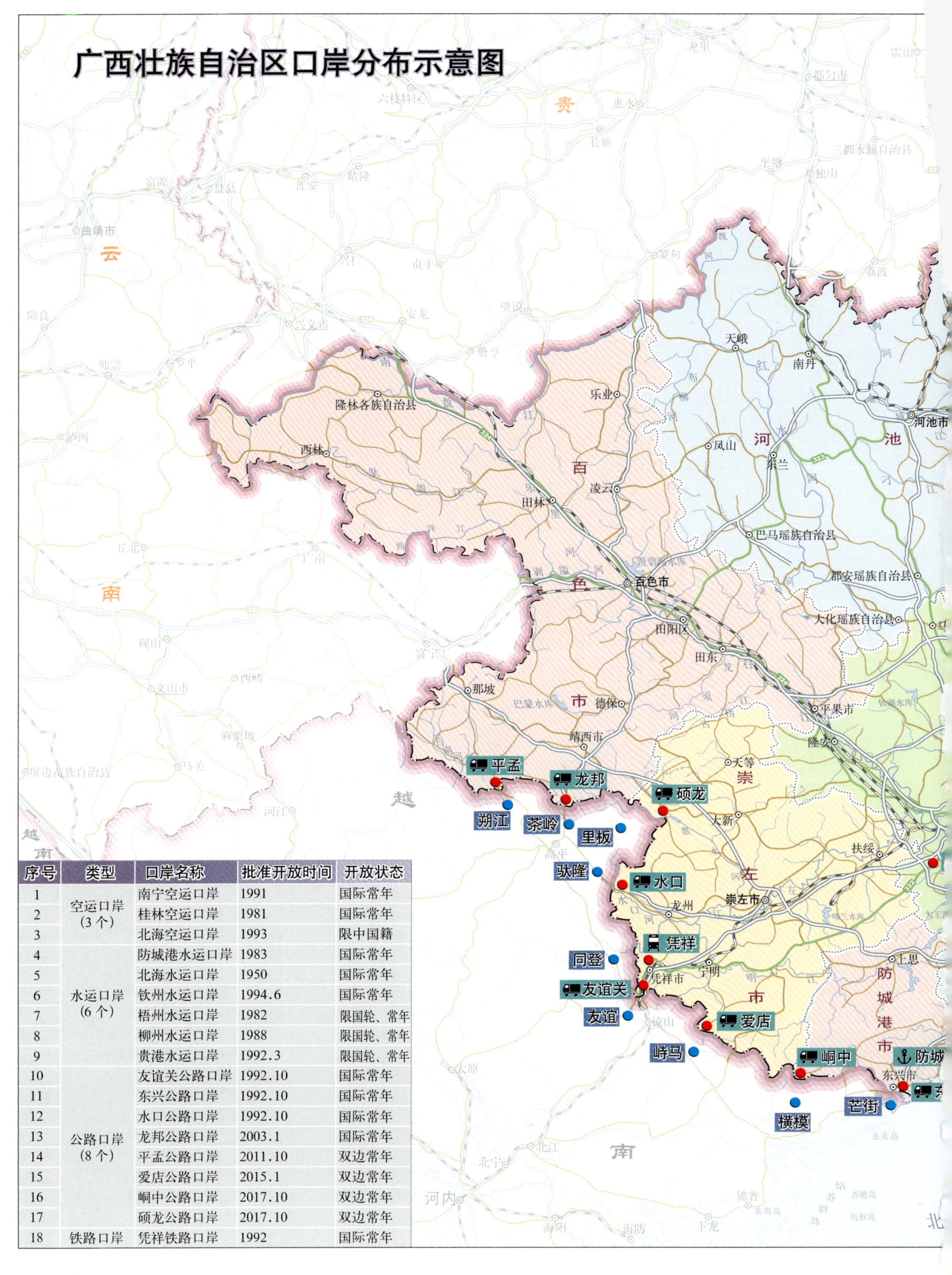

序号	类型	口岸名称	批准开放时间	开放状态
1	空运口岸（3个）	南宁空运口岸	1991	国际常年
2		桂林空运口岸	1981	国际常年
3		北海空运口岸	1993	限中国籍
4	水运口岸（6个）	防城港水运口岸	1983	国际常年
5		北海水运口岸	1950	国际常年
6		钦州水运口岸	1994.6	国际常年
7		梧州水运口岸	1982	限国轮、常年
8		柳州水运口岸	1988	限国轮、常年
9		贵港水运口岸	1992.3	限国轮、常年
10	公路口岸（8个）	友谊关公路口岸	1992.10	国际常年
11		东兴公路口岸	1992.10	国际常年
12		水口公路口岸	1992.10	国际常年
13		龙邦公路口岸	2003.1	国际常年
14		平孟公路口岸	2011.10	双边常年
15		爱店公路口岸	2015.1	双边常年
16		峒中公路口岸	2017.10	双边常年
17		硕龙公路口岸	2017.10	双边常年
18	铁路口岸	凭祥铁路口岸	1992	国际常年

口岸数量及分布

截至2021年年底，广西壮族自治区（以下简称“广西”）共有经国务院批准的对外开放口岸18个。其中，空运口岸3个，分别是南宁空运口岸（南宁吴圩国际机场）、桂林空运口岸（桂林两江国际机场）、北海空运口岸（北海福成机场）；水运（海港）口岸3个，分别是防城港、北海、钦州海港口岸；水运（河港）口岸3个，分别是梧州、贵港、柳州河港口岸；陆路（公路）口岸8个，分别是友谊关、东兴、水口、龙邦、平孟、爱店、峒中、硕龙公路口岸；陆路（铁路）口岸1个，为凭祥铁路口岸。

口岸运行数据

2021年，广西口岸进出口货运值8 539.05亿元，同比增长34.6%。其中，进口4 603.51亿元，同比增长48.5%；出口3 935.54亿元，同比增长21.3%。进出口货运量1.68亿吨，同比增长11.1%。其中，进口1.48亿吨，同比增长10.6%；出口0.2亿吨，同比增长15.2%。出入境人员220.2万人次，同比下降33.24%。其中，出境108.5万人次，同比下降34.06%；入境111.7万人次，同比下降32.41%。出入境交通工具142.3万辆（艘、架、列）次，同比增长24.48%。其中，出境72.10万辆（艘、架、列）次，同比增长25.7%；入境70.2万辆（艘、架、列）次，同比增长23.24%。水运口岸集装箱吞吐量78.28万标箱，同比增长25.79%。其中，入境37.21万标箱，同比增长31.65%；出境41.07万标箱，同比增长20.92%。

口岸综合管理

【口岸开放实现新突破】 2021年，龙邦口岸获批扩大开放为国际性口岸并扩大开放那西通道，那西通道临时开放、浦寨货运通道继续临时开放获批。硕龙口岸扩大开放为国际性口岸并扩大开放岩应通道进入国家审理程序。完成钦州港口岸三墩西作业区液体散货码头17#泊位（30万吨级油码头）、金鼓江作业区液体化工码头16#泊位、大榄坪南作业区北3#泊位，以及北海港铁山港区3#~4#泊位对外开放验收并启用。

【口岸建设和升级改造加快】 广西不断加大边境口岸建设投入，逐步完善口岸功能，不断改善通关条件。2021年，出台《广西沿边口岸建设提升三年行动计划（2021—2023年）》，制订《边境口岸建设验收“一对一”攻坚行动工作方案》，并积极争取边境地区转移支付资金和自治区乡村振兴产业发展资金，重点对边境口岸建设项目进行支持，友谊关、东兴、水口、峒中、硕龙、龙邦等口岸升级建设加快推进，面向东盟口岸大通道初具雏形。

【口岸营商环境持续优化】 一是口岸通关时间继续压缩。根据国家口岸管理办公室通报，2021年广西进口整体通关时间5.36小时，较2020年压缩3.6%，比全国平均水平快31.82小时；出口整体通关时间0.5小时，较2020年压缩35%，比全国平均水平快1.24小时，全国排名第八。二是口岸通关成本持续降低。开展清理规范口岸收费，加强口岸收费目录清单动态管理，严格落实《清理规范海运口岸收费行动方案》，清理和规范口岸收费成效明显。全面停止征收港口建设费，每年可减免约8亿元。北部湾港集装箱进口环节综合费用总体从2019年年底的平均3 326元/标箱降到1 750元/标箱，降幅达47%；出口环节综合费用总体从2019年年底的平均2 309元/标箱降到1 537元/标箱，降幅达33%。

【口岸数字化信息化水平进一步提升】 中国（广西）国际贸易单一窗口建设不断深化。中国（广西）国际贸易单一窗口2.0版启动建设，服务政府决策、通关服务、外贸新业态服务、区域“单一窗口”合作、RCEP服务等国际贸易全链条服务功能持续拓展丰富。升级完善北部湾港无纸化（“智慧湾”）项目，北部湾港口岸物流作业无纸化电子化水平进一步提升。在自由贸易试验区上线应用“单一窗口”保税燃油供应协同系统，实现保税燃油加注业务“一站式”联网备案、联网审批以及跨关区数据协同。上线应用全区统一跨境电商公共服务平台，实现跨境电商业务一次申报、一次查验、一次放行、一站办理。深化“单一窗口”互联互通建设，积极推进深化桂渝“单一窗口”合作，拓展桂渝“单一窗口”数据共享范围。广西智慧口岸信息平台启动二期建设，着力建成口岸现状多维展示和通关情况实施监控系统，实现口岸随时监控、随时预警、同步应急指挥。

【口岸管理进一步制度化规范化】 基本完成口岸开放发展所需的政策支撑体系。出台《广西口岸开放和发展“十四五”规划》，提出“十四五”期间广西口岸开放发展总体思路、建设目标、布局定位、重点任务等。印发《广西沿边口岸建设提升三年行动计划（2021—2023 年）》，深入实施沿边口岸基础设施和信息化建设提升工程。制定实施《进一步深化跨境贸易便利化改革优化口岸营商环境的措施》，进一步提升广西跨境贸易便利化水平。印发《建立健全广西口岸安全联合防控工作制度若干措施》，建立常态化联合防控机制，构建完善广西口岸建设、管理和开放工作的顶层设计体系，为今后五年广西口岸建设提供了制度保障。

口岸监管与服务

【南宁海关毫不放松抓好新冠肺炎疫情常态化口岸防控】 坚持“人物同防”“多病共防”，全力抓好口岸疫情防控工作。加强边境地区疫情风险研判，承担海关总署陆上邻国新冠肺炎疫情研判牵头任务，开展陆上周边国家疫情发展态势分析，为海关总署动态调整疫情防控措施提供决策。筑牢海陆空防控网络，严格落实口岸“三查三排一转运”“7 个 100%”等检疫管理措施。针对疫情发展态势，加强边境地区防控，明确陆路口岸“一口岸一方案”的检疫方案，督促地方政府严格执行司乘人员集中封闭管理措施。严格执行海关一线卫生检疫岗位人员“14+7+7”的封闭管理措施。

【南宁海关筑牢国门安全防线】 全面落实安全生产主体责任，认真落实安全风险隐患排查、健全安全生产联防联控机制等重点工作，扎实推进安全生产三年整治攻坚，从严做好监管作业场所（场地）安全管理，顺利完成涉危监管作业场所的堆场、储罐退出工作，超期滞留危险品实现全部清零。严格禁止以任何方式进口固体废物，对进口铁矿等大宗矿产品实施废矿渣固体废物锚地筛查、100%泊位排查和卸货全过程排查，加大口岸监管环节查发固体废物的退运督导力度，2021 年共退运固体废物 22 票 2 189.54 吨。保持“扫黄打非”高压态势，查获违禁印刷品及音像制品 5 355 件，同比增长 187.5%。全面筑牢国家生物安全屏障，完善广西边境口岸动植物疫情防控体系建设，推动与东盟国家建立电子证书联网核查机制、重大动植物疫情和食品安全监测网络，实现对东盟国家动植食风险信息的监测、预警，严防重大疫情跨境传入。

【南宁海关持续优化口岸营商环境】 持续推进“放管服”改革，全面落实报关单位备案管理和全程网办工作要求，企业备案实现“一地申请、一次办理”，有效降低企业制度性交易成本。全面推广应用“提前申报”“两步申报”通关改革，大幅便利企业提前办理单证及货物运输手续。在海港口岸实施进口货物“船边直提”和出口货物“抵港直装”，大幅节省企业成本，通关时间从 7~15 天压缩为 2 个工作日。2021 年，广西进口整体通关时间 5.36 小时，较 2020 年压缩 3.6%，较 2017 年压缩 89.7%，在全国 31 个省（自治区、直辖市）中排名第一；出口整体通关时间 0.5 小时，较 2020 年压缩 35%，较 2017 年压缩 96.4%，在全国 31 个省（区、市）中排名第八。

【南宁海关大力推进西部陆海新通道建设】 持续深化新通道“13+2”海关协作，建立新通道沿线基层海关科室“点对点”联系机制，重点推进区域海关风险防控领域一体化改革、区域海关自由贸易试验区建设协同创新及创新制度复制推广。聚焦北部湾国际门户港建设，深入实施北部湾港集装箱进出口环节对标提升行动，配合做好中国（广西）国际贸易单一窗口升级版“智慧湾”系统建设。推动多式联运物流体系建设，进一步落实12条支持中欧班列发展创新措施，支持新通道与中欧班列间开展海铁联运、集拼集运等业务。研发应用友谊关口岸智慧物流管控系统，全面提升口岸监管工作的智能化水平。在钦州港1#~6#泊位开展内外贸集装箱同船运输试点，有效降低物流成本，提升运输资源使用效益。全力支持南宁国际铁路港海关监管作业场所建设，稳步推进铁路进出境快速通关业务模式改革，9月底上线铁路快速通关作业模块，实现报关审核、铁路编组发运、车辆换装等海关监管和铁路作业环节无缝衔接，班列的整体运行效率大幅提升。2021年，沿线14个省（市、区，含广西）经广西口岸进出口货值4 939.8亿元，同比增长35.3%。其中，进口2 735.3亿元，同比增长49.8%；出口2 204.5亿元，同比增长20.7%。

【南宁海关全力支持新业态发展】 指导地方政府搭建凭祥出口商品采购中心联网信息平台，建设市场采购商品认定体系，制定综合性配套监管办法和政策体系，推动市场采购试点顺利通过国家部委正式验收。目前，海关市场采购监管制度和地方政策支撑体系不断健全，广西市场采购贸易方式实现快速起步发展，试点成效初显。截至2021年年底，凭祥出口商品采购中心备案有效个体工商户35家、外贸公司28家；全年完成出口申报2 822票，货值20.96亿元，业务量在2020年扩大试点的17个市场中排名前列。推动跨境电商业务做大做强，推广实施跨境电商出口企业分级管理和不卸车监管模式，积极优化南宁、崇左跨境电商物流和监管作业流程，配合地方政府推动建设新的崇左跨境电子商务清关中心，打造面向所有电商企业服务的集中监管场地，该场地于2021年3月份经海关验核通过并正式投入运营；继续支持跨境电商企业对企业（B2B）出口、出口海外仓业务发展，在关区空港、陆运口岸启动“9710”“9810”出口模式。积极推进“保税混矿”业务全面落地，目前共开展保税混矿业务19批23.95万吨，可为企业减少成本约3 000万元。

【广西出入境边检总站服务口岸开放见成效】 聚焦新发展格局，建立边检政策创新、口岸开放协调、边检工作定期汇报3项工作机制，组建政策创新研究、口岸开放指导、开放合作协调3个专项工作小组，积极加强口岸开放需求调研、政策创新研究和工作推进协调，积极支持龙邦口岸升格开放、浦寨货运专用通道延长临时开放期限和那西通道临时开放。抓住自治区推行“一站式”货车查验新型通关模式有利时机，主动介入研提业务需求意见，推动完善峒中、龙邦、口岸、水口二桥及里火通道、岩应通道边检设施建设方案，协调整改完善凭祥铁路口岸、科甲、那花、布局、叫隘、油隘通道边检设施建设，得到地方党委政府、相关部门的高度赞誉和肯定。

【广西出入境边检总站紧跟重大战略定措施】 以学习贯彻习近平总书记重要讲话和重要指示批示精神为契机，建立边检政策创新和开放协调小组，深入走访调研，主动跟进重大发展战略，先后3次书面请示，多次沟通协调，促成5项重大政策需求纳入国家移民管理局统筹，顺利出台“六免六通”12项措施，助力广西发挥自由贸易试验区边海全覆盖优势、彰显西部陆海新通道主通道作用。自推行12项措施以来，中央级媒体报道100余篇（条），网上转载点赞超300万次，港口企业、口岸从业人员主动送来感谢信、锦旗18封（面），地市级以上党政领导12次给予批示肯定，便利措施成效日益彰显。时任自治区党委书记、人民代表大会常委会主任鹿心社批示致谢，时任自治区副主席、公安厅厅长周成方批示肯定。

【广西出入境边检总站促进贸易便利降成本】 全国首推跨国出入境车辆快捷通关系统，从人工查验1分钟缩短至15秒，逾11万辆次出入境货车实现“零接触、秒通关”，实行延时通关、货物过驳等措施，累计延长通关时间超450小时，陆地口岸（边民通道）出入境货运车辆同比大幅增加 39.2%，总量高居沿边省区首位。实行快速转港国际航行船舶入境、出境边检手续一次性办结，对外籍船舶在国内港口间移泊免办出入港手续，平均每船节约在港停留时间 1.5 小时以上，进出港时间压减 30%。特事特办支持钦州港 30 万吨、铁山港等码头验收开放，为 97 艘加注保税燃油的国际船舶提供“直接办”“登轮办”服务，有力支持北部湾门户港高效运转，保障国际物流畅通。

【广西出入境边检总站服务口岸通关提效能】 全面推行国际航行船舶通关手续和边检行政许可 7×24 小时网上办理，免提交纸质申报单证，全部实行“单一窗口”并联审批，签发边检行政许可 34 807 份，99%实现“网上办” “掌上办”，从“最多跑一次”到“一次不用跑”。推行边检行政许可“一证通”，实现了“一地办证、北部港通行”，办证数量同比大幅减少 65.4%。迅速完成 12367 服务平台业务承接、场所改造和建章立制工作，无缝对接自治区 12345 政务服务热线，边检业务咨询实现“一号贯通、归口受理”，受理咨询电话 1 726 通，解答疑问 1 700 余个，15 秒接通率位居全国边检机关第一，服务对象满意度达 99%。

【广西海事局大力打造便利通关模式】 一是广西海事局创新监管机制，实施境外危险货物海铁联运直接出港的便利化监管。针对俄罗斯出产的石棉经中欧班列直抵钦州保税港区，因其危险货物集装箱装箱证明书和包装证明等材料不完全符合国内法规要求而无法出港的问题，广西海事局进一步解放思想，开展了“境外危险货物海铁联运直接出港的便利化监管”专题研究。通过货物托运人提供的俄罗斯主管当局出具的装箱证明和包装证明，在满足国际公约、规则要求基础上，突破性地开启了境外危险货物铁海联运直接出港监管模式。2021 年，通过该方式有近 5 000 标准箱货物经钦州港出口。二是支持国际贸易“单一窗口”建设。2021 年，通过“单一窗口”完成船舶进出口岸审批共计 13 000 余项，配合中国（广西）国际贸易单一窗口实现保税燃油加注业务无纸化申报审批和作业报告，实现海事管理机构审批状态全程可视化。三是有效整合现场执法力量，提前确定检查方案，集约式开展港口国监督检查、船旗国监督检查、国际航行船舶现场查验、危防业务专项检查、船员履职专项检查等事项。2021 年，共实施船舶检查 3 800 余艘次，全部做到对同一艘船舶“一次检查，一次放行”。四是加大工作力度，缩短船舶通关时间，提高船舶通关效率。据统计，船舶进口岸手续审批工作平均用时由 2020 年的 1.69 小时减少至 2021 年的 1.13 小时，船舶通关时间压缩了 33%。船舶出口岸手续审批工作平均用时由 2020 年的 1.36 小时减少至 2021 年的 0.77 小时，船舶通关时间压缩了 43%。船舶通关效率大幅提高，大大提升了船舶的经济效益。五是落实口岸减税降费政策。贯彻落实交通运输部海事局关于港口建设费征收政策执行到期有关工作的相关通知要求，从 2021 年 1 月 1 日起全面停止征收港口建设费。

【广西海事局多举措服务港口建设，提升通航效能】 一是大力支持北部湾港口岸开放建设工作，助力北部湾港实现 600 万标箱目标。2021 年 1 月 19 日发布钦州港口岸果子山作业区 8#~9#泊位对国际航行船舶开放的公告，2021 年 6 月 23 日发布北海港口岸铁山港区 3#~4#泊位对国际航行船舶开放的公告，2021 年 7 月 9 日发布钦州港口岸三墩西作业区液体散货码头 17#泊位对国际航行船舶开放的公告，2021 年 11 月 3 日发布钦州港口岸金鼓江作业区液体化工码头 16#泊位对国际航行船舶开放的公告，2021 年 12 月 9 日发布钦州港口岸大榄坪南作业区北 3#泊位对国际航行船舶开放的公告。协助指导北海铁山港区 5#~6#泊位、防城港渔澫港区 404#~406#泊位对外开放相关工作。二是服务钦州港航道建设，提升港口通航能力。针对钦州港东航道边通航边施工的情况开展专项整治，强化现场管控指导钦州海事局开展钦州港东航道通航安全系统性综合治理，创新提出了“施工窗口期+临时管制”的监管模式，调和了通航与施工的矛盾，在保障施工水域内通航有序与施工安全的前提下，实现了现场施工与运输效率双提升，有力保障交通物流基础设施稳定运转。对沿海大型船舶超航道设计船型进出港及钦州港东航道水域等突出问题开展专题调查研究，研提解决对策，降低航运企业和港口经营企业的运营成本。三是服务北部湾港口岸建设提质升级。2021 年 6 月，为推动 30 万吨级原油码头启用运营及 15 万吨级集装箱船舶靠泊钦州港工作，广西海事局启动了超大型船舶靠泊计划，成立 30 万吨级油轮、15 万吨级集装箱船进出钦州港安全保障工作领导小组及工作专班，制订了相关进出港通航安全保障方案，并高效办理船舶进出口岸手续，及时发布相关航行通告。2021 年 11 月，15 万吨级集装箱船“中远诚信”、30 万吨级油轮“凯富”安全靠泊钦州港进行作业，全面提升了钦州港乃至整个北部湾港通航能力和国际核心竞争力。钦州港 30 万吨级油码头的安全靠泊和顺利运营投产，大幅提升了北部湾港液体散货装卸能力，减少了油轮海上过驳安全和环保风险，有效降低运输成本，对北部湾国际门户港提质升级起到了重要作用。

【广西海事局加强疫情防控，严防疫情通过水运口岸输入】 认真贯彻落实交通运输部《港口及其一线人员新冠肺炎疫情防控工作指南》《国内游轮常态化疫情防控工作指南》，交通运输部海事局《船舶船员新冠肺炎疫情防控操作指南》，以及自治区疫情防控工作有关部署和要求，严防疫情由水运口岸输入。2021 年，广西 6 个水运口岸（海港口岸 3 个、内河口岸 3 个）进口岸船舶共计 4 700 余艘次，进口岸国际航行船舶船员 8 万余人次，辖区共完成船舶船员换班 570 艘次、6 333 人次，因伤病或发热等原因上岸紧急救助 62 人，其中中国籍船员 30 人、外国籍船员 32 人。通过落实严格的疫情防控措施，2021 年，没有发生由水运口岸输入疫情的情况，保障了北部湾港外贸形势的稳定，促进了经济的发展。

开放口岸

【南宁空运口岸（南宁吴圩国际机场）】
南宁吴圩国际机场位于南宁市良庆区，距南宁市区 32 千米，为军民合用国际机场。南宁吴圩国际机场占地 2. 597 3 平方千米，1958 年由南宁机场迁建，1962 年 11 月投入使用。机场共两座航站楼，T1 航站楼于 1998 年 4 月启用，T2 航站楼于 2014 年 9 月启用，建筑面积共 21. 48 万平方米；机场主平行滑道长 3 200 米，共有 50 个机位的停机坪，可满足年旅客吞吐量 1 600 万人次、货邮吞吐量 16. 4 万吨、飞机起降量 13. 76 万架次。南宁吴圩国际机场开通地区和国际航线共计 28 条，其中，地区航线 5 条、国际航线 23 条。直飞香港、澳门、台北、台中、高雄以及岘港、曼谷、河内、金边、万象、仰光、首尔、济州、甲米、普吉、新加坡、暹粒等城市，与东盟国家的通航城市在全国仅次于广州、上海、北京，排名第 4 位，为南宁打造面向东盟的门户枢纽机场奠定坚实基础。

2021 年，南宁空运口岸出入境人员 2. 42 万人次，同比下降 82. 71%；出入境飞机 2 384 架次，同比下降 1. 28%；进出口货物 1. 4 万吨，同比增长 61. 22%。

【桂林空运口岸（桂林两江国际机场）】
桂林两江国际机场位于桂林市西南方向临桂区两江镇境内，距市中心约 28 千米。1981 年，桂林空运口岸正式对外开放；1996 年，正式对外籍飞机开放。2012 年，桂林空运口岸被原国家质检总局授予“世界卫生组织口岸核心能力建设达标单位”，成为广西首个符合《国际卫生条例》要求的空港口岸。获批“进境水果指定监管场地”，拥有“51 国（地区）外国人 72 小时过境免签”“东盟十国团队旅游 144 小时入境免签”两项免签政策。已开通国际（地区）定期航班 13 条（新加坡、马来西亚吉隆坡、日本大阪、泰国曼谷、泰国廊曼、韩国首尔、韩国济州、韩国釜山、韩国大邱、韩国清州、中国台北、中国高雄、中国香港）。桂林两江国际机场 T2 航站楼于 2018 年 9 月正式启用，机场飞行区面积约 2. 125 8 平方千米，拥有 1 条长 3 200 米的 4E 级跑道、48 个停机位和 31 座廊桥，总设计可满足年旅客吞吐量 1 200 万人次、货邮吞吐量 9. 5 万吨、飞机起降量 10. 12 万架次的保障需求。2020 年，两江国际机场运营航司 32 个，国内外飞行航线 119 条，通航城市机场 83 个。2021 年，因新冠肺炎疫情原因，桂林两江机场国际航班全部停航。

【北海空运口岸（北海福成机场）】 北海福成机场位于北海市银海区福成镇，距北海市区约 24 千米。1993 年 2 月，北海空运口岸获国务院批复对外开放，同年 3 月通过国家验收。机场飞行区等级为 4D 标准，可全天候起降 B737、A320 等同类机型。2021 年，因新冠肺炎疫情原因，北海福成机场国际航班全部停航。

【防城港水运（海港）口岸】 防城港海港口岸位于广西南部沿海北部湾北岸，是中国海岸线最西南端的深水良港，是沟通中国与东盟各国的桥头堡，是全国西南沿海主要海运口岸之一，具有连接云贵川重庆渝最便捷铁路干线。1983 年 7 月，经国务院批准对外国籍船舶开放。2018 年 2 月，防城港口岸扩大开放获国务院批复；2019 年 3 月，通过国家验收。防城港口岸包括渔澫港区、企沙港区和江山港区。

2021 年，防城港海港口岸进出口货物 9 609. 54 万吨，同比增长 8. 2%；出入境人员 4. 74 万人次，同比增长 2. 15%；集装箱 1 984 标箱，同比增长 229. 02%；出入境船舶 0. 24 万艘次，同比增长 1. 88 %。

【北海水运（海港）口岸】 北海海港是中国沿海对外开放的重要港口之一，地处北部湾北面，南流江入海口之南，北海半岛西端，处于广西海岸线的中心位置，是一个以对外贸易为主的综合性港口，是中国西南中南地区最便捷的出海口。北海港于 1950 年开港，2015 年 3 月北海海港口岸获国务院批复扩大开放，2017 年 6 月通过国家验收。北海港包括石步岭港区、铁山港区、涠洲岛港区。北海港域共有泊位 61 个，其中对外开放泊位 18 个，石步岭作业区生产泊位 11 个，泊位最大靠泊能力为 15 万吨级，货物通过能力为 4 000 万吨，集装箱为 100 万标箱。北海海港既是中国首家获得出口澳大利亚化肥低风险港口证书的港口，也是中国两个烟花爆竹出口离岸港口之一。

2021 年，北海海港口岸进出口货物 1 532. 43 万吨，同比增长 5. 9 %；集装箱吞吐量 3. 63 万标箱，同比增长 12. 74%；出入境人员 2. 17 万人次，同比增长 4. 11 %；出入境船舶 0. 11 万艘次，同比增长 1. 65%。

【钦州水运（海港）口岸】 钦州港位于北部湾的钦州湾内，三面环陆，南面向海，是中国西南、中南及华南地区最便捷的出海通道。1994 年 6 月钦州港口岸获国务院批准对外开放，1997 年 6 月 18 日通过验收正式宣布对外开放。2010 年 11 月，钦州港口岸获国务院批复扩大开放。钦州港口岸包括西港区、中港区。截至 2021 年年底，钦州港口岸对外开放泊位共 36 个；已开通至越南海防、泰国、马来西亚、新加坡、西非、韩国仁川、印度、中东、中国香港、中国台湾等国际地区集装箱航线，至天津港、营口港的南北直航、厦门直航、广州南沙港、上海港和直航等内贸航线，共计开通运营内外贸集装箱班轮航线 47 条，其中外贸 24 条、内贸 23 条。钦州港建成投产件杂货、散货、油气、滚装、集装箱功能等公用、工业泊位 80 个，其中 30 万吨级泊位 1 个、10 万吨级泊位 8 个、1 万～10 万吨级泊位 39 个，1 万吨级以下泊位 32 个，港口设计年吞吐能力超过 1. 5 亿吨，集装箱设计年吞吐能力超过 600 万标箱。

2021 年，钦州海港口岸进出口货物 4 862. 55 万吨，同比增长 16. 8%；出入境人员 6. 63 万人次，同比增长 6. 25%；集装箱吞吐量 69. 75 万标箱，同比增长 30. 13 %；出入境船舶 0. 37 万艘次，同比增长 7. 41%。

【梧州水运（河港）口岸】 梧州港位于梧州市李家庄码头，为常年开放的限制性河港口岸，是广西最早开放的河港口岸。2015 年 10 月，梧州港口岸获国务院批复扩大开放至赤水作业区；2018 年 6 月，通过国家验收。梧州港口岸主要运营梧州至香港航线，有李家庄码头、赤水码头共 2 个口岸监管作业码头。

2021 年，梧州河港口岸进出口货物 55. 48 万吨，同比下降2.8%；出入境人员0.39万人次，同比下降6.76%；集装箱吞吐量4.24万标箱，同比下降4.21%；出入境船舶600艘次，同比下降6.74%。

【贵港水运（河港）口岸】 贵港河港口岸于1992年3月经国务院批准对外开放，1994年1月通过验收正式对外开放，为常年开放的限制性口岸。贵港口岸下辖罗泊湾作业区，目前仅有贵港—香港1条外贸集装箱航线。港口配备2 000吨级集装箱泊位3个、1 000吨级件杂货泊位4个，码头前沿水深3.69~7.61米，年设计通过能力为集装箱21.51万标箱、件杂货202万吨；5股铁路专用线长3 181米，与南昆、黔桂铁路相连接；港区与3.5千米进港公路连接。

2021年，贵港河港口岸进出口货物21.35万吨，同比增长103.6%；出入境人员0.14万人次，同比增长29.99%；集装箱吞吐量0.46万标箱，同比下降49.98%；出入境船舶250艘次，同比增长47.34%。

【柳州水运（河港）口岸】 柳州河港口岸于1988年经国务院批准对外开放，1990年5月通过验收正式对外开放，是常年开放的限制性内河水运口岸。柳州港口岸海关监管区位于鹧鸪江港口码头，鹧鸪江码头实际用地1.2万平方米，开放岸线长度230米。

2021年，柳州河港口岸进出口货物0.36万吨，同比增长1 185.6 %；出入境人员280人次，同比增长4.4%。

【友谊关陆路（公路）口岸】 友谊关公路口岸距离凭祥市区18千米，距离越南谅山18千米，与越南友谊口岸相对，为常年开放的国际性口岸。1951年开通，1979年一度关闭，1992年4月经国务院批准恢复对外开放。2017年2月国务院批复同意友谊关口岸扩大开放浦寨、弄尧2个通道。2019年以来，根据浦寨—新清货运专用通道建设实际，3次临时开放。

2021年，友谊关公路口岸进出口货物420.65万吨，同比增长24.1%；出入境人员82.45万人次，同比增长9.31%；出入境车辆43.11万辆次，同比增长20.05%。

【东兴陆路（公路）口岸】 东兴公路口岸位于东兴市市区，地处中国西南陆地边境线与大陆海岸线的汇合处，在中越边境的最东端，东南濒临北部湾，通过北仑河大桥和越南芒街口岸连接，为常年开放的国际性口岸。1958年经国务院批准对外开放，1978年一度关闭，1994年4月恢复对外开放。2011年，国务院批准设立东兴开发开放试验区，东兴口岸同东盟各国的贸易、旅游交流得到进一步发展。2013年11月，东兴口岸正式启动外国人口岸签证业务，成为广西第一个陆路口岸签证处。2017年6月，国务院批复同意东兴口岸扩大开放北仑河二桥。2019年，国家口岸管理办公室先后2次批复同意北仑河二桥临时开放。2020年6月17日，东兴公路口岸扩大开放通过国家验收正式开放。

2021年，东兴公路口岸进出口货物104.28万吨，同比下降13.3%；出入境人员36.73万人次，同比下降62.52%；出入境车辆13.43万辆次，同比增长49.31%。

【水口陆路（公路）口岸】 水口公路口岸位于龙州县水口镇新街，中越边界943~944号界碑附近，与越南高平省复和县驮隆口岸相对应。1978年曾一度关闭，1992年10月经国务院批准恢复对外开放。2016年7月国务院批复同意水口口岸升格为国际性口岸并扩大开放水口二桥。

2021年，水口公路口岸进出口货物24.44万吨，同比增长112.7%；出入境人员3.24万人次，同比下降47.38%；出入境车辆1.92万辆次，同比增长7.34%。

【龙邦陆路（公路）口岸】 龙邦公路口岸位于靖西市龙邦镇，地处中越边境741~742号界碑，与越南茶岭口岸对应，距靖西市区42千米，距越南茶岭县城5千米。2003年1月，国务院批准龙邦公路口岸为常年开放的双边性口岸。2007年10月，龙邦口岸通过验收正式对外开放。2021年5月3日国务院批复同意龙邦口岸升格为国际性口岸并扩大开放那西通道，5月12日国家口岸管理办公室批复同意那西通道临时开放，5月26日那西通道临时开放验收通过并投入使用。

龙邦口岸是桂西、滇东、黔南通往越南及东南亚各国便捷陆路通道之一。

2021 年，龙邦公路口岸进出口货物 13.28 万吨（含以互市贸易方式进出口货物 9.2 万吨），同比下降 31.85%；出入境人员 0.73 万人次，同比下降 73.58%；出入境车辆 0.73 万辆次，同比下降 73.58%。

【平孟陆路（公路）口岸】 平孟公路口岸位于中越边界 647 号界碑处，与越南朔江口岸相对应，是广西最西端的陆路口岸。2011 年 10 月，国务院批复平孟公路口岸对外开放性质为常年开放的双边性口岸。2016 年 3 月，平孟口岸正式对外开放。

2021 年，平孟公路口岸以互市贸易方式进出口货物 2.2 万吨，同比增长 477.63%；出入境人员 0.55 万人次，同比下降 47.12%；出入境交通工具 0.15 万辆次，同比下降 72.44%。

【爱店陆路（公路）口岸】 爱店公路口岸位于中越边境 1223~1224 号界碑处，与越南谅山省禄平县峙马口岸相对应。2015 年 1 月，国务院批准爱店公路口岸对外开放性质为常年开放的双边性口岸，2018 年 6 月，爱店口岸对外开放通过国家验收。

2021 年，爱店公路口岸进出口货物 23.27 万吨，同比增长 209.1%；以互市贸易方式进出口货物 54.99 万吨。出入境人员 5.17 万人次，同比增长 135.17%；出入境交通工具 5.17 万辆次，同比增长 75.59%。

【峒中陆路（公路）口岸】 峒中公路口岸位于防城区峒中镇旧街，中越边境 1317~1318 号界碑处，与越南广宁省平辽县横模口岸相对应。里火通道位于广西防城港市防城区那良镇里火村，与越南广宁省海河县北风生互市点隔江相望。峒中公路口岸于 20 世纪 50 年代就已对外开放，1979 年一度关闭，1991 年恢复贸易往来，1996 年 8 月作为二类口岸恢复开通。2017 年 6 月，国务院批复峒中公路口岸（含里火通道）对外开放性质为常年开放的双边性口岸。

2021 年，峒中公路口岸进出口货物总量 46.23 万吨，同比增长 336.7%；出入境人员 22.39 万人次，同比增长 54%；出入境交通工具 1.54 万辆次，同比下降 5.77 %。

【硕龙陆路（公路）口岸】 硕龙公路口岸位于广西崇左市大新县硕龙镇，中越边境 847 号界碑处。距大新县县城 45 千米，距靖西龙邦口岸 150 千米，距龙州水口口岸 130 千米。西与越南高平省接壤，距越高平市 105 千米，距高平省重庆城 38 千米、下琅县城 30 千米，对应越方里板口岸。该口岸于 1954 年作为二类口岸对越开放，1978 年一度关闭，1991 年恢复贸易往来。2017 年 10 月，国务院批复硕龙公路口岸对外开放性质为常年开放的双边性口岸。2021 年，硕龙口岸因建设未开放运行。

【凭祥陆路（铁路）口岸】 凭祥铁路口岸位于凭祥市南区，与越南同登口岸相对应，于 1953 年经国务院批准对外开放，对外开放性质为常年开放的国际性口岸，是湘桂铁路的终点，也是广西唯一的边境铁路口岸，是中国通往东盟最便捷的铁路大通道，是连接欧亚大陆与东盟的铁路大陆桥的桥头堡。1955 年 8 月，中越国际联运正式开办货运客运。2020 年 1 月，凭祥铁路口岸进境水果指定监管场地通过海关总署验收运行；2 月，凭祥铁路口岸开通中越水果冷链集装箱班列；5 月，凭祥铁路口岸开通中泰水果冷链集装箱班列。

2021 年，凭祥铁路口岸进出口货物 49 万吨，同比增 71.1 %；出入境人员 1.38 万人次，同比下降 10.39%；出入境火车 0.19 万列次，同比增长 46.76%。

原二类口岸

【平而关公路口岸】 平而关口岸位于广西崇左市凭祥市西北端，中越边境 1036（1）号界碑处，距凭祥市区 23 千米，与越南平宜口岸对应。1979 年一度关闭。1991 年恢复贸易往来。2009 年中越两国政府在签订的《关于中越陆地边境口岸及其管理制度的协定》中同意平而关—平宜口岸在条件具备时开放。2017 年中越陆地边境口岸管理合作委员会第五次会议双方同意进一步研究平而关—平宜口岸开放。

【科甲公路口岸】 科甲口岸位于广西崇左市龙州县武德乡，中越边境 911 号界碑处，距龙州县城 39 千米，与越南下琅口岸对应。科甲口岸于 1953 年对越开放，1978 年一度关闭，1991 年恢复贸易往来。2009 年中越两国政府在签订的《关于中越陆地边境口岸及其管理制度的协定》中同意科甲—下琅口岸在条件具备时开放。科甲口岸进出口的货物主要是农产品、土特产品、日用品和药材等。

【岳圩公路口岸】 岳圩口岸位于广西百色市靖西市，中越边境 791 号界碑处，离靖西市区 28 千米，与越南坡标口岸对应。岳圩口岸于 1952 年 10 月对越开放，1979 年一度关闭，1991 年恢复贸易往来。2009 年中越两国政府在签订的《关于中越陆地边境口岸及其管理制度的协定》中同意岳圩—坡标口岸在条件具备时开放。岳圩口岸进出口货物主要有水泥、饲料、锰矿、药材等 50 多种。

【南宁内河水运外贸货物装卸点】 南宁内河水运外贸货物装卸点位于南宁市邕江河段，1987 年正式对外开放。随着南宁市的逐步发展，南宁内河水运外贸货物装卸点现有的软硬环境设施已逐渐不能满足南宁市水运业发展的需要，南宁港码头已于 2008 年下半年拆除，南宁内河水运外贸货物装卸点因为码头拆迁而暂停业务。

2021 年广西壮族自治区口岸大事记

4 月 2 日

广西壮族自治区口岸办组织并通过北海港口岸铁山港区 3#～4#泊位对外开放验收。

5 月 3 日

龙邦公路口岸获国务院批复同意升格为国际性口岸并扩大开放那西通道。

5 月 12 日

龙邦公路口岸那西通道临时开放获国家口岸管理办公室批复同意。

5 月 26 日

广西壮族自治区口岸办组织并通过那西通道临时开放验收并投入使用。

6 月 11 日

友谊关公路口岸浦寨货运通道继续临时开放获国家口岸管理办公室批复同意。

6 月 22 日

广西壮族自治区口岸办组织并通过钦州港口岸三墩西作业区液体散货码头 17#泊位（30 万吨级油码头）对外开放验收。

6 月 23 日

交通运输部副部长王志清到广西海事局调研广西辖区海（水）域概况及水上交通安全监管工作。

6 月 28 日

国家口岸管理办公室副主任林海波调研那坡新兴通道建设情况。

8 月 17 日

广西壮族自治区主席蓝天立调研龙邦公路口岸建设情况。

10 月 26 日

广西壮族自治区党委书记刘宁来到北海铁山港公用码头，实地察看港口建设运营和 30 万吨航道项目规划建设等情况。

10 月 29 日

广西壮族自治区口岸办组织并通过钦州港口岸金鼓江作业区液体化工码头 16#泊位、大榄坪南作业区北 3#泊位对外开放验收。

11 月 13 日

广西壮族自治区党委书记刘宁在梧州西江船闸运行调度中心实地察看船闸运行情况，听取西江黄金水道和梧州港规划建设有关情况汇报。

11 月 14 日

广西壮族自治区党委书记刘宁赴友谊关口岸实地检查指导边境疫情防控工作。

11 月 16 日

广西壮族自治区主席蓝天立在东兴市看望慰问奋战在边境疫情防控一线的执勤民警。

（撰稿人：岑志刚、赖威龙、赵文胜）

2021 年广西壮族自治区口岸流量统计表

口岸类型		口岸名称	货运量（万吨）				集装箱量（万标箱）				人员（万人次）				交通工具（辆、艘、架、列次）			
			出口	进口	合计	同比(%)	出口	进口	合计	同比(%)	出境	入境	合计	同比(%)	出境	入境	合计	同比(%)
空运口岸		南宁	0.73	0.66	1.40	61.2					1.22	1.20	2.42	-81.10	1 193	1 191	2 384	-1.28
		桂林																
		北海																
		分计	0.73	0.66	1.40	61.2					1.22	1.20	2.42	-85.38	1 193	1 191	2 384	-9.70
陆运口岸	公路口岸	友谊关	304.81	115.84	420.65	24.1					40.73	41.72	82.45	9.31	226 120	204 974	431 094	20.05
		东兴	69.19	35.09	104.28	-13.3					18.00	18.73	36.73	-62.52	67 140	67 140	134 280	49.31
		峒中	46.04	0.19	46.23	336.7					11.20	11.20	22.39	54.00	13 235	2 150	15 385	-5.77
		水口	6.36	18.08	24.44	112.7					1.65	1.60	3.24	-47.38	10 053	9 173	19 226	7.34
		爱店	21.58	1.69	23.27	209.1					2.59	2.59	5.17	135.18	25 870	25 870	51 740	75.59
		龙邦	3.10	0.97	4.08	—					0.46	0.27	0.73	-73.58	4 564	2 744	7 308	-73.58
		硕龙	—	—	—	—					—	—	—	—	—	—	—	—
		平孟	0	0	0	—					0.28	0.28	0.55	-47.02	730	730	1 460	-72.57
		分计	451.09	171.86	622.94	27.0					74.89	76.38	151.27	-18.80	347 712	312 781	660 493	23.21
	铁路口岸	凭祥	37.39	11.23	48.62	71.1					0.71	0.71	1.42	-10.39	973	973	1 946	46.76
		分计	37.39	11.23	48.62	71.1					0.71	0.71	1.42	-10.39	973	973	1 946	46.76
水运口岸	海港口岸	防城港	695.18	8 914.36	9 609.54	8.2	0.06	0.13	0.20	229.02	2.30	2.43	4.74	2.15	1 155	1 224	2 379	1.88
		钦州港	598.78	4 263.77	4 862.55	16.8	37.42	32.33	69.75	30.13	2.93	3.70	6.63	6.25	1 625.00	2 041	3 666	7.41
		北海港	122.19	1 410.24	1 532.43	5.9	1.07	2.56	3.63	12.74	1.09	1.08	2.17	4.11	556	552	1 108	1.65
		分计	1 416.15	14 588.37	16 004.52	10.4	38.56	35.02	73.58	29.36	6.33	7.21	13.54	4.44	3 336	3 817	7 153	7.16
	河港口岸	梧州港	34.18	22.90	57.08	-2.8	2.28	1.96	4.24	-4.21	0.18	0.21	0.39	-6.76	370	239	609	-6.74
		贵港港	19.37	1.99	21.35	103.6	0.23	0.23	0.46	-49.98	0.08	0.06	0.14	29.99	147	102	249	47.34
		柳州港	0.27	0.10	0.37	1 185.6	0	0	0	—	0.01	0.01	0.03	4.40	33	30	63	425.00
		分计	53.81	24.98	78.80	14.2	2.51	2.19	4.70	-12.12	0.28	0.28	0.56	4.98	550	371	921	10.43
合计			1 959.17	14 797.11	16 756.28	11.1	41.07	37.21	78.28	25.79	83.43	85.78	169.21	-22.34	353 764	319 133	672 897	22.87
同比（%）			14.46	10.62	11.06		21.79	38.11	29.04		-33.58	-31.74	-32.65		24.89	20.70	22.87	

备注：统计数据不含互市贸易方式进出口货运量。

（广西壮族自治区口岸办提供）

2021 年南宁海关主要数据统计表

项　目		2021 年	2020 年	同比（%）
进出口货运量（万吨）	合计	16 755.81	15 078.09	11.13
	进口	14 795.00	13 376.43	10.60
	出口	1 960.81	1 701.65	15.23
进出口贸易总值（万美元）	合计	13 203 813.02	9 177 720.41	43.87
	进口	7 116 403.53	4 480 342.67	58.84
	其中：江、海运输	4 535 349.50	2 774 839.18	63.45
	铁路运输	14 052.30	3 026.64	364.29
	汽车运输	1 869 363.85	1 284 286.41	45.56
	航空运输	125 059.87	71 397.89	75.16
	邮件运输	574.64	834.21	-31.12
	其他运输	572 003.38	345 957.86	65.34
	出口	6 087 409.48	4 697 377.74	29.59
	其中：江、海运输	853 002.33	647 041.45	31.83
	铁路运输	54 160.55	44 027.66	23.01
	汽车运输	4 917 856.30	3 832 239.93	28.33
	航空运输	182 589.35	79 170.38	130.63
	邮件运输	3 362.55	27 223.58	-87.65
	其他运输	76 438.40	67 674.74	12.95
税收（万元）	两税合计	4 037 592.71	2 632 262.78	53.39
	关税入库	316 693.54	191 784.74	65.13
	进口环节税入库	3 720 899.17	2 440 478.04	52.47

（南宁海关提供）

2021 年广西壮族自治区口岸出入境主要数据表

项　目			2021 年	2020 年	同比（%）
出入境人员（万人次）	出入境人员总数		220.20	329.90	-33.25
	入境人员		111.70	165.20	-32.38
	出境人员		108.50	164.70	-34.12
	出入境旅客		9.40	165.90	-94.33
	出入境员工		210.80	164.00	28.54
	中国公民	小计	151.40	216.10	-29.94
		内地居民	151.20	214.20	-29.41
		港澳居民	0.10	0.40	-75.00
		台湾同胞	0.10	1.50	-93.33
	外籍人员		68.80	113.80	-39.54
	从海港出入境人数		13.70	13.40	2.24
	从陆港出入境人数		204.10	299.90	-31.94
	从空港出入境人数		2.40	16.60	-85.54
交通运输工具（万辆、艘、架、列次）	总计		142.20	114.30	24.41
	船舶		0.80	0.80	0.00
	飞机		0.20	0.30	-33.33
	火车		0.20	0.10	100.00
	机动车辆		141.00	113.10	24.67

（广西出入境边检总站提供）

2021 年广西海事局进出港船舶统计汇总表

船舶类别	进港船舶							出港船舶						
	艘数（艘）	总吨（吨位）	总载重量（吨）	载客量（客位）	船员人数（人次）	货物到达量（吨）	旅客到达量（人）	艘数（艘）	总吨（吨位）	总载重量（吨）	载客量（客位）	船员人数（人次）	货物发送量（吨）	旅客发送量（人）
总　计	51 314	278 130 316	438 120 315	4 525 728	680 484	256 047 400	3 353 593	50 865	279 738 738	440 873 054	4 522 980	675 190	129 555 014	3 355 357
中国籍船舶	47 605	154 654 355	219 193 928	4 525 728	607 152	114 063 976	3 353 593	47 143	156 076 541	221 010 304	4 522 980	601 495	112 282 583	3 355 357
其中外贸船	588	5 691 753	12 221 955	0	8 304	7 481 045	0	610	6 849 174	13 794 659	0	8 906	1 686 731	0

（广西海事局提供）

海 南 省

海南省口岸分布示意图

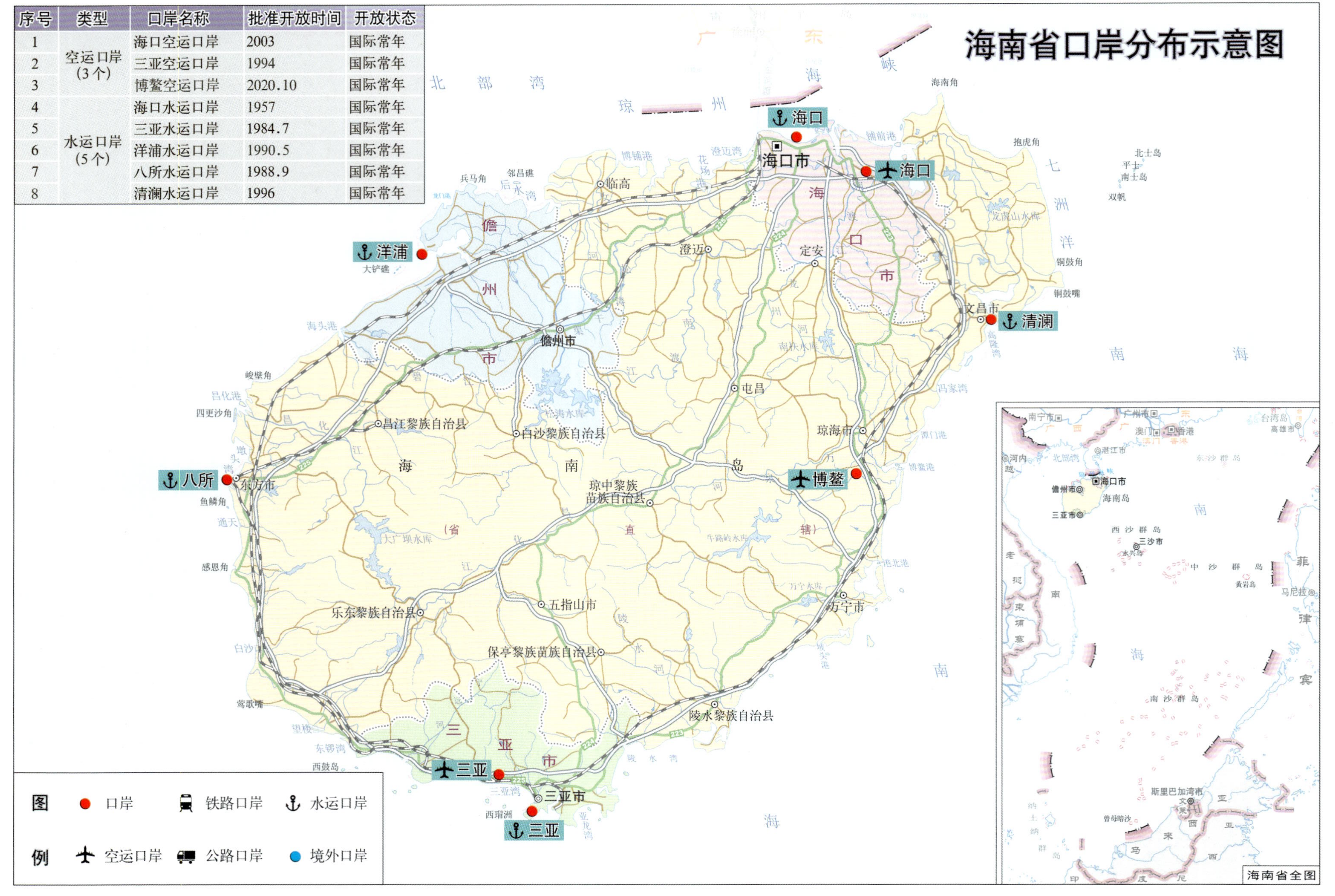

序号	类型	口岸名称	批准开放时间	开放状态
1	空运口岸（3个）	海口空运口岸	2003	国际常年
2		三亚空运口岸	1994	国际常年
3		博鳌空运口岸	2020.10	国际常年
4	水运口岸（5个）	海口水运口岸	1957	国际常年
5		三亚水运口岸	1984.7	国际常年
6		洋浦水运口岸	1990.5	国际常年
7		八所水运口岸	1988.9	国际常年
8		清澜水运口岸	1996	国际常年

口岸数量及分布

截至 2021 年年底，海南省共有经国务院批准的对外开放口岸 8 个。其中，空运口岸 3 个，分别为海口空运口岸（海口美兰国际机场）、三亚空运口岸（三亚凤凰国际机场）、博鳌空运口岸（博鳌机场）；水运（海港）口岸 5 个，分别为海口、洋浦、八所、三亚、清澜海港口岸。

口岸运行数据

2021 年，海南省进出口集装箱累计 45.13 万标箱，同比增长 66.18%；口岸进出口货物 3 762.87 万吨，同比下降 1.52%；出入境船舶累计 4 960 艘次，同比增长 14.63%。受新冠肺炎疫情影响，出入境航班累计 637 架次，同比下降 69.90%；出入境旅客累计 516 人次，同比下降 99.82%。

口岸综合管理

【口岸规划建设和开放顺利推进】 一是制定出台口岸布局规划建设文件。《海南自由贸易港口岸布局方案》经国务院批准于 2021 年 10 月 20 日由海关总署印发实施。海南省配套制定《海南自由贸易港口岸建设“十四五”规划》《海南自由贸易港封关运作口岸建设工作方案》《海南自由贸易港口岸查验基础设施设备建设指导意见》等文件。二是启动封关运作口岸建设。组织召开口岸联席会议，启动部署对外开放口岸升级改造和“二线口岸”建设。制订《全岛封关准备工作专班口岸规划建设工作组实施方案》，建立了工作机制，明确了任务目标。会同发改委、查验单位、市县等扎实推进对外开放口岸和“二线口岸”建设，口岸所在地市县政府均已制订口岸项目建设工作方案并完成项目可研编制工作。三是扩大口岸对外开放。2021 年 6 月 27 日，国务院批复同意三亚港口岸扩大开放南山港区、莺歌海港区、清水湾港区。组织对洋浦港金海浆纸业有限公司码头扩建工程（四期）和马村港华能海口电厂码头 2 号泊位对外验收启用；协调 20 艘次外籍船舶临时进入海南省文昌、万宁、陵水等非开放水域装运鱼苗出口，货值 6 660 万元，有效解决了海南省部分渔民的生产生活问题，取得较好的经济效益和社会效益。

【口岸营商环境持续优化】 2021 年，海南口岸进口整体通关时间为 44.52 小时，出口整体通关时间为 1.47 小时，完成国务院和省优化营商环境工作专班确定的任务目标。一是建立健全工作机制。海南省商务厅会同海口海关成立促进跨境贸易专项工作小组，制定印发《2021 年优化海南口岸营商环境行动计划》《复制推广借鉴优化口岸营商环境促进跨境贸易便利化改革举措》等文件，先后召开 8 次工作调度会和 4 次企业专题座谈会，解决通关过程中的堵点问题。二是创新货物通关模式。在洋浦保税港区实施“一线”进出境径予放行、“二线”进出区单侧申报、“一企一册”电子账册管理、加工增值内销免征关税等 7 项通关模式，并扩大到海口综合保税区、海口空港综合保税区等地试点。推广“两步申报”“提前申报”“船边直提”“抵港直装”“7×24 小时预约通关”等模式，提高通关效率。三是降低跨境贸易合规成本。更新口岸收费目录清单并公示，加强督促检查，确保口岸收费公开透明。海南省商务厅会同海南省财政厅免除查验没有问题外贸企业吊装移位仓储费用 206 万元。推动海口美兰机场国际货站对操作费价格进行调整，出口电子舱单录入费由 200 元/票降至 15 元/票，下调幅度达 92.5%，有效降低企业成本。

【国际贸易“单一窗口”应用不断深化】 中国（海南）国际贸易单一窗口实现了货物清关委托书、提货单、装货单等单证的电子化流转；上线了“零关税”原辅料申报、进口交通工具及游艇企业资格申报以及自用生产设备企业资格申报等功能。2021 年，累计完成 1 881 家“零关税”进口交通工具及游艇企业和 131 家“零关税”自用生产设备企业资格认定。据海关统计，2021 年出台的“零关税”3 项政策累计进口货值

58.8 亿元，为企业减免税款 10.6 亿元。

【口岸基础设施能力建设有效提升】 协调解决美兰机场 T2 国际航站楼查验设施设备建设资金 1.6 亿元并建成竣工，推动美兰机场 T2 国际货站正式投入使用；协调美兰机场 T1 国际货站扩充营运面积 1 100 平方米；协调港航控股公司为洋浦港码头新增购置港口设施设备，将通过能力从 65 万标箱提升至 160 万标箱；推进洋浦港口岸进境水果指定监管场地、三亚保税物流中心（B 型）、海口空港综合保税区建设并通过验收。

【口岸疫情防控工作严格落实】 2021 年，先后开展 7 次口岸安全和疫情防控专项检查，海南省商务厅、海口海关、海口出入境边检总站共检疫出入境交通工具 5 477 架/艘次，其中飞机 637 架次、船舶 4 838 艘次、邮轮 2 艘次；检疫出入境员工 82 235 人次。安全处置了洋浦口岸 5 起进口货物新冠病毒核酸检测呈阳性疫情事件，确保口岸没有发生物传人的问题。

口岸监管与服务

【海口海关全力支持海南自由贸易港建设】 一是坚决有力落实习近平总书记重要指示批示精神。全面落实署省打击离岛免税“套代购”走私专项行动部署要求，配合海南省推进失信惩戒立法和跨部门数据共享工作，推动建设完善溯源码管理体系，2021 年 8 月 1 日起对香水化妆品、酒水和手机 3 大类离岛免税商品实行溯源码管理，12 月完成免税品溯源管理全覆盖，推动建立综合治理机制；先后开展 13 轮打击离岛免税“套代购”走私专项行动，打掉 65 个团伙。二是有序推进全岛封关运作准备工作。积极参与国研中心、部委工作专班来琼调研，全力配合研究推动自由贸易港口岸布局方案、自由贸易港海关监管框架方案出台。配合推动建立海关总署、海南省双方会商机制并保障署省 4 次会商，围绕政策推进达成共识。成立全岛封关运作研究和准备工作专班，配合海南省有关部门研究形成自由贸易港全岛封关运作总体思路；配合省有关部门制定出台自由贸易港全岛封关运作口岸建设工作方案、口岸查验基础设施设备建设指导意见，参与海南省开展对外开放口岸及“二线口岸”规划建设工作。全程参与《中华人民共和国海南自由贸易港法》等 10 余部法律立法和国务院 3 批调法调规事项论证，初步完成自由贸易港海关特色权责清单编制。三是稳步推动海南自由贸易港早期政策落地实施。支持原辅料、交通工具及游艇、自用生产设备“零关税”清单实施，自政策实施至 2021 年年底，共监管“零关税”货物进口 58.8 亿元，减免税款 10.6 亿元。新增离岛免税购物“邮寄送达”“返岛提取”提货方式，全年监管离岛免税购物金额 495 亿元，购物人数 672 万人次，购物件数 7 045 万件，与 2020 年相比分别增长 80% 、49.8% 和 107%。推动海南省建设完善洋浦公共信息服务平台，支持洋浦保税港区“一线放开、二线管住”先行先试政策制度全面实施并扩大试点，加工增值政策和“径予放行”制度均在承接试点海关特殊监管区域实现首单落地。2021 年，内销加工增值 30%以上货物 6.19 亿元，免税 4 986.5 万元。四是助推海南自由贸易港重要功能平台作用凸显。完成首届中国国际消费品博览会通关服务保障工作。推动海口空港综合保税区获批设立并通过正式验收，完成三亚市保税物流中心（B 型）验收。保障海口美兰国际机场二期正式运行，支持开通自由贸易港首条定期国际货运航线。优化入境检疫监管流程，畅通博鳌乐城国际医疗旅游先行区特许药械供应链，先行区进口特许药械品种突破 200 例。支持全球动植物种质资源引进中转基地建设，国家（三亚）隔检中心（一期）项目主体封顶。

【海口海关优化口岸营商环境促进跨境贸易便利化】 一是深化改革创新，释放政策利好服务发展。将“船边直提、抵港直装”改革由洋浦港口岸成功推广至海口港口岸。推进“两步申报”“两段准入”等“五项创新”海关通关改革，实现海南全岛“两步申报”口岸、商品、业务流程全覆盖。简化进出口环节监管证件，实现进出口环节精简率达52.3%。开展海关监管制度集成创新，2021年3项举措入选海南自由贸易港制度创新案例，1项获海南省制度创新奖三等奖，1项被纳入商务部等20部门推进海南自由贸易港贸易自由化便利化举措，支持洋浦打造海南自由贸易港“样板间”的典型做法得到国务院第八次大督查通报表扬。开展“我为群众办实事”——海南自由贸易港海关政策“走进重点市县、重点园区、重点企业”巡回宣讲活动，为市县、园区、企业“送策上门”，惠及自由贸易港重点企业600余家，受众近2 000人次。二是持续压缩口岸整体通关时间，提升通关便利化水平。联合海南省商务厅印发《2021年优化海南口岸营商环境行动计划》，出台海关支持跨境贸易便利化15条措施。加强查验单兵作业系统和非侵入式查验应用，充分运用“先期机检”实施“顺势监管”，在洋浦保税港区实施“先入区，后检测”制度，将货物入区时间缩短至1天以内，大幅节约企业通关成本。2021年海南口岸进口、出口整体通关时间分别为44.52小时、1.47小时，较2017年分别压缩64.93%、98.64%，完成国务院确定的“到2021年底，整体通关时间比2017年压缩一半”任务。全年海南省外贸进出口总值1 476.8亿元，同比增长57.7%，增速位居全国第三，单个自然年内首次突破千亿大关。三是严密口岸监管，强化法治保障，着力营造稳定、公平透明、可预期的市场环境。落实海关总署打击跨境电商进口走私“断链刨根”专项整治行动。查获知识产权侵权案件数量、侵权商品数量、案值均创历史新高，在货运、寄递渠道查获侵权案件45宗，查获侵权商品1 900余件、案值250余万元，较2020年分别增长11倍、51倍和88倍。开展进口食品“国门守护”行动，促成某知名品牌高端洋酒进入中国市场后首次被退回，责成日本某知名品牌化妆品进入中国市场后首次自主实施召回。推动海南省建立境外动植物疫情联防联控工作机制。承接全球环境基金项目和世行全球“全健康”海南示范项目，在进境原木中检出松材线虫并高效实施熏蒸处理，全年截获检疫性有害生物15种、62种次。配合海关总署建立琼粤桂反走私联防联控机制，推动海南省社管平台反走私实战化运作，支持海南全省64个综合执法站建设。深入推进打击“水客”走私、“国门绿盾2021”、严打成品油走私等专项行动20余个，侦办种用椰子、成品油、毒品等一批典型案件，打击离岛免税“套代购”和木材走私两个案件入选海关总署2021年打击走私十大典型案例，刑事、行政案件主要指标大幅增长，罚没收入同比增长4.39倍。

【洋浦保税港区监管建设】 一是构建立体服务体系。将企业备案、通关管理及相关咨询业务集中在洋浦政务服务中心窗口办理，实施“首问负责”“一次性告知”等措施，企业及群众可通过电话、微信关企工作群、12360海关热线、12345平台等渠道咨询和办理相关业务。2021年，电话答复企业咨询1 800余次，回复12345工单46张，研究答复洋浦管委会关于引入项目、口岸建设及企业政策咨询方面内容意见建议50余次，收到企业赠送锦旗11面、感谢信1封。二是持续提高监管效能。洋浦保税港区实行“一线”放开、“二线”管住进出口管理制度，突出区内自由。2021年，洋浦保税港区新增海关备案企业936家。积极推动“保税港区内加工增值货物内销免关税”政策落地，自政策实施至2021年年底，共16家企业通过审核备案，累计受理加工增值报关单123票，货物总重量共计11.95万吨，涉及货值6.19亿元，免征关税4 664.64万元。探索洋浦保税港区营利性设施消费等新业态试点开展，推动区内消费业态落地实施。2021年，洋浦保税港区新增5家完税商品销售企业、2家跨境电商新零售企业，主要商品为玉石制品、服饰、红酒、洋酒等。三是推动便企政策落地。大力推动“零关税”政策落地，自政策实施至2021年年底，共备案4本“零关税”原辅料E账册，企业在进口环节缓缴税款4亿元；29家企业取得“零关税”交通工具及游艇享惠资格并建立账户，免征税款3.83亿元；7家企业获得“零关税”自用生产设备享惠资格，免征税款5 061.75

万元。大力推进落实“主动披露”海关优惠政策，2021 年受理主动披露 62 起，为企业减免滞纳金 74.39 万元。对洋浦保税港区内进口大宗散货油菜籽、黄大豆、小麦等植物产品，实行“先入区，后检测”提升通关效率，保障 25.8 万吨进口粮食顺利通关。

【海口综合保税区监管建设】 一是夯实外贸基础，助力海南自由贸易港建设。贯彻落实《国务院关于促进综合保税区高水平开放高质量发展的若干意见》，通过送政策上门、企业座谈会等形式，了解、解决企业通关疑难问题。开展“三走进”自由贸易港政策巡回宣讲活动，走进澄迈县和区内重点企业，宣传“一线放开、二线管住”等自由贸易港政策；融入地方政府招商引资工作，宣讲相关海关监管政策和规定。2021 年，海口综合保税区外贸总值 280 亿元，同比增长 18.9%，占同期海口市外贸总值的 58.8%，占海南省外贸总值的 19%。截至 2021 年年底，辖区海关注册企业 2 052 家，企业数量较自由贸易港建设总体方案发布前增加 1 449 家，增长 2.4 倍。二是持续改革创新，推动特色业务发展。推动海南省首批跨境电商直购出口（“9610”模式）业务正式开通。推动跨境电商线上线下健康融合发展，完善制度规范，采取多项措施强化跨境电商线下展示体验店合法合规经营。截至 2021 年年底，区内跨境电商企业达 612 家。推动冷冻水海产品实现首次在马村口岸出口；通关放行海南自由贸易港首艘“零关税”进口集装箱船舶；国际船舶移籍“一事联办”创新制度获评海南省第十三批制度创新案例，并获得“海南省改革和制度创新奖三等奖”；积极支持拓展文化保税展示功能，顺利完成海南自由贸易港首单国宝文物回归业务。三是强化政治担当，有效发挥海关职能作用。采取有力措施不断提高通关时效，保持业务运行平稳高效。2021 年，进出口报关单办结 28 100 份，同比增加 535.6%，位列海南口岸第一位；监管进出口货物 5.9 万吨，货值 342.17 亿元，同比增长 221%；监管进出口集装箱（标准）11 558 箱次，同比增加 153%。征收税款 11.3 亿元，同比增长超 128.6%，创历史新高，位列海南口岸第二位。强化跨境电商线下展示体验店巡查、仓库盘查核查和卡口监管，加大对违规违法行为的查处力度。全年共与外部执法单位联合执法 2 次、关（暂）停 6 家企业相关业务、约谈企业 16 家，推动业态平稳有序发展。

【海口出入境边检总站坚持高站位严要求，圆满完成重大安保任务】 边检总站统筹谋划、缜密部署中国共产党成立 100 周年、博鳌亚洲论坛年会、首届中国国际消博会等边检安保工作。强化组织领导，制订安保总体方案，完善细化 10 余项子方案，从机构架设、组织指挥、勤务部署、综合保障、内外协调等方面做了周密细致的部署安排，增强了安保工作的针对性和科学性。强化动员部署，激发昂扬斗志，各级召开动员会、誓师会、推进会等 30 余次，安保期间保持全警在岗在位，机关警力下沉一线，落实双领导值班带勤。强化“一盘棋”思想，无缝对接公安部、海南省安保指挥体系，健全与地方党委政府、口岸联检单位的沟通协作机制，构建大安保、大安全格局。强化勤务组织，挑选精兵强将充实安保一线，让“行家里手”担负前台查验，畅通“绿色通道”，提供快捷优质的通关服务。秀英出入境边检站主动靠前服务消博会，为参展游艇提供了快速通关便利。强化保障力度，投入 86 万元购置防护装备，组建 8 支应急处突队，组织 12 次应急拉动演练，处突能力明显提升。圆满完成了各项边检安保任务，连续 20 年实现博鳌年会边检安保“零差错”。

【海口出入境边检总站坚持总体国家安全观，全力维护口岸安全稳定】 边检总站突出主责主业，始终把维护国家政治安全摆在首位，把防范重大风险贯穿始终，严密做好口岸管控。规范勤务组织，结合自由贸易港总体方案要求，不断优化调整边检勤务组织，对八所、马村、洋浦等站边检勤务进行了深入探索研究；统一了各港口边检站船舶手续申报办理、发现查处涉事船舶入境（港）检查勤务操作、载有不准入境船员的船舶在港监管和不准入境船员随船出境（港）等操作流程，织密兜牢了海上非法出入境的严密防线；对旅检口岸勤务督导台功能疏解进行规范。严格口岸查验，严守人证对照、证件鉴别和资料录入“三条底线”，严密出入境船舶和货机检查监管，加强口岸限定区域巡查监管，确保口岸管控万无一失。加强联防联控，积极参与构建海南省立体化防控网络，参加10余个省级工作领导小组，与海南海警、刑警、反恐、情报、国保、海关等多家单位签订了合作协议，加强反恐合作、情报共享和联勤协作等。加强专项整治，深入开展各类非法出入境专项排查整治。加强处突演练，结合形势任务的变化不断完善处突方案，绘制完善各边检站警力部署图30张，结合重大任务、重要节点组织开展全流程全要素实战演练36次，全面提升反恐怖工作能力。严格规范执法，研究出台总站《关于进一步加强边检法治建设的意见》《出入境边防检查行政案件证据收集指引（试行）》《执法办案场所建设指引》《执法质量考核评议实施办法》，加强系统谋划、统筹协调、执法规范和法制练兵，总站法治建设经验做法被国家移民管理局专题简报推广，国家移民管理局委托总站制定的《出入境边防检查行政案件证据收集指引（试行）》已在全国边检机关执行。梳理倒查各类入出港船舶档案，深排细查有违法违规嫌疑的交通运输工具，联动有关边检站实施精准打击。落实年度执法质量考评，组织案件评议，及时发现和解决问题，促进执法规范化水平的提升。

【海口出入境边检总站坚持疫情常态化防控，严密筑牢外防输入防线】 边检总站紧跟疫情形势不断变化和上级系列指示要求，持续强化常态化疫情防控举措，实现了“零感染、零输入、零传播”的目标。压实工作责任，下发通知进一步明确总站疫情防控领导机构的职责，细化具体任务和分工，有效推动防控举措的末端落实。加强外部防控，实行“7+7+7”勤务模式，强化勤务轮换、防护培训、现场督查、隐患排查、预案演练等环节，一线防护意识和防护能力不断增强。加强内部防控，每周一次全员核酸检测、人员返琼隔离观察、每日体温测量、营区消杀等防控举措已形成固定管理模式。加强联防协作，强化分析研判和信息共享，向省市两级推送预警信息27 632条，通报来琼涉疫国家和地区旅居史入境人员15 880人次，促成对5 842人采取隔离措施，为疫情精准防控提供有力支撑。总站处置外籍游轮网上追逃人员的典型案例，受到国家移民管理局充分肯定和推介。总站加强国际航行船舶出入境边防检查管理的疫情防控举措，得到海南省主要领导的批示肯定。

【海口出入境边检总站参与构建海南自由贸易港建设新发展格局】 深入贯彻党中央和习近平总书记对海南深化改革开放的一系列部署要求，认真落实《中华人民共和国海南自由贸易港法》和《海南自由贸易港建设总体方案》，高位谋划，守正创新，扛起移民边检机关的责任担当。一是加强组织领导，完善工作机制。总站党委书记牵头成立总站服务自由贸易港工作领导小组，抽调精干力量集中办公，强化政策学习研究、警地融合对接、统筹协调推动等工作。积极参与海南自由贸易港建设口岸风险防控、封关运作、打私综合治理、优化营商环境等13个领域21个工作专班，受领50余项工作任务，目前已完成9项，其余在持续推进中。全面参与2025年前全岛封关运作口岸管理的顶层设计工作，在《中华人民共和国海南自由贸易港法》起草制定、口岸建设规划等工作中，研提意见建议55条，被采纳37条。会同省公安厅研究制定全岛封关运作人员进出框架思路，为海南对外开放提出边检主张、贡献边检智慧。配合海南省商务厅研究出台《海南自由贸易港口岸布局方案》和《海南自由贸易港口岸建设“十四五”规划》。研究制定《海口边检总站贯彻落实海南自由贸易港建设总体方案“1+7”任务分解》，涉及总站自由贸易港建设任务得到及时高效落实。二是推进改革创新，优化通关举措。全面实施国家移民管理局《关于促进服务航运企业发展十六项新举措》，探索具有自由贸易港特色的琼港澳游艇自由行管理模式，简化船舶手续办理，便捷保税燃料油加注措施等，减轻企业运营成本，提升企业运营效能。边检总站研究并建设邮轮管控系统和游艇管控平台，利用信息化手段简化境外游艇监管流程，提升邮轮旅客通关效率。会同省委统战部研究港澳台侨高层次人才、特殊贡献人士便利通关举措，积极服务海南招才引智战略。美兰出入境边检站对标“一站三场”新格局，高标准推进完成美兰 T2 航站楼和博鳌机场边检基础查验设施建设，确保了新航站楼的如期启用运行。秀英出入境边检站采取窗口前移、联合查验、现场办公等灵活举措，为鱼苗企业出口创汇提供便利，有效解决了过驳期鱼苗存活率问题，确保了价值 6 000 多万元鱼苗的顺利出口。洋浦出入境边检站简化保税燃油加注船舶边检手续，为服务对象节省通关时间 3 000 余小时、通关成本近 2 000 万元。如期上线运行 12367 出入境服务平台，办理流转工单、受理咨询、解答问题 500 余次，为广大出入境人员提供了优质的咨询服务。三是加强离岛管控，深化联勤联动。加强与地方公安的工作衔接和协作配合，联合研究制定《关于在海南省主要进出岛通道建立通报和查处“三非”外国人有关工作机制》，进一步规范信息通报、核查处置、结果反馈等工作。运用旅客信息与移民数据碰撞，排查可疑线索，总站协助驻地公安机关在 9 个离岛通道执勤点联合执法，为构建“全岛同城化”防控体系建设提供边检力量，相关经验做法得到国家移民管理局通报表扬和全国推广。

【海口出入境边检总站推进科技强警和综合保障能力建设】 坚持“抓基层、打基础、固根本”，努力提升科技应用、服务实战和暖心惠警水平，不断增强移民边检事业发展后劲。为口岸安全提供坚强的网络信息保障。以保障中国共产党成立 100 周年、博鳌论坛年会等重大安保网络信息安全为重点，全面强化查验系统运维，深化信息化合作企业安全管理专项整治，开展数字证书管理使用专项清理，建设总站公安信息网络安全感知系统，有效提升网络安全保障能力。其间，共替代更换 VPN 设备 40 台，检查信息化设备 2 707 台，推进整改网络安全漏洞隐患 224 个。强化信息资源共享和数据分析应用。推进信息化系统整体谋划，结合海南“十四五”规划需要，协调开通至总站 500 兆专网数据线路，整合数据资源，为口岸出入境人员和交通工具动态管理提供支撑。立足数据汇聚融合与深度分析应用需求，建设总站数据分析平台，加快推进基础信息及数据分析平台一体化建设。推进扩大开放口岸信息化建设。完成美兰机场 T2 航站楼边检查验配套设施及 3 个现场机房建设，优化调整公安网和梅沙信息网，统筹推进查验设施建设。三亚出入境边检站推进邮轮综合管理系统和智慧游艇港管控系统建设，进一步优化邮轮游艇查验管理模式。马村出入境边检站创新启用外轮自动监护系统，为口岸精准管控提供支撑。夯实信息化基础设施建设。协调争取将总站移动警务应用系统纳入地方公安机关移动警务平台，推进总站无线数字集群与省公安厅 PDT 系统融合共享。持续加强可视化监管系统建设，完成视频综合管理应用平台升级，推进马村、美兰出入境边检站指挥中心和八所、洋浦出入境边检站勤务指挥室技术改造等建设。强化业务系统创新驱动，对接海南省政法委，协调连续 3 年为 5 个海港边检站租用 12 套口岸执勤无人机，年内秀英出入境边检站无人机立体管控技战法应用获评国家移民管理局首届基层科技创新应用大赛优秀奖。

【海南海事局以制度集成创新，提升海南自由贸易港航运业独特竞争力】 2021 年 6 月 1 日，海南海事局牵头起草的《海南自由贸易港国际船舶条例》经海南省第六届人民代表大会常务委员会第二十八次会议审议通过，并于 2021 年 9 月 1 日正式施行。该条例共 8 章 50 条，具有创新性、突破性的条款达 20 余项。一是构建国际船舶登记新制度体系。放开市场准入，明确国际船舶的登记主体外资股比不受限制；便利登记手续，明确格式文本的合法使用，建立临时登记制度，解决检验与登记互为前提前置的难题，赋予电子船舶登记证书法律地位，提升船舶登记手续的办结时限和理效率。二是该条例完善了国际船舶航运管理与服务。明确进口旧船舶申请登记时可免于办理重点旧机电产品进口许可证；明确税收、金融、外汇等方面支持国际船舶及其配套产业发展的措施；明确要建立国际船舶商事纠纷化解机制；明确船舶不予登记的情形、船舶国籍登记强制注销制度和建立船舶综合质量评价制度。该条例的出台，为形成海南自由贸易港海事特区法规体系打下坚实基础，有利于形成法治化、国际化、便利化海事营商环境，有力推动了海南航运业全面对外开放。

【海南海事局初步构建国际船舶管理制度体系】 贯彻《海南自由贸易港国际船舶条例》，海南海事局组织制定《海南自由贸易港国际船舶登记工作规程》《海南自由贸易港国际船舶海事政务服务指南》以及国际船舶登记申请材料格式文本等配套文件，进一步完善国际船舶登记制度体系。制定组织起草的《海南自由贸易港外国船舶检验机构入级检验监督管理办法》，经交通运输部同意，2021 年 9 月 28 日经海南省人民政府对外发布，并于 2021 年 11 月 1 日起实施。组织起草《海南自由贸易港被认可组织监督管理办法（草案）》，为放开船舶法定检验做好监管制度上的准备。编制国际船舶登记机构设置方案草案并报交通运输部海事局，多次走访海南省编办，争取中编办的理解，推进国际船舶登记机构建设。国际船舶管理制度体系的初步形成，促进了海南自由贸易港航运业的快速发展。2021 年，办理“中国洋浦港”籍国际船舶登记 8 艘，办理“零关税”进口船舶登记 31 艘。

【海南海事局出台《海南邮轮海上游安全管理特别措施》】 2021 年 12 月 14 日，海南海事局印发实施《海南邮轮海上游安全管理特别措施》，涉及邮轮运营安全、防污染及危险品管理、应急保障、共建合作、监督检查等 8 项创新管理措施。该特别措施将开航前安全自查清单制度移植至中外籍邮轮监管，推动国产北斗卫星定位系统的使用，解决船舶自动识别系统（AIS）信号盲区产生的安全隐患，切实保障船舶适航、人员适任；首次对邮轮水上游乐活动的安全保障措施提出具体要求，保障游客生命财产安全；对邮轮灰水、生活污水的处置进行具体规定，切实保护南海海域环境安全；对公司及邮轮应急预案管理、应急处置准备和应急管理岗位人员提出具体要求，提升邮轮防抗台风等突发事件应急能力；要求公司及邮轮制定传染病防控制度并纳入体系管理，切实落实疫情防控责任。推行邮轮同业间共建共治共享，运营同一航线的公司应共享安全信息、应急资源，强化邮轮应急搜救能力建设。

【海南海事局创新船舶保税油加注海事监管便利通关模式】 2021 年 10 月 27 日，海南海事局发布《关于深化海南自由贸易港船舶保税油便利化海事监管措施的公告》，从 5 个方面深化对船舶保税油供受作业单位、供油船舶和受油船舶的海事监管措施，缩减办事流程和时间，便利服务船舶通关。一是实施告知承诺制，减免船舶保税油供受作业单位备案材料的提交要求。二是优化危险货物申报制度，进一步简化企业跨港区供油的船载危险货物申报手续。三是进一步提高审批时效，减免申报手续，实施国际航行受油船舶“即加即走”管理模式。四是免予保税油受油船舶办理作业信息报告手续，进一步提升船舶保税油加注效率。五是开辟船舶燃油装载和使用信息报告便捷通道，进一步提升受油船舶海事通关效率。2021 年，海南海事局共监管服务船舶保税油加注作业 420 艘次，保税油加注量 21.75 万吨，同比分别增长 158% 和 113%。

【海南海事局建立境外船舶移籍“一事联办”工作机制】 2021 年 9 月 1 日，海南海事局联合海口海关、海南省交通运输厅、中国船级社海南分社印发《关于开展境外船舶移籍“一事联办”工作的通知》，“境外船舶移籍‘一事联办’”正式成为常态化工作机制。机制主要从 3 个方面优化境外船舶移籍政务服务，提升船舶登记效率。一是各联办单位专人负责、跟踪审批情况，并提供全程咨询指导服务。二是实时通报工作进度，协调解决相关问题，实现各政务服务事项同步办理、并联审批。三是利用海南省现有的政务服务平台，依托相关辅助工具，实现高水平“一事联办”，提升船舶注册便利性、时效性，节约企业船舶移籍成本。2021 年 5 月 8 日，“海丰海口”轮由香港转籍为“中国洋浦港”，为《海南自由贸易港建设总体方案》发布以来首艘由境外转入海南自由贸易港登记的国际船舶。

【海南海事局加速建立海南自由贸易港海员管理制度】 一是夯实制度研究基础。梳理现行船员管理法规规章和规范性文件，搜集海南自由贸易港关于人才、税收、出入境等政策文件，形成海南自由贸易港海员管理制度总体研究框架。二是提高制度研究质量。深入了解辖区船员管理工作痛点、堵点和热点问题，进一步细化制度建设框架。了解掌握国内外船员管理方面先进政策和制度，进行船员考试、培训、发证模式的创新研究，探索远程培训和考试、构建海南自由贸易港船员管理新系统。三是加快制度研究进度。印发《2021 年海南自由贸易港海员管理制度推进工作方案》，成立工作专班，明确研究任务和职责，加强督办，推进研究工作按时推进。2021 年 10 月，海南海事局陆续出台了《外国籍人员参加海南自由贸易港船员培训、考试和申请船员证书管理办法》《海南自由贸易港特定水域船舶最低安全配员管理办法》等 6 个规范性文件，多项改革举措属于全国首创，为构建海南自由贸易港海员管理制度体系，推动形成更加开放的海员市场奠定了基础。

开放口岸

【海口空运口岸（海口美兰国际机场）】
海口美兰国际机场位于海口市美兰区演丰镇，占地面积 5.83 平方千米，1999 年建成使用，2003 年正式对外开放，为国际航空 4E 级标准园林式机场，跑道长 3 600 米、宽 45 米，可满足波音 747-400 等大型飞机全载起降要求，设计年客运能力 930 万人次、货物 15 万吨。机场航站楼总面积 9.93 万平方米，站坪总面积 38.40 万平方米，站坪机位 33 个，已启用的新国际航站楼占地面积 1.32 万平方米，可满足年出入境旅客吞吐量 105 万人次。2019 年，共执飞境外航线 103 条，通航境外城市 62 个，网络布局辐射 20 个国家及地区 37 个热点城市。2021 年，海口空运口岸进出境飞机 590 架次，同比下降 49.01%。

【三亚空运口岸（三亚凤凰国际机场）】
三亚凤凰国际机场位于三亚市凤凰镇，占地面积约 466.67 万平方米，现有航站楼总面积 10.7 万平方米（其中，国内 T1 航站楼 5.83 万平方米、T2 航站楼 2 万平方米、国际航站楼 1.57 万平方米、贵宾航站楼 1.3 万平方米），1994 年建成使用，1995 年正式对外开放。三亚凤凰国际机场为国际航空 4E 级标准热带海岛滨海花园式机场，跑道长 3 400 米、宽 45 米，可满足波音 747、空客 340 等大型飞机全载起降的要求，停机坪可同时停放 66 架大中型客机。2021 年，三亚空运口岸出入境人员 412 人次，同比下降 99.68%；进出境飞机 47 架次，同比下降 95.1%。

【海口水运（海港）口岸】 海口海港口岸位于海南省海口市北部，地处南海航运中枢，是交通运输部规划的 25 个沿海主枢纽港之一，由海口港区和马村港区组成。其中，海口港区于 1957 年对外开放，是海南进出货物的重要集散地，素有琼州门户之称，主要经营大宗散杂货、集装箱、车客滚装运输等。海口港现有码头泊位 37 个，其中 5 万吨级集装箱泊位 2 个、1 万吨级散杂泊位 3 个、5 000 吨级以下杂货泊位 13 个、其他车客滚装泊位 19 个，开通海口—香港、海口—越南集装箱固定航线 2 条。海口港现与东亚、东南亚、西亚等 20 多个国家和地区有贸易运输往来；开通海口—越南邮轮旅游航线；国内主要开通海口至海安、北海、广州等车客滚装运输航班以及海口至广州、湛江、北海等集装箱航线。马村港区位于海南岛西北部，琼州海峡澄迈湾之西，在省级开发区——海南澄迈县老城经济开发区内，2005 年对外开放，马村港水深浪平，拥有得天独厚的自然条件。马村港区现有 4 个锚地、13 个泊位。其中，3.5 万吨级泊位 2 个、2 万吨级泊位 5 个、5 000 吨级泊位 5 个、500 吨级泊位 1 个。2021 年，海口海港口岸出入境旅客

12 人次，同比下降压 99.8%；出入境集装箱吞吐量 95 959 标箱，同比增长 54.44%；出入境货物 401.11 万吨，同比增长 9.77%。

【三亚水运（海港）口岸】 三亚海港口岸位于海南岛南端三亚市内，以国际客运为主、货运为辅，自古以来都是著名的盐海港口，1953 年改为商港，1984 年对外开放，是海南省东南部对外贸易和游客往来的主要口岸，与世界 30 多个国家和地区通航。三亚港口岸现有客运泊位：15 万吨级邮轮泊位 2 个、8 万吨级邮轮泊位 1 个。货运泊位有 7 个：2 个 5 000 吨级泊位、2 个 3 000 吨级泊位、1 个 1 500 吨级泊位、2 个 500 吨级泊位。目前主要为客运口岸。2021 年，三亚海港口岸出入境旅客 90 人次，同比下降 99.41%；游艇出入境 18 艘次，同比增长 63.63%。

【清澜水运（海港）口岸】 清澜海港口岸位于海南省东岸北部，文昌市清澜镇内，1996 年对外开放，主要经营矿产、天然气、海产品、文昌鸡以及椰子产品等进出口，也是三沙市主要的保障基地。清澜港拥有渔业码头 1 座、1 万吨级泊位 2 个、5 000 吨级泊位 3 个，已开通航线 8 条。清澜新港码头港口设计吞吐量 50 万吨。3 000 吨级货轮可安全进出，5 000 吨级货轮可乘潮水满载进出。按照文昌市清澜港总体规划，文昌清澜港占地面积为 142.4 万平方米，其中清澜新港首期建设用地约 41.01 万平方米，码头岸线长 942 米；已建 5 个 5 000 吨级码头，包括油气码头 1 个、通用码头 2 个、旅游码头 1 个、火箭发射场设备运载码头 1.5 万吨级 1 个。2021 年，清澜海港口岸出入境货物 4 万吨，同比增长 85.5%。

【洋浦水运（海港）口岸】 洋浦海港口岸位于海南岛西北部洋浦经济开发区境内，是规划与建设中的区域国际航运枢纽和物流中心，由洋浦、神头两大港区组成，开放海域面积扩大到 55 平方海里，开通国内外航线 20 多条。其中，洋浦港区于 1991 年对外开放，素有“天然深水良港”之称，以集装箱和通用件杂货为主。国投洋浦港已建成码头泊位 9 个，其中 2 万吨级通用散杂货泊位 5 个、1 个 3.5 万吨级集装箱泊位、2 个 2 万吨级多用途泊位、1 个 3 000 吨级工作船泊位。神头港区位于洋浦湾内，北依洋浦开发区，南面隔海与白马井港区相望。神头港水深浪平，拥有很好的自然条件，是海南省的重要能源进出口港口，于 2012 年正式对外开放。神头港区现有 3 000 吨级至 30 万吨级码头泊位 26 个。2021 年，洋浦海港口岸出入境船舶 4 048 艘次，同比增长 12.2%；集装箱 35.53 万标箱，同比增长 69.67%；出入境货物 2 877.76 万吨，同比下降 7.02%。

【八所水运（海港）口岸】 八所海港口岸位于海南省西部东方市八所镇境内，北黎湾的西南部，于 1958 年对外开放。八所港是海南省重要的工业港，是集装卸、仓储、运输、配送、贸易为一体、功能齐全的综合性深水良港，也是环北部湾经济圈主要的贸易港口，主要输出海南铁矿石。现有 3 个作业区共 12 个泊位，其中万吨级以上泊位 9 个、千吨级以上 2 个，年设计综合吞吐能力 1 263 万吨。与国内沿海各港口以及 20 多个国家和地区通航。2021 年，八所海港口岸出入境船舶 247 艘次，同比增长 49.7%；出入境货物 458 万吨，同比增长 29.33%。

2021 年海南省口岸大事记

2 月 7 日

海南自由贸易港第十一批制度创新案例集中发布。“涉海旅游‘一船一码’互动式、参与式、体验式治理模式”成功入选，成为海事在海南自由贸易港制度创新案例中入选的第 4 个制度创新案例。

2 月 12 日

国家知识产权局正式向洋浦海事局“船舶安全监督远程复查系统”颁发实用新型专利证书，该系统致力于提升船舶口岸通关效率，降低船舶运营成本。

3 月 4 日

洋浦海事局政务中心荣获 2020 年度“全国

巾帼文明岗”荣誉称号。

3 月 31 日

海南省委书记沈晓明到海口海关所属海口港海关邮检现场调研。

4 月 6 日

海南莱福士海洋工程管理有限公司获颁航运公司“符合证明”，成为自《海南自由贸易港建设总体方案》发布以来首家获准核发“符合证明”的外商独资航运企业，这标志着海南自由贸易港政策红利进一步释放。

4 月 8 日

海南自由贸易港内外贸同船运输船舶首船保税油加注仪式在海南洋浦国际集装箱码头举行。

4 月 16 日

海南海事局完成游艇“佛库伦”船舶所有权登记，“佛库伦”成为海南自由贸易港首艘完成产权登记的“零关税”进口游艇，《海南自由贸易港“零关税”进口交通工具及游艇管理办法（试行）》政策正式落地。

4 月 26 日

海南海事局为洋浦宏鲲航运有限公司进口的“宏鲲玫瑰”轮签发了船舶所有权登记证书，这标志着海南自由贸易港首艘“零关税”进口运输船舶正式落户洋浦。

4 月 27 日

海口美兰出入境边检站全力保障消博会国际货运航班高效通行。

4 月 30 日

海口出入境边检总站完成中国澳门籍“勇敢公主”号游艇入境边防检查手续。

5 月 8 日

海口出入境边检总站全力做好 2021 年首艘金铛鱼苗出口服务保障工作。

同日

海南海事局完成海南海丰航运有限公司所属船舶“海丰海口”轮更名转籍“中国洋浦港”等事宜。“海丰海口”轮成为自《海南自由贸易港建设总体方案》发布以来首艘由境外转入海南自由贸易港登记的国际船舶。

6 月 1 日

《海南自由贸易港国际船舶条例》经海南省第六届人民代表大会常务委员会第二十八次会议审议公布，并于 2021 年 9 月 1 日正式施行。

7 月 5 日

海南海事局“境外船舶移籍一事联办”机制获海南自由贸易港第十三批改革和制度创新案例。

8 月 17 日

海南省人民代表大会常委会副主任关进平一行到海口出入境边检总站走访调研。

9 月 8 日

海南省委副书记、省长冯飞在海口海关调研。

10 月 26 日

国家移民管理局调研组到海口出入境边检总站开展局属京外房产实地踏勘调研。

11 月 9 日

海口出入境边检总站开展突发事件演练。

11 月 22 日

海口出入境边检总站圆满完成“向阳红 01”号科考船出境检查勤务。

11 月 30 日

海南海事局与海南大学战略合作协议签订仪式暨联合国海洋法公约研究室成立会议在海南大学国际学术交流中心举行。

同日

海南海事局在海口组织召开海南省海上劳动关系三方协调机制成立大会。三方协调机制的建立有利于政府部门、船员工会组织和船东组织共同解决海上劳动关系、船员管理等方面的重大问题，实现船员体面工作。

12 月 7 日

2021 年琼州海峡海上危险货物运输综合应急演练在海口秀英港 4 号锚地成功举行。

（撰稿人：吴丽蕾、张寅、胡冰涛、汪鸣飞）

2021 年海南省口岸流量统计表

口岸类型		口岸名称	货运量（万吨）				集装箱量（万标箱）				人员（万人次）				交通工具（辆、艘、架、列次）			
			出口	进口	合计	同比（%）	出口	进口	合计	同比（%）	出境	入境	合计	同比（%）	出境	入境	合计	同比（%）
空运口岸		海口			0.89						0.286 3	0.262 6	0.548 9	-100.00			590	-49.01
		三亚			0.05						0.046 4	0.019 2	0.065 6	-99.68			47	-95.10
		博鳌																
		分计			0.93						0.309 0	0.305 5	0.614 5	-99.85	299	338	637	-69.90
水运口岸	海港口岸	海口	35.22	365.88	401.10	9.77	7.22	2.48	9.60	54.44	0.38	0.41	0.79		216	233	449	
		三亚	0.00	22.01	22.01						0.17	0.19	0.37		110	106	216	
		八所	68.63	389.36	457.99	29.20					0.28	0.23	0.52		131	116	247	
		洋浦	540.98	2 336.77	2 877.76	-7.17	15.13	20.40	35.53	69.67	3.13	2.86	5.99		2 093	1 955	4 048	
		清澜	0.00	4.01	4.01													
		分计	644.83	3 118.04	3 762.87	-1.52	22.36	22.77	45.13	66.18	3.96	3.70	7.66		2 550	2 410	4 960	14.63
合计			644.83	3 118.04	3 763.80	-1.52	22.36	22.77	45.13	66.18	4.27	4.00	8.27		2 849	2 748	5 597	
同比（%）																		

（海南省商务厅提供）

2021 年海口海关主要数据统计表

项　目		2021 年	2020 年	同比（%）
进出口货运量（万吨）	合计	3 526	3 739	-5.70
	进口	2 916	3 100	-5.94
	出口	610	639	-4.53
进出口贸易总值（万美元）	合计	1 967 747.616	1 534 190.382	28.26
	进口	1 540 848.546	1 181 165.856	30.45
	其中：江、海运输	1 023 082.342	808 258.128 1	26.58
	铁路运输	0	0	—
	汽车运输	37 376.384 5	12 697.496 4	194.36
	航空运输	477 356.455 2	359 757.514 8	32.69
	邮件运输	3 005.111 7	452.716 4	563.80
	其他运输	28.253 3	0	—
	出口	426 899.069 6	353 024.526 2	20.93
	其中：江、海运输	318 665.399 3	277 306.211 7	14.91
	铁路运输	0	1.45	-100.00
	汽车运输	18 496.04	509.199 4	3 532.38
	航空运输	15 701.970 1	18 977.353	-17.26
	邮件运输	83.079 7	96.035 6	-13.49
	其他运输	73 952.580 5	56 134.276 5	31.74
税收（万元）	两税合计	781 861.5	637 748.7	22.60
	关税入库	65 485.2	63 228.6	3.57
	进口环节税入库	716 376.3	574 520.0	24.69

（海口海关提供）

2021 年海南省口岸出入境主要数据表

项　目			2021 年	2020 年	同比（%）
出入境人员（人次）	出入境人员总数		82 681	388 489	-78.72
	入境人员		40 095	188 315	-78.71
	出境人员		42 586	200 174	-78.73
	出入境旅客		540	287 038	-99.81
	出入境员工		82 141	101 451	-19.03
	中国公民	小计	320	158 706	-99.80
		内地居民（因公）	46	877	-94.75
		内地居民（因私）	246	131 116	-99.81
		港澳居民	28	17 101	-99.84
		台湾同胞		9 612	-100.00
	外籍人员		220	128 332	-99.83
	从海港出入境人数		76 553	98 953	-22.64
	从陆港出入境人数				
	从空港出入境人数		6 128	289 536	-97.88
交通运输工具（辆、艘、架、列次）	总计		5 589	6 878	-18.74
	船舶		4 954	4 764	3.99
	飞机		635	2 114	-69.96
	火车				
	机动车辆				

备注：中国公民及外籍人员数据未包含员工人数。

（海口出入境边检总站提供）

2021 年海南海事局进出港船舶统计汇总表

船舶类别	进港船舶							出港船舶						
	艘数（艘）	总吨（吨位）	总载重量（吨）	载客量（客位）	船员人数（人次）	货物到达量（吨）	旅客到达量（人）	艘数（艘）	总吨（吨位）	总载重量（吨）	载客量（客位）	船员人数（人次）	货物发送量（吨）	旅客发送量（人）
总　计	109 816	442 021 244	236 060 897	35 670 358	2 129 057	99 855 385	10 172 261	103 729	444 431 832	237 838 995	35 148 890	2 102 244	72 555 123	9 780 601
中国籍船舶	107 889	408 658 964	178 806 988	35 670 098	2 097 570	75 654 414	10 172 261	101 788	410 770 051	180 064 272	35 148 370	2 070 602	68 291 413	9 780 601
其中外贸船	278	3 254 208	4 803 607	0	4 069	1 837 295	0	332	4 940 758	7 545 832	0	5 153	1 230 745	0

（海南海事局提供）

重　庆　市

重庆市口岸分布示意图

序号	类型	口岸名称	批准开放时间	开放状态
1	空运口岸	重庆空运口岸	1994	国际常年
2	水运口岸	重庆水运口岸	2010	限中国籍

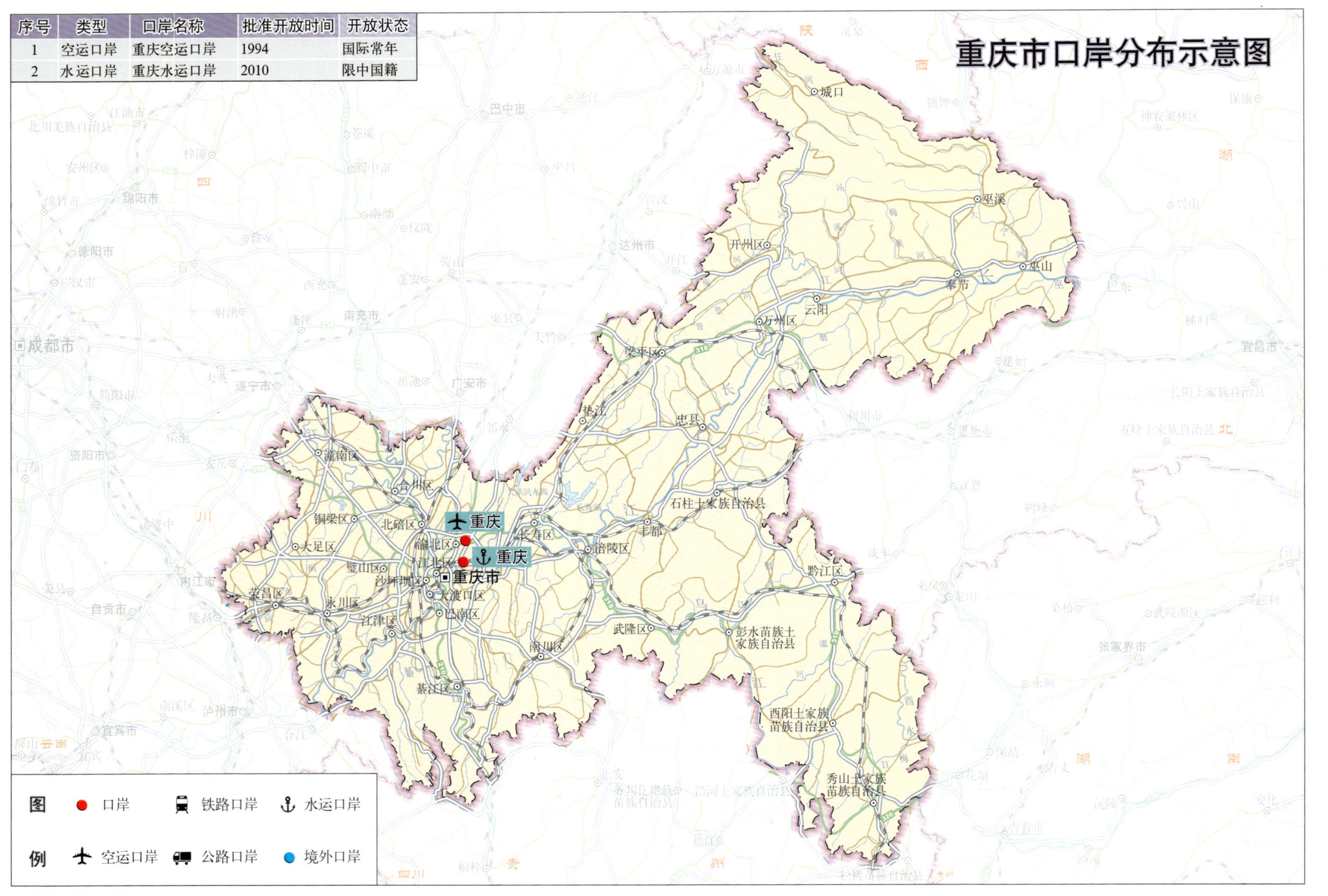

口岸数量及分布

截至 2021 年年底，重庆市共有经国务院批准的对外开放口岸 2 个，分别为重庆空运口岸（重庆江北国际机场）、重庆水运（河港）口岸。

口岸运行数据

2021 年，重庆空运口岸累计开通国际（地区）航线 106 条（其中客运 79 条、货运 27 条，直飞航线 93 条、非直飞航线 13 条），通航国家和地区 35 个，通航城市 78 个。重庆空运口岸（重庆江北机场）出入境人员 6.41 万人次（占机场整体吞吐量的 0.17%），同比减少 80.64%；检查出入境航班 4 755 架次，同比减少 15.93%；国际货邮吞吐量 22.15 万吨，同比增加 46.8%。

水运口岸方面，重庆市完成外贸集装箱运输 47.76 万标箱，同比增加 20.64%。其中，果园港完成 7.28 万标箱，同比增加 300.15%；寸滩港完成 36.48 万标箱，同比增加 3.02%；万州港完成 0.91 万标箱，同比增加 4.91%；涪陵港完成 1.16 万标箱，同比减少 22.06%；永川理文码头完成 1.93 万标箱，同比增加 230%。

铁路口岸方面，完成外贸集装箱运输 23.2 万标箱，同比减少 4.8%；汽车整车进口 7 564 辆，同比增加 49.75%。中欧班列（成渝）全年开行折算列 4 800 列，发送货物 40 万标箱，运输货值 2 000 亿元；渝满俄班列开行超千列，运输货值 80 亿元。

公路方面，跨境公路班车共计开行 3 306 车次，同比增加 17%；总货值约 20.24 亿元，同比增加 45%。

跨境电商累计完成交易 1.41 亿单，交易额 333.38 亿元，征收税款 27.67 亿元。其中，2021 年全年交易额首次突破 100 亿元，同比增长 53.54%。

口岸综合管理

【持续推动口岸开放发展】 一是口岸开放发展基础不断巩固。编制完成《重庆市口岸发展“十四五”规划》，打造“一枢纽两中心多节点”的开放口岸体系。稳步推进万州机场正式开放工作。二是组织果园港口岸顺利通过国家验收。努力克服新冠肺炎疫情带来的不利影响，高质量完成果园港口岸查验基础设施建设，配备国内首套最先进的 H986 机检设备，为全市开放型经济发展提供重要平台支撑。三是助力寸滩港口岸功能有序转移。按照平稳过渡、逐步限期原则，先后于 2021 年 6 月 30 日、9 月 28 日和 12 月 31 日分别将寸滩港内贸集装箱、水水中转集装箱、外贸进出口集装箱业务向果园港转移，为寸滩国际邮轮母港施工创造有利条件。

【持续优化口岸营商环境】 一是聚力细化政策措施。从提升企业幸福感、获得感出发，会同重庆海关出台 2021 年工作方案，积极开展跨境贸易便利化专项行动。召开优化重庆口岸营商环境专题会议，深化部署促进跨境贸易便利化工作，确保各项措施落实落地。二是聚力深化改革创新。持续推广应用“提前申报”“两步申报”“两段准入”，优化完善“离港确认”模式，单票货物转关手续办理时间压缩 90% 以上。2021 年，进口、出口整体通关时间压缩比分别稳定在 65%、85%以上，圆满完成了国务院确定的目标任务。三是聚力优化服务环境。在全国率先公开口岸经营单位作业时限标准，制发重庆航空、水运、铁路口岸作业环节流程图，提高口岸通关透明度，增强企业预期，获得国家口岸管理办公室高度肯定并在全国复制推广。四是聚力强化收费监督。指导口岸各类收费主体通过中国（重庆）国际贸易单一窗口更新、维护、发布收费目录清单，实现收费标准线上公开、在线查询。会同发改、财政、商务、市场监管、海关等有关部门开展口岸营商环境联合督导，巩固拓展口岸收费治理成效。

【持续提升中欧班列服务水平】 一是全力保障重点企业运输稳定。进口方面，整车维持高增长态势，共计进口奥迪、保时捷等市场主流品牌超 7 500 辆，货值 46 亿元，累计进口整车货值已突破 130 亿元。出口方面，笔电、博世、华为 3 项高附加值货物维持高增长。其中，笔电出口 1.9 万标箱，同比增长超 27.16%，货值约 334 亿元；华为等通信设备出口共计 4 528 标箱，同比增长 15%，货值超 52 亿元；博世出口约 1 350 标箱，同比增长 235.82%，货值约 5 亿元。二是研究系列缓堵保供举措，提升班列通行效率。发挥斯拉科夫、乔普—布达佩斯等换装点和线路作用，动态平衡调控主要线路间的班列计划，缓解单一线路通行压力。新增到乌克兰基辅、塔吉克斯坦杜尚别两条直达线路及境外经罗斯托克至杜伊斯堡线路，开辟捷克科林、波兰斯堪达瓦境外站点，分流缓解主要线路货物拥堵问题。释放核心分拨点的场站潜能，合理利用马拉舍维奇、杜伊斯堡及周边存在场站，缓解新冠肺炎疫情背景下巨大作业压力。全力优化车板及集装箱资源循环，实现单箱循环年利用率达到 3.5 次，超过全国平均仅 2 次的水平；同时增购集装箱资源 800 个，稳定箱源供给。三是优化笔电产业供应链成本。对欧洲方面，中欧班列笔电企业运输比率持续上升，笔电企业中欧班列出口方式占全部出口量的比率从 10%上升至近 20%。对美国、亚太方面，与品牌商联合开展全球物流竞争性谈判工作，推动重庆到深圳、上海公路物流降本增效，深、渝沪公路运价已低于同线路铁路标准的 25%，时效提升 20%。航空方面，受新冠肺炎疫情影响，笔电出货量占比虽略有下降，但仍近 50%。

【严格落实疫情防控要求】 一是分级分类做好业务指导。起草印发进口非冷链货物疫情防控工作方案、工作指南等，分范围、分类别、分环节落实检测消毒工作要求，筑牢“外防输入”防线。二是同防同治织密防控网络。落实“人、物、环境同防”要求，制作检消场所区域设置、人员防护示意图，指导做好人员和场所管控。推动江北机场优化消毒、理货工作流程，通过“快处快放”方式解决重点行业紧缺料件通关慢问题。三是精准精细调度防控工作。第一时间开发上线“进口非冷链货物消杀信息系统”，实时向各区县精准推送货物通关线索。每天编印疫情防控工作简况，以短信形式推送防控情况，实现防控工作每日调度、掌上调度。

口岸监管与服务

【重庆海关持续推动“一带一路”高水平发展】 一是打造跨关区协调配合机制，签订关级合作备忘录，与乌鲁木齐海关签订合作备忘录，搭建两级协作机制，共同助推中欧班列提速发展，共同承接海关总署“关铁通”项目实施。二是打造中欧班列可视化平台，与乌鲁木齐海关共同建设“中欧班列运行可视化建设”项目，打造“数字班列”示范样板。三是全力解决境外滞箱问题，解决企业所急所需。2021 年 6 月，启动与乌鲁木齐海关的协调机制，通过乌鲁木齐海关与哈萨克斯坦海关的双边联络机制，着力解决中欧班列货物因哈萨克斯坦海关查验而滞留时间长的问题。四是承接海关总署监管新模式，推动铁路快通落地。2021 年 9 月，渝乌两关分别承接全国首列铁路进出境铁路快速通关进、出境班列，并推动常态化运营。实现单列班列口岸通关作业耗时平均减少 4 小时以上，节省成本近万元，进一步提高了中欧班列集结中心的产业集聚效能。

【重庆海关扎实筑牢国家安全防线】 坚决落实海关总署关于打击治理跨境赌博的部署要求，深挖口岸监管查缉潜能和科技效能，全国首次查发境外 POS 机以及虚拟货币设备，多次在寄递渠道查获虚拟币矿机、银行密码器、电话卡等涉跨境赌博物品 22 件；在全国范围内率先启动“打击跨境赌博跨区协作机制”，联合济南、成都海关共同研究分析涉跨境赌博物品的监管风险和难点，提出问题解决意见建议。

【重庆海关严格落实疫情防控工作要求】 重庆海关围绕海关总署“打胜仗、零感染”目标，全国首创疫情防控监督检查“四看一移动”移动监控指挥系统，实现进出境航班、冷链、高非冷等高风险作业监督检查智能化、一体化和移动化，大幅提升疫情防控监督检查的准确性、持续性、安全性和及时性；实现关区监控指挥“全覆盖、无盲区、有冗余”目标，建立“层层查、人人清”的三级联合检查队伍、“天天查、日日清”的落实机制和“个个查、处处清”的责任机制；筑牢疫情防控“外防输入”防线，扎实推动重庆口岸进口高风险非冷链集装箱货物的新冠病毒抽样检测和预防性消毒工作；持续推动疫情防控联防联控机制，建立与地方主管部门“数字化、标准化、精准化”疫情防控闭环链条，互享数据15万条，联合地方联防联控机制对空运进口货物风险进行研判，将海关航空口岸非冷链作业人员纳入“N+7+7”闭环管理。

【重庆出入境边检总站坚决筑牢国门疫情防线】 深度融入重庆疫情防控机制，依托国家出入境数据综合应用平台、空港旅客信息预报预检系统，全量筛查涉渝人员境外活动轨迹，固化并实施以边检机关数据核查预警为先导的防控协作机制，助力形成“舱门”到“家门”的防疫闭环，为抗击疫情发挥了前哨作用。2021年，共向重庆市疫情防控办、卫健委和海关推送涉疫人员信息4.5万余条。8月3日，澳门出现感染病例后，当日即向联防联控机制准确推送10日以内澳门入境旅客信息，实现口岸和社会面疫情防控的有机衔接。根据中央统一部署和市委、市政府工作安排，圆满完成阿富汗、巴基斯坦等涉疫高风险临时入境航班边防检查任务。刚性落实国务院联防联控机制和市委、市政府防疫要求，严格执行高风险岗位闭环管理要求，坚持“人、物、环境同防”，加强疫苗接种、人员管控等措施，队伍保持了零输入、零感染、零传播。

【重庆出入境边检总站严厉打击跨境违法犯罪】 研究制定深化打击治理跨境涉赌涉诈违法犯罪工作10项措施，明确目标任务，突出打防重点。建立健全线索通报、会商研判、联合打击等协作机制，切实形成齐抓共管工作合力，筑牢口岸查阻立体防线。总结查缉战法，落实出入境数据“一国一研判、一口岸一排查、一月一分析”3项核查机制，制定“一人一档”巡查指引，提炼形成“四必查、两跟控”排查战法。2021年，精准发布核查预警信息700余条，向公安机关推送妨害国（边）境犯罪、“三非”嫌疑人员100余人、案件线索9条，依法拦阻达到近300人，涉赌涉诈人员通过重庆口岸非法出入的通道基本切断。

【重庆海事局持续强化安全监管工作】 一是2021年共保障433万人次、78万车次和2.77亿吨货物（其中危险货物1 074万吨、集装箱147万标箱）安全运输，有力保障了粮食、煤炭等战略物资运输供应，长江干线重庆段水上物流供应链平稳畅通。二是强化船舶监管，确保船舶适航。2021年，重庆海事局共对3 797艘次船舶实施安全检查，查改缺陷18 604项；实施船舶现场监督16 879艘次，纠正违章和问题4 905项，有力地确保了从事水上货物运输船舶处于良好的安全技术状态。三是强化风险管控，维护通航秩序，成功应对特枯水情和10次洪峰过境，会同气象、水文、地质灾害、应急管理等部门通力合作，及时为航行、停泊及作业船舶提供403次精准交通安全预警信息服务，实施209次临时交通管制，有力地保障了辖区船舶的航行安全和载运货物的安全。实现继2017年后第二次“零等级事故、零死亡”的最好佳绩。四是强化船舶防污染监管，全面推行船舶污染物“零排放”。立足“双铅封”，再推“双盲断”，重庆籍运输船舶生活污水排放管路盲断率100%，辖区到港船舶“零排”率92%。

【重庆海事局全力做好进出口岸船舶安全服务工作】 一是进一步优化营商环境，落实放管服措施。2021年，重庆海事局继续坚持“海事监管为经济社会发展服务，海事人员为行政相对人服务”的理念，以依法监管为前提，以规范管理为重点，以行政相对人满意为目标，持续深化“尚行360”政务服务，落实优化营商环境“420”举措，海事自助服务站建成投用；“互联网+政务服务”改革成效凸显，实现网上政务服务“一号”申请、“一窗”受理、“一网”通办，政务办理时限平均压减55%。二是创新实施“政务十办”和极简政务，办理效率大幅提升。实现行政处罚“快速办”，办结时间由24天压缩至1

天。实施“不予处罚”“首违可不罚”共计 123 件，减免行政处罚金额 29.15 万元。三是全力支持“渝申直达快线”班轮运行。继续与三峡通航管理局保持沟通联系保障“渝申直达快线”班轮优先过闸、实现船舶“即到即检”“即检即过”；在船闸拥堵或检修期间，允许其正常航行至船闸入口附近待闸等候。积极探索江海直达联运，推进江海直达船型创新，为早日开行近洋航线打好基础，进一步压缩重庆进出口货物在上海口岸、重庆口岸的整体通关时间。

开放口岸

【重庆空运口岸（重庆江北国际机场）】 重庆江北国际机场位于中国重庆市渝北区两路街道，距离市中心 19 千米，于 1990 年 1 月 22 日正式建成通航，1987 年开通香港包机航班。1995 年，国务院批准重庆江北国际机场对外国籍飞机开放，重庆空运口岸正式开放。

重庆江北国际机场为 4F 级民用国际机场，于 2005 年 10 月完成二期扩建工程，2010 年 12 月完成三期扩建工程，2017 年 8 月完成四期扩建工程。现拥有 T1、T2、T3 航站楼共 3 座，共计 73 万平方米；跑道 3 条，长度分别为 3 200 米、3 600 米、3 800 米；停机坪 166 万平方米、机位 209 个、货运区 23 万平方米，可保障年旅客吞吐量 4 500 万人次、货邮吞吐量 110 万吨、飞机起降 37.3 万架次。

【重庆水运（河港）口岸】 重庆河港口岸地处长江上游，2010 年获批对外开放寸滩港区，2019 年获批扩大开放果园港区，2021 年果园港区通过国家验收。

寸滩港区位于重庆市江北区寸滩镇，重庆朝天门下游约 6 千米的长江北岸，始建于 2003 年。港区水域条件优越，陆域开阔，通过重庆内环快速干道与成渝、渝黔、渝遂、渝临、渝宜、渝武等多条高速公路相连，紧邻渝怀铁路唐家沱铁路货运站，距重庆江北国际机场约 16 千米，是长江上游内河深水港区。

果园港区位于重庆市两江新区，采用直立式码头，分为港前作业区和后港物流园区。占地共 4 平方千米，港口岸线 2 800 米，已建成前沿 16 个 5 000 吨级泊位，其中多用途泊位 10 个、散货泊位 3 个、商品汽车滚装泊位 3 个，设计年通过能力可达到 3 000 万吨，其中集装箱 200 万标箱、散杂货 600 万吨、商品滚装车 100 万辆，铁水联运规划设计年通过能力 650 万吨。

【重庆空运口岸（万州五桥机场）（临时开放）】 重庆万州五桥机场位于重庆市万州区长江南岸毡帽山顶，距万州城区直线距离约 5 千米，公路距离约 15 千米。万州五桥机场于 1997 年 11 月经国务院批准立项，2000 年年初正式开工建设，2003 年 5 月 29 日建成通航，2015 年 3 月 1 日首次获批临时对外开放。万州五桥机场按 4D 级规划，按 4C 级建设，海拔高程为 567 米，属高挖高填类机场，飞行区长 3 000 米、宽 300 米。机场跑道全长 2 400 米、宽 45 米，停机坪 19 200 平方米，停机位 5 个，可满足 A320、B737 同类及其以下机型的起降，航站楼面积 5 780 平方米，设计年吞吐旅客 50 万人次。

【重庆陆路（铁路）口岸（临时开放）】 重庆铁路口岸前身为团结村铁路集装箱中心站，地处襄渝线（兴隆场站—珞璜站）东侧，始建于 1975 年，2013 年 12 月 25 日由国家口岸管理办公室批准临时对外开放。重庆铁路口岸规划建设用地面积约 7.7 万平方米，监管场所围网面积约 7.3 万平方米，总建筑面积超过 1.5 万平方米。

2021 年重庆市口岸大事记

3 月 28 日

四川航空公司开通每周 2 班重庆—布鲁塞尔货运经停航线。

同日

四川航空公司开通每周 1 班重庆—班加罗尔货运航线。

4 月 15 日

四川航空公司开通每周 2 班重庆—东京货运

经停航线。

同日

四川航空公司将重庆—布鲁塞尔货运经停航线加密至每周3班。

6月2日

四川航空公司开通每周2班重庆—达卡货运直飞航线。

6月30日

24时起，重庆港寸滩港区内贸集装箱、水水中专集装箱业务“只进不出”，由重庆港果园港区承接转移的内贸集装箱、水水中转集装箱业务。

9月3日

俄罗斯空桥航空公司开通每周1班重庆—克拉斯诺亚尔斯克货运直飞航班。

9月28日

零时起，重庆港寸滩港区外贸进口集装箱业务（进口冷链集装箱业务除外）转移至果园港区，外贸出口集装箱业务以及外贸空箱业务仍由寸滩港区承担。

12月29日

重庆河港口岸扩大开放果园港区通过国家验收。

（撰稿人：许理想、林美荣、余跃）

2021 年重庆市口岸流量统计表

口岸类型	口岸名称	货运量（万吨）				集装箱量（万标箱）				人员（万人次）				交通工具（辆、艘、架、列次）			
		出口	进口	合计	同比（%）	出口	进口	合计	同比（%）	出境	入境	合计	同比（%）	出境	入境	合计	同比（%）
空运口岸	江北机场	20.44	2.69	23.13	16.81					2.76	3.65	6.41	-80.64	2 535	2 220	4 755	-15.93
	分计	20.44	2.69	23.13	16.81					2.76	3.65	6.41	-80.64	2 535	2 220	4 755	-15.93
陆路口岸 铁路口岸	重庆（临时开放）	52.69	78.84	131.52	-15.93	9.39	7.77	17.15	-4.56								
	分计	52.69	78.84	131.52	-15.93	9.39	7.77	17.15	-4.56								
水运口岸 河港口岸	重庆	265.96	333.80	599.77	13.38	27.76	16.84	44.60	11.82					43 147	42 904	86 051	11.43
	分计	265.96	333.80	599.77	13.38	27.76	16.84	44.60	11.82					43 147	42 904	86 051	11.43
合计		339.08	415.34	754.42	7.12	37.14	24.61	61.75	10.03	2.76	3.65	6.41	-80.64	45 682	45 124	90 806	-59.91
同比（%）		15.55	1.32	7.12		27.54	-11.82	10.03		-83.48	-77.76	-80.64		-59.71	-60.11	-59.91	

（重庆市人民政府口岸和物流办公室提供）

2021 年重庆海关主要数据统计表

项 目		2021 年	2020 年	同比（%）
进出口货运量（万吨）	合计	773.37	718.56	7.6
	进口	426.39	418.36	1.9
	出口	346.98	300.20	15.6
进出口贸易总值（万美元）	合计	12 383 895.52	9 418 110.45	31.49
	进口	4 383 404.60	3 365 527.48	30.24
	其中：江、海运输	1 154 535.13	759 237.51	52.07
	铁路运输	266 501.02	132 078.35	101.77
	汽车运输	619 105.67	435 679.56	42.1
	航空运输	2 340 960.26	2 037 326.07	14.9
	邮件运输	760.96	927.47	-17.95
	其他运输	1 541.55	278.52	453.48
	出口	8 000 490.92	6 052 582.97	32.18
	其中：江、海运输	2 920 163.74	2 316 558.5	26.06
	铁路运输	659 102.51	539 508.26	22.17
	汽车运输	1 119 159.27	639 333.34	75.05
	航空运输	3 298 776.76	2 549 772.79	29.38
	邮件运输	3 067.56	7 346.48	-58.24
	其他运输	221.08	63.60	247.58
税收（亿元）	两税合计	173.86	137.16	26.76
	关税入库	20.36	15.32	32.90
	进口环节税入库	153.50	121.84	25.98

（重庆海关提供）

2021 年重庆市口岸出入境主要数据表

项目			2021 年	2020 年	同比（%）
出入境人员（人次）	出入境人员总数		64 110	331 229	-80.65
	入境人员		27 603	164 146	-83.18
	出境人员		36 507	167 083	-78.15
	出入境旅客		38 744	292 415	-86.75
	出入境员工		25 366	38 814	-34.65
	中国公民	小计	53 003	295 093	-82.04
		内地居民（因公）	12 218	15 025	-18.68
		内地居民（因私）	32 062	252 594	-87.31
		港澳居民	6 562	10 334	-36.50
		台湾同胞	2 161	17 140	-87.39
	外籍人员		11 107	36 136	-69.26
	从海港出入境人数				
	从陆港出入境人数				
	从空港出入境人数		64 110	331 229	-80.65
交通运输工具（辆、艘、架、列次）	总计				
	船舶				
	飞机		4 755	5 656	-15.93
	火车				
	机动车辆				

（重庆出入境边检总站提供）

2021 年重庆海事局进出港船舶统计汇总表

船舶类别	进港船舶							出港船舶						
	艘数（艘）	总吨（吨位）	总载重量（吨）	载客量（客位）	船员人数（人次）	货物到达量（吨）	旅客到达量（人）	艘数（艘）	总吨（吨位）	总载重量（吨）	载客量（客位）	船员人数（人次）	货物发送量（吨）	旅客发送量（人）
总　计	42 904	111 740 902	109 393 092	—	—	63 723 325	2 265 590	43 147	112 315 810	109 800 992	—	—	13 912 995	—
中国籍船舶	42 904	111 740 902	109 393 092	—	—	63 723 325	2 265 590	43 147	112 315 810	109 800 992	—	—	13 912 995	—
其中外贸船														

（重庆海事局提供）

四 川 省

四川省口岸分布示意图

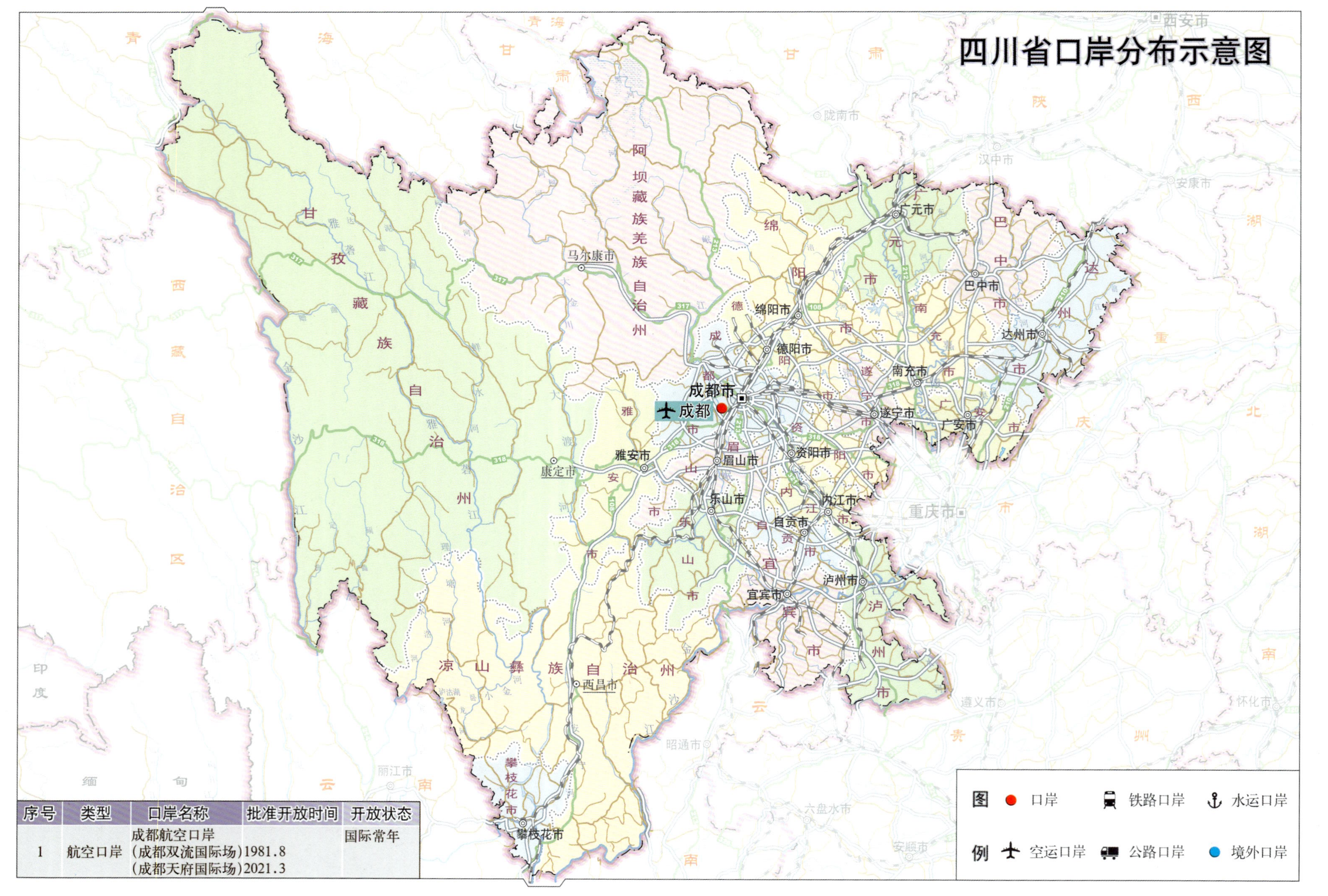

序号	类型	口岸名称	批准开放时间	开放状态
1	航空口岸	成都航空口岸 (成都双流国际场) (成都天府国际场)	 1981.8 2021.3	国际常年

口岸数量及分布

截至2021年年底，四川省有经国务院批准的对外开放口岸1个，即成都空运口岸（成都双流国际机场）。成都天府国际机场作为成都空运口岸组成部分于2021年3月经国务院批复同意对外开放，口岸查验及配套设施建设已基本完成。

口岸运行数据

2021年，成都空运口岸（成都双流国际机场）共验放出入境航班7 941架次，同比下降27.82%；检查出入境人员29.09万人次，同比下降68.36%；空港口岸监管货运量20.6万吨（含航油出口），同比增长21.60%。

2021年，成都青白江铁路口岸（临时开放）共监管进出口货运量335.4万吨，同比下降28.31%；进出口总值820.8亿元，同比增长35.7%；集装箱13.9万标箱，同比下降28.29%。

2021年，泸州河港口岸（临时开放）共监管进出口货运量56.75万吨，同比增长7.06%；外贸集装箱完成5.57万标箱，同比增长10.91%。

2021年，宜宾河港口岸（临时开放）共监管进出口货运量16.95万吨，同比下降15.25%；外贸集装箱完成1.17万标箱，同比下降0.85%。

口岸综合管理

【持续推进口岸建设和开放】 按照“应有尽有”思路，规划新建口岸进境商品指定监管场地。成功获批成都天府国际机场进境水果、冰鲜水产品、食用水生动物指定监管场地。牵头研究支持成都建设全球性航空门户枢纽、洲际航空中转枢纽和航空货物转运中心的系列支持政策措施，支持引导川航、顺丰等在川成立主基地货运航空公司。完成泸州河港口岸、宜宾河港口岸第6次临时开放申报。成都为始发站的中欧班列（成渝）新增连接境外城市达到68个。出口中亚的“川茶”专列顺利开行，助力擦亮农业“金字招牌”。

【深入推进国际贸易“单一窗口”建设，优化口岸营商环境】 一是持续优化完善“单一窗口”等服务功能。在全国率先上线跨境电商企业对接无纸化申请功能及多式联运“一单制”跨境区块链贸易金融平台——中欧e单通2.0，申报时间由过去的至少24小时缩减至最短仅5分钟，为外贸企业线下跨境融资4 000余万美元，涉及货值4亿余元。按照“人物同防，科学防控，精准防控，闭环防控”策略，在中国（四川）国际贸易单一窗口上建设全省非冷链集装箱货物追溯信息管理和公共服务平台，实现全面汇聚、及时发布、实时推送入川非冷链集装箱货物来源、流向、消毒、贮存、运输车辆等溯源数据和人员管理情况信息，有效防范新冠肺炎疫情通过进口高风险非冷链集装箱及其装载货物外包装输入风险，在确保进口非冷链集装箱货物安全的同时，提升口岸通关效率。二是全面提升口岸通关时效。协调成都海关深入落实全国通关一体化、关检业务融合、进出口环节监管证件精简等改革。2021年1~9月，四川省进口、出口整体通关时间分别为49.35小时和1.27小时，较2017年同期分别压缩59.22%和65.39%，提前完成国务院下达的“到2021年年底整体通关时间比2017年压缩一半”的目标任务。三是规范口岸收费项目。全面实行口岸收费目录清单公示制度，在口岸现场和中国（四川）国际贸易单一窗口公布收费项目和标准。2021年，铁路口岸引入竞争比选机制，进出口汽车整车掏（装）箱操作收费降至300元，降幅达到40%。航空口岸降低国际进出港货物（邮件）装卸处置费，降幅超20%。指导省港投集团推动泸州、宜宾、乐山3个港口内部统一定价，实现港口企业收费线上与线下统一管理。四是与重庆方紧密协作，共同编制《共建成渝地区双城经济圈口岸物流体系实施方案》，高质量构建双城经济圈现代口岸物流体系。中欧班列实现成渝统一品牌运营，川渝双方积极推进在中欧班列（成渝）定价机制、运行路线、货物资源、海外仓库等领域的深度合作。与重庆市人民政府口岸物流办公室签订《川渝国际贸易“单一窗口”数据互联互通及应用合作推进方案》，依托两地“单一窗口”平台，实现川渝两地通关物流与信息流作业协同，提高区域内跨境贸易货品流转效率。

口岸监管与服务

【成都海关多举措服务经济社会发展】 一是服务成渝地区双城经济圈建设。认真落实《成渝地区双城经济圈建设规划纲要》，全力实施海关总署制定的支持成渝地区双城经济圈建设 12 项措施，“关银一 KEY 通”川渝一体化、集团保税业务监管、“水水中转”换装运输等项目顺利落地。二是提升开放平台能级。积极推进自由贸易试验区制度创新，“中欧班列运费分段结算估价管理改革”入选全国第四批自由贸易试验区“最佳实践案例”，多项创新举措入选四川省第五批复制推广制度创新成果。推动 4 个综合保税区和 1 个保税物流中心（B 型）封关运作。三是积极促进开放通道建设。支持成都天府国际机场获批设立进境水果、冰鲜水产品、食用水生动物等指定监管场地。推进中欧班列“快速通关”模式扩大试点和双向运行。稳步推进“船边直提”“抵港直装”试点，支持泸州港、宜宾港利用长江黄金水道高效连接“一带一路”。四是持续优化口岸营商环境。做好《区域全面经济伙伴关系协定》（RCEP）实施准备。持续巩固压缩整体通关时间成效，圆满完成国务院确定的目标任务。

【成都海关筑牢国门安全屏障】 推进风险防控一体化，人工分析布控查获率稳步提高。强化稽查打击作用，深化“多查合一”，稽核查工作持续加强。深化知识产权海关保护。抓好口岸非洲猪瘟、高致病性禽流感、沙漠蝗等重大动植物疫病疫情防控。加强进出口重点敏感商品检验监管，严格进出口食品安全监管，扎实开展进口食品“国门守护”行动。深入开展“国门利剑 2021”专项行动，始终保持打击走私高压态势。

【四川出入境边检总站融入重大区域发展战略，推进更高水平对外开放】 精准把握成渝地区双城经济圈建设总体要求，深化川渝两地边检机关警务合作成效，推动 15 条边检措施落地见效。围绕天府国际机场国际航线转场，建立“两场一体”支撑下的航班、客流、警力值匹配模型，完善执勤队相互支援、重大勤务相互保障等警力配置方案，开展综合性演练 4 次，确保天府国际机场对外开放后各项工作高效顺畅运转。

【四川出入境边检总站优化口岸营商通关环境，助力全面复工复产复航】 参与完成四川省境外川籍人员数据库建设可行性报告，精准有效服务四川关心关爱海外川籍人员工作。推行“一航司一策略”帮扶机制，实行运输防疫物资、进出口商品、鲜活农产品“零等待”服务，助力恢复国际、地区航线 33 条，累计查验货机 4 576 架次，同比增长 29%。高标准推进 12367 出入境管理服务平台建设，累计接单 2 009 起，解决问题 1 635 项，接通率、办结率均达 100%，服务对象好评率达 99. 98%。

【四川出入境边检总站聚焦口岸常态化疫情防控，全力固守外防输入“第一阵地”】 坚持每周报送外防疫情输入情况，协调航空公司落实“72 小时预报、48 小时复核、24 小时核准”人员预报机制，制订《应对突发疫情事件五级勤务应急响应预案》等 5 个规范性文件，全面启动一线执勤人员“7×5”闭环管理模式和独立作战单元勤务组织形式。2021 年，累计预报预警入境涉“疫”高风险人员 18. 6 万余人次、航班 1 591 架次，四川省境外输入的阳性病例均在飞机到达前实施了精确预警通报。

开放口岸

【成都空运口岸（成都双流国际机场）】 成都双流国际机场位于成都市双流区，距离成都市中心 16 千米。机场设有直达成都市各城区的地铁和专用公交、通往省内主要城市的长途汽车、旅游景区直通车和出租车服务站，机场与成绵乐城际列车无缝衔接，是中国第四大航空枢纽，是正加快建设中国西部“互联互通、辐射全球”的国际航空枢纽。成都空运口岸（成都双流国际机场）相继建成植物种苗、冰鲜水产品、食用水生动物、水果、肉类等空运进境指定监管场地，获批药品、生物制品等空运进境指定口岸功能。推行国际贸易“单一窗口”免费申报机制，实现申报业务100%全覆盖；建成“智慧空港”综合信息服务系统，进一步提升口岸信息化水平。加快建设国际快件中心货站安检前置项目，通过延伸货站安检和海关查验功能，实现货物“一次装卸、一次查验、一次通关”，提升国际快件货物转运通关效率。建立海关、边检、航空公司、场站运营企业、报关企业之间的信息预报机制，共享货物到发信息，简化货物交付程序，优化口岸操作作业流程。对海关查验无问题的货物，免收配合查验的作业费用。

成都空运口岸（成都双流国际机场）已开通国际（地区）客货运航线131条，稳定运营国际全货机航线15条，拥有通达五大洲的便捷航线网络，主要进出口货物种类为电子产品、航材、汽车配件、快件等。2021年，新开通成都至伦敦、阿姆斯特丹、达卡等5条国际全货机定期航线，新开国际全货机定期航线数量创历年新高。

【青白江铁路口岸（临时开放）】 青白江铁路口岸位于成都市青白江区（距离成都30余千米），毗邻成都铁路集装箱中心站，口岸占地面积约22万平方米，总建筑面积3.7万平方米。成都铁路集装箱中心站是原铁道部在全国范围内规划的18个中心站之一，占地约142.67万平方米，于2010年建成投入使用，设计年吞吐量近期100万标箱、远期400万标箱，是亚洲规模最大的铁路集装箱中心站。青白江铁路口岸于2014年4月获批临时对外开放，2016年被《国家口岸发展“十三五”规划》列为“十三五”中欧班列铁路场站对外开放项目之一，现已具备进口汽车整车、肉类、粮食3项指定监管场地（口岸）功能，获批药品、生物制品等进境指定口岸功能。2021年，成都国际班列开行4 358列，成都始发中欧班列开行2 400列。全国首个基于中欧班列多式联运“一单制”的跨境区块链平台——中欧e单通2.0版正式启动。新版本将多式联运“一单制”单据线上签发和“外贸e贷”两大功能一并投产，企业登录平台或四川“单一窗口”即可查询授信，线上提款秒到账，进一步提升贸易便利性和融资可获得性。全国首创中欧班列运费分段结算估价管理改革入选自由贸易试验区第四批“最佳实践案例”，让企业享受“国内段运费不计入进口货物完税价格”的政策红利，拓展应用品类从进口整车扩大到锌精矿、纸浆、冻肉等商品，有效降低企业税务负担，进一步健全铁路运输国际贸易体系，实现降本增效。

【泸州河港口岸（临时开放）】 泸州河港口岸地处长江上游、四川盆地南部、川滇黔渝四省市结合部，是中国28个内河主要港口之一、中国（四川）自由贸易试验区的重要组成部分。2021年，完成港口货物吞吐量348万吨，集装箱吞吐量16.93万标箱，稳居四川第一大港、持续5年位列全国铁海联运集装箱码头前10名，居长江中上游港口第5位、四川省第1位。2021年9月，进境肉类指定监管场地顺利完成新冠肺炎疫情期间首票进口西班牙五花肉通关防疫和市场流通。自由贸易试验区围绕水运口岸形成制度创新成果79项，获全国推广（表扬）6项、全省推广19项。其中，“江上申报、抵港验放”等9项经验在全省复制推广。实施“保税物流中心与港口出口联动”作业，出口货物保税物流中心完成封箱操作，直接运输至港口泊位装船，平均每个出口集装箱较以往减少流转时间2小时以上，降低装卸、堆存等费用300元/箱以上。大力推广“单一窗口”应用，开通“防疫物资绿色通道”“海关AEO优先办理窗口”等快速办理窗口，加强口岸通关时间监控，实现泸州海关进出口整体通关时间较2017年压缩70%以上。指导企业用好“互联网+海关”平台，提升企业注册备案效率，完成新增进出口企业备案100家。

【宜宾河港口岸（临时开放）】 宜宾河港口岸位于四川省南部地区，地处四川宜宾港志城作业区，长江上游北岸，距离成都市242千米，是国务院《关于依托黄金水道推动长江经济带发展的指导意见》确定的长江十大加快建设港口之一。宜宾港志城作业区建设用地总面积4.1平方千米，现拥有堆场面积10万平方米，集装箱泊位4个，1 000吨级重件泊位1个，重载滚装泊位1个，已具备年集装箱50万标箱、滚装10万辆、重大件33.8万吨的作业能力。宜宾河港口岸于2012年12月正式对外开放，稳定开行每周15班集装箱班轮航线，引进7个全球前20强海船公司设立外贸还箱点。开展建设四川宜宾港5G智慧港口工程，包括集装箱作业管理系统、集装箱智能闸口系统等港口作业生产智能化应用系统，增加港口业务大数据可视化平台港区5G通信网络系统、港区视频平台升级等。2021年11月12日，一标段工程建设已完成初步验收，建成港口集装箱作业管理系统、集装箱智能闸口系统及港口业务大数据可视化系统，港口的用人成本大幅下降，运营成本减少20%，港口作业效率提高30%，事故发生率降低30%。建成综合保税区监管设施及信息化系统，包括信息化软件系统、视频监控系统、会议系统、无线网络覆盖系统和智能卡口，提升了宜宾综合保税区通关效率。规范进出口环节收费39项，经营服务作业时限11项，在中国（四川）国际贸易单一窗口网站及宜宾港码头现场进行公示，并在港口码头和宜宾综合保税区公众号公布投诉反馈热线。2021年6月，正式发布“宜加保”加工贸易担保保函产品，创新推广关税保证保险等多元化担保方式，缓解外贸企业在加工贸易环节中因缴纳海关保证金导致的流动资金周转压力。2021年11月16日，宜宾口岸完成首票“船边直提”，进口货物实现通关“零等待”。

2021年四川省口岸大事记

1月1日

成都、重庆两地同时发出中欧班列（成渝）号首趟列车。

4月1日

上线跨境电商企业对接无纸化申请功能及多式联运“一单制”跨境区块链贸易金融平台——中欧e单通2.0。

4月24日—28日

国家口岸管理办公室副主任王可来四川调研口岸信息化建设、中欧班列和多式联运发展等工作。

5月10日—12日

全国政协副主席、致公党中央主席、中国科学技术协会主席万钢率致公党中央调研组来四川就“发挥双循环节点作用，促进经济高质量发展”开展重点考察调研。

5月29日

由四川省口岸与物流办公室、四川省经济合作局主办，四川省现代物流发展促进会、西部陆海新通道物流产业发展联盟承办的2021中国西部国际口岸物流开放发展大会在成都举行。

6月7日

全国首创中欧班列运费分段结算估价管理改革入选自由贸易试验区第四批“最佳实践案例”。

6月27日

成都天府国际机场正式投入运营。

11月10日

海关总署批复同意在成都天府国际机场设立进境水果、冰鲜水产品、食用水生动物指定监管场地。

11月12日

四川宜宾港5G智慧港口工程一标段工程建设通过初步验收，各项系统上线运行。

12月4日

中老铁路（成渝—万象）国际货运班列分别从成都、重庆同时始发，该班列是中老铁路全线开通运营后成渝发出的首列国际货运班列。

（撰稿人：宋小春、弋凡杰、徐洪波、彭皓、田映宇、李孟）

2021 年四川省口岸流量统计表

口岸类型		口岸名称	货运量（万吨）				集装箱量（万标箱）				人员（万人次）				交通工具（辆、艘、架、列次）			
			出口	进口	合计	同比（%）	出口	进口	合计	同比（%）	出境	入境	合计	同比（%）	出境	入境	合计	同比（%）
空运口岸		成都空运口岸（双流国际机场）			20.6	21.6							29.09	-68.36			7 941	-27.82
陆路口岸	铁路口岸	青白江铁路口岸（临时开放）			335.42	-28.31			13.9	-28.29								
水运口岸	河港口岸	泸州河港口岸（临时开放）	11.13	45.62	56.75	7.06	2.11	3.46	5.57	10.91							1 180	
水运口岸	河港口岸	宜宾河港口岸（临时开放）	4.54	12.41	16.95	-15.25	0.24	0.93	1.17	-0.85							790	-9.51
水运口岸	河港口岸	分计	15.67	58.03	73.7		2.35	4.39	6.74								1 970	
合计																		
同比（%）																		

（四川省口岸与物流办公室提供）

2021 年成都海关主要数据统计表

项　目		2021 年	2020 年	同比（%）
进出口货运量（万吨）	合计	700.2	676.6	3.49
	进口	486.5	537.0	-9.40
	出口	213.8	139.6	53.15
进出口贸易总值（万美元）	合计	14 732 165	11 689 817	26.03
	进口	5 891 298	4 966 123	18.63
	其中：江、海运输	881 169	676 049	30.34
	铁路运输	82 513	72 105	14.43
	汽车运输	684 203	452 713	51.13
	航空运输	4 240 828	3 761 330	12.75
	邮件运输	2 133	2 874	-25.78
	其他运输	451	1 053	-57.17
	出口	8 840 867	6 723 694	31.49
	其中：江、海运输	2 523 921	1 382 479	82.56
	铁路运输	691 380	675 549	2.34
	汽车运输	787 641	555 875	41.69
	航空运输	4 828 380	4 106 711	17.57
	邮件运输	1 274	1 813	-29.73
	其他运输	8 271	1 267	552.80
税收（万元）	两税合计	1 890 445	1 786 856	5.80
	关税入库	166 945	161 904	3.11
	进口环节税入库	1 723 500	1 624 952	6.06

（成都海关提供）

2021 年四川省口岸出入境主要数据表

项　目			2021 年	2020 年	同比（%）
出入境人员（人次）	出入境人员总数		290 937	919 438	-68.36
	入境人员		142 890	489 556	-70.81
	出境人员		148 047	429 882	-65.56
	出入境旅客		228 773	821 968	-72.17
	出入境员工		62 164	97 470	-36.22
	中国公民	小计	250 393	806 300	-68.95
		内地居民（因公）	34 414	60 380	-43.00
		内地居民（因私）	188 641	695 913	-72.89
		港澳居民	16 871	22 025	-23.4
		台湾同胞	10 467	27 982	-62.59
	外籍人员		40 544	113 138	-64.16
	从海港出入境人数				
	从陆港出入境人数				
	从空港出入境人数		290 937	919 438	-68.36
交通运输工具（辆、艘、架、列次）	总计		7 941	11 001	-27.82
	船舶				
	飞机		7 941	11 001	-27.82
	火车				
	机动车辆				

（四川出入境边检总站提供）

2021 年四川省地方海事局进出港船舶统计汇总表

船舶类别	进港船舶							出港船舶						
	艘数（艘）	总吨（吨位）	总载重量（吨）	载客量（客位）	船员人数（人次）	货物到达量（吨）	旅客到达量（人）	艘数（艘）	总吨（吨位）	总载重量（吨）	载客量（客位）	船员人数（人次）	货物发送量（吨）	旅客发送量（人）
总　计	458 000	7 128 320	2 243 597	1 408 508	—	10 851 795	4 196 214	462 366	7 088 957	4 357 919	1 452 889	—	9 383 590	3 454 185
中国籍船舶														
其中外贸船														

（四川省交通运输厅提供）

贵　州　省

贵州省口岸分布示意图

序号	类型	口岸名称	批准开放时间	开放状态
1	空运口岸 (2个)	贵阳空运口岸	1992.9	国际常年
2		遵义空运口岸	2019.12	限中国籍

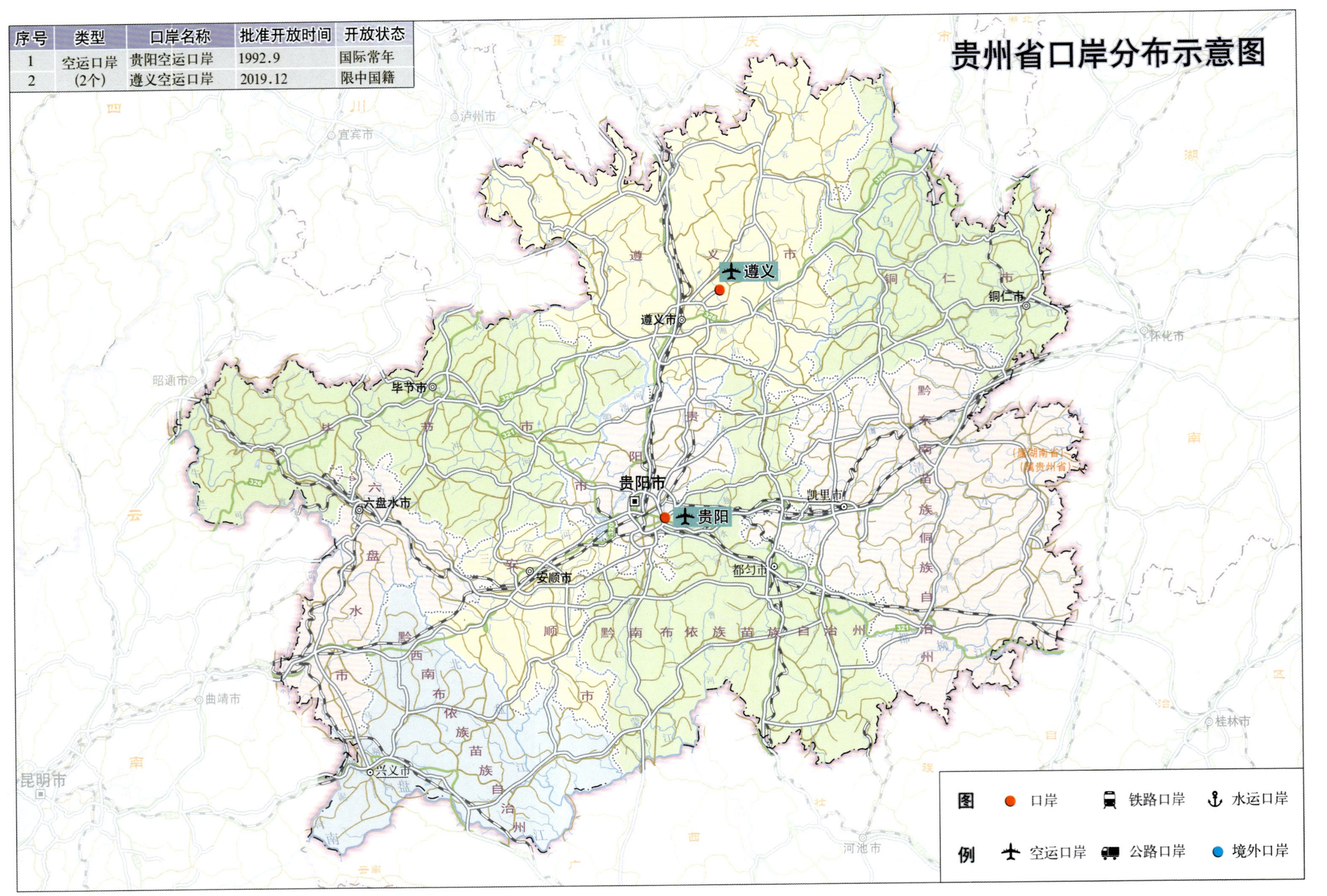

口岸数量及分布

截至2021年年底，贵州省有经国务院批准的对外开放口岸2个，即贵阳空运口岸（贵阳龙洞堡国际机场）、遵义空运口岸（遵义新舟机场）。

口岸运行数据

2021年，贵州省对外开放口岸仅有贵阳龙洞堡机场口岸运行包机、货机，全年出入境人员共计591人次、出入境航班38架次（含货机18架次）。

贵州省3个综合保税区进出口总额114.70亿元，同比增长54.4%。其中，贵阳综合保税区进出口总额56.77亿元，同比增长84.4%；贵安综合保税区进出口总额31.52亿元，同比增长29.5%；遵义综合保税区进出口总额26.40亿元，同比增长37.8%。

口岸综合管理

【坚决筑牢贵州省口岸疫情防控安全线】 贵州省口岸联检单位严格履行各级疫情防控要求，定期分析口岸安全风险和疫情防控形势。一是实现入境查验全覆盖。2021年，执行“客改货”、种猪进口、接回驻外人员包机共47架次，飞机引进3架次以及外事活动专机14架次，所有入境货物及人员全部组织卫生检疫，全省航空口岸全年无输入病例。二是全面落实联防联控。严格落实疫情防控联防联控机制，会同贵阳海关、贵州出入境边检总站、省机场集团多次开展疫情防控培训演练。按照省社防组要求制订《贵州省加强口岸城市疫情防控工作实施方案》，成立口岸城市疫情防控组，会同省外事办、贵阳市、遵义市、铜仁市共同推进口岸城市疫情防控，牵头协调入境货物疫情防控工作。

【口岸基础设施建设稳步推进】 贵阳航空口岸运营能力不断提升。贵阳龙洞堡机场三期扩建工程基本完成，T3航站楼于2021年12月15日正式启用。智慧航空口岸大数据项目有序推进，电子政务网平台（商务厅）、海关平台部署已完成，边检平台已完成研发，海关、边检应用软件总体进度完成90%。遵义、铜仁航空口岸开放建设稳步推进。督促遵义新舟机场加快验收筹备，指导遵义市按国家要求加快推进机场军事设施保护工程建设。督促铜仁凤凰机场加快开放筹备，指导铜仁市对标口岸验收标准推进口岸流程优化调整，积极争取国家支持。贵阳改貌铁路枢纽有序建设。协调贵阳市、成都铁路局、贵阳海关进一步加快贵阳改貌铁路海关监管场所建设指导，建成核心区，铁路专用线通过初步验收。综合保税区发展有力统筹，指导贵阳、贵安、遵义综合保税区差异化发展，针对2020年度发展绩效评估结果逐项整改完善，围绕优势产业领域谋划实施2022年重点项目。

【贵州开行首列直发中欧班列】 2021年11月18日，一列满载着50个40尺集装箱货物的中欧班列从贵州省贵阳市都拉营站缓缓驶出，这是贵州省首次发出整列中欧班列。列车从贵阳出发后，中途不转站、不换箱，直接经满洲里出境，预计15天后到达俄罗斯莫斯科沃尔西诺。贵州首次直发中欧班列装载的货物主要有吉他、电子产品、机械设备和轮胎等“贵州造”产品。开行直发中欧班列是贵州省对外开放格局的重大突破，为贵州对外贸易开启了新的大门。作为对外贸易的重要通道，中欧班列拓展了贵州面向中亚、欧洲开放新空间，打通了贵州农特产品出口渠道。此次班列实现了贵州与欧洲集散中心点对点直达直发，切实融入中欧班列运输组织体系，进一步强化了贵州交通枢纽功能，为贵州产品走向国际市场增添了强劲动力，助力贵州融入“一带一路”及西部陆海新通道建设。

【口岸营商环境持续优化】 一是深化通关改革。支持贵阳海关全面实施贵州口岸互联网预约通关，大力推广“提前申报”。持续精简进出口环节监管证件至41项，其中38项已实现联网核查。持续压缩货物整体通关时间，2021 年前三季度贵州省进口、出口货物整体通关时间分别为10.90 小时、1.01 小时，对比 2017 年压缩比分别达到 87.7%、87.2%，成效显著。二是提升服务水平。持续推广国际贸易“单一窗口”标准版17 项基础功能，累计完成各类业务 19 万余票，企业问题处置率保持 100%。通过电话咨询、收集书面意见、上门沟通等方式，向 350 余家企业发放调查问卷，论证地方特色功能需求。完善省级跨境电商公共服务平台建设，完成“9610”“9710”“9810”等新增业务模式系统功能升级开发，为全省企业开展跨境电商提供高效服务。动态更新口岸收费目录清单，在贵州电子口岸门户网站上公开公示。

口岸监管与服务

【贵阳海关坚决筑牢口岸防线】 贵阳海关坚决贯彻习近平总书记关于疫情防控的重要指示批示精神，坚决筑牢口岸检疫防线，坚守“外防输入”主阵地，严格落实“三查三排一转运”“7 个 100%”等卫生检疫措施，严格落实一线疫情防控人员封闭管理措施，毫不放松抓好口岸疫情防控工作。圆满完成塞尔维亚、波兰、匈牙利、爱尔兰、巴布亚新几内亚、印度尼西亚 6 国的重要外事包机出入境监管和保障，有效服务外交工作大局。顺利完成圭亚那劳务包机入境检疫监管，助力“一廊两站”疫情防控模式取得阶段性成效。强化特殊物品监管，制定《关区特殊物品卫生检疫审批作业指引》，对机构改革以来首次入境的 B 级特殊物品实施监管，切实防范生物安全风险。加强口岸传染病监测，2021 年开展出入境人员传染病体检监测 2 421 人次，检出传染病 17 例，完成各类预防接种 1 770 剂次，签发国际旅行健康证 2 375 本、预防接种证书 1 054 本、预防接种禁忌证明 178 份。

【贵阳海关从严抓好口岸卫生监督】 从严抓好口岸卫生监督，印发 2021 年度口岸食品安全抽检工作方案和 2021 年国境口岸卫生监督工作方案，全面部署关区口岸卫生监督工作。严格履行口岸卫生行政许可职责，受理卫生行政许可申请 50 件。监管口岸从业人员 15 038 人次，航空器卫生监督 26 架次，未发现卫生评定存在关键项目问题以及病媒生物输入问题。日常卫生监督食品饮用水单位 128 次、口岸公共场所单位121 次，食品安全监督抽检 227 批次、快检 219批次，开展口岸公共场所空气质量及微小气候监测 62 批次，其中 8 批次食品安全监督抽检不合格。强化鼠类、蚊类及蜚蠊等口岸病媒生物监测，共捕获鼠型动物 1 只、成蚊 182 只、蜚蠊428 只，监测伊蚊阳性诱蚊诱卵器 44 个，未发现病媒生物密度超过参考控制标准情况，未检出相关病原体，未截获输入性病媒生物。

【贵阳海关推动口岸扩大开放】 2021 年，监管进出口货物 285.68 万吨，同比增长41.60%。其中，进口货物 281.91 万吨，同比增长 42.12%；出口货物 3.77 万吨，同比增长11.38%。推动贵州省跨境电商“9610”“9710”“9810”模式相继开通，跨境电商业务出口模式全部落地，9 个隶属海关全部覆盖跨境电商业务。保障贵州首发直达中欧班列运行，为贵州融入“一带一路”发展机遇做出新的贡献。加强海关监管作业场所管理，注销六盘水石桥物流园（四期）海关监管作业场所，对贵阳龙洞堡机场跨境电商监管作业场所予以注册登记。

【贵阳海关做好特殊监管区域管理】 积极推进自由贸易试验区制度复制推广，推动分类仓储、保税维修、跨境电商零售进口退货中心仓等47 项创新制度相关业务落地实施。分别于 2021年 6 月 2 日、7 月 1 日，会同贵州省有关部门对贵安综合保税区和贵阳综合保税区整改项目开展验收。在 2021 年公布的全国综合保税区发展绩效评估中，按全国排名，贵阳综合保税区排 127位（C 类）、贵安综合保税区排名 124 位（C类）、遵义综合保税区排名 114 位（B 类）；按中西部地区（含东北三省）排名，贵阳综合保税区排名 50 位（C 类）、贵安综合保税区排名 49 位（B 类）、遵义综合保税区排名 40 位（B 类）。

【贵阳海关持续优化口岸营商环境】 精简进出口环节监管证件，推进监管证件联网核查，进出口环节监管证件精简至41项，其中38项监管证件实现联网核查。大力推广“提前申报”“两步申报”等便捷通关模式，2021年贵阳海关“两步申报”“提前申报”应用率分别为42.23%、66.36%。优化企业办事手续，大力推广国际贸易“单一窗口”应用，实现资质办理、货物申报、证书打印、税费缴纳等17项主要进出口业务一站式办理，主要申报业务应用率达到100%。持续压缩整体通关时间，提高货物通关效率，建立完善贵阳海关压缩整体通关时间常态化监控分析工作机制，强化通关情况监控处置。2021年贵阳海关进口、出口货物整体通关时间分别为9.62小时、0.56小时，较2017年分别压缩89.16%、92.88%。

【贵阳海关强化监管，维护国门安全】 2021年，贵阳海关始终保持打击走私高压态势。部署开展“国门利剑2021”联合专项行动，立案查办案件46起，其中刑事立案8起、行政立案38起，办理协查案件55起，为庆祝中国共产党成立100周年营造了和谐稳定的社会环境。严厉打击“洋垃圾”、象牙等濒危野生动物及其制品走私，查获象牙制品14件、红珊瑚制品7件、濒危愈创木6件，首次在保税维修业态查发固体废物。严厉打击“水客”走私，破获1起利用“水客”走私普通货物案件，查扣疑似涉案奢侈品300余件。打击涉恐涉枪涉毒走私活动，首次查获新型毒品10张（“麦角二乙胺”LSD，俗称“邮票”），移交毒品刑事线索立案3起。打击重点商品走私，破获3起利用国际邮寄渠道走私雪茄香烟案件。探索内陆缉私工作模式，开展“1+N”执法合作，建立协作机制，提升多维作战水平。深化反走私综合治理，推动“平安贵州”建设，构建“打、防、管、控”治理体系，建立海关查获走私冻品由地方归口处置工作机制，该做法得到全国打私办肯定。

【贵阳海关深化“三智”建设，科技赋能口岸智慧化水平】 以“智慧航空口岸”为引领，建立“统一指挥、执法联动、管控到位、信息共享、方便顺畅”的“贵州航空口岸智慧监管体系”，推动“三智”工作全面发展。联合地方各口岸单位发起项目建设并积极与贵安华为云数据中心加强沟通交流。通过物联网、大数据、人工智能等技术手段，打造“强化疫情防控、旅客无感通关、货物高效查验、风险智能预判、口岸精准执法”的一体化服务平台，将疫情防控与高效监管结合起来，实现口岸海关监管执法由低层级的信息化向高水平、高智能的智慧化方向转变，为贵州省外向型经济发展提供更高效的监管、更优质的服务。

【贵州出入境边检总站坚持融入发展、明确定位，高质量服务国家重大战略】 贵州出入境边检总站始终把服务国家高质量发展和贵州省对外开放作为边防检查工作基石，2021年在做好“外防输入”工作的情况下，初步形成“特航特办”动态勤务小组工作机制，全力服务口岸通关。在五国外长和印度尼西亚总统特使代表团来黔专包机保障工作中，优化通关流程、提供优质服务，边检快速、高效的礼遇服务得到了外宾和外事部门的高度评价和感谢。紧紧围绕外交部关于打造“一廊两站”试点部署，创新提出“抓远端、全封闭、动态管”的工作举措，实行“定人定岗、封闭执勤、闭环管理”勤务模式，以高标准、严要求圆满完成接返在外滞留人员包机入境边防检查任务，就相关经验做法在全国移民管理工作视频调度会上做交流发言。通过发挥边检大数据分析优势，围绕贵州滞留境外人员信息进行统计分析，为有关部门统筹实现海外中国公民安全保障提供数据支持。

【贵州出入境边检总站有效防范境外疫情输入】 贵州出入境边检总站坚持把防范境外疫情输入作为首要政治任务，紧盯国际国内疫情新动向，有效发挥组织优势，及时调整内部防控措施和勤务工作指引，为全面做好“外防输入、内防反弹”工作奠定坚实基础。为进一步充分发挥口岸第一数据资源优势，积极主动推送相关信息，配套出台网络和信息安全管理规定，严防公民个人信息失泄密案件发生。突出“客改货”“种猪包机”等敏感性、高风险勤务组织，靶向防范“物传人”染疫风险，全面推行“一机一方案”、独立作战单元勤务模式，周密制订查验方案和应急预案，全力保障常态化疫情防控条件下口岸通关安全有序，实现“零输入、零感染、零传播”的全胜目标。

【贵州出入境边检总站稳步提升科技信息化建设水平】 贵州出入境边检总站秉持以提升信息化建设水平为重要手段，努力强化执法监管能力。依托“一平台三中心”建设，突出一体化、扁平化运行特点，以可视化远程指挥、协同执法办案、证件联网鉴别、数据分析研判共享、线上勤务督导等功能为基础，以“旅客便捷通关、风险智能预判、口岸精准执法”为重点，创新信息科技兴警强警发展能力。会同贵州省公安厅出入境管理部门共同推动12367服务平台落地省110接警服务中心，采取“探索平台归并整合，优化平台运行机制，加强平台能力建设，提升平台服务支撑，强化平台考核监督”5项举措，实现全省口岸通关一站式咨询解答。12367平台建设的先进经验得到国家移民管理局的高度肯定并在全国范围内进行推广普及。

开放口岸

【贵阳空运口岸（贵阳龙洞堡国际机场）】 贵阳龙洞堡国际机场位于贵州省贵阳市东郊龙洞堡地区，距贵阳市公路距离约11千米，于1997年5月28日建成通航，为4E级国际机场，是中国西部地区重要航空枢纽、区域枢纽机场、西南机场群成员，机场管理机构为贵州省机场集团有限公司。

贵阳龙洞堡国际机场年旅客吞吐量已突破2 190万人次，执飞航线215条，通航城市119个，航线网络通达全国所有直辖市、省会城市、副省级城市、重要旅游城市及部分三、四线城市。新冠肺炎疫情前，国际航线覆盖法国巴黎、澳大利亚墨尔本、俄罗斯莫斯科、尼泊尔加德满都等。铜仁、兴义、黎平、黄平、荔波5家直管支线机场不断拓宽通用及客货航空，加大航旅结合开发力度，着力打造“贵阳飞”中转联程品牌。

目前，贵阳机场已实现三航站楼、双跑道同步运行，航站楼总面积达到38.14万平方米。T3航站楼于2021年12月15日正式投入使用，按2025年年旅客吞吐量3 000万人次、货邮吞吐量25万吨、飞机起降量24.3万架次的目标设计。主要建设内容包括新建1条长4 000米的东跑道，并将西跑道由3 200米不停航施工向北延长300米达到3 500米；新建16.7万平方米的T3航站楼，62个机位的站坪；新建货运、机务维修、航空食品、消防救援、塔台、航油等配套附属设施。

【遵义空运口岸（遵义新舟机场）】 遵义新舟机场位于遵义市新蒲新区新舟镇境内，距离遵义市中心城区东部35千米，由原遵义新舟军用机场改扩建而成。2010年9月遵义机场正式动工进行改扩建，2012年8月28日正式建成通航。机场飞行区等级指标为4C，共有10个C类停机位，跑道长2 800米，可满足波音737、空客A319、A320系列等机型飞机全载起降。2015年航站楼改扩建后，现航站楼面积约10 600平方米。2019年12月30日，遵义新舟机场经国务院批复对外开放。

遵义市于2015年年初启动了遵义机场二期改扩建工程前期工作，规划机场近期2030年年旅客吞吐量为450万人次（国内415万人次、国际地区35万人次），远期2050年年旅客吞吐量为730万人次（国内675万人次、国际地区55万人次）；规划方案近期（2030年）将机场民航国内航站区整体搬移至现跑道西侧进行新建，二期改扩建将建设26个C类停机位，将现有的2 800米跑道延长至3 000米，新建1条与跑道等长的平行滑行道，同时将建设旅客过夜用房、货运设施、机场公司业务用房、海关业务用房、边检业务用房、公安业务用房、安检业务用房等相关配套设施；航站楼近期规划建设6万平方米，其中国内4.9万平方米、国际地区1.1万平方米；可容纳最大国内吞吐量为415万人次，最大国际地区吞吐量为35万人次；可起降的最大机型为B737-800。

2021年贵州省口岸大事记

1月9日

贵州省副省长李睿赴双龙航空港经济区调研“一局四中心”建设项目，实地考察了国际邮件互换局、国际快件中心、保税物流中心、国际货运中心及海关监管中心的建设情况。

1月13日

贵州省副省长李睿实地考察铜仁凤凰机场临时口岸智慧海关建设项目，听取铜仁海关工作情况介绍，对智慧海关项目予以充分肯定，并对全力支持铜仁凤凰机场申建正式口岸等方面提出工作要求。

2月23日

贵州省副省长李睿调研贵阳改貌陆港型国家物流枢纽。

同日

贵阳海关、省商务厅（省口岸办）视频连线参加全国口岸办主任电视电话会议。

3月18日

海关总署副署长王令浚赴执法一线科室联系点——贵阳海关所属铜仁海关调研，其间会见了铜仁市党政主要负责人，听取了铜仁市外贸发展工作情况介绍。王令浚表示将大力支持铜仁外贸高质量发展，并对相关工作提出意见建议。

4月8日

贵州12367出入境管理服务平台正式上线运行。12367出入境管理服务平台是全国移民管理系统统一受理移民管理领域业务咨询、意见建议等服务诉求的综合性服务平台，是面向全国、辐射全球的一体化“客服中心”。贵州省内拨打12367，由贵州出入境边检总站和贵州出入境管理部门接听处理。境外拨打12367，将统一转至国家移民管理局移民事务服务中心接听处理。

4月28日

贵安综合保税区跨境电商保税零售进口“1210”业务正式运行。

5月12日

RCEP原产地管理信息化应用项目在贵阳海关顺利上线运行，贵阳海关所属筑城海关通过RCEP原产地管理信息化系统智能审核通过首份中国—哥斯达黎加自贸协定原产地证书。

5月18日

贵阳海关所属贵阳龙洞堡机场海关完成贵阳关区首单“9999”现场验估作业。

5月19日

贵州省副省长蔡朝林调研“一局四中心”项目。调研组一行实地走访了项目施工现场，听取了工作推进情况介绍。

5月22日—6月9日

贵州省口岸联检单位圆满完成波兰、爱尔兰、塞尔维亚等5国外长及印度尼西亚总统特使出入境保障任务，确保国务委员兼外长王毅会晤工作顺利开展。

5 月 26 日

国家口岸管理办公室副主任王可一行参加 2021 中国国际大数据产业博览会并现场调研，参观智慧航空口岸、云上贵州等展示区，现场听取了智慧航空口岸有关工作推进情况介绍。

同日

国家口岸管理办公室副主任王可一行调研“一局四中心”项目建设情况，现场听取了智慧航空口岸理念、系统模块等工作推进情况介绍。

同日

贵州出入境边检总站牵头研发的“智慧口岸边检数字孪生应用系统”，作为数字政府工作平台重点推荐项目亮相中国国际大数据产业博览会（以下简称“数博会”），该系统是贵州边检信息化建设成果首次在“数博会”展示。

6 月 28 日

贵阳海关与贵州省卫健委签订《协同做好新冠肺炎病毒基因组测序工作协议》，进一步加强口岸入境人员变异病毒监测工作。

7 月 1 日

贵安综合保税区、贵阳综合保税区整改项目顺利通过贵阳海关、省发改委等 8 家单位组织的联合验收。贵阳海关副关长詹水旭代表联合验收组同省政府副秘书长郭伟谊签署了验收纪要。

7 月 6 日

贵州省省长李炳军率队调研贵安综合保税区，参观了数字综保指挥中心，听取了园区规划建设和运营情况汇报，实地考察了凯瑞嘉电子科技有限公司和晶泰科光电科技有限公司生产情况。

8 月 3 日

贵阳海关所属筑城海关成功在海关 H2018 系统审核放行贵州省首票跨境电商“9710”模式报关单，这标志着黔企通过跨境电商企业对企业（B2B）出口实现新跨越，“黔货出海”新通道及平台建设实现新突破。

8 月 9 日

贵州省综合保税区首个维修监管方案《贵州贵安综合保税区内企业开展维修业务监管方案》正式印发执行。

8 月 10 日

贵州省商务厅（贵州省口岸办）和贵阳海关召开会议，双方就新形势下进一步加强沟通协作，推动贵州内陆开放型经济试验区建设和跨境电商新业态发展等工作事项进行交流。双方就下一步构建常态化协作配合机制、共同推动贵州外向型经济发展等工作达成共识。

8 月 18 日

贵阳海关所属贵安新区海关成功备案省内首家跨境电商出口海外仓业务企业。

同日

贵州省首单跨境电商出口海外仓业务“9810”模式在遵义顺利通关，开启贵州省跨境电商新模式发展新阶段。

8 月 25 日

贵阳海关所属贵安新区海关首票跨境电商出口“9710”模式报关单申报成功。该票跨境电商出口货物为木制吉他、蜡染艺术品、银饰品等安顺特色产品，通过航空运输出口。

9 月 7 日

贵州省首票以海运方式，通过跨境电商出口“9810”模式申报的本土特色木制产品在贵阳海关所属贵安新区海关成功申报。

9 月 8 日

贵阳海关所属筑城海关成功办理贵阳关区首票航材减免税审核手续。

9 月 28 日

贵阳海关所属贵安新区海关成功通过“注销便利化”方式办理关区首批企业注销。

11 月 3 日

贵州省首本易制毒化学品加工贸易手册在贵阳海关所属贵安新区海关顺利完成加贸手册备案。

11 月 4 日

贵州省首个跨境电商零售进口退货中心仓模式落地贵安综合保税区。

同日

多彩贵州航空公司第 15 架引进飞机顺利通

关，该机将在12年租期内预计纳税1 584万元人民币。

11月6日

贵州省口岸联检单位顺利完成176名滞留圭亚那务工人员入境保障任务，成功接返境外滞留人员，确保“零输入、零感染、零传播”。

11月8日

贵州省副省长王世杰赴贵阳龙洞堡机场检查指导疫情防控工作。

11月18日

贵州首列整列中欧班列从贵阳市都拉营火车站发出，这标志着贵州开行中欧班列实现“零突破”，成为贵州积极融入“一带一路”、参与西部陆海新通道建设、助力“黔货出山”的又一重要举措。

12月15日

贵阳龙洞堡国际机场三期扩建工程竣工T3航站楼启用暨黔北德江（德江）机场建设启动仪式顺利举行。T3航站楼的建成启用，将与现有T1、T2航站楼组成风格协调统一的贵阳龙洞堡国际机场，为贵阳的城市发展注入新的活力。

12月29日

光大银行贵州分行为华夏航空股份有限公司开具的银行保函在贵阳海关完成线上备案，这标志着海关税款担保“一保多用”政策在贵州落地，该业务可实现“一次备案+全国通用+循环使用”。

（撰稿人：熊灿、付玉、杨雨婕）

2021 年贵州省口岸出入境主要数据表

项　目			2021 年	2020 年	同比（%）
出入境人员（人次）	出入境人员总数		591	63 366	-99.07
	入境人员		398	33 768	-98.82
	出境人员		193	29 598	-99.35
	出入境旅客		296	58 777	-99.50
	出入境员工		295	4 589	-93.57
	中国公民	小计	278	60 338	-99.54
		内地居民（因公）	68	1 067	-93.63
		内地居民（因私）	184	54 209	-99.66
		港澳居民	24	1 584	-98.49
		台湾同胞	2	3 478	-99.94
	外籍人员		313	3 028	-89.66
	从海港出入境人数				
	从陆港出入境人数				
	从空港出入境人数		591	63 366	-99.07
交通运输工具（辆、艘、架、列次）	总计		38	560	-93.21
	船舶				
	飞机				
	火车		38	560	-93.21
	机动车辆				

（贵州出入境边检总站提供）

云　南　省

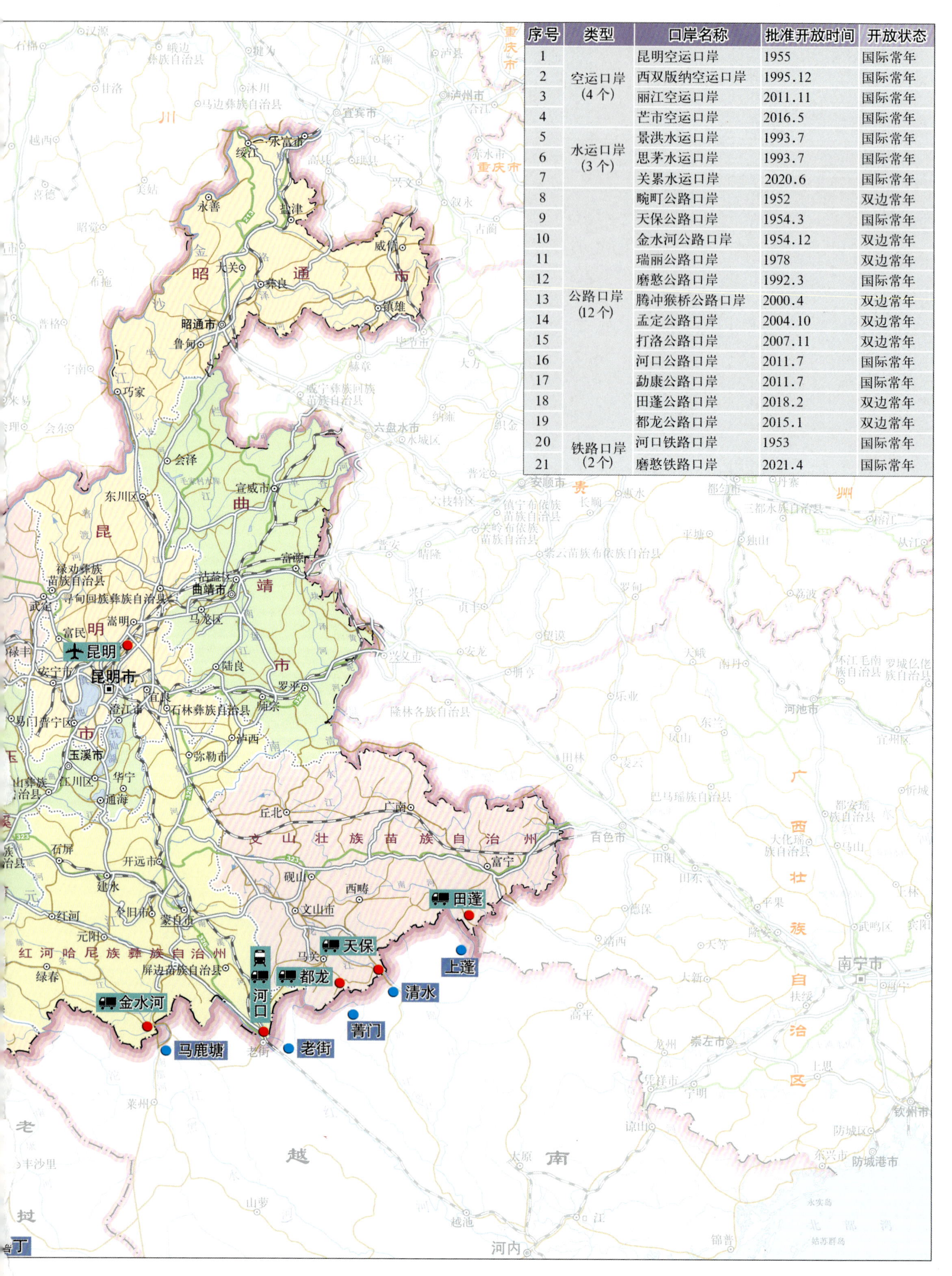

序号	类型	口岸名称	批准开放时间	开放状态
1	空运口岸（4个）	昆明空运口岸	1955	国际常年
2		西双版纳空运口岸	1995.12	国际常年
3		丽江空运口岸	2011.11	国际常年
4		芒市空运口岸	2016.5	国际常年
5	水运口岸（3个）	景洪水运口岸	1993.7	国际常年
6		思茅水运口岸	1993.7	国际常年
7		关累水运口岸	2020.6	国际常年
8	公路口岸（12个）	畹町公路口岸	1952	双边常年
9		天保公路口岸	1954.3	国际常年
10		金水河公路口岸	1954.12	双边常年
11		瑞丽公路口岸	1978	双边常年
12		磨憨公路口岸	1992.3	国际常年
13		腾冲猴桥公路口岸	2000.4	双边常年
14		孟定公路口岸	2004.10	双边常年
15		打洛公路口岸	2007.11	双边常年
16		河口公路口岸	2011.7	国际常年
17		勐康公路口岸	2011.7	国际常年
18		田蓬公路口岸	2018.2	双边常年
19		都龙公路口岸	2015.1	双边常年
20	铁路口岸（2个）	河口铁路口岸	1953	国际常年
21		磨憨铁路口岸	2021.4	国际常年

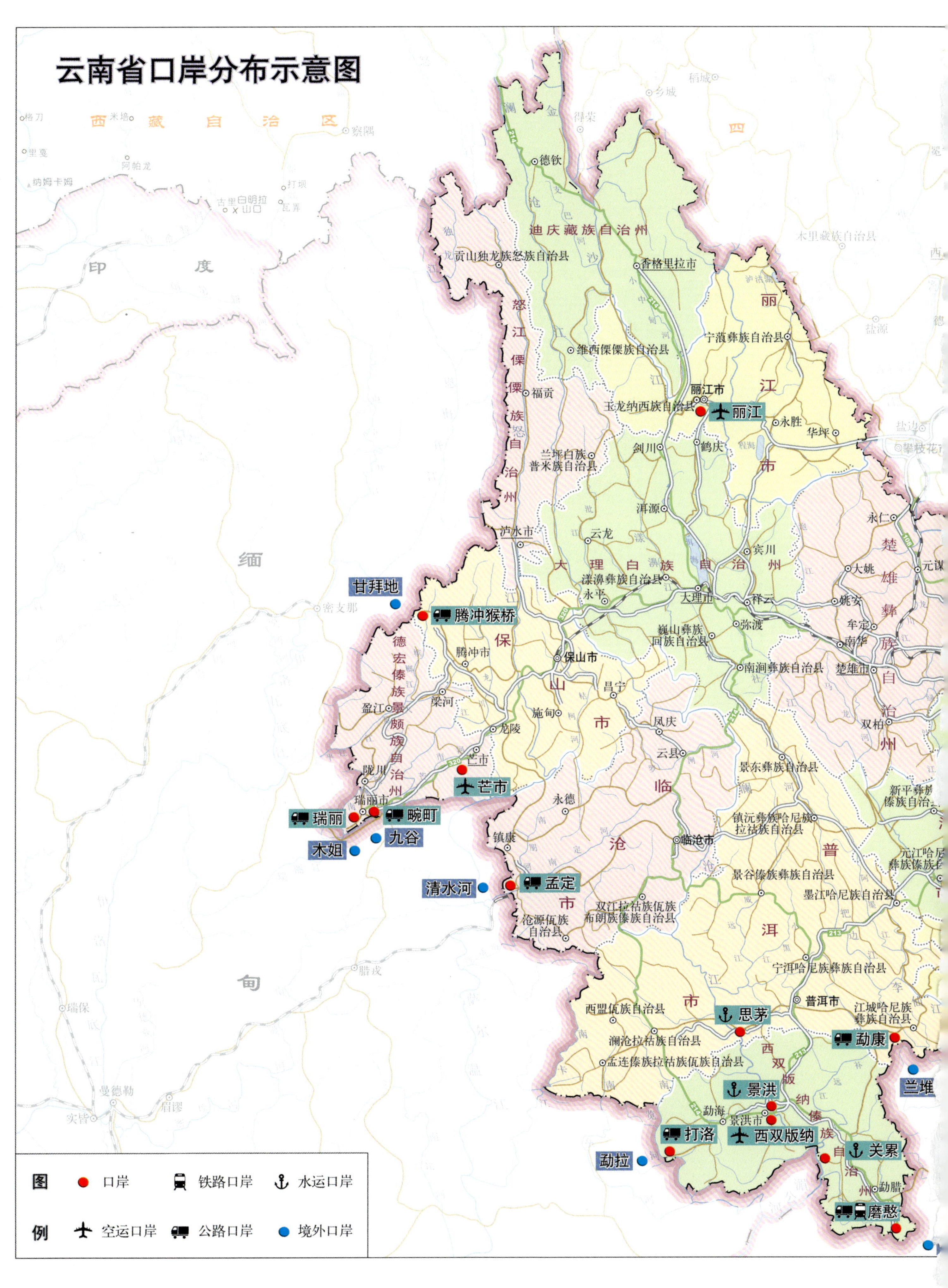
云南省口岸分布示意图
图例
口岸
铁路口岸
水运口岸
空运口岸
公路口岸
境外口岸
甘拜地
腾冲猴桥
瑞丽
畹町
九谷
木姐
芒市
清水河
孟定
丽江
思茅
勐康
兰堆
景洪
西双版纳
打洛
勐拉
关累
磨憨

口岸数量及分布

截至2021年年底，云南省有经国务院批准的对外开放口岸21个。其中，空运口岸4个，分别是昆明空运口岸（昆明长水国际机场）、西双版纳空运口岸（西双版纳嘎洒国际机场）、丽江空运口岸（丽江三义国际机场）、芒市空运口岸（德宏芒市国际机场）；陆路（铁路）口岸2个，分别是磨憨铁路口岸、河口铁路口岸；陆路（公路）口岸12个，分别是瑞丽、畹町、孟定清水河、腾冲猴桥、打洛、磨憨、勐康、河口、天保、金水河、都龙、田蓬公路口岸；水运（河港）口岸3个，分别是景洪、思茅、关累河港口岸。

口岸运行数据

2021年，受新冠肺炎疫情影响，云南省仅有14个口岸（含磨憨铁路）和14条通道货运功能运行。全省口岸进出口额达到278亿美元，同比增长3.6%；口岸货运量2 913万吨，同比下降18%；口岸出入境人员221万人次，同比下降77.2%；出入境交通工具152万辆（艘、架、列）次，同比下降55.3%。

2021年，云南省对越南口岸进出口额44亿美元，同比下降3.6%，占云南省口岸的16%；口岸货运量399万吨，同比增长7.8%，占云南省口岸的13.7%；出入境人员40.5万人次，同比下降62.9%，占云南省口岸的18.3%；出入境交通工具37万辆（列）次，同比下降13.1%，占云南省口岸的24.3%。

2021年，云南省对老挝口岸进出口额35亿美元，同比增长27%，占云南省口岸的12.7%；口岸货运量354万吨，同比增长7.7%，占云南省口岸的12.2%；出入境人员32万人次，同比下降35.6%，占云南省口岸的14.6%；出入境交通工具21万辆次，同比下降16.3%，占云南省口岸的14%。

2021年，云南省对缅甸口岸进出口额69亿美元，同比下降52.5%，占云南省口岸的25%；口岸货运量528万吨，同比下降76.9%，占云南省口岸的18.1%；出入境人员88万人次，同比下降84.7%，占云南省口岸的39.9%；出入境交通工具53万辆次，同比下降72.1%，占云南省口岸的34.9%。

2021年，受国际疫情持续影响，国际及地区航空市场严重萎缩，云南省国际航班量持续下滑，昆明长水机场充分发挥航路优势，深入挖掘国际全货机、客改货航线运输潜力，恢复及新开全货机航线5条，新开客改货航线6条，新增货运通航点7个。云南省空运口岸出入境人员10.2万人次，同比下降82.6%；出入境交通工具0.58万架次，同比下降20%；进出口额13.5亿美元，同比增长47.3%；货运量23.3万吨，同比增长778.5%。

2021年，景洪港水运口岸出入境人员0.2万人次，同比下降75.4%；出入境交通工具0.07万架次，同比下降89.5%。

以上口岸各项指标与云南省流量统计表中各项指标的差额，为其他非口岸通道的运行数据。

口岸综合管理

【抓疫情防控，提升口岸安全管控水平】 按照云南省应对疫情工作领导小组指挥部要求，云南省口岸（通道）从严从紧做好口岸疫情防控工作，主动应对边境口岸新冠肺炎疫情，全力保障口岸安全通畅运行，在统筹推进“把人管住”和“保货畅通”方面取得明显成效。一是按照云南省应对疫情工作领导小组指挥部要求，统筹疫情防控和社会经济发展，在境外德尔塔病毒传播形势严峻的情况下对口岸（通道）实施动态管理，切实做好口岸（通道）疫情防控工作。二是认真贯彻应对新冠肺炎疫情稳定经济运行的工作措施，加强口岸疫情防控监督检查，积极参与疫情防控和口岸全面复工复产，全面做好“六保”“六稳”工作，在确保边境口岸疫情可防可控的前提下，统筹推进疫情防控和经济社会发展，实现疫情防控和口岸发展双胜利，圆满完成云南省委、省政府“客停货通”任务。三是服从国家外交大局，回应周边国家关切，有序恢复边境口岸（通道）通关货运业务。全力推进落实云南省委、省政府“疫情不输入，物流不中断”任务，印发有序恢复边境陆路口岸（通道）通关业务的相关实施方案，对老、对越口岸已全部恢复正常运行，对缅芒满通道、滇滩通道已恢复通关货运业务，有序恢复其他口岸通关货运业务。四是结合国家对疫情防控常态化的判断和云南对外开放发展需要，主动谋划全省边境口岸智慧化通关设施建设方案，借鉴天津港、青岛港、罗山港、洋山港等港口先进经验，编制云南省边境口岸通关货运智慧化接驳相关方案，为全省统筹口岸开放建设与疫情防控决策提供参考。五是严格口岸跨境运输管理，加强对跨境货运车辆、货物、路线及分段运输管理。严格执行口岸闭环管理要求，加强对口岸区域及监管场所严管严控，强化口岸闭环管理区域工作人员健康管理，加强口岸重点区域、人员核酸检测，严格强化口岸重点区域消杀环节，压实企业防控责任，严格执行《云南省应对疫情工作领导小组指挥部关于进一步加强进口冷链食品疫情防控的通知》要求，强化进口冷链食品监管。

【抓口岸开放（扩大开放），提升沿边开放水平】 积极向国家相关部委汇报，与省相关部门沟通协调，推动口岸（通道）开放或扩大开放，提升云南沿边开放水平，助推面向南亚东南亚辐射中心建设。一是围绕磨憨铁路口岸开放这一首位工作目标，持续作战，协调各级有关部门深入推进磨憨铁路口岸基础设施规划建设工作，实现磨憨铁路口岸顺利开放。二是积极申报勐康、金水河口岸扩大开放为国际口岸，勐康口岸扩大开放已获国务院批准。三是积极推动已列入《国家口岸发展“十三五”规划》和《国家2020年口岸开放审理计划》的磨憨铁路、勐满通道、香格里拉机场航空口岸开放或申请临时开放。四是积极汇报协调推动大理机场、水富港、昆明铁路，龙富、桥头、董干、坪河、勐龙、弄岛、木城等通道作为拟新开口岸。五是积极做好口岸查验监管场所、口岸建设项目等领域的安全生产宣传、检查工作。

【抓口岸发展规划，提升口岸科学布局和建设水平】 按照国家口岸管理办公室通知和云南省委、省政府关于编制云南口岸“十四五”发展规划要求，结合云南沿边开放和促进国内国际双循环需求，加快推进云南口岸建设发展规划编制工作。一是根据海关总署（国家口岸管理办公室）关于提供编制《国家口岸发展“十四五”规划》相关材料通知要求，收集编制云南口岸“十四五”发展规划相关材料并按国家规定时限完成相关规划材料上报。二是根据国家口岸管理办公室和云南省政府工作部署，完成《云南口岸“十四五”发展规划》《云南口岸经济区发展规划》项目（课题）编制。三是根据云南省政府口岸建设专题会议精神，结合国土空间规划编制完善《云南陆路口岸功能提升三年行动实施方案（2020年—2022年）》，通过调研督导，编实州市口岸通关能力提升项目修建性详规并储备好项目，协调做好口岸产业园区发展用地控规工作。四是根据国务院即将出台的边民通道管理办法，持续修改、补充和完善《云南省实施“一口岸多通道”创新通关监管方案》，将边境已开放重点通道纳入口岸管理，对通道进行标准化建设、规范化管理。

【抓口岸基础设施建设，提升口岸通关能力和口岸通关便利化水平】 按照云南省委、省政府工作部署，有序推进口岸基础查验设施建设，不断提升口岸通关能力和口岸通关便利化水平。一是督导相关州市加快推进已列入《国家口岸发展“十三五”规划》的田蓬口岸、勐满通道、香格里拉机场航空口岸联检查验设施建设。二是指导相关州市加快推进磨憨、天保、畹町、腾冲、南伞、清水河、孟连等口岸货运通道联检查验设施建设。三是指导相关州市按国家对外开放口岸标准建设章凤、盈江、片马、孟连、南伞、永和6个原二类口岸联检查验设施。四是指导相关州市加快推进大理机场航空口岸，龙富、坪河、弄岛、曼栋等通道通关联检查验设施建设。五是全力推进口岸功能提升工程。云南省建投集团已与德宏、文山、红河州达成合作共识并签署合作协议，河口、金水河、田蓬口岸已进场开工建设，瑞丽、磨憨、腾冲、清水河、打洛、章凤、南伞、片马等口岸正协助云南省建投集团协调口岸当地政府加快推进口岸功能提升工程。六是持续压缩口岸整体通关时间，提升口岸通关效率。2021年以来，在常态化口岸疫情防控工作的基础上，继续深化口岸通关便利化建设和改革，进一步优化口岸通关流程，强化口岸通关时效监控。

【抓口岸资金管理和争取资金加大口岸建设投入，加快推进口岸提升工程建设进度】 多方协调争取口岸建设资金，加大口岸基础设施建设投入，加快推进口岸功能提升工程建设进度。一是为充分发挥现有口岸资金使用效益，协同云南省财政厅修订完善口岸资金管理办法，按照规定程序下拨2021年口岸建设资金，特别是加强边境口岸疫情防控设施设备的建设资金投入，在口岸资金紧缺的情况下积极协调解决口岸防疫设施设备资金。二是积极协调云南省发改委、军民融合办，就口岸提升工程给予项目建设资金支持。三是协助云南省建投集团协调边境口岸当地政府采取“EPC+PPP”投融资模式启动口岸提升工程，全面推进口岸提升工程建设。

【加快农副产品快速通关“绿色通道”建设进程，促进农副产品优进优出】 云南省继续贯彻落实农副产品“绿色通道”建设相关要求，全力推进中老边境磨憨—磨丁鲜活农副产品快速通关“绿色通道”建成开通。昆明长水机场全力支持云南高原特色农产品优进优出，促进当地农产品出口，通过进一步完善场所卡口管理，严格落实三级审批制度，加强单证核查和实货核查，坚决落实全面365天7×24小时通关，支持空港物流全面启用出口海关监管作业场所，对云南高原特色农产品出口方面给予优先保障。

【持续丰富和完善中国（云南）国际贸易单一窗口建设】 持续拓展中国（云南）国际贸易单一窗口功能，推动提升平台应用率，优化营商环境，推动全省外向型经济发展。一是加强与物流、银行、保险、税收、外汇、民航等部门协作，持续推进“单一窗口”与运输企业、金融机构等物流信息节点对接，完善保税物流管理、跨境汇款、关税保证保险等服务功能。二是推进“单一窗口”朝着便利化、智能化、国家化方向发展，除涉密等特殊情况外，持续推进进出口环节监管证件及检验检疫证书等全部通过“单一窗口”一口受理、一窗通办。三是下发《云南省商务厅关于进一步加强中国（云南）国际贸易单一窗口应用的通知》《云南省人民政府口岸办公室关于中国（云南）国际贸易单一窗口业务培训的通知》等文件，进一步压实属地责任，着力提升“单一窗口”应用率。四是落实国家口岸管理办公室深化“单一窗口”功能应用的要求，组织多次培训，进一步提升各企业使用云南“单一窗口”的熟练程度。向企业及时、全面提供7×24小时业务咨询、操作指导、常见问题解答、投诉建议受理、服务跟踪、结果反馈等服务。五是加快推进互联网+边贸特色应用建设，探索建设云南“单一窗口”数据交换中心，依托云南“单一窗口”推进各环节信息互联互通，降低进出口环节合规成本，助力全省边贸往数字化方向发展。截至2021年10月，中国（云南）国际贸易单一窗口注册企业7 331家、注册用户10 782个、注册边民79 389人，边民互市业务量1 069.30万票，日均8 132票。企业资质申请、运输工具申报、舱单申报、货物申报、许可证申请等17项功能模块在全省口岸实现“全覆盖”，其中运输工具申报、舱单申报、货物申报三大主要申报业务应用率均持续保持100%，进出口环节需要验核的监管证件已从86种精简至39种。

【持续研究探索中老铁路通关便利化，主动服务和融入“一带一路”】 为切实保障即将开通的中老铁路便利通关，服务和融入“一带一路”建设，云南省口岸办会同口岸相关部门通过会议、发文、调研等方式学习借鉴中欧班列的先进经验，持续研究探索中老铁路通关便利化。一是与中国铁路昆明局集团有限公司相关负责人面谈，就国际联运旅客、货物，铁路工作人员、物资通关便利充分交流对接。二是多次参与云南省发改委、中国铁路昆明局集团有限公司等关于中老磨憨铁路口岸的专题会议。三是多次与国家口岸管理办公室进行沟通并听取建议意见，多方收集相关资料，为后期制订磨憨铁路口岸通关便利化实施方案做好充分准备。四是函请昆明海关、云南出入境边检总站结合全国先进铁路口岸贯彻“智慧口岸、智能边境、智享联通”理念，充分利用新技术、新设备，先期制订口岸通关便利化实施方案，加快推进中老铁路安全、优质、如期建成通车。五是牵头召开磨憨铁路口岸通关便利化工作推进会，会同昆明海关、云南出入境边检总站、中国铁路昆明局集团有限公司、磨憨管委会等相关工作人员，对内蒙古满洲里铁路口岸就通关监管模式、口岸勤务组织模式、查验设备部署情况等方面进行联合调研，学习借鉴中欧班列的先进经验，研究探索中老铁路通关便利化。六是在征求口岸相关部门的意见建议基础上，制订中老铁路通关便利化方案，细化各参与部门的主体责任，共同为中老铁路通关便利化添砖加瓦。

口岸监管与服务

【昆明海关持续提升口岸通关便利水平】 深入实施“提前申报”“两步申报”“两段准入”等通关措施，启动公路运输口岸“运抵直通”通关模式改革试点。实施口岸通关引导制度，“一口岸一方案”疏通口岸拥堵。“单一窗口”实现口岸全覆盖，口岸验核监管证件由 86 种精简至 39 种。优化海关通关作业流程，设置“农产品专用窗口”，对口岸鲜活易腐农产品优先办理接单、放行，采取“即到、即检、即放”的口岸快速通关放行模式；对进口铁矿、铅矿、精矿等矿产品实施“先放后检”模式，口岸监管通关效能大幅提升，货物在口岸滞留时间明显减少。建立优化口岸营商环境工作评估体系，强化优化口岸营商环境责任落实、目标管理、结果问效，极大满足企业便利诉求，为打造更富效率、更具便利的口岸营商环境奠定坚实基础。2021 年度，昆明关区进口整体通关时间 7.93 小时，出口整体通关时间 0.15 小时。

【昆明海关降低进出口环节合规成本】 深化属地纳税人管理，大力推广与“两步申报”通关模式下相适应的多元化税收担保模式，推动“一保多用”新型税款担保模式在关区落地；有效落实税收优惠政策措施，前推减免税审核工作，无纸化申报率达 100%，降低企业办理成本。贯彻落实“放管服”改革工作部署，落实报关企业、出口食品生产企业许可改备案管理措施，简化优化特定资质备案；通过“多证合一”“一网注销”途径便利企业注册注销。开展进出口环节涉企收费项目专项督查，督促所属企事业单位优化完善口岸收费目录清单，及时将疫情防控产生的收费项目纳入清单管理，主动接受社会监督，确保关区内各收费主体收费项目依法依规。

【昆明海关支持推动口岸开放和大通道建设】 全力保障磨憨铁路口岸规划建设，并顺利通过国家验收。聚焦铁路货物通关、旅客通关及配合协作 3 个方面出台 13 条便利化措施；深化与铁路系统互联互通，全面实施进出境铁路舱单、运输工具无纸化申报；强化与地方政府、口岸管理、铁路等部门的沟通协调机制，确保中老铁路开通运营，整体通关效率得到大幅提升，成效显著。推动田蓬公路口岸基础设施建设基本完成、关累港水运口岸规划建设有序开展。支持昆明市推动中欧班列枢纽节点城市申建，推进昆明王家营铁路场站规划建设。协同推进孟定清水河口岸海关监管场所场地集约化建设，支持中缅海公铁联运通道首运成功，助力打通面向南亚东南亚的跨境物流大通道。

【昆明海关持续提升对企服务质效】 以高原特色产业、地方重点扶持企业、海关特殊监管区域内企业、产业链供应链中龙头企业等为重点，大力培育出口产品竞争优势，促进企业高水平“走出去”。支持出口食品农产品基地建设，帮扶指导企业提升质量安全管理水平和运行成效。依托“互联网+海关”网上办理平台，推行出口蔬菜、水果、鲜花等农产品出口基地注册登记，行政审批事项“全网办”。开展国外技术性贸易措施跟踪调查和分析研判，提高国际技术性贸易措施应对能力。按照“守法便利，违法惩戒”原则，加大企业信用培育力度，加强海关AEO认证工作，实行差别化管理措施，使诚信守法企业和海关认证企业享受更多的通关便利。培育新业态经济拓展外贸增长点，有力支持昆明、瑞丽、磨憨等跨境电商、跨境快件业务，昆明俊发·新螺蛳湾国际商贸城、瑞丽国际商品交易市场（边贸商品市场）市场采购贸易的顺利开展，为广大外贸企业开展进出口贸易提供全新通道。

【昆明海关助力开放平台建设】 围绕沿边开放、辐射中心建设及区域协调发展的工作要求，全力服务中国（云南）自由贸易试验区建设和改革创新，多项创新举措获批实施。支持打造沿边经济合作平台，积极参与中越、中老、中缅跨境经济合作区和边境经济合作区规划建设。贯彻落实国务院关于促进综合保税区高水平开放和高质量发展的若干意见，充分发挥海关在特殊监管区的作用，推动综合保税区与口岸联动发展，进境粮食保税加工、云南首票“保税货物租赁”业务落地红河综合保税区，增值税一般纳税人资格试点在昆明、红河综合保税区落地实施。

【云南出入境边检总站精准施策，全域防控，外防输入任务目标有力实现】 立足移民管理职能任务，在云南省边检机关组建256个独立作战单元，动态研判疫情输入风险，严格执行陆地口岸（通道）“客停货通”政策，连续660余天保持高等级勤务，立体构建口岸查控、边境管控和疫情防控安全屏障，圆满完成2 456架次涉疫高风险入境航班检查任务，高效保障9 443名“四类人员”、2 083.54万吨货物及3 000万件防疫物资顺畅通关，配合完成境外输入病例处置，精准做好自首人员、遣返人员全流程闭环管理，配合稳妥处置德宏瑞丽“3·29”“7·04”等突发疫情，实现了将疫情“控制在边境、不流入内地”的目标，获得公安部、国家移民管理局和云南省委、省政府领导批示肯定65次。

【云南出入境边检总站加强审查、源头打击，国门口岸管控更加安全严密】 统筹常态化疫情防控，始终坚守口岸阵地，不断延伸管控触角，压实各级党委主体责任，系统总结“五步追查法”，刚性落实前台查验“三条底线”和“五必问”工作标准，配齐配强后台核查力量，强化数据分析研判，加强入境人员实质性审查，2021年共查获在控对象2 489人次、偷渡类违法违规人员99 609人次、非偷渡类违法违规人员3 396人次，整体查获率同比增长5倍。加大拦查劝阻力度，与云南省公安厅刑侦总队签订《昆明口岸涉柬埔寨及其重点航班打击跨境违法犯罪活动协作机制》，与重庆、浙江、福建等省市公安机关密切协作，依法劝阻拟赴境外从事涉赌、涉诈违法活动中国公民896人，相关工作经验被国家移民管理局采纳推广，工作成效得到副省长任军号批示表扬。

【云南出入境边检总站正视短板、多方发力，口岸基础设施建设有序推动】 推动实施边民通道相关管理办法，多次与云南省口岸办、昆明海关沟通磋商，研提报送全省边民通道分类处置意见。按照国家口岸扩大开放政策规定，坚持“急需先建、分步实施”原则，积极配合推动磨憨铁路口岸建设通过国家验收、勐康口岸扩大开放通过国家验收、关累港口岸对外开放、勐满通道成功申报国家口岸“十四五”规划、田蓬口岸基础设施建设、河口口岸联检楼改造升级等方面工作，边民通道抵边检查室建设实现突破，服务国家战略和云南开放发展更加有力。

【云南出入境边检总站立足职能，主动作为，服务地方经济发展坚强有力】 坚持深化移民管理领域“放管服”改革，全面推动国家移民管理局关于促进服务航运企业发展等16项便利新举措在云南口岸（通道）一线落实落地，深化落实云南省委、省政府边境州（市）现场办公会精神，积极参与中国（云南）自由贸易试验区、中缅瑞丽—木姐边境经济合作区和中老磨憨—磨丁经济合作区规划建设，研提西部陆海新通道建设、口岸通关便利化等意见建议43条。在疫情可防可控前提下，进一步优化口岸查验流程，推动采取甩挂、接驳、吊装等非接触式运输方式，缓堵保畅，高效保障通关效率。2021年，高效保障221.2万人次出入境人员、152.4万辆（架、艘、列）次交通运输工具顺畅通关。

开放口岸

【昆明空运口岸（昆明长水国际机场）】 昆明空运口岸位于昆明市官渡区大板桥街道长水村，1955年经国务院批准对外开放。昆明长水机场国际旅客吞吐量居西南地区第2位，国际航线开通数量位居全国第7位，是中国面向东南亚、南亚和连接欧亚的国家门户枢纽机场，也是全国继北京首都机场、上海浦东机场、广州白云机场之后第4家实现双跑道独立运营模式的机场。长水机场建设总投资233亿元，其飞行区按照4F标准规划。在航线布局方面，已初步形成以昆明为中心，覆盖全国大部分及东南亚、南亚主要国家城市（除不丹及巴基斯坦）的航线网络结构，提升了昆明作为面向东南亚、南亚辐射中心的国家门户枢纽作用。2021年，昆明机场保障飞机运输起降27.83万架次，旅客吞吐量3 222.13万人次，货邮吞吐量37.72万吨，同比分别增长2.0%、下降2.3%、增长16.1%。

【西双版纳空运口岸（西双版纳嘎洒国际机场）】 西双版纳空运口岸位于景洪市郊4千米，1990年4月建成通航，1995年12月3日经国务院批准为对外国籍飞机开放，1996年12月10日通过国家验收，1997年1月1日正式对外开放。设计年旅客吞吐量350万人次、货物吞吐量1.09万吨，飞行区指标为4D，可满足B767、A300系列类型飞机，配有I类灯仪表着陆系统及夜航灯光设备。截至2021年年底，已开通国内外航线61条，其中，共有老挝琅勃拉邦，泰国清迈、清莱，柬埔寨暹粒、西哈努克港5条国际航线。随着西双版纳州社会经济的不断发展，航空业务量的不断增长，机场进行了3次扩建，西双版纳国际机场已成为国内重要的干线机场和连通东南亚、南亚的中型枢纽机场。

【丽江空运口岸（丽江三义国际机场）】 丽江空运口岸位于丽江市古城区七河乡，距离市区约28千米，2012年5月31日正式通航，机场占地面积120万平方米，机场飞行区等级为4D，跑道长度3 000米、宽45米，成南北向，可供波音737-700型及以下机型起降，国际候机楼建筑面积5 300平方米，有3座登机廊桥。拥有平行滑行1条、仪表着陆系统、助航灯光等通信导航设备，可保障A300/B767-300同类型及以下的机型起降机场。2011年11月11日，国务院正式批准丽江机场对外开放。2012年2月22日，丽江海关正式挂牌成立；3月15日，丽江出入境边检站正式挂牌成立；4月26日，丽江出入境检验检疫局正式挂牌成立。目前，开通了中国香港和泰国两条航线，中国东方航空公司和四川航空公司经营这两条航线。

【芒市空运口岸（德宏芒市国际机场）】 芒市空运口岸位于德宏州芒市坝子中部，距芒市6.6千米。2016年5月17日，国务院正式批准芒市机场对外开放。芒市机场始建于1937年，是著名“驼峰航线”主要起降机场之一，曾起降过C46型战斗机、C47型运输机，抗日战争胜利后停飞荒废。1990年4月10日，经国家民航局批准，芒市机场正式运营通航。通航后，芒市机场于2009年年底完成第一次改扩建，机场等级由3C升格为4C级，机场占地约173.93万平方米，机坪面积5.64万平方米，航站楼总面积达1.3万平方米。随着西部大开发、面向南亚东南亚辐射中心和瑞丽国家重点开发开放试验区建设，机场航班量迅猛发展。为确保德宏芒市机场航班安全，开辟更多航线，更好地为地方经济发展提供服务，芒市机场于2016年5月启动改扩建工程，2018年10月改扩建工程完成，2018年11月芒市机场空运口岸通过国家验收，实现正式开放。

【瑞丽陆路（公路）口岸】 瑞丽公路口岸位于云南省西部、德宏傣族景颇族自治州西南，与缅甸木姐口岸对接，边境线长141.4千米，距云南省省会昆明750千米，距缅甸木姐市4千米、腊戌160千米、缅甸仰光900千米，是中缅铁路通道（昆明—大理—瑞丽—腊戌—曼德勒—印度洋）、中缅公路通道（昆明—瑞丽—仰光）和中缅陆水联运大通道（昆明—瑞丽—八莫港）上的重要口岸。瑞丽口岸还是中国唯一一个实行“境内关外”（入境：货物、车辆可入境不入关。出境：货物、车辆出关不出境）特殊管理的口岸。

瑞丽口岸是云南省较早开放的国家对外开放口岸，1978年经国务院批准开放，1985年经德宏州政府批准为边境贸易区。1991年2月，云南省政府批准瑞丽姐告设立边境贸易经济区。1992年6月，经国务院批准为沿边开放城市。1993年，撤县设市，国务院特区办批准在瑞丽口岸设经济合作区。2000年，经国务院批准按照“境内关外”的方式设立“姐告边境贸易区”。2001年10月26日，经国务院批准瑞丽口岸对第三国人员开放。2010年，国务院将瑞丽批准为瑞丽开发开放试验区。

瑞丽口岸是中缅边境口岸中人员、车辆、货物流量最大的口岸，其东、南与缅甸棒赛、木姐、南坎3个城市相毗邻，东有畹町经济开发区国家对外开放口岸，西有章凤原二类口岸。姐告是起于上海320国道的终点，是昆瑞公路与缅甸“史迪威公路”的相接点，是云南省实施国际大通道战略的试验区和示范区，是中国大西南沿边开放的主要城市，是通往南亚、东南亚的重要门户。瑞丽口岸边民互市贸易、边境小额贸易、一般贸易发展迅速，出口商品达2 000多种，进口达200多种，中国商品通过缅甸转口到孟加拉国、泰国、新加坡、印度和中东国家，国外各种商品也源源不断通过瑞丽口岸进入中国内地。

【畹町陆路（公路）口岸】 畹町公路口岸位于云南省西部德宏傣族景颇族自治州南部。畹町 1932 年设镇，1938 年滇缅公路通车，畹町成为驰名中外的军事重镇；1950 年 4 月 29 日和平解放，1952 年年初经政务院批准设立县级镇，同年 8 月 17 日经政务院批准为新中国首批对外开放口岸；1985 年 1 月经国务院批准设立县级市；1992 年 5 月经国务院批准为沿边对外开放城市，1992 年 9 月经国务院特区办批准设立 5 平方千米的国家级边境经济合作区；1999 年 1 月区划调整，国务院批准撤销畹町市，并入瑞丽市，设立畹町经济开发区。畹町南与缅甸相邻，西北与瑞丽隔江相望，与缅甸的九谷口岸对接，两国村寨相望，山水相连，国境线长 28.6 千米。

畹町是中国历史上较早通向东南亚、南亚的主要贸易通道，是“南方丝绸之路”的重要驿站。抗日战争时期，滇缅公路通车后，成为当时中国大后方对外联系唯一的国际陆运口岸。1993 年，畹町—九谷新桥建成，畹町口岸的优势得到进一步发挥。从畹町口岸出境，可直达缅甸中部，水、陆、空设施齐全的曼德勒市。由昆明经畹町、曼德勒至仰光和印度的加尔各答运距要比从昆明经广州绕马六甲海峡到仰光和加尔各答分别缩短 4 651 千米和 4 331 千米，是中国大西南通往东南亚、南亚和西亚的捷径。

【河口陆路（公路）口岸】 河口公路口岸位于红河哈尼族彝族自治州河口瑶族自治县，与越南老街口岸对接，国境线长 193 千米。2011 年 7 月，国务院批准河口公路口岸对外开放。河口公路口岸具有“口岸就是县城，县城就是口岸”的天然优势，是滇越铁路、昆河公路、红河航道与越南乃至东南亚地区铁路、公路、航道连接的交通枢纽，距昆明市 469 千米，距越南首都河内 296 千米，距出海口——越南北方最大的海防港 416 千米，是中国西南进入东南亚、南太平洋的便捷通道，在中国—东盟自由贸易区和“昆明—河内—海防”经济走廊的规划中，处于“咽喉”的重要地位，是西南地区与东南亚国家发展对外贸易的窗口，是云南省建立国际大通道中越铁路、中越公路四条出境通道上的重要口岸。目前，河口口岸联检楼、公路口岸北山配套查验场

已建设完成投入使用。中国河口—越南老街跨境经济合作区、国际物流园区、河口口岸免税商品城、海产品交易市场等项目已经建成。

【磨憨陆路（公路）口岸】 磨憨公路口岸属国际客货公路运输口岸，是中国与老挝双边协议口岸。口岸位于云南省西双版纳州勐腊县南端，中国老挝磨憨—磨丁经济合作区内，是中老两国最大的公路口岸，是中国连接中南半岛的关键节点，是中国—东盟自由贸易区的最佳结合部，也是中国通往东南亚各国重要的昆曼国际大通道出境的起点，正在建设的泛亚铁路中线将由磨憨口岸出境，贯穿老挝、泰国，直达新加坡。1992年3月，经国务院批准为国家对外开放口岸，是首批列为国家沿边开放的地区之一。1993年12月22日，中老两国共同宣布正式开通磨憨—磨丁国际口岸。2000年6月，云南省政府批准磨憨口岸为边境贸易区，并赋予优惠政策。2004年9月6日，国务院批准磨憨口岸开展口岸签证工作，并对第三国人员实行开放。2016年3月4日，国务院批准设立中国老挝磨憨—磨丁经济合作区。磨憨口岸是集一般贸易、边境小额贸易、边民互市贸易、过境贸易、境外罂粟替代种植和对外经济技术合作等多种经济形式并存的综合型贸易口岸。进口货物主要有水果、粮食、坚果等农副商品，出口货物主要有水果、蔬菜、花卉、百货、建材、机电产品、金属及制品、化工产品等。

【金水河陆路（公路）口岸】 金水河公路口岸位于红河哈尼族彝族自治州金平苗族自治县城西南38千米金水河镇。金水河口岸于1954年12月17日经中越双方会谈同意正式开放为边民互市口岸，1978年12月关闭。1993年2月25日国务院批准设立国家对外开放口岸，1993年11月10日正式对外开放，允许中越双方人员、车辆持有效证照通行。

金水河公路口岸与越南莱州省封土县马鹿塘口岸相对接，东、南、西三面临藤条河、藤条江，距金平县城33千米，距红河州府蒙自市160千米，距越南封土县城18千米，距越南莱州省会莱州市51千米，距越南奠边省奠边府市206千米，距老挝丰沙里省勐迈县270余千米（经越南奠边府市西南行30余千米，通过越南西庄口岸和老挝丰沙里省勐迈县班岗口岸可进入老挝），是国家西南战略安全节点的重要组成部分，是云南省主要对越南开放口岸之一。金水河公路口岸重点开展以进口玉米、木薯、稻谷、茶叶、咖啡为主的对外贸易。从金水河口岸出境，可达越南西北部旅游重镇奠边府和沙巴，充分领略越南的异国风光，开展中越民俗旅游文化交流和品尝越南风味饮食。

【天保陆路（公路）口岸】 天保公路口岸位于云南省文山州麻栗坡县南端，距麻栗坡县城40千米，与越南河江省清水河口岸对接，口岸距越南河江省省会河江市23千米、首都河内341千米、海防港441千米。该口岸于1954年3月1日开通，1960年12月关闭。1963年3月，口岸恢复对外开放。1978年，口岸关闭。1993年2月25日，口岸经国务院批准恢复对外开放。2011年6月12日，国务院同意天保口岸扩大对外开放，口岸性质为国际公路客货运输口岸。

2013 年 12 月，天保口岸扩大对外开放通过国家级验收。天保口岸联检楼及查验货场等基础设施已建成投入使用，海关、边检的办公、生活等基础设施和配套设施已完善。

【腾冲猴桥陆路（公路）口岸】 腾冲猴桥公路口岸位于腾冲市猴桥镇的槟榔江畔，距腾冲市区 65 千米，距中缅边界南 4 号界桩 19 千米，与缅甸甘拜地口岸对接。口岸距缅甸北部重镇密支那 133 千米，从该口岸经密支那到印度雷多仅 687 千米。1991 年 8 月，云南省政府批准腾冲为原二类口岸。2000 年 4 月，该口岸经国务院批准为对外开放口岸；2003 年 1 月，正式对外开放。该口岸是历史上“南方丝绸之路”的重要通商口岸，是抗日战争时期“史迪威公路”（中印公路）的枢纽，是云南省通向南亚的大通道之一。腾冲还有经云南省政府批复的重点通道 3 条（滇滩、自治、胆扎通道），有腾冲—密支那、腾冲—板瓦 2 条二级国际公路通往缅甸克钦邦。作为云南省五大重点口岸之一，腾冲猴桥公路口岸是中国连接南亚、东南亚的重要门户和节点，是中缅贸易的重要前沿，战略位置突出，区位优势独特，随着腾冲公路、航空、铁路三位一体的立体化口岸开放格局的逐步形成，猴桥公路口岸在中缅两国经贸发展和人员交往中的促进作用日益显现，在对外开放中发挥着越来越重要的窗口和支撑作用。

【孟定清水河陆路（公路）口岸】 孟定清水河公路口岸位于耿马傣族佤族自治县孟定镇人民政府所在地，与缅甸掸邦第一特区接壤，边境线长 47.35 千米，与缅甸清水河口岸对接，距耿马县城 83 千米，平均海拔 510 米。该口岸是中国西南地区通往缅甸和东南亚的重要陆路通道，面积 350 平方千米。1957 年孟定口岸正式对外开展边境贸易进出口业务，1991 年 8 月被云南省政府批准为原二类口岸，2004 年 10 月经国务院批复同意对外开放。2007 年 11 月 8 日，经国家验收正式对外开放，允许中国和缅甸双方人员、车辆持有效证、照、签证或边境通行证通行，并对各种贸易货物开放。目前，孟定清水河口岸联检楼和配套查验货场已建成投入使用。口岸得天独厚的地理位置优势、热带的自然风光、古朴文雅的民俗风情、丰富的旅游资源和热带经济作物使孟定口岸有“黄金口岸”之称。孟定口岸边境贸易辐射面广，公路通往国内外，交通十分便利。从清水河到缅甸重镇户板、滚弄分别为 15 千米和 24 千米，到缅北重要商品集散地腊戌 161 千米，到缅甸仰光 1 136.9 千米；从盘姑公路到昆明 750 千米。孟定清水河口岸自建成投入使用以来，一直是国内外经济贸易活动的窗口，对缅甸边境贸易的辐射面主要是第一特区、第二特区、清水市、滚弄镇区、户板镇区、腊戌、佤城、仰光等5省1市10个镇区，经营方式也由易货贸易发展为边境贸易、转口贸易、一般贸易。

【打洛陆路（公路）口岸】 打洛公路口岸位于云南省西双版纳州勐海县西南端打洛镇，距勐海县城66千米，与缅甸掸邦东部第四特区勐拉县接壤，国境线长36.5千米。由打洛出境经缅甸，可达泰国、越南、马来西亚、新加坡、印度等国家，距缅甸掸邦东部首府景栋86千米，经东枝到仰光1 270千米，到泰缅边界重镇大其力240千米，距泰国清迈550千米，是云南省国际大通道的重要口岸之一。1950年11月，成立海关打洛支关。1956年，打洛口岸正式对外开展边境小额贸易进出口业务；1991年8月10日，云南省政府批准打洛为原二类口岸；1992年，被列为国家首批沿边开放的地区之一。1997年3月25日，中华人民共和国政府和缅甸联邦政府签订《关于中缅边境管理与合作的协定》，中国打洛—缅甸勐拉口岸被列为对第三国人员开放的口岸。2007年11月13日，打洛口岸经国务院批准为对外开放口岸。2018年，打洛口岸联检楼、查验货场、出入境车辆快速通关系统、电子监控综合应用系统、货运专用通道及边民互市场等查验设施已改扩建完成投入使用；2020年1月14日，通过国家开放验收。

【勐康陆路（公路）口岸】 勐康公路口岸位于云南省普洱市江城县，与老挝丰沙里省兰堆口岸对接，距约乌县城52千米，距省城丰沙里186千米，距首都万象830千米，是云南省通往老挝及通向东南亚最便捷的陆路通道之一。2011年7月24日，国务院批准勐康口岸对外开放，口岸性质为双边公路客货运输口岸；2013年11月12日，勐康口岸通过国家级验收。结合“一城连三国”的特殊区位优势，江城县提出把江城建成云南省对越南、老挝开放的黄金前沿门户，普洱市面向东盟的商贸流通基地，努力构建以江城为中心，辐射老挝、越南三国边境经济圈的发展战略，加快勐康口岸、龙富通道建设，实现口岸活县。目前，勐康口岸联检楼、查验货场已建设完成，口岸物流配套设施正在规划建设中，口岸正成为中老边界上一个集边境贸易、生态休闲、民俗文化为一体的边境旅游小镇。

【都龙陆路（公路）口岸】 都龙公路口岸位于马关县都龙镇茅坪村委会东南面、中越边境线二段5号界碑老国门处，距茅坪村委会近2千米，距都龙镇政府所在地23千米，距马关县城47千米，距文山州府文山97千米，距昆明市390千米，距越南箐门县城40千米、河江省省府河江市200余千米、首都河内500余千米，是马关县通往越南的重要通道。

1953年8月25日，中越两国政府在北京签订了《关于开放两国边境小额贸易的议定书》，双方同意开放中国都龙—越南箐门和漫美边境通商口岸，并于 1954 年 3 月正式开通；1974 年，都龙口岸关闭。中越关系正常后，两国政府于 1991 年签订临时协定，决定在条件具备时逐步开放 21 对陆地出入境口岸，中国都龙—越南箐门口岸就是其中之一。2015 年 1 月 12 日，国务院正式批准都龙口岸开放为国际性常年公路客运货运口岸。

【田蓬陆路（公路）口岸】 田蓬公路口岸于 1954 年 3 月 1 日对外开放，与越南苗旺、同文两县接壤，国境线长 60 千米，对内距富宁县城 80 千米、文山州府 235 千米、昆明 680 千米、广西南宁市 480 千米、北海港 750 千米，对外距越南同文县 24 千米、苗旺县 35 千米、河江省会 110 千米、河内 451 千米。通道有公路通往国内外，交通便利。1979 年，口岸关闭。1996 年 9 月 27 日，经云南省政府批准对外开放。2016 年，被纳入国家“十三五”口岸发展规划。2018 年 2 月 13 日，国务院批复同意田蓬公路口岸对外开放，性质为双边常年开放公路客货运输口岸。

【磨憨陆路（铁路）口岸】 磨憨铁路口岸位于云南省西双版纳州勐腊县南端，中国老挝磨憨—磨丁经济合作区内，毗邻磨憨公路口岸，是中国连接中南半岛的关键节点，通往东南亚各国“昆曼国际大通道”出境的起点。2021 年 4 月 25 日，国务院批复同意云南磨憨铁路口岸对外开放，口岸性质为国际常年开放铁路客货运输口岸。2021 年 11 月通过国家级验收，12 月 3 日磨憨铁路口岸与中老铁路同步开通。2021 年 12 月，该口岸进出口货运量 1.4 万吨，进出口贸易额 9.0 亿元，出入境人员 202 人次，出入境交通工具 98 列。

磨憨铁路火车站为国境口岸站，占地约 121.47 万平方米，距中国老挝磨憨—磨丁经济合作区约 3.5 千米，距离勐腊县城约 38 千米，距离景洪市约 176 千米。车站前方为老挝境内的磨丁口岸站，距离磨丁口岸站约 13 千米，距离万象约 422 千米。靠城市侧设客车到发场，依次横列布置国际货车到发场、国内货车到发场及调车场，调车场外侧横列布置国际货物列车监管区及货运中心。在万象端纵列布置海关前置拦截及边检联合作业区，在站房对侧的磨丁端，设机务折返段 1 处。站房设于线路右侧，最高聚集人数 500 人，规模 15 971 平方米。客场设旅客列车到发线 3 条，预留 2 条，旅客站台 2 座（预留 1 座）；国内货车到发场近期设到发线 3 条，预留 3 条；国际货车到发场近期设到发线 3 条，预留 3 条；调车场设调车线 3 条，预留 2 条；国际货物列车监管区设作业线 3 条。

磨憨铁路口岸设有站房 1 座，建筑面积 15 971 平方米，设有国际货物列车监管区 1 处，监管区占地约 15.99 万平方米，内设贯通式货物作业线 3 条，设货物站台 1 座。口岸查验部门业务用房由查验现场业务用房和配套设施业务用房组成。海关建有查验现场业务用房和配套设施业务用房 10 819 平方米，其中检验检疫用房 4 306 平方米。边检建有查验现场业务用房和配套设施业务用房 1 873 平方米，另由地方配套建设边检生产生活设施 5 085 平方米。

【河口陆路（铁路）口岸】 河口铁路口岸位于云南省东南端，与越南老街省山水相邻，国境线长 193 千米。河口历史上就是中国与越南、东南亚各国进行经济文化交流的门户和咽喉，是“南方丝绸之路”的第二条通道。1895 年，河口被辟为商埠；1910 年，随着滇越铁路的建成通车，云南省进出口物资有 80%以上经河口口岸进出，河口成为中国西南对外商贸的最大集散地。1992 年，河口被国务院批准为沿边开放县，同年 12 月，国务院特区办批准在河口设立 4.02 平方千米的边境经济合作区；1996 年，河口口岸复通，河口迎来了千载难逢的发展机遇，进出口贸易焕发出勃勃生机与活力，带动了河口经济社会事业快速发展。

【景洪水运（河港）口岸】 景洪水运口岸属国际客货水运口岸，是澜沧江·湄公河国际航道上重要的港口口岸，1993 年 7 月 24 日经国务院批准为对外开放口岸，2000 年 4 月 20 日中、老、缅、泰四国签署《四国商船通航协定》，2001 年 6 月 13 日通过国家正式验收，2001 年 6 月 21 日宣布对外开放，2001 年 6 月交通部批准对外国籍船舶开放，港口与老挝、缅甸、泰国的多个港口开通了散杂货、集装箱、客运航线。2020 年 6 月前关累港属景洪港开放码头，所有数据均纳入景洪港统计；2020 年 6 月关累港经国家批准为对外开放口岸，故关累港数据不再纳入景洪港统计。自 2018 年以来，景洪港基本无人员及货物进出口，故数据均为关累港。受新冠肺炎疫情影响，根据云南省应对疫情工作领导小组指挥部第 15 号通告要求，景洪港暂时关停。

【思茅水运（河港）口岸】 思茅水运口岸位于普洱市思茅港镇，距离普洱市区 87 千米，1993 年 7 月经国务院批准为对外开放口岸，2001 年 4 月 1 日起正式对外国籍船舶开放。思茅港是澜沧江—湄公河国际航运中国境内的第一港，可达老、缅、泰、柬、越 5 个国家，是东南亚地区最便捷的一条黄金水道，是云南乃至中国大西南通往东南亚的重要通道。港口规模为年货运 30 万吨、客运 10 万人次，有大小船只 43 艘，国际航运船只 31 艘，载货能力 3 000 吨，客位 449 个，查验设施配套齐全。思茅港出入境边检站、思茅海关承担口岸的监管任务。由于修建国家重点项目——小白塔电站，从 2005 年 1 月起暂停航运。

【关累水运（河港）口岸】 关累水运口岸属国际客货水运口岸，是中、老、缅、泰四国政府签署的《澜沧江·湄公河商船通航协定》中开放港口，位于云南省西双版纳州勐腊县西部的澜沧江与湄公河结合部，地处东经 101°08′31″、北纬 21°40′39″，海拔 510 米，受孟加拉湾暖流及北部湾暖流的影响，气温较高，雨量充沛，属热带雨林、季雨林气候，具有“长夏无冬”的特点，年均降雨量为 1 600 毫米，平均气温约 26℃。辖区段澜沧江最高水位为 502.811 米，最低水位 484.314 米，水位变幅 18.497 米，枯水期平均河面宽约 100 米。关累港西与缅甸隔江相望，南与老挝陆地相连，中缅边境线长 30.8 千米，港口中心区规划面积 4 平方千米，常住人口 3 000 人，沿澜沧江上距景洪港 84 千米，顺江而下距中、老、缅三国界碑 20 千米，距缅甸梭累码头 78 千米，距“金三角”250 千米，距泰国清盛府 256 千米，距缅甸大其力市 280 千米，距老挝会晒 321 千米、琅勃拉邦 618 千米。关累港是澜沧江·湄公河国际航道上重要的港口，是中国与东南亚各国进行文化交流和经贸合作的重要通道。关累港对外开放，将充分释放澜沧江·湄公河一江连六国“黄金水道”和关累港的区位优势，有效满足中、缅、老、泰的经贸往来需求，助力国家“一带一路”建设在东南亚实现中路突破。2020 年 6 月 28 日，国务院批准关累港口岸对外开放。受新冠肺炎疫情影响，根据云南省应对疫情工作领导小组指挥部第 15 号通告要求，关累港于 2020 年 4 月停航。2021 年，关累港仅有少量巡航人员出入。

原二类口岸

【片马陆路（公路）口岸】 片马公路口岸位于怒江傈僳族自治州泸水市正西 66 千米的片马镇人民政府所在地，地处高黎贡山西麓，属边境陆路通道，与缅甸大田坝口岸对接。边界线长 64 千米，距泸水县城 96 千米，距缅甸北部城市密支那 224 千米，通道有 3 条公路通向国外，交通十分便利。1991 年 8 月 10 日，口岸经云南省政府批准对外开放，是中缅边界北段 10 号至 47 号界碑 638 千米长的边界线唯一的通道，成为中国滇藏两省、区通往南亚的一个重要通道。片马是中国古西南丝绸之路的重要组成部分，边境贸易源远流长。由于它在中缅边界北段具有独特的区位优势，所以，第二次世界大战前和第二次世界大战中曾几度被英、日两国侵占，直至 1961 年才回归祖国。

【盈江陆路（公路）口岸】 盈江公路口岸位于云南省德宏傣族景颇族自治州西部的盈江县城，与缅甸拉咱口岸对接，属边境陆路通道，与缅甸克钦邦第二特区接壤，国境线长 214.6 千米，距缅北八莫 150 千米，距密支那 180 千米，距仰光 1 200 千米，距印度雷多 540 千米。口岸有公路通往国内外，交通十分便利，成为西南地区通往缅甸的一个重要通道。1991 年 8 月 10 日，口岸经云南省政府批准对外开放，成为国内外经济贸易活动通道，对缅甸边境贸易的辐射面逐步扩大，由原来边境一线的集镇，发展到八莫、密支那、仰光、印度雷多等重镇，形成了以边境贸易、一般贸易、对外经济技术合作和转口贸易等多种贸易相结合、多渠道并举的大经贸新格局。

【章凤陆路（公路）口岸】 章凤公路口岸地处德宏傣族景颇族自治州陇川县人民政府所在地章凤正西 4 千米的拉影，与缅甸雷基（洋人街）口岸对接，距缅甸重镇八莫 80 千米。章凤自古以来就是南方丝绸路上的重点门户之一，口岸于 1991 年 8 月 10 日经云南省政府批准对外开放。章凤通道是中缅两国重要陆路通道之一，也是缅甸政府唯一指定进口棉纺织通道。

【南伞陆路（公路）口岸】 南伞公路口岸位于云南省临沧市镇康县南伞镇，与缅甸掸邦第一特区接壤，国境线长 47 千米，距缅甸首都内比都 750 千米、第一大城市仰光 1 142 千米、第二大商业城市曼德勒 484 千米、缅北重镇腊戌 197 千米、掸邦果敢自治区老街仅 9 千米，距昆明 784 千米、临沧 232 千米、保山市龙陵县城 238 千米，北上保山，南往普洱，公路四通八达，是通往南亚、西亚的内陆通道之一。口岸于 1991 年 8 月经云南省政府批准对外开放，1996 年列为边境经济开发实验区。2002 年开始把通道建设纳入新县城规划统筹进行建设，逐步改善了基础设施和联检部门办公条件。

【孟连陆路（公路）口岸】 孟连公路口岸位于普洱市孟连县西南部，地处南马河与南卡江的汇合处，以南卡江心为界，江东岸为中国，江西岸为缅甸，距云南省会昆明 690 千米，距普洱市 230 千米，距孟连县城 51 千米。通道与缅甸掸邦第二特区政府（佤邦）邦康市隔江相望，自然条件优越，地理位置独特，区位优势明显，从邦康市经丹阳、腊戌、曼得勒达缅甸原首都仰光约 1 300 千米，勐阿是普洱市客、货吞吐量最大的通道，对缅贸易占全市的三分之二以上，是中缅两国交往的通道之一，也是中国通往东南亚各国的陆路通道之一。口岸于 1991 年经云南省政府批准对外开放。孟连通道具备较为完善的联检查验功能和设施，金融、通信、市政、交通等配套设施齐全，通道人流、物流通关顺序流畅。中缅双边友好往来频繁，边民互市、经贸交流与合作不断深入，孟连县对外贸易得了到迅猛发展。进口货物以木材、矿产品为主，出口货物以建材、百货、成品油、机电产品、生活用品等为主。

【沧源陆路（公路）口岸】 沧源公路口岸位于临沧市沧源县，于 1996 年 9 月 27 日经云南省政府批准对外开放，有芒卡和永和两个出境通道，与缅甸掸邦第二特区接壤，国境线长达 147.08 千米。芒卡贸易区位于沧源县南腊乡人民政府所在地，中缅边界 146 号界碑处，距县城 110 千米，距缅甸佤邦南登特区 4.07 千米。永和贸易区距县城 14 千米，距缅甸佤邦绍帕区 3 千米，永和连接着班歪—龙潭—中国西盟、班歪—营盘—邦康—大其力或瓦城、班歪—勐冒—腊戌等境外公路干线，是云南省通往缅甸的通道之一。两个贸易区都有公路通往国内外，交通十分便利，是中国西南地区通往东南亚的一个重要通道。

2021 年云南省口岸大事记

1 月 12 日

云南省委常委、省纪委书记、省监察委员会主任冯志礼到章凤口岸调研，德宏州、陇川县有关领导陪同调研。

1 月 17 日

云南省委副书记、省长王予波到瑞丽口岸督导调研疫情防控工作，省政府秘书长、党组成员杨杰，德宏州委书记赵刚、州长卫岗等领导陪同督导调研。

1 月 18 日

国务院副总理胡春华在商务部部长王文涛和原云南省委书记阮成发的陪同下到南溪河口岸视察工作，并听取了河口出入境边检站关于疫情防控、进出口贸易以及南溪河口岸联检大楼建设规划情况的汇报。

2 月 13 日

云南省委副书记、省长王予波到磨憨口岸看望慰问一线工作人员，省政府秘书长杨杰、省公安厅副厅长周建忠、省卫健委主任杨洋、西双版纳州委书记郑艺、西双版纳州州长刀文等领导陪同调研。

2 月 18 日

原云南省委常委、常务副省长宗国英到磨憨口岸调研指导疫情防控工作，原西双版纳州委副书记、州长罗红江，原西双版纳州委常委、中国老挝磨憨—磨丁经济合作区党工委书记赵刚和磨憨出入境边检站党委书记、站长王强等领导陪同调研。

2 月 25 日

云南省委常委、省纪委书记、省监察委员会主任冯志礼率调研组一行，在原红河州委书记姚国华、州纪委书记晏春云等领导的陪同下到河口口岸调研。河口出入境边检站党委书记、站长李凯介绍了有关情况。

3 月 6 日

国家禁毒办常务副主任、公安部禁毒局局长梁云一行到永和口岸和达懂通道调研工作。

3 月 23 日

中央纪委国家监委驻海关总署纪检监察组组长陶治国到景洪港出入境边检站曼栋分站 240 通道调研。

3 月 24 日

全国妇联副主席、书记处书记夏杰率工作组到畹町口岸调研，德宏州、瑞丽市和畹町出入境边检站有关领导陪同调研。

4月3日

云南省委副书记、省长王予波、国家卫健委副主任雷海潮一行，在德宏州委书记赵刚陪同下到银井通道督导检查边境管控和疫情防控工作。

同日

云南省委副书记、省长王予波、国家卫健委副主任雷海潮一行到混板芒满边民通道专题督导检查疫情防控工作。

4月7日

原云南省委常委、常务副省长宗国英率队到混板通道检查指导疫情防控工作。

4月10日

宗国英副省长原云南省委常委、常务副省长宗国英一行在德宏州人民代表大会常委会主任番跃平的陪同下到瑞丽站指导检查疫情防控工作。

4月11日

宗国英副省长到昔马通道调研指导工作，并亲切看望慰问中缅24号界桩疫情防控执勤点执勤人员。

4月19日

国家卫健委副主任雷海潮率国务院联防联控机制综合组一行，在云南省副省长李玛琳的陪同下到拉勐通道调研边境管控及防涌入工作情况。

4月21日

中央政法系统教育整顿督导组副组长敬大力率调研组到河口口岸、坝洒通道调研。

4月22日

商务部驻昆明特派员办事处副特派员肖凤怀莅临猴桥口岸调研边境贸易和疫情防控工作情况。

5月5日

国务委员、公安部党委书记、部长赵克志到勐连口岸勐阿通道调研。原公安部党委委员、部长助理陈思源，原云南省委常委、政法委书记张太原，云南省副省长、公安厅厅长任军号，云南出入境边检总站党委副书记、政治委员郝子群等领导陪同调研。

同日

公安部党委委员、副部长、国家移民管理局党组书记、局长许甘露到腾冲出入境边检站调研指导工作，许甘露副部长先后深入滇滩通道和站机关，全面了解打击跨境违法犯罪活动、防范境外疫情输入、边境口岸管控和队伍教育整顿等重点工作开展情况，并看望慰问一线民辅警。

5月14日

原云南省委阮成发书记、省政府王予波省长在云南出入境边检总站总站长孙鸿滨等领导陪同下到拉勐通道调研，并亲切看望慰问执勤民警。

6月30日

原云南省委常委、政法委书记刘洪建到勐连口岸勐阿通道调研。云南省委政法委副书记茶忠旺，普洱市委常委、政法委书记尹凌云，市人民政府副市长、市公安局局长朱曦明等领导陪同调研。

7月16日

云南省委副书记、省长王予波到腾冲市滇滩镇中缅边境界桩、板瓦丫口抵边警务室，看望慰问一线值守人员，督导检查边境疫情防控和强边固防工作。

7月18日

云南省政府副省长李玛琳到章凤口岸督促、指导口岸疫情防控工作。

7月19日

云南省委副书记、省长王予波率队莅临清水河口岸执勤现场，检查强边固防和疫情联防联控工作。

7月22日

原云南省委书记阮成发到勐连口岸勐阿通道督导调研疫情防控、边境管控工作。原云南省委常委、省委秘书长陈舜，副省长王显刚、任军号、崔茂虎，云南出入境边检总站总站长孙鸿滨、普洱市委书记李庆元等领导陪同调研。

8月3日

云南省委常委、省纪委书记、省监察委员会主任冯志礼到勐康口岸检查指导疫情防控工作，普洱市委书记李庆元、江城县委书记邱明等领导陪同调研。

同日

原云南省政府党组成员、副省长邱江带工作组深入西双版纳边境一线调研口岸建设工作。云南出入境边检总站副总站长赵永前、边检处杨剑波处长和省政府办公厅、省商务厅、中铁昆明局集团、西双版纳州、勐腊县政府及相关部门人员参加调研，磨憨出入境边检站站长王强、政委彭刚陪同调研。

8月11日

原云南省副省长邱江一行到勐连口岸勐阿通道调研疫情防控工作。

9月23日

原云南省副省长崔茂虎到天保口岸调研指导工作。

10月17日

公安部党委委员、副部长、国家移民管理局党组书记、局长许甘露视察勐龙通道附近“三防”设施建设。

10 月 20 日

国家移民管理局综合司司长胡小明率公安部调研组到河口口岸开展工作调研。

10 月 28 日

云南省委书记王宁率队深入滇滩镇边境一线调研疫情防控、边境管控工作情况，实地察看边境物理阻拦设施和抵边联防所，详细了解边境立体化防控体系技防设施建设使用情况。

10 月 29 日

云南省副省长李玛琳到天保口岸调研指导工作。

同日

云南省委常委、组织部部长李刚到河口口岸调研疫情防控、口岸建设工作。

11 月 3 日

原云南省委常委、常务副省长、省委省政府应对疫情工作领导小组指挥部指挥长宗国英率队深入章凤口岸大青树执勤点检查指导疫情防控相关工作，德宏州州长卫岗、陇川县委书记郑洪云陪同督导检查。

11 月 12 日

国家专家组梁万年一行在原云南省委常委、常务副省长、省委省政府应对疫情工作领导小组指挥部指挥长宗国英的陪同下到银井通道调研督导疫情防控工作。

11 月 14 日

原云南省委常委、常务副省长宗国英陪同清华大学万科公共卫生与健康学院常务副院长梁万年带队国家专家组到畹町芒满边民通道调研疫情防控工作。

11 月 18 日

由国家口岸管理办公室副主任林海波率领外交部、国家移民管理局、中国国家铁路集团、国铁集团等部委办局相关人员组成的联合验收组，对磨憨铁路口岸对外开放进行国家验收。

12 月 3 日

云南省副省长李玛琳在德宏州委书记姜山等领导的陪同下到章凤口岸调研指导疫情防控工作。

12 月 21 日

云南省委常委、政法委书记杨亚林到口岸督导检查工作。

12 月 30 日

国家移民管理局副局长曲云海在云南出入境边检总站总站长孙鸿滨等陪同下到畹町口岸和混板芒满边民通道执勤现场督导疫情防控工作。

（撰稿人：胡嘉麟、浦同益、陈德磊）

2021 年云南省口岸流量统计表

口岸类型		口岸名称	货运量（万吨）				出入境人员（万人次）				交通工具（辆、艘、架、列次）			
			出口	进口	合计	同比（%）	出境	入境	合计	同比（%）	出境	入境	合计	同比（%）
空运口岸		昆明机场	3.48	2.30	5.77	117.1	5.557 7	4.645	10.202 7	-82.1	2 948	2 939	5 887	-17.8
空运口岸		版纳机场	0	0	0	0	0	0	0	0	0	0	0	0
空运口岸		丽江机场	0.002 6	0.010 1	0.012 7	–	0.002 6	0.00 3	0.005 6	-99	1	1	2	-96.6
空运口岸		芒市机场	0.33	17.24	17.57	–	0	0	0	0	0	0	0	0
空运口岸		分计	3.81	19.54	23.36	778.5	5.56	4.65	10.21	-82.6	2 949	2 940	5 889	-20
陆路口岸	公路口岸	瑞丽	20.35	48.85	69.20	-95.6	4.11	2.52	6.64	-97.8	28 101	19 682	47 783	-93.9
陆路口岸	公路口岸	河口公路	247.83	66.19	314.01	11.2	16.78	16.81	33.59	-60.8	160 634	160 297	320 931	-4.9
陆路口岸	公路口岸	磨憨	85.57	266.67	352.23	9.4	13.69	16.52	30.22	-35.5	101 148	99 119	200 267	-16.1
陆路口岸	公路口岸	畹町	29.18	12.44	41.62	6.7	4.56	4.56	9.12	-72.7	35 970	40 151	76 121	-21.8
陆路口岸	公路口岸	腾冲猴桥	50.15	120.81	170.96	-49.3	1.81	1.73	3.54	-76.3	14 680	14 825	29 505	-60
陆路口岸	公路口岸	孟定清水河	27.71	21.24	48.95	-63.1	6.52	6.52	13.04	-72.5	35 518	35 201	70 719	-66.4
陆路口岸	公路口岸	天保	2.51	24.90	27.41	-4.9	2.44	2.43	4.88	-65.2	18 822	18 766	37 588	-33.3
陆路口岸	公路口岸	打洛	36.13	11.09	47.22	23	5.15	7.67	12.83	-60.4	36 977	37 553	74 530	-58.7
陆路口岸	公路口岸	金水河	0.33	0.01	0.35	-66.9	0.62	0.60	1.22	-81.2	4 582	4 573	9 155	-70.2
陆路口岸	公路口岸	勐康	0.76	1.19	1.95	-71.2	0.99	1.03	2.02	-37.3	6 870	6 739	13 609	-19.8
陆路口岸	公路口岸	都龙	0	0	0	0	0.001 4	0	0.001 4	-99.9	0	0	0	0
陆路口岸	公路口岸	田蓬	0	0	0	0	0	0	0	0	0	0	0	0
陆路口岸	公路口岸	孟连	49.69	41.30	91.00	1.4	4.08	10.07	14.15	-45.1	26 853	26 484	53 337	-33.2
陆路口岸	公路口岸	章凤	15.58	9.42	25.00	-25.7	3.85	3.63	7.47	-80.8	33 796	33 238	67 034	-59.6
陆路口岸	公路口岸	南伞	16.36	7.52	23.88	-44.2	7.35	8.98	16.33	-72	40 910	40 725	81 635	-65.8

续表

口岸类型		口岸名称	货运量（万吨）				出入境人员（万人次）				交通工具（辆、艘、架、列次）			
			出口	进口	合计	同比（%）	出境	入境	合计	同比（%）	出境	入境	合计	同比（%）
陆运口岸	公路口岸	沧源	4.21	1.72	5.94	-45.9	1.32	1.91	3.23	-58.6	9 983	9 512	19 495	-52.9
		盈江	0.23	1.95	2.18	-27	0.62	0.64	1.26	-91	3 547	3 397	6 944	-65.2
		片马	0.54	2.16	2.70	-52.6	0.30	0.29	0.59	-76.5	2 414	2 399	4 813	-69
		分计	587.13	637.45	1 224.59	-58.3	74.20	85.91	160.11	-78.1	560 805	552 661	1 113 466	-57
	铁路口岸	河口铁路	25.84	32.37	58.22	-1	0.39	0.39	0.82	-43.5	1 287	1 241	2 528	60.7
		分计	25.84	32.37	58.22	-1	0.39	0.39	0.82	-43.5	1 287	1 241	2 528	60.7
水运口岸	河港口岸	景洪港	0	0	0	0	0.10	0.10	0.21	-75.4	38	38	76	-89.5
		思茅港	0	0	0	0	0	0	0	0	0	0	0	0
		分计	0	0	0	0	0.10	0.10	0.21	-75.4	38	38	76	-89.5
其他			21.89	1 585.44	1 607.32	189.1	24.30	25.67	49.93	-72	203 119	198 438	401 557	-50.5
合计			638.68	2 274.81	2 913.48	-18	104.55	116.72	221.28	-77.2	768 198	755 318	1523 516	-55.3
同比（%）			-17.3	-18.2	-18									

备注：表中“其他”包括龙富、曼栋、岔河、尚勇、曼庄、勐捧、中山、混板、雷允、拉线、芒线、芒海、弄岛、滇滩、自治等货运通道数据；磨憨铁路口岸数据未计入。

（云南省口岸办提供）

2021年昆明海关主要数据统计表

项　目		2021年	2020年	同比（%）
进出口货运量（万吨）	合计	2 913. 48	3 551. 67	-17. 97
	进口	2 274. 81	2 779. 47	-18. 16
	出口	638. 67	772. 20	-17. 29
进出口贸易总值（万美元）	合计	2 781 106	2 684 026	3. 62
	进口	1 556 339	1 326 196	17. 35
	其中：江、海运输	74 328	65 253	11. 51
	铁路运输	6 433	3 328	93. 30
	汽车运输	516 950	439 883	17. 52
	航空运输	77 267	26 718	189. 19
	邮件运输	470	1 026	-54. 19
	其他运输	880 891	789 988	11. 51
	出口	1 224 767	1 357 830	-9. 80
	其中：江、海运输	62 512	15 434	305. 03
	铁路运输	20 694	7 035	194. 16
	汽车运输	827 868	1 052 835	-21. 37
	航空运输	161 467	96 424	67. 46
	邮件运输	1 017	1 252	-18. 77
	其他运输	151 209	184 850	-18. 20
税收（万元）	两税合计	841 989. 77	771 743. 36	9. 10
	关税入库	38 183. 51	23 770. 66	60. 63
	进口环节税入库	803 806. 26	747 972. 70	7. 46

（昆明海关提供）

2021年云南省口岸出入境主要数据表

<table>
<tr><th colspan="3">项　目</th><th>2021年</th><th>2020年</th><th>同比（%）</th></tr>
<tr><td rowspan="15">出入境人员（人次）</td><td colspan="2">出入境人员总数</td><td>2 212 776</td><td>9 711 311</td><td>-77.21</td></tr>
<tr><td colspan="2">入境人员</td><td>1 167 248</td><td>4 877 451</td><td>-76.07</td></tr>
<tr><td colspan="2">出境人员</td><td>1 045 528</td><td>4 833 860</td><td>-78.37</td></tr>
<tr><td colspan="2">出入境旅客</td><td>659 153</td><td>6 497 971</td><td>-89.86</td></tr>
<tr><td colspan="2">出入境员工</td><td>1 553 623</td><td>3 213 340</td><td>-51.65</td></tr>
<tr><td rowspan="5">中国公民</td><td>小计</td><td>2 081 338</td><td>4 207 824</td><td>-50.54</td></tr>
<tr><td>内地居民（因公）</td><td>17 455</td><td>48 739</td><td>-64.19</td></tr>
<tr><td>内地居民（因私）</td><td>831 039</td><td>2 148 028</td><td>-61.31</td></tr>
<tr><td>港澳居民</td><td>74</td><td>6 209</td><td>-98.81</td></tr>
<tr><td>台湾同胞</td><td>86</td><td>8 387</td><td>-98.97</td></tr>
<tr><td colspan="2">外籍人员</td><td>131 438</td><td>5 503 487</td><td>-97.61</td></tr>
<tr><td colspan="2">从海港出入境人数</td><td>2 067</td><td>9 009</td><td>-77.06</td></tr>
<tr><td colspan="2">从陆港出入境人数</td><td>2 108 626</td><td>9 100 694</td><td>-76.83</td></tr>
<tr><td colspan="2">从空港出入境人数</td><td>102 083</td><td>601 608</td><td>-83.03</td></tr>
<tr><td colspan="2"></td><td></td><td></td><td></td></tr>
<tr><td rowspan="5">交通运输工具（辆、艘、架、列次）</td><td colspan="2">总计</td><td>1 523 516</td><td>3 411 542</td><td>-55.34</td></tr>
<tr><td colspan="2">船舶</td><td>76</td><td>950</td><td>-92</td></tr>
<tr><td colspan="2">飞机</td><td>5 889</td><td>7 561</td><td>-22.11</td></tr>
<tr><td colspan="2">火车</td><td>1 839</td><td>1 579</td><td>16.47</td></tr>
<tr><td colspan="2">机动车辆</td><td>1 515 712</td><td>3 401 452</td><td>-55.44</td></tr>
</table>

（云南出入境边检总站提供）

西藏自治区

西藏自治区口岸分布示意图

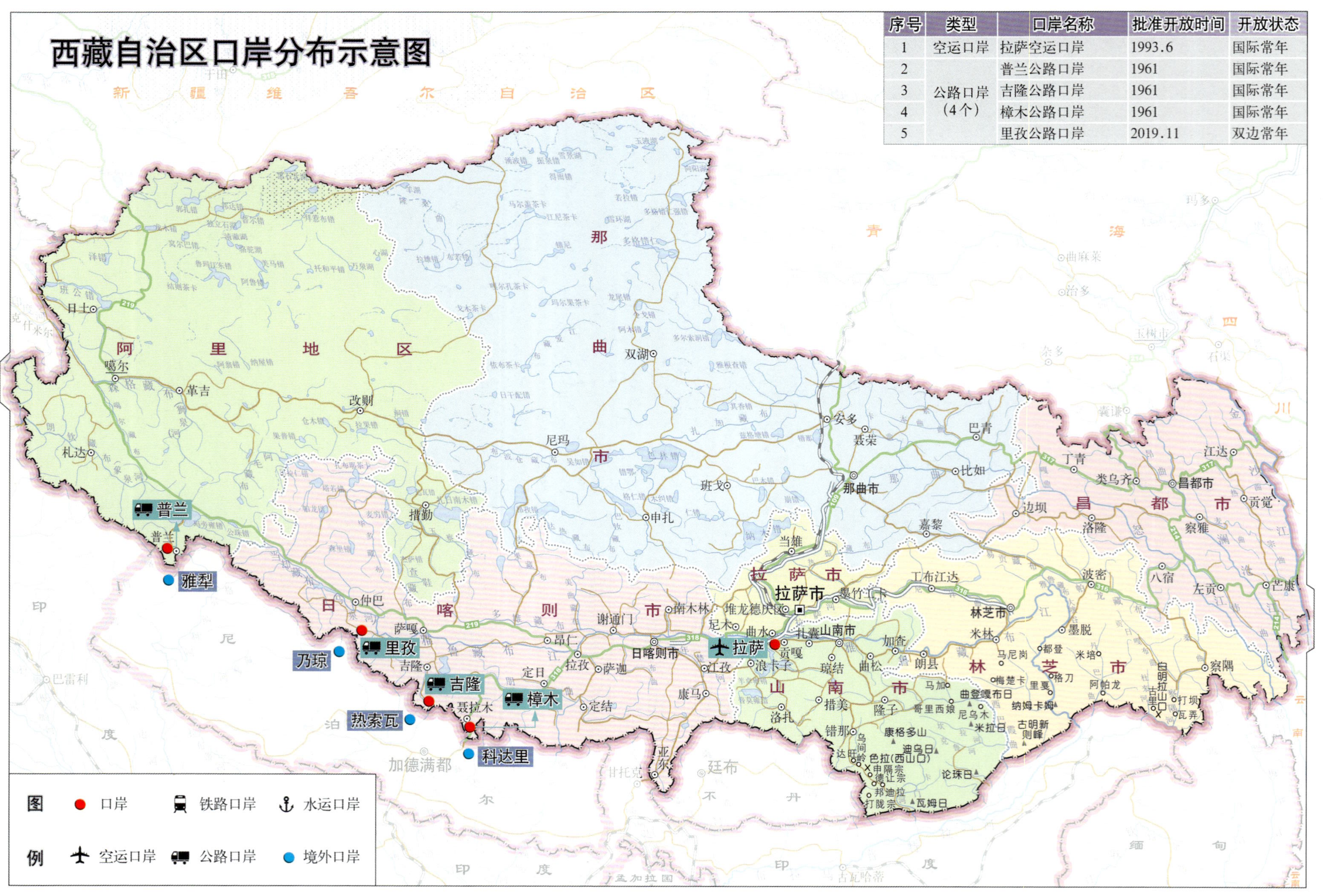

序号	类型	口岸名称	批准开放时间	开放状态
1	空运口岸	拉萨空运口岸	1993.6	国际常年
2	公路口岸（4个）	普兰公路口岸	1961	国际常年
3		吉隆公路口岸	1961	国际常年
4		樟木公路口岸	1961	国际常年
5		里孜公路口岸	2019.11	双边常年

口岸数量及分布

截至2021年年底，西藏自治区有经国务院批准的对外开放口岸5个。其中，空运口岸1个，即拉萨航空口岸（拉萨贡嘎机场）；陆路（公路）口岸4个，分别为樟木、吉隆、普兰、里孜公路口岸，均为中尼边境口岸。

口岸运行数据

2021年，西藏自治区口岸按照新冠肺炎疫情防控要求，在口岸关闭客运通道，仅樟木、吉隆口岸开通单向出口的情况下，采取不同方式的通关模式，提升通关能力，出口货值及货运量均较2020年有所增长。2021年，全区口岸对尼出口货物9.27万吨，同比增长165%；出口货值28.4亿元，同比增长83.5%；出境车辆5 377辆次，同比增长258%。

口岸综合管理

【口岸基础和配套设施建设】 2021年，西藏自治区共计下达口岸项目5个，投资总额7 079万元，分别为日喀则市仲巴县里孜口岸限定区域基础设施建设项目、日喀则市定结县日屋口岸区域基础设施建设项目、日喀则市定结县陈塘口岸入境货物查验场建设项目、日喀则市定结县日屋口岸动植物检验检疫处理区建设项目、日喀则市仲巴县里孜口岸动植物检验检疫处理区建设项目。

【口岸新冠肺炎疫情防控】 坚决贯彻“外防输入、内防反弹”总要求，按照自治区联防联控机制各项工作部署，坚持“一口岸一方案”和闭环管理，严格落实“客停货通、单向出口”“点对点、零接触”交货模式和“三个100%”检疫监管要求。在各方积极努力下，吉隆口岸日均监管倒装车辆由2021年年初的5台次增加到现在的9台次，樟木口岸日均监管甩挂车辆由3辆次（6个集装箱）增加到13辆次（26个集装箱）。

【提升口岸通关效率】 自治区商务厅联合区外办等部门，先后4次与尼泊尔驻拉萨总领事进行会晤。经过中尼双方共同努力，吉隆口岸日最大过货量由最初的3辆货车（9.6米规格）逐步提升至当前的9辆货车（日最大出货量540立方米，周末照常出货），最大限度缓解了尼泊尔物资紧缺情况。樟木口岸先后采取临时货物倒装场前移友谊桥头中方一侧空地、临时倒装场前移友谊桥尼方一侧空地、集装箱甩挂出口等通关模式，不断调整优化通关流程，最大限度降低疫情防控风险，最大限度提升通关效率。当前，樟木口岸日通关量已由集装箱甩挂模式最初时的3辆次（6个集装箱）提升至平均13辆次（26个集装箱）的水平。

【保障援尼通关“零延时”】 认真贯彻国家主席习近平访尼泊尔成果以及与尼泊尔总统通话精神，坚持提前介入、积极沟通，全力做好临开口岸3批次、228.7万元援尼物资快速监管通关工作。特别是在尼泊尔国内疫情蔓延、医疗物资短缺尤其是医用氧告急的情况下，按照自治区总体部署，第一时间梳理完善危险化学品监管通关流程措施，开通“绿色通道”，确保41.2吨医用氧顺利出口。2021年，共监管验放对尼出口防疫物资2.00亿件，货值1.76亿元，以实际行动助力“中尼友谊峰”新高度。

口岸监管与服务

【拉萨海关保障口岸单向对尼出口】 一是按照“客停货通”工作原则，制订口岸疫情防控工作方案，细化落实口岸、边贸通道（市场）疫情防控措施，保障疫情防控常态化下对尼出口。二是密切加强与尼沟通。吉隆及樟木口岸以“零接触”或“不见面”方式先后与尼方地方政府及海关、边检、卫生等部门开展地方官员会晤和工作会商，充分利用双边地方官员会晤机制和警务执法合作机制达成诸多合作共识，持续推动尼方加大对中方“外防输入”工作配合力度，为货运通道平稳运行奠定坚实的外部基础。三是持续加大防疫投入。为便于对尼货运全过程监管，吉隆口岸购置监管设备（无人机、对讲机等）总值36万元，全年投入近700万元疫情防控费用。为切实解决雨季作业对消毒处理、个人防护、消杀设备等的不利影响，樟木口岸在友谊桥中方一侧搭建大型作业雨棚1座、中型作业雨棚2座。

【西藏出入境边检总站创新通关监管模式】 针对国内外新冠肺炎疫情持续反复的实际，边检总站制订疫情防控独立作战单元勤务组织模式实施方案，不断完善独立作战单元勤务模式运行机制，进一步发挥边检系统数据推送作用，强化与自治区联防联控机制成员单位的沟通协作，运用出入境综合数据应用平台和公安部出入境管理信息系统，全面分析筛查前往海外疫区重点国家、地区和有停留轨迹的涉自治区入境人员信息，科学研判疫情输入风险隐患，及时推送涉自治区入境人员相关数据信息，切实为有效防范境外疫情输入提供科学依据和数据支撑。2021年，共筛查信息28万余条，向联防联控机制成员单位推送入境信息94期303条。

【西藏出入境边检总站提高口岸规范化管理】 2021年，全面开展口岸规范化管理工作，完成重新划分边检执勤现场功能区域，制作外观统一的边检宣传栏、公告栏，增设LED显示屏，及时发布出入境重要法律法规、制度要求等信息工作，达到标志统一、视认方便、规范美观的效果。同时，全区口岸（通道）限定区域均按照因地制宜、有效封闭、有利管理、保证安全的原则进行划定建设，陆地口岸（通道）限定区域划定工作已全部完成，其中，吉隆口岸限定区域二期项目基本建设完成，其余陆路口岸（通道）限定区域安防设施建设进入实施阶段。

开放口岸

【拉萨空运口岸（拉萨贡嘎机场）】 拉萨贡嘎机场位于西藏自治区山南市贡嘎县甲竹林镇，距西藏自治区首府拉萨市60千米，是西藏自治区唯一对外开放的机场。拉萨空运口岸以人员出入境为主，2021年，因疫情原因，拉萨贡嘎机场处于暂时关闭状态。

【樟木陆路（公路）口岸】 樟木口岸位于西藏自治区日喀则市聂拉木县樟木口岸，与尼泊尔科达里口岸相对，距日喀则市470千米，距西藏自治区省会拉萨市780千米。2021年，樟木口岸出口货物4.9万吨，货值8.6亿元；出境车辆2 658辆次。

【吉隆陆路（公路）口岸】 吉隆口岸位于西藏自治区日喀则市吉隆县吉隆镇，距日喀则市560千米，距拉萨市830千米。吉隆口岸自古就有商道、官道、战道之称，历史上曾是西藏与尼泊尔最大的陆路通商口岸之一，是中尼双方政治、经济、文化交流的主要通道，也是中尼间的传统边贸市场。2015年国务院正式批准吉隆口岸扩大开放，2017年通过验收并正式启用。经过多年建设，吉隆口岸功能日趋完备。2021年，吉隆口岸出口货物4.3万吨，货值19.8亿元；出境车辆2 719辆次。

【普兰陆路（公路）口岸】 普兰口岸位于西藏自治区阿里地区普兰县普兰镇，县域西南与印度毗邻，南与尼泊尔接壤，普兰口岸与尼泊尔和印度两国接壤，对尼为正式开放的国际性口岸，对印为印度官方香客朝圣和边民互市贸易通道。2021年，因疫情原因，普兰口岸处于暂时关闭状态。

【里孜陆路（公路）口岸】 2019年11月30日，国务院批复里孜口岸为双边常年开放公路客运运输口岸。2021年，投入中央预算内国家口岸查验设施资金用于里孜口岸限定区域基础设施建设、里孜口岸动植物检验检疫处理区建设。2021年，里孜口岸未开通，无口岸运行数据。

2021年西藏自治区口岸大事记

2月

吉隆出入境边检站执勤一队获评西藏自治区“抗击新冠肺炎疫情先进集体”。

同月

吉隆出入境边检站执勤一队获评西藏自治区“五四青年先进团支部”。

7月

吉隆出入境边检站民警陈洎羽获评西藏自治区妇联“巾帼建功标兵”。

同月

亚东出入境边检站执勤队党支部获评国家移民管理机构百个“四强”党支部。

11月

亚东出入境边检站廖晋家庭获评第三届西藏自治区文明家庭。

（撰稿人：格桑多吉、常涛涛、刘浩、熊官清、顾培向、仁青群措、赵雪芹）

2021 年拉萨海关主要数据统计表

项目		2021 年	2020 年	同比（%）
进出口货运量（万吨）	合计	9.97	14.58	-31.62
	进口	0.38	11.10	-96.57
	出口	9.59	3.48	175.61
进出口贸易总值（万元）	合计	401 615.89	213 285.93	88.30
	进口	176 419.95	83 922.25	110.22
	其中：江、海运输	15 154.36	38 698.85	-60.82
	铁路运输	3 600.96	3 673.29	-1.97
	汽车运输	905.57	559.18	61.95
	航空运输	156 717.83	40 558.44	286.40
	邮件运输	41.23	55.69	-25.96
	其他运输	0.00	376.80	-100.00
	出口	225 195.94	129 363.68	74.08
	其中：江、海运输	42 317.27	16 031.24	163.97
	铁路运输	1 149.27	2 362.41	-51.35
	汽车运输	179 666.12	105 193.51	70.80
	航空运输	1 585.97	1 907.62	-16.86
	邮件运输	94.28	119.67	-21.22
	其他运输	383.03	3 749.23	-89.78
税收（万元）	两税合计	20 427.15	16 340.86	25.01
	关税入库	7 280.55	5 627.30	29.38
	进口环节税入库	13 146.60	10 713.54	22.71

（拉萨海关提供）

2021 年西藏自治区口岸出入境主要数据表

项　目			2021 年	2020 年	同比（%）
出入境人员（人次）	出入境人员总数		2 393	15 073	-84.12
	入境人员		1 182	6 938	-82.96
	出境人员		1 211	8 135	-85.11
	出入境旅客		10	3 522	-99.72
	出入境员工		0	466	-100.00
	中国公民	小计	10	2 939	-99.66
		内地居民（因公）	0	442	-100.00
		内地居民（因私）	0	2 493	-100.00
		港澳居民	0	4	-100.00
		台湾同胞	0	0	
	外籍人员		29	12 134	-99.76
	从海港出入境人数				
	从陆港出入境人数		2 393	11 991	-80.04
	从空港出入境人数		0	3 082	-100.00
交通运输工具（辆、艘、架、列次）	总计		664	2 699	-75.40
	船舶				
	飞机		0	23	-100.00
	火车				
	机动车辆		664	2 676	-75.19

（西藏出入境边检总站提供）

陕 西 省

陕西省口岸分布示意图

序号	类型	口岸名称	批准开放时间	开放状态
1	空运口岸	西安空运口岸	1983.1	国际常年

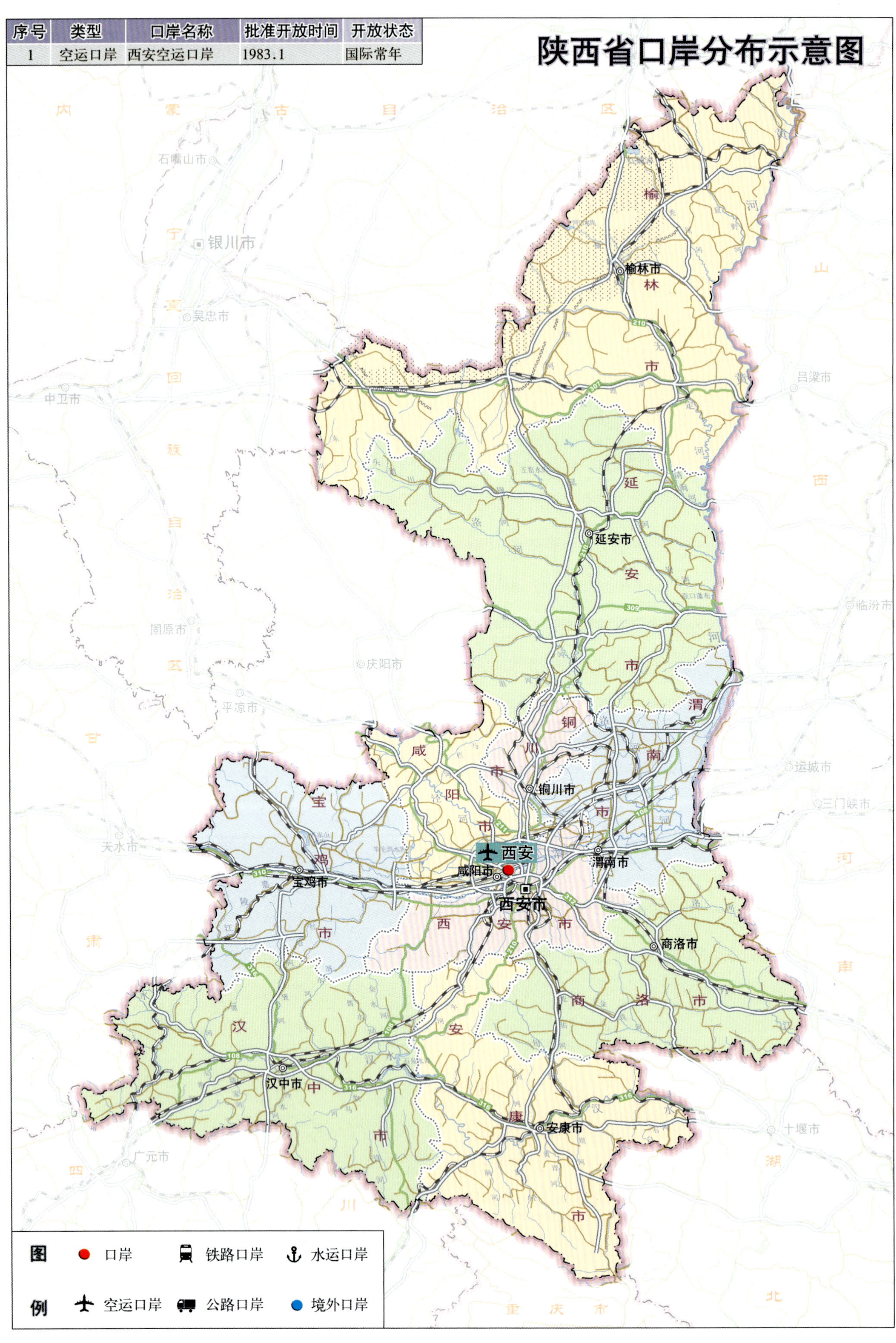

口岸数量及分布

截至2021年年底，陕西省有经国务院批准的对外开放口岸1个，即西安空运口岸（西安咸阳国际机场）。

口岸运行数据

2021年，西安空运口岸（西安咸阳国际机场）共监管进出口货物7.4万吨，同比增长30.1%；共验放国际航班0.37万架次，同比下降30.%；保障旅客11.5万人次，同比下降72.9%；完成分流航班323架次，运送旅客2.8万人次；完成国际临时包机108架次，运送旅客0.7万人次。

2021年，西安陆路（铁路）口岸（临时开放）中欧班列“长安号”共开行3 841列，数量占全国的四分之一，国际运送货物总重达287.3万吨，重箱率100%。与常州、南阳、汉中等地合作，开行了常西欧、宛西欧、汉西欧等集结班列，中欧班列（西安）集结中心集结城市已达15个，集结网络已织线成网。

据西安海关数据统计，2021年陕西进出口总值4 757.8亿元，同比增长25.9%，总量居全国第19位，增速列全国第12位。

口岸综合管理

【有序开展口岸疫情防控工作】 一是加大对口岸疫情防控工作的督导检查。多次组织口岸相关单位赴口岸现场和口岸运营单位督导检查口岸疫情防控工作，通过严格落实防控责任、严格按程序开展查验和消杀工作、加强一线人员的闭环管控，有效切断了疫情跨境传播渠道。二是加强对进口非冷链物品的监管。依托中国（陕西）国际贸易单一窗口建立了陕西省进口物品口岸流转信息管理平台，有力保障了进口非冷链物品的安全。三是健全口岸安全联合防控工作制度。按照海关总署等九部委印发的《关于建立健全口岸安全联合防控工作制度的指导意见》（署岸发〔2021〕71号）要求，经省政府同意，省商务厅会同省级有关部门制订印发了《关于建立健全口岸安全联合防控工作制度的通知》，分别从加强制度机制建设、强化口岸安全情报信息通报、加强口岸安全常态化执法协作和应急协同处置、提升口岸安全基础保障能力4个方面对做好口岸安全联合防控工作提出了新的要求。

【编制印发《陕西省口岸发展“十四五”规划》】 组成陕西省口岸发展课题研究专家组深入省内口岸单位、口岸一线、综合保税区开展调研，广泛征求意见，多次论证评审，编制完成了《陕西省口岸发展“十四五”规划》，2021年9月经省政府批准印发实施。该规划呈现3个显著特点。一是编制内容充实。该规划系统总结了“十三五”时期陕西省口岸建设发展成就，深刻分析了“十四五”时期陕西省口岸发展面临的形势，确定了“十四五”时期陕西省口岸发展的指导思想、基本原则、发展目标和空间布局，部署了6项主要任务、6项重点工程和系列建设项目。二是编制团队强大。为做好与全国口岸发展“十四五”规划的有效衔接，委托中国口岸协会组建高水平专家团队开展陕西口岸发展规划编制工作，并聘请国内口岸领域高级专家对规划进行认真评审。三是突出协同发展。该规划强调，“十四五”时期，将统筹推进省内口岸和自由贸易试验区、综合保税区、国际贸易大通道的协同发展，加快形成“一核两翼多点支撑”的口岸发展新格局。

【持续推动航空口岸建设】 一是国际客货运业务逐步恢复。在口岸疫情防控情势十分严峻情况下，依然运营了至济州、新加坡、里斯本、法兰克福和多伦多等客运航点，至东京、塔什干和首尔等客货运航点，至曼谷、孟买、达卡、阿拉木图等货运航点。二是支线机场口岸开放工作取得新突破。延安南泥湾机场口岸和榆林榆阳机场口岸开放工作正式列入省口岸发展“十四五”规划中，在陕西省口岸建设发展中具有里程碑意义。三是完成了陕西省航空口岸业务楼的续建工作。同步建成了中国（陕西）国际贸易单一窗口展示大厅，全面展示陕西省口岸和综合保税区建设情况，其中的陕西“单一窗口”展示大屏已初步具备了大数据分析和全景数据展示功能，可以及时分析陕西省外贸进出口和口岸业务运行情况。四是统筹推进陕西省航空口岸综合服务信息平台建设。在国家口岸管理办公室的支持下，通过深入调研、统筹协调、制订方案，全面启动了中国（陕西）国际贸易单一窗口航空物流公共服务平台试点建设的各项前期准备工作。

【加快推进陆路（铁路）口岸发展】 一是中欧班列“长安号”持续发展。2021 年，中欧班列“长安号”开行 3 841 列，运送货物总重达 287.3 万吨，累计完成开行超过 11 300 列，开行量、重箱率等核心指标均稳居全国前列。二是中欧班列（西安）集结中心建设初见成效。构建了“襄西欧”“徐西欧”等 15 条“+西欧”集结线路，实现了与长三角、珠三角、京津冀、晋陕豫黄河三角洲等地的互联互通，集结中心作用更加显现。三是西安陆路（铁路）口岸和综合保税区一体化发展稳步推进。会同西安海关、西安市政府协同推进西安国际港务区综合口岸作业区建设并投入使用，研究推进西安陆路（铁路）口岸、西安国际港务区、西安综合保税区一体化建设。

【扎实推进陕西“单一窗口”建设】 一是不断提升陕西“单一窗口”运维能力。陕西“单一窗口”上线运行国家标准版服务功能 18 大类 739 项。2021 年，陕西“单一窗口”完成货物申报（报关）46.45 万单，举办线上培训班 6 期，培训企业 640 余家。二是持续推进陕西“单一窗口”建设总体方案的实施工作。加快与银行、保险、民航、铁路、邮政、电商、物流等行业领域的对接，与 21 家金融服务机构合作、上线了 37 款跨境金融服务产品。三是完成了一批特色功能建设和上线运行工作。主要包括陕西省进口物品口岸流转信息管理平台、陕西“单一窗口”金融服务平台（一期）、大数据分析和全景数据展示平台、智慧云报关服务平台，并完成了陕西“单一窗口”与陕西省政务服务平台的统一身份认证。

【加快推进综合保税区建设发展】 一是持续推进综合保税区建设。2021 年，相继完成了西咸空港综合保税区和宝鸡综合保税区的封关运作，建成了杨凌综合保税区一期工程，实现了西安关中综合保税区中省联合验收。西安高新综合保税区资源优化整合顺利推进。二是配合完成了全省综合保税区发展绩效评估工作。按照海关总署印发的《综合保税区发展绩效评估办法（试行）》，对各综合保税区的规模效益、开发利用、质量效益、辐射服务、业态创新等进行系统评估，高质量完成了全省综合保税区发展绩效评估工作。三是推动全省综合保税区发展不断上水平、上新台阶。2021，全省综合保税区累计实现进出口额 3 238.44 亿元，同比增长 23.93%，占同期全省外贸进出口总额的 68.07%，入驻企业 288 家。目前，陕西省共有 7 个综合保税区，数量列全国第 6 位，对省域进出口总值的贡献率位列全国前茅；西安市是全国综合保税区数量最多的省会城市。

【持续优化口岸营商环境】 一是充实优化口岸营商环境的政策措施。经省政府同意，省商务厅会同省发展改革委、省财政厅等十部门联合制订印发了《陕西省进一步深化跨境贸易便利化改革优化口岸营商环境的若干措施》。从进一步优化通关全链条全流程、进一步降低进出口环节费用、进一步提升口岸综合服务能力、进一步改善跨境贸易整体服务环境和进一步加强跨境通关合作交流 5 个方面，提出了 25 项重点任务和政策措施。二是全面实行口岸收费目录清单制度。完善了口岸收费目录清单和动态公开公示制度，持续推广中国（陕西）国际贸易单一窗口全国口岸收费及服务信息发布系统，积极引导督促外贸企业自行在“单一窗口”网站动态更新口岸收费目录清单内容，提高了公开公示质量，及时查处违规自立收费项目、超标准收费、滥用市场支配地位乱收费等行为，确保清单以外一律不得收费。三是组织实施降低口岸场站费用政策。实行政府购买航空、铁路、公路口岸公共服务，免收航空口岸货物操作费及口岸与航空货站之间的转运费，免收铁路口岸集装箱吊装、移位、开箱查验、短期堆存及口岸与铁路集装箱中心站之间的转运费，免收公路口岸货物操作费，共降低外贸企业口岸场站费用 5 433 万元。四是推动落实口岸惠企政策。作为陕西省空运口岸运营单位的西部机场集团，通过取消延时费、国际进港货物调单费、国际进港货物管理费、国际货物超重费、海关暂扣货物仓储费等收费项目，调整国际货物处理费、货物退运费收费标准，延长国际快件扣件免费保管时间，对异地货源给予操作费优惠等一系列降费措施，减少空运口岸国际物流成本约 600 万元。

口岸监管与服务

【西安海关持续优化口岸营商环境】 一是深化“放管服”改革，报关单位“许可”改“备案”、“全程网办”、“全国通办”、“注销便利化”等改革全面落地，外贸市场主体活力不断激发，2021 年新增注册进出口企业 1 715 家。深化通关便利化改革，不断扩大“两步申报”“两段准入”应用范围。2021 年 12 月，陕西出口通关时间 1.1 小时、进口通关时间 34.3 小时，较 2017 年分别压缩 82.3%和 62.1%。二是深化企业信用管理改革，实施“百家企业信用培育”计划，开展 120 家企业梯度培育，2021 年新增高级认证企业 17 家，关区高级认证企业（AEO）达 40 家，同比增长 66.7%。

【西安海关持续深化监管制度改革】 一是深入推进加贸监管改革，推进加工贸易集中审核作业，加工贸易业务实现全流程无纸化、无接触在线办理；推广企业集团加工贸易监管模式改革，帮助企业保税货物实现跨关区自由调拨、自主申报、自主存放；推动陕西首单“加工贸易边角废料内销网上公开拍卖”顺利落槌。2021 年，陕西加工贸易进出口 2 556.9 亿元，占全省进出口总值的 53.1%。二是深入推进后续监管改革，聚焦转变稽查理念、提升稽查效能，全面取消常规稽查，规范开展径行稽查，推进各业务领域核查全覆盖。

【西安海关持续发挥自由贸易试验区改革引领作用】 大力推进自由贸易试验区制度创新，创新“加工贸易云报核辅助系统”监管举措获海关总署备案，“西安空运口岸国际货物 24 小时机坪‘直装直提’”参评中国（陕西）自由贸易试验区 2021 年“最佳实践案例”。

【西安海关持续助推陕西深度融入共建“一带一路”大格局】 围绕物流通道这个内陆开发开放的“生命线”，积极推动陆、海、天、网“四位一体”互联互通，各种运输方式有机衔接，陕西深度融入“一带一路”共建大格局成效日益明显。一是着力支持中欧班列（西安）集结中心高质量发展。指导地方加快推进中欧班列（西安）集结中心建设，争取海关总署支持在西安陆路（铁路）口岸开展“启运港退税”试点。中欧班列（西安）集结中心综合监管场站开工建设，西安港集拼中心海关监管场所即将验收。推动全国首票“铁路进出境快速通关”业务在西安落地，班列通关时效较 2017 年提升 70%。积极支持中欧班列“长安号”扩线增量，保障全国首趟亚欧贸易大通道日韩过境货物班列、法国巴黎回程班列开行，依托整车口岸及海关指定监管场地丰富班列回程货源。二是着力融入西部陆海新通道建设。依托与重庆、湛江等 15 个沿线海关协作机制，不断提升跨关区通关协同、风险防控和服务保障水平。保障陕西首列西部陆海新通道班列（榆林—海防）开行，极大促进与东盟的贸易往来。三是着力支持打造“空中丝绸之路”。支持西安空港新增国际航线 16 条，国际航线达 44 条，与全球 24 个国家和地区的 32 座城市实现常态化通航。保障“莫斯科—西安—阿拉木图”第五航权全货运航线首航。支持保税航油业务全面开展，2021 年监管保税航油进口 23 批次、46 567.8 吨，为航空公司节省燃油成本约 2 500 万元。四是着力支持打造跨境电商网上“丝绸之路”。推动跨境电商 B2B 出口、“跨境电商+海外仓”健康发展，2021 年监管跨境电商清单 228.5 万单、货值 15.6 亿元，同比分别增长 82%、935%。

【陕西出入境边检总站织密口岸管控安全防线】 坚决贯彻总体国家安全观，坚持把捍卫国家政治安全放在首位，以中国共产党成立 100 周年庆祝活动、第十四届全运会和残特奥会安保工作为抓手，制订 5 类 8 种方案预案，在出实招、建机制、挖潜力上精准施策。深入推进“三非”外国人专项治理、集中打击妨害国（边）境管理犯罪，严密防范、严厉打击中国籍人员出境从事违法犯罪活动。加强与省公安厅出入境、刑侦、治安等协作配合，完善重要信息实时推送，筑牢管控立体防，建强数据核查专业队伍，发挥边检大数据优势，开展信息预警分析和数据研判，进一步织密筑牢口岸管控立体防线，以“万无一失、一失万无”的工作理念确保国门安全无虞。

【陕西出入境边检总站筑牢口岸疫情防控屏障】 严防境外输入风险，时刻绷紧思想防线，主动协调省卫健委、机场股份公司，扩建边检专用消杀区。加强入境人员查验，细化旅客分类，规范高风险航班专区查验，在机坪设立移动查验车执勤点，对客运航班涉疫高风险人员实施专区查验，及时配合省卫健委、海关检疫部门，确保有症状人员快速、安全转运。精准数据筛查推送，加强与机场疫情防控指挥部、西安海关等部门共建共联疫情防控，做好出入境人员数据同步信息通报，为落实医学排查和落地管控提供有效数据支持，特别是在其他省市发生疫情传播时，迅速反应、第一时间给予数据支撑，坚决守住陕西省防范境（省）外疫情输入第一道防线，陕西省委、省政府主要领导在省委常委会、疫情防控工作会上给予肯定。

【陕西出入境边检总站主动跟进服务对外开放发展】 坚决服务陕西对外开放大局，综合考虑口岸航班客流规律、疫情防控要求、单警工作强度，科学评估口岸风险等级，动态调整勤务模式。根据属地疫情防控工作要求，2021 年 4 月采取独立作战单元，实施“14+14+7”闭环勤务模式。开通第十四届全运会、残特奥会专用通道，为中国国家举重队、花样滑冰队等国家队代表团提供通关便利，为韩国、比利时等驻华外交人员提供高效通关。密切与省口岸办、省外办工作对接，主动融入并推进榆林、延安口岸对外开放，跟进咸阳国际机场三期扩建工程建设，参与榆林口岸航站楼国际区域与边检执勤现场设计方案研讨，积极服务陕西对外开放大局。深入开展“我为群众办实事”实践活动，2021 年 4 月起上线 12367 服务平台，为广大人民群众提供 7×24 小时移民管理相关政策咨询服务，进一步增强人民群众的获得感、幸福感。

【陕西出入境边检总站强化法治边检规范建设】 将习近平法治思想作为各级教育培训的重要内容，先学一步、深学一层，发挥学法用法表率作用。开展法治专题调研，制定有关法治中国建设规划、执法监督管理机制改革等具体措施，不断强化法制工作理念。邀请省国家安全厅领导、大学院校法学教授、律师事务所高级律师就国家安全观、中国特色社会主义法治道路、民法典等内容进行专题授课，提升民警法律素养。强化国别研究，定期召开专题研讨会，完成专项课题研究报告 6 篇、外国法律法规译文 1 篇，共计 50 万余字。

【陕西出入境边检总站不断提升科技强警能力水平】 完成业务系统安全设备替换，确保系统主业务、辅助核验、自主备案及 4G 无线等功能安全运行。刚性落实信息化设备巡检制度，2021 年全年未发生重大系统故障。开展网络安全检查，优化防火墙策略配置，防范常见网络攻击。采购桌面云服务器、安全设备及网络设备，扩容网络带宽，补足信息化基础设施短板。规范民警上网行为，使用管理监测设备，有效监测民警互联网使用。

开放口岸

【西安空运口岸（西安咸阳国际机场）】
西安咸阳国际机场位于陕西省西安市西北方向的

咸阳市渭城区，距西安市区 25 千米，是中国西北地区最大的空中交通枢纽，也是中国民用航空局规划建设的 8 大国际枢纽机场之一。机场现有 2 条跑道，南飞行区等级为 4F 级，北飞行区等级为 4E 级，可起降空客 380 等大型客机。机场现有 3 座航站楼，总面积 39.5 万平方米，设有登机廊桥 50 个，安检通道 47 条；2 座货站（机场货站、东航货站），货运库房面积共 5.07 万平方米，设有海关监管库、危险品库、贵重物品库、冷冻冷藏库及鲜活库等，可满足多种货物的存储和运输要求。机场保障设施可保障年旅客吞吐量 5 000 万人次、货邮吞吐量 40 万吨需要，硬件设施达到国际先进水平。西安机场三期扩建工程已于 2020 年 7 月 22 日正式开工，建成后可满足年旅客吞吐量 8 300 万人次、货邮吞吐量 100 万吨保障需求。国际旅客服务区位于 T3 航站楼，总建筑面积约 2 万平方米，设登机廊桥 7 个，安检通道 6 条，国际航班专用停机位 11 个，可保障波音 747 和空客 340 型飞机停靠。国际货物保障区（机场货站）位于机场南飞行区航空货运区内，包括共 3.1 万平方米的 A02 国际货站区和 A03 国际快件监管中心，9 个货机专用机位，可用于国际货物监管、快件分拨、运输等，设计年保障能力 12.5 万吨。其中，国际快件监管中心拥有环形查验线 300 米，具有专业化、一站式清关监管服务功能，每小时可处理快件 1 800 件，快件处理能力在全国机场处于领先水平。

2021 年，受新冠肺炎疫情影响，西安咸阳国际机场国际客运业务恢复受阻，仅运营至济州、新加坡、里斯本、法兰克福和多伦多 5 个定期客运航点，至东京、塔什干和首尔 3 个客货运航点，至曼谷、孟买、达卡、阿拉木图等 20 个货运航点，国际全年运营通航点 28 个，航线 28 条。

西安咸阳国际机场具有进境药品、食用水生动物、水果、肉类、植物种苗 5 类指定监管场地，常态化运营进境药品、食用水生动物、水果 3 类指定监管场地，加快推进进境肉类和进境植物种苗业务开展。2021 年，西安咸阳国际机场指定监管场地货量共计 1 133.3 吨，同比增长 33.3%。其中，水果 1 025.5 吨，同比增长 47.3%；药品 107.8 吨，同比增长 13.4%。

【西安陆路（铁路）口岸（临时开放）】 2014 年 10 月，国家口岸管理办公室批准位于西安国际港务区内的铁路车站作为临时口岸对外开放，西安成为陕西省唯一的铁路货运型国家对外开放口岸。2014 年 12 月，西安港双代码先后获批，标志着西安港正式成为国际国内认可的内陆港。西安铁路集装箱中心站位于西安铁路枢纽北环线新筑车站南侧，箱区占地面积约 70 万平方米。建成并投用 2 个线束 4 条装卸线及 2 条存车线，其中装卸线有效长度均在 850 米以上，安装 8 台 40 吨轨道式集装箱门式起重机，具备整列集装箱装卸作业能力。中欧班列（西安）集结中心示范工程项目正在加快建设，其中货运连接线项目已建成投入使用。西安综合保税区 A8 仓库施工顺利，规划、消防、节能验收已通过。西安国际港站扩能改造工程已启动，增加货物装卸线 7 条，整体装卸车能力和运输组织效率提升 30%，可满足中欧班列 1 万列开行需求。

中欧班列“长安号”向西、向北常态化开行，目前已开通了 15 条国际班列线路，包括：中亚 4 条，分别至中亚的哈萨克斯坦、乌兹别克斯坦、吉尔吉斯斯坦、土库曼斯坦、塔吉克斯坦和西亚的伊朗、阿富汗、阿塞拜疆（格鲁吉亚）；欧洲 11 条，分别至德国（汉堡、曼海姆、杜伊斯堡）、波兰（斯瓦夫库夫、华沙、马拉舍维奇、波兹南）、捷克（布拉格）、芬兰（科沃拉）、比利时（根特）、匈牙利（布达佩斯）、意大利（维罗纳）、土耳其（伊斯坦布尔）、白俄罗斯（明斯克）、俄罗斯（叶卡捷琳堡、莫斯科）以及海铁联运至俄罗斯（罗斯托克），班列运行网络覆盖欧亚大陆全境，辐射“一带一路”沿线 45 个国家和地区。向东与青岛、宁波、连云港等沿海港口广泛合作，吸引日韩等过境货物利用中欧班列“长安号”开拓第三方国际市场，无缝对接全球航运体系；向南开通了西安—加德满都南亚班列，西安港面向中亚南亚西亚的国际物流通道已基本打通。2021 年，西安港进境粮食指定口岸累计进口粮食约 4.52 万吨；汽车进口口岸进口汽车 14 628 辆，出口 10 951 辆，进出口汽车共 25 579 辆。

2021 年陕西省口岸大事记

1 月 16 日

西安至日本东京货运航线首飞。

1 月 26 日

印发《中国（陕西）国际贸易单一窗口运维和服务请求两项管理规程的通知》，进一步规范陕西“单一窗口”各项运维管理工作。

1 月 27 日

陕西省进口物品口岸流转信息管理平台正式上线运行。

同日

国务院批复同意设立陕西杨凌综合保税区。

3 月 13 日

宝鸡综合保税区正式封关运作，成为西北地区首个非省会城市综合保税区。

3 月 19 日

陕西出入境边检总站 1 个集体和 2 名个人荣获国家移民管理局全警实战大练兵工作通报表彰。

3 月 29 日

陕西“单一窗口”金融服务平台（一期）正式上线运行。

4 月 29 日

西安至叶卡捷琳堡国际货运航线首飞。

同日

印发《陕西电子口岸专家库管理办法（暂行）》，建立了“陕西电子口岸专家库”，充实了陕西电子口岸智库力量。

5 月 12 日

陕西出入境边检总站为“中国+中亚五国”外长第二次会晤活动代表团成员提供优质高效通关服务。

5 月 14 日

西安至新西伯利亚货运航线首飞。

6 月 29 日

中国人民银行西安分行、陕西省商务厅、国家外汇管理局陕西分局根据各自职责，研究制定了《金融外汇支持陕西省综合保税区高水平开放高质量发展的若干措施》，提出创建综合保税区主办银行制度、拓宽融资渠道、推动本外币合一银行账户体系试点以及支持新型国际贸易规范发展等 23 条具体措施。

7 月 27 日

陕西出入境边检总站 1 个集体和 3 名个人受到国家移民管理局庆祝中国共产党成立 100 周年安保维稳表彰奖励和通报表扬。

8 月 9 日

陕西省委常委、西安市委书记王浩赴西安空运口岸（西安咸阳国际机场）检查疫情防控工作。

8 月 10 日

陕西省委书记刘国中到西安空运口岸（西安咸阳国际机场）检查指导疫情防控工作。

8 月 13 日

陕西出入境边检总站获评陕西省“2020 年度服务陕西经济社会发展优秀中央驻陕单位”。

8 月 31 日

国家口岸管理办公室印发《关于开展国际贸易“单一窗口”航空物流公共信息平台试点建设工作的通知》（国岸函〔2021〕52 号），决定在福建、广东、海南、陕西 4 省开展国际贸易“单一窗口”航空物流公共信息平台首批试点建设工作。

9 月 10 日

陕西出入境边检总站对口岸现场落实第十四届全运会和残特奥会安保工作情况进行督导检查，全力做好第十四届全运会和残特奥会口岸安保工作任务。

9 月 17 日

海关总署印发《国家“十四五”口岸发展规划》，将延安空运口岸（延安南泥湾机场）、榆林空运口岸（榆林榆阳机场）对外开放正式列入国家“十四五”规划。

9 月 22 日

《陕西省口岸发展“十四五”规划》经陕西省政府批准，由陕西省商务厅、陕西省发改委联合印发。规划对“十四五”时期陕西省口岸高质量发展做出系统谋划和总体安排，是指导“十四五”时期陕西省口岸领域发展、布局重大工程项目、合理配置公共资源、引导社会资本投向、制定相关政策的纲领性文件。

9 月 24 日

陕西“单一窗口”大数据分析和全景数据展示平台正式上线运行。

9 月 30 日

莫斯科—西安—阿拉木图第五航权国际货运航线首航，这是西安机场开通的第 3 条第五航权国际航线。

10 月 11 日

海关总署党委委员、副署长王令浚，西安海关党委书记、关长孙世和等一行到商洛海关基建现场调研。

10 月 31 日

西部机场集团圆满完成第十四届全运会和残特奥会抵离服务和赛事期间习近平总书记、李克强总理等党和国家领导人专机，要客驻地及赛事场馆安检等保障任务。

11 月 10 日

陕西“单一窗口”专区上线陕西政务服务平台特色创新模块（热门专区）。

12 月 7 日

陕西省政府新闻办组织召开新闻发布会，陕西省商务厅通报了 2021 年陕西省口岸和综合保税区建设发展工作情况。

12 月 16 日

陕西“单一窗口”智慧云报关平台正式上线运行。

12 月 27 日

宝鸡跨境电商“1210”进口业务在宝鸡综合保税区正式开通运营。

（撰稿人：尹安治、裴杨、田原）

2021 年陕西省口岸流量统计表

口岸类型	口岸名称	货运量（万吨）				集装箱量（万标箱）				人员（万人次）				交通工具（辆、艘、架、列次）			
		出口	进口	合计	同比(%)	出口	进口	合计	同比(%)	出境	入境	合计	同比(%)	出境	入境	合计	同比(%)
空运口岸	西安	4.75	2.80	7.55	30.1					2.26	6.21	8.47	-77.7	1 832	1 978	3 810	-31
	分计																
陆路口岸 铁路口岸	西安（临时开放）	173.30	114.00	287.30	2.00	18.60	12.92	31.52	10.00					2 269	1 572	3 841	3.00
	分计																
合计																	
同比（%）																	

（陕西省口岸办提供）

2021年西安海关主要数据统计表

项目		2021年	2020年	同比（%）
进出口货运量（万吨）	合计	222.68	194.97	14.22
	进口	86.13	78.48	9.75
	出口	136.56	116.49	17.22
进出口贸易总值（万美元）	合计	6 896 879.51	5 161 803.30	33.61
	进口	3 095 737.94	2 471 147.92	25.28
	其中：江、海运输	306 344.04	211 197.21	45.05
	铁路运输	489 137.78	389 905.87	25.45
	汽车运输	18 295.24	5 649.43	223.84
	航空运输	2 277 738.43	1 862 529.71	22.29
	邮件运输	1 408.21	1 728.34	-18.52
	其他运输	2 814.23	137.37	1 948.66
	出口	3 801 141.57	2 690 655.38	41.27
	其中：江、海运输	87 919.43	71 253.51	23.39
	铁路运输	1 105 461.22	757 847.71	45.87
	汽车运输	248 469.34	49 718.49	399.75
	航空运输	2 356 296.26	1 810 066.27	30.18
	邮件运输	1 488.11	1 712.31	-13.09
	其他运输	1 507.20	57.08	2 540.42
税收（亿元）	两税合计	87.08	74.11	17.51
	关税入库	21.63	20.36	6.23
	进口环节税入库	65.45	53.74	21.78

（西安海关提供）

2021 年陕西省口岸出入境主要数据表

项　目			2021 年	2020 年	同比（%）
出入境人员（人次）	出入境人员总数		115 398	423 797	-72.77
	入境人员		80 248	241 060	-66.71
	出境人员		35 150	182 737	-80.76
	出入境旅客		86 594	381 869	-77.32
	出入境员工		28 804	41 928	-31.30
	中国公民	小计	94 476	363 666	-74.02
		内地居民（因公）	17 163	17 399	-1.36
		内地居民（因私）	77 103	337 123	-77.13
		港澳居民	140	4 189	-96.66
		台湾同胞	70	4 955	-98.59
	外籍人员		20 922	60 131	-65.21
	从海港出入境人数				
	从陆港出入境人数				
	从空港出入境人数		115 398	423 797	-72.77
交通运输工具（辆、艘、架、列次）	总计		3 718	5 004	-25.70
	船舶				
	飞机		3 718	5 004	-25.70
	火车				
	机动车辆				

（陕西出入境边检总站提供）

甘 肃 省

甘肃省口岸分布示意图

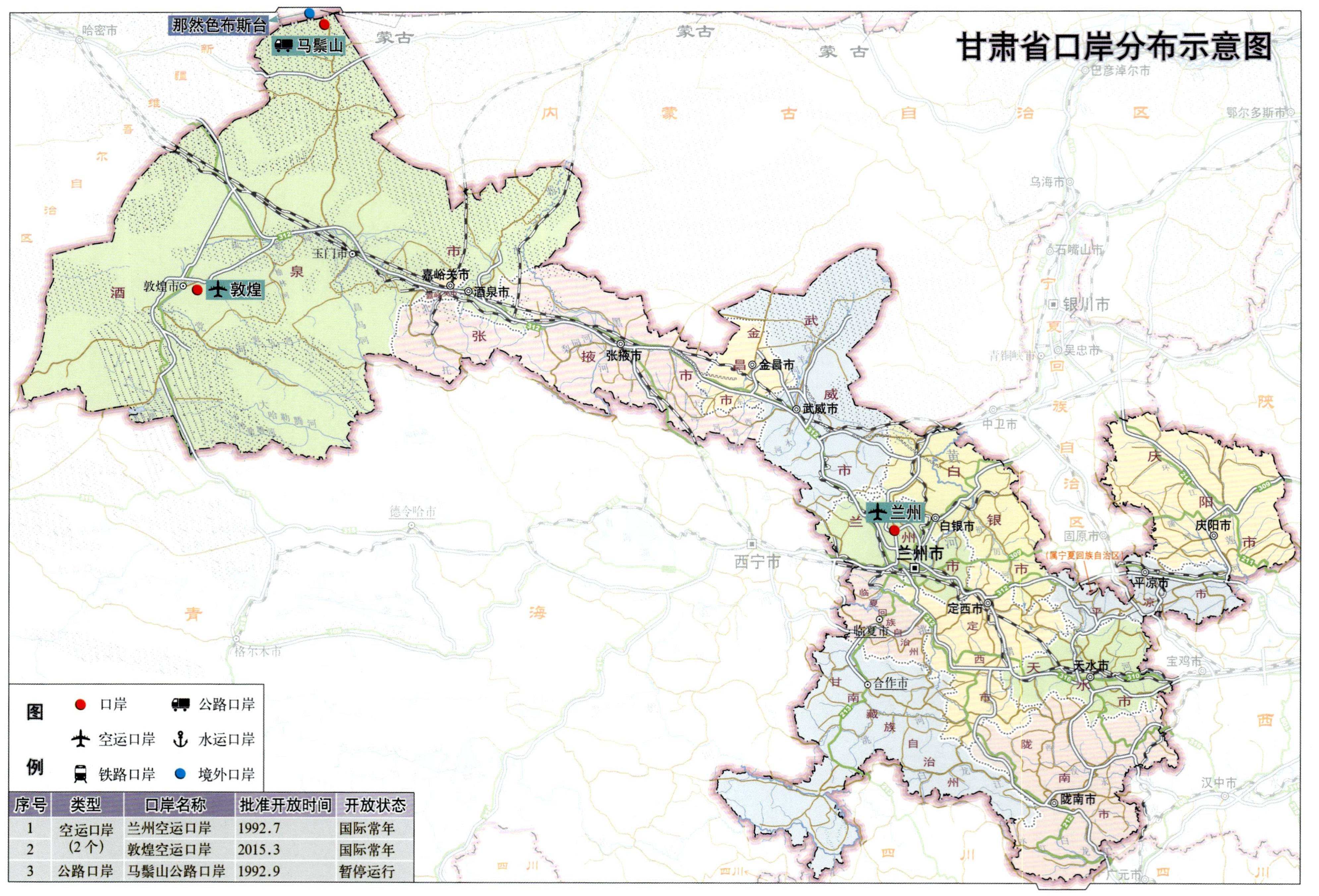

序号	类型	口岸名称	批准开放时间	开放状态
1	空运口岸（2个）	兰州空运口岸	1992.7	国际常年
2		敦煌空运口岸	2015.3	国际常年
3	公路口岸	马鬃山公路口岸	1992.9	暂停运行

口岸数量及分布

截至2021年年底，甘肃省共有经国务院批准的对外开放口岸3个。其中，空运口岸2个，分别为兰州空运口岸（兰州中川国际机场）和敦煌空运口岸（敦煌莫高国际机场）；陆路（公路）口岸1个，即马鬃山陆路（公路）口岸。

口岸运行数据

2021年，甘肃省2个空运口岸共完成出入境人员2 398人次，同比下降94%；出入境飞机74架次，同比下降72%。其中，兰州空运口岸完成出入境人员2 392人次，同比下降93.8%，出入境飞机73架次，同比下降71%；敦煌空运口岸完成出入境人员6人次，同比下降98.9%，出入境飞机1架次，同比下降87.5%。

2021年，兰州海关共监管进出口货物123.9万吨，同比增长11.7%。其中，进口货物122.8万吨，同比增长11.03%；出口1.1吨，同比增长2.7倍。

口岸综合管理

【完善口岸平台功能】 甘肃省口岸办加快推动兰州国际港务区保税物流中心（B型）项目建设，2021年省领导拜会海关总署，就申请设立兰州国际港务区保税物流中心（B型）事宜进行汇报争取；会同兰州海关召开工作推进会，协调兰州陆港对接重点外贸企业，夯实业务支撑。积极推动申建金昌国家级经开区保税物流中心（B型）和金川集团公司铜精矿“保税混矿”试点工作，2021年专题组织召开任务推进座谈会，与省直有关部门共同研究推进措施，成立了2个专项工作推进小组，加强统筹协调，合力推进落实；组织有关单位实地调研，深入对接了解项目申报情况；印发《申请设立金昌国家级经开区保税物流中心（B型）推进方案》《支持金川集团公司开展铜精矿“保税混矿”业务试点推进方案》，进一步细化推进步骤、时序及分工，明确相关要求；省政府致函海关总署申请开展陆运进口铜精矿目的地检验监管改革试点。积极协调推进兰州中川国际机场航空油料保税仓库、出口监管仓库建设，与兰州海关赴中航油甘肃分公司深入对接业务流程。

【保障物流通道畅通】 甘肃省口岸办加强与口岸查验单位协调配合，全力保障兰州航空口岸稳定开行东盟—兰州—南亚国际货运包机，提升兰州铁路口岸国际货运班列发运能力。协调兰州海关、航空运输企业为甘肃省对外制种企业原种进口提供便利，为企业春耕备耕提供有力支撑。与内蒙古、西藏、新疆口岸管理部门建立联系机制，及时互通所属口岸通关运行状态，跟踪协调解决企业困难；协调新疆口岸管理部门帮助解决酒泉企业从霍尔果斯口岸出口洋葱问题；组织省工信厅、酒钢集团和嘉峪关商务局，与策克口岸管委会、额济纳海关对接增加酒钢集团煤炭进口具体措施，协调嘉峪关商务局与阿拉善盟口岸办签署合作协议。协调西藏商务厅解决甘肃省企业出口鲜苹果通关问题，最大限度为企业减少损失。积极推动兰州新区综合保税区与中国（广西）自由贸易试验区钦州港片区开展合作，按照“一线检验检疫、二线清关”“区区流转”监管模式，利用“西部陆海新通道”国际班列开展粮食进口业务，拓展兰州新区综合保税区粮食加工企业原料进口渠道。

【持续优化口岸营商环境】 结合甘肃省实际，聚焦市场主体关切，2021年省商务厅会同兰州海关等9部门印发《甘肃省进一步深化跨境贸易便利化改革优化口岸营商环境措施》，从加快进出口监管创新、规范进出口环节收费、提升口岸综合服务能力、改善跨境贸易服务环境、切实推进相关改革措施5个方面提出22条具体措施。持续推进进出口“提前申报”，推广实施“两步申报”通关模式和“两段准入”信息化监管模式，简化通关手续，优化作业流程，兰州海关对兰州新区综合保税区粮油加工业务采取了“分送集报”监管模式，推动粮油加工业务常态化。

【强化口岸收费目录清单动态管理】 甘肃省口岸办认真贯彻落实国务院口岸工作部际联席会议第六次全体会议要求，继续清理规范口岸收费，巩固降费成效。强化口岸收费目录清单动态管理，对各口岸服务运营企业收费目录清单进行全面梳理和动态核查，上线运行全国口岸收费及服务信息发布系统。加强口岸收费清理整治，协调有关单位共同督促指导各地深刻汲取满洲里和绥芬河口岸部分企业借疫情防控乱收费乱涨价问题教训，对 2020 年以来各类口岸收费清单执行情况进行了全面排查，确保了甘肃省口岸收费公开透明、标准合理。

【推进兰州新区综合保税区高水平开放高质量发展】 2021 年 1 月 8 日，省级促进兰州新区综合保税区高水平开放高质量发展工作协调机制办公室印发《2021 年度兰州新区综合保税区高水平开放高质量发展提升行动计划》，从着力扩大规模效益、稳步提升质量效益、加快园区开发利用、加强辐射服务延伸、推动业态创新发展、持续优化营商环境 6 个方面，出台推进措施 15 条。2021 年 4 月 2 日，省政府分管领导主持召开兰州新区综合保税区现场专题推进会，聚焦问题，研究推动实现高质量发展的措施，为推进兰州新区综合保税区发展工作指明方向。省口岸联席会议制度办公室印发了甘肃省 2021 年口岸工作要点，将推动兰州新区综合保税区高质量发展纳入年度重点工作任务，建立工作台账，明确责任分工。兰州新区综合保税区着力发挥政策、资源和区位优势，联动铁路口岸、物流通道和平台功能，强化精准招商，加大政策创新及复制推广力度，聚力提升服务水平，初步形成电子产品加工、农副产品加工、木材加工、服饰加工、跨境电商、外贸配套服务等多元化发展的新格局。截至 2021 年年底，累计实现进出口 241 亿元。其中，2021 年完成进出口贸易 77. 2 亿元，同比增长 1. 41 倍，占全省外贸比重从 2020 年的 8. 5% 提高到 15. 7%。在 2021 年公布的 2020 年度全国综合保税区发展绩效评估中，兰州新区综合保税区全国排名第 86 位，比 2019 年提升 8 位。

【国际贸易“单一窗口”应用水平不断提升】 甘肃省口岸办加强“单一窗口”新上线功能推广，非公约证书、农药进出口、进口药品通关单等许可证件功能实现首次申报，截至 2021 年年底通过国际贸易“单一窗口”实现 25 类申报功能。不断完善运维服务网络，开通 95198 本地呼叫中心，为企业免费提供 7×24 小时业务咨询及技术支持服务，主动上门为企业进行操作培训，累计帮助企业排解问题约 2 318 例（含企业操作性问题），累计整理企业常见问题约 200 例，有效地消除了企业疑虑，进一步增强了企业对应用标准版的信心。2021 年，甘肃省国际贸易“单一窗口”运维服务在全国绩效考核中有 11 个单月取得满分，总评成绩靠前。截至 2021 年年底，甘肃省企业通过国际贸易“单一窗口”累计申报近 60 万票，其中 2021 年实现申报 37. 6 万票，同比增长约 2. 46 倍，货物、舱单、运输工具申报等主要业务覆盖率达到 100%。

口岸监管与服务

【兰州海关持续抓好疫情防控】 兰州海关创新实施“三岗合一”监管模式，防控措施更加精准完善，检疫作业流程进一步优化，入境保障人员、通关时间同步压缩三分之一。坚持问题导向开展风险排查，中川机场硬件设施方面存在 3 个方面 8 个问题，推动地方政府全部整改到位。2021 年，监管入境人员 2 073 人，检测能力大幅提升至 400 人次/日。坚持“人物同防”，严防疫情通过冷链渠道输入。完善内部防控机制，迅速有效应对甘肃本土疫情，实现“打胜仗、零感染”目标。

【兰州海关业务改革纵深推进】 兰州海关“两步申报”“两段准入”等业务改革不断拓展，“两步申报”应用率大幅提升至 49. 5%。落实企业信用管理制度改革，对 36 家企业信用等级进行调整。推进税收担保改革，汇总征税担保税款 14. 6 亿元，占入库税款的八成，其中企业集团财务公司担保 11.8 亿元，节省企业成本逾百万元。

【兰州海关实际监管有效强化】 兰州海关风险情报信息快速预警机制初步建立，人工涉检分析布控力度进一步加大，查获率 23.33%，同比增长 1 倍。推动旅检“先期机检”项目落地，监管智能化水平进一步提升。加强危险化学品及其包装检验监管，对危包企业开展综合评估，扎实开展延伸检测和周期性监管。推进稽查业务改革，树立以查发为导向稽查理念，取消常规稽查，开展“特许权使用费”等 5 个稽查专项行动，专项稽查有效率 72%。开发上线“兰州海关网上稽查系统”，办结核查作业 664 起。

【兰州海关综合治税持续深化】 2021 年，兰州海关圆满完成税收目标，关区全年税收入库 18.2 亿元，同比增加 8.4%。推进属地纳税人管理落实，完成 29 家纳税企业和 20 家报关企业底账信息采集。强化税收征管日常监控，关区税收入库及时率、担保处置率、汇率和税率适用准确率均为 100%。开启归类、减免税、对美加征及排除等数据排查，纠错 24 起，追补税 16.5 万元，退税 18.7 万元。公式定价延续性征税 9 838.1 万元，同比增加 1.8 倍。处置验估指令报关单 824 票，处置及时率 100%。移交涉税案件线索 1 条，涉税金额逾 300 万元。

【兰州海关检疫防线有效筑牢】 2021 年，兰州海关完成关区供港澳活牛、蔬菜、水果、饲料和动物源性食品疫情疫病监测和安全风险物质监控任务。完成 2 804 头进境种用动物口岸查验和隔离检疫工作，检出二类动物疫病 5 种类 45 种次。做好外繁种子口岸检疫，全年检出检疫性有害生物 6 种类 10 种次，其中菜豆晕疫病菌为全国口岸首次检出。

【兰州海关全员打私有力推进】 2021 年，兰州海关落实海关总署“1+6”打私工作机制，推动关区“防控、监管、打击”一体化打私体系建设，全年刑事案件立案 2 起，案值 993.14 万元，移送审查起诉案件 3 起 7 人，侦办的首起走私雪茄系列案获海关总署缉私局表扬。行政案件立案 11 起，案值 1 729.65 万元，查获关区首起特许权使用费违规案件。

【兰州海关新贸易业态培植更为有力】 兰州海关推动实现跨境电商 B2B 出口、跨境电商出口海外仓两种业务模式落地。全力保障跨境电商保税网购业务迅速发展，累计核放报关单突破 20 万单，征收税款近 200 万元。支持镍矿砂及其精矿、针状沥青焦等保税新业务以及阴极铜等深加工结转业务发展。推动保税航煤业务拓展，保税航煤出口 3.5 万吨，同比增长 3.65 倍。

【兰州海关对企业帮扶培育更加有效】 兰州海关实施企业备案管理全程网办，审查时间由 20 日缩减为当日。大力推进 AEO 认证培育工作，开展企业信用培育 22 家，新增高级认证企业 1 家。帮扶 45 家出口水果包装厂、46 家备案果园取得国外注册资质，3 家供港澳活牛育肥场通过香港食环署符合性审查。开展 RCEP 政策宣传，签发各类原产地证书 4 340 份，签证金额 3.4 亿美元，帮助企业享惠约 912 万美元。开展多层级知识产权海关保护联合宣传执法，培塑重点企业由 2 家增为 3 家。

【兰州海关服务宏观经济能力持续提升】 兰州海关扎实开展税政调研，报署税则调整建议 15 项，3 项通过海关总署审核。完成进出口货物整体通关时间压缩任务，2021 年 12 月，关区进口、出口整体通关时间比 2017 年分别压缩 65.17%、99.84%。加强技术性贸易措施应对，参与海关总署 SPS 评议 5 次，对“台澎金马”番茄褐色皱纹果病毒的评议意见获海关总署采纳。开展 7 类产品 41 家企业年度国外技术性贸易措施影响调查。对我国植物种子进口和海运集装箱运力运价开展 2 项专项分析，向海关总署报送 3 篇专题报告。

【甘肃出入境边检总站坚持内外防疫，强化口岸管控】 甘肃出入境边检总站严格落实中央“外防输入、内防反弹”防控策略，以重点航班查验为主线，指导各边检站配合省直部门加强口岸疫情防控，制定总站涉疫勤务检查指引等文件指导各边检站做好口岸疫情防控工作。探索开展“独立作战小单元”执勤模式，严格落实“14+

7”闭环隔离管控，圆满完成北京口岸第一入境点分流航班、维和包机、货运包机出入境边防检查任务，共查验分流入境包机航班和货机 74 架次、出入境人员 2 398 人次，全量推送属地联防联控机制 6 万余人次入境回甘返甘人员信息，一线边检执勤民警无一感染，确保了口岸持续安全稳定和队伍内部安全。

【甘肃出入境边检总站筑牢口岸“防回流、打派遣”防线】 甘肃出入境边检总站制订中国共产党成立 100 周年大庆安保边防检查工作方案，全面加强 2021 口岸管控工作。指导各边检站持续强化与国安、公安反恐、网安、政保等部门共享协查机制，依托国家移民管理局综合数据应用平台、出入境管理信息系统、国家反恐平台、甘肃公安大情报核录系统等数据平台，总结提炼查缉战法，按照公安部和国家移民管理局统一部署，会同省厅网安和刑侦等部门，开展涉恐信息境外清源和涉诈劝阻专项行动，取得了明显战果。共核查 2010 年以来的重点航班 2 800 余架次、重点旅客 11.2 万人次，通报公安机关涉恐案件线索 8 条，有力筑牢了反恐维稳安全防线。

【甘肃出入境边检总站深入推进移民管理机构专项集中打击治理行动】 甘肃出入境边检总站指导各边检站与驻地公安机关合成作战中心建立战略协议机制，为疫情防控、集中打击跨境赌诈、妨害国（边）境犯罪、“三非”外国人治理等行动提供精准打击支撑。持续深化警务协作，抽调业务骨干与省厅出入境管理局成立联合工作专班，开展数据研判和联合办案。2021 年，共排查甘肃出入境人员 6 万余人次，核查违法嫌疑人 3 790 人，梳理案件线索 25 条，发现疑似涉赌人员 86 人、非法出入境人员 130 人，从中排查出 4 名高度疑似跨境赌博人员和 60 名关联人员，通报甘肃省“122”机制列入网上追逃 22 人，参与案件侦办 6 起，抓获嫌疑人 15 人，为各项专项打击行动提供了精准打击支撑，切实推进了平安甘肃建设。

【甘肃出入境边检总站切实推进便民举措】 甘肃出入境边检总站按照国家移民管理局统一部署启用 12367 服务平台，为全省来电群众 7×24 小时解答边防检查和边境管理政策咨询、意见建议等诉求。结合“我为群众办实事”实践活动，指导各边检站建立微信报备保障群，服务航空公司网上报检，实现航空公司无纸化网上备案申报和提供口岸“两公布一提示”信息；利用多种形式在口岸开展出入境法律政策宣传、解读陇原边检队伍建设成果，进一步擦亮国门“名片”，塑造陇原国门卫士形象。

【甘肃出入境边检总站强化对外协作机制建设】 2021 年，甘肃出入境边检总站积极加强与地方公安机关的协作机制。与省厅合成作战中心签订数据核查研判战略合作协议，与省厅治安管理局建立“122”协作机制，与省厅刑侦部门建立口岸打击妨害国（边）境犯罪协作机制，与省厅出入境管理局建立跨境赌诈人员阻出、劝返机制，与省厅网安局建立涉赌诈人员管控协作机制。与省厅出入境管理局在联合打击妨害国（边）境犯罪、证件签发与鉴别、查布控和人才队伍培养等工作上取得明显成效。同时积极加强与省商务厅、省交通运输厅、省卫健委和省口岸办等部门的沟通协调，在省委省政府和国家移民管理局的统一领导下切实做好复工复产、航班保障和疫情防控等工作。通过多渠道对外协作，进一步提升了总站影响力，有效履行了移民管理机关在新时代维护社会大局稳定和服务地方经济发展的职责和使命。

开放口岸

【兰州空运口岸（兰州中川国际机场）】
兰州中川国际机场位于甘肃省兰州市兰州新区中川镇，距市区约 75 千米，飞行区等级 4E，是西北地区主干机场之一，甘肃省省会兰州市的空中门户、西北地区的重要航空港、国际备降机场。兰州中川国际机场始建于 20 世纪 60 年代末，于 1970 年 7 月正式建成通航，定名兰州中川机场；2001 年完成一期扩建工程；2013 年正式提升为空运口岸，更名为兰州中川国际机场；2015 年年初完成二期扩建工程。为了更好地打造西部区域枢纽机场，促进全省对外贸易的快速发展，省委、省政府2017年正式启动兰州中川国际机场三期扩建工程，该项目是列入国家重点基础设施建设三年滚动计划（2018—2020年）的重点实施项目、国家民航“十三五”发展规划的区域枢纽机场扩建项目和省列重大建设项目。2019年2月19日，国家发展改革委批复兰州中川国际机场三期扩建工程项目建议书；2019年9月9日，中国民用航空局批复兰州中川国际机场总体规划（2019年版）；2019年10月14日，中国民用航空局正式出具项目可研报告的行业审查意见。2020年2月5日，国家发展改革委批复兰州中川国际机场三期扩建工程可行性研究报告；2020年6月29日，民航西北地区管理局、甘肃省发改委联合批复机场工程初步设计及概算。2020年9月9日，兰州中川国际机场三期扩建工程正式开工建设，以2030年为设计目标年，按照年旅客吞吐量3 800万人次、货邮吞吐量30万吨、飞机起降架次30万架次的目标进行设计，机场工程核定概算投资334.38亿元，建设工期为4年。2021年，完成投资84.6亿元，占项目总投资的25.3%。2021年12月28日，兰州中川国际机场三期扩建工程航站楼项目完成D指廊钢结构封顶。2021年，兰州空运口岸完成出入境人员2 392次，同比下降93.8%；出入境飞机73架次，同比下降71%。

【敦煌空运口岸（敦煌莫高国际机场）】 敦煌莫高国际机场位于甘肃省酒泉市敦煌市，机场设施齐备，功能完善，是乌鲁木齐国际机场的主要备降场。敦煌机场始建于1982年2月，按能起降An-24及以下飞机建造，1982年7月试飞成功，机场等级为3C级，之后机场不断扩建。2015年3月6日，国务院下发《国务院关于同意甘肃敦煌机场对外开放的批复》（国函〔2015〕45号），标志着敦煌空运口岸获批临时对外开放。T3航站楼扩建工程于2015年12月31日开工，2016年年末完工，其中新建航站楼10 200平方米，跑道向东延长600米至3 400米，飞行区等级由4C提升为4D并满足E类飞机备降，总投资达10亿元。2019年2月18日，海关总署正式公布敦煌空运口岸对外开放。2019年，省政府批复《大敦煌文化旅游经济圈发展规划（2019—2030年）》《甘肃（敦煌）国际空港总体规划（2019—2030年）》，围绕敦煌航空口岸重点培育集客货集散、旅游服务、物流仓储、综合贸易、会议展览、园艺农业和文娱体育等功能于一体的临空产业。截至2021年年底，敦煌空运口岸开通国际（地区）客运航线2条。2021年，累计出入境人员6人次、出入境飞机1架次。

【马鬃山陆路（公路）口岸】 马鬃山公路口岸位于甘肃省酒泉市肃北蒙古自治县马鬃山镇，西邻新疆，南接酒泉玉门市、酒泉瓜州县，东靠内蒙古自治区的额济纳旗，西北部与蒙古国戈壁阿尔泰省相连，边境线长约65千米。马鬃山口岸是甘肃省唯一边境口岸，向西约300千米与新疆哈密老爷庙口岸相邻，向东350千米与额济纳旗克口岸相邻。1992年9月，国务院批准设立马鬃山口岸正式对外开放；1993年8月，由于蒙古国单方面原因，关闭了那染色布斯台口岸，致使马鬃山口岸关闭至今。近年来，甘肃省将推进马鬃山口岸复通作为融入“一带一路”建设和“兴边富民、强边固防”的重要举措，制订工作方案，积极为马鬃山口岸复通创造条件。在外交部、国家口岸管理办公室的大力支持下，分别于2015年、2017年、2019年共3次将马鬃山口岸复通议题纳入《中蒙边境口岸开放及其管理制度协定》执行情况司局级会晤议题，向蒙古国提出开放口岸的要求，但蒙古国均以其边境地区是自然保护区为由，一直未同意复通。2020年在第三次中蒙联委会视频会议上，中方向蒙方提出口岸复通要求。

2021年甘肃省口岸大事记

4月2日

甘肃省副省长程晓波在兰州新区主持召开兰州新区综合保税区现场专题推进会。

4 月 20 日

甘肃省委副书记、省长任振鹤赴甘肃（武威）国际陆港调研。

5 月 21 日

甘肃省委副书记、省长任振鹤调研甘肃（兰州）国际陆港规划建设和国际货运班列运营情况，并出席兰州义乌合作运营中欧班列发车仪式。

6 月 9 日

开通金边—兰州—加德满都（第五航权，定班）。

6 月 10 日

开通金边—兰州—拉合尔（第五航权，定班）。

6 月 14 日

开行澳大利亚—新加坡—兰州货运包机，进口种羊 1 377 只。

7 月 21 日—23 日

开行法国种猪包机 2 架次，进口种猪 1 450 只。

8 月 11 日

甘肃省委书记、省人民代表大会常委会主任尹弘在兰州市兰州新区和省商务厅，就甘肃省“一带一路”建设工作进行专题调研。

12 月 4 日

甘肃武威首发武威南至格鲁吉亚第比利斯中欧班列。

12 月 16 日

兰州国际陆港汽车整车进口口岸实现首单业务。

（撰稿人：杨雯菲、张鑫、甘振杰）

2021 年甘肃省口岸流量统计表

口岸类型	口岸名称	货运量（万吨）				集装箱量（万标箱）				人员（万人次）				交通工具（辆、艘、架、列次）			
		出口	进口	合计	同比（%）	出口	进口	合计	同比（%）	出境	入境	合计	同比（%）	出境	入境	合计	同比（%）
空运口岸																	
空运口岸	分计	1.10	122.80	123.90	11.72					0.016 9	0.222 9	0.239 8		34	40	74	-71.86
陆路口岸 公路口岸																	
陆路口岸 公路口岸	分计																
陆路口岸 铁路口岸																	
陆路口岸 铁路口岸	分计																
合计		1.10	122.80	123.90						0.016 9	0.222 9	0.239 8		34	40	74	
同比（%）		266.67	11.03	11.72						-99.00	-89.90	-93.85		-72.80	-71.01	-71.86	

（甘肃省口岸办提供）

2021 年兰州海关主要数据统计表

项　目		2021 年	2020 年	同比（%）
进出口货运量（万吨）	合计	123.9	110.9	11.72
	进口	122.8	110.6	11.03
	出口	1.1	0.3	266.67
进出口贸易总值（万美元）	合计	759 730.06	552 490.1	37.51
	进口	609 665.47	428 789.4	42.18
	其中：江、海运输	265 804.12	206 850.4	28.50
	铁路运输	238 588.28	169 872.7	40.45
	汽车运输	24 308.684	18 776.7	29.46
	航空运输	79 859.482	33 287	139.91
	邮件运输	0.457 4	2.6	-82.41
	其他运输	1 104.445 9		
	出口	150 064.59	123 700.7	21.31
	其中：江、海运输	81 731.498	68 419.5	19.46
	铁路运输	6 962.980 6	3 770.7	84.66
	汽车运输	33 503.633	29 596.8	13.20
	航空运输	26 545.389	21 841.7	21.54
	邮件运输	34.815	72	-51.65
	其他运输	1 286.275 4		
税收（万元）	两税合计	181 906	167 776	8.42
	关税入库	2 175	1 286	69.13
	进口环节税入库	179 731	166 490	7.95

（兰州海关提供）

2021年甘肃省口岸出入境主要数据表

项　目			2021年	2020年	同比（%）
出入境人员（人次）	出入境人员总数		2 398	38 999	-93.85
	入境人员		2 229	22 075	-89.90
	出境人员		169	16 924	-99.00
	出入境旅客		1 813	36 283	-95.00
	出入境员工		585	2 716	-78.46
	中国公民	小计	2 168	36 725	-94.10
		内地居民（因公）	694	1 433	-51.57
		内地居民（因私）	1 444	34 651	-95.83
		港澳居民	4	10	-60.00
		台湾同胞	26	631	-95.88
	外籍人员		230	2 274	-89.89
	从海港出入境人数				
	从陆港出入境人数				
	从空港出入境人数		2 398	38 999	-93.85
交通运输工具（辆、艘、架、列次）	总计				
	船舶				
	飞机		74	263	-71.86
	火车				
	机动车辆				

（甘肃出入境边检总站提供）

宁 夏 回 族 自 治 区

宁夏回族自治区口岸分布示意图

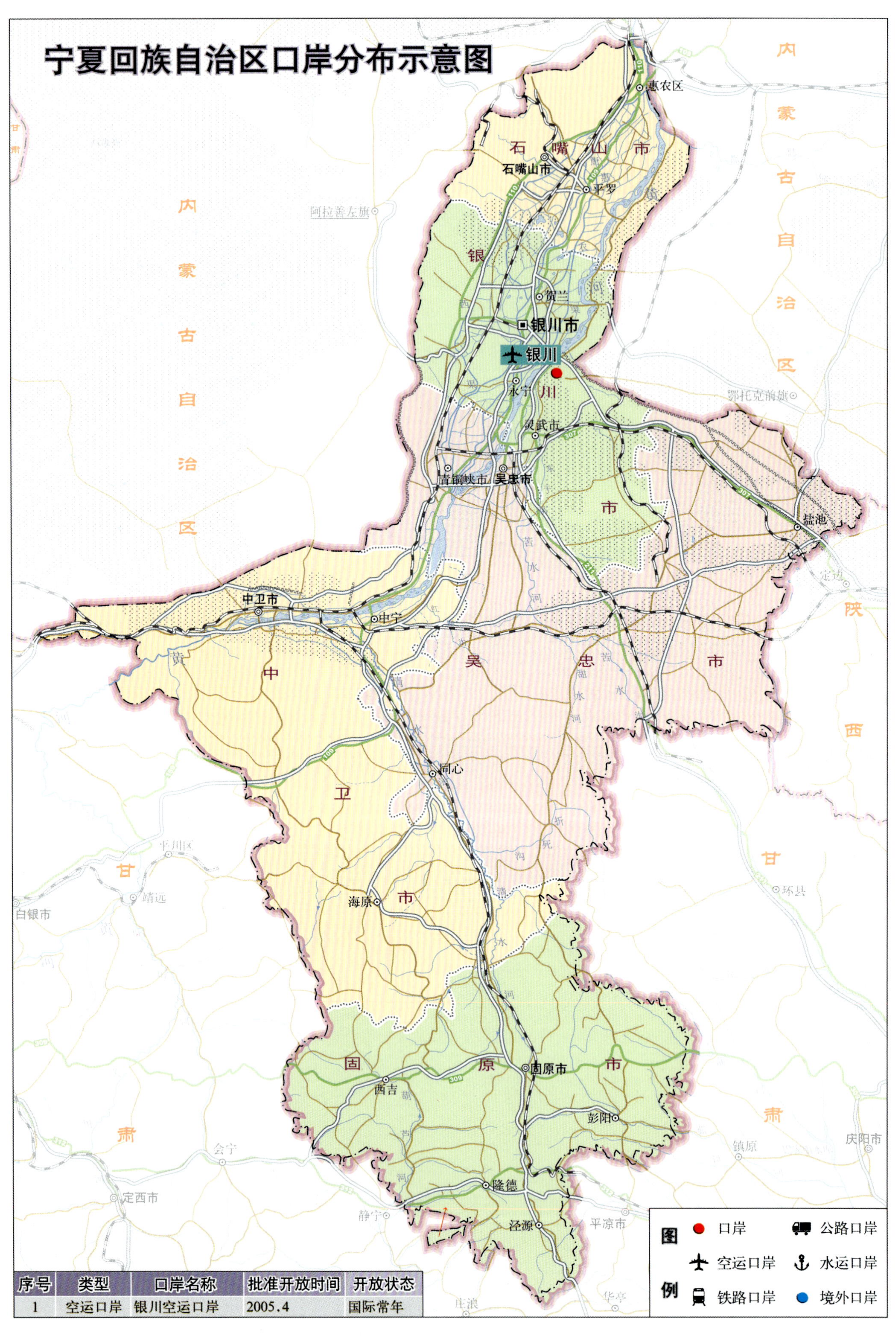

序号	类型	口岸名称	批准开放时间	开放状态
1	空运口岸	银川空运口岸	2005.4	国际常年

口岸数量及分布

截至2021年年底，宁夏回族自治区有经国务院批准的对外开放口岸1个，即银川空运口岸(银川河东国际机场)。

口岸运行数据

2021年，银川海关监管进出口货物运量10.92万吨，同比下降67.98%。其中，进口2.42万吨，同比下降91.39%；出口8.5万吨，同比增长42.13%。监管进出口货物货值6.31亿美元，同比增长102.3%。其中，进口1.93亿美元，同比增长13.53%；出口4.38亿美元，同比增长208.2%。以国际段运输方式分类，进口方面，江海运输方式进口货物货值1.3亿美元，航空运输方式进口货物货值6 312万美元；出口方面，江海运输方式出口货物货值3.07亿美元，铁路运输方式出口货物货值931万美元，汽车运输方式出口货物货值1亿美元，航空运输方式出口货物货值2 190万美元。关税入库6 838万元人民币，进口环节税入库1.44亿元人民币。

2021年，受新冠肺炎疫情影响，银川航空口岸定期航线仍处于停航状态，口岸出入境人员大幅下滑。全年共完成查验出入境航班22架次，查验出入境人员1 242人次，同比分别下降64.5%、87.3%。其中，入境人员767人次，同比下降85.8%；出境人员475人次，同比下降89.1%。出入境中国公民408人次，同比下降95.6%；外籍人员834人次，同比增加59.8%。

2021年12月，宁夏进口整体通关时间为8.22小时，比全国平均水平快24.75小时，较2017年压缩93.56%，压缩比位居全国第3位；出口整体通关时间为0.89小时，比全国平均水平快0.34小时，较2017年压缩95.44%，压缩比居全国第13位。圆满完成了国务院提出的“到2021年年底，整体通关时间比2017年压缩一半”的任务目标。

截至2021年年底，国际贸易“单一窗口”标准版宁夏注册用户累计已超1 100家，累计申报量超过73万票，其中货物申报20 650票、舱单申报4 950票、运输工具申报15 159票、企业资质9 673个、原产地证12 391份、许可证件2 120份、税费支付3 436笔、加贸保税27 451票、物品通关633 561票、跨境电商7 611票、出口退税64笔。货物申报、舱单申报、运输工具申报以及农药进出口放行通知单、海关原产地证等业务应用率达到了100%。

口岸综合管理

【银川航空口岸疫情防控扎实开展】 严格落实国家、宁夏回族自治区疫情防控工作要求，科学调整防疫体系、精准细化防控措施、持续推进联防联控，强化“人、物”同防，严格规范入境客运航空器终末消毒监督工作，全面开展境外输入确诊人员的境外密切接触者和来自重点疫情国家和地区的人员信息排查工作，督促监管场所运营企业落实主体责任，守好宁夏空中门户、确保人员健康安全。2021年，共开展口岸“人防+物防”监控检查238次，查验出入境航班22架次，查验出入境人员1 242人次，横向推送入境涉宁信息1 133起2 504条。圆满完成了军演监管和外交部下达的沙特入境包机保障任务，为阻止境外新冠肺炎疫情向境内传播发挥了重要的作用。

【口岸基础设施不断完善】 银川航空口岸完成1号站坪更新改造工程，有效提高机场安全保障能力和运行效率；完成新冠病毒核酸检测口岸移动方舱PCR实验室建设，获得核酸检测资质，有效提升航空口岸防控疫情境外输入能力。推动宁夏首家种牛进口隔离场顺利通过验收获得资质。银川综合保税区、银川国际公铁物流港完善海关监管场地、供应链体系以及智能化信息化设施，建成2个跨境电商监管区，运用“前店后仓”模式在银川综合保税区开设跨境电商企业“O2O体验店”1家，指导电商企业完成纽约、洛杉矶 2 个海外仓备案审批。石嘴山完成石嘴山保税物流中心（B 型）报关信息化系统升级改造，建成集装箱服务中心，形成宁夏专用铁路最为密集、综合服务功能最强的铁路、公路运输网络。中卫市在中卫迎水桥货站配置铁路场站装卸、计量、配送等设备，有力提升了口岸功能设施保障能力。

【国际货运班列有序运行】 以构建通边达海、连南接北的陆上开放通道格局为目标，深化与沿边沿海口岸以及铁路、海关等部门合作，强化与西部陆海新通道省区市交流。举办宁夏及毗邻地区合作融入西部陆海新通道项目推介和签约活动，首发“西部陆海新通道”宁夏班列、惠农—凭祥—越南胡志明市中亚班列、中亚至中卫大宗货物国际班列、银川国际公铁物流港进境木材班列，推动西向经阿拉山口、霍尔果斯到中亚、西亚，北向经二连浩特至蒙古国、俄罗斯国际货运班列，南向至西南省区、东南亚的陆海新通道宁夏货运班列稳定运行；东向至天津港的铁海联运班列常态化运行。2021 年，西向国际货运班列共发运 258 车，货重约 1.383 万吨，货值约 1 308.1 万美元。其中，出口 251 车，货重约 1.338 万吨，货值约 1 255 万美元，主要货物为钢材、腐植酸钠、鞋，主要出口目的地为哈萨克斯坦、乌兹别克斯坦、塔吉克斯坦、吉尔吉斯斯坦；进口 7 车，货重约 0.045 万吨，货值约 53.1 万美元，主要货物为葵花油、亚麻籽，进口国为哈萨克斯坦。北向国际货运班列共发运 50 车，货值约 60 万美元，主要货物为烘干板、防腐木和方木，进口国为俄罗斯、哈萨克斯坦。南向陆海新通道班列共发运 11 列，382 车，货重约 2 万吨，货值约 1 497 万美元，主要货物为粮食、纯碱、石板材、蛋氨酸、型焦、腐植酸。东向铁海联运班列共计发运 142 列 7 914 车，货值约 4.84 亿美元。其中，出口整列发运 6 列 300 车、散箱发运 1 086 车，主要货物为双氰胺、硅钡、硅镁、赖氨酸、味精、聚乙烯、增碳剂、丁二醇，主要出口目的地为印度、巴西、欧美、日本、韩国、泰国；进口整列发运 136 列 6 528 车，货值约 3.57 亿美元，主要货物为锰矿石、铁矿石，主要进口国为澳大利亚、印度、巴西。

【口岸营商环境不断优化】 取消报关企业注册登记和进出口商品检验鉴定业务行政审批事项，将报关单位备案全面纳入“多证合一”改革。大力推进“提前申报”“两步申报”“两段准入”通关便利化改革，有效降低了通关手续准备的“门槛”，大幅缩减通关时间；积极推动“仓储货物按状态分类监管”模式落地银川综合保税区，最大限度盘活了口岸通关监管资源；全面落地“网购保税（1210）”“零售进出口（9610）”“B2B 直接出口（9710）”“出口海外仓（9810）”等跨境电商全业务模式，具备全方位推进跨境电商发展保障能力；全面施行“一保多用、全国通行”海关税款担保新模式，有效精简担保办理环节，实现“一地备案，全国通行”“一份担保多处使用”；全面加强企业信用培育，指导 4 家进出口企业通过高级认证，享受 AEO 国际互认便利措施。联合中国建设银行宁夏区分行在石嘴山、吴忠、固原、中卫、灵武分行以及银川东城、银川开发区、贺兰、永宁、青铜峡、同心、宁东等支行共 17 个网点部署“关银一 KEY 通”合作制卡代理点，正式开展“关银一 KEY 通”业务，便利企业“就近办、多点办、一站办”。开通国家移民管理机构 12367 服务热线，提供 7×24 小时出入境记录查询服务，打造便捷、高效、规范、智慧的宁夏边检服务平台。推动自治区交通运输厅出台《关于全民开展高速公路差异化收费》优惠政策，自 2021 年 12 月 1 日起，通行宁夏境内的国际标准集装箱车辆实施 15%的差异化优惠。

【国际贸易“单一窗口”建设不断推进】 一是拓展基本功能。上线两用物项和技术进/出口许可证、技术出口许可证、技术出口合同登记证、进口许可证、进口普通化妆品备案凭证、进口特殊化妆品注册证书、人类遗传资源材料出口、出境证明、麻精药品进出口准许证、进口医疗器械备案注册证等证件申领功能，实现除保密等特殊情况外，其余 38 种进出口环节监管证件全部通过“单一窗口”受理和在线申请办理；完成国际贸易“单一窗口”出口退税模块与税务部门金税三期系统对接、功能切换工作，进一步打通税务、海关等不同部门之间的数据“堵点”，实现了退税申报身份验证“一卡通”，将现行出口退（免）税138项申报内容精简为89项，数据项减少近三分之一，有效降低了企业出口退税的申报难度；持续优化原产地功能，实现企业申报准确、规范证书“秒过秒签”、365天全天候随到随审，有效缩短了证书申领时长。截至2021年年底，国际贸易“单一窗口”服务功能已扩大至19大类781项。二是提升服务保障水平。全面升级“单一窗口”宁夏95198咨询服务热线服务质量，咨询服务时间由每天8：00—18：00提升为7×24小时，常见问题回复时间限时在5分钟以内；开通“单一窗口”宁夏95198咨询服务热线公众号，组建微信、“钉钉”等服务保障群，构建常见问题库，大幅提升问题解答能力。2021年，宁夏95198服务热线共为400余家外贸企业，解决各类问题590余条，发布各类系统更新通知78条，推送“单一窗口”资讯148篇，整理汇总各类常见问题解答250余条，录制“单一窗口”操作视频课程6节，整理常用功能操作手册7篇。三是大力开展宣传推广。组织举办国际贸易“单一窗口”出口退税业务上机实操培训班和许可证件培训会，邀请银川海关、宁夏税务局、国家外汇管理局宁夏分局、中信保陕西分公司宁夏业务处相关业务负责人详细讲解“提前申报”、“两步申报”、出口退税、外汇管理、出口信用保险等优化口岸营商环境等政策；赴沃福百瑞枸杞产业股份有限公司、宁夏鑫春天国际贸易有限公司、宁夏自然良品进出口有限公司、宁夏宁杰子海橡胶制品有限公司、宁夏泰鸿化工有限公司、迦南美地酒庄等企业开展“一对一”政策宣讲活动，现场解答企业遇到的疑难问题。

口岸监管与服务

【银川海关强化监管依法把关】 常态化开展安全生产检查，督促企业规范运营。加快推进稽查业务改革，取消常规稽查，开展不经事先通知的专项稽查作业，首次开展涉检稽查作业并查发1起。开展打击跨境电商进口走私“断链刨根”专项整治行动，2021年监管国际快件9.42万件，查获禁止入境类物品3批次，首次在快件渠道查获花粉。安全准入查获中，风险布控占比60%。积极推进落实属地纳税人管理，从源头上防控税收风险，全年关区税收入库2.29亿元。

【银川海关持续加强国门生物安全防控】 严密防范非洲猪瘟等动植物重大疫情疫病传入，开展外来杂草、红火蚁等口岸外来有害生物监测，2021年完成进出口种子病毒检测共181批次575项，检测出黄瓜花叶病毒。监管供港活牛726头，货值1 698.41万元，同比分别增长51%和58%。

【银川海关打击走私取得积极战果】 查获亚洲象幼象象牙2根、象牙制品56件，共计1.11千克。研判全国涉枪行动性线索320条，同比增长533%，枪支查获数量同比增长248%。参与并成功侦破一起出口骗税案件，案值约15亿元，得到四部委打击虚开骗税领导小组办公室的肯定。

【银川海关助力重点产业高质量发展】 主动开展技术性贸易措施应对，推动欧盟于2021年6月宣布解除对中国输欧盟枸杞所实施的20%的入境抽检率加严检验措施，中国枸杞对欧盟出口调整为随机抽检，该项工作被列为2021年宁夏回族自治区枸杞产业高质量发展“取得重大突破的六项工作之一”。报送风力发电机组用高速联轴器和酿酒用橡木桶进口税率调整建议被国务院关税税则委员会采纳，两项税率降幅均超过50%。持续加强葡萄及葡萄酒国家重点实验室建设，为葡萄酒等食品检测提供技术支撑。2021年，宁夏葡萄酒出口5.5万升，同比增长145.4%；货值642万元，同比增长141.9%。

【科技应用和服务水平不断提升】 宁夏国际旅行卫生保健中心2021年开展体检7 893人次，核酸检测23.3万人次，预防接种3 282人次，成功申请2022年度国家卫健委临床检验中心室间质评计划，通过 CNAS 和 CMA 认可项目达 5 150 项，被农业农村部评定为“全国名特优新农产品营养品质评价鉴定技术机构”。

开放口岸

【银川空运口岸（银川河东国际机场）】 2005 年 4 月 1 日，国务院正式批准设立银川航空口岸。2008 年 4 月 1 日，银川河东机场经国家民用航空局正式批准对外籍飞机开放，并于 2013 年获准对阿联酋开放第三、四、五航权，成为全国第 9 个开放第五航权的省区。银川航空口岸设在银川河东国际机场，地处银川市灵武市临河镇黄河东岸，距银川市区 19 千米。旅检区面积 1.54 万平方米，设计年旅客吞吐能力为 50 万人次，设置有国际进港、国际出港以及国际出港中转流程，增加了海关、边防等联检单位相关配套办公和业务用房，配置了电子门控、身份识别、人脸识别、证件阅读器以及智能检疫查验台、智能检疫自助查验通道、热成像式红外测温仪、固定式微小气候监测仪等智能化监管设备。2018 年 6 月 4 日，银川航空口岸国际新货站正式通过海关总署验收，同年 7 月 13 日正式投运，面积 4 000 平方米，其中海关监管库 1 000 平方米。经营企业为西部机场集团航空物流有限公司宁夏分公司，库内硬件设施齐全，配有大型安检仪，出入通道卡口，与海关实现数据传输的银川机场货运海关信息管理系统，与海关总署对接的视频存储等设备，具有功能完善、流程合理、信息化程度高等特点。

受新冠肺炎疫情影响，银川空运口岸常态化航线于 2020 年 2 月初全部停航。2021 年，共验放出入境航班 22 架次、人员 1 242 人次、货邮 0.03 万吨，同比分别下降 65%、87%、7.48%。

2021 年宁夏回族自治区口岸大事记

1 月 26 日

中国建设银行银川西城支行“关银一 KEY 通”合作制卡代理点顺利通过验收，中国电子口岸数据中心银川分中心向建行银川西城支行授予“电子口岸合作代理制卡点”展示牌。银川西城支行获牌后，为宁夏高源银色高地葡萄酒庄有限公司制发宁夏首个“单一窗口”共享盾，标志着宁夏回族自治区“关银一 KEY 通”业务正式落地实施。

2 月 7 日—8 日

宁夏回族自治区口岸联检部门和单位顺利完成外交部下达的沙特包机入境银川航空口岸的进境保障任务。

3 月 5 日

银川海关联合宁夏贸促会开展《区域全面经济伙伴关系协定》（RCEP）专题线上培训，由海关总署专班谈判宣贯组的业务骨干为宁夏 120 余家外贸企业详细讲解 RCEP 原产地规则、RCEP 规则运用等知识，并在线答疑。

3 月 12 日

宁夏回族自治区人民政府办公厅印发全区深化“放管服”改革优化营商环境重点任务分工方案。

3 月 19 日

银川海关举办减免税管理办法网上培训讲座，由海关业务专家在线宣讲海关进出口货物减免税管理办法，着重提醒企业关注减免税货物管理有关规定。

3 月 30 日

中卫至杭州航线航班正式开通。

4 月 11 日

宁夏供销社所属宁夏金桥物流园区开行 2021 年首列中欧班列，班列满载 2 520 吨卷钢从银川南站顺利发出。

4 月 22 日

宁夏瑞佩德国际贸易有限公司进口的哈萨克斯坦亚麻籽搭乘宁夏国际货运班列，首次经由霍尔果斯口岸入境并运抵银川国际公铁物流港。

5 月 6 日

宁夏鑫春天国际贸易有限公司通过国际贸易“单一窗口”标准版出口退税（外贸金三版）顺

利完成出口退税业务申报，标志着国际贸易“单一窗口”标准版金税三期出口退税管理系统在宁夏成功上线。

5 月 10 日

兴庆海关应用 RCEP 原产地管理信息化应用系统办理首单企业信息变更业务。

5 月 11 日

“西部陆海新通道”宁夏班列在迎水桥铁路货场首发，标志着宁夏融入“西部陆海新通道”、落实“向南开放战略”迈出坚实一步。

同日

宁夏回族自治区商务厅、自治区口岸办与中卫市人民政府在中卫举办“宁夏及毗邻地区合作融入西部陆海新通道项目推介和签约活动”。

5 月 28 日

银川海关、银川综合保税区管委会联合举办银川综合保税区政策宣讲会，邀请重庆海关业务专家对《综合保税区适合入区项目指引（2021 年版）》等特殊区域监管政策进行解读培训。

6 月 8 日

宁夏回族自治区口岸办联合银川市人民政府在银川货运南站举行了宁夏公铁国际班列运营有限公司首列进境木材专列到站仪式暨产品发布会。

6 月 9 日—10 日

宁夏回族自治区商务厅（口岸办）联合五市商务主管部门以及国际贸易“单一窗口”宁夏服务热线（95198）、中国建设银行宁夏分行、阳光财险宁夏分公司、中信保陕西分公司宁夏办事处等单位，成功举办国际贸易“单一窗口”出口退税业务上机实操培训班。

6 月 17 日

中卫海关完成辖区首家进境动物隔离检疫场验收工作。

7 月 1 日

跨境电商企业对企业（“跨境电商 B2B”）出口监管试点在全国复制推广，意味着跨境电商 B2B 出口监管试点正式落户宁夏。

8 月 16 日

中亚至中卫首列大宗货物国际班列成功开通。该班列从哈萨克斯坦出发，全程 2 133 千米，运行时间 6 天，装载货物为 1 万吨球团铁矿石。

8 月 19 日

在第五届中阿博览会上，宁夏回族自治区口岸办承办的重庆·宁夏合作线上对接会顺利举行，重庆、宁夏两地商务、经济信息、文化旅游、口岸物流主管部门以及市区（县）政府及开放平台代表参会，两地 80 家企业及商协会机构代表 130 余人相聚“云端”，共谋发展。活动促成签约项目 11 个，签约总额 78.02 亿元。

8 月 24 日

宁夏回族自治区商务厅与青海省商务厅举行“合作畅通中尼印国际物流通道座谈会暨签约仪式”，共同签署《关于畅通中尼印国际物流通道合作意向书》。

8 月 25 日

中卫市六合蔬菜种植有限公司申报出口的 5.15 吨新鲜蔬菜经中卫海关检验检疫合格后放行。这是中卫海关首次受理新鲜蔬菜出口前监管申请。

10 月 14 日

银川海关发布公告，在银川综合保税区内全面复制推广“跨境电子商务零售进口退货中心仓模式”。

11 月 2 日

德希恩实业（宁夏）有限公司生产加工的 540 盒、货值 1 809 美元的猴头菇柠檬抹茶经石嘴山海关查验合格，由天津口岸输往澳大利亚悉尼，这是宁夏首次出口猴头菇柠檬抹茶。

11 月 11 日

兴庆海关签发首份中国—格鲁吉亚自贸协定原产地证书，签证货物为 600 千克的酶制品，证书金额为 1 674 美元。

11 月 26 日

惠农—凭祥—胡志明市中亚班列首发，全列满载 45 车 40 英尺集装箱，货物为聚氯乙烯，货物总重 1 200 吨，货值约 1 068 万元，全程运行 5 121 千米，运行时间 9 天。

12 月 3 日

银川河东机场海关组织开展口岸新冠肺炎疫

情防控应急处置演练。

12 月 13 日

从银川综合保税区申报的跨境电商出口海外仓货物在上海外高桥口岸顺利离境，标志着宁夏产品首次通过“9810”跨境电商模式实现出口。

12 月 15 日

宁夏炬翼电子商务有限公司通过“仓储货物按状态分类监管”方式在银川综合保税区完成首批非保税货物进区测试，该批货物净重 6 143. 58 千克、货值约 290 万元，标志着“仓储货物按状态分类监管”政策在银川综合保税区正式落地。

12 月 22 日

全球最大的单体 3D 打印设备搭乘银川综合保税区国际卡车班列自银川综合保税区报关经新疆霍尔果斯口岸出境发往奥地利，货物货值超百万欧元，货重近百吨。

12 月 23 日

宁夏地区首次实现一份保单全国通用，企业足不出户便可向海关完成担保业务申请，有效缓解了企业的资金周转压力，进一步提升通关效率。

12 月 28 日

兴庆海关举办《区域全面经济伙伴关系协定》（RCEP）线上专题培训班，为 30 余家重点原产地签证企业、生产企业、进出口贸易企业、代理报关报检企业讲解政策。

12 月 30 日

银川海关 12360 热线正式与宁夏 12345 热线电话建立转接机制，以“分中心”形式与宁夏 12345 热线归并运行。

（撰稿人：王华、吴文涛、贾斌）

2021 年宁夏回族自治区口岸流量统计表

口岸类型	口岸名称	货运量（吨）				集装箱量（万标箱）				人员（万人次）				交通工具（辆、艘、架、列次）			
		出口	进口	合计	同比（%）	出口	进口	合计	同比（%）	出境	入境	合计	同比（%）	出境	入境	合计	同比（%）
空运口岸	银川	7.47	299.47	306.94	-7.48					0.0475	0.0767	0.1242	-87	11	11	22	-65
	分计																
合计																	
同比（%）																	

（宁夏回族自治区商务厅提供）

2021 年银川海关主要数据统计表

项 目		2021 年	2020 年	同比（%）
进出口货运量（万吨）	合计	10.92	34.09	-67.98
	进口	2.42	28.12	-91.39
	出口	8.49	5.98	42.13
进出口贸易总值（万美元）	合计	63 116	31 199	102.30
	进口	19 269	16 972	13.53
	其中：江、海运输	12 957	12 933	0.19
	铁路运输	0	0	—
	汽车运输	0	0	—
	航空运输	6 312	4 039	56.26
	邮件运输	0	0	—
	其他运输	0	0	—
	出口	43 847	14 227	208.20
	其中：江、海运输	30 706	10 332	197.19
	铁路运输	931	0	—
	汽车运输	10 020	0	—
	航空运输	2 190	3 895	-43.78
	邮件运输	0	0	—
	其他运输	0	0	—
税收（万元）	两税合计	21 235	37 822	-43.85
	关税入库	6 838	4 881	40.11
	进口环节税入库	14 397	32 941	-56.30

（银川海关提供）

2021年宁夏回族自治区口岸出入境主要数据表

<table>
<tr><th colspan="3">项　目</th><th>2021年</th><th>2020年</th><th>同比（%）</th></tr>
<tr><td rowspan="14">出入境人员（人次）</td><td colspan="2">出入境人员总数</td><td>1 242</td><td>9 769</td><td>-87.29</td></tr>
<tr><td colspan="2">入境人员</td><td>767</td><td>5 419</td><td>-85.85</td></tr>
<tr><td colspan="2">出境人员</td><td>475</td><td>4 350</td><td>-89.08</td></tr>
<tr><td colspan="2">出入境旅客</td><td>1 176</td><td>9 011</td><td>-86.95</td></tr>
<tr><td colspan="2">出入境员工</td><td>66</td><td>758</td><td>-91.29</td></tr>
<tr><td rowspan="5">中国公民</td><td>小计</td><td>408</td><td>9 247</td><td>-95.59</td></tr>
<tr><td>内地居民（因公）</td><td>74</td><td>644</td><td>-88.51</td></tr>
<tr><td>内地居民（因私）</td><td>334</td><td>7 780</td><td>-95.71</td></tr>
<tr><td>港澳居民</td><td>0</td><td>154</td><td>-100</td></tr>
<tr><td>台湾同胞</td><td>0</td><td>669</td><td>-100</td></tr>
<tr><td colspan="2">外籍人员</td><td>834</td><td>522</td><td>59.77</td></tr>
<tr><td colspan="2">从海港出入境人数</td><td>0</td><td>0</td><td>—</td></tr>
<tr><td colspan="2">从陆港出入境人数</td><td>0</td><td>0</td><td>—</td></tr>
<tr><td colspan="2">从空港出入境人数</td><td>1 242</td><td>9 769</td><td>-87.29</td></tr>
<tr><td rowspan="5">交通运输工具（辆、艘、架、列次）</td><td colspan="2">总计</td><td>22</td><td>62</td><td>-64.52</td></tr>
<tr><td colspan="2">船舶</td><td>0</td><td>0</td><td>—</td></tr>
<tr><td colspan="2">飞机</td><td>22</td><td>62</td><td>-64.52</td></tr>
<tr><td colspan="2">火车</td><td>0</td><td>0</td><td>—</td></tr>
<tr><td colspan="2">机动车辆</td><td>0</td><td>0</td><td>—</td></tr>
</table>

（宁夏出入境边检总站提供）

新疆维吾尔自治区

新疆维吾尔自治区口岸分布示意图
俄罗斯
乌列盖
大洋
阿黑土别克
红山嘴
吉木乃
塔克什肯
布尔干
北塔格
乌拉斯台
布尔嘎斯台
老爷庙
乌鲁木齐
乌鲁木齐市
哈巴河
布尔津
阿勒泰市
北屯市
(自治区直辖)
福海
富蕴
青河
阿勒泰地区
伊犁哈萨克自治州
(属伊犁哈萨克自治州)
昌吉回族自治州
五家渠市
阜康市
昌吉市
奇台
木垒哈萨克自治县
石河子市
奎屯市
哈密市
伊吾
新星市
吐鲁番市
托克逊
鄯善
和静
和硕
焉耆回族自治县
博湖
铁门关市
库尔勒市
尉犁
若羌
且末
巴音郭楞蒙古自治州
科布多
乌里雅苏台
阿尔泰
巴彦洪戈尔
蒙古
内蒙古自治区
甘肃
瓜州
玉门市
敦煌市
嘉峪关市
酒泉市
金塔
阿克塞哈萨克族自治县
肃北蒙古族自治县
德令哈市
天峻
乌兰
都兰
格尔木市
玛多
青海
西藏自治区
图例
口岸
铁路口岸
水运口岸
空运口岸
公路口岸
境外口岸

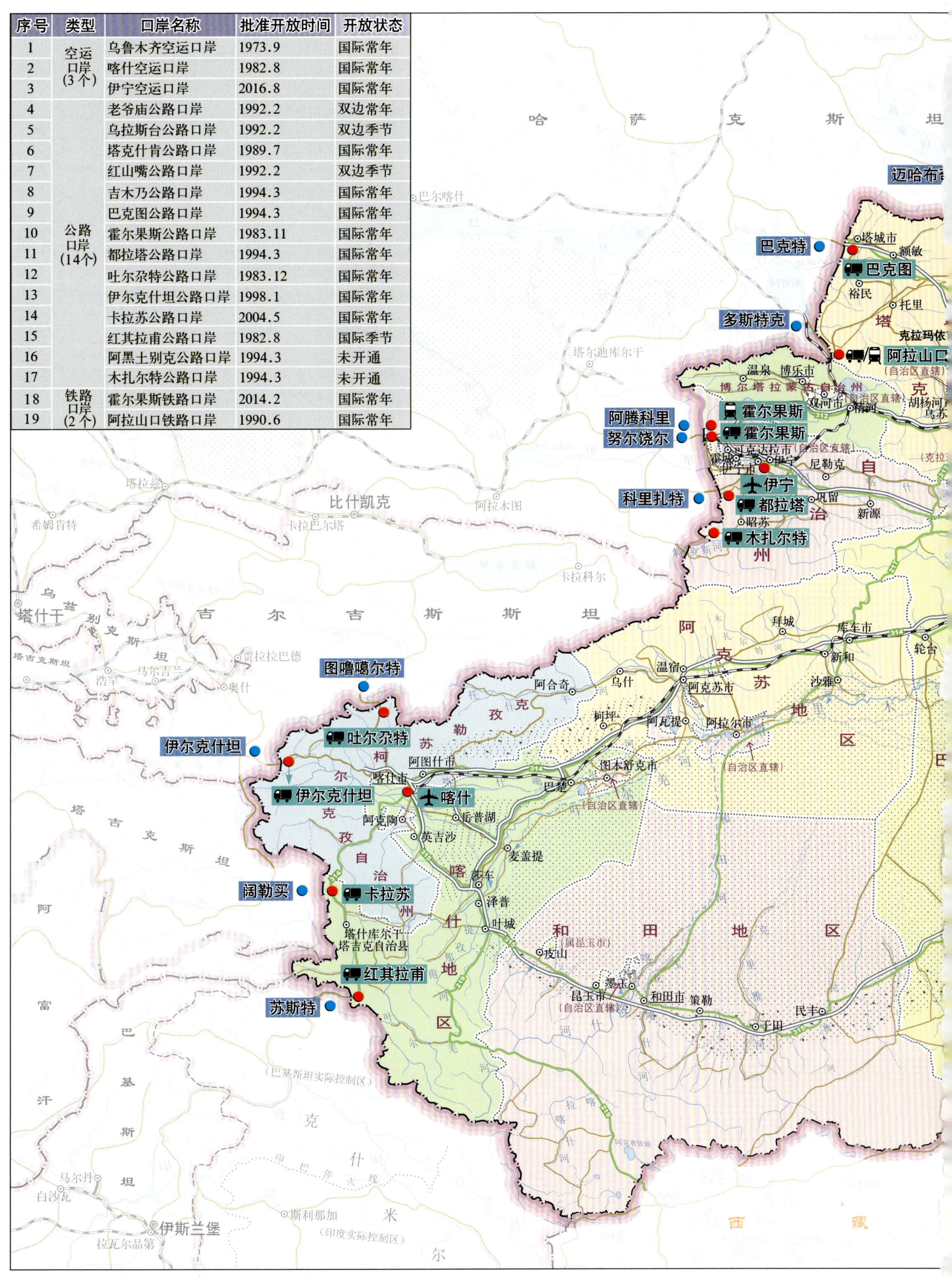

序号	类型	口岸名称	批准开放时间	开放状态
1	空运口岸(3个)	乌鲁木齐空运口岸	1973.9	国际常年
2		喀什空运口岸	1982.8	国际常年
3		伊宁空运口岸	2016.8	国际常年
4	公路口岸(14个)	老爷庙公路口岸	1992.2	双边常年
5		乌拉斯台公路口岸	1992.2	双边季节
6		塔克什肯公路口岸	1989.7	国际常年
7		红山嘴公路口岸	1992.2	双边季节
8		吉木乃公路口岸	1994.3	国际常年
9		巴克图公路口岸	1994.3	国际常年
10		霍尔果斯公路口岸	1983.11	国际常年
11		都拉塔公路口岸	1994.3	国际常年
12		吐尔尕特公路口岸	1983.12	国际常年
13		伊尔克什坦公路口岸	1998.1	国际常年
14		卡拉苏公路口岸	2004.5	国际常年
15		红其拉甫公路口岸	1982.8	国际季节
16		阿黑土别克公路口岸	1994.3	未开通
17		木扎尔特公路口岸	1994.3	未开通
18	铁路口岸(2个)	霍尔果斯铁路口岸	2014.2	国际常年
19		阿拉山口铁路口岸	1990.6	国际常年

口岸数量及分布

截至2021年年底，新疆维吾尔自治区（以下简称“新疆”）现有经国务院批准对外开放口岸19个。其中，空运口岸3个，分别为乌鲁木齐空运口岸（乌鲁木齐地窝堡国际机场）、喀什空运口岸（喀什国际机场）和伊宁空运口岸（伊宁国际机场）；陆路（公路、铁路）口岸16个，其中，中蒙（蒙古国）边境口岸4个，分别为老爷庙、乌拉斯台、塔克什肯和红山嘴公路口岸；中哈（哈萨克斯坦）边境口岸8个，分别为霍尔果斯、吉木乃、巴克图、都拉塔、阿黑土别克和木扎尔特公路口岸，阿拉山口（公路、铁路）口岸以及霍尔果斯铁路口岸；中吉（吉尔吉斯斯坦）边境口岸2个，分别为吐尔尕特和伊尔克什坦公路口岸；中巴（巴基斯坦）边境口岸1个，即红其拉甫公路口岸；中塔（塔吉克斯坦）边境口岸1个，即卡拉苏公路口岸。其中，阿黑土别克和木扎尔特公路口岸未开通使用；伊宁空运口岸2016年8月3日经国务院批准对外开放，目前正在建设中，未正式对外开放。

口岸运行数据

2021年，新疆口岸进出口货运量6 221.17万吨，同比增长3.3%。其中，进口5 401.16万吨，同比增长1.7%；出口820.01万吨，同比增长15%。

据边检统计，出入境人员157 074人次，同比下降22.88%。其中，入境78 631人次，同比下降21.14%；出境78 443人次，同比下降24.55%。出入境旅客5 649人次，同比下降92.85%；出入境员工151 425人次，同比增长21.5%。出入境交通工具181 512辆（列、架）次，同比增长39.45%。其中，机动车辆150 334辆次，同比增长51.24%；火车30 016列次，同比增长2.21%；飞机1 162架次，同比下降16.76%。

口岸综合管理

【严格落实口岸疫情防控措施，为畅通货流提供前提条件】 认真贯彻落实国务院联防联控机制、国务院口岸部际联席会议、自治区疫情防控指挥部疫情防控会议与文件精神，把口岸疫情防控作为重中之重，毫不松懈做好“外防输入”工作，各口岸认真落实“五分”（分级、分区、分类、分时、分通道）、“五联”（联运、联调、联勤、联防、联控）管理机制，落实口岸封闭管理和人员实名制管理，严格操作流程，持续提升口岸防疫能力，保证口岸货运通关安全有序。

【发挥口岸管理部门职能，保障西向通道货运通关】 一是创新通关方式。为克服新冠肺炎疫情给货运通关带来的不利影响，口岸因地制宜，创新通关模式，先后实行倒装倒短、国门甩挂、正面吊装、跨界吊装、界桥交接等非接触通关作业模式。二是保障货运通关顺畅。针对中哈铁路口岸出现的进口货物积压问题，打通阿拉山口铁路口岸和乌鲁木齐陆港两个结点，优化全疆11个进口货物闭环管理站点，畅通24个普通场站货物运输，中哈铁路口岸进出口货运逐步恢复正常水平。会同海关、铁路等相关单位主动与有关部门及企业进行沟通对接，保障中阿货运班列顺利开通。三是保障周边国家急需物资和企业重点物资出境。在认真落实防疫措施的前提下，新疆口岸为吉尔吉斯斯坦、乌兹别克斯坦、哈萨克斯坦、塔吉克斯坦、土库曼斯坦等国家货物通关提供便利。新疆口岸管理部门加强与驻外使领馆、周边国家驻华使馆及重点央企和企业沟通联络，保障重点物资通关顺畅。四是加强工作指导推进重点工作落实。结合新疆疫情防控工作指挥部口岸外事组工作职能，定期组织有关单位和专家赴全区运行口岸进行疫情防控工作指导。会同海关、民航、铁路及各口岸坚持每日监测口岸运行状态及货运通关情况，每10日对口岸疫情防控与货运通关情况专题调度，持续跟进各口岸运行动态，及时了解掌握各口岸工作进展，有针对性地进行督促与指导，保证通关业务正常开展。

【加强口岸实地调研，推动口岸“十四五”发展规划建设】 结合《国家“十四五”口岸发展规划》有关要求和部署，会同相关单位，赴陆路边境口岸实地调研，掌握口岸建设发展、疫情防控和货运通关情况，加强规划的编制、修订与论证，形成自治区“十四五”口岸建设规划，推动各部门和口岸强化口岸建设和发展。一是针对阿克苏地区、阿勒泰地区、克州、克拉玛依等地（州、市）提出的口岸开放、迁建等事宜，与国家口岸管理办公室、外交部等相关部委积极对接，积极推动有关工作落实。二是针对外方关切，指导督促各口岸完善改造口岸基础设施与防疫设施，积极采取措施着力提升口岸防疫、应急处突能力，确保口岸防疫安全和货运通关顺畅。三是会同自治区相关单位赴新疆电子口岸公司调研，加快推动中国（新疆）国际贸易单一窗口政务平台管理权移交工作。

【强化口岸国际合作，畅通中亚国际大通道】 建立中哈、中塔、中吉双边联防联控会晤机制，形成省部、地州、口岸三级双边联络机制，围绕共同解决边境口岸货运通关重点、难点问题，进一步密切交流沟通，强化对接协作，推动周边国家与我国相向而行，共同营造国际物流通畅的周边环境。2021 年，分别召开 3 次中哈边境口岸疫情联防联控机制视频会议、3 次中塔边境地区联防联控机制视频会议、1 次中吉边境地区联防联控机制工作组层面会议。

【中国（新疆）国际贸易单一窗口运行情况】 截至 2021 年年底，中国（新疆）国际贸易单一窗口注册用户累计达 3 986 人次。全年货物申报 323 651 票；舱单申报 2 854 票（均为空运）；运输工具 16 516 票（其中空运 7 444 票、公路 9 072 票）；原产地证申领 2 353 票；企业资质办理 908 票；税费支付 20 122 票，累计税费支付金额 6 158 174 577 元；贸易许可办理 5 票。

口岸监管与服务

【乌鲁木齐海关持续压缩整体通关时间】 建立与地方口岸委、联检部门、货运代理企业、运输承运单位等部门联系配合办法，提升通关效率。2021 年，新疆口岸进口货物整体通关时间为 30. 28 小时，较 2017 年压缩 66. 52%，比全国同期快 6. 36 小时；出口货物整体通关时间为 0. 37 小时，较 2017 年压缩 85. 98%，比全国同期快 1. 37 小时。2021 年 12 月，新疆口岸进口货物整体通关时间为 5. 51 小时，较 2017 年 12 月压缩 93. 91%，比全国同期快 27. 46 小时；出口货物整体通关时间为 0. 08 小时，较 2017 年 12 月压缩 96. 97%，比全国同期快 1. 15 小时。在新冠肺炎疫情防控背景下，积极参与海关总署收发货人免于到场协助查验相关系统上线测试和推广应用工作，督促指导各现场加强与收发货人、监管场所经营人、运输工具负责人的联系配合，压缩海关检查时间，提高口岸货物通关效率，促进外贸稳增长。

【乌鲁木齐海关持续深化行政审批制度改革，积极推进“证照分离”工作】 认真落实海关总署深化“证照分离”改革各项措施，动态调整乌鲁木齐海关门户网站行政审批服务事项目录和服务指南。规范行政审批“一个窗口”建设，明确各级机构办理事项范围，实现行政审批“一网通办”。持续推进“证照分离”改革，取消“报关企业注册登记”和“进出口商品检验鉴定业务的检验许可”两项海关行政审批事项。全面实施口岸区域“口岸卫生许可证（涉及公共场所）核发”告知承诺改革，符合条件的当场作出许可决定。推动“口岸卫生许可证（涉及食品、饮用水）核发”“从事进出境检疫处理业务的单位认定”“海关监管货物仓储审批”“出境动植物及其产品、其他检疫物的生产、加工、存放单位注册登记”等 10 项优化审批服务改革落地。2021

年，乌鲁木齐海关共计办理行政审批 480 件。

【乌鲁木齐海关提升中欧班列开行质量效益】 乌鲁木齐海关全面落实支持中欧班列发展的“10+12”项措施；积极支持乌鲁木齐国际陆港区建设及乌鲁木齐多式联运监管中心、中欧班列集结中心协调发展；完成南疆区域“铁公铁”联运模式先期测试，全力保障南疆班列快速发运，制订“和田—喀什—乌鲁木齐”班列优化通关方案，打开南疆地产品对外出口便捷通道。完成了首列快通进境中欧班列以及首列快通出境中欧班列在新疆首发工作。经铁路部门统计，2021 年，经新疆口岸进出境中欧、中亚班列 12 210 列，同比增长 21.5%。

【乌鲁木齐海关大力支持贸易新业态发展】 开通“绿色通道”，实行“网上受理、远程办公”，持续优化“公铁联运”“中欧班列+”模式，联动铁路部门和企业加快办理换装、编组手续，确保跨境电商货物即到、即查、即放。以企业需求为导向，通过实行“线上指导+预约通关”模式，积极推动多种跨境电商出口业务类型落地发展，实现“1210”“9610”“9710”“9810”等多种模式在疆落地发展，推动建立跨境电商海外仓，确保跨境电商业务高质量发展。推进跨境电商多种业务模式协同发展，立足地缘区位优势、后发优势及机遇优势，支持喀什、合作中心、乌昌拓展跨境电商（9610）零售一般出口业务，开展跨境电商 B2B 出口监管试点推广，有机结合中欧班列、公铁联运、集装箱吊装、公路甩挂等多种模式，保障跨境电商通关时效性和运输便利化。

【乌鲁木齐海关深化“5 项创新”，继续推进“两步申报”“两段准入”改革】 加大进口保税货物、汇总征税业务“两步申报”推广力度，提升应用率。2021 年，乌鲁木齐关区“两步申报”报关单共 3 775 份。继续推进“两段准入”改革，在乌鲁木齐地窝堡国际机场海关实现“两段准入”报关单应用，3 批符合条件的空运货物实施“两段准入”。

【乌鲁木齐海关加强知识产权海关保护工作，严厉打击侵权假冒违法行为】 加大执法检查力度，规范办理程序，提升办理质量。2021 年，乌鲁木齐关区共查获侵权案件 147 起，查获侵权货物数量 27.8 万件，总案值 333.85 万元，同比分别增长 141%、290.7%和 185.8%。

【新疆出入境边检总站服务保障通关效率，助力“一带一路”核心区经济建设】 从安全通关、快捷通关、阳关通关细化推出运输企业备案、车辆信息预报和预约通关服务等 7 项举措。持续推动果蔬“绿色通道”、抗疫物资“快捷通道”运行，提供“延时通关”“紧急求助”等高效服务，有力保障和提升了通关效果。2021 年，共备案出入境交通工具 1 941 辆，保障了中哈霍尔果斯合作中心跨境电商通关 1 000 余标箱，公路口岸为央企跨境出口重点工程大型设备提供“绿色通道”服务 450 余辆次，保障果蔬农产品出口 420 辆、近 3 万余吨。

【新疆出入境边检总站发挥对外合作优势，积极延伸通关保障触角】 新疆各边检站积极与毗邻国家边检机关开展交流合作，深化出入境信息共享、涉外企业信息通报等机制，通过提前掌握出入境车辆情况，及时发布口岸通关高峰时段、口岸闭关时间等提示信息，有效避免车辆在口岸积压。面向社会 7×24 小时提供口岸通关政策咨询服务，通过召开警企座谈会、走访对接、发放调查问卷等方式，充分了解掌握企业诉求，为广大涉外企节约运营成本。2021 年，新疆各边检站与毗邻国家线上会晤 30 余次，互通电话、信函 400 余次，向口岸涉外企业发放调查问卷 1 500 余份、宣传单页 500 余份，总站 12367 服务热线受理各地群众咨询电话 500 余次。通过界桥交接模式保障 10 余家代理企业 1.8 万余辆商品车，节约运营成本上亿元。

开放口岸

【乌鲁木齐空运口岸（乌鲁木齐地窝堡国际机场）】 机场位于新疆首府乌鲁木齐市郊地窝堡，距市区 16.8 千米，飞行区等级为 4E，始建于 1939 年，从 1950 年至今经历数次扩建和续建。

1970 年 7 月国务院批准机场扩建，1973 年建成并对外开放。机场已开通国际（地区）客运航线 33 条、货运航线 7 条。2021 年，机场执飞共计 17 条国际地区货运航线，航线涉及 16 个国家和地区的 17 个城市；主要进口货物为种猪，出口货物为纺织口、小五金、鞋靴、机电产品、日用百货等。

2021 年，乌鲁木齐空运口岸进出口货运量 1.6 万吨，同比增长 28.7%。其中，进口 0.02 万吨，同比下降 57.9%；出口 1.58 万吨，同比增长 35.6%。进出口贸易额 7.14 亿美元，同比增长 27.3%。其中，进口 0.02 亿美元，同比下降 65.4%；出口 7.12 亿元，同比增长 28.3%。

【喀什空运口岸（喀什国际机场）】 机场位于新疆喀什地区喀什市北郊，距市中心 10 千米，飞行区等级为 4E。1993 年 4 月 23 日，经国务院批准喀什机场口岸对外开放。2004 年 4 月，喀什机场临时对外开放。2005 年 12 月 16 日，喀什航空口岸正式对外开放。2013 年，国务院批准同意在喀什机场开办口岸签证业务；2016 年 9 月 19 日正式开办签证业务。2019 年 11 月 13 日，开通喀什至卡拉奇货运包机。2021 年 5 月 18 日，喀什航空口岸获海关总署批准，设立进境水果、肉类、冰鲜水产品、食用水生动物综合性指定监管场地。2021 年 5 月 18 日，经海关总署批准设立进境水果、肉类、冰鲜水产品、食用水生动物综合性指定监管场地。喀什国际机场开通国际航线 1 条，每周三执飞一个往返航班。受新冠肺炎疫情影响，2021 年未过货。口岸历年进口货物以巴基斯坦松子、冰鲜海产品、轻工产品、工艺品为主，出口货物以日用百货、电子产品、服装、布匹、灯具等为主。

【伊宁空运口岸（伊宁机场）】 机场位于新疆伊宁市，距伊宁市 5 千米，占地面积 2.99 平方千米，飞行区等级为 4C。2016 年 8 月 3 日，伊宁机场经国务院批准对外开放。伊宁机场航空口岸区域面积 10 994.84 平方米。2021 年 12 月 23 日，伊宁机场改扩建项目通过自治区预验收，待通过国家对外开放验收后正式对外开放。

【老爷庙陆路（公路）口岸】 口岸位于新疆哈密市巴里坤哈萨克自治县境内，地处中蒙边界 354 号界标附近，与蒙古国戈壁阿尔泰省毗邻。口岸距巴里坤县城 172 千米，距哈密市 308 千米，距乌鲁木齐市 773 千米；距蒙古国布尔嘎斯台口岸 57 千米，距布格特县 280 千米，距戈壁阿尔泰省阿尔泰市 484 千米。1991 年 6 月 24 日，中蒙两国政府达成协议同意开放老爷庙公路口岸；1991 年 12 月，老爷庙口岸经国务院批准对外开放，为双边季节开放口岸；1992 年 3 月口岸正式对外开放。2012 年 2 月 2 日，新疆维吾尔自治区人民政府批复老爷庙公路口岸向北迁移 14 千米，新查验区于 2015 年 8 月建成启用。2014 年 8 月 10 日，国务院批复同意扩大对外开放，为国际性常年开放口岸。2020 年，协议按双边性季节开放口岸执行；2020 年 11 月，由双边性季节开放口岸扩大为双边性常年开放口岸。协议为口岸开放时间每周 5 天，受新冠肺炎疫情影响，2021 年未过货。口岸历年以进口为主，进口货物为铁矿砂。

【乌拉斯台陆路（公路）口岸】 口岸位于新疆昌吉回族自治州奇台县北塔山地区，地处中蒙边界 163 号界标附近，与蒙古国科布多省布尔干县毗邻。口岸距奇台县城 248 千米，距乌鲁木齐市 446 千米，距昌吉市 485 千米；距蒙方北塔格口岸 6.5 千米，距布尔根县 140 千米，距科布多省 550 千米。1991 年 6 月 24 日，中蒙两国政府达成协议同意开放乌拉斯台口岸；1991 年 12 月，乌拉斯台口岸经国务院批准对外开放，为双边季节开放口岸。1995 年，确定乌拉斯台口岸开放时间为每年 3、6、9、12 月 1 日至 20 日。2004 年 9 月起，开关次数由 4 次调整为 3 次，开关 45 天。协议为口岸开放时间每年 5、7、9 月 16 日至 30 日，工作时间为 10：00—19：00。受新冠肺炎疫情影响，2021 年未过货。口岸历年出口货物主要为水泥和出境施工企业携带的大米、清油、面粉等生活物品，进口的货物主要为煤炭（焦煤）、羊毛、羊绒。

【塔克什肯陆路（公路）口岸】 口岸位于

新疆阿勒泰地区青河县境内，地处中蒙边界124号界标附近，与蒙古国科布多省布尔干县毗邻。口岸距中蒙边界线15.5千米，距青河县90千米，距阿勒泰市380千米，距乌鲁木齐市510千米；距蒙古国布尔干口岸25千米，距布尔干县65千米，距科布多省265千米。1989年7月20日，塔克什肯口岸经国务院批准对外开放，属双边季节开放口岸。2011年1月扩大为国际性常年开放口岸。协议为口岸开放时间每周5天，工作时间为10：00—19：00，2021年全年临时增加周六、周日开关，采取甩挂通关模式。进口货物以焦煤和铁矿石为主，出口货物以建材、机电、日用百货为主。

2021年，塔克什肯口岸进出口货运量109.75万吨，同比增长31.08%。其中，进口109.01万吨，同比增长30.81%；出口0.74万吨，同比增长88.02%。进出口贸易额7.33亿元，同比增加44.1%，其中进口6.31亿元、出口1.02亿元。

【红山嘴陆路（公路）口岸】 口岸位于新疆阿勒泰地区福海县境内，地处中蒙边界17号界标附近，与蒙古国巴彦乌列盖省萨格赛县毗邻。口岸距中蒙边界线2千米，距福海县240千米，距阿勒泰市192千米，距乌鲁木齐市896千米；距蒙方大洋口岸12千米，距萨格赛县160千米，距巴彦乌列盖省乌列盖市180千米。1991年6月24日，中蒙两国政府达成协议同意开放红山嘴公路口岸；1992年2月，红山嘴口岸经国务院批准对外开放，为双边性季节开放口岸；1992年7月口岸正式开放，每年开关50天；2014年，红山嘴口岸延长开关时间为90天。协议为口岸开放时间每年6月21日—9月21日，工作时间为11：00—18：00。受新冠肺炎疫情影响，2021年未过货。

【吉木乃陆路（公路）口岸】 口岸位于新疆阿勒泰地区吉木乃县境内，与哈萨克斯坦东哈州毗邻。口岸距吉木乃县24千米，距阿勒泰市198千米，距乌鲁木齐市650千米；距哈方迈哈布奇盖口岸0.5千米，距斋桑县60千米，距东哈州首府乌斯季缅约500千米。1991年，中哈两国政府达成协议同意吉木乃公路口岸临时过货；1992年8月，中哈两国政府签署协定同意吉木乃口岸对外开放；1994年3月，吉木乃口岸经国务院批准对外开放，为双边常年开放口岸；1997年11月，口岸正式对外开放；2002年3月1日，吉木乃口岸扩大为国际性开放口岸。2013年6月，外交部批准吉木乃口岸对哈萨克斯坦公民进入边民互市贸易区实行“三日免签”政策；2014年8月12日，“三日免签”正式实施。2019年4月29日，进口肉类指定监管场地通过国家验收。协议为口岸每周一至周六通关6天，工作时间为10：00—14：00及15：00—19：00。受新冠肺炎疫情影响，2021年公路口岸未过货，口岸管道进口天然气11.3万吨。口岸历年进口货物主要为冻鱼、葵花籽等，出口货物主要为机械设备、汽车配件、鞋靴、日用百货等。

【巴克图陆路（公路）口岸】 口岸位于新疆伊犁哈萨克自治州塔城地区境内，与哈萨克斯坦东哈州毗邻。口岸距塔城市17千米，距乌鲁木齐市621千米；距哈方巴克特口岸800米，距马坎赤市60千米，距东哈州首府乌斯季缅市800千米。巴克图口岸已有200年通商历史，1962年以后口岸关闭。1990年10月，巴克图口岸恢复开放为临时过货口岸。1992年8月，中哈两国政府达成协议同意巴克图口岸对外开放。1994年3月，巴克图口岸经国务院批准对外开放，为国际性常年开放口岸。1995年7月1日，口岸正式对外开放。2010年12月28日，外交部同意巴克图边民互市贸易区对哈公民由“一日免签”延长至“三日免签”。2013年12月23日，中哈巴克图—巴克特口岸农产品快速通关“绿色通道”开通。2019年4月29日，进口肉类指定监管场地通过国家验收。2019年6月18日，巴克图边民互市贸易区投入运营。2020年，国务院批准俄罗斯、格鲁吉亚、韩国等18国和地区商品，在巴克图口岸边民互市区进行贸易。协议为口岸每周一至周六通关6天，工作时间为10：00—14：00及15：00—19：00。受新冠肺炎疫情影响，2021年口岸采取甩挂通关模式，以出口为主，出口货物主要为果蔬、电商百货、风电设施、设备等。

2021 年，巴克图口岸进出口货运量 21.32 万吨（均为出口），同比增长 797%。进出口贸易额 18.5 亿美元，同比增长 1510%。

【阿拉山口陆路（公路、铁路）口岸】 口岸位于新疆博尔塔拉蒙古自治州阿拉山口市境内，与哈萨克斯坦阿拉木图州毗邻。口岸距博乐市 79 千米，距乌鲁木齐市 500 千米；距哈方多斯特克口岸 12 千米，距阿拉木图 580 千米。1990 年 6 月 27 日，阿拉山口口岸经国务院批准对外开放。1995 年 12 月，公路口岸正式对外开放。2006 年 7 月，中哈原油管道一期工程建成运营。2011 年 5 月，国务院批准设立阿拉山口综合保税区；2014 年 6 月，综合保税区正式封关运作。2012 年 12 月，设立阿拉山口市。2019 年 4 月 29 日，进口肉类指定监管场地通过国家验收；12 月 19 日，进口冰鲜水果指定监管场地通过国家验收。公路口岸每周一至周六通关 6 天，工作时间为 10：00—14：00 及 15：00—19：00。受新冠肺炎疫情影响，2021 年口岸采取甩挂通关模式，以出口为主，出口货物主要为日用百货、设备、针织品、钢材等。

2021 年，阿拉山口公路口岸进出口货运量 8.9 万吨（均为出口），同比减少 41.8%。阿拉山口管输进口原油 1 096.8 万吨。

阿拉山口铁路口岸距中哈两国边防会晤点（即铁路接轨点）4.4 千米。1990 年 6 月 27 日，阿拉山口口岸经国务院批准对外开放。1992 年 12 月 1 日，铁路口岸正式开放。铁路口岸年换装能力 20 万标箱，设有准轨场 2 个 41 条站线，宽轨场 1 个 25 条站线，20 组换装线。2019 年，经阿拉山口开行的中欧班列运行线增加到 14 条。2021 年，阿拉山口口岸通行中欧（中亚）班列 5 848 列。铁路口岸常年 24 小时通关。进口货物主要为集装箱、球团矿、铁精粉、钢材、铜精矿、粮食及农副产品等，出口口货物主要为集装箱、钢材、化工、机械、百货等。

2021 年，阿拉山口铁路口岸进出口货运量 1 113.1 万吨，同比下降 25.8%。其中，进口货运量 830 万吨，同比下降 28.5%；出口货运量 283.1 万吨，同比下降 16.4%。出入境列车 15 390 列次。

【霍尔果斯陆路（公路）口岸】 口岸位于新疆伊犁哈萨克自治州霍尔果斯市境内，与哈萨克斯坦阿拉木图州毗邻。口岸距伊宁市 90 千米，距乌鲁木齐市 670 千米；距哈方阿拉木图 378 千米。1983 年 11 月 16 日，霍尔果斯口岸经国务院批准恢复开放；1986 年，开通地方和边境贸易；1992 年 8 月，中哈两国政府同意霍尔果斯口岸扩大为国际性开放口岸。2014 年 6 月 26 日，国务院同意设立霍尔果斯市。2006 年 11 月，中哈两国共同提出建设“双西公路”；2012 年 5 月 15 日，在中哈两国“双西公路”对接点开工建设霍尔果斯南部联检区（第六代公路口岸）；2018 年 9 月 27 日，南部联检区与哈方努尔饶尔口岸同步开通启用。2006 年 3 月，经国务院批准建立首个跨境中哈霍尔果斯国际边境合作中心；2012 年 4 月 18 日，面积 5.28 平方千米的中哈霍尔果斯国际边境合作中心正式运营。2019 年 4 月 29 日，进口肉类指定监管场地通过国家验收。2019 年 9 月 28 日，中哈霍尔果斯—努尔饶尔口岸农副产品快速通关“绿色通道”开通。口岸实行每周 7 天 12 小时工作制。受新冠肺炎疫情影响，2021 年采取甩挂、界桥交接通关模式，以出口为主，出口货物主要为商品车、水果、百货、机械设备等，进口货物主要为机械设备等。

2021 年，霍尔果斯公路口岸进出口货物量 49.92 万吨，同比下降 3.6%。其中，进口 0.02 万吨，出口 49.9 万吨。进出口贸易额 287.4 亿元，同比增加 1.2%。其中，进口 0.1 亿元，出口 287.3 亿元。

【霍尔果斯陆路（铁路）口岸】 口岸位于新疆伊犁哈萨克自治州霍尔果斯市境内，与哈萨克斯坦阿拉木图州毗邻。2011 年 12 月 2 日，中哈霍尔果斯—阿腾科里口岸站接轨。2012 年 12 月 22 日，口岸临时开放。2014 年 2 月 21 日，霍尔果斯铁路口岸经国务院批准对外开放，为国际性常年开放口岸。2016年6月7日，口岸正式对外开放。2017年6月8日，乌鲁木齐—霍尔果斯—阿斯塔纳国际旅客换乘列车首趟开行。2017年10月1日，乌鲁木齐—霍尔果斯—阿拉木图换轮班列首趟开行。2020年6月28日，中哈双方开展“互信互认、互贴封条”零接触通关模式。2021年，进出境中欧（中亚）班列达6 347列。口岸全年24小时通关。口岸进口货物主要为粮食、矿类、设备等，出口货物主要为工程机械、百货、建材、水果等。

2021年，霍尔果斯铁路口岸进出口货物量738.1万吨，同比增长11.5%。其中，进口327.3万吨，出口410.8万吨。进出口贸易额1 990.6亿元，同比增长25.2%。其中，进口309.5亿元，出口1681.1亿元。出入境列车14 626列次。

【都拉塔陆路（公路）口岸】 口岸位于新疆伊犁哈萨克自治州察布查尔县境内，与哈萨克斯坦阿拉木图州春贾区毗邻。口岸距伊宁市70千米；距哈方科里扎特口岸3.8千米，距阿拉木图247千米。1992年8月，中哈两国政府签署协议同意都拉塔口岸为双边常年开放口岸。1994年3月，经国务院批准对外开放。1998年7月，批准建立边民互市。2006年2月15日，口岸正式对外开放。2016年5月，经国务院批准扩大为国际性开放口岸。2019年5月15日，正式扩大为国际性开放口岸。协议为口岸每周一至周六通关6天，工作时间为10：00—14：00及15：00—19：00。受新冠肺炎疫情影响，2021年未过货。口岸历年进口货物主要为饼干和植物油等，出口货物主要为百货、鞋帽、服装、家电、玩具、皮革制品等。

【木扎尔特陆路（公路）口岸】 口岸位于新疆伊犁哈萨克自治州昭苏县西南109千米处，与哈萨克斯坦阿拉木图州纳林果勒区毗邻。口岸距伊宁市296千米；距哈方纳林果勒口岸4千米，距阿拉木图320千米。1953年，曾作为中苏两国临时过货点，一度是边民易货贸易进出口货物集散地。1962年，口岸关闭。1992年8月，中哈两国政府签订协议同意开放木扎尔特口岸为双边常年开放口岸。1994年3月，木扎尔特口岸经国务院批准对外开放。截至2021年年底，该口岸尚未开通。

【阿黑土别克陆路（公路）口岸】 口岸位于新疆阿勒泰地区哈巴河县西部，与哈萨克斯坦东哈州毗邻。口岸距哈巴河县117千米，距阿勒泰市284千米，距乌鲁木齐市829千米。1992年8月，中哈两国政府签订协议同意开放阿黑土别克口岸为双边常年开放口岸。1994年3月，阿黑土别克口岸经国务院批准对外开放。截至2021年年底，该口岸尚未开通。

【吐尔尕特陆路（公路）口岸】 口岸位于新疆克孜勒苏柯尔克孜自治州乌恰县境内，海拔3 795米，与吉尔吉斯斯坦纳伦州毗邻。中华人民共和国成立后，根据中苏两国签订的贸易协定和换货合同，1950年4月正式对苏联开放，开展边境贸易，1969年通商贸易停止，1983年12月23日口岸重新恢复通关。1995年11月，吐尔尕特口岸联检厅经国务院批准下迁至现址托帕，海拔2 010米，口岸距吐尔尕特前沿国境线109千米，距克州乌恰县及伊尔克什坦口岸均42千米，距喀什市57千米；距吉尔吉斯斯坦首都比什凯克620多千米。口岸为国际性常年开放口岸，协议为口岸每周一至周五通关5天，工作时间为10：00—14：00及16：00—19：30。受新冠肺炎疫情影响，2021年口岸采取吊装通关模式，以出口为主，出口货物主要为百货、布匹、服装、鞋帽、水果、蔬菜、干果、机械设备、轮胎及电子商品等。

2021年，吐尔尕特口岸进出口货运量13.56万吨（均为出口），同比增长171.9%。

【伊尔克什坦陆路（公路）口岸】 口岸位于新疆克孜勒苏柯尔克孜自治州乌恰县境内，与吉尔吉斯斯坦奥什州毗邻。口岸距阿图什市250千米，距吉方奥什州210千米。1996年，中吉两国政府达成协议同意开放伊尔克什坦口岸。1997年7月21日，口岸临时开放。1998年1月26日，伊尔克什坦口岸经国务院批准对外开放，为国际性常年开放口岸。2002 年 5 月 20 日，口岸正式对外开放。2011 年 12 月 9 日，口岸联检厅下迁 146 千米至乌恰县。2011 年 9 月，国务院出台《关于支持喀什、霍尔果斯经济开发区建设的若干意见》（国发〔2011〕33 号）。2013 年 5 月，国家发展改革委印发《喀什经济开发区总体发展规划》，批准喀什特殊经济开发区规划面积 50 平方千米，其中伊尔克什坦口岸园区 10 平方千米。2019 年 7 月 1 日，进境水果指定监管场地通过国家验收，主要进口吉国樱桃、甜瓜等。2019 年 10 月 18 日，边民互市贸易区正式运营。2021 年 6 月 8 日，海关总署批复同意在伊尔克什坦口岸设立进境肉类指定监管场地。2021 年，保障“中吉乌”公铁联运国际货运班列顺利通关，完成车辆通关 148 辆次。协议为口岸每周一至周五通关 5 天，工作时间为 10：00—14：00 及 16：00—19：30。受新冠肺炎疫情影响，2021 年口岸采取甩挂、吊装通关模式，进口货物主要为干果、羊牛皮、矿石、煤炭等，出口货物主要为服装鞋帽、日用百货、纺织坯布、汽车及配件、机械设备、家用电器等。

2021 年，伊尔克什坦口岸进出口货运量 17.63 万吨，同比下降 11.4%。其中，进口 0.03 万吨、出口 17.6 万吨。进出口贸易额 27.6 亿美元。

【红其拉甫陆路（公路）口岸】 口岸位于新疆喀什地区塔什库尔干塔吉克自治县境内，口岸海拔 4 500 米，与巴基斯坦北部地区吉尔吉特毗邻。口岸距塔什库尔干县城 130 千米，距喀什市 420 千米，距乌鲁木齐市 1 890 千米；距巴方苏斯特 125 千米，距吉尔吉特市 270 千米，距首都伊斯兰堡 870 千米。1981 年 9 月，中巴两国政府达成协议同意红其拉甫口岸为双边季节开放口岸。1982 年 8 月 27 日，口岸正式开放。1986 年 5 月 1 日，口岸正式扩大为国际性开放口岸。由于红其拉甫口岸海拔较高，严重缺氧，气候恶劣，1993 年口岸查验机构下迁至塔什库尔干县，新联检区于 2011 年 10 月建成启用。协议口岸开放时间每年 4 月 1 日至 11 月 30 日，工作时间为 11：00—19：00。受新冠肺炎疫情影响，2021 年口岸采取甩挂通关模式，以出口为主，货物主要为防疫物资、干果、纺织品、机械设备、小百货等。

2021 年，红其拉甫口岸进出口货运量 0.6 万吨，同比增长 186.8%（均为出口）；进出口贸易额 0.95 亿美元。

【卡拉苏陆路（公路）口岸】 口岸位于新疆喀什地区塔什库尔干塔吉克自治县境内，海拔 4 050 米，与塔吉克斯坦戈尔诺-巴达赫尚自治州毗邻。口岸距塔什库尔干县城 62 千米，距喀什市 225 千米；距塔方穆尔加布市 89 千米，距首都杜尚别 850 千米。2004 年 5 月 25 日，口岸临时对外开放。2007 年 9 月 12 日，国务院批准卡拉苏口岸为国际性对外开放口岸。2011 年 12 月 29 日，中塔两国政府签署协定，确定卡拉苏口岸为国际性常年开放口岸。2014 年 5 月 30 日，口岸正式对外开放。由于受当地自然环境和天气影响，每年冬季开放的具体时间实行预约通关。2016 年 12 月 1 日，口岸实行常年开放。协议为口岸开放时间每周一至周五通关 5 天，工作时间为 12：00—18：30。受新冠肺炎疫情影响，2021 年口岸采取吊装通关模式，以出口为主，出口货物主要为五金建材、机械设备、日用百货、商品车、汽车配件、服装鞋帽、厨房用品、家用电器、医用物资等。

2021 年，卡拉苏口岸进出口货运量 15.93 万吨，同比增长 111.3%（均为出口）；进出口贸易额 11.08 亿美元。

2021 年新疆维吾尔自治区口岸大事记

3 月 3 日

商务部援助塔吉克斯坦防疫物资从卡拉苏口岸出境。

3 月 9 日

中塔边境疫情防控联防联控机制第一次视频会议召开。

4 月 6 日

乌鲁木齐海关全部现场均顺利切换至 H2018 新一代通关管理系统 3.0 版。

4 月 27 日

中塔边境疫情防控联防联控机制第二次视频会议召开。

5 月

阿拉山口海关荣获全国工人先锋号、全国青年文明号。

7 月 9 日

新疆首票“跨境电商 B2B 直接出口”货物经阿拉山口口岸顺利通关出境。

7 月 12 日

巴克图口岸高效验放国家重大能源国际合作哈萨克斯坦“阿克斗卡一期 100 兆瓦风电建设项目”风叶塔筒。

7 月 16 日

阿拉山口口岸成功运行“9710”“9810”跨境电商新模式。

7 月 30 日

自治区党委副书记、自治区主席雪克来提·扎克尔到巴克图口岸调研指导工作。

8 月 10 日

中塔边境疫情防控联防联控机制第三次视频会议召开。

8 月 23 日

卡拉苏海关荣获共青团中央办公厅授予的全国青年文明号荣誉称号。

8 月 30 日

乌鲁木齐海关《服务国家“一带一路”建设助力中欧班列换挡提速》获全国海关“我为群众办实事”百佳项目。

9 月 11 日

全国首列“铁路快通”从阿拉山口口岸顺利出境。

9 月 15 日

红其拉甫出入境边检站荣获自治区党委、自治区人民政府授予的自治区第八次民族团结进步模范集体荣誉称号。

11 月 24 日

新疆第一条由地州政府和社会资本合作建设的高速公路——G3018 线博州精河县至阿拉山口公路工程项目顺利实现全线贯通。

（撰稿人：张杨）

2021年新疆维吾尔自治区口岸流量统计表

口岸类型		口岸名称	货运量（万吨）				集装箱量（万标箱）				人员（万人次）				交通工具（辆、艘、架、列次）			
			出口	进口	合计	同比（%）	出口	进口	合计	同比（%）	出境	入境	合计	同比（%）	出境	入境	合计	同比（%）
空运口岸		乌鲁木齐	1.58	0.02	1.60	28.70							1.56	-74.37			1 162	30.71
		喀什																
		分计	1.58	0.02	1.60	28.70							1.56	-76.06			1 162	19.30
陆路口岸	公路口岸	老爷庙																
		乌拉斯台																
		塔克什肯	0.74	109.01	109.75	31.08							2.82	264.96			31 082	236.17
		红山嘴																
		吉木乃																
		巴克图	21.32		21.32	797.00							2.05	1 256.57			21 558	863.70
		阿拉山口	8.90		8.90	-41.80							1.08	-5.60			11 428	-40.46
		霍尔果斯	49.90	0.02	49.92	-3.60							2.09	-36.16			46 241	-18.61
		都拉塔																
		吐尔尕特	13.56		13.56	171.90											12 628	308.01
		伊尔克什坦	17.60	0.03	17.63	-11.40							0.02	-89.64			15 991	486.83
		红其拉甫	0.60		0.60	186.80							0.04	185.71			400	194.12
		卡拉苏	15.93		15.93	111.30											11 006	1 056.09
		分计	107.23	109.06	237.61	20.30							8.11				150 334	51.24
	铁路口岸	阿拉山口	283.10	830.00	1 113.10	-25.80							3.10	-11.81			15 390	-7.94
		霍尔果斯	410.80	327.30	738.10	11.50							2.94	11.07			14 626	15.62
		分计	693.90	1 157.30	1 851.20	-14.38							6.04				30 016	2.21
合计			802.71	1 266.38	2 090.41	-12.24					7.84	7.86	15.71	-22.88			181 512	39.45
同比（%）																		

（新疆维吾尔自治区口岸办提供）

2021 年乌鲁木齐海关主要数据统计表

项　目		2021 年	2020 年	同比（%）
进出口货运量（万吨）	合计	6 221.17	6 023.01	3.30
	进口	5 401.16	5 310.02	1.70
	出口	820.01	712.99	15.00
进出口贸易总值（万美元）	合计	—	—	—
	进口	—	—	—
	其中：江、海运输	—	—	—
	铁路运输	—	—	—
	汽车运输	—	—	—
	航空运输	—	—	—
	邮件运输	—	—	—
	其他运输	—	—	—
	出口	—	—	—
	其中：江、海运输	—	—	—
	铁路运输	—	—	—
	汽车运输	—	—	—
	航空运输	—	—	—
	邮件运输	—	—	—
	其他运输	—	—	—
税收（万元）	两税合计	—	—	—
	关税入库	—	—	—
	进口环节税入库	—	—	—

备注：进出口货运量以申报地作为统计口径。

（乌鲁木齐海关提供）

2021 年新疆维吾尔自治区口岸出入境主要数据表

项　目			2021 年	2020 年	同比（%）
出入境人员（人次）	出入境人员总数		157 074	203 677	-22.88
	入境人员		78 631	99 714	-21.14
	出境人员		78 443	103 963	-24.55
	出入境旅客		5 649	79 046	-92.85
	出入境员工		151 425	124 631	21.50
	中国公民	小计	42 178	100 439	-58.01
		内地居民（因公）	41 704	51 954	-19.73
		内地居民（因私）	474	48 367	-99.02
		港澳居民		102	-100.00
		台湾同胞		16	-100.00
	外籍人员		114 896	102 697	11.88
	从海港出入境人数				
	从陆港出入境人数		141 539	132 113	7.14
	从空港出入境人数		15 535	71 564	-78.29
交通运输工具（辆、艘、架、列次）	总计		181 512	130 166	39.45
	船舶				
	飞机		1 162	1 396	-16.76
	火车		30 916	29 368	2.21
	机动车辆		150 334	99 402	51.24

（新疆出入境边检总站提供）

第五篇

口岸相关法规

中华人民共和国国务院

国务院印发关于推进自由贸易试验区贸易投资便利化改革创新若干措施的通知

国发〔2021〕12号

各省、自治区、直辖市人民政府，国务院各部委、各直属机构：

现将《关于推进自由贸易试验区贸易投资便利化改革创新的若干措施》印发给你们，请认真贯彻落实。

国务院

2021年8月2日

（此件公开发布）

关于推进自由贸易试验区贸易投资便利化改革创新的若干措施

建设自由贸易试验区（以下简称自贸试验区）是以习近平同志为核心的党中央在新时代推进改革开放的重要战略举措，在我国改革开放进程中具有里程碑意义。为贯彻落实党中央、国务院决策部署，以制度创新为核心，积极发挥改革的突破和先导作用，加快对外开放高地建设，推动加快构建以国内大循环为主体、国内国际双循环相互促进的新发展格局，现就推进自贸试验区贸易投资便利化改革创新提出如下措施。

一、加大对港澳投资开放力度

在内地与香港、澳门关于建立更紧密经贸关系的安排（CEPA）框架下，将港澳服务提供者在自贸试验区投资设立旅行社的审批权限由省级旅游主管部门下放至自贸试验区。（商务部、文化和旅游部、国务院港澳办、各自贸试验区所在地省级人民政府按职责分工负责；适用范围：所有自贸试验区，以下除标注适用于特定自贸试验区的措施外，适用范围均为所有自贸试验区）

二、放开国际登记船舶法定检验

推进自贸试验区国际登记船舶法定检验放开，制定出台相关管理措施，允许依法获批的境外船舶检验机构对自贸试验区国际登记船舶开展法定检验。（交通运输部负责）

三、开展进口贸易创新

支持自贸试验区所在地培育进口贸易促进创新示范区，综合利用提高便利化水平、创新贸易模式、提升公共服务等多种手段，推动进口领域监管制度、商业模式、配套服务等多方面创新。（商务部牵头，有关部门按职责分工负责）

四、释放新型贸易方式潜力

支持自贸试验区发展离岸贸易，在符合税制改革方向、不导致税基侵蚀和利润转移的前提下，研究论证企业所得税、印花税相关政策。支持银行探索离岸转手买卖的真实性管理创新，依照展业原则，基于客户信用分类及业务模式提升审核效率，为企业开展真实合规离岸贸易业务提供优质金融服务，提高贸易结算便利化水平。（财政部、商务部、税务总局、国家外汇局按职责分工负责）

五、推进“两头在外”保税维修业务

出台保税维修相关管理规定。支持自贸试验区内企业按照综合保税区维修产品目录开展保税维修业务，由自贸试验区所在地省级人民政府对维修项目进行综合评估、自主支持开展，对所支持项目的监管等事项承担主体责任。（商务部牵

头，财政部、生态环境部、海关总署、税务总局按职责分工负责）

六、提升医药产品进口便利度

允许具备条件的自贸试验区开展跨境电商零售进口部分药品及医疗器械业务。支持符合条件的自贸试验区增设首次进口药品和生物制品口岸。（财政部、商务部、海关总署、税务总局、国家药监局按职责分工负责）

七、推进开放通道建设

在对外航权谈判中，支持自贸试验区所在城市的国际机场利用第五航权，在平等互利的基础上允许外国航空公司承载该城市至第三国的客货业务，积极向外国航空公司推荐并引导申请进入中国市场的外国航空公司执飞该机场。（中国民航局负责）

八、加快推进多式联运“一单制”

交通运输管理部门支持自贸试验区试点以铁路运输为主的多式联运“一单制”改革，鼓励自贸试验区制定并推行标准化多式联运运单等单证。加快推进全国多式联运公共信息系统建设，率先实现铁路与港口信息互联互通，进一步明确多式联运电子运单的数据标准、交换规则及参与联运各方的职责范围等。率先在国内陆上公铁联运使用标准化单证，逐步推广到内水陆上多式联运，做好与空运、海运运单的衔接，实现陆海空多式联运运单的统一。（交通运输部、商务部、海关总署、国家铁路局、中国民航局、中国国家铁路集团有限公司按职责分工负责）

九、探索赋予多式联运单证物权凭证功能

银行业监督管理机构会同交通运输管理部门、商务主管部门等单位研究出台自贸试验区铁路运输单证融资政策文件，引导和鼓励自贸试验区内市场主体、铁路企业和银行创新陆路贸易融资方式，在风险可控的前提下，开展赋予铁路运输单证物权属性的有益实践探索。通过司法实践积累经验，发布典型案例，条件成熟时形成司法解释，为完善国内相关立法提供支撑，逐步探索铁路运输单证、联运单证实现物权凭证功能。积极研究相关国际规则的修改和制定，推动在国际规则层面解决铁路运单物权凭证问题。（最高人民法院、交通运输部、商务部、人民银行、海关总署、银保监会、国家铁路局、中国国家铁路集团有限公司按职责分工负责）

十、进一步丰富商品期货品种

强化自贸试验区与期货交易所的合作，从国内市场需求强烈、对外依存度高、国际市场发展相对成熟的商品入手，上市航运期货等交易新品种。（证监会负责；适用范围：上海、辽宁、河南自贸试验区）

十一、加快引入境外交易者参与期货交易

加强自贸试验区内现有期货产品国际交易平台建设，发挥自贸试验区在交割仓库、仓储物流、金融服务等方面的功能，提升大宗商品期货市场对外开放水平。以现货国际化程度较高的已上市成熟品种为载体，加快引入境外交易者，建设以人民币计价、结算的国际大宗商品期货市场，形成境内外交易者共同参与、共同认可、具有广泛代表性的期货价格。在风险可控前提下，优化境外交易者从事期货交易外汇管理的开户、交易、结算和资金存管模式。（证监会牵头，人民银行、国家外汇局按职责分工负责；适用范围：上海、辽宁、河南自贸试验区）

十二、完善期货保税交割监管政策

对期货交易所在自贸试验区内的保税监管场所开展期货保税交割业务的货物品种及指定交割仓库实行备案制。对参与保税交割的法检商品，入库时集中检验，进出口报关时采信第三方机构质量、重量检验结果分批放行。（海关总署、证监会按职责分工负责）

十三、创新账户体系管理

在自贸试验区开展本外币合一银行账户体系试点，实现本币账户与外币账户在开立、变更和撤销等方面标准、规则和流程统一。（人民银行、国家外汇局按职责分工负责）

十四、开展融资租赁公司外债便利化试点

在全口径跨境融资宏观审慎框架下，允许注册在自贸试验区符合条件的融资租赁公司与其下设的特殊目的公司（SPV）共享外债额度。（国

家外汇局牵头，银保监会配合）

十五、开展知识产权证券化试点

以产业链条或产业集群高价值专利组合为基础，构建底层知识产权资产，在知识产权已确权并能产生稳定现金流的前提下，在符合条件的自贸试验区规范探索知识产权证券化模式。（人民银行、证监会、国家知识产权局按职责分工负责）

十六、开展网络游戏属地管理试点

在符合条件的自贸试验区所在地推进网络游戏审核试点工作。（中央宣传部负责）

十七、提升航运管理服务效率

将自贸试验区所在省份注册的国内水路运输企业经营的沿海省际客船、危险品船《船舶营业运输证》的配发、换发、补发、注销等管理事项，下放至自贸试验区所在地省级水路运输管理部门负责办理。（交通运输部负责）

十八、提高土地资源配置效率

在自贸试验区实行产业链供地，对产业链关键环节、核心项目涉及的多宗土地实行整体供应。支持有关地方在安排土地利用计划时，优先保障自贸试验区建设合理用地需求。（自然资源部负责）

十九、完善仲裁司法审查

明确对境外仲裁机构在自贸试验区设立的仲裁业务机构作出的仲裁裁决进行司法审查所涉及的法律适用问题。在认可企业之间约定在内地特定地点、按照特定仲裁规则、由特定人员对有关争议进行仲裁的仲裁协议效力的基础上，进一步明确该裁决在执行时的法律适用问题。支持国际商事争端预防与解决组织在自贸试验区运营，为区内企业提供“事前预防、事中调解、事后解决”全链条商事法律服务。（最高人民法院、司法部、中国贸促会按职责分工负责）

各地区、各部门要以习近平新时代中国特色社会主义思想为指导，深入贯彻党的十九大和十九届二中、三中、四中、五中全会精神，将推进自贸试验区改革开放创新发展列为本地区、本部门的重点工作，加强组织领导，简化各项改革措施落地程序和要求，对确需制定具体意见、办法、细则、方案的，应自本措施印发之日起一年内完成，确保落地见效。各地区、各部门、各自贸试验区要统筹发展和安全，牢固树立总体国家安全观，维护国家核心利益和政治安全，建立健全风险防控制度安排，主动服务大局；要坚持绿色发展，筑牢生态安全屏障。国务院自由贸易试验区工作部际联席会议办公室要切实发挥统筹协调作用，会同成员单位，加强各项改革举措的系统集成、协同高效，不断提高自贸试验区建设质量。各地区、各自贸试验区要承担主体责任，狠抓工作落实，确保各项改革创新举措接得住、落得准、推得开。需调整有关行政法规、国务院文件和部门规章规定的，按法定程序办理。重大事项及时向党中央、国务院请示报告。

中华人民共和国海关总署

中华人民共和国海关总署令

第 248 号

《中华人民共和国进口食品境外生产企业注册管理规定》已于 2021 年 3 月 12 日经海关总署署务会议审议通过，现予公布，自 2022 年 1 月 1 日起实施。2012 年 3 月 22 日原国家质量监督检验检疫总局令第 145 号公布，根据 2018 年 11 月 23 日海关总署令第 243 号修改的《进口食品境外生产企业注册管理规定》同时废止。

署长　倪岳峰

2021 年 4 月 12 日

中华人民共和国进口食品境外生产企业注册管理规定

第一章　总　则

第一条　为加强进口食品境外生产企业的注册管理，根据《中华人民共和国食品安全法》及其实施条例、《中华人民共和国进出口商品检验法》及其实施条例、《中华人民共和国进出境动植物检疫法》及其实施条例、《国务院关于加强食品等产品安全监督管理的特别规定》等法律、行政法规的规定，制定本规定。

第二条　向中国境内出口食品的境外生产、加工、贮存企业（以下统称进口食品境外生产企业）的注册管理适用本规定。前款规定的进口食品境外生产企业不包括食品添加剂、食品相关产品的生产、加工、贮存企业。

第三条　海关总署统一负责进口食品境外生产企业的注册管理工作。

第四条　进口食品境外生产企业，应当获得海关总署注册。

第二章　注册条件与程序

第五条　进口食品境外生产企业注册条件：

（一）所在国家（地区）的食品安全管理体系通过海关总署等效性评估、审查；

（二）经所在国家（地区）主管当局批准设立并在其有效监管下；

（三）建立有效的食品安全卫生管理和防护体系，在所在国家（地区）合法生产和出口，保证向中国境内出口的食品符合中国相关法律法规和食品安全国家标准；

（四）符合海关总署与所在国家（地区）主管当局商定的相关检验检疫要求。

第六条　进口食品境外生产企业注册方式包括所在国家（地区）主管当局推荐注册和企业申请注册。

海关总署根据对食品的原料来源、生产加工工艺、食品安全历史数据、消费人群、食用方式等因素的分析，并结合国际惯例确定进口食品境外生产企业注册方式和申请材料。

经风险分析或者有证据表明某类食品的风险发生变化的，海关总署可以对相应食品的境外生产企业注册方式和申请材料进行调整。

第七条　下列食品的境外生产企业由所在国家（地区）主管当局向海关总署推荐注册：肉与肉制品、肠衣、水产品、乳品、燕窝与燕窝制品、蜂产品、蛋与蛋制品、食用油脂和油料、包馅面食、食用谷物、谷物制粉工业产品和麦芽、保鲜和脱水蔬菜以及干豆、调味料、坚果与籽类、干果、未烘焙的咖啡豆与可可豆、特殊膳食食品、保健食品。

第八条 所在国家（地区）主管当局应当对其推荐注册的企业进行审核检查，确认符合注册要求后，向海关总署推荐注册并提交以下申请材料：

（一）所在国家（地区）主管当局推荐函；

（二）企业名单与企业注册申请书；

（三）企业身份证明文件，如所在国家（地区）主管当局颁发的营业执照等；

（四）所在国家（地区）主管当局推荐企业符合本规定要求的声明；

（五）所在国家（地区）主管当局对相关企业进行审核检查的审查报告。

必要时，海关总署可以要求提供企业食品安全卫生和防护体系文件，如企业厂区、车间、冷库的平面图，以及工艺流程图等。

第九条 本规定第七条所列食品以外的其他食品境外生产企业，应当自行或者委托代理人向海关总署提出注册申请并提交以下申请材料：

（一）企业注册申请书；

（二）企业身份证明文件，如所在国家（地区）主管当局颁发的营业执照等；

（三）企业承诺符合本规定要求的声明。

第十条 企业注册申请书内容应当包括企业名称、所在国家（地区）、生产场所地址、法定代表人、联系人、联系方式、所在国家（地区）主管当局批准的注册编号、申请注册食品种类、生产类型、生产能力等信息。

第十一条 注册申请材料应当用中文或者英文提交，相关国家（地区）与中国就注册方式和申请材料另有约定的，按照双方约定执行。

第十二条 所在国家（地区）主管当局或进口食品境外生产企业应当对提交材料的真实性、完整性、合法性负责。

第十三条 海关总署自行或者委托有关机构组织评审组，通过书面检查、视频检查、现场检查等形式及其组合，对申请注册的进口食品境外生产企业实施评估审查。评审组由 2 名以上评估审查人员组成。

进口食品境外生产企业和所在国家（地区）主管当局应当协助开展上述评估审查工作。

第十四条 海关总署根据评估审查情况，对符合要求的进口食品境外生产企业予以注册并给予在华注册编号，书面通知所在国家（地区）主管当局或进口食品境外生产企业；对不符合要求的进口食品境外生产企业不予注册，书面通知所在国家（地区）主管当局或进口食品境外生产企业。

第十五条 已获得注册的企业向中国境内出口食品时，应当在食品的内、外包装上标注在华注册编号或者所在国家（地区）主管当局批准的注册编号。

第十六条 进口食品境外生产企业注册有效期为 5 年。

海关总署在对进口食品境外生产企业予以注册时，应当确定注册有效期起止日期。

第十七条 海关总署统一公布获得注册的进口食品境外生产企业名单。

第三章 注册管理

第十八条 海关总署自行或者委托有关机构组织评审组，对进口食品境外生产企业是否持续符合注册要求的情况开展复查。评审组由 2 名以上评估审查人员组成。

第十九条 在注册有效期内，进口食品境外生产企业注册信息发生变化的，应当通过注册申请途径，向海关总署提交变更申请，并提交以下材料：

（一）注册事项变更信息对照表；

（二）与变更信息有关的证明材料。

海关总署评估后认为可以变更的，予以变更。

生产场所迁址、法定代表人变更或者所在国家（地区）授予的注册编号改变的应当重新申请注册，在华注册编号自动失效。

第二十条 进口食品境外生产企业需要延续注册的，应当在注册有效期届满前3至6个月内，通过注册申请途径，向海关总署提出延续注册申请。

延续注册申请材料包括：

（一）延续注册申请书；

（二）承诺持续符合注册要求的声明。

海关总署对符合注册要求的企业予以延续注册，注册有效期延长5年。

第二十一条 已注册进口食品境外生产企业有下列情形之一的，海关总署注销其注册，通知所在国家（地区）主管当局或进口食品境外生产企业，并予以公布：

（一）未按规定申请延续注册的；

（二）所在国家（地区）主管当局或进口食品境外生产企业主动申请注销的；

（三）不再符合本规定第五条第（二）项要求的。

第二十二条 进口食品境外生产企业所在国家（地区）主管当局应当对已注册企业实施有效监管，督促已注册企业持续符合注册要求，发现不符合注册要求的，应当立即采取控制措施，暂停相关企业向中国出口食品，直至整改符合注册要求。

进口食品境外生产企业自行发现不符合注册要求时，应当主动暂停向中国出口食品，立即采取整改措施，直至整改符合注册要求。

第二十三条 海关总署发现已注册进口食品境外生产企业不再符合注册要求的，应当责令其在规定期限内进行整改，整改期间暂停相关企业食品进口。

所在国家（地区）主管当局推荐注册的企业被暂停进口的，主管当局应当监督相关企业在规定期限内完成整改，并向海关总署提交书面整改报告和符合注册要求的书面声明。

自行或者委托代理人申请注册的企业被暂停进口的，应当在规定期限内完成整改，并向海关总署提交书面整改报告和符合注册要求的书面声明。

海关总署应当对企业整改情况进行审查，审查合格的，恢复相关企业食品进口。

第二十四条 已注册的进口食品境外生产企业有下列情形之一的，海关总署撤销其注册并予以公告：

（一）因企业自身原因致使进口食品发生重大食品安全事故的；

（二）向中国境内出口的食品在进境检验检疫中被发现食品安全问题，情节严重的；

（三）企业食品安全卫生管理存在重大问题，不能保证其向中国境内出口食品符合安全卫生要求的；

（四）经整改后仍不符合注册要求的；

（五）提供虚假材料、隐瞒有关情况的；

（六）拒不配合海关总署开展复查与事故调查的；

（七）出租、出借、转让、倒卖、冒用注册编号的。

第四章　附　则

第二十五条 国际组织或者向中国境内出口食品的国家（地区）主管当局发布疫情通报，或者相关食品在进境检验检疫中发现疫情、公共卫生事件等严重问题的，海关总署公告暂停该国家（地区）相关食品进口，在此期间不予受理该国家（地区）相关食品生产企业注册申请。

第二十六条 本规定中所在国家（地区）主管当局指进口食品境外生产企业所在国家（地区）负责食品生产企业安全卫生监管的官方部门。

第二十七条 本规定由海关总署负责解释。

第二十八条 本规定自2022年1月1日起施行。2012年3月22日原国家质量监督检验检疫总局令第145号公布，根据2018年11月23日海关总署令第243号修改的《进口食品境外生产企业注册管理规定》同时废止。

中华人民共和国海关总署令

第 249 号

《中华人民共和国进出口食品安全管理办法》已于 2021 年 3 月 12 日经海关总署署务会议审议通过，现予公布，自 2022 年 1 月 1 日起实施。2011 年 9 月 13 日原国家质量监督检验检疫总局令第 144 号公布并根据 2016 年 10 月 18 日原国家质量监督检验检疫总局令第 184 号以及 2018 年 11 月 23 日海关总署令第 243 号修改的《进出口食品安全管理办法》、2000 年 2 月 22 日原国家检验检疫局令第 20 号公布并根据 2018 年 4 月 28 日海关总署令第 238 号修改的《出口蜂蜜检验检疫管理办法》、2011 年 1 月 4 日原国家质量监督检验检疫总局令第 135 号公布并根据 2018 年 11 月 23 日海关总署令第 243 号修改的《进出口水产品检验检疫监督管理办法》、2011 年 1 月 4 日原国家质量监督检验检疫总局令第 136 号公布并根据 2018 年 11 月 23 日海关总署令第 243 号修改的《进出口肉类产品检验检疫监督管理办法》、2013 年 1 月 24 日原国家质量监督检验检疫总局令第 152 号公布并根据 2018 年 11 月 23 日海关总署令第 243 号修改的《进出口乳品检验检疫监督管理办法》、2017 年 11 月 14 日原国家质量监督检验检疫总局令第 192 号公布并根据 2018 年 11 月 23 日海关总署令第 243 号修改的《出口食品生产企业备案管理规定》同时废止。

署长　倪岳峰

2021 年 4 月 14 日

中华人民共和国进出口食品安全管理办法

第一章　总　则

第一条　为了保障进出口食品安全，保护人类、动植物生命和健康，根据《中华人民共和国食品安全法》（以下简称《食品安全法》）及其实施条例、《中华人民共和国海关法》《中华人民共和国进出口商品检验法》及其实施条例、《中华人民共和国进出境动植物检疫法》及其实施条例、《中华人民共和国国境卫生检疫法》及其实施细则、《中华人民共和国农产品质量安全法》和《国务院关于加强食品等产品安全监督管理的特别规定》等法律、行政法规的规定，制定本办法。

第二条　从事下列活动，应当遵守本办法：

（一）进出口食品生产经营活动；

（二）海关对进出口食品生产经营者及其进出口食品安全实施监督管理。

进出口食品添加剂、食品相关产品的生产经营活动按照海关总署相关规定执行。

第三条　进出口食品安全工作坚持安全第一、预防为主、风险管理、全程控制、国际共治的原则。

第四条　进出口食品生产经营者对其生产经营的进出口食品安全负责。

进出口食品生产经营者应当依照中国缔结或者参加的国际条约、协定，中国法律法规和食品安全国家标准从事进出口食品生产经营活动，依法接受监督管理，保证进出口食品安全，对社会和公众负责，承担社会责任。

第五条　海关总署主管全国进出口食品安全监督管理工作。

各级海关负责所辖区域进出口食品安全监督管理工作。

第六条　海关运用信息化手段提升进出口食品安全监督管理水平。

第七条　海关加强进出口食品安全的宣传教育，开展食品安全法律、行政法规以及食品安全国家标准和知识的普及工作。

海关加强与食品安全国际组织、境外政府机构、境外食品行业协会、境外消费者协会等交流与合作，营造进出口食品安全国际共治格局。

第八条　海关从事进出口食品安全监督管理

的人员应当具备相关专业知识。

第二章　食品进口

第九条　进口食品应当符合中国法律法规和食品安全国家标准，中国缔结或者参加的国际条约、协定有特殊要求的，还应当符合国际条约、协定的要求。

进口尚无食品安全国家标准的食品，应当符合国务院卫生行政部门公布的暂予适用的相关标准要求。

利用新的食品原料生产的食品，应当依照《食品安全法》第三十七条的规定，取得国务院卫生行政部门新食品原料卫生行政许可。

第十条　海关依据进出口商品检验相关法律、行政法规的规定对进口食品实施合格评定。

进口食品合格评定活动包括：向中国境内出口食品的境外国家（地区）〔以下简称境外国家（地区）〕食品安全管理体系评估和审查、境外生产企业注册、进出口商备案和合格保证、进境动植物检疫审批、随附合格证明检查、单证审核、现场查验、监督抽检、进口和销售记录检查以及各项的组合。

第十一条　海关总署可以对境外国家（地区）的食品安全管理体系和食品安全状况开展评估和审查，并根据评估和审查结果，确定相应的检验检疫要求。

第十二条　有下列情形之一的，海关总署可以对境外国家（地区）启动评估和审查：

（一）境外国家（地区）申请向中国首次输出某类（种）食品的；

（二）境外国家（地区）食品安全、动植物检疫法律法规、组织机构等发生重大调整的；

（三）境外国家（地区）主管部门申请对其输往中国某类（种）食品的检验检疫要求发生重大调整的；

（四）境外国家（地区）发生重大动植物疫情或者食品安全事件的；

（五）海关在输华食品中发现严重问题，认为存在动植物疫情或者食品安全隐患的；

（六）其他需要开展评估和审查的情形。

第十三条　境外国家（地区）食品安全管理体系评估和审查主要包括对以下内容的评估、确认：

（一）食品安全、动植物检疫相关法律法规；

（二）食品安全监督管理组织机构；

（三）动植物疫情流行情况及防控措施；

（四）致病微生物、农兽药和污染物等管理和控制；

（五）食品生产加工、运输仓储环节安全卫生控制；

（六）出口食品安全监督管理；

（七）食品安全防护、追溯和召回体系；

（八）预警和应急机制；

（九）技术支撑能力；

（十）其他涉及动植物疫情、食品安全的情况。

第十四条　海关总署可以组织专家通过资料审查、视频检查、现场检查等形式及其组合，实施评估和审查。

第十五条　海关总署组织专家对接受评估和审查的国家（地区）递交的申请资料、书面评估问卷等资料实施审查，审查内容包括资料的真实性、完整性和有效性。根据资料审查情况，海关总署可以要求相关国家（地区）的主管部门补充缺少的信息或者资料。

对已通过资料审查的国家（地区），海关总署可以组织专家对其食品安全管理体系实施视频检查或者现场检查。对发现的问题可以要求相关国家（地区）主管部门及相关企业实施整改。

相关国家（地区）应当为评估和审查提供必要的协助。

第十六条　接受评估和审查的国家（地区）有下列情形之一，海关总署可以终止评估和审查，并通知相关国家（地区）主管部门：

（一）收到书面评估问卷12个月内未反馈的；

（二）收到海关总署补充信息和材料的通知

3个月内未按要求提供的；

（三）突发重大动植物疫情或者重大食品安全事件的；

（四）未能配合中方完成视频检查或者现场检查、未能有效完成整改的；

（五）主动申请终止评估和审查的。

前款第一、二项情形，相关国家（地区）主管部门因特殊原因可以申请延期，经海关总署同意，按照海关总署重新确定的期限递交相关材料。

第十七条 评估和审查完成后，海关总署向接受评估和审查的国家（地区）主管部门通报评估和审查结果。

第十八条 海关总署对向中国境内出口食品的境外生产企业实施注册管理，并公布获得注册的企业名单。

第十九条 向中国境内出口食品的境外出口商或者代理商（以下简称“境外出口商或者代理商”）应当向海关总署备案。

食品进口商应当向其住所地海关备案。

境外出口商或者代理商、食品进口商办理备案时，应当对其提供资料的真实性、有效性负责。

境外出口商或者代理商、食品进口商备案名单由海关总署公布。

第二十条 境外出口商或者代理商、食品进口商备案内容发生变更的，应当在变更发生之日起60日内，向备案机关办理变更手续。

海关发现境外出口商或者代理商、食品进口商备案信息错误或者备案内容未及时变更的，可以责令其在规定期限内更正。

第二十一条 食品进口商应当建立食品进口和销售记录制度，如实记录食品名称、净含量/规格、数量、生产日期、生产或者进口批号、保质期、境外出口商和购货者名称、地址及联系方式、交货日期等内容，并保存相关凭证。记录和凭证保存期限不得少于食品保质期满后6个月；没有明确保质期的，保存期限为销售后2年以上。

第二十二条 食品进口商应当建立境外出口商、境外生产企业审核制度，重点审核下列内容：

（一）制定和执行食品安全风险控制措施情况；

（二）保证食品符合中国法律法规和食品安全国家标准的情况。

第二十三条 海关依法对食品进口商实施审核活动的情况进行监督检查。食品进口商应当积极配合，如实提供相关情况和材料。

第二十四条 海关可以根据风险管理需要，对进口食品实施指定口岸进口，指定监管场地检查。指定口岸、指定监管场地名单由海关总署公布。

第二十五条 食品进口商或者其代理人进口食品时应当依法向海关如实申报。

第二十六条 海关依法对应当实施入境检疫的进口食品实施检疫。

第二十七条 海关依法对需要进境动植物检疫审批的进口食品实施检疫审批管理。食品进口商应当在签订贸易合同或者协议前取得进境动植物检疫许可。

第二十八条 海关根据监督管理需要，对进口食品实施现场查验，现场查验包括但不限于以下内容：

（一）运输工具、存放场所是否符合安全卫生要求；

（二）集装箱号、封识号、内外包装上的标识内容、货物的实际状况是否与申报信息及随附单证相符；

（三）动植物源性食品、包装物及铺垫材料是否存在《进出境动植物检疫法实施条例》第二十二条规定的情况；

（四）内外包装是否符合食品安全国家标准，是否存在污染、破损、湿浸、渗透；

（五）内外包装的标签、标识及说明书是否符合法律、行政法规、食品安全国家标准以及海关总署规定的要求；

（六）食品感官性状是否符合该食品应有性

状；

（七）冷冻冷藏食品的新鲜程度、中心温度是否符合要求、是否有病变、冷冻冷藏环境温度是否符合相关标准要求、冷链控温设备设施运作是否正常、温度记录是否符合要求，必要时可以进行蒸煮试验。

第二十九条 海关制定年度国家进口食品安全监督抽检计划和专项进口食品安全监督抽检计划，并组织实施。

第三十条 进口食品的包装和标签、标识应当符合中国法律法规和食品安全国家标准；依法应当有说明书的，还应当有中文说明书。

对于进口鲜冻肉类产品，内外包装上应当有牢固、清晰、易辨的中英文或者中文和出口国家（地区）文字标识，标明以下内容：产地国家（地区）、品名、生产企业注册编号、生产批号；外包装上应当以中文标明规格、产地（具体到州/省/市）、目的地、生产日期、保质期限、储存温度等内容，必须标注目的地为中华人民共和国，加施出口国家（地区）官方检验检疫标识。

对于进口水产品，内外包装上应当有牢固、清晰、易辨的中英文或者中文和出口国家（地区）文字标识，标明以下内容：商品名和学名、规格、生产日期、批号、保质期限和保存条件、生产方式（海水捕捞、淡水捕捞、养殖）、生产地区（海洋捕捞海域、淡水捕捞国家或者地区、养殖产品所在国家或者地区）、涉及的所有生产加工企业（含捕捞船、加工船、运输船、独立冷库）名称、注册编号及地址（具体到州/省/市）、必须标注目的地为中华人民共和国。

进口保健食品、特殊膳食用食品的中文标签必须印制在最小销售包装上，不得加贴。

进口食品内外包装有特殊标识规定的，按照相关规定执行。

第三十一条 进口食品运达口岸后，应当存放在海关指定或者认可的场所；需要移动的，必须经海关允许，并按照海关要求采取必要的安全防护措施。

指定或者认可的场所应当符合法律、行政法规和食品安全国家标准规定的要求。

第三十二条 大宗散装进口食品应当按照海关要求在卸货口岸进行检验。

第三十三条 进口食品经海关合格评定合格的，准予进口。

进口食品经海关合格评定不合格的，由海关出具不合格证明；涉及安全、健康、环境保护项目不合格的，由海关书面通知食品进口商，责令其销毁或者退运；其他项目不合格的，经技术处理符合合格评定要求的，方准进口。相关进口食品不能在规定时间内完成技术处理或者经技术处理仍不合格的，由海关责令食品进口商销毁或者退运。

第三十四条 境外发生食品安全事件可能导致中国境内食品安全隐患，或者海关实施进口食品监督管理过程中发现不合格进口食品，或者发现其他食品安全问题的，海关总署和经授权的直属海关可以依据风险评估结果对相关进口食品实施提高监督抽检比例等控制措施。

海关依照前款规定对进口食品采取提高监督抽检比例等控制措施后，再次发现不合格进口食品，或者有证据显示进口食品存在重大安全隐患的，海关总署和经授权的直属海关可以要求食品进口商逐批向海关提交有资质的检验机构出具的检验报告。海关应当对食品进口商提供的检验报告进行验核。

第三十五条 有下列情形之一的，海关总署依据风险评估结果，可以对相关食品采取暂停或者禁止进口的控制措施：

（一）出口国家（地区）发生重大动植物疫情，或者食品安全体系发生重大变化，无法有效保证输华食品安全的；

（二）进口食品被检疫传染病病原体污染，或者有证据表明能够成为检疫传染病传播媒介，且无法实施有效卫生处理的；

（三）海关实施本办法第三十四条第二款规定控制措施的进口食品，再次发现相关安全、健康、环境保护项目不合格的；

（四）境外生产企业违反中国相关法律法规，

情节严重的；

（五）其他信息显示相关食品存在重大安全隐患的。

第三十六条 进口食品安全风险已降低到可控水平时，海关总署和经授权的直属海关可以按照以下方式解除相应控制措施：

（一）实施本办法第三十四条第一款控制措施的食品，在规定的时间、批次内未被发现不合格的，在风险评估基础上可以解除该控制措施；

（二）实施本办法第三十四条第二款控制措施的食品，出口国家（地区）已采取预防措施，经海关总署风险评估能够保障食品安全、控制动植物疫情风险，或者从实施该控制措施之日起在规定时间、批次内未发现不合格食品的，海关在风险评估基础上可以解除该控制措施；

（三）实施暂停或者禁止进口控制措施的食品，出口国家（地区）主管部门已采取风险控制措施，且经海关总署评估符合要求的，可以解除暂停或者禁止进口措施。恢复进口的食品，海关总署视评估情况可以采取本办法第三十四条规定的控制措施。

第三十七条 食品进口商发现进口食品不符合法律、行政法规和食品安全国家标准，或者有证据证明可能危害人体健康，应当按照《食品安全法》第六十三条和第九十四条第三款规定，立即停止进口、销售和使用，实施召回，通知相关生产经营者和消费者，记录召回和通知情况，并将食品召回、通知和处理情况向所在地海关报告。

第三章　食品出口

第三十八条 出口食品生产企业应当保证其出口食品符合进口国家（地区）的标准或者合同要求；中国缔结或者参加的国际条约、协定有特殊要求的，还应当符合国际条约、协定的要求。

进口国家（地区）暂无标准，合同也未作要求，且中国缔结或者参加的国际条约、协定无相关要求的，出口食品生产企业应当保证其出口食品符合中国食品安全国家标准。

第三十九条 海关依法对出口食品实施监督管理。出口食品监督管理措施包括：出口食品原料种植养殖场备案、出口食品生产企业备案、企业核查、单证审核、现场查验、监督抽检、口岸抽查、境外通报核查以及各项的组合。

第四十条 出口食品原料种植、养殖场应当向所在地海关备案。海关总署统一公布原料种植、养殖场备案名单，备案程序和要求由海关总署制定。

第四十一条 海关依法采取资料审查、现场检查、企业核查等方式，对备案原料种植、养殖场进行监督。

第四十二条 出口食品生产企业应当向住所地海关备案，备案程序和要求由海关总署制定。

第四十三条 境外国家（地区）对中国输往该国家（地区）的出口食品生产企业实施注册管理且要求海关总署推荐的，出口食品生产企业须向住所地海关提出申请，住所地海关进行初核后报海关总署。

海关总署结合企业信用、监督管理以及住所地海关初核情况组织开展对外推荐注册工作，对外推荐注册程序和要求由海关总署制定。

第四十四条 出口食品生产企业应当建立完善可追溯的食品安全卫生控制体系，保证食品安全卫生控制体系有效运行，确保出口食品生产、加工、贮存过程持续符合中国相关法律法规、出口食品生产企业安全卫生要求；进口国家（地区）相关法律法规和相关国际条约、协定有特殊要求的，还应当符合相关要求。

出口食品生产企业应当建立供应商评估制度、进货查验记录制度、生产记录档案制度、出厂检验记录制度、出口食品追溯制度和不合格食品处置制度。相关记录应当真实有效，保存期限不得少于食品保质期期满后6个月；没有明确保质期的，保存期限不得少于2年。

第四十五条 出口食品生产企业应当保证出口食品包装和运输方式符合食品安全要求。

第四十六条 出口食品生产企业应当在运输

包装上标注生产企业备案号、产品品名、生产批号和生产日期。

进口国家（地区）或者合同有特殊要求的，在保证产品可追溯的前提下，经直属海关同意，出口食品生产企业可以调整前款规定的标注项目。

第四十七条 海关应当对辖区内出口食品生产企业的食品安全卫生控制体系运行情况进行监督检查。

监督检查包括日常监督检查和年度监督检查。监督检查可以采取资料审查、现场检查、企业核查等方式，并可以与出口食品境外通报核查、监督抽检、现场查验等工作结合开展。

第四十八条 出口食品应当依法由产地海关实施检验检疫。

海关总署根据便利对外贸易和出口食品检验检疫工作需要，可以指定其他地点实施检验检疫。

第四十九条 出口食品生产企业、出口商应当按照法律、行政法规和海关总署规定，向产地或者组货地海关提出出口申报前监管申请。

产地或者组货地海关受理食品出口申报前监管申请后，依法对需要实施检验检疫的出口食品实施现场检查和监督抽检。

第五十条 海关制定年度国家出口食品安全监督抽检计划并组织实施。

第五十一条 出口食品经海关现场检查和监督抽检符合要求的，由海关出具证书，准予出口。进口国家（地区）对证书形式和内容要求有变化的，经海关总署同意可以对证书形式和内容进行变更。

出口食品经海关现场检查和监督抽检不符合要求的，由海关书面通知出口商或者其代理人。相关出口食品可以进行技术处理的，经技术处理合格后方准出口；不能进行技术处理或者经技术处理仍不合格的，不准出口。

第五十二条 食品出口商或者其代理人出口食品时应当依法向海关如实申报。

第五十三条 海关对出口食品在口岸实施查验，查验不合格的，不准出口。

第五十四条 出口食品因安全问题被国际组织、境外政府机构通报的，海关总署应当组织开展核查，并根据需要实施调整监督抽检比例、要求食品出口商逐批向海关提交有资质的检验机构出具的检验报告、撤回向境外官方主管机构的注册推荐等控制措施。

第五十五条 出口食品存在安全问题，已经或者可能对人体健康和生命安全造成损害的，出口食品生产经营者应当立即采取相应措施，避免和减少损害发生，并向所在地海关报告。

第五十六条 海关在实施出口食品监督管理时发现安全问题的，应当向同级政府和上一级政府食品安全主管部门通报。

第四章　监督管理

第五十七条 海关总署依照《食品安全法》第一百条规定，收集、汇总进出口食品安全信息，建立进出口食品安全信息管理制度。

各级海关负责本辖区内以及上级海关指定的进出口食品安全信息的收集和整理工作，并按照有关规定通报本辖区地方政府、相关部门、机构和企业。通报信息涉及其他地区的，应当同时通报相关地区海关。

海关收集、汇总的进出口食品安全信息，除《食品安全法》第一百条规定内容外，还包括境外食品技术性贸易措施信息。

第五十八条 海关应当对收集到的进出口食品安全信息开展风险研判，依据风险研判结果，确定相应的控制措施。

第五十九条 境内外发生食品安全事件或者疫情疫病可能影响到进出口食品安全的，或者在进出口食品中发现严重食品安全问题的，直属海关应当及时上报海关总署；海关总署根据情况进行风险预警，在海关系统内发布风险警示通报，并向国务院食品安全监督管理、卫生行政、农业行政部门通报，必要时向消费者发布风险警示通告。

海关总署发布风险警示通报的，应当根据风险警示通报要求对进出口食品采取本办法第三十四条、第三十五条、第三十六条和第五十四条规定的控制措施。

第六十条 海关制定年度国家进出口食品安全风险监测计划，系统和持续收集进出口食品中食源性疾病、食品污染和有害因素的监测数据及相关信息。

第六十一条 境外发生的食品安全事件可能对中国境内造成影响，或者评估后认为存在不可控风险的，海关总署可以参照国际通行做法，直接在海关系统内发布风险预警通报或者向消费者发布风险预警通告，并采取本办法第三十四条、第三十五条和第三十六条规定的控制措施。

第六十二条 海关制定并组织实施进出口食品安全突发事件应急处置预案。

第六十三条 海关在依法履行进出口食品安全监督管理职责时，有权采取下列措施：

（一）进入生产经营场所实施现场检查；

（二）对生产经营的食品进行抽样检验；

（三）查阅、复制有关合同、票据、账簿以及其他有关资料；

（四）查封、扣押有证据证明不符合食品安全国家标准或者有证据证明存在安全隐患以及违法生产经营的食品。

第六十四条 海关依法对进出口企业实施信用管理。

第六十五条 海关依法对进出口食品生产经营者以及备案原料种植、养殖场开展稽查、核查。

第六十六条 过境食品应当符合海关总署对过境货物的监管要求。过境食品过境期间，未经海关批准，不得开拆包装或者卸离运输工具，并应当在规定期限内运输出境。

第六十七条 进出口食品生产经营者对海关的检验结果有异议的，可以按照进出口商品复验相关规定申请复验。

有下列情形之一的，海关不受理复验：

（一）检验结果显示微生物指标超标的；

（二）复验备份样品超过保质期的；

（三）其他原因导致备份样品无法实现复验目的的。

第五章 法律责任

第六十八条 食品进口商备案内容发生变更，未按照规定向海关办理变更手续，情节严重的，海关处以警告。

食品进口商在备案中提供虚假备案信息的，海关处 1 万元以下罚款。

第六十九条 境内进出口食品生产经营者不配合海关进出口食品安全核查工作，拒绝接受询问、提供材料，或者答复内容和提供材料与实际情况不符的，海关处以警告或者 1 万元以下罚款。

第七十条 海关在进口预包装食品监管中，发现进口预包装食品未加贴中文标签或者中文标签不符合法律法规和食品安全国家标准，食品进口商拒不按照海关要求实施销毁、退运或者技术处理的，海关处以警告或者 1 万元以下罚款。

第七十一条 未经海关允许，将进口食品提离海关指定或者认可的场所的，海关责令改正，并处 1 万元以下罚款。

第七十二条 下列违法行为属于《食品安全法》第一百二十九条第一款第三项规定的“未遵守本法的规定出口食品”的，由海关依照《食品安全法》第一百二十四条的规定给予处罚：

（一）擅自调换经海关监督抽检并已出具证单的出口食品的；

（二）出口掺杂掺假、以假充真、以次充好的食品或者以不合格出口食品冒充合格出口食品的；

（三）出口未获得备案出口食品生产企业生产的食品的；

（四）向有注册要求的国家（地区）出口未获得注册出口食品生产企业生产食品的或者出口已获得注册出口食品生产企业生产的注册范围外食品的；

（五）出口食品生产企业生产的出口食品未按照规定使用备案种植、养殖场原料的；

（六）出口食品生产经营者有《食品安全法》第一百二十三条、第一百二十四条、第一百二十五条、第一百二十六条规定情形，且出口食品不符合进口国家（地区）要求的。

第七十三条 违反本办法规定，构成犯罪的，依法追究刑事责任。

第六章 附 则

第七十四条 海关特殊监管区域、保税监管场所、市场采购、边境小额贸易和边民互市贸易进出口食品安全监督管理，按照海关总署有关规定执行。

第七十五条 邮寄、快件、跨境电子商务零售和旅客携带方式进出口食品安全监督管理，按照海关总署有关规定办理。

第七十六条 样品、礼品、赠品、展示品、援助等非贸易性的食品，免税经营的食品，外国驻中国使领馆及其人员进出境公用、自用的食品，驻外使领馆及其人员公用、自用的食品，中国企业驻外人员自用的食品的监督管理，按照海关总署有关规定办理。

第七十七条 本办法所称进出口食品生产经营者包括：向中国境内出口食品的境外生产企业、境外出口商或者代理商、食品进口商、出口食品生产企业、出口商以及相关人员等。

本办法所称进口食品的境外生产企业包括向中国出口食品的境外生产、加工、贮存企业等。

本办法所称进口食品的进出口商包括向中国出口食品的境外出口商或者代理商、食品进口商。

第七十八条 本办法由海关总署负责解释。

第七十九条 本办法自 2022 年 1 月 1 日起施行。2011 年 9 月 13 日原国家质量监督检验检疫总局令第 144 号公布并根据 2016 年 10 月 18 日原国家质量监督检验检疫总局令第 184 号以及 2018 年 11 月 23 日海关总署令第 243 号修改的《进出口食品安全管理办法》、2000 年 2 月 22 日原国家检验检疫局令第 20 号公布并根据 2018 年 4 月 28 日海关总署令第 238 号修改的《出口蜂蜜检验检疫管理办法》、2011 年 1 月 4 日原国家质量监督检验检疫总局令第 135 号公布并根据 2018 年 11 月 23 日海关总署令第 243 号修改的《进出口水产品检验检疫监督管理办法》、2011 年 1 月 4 日原国家质量监督检验检疫总局令第 136 号公布并根据 2018 年 11 月 23 日海关总署令第 243 号修改的《进出口肉类产品检验检疫监督管理办法》、2013 年 1 月 24 日原国家质量监督检验检疫总局令第 152 号公布并根据 2018 年 11 月 23 日海关总署令第 243 号修改的《进出口乳品检验检疫监督管理办法》、2017 年 11 月 14 日原国家质量监督检验检疫总局令第 192 号公布并根据 2018 年 11 月 23 日海关总署令第 243 号修改的《出口食品生产企业备案管理规定》同时废止。

中华人民共和国海关总署令

第 251 号

《中华人民共和国海关注册登记和备案企业信用管理办法》已于 2021 年 9 月 6 日经海关总署署务会议审议通过，现予公布，自 2021 年 11 月 1 日起实施。2018 年 3 月 3 日海关总署令第 237 号公布的《中华人民共和国海关企业信用管理办法》同时废止。

署长 倪岳峰

2021 年 9 月 13 日

中华人民共和国海关注册登记和备案企业信用管理办法

第一章 总 则

第一条 为了建立海关注册登记和备案企业信用管理制度，推进社会信用体系建设，促进贸易安全与便利，根据《中华人民共和国海关法》《中华人民共和国海关稽查条例》《企业信息公示暂行条例》《优化营商环境条例》以及其他有关法律、行政法规的规定，制定本办法。

第二条 海关注册登记和备案企业（以下简称企业）以及企业相关人员信用信息的采集、公示，企业信用状况的认证、认定及管理等适用本办法。

第三条 海关按照诚信守法便利、失信违法惩戒、依法依规、公正公开原则，对企业实施信用管理。

第四条 海关根据企业申请，按照本办法规定的标准和程序将企业认证为高级认证企业的，对其实施便利的管理措施。

海关根据采集的信用信息，按照本办法规定的标准和程序将违法违规企业认定为失信企业的，对其实施严格的管理措施。

海关对高级认证企业和失信企业之外的其他企业实施常规的管理措施。

第五条 海关向企业提供信用培育服务，帮助企业强化诚信守法意识，提高诚信经营水平。

第六条 海关根据社会信用体系建设有关要求，与国家有关部门实施守信联合激励和失信联合惩戒，推进信息互换、监管互认、执法互助。

第七条 海关建立企业信用修复机制，依法对企业予以信用修复。

第八条 中国海关依据有关国际条约、协定以及本办法，开展与其他国家或者地区海关的“经认证的经营者”（AEO）互认合作，并且给予互认企业相关便利措施。

第九条 海关建立企业信用管理系统，运用信息化手段提升海关企业信用管理水平。

第二章　信用信息采集和公示

第十条 海关可以采集反映企业信用状况的下列信息：

（一）企业注册登记或者备案信息以及企业相关人员基本信息；

（二）企业进出口以及与进出口相关的经营信息；

（三）企业行政许可信息；

（四）企业及其相关人员行政处罚和刑事处罚信息；

（五）海关与国家有关部门实施联合激励和联合惩戒信息；

（六）AEO 互认信息；

（七）其他反映企业信用状况的相关信息。

第十一条 海关应当及时公示下列信用信息，并公布查询方式：

（一）企业在海关注册登记或者备案信息；

（二）海关对企业信用状况的认证或者认定结果；

（三）海关对企业的行政许可信息；

（四）海关对企业的行政处罚信息；

（五）海关与国家有关部门实施联合激励和联合惩戒信息；

（六）其他依法应当公示的信息。

公示的信用信息涉及国家秘密、国家安全、社会公共利益、商业秘密或者个人隐私的，应当依照法律、行政法规的规定办理。

第十二条 自然人、法人或者非法人组织认为海关公示的信用信息不准确的，可以向海关提出异议，并且提供相关资料或者证明材料。

海关应当自收到异议申请之日起 20 日内进行复核。自然人、法人或者非法人组织提出异议的理由成立的，海关应当采纳。

第三章　高级认证企业的认证标准和程序

第十三条 高级认证企业的认证标准分为通用标准和单项标准。

高级认证企业的通用标准包括内部控制、财务状况、守法规范以及贸易安全等内容。

高级认证企业的单项标准是海关针对不同企业类型和经营范围制定的认证标准。

第十四条 高级认证企业应当同时符合通用标准和相应的单项标准。

通用标准和单项标准由海关总署另行制定并

公布。

第十五条 企业申请成为高级认证企业的，应当向海关提交书面申请，并按照海关要求提交相关资料。

第十六条 海关依据高级认证企业通用标准和相应的单项标准，对企业提交的申请和有关资料进行审查，并赴企业进行实地认证。

第十七条 海关应当自收到申请及相关资料之日起 90 日内进行认证并作出决定。特殊情形下，海关的认证时限可以延长 30 日。

第十八条 经认证，符合高级认证企业标准的企业，海关制发高级认证企业证书；不符合高级认证企业标准的企业，海关制发未通过认证决定书。

高级认证企业证书、未通过认证决定书应当送达申请人，并且自送达之日起生效。

第十九条 海关对高级认证企业每 5 年复核一次。企业信用状况发生异常情况的，海关可以不定期开展复核。

经复核，不再符合高级认证企业标准的，海关应当制发未通过复核决定书，并收回高级认证企业证书。

第二十条 海关可以委托社会中介机构就高级认证企业认证、复核相关问题出具专业结论。

企业委托社会中介机构就高级认证企业认证、复核相关问题出具的专业结论，可以作为海关认证、复核的参考依据。

第二十一条 企业有下列情形之一的，1 年内不得提出高级认证企业认证申请：

（一）未通过高级认证企业认证或者复核的；

（二）放弃高级认证企业管理的；

（三）撤回高级认证企业认证申请的；

（四）高级认证企业被海关下调信用等级的；

（五）失信企业被海关上调信用等级的。

第四章 失信企业的认定标准、程序和信用修复

第二十二条 企业有下列情形之一的，海关认定为失信企业：

（一）被海关侦查走私犯罪公安机构立案侦查并由司法机关依法追究刑事责任的；

（二）构成走私行为被海关行政处罚的；

（三）非报关企业 1 年内违反海关的监管规定被海关行政处罚的次数超过上年度报关单、进出境备案清单、进出境运输工具舱单等单证（以下简称“相关单证”）总票数千分之一且被海关行政处罚金额累计超过 100 万元的；

报关企业 1 年内违反海关的监管规定被海关行政处罚的次数超过上年度相关单证总票数万分之五且被海关行政处罚金额累计超过 30 万元的；

上年度相关单证票数无法计算的，1 年内因违反海关的监管规定被海关行政处罚，非报关企业处罚金额累计超过 100 万元、报关企业处罚金额累计超过 30 万元的；

（四）自缴纳期限届满之日起超过 3 个月仍未缴纳税款的；

（五）自缴纳期限届满之日起超过 6 个月仍未缴纳罚款、没收的违法所得和追缴的走私货物、物品等值价款，并且超过 1 万元的；

（六）抗拒、阻碍海关工作人员依法执行职务，被依法处罚的；

（七）向海关工作人员行贿，被处以罚款或者被依法追究刑事责任的；

（八）法律、行政法规、海关规章规定的其他情形。

第二十三条 失信企业存在下列情形的，海关依照法律、行政法规等有关规定实施联合惩戒，将其列入严重失信主体名单：

（一）违反进出口食品安全管理规定、进出口化妆品监督管理规定或者走私固体废物被依法追究刑事责任的；

（二）非法进口固体废物被海关行政处罚金额超过 250 万元的。

第二十四条 海关在作出认定失信企业决定前，应当书面告知企业拟作出决定的事由、依据和依法享有的陈述、申辩权利。

海关拟依照本办法第二十三条规定将企业列

入严重失信主体名单的，还应当告知企业列入的惩戒措施提示、移出条件、移出程序及救济措施。

第二十五条 企业对海关拟认定失信企业决定或者列入严重失信主体名单决定提出陈述、申辩的，应当在收到书面告知之日起5个工作日内向海关书面提出。

海关应当在20日内进行核实，企业提出的理由成立的，海关应当采纳。

第二十六条 未被列入严重失信主体名单的失信企业纠正失信行为，消除不良影响，并且符合下列条件的，可以向海关书面申请信用修复并提交相关证明材料：

（一）因存在本办法第二十二条第二项、第六项情形被认定为失信企业满1年的；

（二）因存在本办法第二十二条第三项情形被认定为失信企业满6个月的；

（三）因存在本办法第二十二条第四项、第五项情形被认定为失信企业满3个月的。

第二十七条 经审核符合信用修复条件的，海关应当自收到企业信用修复申请之日起20日内作出准予信用修复决定。

第二十八条 失信企业连续2年未发生本办法第二十二条规定情形的，海关应当对失信企业作出信用修复决定。

前款所规定的失信企业已被列入严重失信主体名单的，应当将其移出严重失信主体名单并通报相关部门。

第二十九条 法律、行政法规和党中央、国务院政策文件明确规定不可修复的，海关不予信用修复。

第五章 管理措施

第三十条 高级认证企业是中国海关AEO，适用下列管理措施：

（一）进出口货物平均查验率低于实施常规管理措施企业平均查验率的20%，法律、行政法规或者海关总署有特殊规定的除外；

（二）出口货物原产地调查平均抽查比例在企业平均抽查比例的20%以下，法律、行政法规或者海关总署有特殊规定的除外；

（三）优先办理进出口货物通关手续及相关业务手续；

（四）优先向其他国家（地区）推荐农产品、食品等出口企业的注册；

（五）可以向海关申请免除担保；

（六）减少对企业稽查、核查频次；

（七）可以在出口货物运抵海关监管区之前向海关申报；

（八）海关为企业设立协调员；

（九）AEO互认国家或者地区海关通关便利措施；

（十）国家有关部门实施的守信联合激励措施；

（十一）因不可抗力中断国际贸易恢复后优先通关；

（十二）海关总署规定的其他管理措施。

第三十一条 失信企业适用下列管理措施：

（一）进出口货物查验率80%以上；

（二）经营加工贸易业务的，全额提供担保；

（三）提高对企业稽查、核查频次；

（四）海关总署规定的其他管理措施。

第三十二条 办理同一海关业务涉及的企业信用等级不一致，导致适用的管理措施相抵触的，海关按照较低信用等级企业适用的管理措施实施管理。

第三十三条 高级认证企业、失信企业有分立合并情形的，海关按照以下原则对企业信用状况进行确定并适用相应管理措施：

（一）企业发生分立，存续的企业承继原企业主要权利义务的，存续的企业适用原企业信用状况的认证或者认定结果，其余新设的企业不适用原企业信用状况的认证或者认定结果；

（二）企业发生分立，原企业解散的，新设企业不适用原企业信用状况的认证或者认定结果；

（三）企业发生吸收合并的，存续企业适用

原企业信用状况的认证或者认定结果；

（四）企业发生新设合并的，新设企业不再适用原企业信用状况的认证或者认定结果。

第三十四条 高级认证企业涉嫌违反与海关管理职能相关的法律法规被刑事立案的，海关应当暂停适用高级认证企业管理措施。

高级认证企业涉嫌违反海关的监管规定被立案调查的，海关可以暂停适用高级认证企业管理措施。

第三十五条 高级认证企业存在财务风险，或者有明显的转移、藏匿其应税货物以及其他财产迹象的，或者存在其他无法足额保障税款缴纳风险的，海关可以暂停适用本办法第三十条第五项规定的管理措施。

第六章 附 则

第三十六条 海关注册的进口食品境外生产企业和进境动植物产品国外生产、加工、存放单位等境外企业的信用管理，由海关总署另行规定。

第三十七条 作为企业信用状况认定依据的刑事犯罪，以司法机关相关法律文书生效时间为准进行认定。

作为企业信用状况认定依据的海关行政处罚，以海关行政处罚决定书作出时间为准进行认定。作为企业信用状况认定依据的处罚金额，包括被海关处以罚款、没收违法所得或者没收货物、物品价值的金额之和。

企业主动披露且被海关处以警告或者海关总署规定数额以下罚款的行为，不作为海关认定企业信用状况的记录。

第三十八条 本办法下列用语的含义：

企业相关人员，是指企业法定代表人、主要负责人、财务负责人、关务负责人等管理人员。

经认证的经营者（AEO），是指以任何一种方式参与货物国际流通，符合海关总署规定标准的企业。

第三十九条 本办法由海关总署负责解释。

第四十条 本办法自 2021 年 11 月 1 日起施行。2018 年 3 月 3 日海关总署令第 237 号公布的《中华人民共和国海关企业信用管理办法》同时废止。

中华人民共和国海关总署令

第 252 号

《中华人民共和国海关进出口货物商品归类管理规定》已于 2021 年 9 月 6 日经海关总署署务会议审议通过，现予公布，自 2021 年 11 月 1 日起施行。2007 年 3 月 2 日海关总署令第 158 号公布、2014 年 3 月 13 日海关总署令第 218 号修改的《中华人民共和国海关进出口货物商品归类管理规定》，2008 年 10 月 13 日海关总署令第 176 号公布的《中华人民共和国海关化验管理办法》同时废止。

署长 倪岳峰

2021 年 9 月 18 日

中华人民共和国海关进出口货物商品归类管理规定

第一条 为了规范进出口货物的商品归类，保证商品归类的准确性和统一性，根据《中华人民共和国海关法》（以下简称《海关法》）、《中华人民共和国进出口关税条例》（以下简称《关税条例》）以及其他有关法律、行政法规的规定，制定本规定。

第二条 本规定所称的商品归类，是指在《商品名称及编码协调制度公约》商品分类目录体系下，以《中华人民共和国进出口税则》为基础，按照《进出口税则商品及品目注释》《中华人民共和国进出口税则本国子目注释》以及海关总署发布的关于商品归类的行政裁定、商品归类决定的规定，确定进出口货物商品编码的行为。

进出口货物相关的国家标准、行业标准等可

以作为商品归类的参考。

第三条 进出口货物收发货人或者其代理人（以下简称收发货人或者其代理人）对进出口货物进行商品归类，以及海关依法审核确定商品归类，适用本规定。

第四条 进出口货物的商品归类应当遵循客观、准确、统一的原则。

第五条 进出口货物的商品归类应当按照收发货人或者其代理人向海关申报时货物的实际状态确定。以提前申报方式进出口的货物，商品归类应当按照货物运抵海关监管区时的实际状态确定。法律、行政法规和海关总署规章另有规定的，依照有关规定办理。

第六条 由同一运输工具同时运抵同一口岸并且属于同一收货人、使用同一提单的多种进口货物，按照商品归类规则应当归入同一商品编码的，该收货人或者其代理人应当将有关商品一并归入该商品编码向海关申报。法律、行政法规和海关总署规章另有规定的，依照有关规定办理。

第七条 收发货人或者其代理人应当依照法律、行政法规以及其他相关规定，如实、准确申报其进出口货物的商品名称、规格型号等事项，并且对其申报的进出口货物进行商品归类，确定相应的商品编码。

第八条 海关在审核确定收发货人或者其代理人申报的商品归类事项时，可以依照《海关法》和《关税条例》的规定行使下列权力，收发货人或者其代理人应当予以配合：

（一）查阅、复制有关单证、资料；

（二）要求收发货人或者其代理人提供必要的样品及相关商品资料，包括外文资料的中文译文并且对译文内容负责；

（三）组织对进出口货物实施化验、检验。

收发货人或者其代理人隐瞒有关情况，或者拖延、拒绝提供有关单证、资料的，海关可以依法审核确定进出口货物的商品归类。

第九条 必要时，海关可以要求收发货人或者其代理人补充申报。

第十条 收发货人或者其代理人向海关提供的资料涉及商业秘密、未披露信息或者保密商务信息，要求海关予以保密的，应当以书面方式向海关提出保密要求，并且具体列明需要保密的内容。收发货人或者其代理人不得以商业秘密为理由拒绝向海关提供有关资料。

海关按照国家有关规定承担保密义务。

第十一条 必要时，海关可以依据《中华人民共和国进出口税则》《进出口税则商品及品目注释》《中华人民共和国进出口税则本国子目注释》和国家标准、行业标准，以及海关化验方法等，对进出口货物的属性、成分、含量、结构、品质、规格等进行化验、检验，并将化验、检验结果作为商品归类的依据。

第十二条 海关对进出口货物实施取样化验、检验的，收发货人或者其代理人应当到场协助，负责搬移货物，开拆和重封货物的包装，并按照海关要求签字确认。

收发货人或者其代理人拒不到场，或者海关认为必要时，海关可以径行取样，并通知货物存放场所的经营人或者运输工具负责人签字确认。

第十三条 收发货人或者其代理人应当及时提供化验、检验样品的相关单证和技术资料，并对其真实性和有效性负责。

第十四条 除特殊情况外，海关技术机构应当自收到送检样品之日起 15 日内作出化验、检验结果。

第十五条 除特殊情况外，海关应当在化验、检验结果作出后的 1 个工作日内，将相关信息通知收发货人或者其代理人。收发货人或者其代理人要求提供化验、检验结果纸本的，海关应当提供。

第十六条 其他化验、检验机构作出的化验、检验结果与海关技术机构或者海关委托的化验、检验机构作出的化验、检验结果不一致的，以海关认定的化验、检验结果为准。

第十七条 收发货人或者其代理人对化验、检验结果有异议的，可以在收到化验、检验结果之日起 15 日内向海关提出书面复验申请，海关应当组织复验。

已经复验的，收发货人或者其代理人不得对同一样品再次申请复验。

第十八条 海关发现收发货人或者其代理人申报的商品归类不准确的，按照商品归类的有关规定予以重新确定，并且按照报关单修改和撤销有关规定予以办理。

收发货人或者其代理人发现其申报的商品归类需要修改的，应当按照报关单修改和撤销有关规定向海关提出申请。

第十九条 海关对货物的商品归类审核确定前，收发货人或者其代理人要求放行货物的，应当按照海关事务担保的有关规定提供担保。

国家对进出境货物有限制性规定，应当提供许可证件而不能提供的，以及法律、行政法规规定不得担保的其他情形，海关不得办理担保放行。

第二十条 收发货人或者其代理人就其进出口货物的商品归类提出行政裁定、预裁定申请的，应当按照行政裁定、预裁定管理的有关规定办理。

第二十一条 海关总署可以依据有关法律、行政法规规定，对进出口货物作出具有普遍约束力的商品归类决定，并对外公布。

进出口相同货物，应当适用相同的商品归类决定。

第二十二条 作出商品归类决定所依据的法律、行政法规以及其他相关规定发生变化的，商品归类决定同时失效。

商品归类决定失效的，应当由海关总署对外公布。

第二十三条 海关总署发现商品归类决定需要修改的，应当及时予以修改并对外公布。

第二十四条 海关总署发现商品归类决定存在错误的，应当及时予以撤销并对外公布。

第二十五条 因商品归类引起退税或者补征、追征税款以及征收滞纳金的，依照有关法律、行政法规以及海关总署规章的规定办理。

第二十六条 违反本规定，构成走私行为、违反海关监管规定行为或者其他违反《海关法》行为的，由海关依照《海关法》《中华人民共和国海关行政处罚实施条例》等有关规定予以处理；构成犯罪的，依法追究刑事责任。

第二十七条 本规定所称商品编码是指《中华人民共和国进出口税则》商品分类目录中的编码。

同一商品编码项下其他商品编号的确定，按照相关规定办理。

第二十八条 本规定由海关总署负责解释。

第二十九条 本规定自 2021 年 11 月 1 日起施行。2007 年 3 月 2 日海关总署令第 158 号公布、2014 年 3 月 13 日海关总署令第 218 号修改的《中华人民共和国海关进出口货物商品归类管理规定》，2008 年 10 月 13 日海关总署令第 176 号公布的《中华人民共和国海关化验管理办法》同时废止。

中华人民共和国海关经核准出口商管理办法

（2021 年 11 月 23 日海关总署令第 254 号公布，自 2022 年 1 月 1 日起施行）

第一条 为了有效实施中华人民共和国缔结或者参加的优惠贸易协定项下经核准出口商管理制度，规范出口货物原产地管理，促进对外贸易，根据《中华人民共和国政府和冰岛政府自由贸易协定》《中华人民共和国和瑞士联邦自由贸易协定》《中华人民共和国政府和毛里求斯共和国政府自由贸易协定》《区域全面经济伙伴关系协定》等优惠贸易协定（以下统称“相关优惠贸易协定”）的规定，制定本办法。

第二条 本办法所称的经核准出口商，是指经海关依法认定，可以对其出口或者生产的、具备相关优惠贸易协定项下原产资格的货物开具原产地声明的企业。

第三条 海关按照诚信守法便利原则，对经核准出口商实施管理。

海关建立经核准出口商管理信息化系统，提升经核准出口商管理便利化水平。

第四条 经核准出口商应当符合以下条件：

（一）海关高级认证企业；

（二）掌握相关优惠贸易协定项下原产地规则；

（三）建立完备的原产资格文件管理制度。

第五条 企业申请成为经核准出口商的，应当向其住所地直属海关（以下统称主管海关）提交书面申请。书面申请应当包含以下内容：

（一）企业中英文名称、中英文地址、统一社会信用代码、海关信用等级、企业类型、联系人信息等基本信息；

（二）企业主要出口货物的中英文名称、规格型号、HS 编码、适用的优惠贸易协定及具体原产地标准、货物所使用的全部材料及零部件组成情况等信息；

（三）掌握相关优惠贸易协定项下原产地规则的承诺声明；

（四）建立完备的货物原产资格文件管理制度的承诺声明；

（五）拟加盖在原产地声明上的印章印模。

申请材料涉及商业秘密的，应当在申请时以书面方式向主管海关提出保密要求，并且具体列明需要保密的内容。海关按照国家有关规定承担保密义务。

第六条 主管海关应当自收到申请材料之日起 30 日内进行审核并作出决定。

经审核，符合经核准出口商条件的，主管海关应当制发经核准出口商认定书，并给予经核准出口商编号；不符合经核准出口商条件的，主管海关应当制发不予认定经核准出口商决定书。

经核准出口商认定书、不予认定经核准出口商决定书应当送达申请人，并且自送达之日起生效。

第七条 经核准出口商认定的有效期为 3 年。

经核准出口商可以在有效期届满前 3 个月内，向主管海关书面申请续展。每次续展的有效期为 3 年。

第八条 海关总署依据中华人民共和国缔结或者参加的优惠贸易协定以及相关协议，与优惠贸易协定项下其他缔约方（以下简称其他缔约方）交换下列经核准出口商信息：

（一）经核准出口商编号；

（二）经核准出口商中英文名称；

（三）经核准出口商中英文地址；

（四）经核准出口商认定的生效日期和失效日期；

（五）相关优惠贸易协定要求交换的其他信息。

海关总署依照前款规定与其他缔约方完成信息交换后，主管海关应当通知经核准出口商可以依照本办法第九条、第十条规定开具原产地声明。

第九条 经核准出口商为其出口或者生产的货物开具原产地声明前，应当向主管海关提交货物的中英文名称、《商品名称及编码协调制度》6 位编码、适用的优惠贸易协定等信息。

相关货物的中英文名称、《商品名称及编码协调制度》6 位编码、适用的优惠贸易协定与已提交信息相同的，无需重复提交。

第十条 经核准出口商应当通过海关经核准出口商管理信息化系统开具原产地声明，并且对其开具的原产地声明的真实性和准确性负责。

经核准出口商依据本办法开具的原产地声明可以用于向其他缔约方申请享受相关优惠贸易协定项下优惠待遇。

第十一条 经核准出口商应当自原产地声明开具之日起 3 年内保存能够证明该货物原产资格的全部文件。相关文件可以以电子或者纸质形式保存。

经核准出口商不是出口货物生产商的，应当在开具原产地声明前要求生产商提供能够证明货物原产资格的证明文件，并且按照前款要求予以保存。

第十二条 海关可以对经核准出口商开具的原产地声明及其相关货物、原产资格文件管理制度及执行情况等实施检查，经核准出口商应当予以配合。

其他缔约方主管部门根据相关优惠贸易协定，提出对经核准出口商开具的原产地声明及其相关货物核查请求的，由海关总署统一组织实施。

经核准出口商应当将其收到的其他缔约方主管部门有关原产地声明及其相关货物的核查请求转交主管海关。

第十三条 经核准出口商信息或者货物信息发生变更的，经核准出口商未进行变更前，不得开具原产地声明。

第十四条 存在以下情形的，主管海关可以注销经核准出口商认定，并且书面通知该企业：

（一）经核准出口商申请注销的；

（二）经核准出口商不再符合海关总署规定的企业信用等级的；

（三）经核准出口商有效期届满未向主管海关申请续展的。

注销决定自作出之日起生效。

第十五条 存在以下情形的，主管海关可以撤销经核准出口商认定，并书面通知该企业：

（一）提供虚假材料骗取经核准出口商认定的；

（二）存在伪造或者买卖原产地声明行为的；

（三）经核准出口商未按照本办法第十二条转交核查请求，情节严重的；

（四）经核准出口商开具的原产地声明不符合海关总署规定，1 年内累计数量超过上年度开具的原产地声明总数百分之一，并且涉及货物价值累计超过 100 万元的。

撤销决定自作出之日起生效，但依照本条第一款第一项规定撤销经核准出口商认定的，经核准出口商认定自始无效。

企业被海关撤销经核准出口商认定的，自被撤销之日起 2 年内不得提出经核准出口商认定申请。

第十六条 提供虚假材料骗取经核准出口商认定，或者伪造、买卖原产地声明的，主管海关应当给予警告，可以并处 1 万元以下罚款。

第十七条 海关依法对经核准出口商实施信用管理。

第十八条 海关对中华人民共和国缔结或者参加的其他优惠贸易协定项下经核准出口商的管理，适用本办法。

第十九条 本办法由海关总署负责解释。

第二十条 本办法自 2022 年 1 月 1 日起施行。

中华人民共和国海关《区域全面经济伙伴关系协定》项下进出口货物原产地管理办法

（2021 年 11 月 23 日海关总署令
第 255 号公布，自 2022 年 1 月 1 日起施行）

第一章 总 则

第一条 为了正确确定《区域全面经济伙伴关系协定》（以下简称《协定》）项下进出口货物原产地，促进我国与《协定》其他成员方的经贸往来，根据《中华人民共和国海关法》《中华人民共和国进出口货物原产地条例》和《协定》的规定，制定本办法。

第二条 本办法适用于中华人民共和国与《协定》其他成员方之间的《协定》项下进出口货物原产地管理。

本办法所称成员方，是指已实施《协定》的国家（地区），具体清单由海关总署另行公布。

第二章 原产地规则

第三条 符合下列条件之一的货物，是《协定》项下原产货物（以下简称原产货物），具备《协定》项下原产资格（以下简称原产资格）：

（一）在一成员方完全获得或者生产；

（二）在一成员方完全使用原产材料生产；

（三）在一成员方使用非原产材料生产，但符合产品特定原产地规则规定的税则归类改变、区域价值成分、制造加工工序或者其他要求。

产品特定原产地规则由海关总署另行公告。

第四条 本办法第三条所称在一成员方完全获得或者生产的货物是指：

（一）在该成员方种植、收获、采摘或者收集的植物或者植物产品；

（二）在该成员方出生并饲养的活动物；

（三）从该成员方饲养的活动物获得的货物；

（四）在该成员方通过狩猎、诱捕、捕捞、耕种、水产养殖、收集或者捕捉直接获得的货物；

（五）从该成员方领土、领水、海床或者海床底土提取或者得到的，但未包括在本条第一至第四项的矿物质及其他天然资源；

（六）由该成员方船只依照国际法规定，从公海或者该成员方有权开发的专属经济区捕捞的海洋渔获产品和其他海洋生物；

（七）由该成员方或者该成员方的人依照国际法规定从该成员方领海以外的水域、海床或者海床底土获得的未包括在本条第六项的货物；

（八）在该成员方加工船上完全使用本条第六项或者第七项所述的货物加工或者制造的货物；

（九）在该成员方生产或者消费中产生的，仅用于废弃处置或者原材料回收利用的废碎料；

（十）在该成员方收集的，仅用于废弃处置或者原材料回收利用的旧货物；

（十一）在该成员方仅使用本条第一至第十项所列货物或者其衍生物获得或者生产的货物。

第五条 符合本办法第三条第一款第三项规定的货物，如在生产中使用的非原产材料在成员方仅经过下列一项或者多项加工或者处理，该货物仍不具备原产资格：

（一）为确保货物在运输或者储存期间保持良好状态进行的保存操作；

（二）为货物运输或者销售进行的包装或者展示；

（三）简单的加工，包括过滤、筛选、挑选、分类、磨锐、切割、纵切、研磨、弯曲、卷绕或者展开；

（四）在货物或者其包装上粘贴或者印刷标志、标签、标识以及其他类似的用于区别的标记；

（五）仅用水或者其他物质稀释，未实质改变货物的特性；

（六）将产品拆成零部件；

（七）屠宰动物；

（八）简单的上漆和磨光；

（九）简单的去皮、去核或者去壳；

（十）对产品进行简单混合，无论是否为不同种类的产品。

前款规定的“简单”，是指不需要专门技能，并且不需要专门生产、装配机械、仪器或者设备的情形。

第六条 在一成员方获得或者生产的原产货物或者原产材料，在另一成员方用于生产时，应当视为另一成员方的原产材料。

第七条 本办法第三条规定的区域价值成分应当按照下列公式之一计算：

（一）扣减公式

区域价值成分=

$$\frac{\text{货物离岸价格}-\text{非原产材料价格}}{\text{货物离岸价格}}\times 100\%$$

（二）累加公式

区域价值成分=

$$\frac{\text{原产材料价格}+\text{直接人工成本}+\text{直接经营费用成本}+\text{利润}+\text{其他成本}}{\text{货物离岸价格}}\times 100\%$$

原产材料价格，是指用于生产货物的原产材料和零部件的价格；

直接人工成本包括工资、薪酬和其他员工福利；

直接经营费用成本是指经营的总体费用；

非原产材料价格，是指非原产材料的进口成本、运至目的港口或者地点的运费和保险费，包括原产地不明材料的价格。非原产材料在一成员方境内获得时，其价格应当为在该成员方最早可确定的实付或者应付价格。

以下费用可以从非原产材料价格中扣除：

（一）将非原产材料运至生产商的运费、保

险费、包装费，以及在此过程中产生的其他运输相关费用；

（二）未被免除、返还或者以其他方式退还的关税、其他税收和代理报关费；

（三）扣除废料及副产品回收价格后的废品和排放成本。

本办法规定的货物价格应当参照《WTO 估价协定》计算。各项成本应当依照生产货物的成员方适用的公认会计准则记录和保存。

第八条 适用《协定》项下税则归类改变要求确定原产资格的货物，如不属于本办法第五条规定的情形，且生产过程中使用的不满足税则归类改变要求的非原产材料符合下列条件之一，应当视为原产货物：

（一）上述全部非原产材料按照本办法第七条确定的价格不超过该货物离岸价格的百分之十；

（二）货物归入《中华人民共和国进出口税则》（以下简称《税则》）第五十章至第六十三章的，上述全部非原产材料的重量不超过该货物总重量的百分之十。

第九条 下列包装材料和容器不影响货物原产资格的确定：

（一）运输期间用于保护货物的包装材料和容器；

（二）与货物一并归类的零售用包装材料和容器。

货物适用区域价值成分标准确定原产资格的，在计算货物的区域价值成分时，与货物一并归类的零售用包装材料和容器的价格应当纳入原产材料或者非原产材料的价格予以计算。

第十条 与货物一并申报进口，在《税则》中一并归类并且不单独开具发票的附件、备件、工具和说明材料不影响货物原产资格的确定。

货物适用区域价值成分标准确定原产资格的，在计算货物的区域价值成分时，前款所列附件、备件、工具和说明材料的价格应当纳入原产材料或者非原产材料的价格予以计算。

附件、备件、工具和说明材料的数量与价格应当在合理范围之内。

第十一条 在货物生产、测试或者检验过程中使用且本身不构成该货物组成成分的下列物料，应当视为原产材料：

（一）燃料及能源；

（二）工具、模具及型模；

（三）用于维护设备和建筑的备件及材料；

（四）在生产中使用或者用于运行设备和维护厂房建筑物的润滑剂、油（滑）脂、合成材料及其他材料；

（五）手套、眼镜、鞋靴、衣服、安全设备及用品；

（六）用于测试或者检验货物的设备、装置及用品；

（七）催化剂及溶剂；

（八）能合理证明用于生产的其他物料。

第十二条 对于出于商业目的可相互替换且性质实质相同的货物或者材料，应当通过下列方法之一区分后分别确定其原产资格：

（一）物理分离；

（二）出口成员方公认会计准则承认并在整个会计年度内连续使用的库存管理方法。

第十三条 确定货物原产资格时，货物的标准单元应当与根据《商品名称及编码协调制度公约》确定商品归类时的基本单位一致。

同一批运输货物中包括多个可归类在同一税则号列下的相同商品，应当分别确定每个商品的原产资格。

第十四条 具备原产资格并且列入进口成员方《特别货物清单》的货物，如出口成员方价值成分不低于百分之二十，其《协定》项下原产国（地区）（以下简称原产国（地区））为出口成员方。

前款规定的出口成员方价值成分应当按照本办法第七条规定计算，但其他成员方生产的材料一律视为非原产材料。

各成员方《特别货物清单》由海关总署另行公告。

第十五条 具备原产资格但未列入进口成员

方《特别货物清单》的货物，符合下列条件之一的，其原产国（地区）为出口成员方：

（一）货物在出口成员方完全获得或者生产；

（二）货物完全使用原产材料生产，并且在出口成员方经过了本办法第五条规定以外的加工或者处理；

（三）货物在出口成员方使用非原产材料生产，并且符合产品特定原产地规则的规定。

第十六条 具备原产资格，但根据本办法第十四条、第十五条规定无法确定原产国（地区）的货物，其原产国（地区）是为该货物在出口成员方的生产提供的全部原产材料价格占比最高的成员方。

第十七条 从出口成员方运输至进口成员方的原产货物，符合下列条件之一的，货物保有其原产资格：

（一）未途经其他国家（地区）；

（二）途经其他国家（地区），但除装卸、储存等物流活动、其他为运输货物或者保持货物良好状态的必要操作外，货物在其境内未经任何其他处理，并且处于这些国家（地区）海关的监管之下。

第三章 原产地证明

第十八条 《协定》项下原产地证明包括原产地证书和原产地声明。

原产地证明应当采用书面形式以英文填制，具体格式由海关总署另行公告。

第十九条 原产地证书应当符合下列条件：

（一）具有唯一的证书编号；

（二）注明货物具备原产资格的依据；

（三）由出口成员方的签证机构签发，具有该签证机构的授权签名和印章。

原产地证书应当在货物装运前签发；由于过失或者其他合理原因在装运后签发的，应当注明“ISSUEDRETROACTIVELY”（补发）字样。

原产地证书所载内容有更正的，更正处应当有出口成员方签证机构的授权签名和印章。

第二十条 经认证的原产地证书副本应当具有与原产地证书正本相同的原产地证书编号和签发日期，并且注明“CERTIFIEDTRUECOPY”（经认证的真实副本）字样，视为原产地证书正本。

第二十一条 原产地声明应当由经核准出口商开具，并且符合以下条件：

（一）具有该经核准出口商的唯一编号；

（二）具有唯一的声明编号；

（三）具有开具者的姓名和签名；

（四）注明开具原产地声明的日期；

（五）出口成员方已向其他成员方通报该经核准出口商信息。

第二十二条 对于在一成员方中转或者再次出口的未经处理的原产货物，该成员方的签证机构、经核准出口商可以依据初始原产地证明正本签发或者开具背对背原产地证明，用于证明货物的原产资格以及原产国（地区）未发生变化。

前款所述的处理不包括装卸、储存、拆分运输等物流操作、重新包装、根据进口成员方法律要求贴标以及其他为运输货物或者保持货物良好状态所进行的必要操作。

第二十三条 背对背原产地证明应当符合本办法对原产地证明的有关规定，并且符合以下条件：

（一）包含初始原产地证明的签发或者开具日期、编号及其他相关信息；

（二）经物流拆分出口的货物应注明拆分后的数量，并且拆分后出口货物的数量总和不超过初始原产地证明所载的货物数量。

第二十四条 原产地证明自签发或者开具之日起 1 年内有效。

背对背原产地证明的有效期与初始原产地证明的有效期一致。

第四章 进口货物通关享惠程序

第二十五条 具备原产资格的进口货物，可以依据其原产国（地区）适用相应的《协定》

项下税率。

第二十六条　进口货物收货人或者其代理人为进口原产货物申请适用《协定》项下税率的，应当按照海关总署有关规定申报，并且凭以下单证办理：

（一）有效的《协定》项下原产地证明；

（二）货物的商业发票；

（三）货物的全程运输单证。

货物经过其他国家（地区）运输至中国境内的，还应当提交证明货物符合本办法第十七条规定的其他证明文件。

第二十七条　《协定》项下原产地证明上无论是否标明货物原产国（地区），进口货物收货人或者其代理人可以申请适用对其他成员方相同原产货物实施的《协定》项下最高税率；在进口货物收货人或者其代理人能够证明为生产该货物提供原产材料的所有成员方时，也可以申请适用对上述成员方相同原产货物实施的《协定》项下最高税率。

第二十八条　同一批次进口原产货物完税价格不超过 200 美元的，进口货物收货人或者其代理人申请适用《协定》项下税率时可以免予提交原产地证明。

为规避本办法规定拆分申报进口货物的，不适用前款规定。

第二十九条　原产国（地区）申报为成员方的进口货物，进口货物收货人或者其代理人在办结海关手续前未取得有效原产地证明的，应当在办结海关手续前就该货物是否具备原产资格向海关进行补充申报，但海关总署另有规定的除外。

进口货物收货人或者其代理人依照前款规定就进口货物具备原产资格向海关进行补充申报并且提供税款担保的，海关应当依法办理进口手续。依照法律、行政法规规定不得办理担保的情形除外。因提前放行等原因已经提交了与货物可能承担的最高税款总额相当的税款担保的，视为符合本款关于提供税款担保的规定。

第三十条　为确定原产地证明的真实性和准确性，核实进口货物的原产资格和原产国（地区），海关可以通过以下方式开展原产地核查：

（一）要求进口货物收货人或者其代理人、境外出口商或者生产商提供补充信息；

（二）要求出口成员方签证机构或者主管部门提供补充信息。

必要时，海关可以经出口成员方同意后对境外出口商或者生产商进行实地核查，也可以通过与出口成员方商定的其他方式开展核查。

核查期间，海关可以应进口货物收货人或者其代理人申请办理担保放行，但法律法规另有规定的除外。

海关应当向进口货物收货人（或者其代理人）、境外出口商（或者生产商）或者出口成员方签证机构（或者主管部门）书面通报核查结果和理由。

第三十一条　具有下列情形之一的，海关应当依法办理担保财产、权利退还手续：

（一）进口货物收货人或者其代理人已经按照本办法规定向海关进行补充申报并且提交了有效《协定》项下原产地证明的；

（二）海关核查结果足以认定货物原产资格和原产国（地区）的。

第三十二条　具有下列情形之一的，进口货物不适用《协定》项下税率：

（一）进口货物收货人或者其代理人在货物办结海关手续前未按照本办法第二十六条规定申请适用《协定》项下税率，也未按照本办法第二十九条规定补充申报的；

（二）货物不具备原产资格的；

（三）原产地证明不符合本办法规定的；

（四）原产地证明所列货物与实际进口货物不符的；

（五）自进口货物收货人或者其代理人、境外出口商或者生产商、出口成员方签证机构或者主管部门收到原产地核查要求之日起 90 日内，海关未收到核查反馈，或者反馈结果不足以确定原产地证明真实性、货物原产资格或者原产国（地区）的；

（六）自出口成员方或者境外出口商、生产

商收到实地核查要求之日起30日内，海关未收到回复，或者实地核查要求被拒绝的；

（七）进口货物收货人或者其代理人存在其他违反本办法有关规定的行为的。

第五章　出口货物签证程序

第三十三条　出口货物发货人及其代理人、已进行原产地企业备案的境内生产商及其代理人（以下统称申请人）可以向我国签证机构申请签发原产地证书。

第三十四条　申请人应当在货物装运前申请签发原产地证书，同时提交证明货物原产资格、原产国（地区）的材料。

申请人应当对其提交材料的真实性、完整性、准确性负责。申请人申请签发背对背原产地证书的，还应当提交初始原产地证明正本。

第三十五条　签证机构应当对申请人提交的材料进行审核，符合本办法规定的，签发原产地证书；不符合本办法规定的，决定不予签发原产地证书，书面通知申请人并且说明理由。

签证机构进行审核时，可以通过以下方式核实货物的原产资格和原产国（地区）：

（一）要求申请人补充提供与货物原产资格、原产国（地区）相关的信息和资料；

（二）实地核实出口货物的生产设备、加工工序、原材料及零部件的原产资格、原产国（地区）以及出口货物说明书、包装、商标、唛头和原产地标记；

（三）查阅、复制有关合同、发票、账簿以及其他相关资料。

第三十六条　申请人由于过失或者其他合理原因，未能在装运前向签证机构申请签发原产地证书的，可以自货物装运之日起1年内向签证机构申请补发。

第三十七条　原产地证书所载信息有误或者需要补充信息的，申请人可以自原产地证书签发之日起1年内，凭原产地证书正本向原签证机构申请更正。签证机构可以通过以下方式更正：

（一）更正原产地证书，并且在更正处签名和盖章；

（二）签发新的原产地证书，并且作废原原产地证书。

第三十八条　已签发的原产地证书正本遗失或者损毁的，申请人可以自该原产地证书签发之日起1年内，向原签证机构申请签发经认证的原产地证书副本。

第三十九条　经核准出口商可以按照本办法规定对其出口或者生产的原产货物开具原产地声明。

海关按照《中华人民共和国海关经核准出口商管理办法》对经核准出口商实施管理。

第四十条　应进口成员方的请求，海关可以通过以下方式对出口货物的原产地情况进行核查：

（一）要求申请人补充提供与货物原产资格、原产国（地区）相关的信息和资料；

（二）实地核实出口货物的生产设备、加工工序、原材料及零部件的原产资格、原产国（地区）以及出口货物说明书、包装、商标、唛头和原产地标记；

（三）查阅、复制有关合同、发票、账簿以及其他相关资料。

第六章　附　则

第四十一条　申领原产地证书的出口货物发货人和生产商、开具原产地声明的经核准出口商应当自原产地证明签发或者开具之日起3年内，保存能够充分证明货物原产资格和原产国（地区）的文件记录。

适用《协定》项下税率进口货物的收货人应当自货物办结海关手续之日起3年内，保存能够充分证明货物原产资格和原产国（地区）的文件记录。

签证机构应当自原产地证书签发之日起3年内，保存原产地证书申请资料。

上述文件记录可以以电子或者纸质形式保

存。

第四十二条 本办法下列用语的含义：

（一）出口成员方、进口成员方，分别是指货物申报出口和进口时所在的成员方；

（二）生产，是指获得货物的方法，包括货物的种植、开采、收获、耕种、养育、繁殖、提取、收集、采集、捕获、捕捞、水产养殖、诱捕、狩猎、制造、加工或者装配；

（三）原产材料，是指根据本办法规定具备原产资格的材料；

（四）非原产材料，是指根据本办法规定不具备原产资格的材料；

（五）有权开发，是指成员方依照与沿海国之间的协定或者安排享有获得沿海国渔业资源的权利；

（六）成员方加工船和成员方船只，分别是指在成员方注册并且有权悬挂该成员方旗帜的加工船和船只；但在澳大利亚专属经济区内作业的任何加工船或者船只，如果符合《1991 年渔业管理法（联邦）》或任何后续立法对“澳大利亚船”的定义，应当分别视为澳大利亚加工船或者船只；

（七）《WTO 估价协定》，是指《关于实施 1994 年关贸总协定第七条的协定》；

（八）公认会计准则，是指一成员方普遍接受或者官方认可的有关记录收入、费用、成本、资产和负债、信息披露以及编制财务报表的会计准则，包括普遍适用的广泛性指导原则以及详细的标准、惯例和程序；

（九）签证机构，是指由成员方指定或者授权签发原产地证书，并且已依照《协定》规定向其他成员方通报的机构。直属海关、隶属海关、中国国际贸易促进委员会及其地方分会是我国签证机构；

（十）主管机构，是指由成员方指定并且已依照《协定》规定向其他成员方通报的一个或者多个政府机构。

第四十三条 本办法由海关总署负责解释。

第四十四条 本办法自 2022 年 1 月 1 日起施行。

中华人民共和国交通运输部

船舶引航管理规定

（2001 年 11 月 30 日交通部令第 10 号发布，根据 2021 年 9 月 1 日交通运输部《关于修改〈船舶引航管理规定〉的决定》修正）

第一章　总　则

第一条　为规范船舶引航活动，维护国家主权，保障水上人命财产安全，适应水上运输和港口生产的需要，制定本规定。

第二条　在中华人民共和国沿海、内河和港口从事船舶引航活动适用本规定。

第三条　本规定下列用语的含义是：

（一）船舶引航是指引领船舶航行、靠泊、离泊、移泊的活动（以下简称引航）；

（二）引航区是指在中华人民共和国沿海、内河和港口为引航划定的区域；

（三）引航机构是指专业提供引航服务的法人；

（四）引航员是指持有有效船员适任证书，在某一引航机构从事引航工作的人员；

（五）船舶是指任何用于水面、近水面和水下航行或者移动的船、艇、筏、移动式海上平台，包括国内外商船、军用船舶、公务船舶、工程船舶和渔船等。

第四条　交通运输部主管全国引航工作。

市（设区的市，下同）级以上地方人民政府港口主管部门负责本行政辖区引航行政管理工作。交通运输部设置的长江航务管理部门负责长江干线引航行政管理工作。

海事管理机构负责引航安全监督管理工作。

第五条　交通运输部的引航管理职责是：

（一）负责制定国家引航政策和规章，并监督实施；

（二）负责划定、调整并对外公布引航区；

（三）负责批准引航机构的设置；

（四）会同有关部门制定引航收费标准和管理规定，并监督实施；

（五）负责引航业务管理和指导；

（六）负责引航员培训、考试和发证的管理工作。

第六条　市级以上地方人民政府港口主管部门的引航管理职责是：

（一）贯彻执行有关引航的法律、法规、规章和政策；

（二）负责筹建引航机构；

（三）负责监督管理引航收费；

（四）负责引航业务监督和协调。

第七条　海事管理机构的引航管理职责是：

（一）贯彻执行有关引航的法律、法规、规章和政策；

（二）负责对引航实施安全监督管理；

（三）组织实施引航员培训、考试和发证工作。

第八条　国家鼓励采取先进技术和科学方法提高引航工作科技水平，鼓励引航新技术研究、开发和推广，提高引航安全水平和工作效率。

第九条　下列船舶在交通运输部划定的海上引航区内航行、停泊或者移泊的，应当向引航机构申请引航：

（一）外国籍船舶，但交通运输部经报国务院批准后规定可以免除的除外；

（二）核动力船舶、载运放射性物质的船舶、10 万总吨及以上油轮；

（三）可能危及港口安全的散装液化气船、

散装危险化学品船；

（四）长、宽以及吃水或者水面以上高度接近相应航道通航条件限值的船舶。

前款第（三）项、第（四）项船舶的具体标准，由交通运输部直属海事管理机构根据港口、航道实际情况制定并公布。

第十条 下列船舶在内河航行，应当向引航机构申请引航：

（一）外国籍船舶；

（二）1 000 总吨以上的海上机动船舶，但船长驾驶同一类型的海上机动船舶在同一内河通航水域航行与上一航次间隔 2 个月以内的除外；

（三）长、宽以及吃水或者水面以上高度接近相应航道通航条件限值的船舶；

（四）在长江干线航行的下列船舶：

1. 客位 500 人及以上且载客航行的客船，但旅客班轮、渡船除外；

2. 1 万总吨及以上且载运闪点小于 23℃ 的散装液体化学品船；

3. 载运《国际散装危险化学品船舶构造和设备规则》中 X 类的散装液体化学品船。

前款第（三）项船舶的具体标准，由长江航务管理部门、省级交通运输主管部门根据管辖水域的航道实际情况制定并公布。

第十一条 船舶自愿申请引航的，引航机构应当提供引航服务。

第二章 引航机构

第十二条 依据下列原则设置引航机构：

（一）有为外国籍船舶和必须申请引航的中国籍船舶提供引航服务，且年引领船舶在 600 艘次以上的需要，或者在引航区内未设立引航机构的；

（二）引航区内有三名以上持有有效引航员适任证书的引航员。

第十三条 引航机构的设置方案和引航具体范围，由市级地方人民政府港口主管部门根据引航业务发展需要商海事管理机构提出申请，经省级地方人民政府港口主管部门（直辖市除外审核后，报交通运输部批准。

第十四条 引航机构的主要职责是：

（一）负责制定引航工作章程和管理制度；

（二）制定引航方案和引航调度计划；

（三）接受引航申请，提供引航服务；

（四）负责引航费的计收和财务管理工作；

（五）负责引航员的聘用、培训、晋升、奖惩等各项日常管理工作；

（六）参与涉及引航的港口、航道等工程项目研究工作；

（七）按国家规定负责引航信息统计工作。

第十五条 引航机构的负责人应当从具有丰富引航经验和良好管理能力的引航员中选拔。

第十六条 引航机构应当落实引航安全主体责任，配备必要的设施、装备和人员，建立并实施引航安全管理体系。

第十七条 引航机构应当不断提高引航工作服务质量和水平，对引航安全隐患应当及时采取有效的防范措施。

第十八条 引航机构应当对引航员进行培训，并保障引航员的休息时间、职业健康、工资报酬、社会保险等符合国家有关规定。

第十九条 引航员应当持有有效的船员适任证书，服从引航机构的安排和管理，并按照有关规定开展引航活动。

第三章 引航申请与实施

第二十条 申请引航的船舶或者其代理人应当向相应的引航

机构提出引航申请。船舶不得直接聘请引航员或者非引航员登船引航。

船舶的引航申请和变更，应当按市级地方人民政府港口主管部门规定的时间向引航机构提出。

第二十一条 申请引航的船舶或者其代理人应当向引航机构提供被引船舶的下列资料：

（一）船公司、船名（包括中、英文名）、

国籍、船舶呼号；

（二）船舶的种类、总长度、宽度、吃水、水面以上最大高度、载重吨、总吨、净吨、主机及侧推器的种类、功率和航速；

（三）装载货物种类、数量；

（四）预计抵、离港或者移泊的时间和地点；

（五）在内河干线航行的船队，还应当提供拖带的方式和队型；

（六）其他需说明的事项。

第二十二条 引航机构在接到船舶引航申请后，应当及时安排持有有效证书的引航员，并通知申请人。

第二十三条 引航机构应当满足船舶提出的正当引航要求，及时为船舶提供引航服务，不得无故拒绝或者拖延。

引航长、宽以及吃水或者水面以上高度接近相应航道通航条件限值的船舶，引航机构应当制定引航方案，报市级地方人民政府港口主管部门和海事管理机构备案。

引航方案应当由一级引航员主持或者参与制定。引航方案应当包括船舶基本情况、注意事项、风险评估、安全保障和应急处置措施。

第二十四条 引航机构应当根据船舶状况、通航条件和拖轮配备要求，制定合理的拖轮使用方法。被引航船舶应当根据引航机构提供的拖轮使用方法的要求安排拖轮或者委托引航机构安排拖轮，并承担相应的费用。

拖轮配备要求由长江航务管理部门、省级交通运输主管部门按照职责制定并公开。

第二十五条 申请引航的船舶，应当使用专用的甚高频频道与引航机构和引航员联系，确认登轮时间、地点等事项，并保持值守。

第二十六条 引航员登船后，应当向被引船舶的船长介绍引航方案；被引船舶的船长应当向引航员介绍本船的操纵性能以及其他与引航业务有关的情况。

第二十七条 在一次连续的引航中，同时有两名或两名以上的引航员在船时，引航机构必须指定其中一人为本次引航的责任引航员。

第二十八条 引航员上船引领时，被引船舶应当在其主桅悬挂引航旗。任何船舶不得在非引领时悬挂引航旗。

第二十九条 引航员应当谨慎引航，按规定向海事管理机构及时报告被引船舶动态。

引航员发现水上交通事故、污染事故或违章行为时，应当及时向引航机构、海事管理机构报告。

第三十条 引航员在遇到下列情况之一时，有权拒绝、暂停或者终止引航，并及时向引航机构、海事管理机构报告：

（一）恶劣的气象、海况；

（二）被引船舶不适航；

（三）航道或者码头条件不满足被引船舶的航行、停泊、作业的安全要求；

（四）被引船舶的引航员登离装置不符合安全规定；

（五）引航员身体不适，不能继续引领船舶；

（六）其他不适于引航的原因。

引航员在作出上述决定之前，应当明确地告知被引船舶的船长，并对被引船舶当时的安全作出妥善安排，包括将船舶引领至安全和不妨碍其他船舶正常航行、停泊或者作业的地点。

第三十一条 在引航过程中被引船舶发生水上安全交通事故，引航员应当采取下列措施：

（一）采取有效措施减少事故损失；

（二）尽快向引航机构和海事管理机构报告；

（三）接受、配合或者协助调查水上交通事故。

在引领船舶过程中发生水上交通事故的，引航员应当在返回港口后24小时内向海事管理机构递交水上交通事故报告书。

第三十二条 使用拖轮引航，拖轮应当服从引航员的指挥，并保持与引航员通讯联系良好。引航员应当注意拖轮的安全。

第三十三条 船舶接受引航服务，被引船舶的船长应当遵守下列规定：

（一）按照《1974年国际海上人命安全公约》的规定，为引航员提供方便、安全的登离船设备，并采取必要的措施确保引航员安全登离船舶；

（二）为引航员提供工作便利，并配合引航员实施引航；

（三）回答引航员有关引航的疑问，除有危及船舶安全的情况外，应当采纳引航员的引航指令；

（四）在离开驾驶台时，指定代职驾驶员并告知引航员，并尽快返回；

（五）船长发现引航员的引航指令可能对船舶安全构成威胁时，可以要求引航员更改引航指令，必要时还可要求引航机构更换引航员，并及时向海事管理机构报告。

第三十四条 引航员应当在规定的水域登离被引船舶，将被引船舶从规定的引航起始地点引抵规定的引航目的地。

引航员离船时应当向船长或者接替的引航员交接清楚，在双方确认安全的情况下方可离船。

第三十五条 因恶劣的天气或者海况等情形，引航员不能离开船舶或者不能在规定的登离水域登离船舶时，船长应当制定相应的保障措施，并征得海事管理机构的同意后，将船舶驶抵能使引航员安全登离船舶的地点，并负责支付因此造成的相关费用。

第三十六条 引航机构、船舶、拖轮，均应当配备必要的通信设备或者器材，以便及时与引航员保持联系。

第三十七条 港口企业对被引船舶靠、离泊，应当做好下列工作：

（一）泊位的靠泊等级必须符合被靠船舶相应等级，泊位防护设施完好；

（二）确保泊位有足够的水深，水上水下无障碍物；

（三）泊位长度应当符合拟靠泊船舶安全系泊要求；

（四）被引船舶靠离泊半小时前，应当按照引航员的要求将有碍船舶靠离泊的装卸机械、货物和其他设施移至安全处所并清理就绪；

（五）指泊员在被引船舶靠离泊半小时前应当到达现场，与引航员保持密切联系，并按规定正确显示泊位信号，备妥碰垫物；

（六）被引船舶夜间靠离泊，码头应当具备足够的照明；

（七）泊位靠泊条件临时发生变化，必须立即告知引航员。

第三十八条 新建码头使用前，码头所属单位应当及时向引航机构提供泊位吨级、系泊能力、泊位水深等与船舶安全靠、离有关的资料。

对已投入使用的码头应当按引航机构的要求提供泊位水深等有关资料。

第三十九条 引航结束时船长和引航员应当准确填写引航签证单。被引船舶或者其代理人应当按规定支付引航费。

第四章　罚　则

第四十条 违反本规定第九条规定，在管辖海域内航行、停泊或者移泊的船舶未按照规定申请引航的，由海事管理机构责令改正，对违法船舶的所有人、经营人或者管理人处 5 万元以上 50 万元以下的罚款，对船长处 1 000 以上 1 万元以下的罚款；情节严重的，暂扣有关船舶证书 3 个月至 12 个月，暂扣船长的船员适任证书 1 个月至 3 个月。

引航机构派遣引航员存在过失，造成管辖海域内船舶损失的，由海事管理机构对引航机构处 3 万元以上 30 万元以下的罚款。

未经引航机构指派擅自为管辖海域内船舶提供引航服务的，由海事管理机构对引领船舶的人员处 3 000 以上 3 万元以下的罚款。

第四十一条 违反本规定第十条规定，船舶在内河航行未按规定申请引航的，由海事管理机构责令改正，处 5 000 元以上 5 万元以下的罚款；情节严重的，禁止船舶进出港口或者责令停航并可以对责任船员给予暂扣适任证书或者其他适任证件 3 个月至 6 个月的处罚。

第四十二条 违反本规定第十三条规定，未经批准擅自设置引航机构的，由市级地方人民政府港口主管部门或者长江航务管理部门责令其纠正违法行为，并对擅自设置的引航机构处 3 万元以下的罚款。

第四十三条 违反本规定第二十三条、第二十七条规定，引航机构拒绝或者拖延引航、不指定责任引航员的，由市级地方人民政府港口主管部门、长江航务管理部门责令引航机构纠正其违法行为，并对引航机构处 1 万元以下的罚款。

第四十四条 违反本规定第三十七条、第三十八条规定，港口企业不按规定配合和保障被引船舶靠离泊的、不按规定向引航机构提供相关资料的，由市级地方人民政府港口主管部门或者长江航务管理部门责令港口企业纠正其违法行为，并处警告或者 1 万元以下的罚款。

第四十五条 违反本规定有关水上交通安全监督管理规定的行为，由海事管理机构按照国家的有关规定实施行政处罚。

第四十六条 执法人员徇私舞弊、玩忽职守、滥用职权的，依法给予行政处分；构成犯罪的，依法追究刑事责任。

第五章 附 则

第四十七条 本规定自 2002 年 1 月 1 日起实施。

港口和船舶岸电管理办法

（2019 年 12 月 9 日交通运输部令第 45 号发布，根据 2021 年 9 月 13 日《交通运输部关于修改〈港口和船舶岸电管理办法〉的决定》修正）

第一章 总 则

第一条 为减少船舶靠港期间大气污染物排放，保障船舶靠港安全规范使用岸电，依据《中华人民共和国港口法》《中华人民共和国大气污染防治法》《中华人民共和国长江保护法》等法规的规定，制定本办法。

第二条 中华人民共和国境内港口和船舶岸电建设、使用及有关活动，应当遵守本办法。

第三条 交通运输部主管全国港口和船舶岸电建设、使用等工作。

县级以上地方人民政府交通运输（港口）主管部门按照职责负责辖区水路运输经营者船舶受电设施安装、码头岸电设施建设以及向靠港船舶提供岸电服务等活动的监督管理。

各级海事管理机构按照职责，负责船舶受电设施安装和船舶使用岸电情况的监督管理。

第四条 地方各级交通运输（港口）主管部门应当积极争取地方人民政府出台资金补贴、电价优惠等扶持政策，支持码头岸电设施改造和船舶受电设施安装，鼓励船舶靠港使用岸电。

第二章 建设和使用

第五条 码头工程项目单位应当按照法律法规和强制性标准等要求，对新建、改建、扩建码头工程（油气化工码头除外）同步设计、建设岸电设施。

第六条 港口经营人应当按照法律法规、强制性标准和国家有关规定，对已建码头（油气化工码头除外）逐步实施岸电设施改造。

长江流域的港口经营人应当按照所在地人民政府制定的港口岸电设施建设和改造计划实施建设和改造。

第七条 码头岸电设施的供电能力应当与靠泊船舶的用电需求相适应。

第八条 为保障船舶靠港使用岸电安全，码头工程项目单位或者港口经营人在岸电设施投入使用前，应当按照相关强制性标准组织对岸电设施检测，其中高压岸电设施投入使用前，应当由具备相应能力的专业机构检测。

第九条 新建和已建中国籍船舶受电设施安装应当符合船舶法定检验技术规则，投入使用前需经船舶检验机构检验合格。

第十条 在船舶大气污染排放控制区靠泊的中国籍船舶，需要满足大气污染排放要求加装船舶受电设施的，相应水路运输经营者应当制定船舶受电设施安装计划并组织实施。

长江流域的水路运输经营者应当按照所在地人民政府制定的船舶受电设施建设和改造计划实施建设和改造。

第十一条 具备受电设施的船舶（液货船除外），在沿海港口具备岸电供应能力的泊位靠泊超过 3 小时，在内河港口具备岸电供应能力的泊位靠泊超过 2 小时，且未使用有效替代措施的，应当使用岸电；船舶、码头岸电设施临时发生故障，或者恶劣气候、意外事故等紧急情况下无法使用岸电的除外。

船舶靠泊不足前款规定时间的，鼓励使用岸电。

第十二条 船舶靠港使用岸电的用电量不计入港口能耗统计范围。

第三章 服务和安全

第十三条 港口经营人、岸电供电企业应当将码头岸电设施主要技术参数、检测情况等信息通过网站等渠道向社会公开、及时更新，并报送所在地交通运输（港口）主管部门。

所在地交通运输（港口）主管部门应当汇总辖区全部码头岸电设施信息，通过网站等渠道向社会公开，并通报海事管理机构。

第十四条 船舶应当在靠泊前，向港口经营人提供船舶受电设施的配备情况以及主要技术参数等信息。

第十五条 按照第十一条规定应当使用岸电的，港口经营人应当将用电船舶安排在具备相应岸电供应能力的泊位靠泊，对其他具备受电设施的船舶，鼓励安排在具备岸电设施的泊位靠泊。

第十六条 鼓励有关单位对使用岸电的船舶实施优先靠泊、减免岸电服务费、优先过闸或者优先通行等措施。

第十七条 岸电供电企业和水路运输经营者应当建立健全码头岸电设施、船舶受电设施的管理、使用、维护保养制度和操作规程等，发生故障应当及时修复。

第十八条 岸电供电企业和船舶应当如实记录岸电设备设施使用情况，并至少保存 2 年。记录内容主要包括泊位名称、船舶名称、靠离泊时间、岸电使用起止时间、用电量等。码头岸电设施、船舶受电设施发生故障的，还应当记录故障时间、故障情况及修复时间等。

岸电供电企业应当按照有关规定将岸电供应情况报送所在地交通运输（港口）主管部门。船舶应当按照船舶能耗数据收集管理的要求，向海事管理机构报告岸电使用情况，将岸电使用情况记录留船备查。

第十九条 港口经营人、岸电供电企业和船舶应当制定事故应急预案，明确岸电使用过程中各类事故的应急处置流程，并定期进行演练，适时修订。

第二十条 岸电供电企业和水路运输经营者应当组织作业人员进行操作技能、设备使用、作业程序、安全防护和应急处置等培训。

第二十一条 港口经营人、岸电供电企业和水路运输经营者应明确划分岸电使用安全责任。鼓励港口经营人、岸电供电企业和水路运输经营者购买岸电安全责任相关保险。

第四章 监督检查

第二十二条 码头岸电设施建设和检测，港口经营人、岸电供电企业向靠港船舶提供岸电服务以及水路运输经营者组织实施船舶受电设施安装等情况由市、县级交通运输（港口）主管部门监督检查。船舶发现港口经营人、岸电供电企业未按照规定提供岸电服务的，应当及时报告所在地交通运输（港口）主管部门。

海事管理机构可以通过文件查阅等方式，核查船舶受电设施满足本办法和船舶法定检验技术规则要求、船舶使用岸电等情况。港口经营人、岸电供电企业发现船舶未按照规定使用岸电的应当及时报告海事管理机构。

交通运输（港口）主管部门和海事管理机构

应当制定相关监督检查制度，并定期相互通报有关信息。

第二十三条 新建、改建、扩建港口工程的项目单位、已建码头的港口经营人违反第五条、第六条，港口经营人违反第十五条规定的，由所在地交通运输（港口）主管部门责令限期改正。

第二十四条 国内航行船舶未按照第十条规定安装受电设施的，由海事管理机构通报水路运输经营者注册地交通运输主管部门；国际航行船舶未按照第十条规定安装受电设施的，由直属海事机构汇总后定期报告交通运输部。

长江流域的水路运输经营者未按照第十条规定实施船舶受电设施建设和改造的，由注册地交通运输主管部门责令限期改正。

第二十五条 船舶违反本办法第十一条第一款规定的，由海事管理机构责令限期改正。

在长江流域港口靠泊的船舶违反本办法第十一条第一款规定的，由海事管理机构责令停止违法行为，给予警告，并视情节轻重处以罚款：

（一）船舶发电机组总额定功率 2 000 千瓦（含）以下的，处一万元以上二万元以下罚款；情节严重的，处十万元以上二十万元以下罚款；

（二）船舶发电机组总额定功率 2 000 千瓦以上 8 000 千瓦（含）以下的，处二万元以上五万元以下罚款；情节严重的，处二十万元以上三十万元以下罚款；

（三）船舶发电机组总额定功率 8 000 千瓦以上的，处五万元以上十万元以下罚款；情节严重的，处三十万元以上五十万元以下罚款。

前款所称情节严重，是指船舶靠泊同一港口连续 3 次及以上或者连续 12 个月内累计 6 次及以上未按规定使用岸电，或者船舶受电设施出现故障不及时维修导致 6 个月以上无法正常使用。初次违法且情节轻微并及时改正的，可以不予行政处罚，由海事管理机构进行教育。

第二十六条 水路运输经营者未按照第十七条、第十九条规定制定相关制度、应急预案，由注册地交通运输主管部门责令限期改正。

第二十七条 岸电供电企业和船舶未按照第十七条、第十八条、第十九条、第二十条规定建立相关制度或者应急预案、记录或者报送岸电供电信息、提供岸电服务，或者岸电设施出现故障不及时维修导致 3 个月以上无法正常使用，由所在地交通运输（港口）主管部门和海事管理机构责令限期改正。

第二十八条 船舶未按照第十八条第二款规定报告岸电使用情况，由海事管理机构责令限期改正。

第五章　附　则

第二十九条 岸电供电质量、供电安全、电力供应与使用、供电价格等应当符合电力、价格等法规，以及电力领域的强制性标准和技术规范。

第三十条 本办法所称船舶受电设施是指船舶岸电系统船载装置。

岸电供电企业是指为靠港船舶提供岸电服务的组织或单位，可为港口经营人或者受港口经营人委托的第三方。

有效替代措施是指船舶靠港期间使用电能、LNG 等新能源、清洁能源作为动力，或者关闭辅机等其他等效措施。

岸电设施是指由岸侧电力系统向停靠码头的船舶提供电能的设备及装置的整体，主要包括开关柜、岸电电源、接电装置、电缆管理装置等。

第三十一条 公务船舶和工程船舶使用岸电参照本办法执行。

第三十二条 军事船舶、渔船和体育船舶不适用本办法。

第三十三条 本办法自 2020 年 2 月 1 日起施行。

港口岸线使用审批管理办法

（2012 年 5 月 22 日交通运输部 国家发展改革委令 2012 年第 6 号公布，根据 2018 年 5 月 3 日《交通运输部 国家发展改革委关于修改〈港口岸线使用审批管理办法〉的决定》第一次修订，根据 2021 年 12 月 23 日《交通运输部 国家发展改革委关于修改〈港口岸线使用审批管理办法〉的决定》第二次修订）

第一条 为了规范港口岸线使用审批管理，保障港口岸线资源的合理开发与利用，保护当事人的合法权益，根据《中华人民共和国港口法》和有关法律、法规，制定本办法。

第二条 在港口总体规划区内建设码头等港口设施使用港口岸线，应当按照本办法开展岸线使用审批。

第三条 港口岸线的开发利用应当符合港口规划，坚持深水深用、节约高效、合理利用、有序开发的原则。

第四条 交通运输部主管全国的港口岸线工作，会同国家发展改革委具体实施对港口深水岸线的使用审批工作。

县级以上地方人民政府港口行政管理部门按照本办法和省级人民政府规定的职责，具体实施港口岸线使用审批的相关工作。

第五条 本办法所称港口岸线，含维持港口设施正常运营所需的相关水域和陆域。

港口岸线分为港口深水岸线和非深水岸线。港口深水岸线和非深水岸线划分标准及范围由交通运输部另行制定并公布。

第六条 需要使用港口岸线的建设项目，应当在报送项目申请报告或者可行性研究报告前，向港口所在地港口行政管理部门提出港口岸线使用申请，申请材料包括：

（一）港口岸线使用申请表，内容包括岸线长度、使用用途泊位吨级、通过能力等；

（二）申请人情况及相关材料；

（三）建设项目工程可行性研究报告或者项目申请报告；

（四）海事、航道部门关于建设项目的意见；

（五）法律、法规规定的其他材料。

前款规定的港口岸线使用申请表样式，由交通运输部统一规定。

第七条 港口所在地港口行政管理部门收到申请材料后，对申请材料符合法定形式的，应当当场受理；对申请材料不齐全或者不符合法定形式的，应当当场或者在五个工作日内一次告知申请人需要补正的全部内容。

第八条 使用港口深水岸线的，港口所在地港口行政管理部门收到申请后，应当对申请使用的岸线进行现场核查，核实申请材料，转报至省级港口行政管理部门。

省级港口行政管理部门收到港口岸线使用申请材料后，应当组织专家评审，并征求省级发展改革部门意见后，提出初审意见连同申请材料报交通运输部。

交通运输部收到申请材料和初审意见后，进行审查，会同国家发展改革委作出批准或者不予批准的决定。

第九条 申请使用港口深水岸线的，港口所在地港口行政管理部门和省级人民政府港口行政管理部门应当在收到港口岸线使用申请材料后二十个工作日内完成现场核查、初审和转报工作。

交通运输部应当在收到港口岸线使用申请材料后二十个工作日内完成审查，并会同国家发展改革委作出审批决定。二十个工作日内不能办结的，经负责人批准，可以延长十个工作日。

岸线使用专家评审所需时间不计算在期限内。

第十条 港口岸线使用申请审查、专家评审的主要内容包括：

（一）建设项目是否符合产业政策和港口规划；

（二）建设项目的必要性分析；

（三）工程可行性研究报告或者项目申请报告提出的岸线使

用方案是否符合国家技术标准和规范；

（四）岸线使用方案的合理性分析；

（五）岸线使用方案是否满足航道、通航安全的相关要求；

（六）法律、法规和国家规定的其他要求。

第十一条 由国务院或者国家发展改革委审批、核准的港口建设项目，向国家发展改革委报送可行性研究报告或者项目申请报告时，应当同时抄报交通运输部。交通运输部对港口建设项目提出行业意见时，一并提出岸线使用意见。

由国务院或者国家发展改革委审批、核准的其他建设项目，在港口总体规划区内建设港口设施，使用港口深水岸线的，国家发展改革委在审批、核准之前，征求交通运输部关于建设项目使用港口岸线的意见。

本条第一款、第二款所指建设项目，不再另行办理使用港口岸线的审批手续。

第十二条 港口岸线使用审批机关审查决定批准港口岸线使用申请的，应当出具港口岸线使用批准文件。

审批机关决定不予批准使用港口岸线的，应当书面告知申请人，并且说明理由。

第十三条 使用港口岸线的港口设施项目未取得港口岸线使用批准文件或者交通运输部关于使用港口岸线的意见，不予批准港口设施项目初步设计和水上水下活动许可。

第十四条 港口行政管理部门应当及时在相关政府网站发布港口岸线使用批准情况的信息。

第十五条 批准使用港口岸线的建设项目，应当在取得岸线批准文件之日起三年内开工建设。逾期未开工建设，批准文件失效。

批准文件失效后，如继续建设该项目需要使用港口岸线，应当重新办理港口岸线使用审批手续。

第十六条 港口岸线使用有效期不超过五十年。超过期限继续使用的，港口岸线使用人应当在期限届满三个月前向原批准机关提出申请。

第十七条 批准使用港口岸线后，如因企业更名或者控股权转移导致岸线实际使用人发生改变，或者改变批准的岸线用途，应当按照本办法规定的程序报原批准机关审批。

第十八条 港口行政管理部门应当加强港口岸线使用情况的事中事后监管，并按照规定将有关信用信息纳入相关信用信息共享平台。

第十九条 港口岸线使用审批机关及其工作人员滥用职权、玩忽职守、徇私舞弊的，由有关行政主管部门予以行政处分；构成犯罪的，由司法机关依法追究刑事责任。

第二十条 港口岸线使用申请人隐瞒有关情况或者提供虚假材料申请岸线使用许可的，不予受理或者不予许可。港口岸线申请人以欺骗、贿赂等不正当手段取得港口岸线使用许可的，应当予以撤销。

第二十一条 未按本办法规定取得使用港口岸线的批准，擅自使用岸线的，由县级以上地方人民政府或者港口行政管理部门依照《中华人民共和国港口法》第四十六条的规定予以处罚。

第二十二条 本办法自2012年7月1日起施行。

第六篇

全国口岸运行主要数据

2021 年海关货运监管业务统计表

指标名称	单　位	数　量	同比（%）
进出口货运量	万吨	498 289. 3	1. 4
进口	万吨	324 589. 3	-1. 0
出口	万吨	173 700. 0	6. 4
监管运输工具总数	辆艘	21 105 045	-12. 1
监管进出境总数	辆艘	18 597 300	-13. 9
其中：进出境汽车	辆	15 094 717	-16. 5
进出境火车	节	2 915 911	2. 3
进出境船舶	艘	296 557	-7. 8
进出境飞机	架	290 115	-19. 0

进出口商品总值表

单位：百万美元

年　份	进出口总值	出口总值	进口总值	差额 （+出超、-入超）	同比（%）	
					出　口	进　口
1981 年	44 022	22 007	22 015	-8	-	-
1982 年	41 606	22 321	19 285	3 036	1. 4	-12. 4
1983 年	43 616	22 226	21 390	836	-0. 4	10. 9
1984 年	53 549	26 139	27 410	-1 271	17. 6	28. 1
1985 年	69 602	27 350	42 252	-14 902	4. 6	54. 1
1986 年	73 846	30 942	42 904	-11 962	13. 1	1. 5
1987 年	82 653	39 437	43 216	-3 779	27. 5	0. 7
1988 年	102 784	47 516	55 268	-7 752	20. 5	27. 9
1989 年	111 678	52 538	59 140	-6 602	10. 6	7
1990 年	115 436	62 091	53 345	8 746	18. 2	-9. 8
1991 年	135 634	71 843	63 791	8 052	15. 7	19. 6
1992 年	165 525	84 940	80 585	4 355	18. 2	26. 3
1993 年	195 703	91 744	103 959	-12 215	8	29
1994 年	236 621	121 006	115 615	5 391	31. 9	11. 2
1995 年	280 864	148 780	132 084	16 696	23	14. 2
1996 年	289 881	151 048	138 833	12 215	1. 5	5. 1
1997 年	325 162	182 792	142 370	40 422	21	2. 5
1998 年	323 949	183 712	140 237	43 475	0. 5	-1. 5
1999 年	360 630	194 931	165 699	29 232	6. 1	18. 2
2000 年	474 297	249 203	225 094	24 109	27. 8	35. 8
2001 年	509 651	266 098	243 553	22 545	6. 8	8. 2
2002 年	620 766	325 596	295 170	30 426	22. 4	21. 2
2003 年	850 988	438 228	412 760	25 468	34. 6	39. 8
2004 年	1 154 554	593 326	561 229	32 097	35. 4	36
2005 年	1 421 906	761 953	659 953	102 001	28. 4	17. 6
2006 年	1 760 438	968 978	791 461	177 517	27. 2	19. 9
2007 年	2 176 175	1 220 060	956 115	263 944	25. 9	20. 8
2008 年	2 563 255	1 430 693	1 132 562	298 131	17. 3	18. 5

续表

年　份	进出口总值	出口总值	进口总值	差额（+出超、-入超）	同比（%）	
					出　口	进　口
2009年	2 207 535	1 201 612	1 005 923	195 689	-16	-11. 2
2010年	2 974 001	1 577 754	1 396 247	181 507	31. 3	38. 8
2011年	3 641 864	1 898 381	1 743 484	154 897	20. 3	24. 9
2012年	3 867 119	2 048 714	1 818 405	230 309	7. 9	4. 3
2013年	4 158 993	2 209 004	1 949 989	259 015	7. 8	7. 2
2014年	4 301 527	2 342 293	1 959 235	383 058	6	0. 4
2015年	3 953 033	2 273 468	1 679 564	593 904	-2. 9	-14. 1
2016年	3 685 557	2 097 631	1 587 926	509 705	-7. 7	-5. 5
2017年	4 107 138	2 263 345	1 843 793	419 552	7. 9	16. 1
2018年	4 622 415	2 486 682	2 135 734	350 948	9. 9	15. 8
2019年	4 577 891	2 499 482	2 078 409	421 073	0. 5	-2. 7
2020年	4 655 913	2 589 952	2 065 962	523 990	3. 6	-0. 6
2021年	6 043 874	3 357 143	2 686 731	670 412	29. 6	30

2021 年进出口商品国别（地区）总值表

单位：千美元

进口原产国（地） 出口最终目的国（地）	2021 年			2020 年		
	出　口	进　口	出/入超	出　口	进　口	出/入超
总　值	3 357 143 091	2 686 730 596	670 412 495	2 589 951 608	2 065 961 554	523 990 054
亚　洲	1 573 744 130	1 483 490 728	90 253 402	1 230 749 638	1 157 009 392	73 740 246
阿富汗	474 331	49 527	424 804	500 680	54 512	446 168
巴林	1 377 454	399 695	977 759	1 120 256	146 309	973 947
孟加拉国	24 055 266	1 046 934	23 008 332	15 075 697	799 755	14 275 942
不丹	108 562	11	108 551	13 561	33	13 529
文莱	637 208	2 225 481	−1 588 273	466 224	1 475 994	−1 009 770
缅甸	10 485 227	8 122 078	2 363 149	12 547 522	6 346 798	6 200 724
柬埔寨	11 536 109	2 100 430	9 435 679	8 054 490	1 497 487	6 557 003
塞浦路斯	865 630	28 869	836 760	893 106	25 172	867 933
朝鲜	257 252	58 068	199 184	490 968	47 948	443 020
中国香港	350 059 607	9 697 095	340 362 512	272 575 411	6 982 776	265 592 634
印度	97 358 594	28 145 311	69 213 283	66 719 710	20 977 307	45 742 403
印度尼西亚	60 548 855	63 922 831	−3 373 975	40 981 225	37 481 852	3 499 373
伊朗	8 255 817	6 502 529	1 753 289	8 491 838	6 441 557	2 050 281
伊拉克	10 655 579	26 653 108	−15 997 528	10 922 981	19 303 765	−8 380 783
以色列	15 269 489	7 534 544	7 734 945	11 253 607	6 285 601	4 968 006
日本	165 690 244	205 405 443	−39 715 199	142 618 639	174 661 357	−32 042 718
约旦	3 983 443	424 712	3 558 731	3 181 509	425 730	2 755 779
科威特	4 359 821	17 755 539	−13 395 718	3 547 831	10 735 102	−7 187 271
老挝	1 660 794	2 675 700	−1 014 906	1 491 278	2 088 289	−597 012
黎巴嫩	1 505 638	47 933	1 457 705	945 625	31 798	913 826
中国澳门	3 195 064	81 623	3 113 441	2 228 525	63 137	2 165 388
马来西亚	78 273 092	98 241 841	−19 968 749	56 301 315	75 174 422	−18 873 107
马尔代夫	405 532	4 358	401 174	275 700	5 771	269 929
蒙古国	2 218 255	6 898 956	−4 680 701	1 618 073	5 124 562	−3 506 489
尼泊尔联邦民主共和国	1 937 985	26 508	1 911 477	1 167 478	16 261	1 151 216
阿曼	3 559 742	28 591 701	−25 031 960	3 076 468	15 659 464	−12 582 997

续表1

进口原产国（地） 出口最终目的国（地）	2021 年			2020 年		
	出　口	进　口	出/入超	出　口	进　口	出/入超
巴基斯坦	24 200 642	3 584 477	20 616 165	15 357 671	2 124 874	13 232 797
巴勒斯坦	128 005	338	127 668	100 456	9	100 447
菲律宾	57 130 366	24 761 129	32 369 237	41 881 710	19 335 471	22 546 239
卡塔尔	3 952 096	13 211 001	−9 258 905	2 631 166	8 305 096	−5 673 931
沙特阿拉伯	30 221 805	56 968 611	−26 746 806	28 095 294	39 069 857	−10 974 563
新加坡	54 931 131	38 796 233	16 134 898	57 626 122	31 618 071	26 008 051
韩国	148 475 509	213 437 952	−64 962 443	112 476 830	173 103 912	−60 627 082
斯里兰卡	5 236 394	650 447	4 585 947	3 842 729	317 763	3 524 966
叙利亚	481 177	1 283	479 894	833 521	1 331	832 190
泰国	69 220 591	61 823 050	7 397 541	50 514 240	48 139 737	2 374 502
土耳其	29 115 340	5 048 971	24 066 369	20 346 482	3 731 411	16 615 071
阿拉伯联合酋长国	43 682 065	28 573 273	15 108 792	32 310 347	17 054 820	15 255 527
也门共和国	2 567 366	486 173	2 081 193	2 881 336	674 019	2 207 317
越南	137 665 720	92 319 415	45 346 305	113 815 657	78 474 426	35 341 231
中华人民共和国	—	156 892 933	−156 892 933	—	125 266 284	−125 266 284
中国台湾	78 283 861	249 635 809	−171 351 948	60 117 431	200 497 928	−140 380 496
东帝汶	259 549	113 151	146 398	191 275	1 211	190 065
哈萨克斯坦	13 931 490	11 290 563	2 640 927	11 703 134	9 805 101	1 898 033
吉尔吉斯斯坦	7 462 098	79 740	7 382 359	2 865 366	34 801	2 830 564
塔吉克斯坦	1 675 033	175 469	1 499 564	1 016 842	45 293	971 549
土库曼斯坦	512 638	6 844 462	−6 331 823	443 489	6 071 881	−5 628 393
乌兹别克斯坦	5 876 663	2 155 406	3 721 257	5 138 716	1 483 308	3 655 408
亚洲其他国家（地区）	1	21	−20	108	27	81
非　洲	147 950 702	105 904 820	42 045 882	114 220 618	73 722 097	40 498 521
阿尔及利亚	6 345 560	1 080 771	5 264 788	5 596 369	997 060	4 599 308
安哥拉	2 482 836	21 027 427	−18 544 591	1 748 154	14 757 730	−13 009 576
贝宁	1 225 358	231 569	993 789	988 388	58 248	930 140
博茨瓦纳	254 418	172 706	81 712	235 439	87 486	147 953
布隆迪	126 902	8 606	118 297	73 966	7 638	66 329
喀麦隆	2 699 459	1 636 691	1 062 768	2 022 470	761 327	1 261 143
加那利群岛	1 974	16	1 958	1 612	57	1 555
佛得角	84 279	1 147	83 132	77 837	1 210	76 627
中非	45 531	36 066	9 464	27 964	57 075	−29 111

续表2

进口原产国（地） 出口最终目的国（地）	2021 年			2020 年		
	出　口	进　口	出/入超	出　口	进　口	出/入超
塞卜泰（休达）	101	100	1	357	12	345
乍得	364 090	196 798	167 292	298 321	421 471	-123 151
科摩罗	56 919	114	56 805	50 537	117	50 420
刚果（布）	677 174	4 710 581	-4 033 407	596 314	3 371 849	-2 775 535
吉布提	2 561 381	55 806	2 505 576	2 310 126	46 249	2 263 878
埃及	18 235 702	1 703 581	16 532 121	13 627 843	923 483	12 704 360
赤道几内亚	123 484	1 215 193	-1 091 709	122 120	1 182 549	-1 060 429
埃塞俄比亚	2 282 690	365 994	1 916 696	2 233 322	338 771	1 894 551
加蓬	433 439	2 584 785	-2 151 347	415 450	3 244 067	-2 828 617
冈比亚	541 818	44 601	497 217	535 667	29 902	505 765
加纳	8 074 453	1 466 174	6 608 279	6 756 283	1 774 499	4 981 784
几内亚	2 153 199	2 793 875	-640 676	1 911 704	2 438 851	-527 147
几内亚比绍	88 681	1	88 680	51 431	5	51 426
科特迪瓦共和国	3 113 413	641 585	2 471 828	2 333 567	580 471	1 753 096
肯尼亚	6 705 825	225 783	6 480 042	5 409 670	150 595	5 259 075
利比里亚	5 685 285	23 771	5 661 515	3 401 409	97 344	3 304 065
利比亚	2 121 663	3 275 378	-1 153 715	1 880 451	827 065	1 053 385
马达加斯加	1 277 631	332 742	944 889	997 654	138 652	859 002
马拉维	279 104	9 812	269 292	218 491	12 332	206 159
马里	594 362	127 553	466 809	468 441	168 652	299 788
毛里塔尼亚	907 127	1 789 195	-882 068	740 087	1 277 054	-536 967
毛里求斯	871 843	35 737	836 106	699 958	26 488	673 471
摩洛哥	5 678 768	826 424	4 852 345	4 173 581	595 611	3 577 970
莫桑比克	2 887 342	1 144 574	1 742 769	2 000 094	579 499	1 420 595
纳米比亚	396 066	734 598	-338 532	223 112	562 885	-339 774
尼日尔	391 499	369 379	22 120	303 135	224 696	78 439
尼日利亚	22 556 744	3 031 625	19 525 118	16 787 509	2 485 363	14 302 146
留尼汪	251 181	16	251 165	186 230	22	186 208
卢旺达	334 880	28 723	306 157	282 523	38 209	244 314
圣多美和普林西比	14 923	133	14 791	20 313	47	20 267
塞内加尔	3 339 581	439 512	2 900 069	2 564 005	315 092	2 248 913
塞舌尔	68 344	13	68 331	57 670	38	57 632
塞拉利昂	487 095	389 244	97 851	371 373	158 492	212 881

续表3

进口原产国（地） 出口最终目的国（地）	2021 年			2020 年		
	出　口	进　口	出/入超	出　口	进　口	出/入超
索马里	997 288	10 783	986 505	892 585	7 872	884 713
南非	21 075 457	32 955 599	-11 880 142	15 238 870	20 824 800	-5 585 931
西撒哈拉	1 100	0	1 100	1 456	-	1 456
苏丹	1 809 706	779 804	1 029 902	2 511 453	766 295	1 745 158
坦桑尼亚	6 114 601	603 778	5 510 823	4 174 369	411 118	3 763 251
多哥	2 944 977	532 878	2 412 099	2 459 182	164 200	2 294 982
突尼斯	1 863 657	282 716	1 580 940	1 427 686	222 718	1 204 968
乌干达	1 021 166	43 897	977 269	790 287	39 692	750 595
布基纳法索	442 141	192 111	250 029	322 522	79 957	242 565
刚果（金）	2 753 884	11 678 912	-8 925 029	2 013 431	7 083 727	-5 070 296
赞比亚	780 328	4 391 361	-3 611 033	681 350	3 506 044	-2 824 693
津巴布韦	918 518	958 537	-40 019	524 710	872 724	-348 014
莱索托	84 444	23 661	60 783	59 382	12 262	47 120
梅利利亚	457	0	457	674	15	659
斯威士兰	51 483	1 292	50 191	39 892	484	39 408
厄立特里亚	69 957	391 377	-321 420	70 486	308 630	-238 144
马约特	56 647	4	56 643	53 105	19	53 086
南苏丹共和国	139 814	299 413	-159 599	156 083	683 242	-527 159
非洲其他国家（地区）	2 954	297	2 656	2 148	32	2 116
欧　洲	700 003 203	478 206 539	221 796 664	535 681 028	372 567 019	163 114 009
比利时	30 313 482	8 571 778	21 741 705	20 752 084	7 828 111	12 923 973
丹麦	10 869 092	6 972 909	3 896 184	7 464 268	6 011 297	1 452 971
英国	86 858 675	25 676 397	61 182 278	72 561 758	19 872 159	52 689 598
德国	115 074 320	119 914 140	-4 839 820	86 808 170	105 110 668	-18 302 497
法国	45 889 163	39 091 666	6 797 498	36 955 921	29 695 291	7 260 630
爱尔兰	5 319 623	17 626 657	-12 307 034	3 995 902	14 045 211	-10 049 309
意大利	43 583 923	30 323 695	13 260 228	32 914 706	22 249 555	10 665 152
卢森堡	1 441 896	332 377	1 109 518	949 473	275 933	673 540
荷兰	102 318 194	14 004 943	88 313 251	79 006 331	12 789 318	66 217 014
希腊	11 148 685	973 220	10 175 465	7 036 593	773 891	6 262 702
葡萄牙	5 348 823	3 453 559	1 895 265	4 180 592	2 772 492	1 408 100
西班牙	36 072 649	12 288 659	23 783 990	27 516 529	10 387 921	17 128 608
阿尔巴尼亚	591 004	164 447	426 558	571 226	81 121	490 105

续表4

进口原产国（地） 出口最终目的国（地）	2021 年			2020 年		
	出　口	进　口	出/入超	出　口	进　口	出/入超
安道尔	4 329	715	3 614	3 401	432	2 968
奥地利	5 349 171	8 418 857	-3 069 685	3 406 366	6 639 807	-3 233 441
保加利亚	2 310 853	1 798 554	512 300	1 547 089	1 370 982	176 107
芬兰	3 802 051	5 331 824	-1 529 773	2 949 768	4 196 317	-1 246 549
直布罗陀	6 029	9	6 020	2 985	1	2 983
匈牙利	10 139 292	5 570 353	4 568 939	7 403 722	4 282 898	3 120 823
冰岛	207 052	151 816	55 235	100 877	104 647	-3 770
列支敦士登	70 700	190 562	-119 862	49 315	114 447	-65 132
马耳他	2 197 367	553 504	1 643 863	1 367 804	387 613	980 191
摩纳哥	5 693	18 279	-12 585	39 994	17 024	22 970
挪威	4 401 813	10 801 317	-6 399 504	3 533 992	7 367 839	-3 833 847
波兰	36 533 744	5 541 825	30 991 919	26 730 749	4 320 430	22 410 319
罗马尼亚	6 704 314	3 507 463	3 196 852	5 126 404	2 638 405	2 487 999
圣马力诺	8 631	5 461	3 170	6 649	2 858	3 792
瑞典	11 031 129	9 874 088	1 157 041	8 368 172	9 518 267	-1 150 095
瑞士	6 232 845	37 879 559	-31 646 714	5 042 453	17 380 245	-12 337 792
爱沙尼亚	1 009 815	281 465	728 350	863 881	281 400	582 481
拉脱维亚	1 145 907	239 096	906 812	1 052 337	200 395	851 942
立陶宛	2 194 434	433 495	1 760 939	1 807 605	487 610	1 319 995
格鲁吉亚	1 027 947	179 766	848 181	1 275 690	100 866	1 174 824
亚美尼亚	330 439	1 087 620	-757 181	222 794	794 487	-571 693
阿塞拜疆	994 809	205 027	789 782	617 870	698 780	-80 910
白俄罗斯	2 728 753	1 090 694	1 638 059	2 113 232	888 693	1 224 539
摩尔多瓦	178 498	104 686	73 812	145 799	60 473	85 326
俄罗斯联邦	67 491 224	79 609 072	-12 117 847	50 504 466	57 684 679	-7 180 213
乌克兰	9 385 680	9 774 458	-388 778	6 878 010	8 001 752	-1 123 742
斯洛文尼亚	5 356 419	632 073	4 724 346	3 452 194	508 681	2 943 513
克罗地亚	1 973 189	339 899	1 633 290	1 566 741	137 590	1 429 151
捷克	15 105 505	6 053 279	9 052 226	13 737 688	5 133 537	8 604 151
斯洛伐克	4 543 291	7 547 234	-3 003 943	3 031 546	6 431 085	-3 399 539
北马其顿共和国	223 988	365 943	-141 954	156 795	227 133	-70 339
波黑	136 895	137 639	-745	120 102	72 684	47 417
梵蒂冈城国	1 840	0	1 840	726	98	629

续表5

进口原产国（地） 出口最终目的国（地）	2021 年			2020 年		
	出　口	进　口	出/入超	出　口	进　口	出/入超
法罗群岛	1 658	91 489	-89 831	1 349	66 108	-64 759
塞尔维亚	2 241 275	983 531	1 257 744	1 624 340	498 177	1 126 163
黑山	96 028	11 332	84 696	113 158	57 384	55 774
欧洲其他国家（地区）	1 063	110	953	1 407	226	1 181
拉丁美洲	228 661 706	222 417 805	6 243 902	150 708 695	169 411 724	-18 703 029
安提瓜和巴布达	110 225	2 689	107 536	91 316	33	91 283
阿根廷	10 676 854	7 124 316	3 552 538	7 083 814	6 814 457	269 357
阿鲁巴	70 361	6	70 355	35 784	89	35 696
巴哈马	472 621	17 249	455 371	277 830	72 928	204 902
巴巴多斯	238 714	15 246	223 468	79 096	15 162	63 933
伯利兹	175 469	45	175 424	103 860	438	103 422
多民族玻利维亚国	991 400	646 087	345 313	687 778	291 212	396 566
博内尔	18	0	18	4	1	3
巴西	53 549 261	110 006 699	-56 457 439	34 953 777	85 517 221	-50 563 444
开曼群岛	37 239	106	37 133	36 582	13	36 569
智利	26 259 094	39 577 949	-13 318 856	15 336 525	29 932 013	-14 595 488
哥伦比亚	14 333 757	5 617 779	8 715 979	9 320 517	4 336 025	4 984 492
多米尼克	34 421	1 432	32 990	21 059	599	20 460
哥斯达黎加	2 251 571	815 467	1 436 104	1 535 679	668 609	867 070
古巴	575 598	445 573	130 025	483 293	470 010	13 283
库腊索岛	39 787	4	39 783	35 304	15	35 288
多米尼加共和国	3 988 647	348 127	3 640 520	2 493 959	299 304	2 194 655
厄瓜多尔	5 475 192	5 459 018	16 174	3 252 328	4 320 756	-1 068 427
法属圭亚那	38 988	18	38 970	23 839	13	23 827
格林纳达	20 425	24	20 401	15 408	44	15 364
瓜德罗普	55 482	10	55 473	43 975	9	43 966
危地马拉	3 898 430	450 266	3 448 164	2 472 511	267 097	2 205 415
圭亚那	389 790	319 908	69 882	265 470	308 865	-43 394
海地	790 972	4 463	786 509	709 271	3 026	706 245
洪都拉斯	1 581 033	34 129	1 546 904	922 873	45 953	876 921
牙买加	806 961	6 130	800 831	630 463	31 931	598 532
马提尼克	39 580	110	39 470	27 260	122	27 137
墨西哥	67 367 721	19 139 275	48 228 446	44 827 902	16 217 580	28 610 322

续表6

进口原产国（地） 出口最终目的国（地）	2021 年			2020 年		
	出　口	进　口	出/入超	出　口	进　口	出/入超
蒙特塞拉特	215	17	198	404	2	402
尼加拉瓜	792 970	25 063	767 907	486 438	18 958	467 480
巴拿马	10 156 061	1 179 148	8 976 913	8 793 651	469 417	8 324 234
巴拉圭	1 779 011	54 294	1 724 717	1 216 925	13 912	1 203 013
秘鲁	13 266 564	24 239 031	-10 972 466	8 865 743	14 735 474	-5 869 731
波多黎各	1 030 192	1 373 134	-342 942	766 871	1 089 926	-323 055
萨巴	8	0	8	8	—	8
圣卢西亚	25 509	133	25 376	23 347	59	23 287
圣马丁岛	5 619	3	5 616	5 332	81	5 251
圣文森特和格林纳丁斯	32 692	2	32 690	10 189	9	10 180
萨尔瓦多	1 508 506	218 853	1 289 652	938 248	171 781	766 467
苏里南	274 817	41 860	232 957	221 330	61 103	160 228
特立尼达和多巴哥	423 945	634 370	-210 424	341 203	334 830	6 373
特克斯和凯科斯群岛	4 972	25	4 947	3 311	57	3 254
乌拉圭	2 848 904	3 624 470	-775 566	1 703 050	2 367 323	-664 273
委内瑞拉	2 180 995	994 087	1 186 908	1 518 839	534 238	984 601
英属维尔京群岛	19 778	128	19 651	8 905	267	8 638
圣基茨和尼维斯	13 230	671	12 559	13 484	424	13 060
圣皮埃尔和密克隆	97	0	97	386	1	385
荷属安的列斯	15 027	8	15 019	14 967	3	14 965
拉丁美洲其他国家（地区）	12 983	379	12 603	8 587	335	8 252
北美洲	626 361 809	210 428 632	415 933 177	493 861 851	157 574 007	336 287 844
加拿大	51 390 143	30 489 775	20 900 368	42 094 566	22 063 365	20 031 201
美国	574 889 144	179 700 587	395 188 556	451 729 026	135 250 645	316 478 381
格陵兰	536	238 238	-237 702	1 597	259 990	-258 393
百慕大	79 124	20	79 104	35 589	4	35 585
北美洲其他国家（地区）	2 863	12	2 851	1 073	3	1 071
大洋洲	80 421 511	184 221 608	-103 800 097	64 729 728	133 620 089	-68 890 362
澳大利亚	66 267 367	163 529 082	-97 261 715	53 468 477	117 693 778	-64 225 300
库克群岛	4 015	2 054	1 961	5 485	2 644	2 841
斐济	395 793	55 542	340 252	322 180	23 539	298 640

续表7

进口原产国（地） 出口最终目的国（地）	2021 年			2020 年		
	出　口	进　口	出/入超	出　口	进　口	出/入超
盖比群岛	—	15	-15	6	0	5
马克萨斯群岛	4	0	4	0	0	0
瑙鲁	11 277	107	11 170	1 939	82	1 858
新喀里多尼亚	151 607	1 120 232	-968 625	121 938	1 169 305	-1 047 368
瓦努阿图	86 863	11 830	75 033	72 412	7 937	64 474
新西兰	8 542 395	16 155 983	-7 613 588	6 053 031	12 076 119	-6 023 088
诺福克岛	956	0	956	1 968	6	1 961
巴布亚新几内亚	1 045 925	3 000 450	-1 954 525	922 820	2 270 896	-1 348 075
社会群岛	769	0	769	515	0	515
所罗门群岛	166 381	320 645	-154 264	116 602	355 240	-238 639
汤加	53 622	41	53 580	33 719	238	33 481
土阿莫土群岛	200	8	192	1	0	0
土布艾群岛	150	0	150	1	0	1
萨摩亚	101 680	643	101 037	87 306	575	86 731
基里巴斯	38 947	5	38 942	24 409	222	24 187
图瓦卢	46 425	38	46 387	16 141	12	16 129
密克罗尼西亚联邦	20 069	17 434	2 634	20 866	7 260	13 605
马绍尔群岛	3 187 679	2 750	3 184 929	3 284 616	7 679	3 276 937
帕劳	36 334	85	36 248	24 084	7	24 076
法属波利尼西亚	131 477	4 315	127 162	99 670	4 154	95 517
瓦利斯和浮图纳	2 428	15	2 413	881	1	880
大洋洲其他国家（地区）	129 149	335	128 814	50 664	394	50 269
国别（地区）不详	26	2 060 462	-2 060 436	35	2 057 226	-2 057 191
东南亚国家联盟	482 089 093	394 988 187	87 100 906	383 679 782	301 632 547	82 047 235
欧洲联盟	517 641 963	309 705 481	207 936 483	390 885 743	258 499 877	132 385 866
亚太经济合作组织	2 077 435 759	1 772 600 413	304 835 346	1 623 177 360	1 380 136 779	243 040 581

备注：1. 东南亚国家联盟包括：文莱、缅甸、柬埔寨、印度尼西亚、老挝、马来西亚、菲律宾、新加坡、泰国、越南。

2. 欧洲联盟包括：比利时、丹麦、德国、法国、爱尔兰、意大利、卢森堡、荷兰、希腊、葡萄牙、西班牙、奥地利、芬兰、瑞典、塞浦路斯、匈牙利、马耳他、波兰、爱沙尼亚、拉脱维亚、立陶宛、斯洛文尼亚、捷克、斯洛伐克、保加利亚、罗马尼亚、克罗地亚。

3. 亚太经济合作组织包括：文莱、中国香港、印度尼西亚、日本、马来西亚、菲律宾、新加坡、韩国、泰国、越南、中华人民共和国、中国台北、俄罗斯、智利、墨西哥、秘鲁、加拿大、美国、澳大利亚、新西兰、巴布亚新几内亚。

2021年进出口商品构成表

单位：千美元

商品	出口		进口	
	金额	比重（%）	金额	比重（%）
总值	3 357 143 091	100.0	2 686 730 596	100.0
一、初级产品	139 997 682	4.2	976 613 933	36.3
0类　食品及活动物	69 844 549	2.1	122 837 238	4.6
00章　活动物	560 872	0.0	942 401	0.0
01章　肉及肉制品	2 561 173	0.1	31 382 443	1.2
02章　乳品及蛋品	340 321	0.0	9 159 491	0.3
03章　鱼、甲壳及软体类动物及其制品	21 065 774	0.6	14 150 093	0.5
04章　谷物及其制品	2 265 023	0.1	21 502 386	0.8
05章　蔬菜及水果	25 057 879	0.7	20 624 114	0.8
06章　糖、糖制品及蜂蜜	2 493 808	0.1	3 328 060	0.1
07章　咖啡、茶、可可、调味料及其制品	4 912 910	0.1	3 051 534	0.1
08章　饲料（不包括未碾磨谷物）	3 684 854	0.1	7 296 877	0.3
09章　杂项食品	6 901 935	0.2	11 399 841	0.4
1类　饮料及烟类	2 733 597	0.1	7 608 827	0.3
11章　饮料	2 022 753	0.1	6 150 268	0.2
12章　烟草及其制品	710 844	0.0	1 458 559	0.1
2类　非食用原料（燃料除外）	22 241 081	0.7	426 260 650	15.9
21章　生皮及生毛皮	42 916	0.0	1 574 345	0.1
22章　油籽及含油果实	1 165 757	0.0	58 099 542	2.2
23章　生橡胶（包括合成橡胶及再生橡胶）	1 609 019	0.0	12 206 830	0.5
24章　软木及木材	634 266	0.0	22 576 163	0.8
25章　纸浆及废纸	189 320	0.0	20 188 259	0.8
26章　纺织纤维及其废料	3 883 992	0.1	9 093 394	0.3
27章　天然肥料及矿物（煤、石油及宝石除外）	4 129 596	0.1	8 227 388	0.3
28章　金属矿砂及金属废料	4 603 571	0.1	291 295 299	10.8
29章　其他动、植物原料	5 982 643	0.2	2 999 430	0.1
3类　矿物燃料、润滑油及有关原料	42 847 164	1.3	405 328 963	15.1
32章　煤、焦炭及煤砖	2 859 813	0.1	36 700 104	1.4

续表1

商　品	出　口		进　口	
	金　额	比重（%）	金　额	比重（%）
33 章　石油、石油产品及有关原料	36 073 714	1.1	296 327 369	11.0
34 章　天然气及人造气	2 383 762	0.1	72 053 075	2.7
35 章　电流	1 529 874	0.0	248 415	0.0
4 类　动植物油、脂及蜡	2 331 291	0.1	14 578 255	0.5
41 章　动物油、脂	278 878	0.0	697 111	0.0
42 章　植物油、脂	321 265	0.0	13 376 735	0.5
43 章　已加工的动植物油、脂及动植物蜡	1 731 148	0.1	504 408	0.0
二、工业制品	3 217 145 409	95.8	1 710 116 663	63.7
5 类　化学成品及有关产品	264 048 227	7.9	264 077 106	9.8
51 章　有机化学品	73 083 901	2.2	61 473 563	2.3
52 章　无机化学品	23 428 638	0.7	13 569 088	0.5
53 章　染料、鞣料及着色料	10 184 602	0.3	5 893 880	0.2
54 章　医药品	50 688 012	1.5	46 653 697	1.7
55 章　精油、香料及盥洗、光洁制品	10 227 091	0.3	28 552 543	1.1
56 章　制成肥料	11 420 996	0.3	2 763 055	0.1
57 章　初级形状的塑料	29 771 702	0.9	61 157 739	2.3
58 章　非初级形状的塑料	23 444 177	0.7	15 402 649	0.6
59 章　其他化学原料及产品	31 799 109	0.9	28 610 890	1.1
6 类　按原料分类的制成品	541 765 785	16.1	210 827 631	7.8
61 章　皮革、皮革制品及已鞣毛皮	3 060 408	0.1	3 200 623	0.1
62 章　橡胶制品	24 408 954	0.7	5 736 133	0.2
63 章　软木及木制品（家具除外）	17 979 728	0.5	1 712 611	0.1
64 章　纸及纸板；纸浆、纸及纸板制品	25 423 009	0.8	9 305 892	0.3
65 章　纺纱、织物、制成品及有关产品	145 356 957	4.3	16 056 252	0.6
66 章　非金属矿物制品	60 697 797	1.8	25 546 012	1.0
67 章　钢铁	83 943 462	2.5	45 648 491	1.7
68 章　有色金属	37 393 636	1.1	87 112 491	3.2
69 章　金属制品	143 501 834	4.3	16 509 126	0.6
7 类　机械及运输设备	1 615 946 520	48.1	1 005 474 791	37.4
71 章　动力机械及设备	50 987 736	1.5	25 506 354	0.9
72 章　特种工业专用机械	68 699 444	2.0	70 027 630	2.6
73 章　金工机械	11 247 914	0.3	10 763 979	0.4
74 章　通用工业机械设备及零件	164 345 937	4.9	58 766 926	2.2

续表2

商　品	出　口		进　口	
	金　额	比重（%）	金　额	比重（%）
75 章　办公用机械及自动数据处理设备	259 165 787	7. 7	73 926 216	2. 8
76 章　电信及声音的录制及重放装置设备	362 719 348	10. 8	82 693 806	3. 1
77 章　电力机械、器具及其电气零件	527 257 078	15. 7	580 197 230	21. 6
78 章　陆路车辆（包括气垫式）	141 029 495	4. 2	86 298 498	3. 2
79 章　其他运输设备	30 493 780	0. 9	17 294 152	0. 6
8 类　杂项制品	754 953 127	22. 5	169 324 129	6. 3
81 章　活动房屋；卫生、水道、供热及照明装置	62 859 694	1. 9	1 032 731	0. 0
82 章　家具及其零件；褥垫及类似填充制品	86 633 167	2. 6	2 528 708	0. 1
83 章　旅行用品、手提包及类似品	27 944 380	0. 8	6 362 217	0. 2
84 章　服装及衣着附件	175 751 544	5. 2	12 307 200	0. 5
85 章　鞋靴	51 552 467	1. 5	6 458 116	0. 2
87 章　专业、科学及控制用仪器和装置	75 975 180	2. 3	82 969 938	3. 1
88 章　摄影器材、光学物品及钟表	20 808 490	0. 6	24 044 059	0. 9
89 章　杂项制品	253 428 204	7. 5	33 621 159	1. 3
9 类　未分类的商品	40 431 749	1. 2	60 413 006	2. 2

2021 年进出口商品类章总值表

单位：千美元

类　章	出　口		进　口	
	金　额	比重（%）	金　额	比重（%）
总　值	3 357 143 091	100.0	2 686 730 596	100.0
第一类　活动物；动物产品	15 050 394	0.4	57 076 315	2.1
01 章　活动物	560 872	0.0	942 401	0.0
02 章　肉及食用杂碎	872 353	0.0	31 583 806	1.2
03 章　鱼、甲壳动物、软体动物及其他水生无脊椎动物	11 037 552	0.3	13 806 437	0.5
04 章　乳品；蛋品；天然蜂蜜；其他食用动物产品	621 573	0.0	9 694 622	0.4
05 章　其他动物产品	1 958 044	0.1	1 049 048	0.0
第二类　植物产品	28 158 229	0.8	103 465 547	3.9
06 章　活树及其他活植物；鳞茎、根及类似品；插花及装饰用簇叶	568 804	0.0	244 305	0.0
07 章　食用蔬菜、根及块茎	10 076 049	0.3	2 855 497	0.1
08 章　食用水果及坚果；甜瓜或柑桔属水果的果皮	6 332 908	0.2	15 916 076	0.6
09 章　咖啡、茶、马黛茶及调味香料	4 188 897	0.1	1 681 054	0.1
10 章　谷物	1 076 270	0.0	19 966 081	0.7
11 章　制粉工业产品；麦芽；淀粉；菊粉；面筋	653 125	0.0	1 957 538	0.1
12 章　含油子仁及果实；杂项子仁及果实；工业用或药用植物；稻草、秸秆及饲料	2 954 011	0.1	60 168 498	2.2
13 章　虫胶；树胶、树脂及其他植物液、汁	2 107 583	0.1	467 133	0.0
14 章　编结用植物材料；其他植物产品	200 582	0.0	209 364	0.0
第三类　动、植物油、脂及其分解产品；精制的食用油脂；动、植物蜡	2 365 118	0.1	15 969 431	0.6
15 章　动、植物油、脂及其分解产品；精制的食用油脂；动、植物蜡	2 365 118	0.1	15 969 431	0.6
第四类　食品；饮料、酒及醋；烟草、烟草及烟草代用品的制品	36 869 825	1.1	32 517 762	1.2
16 章　肉、鱼、甲壳动物、软体动物及其他水生无脊椎动物的制品	11 717 063	0.3	392 703	0.0
17 章　糖及糖食	1 931 042	0.1	3 149 115	0.1
18 章　可可及可可制品	436 458	0.0	1 044 689	0.0

续表1

类　章	出　口		进　口	
	金　额	比重（%）	金　额	比重（%）
19 章　谷物、粮食粉、淀粉或乳的制品；糕饼点心	2 345 278	0.1	6 826 882	0.3
20 章　蔬菜、水果、坚果或植物其他部分的制品	8 272 863	0.2	1 697 874	0.1
21 章　杂项食品	5 705 876	0.2	4 830 678	0.2
22 章　饮料、酒及醋	2 068 061	0.1	6 593 559	0.2
23 章　食品工业的残渣及废料；配制的动物饲料	3 682 341	0.1	6 523 704	0.2
24 章　烟草、烟草及烟草代用品的制品	710 844	0.0	1 458 559	0.1
第五类　矿产品	51 243 994	1.5	687 761 894	25.6
25 章　盐；硫磺；泥土及石料；石膏料、石灰及水泥	3 853 069	0.1	9 715 899	0.4
26 章　矿砂、矿渣及矿灰	4 542 464	0.1	272 612 646	10.1
27 章　矿物燃料、矿物油及其蒸馏产品；沥青物质；矿物蜡	42 848 461	1.3	405 433 349	15.1
第六类　化学工业及其相关工业的产品	213 506 185	6.4	189 998 925	7.1
28 章　无机化学品；贵金属、稀土金属、放射性元素及其同位素的有机及无机化合物	23 546 505	0.7	14 898 356	0.6
29 章　有机化学品	82 577 443	2.5	60 214 931	2.2
30 章　药品	38 550 158	1.1	41 862 455	1.6
31 章　肥料	11 465 823	0.3	2 765 245	0.1
32 章　鞣料浸膏及染料浸膏；鞣酸及其衍生物；染料、颜料及其他色料；油漆及清漆；油灰及其他类似胶粘剂；墨水、油墨	10 426 535	0.3	6 038 663	0.2
33 章　精油及香膏；芳香料制品及化妆盥洗品	6 287 066	0.2	24 083 554	0.9
34 章　肥皂、有机表面活性剂、洗涤剂、润滑剂、人造蜡、调制蜡、光洁剂、蜡烛及类似品、塑型用膏、“牙科用蜡”及牙科用熟石膏制剂	5 852 466	0.2	7 435 089	0.3
35 章　蛋白类物质；改性淀粉；胶；酶	4 292 794	0.1	4 758 077	0.2
36 章　炸药；烟火制品；火柴；引火合金；易燃材料制品	884 254	0.0	112 950	0.0
37 章　照相及电影用品	1 227 824	0.0	3 628 357	0.1
38 章　杂项化学产品	28 395 315	0.8	24 201 247	0.9
第七类　塑料及其制品；橡胶及其制品	161 854 436	4.8	101 450 984	3.8
39 章　塑料及其制品	130 750 369	3.9	82 837 353	3.1
40 章　橡胶及其制品	31 104 068	0.9	18 613 631	0.7
第八类　生皮、皮革、毛皮及其制品；鞍具及挽具；旅行用品、手提包及类似品；动物肠线（蚕胶丝除外）制品	34 457 018	1.0	11 710 545	0.4

续表2

类章	出口		进口	
	金额	比重（%）	金额	比重（%）
41章　生皮（毛皮除外）及皮革	993 058	0.0	3 785 869	0.1
42章　皮革制品；鞍具及挽具；旅行用品、手提包及类似容器；动物肠线（蚕胶丝除外）制品	30 733 492	0.9	6 978 024	0.3
43章　毛皮、人造毛皮及其制品	2 730 468	0.1	946 652	0.0
第九类　木及木制品；木炭；软木及软木制品；稻草、秸秆、针茅或其他编结材料制品；篮筐及柳条编结品	20 754 715	0.6	24 308 491	0.9
44章　木及木制品；木炭	18 573 765	0.6	24 240 584	0.9
45章　软木及软木制品	40 229	0.0	48 189	0.0
46章　稻草、秸秆、针茅或其他编结材料制品；篮筐及柳条编结品	2 140 721	0.1	19 717	0.0
第十类　木浆及其他纤维状纤维素浆；纸及纸板的废碎品；纸、纸板及其制品	28 559 685	0.9	31 385 748	1.2
47章　木浆及其他纤维状纤维素浆；纸及纸板的废碎品	189 320	0.0	20 188 259	0.8
48章　纸及纸板；纸浆、纸或纸板制品	24 025 155	0.7	8 828 431	0.3
49章　书籍、报纸、印刷图画及其他印刷品；手稿、打字稿及设计图纸	4 345 209	0.1	2 369 057	0.1
第十一类　纺织原料及纺织制品	304 359 820	9.1	35 467 490	1.3
50章　蚕丝	654 759	0.0	91 995	0.0
51章　羊毛、动物细毛或粗毛；马毛纱线及其机织物	1 933 486	0.1	3 199 799	0.1
52章　棉花	13 683 227	0.4	10 588 715	0.4
53章　其他植物纺织纤维；纸纱线及其机织物	1 384 607	0.0	1 023 119	0.0
54章　化学纤维长丝	25 575 945	0.8	2 765 422	0.1
55章　化学纤维短纤	12 934 772	0.4	1 803 066	0.1
56章　絮胎、毡呢及无纺织物；特种纱线；线、绳、索、缆及其制品	8 346 868	0.2	1 461 100	0.1
57章　地毯及纺织材料的其他铺地制品	3 744 632	0.1	109 202	0.0
58章　特种机织物；簇绒织物；花边；装饰毯；装饰带；刺绣品	5 635 363	0.2	400 797	0.0
59章　浸渍、涂布、包覆或层压的纺织物；工业用纺织制品	9 286 825	0.3	1 665 104	0.1
60章　针织物及钩编织物	23 100 682	0.7	1 146 947	0.0
61章　针织或钩编的服装及衣着附件	86 329 139	2.6	4 662 575	0.2
62章　非针织或非钩编的服装及衣着附件	69 948 643	2.1	6 071 708	0.2

续表3

类　章	出　口		进　口	
	金　额	比重（%）	金　额	比重（%）
63 章　其他纺织制成品；成套物品；旧衣着及旧纺织品；碎织物	41 800 874	1.2	477 942	0.0
第十二类　鞋、帽、伞、杖、鞭及其零件；已加工的羽毛及其制品；人造花；人发制品	73 032 088	2.2	7 705 706	0.3
64 章　鞋靴、护腿和类似品及其零件	51 552 467	1.5	6 458 116	0.2
65 章　帽类及其零件	5 554 003	0.2	278 713	0.0
66 章　雨伞、阳伞、手杖、鞭子、马鞭及其零件	3 035 085	0.1	11 138	0.0
67 章　已加工羽毛、羽绒及其制品；人造花；人发制品	12 890 532	0.4	957 739	0.0
第十三类　石料、石膏、水泥、石棉、云母及类似材料的制品；陶瓷产品；玻璃及其制品	68 222 173	2.0	12 735 448	0.5
68 章　石料、石膏、水泥、石棉、云母及类似材料的制品	13 960 432	0.4	2 276 216	0.1
69 章　陶瓷产品	30 516 001	0.9	1 899 681	0.1
70 章　玻璃及其制品	23 745 740	0.7	8 559 551	0.3
第十四类　天然或养殖珍珠、宝石或半宝石、贵金属、包贵金属及其制品；仿首饰；硬币	29 304 866	0.9	77 418 327	2.9
71 章　天然或养殖珍珠、宝石或半宝石、贵金属、包贵金属及其制品；仿首饰；硬币	29 304 866	0.9	77 418 327	2.9
第十五类　贱金属及其制品	263 316 202	7.8	155 094 024	5.8
72 章　钢铁	66 579 098	2.0	43 548 289	1.6
73 章　钢铁制品	95 095 775	2.8	10 658 421	0.4
74 章　铜及其制品	10 468 486	0.3	66 113 963	2.5
75 章　镍及其制品	502 733	0.0	8 551 944	0.3
76 章　铝及其制品	34 679 348	1.0	12 488 457	0.5
78 章　铅及其制品	273 372	0.0	114 569	0.0
79 章　锌及其制品	221 937	0.0	1 685 127	0.1
80 章　锡及其制品	497 803	0.0	284 461	0.0
81 章　其他贱金属、金属陶瓷及其制品	4 938 302	0.1	5 935 180	0.2
82 章　贱金属工具、器具、利口器、餐匙、餐叉及其零件	23 145 711	0.7	3 468 974	0.1
83 章　贱金属杂项制品	26 913 639	0.8	2 244 640	0.1
第十六类　机器、机械器具、电气设备及其零件；录音机及放声机、电视图像、声音的录制和重放设备及其零件、附件	1 444 528 462	43.0	899 651 522	33.5

续表4

类 章	出 口		进 口	
	金 额	比重（%）	金 额	比重（%）
84章 核反应堆、锅炉、机械器具及零件	547 198 330	16.3	231 363 291	8.6
85章 电机、电气设备及其零件；录音机及放声机、电视图像、声音的录制和重放设备及其零件、附件	897 330 133	26.7	668 288 232	24.9
第十七类 车辆、航空器、船舶及有关运输设备	173 847 961	5.2	103 722 888	3.9
86章 铁道及电车道机车、车辆及其零件；铁道及电车道轨道固定装置及其零件、附件；各种机械（包括电动机械）交通信号设备	26 083 938	0.8	586 978	0.0
87章 车辆及其零件、附件，但铁道及电车道车辆除外	119 921 167	3.6	86 385 489	3.2
88章 航空器、航天器及其零件	3 120 677	0.1	13 018 057	0.5
89章 船舶及浮动结构体	24 722 179	0.7	3 732 364	0.1
第十八类 光学、照相、电影、计量、检验、医疗或外科用仪器及设备、精密仪器及设备；钟表；乐器；上述物品的零件、附件	104 309 424	3.1	115 384 407	4.3
90章 光学、照相、电影、计量、检验、医疗或外科用仪器及设备、精密仪器及设备；上述物品的零件、附件	97 315 558	2.9	109 056 510	4.1
91章 钟表及其零件	4 659 102	0.1	5 756 168	0.2
92章 乐器及其零件、附件	2 334 763	0.1	571 730	0.0
第十九类 武器、弹药及其零件、附件	314 249	0.0	7 604	0.0
93章 武器、弹药及其零件、附件	314 249	0.0	7 604	0.0
第二十类 杂项制品	263 365 738	7.8	8 234 764	0.3
94章 家具；寝具、褥垫、弹簧床垫、软坐垫及类似的填充制品；未列名灯具及照明装置；发光标志、发光名牌及类似品；活动房屋	138 955 859	4.1	3 200 991	0.1
95章 玩具、游戏品、运动用品及其零件、附件	101 284 282	3.0	2 986 275	0.1
96章 杂项制品	23 125 597	0.7	2 047 497	0.1
第二十一类艺术品、收藏品及古物	2 439 461	0.1	2 531 465	0.1
97章 艺术品、收藏品及古物	2 439 461	0.1	2 531 465	0.1
第二十二类特殊交易品及未分类商品	37 283 046	1.1	13 131 309	0.5
98章 特殊交易品及未分类商品	34 880 579	1.0	13 131 309	0.5
99章 跨境电商B2B简化申报商品	2 402 467	0.1	—	—

2021 年进出口商品贸易方式总值表

单位：千美元

贸易方式	进出口		出　口		进　口	
	金　额	比重（%）	金　额	比重（%）	金　额	比重（%）
总　值	6 043 873 686	100.0	3 357 143 091	100.0	2 686 730 596	100.0
一般贸易	3 721 062 664	61.6	2 044 658 063	60.9	1 676 404 601	62.4
国家间、国际组织无偿援助和赠送的物资	1 219 667	0.0	1 217 527	0.0	2 140	0.0
其他捐赠物资	66 756	0.0	64 481	0.0	2 275	0.0
来料加工贸易	171 648 001	2.8	79 925 454	2.4	91 722 547	3.4
进料加工贸易	1 143 635 918	18.9	746 127 437	22.2	397 508 481	14.8
寄售、代销贸易	69 443	0.0	61 477	0.0	7 966	0.0
边境小额贸易	38 964 406	0.6	31 966 010	1.0	6 998 396	0.3
加工贸易进口设备	364 492	0.0	—	—	364 492	0.0
对外承包工程出口货物	12 741 585	0.2	12 741 585	0.4	—	—
租赁贸易	2 232 174	0.0	406 176	0.0	1 825 998	0.1
外商投资企业作为投资进口的设备、物品	2 029 330	0.0	—	—	2 029 330	0.1
出料加工贸易	395 419	0.0	164 164	0.0	231 255	0.0
易货贸易	228 766	0.0	177 692	0.0	51 074	0.0
免税外汇商品	19 064	0.0	—	—	19 064	0.0
免税品	4 099 261	0.1	—	—	4 099 261	0.2
保税监管场所进出境货物	245 013 549	4.1	64 842 122	1.9	180 171 427	6.7
海关特殊监管区域物流货物	514 444 615	8.5	218 709 575	6.5	295 735 039	11.0
海关特殊监管区域进口设备	12 510 791	0.2	—	—	12 510 791	0.5
其他	173 127 785	2.9	156 081 329	4.6	17 046 457	0.6

2021 年出口商品贸易方式企业性质总值表

单位：千美元

企业性质 贸易方式	合 计	国有企业	中外合作企业	中外合资企业	外商独资企业	集体企业	私营企业	其 他
	金额／（±%）	金额／（±%）	金额／（±%）	金额／（±%）	金额／（±%）	金额／（±%）	金额／（±%）	金额／（±%）
总 值	3 357 143 091	268 924 247	6 679 030	318 219 385	827 689 873	47 596 772	1 878 827 925	9 205 859
	29.6	29.5	18.1	29.3	21.7	16.3	34.2	1.5
一般贸易	2 044 658 063	167 188 467	4 287 657	151 098 933	260 706 269	42 172 703	1 415 853 971	3 350 062
	33.0	30.0	21.0	37.1	36.1	15.0	33.2	10.8
国家间、国际组织无偿援助和赠送的物资	1 217 527	864 938	—	1 667	232 712	9 472	79 477	29 260
	115.2	91.1	—	10 319.2	—	-40.8	-6.0	130.7
其他捐赠物资	64 481	20 401	0	1 003	11 989	1 508	23 305	6 275
	-82.3	45.8	-100.0	-61.3	140.8	-96.3	-91.0	-85.0
来料加工贸易	79 925 454	1 740 881	810 359	8 263 568	56 052 118	240 599	12 804 159	13 770
	18.0	7.7	5.8	2.5	20.6	-24.7	22.3	-7.9
进料加工贸易	746 127 437	28 287 295	1 542 318	140 584 459	439 741 867	3 643 263	131 324 687	1 003 548
	17.6	21.5	17.8	25.9	12.3	27.7	26.8	323.4
寄售、代销贸易	61 477	—	—	—	0	—	61 477	—
	483.7	—	—	—	—	—	483.7	—
边境小额贸易	31 966 010	491 927	—	—	—	17 509	31 437 978	18 596
	15.3	164.8	—	—	—	20.2	14.3	22.7
对外承包工程出口货物	12 741 585	10 496 151	5 412	34 639	226 705	638 485	1 334 353	5 840
	20.8	20.6	79.2	-45.3	36.5	267.6	-6.9	-53.9

续表

企业性质 贸易方式	合　计	国有企业	中外合作企业	中外合资企业	外商独资企业	集体企业	私营企业	其　他
	金额／（±%）	金额／（±%）	金额／（±%）	金额／（±%）	金额／（±%）	金额／（±%）	金额／（±%）	金额／（±%）
租赁贸易	406 176	239 901	—	1 599	4 528	—	160 148	—
	148.5	305.0	—	-89.6	-59.2	—	106.0	—
出料加工贸易	164 164	39 225	—	10 937	11 734	37	102 231	—
	-45.8	-81.7	—	-56.4	-3.6	-96.9	105.6	—
易货贸易	177 692	147 338	—	—	—	—	30 354	—
	249.6	192.8	—	—	—	—	6 016.0	—
保税监管场所进出境货物	64 842 122	31 006 846	20 695	6 458 465	4 443 612	710 176	22 174 051	28 278
	21.6	33.2	-10.6	14.0	10.7	-1.8	13.4	-40.2
海关特殊监管区域物流货物	218 709 575	27 909 459	10 893	11 378 012	65 194 417	3 130	114 213 664	—
	53.1	42.7	28.8	12.0	42.6	87.9	69.4	—
其他	156 081 329	491 419	1 695	386 104	1 063 921	159 891	149 228 069	4 750 229
	36.1	-67.9	13.8	54.7	86.3	35.2	40.0	-16.1

2021 年进口商品贸易方式企业性质总值表

单位：千美元

企业性质 贸易方式	合　计	国有企业	中外合作企业	中外合资企业	外商独资企业	集体企业	私营企业	其　他
	金额／（±%）	金额／（±%）	金额／（±%）	金额／（±%）	金额／（±%）	金额／（±%）	金额／（±%）	金额／（±%）
总　值	2 686 730 596	650 186 615	4 010 976	248 951 038	764 670 781	26 174 817	980 024 974	12 711 394
	30.0	40.3	-6.6	9.6	20.3	11.7	39.7	18.3
一般贸易	1 676 404 601	543 736 590	2 732 970	138 374 151	356 734 554	23 235 198	611 092 797	498 341
	33.9	42.6	-15.7	15.8	25.1	10.2	38.5	0.1
国家间、国际组织无偿援助和赠送的物资	2 140	344	—	0	0	0	557	1 239
	-83.9	-96.7	—	—	—	—	-80.3	4 240.6
其他捐赠物资	2 275	727	0	0	0	0	934	614
	-99.4	-99.5	-100.0	-100.0	-100.0	-100.0	-99.5	-98.7
来料加工装配贸易	91 722 547	13 186 499	642 585	10 129 325	56 205 074	114 741	11 439 163	5 160
	19.6	30.0	8.8	15.6	16.5	-23.8	30.4	-14.1
进料加工贸易	397 508 481	13 688 594	598 451	63 306 096	228 186 067	1 778 786	89 903 207	47 279
	21.5	56.6	36.0	-0.4	15.6	75.9	60.6	-45.4
寄售、代销贸易	7 966	—	—	—	45	—	7 921	—
	102 488.7	—	—	—	483.4	—	—	—
边境小额贸易	6 998 396	57 852	—	—	—	61 444	6 879 074	26
	-13.2	-95.8	—	—	—	14.2	3.7	-45.4
租赁贸易	1 825 998	730 194	—	92 662	128 662	—	874 481	—
	-19.1	-56.3	—	-37.5	229.2	—	118.9	—

续表

企业性质 贸易方式	合　计	国有企业	中外合作企业	中外合资企业	外商独资企业	集体企业	私营企业	其　他
	金额／（±%）	金额／（±%）	金额／（±%）	金额／（±%）	金额／（±%）	金额／（±%）	金额／（±%）	金额／（±%）
出料加工贸易	231 255	97 295	—	14 327	42 720	0	76 913	—
	-35.5	-62.6	—	-56.5	119.7	-100.0	75.9	—
易货贸易	51 074	50 843	—	—	—	—	231	—
	21 328.3	—	—	—	—	—	-2.9	—
免税外汇商品	19 064	19 064	—	—	—	—	—	—
	-60.1	-60.1	—	—	—	—	—	—
免税品	4 099 261	3 828 559	—	264 505	—	—	6 198	—
	3.3	6.1	—	-26.6	—	—	—	—
保税监管场所进出境货物	180 171 427	45 563 331	14 747	24 533 797	7 201 528	817 737	101 998 170	42 117
	32.2	31.1	254.7	20.7	11.9	-21.9	38.4	-40.5
海关特殊监管区域物流货物	295 735 039	28 587 209	13 681	10 819 013	103 972 949	139 949	152 202 238	—
	28.4	37.0	16.2	-9.6	20.4	276.8	37.0	—
其他贸易	17 046 457	552 381	2 867	335 357	1 776 347	26 948	2 235 940	12 116 618
	16.2	34.9	-25.7	-13.3	30.6	-13.8	-8.3	20.7

2021 年进出口商品收发货人所在地总值表

单位：千美元

收发货人所在地	进出口		出口		进口	
	金额	比重（%）	金额	比重（%）	金额	比重（%）
总值	6 043 873 686	100.0	3 357 143 091	100.0	2 686 730 596	100.0
北京市	470 994 827	7.8	94 705 183	2.8	376 289 644	14.0
中关村国家自主创新示范区	19 683 535	0.3	11 836 197	0.4	7 847 338	0.3
北京经济技术开发区	31 538 745	0.5	12 775 631	0.4	18 763 114	0.7
天津市	132 565 956	2.2	59 969 163	1.8	72 596 793	2.7
天津滨海新区	94 018 585	1.6	35 344 216	1.1	58 674 368	2.2
天津经济技术开发区	41 728 720	0.7	19 417 943	0.6	22 310 777	0.8
河北省	83 846 250	1.4	46 896 042	1.4	36 950 208	1.4
石家庄市	22 830 269	0.4	13 266 312	0.4	9 563 957	0.4
石家庄高新技术产业开发区	13 510	0.0	9 287	0.0	4 223	0.0
唐山市	22 079 890	0.4	6 447 024	0.2	15 632 866	0.6
秦皇岛市	6 208 490	0.1	3 644 881	0.1	2 563 608	0.1
秦皇岛经济技术开发区	4 717 970	0.1	2 647 692	0.1	2 070 278	0.1
保定市	6 361 820	0.1	5 733 166	0.2	628 654	0.0
保定高新技术产业开发区	54 719	0.0	53 285	0.0	1 434	0.0
廊坊市	7 902 930	0.1	3 687 454	0.1	4 215 476	0.2
廊坊经济技术开发区	701 506	0.0	654 796	0.0	46 710	0.0
雄安新区	326 828	0.0	239 408	0.0	87 419	0.0

续表1

收发货人所在地	进出口		出口		进口	
	金额	比重（%）	金额	比重（%）	金额	比重（%）
山西省	34 272 588	0.6	20 909 683	0.6	13 362 905	0.5
太原市	28 429 239	0.5	17 613 568	0.5	10 815 671	0.4
太原经济技术开发区	22 747 924	0.4	15 256 325	0.5	7 491 599	0.3
太原高新技术产业开发区	97 230	0.0	77 070	0.0	20 160	0.0
大同市	1 079 971	0.0	716 578	0.0	363 394	0.0
大同经济技术开发区	955 487	0.0	623 150	0.0	332 337	0.0
晋中市	524 636	0.0	478 343	0.0	46 293	0.0
晋中经济技术开发区	37 186	0.0	37 002	0.0	184	0.0
长治市	214 082	0.0	194 868	0.0	19 213	0.0
长治高新技术产业开发区	79 937	0.0	76 975	0.0	2 963	0.0
内蒙古自治区	19 137 077	0.3	7 400 058	0.2	11 737 020	0.4
呼和浩特市	2 470 568	0.0	1 247 141	0.0	1 223 427	0.0
包头市	3 740 843	0.1	1 737 311	0.1	2 003 532	0.1
包头高新技术产业开发区	25 053	0.0	24 905	0.0	148	0.0
二连浩特市	1 619 085	0.0	323 987	0.0	1 295 098	0.0
满洲里市	1 868 592	0.0	417 307	0.0	1 451 285	0.1
辽宁省	119 458 049	2.0	51 249 392	1.5	68 208 657	2.5
沈阳市	21 892 703	0.4	7 504 755	0.2	14 387 948	0.5
沈阳经济技术开发区	2 960 233	0.0	1 594 392	0.0	1 365 841	0.1
沈阳高新技术产业开发区	1 847 203	0.0	1 178 801	0.0	668 402	0.0
大连市	65 740 785	1.1	29 876 736	0.9	35 864 050	1.3
大连经济技术开发区	28 257 214	0.5	12 907 990	0.4	15 349 224	0.6
大连市高新技术产业园区	907 685	0.0	711 800	0.0	195 885	0.0

续表2

收发货人所在地	进出口		出　口		进　口	
	金　额	比重（%）	金　额	比重（%）	金　额	比重（%）
鞍山市	6 930 485	0.1	2 373 395	0.1	4 557 090	0.2
鞍山高新技术产业开发区	97 156	0.0	59 967	0.0	37 189	0.0
丹东市	1 950 631	0.0	1 624 024	0.0	326 607	0.0
营口市	8 256 066	0.1	4 152 816	0.1	4 103 250	0.2
营口经济技术开发区	65 273	0.0	28 015	0.0	37 258	0.0
吉林省	23 256 909	0.4	5 472 279	0.2	17 784 630	0.7
长春市	18 233 723	0.3	2 566 124	0.1	15 667 599	0.6
长春经济技术开发区	1 989 047	0.0	592 647	0.0	1 396 399	0.1
长春高新技术产业开发区	750 547	0.0	308 760	0.0	441 787	0.0
吉林市	1 281 349	0.0	801 884	0.0	479 465	0.0
吉林高新技术产业开发区	81 584	0.0	60 512	0.0	21 072	0.0
珲春市	1 646 146	0.0	517 093	0.0	1 129 053	0.0
黑龙江省	30 854 352	0.5	6 925 732	0.2	23 928 620	0.9
哈尔滨市	5 320 441	0.1	2 650 333	0.1	2 670 107	0.1
哈尔滨经济技术开发区	2 002 106	0.0	636 658	0.0	1 365 448	0.1
哈尔滨高新技术产业开发区	713 873	0.0	249 407	0.0	464 466	0.0
大庆市	16 131 816	0.3	783 495	0.0	15 348 321	0.6
大庆高新技术产业开发区	1 028 922	0.0	499 554	0.0	529 368	0.0
黑河市	1 084 598	0.0	143 229	0.0	941 369	0.0
绥芬河市	2 510 341	0.0	537 289	0.0	1 973 052	0.1
绥化市	667 723	0.0	235 595	0.0	432 128	0.0
绥化经济技术开发区	63 828	0.0	63 828	0.0	—	0.0
上海市	628 515 882	10.4	243 229 999	7.2	385 285 882	14.3

续表3

收发货人所在地	进出口		出　口		进　口	
	金　额	比重（%）	金　额	比重（%）	金　额	比重（%）
上海漕河泾浦江高科技园区	10 379 494	0. 2	4 225 946	0. 1	6 153 548	0. 2
上海经济技术开发区	9 340	0. 0	2 332	0. 0	7 008	0. 0
上海闵行经济技术开发区	1 768 458	0. 0	824 667	0. 0	943 791	0. 0
上海浦东新区	369 694 033	6. 1	126 970 266	3. 8	242 723 767	9. 0
江苏省	803 878 043	13. 3	501 083 931	14. 9	302 794 112	11. 3
南京市	97 130 957	1. 6	60 335 158	1. 8	36 795 799	1. 4
南京高新技术外向型开发区	1 652 863	0. 0	1 336 067	0. 0	316 796	0. 0
无锡市	105 664 228	1. 7	65 336 134	1. 9	40 328 094	1. 5
无锡高新技术产业开发区	56 866 052	0. 9	30 581 356	0. 9	26 284 696	1. 0
常州市	46 464 798	0. 8	33 825 502	1. 0	12 639 296	0. 5
常州高新技术产业开发区	1 113 125	0. 0	805 301	0. 0	307 824	0. 0
苏州市	391 842 279	6. 5	230 257 833	6. 9	161 584 446	6. 0
苏州工业园	111 970 445	1. 9	54 094 750	1. 6	57 875 695	2. 2
苏州高新技术产业开发区	43 586 558	0. 7	27 824 524	0. 8	15 762 034	0. 6
南通市	52 496 666	0. 9	34 807 847	1. 0	17 688 819	0. 7
南通经济技术开发区	9 408 349	0. 2	5 837 056	0. 2	3 571 293	0. 1
连云港市	14 493 320	0. 2	6 016 309	0. 2	8 477 010	0. 3
连云港经济技术开发区	4 507 396	0. 1	2 196 091	0. 1	2 311 305	0. 1
浙江省	640 922 903	10. 6	466 090 367	13. 9	174 832 536	6. 5
杭州市	113 947 372	1. 9	71 919 934	2. 1	42 027 438	1. 6
杭州经济技术开发区	12 486 620	0. 2	6 621 770	0. 2	5 864 850	0. 2
杭州高新技术产业开发区	1 810 809	0. 0	1 404 620	0. 0	406 188	0. 0
宁波市	184 400 493	3. 1	117 945 718	3. 5	66 454 774	2. 5

续表4

收发货人所在地	进出口		出口		进口	
	金额	比重（%）	金额	比重（%）	金额	比重（%）
宁波经济技术开发区	27 116 449	0.4	12 089 078	0.4	15 027 370	0.6
宁波高新技术产业开发区	3 875 347	0.1	2 638 885	0.1	1 236 462	0.0
宁波杭州湾经济技术开发区	1 187 919	0.0	837 382	0.0	350 537	0.0
温州市	37 310 757	0.6	31 505 938	0.9	5 804 818	0.2
温州经济技术开发区	2 035 902	0.0	1 996 078	0.1	39 825	0.0
湖州市	23 071 734	0.4	20 984 589	0.6	2 087 145	0.1
湖州经济技术开发区	22 201	0.0	19 974	0.0	2 227	0.0
金华市	90 970 633	1.5	82 403 315	2.5	8 567 318	0.3
金华经济技术开发区	853 608	0.0	799 402	0.0	54 206	0.0
安徽省	106 998 368	1.8	63 373 015	1.9	43 625 354	1.6
合肥市	51 455 513	0.9	31 409 386	0.9	20 046 127	0.7
合肥经济技术开发区	18 244 091	0.3	10 760 989	0.3	7 483 102	0.3
合肥高新技术产业开发区	8 311 910	0.1	6 264 818	0.2	2 047 091	0.1
芜湖市	11 518 794	0.2	7 576 257	0.2	3 942 537	0.1
芜湖经济技术开发区	6 330 625	0.1	4 543 426	0.1	1 787 200	0.1
芜湖高新技术产业开发区	209 839	0.0	168 504	0.0	41 336	0.0
蚌埠市	2 723 596	0.0	1 306 324	0.0	1 417 272	0.1
蚌埠高新技术产业开发区	392 744	0.0	215 073	0.0	177 670	0.0
淮南市	1 009 333	0.0	940 800	0.0	68 533	0.0
淮南经济技术开发区	299 674	0.0	295 883	0.0	3 791	0.0
淮南高新技术产业开发区	9 631	0.0	9 631	0.0	0	0.0
马鞍山市	7 257 800	0.1	3 088 661	0.1	4 169 139	0.2
马鞍山经济技术开发区	220 701	0.0	153 426	0.0	67 275	0.0

续表5

收发货人所在地	进出口		出口		进口	
	金额	比重（%）	金额	比重（%）	金额	比重（%）
马鞍山慈湖高新技术产业开发区	491 852	0.0	471 223	0.0	20 629	0.0
铜陵市	10 815 566	0.2	1 077 423	0.0	9 738 143	0.4
铜陵经济技术开发区	494 435	0.0	357 038	0.0	137 397	0.0
安庆市	2 505 454	0.0	1 848 193	0.1	657 261	0.0
安庆经济技术开发区	104 606	0.0	80 458	0.0	24 149	0.0
滁州市	6 014 614	0.1	4 974 479	0.1	1 040 135	0.0
滁州经济技术开发区	2 930 315	0.0	2 307 579	0.1	622 736	0.0
六安市	1 522 072	0.0	1 392 021	0.0	130 051	0.0
六安经济技术开发区	308 342	0.0	296 780	0.0	11 563	0.0
宣城市	2 828 027	0.0	2 605 378	0.1	222 649	0.0
宁国经济技术开发区	523 504	0.0	488 108	0.0	35 396	0.0
池州市	1 439 182	0.0	343 657	0.0	1 095 525	0.0
池州经济技术开发区	439 182	0.0	104 376	0.0	334 806	0.0
福建省	285 247 081	4.7	167 340 452	5.0	117 906 629	4.4
福州市	51 365 961	0.8	34 048 333	1.0	17 317 628	0.6
福州经济技术开发区	5 252 582	0.1	3 155 605	0.1	2 096 976	0.1
福州高新技术产业开发区	40 459	0.0	39 681	0.0	778	0.0
厦门市	137 240 571	2.3	66 608 982	2.0	70 631 589	2.6
厦门火炬高技术产业开发区	6 085 848	0.1	2 461 628	0.1	3 624 220	0.1
平潭	2 985 045	0.0	1 415 231	0.0	1 569 814	0.1
平潭综合实验区	2 985 045	0.0	1 415 231	0.0	1 569 814	0.1
江西省	77 016 864	1.3	56 774 968	1.7	20 241 896	0.8
南昌市	19 965 442	0.3	13 846 785	0.4	6 118 657	0.2

续表6

收发货人所在地	进出口		出口		进口	
	金额	比重（%）	金额	比重（%）	金额	比重（%）
南昌经济技术开发区	1 625 734	0.0	1 030 196	0.0	595 538	0.0
南昌小蓝经济技术开发区	316 295	0.0	315 869	0.0	426	0.0
景德镇市	1 294 176	0.0	1 280 268	0.0	13 908	0.0
景德镇高新技术产业开发区	128 719	0.0	119 691	0.0	9 028	0.0
萍乡市	2 849 662	0.0	2 809 443	0.1	40 219	0.0
萍乡经济技术开发区	823 131	0.0	819 228	0.0	3 903	0.0
九江市	10 080 029	0.2	7 952 290	0.2	2 127 740	0.1
九江经济技术开发区	1 916 245	0.0	1 551 069	0.0	365 177	0.0
九江共青城高新技术产业开发区	293 672	0.0	291 843	0.0	1 829	0.0
新余市	3 306 152	0.1	1 422 729	0.0	1 883 422	0.1
新余高新技术产业开发区	296 060	0.0	268 213	0.0	27 847	0.0
鹰潭市	6 682 094	0.1	1 826 195	0.1	4 855 899	0.2
鹰潭高新技术产业开发区	183 024	0.0	112 017	0.0	71 007	0.0
赣州市	11 439 765	0.2	8 929 886	0.3	2 509 878	0.1
赣州经济技术开发区	3 491 720	0.1	2 333 615	0.1	1 158 105	0.0
龙南经济技术开发区	11 141	0.0	9 338	0.0	1 803	0.0
瑞金经济技术开发区	227 519	0.0	220 202	0.0	7 316	0.0
赣州高新技术产业开发区	425 835	0.0	90 853	0.0	334 982	0.0
宜春市	4 932 069	0.1	4 547 479	0.1	384 590	0.0
宜春经济技术开发区	716 884	0.0	694 138	0.0	22 746	0.0
宜春丰城高新技术产业开发区	185 210	0.0	122 344	0.0	62 866	0.0
上饶市	4 930 852	0.1	4 318 613	0.1	612 240	0.0
上饶经济技术开发区	53 798	0.0	53 798	0.0	1	0.0

续表7

收发货人所在地	进出口		出口		进口	
	金额	比重（%）	金额	比重（%）	金额	比重（%）
吉安市	8 223 566	0.1	6 782 273	0.2	1 441 293	0.1
井冈山经济技术开发区	1 758 213	0.0	1 509 355	0.0	248 859	0.0
抚州市	3 313 056	0.1	3 059 006	0.1	254 050	0.0
抚州高新技术产业开发区	276 130	0.0	265 579	0.0	10 551	0.0
山东省	453 170 315	7.5	271 145 196	8.1	182 025 119	6.8
济南市	30 030 341	0.5	18 188 520	0.5	11 841 821	0.4
济南高新技术产业开发区	15 921 817	0.3	7 659 732	0.2	8 262 085	0.3
青岛市	131 434 166	2.2	76 136 298	2.3	55 297 869	2.1
青岛经济技术开发区	39 404 411	0.7	12 937 825	0.4	26 466 587	1.0
青岛高新技术产业开发区	1 163 861	0.0	638 588	0.0	525 273	0.0
淄博市	18 533 975	0.3	11 216 840	0.3	7 317 134	0.3
淄博高新技术产业开发区	3 637 069	0.1	3 282 120	0.1	354 949	0.0
日照市	17 945 029	0.3	6 228 417	0.2	11 716 612	0.4
日照经济技术开发区	1 875 996	0.0	484 896	0.0	1 391 100	0.1
烟台市	63 671 824	1.1	37 886 187	1.1	25 785 637	1.0
烟台经济技术开发区	15 599 884	0.3	7 852 855	0.2	7 747 028	0.3
潍坊市	40 559 542	0.7	28 128 914	0.8	12 430 628	0.5
潍坊高新技术产业开发区	8 498 929	0.1	4 889 134	0.1	3 609 795	0.1
威海市	31 459 738	0.5	23 126 644	0.7	8 333 095	0.3
威海火炬高技术产业开发区	4 723 915	0.1	3 826 078	0.1	897 838	0.0
河南省	126 372 801	2.1	77 210 152	2.3	49 162 649	1.8
郑州市	91 200 368	1.5	54 993 836	1.6	36 206 532	1.3
郑州航空港经济综合实验区	81 234 293	1.3	46 766 215	1.4	34 468 078	1.3

续表8

收发货人所在地	进出口		出口		进口	
	金额	比重（%）	金额	比重（%）	金额	比重（%）
郑州高新技术产业开发区	1 094 665	0.0	1 031 049	0.0	63 616	0.0
洛阳市	3 200 942	0.1	2 529 172	0.1	671 770	0.0
洛阳高新技术产业开发区	890 449	0.0	506 023	0.0	384 425	0.0
湖北省	83 076 434	1.4	54 301 125	1.6	28 775 308	1.1
武汉市	51 891 563	0.9	29 853 238	0.9	22 038 325	0.8
武汉经济技术开发区	5 885 381	0.1	3 510 609	0.1	2 374 772	0.1
武汉东湖新技术开发区	28 567 959	0.5	14 857 668	0.4	13 710 291	0.5
黄石市	5 077 339	0.1	2 584 475	0.1	2 492 864	0.1
黄石经济技术开发区	757 212	0.0	596 018	0.0	161 194	0.0
襄阳市	4 380 387	0.1	3 901 393	0.1	478 993	0.0
襄阳经济技术开发区	82 896	0.0	37 828	0.0	45 067	0.0
襄阳高新技术产业开发区	828 509	0.0	641 244	0.0	187 265	0.0
枣阳经济技术开发区	201	0.0	201	0.0	—	0.0
孝感市	2 090 875	0.0	1 781 305	0.1	309 571	0.0
汉川经济技术开发区	28 966	0.0	28 966	0.0	—	0.0
荆州市	5 334 317	0.1	3 658 639	0.1	1 675 678	0.1
荆州经济技术开发区	660 169	0.0	544 659	0.0	115 511	0.0
湖南省	90 898 419	1.5	63 693 479	1.9	27 204 940	1.0
长沙市	40 175 618	0.7	28 955 653	0.9	11 219 965	0.4
长沙经济技术开发区	5 981 676	0.1	4 902 558	0.1	1 079 118	0.0
长沙高新技术产业开发区	6 657 067	0.1	4 688 110	0.1	1 968 957	0.1
株洲市	2 797 897	0.0	1 940 092	0.1	857 805	0.0
株洲高新技术产业开发区	872 693	0.0	811 321	0.0	61 372	0.0

续表9

收发货人所在地	进出口		出口		进口	
	金额	比重（%）	金额	比重（%）	金额	比重（%）
湘潭市	5 176 212	0.1	3 221 147	0.1	1 955 066	0.1
湘潭经济技术开发区	1 880 949	0.0	1 797 030	0.1	83 919	0.0
湘潭高新技术产业开发区	338 560	0.0	332 168	0.0	6 392	0.0
衡阳市	5 639 600	0.1	2 863 000	0.1	2 776 600	0.1
衡阳高新技术产业开发区	72 834	0.0	53 118	0.0	19 716	0.0
岳阳市	9 488 714	0.2	4 914 070	0.1	4 574 644	0.2
常德市	2 777 977	0.0	2 425 872	0.1	352 105	0.0
常德经济技术开发区	1 037 131	0.0	855 699	0.0	181 432	0.0
常德高新技术产业开发区	419 485	0.0	419 475	0.0	10	0.0
益阳市	2 785 073	0.0	2 695 810	0.1	89 263	0.0
益阳高新技术产业开发区	693 308	0.0	672 959	0.0	20 349	0.0
郴州市	7 051 618	0.1	5 508 624	0.2	1 542 995	0.1
郴州高新技术产业开发区	3 274 033	0.1	2 573 689	0.1	700 344	0.0
浏阳市	2 211 350	0.0	1 007 707	0.0	1 203 643	0.0
浏阳经济技术开发区	1 307 198	0.0	126 913	0.0	1 180 286	0.0
广东省	1 279 566 913	21.2	781 859 507	23.3	497 707 406	18.5
广州市	167 453 913	2.8	97 618 448	2.9	69 835 464	2.6
广州经济技术开发区	19 284 357	0.3	7 480 481	0.2	11 803 875	0.4
广州高新技术产业开发区	16 493 691	0.3	9 221 726	0.3	7 271 965	0.3
广州南沙新区	40 313 268	0.7	23 129 667	0.7	17 183 601	0.6
深圳市	548 577 344	9.1	298 212 299	8.9	250 365 046	9.3
深圳科技工业园	164 495	0.0	151 198	0.0	13 297	0.0
珠海市	51 357 727	0.8	29 176 144	0.9	22 181 583	0.8

续表10

收发货人所在地	进出口		出　口		进　口	
	金　额	比重（%）	金　额	比重（%）	金　额	比重（%）
珠海高新技术产业开发区	205 597	0.0	67 830	0.0	137 767	0.0
珠海横琴新区	4 752 490	0.1	2 035 283	0.1	2 717 207	0.1
汕头市	11 647 134	0.2	9 290 763	0.3	2 356 371	0.1
佛山市	95 219 553	1.6	77 359 354	2.3	17 860 199	0.7
江门市	27 692 536	0.5	22 681 853	0.7	5 010 683	0.2
湛江市	8 430 292	0.1	3 291 870	0.1	5 138 421	0.2
湛江经济技术开发区	3 977 298	0.1	1 244 685	0.0	2 732 614	0.1
湛江高新技术产业开发区	436	0.0	436	0.0	—	0.0
茂名市	3 547 075	0.1	2 640 916	0.1	906 158	0.0
茂名高新技术产业开发区	6 288	0.0	6 098	0.0	190	0.0
惠州市	47 295 547	0.8	33 006 112	1.0	14 289 435	0.5
惠州高新技术产业开发区	21 113 858	0.3	15 139 042	0.5	5 974 816	0.2
阳江市	4 157 050	0.1	2 891 889	0.1	1 265 161	0.0
东莞市	235 997 214	3.9	147 961 358	4.4	88 035 856	3.3
东莞松山湖高新技术产业开发区	1 800 371	0.0	1 412 800	0.0	387 572	0.0
中山市	41 703 442	0.7	34 532 878	1.0	7 170 563	0.3
中山火炬高技术产业开发区	5 336	0.0	1 656	0.0	3 680	0.0
广西壮族自治区	91 718 847	1.5	45 445 045	1.4	46 273 802	1.7
南宁市	19 031 116	0.3	9 012 483	0.3	10 018 633	0.4
南宁高新技术产业开发区	958 372	0.0	535 935	0.0	422 437	0.0
桂林市	1 417 978	0.0	1 271 464	0.0	146 513	0.0
桂林新技术产业开发区	642 908	0.0	580 042	0.0	62 866	0.0
北海市	4 656 994	0.1	1 742 722	0.1	2 914 271	0.1

续表11

收发货人所在地	进出口		出口		进口	
	金额	比重（%）	金额	比重（%）	金额	比重（%）
崇左市	32 850 713	0.5	21 147 084	0.6	11 703 630	0.4
防城港市	13 725 074	0.2	1 207 416	0.0	12 517 658	0.5
海南省	22 746 154	0.4	5 068 160	0.2	17 677 994	0.7
海口市	7 291 165	0.1	1 631 549	0.0	5 659 617	0.2
海南国际科技工业园	153 880	0.0	57 103	0.0	96 777	0.0
洋浦经济开发区	4 421 485	0.1	2 014 267	0.1	2 407 218	0.1
重庆市	123 820 375	2.0	79 996 295	2.4	43 824 080	1.6
重庆高新技术产业开发区	268 531	0.0	196 189	0.0	72 342	0.0
重庆两江新区	44 558 591	0.7	25 397 586	0.8	19 161 005	0.7
万州经济技术开发区	558 295	0.0	347 606	0.0	210 689	0.0
重庆经济技术开发区	916 622	0.0	341 502	0.0	575 120	0.0
长寿经济技术开发区	37 971	0.0	12 321	0.0	25 650	0.0
四川省	147 137 306	2.4	88 114 343	2.6	59 022 963	2.2
成都市	127 049 542	2.1	74 592 622	2.2	52 456 920	2.0
成都经济技术开发区	2 359 057	0.0	1 269 099	0.0	1 089 958	0.0
成都高新技术产业开发区	101 536 817	1.7	55 639 962	1.7	45 896 854	1.7
泸州市	2 009 049	0.0	1 084 861	0.0	924 188	0.0
泸州高新技术产业开发区	704 391	0.0	214 915	0.0	489 477	0.0
绵阳市	3 874 800	0.1	1 717 409	0.1	2 157 390	0.1
绵阳经济技术开发区	472 482	0.0	425 626	0.0	46 856	0.0
绵阳高新技术产业开发区	1 320 900	0.0	353 732	0.0	967 168	0.0
广元市	155 726	0.0	148 781	0.0	6 946	0.0
广元经济技术开发区	120 200	0.0	119 964	0.0	235	0.0

续表12

收发货人所在地	进出口		出口		进口	
	金额	比重（%）	金额	比重（%）	金额	比重（%）
乐山市	1 423 805	0.0	1 146 659	0.0	277 146	0.0
乐山高新技术产业开发区	2 019	0.0	1 242	0.0	778	0.0
宜宾市	3 671 517	0.1	2 595 154	0.1	1 076 363	0.0
宜宾临港经济技术开发区	2 595 296	0.0	1 977 097	0.1	618 199	0.0
贵州省	10 125 369	0.2	7 539 771	0.2	2 585 598	0.1
贵阳市	7 409 887	0.1	5 797 673	0.2	1 612 213	0.1
贵阳高新技术产业开发区	688 931	0.0	429 928	0.0	259 003	0.0
云南省	48 682 922	0.8	27 344 833	0.8	21 338 090	0.8
昆明市	26 562 479	0.4	14 475 891	0.4	12 086 588	0.4
昆明经济技术开发区	8 183 146	0.1	7 988 304	0.2	194 841	0.0
昆明嵩明杨林经济技术开发区	177 593	0.0	177 214	0.0	379	0.0
昆明高新技术产业开发区	4 878 209	0.1	581 284	0.0	4 296 924	0.2
红河州	5 905 981	0.1	3 829 353	0.1	2 076 628	0.1
蒙自经济技术开发区	2 303 641	0.0	1 343 758	0.0	959 883	0.0
曲靖市	1 215 521	0.0	1 120 227	0.0	95 295	0.0
曲靖经济技术开发区	420 716	0.0	406 052	0.0	14 664	0.0
西藏自治区	622 769	0.0	348 964	0.0	273 805	0.0
拉萨市	560 972	0.0	323 039	0.0	237 933	0.0
拉萨经济技术开发区	360 933	0.0	132 638	0.0	228 295	0.0
陕西省	73 345 998	1.2	39 572 156	1.2	33 773 842	1.3
西安市	67 875 398	1.1	36 462 975	1.1	31 412 423	1.2
陕西航天经济技术开发区	2 392 816	0.0	430 804	0.0	1 962 013	0.1
陕西西安经济技术开发区	26 516	0.0	260	0.0	26 257	0.0

续表13

收发货人所在地	进出口		出口		进口	
	金额	比重（%）	金额	比重（%）	金额	比重（%）
西安新技术产业开发区	26 743 233	0.4	13 350 595	0.4	13 392 638	0.5
宝鸡市	1 352 310	0.0	641 370	0.0	710 939	0.0
宝鸡高新技术产业开发区	135 925	0.0	88 806	0.0	47 119	0.0
咸阳市	2 386 619	0.0	1 420 102	0.0	966 517	0.0
杨凌农业高新技术产业示范区	134 681	0.0	103 813	0.0	30 869	0.0
汉中市	481 576	0.0	323 512	0.0	158 064	0.0
汉中经济技术开发区	262 570	0.0	149 730	0.0	112 840	0.0
榆林市	344 674	0.0	249 275	0.0	95 399	0.0
榆林经济技术开发区	1 735	0.0	1 471	0.0	264	0.0
甘肃省	7 607 181	0.1	1 500 646	0.0	6 106 535	0.2
兰州市	2 196 620	0.0	569 498	0.0	1 627 122	0.1
兰州新技术产业开发区	37 537	0.0	15 185	0.0	22 352	0.0
青海省	490 708	0.0	264 090	0.0	226 618	0.0
西宁市	353 571	0.0	143 417	0.0	210 154	0.0
西宁经济技术开发区	140 383	0.0	27 089	0.0	113 294	0.0
海西州	49 996	0.0	47 729	0.0	2 267	0.0
宁夏回族自治区	3 225 147	0.1	2 617 987	0.1	607 160	0.0
银川市	1 954 734	0.0	1 605 142	0.0	349 592	0.0
银川经济技术开发区	119 322	0.0	25 737	0.0	93 585	0.0
新疆维吾尔自治区	24 300 879	0.4	19 701 079	0.6	4 599 801	0.2
乌鲁木齐市	5 966 054	0.1	4 021 050	0.1	1 945 005	0.1
乌鲁木齐经济技术开发区	2 879 648	0.0	2 166 296	0.1	713 352	0.0
乌鲁木齐高新技术产业开发区	571 344	0.0	539 040	0.0	32 304	0.0

续表14

收发货人所在地	进出口		出口		进口	
	金额	比重（%）	金额	比重（%）	金额	比重（%）
博乐市	2 822 108	0.0	710 340	0.0	2 111 769	0.1
伊宁市	6 073 089	0.1	5 987 662	0.2	85 427	0.0
石河子市	525 215	0.0	492 869	0.0	32 346	0.0
石河子经济技术开发区	480 939	0.0	448 807	0.0	32 131	0.0

2021 年进出口商品境内目的地/货源地总值表

单位：千美元

境内目的地/货源地	进出口		出口		进口	
	金额	比重（%）	金额	比重（%）	金额	比重（%）
总值	6 043 873 686	100.0	3 357 143 091	100.0	2 686 730 596	100.0
北京市	157 585 375	2.6	51 369 403	1.5	106 215 973	4.0
中关村国家自主创新示范区	11 163 307	0.2	9 609 897	0.3	1 553 411	0.1
北京经济技术开发区	29 043 368	0.5	11 511 221	0.3	17 532 147	0.7
天津市	159 319 001	2.6	57 184 001	1.7	102 135 000	3.8
天津滨海新区	114 588 266	1.9	29 658 058	0.9	84 930 208	3.2
河北省	136 459 280	2.3	66 728 928	2.0	69 730 352	2.6
石家庄市	15 295 462	0.3	11 329 703	0.3	3 965 759	0.1
石家庄高新技术产业开发区	27 783	0.0	16 217	0.0	11 566	0.0
唐山市	55 966 053	0.9	8 799 894	0.3	47 166 158	1.8
曹妃甸经济技术开发区	16 384 941	0.3	27 945	0.0	16 356 996	0.6
秦皇岛市	7 923 469	0.1	5 224 192	0.2	2 699 277	0.1
秦皇岛经济技术开发区	4 226 399	0.1	2 145 203	0.1	2 081 196	0.1
保定市	9 009 864	0.1	7 916 286	0.2	1 093 578	0.0
保定高新技术产业开发区	60 954	0.0	54 537	0.0	6 417	0.0
廊坊市	9 171 405	0.2	6 595 270	0.2	2 576 134	0.1
雄安新区	361 301	0.0	315 132	0.0	46 169	0.0
山西省	36 329 131	0.6	24 346 282	0.7	11 982 848	0.4

续表1

境内目的地/货源地	进出口		出　口		进　口	
	金　额	比重（%）	金　额	比重（%）	金　额	比重（%）
太原市	25 720 330	0. 4	16 635 856	0. 5	9 084 474	0. 3
太原经济技术开发区	21 687 947	0. 4	14 335 269	0. 4	7 352 678	0. 3
太原高新技术产业开发区	6 310	0. 0	2 337	0. 0	3 972	0. 0
大同市	698 802	0. 0	593 458	0. 0	105 345	0. 0
大同经济技术开发区	153 675	0. 0	76 704	0. 0	76 970	0. 0
晋中市	956 926	0. 0	811 482	0. 0	145 444	0. 0
晋中经济技术开发区	0	0. 0	0	0. 0	0	0. 0
长治市	493 409	0. 0	448 203	0. 0	45 205	0. 0
长治高新技术产业开发区	37 416	0. 0	34 938	0. 0	2 478	0. 0
内蒙古自治区	28 729 007	0. 5	9 687 342	0. 3	19 041 665	0. 7
呼和浩特市	2 454 696	0. 0	1 178 962	0. 0	1 275 734	0. 0
包头市	4 338 048	0. 1	1 966 861	0. 1	2 371 187	0. 1
包头高新技术产业开发区	25 546	0. 0	18 974	0. 0	6 572	0. 0
二连浩特市	1 799 209	0. 0	444 109	0. 0	1 355 100	0. 1
满洲里市	1 901 703	0. 0	65 507	0. 0	1 836 196	0. 1
辽宁省	152 016 091	2. 5	59 706 568	1. 8	92 309 523	3. 4
沈阳市	21 223 837	0. 4	7 213 629	0. 2	14 010 208	0. 5
沈阳经济技术开发区	2 778 954	0. 0	1 281 137	0. 0	1 497 817	0. 1
沈阳高新技术产业开发区	1 226 107	0. 0	792 149	0. 0	433 958	0. 0
大连市	76 857 253	1. 3	33 578 953	1. 0	43 278 300	1. 6
大连经济技术开发区	30 762 992	0. 5	13 459 203	0. 4	17 303 789	0. 6
大连市高新技术产业园区	900 064	0. 0	653 428	0. 0	246 636	0. 0
鞍山市	3 541 908	0. 1	2 843 102	0. 1	698 807	0. 0

续表2

境内目的地/货源地	进出口		出　口		进　口	
	金　额	比重（%）	金　额	比重（%）	金　额	比重（%）
鞍山高新技术产业开发区	132 156	0.0	93 672	0.0	38 484	0.0
丹东市	3 154 267	0.1	2 016 080	0.1	1 138 187	0.0
营口市	16 674 238	0.3	4 389 420	0.1	12 284 818	0.5
吉林省	24 392 244	0.4	5 845 706	0.2	18 546 538	0.7
长春市	16 834 862	0.3	2 258 271	0.1	14 576 591	0.5
长春经济技术开发区	2 046 431	0.0	526 827	0.0	1 519 603	0.1
长春高新技术产业开发区	262 522	0.0	171 146	0.0	91 376	0.0
吉林市	2 467 575	0.0	1 144 309	0.0	1 323 266	0.0
吉林高新技术产业开发区	63 288	0.0	33 619	0.0	29 668	0.0
珲春市	1 901 819	0.0	562 563	0.0	1 339 256	0.0
黑龙江省	28 747 709	0.5	7 674 463	0.2	21 073 246	0.8
哈尔滨市	4 111 070	0.1	3 113 686	0.1	997 385	0.0
哈尔滨经济技术开发区	242 610	0.0	138 848	0.0	103 762	0.0
哈尔滨高新技术开发区	120 945	0.0	99 496	0.0	21 449	0.0
大庆市	16 741 484	0.3	1 258 677	0.0	15 482 807	0.6
大庆高新技术产业开发区	783 399	0.0	329 346	0.0	454 052	0.0
黑河市	936 770	0.0	55 342	0.0	881 427	0.0
绥芬河市	1 292 972	0.0	31 797	0.0	1 261 175	0.0
绥化市	686 967	0.0	588 614	0.0	98 353	0.0
上海市	604 473 379	10.0	202 382 762	6.0	402 090 617	15.0
上海漕河泾浦江高科技园区	7 729 039	0.1	3 183 570	0.1	4 545 469	0.2
上海经济技术开发区	20 914	0.0	10 761	0.0	10 153	0.0
上海闵行经济技术开发区	1 778 964	0.0	710 466	0.0	1 068 498	0.0

续表3

境内目的地/货源地	进出口		出口		进口	
	金额	比重（%）	金额	比重（%）	金额	比重（%）
上海浦东新区	327 385 147	5.4	91 236 728	2.7	236 148 419	8.8
江苏省	865 656 689	14.3	504 949 224	15.0	360 707 465	13.4
南京市	68 408 256	1.1	35 494 138	1.1	32 914 118	1.2
南京高新技术外向型开发区	3 250 551	0.1	1 186 097	0.0	2 064 454	0.1
无锡市	120 360 150	2.0	69 301 625	2.1	51 058 525	1.9
无锡高新技术产业开发区	53 817 526	0.9	27 814 232	0.8	26 003 294	1.0
常州市	50 771 655	0.8	37 660 325	1.1	13 111 330	0.5
常州高新技术产业开发区	1 249 103	0.0	962 636	0.0	286 468	0.0
苏州市	407 709 427	6.7	232 881 248	6.9	174 828 178	6.5
南通市	62 133 192	1.0	38 701 028	1.2	23 432 164	0.9
南通经济技术开发区	7 563 703	0.1	3 802 349	0.1	3 761 354	0.1
连云港市	27 746 131	0.5	5 749 173	0.2	21 996 958	0.8
连云港经济技术开发区	2 037 119	0.0	1 320 035	0.0	717 083	0.0
浙江省	618 481 989	10.2	458 561 535	13.7	159 920 454	6.0
杭州市	78 053 062	1.3	55 129 019	1.6	22 924 043	0.9
杭州经济技术开发区	10 764 594	0.2	5 338 230	0.2	5 426 364	0.2
杭州高新技术产业开发区	2 193 086	0.0	1 087 001	0.0	1 106 086	0.0
宁波市	167 886 540	2.8	98 960 389	2.9	68 926 151	2.6
宁波经济技术开发区	15 240 020	0.3	4 666 462	0.1	10 573 558	0.4
宁波高新技术产业开发区	977	0.0	722	0.0	255	0.0
宁波杭州湾经济技术开发区	926 501	0.0	711 542	0.0	214 959	0.0
温州市	31 633 218	0.5	29 118 003	0.9	2 515 215	0.1
温州经济技术开发区	847 101	0.0	815 890	0.0	31 211	0.0

续表4

境内目的地/货源地	进出口		出　口		进　口	
	金　额	比重（%）	金　额	比重（%）	金　额	比重（%）
湖州市	23 624 745	0.4	21 607 011	0.6	2 017 733	0.1
金华市	98 202 425	1.6	90 515 269	2.7	7 687 156	0.3
金华经济技术开发区	119 553	0.0	107 148	0.0	12 406	0.0
安徽省	102 883 132	1.7	66 473 734	2.0	36 409 398	1.4
合肥市	40 889 672	0.7	25 912 720	0.8	14 976 952	0.6
合肥高新技术产业开发区	3 851 773	0.1	2 815 416	0.1	1 036 357	0.0
芜湖市	11 143 649	0.2	7 944 895	0.2	3 198 754	0.1
芜湖经济技术开发区	6 401 538	0.1	4 430 546	0.1	1 970 992	0.1
芜湖高新技术产业开发区	192 821	0.0	146 563	0.0	46 258	0.0
蚌埠市	1 941 126	0.0	1 425 979	0.0	515 147	0.0
蚌埠高新技术产业开发区	182 636	0.0	137 996	0.0	44 639	0.0
淮南市	678 547	0.0	637 042	0.0	41 505	0.0
淮南经济技术开发区	8 571	0.0	8 297	0.0	274	0.0
马鞍山市	7 245 164	0.1	3 481 867	0.1	3 763 297	0.1
马鞍山经济技术开发区	27 534	0.0	16 193	0.0	11 341	0.0
马鞍山慈湖高新技术产业开发区	5	0.0	1	0.0	4	0.0
铜陵市	10 465 930	0.2	1 135 780	0.0	9 330 150	0.3
铜陵经济技术开发区	566 971	0.0	467 406	0.0	99 565	0.0
安庆市	2 772 178	0.0	2 323 224	0.1	448 954	0.0
安庆及桐城经济技术开发区	42 103	0.0	16 743	0.0	25 360	0.0
滁州市	8 339 183	0.1	7 169 310	0.2	1 169 873	0.0
滁州经济技术开发区	2 799 430	0.0	2 174 534	0.1	624 896	0.0
六安市	1 670 162	0.0	1 443 221	0.0	226 941	0.0

续表5

境内目的地/货源地	进出口		出口		进口	
	金额	比重（%）	金额	比重（%）	金额	比重（%）
六安经济技术开发区	33 230	0.0	30 147	0.0	3 084	0.0
宣城市	3 862 962	0.1	3 584 656	0.1	278 306	0.0
宣城及宁国经济技术开发区	55	0.0	47	0.0	7	0.0
池州市	1 909 849	0.0	717 431	0.0	1 192 418	0.0
池州经济技术开发区	79 684	0.0	37 357	0.0	42 326	0.0
福建省	247 137 416	4.1	157 280 457	4.7	89 856 958	3.3
福州市	37 402 097	0.6	25 050 016	0.7	12 352 081	0.5
福州高新技术产业开发区	40 685	0.0	40 101	0.0	585	0.0
厦门市	76 143 507	1.3	46 267 586	1.4	29 875 921	1.1
厦门火炬高技术产业开发区	3 623 137	0.1	1 765 386	0.1	1 857 751	0.1
平潭	1 587 980	0.0	997 824	0.0	590 156	0.0
平潭综合实验区	1 449 753	0.0	861 776	0.0	587 977	0.0
江西省	67 809 941	1.1	47 741 512	1.4	20 068 429	0.7
南昌市	13 888 533	0.2	9 346 510	0.3	4 542 023	0.2
南昌及南昌小蓝经济技术开发区	689 459	0.0	184 504	0.0	504 955	0.0
景德镇市	1 212 488	0.0	1 149 582	0.0	62 906	0.0
景德镇高新技术产业开发区	3 350	0.0	1 687	0.0	1 663	0.0
萍乡市	1 323 625	0.0	877 072	0.0	446 553	0.0
萍乡经济技术开发区	150 825	0.0	85 420	0.0	65 405	0.0
九江市	7 459 111	0.1	4 670 189	0.1	2 788 922	0.1
九江经济技术开发区	982 065	0.0	611 032	0.0	371 034	0.0
九江共青城高新技术产业开发区	1	0.0	0	0.0	1	0.0
新余市	2 788 275	0.0	1 183 279	0.0	1 604 996	0.1

续表6

境内目的地/货源地	进出口		出口		进口	
	金额	比重（%）	金额	比重（%）	金额	比重（%）
新余高新技术产业开发区	229 473	0.0	179 605	0.0	49 868	0.0
鹰潭市	6 750 198	0.1	1 710 809	0.1	5 039 389	0.2
鹰潭高新技术产业开发区	179 302	0.0	69 585	0.0	109 716	0.0
赣州市	9 320 868	0.2	6 756 353	0.2	2 564 515	0.1
赣州、龙南及瑞金经济技术开发区	1 939 495	0.0	1 083 673	0.0	855 822	0.0
赣州高新技术产业开发区	4	0.0	2	0.0	2	0.0
宜春市	3 866 224	0.1	3 342 049	0.1	524 176	0.0
宜春经济技术开发区	96 100	0.0	91 899	0.0	4 201	0.0
宜春丰城高新技术产业开发区	1	0.0	—	—	1	0.0
上饶市	4 901 838	0.1	4 478 414	0.1	423 424	0.0
上饶经济技术开发区	2 520 988	0.0	2 436 680	0.1	84 308	0.0
吉安市	6 135 468	0.1	4 700 180	0.1	1 435 289	0.1
井冈山经济技术开发区	650 486	0.0	515 397	0.0	135 090	0.0
抚州市	2 093 818	0.0	1 791 146	0.1	302 672	0.0
抚州高新技术产业开发区	9	0.0	0	0.0	8	0.0
山东省	531 565 741	8.8	284 362 275	8.5	247 203 467	9.2
济南市	22 798 758	0.4	15 386 470	0.5	7 412 287	0.3
济南高新技术产业开发区	8 714 899	0.1	4 541 249	0.1	4 173 650	0.2
青岛市	148 515 431	2.5	63 740 841	1.9	84 774 590	3.2
青岛高新技术产业开发区	464 980	0.0	208 787	0.0	256 193	0.0
淄博市	17 113 678	0.3	11 746 857	0.3	5 366 821	0.2
淄博高新技术产业开发区	1 175 669	0.0	930 024	0.0	245 645	0.0

续表7

境内目的地/货源地	进出口		出　口		进　口	
	金　额	比重（%）	金　额	比重（%）	金　额	比重（%）
日照市	56 822 705	0.9	6 705 363	0.2	50 117 342	1.9
日照经济技术开发区	387 735	0.0	132 267	0.0	255 468	0.0
烟台市	78 784 480	1.3	41 330 202	1.2	37 454 279	1.4
烟台经济技术开发区	14 318 307	0.2	6 197 731	0.2	8 120 576	0.3
潍坊市	42 100 122	0.7	30 202 891	0.9	11 897 231	0.4
潍坊高新技术产业开发区	6 059 004	0.1	3 841 167	0.1	2 217 838	0.1
威海市	28 729 931	0.5	23 064 081	0.7	5 665 850	0.2
威海火炬高技术产业开发区	4 470 326	0.1	3 649 947	0.1	820 378	0.0
河南省	136 133 510	2.3	86 002 636	2.6	50 130 874	1.9
郑州市	90 629 267	1.5	54 198 254	1.6	36 431 014	1.4
郑州航空港经济综合实验区	81 054 115	1.3	46 785 642	1.4	34 268 473	1.3
郑州高新技术产业开发区	676 614	0.0	622 866	0.0	53 748	0.0
洛阳市	4 660 987	0.1	2 739 674	0.1	1 921 314	0.1
洛阳高新技术产业开发区	286 611	0.0	182 453	0.0	104 158	0.0
湖北省	79 459 530	1.3	50 837 706	1.5	28 621 824	1.1
武汉市	46 631 469	0.8	26 248 885	0.8	20 382 584	0.8
武汉经济技术开发区	4 787 349	0.1	2 342 549	0.1	2 444 800	0.1
武汉东湖新技术开发区	26 764 268	0.4	13 630 094	0.4	13 134 174	0.5
黄石市	4 645 821	0.1	2 029 162	0.1	2 616 659	0.1
黄石经济技术开发区	403 781	0.0	247 227	0.0	156 553	0.0
襄阳市	3 557 585	0.1	2 763 126	0.1	794 459	0.0
襄阳经济技术开发区	70 767	0.0	42 689	0.0	28 078	0.0
襄阳高新技术产业开发区	1 003 585	0.0	619 480	0.0	384 105	0.0

续表8

境内目的地/货源地	进出口		出口		进口	
	金额	比重（%）	金额	比重（%）	金额	比重（%）
孝感市	1 702 584	0.0	1 275 194	0.0	427 389	0.0
荆州市	2 612 301	0.0	2 177 893	0.1	434 408	0.0
荆州经济技术开发区	286 905	0.0	173 484	0.0	113 421	0.0
湖南省	56 449 518	0.9	37 554 019	1.1	18 895 499	0.7
长沙市	20 252 665	0.3	14 333 494	0.4	5 919 172	0.2
长沙经济技术开发区	1 374 341	0.0	574 169	0.0	800 171	0.0
长沙高新技术产业开发区	635 157	0.0	422 068	0.0	213 089	0.0
株洲市	2 260 632	0.0	1 758 148	0.1	502 484	0.0
株洲高新技术产业开发区	420 366	0.0	359 346	0.0	61 020	0.0
湘潭市	3 626 881	0.1	2 000 071	0.1	1 626 810	0.1
湘潭经济技术开发区	63 511	0.0	35 835	0.0	27 676	0.0
湘潭高新技术产业开发区	18 181	0.0	12 271	0.0	5 910	0.0
衡阳市	5 563 882	0.1	2 817 791	0.1	2 746 091	0.1
衡阳高新技术产业开发区	46 098	0.0	24 612	0.0	21 486	0.0
岳阳市	3 928 844	0.1	1 632 538	0.0	2 296 306	0.1
常德市	1 353 188	0.0	1 075 534	0.0	277 655	0.0
常德经济技术开发区	113 053	0.0	14 747	0.0	98 306	0.0
常德高新技术产业开发区	2	0.0	1	0.0	1	0.0
益阳市	1 409 681	0.0	1 356 054	0.0	53 627	0.0
益阳高新技术产业开发区	48 546	0.0	46 266	0.0	2 281	0.0
郴州市	3 745 138	0.1	2 322 769	0.1	1 422 369	0.1
郴州高新技术产业开发区	1 017 166	0.0	535 014	0.0	482 152	0.0
浏阳市	1 782 070	0.0	639 117	0.0	1 142 953	0.0

续表9

境内目的地/货源地	进出口		出口		进口	
	金额	比重（%）	金额	比重（%）	金额	比重（%）
浏阳经济技术开发区	1 317 991	0.0	204 476	0.0	1 113 515	0.0
广东省	1 471 945 111	24.4	899 421 424	26.8	572 523 688	21.3
广州市	194 120 680	3.2	110 441 046	3.3	83 679 634	3.1
广州高新技术产业开发区	10 016 067	0.2	4 143 293	0.1	5 872 774	0.2
广州南沙新区	24 684 669	0.4	10 905 232	0.3	13 779 437	0.5
深圳市	615 303 620	10.2	362 300 892	10.8	253 002 728	9.4
深圳科技工业园	24 268	0.0	15 766	0.0	8 502	0.0
珠海市	49 936 790	0.8	29 552 176	0.9	20 384 614	0.8
珠海经济技术开发区	5 978	0.0	219	0.0	5 759	0.0
珠海高新技术产业开发区	170 766	0.0	61 722	0.0	109 044	0.0
珠海横琴新区	1 352 455	0.0	1 229 155	0.0	123 300	0.0
汕头市	16 058 303	0.3	13 603 018	0.4	2 455 284	0.1
佛山市	100 905 093	1.7	79 681 917	2.4	21 223 176	0.8
江门市	30 604 679	0.5	25 442 089	0.8	5 162 589	0.2
湛江市	22 602 772	0.4	3 870 488	0.1	18 732 284	0.7
湛江经济技术开发区	6 449 544	0.1	1 271 830	0.0	5 177 713	0.2
茂名市	11 866 392	0.2	2 215 066	0.1	9 651 327	0.4
惠州市	67 778 184	1.1	41 618 677	1.2	26 159 507	1.0
惠州高新技术产业开发区	22 537 997	0.4	16 155 983	0.5	6 382 014	0.2
阳江市	7 224 446	0.1	3 541 774	0.1	3 682 671	0.1
东莞市	258 858 004	4.3	156 824 936	4.7	102 033 068	3.8
东莞松山湖高新技术产业开发区	3 969 440	0.1	2 439 178	0.1	1 530 262	0.1
中山市	45 580 124	0.8	37 879 467	1.1	7 700 657	0.3

续表10

境内目的地/货源地	进出口		出　口		进　口	
	金　额	比重（%）	金　额	比重（%）	金　额	比重（%）
中山火炬高技术产业开发区	2 204 257	0.0	1 173 306	0.0	1 030 950	0.0
广西壮族自治区	100 063 403	1.7	30 230 485	0.9	69 832 918	2.6
南宁市	16 942 679	0.3	9 024 079	0.3	7 918 599	0.3
南宁高新技术产业开发区	839 184	0.0	454 295	0.0	384 889	0.0
桂林市	1 871 711	0.0	1 598 188	0.0	273 523	0.0
桂林新技术产业开发区	290 450	0.0	272 941	0.0	17 509	0.0
北海市	11 189 235	0.2	1 854 776	0.1	9 334 459	0.3
崇左市	21 013 484	0.3	9 270 194	0.3	11 743 290	0.4
防城港市	20 846 643	0.3	835 517	0.0	20 011 127	0.7
海南省	20 086 925	0.3	4 459 278	0.1	15 627 647	0.6
海口市	4 737 626	0.1	612 774	0.0	4 124 852	0.2
海南国际科技工业园	39 386	0.0	12 281	0.0	27 105	0.0
洋浦经济开发区	9 784 619	0.2	2 314 377	0.1	7 470 242	0.3
重庆市	109 071 378	1.8	72 232 421	2.2	36 838 957	1.4
重庆高新技术产业开发区	180 016	0.0	137 269	0.0	42 747	0.0
重庆两江新区	32 592 417	0.5	18 026 718	0.5	14 565 698	0.5
万州经济技术开发区	92 790	0.0	26 745	0.0	66 045	0.0
重庆经济技术开发区	826 136	0.0	543 183	0.0	282 952	0.0
长寿经济技术开发区	103	0.0	103	0.0	0	0.0
四川省	141 813 038	2.3	82 555 581	2.5	59 257 457	2.2
成都市	120 417 052	2.0	69 299 684	2.1	51 117 368	1.9
成都经济技术开发区	2 660 000	0.0	1 374 907	0.0	1 285 093	0.0
成都高新技术产业开发区	101 011 172	1.7	56 919 982	1.7	44 091 190	1.6

续表11

境内目的地/货源地	进出口		出　口		进　口	
	金　额	比重（%）	金　额	比重（%）	金　额	比重（%）
泸州市	1 902 194	0. 0	896 442	0. 0	1 005 752	0. 0
泸州高新技术产业开发区	613 564	0. 0	182 335	0. 0	431 229	0. 0
绵阳市	3 874 270	0. 1	1 600 285	0. 0	2 273 985	0. 1
绵阳经济技术开发区	2	0. 0	1	0. 0	1	0. 0
绵阳高新技术产业开发区	1 393 917	0. 0	351 948	0. 0	1 041 969	0. 0
广元市	126 520	0. 0	37 817	0. 0	88 703	0. 0
广元经济技术开发区	0	0. 0	—	0. 0	0	0. 0
乐山市	1 797 547	0. 0	1 386 595	0. 0	410 953	0. 0
宜宾市	4 340 548	0. 1	3 115 845	0. 1	1 224 704	0. 0
宜宾临港经济技术开发区	1 663 554	0. 0	1 351 179	0. 0	312 375	0. 0
贵州省	10 211 656	0. 2	7 293 125	0. 2	2 918 530	0. 1
贵阳市	5 159 678	0. 1	4 036 048	0. 1	1 123 630	0. 0
贵阳高新技术产业开发区	32 683	0. 0	8 868	0. 0	23 815	0. 0
云南省	41 222 797	0. 7	19 390 640	0. 6	21 832 157	0. 8
昆明市	21 106 410	0. 3	8 809 394	0. 3	12 297 016	0. 5
昆明高新技术产业开发区	4 923 412	0. 1	2 610 481	0. 1	2 312 931	0. 1
红河州	5 837 226	0. 1	2 329 681	0. 1	3 507 544	0. 1
蒙自经济技术开发区	2 180 777	0. 0	1 172 560	0. 0	1 008 217	0. 0
曲靖市	839 019	0. 0	400 303	0. 0	438 716	0. 0
曲靖经济技术开发区	4 002	0. 0	3 186	0. 0	816	0. 0
西藏自治区	630 857	0. 0	404 665	0. 0	226 192	0. 0
拉萨市	530 716	0. 0	322 075	0. 0	208 641	0. 0
拉萨经济技术开发区	5 338	0. 0	3 941	0. 0	1 397	0. 0

续表12

境内目的地/货源地	进出口		出　口		进　口	
	金　额	比重（%）	金　额	比重（%）	金　额	比重（%）
陕西省	67 875 211	1.1	38 308 255	1.1	29 566 956	1.1
西安市	60 828 350	1.0	33 472 593	1.0	27 355 756	1.0
陕西航天、陕西航空、陕西西安经济技术开发区	182 146	0.0	65 414	0.0	116 733	0.0
宝鸡市	1 175 707	0.0	813 185	0.0	362 522	0.0
宝鸡高新技术产业开发区	401 188	0.0	220 481	0.0	180 707	0.0
汉中市	237 393	0.0	202 384	0.0	35 010	0.0
汉中经济技术开发区	143	0.0	—	0.0	143	0.0
榆林市	1 087 509	0.0	903 301	0.0	184 208	0.0
甘肃省	7 683 030	0.1	2 162 672	0.1	5 520 357	0.2
兰州市	1 507 070	0.0	790 839	0.0	716 231	0.0
兰州新技术产业开发区	9 581	0.0	5 687	0.0	3 894	0.0
青海省	401 179	0.0	312 601	0.0	88 578	0.0
西宁市	215 315	0.0	176 550	0.0	38 765	0.0
西宁经济技术开发区	41 344	0.0	35 958	0.0	5 386	0.0
青海高新技术产业开发区	153	0.0	145	0.0	7	0.0
海西州	23 038	0.0	14 886	0.0	8 152	0.0
格尔木昆仑经济技术开发区	2 873	0.0	112	0.0	2 761	0.0
宁夏回族自治区	4 610 227	0.1	3 785 749	0.1	824 478	0.0
银川市	1 609 164	0.0	1 219 542	0.0	389 622	0.0
银川经济技术开发区	114 556	0.0	7 126	0.0	107 430	0.0
新疆维吾尔自治区	34 630 193	0.6	17 897 640	0.5	16 732 553	0.6
乌鲁木齐市	10 661 166	0.2	9 928 588	0.3	732 578	0.0

续表13

境内目的地/货源地	进出口		出口		进口	
	金额	比重（%）	金额	比重（%）	金额	比重（%）
乌鲁木齐经济技术开发区	598 482	0.0	245 702	0.0	352 780	0.0
乌鲁木齐高新技术产业开发区	185 153	0.0	40 985	0.0	144 167	0.0
博乐市	1 116 488	0.0	151 573	0.0	964 915	0.0
伊宁市	11 362 619	0.2	2 588 005	0.1	8 774 614	0.3
石河子市	633 118	0.0	509 069	0.0	124 049	0.0
石河子经济技术开发区	230 293	0.0	222 927	0.0	7 367	0.0

2021 年进出口商品关别总值表

单位：千美元

关　别	进出口		出　口		进　口	
	金　额	比重（%）	金　额	比重（%）	金　额	比重（%）
总　值	6 043 873 686	100.0	3 357 143 091	100.0	2 686 730 596	100.0
北京海关	113 365 924	1.9	40 270 858	1.2	73 095 066	2.7
天津海关	256 947 018	4.3	128 228 635	3.8	128 718 384	4.8
石家庄海关	72 323 229	1.2	11 916 307	0.4	60 406 922	2.2
太原海关	8 900 705	0.1	2 815 860	0.1	6 084 845	0.2
满洲里海关	6 551 103	0.1	2 770 869	0.1	3 780 234	0.1
呼和浩特海关	11 961 623	0.2	3 289 442	0.1	8 672 180	0.3
沈阳海关	21 951 232	0.4	3 920 838	0.1	18 030 395	0.7
大连海关	138 870 879	2.3	57 930 892	1.7	80 939 988	3.0
长春海关	9 855 625	0.2	1 780 895	0.1	8 074 731	0.3
哈尔滨海关	22 117 612	0.4	2 980 968	0.1	19 136 644	0.7
上海海关	1 172 218 194	19.4	675 881 793	20.1	496 336 401	18.5
南京海关	508 867 468	8.4	250 383 957	7.5	258 483 511	9.6
杭州海关	191 937 380	3.2	105 391 298	3.1	86 546 083	3.2
宁波海关	317 554 185	5.3	226 352 264	6.7	91 201 920	3.4
合肥海关	49 558 004	0.8	18 454 476	0.5	31 103 528	1.2
福州海关	55 749 272	0.9	22 165 613	0.7	33 583 659	1.2
厦门海关	175 264 985	2.9	117 913 709	3.5	57 351 276	2.1
南昌海关	28 490 246	0.5	12 982 103	0.4	15 508 142	0.6
青岛海关	432 285 126	7.2	218 528 457	6.5	213 756 669	8.0
济南海关	80 332 978	1.3	41 574 410	1.2	38 758 567	1.4
郑州海关	113 518 981	1.9	67 510 876	2.0	46 008 104	1.7
武汉海关	49 894 741	0.8	26 794 879	0.8	23 099 862	0.9
长沙海关	28 737 736	0.5	13 824 617	0.4	14 913 119	0.6
广州海关	249 338 122	4.1	169 464 046	5.0	79 874 076	3.0
黄埔海关	276 235 350	4.6	133 145 170	4.0	143 090 181	5.3
深圳海关	979 041 674	16.2	649 387 254	19.3	329 654 421	12.3
拱北海关	68 981 751	1.1	43 103 640	1.3	25 878 112	1.0

续表

关 别	进出口		出 口		进 口	
	金 额	比重（%）	金 额	比重（%）	金 额	比重（%）
汕头海关	20 171 576	0.3	12 076 444	0.4	8 095 131	0.3
海口海关	19 569 110	0.3	4 163 629	0.1	15 405 481	0.6
湛江海关	38 188 276	0.6	4 579 113	0.1	33 609 163	1.3
江门海关	21 088 980	0.3	14 317 210	0.4	6 771 769	0.3
南宁海关	131 942 452	2.2	60 786 124	1.8	71 156 328	2.6
成都海关	122 743 074	2.0	68 747 208	2.0	53 995 866	2.0
重庆海关	102 722 332	1.7	67 432 280	2.0	35 290 052	1.3
贵阳海关	3 082 554	0.1	1 368 411	0.0	1 714 143	0.1
昆明海关	27 797 696	0.5	12 207 221	0.4	15 590 475	0.6
拉萨海关	643 925	0.0	420 661	0.0	223 264	0.0
西安海关	68 716 531	1.1	37 885 229	1.1	30 831 302	1.1
乌鲁木齐海关	42 752 470	0.7	23 739 978	0.7	19 012 492	0.7
兰州海关	2 970 917	0.0	217 890	0.0	2 753 027	0.1
银川海关	600 922	0.0	429 970	0.0	170 952	0.0
西宁海关	31 729	0.0	7 598	0.0	24 131	0.0

2021 年进出口商品运输方式总值表

单位：千美元

运输方式	进出口		出　口		进　口	
	金　额	比重（%）	金　额	比重（%）	金　额	比重（%）
总　值	6 043 873 686	100. 0	3 357 143 091	100. 0	2 686 730 596	100. 0
水路运输	3 701 586 212	61. 2	2 187 089 121	65. 1	1 514 497 091	56. 4
铁路运输	101 951 084	1. 7	68 604 450	2. 0	33 346 633	1. 2
公路运输	942 906 623	15. 6	480 262 383	14. 3	462 644 239	17. 2
航空运输	1 187 535 539	19. 6	561 231 640	16. 7	626 303 899	23. 3
邮件运输	5 296 808	0. 1	3 034 637	0. 1	2 262 171	0. 1
其他运输	99 281 182	1. 6	56 683 923	1. 7	42 597 260	1. 6
固定设施	5 316 225	0. 1	236 936	0. 0	5 079 289	0. 2
旅客携带	12	0. 0	—	0. 0	12	0. 0

2021年进出口商品前40位国别（地区）总值表

单位：千美元

最终目的国（地区）	出　口	名　次	原产国（地区）	进　口	名　次
总　值	3 357 143 091	—	总　值	2 686 730 596	—
美国	574 889 144	1	中国台湾	249 635 809	1
中国香港	350 059 607	2	韩国	213 437 952	2
日本	165 690 244	3	日本	205 405 443	3
韩国	148 475 509	4	美国	179 700 587	4
越南	137 665 720	5	澳大利亚	163 529 082	5
德国	115 074 320	6	中华人民共和国	156 892 933	6
荷兰	102 318 194	7	德国	119 914 140	7
印度	97 358 594	8	巴西	110 006 699	8
英国	86 858 675	9	马来西亚	98 241 841	9
中国台湾	78 283 861	10	越南	92 319 415	10
马来西亚	78 273 092	11	俄罗斯联邦	79 609 072	11
泰国	69 220 591	12	印度尼西亚	63 922 831	12
俄罗斯联邦	67 491 224	13	泰国	61 823 050	13
墨西哥	67 367 721	14	沙特阿拉伯	56 968 611	14
澳大利亚	66 267 367	15	智利	39 577 949	15
印度尼西亚	60 548 855	16	法国	39 091 666	16
菲律宾	57 130 366	17	新加坡	38 796 233	17
新加坡	54 931 131	18	瑞士	37 879 559	18
巴西	53 549 261	19	南非	32 955 599	19
加拿大	51 390 143	20	加拿大	30 489 775	20
法国	45 889 163	21	意大利	30 323 695	21
阿拉伯联合酋长国	43 682 065	22	阿曼	28 591 701	22
意大利	43 583 923	23	阿拉伯联合酋长国	28 573 273	23
波兰	36 533 744	24	印度	28 145 311	24
西班牙	36 072 649	25	伊拉克	26 653 108	25
比利时	30 313 482	26	英国	25 676 397	26
沙特阿拉伯	30 221 805	27	菲律宾	24 761 129	27
土耳其	29 115 340	28	秘鲁	24 239 031	28

续表

最终目的国（地区）	出　口	名　次	原产国（地区）	进　口	名　次
智利	26 259 094	29	安哥拉	21 027 427	29
巴基斯坦	24 200 642	30	墨西哥	19 139 275	30
孟加拉国	24 055 266	31	科威特	17 755 539	31
尼日利亚	22 556 744	32	爱尔兰	17 626 657	32
南非	21 075 457	33	新西兰	16 155 983	33
埃及	18 235 702	34	荷兰	14 004 943	34
以色列	15 269 489	35	卡塔尔	13 211 001	35
捷克	15 105 505	36	西班牙	12 288 659	36
哥伦比亚	14 333 757	37	刚果（金）	11 678 912	37
哈萨克斯坦	13 931 490	38	哈萨克斯坦	11 290 563	38
秘鲁	13 266 564	39	挪威	10 801 317	39
柬埔寨	11 536 109	40	瑞典	9 874 088	40

2021年出口商品排序表（前100位）

单位：千美元

商品编号	商品名称	计量单位	数　量	金　额
	总　值		—	3 357 143 091
85171210	手持（包括车载）式无线电话机	台	954 172 057	146 323 181
		千克	243 060 722	—
84713090	其他重量不超过10千克的便携式自动数据处理设备	台	221 819 713	108 486 627
		千克	470 462 049	—
85423290	其他用作存储器的集成电路	个	26 068 840 181	74 066 717
		千克	4 762 808	—
85423190	其他用作处理器及控制器的集成电路	个	88 799 089 561	47 409 950
		千克	16 489 763	—
84733090	品目8471所列其他机器的零件、附件	千克	583 865 294	34 034 838
85177030	手持式无线电话机的零件（天线除外）	千克	108 592 985	32 505 281
84713010	平板电脑	台	142 626 958	30 506 180
		千克	102 263 389	—
85414020	太阳能电池	个	3 200 937 653	28 459 913
		千克	6 236 979 957	—
85076000	锂离子蓄电池	个	3 426 722 680	28 419 826
		千克	960 734 638	—
90138030	液晶显示板	个	1 424 156 813	27 667 297
		千克	518 861 444	—
85176299	其他接收、转换并且发送或再生声音、图像或其他数据用的设备	台	935 049 881	24 645 382
		千克	200 115 521	—
95030089	未列名玩具及模型	个	32 985 908 583	24 193 724
		千克	1 991 218 834	—
94054090	未列名电灯及照明装置	千克	1 896 785 665	22 435 581
39269090	未列名塑料制品	千克	3 108 937 466	21 788 117
85423990	其他集成电路	个	172 930 861 321	20 969 982
		千克	15 283 208	—
85437099	未列名具有独立功能的电气设备及装置	台	3 597 705 296	18 585 092
		千克	381 451 416	—

续表1

商品编号	商品名称	计量单位	数　量	金　额
84715040	微型机的处理部件	台	37 014 163	16 725 748
		千克	99 031 175	—
86090029	其他40英尺集装箱	个	2 937 382	16 683 005
		千克	10 924 895 862	—
30022000	人用疫苗	千克	4 994 111	15 655 890
85177090	品目8517所列设备用其他零件	千克	284 850 120	15 534 051
64029929	未列名塑料制鞋面的鞋靴	千克	1 395 095 776	14 822 610
		双	3 161 823 007	—
85285212	其他可直接连接品目8471的自动数据处理设备的彩色液晶监视器	台	96 169 174	13 373 229
		千克	531 314 591	—
94051000	枝形吊灯及天花板或墙壁上的电气照明装置	个	1 333 854 152	13 000 105
		千克	908 312 557	—
73089000	其他钢铁结构体；钢结构体用部件及加工钢材	千克	6 651 332 128	12 975 581
63079000	品目6301至6307的未列名制成品，包括服装裁剪样	千克	1 555 145 804	12 929 774
		件	169 832 065 847	—
94032000	其他金属家具	件	407 007 777	12 153 390
		千克	3 452 058 635	—
85287222	液晶显示器彩色数字电视接收机	台	60 142 972	11 345 114
		千克	472 576 962	—
61103000	化纤制针织钩编套头衫、开襟衫、外穿背心等	件	1 773 508 925	11 120 281
		千克	625 942 824	—
64041990	橡胶或塑料制外底，纺织材料制鞋面的其他鞋靴	千克	902 219 092	11 090 622
		双	1 773 421 368	—
85340090	四层及以下的印刷电路	块	43 507 320 067	11 073 251
		千克	266 343 695	—
30021500	免疫制品，已配定剂量或制成零售包装	千克	172 999 762	11 052 273
85176294	无线耳机、无线耳塞	个	513 857 000	9 923 099
		千克	68 941 745	—
94036099	未列名木家具	件	238 199 643	9 773 703
		千克	3 081 001 409	—
85340010	四层以上的印刷电路	块	4 556 756 013	9 753 044
		千克	103 968 378	—
69101000	瓷制固定卫生设备	千克	1 942 130 495	9 710 886
		件	107 753 185	—

续表2

商品编号	商品名称	计量单位	数　量	金　额
73269090	未列名非工业用钢铁制品	千克	2 393 871 178	9 672 535
84717011	固态硬盘（SSD）	台	134 232 652	9 578 939
		千克	3 934 633	—
85044099	未列名静止式变流器	个	2 038 931 270	9 535 480
		千克	323 712 753	—
95045019	与电视接收机配套使用的视频游戏控制器及设备	台	28 246 436	9 452 139
		千克	102 490 043	—
27101922	5~7 号燃料油，不含有生物柴油	千克	19 193 709 411	9 395 653
		升	19 481 616 873	—
95051000	圣诞节用品	千克	619 653 063	9 379 433
94017190	其他带软垫的金属框架坐具	个	205 544 537	8 853 987
		千克	1 533 694 744	—
84718000	自动数据处理设备的其他部件	台	123 775 670	8 817 012
		千克	58 855 150	—
39241000	塑料制餐具及厨房用具	千克	1 740 176 631	8 761 352
27101210	车用汽油和航空汽油，不含有生物柴油	千克	14 542 204 825	8 684 808
		升	20 184 580 304	—
27101923	柴油 不含生物柴油	千克	17 205 059 625	8 678 679
		升	20 233 286 454	—
87082990	车身（包括驾驶室）的未列名零件、附件	千克	739 721 821	8 597 165
87038000	仅装有驱动电动机的主要用于载人的机动车	辆	498 794	8 595 425
		千克	556 761 912	—
85371090	其他电气控制或电力分配盘板台等，电压≤1 000 V	个	527 045 362	8 541 169
		千克	215 947 617	—
42029200	以塑料片或纺织材料作面的其他类似容器	千克	776 322 291	8 477 373
		个	4 594 273 897	—
72104900	其他镀或涂锌普通钢铁板材	千克	8 790 866 217	8 353 446
40112000	客车或货运机动车辆用新的充气橡胶轮胎	千克	3 775 049 974	8 014 468
		条	106 677 215	—
61102000	棉制针织钩编的套头衫、开襟衫、外穿背心等	件	1 260 409 896	7 916 941
		千克	464 383 337	—
54075200	聚酯变形长丝≥85%染色布	米	7 760 594 727	7 637 856
		千克	1 506 015 681	—
73239300	不锈钢制餐桌、厨房或其他家用器具及其零件	千克	886 884 447	7 570 156

续表3

商品编号	商品名称	计量单位	数　量	金　额
42021290	以塑料或纺织材料作面的提箱、小手袋、公文箱、公文包、书包及类似容器	千克	841 690 787	7 534 317
		个	1 614 319 939	—
84717019	硬盘驱动器（固态硬盘除外）	台	107 196 032	7 495 814
		千克	43 459 696	—
85258013	非特种用途的其他类型电视摄像机	台	508 494 966	7 438 841
		千克	106 229 425	—
94016190	其他带软垫的木框架坐具	个	80 841 790	7 288 826
		千克	1 568 271 833	—
95069119	其他健身及康复器械	千克	2 545 671 714	7 200 927
85098090	其他家用电动器具	台	466 302 890	7 012 746
		千克	470 623 453	—
84818040	其他阀门	套	2 056 419 559	6 951 639
		千克	806 835 148	—
69111019	其他瓷制餐具	千克	1 894 777 519	6 683 772
39181090	氯乙烯聚合物制铺地制品	千克	5 726 714 512	6 682 424
85081100	电动真空吸尘器功率≤1 500 W 集尘器容积≤20 L	台	162 493 817	6 673 222
		千克	583 663 397	—
84818090	龙头、旋塞及类似装置	套	937 332 055	6 577 625
		千克	515 880 883	—
72107010	厚度小于 1.5 mm 的涂漆或涂塑的铁或非合金钢平板轧材，宽≥600 mm	千克	5 726 525 430	6 539 072
84314999	品目 8426、8429 及 8430 所列机械的未列名零件	千克	2 524 084 931	6 525 995
85369011	工作电压不超过 36 V 的接插件	千克	79 957 524	6 438 288
39249000	塑料制其他家庭用具及卫生或盥洗用具	千克	1 117 602 481	6 407 126
90191010	按摩器具	台	441 900 569	6 391 051
		千克	661 435 253	—
64039900	其他橡、塑或再生皮革外底，皮革鞋面的鞋靴	千克	318 719 146	6 359 694
		双	453 030 967	—
62046200	棉制女裤	条	953 531 465	6 257 872
		千克	401 152 836	—
85412900	耗散功率≥1 W 的晶体管	个	46 427 926 844	6 197 091
		千克	27 157 052	—
94039000	家具的零件	千克	1 552 577 971	6 194 530

续表4

商品编号	商品名称	计量单位	数　量	金　额
40111000	机动小客车用新的充气橡胶轮胎	千克	2 306 804 091	6 124 362
		条	239 962 541	—
84439990	品目 8443 所列设备用其他零件及附件	千克	365 115 401	5 938 362
87089999	品目 8701 至 8704 所列其他车辆用未列名零、附件	千克	826 980 263	5 869 257
94049040	化纤棉填充的其他寝具及类似用品	千克	1 064 882 348	5 826 606
95030083	带动力装置的其他玩具及模型	个	590 696 023	5 732 864
		千克	277 522 057	—
94052000	电气的台灯、床头灯或落地灯	台	244 115 223	5 672 281
		千克	354 529 416	—
42022200	以塑料片或纺织材料作面的手提包	千克	457 304 937	5 608 373
		个	1 789 005 075	—
95030060	智力玩具	套	1 994 357 361	5 601 301
		千克	657 977 505	—
85166090	其他电炉；电锅、电热板、加热环、烧烤炉等	个	231 284 462	5 586 274
		千克	1 010 892 658	—
71131911	镶嵌钻石的黄金制首饰及其零件	克	30 641 888	5 475 724
85044014	其他功率<1 kW 直流稳压电源，精度<1/10 000	个	1 098 352 907	5 399 306
		千克	190 378 290	—
85444219	其他有接头电导体，额定电压≤80 V	千克	220 618 892	5 380 327
87141000	摩托车（包括机器脚踏两用车）用零件、附件	千克	1 011 081 557	5 366 507
87116000	装有驱动电动机的摩托车及脚踏车	辆	22 865 132	5 281 264
		千克	442 257 594	—
72253000	其他合金钢热轧卷材，宽≥600 mm	千克	7 549 592 430	5 280 205
85322410	片式多层瓷介电容器	千克	17 163 672	5 263 491
		千个	2 023 360 840	—
85285910	其他彩色监视器	台	27 446 078	5 233 223
		千克	140 245 971	—
71131919	其他黄金制首饰及其零件	克	82 904 242	5 224 665
38249999	未列名化学工业及其相关工业的化学产品及配制品	千克	3 728 160 101	5 200 699
94013000	可调高度的转动坐具	个	96 201 348	5 135 999
		千克	1 236 170 231	—

续表5

商品编号	商品名称	计量单位	数　量	金　额
85044030	逆变器	个	43 619 798	5 122 853
		千克	192 703 576	—
39264000	塑料制小雕塑品及其他装饰品	千克	663 815 290	5 116 231
83024200	家具用其他贱金属制附件及架座	千克	1 135 854 278	5 068 048
27101911	航空煤油，不含有生物柴油	千克	8 557 984 953	4 956 711
		升	10 663 249 547	—
84295212	上部 360 度旋转的履带式挖掘机	台	106 144	4 892 591
		千克	1 257 923 629	—

2021 年进口商品排序表（前 100 位）

单位：千美元

商品编号	商品名称	计量单位	数　量	金　额
	总　值		—	2 686 730 596
27090000	石油原油及从沥青矿物提取的原油	千克	512 922 142 510	258 522 886
85423190	其他用作处理器及控制器的集成电路	个	151 834 070 153	178 219 267
		千克	26 270 477	—
26011120	平均粒度≥0. 8 mm，<6. 3 mm 未烧结铁矿砂及精矿	千克	793 865 955 077	122 131 598
85423290	其他用作存储器的集成电路	个	45 276 857 219	118 862 363
		千克	9 647 724	—
85423990	其他集成电路	个	369 813 731 007	85 335 287
		千克	27 693 162	—
26030000	铜矿砂及其精矿	千克	23 397 924 958	56 994 706
12019010	黄大豆，种用除外	千克	96 467 193 034	53 523 870
71081200	其他未锻造金，非货币用	克	804 654 984	46 380 120
27111100	液化天然气	千克	78 789 452 889	44 075 337
85177030	手持式无线电话机的零件（天线除外）	千克	35 887 730	37 206 901
26011190	平均粒度≥6. 3 mm 未烧结铁矿砂及其精矿	千克	184 302 861 442	32 308 314
74031111	未锻轧铜含量>99. 9935%的精炼铜阴极	千克	2 954 887 363	27 669 102
85423119	其他用作处理器及控制器的多元件集成电路	个	2 905 826 186	23 876 938
		千克	848 324	—
84733090	品目 8471 所列其他机器的零件、附件	千克	60 724 692	23 110 154
26011110	平均粒度<0. 8 mm 未烧结铁矿砂及其精矿	千克	123 425 170 087	22 916 647
90138030	液晶显示板	个	1 756 451 818	21 128 792
		千克	244 264 261	—
33049900	其他美容品或化妆品及护肤品	千克	213 104 787	18 591 187
		件	5 244 005 280	—
30049090	未列名混合或非混合产品构成的药品，已配定剂量或制成零售包装	千克	52 654 440	16 263 816
84717011	固态硬盘（SSD）	台	204 577 343	15 276 670
		千克	3 479 979	—

续表1

商品编号	商品名称	计量单位	数　量	金　额
84717019	硬盘驱动器（固态硬盘除外）	台	151 044 255	13 242 979
		千克	64 193 567	—
74040000	铜废料及碎料	千克	1 692 401 166	12 678 244
27111200	液化丙烷	千克	19 133 280 575	12 651 412
85299042	非特种用途的取像模块	千克	1 526 565	12 172 509
27112100	天然气	千克	42 479 670 901	11 645 998
29024300	对二甲苯	千克	13 650 401 279	11 560 112
87032362	仅装有点燃式活塞内燃发动机的越野车（4 轮驱动），2 500 cc<排量≤3 000 cc	辆	137 291	11 505 843
		千克	328 370 104	—
27011210	炼焦煤	千克	54 633 731 697	11 221 731
87084091	品目 8703 所列车辆用自动换挡变速箱及其零件	个	531 307 430	10 650 354
		千克	496 223 968	—
02023000	冻去骨牛肉	千克	1 857 629 879	10 630 042
85423390	其他用作放大器的集成电路	个	50 400 349 320	10 318 713
		千克	3 077 301	—
85322410	片式多层瓷介电容器	千克	25 777 874	9 673 496
		千个	3 451 428 007	—
72026000	镍铁	千克	3 701 391 228	9 388 559
71023900	其他非工业用钻石	克拉	10 465 810	9 373 846
30021500	免疫制品，已配定剂量或制成零售包装	千克	4 040 056	9 088 062
27021000	褐煤，不论是否粉化，但未制成型	千克	118 906 593 830	9 023 747
85412900	耗散功率≥1 W 的晶体管	个	56 636 369 618	8 766 195
		千克	22 979 927	—
74020000	未精炼铜；电解精炼用的铜阳极	千克	936 682 646	8 573 747
27011290	其他烟煤	千克	82 234 854 810	8 541 516
38249999	未列名化学工业及其相关工业的化学产品及配制品	千克	1 917 914 965	8 281 726
			3	—
10059000	玉米，种用除外	千克	28 347 926 218	8 026 777
85369011	工作电压不超过 36 伏的接插件	千克	73 706 945	8 021 143
87032361	仅装有点燃式活塞内燃发动机的小轿车，2 500 cc<排量≤3 000 cc	辆	91 064	7 675 570
		千克	187 923 070	—
27150000	以天然沥青等为基本成分的沥青混合物	千克	19 272 579 571	7 439 896
		升	4 220 549 938	—
47032900	半漂白或漂白非针叶木烧碱木浆或硫酸盐木浆	千克	12 599 268 495	7 421 429

续表2

商品编号	商品名称	计量单位	数　量	金　额
39012000	初级形状的聚乙烯，比重≥0.94	千克	6 631 188 215	7 377 964
02032900	其他冻猪肉	千克	2 508 380 538	7 242 639
87032341	仅装有点燃式活塞内燃发动机的小轿车，1 500 cc<排量≤2000cc	辆	195 545	6 753 522
		千克	327 455 694	—
47032100	半漂白或漂白的针叶木烧碱木浆或硫酸盐木浆	千克	8 424 408 461	6 699 409
90318090	未列名测量或检验仪器、器具及机器	台	1 163 450 866	6 537 252
		千克	28 124 890	—
27101922	5~7 号燃料油，不含有生物柴油	千克	13 625 643 117	6 528 971
		升	13 830 037 918	—
84869099	品目 8486 所列设备用未列名零件及附件	千克	26 599 322	6 526 675
85414010	发光二极管	个	282 068 953 407	6 507 315
		千克	4 954 253	—
85340010	四层以上的印刷电路	块	7 750 016 361	6 415 519
		千克	29 359 501	—
84798999	未列名具有独立功能的机器及机械器具	台	70 556 131	6 393 491
		千克	108 097 265	—
84718000	自动数据处理设备的其他部件	台	22 215 768	6 384 852
		千克	12 186 144	—
87032342	仅装有点燃式活塞内燃发动机的越野车（4 轮驱动），1 500 cc<排量≤2 000 cc	辆	114 518	6 202 400
		千克	238 770 643	—
85423910	其他多元件集成电路	个	10 567 372 237	6 191 460
		千克	2 614 144	—
72071100	矩形截面半制普通钢铁，宽<两倍厚，C<0.25%	千克	9 360 407 692	5 996 256
27011900	其他煤	千克	58 000 916 562	5 984 078
27079990	其他蒸馏高温煤焦油所得油类等产品及类似品	千克	10 509 905 369	5 925 890
		升	1 681 024 051	—
85340090	四层及以下的印刷电路	块	45 311 689 203	5 861 345
		千克	41 145 266	—
85177090	品目 8517 所列设备用其他零件	千克	20 849 400	5 834 748
87082990	车身（包括驾驶室）的未列名零件、附件	千克	379 130 192	5 716 833
39014020	初级形状的线型低密度聚乙烯，比重<0.94	千克	4 894 267 019	5 649 231
29053100	1,2-乙二醇	千克	8 426 400 330	5 635 029

续表3

商品编号	商品名称	计量单位	数　量	金　额
85423310	用作放大器的多元件集成电路	个	3 626 549 899	5 281 690
		千克	309 768	—
26060000	铝矿砂及其精矿	千克	107 270 621 879	5 133 046
85371090	其他电气控制或电力分配盘板台等，电压≤1 000 V	个	119 362 651	5 084 319
		千克	37 990 178	—
88024020	空载重量>45 000 kg 的飞机等航空器	架	64	5 061 632
		千克	4 736 375	—
26011200	已烧结的铁矿砂及其精矿	千克	22 449 160 068	4 937 042
26020000	锰矿砂及其精矿	千克	29 949 571 969	4 901 913
88024010	15 000 kg<空载重量≤45 000 kg 的飞机等航空器	架	110	4 876 010
		千克	4 389 439	—
27101220	石脑油，不含有生物柴油	千克	7 609 118 247	4 866 714
		升	10 538 672 468	—
40028000	品目 4001 所列产品与本编码所列产品的混合物	千克	2 911 191 470	4 841 842
39074000	初级形状的聚碳酸酯	千克	1 500 526 596	4 812 956
85389000	品目 8535、8536 或 8537 所列装置的其他零件	千克	90 062 444	4 751 368
90328990	其他自动调节或控制仪器及装置	台	43 413 811	4 734 755
		千克	42 349 415	—
74031119	未锻轧其他精炼铜阴极	千克	483 388 540	4 514 634
90012000	偏振材料制的片及板	千克	74 371 184	4 435 864
26040000	镍矿砂及其精矿	千克	43 519 280 502	4 421 978
85411000	二极管，但光敏二极管或发光二极管除外	个	219 500 441 646	4 419 420
		千克	14 376 403	—
85437099	未列名具有独立功能的电气设备及装置	台	630 264 498	4 418 729
		千克	18 391 976	—
87032343	仅装有点燃式活塞内燃发动机的小客车（9 座及以下），1 500 cc<排量≤2 000 cc	辆	111 344	4 385 059
		千克	214 522 860	—
19011010	供婴幼儿食用的零售包装配方奶粉 全脱脂可可含量低于 5%的乳品制	千克	261 660 935	4 325 861
39011000	初级形状的聚乙烯，比重<0. 94	千克	3 059 801 679	4 322 713
84862041	制造半导体器件或 IC 的等离子体干法刻蚀机	台	1 945	4 288 644
		千克	8 719 896	—
81052010	钴湿法冶炼中间产品	千克	303 483 176	4 268 250

续表4

商品编号	商品名称	计量单位	数　量	金　额
84862021	制造半导体器件或IC的化学气相沉积装置	台	1 969	4 234 608
		千克	11 170 503	—
08106000	鲜榴莲	千克	821 605 616	4 205 961
75021090	其他未锻轧非合金镍	千克	220 698 522	4 176 950
85176299	其他接收、转换并且发送或再生声音、图像或其他数据用的设备	台	505 284 748	4 169 506
		千克	12 347 589	—
15119010	棕榈液油（熔点19℃~24℃）	千克	4 619 836 688	4 129 135
52010000	未梳的棉花	千克	2 142 264 003	4 104 927
39021000	初级形状的聚丙烯	千克	3 180 384 443	4 051 057
76011090	含铝量<99.95%的未锻轧非合金铝	千克	1 569 745 526	4 044 696
71103100	未锻造铑，铑粉	克	6 292 912	4 003 888
26080000	锌矿砂及其精矿	千克	3 634 363 757	3 981 093
98050000	个人跨境电商商品	千克	98 286 581	3 957 983
		件	108 800 045	—
21069090	未列名食品	千克	257 145 662	3 908 157
29051100	甲醇	千克	11 197 981 256	3 860 541

第七篇

附录

全国对外开放口岸分地区一览表

截至2021年12月31日

序号	省级行政区	数量	水运口岸	航空口岸		铁路	公路口岸	
				对中外飞机全开放	限制性	口岸	（国际）	（双边）
1	北京	2		北京		北京		
2	天津	3	天津、渤中	天津				
3	河北	4	秦皇岛、唐山、黄骅	石家庄				
4	山西	3		太原、大同、运城				
5	内蒙古	20		呼和浩特、海拉尔、满洲里、鄂尔多斯、包头、二连浩特*		二连浩特、满洲里	珠恩嘎达布其、满洲里、二连浩特、阿尔山	阿日哈沙特、额布都格、甘其毛都、满都拉、策克、黑山头、室韦、乌力吉
6	辽宁	13	大连、营口、丹东、庄河、葫芦岛、旅顺新港、锦州、长兴岛、盘锦	沈阳、大连		丹东	丹东	
7	吉林	16		长春、延吉		集安、图们、珲春	珲春、集安、圈河	临江、开山屯、三合、南坪、长白、古城里、沙坨子、双目峰
8	黑龙江	27	（哈尔滨、富锦、佳木斯、同江、黑河、漠河、呼玛、逊克、抚远、孙吴、萝北、嘉荫 、饶河 ）	哈尔滨、佳木斯、齐齐哈尔、牡丹江		绥芬河、哈尔滨、同江	绥芬河、黑瞎子岛、黑河（索道）、黑河	东宁 、密山、虎林
9	上海	3	上海	上海		上海		
10	江苏	26	连云港、 （张家港、南通*、南京、镇江、江阴、扬州、泰州、常熟、太仓、常州、如皋、靖江）、大丰、如东、启东、盐城	南京、盐城、徐州、常州、淮安、无锡、扬泰、南通、连云港*				
11	浙江	10	温州、宁波、舟山、台州、嘉兴	杭州、宁波、温州、义乌、舟山				

续表1

序号	省级行政区	数量	水运口岸	航空口岸		铁路口岸	公路口岸	
				对中外飞机全开放	限制性		（国际）	（双边）
12	安徽	7	（芜湖、铜陵、安庆、池州、马鞍山）	合肥、黄山				
13	福建	11	福州、厦门、泉州、漳州、宁德*、莆田、平潭	厦门、福州、泉州	武夷山#			
14	江西	2	（九江）	南昌				
15	山东	18	青岛、烟台、威海、龙口、石岛、日照、东营、蓬莱、莱州、龙眼、潍坊、董家口、滨州	青岛、济南、烟台、威海、临沂				
16	河南	3		郑州	洛阳#	郑州		
17	湖北	4	（武汉、黄石）	武汉、宜昌				
18	湖南	3	（城陵矶）	长沙、张家界				
19	广东	56	广州、湛江*、汕头、汕尾、九洲、广海、蛇口、莲花山、赤湾、惠州、妈湾、盐田、茂名、阳江、大亚湾、珠海、潮州、万山、南沙、潮阳、（虎门、新会）、深圳大铲、揭阳、湾仔#、（三埠#、江门#、肇庆#、南海#、斗门#、鹤山#、中山、容奇#、高明#、新塘#）	广州、深圳、揭阳、湛江	梅州#	深圳、广州、东莞、广深港	文锦渡、拱北、沙头角、皇岗、罗湖、横琴、深圳湾、珠澳工业区、福田、港珠澳、莲塘	青茂
20	海南	8	海口、三亚*、八所、洋浦、清澜	三亚、海口、博鳌				
21	广西	18	防城港、北海、钦州、（梧州#、柳州#、贵港#）	南宁、桂林	北海#	凭祥	友谊关、东兴、水口、龙邦*	平孟、爱店、峒中、硕龙
22	四川	1		成都*				
23	重庆	2	（重庆#）	重庆				
24	贵州	2		贵阳	遵义#			
25	云南	21	（思茅、景洪、关累）	昆明、西双版纳、丽江、芒市		河口、磨憨*	瑞丽、磨憨、打洛、河口、天保、都龙、勐康	金水河、畹町、腾冲、孟定、田蓬
26	西藏	5		拉萨			吉隆	普兰、樟木、里孜

续表2

序号	省级行政区	数量	水运口岸	航空口岸		铁路	公路口岸	
				对中外飞机全开放	限制性	口岸	（国际）	（双边）
27	陕西	1		西安				
28	甘肃	3		兰州、敦煌				马鬃山
29	新疆	19		乌鲁木齐、喀什、伊宁		阿拉山口、霍尔果斯	红其拉甫、霍尔果斯、巴克图、伊尔克什坦、吉木乃、卡拉苏、都拉塔、吐尔尕特、塔克什肯、老爷庙	红山嘴、乌拉斯台、木扎尔特、阿黑土别克
30	宁夏	1		银川				
31	青海	1		西宁				
合计		313	129（其中内河53）	76	5	21	45	37

备注：1. 口岸名称后带“ * ”的为当年度批准开放或整合口岸；

2. 口岸名称后带“ # ”的为限中国籍（飞机、船舶）出入境口岸；

3. 水运口岸中带（）的为内河口岸；

4. 2018年以来退出9个口岸（大安、南澳、东角头、桦川、绥滨、梅沙、西冲和佛山、肇庆铁路口岸）；

5. 2019年11月整合石臼和岚山为日照港，江山、企沙并入防城港口岸；

6. 2021年12月10日佛山、肇庆铁路口岸关闭。